Andres/Leithaus

Insolvenzordnung
(InsO)

Insolvenzordnung (InsO)

Kommentar

von

Dr. Dirk Andres
Rechtsanwalt und Insolvenzverwalter in Düsseldorf

Dr. Rolf Leithaus
Rechtsanwalt in Köln

und

Michael Dahl
Rechtsanwalt in Köln

1. Auflage

Verlag C. H. Beck München 2006

Bearbeiterverzeichnis

§ 1	Dr. Rolf Leithaus
§§ 2–10	Dr. Dirk Andres
§§ 11–55	Dr. Rolf Leithaus
§§ 56–79	Dr. Dirk Andres
§§ 80–102	Dr. Rolf Leithaus
§§ 103–128	Dr. Dirk Andres
§§ 129–155	Dr. Rolf Leithaus
§§ 156–173	Dr. Dirk Andres
§§ 174–208	Dr. Rolf Leithaus
§§ 209–269	Dr. Dirk Andres
§§ 270–285	Dr. Dirk Andres
§§ 286–334	Dr. Dirk Andres
§§ 335–358	Michael Dahl
§ 359	Dr. Dirk Andres
Art 102 EGInsO	Michael Dahl

Zitiervorschlag

Es wird empfohlen, das Werk „Andres/Leithaus InsO" zu zitieren und dabei den Namen des zitierten Autors kursiv zu setzen. Beispiele:

Andres/Leithaus InsO § 2 Rn 4
Andres/*Leithaus* InsO § 81 Rn 3
Andres/Leithaus/*Dahl* InsO § 336 Rn 1

© 2006 Verlag C. H. Beck oHG
Wilhelmstraße 9, 80801 München
Druck und Bindung: Bercker Graphischer Betrieb GmbH & Co. KG
Hooge Weg 100, 47624 Kevelaer

Satz: Jung Crossmedia Publishing GmbH
Gewerbestr. 17, 35633 Lahnau

Gedruck auf säurefreiem, alterungsbeständigem Papier
(hergestellt aus chlorfrei gebleichtem Zellstoff)

Vorwort

Seit Inkrafttreten der Insolvenzordnung sind bereits über sieben Jahre vergangen. In dieser Zeit hat der Gesetzgeber eine Fülle von Nachbesserungen an der Insolvenzordnung vorgenommen. Rechtsprechung und Literatur haben sich intensiv mit den neuen Regelungen befasst. Autoren und Verlag sind der Ansicht, dass trotz der mannigfaltig vorhandenen Kommentierungen zur Insolvenzordnung in der Praxis ein Bedarf für ein handliches und kompaktes Werk vorhanden ist.

Die Autoren haben sich daher das Ziel gesetzt, mit einer übersichtlichen Systematik eine präzise und praxisgerechte Darstellung der Insolvenzordnung zu geben. Die Kommentierung beschränkt sich auf das Wesentliche, stellt aber wichtige Einzelheiten und Zusammenhänge heraus und gibt ggf. weiterführende Hinweise. Dem Benutzer soll auf diesem Weg eine fundierte rasche Information ermöglicht werden.

Um der rasanten Entwicklung in Gesetzgebung, Rechtsprechung und Literatur gerecht zu werden, haben sich Autoren und Verlag entschieden, den vorliegenden Kommentar als ersten insolvenzrechtlichen Kommentar des Verlages online verfügbar zu machen. Im Bereich der Online-Ausgabe wird eine regelmäßige Aktualisierung zwischen den Auflagen der Print-Ausgabe erfolgen.

Für Anregungen und Berichtigungshinweise sind wir jederzeit dankbar.

Düsseldorf, Köln und München,
im März 2006   Autoren und Verlag

Inhaltsverzeichnis

Abkürzungsverzeichnis XIX

Literaturverzeichnis XXVII

Insolvenzordnung

1. Teil. Allgemeine Vorschriften

§ 1	Ziele des Insolvenzverfahrens	1
Vorbemerkung vor §§ 2–10		4
§ 2	Amtsgericht als Insolvenzgericht	4
§ 3	Örtliche Zuständigkeit	8
§ 4	Anwendbarkeit der Zivilprozeßordnung	11
Vorbemerkung vor §§ 4a–d		22
§ 4a	Stundung der Kosten des Insolvenzverfahrens	24
§ 4b	Rückzahlung und Anpassung der gestundeten Beträge	31
§ 4c	Aufhebung der Stundung	35
§ 4d	Rechtsmittel	40
§ 5	Verfahrensgrundsätze	42
§ 6	Sofortige Beschwerde	48
§ 7	Rechtsbeschwerde	52
§ 8	Zustellungen	56
§ 9	Öffentliche Bekanntmachung	60
§ 10	Anhörung des Schuldners	63

2. Teil. Eröffnung des Insolvenzverfahrens. Erfaßtes Vermögen und Verfahrensbeteiligte

1. Abschnitt. Eröffnungsvoraussetzungen und Eröffnungsverfahren

§ 11	Zulässigkeit des Insolvenzverfahrens	66
§ 12	Juristische Personen des öffentlichen Rechts	69
§ 13	Eröffnungsantrag	70
§ 14	Antrag eines Gläubigers	74
§ 15	Antragsrecht bei juristischen Personen und Gesellschaften ohne Rechtspersönlichkeit	77
§ 16	Eröffnungsgrund	80
§ 17	Zahlungsunfähigkeit	80
§ 18	Drohende Zahlungsunfähigkeit	81
§ 19	Überschuldung	84
§ 20	Auskunftspflicht im Eröffnungsverfahren. Hinweis auf Restschuldbefreiung	87
§ 21	Anordnung von Sicherungsmaßnahmen	88
§ 22	Rechtsstellung des vorläufigen Insolvenzverwalters	91

Inhalt

§ 23	Bekanntmachung der Verfügungsbeschränkungen	95
§ 24	Wirkungen der Verfügungsbeschränkungen	97
§ 25	Aufhebung der Sicherungsmaßnahmen	98
§ 26	Abweisung mangels Masse	99
§ 27	Eröffnungsbeschluß	102
§ 28	Aufforderungen an die Gläubiger und die Schuldner	104
§ 29	Terminbestimmungen	105
§ 30	Bekanntmachung des Eröffnungsbeschlusses	108
§ 31	Handels-, Genossenschafts-, Partnerschafts- oder Vereinsregister	109
§ 32	Grundbuch	110
§ 33	Register für Schiffe und Luftfahrzeuge	112
§ 34	Rechtsmittel	112

2. Abschnitt. Insolvenzmasse. Einteilung der Gläubiger

§ 35	Begriff der Insolvenzmasse	115
§ 36	Unpfändbare Gegenstände	119
§ 37	Gesamtgut bei Gütergemeinschaft	120
§ 38	Begriff der Insolvenzgläubiger	121
§ 39	Nachrangige Insolvenzgläubiger	123
§ 40	Unterhaltsansprüche	127
§ 41	Nicht fällige Forderungen	128
§ 42	Auflösend bedingte Forderungen	130
§ 43	Haftung mehrerer Personen	131
§ 44	Rechte der Gesamtschuldner und Bürgen	132
§ 45	Umrechnung von Forderungen	134
§ 46	Wiederkehrende Leistungen	136
§ 47	Aussonderung	137
§ 48	Ersatzaussonderung	142
§ 49	Abgesonderte Befriedigung aus unbeweglichen Gegenständen	145
§ 50	Abgesonderte Befriedigung der Pfandgläubiger	147
§ 51	Sonstige Absonderungsberechtigte	149
§ 52	Ausfall des Absonderungsberechtigten	151
§ 53	Massegläubiger	152
§ 54	Kosten des Insolvenzverfahrens	153
§ 55	Sonstige Masseverbindlichkeiten	155

3. Abschnitt. Insolvenzverwalter. Organe der Gläubiger

§ 56	Bestellung des Insolvenzverwalters	161
§ 57	Wahl eines anderen Insolvenzverwalters	167
§ 58	Aufsicht des Insolvenzgerichts	170
§ 59	Entlassung des Insolvenzverwalters	177
§ 60	Haftung des Insolvenzverwalters	181
§ 61	Nichterfüllung von Masseverbindlichkeiten	181
§ 62	Verjährung	195
§ 63	Vergütung des Insolvenzverwalters	197
§ 64	Festsetzung durch das Gericht	201
§ 65	Verordnungsermächtigung	203

Inhalt

§ 66	Rechnungslegung	204
§ 67	Einsetzung des Gläubigerausschusses	207
§ 68	Wahl anderer Mitglieder	207
§ 69	Aufgaben des Gläubigerausschusses	210
§ 70	Entlassung	213
§ 71	Haftung der Mitglieder des Gläubigerausschusses	215
§ 72	Beschlüsse des Gläubigerausschusses	217
§ 73	Vergütung der Mitglieder des Gläubigerausschusses	218
§ 74	Einberufung der Gläubigerversammlung	220
§ 75	Antrag auf Einberufung	221
§ 76	Beschlüsse der Gläubigerversammlung	224
§ 77	Feststellung des Stimmrechts	224
§ 78	Aufhebung eines Beschlusses der Gläubigerversammlung	228
§ 79	Unterrichtung der Gläubigerversammlung	230

3. Teil. Wirkungen der Eröffnung des Insolvenzverfahrens

1. Abschnitt. Allgemeine Wirkungen

§ 80	Übergang des Verwaltungs- und Verfügungsrechts	232
§ 81	Verfügungen des Schuldners	235
§ 82	Leistungen an den Schuldner	237
§ 83	Erbschaft. Fortgesetzte Gütergemeinschaft	240
§ 84	Auseinandersetzung einer Gesellschaft oder Gemeinschaft	242
§ 85	Aufnahme von Aktivprozessen	244
§ 86	Aufnahme bestimmter Passivprozesse	246
§ 87	Forderungen der Insolvenzgläubiger	248
§ 88	Vollstreckung vor Verfahrenseröffnung	250
§ 89	Vollstreckungsverbot	252
§ 90	Vollstreckungsverbot bei Masseverbindlichkeiten	255
§ 91	Ausschluß sonstigen Rechtserwerbs	257
§ 92	Gesamtschaden	259
§ 93	Persönliche Haftung der Gesellschafter	261
§ 94	Erhaltung einer Aufrechnungslage	262
§ 95	Eintritt der Aufrechnungslage im Verfahren	264
§ 96	Unzulässigkeit der Aufrechnung	266
§ 97	Auskunfts- und Mitwirkungspflichten des Schuldners	270
§ 98	Durchsetzung der Pflichten des Schuldners	273
§ 99	Postsperre	275
§ 100	Unterhalt aus der Insolvenzmasse	278
§ 101	Organschaftliche Vertreter. Angestellte	280
§ 102	Einschränkung eines Grundrechts	282

2. Abschnitt. Erfüllung der Rechtsgeschäfte. Mitwirkung des Betriebsrats

Vorbemerkung vor §§ 103–128		282
§ 103	Wahlrecht des Insolvenzverwalters	283
§ 104	Fixgeschäfte. Finanzleistungen	294

Inhalt

§ 105	Teilbare Leistungen	298
§ 106	Vormerkung	301
§ 107	Eigentumsvorbehalt	305
Vorbemerkung vor §§ 108 ff		305
§ 108	Fortbestehen von Dauerschuldverhältnissen	309
§ 109	Schuldner als Mieter oder Pächter	313
§ 110	Schuldner als Vermieter oder Verpächter	319
§ 111	Veräußerung des Miet- oder Pachtobjekts	322
§ 112	Kündigungssperre	324
§ 113	Kündigung eines Dienstverhältnisses	327
§ 114	Bezüge aus einem Dienstverhältnis	336
§ 115	Erlöschen von Aufträgen	339
§ 116	Erlöschen von Geschäftsbesorgungsverträgen	342
§ 117	Erlöschen von Vollmachten	344
§ 118	Auflösung von Gesellschaften	347
§ 119	Unwirksamkeit abweichender Vereinbarungen	349
§ 120	Kündigung von Betriebsvereinbarungen	351
§ 121	Betriebsänderungen und Vermittlungsverfahren	354
§ 122	Gerichtliche Zustimmung zur Durchführung einer Betriebsänderung	354
§ 123	Umfang des Sozialplans	359
§ 124	Sozialplan vor Verfahrenseröffnung	360
§ 125	Interessenausgleich und Kündigungsschutz	364
§ 126	Beschlußverfahren zum Kündigungsschutz	370
§ 127	Klage des Arbeitnehmers	370
§ 128	Betriebsveräußerung	373

3. Abschnitt. Insolvenzanfechtung

§ 129	Grundsatz	376
§ 130	Kongruente Deckung	381
§ 131	Inkongruente Deckung	384
§ 132	Unmittelbar nachteilige Rechtshandlungen	388
§ 133	Vorsätzliche Benachteiligung	390
§ 134	Unentgeltliche Leistung	393
§ 135	Kapitalersetzende Darlehen	395
§ 136	Stille Gesellschaft	400
§ 137	Wechsel- und Scheckzahlungen	403
§ 138	Nahestehende Personen	406
§ 139	Berechnung der Fristen vor dem Eröffnungsantrag	409
§ 140	Zeitpunkt der Vornahme einer Rechtshandlung	411
§ 141	Vollstreckbarer Titel	414
§ 142	Bargeschäft	414
§ 143	Rechtsfolgen	417
§ 144	Ansprüche des Anfechtungsgegners	419
§ 145	Anfechtung gegen Rechtsnachfolger	421
§ 146	Verjährung des Anfechtungsanspruchs	423
§ 147	Rechtshandlungen nach Verfahrenseröffnung	424

Inhalt

4. Teil. Verwaltung und Verwertung der Insolvenzmasse

1. Abschnitt. Sicherung der Insolvenzmasse

§ 148	Übernahme der Insolvenzmasse	427
§ 149	Wertgegenstände	428
§ 150	Siegelung	429
§ 151	Verzeichnis der Massegegenstände	430
§ 152	Gläubigerverzeichnis	432
§ 153	Vermögensübersicht	434
§ 154	Niederlegung in der Geschäftsstelle	436
§ 155	Handels- und steuerrechtliche Rechnungslegung	436

2. Abschnitt. Entscheidung über die Verwertung

§ 156	Berichtstermin	439
§ 157	Entscheidung über den Fortgang des Verfahrens	439
§ 158	Maßnahmen vor der Entscheidung	443
§ 159	Verwertung der Insolvenzmasse	447
§ 160	Besonders bedeutsame Rechtshandlungen	451
§ 161	Vorläufige Untersagung der Rechtshandlung	455
§ 162	Betriebsveräußerung an besonders Interessierte	457
§ 163	Betriebsveräußerung unter Wert	458
§ 164	Wirksamkeit der Handlung	460

3. Abschnitt. Gegenstände mit Absonderungsrechten

§ 165	Verwertung unbeweglicher Gegenstände	461
§ 166	Verwertung beweglicher Gegenstände	469
§ 167	Unterrichtung des Gläubigers	473
§ 168	Mitteilung der Veräußerungsabsicht	475
§ 169	Schutz des Gläubigers vor einer Verzögerung der Verwertung	478
§ 170	Verteilung des Erlöses	480
§ 171	Berechnung des Kostenbeitrags	481
§ 172	Sonstige Verwendung beweglicher Sachen	486
§ 173	Verwertung durch den Gläubiger	489

5. Teil. Befriedigung der Insolvenzgläubiger. Einstellung des Verfahrens

1. Abschnitt. Feststellung der Forderungen

§ 174	Anmeldung der Forderungen	492
§ 175	Tabelle	495
§ 176	Verlauf des Prüfungstermins	496
§ 177	Nachträgliche Anmeldungen	498
§ 178	Voraussetzungen und Wirkungen der Feststellung	500
§ 179	Streitige Forderungen	503
§ 180	Zuständigkeit für die Feststellung	505
§ 181	Umfang der Feststellung	506
§ 182	Streitwert	507

Inhalt

§ 183	Wirkung der Entscheidung	508
§ 184	Klage gegen einen Widerspruch des Schuldners	509
§ 185	Besondere Zuständigkeiten	511
§ 186	Wiedereinsetzung in den vorigen Stand	512

2. Abschnitt. Verteilung

§ 187	Befriedigung der Insolvenzgläubiger	513
§ 188	Verteilungsverzeichnis	515
§ 189	Berücksichtigung bestrittener Forderungen	516
§ 190	Berücksichtigung absonderungsberechtigter Gläubiger	518
§ 191	Berücksichtigung aufschiebend bedingter Forderungen	521
§ 192	Nachträgliche Berücksichtigung	522
§ 193	Änderung des Verteilungsverzeichnisses	522
§ 194	Einwendungen gegen das Verteilungsverzeichnis	522
§ 195	Festsetzung des Bruchteils	524
§ 196	Schlußverteilung	525
§ 197	Schlußtermin	526
§ 198	Hinterlegung zurückbehaltener Beträge	528
§ 199	Überschuß bei der Schlußverteilung	528
§ 200	Aufhebung des Insolvenzverfahrens	529
§ 201	Rechte der Insolvenzgläubiger nach Verfahrensaufhebung	530
§ 202	Zuständigkeit bei der Vollstreckung	532
§ 203	Anordnung der Nachtragsverteilung	533
§ 204	Rechtsmittel	535
§ 205	Vollzug der Nachtragsverteilung	536
§ 206	Ausschluß von Massegläubigern	536

3. Abschnitt. Einstellung des Verfahrens

§ 207	Einstellung mangels Masse	538
§ 208	Anzeige der Masseunzulänglichkeit	541
§ 209	Befriedigung der Massegläubiger	543
§ 210	Vollstreckungsverbot	547
§ 211	Einstellung nach Anzeige der Masseunzulänglichkeit	548
§ 212	Einstellung wegen Wegfalls des Eröffnungsgrunds	549
§ 213	Einstellung mit Zustimmung der Gläubiger	550
§ 214	Verfahren bei der Einstellung	551
§ 215	Bekanntmachung und Wirkungen der Einstellung	553
§ 216	Rechtsmittel	554

6. Teil. Insolvenzplan

Vorbemerkung vor §§ 217–269 556

1. Abschnitt. Aufstellung des Plans

§ 217	Grundsatz	560
§ 218	Vorlage des Insolvenzplans	562
§ 219	Gliederung des Plans	566

Inhalt

§ 220	Darstellender Teil	566
§ 221	Gestaltender Teil	566
§ 222	Bildung von Gruppen	569
§ 223	Rechte der Absonderungsberechtigten	572
§ 224	Rechte der Insolvenzgläubiger	573
§ 225	Rechte der nachrangigen Insolvenzgläubiger	574
§ 226	Gleichbehandlung der Beteiligten	575
§ 227	Haftung des Schuldners	576
§ 228	Änderung sachenrechtlicher Verhältnisse	578
§ 229	Vermögensübersicht. Ergebnis- und Finanzplan	580
§ 230	Weitere Anlagen	581
§ 231	Zurückweisung des Plans	583
§ 232	Stellungnahmen zum Plan	586
§ 233	Aussetzung von Verwertung und Verteilung	587
§ 234	Niederlegung des Plans	589

2. Abschnitt. Annahme und Bestätigung des Plans

§ 235	Erörterungs- und Abstimmungstermin	590
§ 236	Verbindung mit dem Prüfungstermin	592
§ 237	Stimmrecht der Insolvenzgläubiger	593
§ 238	Stimmrecht der absonderungsberechtigten Gläubiger	593
§ 239	Stimmliste	593
§ 240	Änderung des Plans	597
§ 241	Gesonderter Abstimmungstermin	598
§ 242	Schriftliche Abstimmung	599
§ 243	Abstimmung in Gruppen	601
§ 244	Erforderliche Mehrheiten	601
§ 245	Obstruktionsverbot	603
§ 246	Zustimmung nachrangiger Insolvenzgläubiger	605
§ 247	Zustimmung des Schuldners	606
§ 248	Gerichtliche Bestätigung	608
§ 249	Bedingter Plan	609
§ 250	Verstoß gegen Verfahrensvorschriften	611
§ 251	Minderheitenschutz	612
§ 252	Bekanntgabe der Entscheidung	614
§ 253	Rechtsmittel	615

3. Abschnitt. Wirkungen des bestätigten Plans. Überwachung der Planerfüllung

§ 254	Allgemeine Wirkungen des Plans	617
§ 255	Wiederauflebensklausel	620
§ 256	Streitige Forderungen. Ausfallforderungen	622
§ 257	Vollstreckung aus dem Plan	625
§ 258	Aufhebung des Insolvenzverfahrens	627
§ 259	Wirkungen der Aufhebung	629
§ 260	Überwachung der Planerfüllung	631
§ 261	Aufgaben und Befugnisse des Insolvenzverwalters	632

Inhalt

§ 262 Anzeigepflicht des Insolvenzverwalters 633
§ 263 Zustimmungsbedürftige Geschäfte 634
§ 264 Kreditrahmen 635
§ 265 Nachrang von Neugläubigern 635
§ 266 Berücksichtigung des Nachrangs 636
§ 267 Bekanntmachung der Überwachung 641
§ 268 Aufhebung der Überwachung 642
§ 269 Kosten der Überwachung 643

7. Teil. Eigenverwaltung

Vorbemerkung vor §§ 270–285 644
§ 270 Voraussetzungen 646
§ 271 Nachträgliche Anordnung 650
§ 272 Aufhebung der Anordnung 651
§ 273 Öffentliche Bekanntmachung 654
§ 274 Rechtsstellung des Sachwalters 654
§ 275 Mitwirkung des Sachwalters 657
§ 276 Mitwirkung des Gläubigerausschusses 658
§ 277 Anordnung der Zustimmungsbedürftigkeit 659
§ 278 Mittel zur Lebensführung des Schuldners 662
§ 279 Gegenseitige Verträge 663
§ 280 Haftung. Insolvenzanfechtung 664
§ 281 Unterrichtung der Gläubiger 665
§ 282 Verwertung von Sicherungsgut 666
§ 283 Befriedigung der Insolvenzgläubiger 667
§ 284 Insolvenzplan 668
§ 285 Masseunzulänglichkeit 669

8. Teil. Restschuldbefreiung

Vorbemerkung vor §§ 286–303 671
§ 286 Grundsatz 672
§ 287 Antrag des Schuldners 674
§ 288 Vorschlagsrecht 682
§ 289 Entscheidung des Insolvenzgerichts 682
§ 290 Versagung der Restschuldbefreiung 685
§ 291 Ankündigung der Restschuldbefreiung 692
§ 292 Rechtsstellung des Treuhänders 693
§ 293 Vergütung des Treuhänders 697
§ 294 Gleichbehandlung der Gläubiger 698
§ 295 Obliegenheiten des Schuldners 701
§ 296 Verstoß gegen Obliegenheiten 704
§ 297 Insolvenzstraftaten 707
§ 298 Deckung der Mindestvergütung des Treuhänders 709
§ 299 Vorzeitige Beendigung 710
§ 300 Entscheidung über die Restschuldbefreiung 712
§ 301 Wirkung der Restschuldbefreiung 713

Inhalt

§ 302 Ausgenommene Forderungen 713
§ 303 Widerruf der Restschuldbefreiung 716

9. Teil. Verbraucherinsolvenzverfahren und sonstige Kleinverfahren

Vorbemerkung vor §§ 304–314 719

1. Abschnitt. Anwendungsbereich

§ 304 Grundsatz 720

2. Abschnitt. Schuldenbereinigungsplan

§ 305   Eröffnungsantrag des Schuldners 726
§ 305a Scheitern der außergerichtlichen Schuldenbereinigung 727
§ 306   Ruhen des Verfahrens 735
§ 307   Zustellung an die Gläubiger 739
§ 308   Annahme des Schuldenbereinigungsplans 741
§ 309   Ersetzung der Zustimmung 744
§ 310   Kosten 750

3. Abschnitt. Vereinfachtes Insolvenzverfahren

§ 311 Aufnahme des Verfahrens über den Eröffnungsantrag 750
§ 312 Allgemeine Verfahrensvereinfachungen 752
§ 313 Treuhänder 753
§ 314 Vereinfachte Verteilung 757

10. Teil. Besondere Arten des Insolvenzverfahrens

1. Abschnitt. Nachlaßinsolvenzverfahren

Vorbemerkung vor §§ 315–331 760
§ 315 Örtliche Zuständigkeit 763
§ 316 Zulässigkeit der Eröffnung 764
§ 317 Antragsberechtigte 765
§ 318 Antragsrecht beim Gesamtgut 765
§ 319 Antragsfrist 766
§ 320 Eröffnungsgründe 768
§ 321 Zwangsvollstreckung nach Erbfall 769
§ 322 Anfechtbare Rechtshandlungen des Erben 770
§ 323 Aufwendungen des Erben 772
§ 324 Masseverbindlichkeiten 772
§ 325 Nachlaßverbindlichkeiten 774
§ 326 Ansprüche des Erben 775
§ 327 Nachrangige Verbindlichkeiten 777
§ 328 Zurückgewährte Gegenstände 779
§ 329 Nacherbfolge 780

Inhalt

§ 330	Erbschaftskauf	780
§ 331	Gleichzeitige Insolvenz des Erben	781

2. Abschnitt. Insolvenzverfahren über das Gesamtgut einer fortgesetzten Gütergemeinschaft

§ 332	Verweisung auf das Nachlaßinsolvenzverfahren	783

3. Abschnitt. Insolvenzverfahren über das gemeinschaftlich verwaltete Gesamtgut einer Gütergemeinschaft

§ 333	Antragsrecht. Eröffnungsgründe	786
§ 334	Persönliche Haftung der Ehegatten	788

11. Teil. Internationales Insolvenzrecht

Vorbemerkung vor §§ 335–358 789

1. Abschnitt. Allgemeine Vorschriften

§ 335	Grundsatz	795
§ 336	Vertrag über einen unbeweglichen Gegenstand	804
§ 337	Arbeitsverhältnis	807
§ 338	Aufrechnung	808
§ 339	Insolvenzanfechtung	811
§ 340	Organisierte Märkte. Pensionsgeschäfte	815
§ 341	Ausübung von Gläubigerrechten	818
§ 342	Herausgabepflicht. Anrechnung	822

2. Abschnitt. Ausländisches Insolvenzverfahren

§ 343	Anerkennung	826
§ 344	Sicherungsmaßnahmen	834
§ 345	Öffentliche Bekanntmachung	838
§ 346	Grundbuch	842
§ 347	Nachweis der Verwalterbestellung. Unterrichtung des Gerichts	846
§ 348	Zuständiges Insolvenzgericht	848
§ 349	Verfügungen über unbewegliche Gegenstände	850
§ 350	Leistung an den Schuldner	853
§ 351	Dingliche Rechte	856
§ 352	Unterbrechung und Aufnahme eines Rechtsstreits	860
§ 353	Vollstreckbarkeit ausländischer Entscheidungen	862

3. Abschnitt. Partikularverfahren über das Inlandsvermögen

§ 354	Voraussetzungen des Partikularverfahrens	864
§ 355	Restschuldbefreiung. Insolvenzplan	871
§ 356	Sekundärinsolvenzverfahren	873
§ 357	Zusammenarbeit der Insolvenzverwalter	876
§ 358	Überschuss bei der Schlussverteilung	880

Inhalt

12. Teil Inkrafttreten

§ 359 Verweisung auf das Einführungsgesetz 882

Weitere Rechtsvorschriften

Einführungsgesetz zur Insolvenzordnung (EGInsO) 883
Verordnung (EG) Nr. 1346/2000 des Rates vom 29. Mai 2000 über Insolvenzverfahren 904

Sachverzeichnis 941

Abkürzungsverzeichnis

(Abgekürzt zitiertes Schrifttum: siehe Literaturverzeichnis)

A

aA	andere Ansicht
aaO	am angegebenen Ort
abl	ablehnend
ABl	Amtsblatt
Abs	Absatz
Abschn	Abschnitt
AcP	Archiv für die civilistische Praxis
aE	am Ende
aF	alte Fassung
AFG	jetzt SGB 3. Buch
AG	Amtsgericht, Aktiengesellschaft
AGB	Allgemeine Geschäftsbedingungen
AktG	Aktiengesetz
allg	allgemein
Alt	Alternative
AltGl	Altgläubiger
Anl	Anlage
Anh	Anhang
Anm	Anmerkung
AO	Abgabenordnung
AP	Arbeitsrechtliche Praxis
ArbG	Arbeitsgericht
ArbGG	Arbeitsgerichtsgesetz
ArbnErfG	Arbeitnehmererfindungsgesetz
arg	Argument
Art	Artikel
Aufl	Auflage
ausf.	ausführlich
AVBEltV	Verordnung über die allgemeinen Bedingungen für die Elektritzitätsversorgung von Tarifkunden
Az	Aktenzeichen

B

BA	Bundesagentur für Arbeit
BAG	Bundesarbeitsgericht
BauR	Zeitschrift für das gesamte öffentliche und private Baurecht
BayObLG	Bayerisches Oberstes Landesgericht
BB	Der Betriebs-Berater
Begr	Begründung
BegrRAussch	Begründung des Regierungsausschusses

Abkürzungsverzeichnis

BegrRegE	Begründung des Regierungsentwurfes
BeratungshilfeG	Beratungshilfegesetz
BetrAVG	Gesetz zur Verbesserung der betrieblichen Altersversorgung
BetrVG	Betriebsverfassungsgesetz
BFH	Bundesfinanzhof
BGB	Bürgerliches Gesetzbuch
BGBl	Bundesgesetzblatt
BGH	Bundesgerichtshof
BGHZ	Entscheidungen des Bundesgerichtshofs in Zivilsachen
BMF	Bundesminister(ium) der Finanzen
BMJ	Bundesminister(ium) der Justiz
BörsG	Börsengesetz
BRAGO	Bundesgebührenordnung für Rechtsanwälte
BRAO	Bundesrechtsanwaltsordnung
BRat	Bundesrat
BReg	Bundesregierung
BSG	Bundessozialgericht
Bsp	Beispiel, -e
BStBl	Bundessteuerblatt
BT-Drucks	Deutscher Bundestag, Drucksache
BUrlG	Bundesurlaubsgesetz
BVerfG	Bundesverfassungsgericht
BVerfGG	Gesetz über das Bundesverfassungsgericht
BVerfGE	Sammlung der Entscheidungen des BVerfG
BVerwG	Bundesverwaltungsgericht
bzgl	bezüglich
BZRG	Bundeszentralregistergesetz
bzw	beziehungsweise

D

DB	Der Betrieb
ders.	derselbe
DGVZ	Deutsche Gerichtsvollzieher Zeitung
dh	das heißt
diff	differenzierend
Diss.	Dissertation
Drucks	Drucksache
DStR	Deutsches Steuerrecht
DÖV	Die Öffentliche Verwaltung
DZWiR	Deutsche Zeitschrift für Wirtschaftsrecht

E

e.V.	eingetragener Verein
EGInsO	Einführungsgesetz zur Insolvenzordnung
EGZPO	Einführungsgesetz zur Zivilprozessordnung
Einf	Einführung
einschr	einschränkend

Abkürzungsverzeichnis

ErbG	Erbschaftsteuer- und Schenkungssteuergesetz
EStG	Einkommensteuergesetz
etc.	et cetera
EuGH	Europäischer Gerichtshof
evtl	eventuell
EWiR	Entscheidungen zum Wirtschaftsrecht
EWIV	Europäische Wirtschaftliche Interessenvereinigung
EzInsR	Entscheidungssammlung zum Insolvenzrecht

F

f, ff	folgende
FamRZ	Zeitschrift für das gesamte Familienrecht
FG	Finanzgericht
FGG	Gesetz über die Angelegenheiten der freiwilligen Gerichtsbarkeit
FGO	Finanzgerichtsordnung
FS	Festschrift

G

GBO	Grundbuchordnung
GbR	Gesellschaft bürgerlichen Rechts
gem	gemäß
GenG	Gesetz betr die Erwerbs- und Wirtschaftsgenossenschaft
GesO	Gesamtvollstreckungsordnung
GG	Grundgesetz für die Bundesrepublik Deutschland
ggf	gegebenenfalls
GKG	Gerichtskostengesetz
Gl	Gläubiger
GmbH	Gsellschaft mit beschränkter Haftung
GmbHG	Gesetz betr die Gesellschaften mit beschränkter Haftung
GrEStG	Grunderwerbssteuergesetz
GVG	Gerichtsverfassungsgesetz

H

HdbInsR	Handbuch zum Insolvenzrecht
HGB	Handelsgesetzbuch
HK	Heidelberger Kommentar (s Literaturverzeichnis)
hM	herrschende Meinung
Hrsg.	Herausgeber
HS	Halbsatz
HVGB-INFO	Info des Hauptverband der gewerblichen Berufsgenossenschaften

I

i. A.	im Autrag
i. V.	in Vertretung
idR	in der Regel
IDW	Institut der Wirtschaftsprüfer

Abkürzungsverzeichnis

iE	im Ergebnis
iFd	im Fall des, der
Ins	Insolvenz
insbes	insbesondere
InsGl	Insolvenzgläubiger
InsHdb	Insolvenzhandbuch
InsO	Insolvenzordnung
InsOÄndG	Gesetz zur Änderung der Insolvenzordnung
InsSchu	Insolvenzschuldner
InsVerw	Insolvenzverwalter
InsVV	Insolvenzrechtliche Vergütungsordnung
InVo	Insolvenz und Vollstreckung
IPRax	Praxis des Internationalen Privat- und Verfahrensrechts
iSd	im Sinn des
iSv	im Sinn von
iÜ	im Übrigen
iVm	in Verbindung mit

J
JurBüro	Das juristische Büro
JZ	Juristen-Zeitung

K
Kap	Kapitel
KG	Kammergericht, Kommanditgesellschaft
KGaA	Kommanditgesellschaft auf Aktien
KO	Konkursordnung
KonTraG	Gesetz zur Kontrolle und Transparenz im Unternehmensbereich
krit	kritisch, -e, -en, -er
KSchG	Kündigungsschutzgesetz
KTS	Konkurs. Treuhand. Sanierung
KV	Kostenverzeichnis
KWG	Gesetz über das Kreditwesen

L
LAG	Landesarbeitsgericht
LAGE	Entscheidungen der Landesarbeitsgerichte
Lfg.	Lieferung
LG	Landgericht
Lit.	Literatur
LSG	Landessozialgericht
lt	laut
LuftfahrzRG	Gesetz über die Rechte an Luftfahrzeugen

M
m	mit
MaBV	Makler- und Bauträgerverordnung

Abkürzungsverzeichnis

Masse	Insolvenzmasse
MDR	Monatsschrift für Deutsches Recht
MiZi	Mitteilung in Zivilsachen
MK	Münchener Kommentar (s Literaturverzeichnis)
MMR	MultiMedia & Recht
mN	mit Nachweisen
mVa	mit Verweis auf
mwN	mit weiteren Nachweisen

N

NeuGl	Neugläubiger
nF	neue Fassung
NJW	Neue Juristische Wochenschrift
NJW-FER	NJW Entscheidungsdienst Familien- und Erbrecht
NJW-RR	NJW-Rechtsprechungs-Report Zivilrecht
Nr	Nummer
NRW	Nordrhein-Westfahlen
nv	nicht veröffentlicht
NVersZ	Neue Zeitschrift für Versicherung und Recht
NZA	Neue Zeitschrift für Arbeitsrecht
NZA-RR	NZA-Rechtsprechungs-Report Arbeitsrecht
NZG	Neue Zeitschrift für Gesellschaftsrecht
NZI	Neue Zeitschrift für Insolvenz und Sanierung
NZM	Neue Zeitschrift für Mietrecht
NZS	Neue Zeitschrift für Sozialrecht

O

o. a.	oben angegeben
oHG	offene Handelsgesellschaft
OLG	Oberlandesgericht
OLGR	OLG-Report
og	oben genannt

P

PartGG	Partnerschaftsgesellschaftsgesetz
PartnerschaftsG	Partnerschaftsgesellschaft
PfÜB	Pfändungs- und Überweisungsbeschluss
pp.	perge perge (fahre fort)
ppa.	per procura (mit Prokura)
PKH	Prozesskostenhilfe
PSV	Pensionsversicherungs-Verein

R

RdA	Recht der Arbeit
RechtsA	Rechtsausschuss
RegE	Regierungsentwurf
RGZ	Entscheidungen des Reichsgerichts in Zivilsachen
Rspr	Rechtsprechung

Abkürzungsverzeichnis

RichterG	Richtergesetz
Rn	Randnummer, -n
Rpfleger	Der Deutsche Rechtspfleger
RPflG	Rechtspflegergesetz
RpflStud	Rechtspfleger Studienhefte
RVG	Rechtsanwaltsvergütungsgesetz
RWS-Doku	RWS-Dokumentation
Rz	Randzahl

S

S	Satz, Seite
s	siehe
s. o.	siehe oben
sog.	sogenannt, -e, -en
SchiffsRG	Schiffsrechtegesetz
SG	Sozialgericht
SGB	Sozialgesetzbuch
SGG	Sozialgerichtsgesetz
StGB	Strafgesetzbuch
str	streitig
stRspr	ständige Rechtsprechung
STVG	Straßenverkehrsgesetz
s. u.	siehe unten

T

Tz	Textzahl

U

u.	und
u. a.	und andere
uä	und ähnliche
Überbl	Überblick
UrhG	Urheberrechtsgesetz
UStDV	Umsatzsteuer-Durchführungsverordnung
UStG	Umsatzsteuergesetz
usw	und so weiter
uU	unter Umständen
UVR	Umsatzsteuer- und Verkehrssteuerrecht

V

VAG	Versicherungsaufsichtsgesetz
Var	Variante
VbrInsVV	Verordnung zur Einführung von Vordrucken für das Verbraucherinsolvenzverfahren und das Restschuldbefreiungsverfahren
VerlG	Gesetz über das Verlagsrecht
VerschollenenG	Verschollenheitsgesetz
VersR	Versicherungsrecht

Abkürzungsverzeichnis

Verw	Verwaltung
VG	Verwaltungsgericht
vgl	vergleiche
VglO	Vergleichsordnung
VOB/B	Verdingungsordnung für Bauleistungen Teil B
Vorbem.	Vorbemerkung
vorl	vorläufig, -e, -en, -er
VuR	Verbraucher und Recht
VVaG	Versicherungsverein auf Gegenseitigkeit
VVG	Gesetz über den Versicherungsvertrag
VwGO	Verwaltungsgerichtsordnung

W

WEG	Wohnungseigentumsgesetz
WiB	Wirtschaftsrechtliche Beratung
WM	Zeitschrift für Wirtschafts- und Bankenrecht, Wertpapiermitteilungen
WoBindG	Wohnungsbindungsgesetz
WPg	Die Wirtschaftsprüfung
WuM	Wohnungswirtschaft und Mietrecht

Z

zB	zum Beispiel
ZEV	Zeitschrift für Erbrecht und Vermögensnachfolge
ZfIR	Zeitschrift für Immobilienrecht
ZInsO	Zeitschrift für das gesamte Insolvenzrecht
ZIP	Zeitschrift für Wirtschaftsrecht
ZMR	Zeitschrift für Miet- und Raumrecht
ZPO	Zivilprozeßordnung
ZSEG	Gesetz über die Entschädigung von Zeugen und Sachverständigen
zT	zum Teil
zust	zustimmend
ZVG	Zwangsversteigerungsgesetz
ZVI	Zeitschrift für Verbraucher- und Privat-Insolvenzrecht
zZ	zum Zeitpunkt
ZZP	Zeitschrift für Zivilprozeß
zZt	zur Zeit

Literaturverzeichnis

1. Kommentare

Reiner Ascheid, Ulrich Preis, Ingrid Schmidt, Großkommentar zum Kündigungsrecht, 2. Auflage, München, 2004, zitiert: *Ascheid/Preis/Schmidt/Bearbeiter*

Heinz Georg Bamberger, Herbert Roth, Kommentar zum Bürgerlichen Recht, 3. Band, 1. Auflage, München, 2003, zitiert: B/R-*Bearbeiter*

Volker Beuthien, Genossenschaftsgesetz mit Umwandlungsrecht, 13. Auflage, München, 2000, zitiert: *Beuthien*

Eberhard Braun, Insolvenzordnung – Kommentar, 2. Aufl, München 2004, zitiert: *Braun/Bearbeiter*

Axel Breutigam, Jürgen Blersch, Hans-W. Goetsch, Berliner Kommentare – Insolvenzrecht, Loseblattausgabe, Stand 01/05, Berlin 2005, zitiert: BK-InsO/*Bearbeiter*

Thomas Dieterich, Peter Hanau, Günter Schaub (Hrsg.), Erfurter Kommentar zum Arbeitsrecht, München, 5. Auflage, 2004, zitiert: ErfK/*Bearbeiter*

Heinrich Dörner, Ina Ebert, Jörn Eckert, Thomas Hoeren, Rainer Kemper, Ingo Saenger, Hans Schulte-Nölke, Reiner Schulze, Ansgar Staudinger, Bürgerliches Gesetzbuch, Handkommentar, 4. Auflage, Baden-Baden, 2005, zitiert: HK-BGB

Henriette-Christine Duursma-Kepplinger, Dieter Duursma, Ernst Chalupsky, Europäische Insolvenzordnung – Kommentar, 1. Auflage, Wien, New York, 2002, zitiert: *Bearbeiter* in D-K/D/Ch

Dieter Eickmann, Axel Flessner, Friedrich Irschlinger, Hans-Peter Kirchhof, Gerhart Kreft, Hans-Georg Landfermann, Wolfgang Marotzke, Heidelberger Kommentar zur Insolvenzordnung, 3. Auflage, Heidelberg, 2006, zitiert: HK-*Bearbeiter*

Peter Hartmann, Kostengesetze, 35. Auflage, München, 2003, zitiert: *Hartmann*

Harald Hess/Michaela Weis/Rüdiger Wienberg, InsO – Kommentar zur Insolvenzordnung mit EGInsO, 2. Auflage, Heidelberg, 2001, zitiert: H/W/W-*Bearbeiter*

Harald Hess, Kommentar zum InsO-Änderungsgesetz 2001, Heidelberg, 2002, zitiert: *Hess* K-InsOÄndG

Ernst Jaeger, Konkursordnung, Großkommentar, 9. Auflage, Berlin, New York, 1997, zitiert: *Jaeger/Bearbeiter*

Joachim Kilger/Karsten Schmidt, Insolvenzgesetze. KO/VglO/GesO, 17. Auflage 1997, zitiert: *Kilger/K. Schmidt*

Hans-Peter Kirchhof, Hans-Jürgen Lwowski, Rolf Stürner, Münchener Kommentar zur Insolvenzordnung, Band 1, München, 2001, Band 2, München, 2002, Band 3, München, 2003, zitiert: MK-InsO/*Bearbeiter*

Bruno M. Kübler/Hanns Prütting, InsO – Kommentar zur Insolvenzordnung, Köln, Stand: Mai 2005, zitiert: K/P-*Bearbeiter*

Bruno M. Kübler/Hanns Prütting (Herausgeber), Eickmann, Vergütungsrecht, Kommentar zur InsVV, Köln, 1999, zitiert: K/P-*Eickmann*, InsVV

Literaturverzeichnis

Wolfdieter Küttner, Personalbuch 2005 München, 2005, zitiert: *Küttner/Bearbeiter*, (Stichwort

Georg Kuhn, Wilhelm Uhlenbruck, Konkursordnung, 11. Auflage, München, 1994, zitiert: *Kuhn/Uhlenbruck*

Jörg Nerlich, Volker Römermann, Insolvenzordnung – Kommentar, München, 2004, Stand: März 2004, zitiert: N/R-*Bearbeiter*

Palandt, Bürgerliches Gesetzbuch, 65. Auflage, München, 2006, zitiert: Palandt/*Bearbeiter*

Kurt Rebmann, Franz Jürgen Säcker, Roland Rixecker (Hrsg), Münchener Kommentar zum Bürgerlichen Gesetzbuch, Band 1, 4. Auflage, München, 2001, Band 2, 4. Auflage, München, 2001, Band 5, 4. Auflage, München, 2004, Band 7, 4. Auflage, München, 2000, Band 9, 4. Auflage, München, 2004, zitiert: MK-BGB/*Bearbeiter*

Reinhard Richardi, Otfried Wlotzke, Münchener Handbuch zum Arbeitsrecht, 2. Auflage, München, 2000, zitiert: MünchHdbArbR/*Bearbeiter*

Günter H. Roth, Holger Altmeppen, Kommentar zum GmbHG, 5. Aufl, München 2005, zitiert: *Roth/Altmeppen*

Günter Schaub, Arbeitsrecht von A–Z, 17. Auflage, München, 2004, zitiert: *Schaub*, →Stichwort

Karsten Schmidt (Hrsg.), Münchener Kommentar zum Handelsgesetzbuch, Band 4, München, 2001, zitiert: MK-HGB/*Bearbeiter*

Stefan Smid, Insolvenzordnung (InsO) mit Insolvenzrechtlicher Vergütungsverordnung (InsVV), 2. Auflage, Stuttgart, Berlin, Köln, 2001, zitiert: *Smid/Bearbeiter*

Kurt Stöber, Zwangsversteigerungsgesetz, 18. Auflage, München, 2006, zitiert: *Stöber*

Heinz Thomas/Hans Putzo, Zivilprozessordnung, 26. Auflage, München 2004, zitiert: *Thomas/Putzo*

Wilhelm Uhlenbruck, Insolvenzordnung, Kommentar, 12. Auflage, München 2003, zitiert: Uhlenbruck/*Bearbeiter*

Klaus Wimmer, Frankfurter Kommentar zur Insolvenzordnung, 3. Auflage, Neuwied, Kriftel, 2002, zitiert: FK-*Bearbeiter*

Richard Zöller, Zivilprozessordnung, 25. Auflage, 2005, zitiert: Zöller/*Bearbeiter*

2. Lehrbücher – Handbücher – Monografien

Arbeitskreis für Insolvenz- und Schiedsgerichtswesen e.V., Kölner Schrift zur Insolvenzordnung. Das neue Insolvenzrecht in der Praxis, 1. Auflage, Herne – Berlin, 1997, zitiert: *Bearbeiter*/Kölner Schrift

Eberhard Braun, Wilhelm Uhlenbruck, Muster eines Insolvenzplans, Düsseldorf, 1998

Hans Brox, Erbrecht, 19. Auflage, Köln, Berlin, Bonn, München, 2001, zitiert: *Brox* ErbR

Hans Haarmeyer, Wolfgang Wutzke, Karsten Förster, Handbuch zur Insolvenzordnung – InsO/EGInsO, 3. Aufl, 2001, zitiert: HWF-*Bearbeiter*

Othmar Jauernig, Zwangsvollstreckungs- und Insolvenzrecht, 20. Auflage, München, 1996, zitiert: *Jauernig*

Literaturverzeichnis

Peter Gottwald, Insolvenzrechtshandbuch, 2. Auflage, München, 2001, zitiert: *Gottwald/Bearbeiter*, InsHdb

Bruno M. Kübler, Hanns Prütting, Insolvenzordnung (InsO) Texte und Materialien, 2002

Mohrbutter, Handbuch der Insolvenzverwaltung, 7. Auflage, Köln, 1997

Manfred Obermüller, Insolvenzrecht in der Bankpraxis, 6. Auflage, Köln, 2002, zitiert: *Obermüller*, Hdb.

Günter Schaub, Arbeitsrechts-Handbuch, 11. Auflage, München 2005, zitiert: *Schaub*, ArbR-Hdb

Wolfram Schiessler, Der Insolvenzplan, Bielefeld 1997, zitiert: Schiessler

Wilhelm Uhlenbruck, Karl Delhaes, Konkurs- und Vergleichsverfahren, 5. Auflage, München, 1990, zitiert: Uhlenbruck/*Delhaes*

3. Aufsätze

Paul Abel, Filmlizenzen in der Insolvenz des Lizenzgebers und Lizenznehmers, NZI 2003, Seite 121 ff

Roman F. Adam, Die Aufrechnung im Rahmen der Insolvenzforderung, WM 1998, Seite 801 ff

Martin Ahrens, Rücknahmefiktion und Beschwerderecht bei § 305 III InsO, NZI 2000, Seite 201 ff

Holger Altmeppen, Jan Wilhelm, Quotenschaden, Individualschaden und Klagebefugnis bei der Verschleppung des Insolvenzverfahrens über das Vermögen der GmbH, NJW 1999, Seite 673 ff

Dirk Andres, Guido Motz, Anmerkung zu EuGH, Urt. V. 15. 5. 2003, – Rs. C-160/01 (Karin Mau/Bundesanstalt für Arbeit), NZI 2003, 396 ff

Georg Annuß, Der Betriebsübergang in der Insolvenz – § 613a BGB als Sanierungshindernis?, ZInsO 2001, Seite 49 ff

Michael App, „Nahestehende Personen" im Sinne des neuen Insolvenzrechts und ihre Stellung im neuen Insolvenzrecht und Gläubigeranfechtungsrecht, FamRZ 1996, Seite 1523 ff

Michael App, Die Aufhebung und die Einstellung des Insolvenzverfahrens und die Gläubigerrechte nach Verfahrensbeendigung, DGVZ 2001, Seite 1 ff

Friedrich Arend, Die insolvenzrechtliche Behandlung des Zahlungsanspruchs in fremder Währung, ZIP 1988, Seite 69 ff

Reiner Ascheid, Wann darf der Staat in Tarifverträge eingreifen?, RdA 1997, Seite 333 ff

Eberhard Bähner, Die Prüfung der Schlussrechnung des Konkursverwalters, KTS 1991, Seite 347 ff

Manfred Balz, Das neue Europäische Insolvenzübereinkommen, ZIP 1996, 948 ff

Kilian Bauer, Die Passivierung eigenkapitalersetzender Gesellschafterforderungen im Überschuldungsstatus, ZInsO 2001, Seite 486 ff

Jobst-Hubertus Bauer, Burkard Göpfert, Beschleunigtes Interessenausgleichsverfahren, DB 1997, Seite 1464 ff

Rainer Bausch, Patentlizenz und Insolvenz des Lizenzgebers, NZI 2005, Seite 289 ff

Literaturverzeichnis

Axel Becker, Die Zustimmung des Finanzamts zu außervertraglichen Schuldenbereinigungsplänen, ZVI 2003, Seite 100 ff
Olav Benning, Axel Wehling, Das „Model Law on Cross-Border Insolvency" der Vereinten Nationen, EuZW 1997, 618
Wilfried Berkowsky, Vorfinanzierung von Insolvenzgeld – Mittel zur Sanierung insolventer Unternehmen, NZI 2000, Seite 253 ff
Ernst-Dieter Berscheid, Stellung und Befugnis des vorläufigen Insolvenzverwalters aus arbeitsrechtlicher Sicht, ZInsO 1998, Seite 9 ff
Ernst-Dieter Berscheid, Die Kündigung von Arbeitsverhältnissen nach § 113 InsO (Teil 1), ZInsO 1998, 115 ff
Ernst-Dieter Berscheid, Folgerungen des vollständigen Inkrafttretens der bundeseinheitlichen Insolvenzordnung für das arbeitsgerichtliche Verfahren, ZInsO 1999, Seite 205 ff
Ernst-Dieter Berscheid, Auskunftsanspruch und Prüfungsmaßstab bei der über einen Interessenausgleich mit Namensliste getroffenen Sozialauswahl, ZInsO 1999, Seite 511 ff
Peter Bertram, Die Kündigung durch den Insolvenzverwalter, NZI 2001, Seite 625 ff
Marcus Bieder, Die Auswirkungen des Sanierungsprivilegs gem. § 32a III 3 GmbHG auf das Recht der kapitalersetzenden Gesellschafterleistungen, NZI 2000, Seite 514 ff
Michael Bien, Die Insolvenzfestigkeit von Leasingverträgen nach § 108 Abs 1 Satz 2 InsO, ZIP 1998, Seite 1017 ff
Reinhard Bindemann, Verkürzte fünfjährige Treuhandphase auch nach In-Kraft-Treten des InsO-Änderungsgesetzes seit dem 1. 12. 2001, Anm zu AG Düsseldorf, ZVI 2002, 170, ZVI 2002, Seite 248 f
Reinhard Bindemann, Fortgeltung der Altfallregelung des Art. 107 EGInsO! – Anmerkung zu LG Düsseldorf, ZInsO 2002, 938 –, ZInsO 2002, Seite 1070 ff
Georg Bitter, Nicht fällige, bedingte und betragsmäßig unbestimmte Forderungen in der Insolvenz, NZI 2000, Seite 399 ff
Burkhard Boemke, Maßgebliche Kündigungsfrist in der Insolvenz (§ 113 I InsO), NZI 2001, Seite 460 ff
Burkhard Boemke, Steffen Tietze, Insolvenzarbeitsrecht und Sozialplan, DB 1999, Seite 1389 ff
Reinhard Bork, Prozesskostenhilfe für den Schuldner des Insolvenzverfahrens?, ZIP 1998, Seite 1209 ff
Reinhard Bork, Ex-Unternehmer als Verbraucher?, ZIP 1999, Seite 301 ff
Reihard Bork, Die Doppeltreuhand in der Insolvenz, NZI 1999, Seite 337 ff
Reinhard Bork, Der zu allen Rechtshandlungen ermächtigte „schwache" vorläufige Insolvenzverwalter – ein „starker" vorläufiger Insolvenzverwalter, ZIP 2001, Seite 2001, 1521 ff
Reinhard Bork, Die analoge Anwendung des § 93 InsO auf Parallelsicherheiten, NZI 2002, Seite 362 ff
Reinhard Bork, Florian Jacoby, Auskunftsansprüche des Schuldners und des persönlich haftenden Gesellschafters gegen den Insolvenzverwalter, ZInsO 2002, Seite 398 ff

Literaturverzeichnis

Peter de Bra, Die Anfechtbarkeit der Verrechnung von Zahlungseingängen auf debitorischen Girokonten in dem letzten Monat vor dem Antrag auf Eröffnung des Insolvenzverfahrens, NZI 1999, Seite 249 ff

Sven Brandt, Softwarelizenzen in der Insolvenz, NZI 2001, Seite 337 ff

Eberhard Braun, Das Obstruktionsverbot in der Praxis: Ein überzeugender Start, NZI 1999, Seite 471 ff

Robert Buchalik, Faktoren einer erfolgreichen Eigenverwaltung, NZI 2000, Seite 294 ff

Anton Burger, Bernhard Schellberg, Der Insolvenzplan im neuen Insolvenzrecht, DB 1994, Seite 1833 ff

Philipp Cepl, Lizenzen in der Insolvenz des Lizenznehmers, NZI 2000, Seite 357 ff

Wolfgang Delhaes, Im Überblick: Der Insolvenzverwalter im eröffneten Insolvenzverfahren, NZI 1999, Seite 47 ff

Wolfgang Delhaes, Zur Zulässigkeit des Restschuldbefreiungsantrags in einem vom Gläubigerantrag eingeleiteten Verbraucherinsolvenzverfahren, ZInsO 2000, Seite 358 ff

Jan-Christian Ditz, Klaus Schmid-Burgk, Die Refinanzierung beim Leasing nach der Insolvenzrechtsreform, ZIP 1996, Seite 1123 ff

Josef Dörndorfer, Wirkungen der Eröffnung des Insolvenzverfahrens, DGVZ 1999, Seite 51 ff

Josef Dörndorfer, Insolvenzverfahren und Lohnpfändung, NZI 2000, Seite 292 ff

Klemens Dörner, Verfassungsrechtliche Grenzen der Übersendung von Arbeitsgerichtsakten an Arbeitsämter und Sozialgerichte, NZA 1989, Seite 950 ff

Diederich Eckardt, Kreditsicherung versus Insolvenzanfechtung, ZIP 1999, Seite 1417 ff

Diederich Eckardt, Die Ausübung von Mobiliarsicherheiten in der Unternehmenskrise, ZIP 1999, Seite 1734 ff

Hans-Georg Eckert, Miete, Pacht und Leasing im neuen Insolvenzrecht, ZIP 1996, Seite 897 ff

Harald Ehlers, Haftungsgefahren des zukünftigen Insolvenzverwalters, ZInsO 1998, Seite 356 ff

Ulrich Ehricke, Insolvenzrechtliche Anfechtung gegen Insider, KTS 1996, Seite 209 ff

Ulrich Ehricke, Die Zusammenfassung von Insolvenzverfahren mehrerer Unternehmen desselben Konzerns, DZWIR 1999, Seite 353 ff

Ulrich Ehricke, Beschlüsse einer Gläubigerversammlung bei mangelnder Teilnahme der Gläubiger, NZI 2000, Seite 57 ff

Horst Eidenmüller, Prognoseentscheidung im Insolvenzplanverfahren: Verfahrenslähmung durch Minderheitenschutz?, NJW 1999, Seite 1837 ff

Horst Eidenmüller, Der Markt für internationale Konzerninsolvenzen: Zuständigkeitskonflikte unter der EuInsVO, NJW 2004, 3455 ff

Dirk Elz, Verarbeitungsklauseln in der Insolvenz des Vorbehaltskäufers – Aussonderung oder Absonderung?, ZInsO 2000, Seite 478 ff

Hans-Heinrich Evers, Thomas Möhlmann, Feststellung eines Insolvenzplans – Überlegungen aus verfahrensrechtlicher und ökonomischer Perspektive, ZInsO 1999, Seite 21 ff

Literaturverzeichnis

Norbert Fehl, Leasing in der Insolvenz, DZWIR 1999, Seite 89ff

Axel Flessner, Martin Schulz, Zusammenhänge zwischen Konkurs, Arrest und internationaler Zuständigkeit, IPRax 1991, 162ff

Lucas F. Flöther, Schiedsverfahren und Schiedsabrede unter den Bedinungen der Insolvenz, DZWIR 2001, Seite 89ff

Karsten Förster, Klartext: Die Freigabe bleibt zulässig!, ZInsO 2000, 315ff

Richard Foltis, Zur Anfechtbarkeit des „Vorschussbeschlusses" und Anwendbarkeit der Zuschlagsregel bei Fortführung mit Masseerhöhung – Anmerkung zu LG Göttingen, Beschluss vom 20.8.2001 – 10 T 40/01 –, ZInsO 2001, Seite 842f

Karl Franke, Armin Burger, Richter und Rechtspfleger im Insolvenzverfahren – Zur Zuständigkeitsabgrenzung, insbesondere bei der Vergütungsfestsetzung, NZI 2001, Seite 403ff

Michael C. Frege, Die Rechtsstellung des Gläubigerausschusses nach der Insolvenzordnung (InsO), NZG 1999, Seite 478ff

Frhr Raitz von Frentz, Larissa Marrder, Insolvenz des Filmrechtehändlers, ZUM 2001, Seite 761ff

Birgit Friese, Das kollektive Kündigungsschutzverfahren in der Insolvenz nach § 126 InsO, ZInsO 2001, Seite 350ff

Karlhans Fuchs, Die Änderungen im Verbraucherinsolvenzverfahren – Problemlösung oder neue Fragen?, NZI 2002, Seite 239ff

Karlhans Fuchs, Erste Erfahrungen mit dem InsO-Änderungsgesetz 2001, ZInsO 2002, Seite 298ff

Karlhans Fuchs, Heinz Vallender, Die Bestimmung der „Pfändungsfreigrenzen" im (Verbraucher-) Insolvenz- und Restschuldbefreiungsverfahren, ZInsO 2001, Seite 681ff

Joseph Füchsl, Klaus Pannen, Rolf Rattunde, Bemerkung zur Insolvenzverwalterbestellung, ZInsO 2002, Seite 414f

Gerhard Gareis, LG Hanau: Keine Ersetzung der unterlassenen Ladung zum Erörterungstermin über einen Insolvenzplan durch öffentliche Bekanntmachung, NZI 2001, Seite 238

Björn Gaul, Verwertungsbefugnis des Insolvenzverwalters bei Mobilien trotz Sicherungsübereignung und Eigentumsvorbehalt, ZInsO 2000, Seite 256ff

Thomas Georg, Insolvenzplanverfahren: Erste Erfahrungen, ZInsO 2000, Seite 93ff

Lars Gehrke, Joachim Voigt, Die insolvenzfreie selbstständige Arbeit, ZInsO, Seite 1054ff

Walter Gerhardt, Neue Probleme der Insolvenzverwalterhaftung, ZInsO 2000, Seite 574ff

Angela Gerigk, Die Berücksichtigung der Schuldnerinteressen an einer zügigen Aufhebung des Insolvenzverfahrens und die Aufgaben des Treuhänders in der Wohlverhaltensperiode, ZInsO 2001, Seite 931ff

Matthias Geurts, Umsatzsteuerliche Aspekte bei Insolvenzverfahren nach dem 1.1.1999, DB 1999, Seite 818ff

Richard Giesen, Das neue Kündigungsschutzrecht in der Insolvenz, ZIP 1998, Seite 46ff

Literaturverzeichnis

Richard Giesen, Die Betriebsverfassung nach dem neuen Insolvenzrecht, ZIP 1998, Seite 142 ff

Helmuth Göbel, Die Auswirkungen der geplanten Überleitungsvorschriften auf laufende Insolvenzverfahren, ZInsO 2001, Seite 500 ff

Klaus Hubert Görg, Gerichtliche Korrektur von Fehlentscheidungen der Gläubiger im Insolvenzverfahren, DZWIR 2000, Seite 364 ff

Kathrin Gounalakis, Auswirkungen des neuen Insolvenzrechts für den Verbraucher, BB 1999, Seite 224 ff

Thorsten Graeber, Die Wahl des Insolvenzverwalters durch die Gläubigerversammlung nach § 57 InsO, ZIP 2000, Seite 1465 ff

Thorsten Graeber, Die Unabhängigkeit des Insolvenzverwalters gegenüber Gläubigern und Schuldner – Eine „fundamentale" Anforderung an Verwalter fremden Vermögens, NZI 2002, Seite 345 ff

Thorsten Graeber, Auswirkungen der Entscheidung des BVerfG zur Vorauswahl des Insolvenzverwalters auf die Insolvenzgerichte, NZI 2004, Seite 546 ff

Ulrich Graf, Irene Wunsch, Eigenverwaltung und Insolvenzplan – gangbarer Weg in der Insolvenz von Freiberuflern und Handwerkern?, ZIP 2001, Seite 1029 ff

Ulrich Graf, Irene Wunsch, Akteneinsicht im Insolvenzverfahren, ZIP 2001, 1800 ff

Marie Luise Graf-Schlicker, Schwachstellenanalyse und Änderungsvorschläge zum Regelinsolvenzverfahren, ZIP 2002, Seite 1166 ff

Manfred Groh, Abschaffung des Sanierungsprivilegs? – Anmerkung zum BFH-Urteil vom 18. 4. 1996 IV R 48/95, DB 1996, Seite 1890 ff

Hugo Grote, Der 1. 7. 1998 – Startschuss für das Verbraucherinsolvenzverfahren? Neue Aufgaben für Schuldnerberatung und Anwaltschaft, ZInsO 1998, Seite 107 ff

Hugo Grote, Restschuldbefreiungsantrag des Verbraucherschuldners im Insolvenzverfahren, das auf Gläubigerantrag eröffnet wurde, ZInsO 2000, Seite 146 ff

Hugo Grote, Die Änderungen des Insolvenzrechts durch das Insolvenzänderungsgesetz, NJW 2001, Seite 3665 ff

Hugo Grote, Die Entscheidung über den Antrag auf Kostenstundung nach § 4a InsO, ZInsO 2002, Seite 179 ff

Volker Grub, Der Regierungsentwurf der Insolvenzordnung ist sanierungsfeindlich!, ZIP 1993, Seite 393 ff

Ulf Gundlach, Volkhard Frenzel, Nikolaus Schmidt, Die Insolvenzfähigkeit nach der InsO, NZI 2000, Seite 561 ff

Ulf Gundlach, Volkhard Frenzel, Nikolaus Schmidt, Die Rechtstellung des Absonderungsberechtigten im Fall der Verwertung eines Gegenstandes gem. §§ 166 ff InsO, ZInsO 2001, Seite 537 ff

Ulf Gundlach, Volkhard Frenzel, Nikolaus Schmidt, Die Verwertungsbefugnis aus §§ 166 ff, NZI 2001, Seite 119 ff

Ulf Gundlach, Volkhard Frenzel, Nikolaus Schmidt, Die Haftung des Insolvenzverwalters gegenüber Aus- und Absonderungsberechtigten, NZI 2001, Seite 350 ff

Ulf Gundlach, Volkhard Frenzel, Nikolaus Schmidt, Das Auskunftsrecht des § 167 InsO, KTS 2001, Seite 241 ff

Literaturverzeichnis

Ulf Gundlach, Volkhard Frenzel, Nikolaus Schmidt, Die Mitteilungspflicht des § 168 InsO, DZWIR 2001, Seite 18ff

Ulf Gundlach, Volkhard Frenzel, Nikolaus Schmidt, Der Anwendungsbereich der §§ 170, 171 InsO, DZWIR 2001, Seite 140ff

Ulf Gundlach, Volkhard Frenzel, Nikolaus Schmidt, Fünf Jahre Wohlverhaltensperiode auch noch nach der InsO-Änderung 2001?, ZVI 2002, Seite 141ff

Ulf Gundlach, Volkhard Frenzel, Nikolaus Schmidt, Die Einladung zur Sitzung des Gläubigerausschusses, NZI 2005, Seite 304ff

Hans Haarmeyer, Gerhard Pape, Das Ende des zu allen Rechtshandlungen ermächtigten schwachen vorläufigen Insolvenzverwalters, ZInsO 2002, Seite 845ff

Ulrich Haas, Henning Müller, Zur Reichweite des § 93 InsO, NZI 2002, Seite 366ff

Ulrich Haas, Stefanie Scholl, Drohverlustrückstellung in der Überschuldungsbilanz und deren Neutralisation durch Rangrücktrittsvereinbarungen, ZInsO 2002 Seite 645ff

Ulrich Haas, Stefanie Scholl, Hinweispflicht und Hinweisrecht auf alternative Verwertungsmöglichkeiten gem. § 168 InsO, NZI 2002, Seite 642ff

Edgar J. Habscheid, Konkurs in den USA und seine Wirkungen in Deutschland (und umgekehrt), NZI 2003, 238ff

Ludwig Häsemeyer, Aktuelle Tendenzen in der Rechtsprechung zur Konkurs- und Einzelanfechtung, ZIP 1994, Seite 418ff

Jens Haubold, Europäisches Zivilverfahrensrecht und Ansprüche im Zusammenhang mit Insolvenzverfahren – Zur Abgrenzung zwischen Europäischer Insolvenzverordnung und EuGVO, EuGVÜ und LugÜ, IPRax 2002, S. 157ff

Michael Haunschild, Verwertungsrecht des Insolvenzverwalters und Kostenbeiträge der Gläubiger nach §§ 165ff InsO, DZWIR 1999, Seite 60ff

Markus Heeseler, Auskunfts-/Akteneinsichtsrechte und weitere Informationsmöglichkeiten des Gläubigers im Regelinsolvenzverfahren, ZInsO 2001, Seite 873ff

Ekkehard Hegmanns, Anm zu LG Freiburg – 8 T 68/87 –, EWiR, Seite 1223f

Bettina Heiderhoff, Aufteilung des Kostenerstattungsanspruchs nach Prozessübernahme durch den Insolvenzverwalter?, ZIP 2002, Seite 1564ff

Grit Heidrich, Martin Prager, Keine Begründung von Masseverbindlichkeiten durch vorläufigen schwachen Verwalter, NZI 2002, Seite 653ff

Meinhard Heinze, Aspekte der Insolvenzrechtsreform – ausgehend vom Beschluß des Großen Senats des Bundesarbeitsgerichts vom 13. 12. 1978 KTS 1979 S 150ff, KTS 1980, Seite 1ff

Wolfram Henckel, Masselosigkeit und Masseschulden, Festschrift des Arbeitskreises für Insolvenz- und Schiedsgerichtswesen e. V. Köln zum einhundertjährigen Bestehen der Konkursordnung vom 10. 2. 1877, 1977, Seite 169ff

Wolfram Henckel, Zum Begriff der Unentgeltlichkeit und zu den subjektiven Voraussetzungen bei der Schenkungsanfechtung des Konkursverwalters, ZIP 1990, Seite 137ff

Literaturverzeichnis

Wolfram Henckel, Zur Einordnung von Forderungen für Teilleistungen bei einer Erfüllungswahl durch einen Verwalter im Konkurs oder in der Gesamtvollstreckung (f), JZ 1998, Seite 155 ff

Wolfram Henckel, Die letzten Vorrechte im Insolvenzverfahren, Festschrift für Wilhelm Uhlenbruck zum 70. Geburtstag, in: Insolvenzrecht in Wissenschaft und Praxis, 2000, Seite 19 ff

Bernhard Heni, Rechnungslegung im Insolvenzverfahren, WPg 1990, Seite 93 ff

Christian Henning, Insolvenzverfahren ohne Ende? Zum Problem fortlaufender Massemehrung im Insolvenzverfahren, ZInsO 1999, Seite 333 ff

Martin Henssler, Das Berufsbild des Insolvenzverwalters im Wandel der Zeit, ZIP 2002, Seite 1053 ff

Harald Hess, Nicole Ruppe, Auswahl und Einsetzung des Insolvenzverwalters und die Justiziabilität des Nichtzugangs zur Insolvenztätigkeit, NZI 2004, Seite 641 ff

Harald Hess, Michaela Weis, Gesellschaftsrechtliche Regelungen im Insolvenzplan, InVo 1996, Seite 169 ff

Harald Hess, Michaela Weis, Die Schlussrechnung des Insolvenzverwalters, NZI 1999, Seite 260 ff

Harald Hess, Michaela Weis, Die interne Rechnungslegung des Insolvenzverwalters aus Anlaß der Eröffnung des Insolvenzverfahrens, NZI 1999, Seite 482 ff

Gerrit Heublein, Gutschriften in der Krise – insolvenzfester Glücksfall oder anfechtbare Scheindeckung?, ZIP 2000, Seite 161 ff

Hans-Ulrich Heyer, Restschuldbefreiung im Eigen- und Fremdantragsverfahren nach dem InsOÄndG 2001, ZInsO 2002, Seite 59 ff

Michael Heyrath, Vermögensschadenhaftpflichtversicherung für Insolvenzverwalter, ZInsO 2002, Seite 1023 ff

Peter Hilzinger, Vorläufige Untersagung von Maßnahmen des Insolvenzverwalters nach § 161 Satz 2 InsO bei bereits durchgeführten Maßnahmen), ZInsO 1999, Seite 560 ff

Heribert Hirte, Das Kapitalersatzrecht nach Inkrafttreten der Reformgesetzgebung, ZInsO 1998, Seite 147 ff

Heribert Hirte, Nahestehende Personen (§ 138 InsO) – Klarheit oder Rückschritt, ZInsO 1999, Seite 429 ff

Dietmar Höffner, Fortführungswerte in der Vermögensübersicht nach § 153 InsO, ZIP 1999, Seite 2088 ff

Georg Holch, Zur Einsicht in Gerichtsakten durch Behörden und Gerichte, ZZP 87 (1974), Seite 14 ff

Johannes Holzer, Die Insolvenzanfechtung, WiB 1997, Seite 729 ff

Johannes Holzer, Die Aktneinsicht im Insolvenzverfahren, ZIP 1998, Seite 1333 ff

Johannes Holzer, Redaktionsversehen in der Insolvenzordnung?, NZI 1999, Seite 44

Herwart Huber, Das Bankgeheimnis in der Insolvenz des Kunden, ZInsO 2001, Seite 289 ff

Michael Huber, Gegenseitige Verträge und Teilbarkeit von Leistungen in der Insolvenz, NZI 2002, Seite 467 ff

Literaturverzeichnis

Eva M. Huntemann, Martin Dietrich, Eigenverwaltung und Sanierungsplan – der verkannte Sanierungsweg, ZInsO 2001, Seite 13 ff

Christoph Kaltmeyer, Der Insolvenzplan als Sanierungsmittel des Schuldners – Unter Berücksichtigung des EGInsOÄndG v. 19.12.1998 (Teil 1), ZInsO 1999, Seite 255 ff

Frank Kekebus, Altlasten in der Insolvenz – aus Verwaltersicht, NZI 2001, Seite 63 ff

Ulrich Keller, Insolvenzvermerk im Grundbuch bei der Gesellschaft bürgerlichen Rechts, Rpfleger 2000, Seite 201 ff

Ulrich Keller, Gibt es einen Zusammenhang zwischen Masselosigkeit, Restschuldbefreiung und der Vergütung des Insolvenzverwalters?, ZIP 2000, Seite 688 ff

Ulrich Keller, Die Umsetzung der Rückschlagsperre des § 88 InsO im Grundbuchverfahren, ZIP 2000, Seite 1324 ff

Ulrich Keller, Systemfragen bei der Vergütung des vorläufigen Insolvenzverwalters – Zum Beschluss des BGH vom 14.12.2000 – IX ZB 105/00, ZIP 2001, 296 –, ZIP 2001, 1749 ff

Ulrich Keller, Der Rechtspfleger im Insolvenzverfahren, RpflStud 2002, Seite 33 ff

Ulrich Keller, Auswirkungen des Zustellungsreformgesetzes auf das Insolvenzverfahren, NZI 2002, Seite 581 ff

Ulrich Keller, Die öffentliche Bekanntmachung im Insolvenzverfahren, ZIP 2003, Seite 149 ff

Bernhard Kempen, Zur Konkursfähigkeit der öffentlich-rechtlichen Rundfunkanstalten, DÖV 1988, Seite 547 ff

Jutta Kemper, Die Verordnung (EG) 1346/2000 über Insolvenzverfahren, ZIP 2001, 1609 ff

Christian Kesseler, Rechtsschutz des „übergangenen" Insolvenzverwalters, ZIP 2000, Seite 1565 ff

Hans-Peter Kirchhof, Anfechtungsrecht und Gläubigerinteressen, ZInsO 1998, Seite 3 ff

Hans-Peter Kirchhof, Das Verbraucherinsolvenzverfahren aus Gläubigersicht, ZInsO 1998, Seite 54 ff

Hans-Peter Kirchhof, Rechtsprobleme bei der vorläufige Insolvenzverwaltung – Zur Haftung des vorläufigen Insolvenzverwalters bei Unternehmensfortführung und zu Fragen der Masseschulden und Masseunzulänglichkeit –, ZInsO 1999, Seite 365 ff

Hans-Peter Kirchhof, Masseverwertung durch den vorläufigen Insolvenzverwalter, ZInsO 1999, Seite 436 ff

Hans-Peter Kirchhof, Anfechtbarkeit von Rechtshandlungen vorläufiger Insolvenzverwalter, ZInsO 2000, Seite 297 ff

Hans-Peter Kirchhof, Bundesgerichtshof als einziges Rechtsbeschwerdegericht in Insolvenzsachen?, ZInsO 2001, Seite 729

Hans-Peter Kirchhof, Rechtsbeschwerde nur durch einen beim BGH zugelassenen Rechtsanwalt, ZInsO 2001, Seite 1073 ff

Dieter Philipp Klass, Der Umfang der Prüfungskompetenz des Insolvenzgerichts im Rahmen des § 305 Abs 1 InsO, ZInsO 1999, Seite 620 ff

Literaturverzeichnis

Klaus-Niels Knees, Die Bank als Grundpfandrechtsgläubiger in der Unternehmensinsolvenz, ZIP 2001, Seite 1568 ff

Helmut Kollhosser, Kredite als Eigenkapitalersatz bei stillen Kapitalbeteiligungen?, WM 1985, Seite 929 ff

Wolfhard Kohte, Alte Schulden – neue Verfahren? – Zur Neuregelung des Zugangs zum Verbraucherinsolvenzverfahren nach § 304 InsO –, ZInsO 2002, Seite 53 ff

Wolfhard Kohte, Anm zu LG Hannover, Beschluss vom 12. 2. 2002 – 20 T 2225/01, EWiR 2002, Seite 491 f

Thomas Kovács, Ronald Koch, Insolvenzversicherung nach dem Altersteilzeitgesetz ab dem 1. 7. 2004, NZI 2004, Seite 415 ff

Nina Kowalski, Der Transfersozialplan in der Insolvenz – Beschäftigungswirksame Sozialpläne in der Durchführung eines Insolvenzverfahrens, KTS 2002, Seite 261 ff

Gernot Kraft, Werner Maier, Verbraucherinsolvenzen und Restschuldbefreiung nach der Insolvenzordnung, BB 1997, 2173 ff

Gehart Kreft, Teilbare Leistungen nach § 105 InsO (unter besonderer Berücksichtigung des Bauvertragsrechts), Festschrift für Wilhlem Uhlenbruck, in: Insolvenzrecht in Wissenschaft und Praxis, 2000, Seite 387 ff

Gerhart Kreft, Zum Verhältnis von Judikative und Legislative am Beispiel des Insolvenzrechts, KTS 2004, Seite 205 ff

Jörg Kroschel, Dietmar Wellisch, Die steuerliche Behandlung der Restschuldbefreiung nach den §§ 286 ff der neuen Insolvenzordnung, DStR 1998, Seite 1661 ff

Bruno M. Kübler, Der Einfluß der Konkurseröffnung auf den Überweisungsverkehr des Gemeinschuldners, BB 1976, Seite 801 ff

Thomas Lakies, Arbeitsrechtliche Vorschriften der neuen Insolvenzordnung, BB 1998, Seite 2638 ff

Thomas Lakies, Insolvenz und Betriebsänderung, BB 1999, Seite 206 ff

Thomas Lakies, Die arbeitsrechtliche Bedeutung der Eigenverwaltung in der Insolvenzordnung, BB 1999, Seite 1759 ff

Thomas Lakies, Der Anspruch auf Insolvenzgeld (§ 183 SGB III), NZA 2000, Seite 565 ff

Thomas Lakies, Die Vergütungsansprüche der Arbeitnehmer in der Insolvenz, NZA 2001, Seite 521 ff

Hans-Georg Landfermann, Der Ablauf eines künftigen Insolvenzverfahrens, BB 1995, Seite 1649 ff

Rudolf Lauscher, Johannes Weßling, Hubertus Bange, Muster-Insolvenzplan, ZInsO 1999, Seite 5 ff

Dieter Leipold, Miniatur oder Bagatelle: das internationale Insolvenzrecht im deutschen Reformwerk 1994, in: Gerhard u. a. (Hrsg.), Festschrift für Wolfram Henckel zum 70. Geburtstag am 21. April 1995, Berlin 1995, S. 533 ff, zitiert: Leipold, FS-Henckel

Dieter Leipold, Zur internationalen Zuständigkeit im Insolvenzrecht, in: Prütting (Hrsg.), Festschrift für Gottfried Baumgärtel: zum 70. Geburtstag, Köln 1990, S. 291 ff, zitiert: Leipold, FS-Baumgärtel

Dieter Leipold, Wege zu einem funktionsfähigem internationalen Konkursrecht – ein Vergleich zwischen der neueren deutschen Rechtssprechung,

Literaturverzeichnis

dem deutsch-österreichischem Konkursvertrag und den Projekten europäischer Konkursabkommen –, in: Institute of Comparative Law Waseda University (Hrsg.), Recht in Ost und West: Festschrift zum 30-jährigen Jubiläum des Instituts für Rechtsvergleichung der Waseda Universität, Tokyo 1988, S. 787 ff, zitiert: Leipold in FS-Waseda Universität

Dieter Leipold, Erbrechtlicher Erwerb und Zugewinnausgleich im Insolvenzverfahren und bei der Restschuldbefreiung, in: Festschrift für Hans Friedhelm Gaul, 1997, Seite 367 ff

Rolf Leithaus, Zur „Nachkündigung" nach § 113 InsO und zur Anfechtungsproblematik bei Kündigungen von Arbeitsverhältnissen im Vorfeld eines Insolvenzantrags, NZI 1999, Seite 254 ff

Rolf Leithaus, Zu den Aufsichtsbefugnissen des Insolvenzgerichts nach § 83 KO/§ 58 I InsO, NZI 2001, Seite 124 ff

Holger Lessing, Anm zu AG Frankfurt/M, Beschluss vom 24. 9. 2001 – 810 IK 6/00 W, EWiR 2001, Seite 1101 f

Oliver Liersch, Deutsches Internationales Insolvenzrecht, NZI 2003, 302 ff

Bert Lievre, Peter Stahl, Alexander Ems, Anforderungen an die Aufstellung und die Prüfung der Schlussrechnung im Insolvenzverfahren, KTS 1999, Seite 1 ff

Volker Lipp, Beschwerden wegen „greifbarer Gesetzeswidrigkeit" nach der ZPO-Reform 2002, NJW 2002, Seite 1700 ff

Barbara Livonius, § 108 Abs 1 Satz 2 InsO und seine Anwendbarkeit bei Mietverträgen, ZInsO 1998, 111

Wolfgang Lohkemper, Die Bedeutung des neuen Insolvenzrechts für das Arbeitsrecht, KTS 1996, Seite 1 ff

Klaus Lohmann, Die erste?! Restschuldbefreiung im IK-Verfahren, ZInsO 2000, 445

Wolfgang Lüke, Anmerkung zu BGH Urteil vom 17. 1. 1985, NJW 1985, 1161 ff, NJW 1985, Seite 1164

Wolfgang Lüke, Zur Haftung des Sequesters bei unterlassener Feuerversicherung – zugleich eine Besprechung des BGH-Urteils vom 29. 9. 1988 – IX ZR 39/88, ZIP 1989, 1411 ff, ZIP 1989, Seite 1 ff

Wolfgang Lüke, Zur Wirksamkeit eines in der Sequestration vereinbarten Aufrechnungsverbots, ZIP 1996, Seite 1539 ff

Wolfgang Lüke, Kein Bedarf an Insolvenzverwaltern, ZIP 2000, Seite 485 ff

Wolfgang Lüke, Verwalterbestellung – im grundrechtsfreien Raum?, ZIP 2000, Seite 1574 f

Tobias Lüpke, Robert Müller, Pre-Trial Discovery of Documents und § 142 ZPO – ein trojanisches Pferd im neuen Zivilprozessrecht?, NZI 2002, Seite 588 ff

Marcus Lutter, Zahlungseinstellung und Überschuldung unter der neuen Insolvenzordnung, ZIP 1999, Seite 641 ff

Hans-Jürgen Lwowski, F. Benedict Hein, Die Rechtsstellung des absonderungsberechtigten Gläubigers nach der Insolvenzordnung, WM 1998, Seite 473 ff

Hans-Jürgen Lwowski, Christian Tetzlaff, Altlasten in der Insolvenz – Einzelne Probleme aus der Sicht der Kreditgeber des insolventen Unternehmens, NZI 2000, Seite 393 ff

Literaturverzeichnis

Hans-Jürgen Lwowski, Christian Tetzlaff, Altlasten in der Insolvenz – Die insolvenzrechtliche Qualifikation der Ersatzvornahmekosten für die Beseitigung von Umweltaltlasten, NZI 2001, Seite 57 ff

Hermann Josef Maintzer, Die Gewährung rechtlichen Gehörs im Rahmen des Konkursverfahrens, KTS 1985, Seite 617 ff

Wolfgang Marotzke, „Dingliche" Wirkungen der Gläubiger- und Konkursanfechtung, KTS 1987, Seite 1 ff

Wolfgang Marotzke, Der Eigentumsvorbehalt im neuen Insolvenzrecht, JZ 1995, Seite 803 ff

Peter Mankowski, Konkursgründe beim inländischen Partikularverfahren, ZIP 1995, 1650 ff

Wolfgang Marotzke, Die dinglichen Sicherheiten im neuen Insolvenzrecht, ZZP 109, (1996) Seite 429 ff

Wolfgang Marotzke, Änderungs- und Ergänzungsbedarf bei § 109 und § 313 InsO – Zu dem am 20. 12. 2000 beschlossenen Gesetzentwurf der Bundesregierung –, KTS 2001, Seite 67 ff

Wolfgang Marotzke, Kein Gewährleistungsausschluss bei der Veräußerung beweglicher Massegegenstände an Verbraucher?, ZInsO 2002, Seite 501 ff

Karl-Heinz Maus, Umsatzsteuerrechtliche Folgen der Sicherheitenverwertung in der Insolvenz, ZIP 2000, Seite 339 ff

Karl-Heinz Maus, Die Besteuerung des Sanierungsgewinns – ein Problem für die Sanierungspraxis, die Insolvenzgerichte und die Insolvenzverwalter, ZIP 2002, Seite 589 ff

Uwe Mäusezahl, Anm zu AG Düsseldorf, Beschluss vom 24. 5. 2002 – 501 IN 188/01 –, ZVI 2002, Seite 170 f

Uwe Mäusezahl, Anm zu LG Kleve, Beschluss vom 30. 4. 2002 – 4 T 166/02 –, ZVI 2002, Seite 201

Uwe Mäusezahl, Die unerlaubte Handlung in der Insolvenz der natürlichen Person, ZInsO 2002, Seite 462 ff

Franz Merz, Die Haftung des Konkursverwalters, des Vergleichsverwalters und des Sequesters aus der Sicht des BGH, KTS 1989, Seite 277 ff

Guido Meyer, Die Teilbarkeit von Bauleistungen nach § 105 InsO, NZI 2001, Seite 294 ff

Lutz Michalski, Peter Ruess, Rechtsfolgen der Insolvenz des Leasinggebers bei im Wege des Factoring veräußerten Leasingforderungen, NZI 2000, Seite 250 ff

Stephen Michels, Zur Prozessführungsbefugnis des Insolvenzverwalters nach Aufhebung des Insolvenzverfahrens, EWiR 2002, Seite 293 ff

Stephan Mitlehner, Prozesskostenhilfe für den Insolvenzverwalter, NZI, 2001, Seite 617 ff

Stephan Mitlehner, Verwertung sicherungszedierter Forderungen durch den Insolvenzverwalter, ZIP 2001, Seite 677 ff

Stephan Mitlehner, Umsatzsteuer bei Immobiliarverwertung in der Insolvenz, NZI 2002, Seite 534 ff

Thomas Möhlmann, Die Berichtspflichten des Insolvenzverwalters zum Berichtstermin – eine betriebswirtschaftliche Perspektive, NZI 1999, Seite 433 ff

Literaturverzeichnis

Wilhelm Moll, Zum Anwendungsbereich des InsO § 113 Abs 1 S 2 (f), EWiR 2001, Seite 27 ff

Wilhelm Moll, Zur Freistellung des Arbeitnehmers aus insolvenzspezifischen Gründen (f), EWiR 2001, Seite 487 ff

Hans-Friedrich Müller, Gesellschaftliche Regelungen im Insolvenzplan, KTS 2002, Seite 209 ff

Reiner Müller, Praktische Probleme der seit 1.10. 1996 geltenden arbeitsrechtlichen Vorschriften der Insolvenzordnung, NZA 1998, Seite 1315 ff

Ulf Müller, TK-Verträge in der Insolvenz, MMR 2002, Seite 433 ff

Wigo Müller, Die Aufgaben des Insolvenztreuhänders bei der vom Schuldner beantragten Restschuldbefreiung, ZInsO 1999, Seite 335 ff

Ralf Müller-Feldhammer, Die Lebensversicherung in der Insolvenz des Versprechensempfängers, NZI 2001, Seite 343 ff

Iris Müller-Limbach, Betriebsbedingte Kündigung in der Insolvenz – Das Beschlussverfahren zum Kündigungsschutz nach § 126 InsO, KTS 2001, Seite 531 ff

Karlheinz Muscheler, Wolfgang E. Bloch, Abwahl des vom Gericht bestellten Insolvenzverwalters, ZIP 2000, Seite 1474 ff

Hans-Joachim Musielak, Die Erfüllungsablehnung des Konkursverwalters – Zur Auslegung des § 17 Abs 1 der Konkursordnung, AcP 179 (1979), Seite 189 ff

Johannes M. Muth, Die Zwangsversteigerung auf Antrag des Insolvenzverwalters, ZIP 1999, Seite 945 ff

Burkhard Niesert, Übersicht über die Rechtsprechung zu den Insolvenzgründen Zahlungsunfähigkeit und Überschuldung in 2001, ZInsO 2002, Seite 356 ff

Rudolf Neuhof, Wiederaufnahme abgeschlossener Konkursverfahren bei nachträglich erkannter Unwirksamkeit formularmäßig bestellter Kreditsicherheiten, NJW 1995, Seite 937 ff

Hermann Oberhofer, Replik zur Anerkennung eines originären Freistellungsrechts des Insolvenzverwalters, ZInsO 2002, Seite 21 ff

Manfred Obermüller, Umsatzsteuer bei der Verwertung sicherungsübereigneter Gegenstände vor dem Hintergrund eines Insolvenzverfahrens, ZInsO 1999, Seite 249 ff

Manfred Obermüller, Insolvenzrechtliche Wirkung des Überweisungsgesetzes, ZInsO 1999, Seite 690 ff

Manfred Obermüller, Kreditkündigung durch Banken angesichts einer Insolvenz, ZInsO 2002, Seite 97 ff

Manfred Obermüller, Kostenbeiträge und Ausgleichsansprüche bei Verwertung von Mobiliarsicherheiten, NZI 2003, Seite 416 ff

Eberhard von Olshausen, Konkursrechtliche Probleme um den neuen § 354a HGB, ZIP 1995, Seite 1950 ff

Eberhard von Olshausen, Die Aufrechnung mit dem Regressanspruch eines Bürgen oder Wechseleinlösers in der Insolvenz des Hauptschuldners oder des Aktzeptanten nach der InsO – alles wie gehabt?, KTS 2000, Seite 1 ff

Eberhard von Olshausen, Die Haftung des Insolvenzverwalters für die Nichterfüllung von Masseverbindlichkeiten und das Gesetz zur Modernisierung des Schuldrechts (§ 311a Abs 2 BGB nF), ZIP 2002, Seite 237 ff

Literaturverzeichnis

Dietmar Onusseit, Die insolvenzrechtlichen Kostenbeiträge unter Berücksichtigung ihrer steuerrechtlichen Konsequenzen sowie Massebelastungen durch Grundstückseigentum, ZIP 2000, Seite 777 ff

Dietmar Onusseit, Die Freigabe aus dem Insolvenzbeschlag: eine umsatzsteuerliche Unmöglichkeit? – Zugleich eine Besprechung von BFH, Urteil vom 16. 8. 2001 – V R 59/99, ZIP 2002, 1344 ff

Wolfgang Ott, Franz Zimmermann, Verbraucherinsolvenzverfahren – Arbeitseinkommen des Schuldners. ZInsO 2000, Seite 421 ff

Karsten Otte, Roland Wiester, Nachmeldungen im Planverfahren, NZI 2005, Seite 70 ff

Gehard Pape, Zur Anwendung und zu den weiter bestehenden Problemen des § 116 ZPO nach dem Beschluß des BGH, KTS 1991, 132, KTS 1991, 33

Gerhard Pape, Zur Problematik der Unanfechtbarkeit von Stimmrechtsfestsetzungen in der Gläubigerversammlung, ZIP 1991, Seite 837 ff

Gerhard Pape, Zur entsprechenden Anwendung des § 166 KO auf eine Verteilung nach Einstellung mangels Masse, ZIP 1992, Seite 747 ff

Gerhard Pape, Restschuldbefreiung und Masselosigkeit, Rpfleger 1997, Seite 237 ff

Gerhard Pape, Recht auf Einsicht in Konkursakten – ein Versteckspiel für die Gläubiger?, ZIP 1997, Seite 1367 ff

Gerhard Pape, Wirksamkeitsprobleme im Insolvenzeröffnungsverfahren, ZInsO 1998, Seite 61 ff

Gehard Pape, Insolvenzgründe im Verbraucherinsolvenzverfahren, WM 1998, Seite 2125 ff

Gerhard Pape, Verfahrensrechtliche Probleme und Manipulationsmöglichkeiten bei Gläubigeranträgen betreffend private Verbraucher und Kleingewerbetreibende nach der InsO, ZInsO 1998, Seite 353 ff

Gerhard Pape, Die Gläubigerautonomie in der Insolvenzordnung, ZInsO 1999, Seite 305 ff

Gerhard Pape, Rechtliche Stellung, Aufgaben und Befugnisse des Gläubigerausschusses im Insolvenzverfahren, ZInsO 1999, Seite 675 ff

Gerhard Pape, Ein Jahr Verbraucherinsolvenz – eine Zwischenbilanz, ZIP 1999, Seite 2037 ff

Gerhard Pape, Das Rechtsschutzsystem im Insolvenzverfahren: ein Beitrag zur Auslegung und Anwendung der §§ 6, 7 InsO, Festschrift für Wilhelm Uhlenbruck zum 70. Geburtstag, in: Insolvenzrecht in Wissenschaft und Praxis, 2000, Seite 49 ff

Gerhard Pape, Einziehungsrecht des Insolvenzverwalters bei sicherungshalber abgetretenen Forderungen, NZI 2000, Seite 301 ff

Gerhard Pape, Masseunzulänglichkeit trotz Masse? Anmerkung zu AG Potsdam, Beschluss vom 24. 1. 2000 – 35 IN 150/99, ZInsO 2000, Seite 268 f

Gerhard Pape, Aufhebung von Beschlüssen der Gläubigerversammlung und Beurteilung des gemeinsamen Interesses nach § 78 InsO, ZInsO 2000, Seite 469 ff

Gerhard Pape, Die Rechtsprechung der Oberlandesgerichte in Insolvenzsachen seit In-Kraft-Treten der InsO, NJW 2001, Seite 23 ff

Gerhard Pape, Nichtberücksichtigung „neuen" Vortrags bei der Entscheidung über die Aufhebung von Beschlüssen der Gläubigerversammlung nach § 78

Literaturverzeichnis

InsO – zugleich Anmerkung zu KG, Beschluss vom 23.3. 2001 – 7 W 8076/00, ZInsO 2001, Seite 691 ff

Gerhard Pape, Folgen der Reform des Zivilprozessrechts für das Insolvenzverfahren – Bemerkungen zu den wichtigsten Änderungen für die Prozesspraxis, ZInsO 2001, Seite 1074 ff

Gerhard Pape, Die Haftung des Insolvenzverwalters für den Kostenerstattungsanspruch des Prozessgegners, ZIP 2001, Seite 1701 ff

Gerard Pape, Erforderlichkeit eines Eigenantrags des Schuldners im Fall des Antrags auf Restschuldbefreiung bei Anschließung an einen Gläubigerantrag?, NZI 2002, Seite 186 ff

Gerhard Pape, Aktuelle Entwicklungen im Verbraucherinsolvenzverfahren und Erfahrungen mit den Neuerungen des InsO-Änderungsgesetzes, ZVI 2002, 225 ff

Gerhard Pape, Rechtsbeschwerden nach §§ 574 ff ZPO nF im Konkursverfahren?, ZInsO 2002, Seite 249 ff

Gehard Pape, Entwicklung des Regelinsolvenzverfahrens im Jahre 2001, NJW 2002, Seite 1165 ff

Gerhard Pape, Selbstkorrektur oder außerordentliche Beschwerde wegen „greifbarer Gesetzeswidrigkeit"?, NZI 2003, Seite 12 ff

Gerhard Pape, Entwurf eines Gesetzes zur Änderung der Insolvenzordnung, ZInsO 2003, Seite 389 ff

Gerhard Pape, Vorzeitige Erteilung der Restschuldbefreiung bei fehlenden Forderungsanmeldungen, NZI 2004, Seite 1 ff

Irmtraut Pape, Auswirkungen der ZPO-Reform auf das insolvenzrechtliche Beschwerdeverfahren, NZI 2001, Seite 516 ff

Christoph G. Paulus, Software in Vollstreckung und Insolvenz, ZIP 1996, Seite 2 ff

Christoph G. Paulus, Zum Verhältnis von Aufrechnung und Insolvenzanfechtung, ZIP 1997, Seite 569 ff

Christoph G. Paulus, Die Rolle der Gläubiger im neuen Insolvenzrecht, DZWIR 1999, Seite 53 ff

Christoph G. Paulus, Ein Spannungsfeld der Praxis: Sanierung und Insolvenzanfechtung, BB 2001, Seite 425 ff

Christoph G. Paulus, Grundlagen des neuen Insolvenzrechts – Internationales Insolvenzrecht, DStR 2005, 334 ff

Klaus Peters, Pool-Verträge in der Unternehmenskrise, ZIP 2000, Seite 2238 ff

Andrea Pirscher, Anerkennung eines originären Freistellungsrechts des Insolvenzverwalters – Anmerkung zu LAG Hamm, Urteil vom 27.9. 2000 – 2 Sa 1178/00, ZInsO 2001, 333 –, ZInsO 2001, Seite 698 ff

Frank Primozic, Judith Voll, Zur Frage eines Verwertungsrechts des Insolvenzverwalters bei verpfändeten Unternehmensbeteiligungen, NZI 2004, Seite 363 ff

Hanns Prütting, Ist die Gesellschaft bürgerlichen Rechts insolvenzfähig?, ZIP 1997, Seite 1725 ff

Hanns Prütting, Aktuelle Fragen der Rechtsmittel im Insolvenzrecht, NZI 2000, Seite 145 ff

Hanns Prütting, Barbara Stickelbrock, Befugnisse des vorläufigen Insolvenzver-

Literaturverzeichnis

walters – aktuelle Entwicklungen in der Rechtsprechung, ZIP 2002, Seite 1608 ff

Richert, Die verfahrensrechtliche Beendigung des Konkurses, NJW 1961, Seite 645 ff

Ernst Riedel, Deliktische Ansprüche in der Restschuldbefreiung, NZI 2002, Seite 414 ff

Rainer Riggert, Die Unabhängigkeit des Insolvenzverwalters gegenüber Gläubigern – Erwiderung auf Graeber, NZI 2002, 345 –, NZI 2002, Seite 352 ff

Rainer Riggert, Der Lieferantenpool im neuen Insolvenzrecht, NZI 2000, Seite 525 ff

Andreas Ringstmeier, Stefan Homann, Die Auswirkungen der Schuldrechtsreform auf die Insolvenzverwaltung, ZIP 2002, Seite 505 ff

Friedrich H. Robrecht, Zum klagbaren Anspruch des Rechtsanwalts auf Bestellung zum Konkursverwalter, KTS 1998, Seite 63 ff

Peter M. Röhm, Strafrechtliche Folgen eines Insolvenzantrags bei drohender Zahlungsunfähigkeit gem. § 18 InsO, NZI 2002, Seite 134 ff

Christian Rolfs, Insolvenzschutz für Wertguthaben aus Altersteilzeit, NZS 2004, Seite 561 ff

Volker Römermann, Anfechtbarkeit der Verwalterbestellung, NZI 2003, Seite 134 ff

Hans P. Runkel, Reformvorschlag des Arbeitskreises der Insolvenzverwalter zum Unternehmensinsolvenzrecht und Verhaltensrichtlinien der Arbeitskreismitglieder, NZI 2002, Seite 2 ff

Oliver Sabel, Zustellungen in der InsO, ZIP 1999, Seite 305 ff

Oliver Sabel, Hauptsitz als Niederlassung im Sinne der EuInsVo, NZI 2004, 126 ff

Günter Schaub, Insolvenzgeld, NZI 1999, Seite 215 ff

Günter Schaub, Arbeitsrecht in der Insolvenz, DB 1999, Seite 217 ff

Uwe Scheibner, Zu Besonderheiten beim Insolvenzplan in eingetragenen Genossenschaften, DZWIR 1999, Seite 8 ff

Frank Rüdiger Scheffler, Teilleistungen und gegenseitige nicht vollständig erfüllte Verträge in der Insolvenz, ZIP 2001, Seite 1182 ff

Inge Scherer, Neues Kaufgewährleistungsrecht und § 103 InsO, NZI 2002, Seite 356 ff

Inge Scherer, Teilweise Vorleistungen in der Insolvenz, NZI 2004, Seite 113 ff

Rolf Serick, Verarbeitungsklauseln im Wirkungskreis des Konkursverfahrens, ZIP 1982, Seite 507 ff

Bernd Schiefer, Die Rechtsprechung zu den Neuregelungen durch das Arbeitsrechtliche Beschäftigungsförderungsgesetz, DB 1998, Seite 925 ff

Stephan Schlegel, Der Verwalter als Zahlstelle nach § 166 InsO, NZI 2003, Seite 17 ff

Mathias Schlichting, Marc Graser, Die Befugnisse des Insolvenzverwalters gegenüber den besitzenden Pfandrechtsgläubigern, NZI 2000, Seite 206 ff

Bernhard Schlink, Datenschutz und Amtshilfe, NVwZ 1986, Seite 249 ff

Hermannjosef Schmahl, Zur Praxis öffentlich-rechtlicher Gläubiger bei der Stellung und Rücknahme vor Eröffnungsanträgen, NZI 2002, Seite 177 ff

Ulrich Schmerbach, Die Änderung der §§ 6, 7 InsO zum 1.1.2002 durch das Gesetz zur Reform der Zivilprozessordnung, ZInsO 2001, Seite 1087 ff

Literaturverzeichnis

Ulrich Schmerbach, Bundeseinheitlicher Vordruck zum Verbraucherinsolvenzverfahren, NZI 2002, Seite 197 ff

Ulrich Schmerbach, Erläutertes Formular zum Regelinsolvenzantrag ehemals Selbständiger, ZVI 2002, Seite 38 ff

Andreas Schmidt, Nicht ist unmöglich: Rückkehr zum „normalen" Insolvenzverfahren trotz angezeigter Masseunzulänglichkeit (§ 208 InsO), NZI 1999, Seite 442 ff

Karsten Schmidt, „Amtshaftung" und „interne Verantwortlichkeit" des Konkursverwalters – Eine Analyse des § 82 KO –, KTS 1976, Seite 191 ff

Karsten Schmidt, Unterlassungsanspruch, Unterlassungsklage und deliktischer Ersatzanspruch im Konkurs, ZZP 90 (1977), Seite 38 ff

Karsten Schmidt, Kapitalersetzende Gesellschafterdarlehen – ein Rechtsproblem nur der GmbH und der GmbH & Co. KG?, AG 1984, Seite 12

Karsten Schmidt, Der Konkursverwalter als Gesellschaftsorgan und als Repräsentant des Gemeinschuldners – Versuch einer Konkursverwaltertheorie für heute und morgen – KTS 1984, Seite 345 ff

Karsten Schmidt, Die Konkursverwalterhaftung aus unzulässiger Unternehmensfortführung und ihre Grenzen – Bemerkung zum Urteil des BGH vom 4. 12. 1986 – NJW 1987, Seite 812 ff

Karsten Schmidt, Anwendung von Handelsrecht auf Rechtshandlungen des Konkursverwalters, NJW 1987 Seite 1905 ff

Karsten Schmidt, Klage und Rechtshängigkeit bei Konkurseröffnung vor Klagezustellung, NJW 1995, Seite 911 ff

Karsten Schmidt, Kein Abschied vom „Quotenschaden" bei der Insolvenzverschleppungshaftung! – Altgläubigerschutz, Neugläubigerschutz und § 92 InsO, NZI 1998, Seite 9 ff

Karsten Schmidt, Georg Bitter, Doppelberücksichtigung, Ausfallprinzip und Gesellschafterhaftung in der Insolvenz, ZIP 2000, Seite 1077 ff

Karsten Schmidt, „Altlasten in der Insolvenz" – unendliche Geschichte oder ausgeschriebenes Drama?, ZIP 2000, Seite 1913 ff

Thomas B. Schmidt, Änderungen des Kaufrechts durch die Schuldrechtsreform und deren Bedeutung für die Praxis der Insolvenzverwaltung, ZInsO 2002, Seite 103 ff

Jens M. Schmittmann, Verbraucher- oder Regelinsolvenzverfahren für organschaftliche Vertreter einer Kapitalgesellschaft?, ZInsO 2002, 742

Jens M. Schmittmann, Rechtsprechungsübersicht zur Entlassung des (vorläufigen) Insolvenzverwalters von Amts wegen, NZI 2004, Seite 239 ff

Stephan Schmitz-Herscheid, Eidesstattliche Versicherung des Gemeinschuldners hinsichtlich aller zu erteilenden Auskünfte?, KTS 1996, Seite 517 ff

Peter Schrader, Übergangsregelungen zum Konkursrecht, NZA 1997, Seite 70 ff

Brent Schwab, Die Rechtsstellung des Urhebers in der Insolvenz, KTS 1999, Seite 49 ff

Rolf Schwartmann, Zur Befreiung des Insolvenzverwalters aus der ordnungsrechtlichen Verantwortlichkeit durch Freigabe, NZI 2001, Seite 69

Walter Seitz, Inkassorecht und Insolvenzordnung – Einflüsse der Insolvenz auf Recht und Praxis der Inkassounternehmen, NZI 1999, Seite 10 ff

Literaturverzeichnis

Gerhard Siegmann, Der Tod des Schuldners im Insolvenzverfahren, ZEV 2000, Seite 345 ff

Stefan Smid, Salvatorische Klauseln als Instrument zur Abwehr von Widersprüchen gegen den Insolvenzplan, ZInsO 1998, Seite 347 ff

Stefan Smid, Sanierungsverfahren nach dem neuen Insolvenzrecht, WM 1998, 2489 ff

Stefan Smid, Urteilsanmerkung zu AG Schwerin, Beschluss vom 16. 3. 1999 – 58 IK 9/99 –, DZWIR 1999, Seite 296 ff

Stefan Smid, Lieferantenpools im neuen Insolvenzrecht, NZI 2000, Seite 505 ff

Stefan Smid, Silke Wehdeking, Anmerkungen zum Verhältnis der §§ 57 und 78 Abs 1 InsO, InVo 2001, Seite 81 ff

Jürgen D. Spliedt, Art 106 EGInsO – Vertrauensschutz oder Haftungsfalle für den Verwalter?, NZI 2001, Seite 127 ff

Kai S. Staak, Mögliche Probleme im Rahmen der Koordination von Haupt- und Sekundärinsolvenzverfahren nach der Europäischen Insolvenzverordnung (EuInsVO), NZI 2004, 480 ff

Florian Stapper, Neue Anforderungen an den Insolvenzverwalter, NJW 1999, Seite 3441 ff

Achim Stegmann, Thorsten Patric Lind, Der Lebensversicherungsvertrag in der Insolvenz, NVersZ 2002, Seite 193 ff

Guido Stephan, Erfahrungsberichte aus den Insolvenzgerichten – Erste Erfahrungen mit dem neuen Recht beim AG Darmstadt, ZInsO 1999, Seite 78 f

Guido Stephan, Das InsO-Änderungsgesetz 2005, NZI 2004, Seite 521 ff

Jörn U. Stiller, Zur Wirksamkeit eines Eröffnungsbeschlusses, in dessen Urschrift der Schuldnername nicht genannt wird, und zur Insolvenzanfechtung nach § 131 Abs 1 Nr 2 InsO, ZInsO 2003, Seite 259 ff

Jörn U. Stiller, Der Zeugnisanspruch in der Insolvenz des Arbeitgebers, NZA 2005, Seite 330 ff

Michael Take, Haftung des Insolvenzverwalters für die Umsatzsteuer/Vorsteuerberichtigungsanspruch des FA – Anmerkung zum Urteil des FG Düsseldorf vom 30. 11. 2000 – 2 K 4312/99 –, ZInsO 2001, Seite 404 f

Michael Take, Reinhold Schmid-Sperber, Steuerliche Behandlung der Sanierungsgewinne im Insolvenzplanverfahren, ZInsO 2000, Seite 374 ff

Christian Tetzlaff, Altlasten in der Insolvenz, ZIP 2001, Seite 10 ff

Oliver Thomsen, Zur Anwendbarkeit des Art 107 EGInsO – Anmerkung zu LG Frankfurt/M., Beschluss vom 9. 8. 2002 – 2/9 T 406/02, ZInsO 2002, 839, ZInsO 2002, Seite 813 f

Hortense Trendelenburg, Die Abführung eines angemessenen Betrages durch Selbständige gem. § 295 Abs 2 InsO, ZInsO 2000, Seite 437 ff

Ulrich Tschöpe, Christoph Fleddermann, Arbeitsvertraglich vereinbarte Kündigungsfristen in der Insolvenz, ZInsO 2001, Seite 455 ff

Wilhelm Uhlenbruck, Die Massekostendeckung als Problem der Konkursverwalterhaftung, KTS 1976, Seite 212 ff

Wilhelm Uhlenbruck, Aus- und Abwahl des Insolvenzverwalters – Eine Schicksalsfrage der Insolvenzrechtsreform –, KTS 1989, Seite 229 ff

Wilhelm Uhlenbruck, Das Auskunfts- und Akteneinsichtsrecht im Konkurs- und Vergleichsverfahren, KTS 1989, Seite 527 ff

Literaturverzeichnis

Wilhelm Uhlenbruck, Rechtsfolgen der Beendigung des Konkursverfahrens, ZIP 1993, Seite 241 ff

Wilhelm Uhlenbruck, Die Zusammenarbeit von Richter und Rechtspfleger in einem künftigen Insolvenzverfahren, Rpfleger 1997, Seite 356 ff

Wilhelm Uhlenbruck, Auskunfts- und Mitwirkungspflichten des Schuldners und seiner organschaftlichen Vertreter nach der Konkursordnung, Vergleichsordnung, Gesamtvollstreckungsordnung, KTS 1997, Seite 371 ff

Wilhelm Uhlenbruck, Mit der Insolvenzordnung 1999 in das neue Jahrtausend – Kritisches und Unkritisches zu einem „Jahrhundertgesetz", NZI 1998, Seite 1 ff

Wilhelm Uhlenbruck, Konzerninsolvenz über einen Insolvenzplan?, NZI 1999, Seite 41 ff

Wilhelm Uhlenbruck, Rechtsmittelzug bei Insolvenzkostenhilfe und Vergütungsfestsetzung, NZI 1999, Seite 175 ff

Wilhelm Uhlenbruck, Die Rechnungslegungspflicht des vorläufigen Insolvenzverwalters, NZI 1999, Seite 289 ff

Wilhelm Uhlenbruck, Die Firma als Teil der Insolvenzmasse, ZIP 2000, Seite 401 ff

Wilhelm Uhlenbruck, Gesetzesunzulässigkeit bei Masseunzulänglichkeit, NZI 2001, Seite 408 ff

Wilhelm Uhlenbruck, Vordatierung von Insolvenzeröffnungsbeschlüssen?, ZInsO 2001, Seite 977 ff

Wilhelm Uhlenbruck, Gerichtliche Anordnung der Vorlage von Urkunden gegenüber dem Insolvenzverwalter, NZI 2002, Seite 589 f

Wilihelm Uhlenbruck, Die Haftung des vorläufigen Insolvenzverwalters als gerichtlicher Sachverständiger, ZInsO 2002, Seite 809 ff

Wilhelm Uhlenbruck, Ausgewählte Pflichten und Befugnisse des Gläubigerausschusses in der Insolvenz, ZIP 2002, Seite 1373 ff

Heinz Vallender, Die bevorzugte Behandlung von „Altfall-Schuldnern" bei der Restschuldbefreiung, ZIP 1996, Seite 529 ff

Heinz Vallender, Die Anordnung der vorläufigen Insolvenzverwaltung, DZWIR 1999, Seite 265 ff

Heinz Vallender, Die bevorzugte Behandlung von „Altfall-Schuldnern" bei der Restschuldbefreiung, ZIP 1996, Seite 2058 ff

Heinz Vallender, Die Rechtsprechung des Bundesgerichtshofs zur Konkursverwalterhaftung, ZIP 1997, Seite 345 ff

Heinz Vallender, Einzelzwangsvollstreckung im neuen Insolvenzrecht, ZIP 1997, Seite 1993 ff

Heinz Vallender, Auflösung und Löschung der GmbH-Veränderungen aufgrund des neuen Insolvenzrechts, NZG 1998, Seite 249 ff

Heinz Vallender, Eigenverwaltung im Spannungsfeld zwischen Schuldner- und Gläubigerautonomie, WM 1998, Seite 2129 ff

Heinz Vallender, Allgemeine Anforderungen an Anträge im Insolvenzverfahren, MDR 1999, Seite 280 ff

Heinz Vallender, Karlhans Fuchs, Andreas Rey, Der Ablauf des Verbraucherinsolvenzverfahrens beim Eigenantrag bis zur Eröffnungsentscheidung, NZI 1999, 218 ff

Literaturverzeichnis

Heinz Vallender, Karlhans Fuchs, Andreas Rey, Der Antrag auf Eröffnung eines Nachlassinsolvenzverfahrens und seine Behandlung bis zur Eröffnungsentscheidung, NZI 1999, 355 f

Heinz Vallender, Bankgeheimnis und Auskunftspflicht der Kreditinstitute im Insolvenzeröffnungsverfahren, Festschrift für Wilhelm Uhlenbruck zum 70. Geburtstag, in: Insolvenzrecht in Wissenschaft und Praxis, 2000, Seite 133 ff

Heinz Vallender, Das Schicksal nicht berücksichtigter Forderungen im Verbraucherinsolvenz- und Restschuldbefreiungsverfahren, ZIP 2000, Seite 1288 ff

Heinz Vallender, Die Reform der Reform, KTS 2001, Seite 519 ff

Heinz Vallender, Die bevorstehenden Änderungen des Verbraucherinsolvenz- und Restschuldbefreiungsverfahrens auf Grund des InsOÄndG 2001 und ihre Auswirkungen auf die Praxis, NZI 2001, Seite 561 ff

Heinz Vallender, Kostentragungspflicht bei Anordnung der Postsperre, NZI 2003, Seite 244

Heinz Vallender, Wohnungseigentum in der Insolvenz, NZI 2004, Seite 401 ff

Heinz Vallender, Steine statt Brot, NJW 2004, Seite 3614 f

Ansgar Vögeli, Sanierungsgewinn – Gewinn oder Grund erneuter Insolvenz?, ZInsO 2000, Seite 144 ff

Gregor Vollkommer, Verfahrensunterbrechung nach § 240 ZPO bei Prozeßstandschaft und Sicherungszession, MDR 1998, Seite, 1269 ff

Gerhard Wagner, Die Anfechtung im Verbraucherinsolvenzverfahren, ZIP 1999, Seite 689 ff

Volker Wagner, Die Rechtsmittelbegründungsfrist nach konkursverfahrensrechtlicher Unterbrechung, KTS 1997, Seite 567 ff

Jürgen Wallner, Sonstige Rechte in der Verwertung nach den §§ 166 ff, InsO, ZInsO 1999, Seite 453 ff

Jürgen Wallner, Insolvenzfeste Nutzungsrechte und Lizenzen an Software, NZI 2002, 70–79

Alexander Warrikoff, Die Stellung der Arbeitnehmer nach der neuen Insolvenzordnung, BB 1994, Seite 2338 ff

Alexander Warrikoff, Gestaltungsmöglichkeiten im Insolvenzplan, KTS 1997, Seite 527 ff

Burghard Wegener, Sanierungshindernisse durch mangelnde Gläubigerbeteiligung im Planverfahren – Zur Auslegung der §§ 244, 245 InsO –, ZInsO 2002, Seite 1157 ff

Silke Wehdeking, Reform des internationalen Insolvenzrechts in Deutschland und Österreich, DZWir 2003, 133 ff

Ditmar Weis, Kostenpauschalen für die Insolvenzmasse bei Verwertung von Lebensversicherungen – zugleich Anmerkung zum Urteil des OLG Hamm vom 20. 9. 3001, ZInsO 2002, Seite 170 ff

Andreas Weisang, Zur Rechnungslegung nach der neuen Insolvenzordnung, BB 1998, Seite 1149 ff

Ulrich Weisemann, Michaela Nisters, Die Haftungsrisiken der Insolvenzverwalter und die Möglichkeit einer versicherungsmäßigen Lösung, DZWIR 1999, Seite 138 ff

Literaturverzeichnis

Cornelia Weitekamp, Die analoge Anwendung des § 55 KO nach Verhängung eines allgemeinen Veräußerungsverbots – Zugleich zur Rechtslage nach § 96 InsO, NZI 1998, Seite 112 ff

Peter Welzel, Masseverwertung nach der InsO aus umsatzsteuerlicher Sicht, ZIP 1998, Seite 1823 ff

Frank Wenzel, Die Rechtsstellung des Grundpfandrechtsgläubigers im Insolvenzverfahren, NZI 1999, Seite 101 ff

Bernhard Werner, Urlaubsabgeltungsansprüche und drohende Insolvenz des Arbeitgebers – Konsequenzen aus der jüngsten Rechtsprechung des BSG zum Insolvenzgeld, NZI 2003, Seite 184 ff

Jan de Weerth, Die Verwertung sicherungsübereigneter Gegenstände nach Inkrafttreten der Insolvenzrechtsreform im Blickwinkel des Umsatzsteuerrechts, BB 1999, Seite 821 ff

Lars Westpfahl, Zur Auslegung des InsO § 113 Abs 2 (f), EWiR 2000, Seite 131 f

Roland Wiester, Die Fortführungspflicht des vorläufigen Insolvenzverwalters und ihre Auswirkung auf die Vorfinanzierung des Insolvenzgeldes, ZInsO 1998, Seite 99 ff

Jens Wilhelm V., Anm zu LG Hannover, Beschluss vom 12. 2. 2002 – 20 T 2225/01–80–, ZInsO 2002, Seite 450 f

Klaus Wimmer, Die UNCITRAL-Modellbestimmung über grenzüberschreitende Insolvenzverfahren, ZIP 1997, 2220 ff

Klaus Wimmer, Die Besonderheiten von Sekundärinsolvenzverfahren unter besonderer Berücksichtigung des Europäischen Insolvenzübereinkommens, ZIP 1998, 982 ff

Klaus Wimmer, Die Richtlinien 2001/17 EG und 2001/24 EG über die Sanierung und Liquidation von Versicherungsunternehmen und Kreditinstituten, ZInsO 2002, 897 ff

Ulrich Winter, Die Anwendung der Altfallregelung nach Verkürzung der Abtretungslaufzeit im Rahmen des Insolvenzänderungsgesetzes (InsOÄndG), ZVI 2002, Seite 239 ff

Arne Wittig, Zur Verrechnung von Zahlungseingängen während der Sequestration im Gesamtvollstreckungsverfahren, WM 1995, Seite 865 ff

Arne Wittig, Insolvenzordnung und Konsumentenkredit, WM 1998, Seite 157 ff

Arne Wittig, Obstruktionsverbot und Cram Down – § 245 InsO im Lichte der LaSalle Street Entscheidung des U. S. Supreme Court v. 3. 5. 1999 – ZInsO 1999, Seite 373 ff

Arne Wittig, Rangrücktritt – Antworten und offene Fragen nach dem Urteil des GBH vom 8. 1. 2001, NZI 2001, Seite 169 ff

Arne Wittig, Kritische und notleidende Kreditengagements – Änderungen auf Grund der Schuldrechtsreform, NZI 2002, Seite 633 ff

Regina Wunderer, Auswirkungen des Europäischen Übereinkommens über Insolvenzverfahren auf Bankgeschäfte, WM 1998, Seite 793 ff

Herbert Zahn, Leasingnehmer und refinanzierende Bank in der Insolvenz des Leasinggebers nach der Insolvenzordnung, DB 1995, Seite 1649 ff

Helmut Zipperer, Private und behördliche Einsicht in Insolvenzakten – eine systematische Bestandsaufnahme, NZI 2002, Seite 244 ff

Literaturverzeichnis

Steffen Zimmermann, Rechtsposition, Handlungsalternativen und Kostenbeiträge der absonderungsberechtigten Bank im Rahmen der InsO, NZI 1998, Seite 57 ff

Bertram Zwanziger, Insolvenzordnung und materielle Voraussetzungen betriebsbedingter Kündigungen, BB 1997, Seite 626 ff

4. Dokumentationen

Bruno M. Kübler, Hanns Prütting, RWS-Dokumentation 18, Das neue Insolvenzrecht, Band 1, Köln 1994, zitiert: RWS-Doku

Insolvenzordnung (InsO)

Vom 5. Oktober 1994

Zuletzt geändert durch Art. 9 JustizkommunikationsG vom 22. 3. 2005 (BGBl. I S. 837)

(BGBl. I S. 2866)
FNA 311-13

1. Teil. Allgemeine Vorschriften

§ 1 Ziele des Insolvenzverfahrens

[1]Das Insolvenzverfahren dient dazu, die Gläubiger eines Schuldners gemeinschaftlich zu befriedigen, indem das Vermögen des Schuldners verwertet und der Erlös verteilt oder in einem Insolvenzplan eine abweichende Regelung insbesondere zum Erhalt des Unternehmens getroffen wird. [2]Dem redlichen Schuldner wird Gelegenheit gegeben, sich von seinen restlichen Verbindlichkeiten zu befreien.

Literatur: *Balz*, Kölner Schrift, S 3 ff; *Beule*, Kölner Schrift, S 23 ff; *Prütting*, Kölner Schrift, S 221 ff; *Uhlenbruck*, NZI 1998, 1 ff; s auch umfassende Zusammenstellung des Schrifttums in HdbInsR, § 1.

I. Normzweck

1. Programmsätze

Die Vorschrift des § 1 dient in erster Linie als Programmsatz und als Auslegungshilfe für die weiteren Normen der InsO (N/R-*Becker*, § 1 Rn 1 f). Einen selbständigen Regelungsinhalt enthält die Norm hingegen nicht. Die prägenden Regelungsinhalte der neuen InsO finden in § 1 Erwähnung: die Stärkung der Gläubigerinteressen bei der Verwertung des Schuldnervermögens (vgl 2.), die Möglichkeit, eine von der gesetzlichen Regelung abweichende Regelung in einem InsPlan zu treffen (vgl 3.) sowie die neu geschaffene Möglichkeit, einem „redlichen" Schuldner die Restschuldbefreiung zu gewähren (vgl 4.). **1**

2. Stärkung der Gläubigerinteressen

Wesentliches Ziel der InsO ist die Stärkung der Gläubigerautonomie (K/P-*Prütting*, § 1 Rn 14 ff; *Uhlenbruck/Uhlenbruck*, § 1 Rn 4). Die Be- **2** fugnisse des InsVerw wurden im Vergleich zur KO durch weitreichende Gläubigerbefugnisse und Mitspracherechte deutlich zurückgedrängt. Das Insolvenzeröffnungs- sowie das Insolvenzverfahren sind auf den Berichtstermin (§§ 156 ff) ausgerichtet, in welchem die Grundlagen für die Verwertung des schuldnerischen Unternehmens gelegt werden. Bis zu diesem Termin darf der (vorl) InsVerw das Vermögen des Schuldners nur ausnahmsweise verwerten. Die Entscheidung über die Art und Weise der Verwertung (zB übertragende Sanierung, Zerschlagung des Unternehmens, Abschluss eines InsPlan usw) obliegt nach der Vorstellung des Gesetzgebers der InsO den Gläubigern.

3. Insolvenzplan

3   Als zentralen Regelungsgegenstand kennt die neue InsO das InsPlan-Verfahren (§§ 217–269). Die Vorschriften über den InsPlan haben ihre Wurzeln teilweise in der bis 31. 12. 1998 geltenden VglO, teilweise im US-amerikanischen Chapter XI-Verfahren. Der Abschluss eines InsPlan erhöht die Flexibilität bei der Verwertung des schuldnerischen Vermögens und unterstreicht zusätzlich die Verstärkung der Gläubigerrechte. Der Insolvenzplan dient insbesondere der Erhaltung des Unternehmens und kann vom Insolvenzverwalter oder vom Schuldner vorgelegt werden; er kommt durch Annahmebeschluss der Gläubiger und Bestätigung durch das Insolvenzgericht zustande (*Jaeger*, § 1 Rn 7).

4. Restschuldbefreiung

4   Eine wichtige Neuerung in der InsO besteht darin, dass dem redlichen Schuldner die Gelegenheit gegeben wird, sich von seinen restlichen Verbindlichkeiten zu befreien (*Jaeger*, § 1 Rn 20). Anders als die bislang in den alten Bundesländern geltende KO bietet die InsO nunmehr auch natürlichen Personen das Instrument der Restschuldbefreiung (§§ 286 ff). Während nach der KO nach Beendigung eines Konkursverfahrens über das Vermögen einer natürlichen Person deren Verbindlichkeiten auch weiterhin noch quasi unverjährbar fortbestanden, kann nunmehr ein (Verbraucher-) Insolvenzverfahren auch natürlichen Personen einen *fresh start* ermöglichen. Die Restschuldbefreiung kann durch einen Insolvenzplan (§§ 217, 227), einen Schuldenbereinigungsplan im Verbraucherinsolvenzverfahren (§§ 305 ff) oder kraft Gesetzes im Normalverfahren oder im vereinfachten Insolvenzverfahren (§§ 286 ff, 311 ff) erreicht werden (vgl *Jaeger*, § 1 Rn 21)

II. Weitere Ziele der neuen Insolvenzordnung

1. Ablösung des bisherigen uneinheitlichen Insolvenzrechts

Bis zum In-Kraft-Treten der InsO galt im Deutschland der Wiedervereinigung ein uneinheitliches Insolvenzrecht. Während in den alten Ländern die KO vom 10. 2. 1877 und die VglO vom 26. 2. 1935 galten, war in den neuen Ländern die GesO an die Erfordernisse einer modernen Wirtschaft angepasst worden. Die GesO war im Zuge der Wiedervereinigung durch Anl II Kap III A Abschn II Nr 1a des Einigungsvertrages mit einigen Modifikationen im Geltungsbereich der neuen Bundesländer in Kraft gesetzt worden. Die lediglich fragmentarisch geregelte GesO war mit den „alten" Insolvenzgesetzen unzureichend abgestimmt. Allein dieser unbefriedigende Rechtszustand machte eine Rechtsangleichung im gesamten Bundesgebiet erforderlich. Dies wurde zum Anlass genommen, das Insolvenzverfahren umfassend neu zu gestalten. Das bisherige 2-gliedrige System in den alten Bundesländern (KO und VglO) wurde durch ein eingliedriges Insolvenzverfahren abgelöst, welches sowohl Elemente des Rechts der alten Bundesländer wie der GesO als auch dem Deutschen Insolvenzrecht bislang unbekannte Elemente wie dem InsPlan und der Eigenverwaltung in einem neuen eigenständigen Gesetz vereinigte (MK-InsO/*Ganter*, § 1 Rn 19).

2. Instrumente zur Erhöhung der Verfahrenseröffnungsquote

Die Praxis des alten Konkursrechtes litt unter einer minimalen Eröffnungsquote. Ein Großteil der Konkursanträge nach altem Recht wurde mangels einer das Verfahren deckenden Masse abgelehnt. Durch die InsO sollte dieser unbefriedigende Rechtszustand auf zwei Wegen beseitigt werden. Zum einen enthält die InsO eine Fülle von Vorschriften, welche eine „Masseanreicherung" bezwecken, wie etwa die Verschärfung des Anfechtungsrechtes (§§ 129 ff), die Erweiterung der Insolvenzmasse auf Absonderungsrechte und das Herausnehmen der „unechten" Masseverbindlichkeiten der rückständigen Arbeitsentgelte der letzten sechs Monate vor Verfahrenseröffnung. Zum anderen wurde die Schwelle der Verfahrenseröffnung deutlich herabgesetzt, so dass zur Verfahrenseröffnung nunmehr gemäß §§ 26 Abs 1 S 1, 54 nur noch die Kosten des Insolvenzverfahrens (Gerichtskosten, Vergütungen sowie Auslagen des vorl InsVerw, des InsVerw und der Mitglieder des Gläubigerausschusses) abgedeckt werden müssen. Nach altem Recht war eine „Abweisung mangels Masse" bereits dann vorgeschrieben, wenn voraussichtlich Massekosten und Masseverbindlichkeiten nicht erfüllt werden konnten. Diese „Zwangseröffnung" massearmer Verfahren hat in Rechtsprechung und Literatur zwar erhebliche Kritik erfahren (vgl unten § 26 Rn 3). Sie gewährleistet jedoch auch

§ 2 1. Teil. Allgemeine Vorschriften

bei massearmen Verfahren eine ordnungsgemäße Abwicklung des Schuldnervermögens. Nach ersten Statistiken zur neuen InsO hat dies in der Tat zur Erhöhung der Eröffnungsquote geführt.

III. Regelungsinhalt der Norm

7   Die in der Norm enthaltenen Programmsätze werden teilweise von Rechtsprechung und Literatur mit einem eigenständigen Regelungsinhalt versehen. Dies galt zunächst insbes im Zusammenhang mit der Diskussion um die Gewährung von Insolvenzkostenhilfe beim Verbraucherinsolvenzverfahren (vgl unten § 4 Rn 19). Eine starke Auffassung in der insolvenzrechtlichen Literatur und zahlreiche dieser Auffassung folgende instanzgerichtliche Entscheidungen folgern aus § 1 S 2 ein durchgreifendes Argument für die Gewährung von Insolvenzkostenhilfe. Die Diskussion ist jedoch durch Einführung der „Stundungslösung" gemäß §§ 4a ff obsolet geworden.

Vorbemerkung vor §§ 2–10

1   §§ 2–10 enthalten den Allgemeinen Teil für das **Verfahren vor dem InsGericht**. Beim InsGericht liegen trotz weitreichender Befugnisse von InsVerw und Gl-Versammlung die **zentralen Entscheidungen** des staatlichen InsVerfahren. Es entscheidet u. a. über die Verfahrenseröffnung und die Anordnung von Sicherungsmaßnahmen (§§ 21 ff, 26 ff), die Bestellung und Beaufsichtigung des InsVerw (§§ 56, 274, 313), die Prüfung von Gläubigerversammlungsbeschlüssen (§ 78), die Anordnung der Postsperre (§ 99), die Durchführung von Prüfungs- und Schlusstermin (§§ 176 ff, 197), die Einstellung (§§ 207, 211–213) und Aufhebung (§ 200) des Verfahrens, die Anordnung der Eigenverwaltung (§ 270) und die Erteilung der Restschuldbefreiung (§ 300), die Bestätigung eines InsPlan (§ 248) und die Zustimmungsersetzung zum Schuldenbereinigungsplan im Verbraucherinsolvenzverfahren (§ 309).

2   Der **Zugang** zum InsGericht ist in den Bestimmungen über die sachliche und örtliche Zuständigkeit, §§ 2, 3, geregelt. Danach richtet sich insb, bei welchem Gericht ein InsAntrag anzubringen ist.

3   Erhebliche praktische Bedeutung hat die **Verfahrenskostenstundung** in §§ 4a–d, die ein InsSchu beantragen kann, der die Kosten für die Durchführung eines InsVerfahren nicht aufbringen kann.

§ 2 Amtsgericht als Insolvenzgericht

(1) Für das Insolvenzverfahren ist das Amtsgericht, in dessen Bezirk ein Landgericht seinen Sitz hat, als Insolvenzgericht für den Bezirk dieses Landgerichts ausschließlich zuständig.

(2) ¹Die Landesregierungen werden ermächtigt, zur sachdienlichen Förderung oder schnelleren Erledigung der Verfahren durch Rechtsverordnung andere oder zusätzliche Amtsgerichte zu Insolvenzgerichten zu bestimmen und die Bezirke der Insolvenzgerichte abweichend festzulegen. ²Die Landesregierungen können die Ermächtigung auf die Landesjustizverwaltungen übertragen.

1. Allgemeines

a) § 2 regelt die **sachliche Zuständigkeit** in Insolvenzsachen; die örtliche folgt aus § 3. Wie unter KO, VglO und GesO gehören die InsVerfahren zur Zuständigkeit der **Amtsgerichte**. Dort wird das Verfahren abschließend durchgeführt; es gibt **keine zweite Instanz**. Landgerichte und BGH sind nur im Beschwerdeweg mit dem Verfahren befasst. Im Unterschied zum alten Recht **konzentriert** die InsO die InsVerfahren bei einem AG im Landgerichtsbezirk (Abs 1). Allerdings haben von der Ermächtigung zur **Ausnahmeregelung** nach Abs 2 inzwischen bis auf Brandenburg, Hamburg, Mecklenburg-Vorpommern, Nordrhein-Westfalen, das Saarland, Sachsen-Anhalt und Thüringen alle Länder Gebrauch gemacht.

b) Funktionelle Zuständigkeit. Innerhalb der Insolvenzabteilungen des AG sind die Aufgaben nach §§ 3 Nr 2e, 18 RPflG zwischen Richter (§ 22 Abs 1 GVG) und Rechtspfleger verteilt. Verallgemeinernd ist der Richter für die Eröffnung, der Rechtspfleger unter Rückholvorbehalt für die Durchführung des InsVerfahren zuständig (ausf. *Keller*, RpflStud 2002, 33 ff; *Franke/Burger*, NZI 2001, 403 ff; *Uhlenbruck*, Rpfleger 1997, 356 f). Erläuterungen hierzu finden sich bei den einzelnen Vorschriften.

2. Abgrenzung zur Zuständigkeit anderer Gerichte

Die Eröffnung des InsVerfahren bedeutet nicht, dass die Zuständigkeit für alle damit zusammenhängenden Rechtsfragen auf das InsGericht übergeht. Dessen Zuständigkeit nach § 2 besteht nur für **Insolvenzsachen**. Sie ist abzugrenzen von der Zuständigkeit des Prozess- und des Vollstreckungsgerichts.

a) Streitigkeiten der Beteiligten über materielle Rechte sind vor dem **Prozessgericht** auszutragen (zur Abgrenzung *Smid/Smid*, § 2 Rn 2). Hierher gehören:

aa) Rechtsstreite, die zZ der Eröffnung anhängig waren (zu Auswirkungen der Verfahrenseröffnung vgl § 240 ZPO und hierzu *Uhlenbruck/Uhlenbruck* § 4 Rn 44 f);

6 **bb)** Streitigkeiten zwischen InsVerw und InsSchu über die Massezugehörigkeit einer Forderung (AG Duisburg NZI 2000, 385, 386);

7 **cc)** Streitigkeiten zwischen Gläubiger und InsVerw über das Bestehen von Aus- und Absonderungsrechten (K/P-*Prütting*, § 47 Rn 89 f), Masseverbindlichkeiten (*Smid/Smid*, § 2 Rn 3), die Forderungsfeststellung zur Tabelle nach §§ 180, 185 (BGH NZI 2002, 37: unzulässig bei Auswechslung des Anspruchsgrundes gegenüber der Anmeldung zur Tabelle; BGH ZIP 1998, 515: Feststellung des rechtzeitigen Nachweises obliegt dem InsGericht), Anfechtungsansprüche, die persönliche Haftung des InsVerw. Für **Passivprozesse des InsVerw** ist der allg Gerichtsstand des **§ 19a ZPO** zu beachten (OLG Schleswig ZInsO 2001, 968, 969 mN: keine Geltung für Aktivprozesse).

8 **dd)** Prozesse des InsVerw über Forderungen des InsSchu gegen einen Drittschuldner (MK-InsO/*Ganter*, § 2 Rn 7);

9 **ee)** Streitigkeiten, die das insolvenzfreie Vermögen oder persönliche Angelegenheiten des InsSchu betreffen. – Dagegen ist für die Regelung der Besitzverhältnisse zwischen InsSchu und vorl InsVerw das InsGericht zuständig. Lehnt dieses ein aufsichtsrechtliches Vorgehen analog § 58 ab, können Maßnahmen gegen den InsVerw nicht im Wege einer einstweiligen Verfügung vor dem Prozessgericht durchgesetzt werden (LG Duisburg, ZIP 1999, 1106, 1107).

10 **b)** Während unter der KO die Abnahme eidesstattlicher Versicherungen dem **Vollstreckungsgericht** vorbehalten war, kann das InsGericht diese nach §§ 98, 101 Abs 1, 153 Abs 2 S 1 selbst abnehmen. Das InsGericht ist außerdem anstelle des Vollstreckungsgerichts zuständig:

11 **aa)** Nach § 89 Abs 3 für Vollstreckungserinnerungen gegen Vollstreckungsmaßnahmen nach Verfahrenseröffnung (AG Hamburg NZI 2000, 96 zur funktionellen Zuständigkeit); nach dem Rechtsgedanken auch gegen solche während des Eröffnungsverfahrens (*Prütting*, NZI 2000 145, 146 f; **aA:** AG Köln NZI 1999, 381; AG Rostock, NZI 2000, 142). § 89 Abs 3 umfasst nicht Vollstreckungsgegenklagen (OLG Düsseldorf NZI 2002, 388) und sofortige Beschwerden gegen Vollstreckungsentscheidungen nach §§ 573, 567 ff ZPO (OLG Jena, NZI 2002, 156, 157);

12 **bb)** Entscheidungen nach § 765a ZPO (AG Göttingen ZInsO 2001, 275, 276 mwN);

13 **cc)** Feststellung des Insolvenzbeschlags von Erwerbseinkünften, §§ 850 ff ZPO (§ 850c ZPO: AG München ZInsO 2000, 407; AG Solingen InVo 2000, 205, 206; § 850f ZPO: OLG Köln NZI 2000, 590, 591;

LG Offenburg NZI 2000, 277, 278; *Ott/Zimmermann*, ZInsO 2000, 421, 426; **aA:** AG Köln ZInsO 2001, 139, 140).

c) Arbeitsrechtliche Klagen gegen den InsVerw gehören vor die **Ar-** 14
beitsgerichte (LAG Mecklenburg-Vorpommern ZInsO 2000, 680, 681).

3. Zentrales InsGericht

Nach der Grundregel in Abs 1 ist InsGericht nur noch das **AG am Sitz** 15
eines LG (Zusammenstellung der InsGericht bei N/R-*Becker*, § 2
Rn 17). Es ist zuständig für den gesamten Landgerichtsbezirk. Diese klare
Zuständigkeitszuweisung geht durch die **abweichenden Landes-**
regelungen nach Abs 2 weitgehend verloren. Danach besteht die Möglichkeit, ein anderes AG für den Landgerichtsbezirk zum InsGericht zu
bestimmen, neben den InsGericht nach Abs 1 zusätzliche InsGericht einzurichten oder die Grenzen der Bezirke abweichend festzulegen. Bestehen in dem jeweiligen Bundesland solche Ausführungsbestimmungen
(vgl Rn 1), ist die darin getroffene Festlegung der InsGericht maßgeblich
(Abdruck der Vorschriften bei N/R-*Becker*, § 2 Anhang). Allerdings kann
der InsAntrag gemäß § 4 iVm § 129a Abs 1 ZPO bei der **Rechtsantrags-**
stelle jedes AG gestellt werden; Rechtswirkung entfaltet er erst mit Eingang beim zuständigen Gericht, § 4 iVm § 129a Abs 2 ZPO (N/R-*Becker*,
§ 2 Rn 25; *Braun/Kießner*, § 2 Rn 7; **aA:** MK-InsO/*Ganter*, § 4 Rn 25).

4. Ausschließliche Zuständigkeit

Die Zuständigkeit nach § 2 ist eine ausschließliche. Die Zuständigkeit 16
eines anderen AG kann weder durch Vereinbarung noch durch rügelose
Einlassung begründet werden (§ 4 iVm § 40 Abs 2 S 1 Nr 2, S 2 ZPO).
Rechtshilfegesuche des InsGericht an ein anderes AG des Bezirks sind
generell unzulässig, da sie die Zuständigkeitsordnung durchbrechen
(OLG Brandenburg, ZInsO 2002, 372, 373). Die frühere Unterscheidung
zwischen allg prozessualen Handlungen und Maßnahmen des materiellen
Insolvenzrechts ist überholt (MK-InsO/*Ganter*, § 2 Rn 12; **aA:** HK-*Kirchhof*, § 2 Rn 10; *Smid/Smid*, § 2 Rn 8).

5. Anrufung eines unzuständigen Gerichts

Das angerufene Gericht prüft seine Zuständigkeit von Amts wegen, § 5 17
Abs 1 S 1. Die fehlende Zuständigkeit kann nicht durch rügelose Einlassung geheilt werden (§ 4 iVm § 40 Abs 2 S 2 ZPO). Der Antragsteller
kann die **Verweisung** nach § 4 iVm § 281 Abs 1 ZPO an das zuständige
InsGericht beantragen (K/P-*Prütting*, § 2 Rn 13). Unterlässt er dies, wird
das Gericht die Verfahrenseröffnung ablehnen. Hiergegen steht ihm die
sofortige Beschwerde nach § 34 Abs 1 zu. Eröffnet ein sachlich unzuständiges Gericht das Verfahren, kann der InsSchu sofortige Beschwerde nach

§ 3 1. Teil. Allgemeine Vorschriften

§ 34 Abs 2 erheben. – Gerichte eines anderen Rechtswegs verweisen von Amts wegen nach § 17a Abs 2 GVG analog iVm §§ 48 Abs 1 ArbGG, 173 VwGO, 155 FGO, 202 SGG.

§ 3 Örtliche Zuständigkeit

(1) ¹**Örtlich zuständig ist ausschließlich das Insolvenzgericht, in dessen Bezirk der Schuldner seinen allgemeinen Gerichtsstand hat.** ²**Liegt der Mittelpunkt einer selbständigen wirtschaftlichen Tätigkeit des Schuldners an einem anderen Ort, so ist ausschließlich das Insolvenzgericht zuständig, in dessen Bezirk dieser Ort liegt.**
(2) **Sind mehrere Gerichte zuständig, so schließt das Gericht, bei dem zuerst die Eröffnung des Insolvenzverfahrens beantragt worden ist, die übrigen aus.**

1. Regelungsinhalt

1   § 3 bestimmt die **örtliche Zuständigkeit**, dh welches unter mehreren nach § 2 sachlich zuständigen InsGericht für die Durchführung des konkreten Verfahrens zuständig ist. Daneben ergibt sich aus ihm iVm § 102 Abs 1 S 2 Nr 1 EGInsO die **internationale Zuständigkeit** der InsGericht (FK-*Schmerbach*, § 3 Rn 41).

2. Anknüpfungen

2   **a) Systematik.** Abs 1 knüpft die örtliche Zuständigkeit in S 1 an den allg Gerichtsstand, in S 2 an den Mittelpunkt der wirtschaftlichen Tätigkeit des InsSchu. S 2 ist **vorrangig** und deshalb stets zuerst zu prüfen (HK-*Kirchhof*, § 3 Rn 6). Liegt der Schwerpunkt der wirtschaftlichen Tätigkeit im Ausland, sind deutsche InsGerichte auch dann nicht zuständig, wenn der InsSchu hier seinen allg Gerichtsstand hat (AG Münster ZInsO 2000, 49, 50). Führen beide Anknüpfungen zur Zuständigkeit desselben Gerichts, kann diese **wahlweise** auf beide Umstände gestützt werden (MK-InsO/*Ganter*, § 3 Rn 4).

3   **b)** Die Gerichtsstände des Abs 1 sind **ausschließliche** und so einer abweichenden Vereinbarung bzw Zuständigkeitsbegründung nach § 39 S 1 ZPO entzogen (§ 4 iVm § 40 Abs 2 S 1 Nr 2, S 2 ZPO).

c) Mittelpunkt der selbständigen wirtschaftlichen Tätigkeit,
4   **Abs 1 S 2. aa) Tätigkeit.** Erfasst ist jede nachhaltig auf Gewinn abzielende Tätigkeit in nicht abhängiger Stellung (OLG Hamm ZInsO 1999, 533, 534; OLG Düsseldorf NZI 2000 601). Es muss kein Gewerbe im Rechtssinn vorliegen, auch eine freiberufliche Tätigkeit erfüllt den Tatbestand (Begr RegE, BT-Drucks 12/2443, S 109f). Abhängig Beschäf-

Örtliche Zuständigkeit § 3

tigte fallen unter S 1; S 2 ist anwendbar, wenn neben der abhängigen eine selbständige Tätigkeit in nicht unbedeutendem Umfang ausgeübt wird (KG NZI 2001, 156 f; N/R-*Becker*, § 3 Rn 34).

bb) Mittelpunkt. Entscheidend ist, an welchem Ort die **Geschäfts- 5 tätigkeit nach außen** ausgeübt wird (OLG Braunschweig NZI 2000, 266; vgl § 21 Abs 1 ZPO). Maßgeblich sind die Umstände des Einzelfalles: Existenz eines Geschäftslokals, Zuständigkeit des Finanzamtes, gewerberechtliche Anmeldungen. Die Eintragung im Handelsregister hat nur Indizwert (LG Hamburg ZInsO 2000, 118). Auch die bloße Aufbewahrung von Geschäftsunterlagen ohne Ausübung einer Geschäftstätigkeit genügt nicht (OLG Braunschweig NZI 2000, 266; OLG Düsseldorf NZI 2000, 601). Unterhält der InsSchu **mehrere Niederlassungen**, kommt es auf die Hauptniederlassung (Verwaltungssitz) an, von dem aus die Entscheidungen der Unternehmensleitung getroffen und umgesetzt werden (AG Münster ZInsO 2000, 49). Rechtlich selbständige **Konzernunternehmen** haben grundsätzlich eigene Gerichtsstände. Der Unternehmensverbund reicht ohne Hinzutreten besonderer Umstände nicht aus, um eine Zuständigkeit am Sitz der Muttergesellschaft zu begründen (BGH NJW 1998, 1318, 1319; OLG Brandenburg, NZI 2002, 438). Letzterer ist dagegen maßgeblich, wenn die tatsächliche wirtschaftliche Lenkung über das Mutterunternehmen erfolgt (LG Dessau ZIP 1998, 1007 f). Der persönlich haftende **Gesellschafter** einer Gesellschaft iSv § 11 Abs 2 Nr 1 teilt den InsGerichtsstand der Gesellschaft, wenn der Gesellschaftssitz zugleich den Mittelpunkt seines eigenen wirtschaftlichen Daseins ist (KG NZI 2001, 156, 157). Ist der Geschäftsbetrieb bereits **eingestellt**, gilt nur noch S 1; für die Einstellung müssen aber hinreichende Anhaltspunkte bestehen (BayObLG NZI 2003, 98).

d) Allgemeiner Gerichtsstand, Abs 1 S 1. Die Formulierung ver- 6 weist auf §§ 13–19 ZPO; bei der Nachlassinsolvenz ist § 315 zu beachten.

aa) Er richtet sich bei **natürlichen Personen** nach dem Wohnsitz 7 (§ 13 ZPO iVm §§ 7–11 BGB). Entscheidend ist der Wille, sich an dem Ort ständig niederzulassen und ihn zum Mittelpunkt der Lebensverhältnisse zu machen (AG Düsseldorf NZI 2000, 555). Die polizeiliche Anmeldung ist hierfür nur ein Indiz (OLG Naumburg, InVo 2000, 12). Hat der InsSchu keinen aktuellen Wohnsitz, ist der Aufenthaltsort (§ 16 1. Alt ZPO) bzw der letzte Wohnsitz (§ 16 2. Alt ZPO) maßgeblich. Bei bestehender Gütergemeinschaft (§ 11 Abs 2 Nr 2) kommt es auf den gemeinsamen Wohnsitz, Aufenthalt bzw letzten Wohnsitz der Eheleute an (ausf. N/R-Becker, § 3 Rn 13 ff). Bei mehrfachem Wohnsitz oder Aufenthaltsort gilt § 3 Abs 2 (vgl Rn 13).

§ 3 1. Teil. Allgemeine Vorschriften

8   **bb) Gesellschaften.** Nach § 17 ZPO entscheidet der satzungsmäßig festgelegte und ggf im Handelsregister eingetragene Sitz (OLG Naumburg NZI 2001, 476). Allein die Verlagerung der Geschäftsleitung lässt ihn nicht entfallen. Eine Sitzverlegung führt erst nach Satzungsänderung und Eintragung ins Handelsregister zu einer Änderung des InsGerichtsstands (OLG Köln ZIP 2000, 672; OLG Hamm ZInsO 1999, 533, 534; BayObLG ZInsO 2001, 669).

9   **e) Beurteilungszeitpunkt.** Maßgeblich ist der **Eingang des Eröffnungsantrags** bei Gericht (OLG Frankfurt/M, NZI 2002, 499, 221; anders wohl OLG Naumburg NZI 2001, 476: Rechtshängigkeit). Danach eintretende Veränderungen der Anknüpfungstatsachen, insbes eine Sitz-/Wohnsitzverlegung, lassen die Zuständigkeit unberührt (OLG Naumburg NZI 2001, 476; AG Düsseldorf NZI 2000, 555; HK-*Kirchhof*, § 3 Rn 5).

10   **f) Rechtsmissbrauch.** Gesellschaften und Einzelpersonen versuchen gelegentlich, einen vermeintlich günstigeren Gerichtsstand dadurch zu begründen, dass sie kurz vor dem Eröffnungsantrag Firmen- bzw Wohnsitz verlegen. Ist die Verlegung ersichtlich nicht ernsthaft gewollt, kann nach dem Rechtsgedanken des § 117 BGB der alte Sitz maßgeblich bleiben (AG Düsseldorf NZI 2000, 555; LG Magdeburg, ZIP 1996, 2027 f; LG Göttingen ZIP 1997, 988 f). Bei Zweifeln an der Ernsthaftigkeit gilt aus Gründen der Rechtssicherheit der neue Sitz (BGH ZIP 1996, 847; zust HK-Kirchhof, § 3 Rn 18; **aA:** FK-*Schmerbach*, § 3 Rn 21: vom InsSchu zu widerlegende Vermutung einer Zuständigkeitserschleichung). In den letzten Jahren hinzugekommen sind die Fälle der „gewerbsmäßigen Firmenbestattung". In diesen Fällen wird regelmäßig nach Einstellung des Geschäftsbetriebes eine Veräußerung der Gesellschaftsanteile, ein Austausch des Geschäftsführers sowie eine Sitzverlegung vorgenommen. Das zuständige Insolvenzgericht ist dann das Gericht an dem früheren Sitz der Schuldnerin und nicht das am neuen Sitz der Schuldnerin zuständige (BayObLG ZInsO 2003, 1045; OLG Celle ZInsO 2004, 91).

11   Die Praxis mindert Anreize für Zuständigkeitserschleichungen, indem erforderliche Veröffentlichungen auch in den Tageszeitungen am früheren Sitz erfolgen.

3. Anrufung eines unzuständigen Gerichts

12   Die Ausführungen zu § 2 Rn 17 gelten entsprechend.

4. Kompetenzkonflikte

13   **a) Mehrfache Zuständigkeit, § 3 Abs 2.** Soweit sich aus der Anwendung von Abs 1 die Zuständigkeit mehrerer InsGericht ergibt (zB mehrere Wohnsitze des InsSchu), entscheidet die **Priorität** des Antrags. War der Antrag nach § 129a Abs 1 ZPO iVm § 4 bei einem beliebigen

AG gestellt (§ 2 Rn 15), ergibt sich Priorität erst mit der Weiterleitung an das zuständige InsGericht, § 129a Abs 2 ZPO (N/R-*Becker*, § 3 Rn 44).

b) Die Regeln der §§ 36, 37 ZPO über die **Zuständigkeitsbestim-** 14
mung sind nach § 4 anwendbar (BayObLG NZI 2003, 98; OLG Frankfurt/M, NZI 2002, 499; ausf. FK-*Schmerbach*, § 3 Rn 34 ff).

§ 4 Anwendbarkeit der Zivilprozeßordnung

Für das Insolvenzverfahren gelten, soweit dieses Gesetz nichts anderes bestimmt, die Vorschriften der Zivilprozeßordnung entsprechend.

I. Normzweck

Die Vorschrift erklärt die Vorschriften der ZPO für entsprechend an- 1
wendbar, soweit Besonderheiten des InsVerfahren nicht entgegen stehen. Dies dient der Entlastung der InsO (HK-*Kirchhof*, § 4 Rn 2).

II. Reichweite der Verweisung

Die Verweisung erfasst auch **GVG**, **ZVG**, **RPflG** und **RichterG**, so- 2
weit sie für den Zivilprozess relevante Normen enthalten, nicht dagegen FGG und öffentlich-rechtliche Verfahrensgesetze (K/P-*Prütting*, § 4 Rn 4). – § 4 ist **Auffangtatbestand** (H/W/W-*Wienberg*, § 4 Rn 2). Er kommt nur zur Anwendung, wenn die InsO oder insolvenzrechtliche Vorschriften in anderen Gesetzen keine abschließende Regelung enthalten (N/R-*Becker*, § 4 Rn 3). Vorrang haben außerdem spezielle Verweisungen auf einzelne ZPO-Vorschriften, zB §§ 3 Abs 1, 98 Abs 1 (K/P-*Prütting*, § 4 Rn 3). Schließlich darf „nichts anderes bestimmt sein", dh die über § 4 anzuwendende Vorschrift darf nicht im Widerspruch zu Besonderheiten des InsVerfahren stehen (FK-*Schmerbach*, § 4 Rn 1). – Im folgenden können nur einzelne für die Praxis bedeutsame Probleme erörtert werden. Darüber hinaus wird auf die Bezüge zur ZPO bei der Kommentierung der jeweiligen Vorschrift hingewiesen. Ausf Gesamtdarstellungen finden sich bei Uhlenbruck/*Uhlenbruck* § 4 Rn 3–45; FK-*Schmerbach*, § 4 Rn 4–29; H/W/W-*Wienberg*, § 4 Rn 3a–51.

III. Einzelprobleme

1. Parteifähigkeit

Über § 4 gilt § 50 ZPO für den Gl entsprechend (OLG Zweibrücken 3
NZI 2001, 32, 33: zur Parteifähigkeit ausländischer Gesellschaften). Für den InsSchu ist die Regelung der Insolvenzfähigkeit nach § 11 spezieller

(HK-*Kirchhof*, § 4 Rn 6). **Prozessfähigkeit**: §§ 51–58 ZPO sind anwendbar (H/W/W-*Wienberg*, § 4 Rn 27). Ist eine juristische Person nicht gesetzlich vertreten, kann das InsVerfahren erst nach der Bestellung eines Notgeschäftsführers analog § 29 BGB durchgeführt werden. Zur Antragstellung ist auch ein Gl der Gesellschaft berechtigt (OLG Köln NZI 2000, 134, 135 f; OLG Dresden NZI 2000, 136,137). Anstelle des Notgeschäftsführers kann ein Verfahrenspfleger nach § 57 ZPO bestellt werden (LG Berlin NZI 2002, 163; OLG Zweibrücken NZI 2001, 378). **Prozessvollmacht**: §§ 80 ff ZPO gelten; str ist, ob sie die Stellung eines InsAntrag deckt (FK-*Schmerbach*, § 16 Rn 16) oder ob eine Spezialvollmacht erforderlich ist (HK-*Kirchhof*, § 4 Rn 6; H/W/W-*Hess*, § 13 Rn 13).

2. Verfahrensverbindung

4 Mehrere Eröffnungsanträge zum selben Vermögen lassen sich analog § 147 ZPO verbinden (OLG Köln NZI 2000, 480, 482). Die Verbindung eröffneter InsVerfahren gegen mehrere Schuldner kommt dagegen nicht in Betracht, auch wenn die Gläubiger in beiden Verfahren im Wesentlichen identisch sind (AG Göttingen ZInsO 2002, 498).

3. Zustellungen, Fristen

5 §§ 166–195 ZPO sind vorbehaltlich der Besonderheiten nach §§ 8, 9 anwendbar (FK-*Schmerbach*, § 4 Rn 12). Zum **Zustellungsreformgesetz:** *Keller* NZI 2002, 581 ff. Eine **Wiedereinsetzung** nach §§ 233 ff ZPO bei Versäumung einer Notfrist ist möglich (OLG Köln, NZI 2000, 435, auch zu Anforderungen an die Fristenkontrolle im InsVerfahren). § 186 ist als Sondervorschrift zu beachten. Aus der Eilbedürftigkeit des InsVerfahrens folgt, dass die Regeln über die **Unterbrechung** und **Aussetzung** des Verfahrens, §§ 239, 241–252 keine Anwendung finden (H/W/W-*Wienberg*, § 4 Rn 44, 46).

4. Ausschluss und Ablehnung von Beteiligten

6 Die §§ 41 ff ZPO gelten iVm § 4 für den **InsRichter** (OLG Köln ZInsO 2001, 1015) und über § 10 RPflG für den **Rechtspfleger** (OLG Köln ZInsO 2001, 1016, 1017). Ob auch ein im Eröffnungsverfahren gerichtlich bestellter **Sachverständiger** abgelehnt werden kann, ist str (bejahend: AG Köln, InVo 1999, 141; **aA:** AG Göttingen ZInsO 2000, 347; FK-*Schmerbach*, § 4 Rn 31). Zur entsprechenden Anwendbarkeit der §§ 41 ff ZPO auf den **InsVerw** vgl § 56 Rn 4. – Das **Ablehnungsrecht** steht InsSchu und Gl (AG Göttingen Rpfleger 1999, 289; LG Düsseldorf ZIP 1985, 631, 632) zu; dem InsVerw, soweit nicht persönliche Ansprüche oder seine Rechtsstellung Verfahrensgegenstand sind, nur dann, wenn sich die Spannungen zwischen ihm und dem Gericht zum Nachteil des InsSchu auswirken können (OLG Zweibrücken NZI 2000, 222, 223).

Anwendbarkeit der Zivilprozeßordnung § 4

– Besorgnis der **Befangenheit** setzt voraus, dass objektive Gründe vorliegen, die bei vernünftiger Betrachtung Zweifel an der Unparteilichkeit wecken können (OLG Köln ZInsO 2001, 1015; Bsp: FK-*Schmerbach*, § 4 Rn 39 ff). – Gegen die Ablehnung eines Befangenheitsantrags ist die sofortige Beschwerde nach § 4 iVm §§ 46 Abs 2, 568 ff ZPO (beim Rechtspfleger iVm § 10 S 1 RPflG) eröffnet (OLG Köln ZInsO 2001, 1015).

5. Prozessleitung

§§ 136, 139–144 ZPO sind anwendbar (HK-*Kirchhof*, § 4 Rn 11). Für die InsVerw könnte künftig die **Vorlagepflicht** nach § 142 ZPO nF Bedeutung gewinnen (vgl *Lüpke/Müller*, NZI 2002, 588 f). Das LG Ingolstadt hat gestützt hierauf einem InsVerw die Vorlage eines in seinem Besitz befindlichen Aktenordners des InsSchu aufgegeben, dessen Inhalt für die rechtliche Beurteilung eines anhängigen Rechtsstreits von Bedeutung war, und gleichzeitig den Verbleib des Aktenordners auf der Geschäftsstelle bis zum Verfahrensabschluss verfügt (NZI 2002, 390). *Uhlenbruck* (NZI 2002, 589 f) hat zu Recht darauf hingewiesen, dass letzteres einen unzulässigen Eingriff in das Besitzrecht des InsVerw aus §§ 80 Abs 1, 159 darstellt. Jedenfalls kann er, soweit er die Unterlagen zur Verfahrensabwicklung benötigt, ihre Herausgabe wegen Unzumutbarkeit iSv § 142 Abs 2 1. Alt ZPO verweigern. Allerdings dürfte der InsVerw verpflichtet sein, die Einsichtnahme und Fertigung von Ablichtungen zu gestatten.

6. Einsicht in gerichtliche Insolvenzakten (*Holzer*, ZIP 1998, 1333, 1336 ff; *Zipperer*, NZI 2002, 244 ff; zur KO: *Uhlenbruck*, KTS 1996, 527; zur Auskunftspflicht des InsVerw vgl § 58 Rn 20 ff.).

7

Wesentliche Informationen zum Stand des InsVerfahren werden **veröffentlicht**, zB §§ 23 Abs 1 S 1, 30 Abs 1 S 2, 188 S 3, 208 Abs 2. Außerdem normiert die InsO **spezielle Einsichtsrechte** der Beteiligten, §§ 66 Abs 2 und 3, 69 S 2, 154, 175 S 2, 188 S 2, 234. Soweit darüber hinaus Anträge an das InsGericht auf Einsicht in die Insolvenzakten gestellt werden, ist die Rechtslage teilweise unklar. Rechtsgrundlage und Voraussetzungen des Akteneinsichtsrechts sind verschieden, je nachdem, ob der Antrag von Privaten (insbes Gl des InsSchu) oder von Verwaltungsbehörden gestellt wird (zu Einsichtsrechten der Staatsanwaltschaft *Zipperer*, NZI 2002, 244, 248–251). Das Gericht hat bei seiner Entscheidung in jedem Einzelfall das Informationsinteresse des Antragstellers einerseits und das Interesse des durch die Einsicht Beschwerten (idR des InsSchu) an der Geheimhaltung seiner Daten andererseits gegeneinander abzuwägen.

8

a) Akteneinsicht Privater (*Graf/Wunsch*, ZIP 2001, 1800 ff; *Heeseler*, ZInsO 2001, 873, 882 ff). Rechtsgrundlage ist **§ 299 ZPO iVm § 4**. Dabei knüpfen Abs 1 und 2 das Einsichtsrecht von Beteiligten und Dritten an

9

unterschiedliche Voraussetzungen. Während Abs 1 den Beteiligten ohne besondere Voraussetzungen einen gebundenen Einsichtsanspruch einräumt, setzt Abs 2 auf der Tatbestandsseite die Glaubhaftmachung eines rechtlichen Interesses voraus und räumt dem Gericht auf der Rechtsfolgenseite Ermessen ein („kann").

10 aa) **Abgrenzung.** Der InsSchu ist in jedem Verfahrensstadium **Verfahrensbeteiligter**. Bei Gl ist zu differenzieren. Sie sind im **Eröffnungsverfahren** nur Partei, wenn sie einen Eröffnungsantrag gestellt haben; anderenfalls können sie Einsicht nur nach § 299 Abs 2 ZPO verlangen (OLG Köln ZIP 1999, 1449, 1450; AG Göttingen NZI 2000, 89). Allerdings sind echte Akteneinsichtsanträge zu diesem Zeitpunkt selten; häufiger wird Auskunft zum Verfahrensstand verlangt (vgl unten Rn 14). Wird der Eröffnungsantrag **mangels Masse abgelehnt**, können potentielle Gl Akteneinsicht ebenfalls nur nach § 299 Abs 2 ZPO verlangen, da sie nicht „Partei" geworden sind (OLG Celle, NJW 2004, 863; OLG Dresden ZIP 2003, 39, 40; OLG Brandenburg NZI 2002, 49; NZI 2000, 485). Solche Gesuche sind in der **Praxis** häufig, da man sich aus dem Insolvenzgutachten Aufschluss über eine mögliche Vollstreckungsmasse erhofft (*Pape*, NJW 2002, 1165). Das gleiche gilt, wenn das Verfahren für erledigt erklärt wird (*Holzer*, ZIP 1998, 1333, 1336). Ab **Verfahrenseröffnung** sind sämtliche Gl Beteiligte, unabhängig davon, ob sie eine Forderung zur Tabelle angemeldet haben (AG Cuxhaven, DZWiR 2000, 259; *Zipperer*, NZI 2002, 244, 251). Die Parteistellung geht mit der **Verfahrensbeendigung** verloren, so dass Gl nach Verfahrensabschluss nur bei besonderem rechtlichen Interesse Einsicht verlangen können (BGH ZIP 1998, 961; OLG Brandenburg ZInsO 1998, 41; OLG Frankfurt/M MDR 1996, 379;; Uhlenbruck/*Uhlenbruck*, § 4 Rn 31; FK-*Schmerbach*, § 4 Rn 66, 69; H/W/W-*Wienberg*, § 4 Rn 78; **aA:** *Graf/Wunsch*, ZIP 2001, 1800, 1801).

11 bb) **Einsichtsanspruch. (1) Verfahrensbeteiligter, Absatz 1.** Dieser ist ein **gebundener** Anspruch. Str ist, ob er gleichwohl **Beschränkungen** unterliegt (abl *Heeseler*, ZInsO 2001, 883; *Zipperer*, NZI 2002, 244, 251). Aus der informationellen Selbstbestimmung des InsSchu wird man solche nicht herleiten können, da dieses Recht seinerseits durch § 299 Abs 1 ZPO beschränkt wird. Das Einsichtsrecht verwirklicht das rechtliche Gehör der Beteiligten aus Art 103 Abs 1 GG (LG Potsdam ZIP 1997, 987, 988; FK-*Schmerbach*, § 4 Rn 62; *Zipperer*, NZI 2002, 244, 251; **aA:** LG Magdeburg KTS 1996, 535f). Bestimmte Aktenteile können jedoch mit Blick auf den **Zweck des InsVerfahren** von der Einsichtnahme ausgenommen werden, insbes wenn ein Kenntnisvorsprung des Gl die Masse benachteiligt (AG Dresden ZInsO 2002, 146, 147; *Holzer*, ZIP 1998, 1333, 1337; FK-*Schmerbach*, § 4 Rn 63). Grundlage hierfür ist § 4, da die InsO insoweit etwas „anderes bestimmt".

Anwendbarkeit der Zivilprozeßordnung § 4

(2) **Dritter, Abs 2.** Er setzt die Glaubhaftmachung eines **rechtlichen Interesses** an der Akteinsicht voraus. Str ist dies im Fall der Ablehnung mangels Masse, § 26. Anerkannt ist, dass durch Akteneinsicht ermittelt werden darf, ob beim InsSchu **Vollstreckungsmasse** vorhanden ist. Auf dieses Interesse kann sich jeder Gl berufen, der im Fall der Eröffnung des Verfahrens InsGl gewesen wäre (OLG Celle NJW 2004, 863 und ZInsO 2002, 73;OLG Dresden ZIP 2003, 39, 40f; OLG Stuttgart NZI 2002, 663, 664; AG Hamburg NZI 2002, 117; OLG Hamburg NZI 2002, 99, 100; OLG Köln NZI 1999, 502; OLG Braunschweig ZIP 1997, 894; *Graf/Wunsch*, ZIP 2001, 1800, 1801). Anderenfalls würden Wiederholungsanträge provoziert, in deren Rahmen der antragstellende Gl über Abs 1 ZPO einsichtsberechtigt wäre. Das rechtliche Interesse setzt nicht voraus, dass die Forderung bereits tituliert ist; § 299 Abs 2 ZPO verlangt nur die Glaubhaftmachung des Anspruchs. Allerdings bedarf es nach allg zivilprozessualen Grundsätzen der Glaubhaftmachung dann nicht, wenn die anspruchsbegründenden Tatsachen bewiesen oder unstreitig sind (OLG Brandenburg NZI 2000, 485, 486). – Von den Gerichten **nicht anerkannt** wird das Ziel, gegen verfahrensfremde Personen (zB den Geschäftsführer) ein **Strafverfahren** in Gang zu setzen (OLG Hamburg, NZI 2002, 99; AG Hamburg, NZI 2002, 117) oder **Schadensersatzansprüche** zu verfolgen (OLG Brandenburg NZI 2002, 49 und NZI 2000, 485; krit Gottwald/*Uhlenbruck*, InsHdb, § 12 Rn 37; *Pape*, NJW 2002, 1165). Der Antrag kann auch dann abgelehnt werden, wenn später zulässige Gründe „nachgeschoben" werden (AG Hamburg, NZI 2002, 117; OLG Brandenburg NZI 2002, 49, 50; OLG Köln NZI 1999, 502; OLG Celle NZI 2000, 319); anders, wenn ein unzulässiger nur neben einem zulässigen Grund geltend gemacht wird (OLG Hamburg NZI 2002, 99, 100). – Die Entscheidung nach Abs 2 steht im **Ermessen** des InsGericht. Dieses muss insbes prüfen, ob berechtigte Geheimhaltungsbedürfnisse des InsSchu der Einsichtnahme entgegenstehen (BGH ZIP 1998, 961, 962; OLG Hamburg NZI 2002, 99, 100). Dem InsSchu muss im Rahmen des Möglichen und Zumutbaren Gehör gewährt werden (BGH ZIP 1998, 961, 962; OLG Hamburg NZI 2002, 99, 100; OLG Celle NZI 2002, 261; FK-*Schmerbach*, § 4 Rn 75; *Holzer*, ZI P 1998, 1333, 1337).

dd) Gegenstand. Das Einsichtsrecht umfasst die vollständige Verfahrensakte („Prozessakte") **einschließlich** des **Insolvenzgutachtens** (OLG Düsseldorf NZI 2000, 178; AG Hamburg NZI 2002, 117; OLG Hamburg NZI 2002, 99; OLG Celle NZI 2002, 261, 262; **aA:** AG Potsdam, ZInsO 2001, 447, 448) und der darin befindlichen Geschäftsunterlagen des InsSchu (*Graf/Wunsch*, ZIP 2001, 1800; **aA:** *Holzer* ZIP 1998, 1333; H/W/W-*Wienberg*, § 4 Rn 81). Nicht erfasst sind Beiakten (Strafakten, PKH-Unterlagen, Schriftverkehr des InsVerw, Gläubigerausschuss-

12

protokolle uä; *Heeseler*, ZInsO 2001, 873, 882). Im laufenden Verfahren besteht nur ein Recht auf **Einsicht auf der Geschäftsstelle**, nicht auf Überlassung der Akte (H/W/W-*Wienberg*, § 4 Rn 79). Die Fertigung einer **Ablichtung** kann verlangt werden (AG Cuxhaven DZWiR 2000, 259; FK-*Schmerbach*, § 4 Rn 75).

13 ee) **Rechtsbehelfe.** Wird einem **Beteiligten** die Akteneinsicht von der Geschäftsstelle verweigert, steht ihm die Erinnerung nach § 576 ZPO zu (H/W/W-*Wienberg*, § 4 Rn 85); gegen die Versagung durch Richter oder Rechtspfleger ist die Beschwerde nach § 4 iVm §§ 567 ff ZPO (iVm § 11 Abs 1 RPflG) statthaft (FK-*Schmerbach*, § 4 Rn 76; *Pape*, ZIP 1997, 1367, 1368; **aA:** H/W/W-*Wienberg*, § 4 Rn 86; *Zipperer*, NZI 2002, 244, 251, die wegen § 6 InsO gegen richterliche Entscheidungen die Beschwerde nur nach den Grundsätzen der prozessualen Überholung bei schwerwiegenden Grundrechtseingriffen zulassen und beim Rechtspfleger § 11 Abs 2 RPflG anwenden). **Dritte** können gegen die Ablehnung ihres Antrags nach §§ 23 ff GVG vorgehen (OLG Celle NZI 2002, 261; OLG Brandenburg NZI 2002, 49).

14 ff) Von der Akteneinsicht zu unterscheiden ist die **Auskunft** über den Verfahrensstand. Eine spezielle Rechtsgrundlage gibt es nicht; ihre Erteilung liegt im **pflichtgemäßen Ermessen** des InsGericht. Die Auskunft, ob ein InsVerfahren eröffnet worden ist oder nicht, ist grundsätzlich zu erteilen, da wegen § 30 Geheimhaltungsinteressen des InsSchu nicht beeinträchtigt werden. Ein berechtigtes Interesse an dieser Auskunft haben vor allem potentielle InsGl, die ihre Forderung im Verfahren anmelden müssen. Dagegen ist grundsätzlich nicht mitzuteilen, ob ein Gl Insolvenzantrag gestellt hat, da diese Auskunft – insbes bei unbegründetem Antrag – regelmäßig erhebliche Nachteile für die Kreditfähigkeit des InsSchu bedeutet (OLG Brandenburg NZI 2001, 591, 592). Auch eine „Negativauskunft", falls kein Gl-Antrag gestellt ist, scheint bedenklich, da eine solche Praxis Rückschlüsse erlaubt (OLG Brandenburg, aaO; vgl *Heeseler*, ZInsO 2001, 873, 884, 885). Beim Eigenantrag des InsSchu ist die Auskunft zulässig, da der InsSchu selbst das Vorliegen eines Insolvenzgrundes offenbart (*Heeseler*, ZInsO 2001, 873, 884 f; FK-*Schmerbach*, § 4 Rn 60).

15 b) **Akteneinsicht von Verwaltungsbehörden** (*Zipperer*, NZI 2002, 244 ff; *Holch*, ZZP 87, 14 ff). **aa) Rechtsgrundlage.** Es ist zu unterscheiden: Tritt die Verwaltungsbehörde als InsGl auf (zB ein Finanzamt, das Steuerschulden geltend macht), richtet sich ihr Akteneinsichtsrecht wie das privater Gl nach § 299 ZPO, und zwar je nach Verfahrensstadium nach Abs 1 oder 2 (wohl auch MK-InsO/*Ganter*, § 4 Rn 68). Die Verwaltungsbehörde kann nicht besser stehen als jeder andere Gl. Soll die begehrte Akteneinsicht dagegen der Erfüllung der sonstigen Verwaltungsaufgaben der ersuchenden Behörde dienen, handelt es sich um Rechtsbzw Amtshilfe, die nach überwiegender Ansicht nicht an § 299 ZPO zu messen ist (*Uhlenbruck*, KTS 1989, 527, 533; *Holch*, ZZP 87, 14, 17; MK-InsO/*Ganter*, § 4 Rn 68; *Holzer*, ZIP 1998, 1333; *Dörner* NZA 1989, 950, 952). Denkbar ist etwa, dass eine Ordnungsbehörde der Akte Hinweise auf eine Kontamination des Firmengrundstücks entnehmen oder ein Dienstvorgesetzter Anhaltspunkte für Dienstverstöße des InsSchu ermitteln will (Bsp nach *Zipperer*, NZI 2002, 244, 247). Rechtsgrundlage sind die Amtshilfeansprüche in den Fachgesetzen der anfragenden Behörde. Art 35 Abs 1 GG ist Rahmenvorschrift und kann als Ermächtigungsgrundlage nicht herangezogen werden (*Zipperer*, NZI 2002, 244, 245; aus bundesstaatlicher Sicht *Schlink*, NVwZ 1986, 250) Allerdings ordnen die Fachgesetze nur formell die Amtshilfepflicht an, normieren aber nicht deren materielle Voraussetzungen. Daraus wird zT auf eine uneingeschränkte Verpflichtung der InsGericht zur Gewährung von Akteneinsicht geschlossen (MK-InsO/*Ganter*, § 4 Rn 48). Überwiegend werden aber – zu Recht – die allg Grenzen der Amtshilfe für anwendbar gehalten. Danach hat das ersuchte Gericht eigenverantwortlich die Rechtmäßigkeit des Gesuchs zu prüfen, insbes ob es zu dem Zweck, der mit ihm verfolgt wird, eingesetzt werden darf (*Zipperer*, NZI 2002, 244, 245; *Dörner*, NZA 1989, 950, 954). Die Prüfung erfolgt im Einzelfall anhand des Verhältnismäßigkeitsgrundsatzes. Die anfragende Behörde muss ein rechtliches Interesse an der Akteneinsicht geltend machen, das sich regelmäßig aus ihrem gesetzlichen Aufgabenbereich ergibt (*Uhlenbruck*, KTS 1989, 527, 539; *Holzer*, ZIP 1998, 1333). Zur Erfüllung der Aufgabe muss die Amtshilfe geeignet, erforderlich und im Hinblick auf die mit ihr verbundene Grundrechtsbeeinträchtigung des InsSchu auch angemessen sein (*Zipperer*, NZI 2002, 244, 247; *Uhlenbruck*, KTS 1989, 527, 539). Vielfach wird es an der Erforderlichkeit fehlen, weil die jeweilige Fachbehörde sich die benötigten Informationen auf andere Weise beschaffen kann, insbes durch gesetzliche Mitwirkungspflichten des InsSchu. Dieser uU mühseligere Weg darf nicht über die Akteneinsicht beim InsGericht umgangen werden (*Dörner*, NZA 1989, 950, 958).

bb) Funktionelle Zuständigkeit. Str ist, ob die Entscheidung über 16 die Akteneinsicht während des laufenden Verfahrens zur richterlichen Tätigkeit oder zur Justizverwaltung zählt. Nach erstgenannter Ansicht entscheidet das InsGericht (BGH NJW 1964, 2415; 169, 1303; *Zöller/Greger*, § 299 Rn 8; *Dörner* NZA 1989, 950, 951: Praktikabilität und Verwaltungsvereinfachung); nach der Gegenmeinung der Präsident/Direktor des AG (*Uhlenbruck*, KTS 1989, 527, 533, 538; FK-*Schmerbach*, § 4 Rn 72). Nach Abschluss des Verfahrens ist er in jedem Fall zuständig (*Dörner* NZA 1989, 950, 951; *Zöller/Greger*, § 299 Rn 8).

17 cc) **Gegenstand.** Vgl oben Rn 12. Eine **Versendung der Akten** kommt im laufenden Verfahren nicht in Betracht, da sie die Verfahrensabwicklung behindert; dieses Hindernis entfällt mit Verfahrensabschluss (Uhlenbruck/*Uhlenbruck* § 4 Rn 35). Soweit Einsichtsrechte bestehen, kann die Anfertigung von Ablichtungen verlangt werden (Uhlenbruck/*Uhlenbruck* § 4 Rn 33)

7. Prozesskostenhilfe (PKH)

18 §§ 114 ff ZPO sind über § 4 entsprechend anwendbar, soweit sich nicht aus der InsO ein anderes ergibt. PKH kommt in Betracht für InsSchu, Gl und InsVerw, auch für den vorl InsVerw mit Verwaltungs- und Verfügungsbefugnis (AG Göttingen ZInsO 2002, 386; offen gelassen von BGH ZIP 1998, 1645; abl für den „schwachen" vorl InsVerw LG Essen NZI 2000, 552, 553). Voraussetzung ist, dass die Rechtsverfolgung hinreichende Erfolgsaussicht hat und nicht mutwillig ist, § 114 ZPO (allg *Thomas/Putzo*, § 114 Rn 3–8; zur Mutwilligkeit einer Verwalterklage bei ungewisser Vollstreckungsaussicht: OLG Hamm ZIP 1997, 248; andererseits OLG Naumburg DZWiR 2001, 257–258; bei Massekostenarmut: OLG Naumburg ZInsO 2002, 540, 541). Im übrigen gelten für die Bewilligung unterschiedliche Maßstäbe.

19 a) **Schuldner.** Vor Einführung der Stundungsregelung in §§ 4a–d durch das InsOÄndG war eine zentrale Streitfrage der InsO, ob der mittellose InsSchu für das Verbraucherinsolvenzverfahren Prozesskostenhilfe beanspruchen konnte (vgl die Nachweise zum Meinungsstand bei *Dahl*, Beilage zu Heft 5 NZI 2001, 53 ff). Der Streit ist nach wie vor relevant für Verfahren, die vor dem 1. 12. 2001 eröffnet worden sind. Für Neuverfahren werden § 4 iVm §§ 114 ff ZPO durch §§ 4a–d verdrängt (K/P-*Prütting*, § 4 Rn 14b); der Streit hat sich insoweit erledigt. PKH kann dem InsSchu gewährt werden in Beschwerdeverfahren (BGH NZI 2002, 574, 575; LG Würzburg NZI 1999, 417, 419; HK-*Kirchhof*, § 4 Rn 9).

20 b) **Gläubiger** (ausf. FK-*Schmerbach*, § 13 Rn 81 ff). Für den **InsAntrag** kann nach Maßgabe von § 115 ZPO PKH bewilligt werden (HK-*Kirchhof*, § 4 Rn 10; K/P-*Prütting* Rn 10a). Die Kosten der Forderungsanmeldung im **eröffneten Verfahren** hat der Gl selbst vorzuschießen, da ihm durch die PKH das Risiko nach § 39 Abs 1 Nr 2 nicht abgenommen wird (AG Duisburg NZI 2000, 237; Uhlenbruck/*Uhlenbruck*, § 4 Rn 19).

21 c) **Verwalter. aa)** In Rechtsstreiten, an denen er als **Partei kraft Amtes** beteiligt ist (insbes Anfechtungsklagen), gilt § 116 S 1 Nr 1 ZPO (ausf. *Mitlehner* NZI 2001, 617 ff). Danach ist PKH zu gewähren, wenn die Kosten aus der Masse nicht aufzubringen sind und den am Gegenstand des Rechtsstreits wirtschaftlich Beteiligten die Vorschussleistung nicht zumutbar ist. Ob die Unterlassung der Rechtsverfolgung allg Interessen zuwider laufen würde (vgl Nr 2), ist unerheblich (BGH ZIP 1990, 1490, 1491).

(1) Zur verwalteten **Vermögensmasse** zählen nur Barmittel und das kurzfristig verwertbare Vermögen abzüglich der Masseschulden (§ 55) und -kosten (§ 54) (allg Ansicht; vgl OLG Düsseldorf ZIP 2002, 1208, 1209). Der InsVerw ist nicht gezwungen, nicht liquides Vermögen zu verwerten oder zu beleihen (H/W/W-*Wienberg*, § 4 Rn 95).

(2) Wirtschaftlich beteiligt sind diejenigen Gl, die bei erfolgreichem Abschluss des konkreten Rechtsstreits wenigstens mit einer teilweisen Befriedigung ihrer Ansprüche rechnen können (allg Ansicht; vgl OLG Düsseldorf ZIP 2002, 1208, 1209). Im Fall der **Nebenintervention** des InsVerw ist für die Befriedigungsaussichten nicht isoliert auf den anhängigen Prozess, sondern auch auf den möglichen Folgeprozess abzustellen. Entscheidend ist, ob die Gl bei positivem Ausgang des anhängigen und des Nachfolgerechtsstreits zumindest mit teilweiser Befriedigung rechnen können und durch den anhängigen Prozess die Erfolgsaussichten im Nachfolgeprozess erhöht werden (OLG Hamburg ZInsO 2002, 193, 194). Der **InsVerw** selbst ist auch dann nicht wirtschaftlich Beteiligter, wenn der Prozesserfolg hauptsächlich seiner Vergütung zugute kommt, da er seine Tätigkeit im öffentlichen Interesse ausübt; jedenfalls ist ihm die Kostentragung nicht zumutbar (BGH ZIP 1998, 297 f; OLG Köln NZI 2000, 540, 541; OLG Düsseldorf NZI 1999, 455, 456; OLG Jena ZIP 2001, 579, 580; OLG Naumburg ZInsO 2002, 540, 541; **aA:** OLG Köln MDR 1997, 104). Nach Abschaffung der früheren Unterscheidung zwischen bevorrechtigten und nicht bevorrechtigten Forderungen in § 61 KO kann es nach hier vertretener Ansicht *generelle* Ausnahmen von der Vorschusspflicht zugunsten einzelner (ehemals bevorrechtigter) Gläubiger nicht mehr geben; dies betrifft insbes **Gl öffentlicher Abgaben** (für den Steuerfiskus: BGH NZI 1999, 26; NZI 1999, 450; BGH NJW 1998, 1868, 1869; OLG Brandenburg ZInsO 2001, 414; OLG Celle, NZI 1999, 231; OLG Schleswig ZInsO 1999, 44; OLG Köln VersR 2002, 912–913; OLG Hamm OLGR Hamm 2001, 374; OLG Koblenz OLGR Koblenz 2002, 237; für die Sozialverwaltung: KG NZI 2000, 221; **aA:** FK-*Schmerbach*, § 26 Rn 41 ff mN aus der Rspr). Im Einzelfall kann die Vorschusspflicht unzumutbar sein.

(3) Zumutbarkeit. Sie bestimmt, unter welchen Voraussetzungen von den beteiligten Gl, die vom Prozessausgang mittelbar profitieren, verlangt werden kann, die Kosten vorzuschießen. In der Rspr haben sich feste Richtlinien bislang nicht herausgebildet. Die Entscheidung im Einzelfall hat jedoch zu beachten, dass die Gewährung der PKH die Regel, ihre

Versagung die Ausnahme sein soll (BGH ZIP 1990, 1490). Für den vorschusspflichtigen Gl müssen unter Berücksichtigung von Eigeninteresse und Prozessrisiko Aufwand und Ertrag in einem wirtschaftlich vernünftigen Verhältnis stehen (OLG Naumburg ZInsO 2002, 540, 541; OLG Dresden ZInsO 2002, 286, 287). Gemessen hieran bietet sich eine **dreistufige Prüfung** an: In einem **ersten Schritt** ist die Quote zu ermitteln, die bei einem Erfolg der Klage auf den einzelnen Gl entfällt. – Auf der **zweiten Stufe** findet eine Bewertung statt, ob sich allein aus dieser voraussichtlichen Quote die **Unzumutbarkeit** der Vorschussleistung ergibt. Das ist der Fall, wenn sich die Quote durch den erfolgreichen Prozess nicht oder nur ganz geringfügig verbessert (OLG Frankfurt ZInsO 2002, 192, 193). Sehr **str** ist, wie hoch diese Quote sein muss: Zumutbarkeit bei 4,5% bzw 10% (OLG Koblenz MDR 2000, 1396; OLG Dresden EWiR 1995, 515), **aA:** keine Zumutbarkeit bei Quote von unter 50% bzw 30% (LG Frankfurt/M NZI 2002, 263; OLG Köln ZIP 1997, 1969 f). Liegt die zu erwartende Befriedigung bei 100% (OLG Frankfurt/M OLGR Frankfurt 2001, 153 f; OLG Köln MDR 2000, 51 f) oder 90% (OLG Düsseldorf ZIP 1990, 938), ist Zumutbarkeit gegeben. Bei hohen Forderungen kann der absolut zu erwartende Betrag die Zumutbarkeit begründen, auch wenn er nur einen geringen Prozentsatz ausmacht (OLG Naumburg ZInsO 2002, 540, 541; OLG Celle, OLGR Celle 2001, 141 f). – Ergibt sich daraus die Zumutbarkeit, können auf der **dritten Stufe** dennoch besondere Umstände die Zumutbarkeit der Kostenaufbringung ausschließen. Zu prüfen ist insb, ob die Höhe der vorzuschießenden Kosten zu dem zu erwartenden Ertrag außer Verhältnis steht, weil der Ertrag die Kosten des Rechtszugs nicht oder nur knapp deckt (LG Koblenz ZInsO 1999, 45; OLG Koblenz InVo 2001, 12–13). Abzustellen ist auf die Gesamtheit der Gl, denen der Prozesserfolg zugute käme; jeder Gl hat die Prozesskosten nur anteilig aufzubringen (OLG Düsseldorf ZIP 2002, 1208, 1209; BGH ZIP 1999, 494, 495). Die Zumutbarkeit wird außerdem verneint für den Gl einer **bestrittenen Forderung**, da dieser uU nicht in den Genuss eines erfolgreichen Prozessausgangs kommt (OLG Dresden ZInsO 2002, 286, 287; OLG Naumburg ZIP 1994, 383, 384; **aA:** LG Aachen MDR 1996, 638 f) und für Massegläubiger (OLG Frankfurt/M OLGR Frankfurt 2001, 153 f; *Zöller/Philippi*, § 116 Rn 10 b). Von der Kostenaufbringung ausgenommen sind nach allg Ansicht auch solche Gläubiger, die nur ganz geringe Forderungen, sog. **Minimalforderungen**, geltend machen (OLG Naumburg ZInsO 2002, 540; OLG Naumburg ZIP 1994, 383, 384; OLG Frankfurt, OLGR Frankfurt 2001, 153 f; *Zöller/Philippi*, § 116 Rn 7). Wann eine Minimalforderung vorliegt, ist im Einzelfall abhängig von den aufzubringenden Kosten, der zu erlangenden Quote und der Anzahl der Gl zu bestimmen (OLG Düsseldorf ZIP 2002, 1208, 1209). Eine Vorschusszahlung ist nicht zumutbar, wenn der Gl nicht leis-

Anwendbarkeit der Zivilprozeßordnung § 4

tungsfähig ist (BGH NJW 1993, 135, 137; NJW 1990, 1491 für Arbeitnehmer; Kleinanleger uä).

(4) Leistungsbereitschaft. Für die Gewährung von PKH ist unerheblich, ob die Gl, denen die Kostenbeteiligung zumutbar und möglich ist, zur Kostenaufbringung **bereit** sind. Ist dies nicht der Fall, hat der Prozess ggf zu unterbleiben (BGH NJW 1998, 1868, 1869; OLG Naumburg ZInsO 2002, 540, 541). Der InsVerw kann PKH auch nicht dadurch erreichen, dass er den ursprünglich angekündigten Antrag auf einen Teilbetrag reduziert, der sich ausschließlich an den Forderungen derjenigen Gläubiger, denen eine Kostenbeteiligung nicht zumutbar ist, orientiert, da dies zu einer Umgehung des § 116 S 1 Nr 1 ZPO führen würde (OLG Hamm OLGR Hamm 2001, 374). Der InsVerw kann daher nur in der Gl-Versammlung versuchen, einen Gl zur Vorschussleistung zu bewegen. Dieser Rechtszustand ist unbefriedigend, de lege lata aber nicht zu ändern (vgl *Pape*, KTS 1991, 33, 43 ff, der vorschlägt, die nicht leistungsbereiten Gl von der Verteilung der erstrittenen Masse auszunehmen).

(5) Antrag. Der InsVerw hat im PKH-Antrag nicht nur die Bedürftigkeit der Masse darzulegen, sondern auch im Hinblick auf die Kostenbeteiligung der Gl eine Aufstellung der angemeldeten und von ihm anerkannten Forderungen beizubringen (OLG Naumburg ZInsO 2002, 540, 541; OLG Naumburg ZInsO 2002, 586, 587). Vor Beantragung der Prozesskostenhilfe bedarf es keiner Aufforderung des InsVerw an die Gl zur Kostenübernahme (OLG Dresden ZInsO 2002, 286, 287; **aA:** KG NZI 2000, 221, 222). Der InsVerw ist nicht verpflichtet, den **amtlichen Vordruck** für den PKH-Antrag zu verwenden (*Zöller/Philippi*, § 118 Rn 20).

bb) Ist Gegenstand des Rechtsstreits, für den PKH begehrt wird, ein 22 nicht zum verwalteten Vermögen gehörender **eigener Anspruch** des InsVerw, ist Maßstab für die Bedürftigkeitsprüfung nicht § 116, sondern § 115 ZPO (*Zöller/Philippi*, § 116 Rn 3).

d) Zuständigkeit/Rechtsbehelf. Über den PKH-Antrag entschei- 23 det das **Prozessgericht**, nicht das InsGericht (H/W/W-*Wienberg*, § 4 Rn 91). Über § 4 ist gegen die Ablehnung des PKH-Gesuchs die **sofortige Beschwerde** nach § 127 Abs 2 ZPO statthaft (OLG Düsseldorf NZI 2002, 1208, 1209; BGH ZIP 2000, 755–757; **aA:** LG Kassel NZI 1999, 276). Eine sofortige weitere Beschwerde nach § 7 ist nicht statthaft (BGH ZIP 2000, 755 ff).

10. Erledigung

a) Im **Eröffnungsverfahren** ist nach überwiegender Meinung über 24 § 4 sowohl eine einseitige als auch eine übereinstimmende Erledigungserklärung zulässig (BGH NZI 2002, 91, 92; OLG Celle ZInsO 2001, 42,

43; OLG Köln ZInsO 2001, 420, 422; LG Bonn NZI 2001, 488, 489; LG Koblenz NZI 2001, 265; **aA:** AG Kleve, DZWiR 2000, 215, 216). Sie kommt zur Vermeidung einer Belastung mit den Verfahrenskosten anstelle einer Antragsrücknahme insbes in Betracht, wenn der InsSchu zwischen Antragstellung und Eröffnungsentscheidung die Forderung des antragstellenden Gläubigers begleicht.

25   **aa) Einseitige Erledigung.** Begehrt wird die Feststellung der Erledigung des Eröffnungsantrags (zur Tenorierung LG Bonn NZI 2001, 488, 491). Voraussetzungen sind: Zulässigkeit und Begründetheit des früheren Antrags und Erfüllung der ihm zugrunde liegenden Forderung. Eine Beweisaufnahme findet nicht mehr statt, abzustellen ist auf den bisherigen Verfahrensstand (OLG Köln NZI 2002, 157, 158).

26   **bb) Übereinstimmende Erledigung.** Im Rahmen der Kostenentscheidung nach § 4 iVm § 91a ZPO kommt es auch hier auf den Verfahrensstand (Erfolgsaussichten des Eröffnungsantrags: Vorliegen eines Eröffnungsgrundes, Zulässigkeit des Antrags iÜ) und Billigkeitserwägungen an. Liegt der Erledigungserklärung ein unzulässiger sog. **Druckantrag** zugrunde, der den InsSchu zur Einzelbefriedigung veranlassen sollte, sollen dem Antragsteller die Verfahrenskosten einschließlich der Kosten des vorl InsVerfahren auferlegt werden können (AG Duisburg NZI 2002, 669, 670; LG Hamburg NZI 2002, 164, 165; AG Hamburg ZInsO 2002, 687, 688; ZInsO 2001, 1121, 1122; krit *Pape*, NJW 2002, 1165, 1168; zu dieser vor allem bei Sozialversicherungsträgern verbreiteten Praxis *Schmahl*, NZI 2002, 177 ff). Indiz für einen missbräuchlichen Antrag ist die Erklärung vollständiger Erledigung, obwohl die zugrunde liegende Forderung nur zT befriedigt ist.

27   **b)** Im **eröffneten Verfahren** ist eine Erledigung nicht mehr möglich, da das Verfahren der Disposition des einzelnen Gläubigers entzogen ist (N/R-*Becker*, § 4 Rn 27; vgl BGH NZI 2002, 91, 92).

Vorbemerkung vor §§ 4a–d

1. Regelungsziel

1   Das InsOÄndG hat mit den §§ 4a–d erstmals eine **Verfahrenskostenhilfe** eingeführt. Dadurch gewährleistet der Gesetzgeber, dass auch mittellose natürliche InsSchu **Restschuldbefreiung**, § 1 S 2, erlangen können (Begr RegE, BT-Drucks 14/56680, S 12). Die Neuregelung beendet den unbefriedigenden Zustand, dass einige Gerichte InsSchu, die die Verfahrenskosten nicht aufbringen konnten, Prozesskostenhilfe gewährten, andere nicht (siehe § 4 Rn 19). Das vom Gesetzgeber gewählte **Stundungsmodell** entlastet die öffentlichen Kassen weit stärker als die PKH,

da es die Kosten nicht endgültig der Staatskasse aufbürdet (vgl § 4a Rn 14ff). Dementsprechend sind die Voraussetzungen, unter den Kostenstundung gewährt wird, gegenüber denen der PKH erheblich reduziert (*Grote*, ZInsO 2002, 179, 180).

2. Überblick

Die Stundung bewirkt, dass die Verfahrenseröffnung nicht mangels Masse abgelehnt (§ 26 Abs 1 S 2), das eröffnete Verfahren nicht mangels Masse eingestellt (§ 207 Abs 1 S 2) und die Restschuldbefreiung nicht wegen fehlender Deckung der Vergütung des Treuhänders versagt werden kann (§ 298 Abs 1 S 2). Die Stundung wird in einem ersten Schritt bis zur Erteilung der Restschuldbefreiung gewährt (§ 4a Abs 1 S 1). Sie umfasst sämtliche Kosten des Insolvenz-, des Schuldenplanbereinigungs- und des Restschuldbefreiungsverfahrens (§ 4a Abs 1 S 1, 2). Die Beiordnung eines Anwalts ist möglich (§ 4a Abs 2). Allerdings sind während des Verfahrens die Kosten aus der Masse (§ 53) bzw aus den vom Treuhänder verwalteten Leistungen (§ 292 Abs 1 S 1) zu bedienen. Die Verfahrenskosten, die bei Erteilung der Restschuldbefreiung noch nicht gedeckt sind, hat der InsSchu selbst zu tragen (§ 50 GKG). Damit hierdurch nicht sogleich eine erneute Zahlungsunfähigkeit auslöst wird, kann die Stundung verlängert werden (§ 4b Abs 1); allerdings kann das Gericht nach dem Vorbild der PKH Ratenzahlung oder Zahlungen aus dem Vermögen anordnen. Verändern sich während der Laufzeit der Stundung die maßgeblichen wirtschaftlichen oder persönlichen Verhältnisse des InsSchu, kann das Gericht den Stundungsbeschluss anpassen (§ 4b Abs 2). Lässt der InsSchu sich erhebliches Fehlverhalten zu schulden kommen oder steht fest, dass er die Restschuldbefreiung nicht mehr erlangen kann, kann das Gericht die Stundung aufheben (§ 4c). Gegen sämtliche Entscheidungen eröffnet § 4d die sofortige Beschwerde.

3. Verhältnis zu anderen Unterstützungsleistungen

§§ 4a–d schließen nicht aus, dass der InsSchu Beratungshilfe nach dem BeratungshilfeG in Anspruch nimmt.

4. Übergangsregelung (ausf. *Göbel*, ZInsO 2001, 500ff)

§§ 4a–d gelten für Verfahren, die nach dem 1. 12. 2001 eröffnet worden sind (§ 103a EGInsO). In bereits eröffneten Verfahren (OLG Celle NZI 2001, 603) und solchen, bei denen das Schuldenbereinigungsverfahren bereits abgeschlossen war (*Vallender*, NZI 2001, 561, 562), kann keine Stundung, sondern nur PKH gewährt werden. Eine bereits bewilligte PKH kann nicht unter Berufung auf §§ 4a–d aufgehoben werden (LG Oldenburg ZVI 2002, 169).

§ 4a Stundung der Kosten des Insolvenzverfahrens

(1) ¹Ist der Schuldner eine natürliche Person und hat er einen Antrag auf Restschuldbefreiung gestellt, so werden ihm auf Antrag die Kosten des Insolvenzverfahrens bis zur Erteilung der Restschuldbefreiung gestundet, soweit sein Vermögen voraussichtlich nicht ausreichen wird, um diese Kosten zu decken. ²Die Stundung nach Satz 1 umfasst auch die Kosten des Verfahrens über den Schuldenbereinigungsplan und des Verfahrens zur Restschuldbefreiung. ³Der Schuldner hat dem Antrag eine Erklärung beizufügen, ob einer der Versagungsgründe des § 290 Abs. 1 Nr. 1 und 3 vorliegt. ⁴Liegt ein solcher Grund vor, ist eine Stundung ausgeschlossen.

(2) ¹Werden dem Schuldner die Verfahrenskosten gestundet, so wird ihm auf Antrag ein zur Vertretung bereiter Rechtsanwalt seiner Wahl beigeordnet, wenn die Vertretung durch einen Rechtsanwalt trotz der dem Gericht obliegenden Fürsorge erforderlich erscheint. ²§ 121 Abs. 3 bis 5 der Zivilprozessordnung gilt entsprechend.

(3) ¹Die Stundung bewirkt, dass
1. die Bundes- oder Landeskasse
   a) die rückständigen und die entstehenden Gerichtskosten,
   b) die auf sie übergegangenen Ansprüche des beigeordneten Rechtsanwalts

   nur nach den Bestimmungen, die das Gericht trifft, gegen den Schuldner geltend machen kann;
2. der beigeordnete Rechtsanwalt Ansprüche auf Vergütung gegen den Schuldner nicht geltend machen kann.

²Die Stundung erfolgt für jeden Verfahrensabschnitt besonders. ³Bis zur Entscheidung über die Stundung treten die in Satz 1 genannten Wirkungen einstweilig ein. ⁴§ 4b Abs. 2 gilt entsprechend.

I. Verfahrenskostenstundung, Abs 1

1. Voraussetzungen

1   Die Stundung setzt einen zulässigen und begründeten **Antrag** voraus; eine Stundung von Amts wegen gibt es nicht (N/R-*Becker*, § 4a Rn 10).

2   **a) Zulässigkeit. aa) Antragsberechtigt** ist allein der InsSchu, nicht ein Gl oder sonstiger Verfahrensbeteiligter (K/P-*Prütting/Wenzel*, § 4a Rn 20).

Stundung der Kosten des Insolvenzverfahrens § 4a

bb) Form. Der Antrag ist bei dem nach §§ 2, 3 zuständigen Ins- 3
Gericht zu stellen. Im Gegensatz zu § 117 Abs 4 ZPO besteht **kein Formularzwang** (BGH NZI 2002, 574, 575). Der Antrag kann schriftlich, in elektronischer Form (§ 130a ZPO) oder durch Erklärung zu Protokoll (§ 129a ZPO iVm § 4) gestellt werden. Er unterliegt nicht dem Anwaltszwang.

cc) Inhalt. Der Antrag muss eine Erklärung über das Vorliegen von 4
Versagungsgründen nach § 4a Abs 1 S 3 beinhalten (*Grote*, ZInsO 2002, 179, 181); anderenfalls ist er (nach Anhörung des InsSchu) als unzulässig abzulehnen (K/P-*Prütting/Wenzel*, § 4a Rn 23). Eine vorsätzlich oder grob fahrlässig wahrheitswidrige Erklärung kann zur Aufhebung der Stundung nach § 4c Nr 1 führen; eine fahrlässige Falschangabe kann eine Aufhebung nach § 4c Nr 2 rechtfertigen.

dd) Für den **Zeitpunkt** der Antragsstellung ist zu differenzieren: Soll 5
Stundung schon für das Eröffnungsverfahren gewährt werden, muss der Antrag spätestens bei der Entscheidung über den Eröffnungsantrag vorliegen (N/R-*Becker*, § 4a Rn 24). Er kann bereits vor dem 1.12. 2001 gestellt worden sein (AG Hamburg ZIP 2001, 2241). Die Stundung kann von vornherein für das **gesamte Verfahren** bzw **mehrere Verfahrensabschnitte** beantragt werden; § 4a Abs 3 S 2 steht dem nicht entgegen, da er nur die gerichtliche Entscheidung betrifft (FK-*Kohte*, § 4a Rn 23, 41; **aA:** K/P-*Prütting/Wenzel*, § 4a Rn 21: gesonderter Antrag für jeden Verfahrensabschnitt; dazu unten Rn 16 ff). Stellt sich Massearmut erst im eröffneten Verfahren bzw während der Wohlverhaltensperiode heraus, muss der Stundungsantrag bis zur Entscheidung über die Verfahrenseinstellung nach § 207 Abs 1 S 1 bzw bis zur Versagung der Restschuldbefreiung nach § 298 Abs 1 angebracht sein (N/R-*Becker*, § 4a Rn 25; K/P-*Prütting/Wenzel*, § 4a Rn 25).

ee) Da die Stundung eine Restschuldbefreiung ermöglichen soll, muss 6
dem InsGericht spätestens bei Entscheidung über die Stundung ein zulässiger **Antrag auf Restschuldbefreiung** vorliegen, § 4a Abs 1 S 1. Hierauf hat das Gericht den InsSchu ggf nach § 20 Abs 2 hinzuweisen. Im Eröffnungsverfahren muss der InsSchu daher regelmäßig **drei Anträge** stellen: Stundung, Restschuldbefreiung und nach § 287 Abs 1 S 1 Verfahrenseröffnung (*Braun/Buck*, § 4a Rn 3; vgl das Muster in ZInsO 2002, 121). Durch die Rücknahme des Restschuldbefreiungsantrags wird der Stundungsantrag unzulässig (N/R-*Becker*, § 4a Rn 19).

b) Begründetheit. Sie liegt vor, wenn der InsSchu die persönlichen 7
und wirtschaftlichen Voraussetzungen erfüllt und die beantragte Restschuldbefreiung hinreichende Erfolgsaussicht hat.

§ 4a

8   **aa) Persönliche Voraussetzung.** Kostenstundung können ebenso wie die Restschuldbefreiung nur **natürliche Personen** erlangen (vgl § 286). Unerheblich ist, ob das Verfahren als Verbraucher- oder Regelinsolvenzverfahren geführt wird, da Restschuldbefreiung in beiden Verfahren erteilt werden kann (*Vallender*, NZI 2001, 561, 562). Die Stundung ist ausgeschlossen in der Gesellschaftsinsolvenz, selbst wenn Gesellschafter ausschließlich natürliche Personen sind, und in den Verfahren der §§ 315ff (N/R-*Becker*, § 4a Rn 7, 8).

9   **bb) Wirtschaftliche Voraussetzung.** Die von § 4a Abs 1 S 1 geforderte Prüfung, ob das Vermögen des InsSchu voraussichtlich zur Kostendeckung ausreichen wird, entspricht der des § 26 Abs 1 S 1. Im Rahmen einer Prognose sind die zu erwartenden Kosten des Verfahrens und das Vermögen des InsSchu einander gegenüber zu stellen (vgl im einzelnen § 26 Rn 3). „Vermögen" ist gleichzusetzen mit der späteren Insolvenzmasse, so dass unpfändbare Gegenstände (LG Berlin ZInsO 2002, 680, 682), unpfändbare Einkünfte (AG Dresden ZVI 2002, 119, 120; LG Münster NZI 2002, 446; LG Krefeld ZInsO 2002, 940) des InsSchu außer Betracht bleiben.

10 Erteilt der Schu keine ausreichenden Auskünfte über seine Vermögensverhältnisse kann das InsGericht in entsprechender Anwendung des § 290 Abs 1 Nr 5 die Stundung der Verfahrenskosten versagen (BGH NJW-RR 2005, 697, BGH 27.01.2005 NZI 2005, 273). Voraussetzung hierfür ist, dass der Schu vom InsGericht auf die Mängel konkret aufmerksam gemacht wurde und eine angemessene Frist zur Abhilfe gesetzt wurde.

11 Nach LG Koblenz soll die Verfahrenskostenstundung zudem versagt werden, wenn der Schuldner über einen zur Deckung der Kosten des Insolvenzverfahrens ausreichenden noch nicht anerkannten oder rechtshängigen Pflichtteilsanspruch gem § 2303 BGB verfügt. Dies gilt auch dann, wenn gegenüber dem Erben auf die Geltendmachung des Pflichtteilsanspruchs verzichtet worden ist (NZI 2004, 515).

12 Hat es der InsSchu unter Verstoß gegen die Sorgfalt eines redlichen InsSchu unterlassen, Rücklagen für die Verfahrenskosten zu bilden, soll er nach LG Duisburg im Hinblick auf die Stundung so zu behandeln sein, als sei das verschwendete Vermögen noch vorhanden (NZI 2005, 48). – Str ist, ob der familienrechtliche **Prozesskostenvorschuss** nach **§ 1360a Abs 4 BGB** der Kostenstundung nach § 4a vorgeht. Im Rahmen der PKH ist ein solcher Vorrang anerkannt (vgl Palandt/*Brudermüller*, § 1360a Rn 8 mN), doch scheint fraglich, ob diese Sicht auf das Verfahren nach §§ 4a–d übertragbar ist (abl LG Duisburg NZI 2004, 299; LG Köln NZI 2002, 504; *Grote*, ZInsO 2002, 179, 181; **aA:** AG Hamburg ZInsO 2002, 594f). Jedenfalls dürfte ein „Rechtsstreit über eine persönliche Angelegenheit" iSv § 1360a Abs 4 BGB nicht vorliegen, wenn das InsVerfahren

wegen vorehelicher Schulden beantragt worden ist (LG Köln NZI 2002, 504; *Grote*, ZInsO 2002, 179, 180f; **aA:** LG Düsseldorf NZI 2002, 504, 505). Folgt man der Gegenauffassung, treten bis zur Leistung des Vorschusses die Stundungswirkungen einstweilen nach Abs 3 S 3 ein; das Verfahren ist sofort zu eröffnen (AG Hamburg ZInsO 2002, 594, 595). – Die Verfahrenskostenstundung ist **ultima ratio** (Begr RegE BT-Drucks 14/5680 S 20). Das Gericht muss daher zunächst prüfen, ob ein Dritter (Gl, Verwandte, karitative Einrichtung) bereit ist, den Kostenvorschuss zu leisten, § 26 Abs 1 S 2 1. Alt (FK-*Kohte*, § 4a Rn 11; *Vallender*, InVo 1998, 169, 175). Für den InsSchu hat dieser Weg den Vorteil, dass er nicht schon während des Verfahrens Erwerbspflichten (vgl § 4c Nr 4) unterliegt (*Grote*, ZInsO 2002, 179, 181).

cc) Erfolgsaussichten der beantragten Restschuldbefreiung. Im 13 Gegensatz zu § 114 ZPO findet nur eine eingeschränkte Überprüfung statt (*Grote*, ZInsO 2002, 179, 181). Nach § 4a Abs 1 S 3, 4 unterbleibt die Stundung nur, wenn ein **Versagungsgrund** nach § 290 Abs 1 Nr 1 – rechtskräftige Verurteilung wegen einer Insolvenzstraftat – oder Nr 3 – Erteilung/Versagung der Restschuldbefreiung innerhalb der letzten zehn Jahre bzw nach dem Stundungsantrag – vorliegt. Wie bei § 118 ZPO nimmt das InsGericht insoweit lediglich eine **summarische Prüfung** vor, in der schwierige rechtliche und tatsächliche Fragen nicht zu klären sind (FK-*Kohte*, § 4a Rn 15). Die Aufzählung in S 3 ist **abschließend**. Die weiteren Ablehnungsgründe des § 290 können nicht zur Versagung der Stundung, sondern nur zu deren späterer Aufhebung nach § 4c führen (Begr RegE BT Drucks 14/5680 S 20; LG Berlin ZInsO 2002, 680, 681; K/P-*Prütting/Wenzel*, § 4a Rn 34, 38; FK-*Kohte*, § 4a Rn 16f; **aA:** AG Duisburg NZI 2002, 217, das § 290 Abs 1 Nr 4 analog anwendet; N/R-*Becker*, § 4a Rn 32–35: feststehende Aufhebungsgründe sind zu berücksichtigen, da das Gericht anderenfalls Stundung gewähren müsste, obwohl bereits feststünde, dass sie wieder aufzuheben wäre). – Die Feststellung des Versagungsgrundes nach § 290 Abs 1 Nr 3 dürfte keine Schwierigkeiten bereiten. Hinsichtlich der Nr 1 ist noch nicht geklärt, ob die zur Restschuldbefreiung entwickelten Grundsätze (vgl § 290 Rn 13) auf die Stundungsentscheidung nach § 4a übertragbar sind, wofür die pauschale Verweisung auf § 290 Abs 1 Nr 1 sprechen würde (so *Fuchs*, NZI 2002, 239; vgl N/R-*Becker*, § 4a Rn 27; FK-*Kohte*, § 4a Rn 14) oder ob wegen des summarischen Charakters des Stundungsverfahrens andere Maßstäbe gelten (AG Göttingen ZInsO 2002, 686, 687). – Die Restschuldbefreiung wird durch die Stundungsentscheidung nicht präjudiziert (*Fuchs*, NZI 2002, 239, 240).

§ 4a

2. Wirkungen der Stundung

14 **a) Gegenstand.** Stundbare Kosten sind nach § 4a Abs 1 S 1 die „Kosten des InsVerfahren" iSv § 54, nach S 2 außerdem die Kosten des gerichtlichen Schuldenbereinigungsplan- und des Restschuldbefreiungsverfahrens (K/P-*Prütting/Wenzel* § 4a Rn 28f).

15 **b) Dauer.** Nach § 4a Abs 1 S 1 werden die Kosten bis zur Erteilung der Restschuldbefreiung gestundet (N/R-*Becker*, § 4a Rn 57; K/P-*Prütting/Wenzel*, § 4a Rn 44f). Kann der InSchu danach die fälligen Kosten nicht aufbringen, kommt eine Verlängerung der Stundung nach § 4b in Betracht (vgl dort).

16 **c)** Die Stundung erfolgt für die Kosten der einzelnen **Verfahrensabschnitte gesondert**, § 4a Abs 3 S 2. Der Begriff entspricht dem des Rechtszuges in § 119 ZPO. Er bezeichnet jeden Teil des Verfahrens, der besondere Kosten verursacht. Anerkannt sind folgende Verfahrensabschnitte: gerichtliches Schuldenbereinigungsplanverfahren, (Verbraucher-/Regel-) InsVerfahren (einschließlich des Eröffnungsverfahrens) und Restschuldbefreiungsverfahren (*Braun/Buck*, § 4a Rn 13; *Smid/Smid*, § 4a Rn 11; FK-*Kohte*, § 4a Rn 23, der allerdings das Eröffnungsverfahren als eigenen Abschnitt sieht).

17 **aa)** Im **Schuldenbereinigungsplanverfahren** entfällt ein Auslagenvorschuss bereits nach § 68 Abs 3 S 2 GKG. Die Stundung bewirkt, dass der Erfolg eines abgeschlossenen Schuldenbereinigungsplans nicht durch die Belastung des InSchu mit Gerichtskosten und Auslagen gefährdet wird (FK-*Kohte*, § 4a Rn 32f; N/R-*Becker*, § 4a Rn 64).

18 **bb)** Im **Eröffnungsverfahren** schließt die Stundung die Ablehnung des Eröffnungsantrags mangels Masse aus (§ 26 Abs 1 S 2), im **eröffneten Verfahren** dessen Einstellung wegen fehlender Deckung der Verfahrenskosten (§ 207 Abs 1 S 2). Gerichtskosten und Auslagen kann die Staatskasse nach § 4a Abs 3 S 1 Nr 1a nur nach Maßgabe des Stundungsbeschlusses geltend machen. Da die Kosten nicht endgültig erlassen sind, hat der InsVerw/Treuhänder sie aus einer ggf vorhandenen Masse zu befriedigen (§§ 53, 292 Abs 1 S 2). Der Vergütungsanspruch des (vorl) InsVerw richtet sich nach § 63 Abs 2 gegen die Staatskasse, soweit die Masse nicht ausreicht. Beim Rückgriffsanspruch der Staatskasse gegen den InsSchu (KV 9017 Anlage 1 GKG) handelt es sich wiederum um nur nach Maßgabe der Stundungsbedingungen geltend zu machende Verfahrenskosten iSv § 4a Abs 3 S 1 Nr 1a. Gleiches gilt für die Vergütungsansprüche des (vorl) Treuhänders im Verbraucherinsolvenzverfahren (§ 313 Abs 1 S 2) und den Auslagenersatz der Gläubigerausschussmitglieder (§ 73 Abs 2).

Stundung der Kosten des Insolvenzverfahrens § 4 a

cc) Die Stundung vermeidet die Versagung der **Restschuldbefreiung** 19
nach § 298 Abs 1 wegen fehlender Deckung der Mindestvergütung des
Treuhänders.

dd) Vorwirkung, Abs 3 S 3. Nach § 4 a Abs 3 S 3 treten mit dem zu- 20
lässigen Stundungsantrag die Stundungswirkungen bis zur Bewilligungs-
entscheidung ipso iure ein, um eine zügige Verfahrensabwicklung nicht zu
gefährden (*Smid/Smid*, § 4 a Rn 11). Vom InsSchu kann daher unabhängig
vom tatsächlichen Umfang der Masse kein Gebühren- oder Auslagenvorschuss erhoben werden, §§ 50, 61, 68 GKG.

II. Anwaltsbeiordnung, Abs 2

1. Voraussetzungen

a) Die Beiordnung bedarf eines zusätzlichen **Antrags**. Für die Form 21
gilt Rn 3 entsprechend. Eine Verbindung mit dem Stundungsantrag ist
nicht erforderlich; der Beiordnungsantrag kann später gestellt werden.

b) Kostenstundung. Die Beiordnung setzt zwingend die Stundung 22
der Verfahrenskosten voraus. Damit scheidet an sich eine Beiordnung aus,
wenn die Masse zwar die Verfahrens-, aber nicht die Anwaltskosten deckt.
Zum Teil wird vorgeschlagen, Abs 2 gleichwohl anzuwenden, wenn hinsichtlich der Anwaltskosten die Voraussetzungen nach Abs 1 und 3 vorliegen (K/P-*Prütting/Wenzel*, § 4 a Rn 49; krit auch N/R-*Becker*, § 4 a
Rn 100). Der Gesetzeswortlaut beschränkt die Beiordnung auf den Fall
der gerichtlichen Stundungsanordnung; während der gesetzlichen Stun-
dungsperiode nach § 4 a Abs 3 S 3 ist eine Beiordnung unzulässig (*Braun/
Buck*, § 4 a Rn 15).

c) Erforderlichkeit. Die Beiordnung eines Anwalts ist die **Ausnah-** 23
me, S 1 erlegt vielmehr dem InsGericht die Fürsorgepflicht zur Beratung
des InsSchu auf. Eine Beiordnung kommt daher nur in Betracht, wenn
im Einzelfall gegenüber dem „Normalverfahren" **besondere Schwierigkeiten** auftreten (LG Koblenz ZVI 2002, 272, 273; LG Bremen NZI
2002, 675, 676). Sie können sich ergeben aus der Kompliziertheit der
Vorgänge und/oder der Persönlichkeit des InsSchu, insbes seinen Kenntnissen und Fähigkeiten (N/R-*Becker*, § 4 a Rn 102; LG Bremen NZI
2002, 675, 676). Nicht ausreichend sind: die Komplexität des InsVerfahren an sich, die (verfahrenstypische) Tatsache, dass sich der InsSchu einer
Vielzahl von Gl gegenüber sieht (LG Koblenz ZVI 2002, 272, 273), ein
außergewöhnlicher Schuldenumfang (AG Göttingen NZI 2002, 449), im
Gegensatz zu § 121 Abs 2 ZPO auch nicht die anwaltliche Beratung des
Gegners (Begr RegE BT-Drucks 14/5680, S 21). Eine Beiordnung
kommt in Betracht bei:

§ 4a 1. Teil. Allgemeine Vorschriften

24 **(1) Quasi-kontradiktorische Verfahren**: Zustimmungsersetzungsersetzungsverfahren, § 309 (AG Göttingen NZI 2002, 449; zur alten Rechtslage: LG Konstanz ZIP 1999, 1643, 1646), Versagung der Restschuldbefreiung, §§ 290, 296 (AG Göttingen NZI 2002, 449, N/R-*Becker*, § 4a Rn 102), Wirksamkeit von Entgeltabtretungen (zur alten Rechtslage: LG Duisburg NZI 2001, 102; AG Göttingen ZIP 1999, 930, 931; FK-*Kohte*, § 4a Rn 39).

25 **(2)** Soweit **besondere Mitwirkungspflichten** des InsSchu bestehen: Ergänzung des Schuldenbereinigungsplans (AG Göttingen NZI 2002, 449; LG Göttingen ZInsO 2001, 627; **aA:** K/P-*Prütting/Wenzel*, § 4a Rn 48) oder der Gestaltung des InsPlan (FK-*Kohte*, § 4a Rn 38).

26 **(3)** Hat ein Gläubiger eine Forderung aus einer vorsätzlich begangenen unerlaubten Handlung zur InsTabelle angemeldet, ist die Beiordnung eines Rechtsanwalts gem § 4a II InsO nicht allein wegen eines dem Schuldner gem 175 II InsO vom Insolvenzgericht erteilten Hinweises auf die Rechtsfolgen des § 302 Nr. 1 InsO und die Möglichkeit des Widerspruchs zu versagen. Ein Rechtsanwalt ist beizuordnen, wenn der Schuldner im Rahmen seiner Möglichkeiten dartut, dass er nach seinen persönlichen Fähigkeiten und Kenntnissen im konkreten Fall nicht in der Lage ist, ohne anwaltliche Hilfe eine Entscheidung über die Zweckmäßigkeit der Erhebung des Widerspruchs zu treffen (BGH NZI 2004, 39).

27 **d)** Weitere Einzelheiten der Beiordnung regelt § 4a Abs 2 S 2 durch eine **Verweisung** auf § 121 Abs 3–5 ZPO.

2. Wirkungen der Beiordnung

28 Der beigeordnete Anwalt kann seinen Vergütungsanspruch nach § 4a Abs 3 S 1 Nr 2 nicht gegen den InsSchu geltend machen. Er erhält seine Vergütung nach § 45 RVG aus der Landeskasse. Diese kann Rückgriff aus dem auf sie übergegangenen Anspruch (§ 59 RVG) beim InsSchu nur nach den Stundungsbestimmungen nehmen, § 4a Abs 3 S 1 Nr 1b. Der InsVerw/Treuhänder hat den Anspruch aus etwaig anfallender Masse zu bedienen; letzterer während der Wohlverhaltensperiode allerdings nicht mit Beträgen aus Abtretung oder sonstiger Leistung (§ 292 Abs 1 S 2 letzter HS). Diese Wirkungen bleiben auch dann bestehen, wenn die Stundung später nach § 4c aufgehoben wird (K/P-*Prütting/Wenzel*, § 4a Rn 51).

III. Entscheidung

29 **1.** Das InsGericht entscheidet durch **Beschluss**. – Zu den **Rechtsbehelfen** siehe § 4d, zu **Abänderungsmöglichkeiten** § 4b Abs 2.

2. Zuständigkeit

Die **funktionelle Zuständigkeit** liegt im Schuldenbereinigungsplan- 30
und im Eröffnungsverfahren nach § 18 Abs 1 Nr 1 RPflG beim **Richter**
(AG Göttingen ZVI 2002, 69, 70 f; N/R-*Becker*, § 4a Rn 15; **aA:** AG
Hamburg ZIP 2001, 2241: Entscheidung durch den Rechtspfleger nach
Eröffnung). Wird der Stundungsantrag erst im eröffneten Verfahren oder
während der Wohlverhaltensperiode gestellt, entscheidet nach § 3 Nr 2 e
RPflG der Rechtspfleger, soweit der Richter nicht von dem Vorbehalt
nach § 18 Abs 2 S 1 RPflG Gebrauch macht (FK-*Kohte*, § 4a Rn 44).

3. Umfang

Die Stundung kann auf das Schuldenbereinigungsplanverfahren be- 31
schränkt werden; iÜ umfasst sie nach § 4a Abs 1 S 1 den gesamten **Zeitraum bis zur Erteilung der Restschuldbefreiung** (N/R-*Becker*, § 4a
Rn 50). Die Stundung kann nur entweder gewährt oder abgelehnt werden; die Anordnung einer Ratenzahlung ist nicht möglich, arg § 4b
Abs 1 (LG Krefeld ZInsO 2002, 940). Die **Anwaltsbeiordnung** ist auf
den jeweiligen Verfahrensabschnitt beschränkt (FK-*Kohte*, § 4a Rn 44;
N/R-*Becker*, § 4a Rn 103).

§ 4b Rückzahlung und Anpassung der gestundeten Beträge

(1) ¹**Ist der Schuldner nach Erteilung der Restschuldbefreiung nicht in der Lage, den gestundeten Betrag aus seinem Einkommen und seinem Vermögen zu zahlen, so kann das Gericht die Stundung verlängern und die zu zahlenden Monatsraten festsetzen.** ²**§ 115 Abs. 1 und 2 sowie § 120 Abs. 2 der Zivilprozessordnung gelten entsprechend.**
(2) ¹**Das Gericht kann die Entscheidung über die Stundung und die Monatsraten jederzeit ändern, soweit sich die für sie maßgebenden persönlichen oder wirtschaftlichen Verhältnisse wesentlich geändert haben.** ²**Der Schuldner ist verpflichtet, dem Gericht eine wesentliche Änderung dieser Verhältnisse unverzüglich anzuzeigen.** ³**§ 120 Abs. 4 Satz 1 und 2 der Zivilprozessordnung gilt entsprechend.** ⁴**Eine Änderung zum Nachteil des Schuldners ist ausgeschlossen, wenn seit der Beendigung des Verfahrens vier Jahre vergangen sind.**

1. Normzweck

Nach **Abs 1** kann sich nach Abschluss des InsVerfahren eine weitere 1
Kostenstundung mit Ratenzahlung bis zu 48 Monaten anschließen. Die

§ 4b   1. Teil. Allgemeine Vorschriften

Regelung ist notwendige Ergänzung zu § 4a, denn sie verhindert, dass im Verlauf des InsVerfahren nicht getilgte Verfahrenskosten den mit der Restschuldbefreiung angestrebten wirtschaftlichen Neuanfang des InsSchu vereiteln. – **Abs 2** ermöglicht die Anpassung der gerichtlichen Stundungsentscheidung an geänderte wirtschaftlichen Verhältnisse des InsSchu.

2. Verlängerung der Stundung und Ratenzahlung, Abs 1

2   Die Haftung des InsSchu für die bis zum Ende der Stundung nicht gedeckten Verfahrenskosten ergibt sich aus **§ 50 GKG** (ausf. FK-*Kohte*, § 4b Rn 2–4). Der Betrag wird mit Wegfall der Stundung sofort in einer Summe fällig, falls keine Verlängerung erfolgt.

3   **a) Formelle Voraussetzungen. aa) Antrag.** Anders als § 4a setzt § 4b einen Antrag des InsSchu **nicht** ausdrücklich voraus, auch wenn er der Regelfall ist. Es spricht indes nichts dagegen, dass das Gericht die weitere Stundung von Amts wegen anregt (FK-*Kohte*, § 4b Rn 7; **aA:** *Braun/Buck*, § 4b Rn 4; N/R-*Becker*, § 4b Rn 5). Für die Form des Antrags gilt § 4a Rn 3 entsprechend. Der Antrag ist nicht fristgebunden. Er kann bis zur vollständigen Tilgung der Kosten jederzeit gestellt werden; auch schon vor Restschuldbefreiung, wenn absehbar ist, dass der InsSchu die Verfahrenskosten nicht aufbringen kann (N/R-*Becker*, § 4a Rn 6).

4   **bb) Anhörung.** Hatte der InsSchu keinen Verlängerungsantrag gestellt, ist er vor einer stattgebenden Entscheidung zu hören. Eine Anhörung der bisherigen InsGl oder der Staatskasse ist nicht erforderlich (FK-*Kohte*, § 4b Rn 7).

5   **cc) Erteilung der Restschuldbefreiung.** § 4b Abs 1 lässt seinem Wortlaut nach die Verlängerung nur in den Fällen des § 4a Abs 1 S 1 zu, in denen die Stundung wegen Erteilung der Restschuldbefreiung endet. Aufgrund der vergleichbaren Interessenlage dürfte allerdings eine **analoge Anwendung** gerechtfertigt sein, wenn es zu einer vorzeitigen Befriedigung sämtlicher Gl (N/R-*Becker*, § 4b Rn 4) oder der Annahme eines Schuldenbereinigungsplans oder eines InsPlan kommt (FK-*Kohte*, § 4b Rn 9–11). Für den Fall einer vorzeitigen Erteilung der Restschuldbefreiung mangels Vorliegen von Forderungsanmeldungen hat der BGH (NZI 2005, 399) entschieden, daß sämtliche Massekosten und -schulden durch den InsSchu gedeckt sein müsesn. Auch in diesen Fällen soll der Erfolg nicht durch die Belastung des InsSchu mit den Verfahrenskosten in Frage gestellt werden. Dagegen ist eine Verlängerung ausgeschlossen, wenn die Stundung durch Aufhebung (§ 4c), Abänderung des Bewilligungsbeschlusses (§ 4b Abs 2), Rücknahme des Restschuldbefreiungsantrags oder den Tod des InsSchu endet (N/R-*Becker*, § 4b Rn 2–4).

b) Materielle Voraussetzungen. aa) Unzulänglichkeit von Ein- 6
kommen und Vermögen des InsSchu. Aus Abs 1 folgt, dass der Ins-
Schu im Rahmen des Zumutbaren Einkommen und Vermögen zur
Schuldentilgung verwenden muss. Wegen der Einzelheiten verweist § 4b
Abs 1 S 2 auf die Grundsätze der PKH, **§§ 115 Abs 1 und 2 ZPO** (s *Thomas/Putzo*, § 115 Rn 1–23; K/P-*Prütting/Wenzel*, § 4b Rn 4–19). Zu
zahlen sind maximal 48 Monatsraten (§ 115 Abs 1 S 4 ZPO). Zahlungsempfänger ist nach **§ 120 Abs 2 ZPO** iVm § 4b Abs 1 S 2 idR die Landeskasse.

bb) Versagungsgründe sieht das Gesetz im Gegensatz zu § 4a nicht 7
vor; möglich ist nur die spätere Aufhebung nach § 4c (**aA:** N/R-*Becker*,
§ 4b Rn 16, der Aufhebungsgründe berücksichtigen will; s auch § 4a
Rn 9).

c) Entscheidung. aa) Das Gericht muss bei Vorliegen aller Voraus- 8
setzungen die Stundung verlängern und die zu zahlenden Raten festlegen; es
handelt sich um eine **gebundene Entscheidung** (N/R-*Becker*, § 4b
Rn 15; **aA:** FK-Kohte, § 4b Rn 7).

bb) Die Verlängerungsentscheidung trifft der **Rechtspfleger**, § 3 9
Nr 2 e RPflG, soweit sie der Richter nicht nach § 18 Abs 2 RPflG an sich
zieht.

cc) Umfang der Verlängerung. Die Stundung umfasst sämtliche 10
noch offenen Verfahrenskosten unabhängig davon, aus welchem Verfahrensabschnitt sie herrühren. Eine Anwaltsbeiordnung wird nicht verlängert. Anders als der Bewilligungsantrag nach § 4a Abs 3 S 3 hat der Verlängerungsantrag keine Vorwirkung.

3. Änderungsbeschlüsse, Abs 2

Das Gericht kann die getroffene Entscheidung an geänderte Verhältnis- 11
se, insbes eine **korrigierte Prognose** über die wirtschaftliche Situation
des InsSchu, anpassen.

a) Formelle Voraussetzungen, Verfahren. aa) Gegenstand. Der 12
Anpassung unterliegen **sämtliche Entscheidungen nach §§ 4a und b**
einschließlich der abändernden Entscheidung selbst (N/R-*Becker*, § 4b
Rn 25–27), der Beiordnung (§ 4a Abs 2), da diese Teil der Stundungsentscheidung ist (N/R-*Becker*, § 4b Rn 28 f). Abänderbar ist nach § 4a Abs 3
S 4 auch die vorl Stundung nach § 4a Abs 3 S 3. Eine vollständige Beseitigung der Stundung ist an § 4c zu messen.

bb) Das Gericht nimmt die Anpassung **von Amts wegen** vor (K/P- 13
Prütting/Wenzel, § 4b Rn 25). Eines Antrages bedarf es nur im Fall des
§ 115 Abs 1 S 3 Nr 2 ZPO (vgl Rn 16).

§ 4b

14 **cc)** Nach § 4b Abs 2 S 2 hat der InsSchu dem InsGericht eine wesentliche Änderung seiner Verhältnisse von sich aus **anzuzeigen**. Daneben kann ihn das InsGericht nach § 120 Abs 4 S 2 ZPO iVm § 4b Abs 2 S 3 zur **Auskunft auffordern**. Str ist, ob es hierzu regelmäßig (K/P-*Prütting/Wenzel*, § 4b Rn 26) oder nur bei besonderen Anhaltspunkten (FK-*Kohte*, § 4b Rn 19) verpflichtet ist. Ein Auskunftsverlangen muss die begehrte Information hinreichend konkret erkennen lassen (OLG Nürnberg FamRZ 1995, 750). Die Verwendung des amtlichen Vordrucks nach § 117 ZPO kann nicht verlangt werden; aktuelle Einkommensnachweise, Bescheide über die Zahlung von Arbeitslosengeld uä sind ausreichend (FK-*Kohte*, § 4b Rn 20). Unrichtige Auskünfte sind nach § 4c Nr 1 beachtlich, worauf das Gericht hinzuweisen hat (OLG Zweibrücken JurBüro 1999, 198, 199).

15 **b) Materielle Voraussetzungen. aa)** Es muss **nachträglich** eine **Veränderung** der für die Stundung **maßgebend gewesenen persönlichen oder wirtschaftlichen Verhältnisse** eingetreten sein. Lagen die Voraussetzungen für eine Stundung schon im Zeitpunkt der Stundung nicht vor, ist sie nach § 4c Nr 2 aufzuheben. Abs 2 erfasst sämtliche Änderungen bei den Einkommens- und Vermögensverhältnissen des InsSchu, zB durch Wegfall von Unterhaltspflichten, Vermögenszuwachs durch Erbschaft oder Zugewinnausgleich, Gehaltserhöhungen uä (vgl Uhlenbruck/*Uhlenbruck*, § 4b Rn 8). Die Änderung muss im Tatsächlichen eingetreten sein. Eine lediglich abweichende rechtliche Bewertung der unveränderten Verhältnisse rechtfertigt keine Abänderung (FK-*Kohte*, § 4b Rn 13; Uhlenbruck/*Uhlenbruck*, § 4a Rn 15). Eine Änderung iSv § 4b Abs 2 dürfte jedoch vorliegen, wenn eine zunächst fehlerhafte Bewertung des vorhandenen Vermögens korrigiert werden soll (N/R-*Becker*, § 4b Rn 39); **aA:** K/P-*Prütting/Wenzel*, § 4b Rn 22).

16 **bb)** Die **Änderung** muss **wesentlich** und nicht nur vorübergehend sein. Maßstab ist, ob ohne eine Anpassung der vom InsSchu zu erbringenden Leistungen das Ziel der Entschuldung gefährdet ist, bzw umgekehrt, ob die staatliche Unterstützung ohne Gefährdung des Verfahrensziels verringert werden kann (N/R-*Becker*, § 4b Rn 36). Verschlechterungen der Einkommenssituation (insbes durch Arbeitslosigkeit) sind grundsätzlich beachtlich, wenn sie nach der Tabelle des § 115 Abs 1 S 4 ZPO zu einer niedrigeren Rate führen (FK-*Kohte*, § 4b Rn 14). Dagegen ist nach § 115 Abs 1 S 3 Nr 2 ZPO iVm § 120 Abs 4 S 1 2. HS ZPO iVm § 4b Abs 2 S 3 die Neubestimmung der Abzugsbeträge unbeachtlich, solange sie nicht die Ratenverpflichtung vollständig entfallen lässt. Einkommensverbesserungen sind relevant, wenn sie den Lebensstandard des InsSchu dauerhaft prägen (MK-InsO/*Ganter* §§ 4a–d Rn 16). Keine Anpassung rechtfertigen die Anpassung der Bezüge an die allg Einkommensentwicklung, die Anhebung von Sozialleistungen (Renten, Sozialhilfe) zum Inflationsausgleich und eine Änderung der Pfändungsfreigrenzen (FK-*Kohte*, § 4b Rn 16 mN). Richtwert, jedoch keine schematische Grenze, dürfte eine Steigerung des Nettoeinkommens von 10% (FK-*Kohte*, § 4b Rn 16; *Zöller/Vollkommer*, § 323 Rn 33) bzw eine Ratenerhöhung von 5–10% sein (N/R-*Becker*, § 4b Rn 36; K/P-*Prütting/Wenzel*, § 4b Rn 23). Eine wesentliche Änderung liegt auch vor, wenn erstmals Raten an die Staatskasse zu zahlen sind (K/P-*Prütting/Wenzel*, § 4b Rn 23).

c) Anpassungsentscheidung. aa) Inhalt. Sie kann eine erstmalige 17 oder höhere Ratenzahlung, deren Wegfall oder Herabsetzung oder eine Änderung des Zahlungsbeginns beinhalten (K/P-*Prütting/Wenzel*, § 4b Rn 24). Eine Beiordnung kann erstmalig gewährt oder aufgehoben werden (N/R-*Becker*, § 4b Rn 51). Zu beachten ist, dass Abänderungen zum Nachteil des InsSchu nach § 4b Abs 2 S 4 nur innerhalb von vier Jahren nach Erteilung der Restschuldbefreiung zulässig sind. Nach dem Gesetzeswortlaut ist unklar, ob dem Gericht durch die Formulierung „kann" Entschließungsermessen eingeräumt ist (so in Parallele zu § 120 ZPO FK-*Kohte*, § 4b Rn 23; **aA:** N/R-*Becker*, § 4b Rn 42: bloße Kompetenzzuweisung bei gebundener Entscheidung). Unabhängig hiervon ergibt sich aus dem Normzweck (Rn 1), dass – ggf im Wege der Ermessensreduzierung – bei einer Verschlechterung der wirtschaftlichen Verhältnisse eine Verringerung oder Aussetzung der Ratenzahlung erfolgen muss. Iü spricht der Grundsatz der Subsidiarität der Verfahrenskostenhilfe dafür, das Gericht für verpflichtet zu halten, bei einer Verbesserung der schuldnerischen Leistungsfähigkeit die staatliche Unterstützung zurück zu fahren.

bb) Zuständig ist – vorbehaltlich des § 18 Abs 2 RPflR – der Rechts- 18 pfleger, § 3 Nr 2e RPflG.

cc) Rechtsbehelf. Gegen einen ihn belastenden Änderungsbeschluss 19 kann der InsSchu entweder dessen erneute Abänderung nach § 4b Abs 2 beantragen oder Beschwerde nach § 4d Abs 1 wegen Teilaufhebung einlegen (N/R-*Becker*, § 4b Rn 3, 51).

§ 4c Aufhebung der Stundung

Das Gericht kann die Stundung aufheben, wenn
1. **der Schuldner vorsätzlich oder grob fahrlässig unrichtige Angaben über Umstände gemacht hat, die für die Eröffnung des Insolvenzverfahrens oder die Stundung maßgebend sind, oder eine vom Gericht verlangte Erklärung über seine Verhältnisse nicht abgegeben hat;**

§ 4 c

1. Teil. Allgemeine Vorschriften

2. die persönlichen oder wirtschaftlichen Voraussetzungen für die Stundung nicht vorgelegen haben; in diesem Fall ist die Aufhebung ausgeschlossen, wenn seit der Beendigung des Verfahrens vier Jahre vergangen sind;
3. der Schuldner länger als drei Monate mit der Zahlung einer Monatsrate oder mit der Zahlung eines sonstigen Betrages schuldhaft in Rückstand ist;
4. der Schuldner keine angemessene Erwerbstätigkeit ausübt und, wenn er ohne Beschäftigung ist, sich nicht um eine solche bemüht oder eine zumutbare Tätigkeit ablehnt; § 296 Abs. 2 Satz 2 und 3 gilt entsprechend;
5. 5. die Restschuldbefreiung versagt oder widerrufen wird.

1. Normzweck

1   § 4c erlaubt die Aufhebung der Stundung, wenn ihre Voraussetzungen von Anfang nicht vorgelegen haben (Nr 2), der InsSchu in erheblicher Weise gegen seine Mitwirkungspflichten verstoßen hat (Nr 1, 3, 4) oder das Verfahrensziel der Restschuldbefreiung nicht mehr erreicht werden kann (Nr 5).

2. Abgrenzung

2   Aufhebung ist nur die **vollständige Beseitigung** der Stundung. Soll die im Grundsatz fortbestehende Stundung lediglich veränderten Umständen angepasst werden, handelt es sich um eine „Änderung" nach § 4b Abs 2. Die Aufhebung muss neben der Ausgangsentscheidung auch die dazu ergangenen Änderungsbeschlüsse erfassen; die isolierte „Aufhebung" eines Änderungsbeschlusses ist (erneute) Änderung; ebenso die „Aufhebung" einer Beiordnung (vgl § 4b Rn 12). Die vorl Stundung nach § 4a Abs 3 S 3 ist einer Aufhebung nicht zugänglich, arg § 4a Abs 3 S 3 (N/R-*Becker*, § 4c Rn 4).

3. Aufhebungsgründe

3   Der Katalog des § 4c ist **abschließend** (*Braun/Buck*, § 4c Rn 1). Gleichwohl wird vorgeschlagen (N/R-*Becker*, § 4c Rn 43ff), die Stundung aus Gründen der Rechtsklarheit analog § 4c aufzuheben, wenn das Verfahrensziel der Restschuldbefreiung aus anderen als den in Nr 1–5 genannten Gründen unerreichbar wird (außergerichtliche Einigung des InsSchu mit sämtlichen Gläubigern; rechtskräftige Bestätigung eines Insolvenzplanes, Rücknahme des Restschuldbefreiungsantrags, Tod des InsSchu).

4   **a) Verstoß gegen Mitteilungspflichten, Nr 1. aa) Unrichtige Angaben, Nr 1 1. HS. (1)** Sie müssen entweder die Voraussetzungen der **Verfahrenseröffnung** (zB Eröffnungsgrund, §§ 17, 18; Vermögensver-

zeichnis, § 305 Abs 1 Nr 3) oder der **Stundung** (zB Bedürftigkeit; Vorliegen eines Versagungsgrundes, § 290 Nr 1, 3) betreffen. Unzutreffende Angaben über sonstige Umstände begründen die Aufhebung nicht.

(2) Es gilt ein objektiver Wahrheitsbegriff, dh eine Angabe ist **unrichtig**, wenn sie mit der Wirklichkeit nicht übereinstimmt. Unrichtig ist auch eine zwar richtige, aber unvollständige Angabe, die geeignet ist, ein falsches Gesamtbild entstehen zu lassen (N/R-*Becker,* § 4c Rn 13; **aA:** K/P-*Prütting/Wenzel,* § 4c Rn 8; Uhlenbruck/*Uhlenbruck,* § 4c Rn 2).

(3) Der InsSchu muss die falsche Angabe **vorsätzlich** oder **grob fahrlässig** gemacht haben. Ein Vertreterverschulden wird nicht nach § 85 Abs 2 ZPO analog zugerechnet (Uhlenbruck/*Uhlenbruck,* § 4c Rn 2). Bei den Angaben zum Vermögen ist zu beachten, dass InsSchu häufig den Überblick über ihre wirtschaftlichen Verhältnisse verloren haben (AG Hamburg NZI 2001, 46, 47). Auch ein Rechtsirrtum (zB über den Bestand einer Forderung; allg Palandt/*Heinrichs,* § 276 Rn 11) kann Vorsatz und grobe Fahrlässigkeit ausschließen (eingreifen kann aber Nr 2), jedoch hat der InsSchu bei Zweifeln Rechtsrat, uU auch beim InsGericht, einzuholen.

(4) Unerheblich ist, ob der InsSchu die falsche Angabe spontan (§ 4b Abs 2 S 2) oder auf ein Auskunftsverlangen des InsGericht hin (§ 4b Abs 2 S 3 iVm § 120 Abs 4 ZPO) gemacht hat.

(5) Zweifelhaft ist, ob die unrichtige Angabe für die Verfahrenseröffnung/Stundung kausal geworden sein muss. Dies wird zT unter Berufung auf den Wortlaut „maßgebend sind" angenommen (*Braun/Buck,* § 4c Rn 3; FK-*Kohte,* § 4c Rn 5). Begreift man die Nr 1 hingegen primär als Sanktion für unredliches Verhalten, kommt es auf Kausalität nicht an (K/P-*Prütting/Wenzel,* § 4c Rn 10; N/R-*Becker,* § 4c Rn 18).

bb) Untätigkeit nach Auskunftsverlangen, Nr 1 2. HS. Nach dem 5
Gesetzeswortlaut rechtfertigt eine unterlassene Auskunft des InsSchu über seine Verhältnisse nur dann die Aufhebung der Stundung, wenn das Gericht den InsSchu nach § 4b Abs 2 S 3 iVm § 120 Abs 4 S 2 ZPO zu der Erklärung aufgefordert hatte (vgl § 4b Rn 14). Kommt der InsSchu lediglich seiner Anzeigepflicht nach § 4b Abs 2 S 2 nicht nach, ist eine Aufhebung nicht möglich (krit Uhlenbruck/*Uhlenbruck,* § 4c Rn 2). Die Auskunftspflicht ist verletzt, wenn der InsSchu der Aufforderung nicht unverzüglich (§ 121 Abs 1 BGB), regelmäßig binnen einer Woche (K/P-*Prütting/Wenzel,* § 4c Rn 20), nachkommt. Auch insoweit muss ihm mindestens grobe Fahrlässigkeit zur Last fallen.

b) Fehlen von Stundungsvoraussetzungen, Nr 2. Unerheblich ist, 6
ob eine Stundung überhaupt nicht, nicht ratenfrei bzw nur mit höheren

§ 4c 1. Teil. Allgemeine Vorschriften

Raten hätte gewährt werden dürfen (Uhlenbruck/*Uhlenbruck*, § 4c Rn 3). Beurteilungszeitpunkt ist die Entscheidung über die Stundung („vorgelegen haben"). Eine nachträgliche Änderung der maßgeblichen Verhältnisse kann nur zur Anpassung, § 4b Abs 2, führen. Die Aufhebung nach Nr 2 setzt kein Verschulden voraus, erfasst aber auch Fälle, in denen der InsSchu (leicht) fahrlässig unrichtige Angaben gemacht hat (Begr RegE BT-Drucks 14/5680, S 23). – Nach Nr 2 2. HS ist die Aufhebung ausgeschlossen, wenn seit „Beendigung des Verfahrens" vier Jahre vergangen sind. Hierunter dürfte in Parallele zu § 4b Abs 2 S 4 die Erteilung der Restschuldbefreiung zu verstehen sein (N/R-*Becker*, § 4c Rn 22; wohl auch FK-*Kohte*, § 4c Rn 19; **aA:** K/P-*Prütting/Wenzel*, § 4c Rn 26: Ende des jeweiligen Verfahrensabschnitts iSv § 4a Abs 3 S 2, allerdings mit der Prämisse, dass „Verfahren" nur das eigentliche InsVerfahren meint).

7   **c) Schuldhafter Zahlungsrückstand, Nr 3.** Die Vorschrift soll den InsSchu zu regelmäßigen Zahlungen anhalten. Sie betrifft insbes die Verlängerungsphase nach § 4b Abs 1, da hier Ratenzahlungen bzw Zahlungen aus dem Vermögen angeordnet werden können (FK-*Kohte*, § 4c Rn 20). Da das Gesetz von „Rückstand", nicht von „Verzug" spricht, müssen die Voraussetzungen des § 286 BGB nF nicht vorliegen. Insb bedarf es keiner Mahnung durch die Staatskasse (K/P-*Prütting/Wenzel*, § 4c Rn 29). Als relevant sieht das Gesetz nur den Rückstand mit einer kompletten Monatsrate oder einem sonstigen in einer Summe zu zahlenden Betrag an; offene Teilbeträge rechtfertigen die Aufhebung nicht (N/R-*Becker*, § 4c Rn 25). Der Rückstand muss mindestens drei Monate gedauert haben; selbst hartnäckige Rückstände von jeweils zwei Monaten führen nicht zur Aufhebung (K/P-*Prütting/Wenzel*, § 4c Rn 28). Für das Verschulden gilt der Maßstab des § 276 BGB. Hier ist grundsätzlich sorgfältig zu prüfen, ob dem Zahlungsrückstand eine Verschlechterung der wirtschaftlichen Verhältnisse zugrunde liegt. In diesem Fall scheidet mangels Verschulden eine Aufhebung aus. Vielmehr hat das Gericht von Amts wegen eine Anpassung nach § 4b Abs 2 vorzunehmen (FK-*Kohte*, § 4c Rn 22).

8   **d) Verletzung der Erwerbsobliegenheit, Nr 4.** Der InsSchu hat eine angemessene oder zumindest zumutbare Erwerbstätigkeit auszuüben, vgl § 295 Abs 1 S 1. Dies zeigt, dass es primär Aufgabe des InsSchu ist, die Verfahrenskosten durch eigene Anstrengungen aufzubringen (Begr RegE BT-Drucks 14/5680, S 23).

9   **aa) „Erwerbstätigkeit"** meint sowohl abhängige als auch selbständige Beschäftigungen (N/R-*Becker*, § 4c Rn 29; **aA:** K/P-*Prütting/Wenzel*, § 4c Rn 33–35, die auf den selbständig tätigen InsSchu § 295 Abs 2 analog anwenden). Welche Tätigkeiten angemessen oder dem InsSchu wenigstens zumutbar sind, richtet sich nach denselben Grundsätzen wie bei

§ 295 (vgl dort Rn 3). Zur Konkretisierung der Angemessenheit kann auf § 1574 Abs 2 BGB zurück gegriffen werden, für die Zumutbarkeit auf §§ 121 SGB III, 18 Abs 3 BSHG (Uhlenbruck/*Uhlenbruck*, § 4c Rn 5).

bb) Die Erwerbsobliegenheit **beginnt** mit der Stundung der Kosten 10 (K/P-*Prütting/Wenzel*, § 4c Rn 36). Sie dauert an, bis die gestundeten Kosten erstattet sind oder das Gericht dauerhaft die Raten auf Null festgesetzt hat.

cc) Verfahren. Das Gericht muss die Erfüllung der Erwerbsobliegenheit nicht turnusmäßig von sich aus überwachen, sondern ist zu Ermittlungen nur bei konkretem Anlass verpflichtet (Begr RegE BT-Drucks 14/5680, S 23; *Braun/Buck*, § 4c Rn 8; *Smid/Smid*, § 4c Rn 5; **aA:** K/P-*Prütting/Wenzel*, § 4c Rn 38). Den InsSchu trifft gegenüber dem Gericht eine Auskunftsobliegenheit nach §§ 4c Nr 4 2.HS, 296 Abs 2 S 2, deren Verletzung einen eigenständigen Aufhebungsgrund darstellt, § 296 Abs 2 S 3. Macht der InsSchu vorsätzlich oder grob fahrlässig falsche Angaben, kann dies zur Aufhebung der Stundung nach § 4c Nr 1 führen. Vor einer Aufhebung wegen Verstoßes gegen die Erwerbsobliegenheit ist der InsSchu zu hören. Dabei hat ihm das Gericht zu verdeutlichen, welche Anforderungen es an die Erwerbsbemühungen stellt (FK-*Kohte*, § 4c Rn 27).

e) Versagung oder Widerruf der Restschuldbefreiung, Nr 5. 12
Nr 5 lässt eine Aufhebung der Stundung zu, wenn dem InsSchu (auf Antrag eines Gl) die Restschuldbefreiung versagt worden ist. Daraus folgt, dass das Gesetz das bloße Bestehen eines Versagungsgrundes nach § 290 nicht als Aufhebungsgrund sieht. Das Gericht muss deshalb nicht von Amts wegen überwachen, ob Versagungsgründe vorliegen (FK-*Kohte*, § 4c Rn 29f). Im einzelnen gilt: Versagungsgründe nach § 290 Abs 1 Nr 1, 3 können die Aufhebung der Stundung nach § 4c Nr 1 begründen, wenn der InsSchu diesbezüglich unzutreffende Angaben gemacht hat. Die Versagungsgründe nach § 290 Abs 1 Nr. 2, 4–6 führen nur zur Aufhebung, wenn sie vom Gericht im Verfahren nach §§ 286ff festgestellt sind.

4. Aufhebungsverfahren

a) Die Aufhebung erfolgt **von Amts wegen** (K/P-*Prütting/Wenzel*, 13 § 4c Rn 44). Der InsSchu ist (idR schriftlich) anzuhören und ihm ist Gelegenheit zu geben, den (vermeintlichen) Aufhebungsgrund durch neuen Tatsachenvortrag zu entkräften (FK-*Kohte*, § 4c Rn 27, 33).

b) Der **Beschluss** wird idR vom **Rechtspfleger** (§ 3 Nr 2e RPflG) 14 erlassen. Die Zuständigkeit des Richters ist begründet, wenn die Aufhebung vor Eröffnung erfolgt, oder er sich die Entscheidung vorbehalten hat (§ 18 Abs 1 bzw 2 RPflG). Letzteres kommt insbes bei Aufhebungen nach § 4c Nr 4, 5 in Betracht, denen eine Entscheidung nach §§ 290, 296 vorausgeht (FK-*Kohte*, § 4c Rn 31).

15 c) Dem Gericht ist **Entschließungsermessen** eingeräumt; ein Aufhebungsgrund zieht deshalb nicht zwangsläufig die Aufhebung nach sich (*Braun/Buck*, § 4c Rn 2; FK-*Kohte*, § 4c Rn 4, 34ff). Vielmehr sind die für und gegen die Aufhebung sprechenden Gründe gegeneinander abzuwägen. Da Nr 1–5 durchweg an ein schwerwiegendes Fehlverhalten des InsSchu anknüpfen, wird die Aufhebung der Regelfall sein (K/P-*Prütting/Wenzel*, § 4c Rn 45). Andererseits ist die existentielle Bedeutung der Verfahrenskostenstundung zu beachten. Sind die Verstöße verhältnismäßig geringfügig oder hat sich der InsSchu während eines erheblichen Zeitraums einwandfrei verhalten, kann es gerechtfertigt sein, von der Aufhebung abzusehen.

16 d) Die **Begründung** des **Aufhebungsbeschlusses** muss wegen der **Anfechtungsmöglichkeit nach § 4d** sowohl die Feststellung der tatbestandlichen Voraussetzungen des jeweiligen Aufhebungsgrundes als auch die Beachtung der für die Ermessensentscheidung wesentlichen Aspekte erkennen lassen (FK-Kohte, § 4c Rn 35).

17 e) **Rechtsfolgen.** Mit dem Ende der Stundung werden die noch ausstehenden **Verfahrenskosten** sofort und in einem Betrag **fällig** (vgl § 4b Rn 2), was im Regelfall dazu führt, dass das Verfahren nicht fortgesetzt werden kann (§ 26 Abs 1 S 1, 207 Abs 1 S 1, 298 Abs 1 S 1). Eine **Beiordnung** nach § 4a Abs 2 und die hieraus folgenden Vergütungsansprüche gegen die Staatskasse bleiben **unberührt** (N/R-*Becker*, § 4c Rn 6; K/P-*Prütting/Wenzel*, § 4c Rn 43).

§ 4d Rechtsmittel

(1) Gegen die Ablehnung der Stundung oder deren Aufhebung sowie gegen die Ablehnung der Beiordnung eines Rechtsanwalts steht dem Schuldner die sofortige Beschwerde zu.
(2) ¹**Wird die Stundung bewilligt, so steht der Staatskasse die sofortige Beschwerde zu.** ²**Diese kann nur darauf gestützt werden, dass nach den persönlichen oder wirtschaftlichen Verhältnissen des Schuldners die Stundung hätte abgelehnt werden müssen.**

1. Allgemeines

1 § 4d ist ein Fall der gesetzlich zugelassenen sofortigen Beschwerde iSv § 6 Abs 1. Sachlicher und persönlicher Anwendungsbereich des Rechtsmittels sind beschränkt; beschwerdeberechtigt sind ausschließlich InsSchu und Staatskasse in den abschließend aufgeführten Fällen. Andere Verfah-

Rechtsmittel **§ 4 d**

rensbeteiligte haben gegen Entscheidungen des InsGericht nach §§ 4a–c kein Beschwerderecht (Uhlenbruck/*Uhlenbruck*, § 4 d Rn 3).

Die sofortige Beschwerde nach § 4 d ist statthafter Rechtsbehelf unab- 2 hängig davon, ob die angefochtene Entscheidung vom Richter oder Rechtspfleger erlassen worden ist, § 11 Abs 1 RPflG. Eine **Erinnerung** nach § 11 Abs 2 RPflG kommt in Betracht, wenn § 4 d gegen die entsprechende Entscheidung des Richters keinen Rechtsbehelf vorsieht; in diesem Fall entscheidet abschließend der Richter (N/R-*Becker*, § 4 d Rn 3; FK-*Kohte*, § 4 d Rn 21).

Gegen die Entscheidung des Beschwerdegerichts steht den Beteiligten 3 die **Rechtsbeschwerde nach § 7** offen (K/P-*Prütting/Wenzel*, § 4 d Rn 1; FK-Kohte, § 4 d Rn 29).

2. Beschwerdemöglichkeiten

a) Des InsSchu, Abs 1. Beschwerdefähig sind: 4

aa) Ablehnung und Aufhebung der Stundung. „Ablehnung" ist 5 unstreitig die vollständige Zurückweisung eines Stundungsantrags nach § 4a Abs 1 (FK-*Kohte*, § 4 d Rn 6), „Aufhebung" unstreitig die vollständige Beseitigung einer zunächst bewilligten Stundung nach § 4c (FK-*Kohte*, § 4 d Rn 10). Angreifbar ist auch die Ablehnung einer Verlängerung nach § 4b, weil auch sie das Ziel eines wirtschaftlichen Neubeginns vereitelt (N/R-*Becker*, § 4 d Rn 8; FK-*Kohte*, § 4 d Rn 8). – Teilversagungen bzw Teilaufhebungen sind anfechtbar, da sie den InsSchu in gleicher Weise belasten und eine sachgerechte Abgrenzung nicht möglich ist (N/R-*Becker*, § 4 d Rn 9; **aA:** Jaeger/*Eckhardt* § 4 d Rn 14; FK-*Kohte*, § 4 d Rn 8 f). Teilablehnung in diesem Sinne ist zB die Gewährung einer gegenüber dem Antrag beschränkten Stundung (zB Anordnung einer Ratenzahlung bei unbeschränktem Antrag), die Ablehnung einer dem InsSchu günstigen Änderung nach § 4b Abs 2 (zB Herabsetzung der Raten). Teilaufhebung ist zB ein dem InsSchu nachteiliger Änderungsbeschluss nach § 4b Abs 2 (zB Erhöhung der Raten). – Die Beschwerde gegen eine Ablehnung einer beantragten Stundung ist abzugrenzen vom Neuantrag (N/R-*Becker*, § 4 d Rn 5).

bb) Ablehnung der Anwaltsbeiordnung. Angreifbar sind neben 6 der vollständigen Ablehnung einer Beiordnung die Beiordnung eines anderen als des beantragten Rechtsanwalts und die Ablehnung eines Antrags auf Entpflichtung des beigeordneten Anwalts aus wichtigem Grund nach § 48 Abs 2 BRAO (FK-*Kohte*, § 4 d Rn 13).

b) Der Staatskasse, Abs 2. Der Staatskasse steht die sofortige Be- 7 schwerde gegen jede Form der **Bewilligung der Stundung** zu: erstmalige nach § 4a Abs 1, Verlängerung nach § 4b Abs 1, Erweiterung durch Änderungsbeschluss nach § 4b Abs 2 (N/R-*Becker*, § 4d Rn 6, 8f; **aA:** FK-*Kohte*, § 4d Rn 16 wegen des restriktiven Charakters der insolvenzrechtlichen Rechtsbehelfe). Nicht nach § 4d Abs 2 angreifbar ist die Nichtbefolgung einer Anregung der Staatskasse, einen dem InsSchu nachteiligen Änderungsbeschluss nach § 4b Abs 2 zu erlassen (N/R-*Becker*, § 4d Rn 9). Die Beschwerde der Staatskasse ist nach dem Vorbild des § 127 Abs 3 S 2 ZPO **beschränkt** auf die Überprüfung, ob die wirtschaftlichen und persönlichen Voraussetzungen der Stundung vorgelegen haben, § 4d Abs 2 S 2; weitere Voraussetzungen (zB das Vorliegen von Versagungsgründen nach § 290), Einzelheiten der Bewilligung (zB Ratenhöhe) oder eine Beiordnung sind der Anfechtung durch die Staatskasse entzogen (FK-*Kohte*, § 4d Rn 15f). Im Gegensatz zu § 127 Abs 3 S 4 ZPO unterliegt die sofortige Beschwerde nach § 4d Abs 2 keiner zeitlichen Grenze.

3. Verfahren, Wirkungen

8   Siehe §§ 6, 7.

§ 5 Verfahrensgrundsätze

(1) ¹Das Insolvenzgericht hat von Amts wegen alle Umstände zu ermitteln, die für das Insolvenzverfahren von Bedeutung sind. ²Es kann zu diesem Zweck insbesondere Zeugen und Sachverständige vernehmen.

(2) ¹Die Entscheidungen des Gerichts können ohne mündliche Verhandlung ergehen. ²Findet eine mündliche Verhandlung statt, so ist § 227 Abs. 3 Satz 1 der Zivilprozessordnung nicht anzuwenden.

(3) Tabellen und Verzeichnisse können maschinell hergestellt und bearbeitet werden.

1. Gesetzessystematik

1   § 5 enthält entgegen seiner Überschrift nicht sämtliche Verfahrensgrundsätze des InsVerfahrens, sondern normiert nur den **Untersuchungsgrundsatz** und die **fakultative Mündlichkeit**. Daneben ergeben sich die das InsVerfahren bestimmenden Grundsätze aus weiteren Regelungen:

2   **a) Spezielle insolvenzrechtliche Verfahrensgrundsätze** und Ziele sind in § 1 festgeschrieben (vgl § 1 Rn 1 ff; ausf. K/P-*Prütting*, § 5 Rn 60–87).

3   **b)** Über § 4 finden die allg **Verfahrensgrundsätze der ZPO** Anwendung, soweit Eigenarten des InsVerfahren nicht entgegen stehen: Der **Dispositionsgrundsatz** gilt für die Verfahrenseinleitung bis zur Eröff-

nung, § 13; danach wird er weitgehend vom Amtsbetrieb verdrängt. Die Beteiligten können das Verfahrensende durch die Annahme eines InsPlan bestimmen (*Smid/Smid*, § 5 Rn 3). Der **Beibringungsgrundsatz** wird durch § 5 Abs 1 verdrängt; er gilt jedoch, wo das Verfahren als kontradiktorisches ausgestaltet ist (unten Rn 7). Zu Einschränkungen des **Mündlichkeitsgrundsatzes** nach § 5 Abs 2 Rn 21. Der **Öffentlichkeitsgrundsatz** (§§ 169 ff GVG), der eine – im InsVerfahren nur fakultative – mündliche Verhandlung voraussetzt, ist zu beachten, wenn das InsGericht gemäß § 5 Abs 2 nach mündlicher Verhandlung entscheidet (*K/P-Prütting*, § 5 Rn 56). Er gilt nicht für die Gl-Versammlung; das InsGericht kann jedoch gemäß § 175 Abs 2 GVG nach Abwägung mit dem Geheimhaltungsinteresse des InsSchu (Betriebsgeheimnisse) und dem Interesse der Gl an unbeeinflusster Entscheidung einzelnen Personen Zutritt gestatten (MK-InsO/*Ganter*, § 5 Rn 7 f: Presse, Gläubigerschutzverbände). Der ebenfalls eng mit der Mündlichkeit zusammenhängende **Unmittelbarkeitsgrundsatz** (§§ 128 Abs 1, 355 Abs 1, 309 ZPO) greift mit den gesetzlich vorgesehenen Ausnahmen (zB §§ 361, 362 ZPO), soweit das Gericht mündlich verhandelt.

c) Auch im InsVerfahren gelten die **verfassungsrechtlich garantierten Verfahrensgrundsätze**: das Rechtsstaatsprinzip in seinen verschiedenen Ausprägungen (*K/P-Prütting*, § 5, Rn 7–16; LG Essen DZWiR 2000, 123), die Rechtsschutzgarantie (Art 19 Abs 4 GG; *K/P-Prütting*, § 5 Rn 31 f), die Garantie des gesetzlichen Richters (Art 101 Abs 1 S 2 GG; *K/P-Prütting*, § 5 Rn 17–20), der Anspruch auf rechtliches Gehör (Art 103 Abs 1 GG; *Uhlenbruck*, FS Baumgärtel, S 569 f; *Vallender*/Kölner Schrift, S 249 ff; zu Einschränkungen siehe § 10), das Willkürverbot (Art 3 Abs 1 GG; *K/P-Prütting*, § 5 Rn 33 f), das Recht auf informationelle Selbstbestimmung (Art 2 Abs 1, 1 Abs 1 GG; *K/P-Prütting*, § 5 Rn 36).

2. Amtsermittlung, § 5 Abs 1

Sie dient im Interesse einer gleichmäßigen Gläubigerbefriedigung der **materiellen Wahrheitsfindung**, vor allem über den Umfang des Schuldnervermögens. Sie ist **Amtspflicht** iSv § 839 BGB (HK-*Kirchhof*, § 5 Rn 4).

a) **Anwendungsbereich.** Nach § 5 Abs 1 S 1 hat das InsGericht von Amts wegen alle Umstände zu ermitteln, die für das InsVerfahren von Bedeutung sind; Ausnahmen bestehen zugunsten des Beibringungsgrundsatzes, wo das Verfahren von der Parteiautonomie bestimmt ist.

aa) **Eröffnungsverfahren.** § 5 gilt nicht für die Prüfung der **Zulässigkeit des Insolvenzantrags** eines Gl (§ 14 Abs 1; BGH NJW 2003, 1187 f; AG Dresden ZIP 2002, 862; AG Potsdam NZI 2001, 604; AG

§ 5   1. Teil. Allgemeine Vorschriften

Potsdam ZIP 2001, 797, 798; OLG Zweibrücken NZI 2001, 32, 33). Genügen die Angaben nicht zur Prüfung der Zulässigkeit des Antrags, so hat das InsGericht den Ast auf den Mangel hinzuweisen, eine Frist zur Behebung zu setzen und den Antrag nach fruchtlosen Ablauf abzuweisen (BGH NJW 2003, 1187f). Ab Zulassung des Antrags ist § 5 Abs 1 anwendbar. Das Gericht hat insbes festzustellen, ob ein Eröffnungsgrund (§§ 16–19) vorliegt und die Verfahrenskosten durch die voraussichtliche Masse gedeckt sind (§ 26 Abs 1 S 1) und ob Sicherungsmaßnahmen (§§ 21f) geboten sind. § 5 Abs 1 verpflichtet das Gericht weiter, den InsSchu zwangsweise zur Auskunftserteilung nach §§ 20, 97, 98 anzuhalten (BGH NJW 2003, 1187f; str vgl: LG Potsdam ZInsO 2002, 885; AG Göttingen NZI 2002, 219, 220; AG Göttingen ZInsO 2001, 865; AG Dresden ZIP 2002, 862, 863; LG Göttingen ZInsO 2002, 590, 591; LG Köln NZI 2001, 559; K/P-*Pape*, § 20 Rn 8b).

8   **bb)** Das Gericht hat nach § 5 Abs 1 zu ermitteln, ob ein **Verbraucherinsolvenzverfahren** oder ein Regelverfahren durchzuführen ist (LG Mannheim ZInsO 2000, 679, 680). Dagegen unterliegen die Gründe, die einer Zustimmungsersetzung zu einem **gerichtlichen Schuldenbereinigungsplan** entgegenstehen (§ 309 Abs 2 S 2), dem Beibringungsgrundsatz; die Ermittlungspflicht greift erst, wenn die Gründe von einem Gl vorgetragen und glaubhaft gemacht sind (LG Berlin ZInsO 2001, 857, 858; LG Berlin ZInsO 2000, 404). Das gleiche gilt für das Vorliegen von Versagungs- oder Widerrufsgründen im **Restschuldbefreiungsverfahren** (Uhlenbruck/*Uhlenbruck*, § 5 Rn 7).

9   **cc)** Im **eröffneten Verfahren** bedürfen der Amtsermittlung insbes die Aufsicht über und die Entlassung des InsVerw (§§ 58f), die Durchsetzung von Pflichten des InsSchu (§ 98), die Anordnung der Postsperre (§ 99), die Untersagung der Betriebsstilllegung (§ 158 Abs 2), die Aufhebung von Beschlüssen der Gl-Versammlung (§ 78), die Anordnung der Nachtragsverteilung (§ 201).

10   **dd)** Zur umstrittenen Reichweite der Amtsermittlung im **InsPlan-Verfahren** (*Eidenmüller*, NJW 1999, 1837, 1838 mN; Uhlenbruck/*Uhlenbruck*, § 5 Rn 3).

11   **ee)** § 5 Abs 1 gilt auch für das **Beschwerdeverfahren** (Uhlenbruck/*Uhlenbruck*, § 5 Rn 1).

12   **b) Art und Umfang der Ermittlungen** stehen im **pflichtgemäßen Ermessen** (BGH KTS 1957, 12, 13), das mit Rücksicht auf Bedeutung und Wahrscheinlichkeit der vorzubereitenden Anordnung auszuüben ist. Hohen Anforderungen unterliegt wegen der existentiellen Bedeutung der Verfahrenseröffnung für den InsSchu die Prüfung des Eröffnungsgrun-

Verfahrensgrundsätze **§ 5**

des (Uhlenbruck/*Uhlenbruck*, § 5 Rn 4; FK-*Schmerbach*, § 5 Rn 3). Das Gericht ist zur Ermittlung verpflichtet, sobald konkrete Hinweise auf nicht fernliegende Umstände bestehen, deren Vorliegen eine gerichtliche Anordnung erfordern würde (HK-*Kirchhof*, § 5 Rn 8). Anregungen oder unsubstantiierte Behauptungen verpflichten das Gericht nicht; es braucht derartige „Anträge" nicht förmlich zu bescheiden (Uhlenbruck/*Uhlenbruck*, § 5 Rn 26). – Das Gericht ist nach § 5 Abs 1 berechtigt, Ermittlungen zur Vorbereitung späterer Masseprozesse des InsVerw durchzuführen (LG Hamburg ZIP 1988, 590; AG Duisburg KTS 1992, 135; FK-*Schmerbach*, § 5 Rn 21; H/W/W-*Wienberg*, § 5 Rn 9).

c) Einzelne Ermittlungsmöglichkeiten. Die Nennung von Zeugen und Sachverständigen in S 2 ist beispielhaft („insbesondere"); über § 4 kann sich das Gericht sämtlicher Beweismittel der ZPO mit Ausnahme der Parteivernehmung bedienen (K/P-*Prütting*, § 5 Rn 47). Ein förmlicher Beweisbeschluss ist nicht erforderlich (N/R-*Becker*, § 5 Rn 8). **13**

aa) Zeugen. §§ 373 ff ZPO gelten gemäß § 4 entsprechend, insbes ist dem Zeugen nach § 377 Abs 2 Nr 2 ZPO das Beweisthema vorher mitzuteilen. Nach § 357 Abs 1 ZPO iVm § 4 ist dem Gl und dem InsSchu die Anwesenheit bei der Vernehmung gestattet (N/R-*Becker*, § 5 Rn 11). Als Zeugen werden vernommen (frühere) Angestellte des InsSchu iSd § 101 Abs 2 (FK-*Schmerbach*, § 5 Rn 12; **aA:** MK-InsO/*Ganter*, § 5 Rn 45), Angehörige und sonstige Personen wie Bankangestellte, Steuerberater, Rechtsanwälte und Wirtschaftsprüfer. Zeugnisverweigerungsrechte bestehen nach den allg Vorschriften, §§ 380, 383 ff ZPO iVm § 4. Im eröffneten Verfahren kann der InsVerw die Berufsgruppenangehörigen iSv § 383 Nr 6 ZPO nach § 385 Abs 2 von der Verschwiegenheitspflicht entbinden, wenn sich die Aussage auf die vermögensrechtliche Situation des InsSchu bezieht (LG Göttingen ZIP 2002, 2269, 2270; OLG Düsseldorf ZIP 1993, 1807; FK-*Schmerbach*, § 5 Rn 14). Im Eröffnungsverfahren steht dieses Recht nur dem starken vorl InsVerw nach § 22 Abs 1 zu, dem schwachen nur nach gerichtlicher Ermächtigung; im übrigen kann nur der InsSchu die Befreiung erteilen. Dem Sachverständigen steht diese Befugnis nicht zu (LG Göttingen ZIP 2002, 2269, 2270; Uhlenbruck/*Uhlenbruck*, § 5 Rn 20; vgl HK-*Kirchhof*, § 5 Rn 16). **14**

bb) Die **Vernehmung des InsSchu** bzw der in § 101 Abs 1 genannten organschaftlichen Vertreter fällt wegen deren Parteistellung nicht unter den Zeugenbeweis, sondern ist in §§ 20, 97, 98, 101 Abs 1 speziell geregelt (*Braun/Kießner*, § 5 Rn 12; HK-*Kirchhof*, § 5 Rn 11; zu Einzelheiten siehe die dortige Kommentierung). Von der Vernehmung im InsVerfahren ist die Vernehmung des InsSchu in einem vom InsVerw aufgenommenen Rechtsstreit zu unterscheiden; dort ist er Zeuge (BFH ZIP 1997, 797, 798). **15**

16 **cc) Sachverständige** (ausf. Uhlenbruck/*Uhlenbruck*, § 5 Rn 10–19). Über § 4 gelten §§ 402 ff ZPO entsprechend. Die Einsetzung bedarf eines Beschlusses, der den Gutachterauftrag genau bezeichnet (Uhlenbruck/ *Uhlenbruck*, § 5 Rn 12). Der Beschluss ist unanfechtbar (OLG Köln NZI 2001, 598, 599). Die Einholung eines Gutachtens kann in allen Verfahrensstadien erforderlich sein (vgl Überblick bei Uhlenbruck/*Uhlenbruck*, § 5 Rn 14). Im Eröffnungsverfahren ist sie idR notwendig zur Feststellung von Insolvenzgrund (§§ 16–19), Verfahrenskostendeckung (§ 26 Abs 1 S 1) und Fortführungsaussichten. Ist ein vorl InsVerw bestellt, wird er idR auch zum Gutachter bestellt, § 22 Abs 1 S 2 Nr 3. Wesentliche Aufgabe des Sachverständigen ist die Tatsachenermittlung (Uhlenbruck/*Uhlenbruck*, § 5 Rn 13). Str ist, ob er zu diesem Zweck von Dritten (insbes Kreditinstituten; zu deren Auskunftspflichten: *Vallender*, FS *Uhlenbruck*, S 133 ff; *Huber* ZInsO 2001, 289 ff) oder vom InsSchu Auskünfte einholen, die Geschäftsräume des InsSchu betreten und dort Einsicht in Geschäftsunterlagen nehmen kann. Die InsO regelt die Frage nicht. Soweit sie bejaht wird, wird zT angenommen, dem Sachverständigen stünden die genannten Befugnisse schon kraft Gesetzes zu (Uhlenbruck/*Uhlenbruck*, § 5 Rn 15 a), zT wird ihre gerichtliche Anordnung im Gutachterbeschluss für erforderlich gehalten (*Braun/Kießner*, § 5 Rn 20; HK-*Kirchhof*, § 5 Rn 13; wohl auch OLG Köln NZI 2001, 598) oder jedenfalls vorgenommen (AG Duisburg NZI 2004, 388 f; AG Düsseldorf DZWiR 1999, 108; AG Neuruppin DZWiR 1999, 107). Die Gegenansicht sieht hierin eine unzulässige Annäherung des Sachverständigen an den vorl Verwalter (BGH NJW 2004, 2015 ff: allein Befugnisse der §§ 402 ff; LG Göttingen ZIP 2002, 2269, 2270; MK-InsO/*Ganter*, § 5 Rn 36, 38; *Huber* ZInsO 2001, 291).

17 **dd) Urkunden.** In Betracht kommt die Beiziehung der Protokolle von Pfändung und eidesstattlicher Versicherung nach §§ 807, 899 ff ZPO (FK-*Schmerbach*, § 5 Rn 16). Im Nachlassinsolvenzverfahren sind die Nachlassakten beizuziehen (FK-*Schmerbach*, § 5 Rn 16). Von besonderer Bedeutung sind die Geschäftsunterlagen des InsSchu, insbes für das Gutachten des Sachverständigen. Sind diese (teilweise) von der Staatsanwaltschaft beschlagnahmt, besteht zumindest ein Recht auf Einsichtnahme und Fertigung von Ablichtungen; dies ergibt sich aus den Mitwirkungspflichten des InsSchu nach §§ 20, 97, 98, die nicht mit der Beschlagnahme enden (OLG Koblenz NJW 1985, 2038, 2040; FK-*Schmerbach*, § 5 Rn 17 b; Uhlenbruck/*Uhlenbruck*, § 5 Rn 21; *Braun/Kießner*, § 5 Rn 25; **aA:** OLG Koblenz NJW 1986, 3093, 3094; OLG Frankfurt/M NJW 1996, 1484). Das InsGericht kann sich Urkunden, die sich im Besitz Dritter befinden, nach § 142 ZPO vorlegen lassen und dies ggf zwangsweise durchsetzen (LG Köln, NZI 2004, 671 ff).

Verfahrensgrundsätze § 5

ee) Das Gericht kann schließlich **Auskünfte** von **Behörden** und öf- 18
fentlich-rechtlichen Institutionen einholen, da diese im Rahmen der
Amtshilfe zur Auskunft verpflichtet sind.

d) Die Durchführung von Ermittlungen darf nicht von einem angefor- 19
derten Vorschuss (§ 68 Abs 3 S 1 GKG) abhängig gemacht werden, § 68
Abs 3 S 3 GKG. Im eröffneten Verfahren sind die **Kosten** der Amtsermittlung Verfahrenskosten nach § 54 Nr 1 und vorrangig aus der Masse
zu befriedigen, §§ 53, 209 Abs 1 Nr 1. Bei unzulässigem Antrag sind sie
dem Antragsteller aufzuerlegen. Im Falle der Abweisung mangels Masse
(§ 26 Abs 1 S 1) wird der Antragsgegner mit den Kosten belastet, der Antragsteller haftet jedoch ggf als Zweitschuldner, § 50 Abs 1 S 1, 2 GKG.
Die in der Praxis zur Kostensenkung verbreiteten Anträge, das Gericht
möge vor der Bestellung eines vorl InsVerw Rücksprache nehmen, binden
das Gericht nicht.

e) Rechtsmittel. Weder die Anordnung noch die Ablehnung von 20
Amtsermittlungen sind als vorbereitende Maßnahmen selbständig anfechtbar, § 6 Abs 1 (BGH NJW 2004, 2015 ff: Ausnahme nur bei grundrechtsrelevanten Eingriffen; OLG Köln NZI 2001, 598, 599; LG Potsdam
DZWiR 2000, 255). Die Verletzung von § 5 Abs 1 kann lediglich im
Rahmen der Beschwerde gegen die den Verfahrensabschnitt beendende
Entscheidung gerügt werden (HK-Kirchhof, § 5 Rn 22).

3. Fakultative Mündlichkeit, Abs 2

Abs 2 überlässt es im Interesse der Verfahrensbeschleunigung dem Er- 21
messen des Gerichts, ob vor einer Entscheidung mündlich verhandelt
wird. An entsprechende Anträge ist das Gericht nicht gebunden (Uhlenbruck/*Uhlenbruck*, § 5 Rn 28). Die gesetzlich vorgeschriebenen Termine
(zB §§ 29, 75, 160 Abs 1 S 2, 176, 197, 235) sind keine gerichtliche Verhandlung, sondern dienen der Gläubigerselbstverwaltung (HK-*Kirchhof*,
§ 5 Rn 22). Auch die Gewährung rechtlichen Gehörs und vorgeschriebene Anhörungen (vgl § 10 Rn 2) können schriftlich erfolgen (FK-
Schmerbach, § 5 Rn 18, 30). Das vereinfachte Verfahren kann nach § 312
Abs 2 insgesamt schriftlich durchgeführt werden. Verhandelt das Gericht
mündlich, gelten die §§ 79 f, 136, 157, 159 ff ZPO iVm § 4 (*Braun*/Kießner, § 5 Rn 27). Der Termin ist – abgesehen von den allg Ausnahmen –
öffentlich, §§ 169 ff GVG, durchzuführen (N/R-*Becker*, § 5 Rn 37).

4. Maschinelle Bearbeitung, Abs 3

In seiner jetzigen Fassung stellt Abs 3 lediglich klar, dass die Tabelle 22
(§ 175) und die Stimmliste (§ 239) maschinell erstellt werden können. Darüber hinaus ist die elektronische Datenverarbeitung im gesamten Verfahren zulässig (N/R-*Becker*, § 5 Rn 51; MK-InsO/*Ganter*, § 5 Rn 91). Der

§ 6 1. Teil. Allgemeine Vorschriften

Datenschutz nach § 1 Abs 2 Nr 2 b BDSG ist zu beachten (*Braun/Kießner*, § 5 Rn 34).

§ 6 Sofortige Beschwerde

(1) Die Entscheidungen des Insolvenzgerichts unterliegen nur in den Fällen einem Rechtsmittel, in denen dieses Gesetz die sofortige Beschwerde vorsieht.

(2) Die Beschwerdefrist beginnt mit der Verkündung der Entscheidung oder, wenn diese nicht verkündet wird, mit deren Zustellung.

(3) [1]Die Entscheidung über die Beschwerde wird erst mit der Rechtskraft wirksam. [2]Das Beschwerdegericht kann jedoch die sofortige Wirksamkeit der Entscheidung anordnen.

1. Normzweck

1   Die Rechtsschutzmöglichkeiten nach der InsO sind im Vergleich zur KO (vgl §§ 73, 74 KO) eingeschränkt, um eine beschleunigte Verfahrensabwicklung zu gewährleisten.

2. Zulässigkeit der Beschwerde

2   **a) Statthaftigkeit, Abs 1. aa)** Die sofortige Beschwerde ist nach Abs 1 nur in den in der InsO **ausdrücklich bestimmten Fällen** zulässig und nur wenn eine **Entscheidung des InsGericht** vorliegt.

3   **(1)** Die Beschwerde ist auf die **vom Gesetzgeber bestimmten Fälle** beschränkt (**Enumerationsprinzip** – BGH NJW 2004, 2015 ff: Ausnahme nur bei grundrechtsrelevanten Eingriffen), so dass eine Erweiterung der Beschwerdemöglichkeit nur in Ausnahmefällen im Wege eines Analogieschlusses zulässig ist (**aA:** K/P-*Prütting*, § 6 Rn 11: keine ungeschriebenen Beschwerdemöglichkeiten). Die Zulassung der Beschwerde ist bei den einzelnen Paragrafen kommentiert; neu ist ab dem 01. 01. 2002 die Beschwerdemöglichkeit gegen Sicherungsmaßnahmen nach § 21 Abs 1 S 2 InsO.

4   **(2)** Eine **Entscheidung des InsGericht** liegt nicht vor bei bloßen vorbereitenden Handlungen des InsGericht, zB die Beauftragung eines Gutachters (OLG Brandenburg NZI 2001, 42, 43; K/P-*Prütting*, § 6 Rn 8), die Beweisanordnung (OLG Köln NZI 2000, 173, 174) oder bloße verfahrensleitende Maßnahmen wie die Einberufung oder Vertagung einer Gläubigerversammlung (LG Göttingen ZIP 2000, 1945 f; *Braun/Kießner*, § 6 Rn 5). An einer Entscheidung fehlt es weiterhin bei einem Unterlassen des InsGericht, schlichter Untätigkeit (K/P-*Prütting*, § 6 Rn 9; MK-InsO/*Ganter*, § 6 Rn 14). Schließlich ist die Beschwerde nur

Sofortige Beschwerde § 6

gegenüber dem InsGericht und nicht gegenüber anderen Verfahrensbeteiligten statthaft (K/P-*Kübler*, § 6 Rn 10; MK-InsO/*Ganter*, § 6 Rn 17f).

(3) Die **isolierte Anfechtung** von Kostenentscheidungen ist nach § 99 Abs 1 ZPO nicht zulässig (OLG Köln ZIP 2000, 1168, 1169f; K/P-*Prütting*, § 6 Rn 21a; MK-InsO/*Ganter*, § 6 Rn 13). Gleichfalls ist die isolierte Anfechtung einzelner Anordnungen des Eröffnungsbeschlusses unzulässig (LG Münster ZVI 2002, 209f).

bb) Die Beschränkung durch § 6 Abs 1 gilt nur für **Entscheidungen, die im InsVerfahren erfolgen** (HK-*Kirchhof*, § 6 Rn 12; Uhlenbruck/ *Uhlenbruck*, § 6 Rn 7). Stehen diese bloß im Zusammenhang mit einem InsVerfahren, so bleiben die allg Rechtsmittel statthaft. Dies bedeutet, dass bei Entscheidungen die nach § 4 auf Grundlage der ZPO ergehen, diese dann auch den von der ZPO vorgesehenen Rechtsmitteln unterliegen (N/R-*Becker*, § 6 Rn 22ff). So zB bei der Ablehnung von Gerichtspersonen (§§ 41–49 ZPO iVm § 4); bei Kostenentscheidungen (BGH NZI 2002, 629f; insbes bei Prozesskostenhilfeanträgen: BGH NJOZ 2004, 4181u NZI 2003, 556 mit Anm *Ahrens*;), insbes bei Zurücknahme des InsAntrags nach § 269 Abs 3 S 5 ZPO, uU nach § 305 Abs 3 S 2 (HK-*Kirchhof*, § 6 Rn 12); bei Ordnungsmitteln gegen Zeugen und Sachverständige (§§ 380, 390, 409 ZPO, §§ 178, 180f GVG) bzw deren Vergütung (§§ 2f, 16 Abs 2 ZSEG (HK-*Kirchhof*, § 6 Rn 13), bei der Zurückweisung eines Bevollmächtigten (BGH NZI 2004, 456). Weiterhin bei Versagung des Akteneinsichtsrechts nach § 4 iVm 299 Abs 1 ZPO (HK-*Kirchhof*, § 6 Rn 13) oder der Streitwertfestsetzung und Kostenentscheidungen nach § 91a ZPO (*Pape* ZInsO 2001, 1074, 1080).

cc) Zum Streit bei § 305 Abs 3 siehe § 305 Rn 31; zum Streit bei Einordnung der Verfahrensart § 304 Rn 11.

b) Beschwerdefrist, Abs 2. aa) Fristbeginn. Der Fristlauf beginnt mit der Verkündung der Entscheidung oder, wenn sie nicht verkündet wurde, mit ihrer Zustellung nach § 8. Im Fall öffentlicher Bekanntmachung beginnt die Frist im Zeitpunkt des § 9 Abs 1 S 3; bei Zusammentreffen mit einer Zustellung gilt der jeweils frühere Zeitpunkt (N/R-*Becker*, § 9 Rn 25; Uhlenbruck/*Uhlenbruck*, § 6 Rn 15; OLG Köln NZI 2000, 169, 170f; MK-InsO/*Ganter*, § 6 Rn 38; *Braun/Kießner*, § 6 Rn 18). Bei einem Verstoß gegen die Zustellungsvorschriften beginnt der Fristlauf nach § 569 Abs 1 S 2 ZPO spätestens fünf Monate nach Verkündung (*Schmerbach* ZInsO 2002, 1087, 1088).

bb) Dauer. Nach § 4 iVm § 569 Abs 1 S 1 ZPO gilt eine Frist von **zwei Wochen**. Dies ist eine **Notfrist**, so dass sie nicht verlängerbar, aber bei ihrer Versäumung eine Wiedereinsetzung in den vorigen Stand nach

§ 4 iVm § 233 ZPO zulässig ist. Für die Fristberechnung gilt § 4 iVm §§ 222 ZPO, 187, 188 BGB.

10 **c) Einlegung der Beschwerde. aa)** Die Beschwerde kann nur bei Vorliegen der **allg Verfahrenshandlungsvoraussetzungen** eingelegt werden (hierzu MK-InsO/*Ganter*, § 6 Rn 21–25).

11 **bb) Adressat.** Die Beschwerde kann nach § 569 Abs 1 ZPO sowohl beim die angefochtene Entscheidung erlassenden Gericht *(iudex a quo)*, als auch beim Beschwerdegericht *(iudex ad quem)* erfolgen (*G. Pape* ZInsO 2001, 1074, 1081; K/P-*Prütting*, § 6 Rn 19; *Braun/Kießner*, § 6 Rn 27).

12 **cc) Form.** Sie kann nach § 569 Abs 3 ZPO auch zu Protokoll der Geschäftsstelle eingelegt werden; ein Anwaltszwang besteht nicht, da das Ins-Verfahren grundsätzlich nicht dem Anwaltszwang unterliegt (*I. Pape* NZI 2001, 516, 518; *G. Pape* ZInsO 2001, 1074, 1081; *Hess* K-InsOÄndG, § 6 Rn 5).

13 **dd) Inhalt.** Die Beschwerde soll nach § 571 Abs 1 ZPO begründet werden; neue Angriffs- und Verteidigungsmittel sind nach § 571 Abs 2 S 2 ZPO zulässig, nach Abs 3 S 1 kann aber hierzu eine Frist gesetzt werden (vgl *G. Pape* ZInsO 2001, 1074, 1080).

14 **ee)** Eine **Anschlussbeschwerde** ist nach § 567 Abs 3 ZPO zulässig.

15 **d) Beschwerdeberechtigung, Beschwer. aa) Die Beschwerdeberechtigung** ist in der InsO jeweils im Zusammenhang mit der Anordnung der Statthaftigkeit bestimmt (FK-*Schmerbach*, § 6 Rn 8).

16 **bb) Beschwer.** Die Beschwerde setzt nach allg Grundsätzen die formelle oder materielle Beschwer des Beschwerdeführers voraus (MK-InsO/*Ganter*, § 6 Rn 26 ff). Ein Beschwerdewert muss nur nach § 567 Abs 2 ZPO in iVm §§ 64 Abs 3 S 2, 73 S 2 erreicht werden (vgl OLG Köln NZI 2000, 585, 586: für den vorl InsVerw).

3. Wirksamkeit – Rechtskraft, Abs 3

17 Die Beschwerde hat **keine aufschiebende Wirkung**, die Ausnahmen des § 570 Abs 1 ZPO gelten nicht (K/P-*Prütting*, § 6 Rn 23; **aA:** *Braun/Kießner*, § 6 Rn 33, § 7 Rn 44). Eine **Aussetzung der Vollziehung** ist nach § 570 Abs 2, 3 ZPO möglich. – Die Beschwerdeentscheidung wird dagegen erst mit Rechtskraft wirksam, falls das Beschwerdegericht nicht die **vorl Wirksamkeit** nach Abs 3 S 2 in der Beschwerdeentscheidung anordnet. Die Anordnung ist nur zusammen mit dem Beschwerdebeschluss anfechtbar, der BGH kann dann nach § 570 Abs 3 ZPO die Vollziehung sowohl der Entscheidung erster Instanz (1. HS) als auch der Beschwerdeentscheidung (2. HS) aussetzen (BGH NZI 2002, 338, 339;

Sofortige Beschwerde § 6

Zöller/Gummer, § 570 Rn 5); die unterlassene Anordnung ist nicht vom BGH nachholbar (MK-InsO/*Ganter*, § 6 Rn 75).

4. Verfahren

a) Abhilfebefugnis. Nach § 572 Abs 1 ZPO (§ 6 Abs 2 S 2 aF) kann 18 das InsGericht der Beschwerde abhelfen, so dass sich der Richter/Rechtspfleger zunächst mit der Beschwerde und dem Beschwerdevorbringen auseinandersetzen setzen muss (*G. Pape* ZInsO 2001, 1074, 1080). Die Abhilfebefugnis des Rechtspflegers besteht nach § 11 Abs 1 RPflG (Uhlenbruck/*Uhlenbruck*, § 6 Rn 17; *Schmerbach* ZInsO 2001, 1087, 1088; *Pape* NZI 2001, 516, 517).

b) Zuständigkeit. aa) Sachlich zuständig ist nach § 72 GVG das LG, 19 falls das Land nicht von der Experimentierklausel des § 119 Abs 3 GVG Gerbrauch gemacht hat.

bb) Funktionell. Nach § 568 ZPO besteht nun eine originäre Einzelrichterzuständigkeit bei Beschwerden gegen Entscheidungen, die von einem Einzelrichter oder Rechtspfleger erlassen wurden (*Schmerbach* ZInsO 2001, 1087, 1088), so immer im InsVerfahren (*I. Pape* NZI 2001, 516, 517). 20

c) Prüfung. Das Beschwerdegericht prüft die Entscheidung in tatsächlicher und rechtlicher Hinsicht (K/P-*Prütting*, § 6 Rn 22a). 21

d) Beschwerdeentscheidung. Das InsGericht entscheidet durch **Beschluss**, wobei eine Pflicht zur Sachverhaltsfeststellung und -darstellung besteht. Dies folgt aus der generellen Zulässigkeit der Rechtsbeschwerde (§ 7) und daraus, dass der BGH zur Entscheidung nach §§ 559, 577 Abs 2 ZPO eine vom Beschwerdegericht festgestellte Tatsachengrundlage benötigt (*I. Pape* NZI 2001, 516, 518; *G. Pape* ZInsO 2001, 1074, 1081; *Hess* K-InsOÄndG, § 6 Rn 7). 22

e) Kosten, Gebühren. aa) Die **Kostenentscheidung** richtet sich 23 bei vorhandenem Beschwerdegegner nach **§§ 91 ff, 97 Abs 1 ZPO** iVm § 4; sonst sind die Kosten dem Beschwerdeführer bzw der Staatskasse aufzuerlegen (LG Essen ZInsO 2000, 47 f; MK-InsO/*Ganter*, § 6 Rn 83). Legt der InsSchu erfolglos Beschwerde gegen die Eröffnung ein, so sind die Kosten von ihm aus dem freien Vermögen und nicht aus der Masse aufzubringen (OLG Celle ZInsO 2001, 266, 268). Bei einer Abweisung des Eröffnungsantrags mangels Masse sind die Kosten nach § 91 Abs 1 ZPO iVm § 4 nicht dem antragstellenden Gläubiger, sondern dem InsSchu aufzuerlegen (LG Berlin ZInsO 2001, 269 f).

bb) Gebühren. Bei der Beschwerde gegen die (Nicht-)Eröffnung fällt 24 eine Gebühr nach KV 2360 an, sonst Gebühren nach KV 2361 ff. Die

§ 7 1. Teil. Allgemeine Vorschriften

Wertberechung erfolgt nach § 58 GKG. Ist nach § 58 Abs 1 GKG der Wert der Masse bei Beendigung des Verfahrens maßgebend, so ist dieser wegen der früheren Fälligkeit (§ 64 GKG) zu schätzen und vorl festzusetzen (*Hartmann*, § 37 GKG Rn 5).

25   cc) Dem Rechtsanwalt stehen die Gebühren gem § 28 RVG zu. Der Gegenstandswert ist nach § 28 RVG iVm § 58 GKG zu berechnen (*Gottwald/Last*, § 125 Rn 71).

5. Andere Rechtsbehelfe

26   a) Die **befristete Erinnerung** nach **§ 11 Abs 2 RPflG** ist nicht durch § 6 Abs 1 ausgeschlossen, so dass auch, wenn die InsO kein Rechtsmittel vorsieht, bei Entscheidungen des Rechtspflegers die Überprüfung durch den Richter möglich ist (HK-*Kirchhof*, § 6 Rn 15; *Pape* ZInsO 2001, 1074, 1080). Die Entscheidung des Richters über die Erinnerung ist nicht anfechtbar (N/R-*Becker*, § 6 Rn 15, 18; K/P-*Prütting*, § 6 Rn 35). – Zum Sonderfall des § 18 Abs 3 RPflG siehe §§ 76, 77 Rn 7).

27   b) „**Greifbare Gesetzeswidrigkeit**". Auch wenn die InsO kein Rechtsmittel gegen eine Maßnahme vorsieht, ist eine außerordentliche Beschwerde nicht zulässig. Die Rspr des BGH zu Maßnahmen, die eine „greifbare Gesetzeswidrigkeit" darstellen (vgl BGHZ 119, 372, 374), ist vom BGH aufgegeben worden, da durch die Neukonzeption des Rechtsmittelrechts eine außerordentliche Beschwerde zum BGH vom Gesetzgeber ausgeschlossen wurde (BGH NJW 2002, 1577). Diese Entscheidung erging zwar zur Zulässigkeit einer außerordentlichen Beschwerde zum BGH, aus ihr wird aber die **generelle Unzulässigkeit** gefolgert (OLG Celle NJW 2002, 3715 ff; BVerwG NJW 2002, 1657; *Pape* NZI 2003, 12 ff; *Lipp* NJW 2002, 1700 ff; aA *Thomas/Putzo/Reichold*, § 567 Rn 9; vgl Zöller/*Gummer*, § 567 Rn 19).

28   c) Die Entscheidung über eine **Erinnerung nach § 766 Abs 1 S 1 ZPO** ist durch § 89 Abs 3 zwar dem InsGericht übertragen, sie bleibt aber eine Entscheidung im Zwangsvollstreckungsverfahren, so dass sich Rechtsmittel nach den allg ZPO-Regelungen richten (OLG Köln ZInsO 2002, 495; vgl MK-InsO/*Ganter*, § 6 Rn 64).

§ 7 Rechtsbeschwerde

Gegen die Entscheidung über die sofortige Beschwerde findet die Rechtsbeschwerde statt.

1. Normzweck – Neuregelung

1   Gegen die Beschwerdeentscheidung des LG (uU OLG) ist die Rechtsbeschwerde zum BGH eröffnet. Durch Abschaffung der Sonderregelung

der weiteren Beschwerde und dem Verweis auf die Regelung der Rechtsbeschwerde in §§ 574ff ZPO wurde das Beschwerdesystem, insbes der Instanzenzug umgestaltet. Mit der Zuständigkeit des BGH ist nunmehr eine effektivere Möglichkeit zur Rechtsvereinheitlichung als über den Weg der Vorlageverpflichtung nach § 7 Abs 2 aF geschaffen.

2. Zulässigkeit

a) Statthaftigkeit. aa) Rechtsbeschwerde. Nach § 7 iVm § 574 Abs 2 ZPO ist diese gegen jede **Beschwerdeentscheidung**, die **nach § 6 Abs 1** im InsVerfahren ergangen ist, möglich (BGH NJW-RR 2005, 200; BGH NZI 2002, 629f; vgl § 6 Rn 4). Zu beachten ist jedoch, dass die Rechtsbeschwerde nun auch immer dann gegeben ist, wenn die angegriffene Entscheidung nicht im Zusammenhang mit dem InsVerfahren steht, was aus der allg Regelung in §§ 574ff ZPO folgt (FK-*Schmerbach*, § 7 Rn 2). Unterschiede bestehen dabei nur bei § 574 Abs 1 ZPO, da dann kein Fall der Nr 1 wegen der Unanwendbarkeit des § 7 vorliegt (*I. Pape* NZI 2001, 516, 519; BGH NZI 2004, 40).

bb) Sofortige Beschwerde. Keine Rechtsbeschwerde, sondern eine „einfache" sofortige Beschwerde nach § 6 liegt vor, wenn aufgrund einer Beschwerde die ursprüngliche Entscheidung im Rahmen einer **Abhilfeentscheidung** nach § 572 Abs 1 ZPO aufgehoben wird und hierdurch ein Dritter erstmalig beschwert ist (*Braun/Kießner*, § 7 Rn 9; N/R-*Becker*, § 7 Rn 1 zur aF).

b) Bedeutung der Rechtssache. Weitere Voraussetzung ist nach **§ 574 Abs 2 ZPO** entweder die grundsätzliche Bedeutung der Rechtssache, Nr 1, oder das Erfordernis einer Entscheidung zur Fortbildung des Rechts bzw der Sicherung einer einheitlichen Rspr, Nr 2 (K/P-*Prütting*, § 7 Rn 11ff).

aa) Nr 1. Eine Rechtssache hat **grundsätzliche Bedeutung**, „wenn sie eine entscheidungserhebliche, klärungsbedürftige und klärungsfähige Rechtsfrage aufwirft, die sich in einer unbestimmten Vielzahl von Fällen stellen kann" (BGH NJW 2002, 3029), so dass sie nicht gegeben ist, wenn die Entscheidung von den Umständen des Einzelfalls abhängt.

bb) Nr 2. (1) Gesichtspunkt der Rechtsfortbildung, 1. Alt. Ein **Erfordernis für eine höchstrichterliche Entscheidung** besteht nur dann, wenn der Einzelfall Veranlassung gibt, Leitsätze für die Auslegung von Gesetzesbestimmungen des materiellen oder formellen Rechts aufzustellen oder Gesetzeslücken auszufüllen (BGH NJW 2002, 3029, 3030). Dabei ist die bislang vom BGH im Rahmen von Vorlagebeschlüssen und von den OLG ergangene Rspr weiter zu berücksichtigen (BGH NJW 2002, 2945, 2946). Ist die Rechtsfrage bereits nach der OLG-Rspr ge-

§ 7   1. Teil. Allgemeine Vorschriften

klärt, besteht kein Erfordernis für eine Entscheidung des BGH (BGH NJW 2003, 1692).

(2) Sicherung einheitlicher Rspr, 2. Alt. Eine Entscheidung ist zur Sicherung einer einheitlichen Rspr in **Divergenzfällen** oder, wenn durch eine fehlerhafte Anwendung revisiblen Rechts über die Einzelfallentscheidung hinaus **Interessen der Allgemeinheit** betroffen sind, erforderlich (BGH NJW 2002, 3029; ausf. Uhlenbruck/*Uhlenbruck,* § 7 Rn 9 ff).

7   cc) Diese Voraussetzungen sind vom Rechtsbeschwerdegericht zu prüfen, wobei es von der nach § 575 Abs 3 Nr 2 ZPO vom Beschwerdeführer zu gebenden Begründung auszugehen hat (*Kirchhof* ZInsO 2001, 729). Diese Zulässigkeitsprüfung ersetzt die frühere Zulassung durch das Beschwerdegericht.

8   **c) Beschwerdefrist.** Die Rechtsbeschwerde ist nach § 575 Abs 1 S 1 ZPO innerhalb der **Notfrist von einem Monat** ab Zustellung des Beschwerdebeschlusses einzulegen. Diese Frist gilt dabei nach § 575 Abs 2 S 1 ZPO auch für die Begründung der Beschwerde, wobei diese Begründungsfrist nach § 575 Abs 2 S 3, 551 Abs 2 S 5, 6 ZPO verlängert werden kann (*Braun/Kießner,* § 7 Rn 45 f; *Schmerbach* ZInsO 2001, 1087, 1089).

9   **d) Erhebung der Rechtsbeschwerde. aa)** Die allg **Verfahrenshandlungsvoraussetzungen** müssen vorliegen.

10   **bb) Adressat.** Die Rechtsbeschwerde kann nur beim BGH als Beschwerdegericht (iudex ad quem) eingelegt werden (*Braun/Kießner,* § 7 Rn 42; *Kirchhof* ZInsO 2001, 1073); die Einlegung beim LG ist nicht fristwahrend (*I. Pape* NZI 2001, 516, 519; Uhlenbruck/*Uhlenbruck,* § 7 Rn 16).

11   **cc) Form.** Es ist eine **schriftliche Einlegung** nach § 575 Abs 1 S 1 ZPO notwendig, wobei der Zwang zur Vertretung durch einen **beim BGH zugelassenen Rechtsanwalt** besteht (BGH NJW 2002, 2181 f; *Kirchhof* ZInsO 2001, 1073; *G. Pape* ZInsO 2001, 1074, 1082; *Schmerbach* ZInsO 2001, 1087, 1090).

12   **dd) Inhalt.** Die Rechtsbeschwerde muss nach § 575 Abs 1 S 2 ZPO die angefochtene Entscheidung bezeichnen (Nr 1) und die Einlegeerklärung (Nr 2) enthalten. Hinsichtlich der Beschwerdebegründung sind nach § 575 Abs 3 ZPO die Rechtsbeschwerdeanträge (Nr 1), die Begründung für die Zulassungsgründe des § 574 Abs 1 Nr 1 ZPO (Nr 2), und die Umstände auf die die Beschwerde gestützt wird bzw die Verfahrensfehler (Nr 3) anzugeben. Die Angabe zu den Zulassungsgründen ist erforderlich, da sonst nicht erkennbar ist, wegen welcher Gesetzesverletzung die Auf-

hebung begehrt wird und weshalb dem Rechtsstreit eine grundsätzliche Bedeutung zukommt (OLG Celle NZI 2001, 379 zur aF). – Ausf zu den Zulassungsgründen *Schmerbach* ZInsO 2001, 1087, 1090 f u. Uhlenbruck/*Uhlenbruck*, § 7 Rn 20 ff.

ee) Eine **Anschlussrechtsbeschwerde** ist nach § 574 Abs 4 ZPO zulässig. 13

e) Beschwer. Eine neuerliche Beschwer ist nicht erforderlich, diese 14 liegt darin, dass der Beschwerde nicht voll entsprochen wurde und die ursprüngliche Beschwer fortbesteht (*Braun/Kießner*, § 7 Rn 39). Erhebt ein durch die ursprüngliche Entscheidung Beschwerter, der keine Beschwerde eingelegt hatte, nach Erlass der Beschwerdeentscheidung eine Rechtsbeschwerde, so ist diese wegen Verfristung unzulässig (N/R-*Becker*, § 7 Rn 6; *Braun/Kießner*, § 7 Rn 38).

3. Begründetheit

Die Rechtsbeschwerde ist begründet, bei der Verletzung von Bundes- 15 recht oder einer Verfahrensvorschrift, die über den Bezirk eines OLG hinaus gilt, wenn die Beschwerdeentscheidung hierauf beruht, § 576 Abs 1 ZPO, sowie bei Vorliegen eines absoluten Revisionsgrundes nach §§ 576 Abs 3, 547 ZPO (*I. Pape* NZI 2001, 516, 519).

4. Verfahren

a) Zuständig ist nach § 133 GVG der BGH. 16

b) Prüfung. Der BGH nimmt eine bloße Rechtsprüfung auf Grund- 17 lage der Feststellungen des Beschwerdegerichts vor, falls nicht eine Verfahrensrüge erhoben wird, bei der dann das Tatsachenvorbringen der Beschwerdebegründung berücksichtigt wird (*Schmerbach* ZInsO 2001, 1087, 1093; *Zöller/Gummer* § 557 Rn 10).

c) Entscheidung des Gerichts. Der BGH kann **(1)** bei Unzulässig- 18 keit der Rechtsbeschwerde diese verwerfen, **(2)** sie als unbegründet zurückweisen, **(3)** bei Begründetheit die Entscheidung aufheben und die Rechtssache an das Beschwerdegericht zur erneuten Entscheidung zurückverweisen bzw **(4)** bei Entscheidungsreife selbst entscheiden (K/P-*Prütting*, § 7 Rn 28 ff; *Schmerbach* ZInsO 2001, 1087, 1094). – Zum Erlass einstweiliger Anordnungen: § 6 Rn 17.

5. Übergangsrecht

a) § 73 Abs 3 KO gilt nach **Art 103 EGInsO** weiterhin für alle Kon- 19 kursverfahren, die vor dem 01. Januar 1999 eröffnet wurden, so dass Rechtsmittel nach dem früher geltenden Recht zu beurteilen sind. Problematisch ist dabei die Verweisung auf das Beschwerderecht der ZPO, da nach den Änderungen durch das ZPO-Reformgesetz zwar die sofortige Beschwerde weiterhin geregelt, die sofortige weitere Beschwerde aber entfallen ist (*Pape* ZInsO 2002, 249). Es ist daher ersatzweise für die sofortige weitere Beschwerde nach der ZPO aF nun die Regelung der Rechtsbeschwerde anzuwenden (ausf. OLG Celle NZI 2002, 383 ff, *Pape* ZInsO 2002, 249 ff).

20   **b) § 7 aF** gilt nach Art 103 EGInsO nur für Verfahren, die nach dem 1. Januar 1999 beantragt wurden. § 7 aF gilt weiter nach **§ 26 Nr 10 EGZPO** nur für die Entscheidungen, die vor dem 01. Januar 2002 verkündet oder der Geschäftsstelle übergeben wurden (OLG Köln ZIP 2002, 443, 444; OLG Celle ZInsO 2002, 285, 286). **§ 7 nF** gilt demnach für alle Entscheidungen, die nach dem 01. Januar 2001 verkündet bzw der Geschäftsstelle übergeben wurden.

§ 8 Zustellungen

(1) ¹Die Zustellungen geschehen von Amts wegen. ²Sie können durch Aufgabe zur Post erfolgen. ³Einer Beglaubigung des zuzustellenden Dokuments bedarf es nicht.

(2) ¹An Personen, deren Aufenthalt unbekannt ist, wird nicht zugestellt. ²Haben sie einen zur Entgegennahme von Zustellungen berechtigten Vertreter, so wird dem Vertreter zugestellt.

(3) Das Insolvenzgericht kann den Insolvenzverwalter beauftragen, die Zustellungen durchzuführen.

1. Auswirkungen des Zustellungsreformgesetzes

1   Das am 1. Juli 2002 in Kraft getretene Gesetz hat im Zustellungsrecht der ZPO (§§ 166–195) u. a. das Verhältnis von Amts- und Parteizustellung neu definiert und die Arten möglicher Zustellung erweitert bzw modernen Übermittlungsformen angepasst. Die Neuerungen gelten über § 4 grundsätzlich auch für das InsVerfahren, fügen sich dort aber nicht durchweg ein (vgl Rn 10).

2. Zustellungsbedürftige Entscheidungen

2   § 8 regelt nur die Art und Weise der Zustellung, nicht wann sie erforderlich ist. Gemäß § 4 gelten § 329 Abs 2, 3 ZPO entsprechend (MK-InsO/*Ganter*, § 8 Rn 6; FK-*Schmerbach*, § 8 Rn 9; N/R-*Becker*, § 8 Rn 5): Nicht verkündete Entscheidungen sind zuzustellen, wenn sie anfechtbar sind, eine Terminsbestimmung enthalten oder eine Frist in Gang setzen (MK-InsO/*Ganter*, § 8 Rn 7), verkündete, wenn sie einem Rechtsmittel unterliegen (MK-InsO/*Ganter*, § 8 Rn 8; **aA:** *Keller*, NZI 2002, 581, 585; Uhlenbruck/*Uhlenbruck*, § 8 Rn 6: Zustellung aller, auch der unan-

fechtbaren Entscheidungen; ebenso die hM zur KO: vgl *Kilger/Schmidt*, KO, § 73 Rn 3; **aA:** FK-*Schmerbach*, § 8 Rn 10: Zustellung generell entbehrlich). Darüber hinaus verlangt das Gesetz ausdrücklich eine Zustellung: zB in §§ 23 Abs 1 S 2; 25 Abs 1; 30 Abs 2; 64 Abs 2; 208 Abs 2 S 2; 215 Abs 1 S 2; 296 Abs 3 S 2; 252 Abs 2; 308 Abs 1 (Übersicht bei H/W/W-*Hess*, § 8 Rn 5–27). Dem stehen Fälle gleich, in denen eine „besondere Ladung" erforderlich ist: zB §§ 177 Abs 3 S 2, 235 Abs 3 S 1, 241 Abs 1 S 2, 296 Abs 2 S 3 (HK-*Kirchhof*, § 8 Rn 3). Schließlich kann auf Anordnung des Gerichts auch in Fällen förmlich zugestellt werden, in denen dies nicht vorgeschrieben ist (FK-*Schmerbach*, § 8 Rn 15). – Zum **Verhältnis** der Zustellung zur **öffentlichen Bekanntmachung** (§ 9) vgl dort Rn 8 ff.

3. Amtsbetrieb

Die Zustellungen der InsO erfolgen nach § 8 Abs 1 S 1 ausschließlich 3
von Amts wegen (vgl § 166 Abs 2 ZPO). Auch die Zustellung durch den InsVerw nach § 8 Abs 3 ist Amtszustellung, **§§ 166 ff ZPO** sind auf sie **entsprechend anwendbar**, § 4 (MK-InsO/*Ganter*, § 8 Rn 12). **Zuständig** ist nach § 4 iVm § 168 Abs 1 S 1 ZPO die Geschäftsstelle, die eigenverantwortlich über die Art der Zustellung entscheidet; richterliche Weisungen sind jedoch möglich (Uhlenbruck/*Uhlenbruck*, § 8 Rn 10). Auf die nach § 169 Abs 2 ZPO erforderliche **Beglaubigung** der vielfach in großer Zahl zuzustellenden Schriftstücke kann nach § 8 Abs 1 S 3 verzichtet werden. Eine Ausnahme macht § 307 Abs 1 S 3 für das **Schuldenbereinigungsplanverfahren** (dazu *Sabel*, ZIP 1999, 305 ff).

4. Adressat der Zustellung ist jeder, der durch die Entscheidung 4
beschwert sein kann. IdR benennt das Gesetz selbst die Empfänger (MK-InsO/*Ganter*, § 8 Rn 10). §§ 170 ff ZPO gelten entsprechend.

a) Personen unbekannten Aufenthalts, dh solche, deren Aufenthalt 5
allg, nicht nur dem Gericht unbekannt ist (*Zöller/Stöber*, § 185 Rn 2). An sie wird nach § 8 Abs 2 S 1 nur zugestellt, soweit sie einen zur Entgegennahme bevollmächtigten Vertreter haben. Die öffentliche Zustellung, die §§ 185 ff ZPO in diesem Fall vorsehen, ist ausgeschlossen. Eine öffentliche Bekanntmachung gilt nach § 9 Abs 3 auch als Zustellung gegenüber Personen unbekannten Aufenthalts (FK-*Schmerbach*, § 8 Rn 18; N/R-*Becker*, § 8 Rn 28). § 8 Abs 2 gilt nach § 307 Abs 1 S 3 nicht im Schuldenbereinigungsplanverfahren; hier ist ggf öffentlich zuzustellen, §§ 185 ff ZPO.

b) Im Handelsregister gelöschte Gesellschaft. Sie ist nach hM 6
partei- und insolvenzfähig, solange sie noch über Aktivvermögen verfügt (BGH NJW-RR 1994, 542; OLG Koblenz NJW-RR 1994, 500; LG Bonn NJW-RR 1998, 180, 181). Zuzustellen ist an einen vom Register-

§ 8
1. Teil. Allgemeine Vorschriften

gericht zu bestellenden Nachtragsliquidator oder einen Verfahrenspfleger (§ 57 ZPO) (Uhlenbruck/*Uhlenbruck*, § 8 Rn 14).

7   **c) Fehlende gesetzliche Vertretung** einer juristischen Person wegen Abberufung oder Amtsniederlegung des Geschäftsführers bzw Vorstands; vgl § 4 Rn 3).

8   **d) Personen im Ausland.** Es kann durch Aufgabe zur Post nach § 8 Abs 1 S 2 zugestellt werden, ein Einschreiben ist nicht erforderlich (N/R-*Becker*, § 8 Rn 24; MK-InsO/*Ganter*, § 8 Rn 19). Eine Übersetzung des Schriftstücks ist nicht notwendig (BGH NJW-RR 1996, 387, 388). Muss sichergestellt werden, dass der Empfänger Kenntnis vom Inhalt des Schriftstücks erhält, ist eine Zustellung nach zwischenstaatlichen Abkommen (zB Haager Übereinkommen über die Zustellung gerichtlicher und außergerichtlicher Schriftstücke im Ausland in Zivil- oder Handelssachen, BGBl 1977 II, S 1452) zu prüfen. Ist danach eine Zustellung nicht möglich oder nicht Erfolg versprechend, ist eine öffentliche Zustellung nach § 185 Nr 2 ZPO iVm § 4 möglich (Uhlenbruck/*Uhlenbruck*, § 8 Rn 12).

5. Auswahl der Zustellungsart

9   **a) Arten. aa)** Zulässig sind **sämtliche Zustellungsformen der ZPO** (vgl den Überblick bei *Keller*, NZI 2002, 581, 582–585): Aushändigung an der Amtsstelle des Gerichts (§ 173 ZPO), Empfangsbekenntnis (§ 174 ZPO), Einschreiben mit Rückschein (§ 175 ZPO), Zustellung durch die Post mit Zustellungsurkunde (§§ 176–182 ZPO). An den **InsVerw** kann stets durch Empfangsbekenntnis zugestellt werden, auch wenn er nicht Rechtsanwalt ist, da bei ihm grundsätzlich von erhöhter Zuverlässigkeit iSv § 174 ZPO (vgl § 56 Abs 1) auszugehen ist (*Keller*, NZI 2002, 581, 587).

10   **bb)** Daneben lässt **§ 8 Abs 1 S 2** aus Vereinfachungsgründen generell eine Zustellung durch **Aufgabe zur Post** zu (vgl § 184 ZPO für Auslandszustellungen). Sie ist die in der Praxis häufigste Form der Zustellung. Das Schriftstück muss der Post in einem verschlossenen Umschlag, der Anschrift und Absender (InsGericht) bezeichnet, übergeben werden. Über die Aufgabe ist (nachträglich) ein Aktenvermerk zu fertigen, der angibt, zu welcher Zeit und unter welcher Adresse das (genau bezeichnete) Schriftstück zur Post gegeben wurde, § 184 Abs 2 S 4 ZPO (ausf. MK-InsO/*Ganter*, § 8 Rn 16 ff). Nach der Reform des Zustellungsrechts ist jedoch zweifelhaft, wann die Zustellung als bewirkt anzusehen ist. Während bisher die Übergabe des Schriftstücks an die Post maßgeblich war, § 175 Abs 1 S 3 ZPO aF (zB OLG Oldenburg ZInsO 2002, 247)(BGH NJW-RR 1996, 387, 388), gilt die Zustellung nach § 184 Abs 2 S 1 ZPO erst zwei Wochen nach der Aufgabe bei der Post als erfolgt. Diese auf die Auslandszustellung zugeschnittene Regelung ist für das auf rasche Abwicklung angelegte InsVerfahren nicht sachgerecht. Daher ist § 184 Abs 2 S 1 ZPO nicht nach § 4 entsprechend anwendbar, vielmehr ist die Zustellung weiterhin als mit der Übergabe bewirkt anzusehen (BGH NZI 2004, 341; vgl für §§ 148ff, 239ff ZPO MK-InsO/*Ganter*, § 5 Rn 15; **aA:** *Keller*, NZI 2002, 581, 586; vgl *Stephan* NZI 2004, 521, 523 zum Referentenentwurf InsO-ÄndG 2005). – **Ausgeschlossen** ist die erleichterte Zustellung nach § 8 Abs 1 S 2 für das Schuldenplanbereinigungsverfahren, § 307 Abs 1 S 3 (**aA:** zur nF *Keller*, NZI 2002, 581, 587). Da die förmliche Zustellung dazu dient, möglichst schnell festzustellen, ob der Plan Grundlage einer Einigung sein kann (OLG Frankfurt/M, ZInsO 2000, 565), dürfte allerdings eine Zustellung durch Einschreiben mit Rückschein (§ 175 ZPO) ebenfalls ausscheiden und wie bisher eine Zustellung durch Zustellungsurkunde erforderlich sein.

b) Das InsGericht wählt nach pflichtgemäßem Ermessen die **zweck-** 11
mäßigste Art der Zustellung (BGH NZI 2003, 341 f.). Das ist diejenige, die im Einzelfall die sicherste und effektivste Zustellung verspricht (HK-*Kirchhof*, § 8 Rn 6). Steht zu befürchten, dass der Adressat die Annahme verweigert, scheidet eine Zustellung durch Rückschein-Einschreiben aus; hier ist regelmäßig eine Zustellung durch Zustellungsurkunde zweckmäßig (*Keller*, NZI 2002, 581, 586 f; ähnlich MK-InsO/*Ganter*, § 8 Rn 17, der eine Zustellung durch Aufgabe zur Post bei verfahrenseinleitenden Beschlüssen – Anordnung nach § 21 oder Eröffnungsbeschluss – generell für unzulässig hält). Wegen der für den InsSchu einschneidenden Rücknahmefiktion des § 305 Abs 3 S 2 muss die Ergänzungsaufforderung nach § 305 Abs 3 S 1 dem InsSchu förmlich zugestellt werden (BayObLG NZI 2001, 656 f).

6. Zustellung durch den InsVerw, Abs 3

a) Anordnung. Sie ist nach dem eindeutigen Wortlaut nur durch das 12
InsGericht, nicht durch das Beschwerdegericht möglich (FK-*Schmerbach*, § 8 Rn 21; **aA:** N/R-*Becker*, § 8 Rn 21). Zuständig ist im Eröffnungsverfahren der Richter. Die Anordnung gilt im eröffneten Verfahren weiter, kann jedoch von Rechtspfleger aufgehoben oder geändert werden (Uhlenbruck/*Uhlenbruck*, § 8 Rn 23). Die Übertragung steht im **pflichtgemäßen Ermessen** des Gerichts, das insbes die zu erwartende Entlastung zu berücksichtigen hat (H/W/W-*Hess*, § 8 Rn 30). Von der Übertragung ist idR Abstand zu nehmen, wenn absehbar ist, dass der Ins-Verw mangels Deckung der Verfahrenskosten mit seinem Anspruch auf Vergütung und Auslagenersatz ausfallen wird (Uhlenbruck/*Uhlenbruck*, § 8 Rn 16). Beauftragt werden können außer dem InsVerw auch der **vorl InsVerw**, § 21 Abs 2 Nr 1, unabhängig davon, ob er nach § 22 Abs 1 oder

§ 9 1. Teil. Allgemeine Vorschriften

2 bestellt worden ist (*Smid/Smid*, § 8 Rn 11), und der **Sachwalter** (K/P-*Prütting*, § 8 Rn 11a), **nicht** dagegen der **Treuhänder**, da § 13 Abs 2 InsVV eine Erhöhung seiner Vergütung ausschließt (FK-*Schmerbach*, § 8 Rn 21; **aA:** MK-InsO/*Ganter*, § 8 Rn 35). Ein **Beschwerderecht** des Beauftragten besteht nicht, § 6 Abs 1. Der InsVerw kann lediglich die Aufhebung des Übertragungsbeschlusses oder seine Entlassung, § 59, anregen (HK-*Kirchhof*, 8 Rn 10).

13 **b) Durchführung.** Der InsVerw, der gleichsam an die Stelle der Geschäftsstelle tritt, kann die Zustellung in **allen Zustellungsformen** bewirken (*Keller* NZI 2002, 581, 587; MK-InsO/*Ganter*, § 8 Rn 32; einschränkend FK-*Schmerbach*, § 8 Rn 24): Aufgabe zur Post und Einlieferungsvermerk, Empfangsbekenntnis, Einschreiben mit Rückschein, Zustellungsurkunde; er kann auch den Gerichtsvollzieher mit der Zustellung beauftragen (*Keller* NZI 2002, 581, 587). Die Übertragung auf einen Mitarbeiter in urkundlich nachweisbarer Form ist zulässig (Uhlenbruck/*Uhlenbruck*, § 8 Rn 16; vgl *Stephan* NZI 2004, 521, 523 zum Referentenentwurf InsO-ÄndG 2005). Die Durchführung der Zustellung ist **Amtspflicht** iSv §§ 58, 60–63 (HK-*Kirchhof*, § 8 Rn 13).

14 **c) Vergütung.** Eine nicht unerhebliche Mehrbelastung durch die Zustellungsübertragung kann nach **§ 3 Abs 1 InsVV** einen **Zuschlag zur Regelvergütung** auslösen, allerdings idR erst bei mehr als 100 erforderlichen Zustellungen im Verfahren (LG München I ZInsO 2002, 275, 276). Daneben sind **Portokosten** als Auslagen nach § 4 Abs 2 InsVV zu erstatten (AG Potsdam NZI 2001, 159, 160). Ein Vorschuss ist möglich, § 9 InsVV (MK-InsO/Ganter, § 8 Rn 36).

§ 9 Öffentliche Bekanntmachung

(1) ¹Die öffentliche Bekanntmachung erfolgt durch Veröffentlichung in dem für amtliche Bekanntmachungen des Gerichts bestimmten Blatt oder in einem für das Gericht bestimmten elektronischen Informations- und Kommunikationssystem; die Veröffentlichung kann auszugsweise geschehen. ²Dabei ist der Schuldner genau zu bezeichnen, insbesondere sind seine Anschrift und sein Geschäftszweig anzugeben. ³Die Bekanntmachung gilt als bewirkt, sobald nach dem Tag der Veröffentlichung zwei weitere Tage verstrichen sind.

(2) ¹Das Insolvenzgericht kann weitere und wiederholte Veröffentlichungen veranlassen. ²Das Bundesministerium der Justiz wird ermächtigt, durch Rechtsverordnung mit Zustimmung des Bundesrates die Einzelheiten der Veröffentlichung in einem elektronischen Informations- und Kommunikationssystem zu regeln.

§ 9

³**Dabei sind insbesondere Löschungsfristen vorzusehen sowie Vorschriften, die sicherstellen, dass die Veröffentlichungen**
1. **unversehrt, vollständig und aktuell bleiben,**
2. **jederzeit ihrem Ursprung nach zugeordnet werden können,**
3. **nach dem Stand der Technik durch Dritte nicht kopiert werden können.**

(3) Die öffentliche Bekanntmachung genügt zum Nachweis der Zustellung an alle Beteiligten, auch wenn dieses Gesetz neben ihr eine besondere Zustellung vorschreibt.

1. Normzweck

Die öffentliche Bekanntmachung ermöglicht eine Bekanntmachung 1 auch dann, wenn der betroffene Personenkreis unbekannt und eine Zustellung problematisch ist. Den Betroffenen kann auf diese Weise die Möglichkeit zur Beteiligung am Verfahren eröffnet werden (FK-*Schmerbach*, § 9 Rn 4; *Smid/Smid*, § 9 Rn 3). Die Vorschrift ist verfassungsrechtlich unbedenklich (BVerfG NJW 1988, 2361), sie entspricht § 76 KO. Neu ist die Möglichkeit der öffentlichen Bekanntmachung im Internet, wodurch Kosten eingespart werden können und tatsächlich ein größerer Adressatenkreis als mit der Veröffentlichung im Bundesanzeiger erreicht werden kann.

2. Anwendungsfälle

Die öffentliche Bekanntmachung findet in den in der InsO angeord- 2 neten Fällen statt, aber auch dann, wenn das InsGericht sie nach pflichtgemäßem Ermessen für erforderlich hält (HK-*Kirchhof*, § 9 Rn 3; **aA:** *Keller* ZIP 2003, 149, 150). Zum Verhältnis zur Zustellung: Rn 11.

3. Regelmäßige Bekanntmachung, Abs 1

a) Form, Inhalt. aa) „klassische Bekanntmachung". Sie erfolgt 3 durch die Veröffentlichung in dem nach Landesrecht für das jeweilige Gericht bestimmten **Amtsblatt**. Eine zusätzliche Veröffentlichung im Bundesanzeiger (dann auszugsweise) erfolgt nur für die besonders wichtigen Entscheidungen nach § 30 Abs 1 S 2 bzw §§ 34 Abs 3 S 2, 215 Abs 1 S 3, 258 Abs 3 S 3 jeweils iVm § 200 Abs 2 S 2 (HK-*Kirchhof*, § 9 Rn 7). Die Veröffentlichung hat zunächst den zu veröffentlichenden Vorgang soweit anzugeben, dass er hinreichend verständlich ist, daneben aber zweckmäßiger Weise auch das InsGericht, den InsSchu und den InsVerw (MK-InsO/*Ganter*, § 9 Rn 17). Bei einem Gerichtsbeschluss ist der wesentliche Inhalt mitzuteilen; Termine sind nach Ort und Zeit genau anzugeben (HK-*Kirchhof*, § 9 Rn 6); bei juristischen Personen ist die Angabe der organschaftlichen Vertreter sinnvoll (K/P-*Prütting*, § 9 Rn 11). – Die öffentliche Bekanntmachung kann nach S 1 2. HS auch auszugsweise erfolgen, wobei

§ 9 1. Teil. Allgemeine Vorschriften

aber die Angaben nach S 2 (Bezeichnung des InsSchu, die Anschrift und der Geschäftszweig) zwingend enthalten sein müssen.

4 **bb) Bekanntmachung mittels elektronischer Medien.** Eine Bekanntmachung ist auch mittels eines elektronischen Informations- und Kommunikationssystems – Internet – möglich. Die Einzelheiten sind nach Abs 2 S 2 und 3 durch Rechtsverordnung des BMJ mit der „Verordnung zu öffentlichen Bekanntmachungen in InsVerfahren im Internet" (BGBl. I, 677) zum 21. 02. 2002 geregelt worden. Entsprechend dieser Verordnung erfolgen Veröffentlichungen unter www.insolvenzenbekannt machungen.de. Die Bekanntmachung mittels Internets ist nach der Gesetzesänderung die Regel, weitere Veröffentlichungen werden nur noch bei besonderer landesgesetzlicher Regelung möglich sein (vgl *Stephan* NZI 2004, 521, 523).

5 **cc) Wahlrecht.** Die Veröffentlichung kann alternativ oder kumulativ nach der „klassischen" bzw „elektronischen" Form erfolgen, wobei dies durch die Landesjustizverwaltungen zu bestimmen ist (K/P-*Prütting*, § 9 Rn 5b; MK-InsO/*Ganter*, § 9 Rn 31).

6 **b) Wirksamkeit, Abs 1 S 3.** Die öffentliche Bekanntmachung wird nach S 3 mit dem Verstreichen von zwei weiteren Tagen dem Tag der Veröffentlichung wirksam, wobei als Veröffentlichung die tatsächliche Ausgabe am Ausgabeort gilt (BGH KTS 1993, 415; HK-*Kirchhof*, § 9 Rn 8). Bei der Fristberechung gilt § 222 Abs 2 ZPO iVm § 4 (K/P-*Prütting*, § 9 Rn 13; FK-*Schmerbach*, § 9 Rn 17; HK-*Kirchhof*, § 9 Rn 8). Der Zeitpunkt des Fristbeginns ist bei der Einstellung oder Aufhebung des InsVerfahren nach § 209 Abs 1 S 2 bzw § 258 Abs 3 S 2 vorab dem InsSchu, InsVerw und den Mitgliedern des Gl-Ausschuss mitzuteilen (HK-*Kirchhof*, § 9 Rn 8).

4. Zustellungswirkung, Abs 3

7 **a) Allgemeines.** Mit Wirksamkeit der öffentlichen Bekanntmachung gilt die Entscheidung allen Beteiligten gegenüber als zugestellt. Dies gilt wegen der Gleichbehandlung von „klassischer" und „elektronischer" Bekanntmachung in Abs 1 S 1 für beide Formen (**aA:** MK-InsO/*Ganter*, § 9 Rn 31: Zustellungswirkung nicht bei elektronischer Form).

8 **b) Verhältnis zur Zustellung.** Str ist, ob für den Beginn der Beschwerdefrist (§ 6 Abs 2) das Datum der Einzelzustellung oder die Wirksamkeit der öffentlichen Bekanntgabe (Abs 1 S 3) maßgeblich ist.

9 **aa) Ersetzung der Einzelzustellung.** Unterbleibt eine an sich vorgeschriebene Einzelzustellung, ist für den Beginn der Rechtsmittelfrist allein der Eintritt der Wirksamkeit der öffentlichen Bekanntgabe maßgeblich (BayObLG NZI 2002, 155 f; N/R-*Becker*, § 9 Rn 23). Die öffentliche Bekanntmachung ersetzt die Zustellung selbst dann, wenn das Gesetz allein die Zustellung vorschreibt (BayObLG NZI 2002, 155 f; N/R-*Becker*, § 9 Rn 24; *Braun/Kießner*, § 9 Rn 24; **aA:** K/P-*Prütting*, § 9 Rn 14; HK-*Kirchhof*, § 9 Rn 3; *Keller* ZIP 2003, 149, 151).

bb) IÜ gilt das **Prioritätsprinzip**; eine frühere Einzelzustellung setzt 10 die Rechtsmittelfrist in Lauf (BGH NZI 2004, 341; OLG Köln NZI 2000, 169, 170 f; MK-InsO/*Ganter*, § 9 Rn 24, 28; N/R-*Becker*, § 9 Rn 25; HK-*Kirchhof*, § 9 Rn 9; *Smid/Smid*, § 9 Rn 4; Uhlenbruck/*Uhlenbruck*, § 6 Rn 15; **aA:** FK-*Schmerbach*, § 9 Rn 6; K/P-*Prütting*, § 9 Rn 15).

5. Das InsGericht kann nach **Abs 2 S 1** nach pflichtgemäßem Ermessen **weitere oder wiederholte Veröffentlichungen** veranlassen, um eine umfassende, der Bedeutung der Sache entsprechende Öffentlichkeit zu schaffen. Dies ist insbes dann sinnvoll, wenn der InsSchu erst kurz vor Verfahrenseröffnung den Ort seiner wirtschaftlichen Betätigung verändert hat (HK-*Kirchhof*, § 9 Rn 10) oder eine nur auszugsweise Veröffentlichung zu knapp war (K/P-*Prütting*, § 9 Rn 9). Eine weitere oder wiederholte Veröffentlichung ist im vereinfachten InsVerfahren nach § 312 Abs 1 S 1 2. HS nicht möglich.

§ 10 Anhörung des Schuldners

(1) ¹Soweit in diesem Gesetz eine Anhörung des Schuldners vorgeschrieben ist, kann sie unterbleiben, wenn sich der Schuldner im Ausland aufhält und die Anhörung das Verfahren übermäßig verzögern würde oder wenn der Aufenthalt des Schuldners unbekannt ist. ²In diesem Fall soll ein Vertreter oder Angehöriger des Schuldners gehört werden.

(2) Ist der Schuldner keine natürliche Person, so gilt Absatz 1 entsprechend für die Anhörung von Personen, die zur Vertretung des Schuldners berechtigt oder an ihm beteiligt sind.

1. Anhörung

a) Zweck. Eine Anhörung des InsSchu hat in den gesetzlich bestimm- 1 ten Fällen zu erfolgen. Daneben ist dem InsSchu nach Art 103 Abs 1 GG rechtliches Gehör zu geben. Neben diesem Aspekt des Interesses des InsSchu an einer **Äußerungsmöglichkeit** ist jedoch auch das **Informationsinteresse der Verfahrensbeteiligten** zu beachten (MK-InsO/ *Ganter*, § 10 Rn 4).

b) Durchführung der Anhörung. Es genügt, wenn dem InsSchu 2 die Möglichkeit zur Stellungnahme gegeben wird, wobei dafür ein angemessener Zeitraum bestimmt werden kann (OLG Köln NZI 2000, 134, 136; HK-*Kirchhof*, § 10 Rn 4; N/R-*Becker*, § 10 Rn 8; *Maintzer* KTS 1985, 617, 619f; BVerfGE 7, 98). Die Anhörung kann schriftlich oder mündlich erfolgen (FK-*Schmerbach*, § 10 Rn 4; *Smid/Smid*, § 10 Rn 5; N/R-*Becker*, § 10 Rn 7; *Vallender*/Kölner Schrift, S 212 Rn 7; *Maintzer* KTS 1985, 617, 619).

2. Entbehrlichkeit der Anhörung

3   § 10 bezieht sich allein auf die Anhörung und nicht auf die Vernehmung des InsSchu (zB nach §§ 20, 97, 98), da diese nicht den berechtigten Interessen des InsSchu, sondern dem Informationsbedürfnis der übrigen Verfahrensbeteiligten dient (HK-*Kirchhof*, § 10 Rn 5).

4   **a) Natürliche Personen.** Die Anhörung ist nach **Abs 1 S 1** entbehrlich, wenn sich der InsSchu entweder im Ausland aufhält und durch die Anhörung eine Verfahrensverzögerung einträte oder wenn sein Aufenthalt unbekannt ist.

5   **aa) Auslandsaufenthalt, 1. Alt. (1)** Ein Auslandaufenthalt iSv § 10 liegt nicht schon bei einer Auslandsreise vor, jedenfalls dann, wenn ihre Dauer nicht ungewöhnlich lange oder der Rückkehrzeitpunkt bekannt ist (LG Frankenthal Rpfleger 1995, 37f; MK-InsO/*Ganter*, § 10 Rn 10).

(2) Verfahrensverzögerung. Die Verfahrensverzögerung ist im Vergleich zu einer im Inland durchgeführten Anhörung zu bestimmen, der absolute Verzögerungsbegriff des § 296 ZPO gilt nicht (MK-InsO/*Ganter*, § 10 Rn 12; **aA:** K/P-*Prütting*, § 10 Rn 6; H/W/W-*Hess*, § 10 Rn 9). Ist die Verzögerung **übermäßig**, so kann die Anhörung unterbleiben, dabei ist der **Nachteil der Verzögerung** gegen den **Erkenntnisvorteil für die Verfahrenbeteiligten** abzuwägen (MK-InsO/*Ganter*, § 10 Rn 12). Das InsGericht trifft hierbei eine Ermessensentscheidung (N/R-*Becker*, § 10 Rn 13). Als zeitlicher Rahmen wird angesichts der kurzen Fristen der InsO regelmäßig ein Zeitraum von einem Monat genannt (HK-*Kirchhof*, § 10 Rn 7; H/W/W-*Hess*, § 10 Rn 11; *Braun/Kießner*, § 10 Rn 9). Besonders strenge Anforderungen sind zu stellen, wenn der InsAntrag öffentlich bekannt gemacht wurde und nur deshalb dem InsSchu als zugestellt gilt (MK-InsO/*Ganter*, § 10 Rn 9). Es ist auch danach zu differenzieren, ob die Anhörung schriftlich oder mündlich erfolgen soll.

(3) Anhörung von Vertretern und Angehörigen, Abs 1 S 2. Ist die Anhörung nach S 1 entbehrlich, so ist nach S 2 ein Vertreter oder Angehöriger des InsSchu zu hören. Hiervon darf nur unter besonderen Umständen abgesehen werden, so wenn für deren Anhörung gleichfalls § 10 eingreifen würde (HK-*Kirchhof*, § 10 Rn 8).

Anhörung des Schuldners § 10

bb) Unbekannter Aufenthalt, 2. Alt. Der Aufenthalt ist unbekannt 6 iSv § 10, wenn die Amtsermittlung nach § 5 Abs 1 S 1 erfolglos geblieben ist (HK-*Kirchhof*, § 10 Rn 6; MK-InsO/*Ganter*, § 10 Rn 14). Es genügt, dass eine Anfrage beim Einwohnermeldeamt ergibt, dass der InsSchu unbekannt verzogen ist (K/P-*Prütting*, § 10 Rn 8; *Braun/Kießner*, § 10 Rn 10). Eine Verfahrensverzögerung muss nicht festgestellt werden, sie liegt dann automatisch vor (MK-InsO/*Ganter*, § 10 Rn 14).

b) Juristische Personen bzw nach § 11 gleichgestellten Personenvereinigungen. Durch Abs 2 wird die Regelung in Abs 1 erweitert. 7 Hierbei ist zu beachten, inwieweit eine gegenseitige Vertretung der Personen zB nach dem Gesellschaftsvertrag möglich ist und schon aus diesem Grund eine Anhörung entbehrlich sein kann (HK-*Kirchhof*, § 10 Rn 10; MK-InsO/*Ganter*, § 10 Rn 20). Ist die Anhörung einer dieser Personen entbehrlich, sind die anderen gleichwohl anzuhören (HK-*Kirchhof*, § 10 Rn 10). – Eine übermäßige Verzögerung soll insbes dann vorliegen, wenn die Personenvereinigung zum Zeitpunkt der Anhörung kein vertretungsberechtigtes Organ hat (HK-*Kirchhof*, § 10 Rn 10), die beteiligten Gesellschafter sind dann nicht subsidiär zu hören (OLG Köln NZI 2000, 134, 136). – Die Anhörung des aktuellen Geschäftsführers genügt, auch wenn dieser ein bloßer „Strohmann" ist, falls der frühere Geschäftsführer untergetaucht oder sich im Ausland aufhält (AG Göttingen, B. v. 09.12. 2003 – 74 IN 84/01, BeckRS 2003 10618).

2. Teil. Eröffnung des Insolvenzverfahrens. Erfaßtes Vermögen und Verfahrensbeteiligte

1. Abschnitt. Eröffnungsvoraussetzungen und Eröffnungsverfahren

§ 11 Zulässigkeit des Insolvenzverfahrens

(1) ¹Ein Insolvenzverfahren kann über das Vermögen jeder natürlichen und jeder juristischen Person eröffnet werden. ²Der nicht rechtsfähige Verein steht insoweit einer juristischen Person gleich.

(2) Ein Insolvenzverfahren kann ferner eröffnet werden:
1. über das Vermögen einer Gesellschaft ohne Rechtspersönlichkeit (offene Handelsgesellschaft, Kommanditgesellschaft, Partnerschaftsgesellschaft, Gesellschaft des Bürgerlichen Rechts, Partenreederei, Europäische wirtschaftliche Interessenvereinigung);
2. nach Maßgabe der §§ 315 bis 334 über einen Nachlass, über das Gesamtgut einer fortgesetzten Gütergemeinschaft oder über das Gesamtgut einer Gütergemeinschaft, das von den Ehegatten gemeinschaftlich verwaltet wird.

(3) Nach Auflösung einer juristischen Person oder einer Gesellschaft ohne Rechtspersönlichkeit ist die Eröffnung des Insolvenzverfahrens zulässig, solange die Verteilung des Vermögens nicht vollzogen ist.

Literatur: *Delhaes,* Kölner Schrift, S 141 ff; *Henssler,* Kölner Schrift, S 1283 ff; *Prütting,* ZIP 1997, 1725 ff;

I. Zweck der Vorschrift

1   Die Vorschrift fasst die bisher in §§ 207 ff KO geregelten Bestimmungen über die Insolvenzfähigkeit zusammen. Im Gegensatz zur KO ist jetzt – ebenso wie im Geltungsbereich der GesO – auch die GbR insolvenzfähig (K/P-*Prütting,* § 11 Rn 3 f; Uhlenbruck/*Uhlenbruck,* § 11 Rn 3; *Jaeger,* § 11 Rn 3).

II. Insolvenzfähigkeit

2   Zwingende Zulässigkeitsvoraussetzung einer Verfahrenseröffnung ist die Insolvenzfähigkeit. Hierunter wird die Fähigkeit eines Rechtssubjektes

verstanden, Gegenstand eines Insolvenzverfahrens zu sein. Die Insolvenzfähigkeit läuft **parallel zur Rechtsfähigkeit nach § 1 BGB und zur Prozessfähigkeit nach § 50 ZPO** (*Jaeger*, § 11 Rn 1). Sie ist somit die rechtliche Möglichkeit einer (juristischen oder natürlichen) Person sowie einer Gesamthand, Schuldnerin in einem Insolvenzverfahren sein zu können. Die Insolvenzfähigkeit wird auch als spezielle Beteiligtenfähigkeit im Hinblick auf ein Insolvenzverfahren bezeichnet (K/P-*Prütting*, § 11 Rn 6).

III. Insolvenzfähige Personen

Nach Abs 1 der Vorschrift ist grundsätzlich (vgl zu den Ausnahmen § 12) jede juristische und natürliche Person insolvenzfähig. Nach Abs 1 S 2 gilt dies – entsprechend § 50 ZPO – auch für den nicht rechtsfähigen Verein, selbst dann, wenn bereits sämtliche Mitglieder ausgetreten sind (HK-*Kirchhof*, § 11 Rn 12). Ein Unterschied zum alten Recht (vgl *Kilger/ K. Schmidt*, § 213 KO Anm 2b) besteht insoweit nicht. **3**

1. Natürliche Personen

Natürliche Personen waren bereits nach altem Recht konkursfähig. Neu hinzu gekommen ist nach der InsO allerdings die Möglichkeit, auch solche Personen nach Durchführung des Insolvenzverfahrens von den noch nicht beglichenen Forderungen zu befreien, was aufgrund von § 164 KO nach altem Recht nicht möglich war. Dies führte dazu, dass Eigenanträge natürlicher Personen in der Praxis so gut wie nicht vorkamen. Auch Fremdanträge erfolgten unter dem Geltungsbereich der KO nur bei gewerblich tätigen natürlichen Personen. „Verbraucherkonkurse" wurden nach altem Recht über vollstreckungsrechtliche Instrumente wie die Abgabe der eidesstattlichen Versicherung und sonstiger Vorschriften des Vollstreckungsschutzes gelöst. Die **Einführung der Verbraucherinsolvenz mit der Möglichkeit der Restschuldbefreiung** hat zu einer Vermehrung von Insolvenzeigenanträgen bei natürlichen Personen geführt. Das Verbraucherinsolvenzverfahren gemäß §§ 304 ff ist grundsätzlich bei Insolvenzschuldnern möglich, die keine selbständige wirtschaftliche Tätigkeit ausüben; ausnahmsweise ist es gemäß § 304 Abs 1 S 2 auch bei wirtschaftlich selbständig Tätigen möglich, wenn deren Vermögensverhältnisse überschaubar sind und gegen sie keine Forderungen aus Arbeitsverhältnissen bestehen (*Jaeger*, § 11 Rn 15) **4**

2. Juristische Personen

Insolvenzfähig sind die folgenden juristischen Personen: AG (§ 1 AktG), GmbH (§ 13 GmbHG), eingetragene Genossenschaften (§§ 2, 17, GenG), Vereine (§§ 22, 23 BGB), Stiftungen (§ 80 BGB). Gem. Abs 1 S 2 steht der nicht rechtsfähige Verein (§ 54 BGB) „insoweit" einer juristi- **5** schen Person gleich. Zwar werden nach § 54 BGB auf nicht rechtsfähige Vereine die Vorschriften über die GbR angewandt. Der nicht rechtsfähige Verein wäre somit bereits nach § 11 Abs 2 Nr 1 insolvenzfähig. Der Gesetzgeber der InsO wollte jedoch klarstellen, dass der nicht rechtsfähige Verein insolvenzrechtlich nicht als Gesamthand, sondern als juristische Person zu behandeln ist. Die Haftung der Vereinsmitglieder eines nicht rechtsfähigen Vereines ist nach allg Auffassung auf das Vereinsvermögen beschränkt (N/R-*Mönning*, § 11 Rn 51 mwN; *Jaeger*, § 11 Rn 36).

3. Gesellschaften ohne Rechtspersönlichkeiten

6 Nach § 11 Abs 2 Nr 1 kann das Insolvenzverfahren außerdem eröffnet werden über das Vermögen von OHG, KG, Partnerschaftsgesellschaften, GbR, Partenreedereien sowie EWIV. Hervorzuheben ist hierbei die Erwähnung der **GbR, welche nunmehr durch die InsO ausdrücklich eine eigene Insolvenzfähigkeit erhält**. Bislang musste bei einer insolventen GbR der Konkurs stets über das Vermögen der Gesellschafter stattfinden (BGH NJW 1991, 922). Nun steht den Gläubigern der Gesamthand das Gesamthandsvermögen unmittelbar zur Verfügung. Privatvermögen der Teilhaber und gesamthänderisch gebundenes Gesellschaftsvermögen sind im Rahmen der Insolvenz der Gesamthand von einander zu trennen (HK-*Kirchhof*, § 11 Rn 13, *Jaeger*, § 11 Rn 65.). Bei **reinen Innengesellschaften** ist hingegen – mangels eines Gesamthandsvermögens – eine **Insolvenzfähigkeit nicht anzunehmen** (HK-*Kirchhof*, § 11 Rn 16; MK-InsO/*Ott*, § 11 Rn 53; *Jaeger*, § 11 Rn 68). Ebenso ist die stille Gesellschaft gemäß § 230 HGB nicht insolvenzfähig, da es sich auch hierbei um eine reine Innengesellschaft handelt (*Kuhn/Uhlenbruck*, Vorbem. § 207 Anm C Rn 1). Ein Insolvenzverfahren ist hier nur über das Vermögen des Inhabers möglich (*Jaeger*, § 11 Rn 75). Die Bruchteilsgemeinschaft gemäß §§ 741 ff BGB ist ebenfalls nicht insolvenzfähig (K/P-*Prütting*, § 11 Rn 29).

4. Insolvenzfähigkeit von Sondervermögen

7 § 11 Abs 2 Nr 2 erklärt auch für bestimmte Sondervermögen die §§ 315–334 für anwendbar. Hierbei handelt es sich im Einzelnen um das Nachlassinsolvenzverfahren (§§ 315–331), das Insolvenzverfahren über das Gesamtgut einer fortgesetzten Gütergemeinschaft (§ 332) sowie das Insolvenzverfahren über das gemeinschaftlich verwaltete Gesamtgut einer Gütergemeinschaft (§§ 333 f). Auf die Einzelheiten der Sondervermögen gemäß § 11 Abs 2 Nr 2 ist bei der Kommentierung zu den §§ 315 ff näher einzugehen.

§ 12 Juristische Personen des öffentlichen Rechts

(1) Unzulässig ist das Insolvenzverfahren über das Vermögen
1. des Bundes oder eines Landes;
2. einer juristischen Person des öffentlichen Rechts, die der Aufsicht eines Landes untersteht, wenn das Landesrecht dies bestimmt.

(2) Hat ein Land nach Absatz 1 Nr. 2 das Insolvenzverfahren über das Vermögen einer juristischen Person für unzulässig erklärt, so können im Falle der Zahlungsunfähigkeit oder der Überschuldung dieser juristischen Person deren Arbeitnehmer von dem Land die Leistungen verlangen, die sie im Falle der Eröffnung eines Insolvenzverfahrens nach den Vorschriften des Dritten Buches Sozialgesetzbuch über das Insolvenzgeld von der Agentur für Arbeit und nach den Vorschriften des Gesetzes zur Verbesserung der betrieblichen Altersversorgung vom Träger der Insolvenzsicherung beanspruchen könnten.

Literatur: *Kempen*, DÖV 1988, 547; *Gundlach/Frenzel/Schmidt*, NZI 2000, 561.

I. Entstehungsgeschichte und Normzweck

1. Entstehungsgeschichte

Eine § 12 entsprechende Norm wies die KO nicht auf. Allerdings ging die bisherige Rechtspraxis bereits davon aus, dass der Bund und die Länder nicht konkursfähig sind (N/R-*Mönning*, § 12 Rn 1 ff; *Jaeger*, § 12 Rn 1). **1**

2. Normzweck

Nach der BegrRegE (*Kübler/Prütting*, S 171) dient die Regelung des § 12 dazu, die Funktionsfähigkeit der öffentlichen Verwaltung aufrechtzuerhalten. Eine Insolvenzfähigkeit von juristischen Personen des öffentlichen Rechtes wurde auch nach altem Recht in Zweifel gezogen, da es Privatrechtssubjekten verwehrt sein muss, zur Durchsetzung ihrer Ansprüche in die Erfüllung öffentlicher Aufgaben einzugreifen. Die Verwaltungs- und Verfügungsbefugnis über das Vermögen des Bundes und der Länder kann naturgemäß nicht auf einen (vorl) InsVerw übergehen (*Jaeger*, § 12 Rn 8). Die „Öffnungsklausel" des § 12 Abs 1 Nr 2 ist logische Folge dieses Normzwecks. Danach hat es das jeweilige Bundesland in der Hand, die Konkursfähigkeit einzelner juristischer Personen des öffentlichen Rechts nach eigenem pflichtgemäßen Ermessen positiv festzustellen. **2**

II. Regelungsinhalt

1. Fehlende Insolvenzfähigkeit des Staates

3   § 12 Abs 1 Nr 1 nimmt die staatlichen Körperschaften aus dem Geltungsbereich der InsO heraus und spricht damit eine Selbstverständlichkeit aus: Der Staat ist nicht insolvenzfähig. Die Insolvenz des Bundes würde sich im Staatsbankrott ausdrücken; dies ist jedoch kein reguläres Insolvenzverfahren (*Jaeger*, § 12 Rn 9).

2. Insolvenzfähigkeit juristischer Personen des öffentlichen Rechts

4   § 12 Abs 1 Nr 2 geht hingegen von einer grundsätzlichen Anwendbarkeit der InsO für alle anderen juristischen Personen des öffentlichen Rechts aus. Er gibt **dem Landesgesetzgeber allerdings die Möglichkeit**, bestimmte juristische Personen des öffentlichen Rechtes aus dem Geltungsbereich der InsO herauszunehmen. Die Bundesländer haben von dieser Ermächtigung in unterschiedlichem Umfang Gebrauch gemacht (vgl die Auflistung in K/P-*Prütting*, § 12 Rn 4 sowie MK-InsO/*Ott*, § 12 Rn 23). Abs 2 der Vorschrift enthält die zwingende Rechtsfolge für die Herausnahme der juristischen Person des öffentlichen Rechtes aus der Insolvenzfähigkeit, nämlich **eine partielle Ausfallhaftung des jeweiligen Landes für Ansprüche der Arbeitnehmer auf Insolvenzgeld**. Sämtliche Gemeindeordnungen der Länder enthalten Regelungen, nach denen den Gemeinden die Insolvenzfähigkeit fehlt. Diese Regelung ist sachgerecht; die Aufnahme einer entsprechenden Bestimmung in die InsO war jedoch aufgrund der fehlenden Gesetzgebungskompetenz des Bundes nicht möglich. Nicht insolvenzfähig sind auch kommunale Eigenbetriebe (*Jaeger*, § 12 Rn 12).

§ 13 Eröffnungsantrag

(1) [1]**Das Insolvenzverfahren wird nur auf Antrag eröffnet.** [2]**Antragsberechtigt sind die Gläubiger und der Schuldner.**

(2) **Der Antrag kann zurückgenommen werden, bis das Insolvenzverfahren eröffnet oder der Antrag rechtskräftig abgewiesen ist.**

Literatur: Drukarczyk/*Schüler*, Kölner Schrift, S 95 ff; *Pape,* NZI 2002, S 186 ff.

§ 13 Eröffnungsantrag

I. Entstehungsgeschichte und Normzweck

1. Entstehungsgeschichte

Die Norm entspricht weitgehend der bisherigen Rechtslage. Sowohl nach § 103 Abs 1 KO und § 2 Abs 1 S 1 VglO als auch nach § 2 Abs 1 S 1 GesO wurde das jeweilige Verfahren nur auf Antrag eröffnet. Abs 2 der Vorschrift normiert den Rechtszustand vor In-Kraft-Treten der InsO (Ausnahme: § 2 Abs 2 VglO). 1

2. Normzweck

Der auch bislang im deutschen Insolvenzrecht geltende Antragsgrundsatz wird auch in der InsO beibehalten. Ein Insolvenzverfahren mit den damit verbundenen starken Beeinträchtigungen des Schuldners wird nicht von Amts wegen, sondern nur auf Antrag des Schuldners oder eines Gläubigers in Gang gesetzt. 2

II. Regelungsinhalt

1. Fremdantrag

a) **Allgemeines.** Antragsberechtigt sind nach § 13 Abs 1 „die Gläubiger". Eine Beschränkung der Antragsberechtigung entsprechend § 103 Abs 2 KO auf Konkursgläubiger und die in § 59 Abs 1 Nr 3 KO genannten Massegläubiger (Arbeitnehmer) kennt die InsO nicht (*Jaeger*, § 13 Rn 4). Allerdings ist für einen Gläubigerantrag ein rechtliches Interesse des Gläubigers an der Eröffnung des Insolvenzverfahrens erforderlich, vgl unten § 14. Für die **antragsberechtigten Gläubiger besteht keine Verpflichtung**, bei Vorliegen bestimmter Tatbestandsvoraussetzungen einen Insolvenzantrag zu stellen. 3

b) **Verbraucherinsolvenzverfahren.** Sofern das in Betracht kommende Insolvenzverfahren eine Verbraucherinsolvenz iSv §§ 304 ff ist, hat das InsGericht nach § 306 Abs 3 S 1 bei Vorliegen eines Fremdantrages vor Entscheidung über die Öffnung dem Schuldner **Gelegenheit zu geben, Eigenantrag zu stellen**. Bei einem Verbraucherinsolvenzverfahren hat der Schuldner eine Reihe besonderer Verfahrensvoraussetzungen zu beachten. Er hat insbes einen – erfolglosen – außergerichtlichen Einigungsversuch zu unternehmen und dem Gericht hierüber eine Bescheinigung gemäß § 305 Abs 1 Nr 1 vorzulegen (s. u. §§ 305 ff). Aus der Vorschrift des § 306 Abs 3 S 1 wird teilweise der Schluss gezogen, dass es dem Schuldner freistehe, bei Vorliegen der Voraussetzungen eines Verbraucherinsolvenzverfahrens einen Eigenantrag zu stellen, wenn zuvor ein Fremdantrag gestellt worden ist. Nach der mittlerweile vorherrschenden Auffassung ist eine solche Vorgehensweise nicht möglich, da hierdurch 4 eine den Schuldner ungerechtfertigt bevorzugende Abkürzung des Verbraucherinsolvenzverfahrens möglich wäre (vgl unten § 306 Rn 6).

2. Eigenantrag

5 **a) Antragsberechtigung. aa) Regelinsolvenzverfahren.** Im Regelinsolvenzverfahren ist der Schuldner antragsberechtigt, sofern einer der Eröffnungsgründe gemäß §§ 16 ff vorliegt. Neben den bereits nach altem Recht bestehenden Eröffnungsgründen der Zahlungsunfähigkeit, § 17, und der Überschuldung, § 19, wurde gemäß § 18 der Insolvenzgrund der drohenden Zahlungsunfähigkeit in die InsO aufgenommen. Dieser Insolvenzgrund gilt ausschließlich für den Eigenantrag des Schuldners. Die drohende Zahlungsunfähigkeit gibt dem Schuldner das **Recht**, eine Insolvenz zu beantragen; der Schuldner ist jedoch in diesem Falle hierzu nicht verpflichtet.

6 **bb) Verbraucherinsolvenzverfahren.** Die Voraussetzungen für die Stellung eines Eigenantrages auf Eröffnung eines Verbraucherinsolvenzverfahrens ergeben sich aus § 305 Abs 1. Während im Regelinsolvenzverfahren an die Stellung des Insolvenzantrages geringe Voraussetzungen geknüpft sind, sieht **§ 305 eine Fülle von formellen Voraussetzungen** für die Stellung eines Antrages im Verbraucherinsolvenzverfahren vor. Die Aufklärungslast über die Vermögensverhältnisse liegt im Regelinsolvenzverfahren vornehmlich beim Gericht und dem durch dieses beauftragten Gutachter/vorl InsVerw. Der zur Entlastung der Gerichte eingeführte § 305 InsO belastet den Verbraucher mit erheblichen Voraussetzungen, bevor ein Verbraucherinsolvenzverfahren mit dem endgültigen Ziel der Restschuldbefreiung überhaupt erst in Gang gesetzt werden kann.

7 **b) Antragspflicht.** Der Schuldner kann bei Vorliegen bestimmter Voraussetzungen verpflichtet sein, einen Insolvenzantrag zu stellen. Die Antragspflicht ergibt sich hierbei nicht unmittelbar aus der InsO, sondern aus spezialgesetzlichen Vorschriften außerhalb der InsO. Als Faustformel gilt hierbei, dass eine Insolvenzantragspflicht grundsätzlich nur dann besteht, **wenn der Schuldner eine juristische Person** ist (zB § 92 Abs 2 AktG für die AG, § 64 GmbHG für die GmbH) **oder aus anderen Gründen allseits beschränkt haftet** (so etwa bei Handelsgesellschaften, bei der keine natürliche Person unbeschränkt haftet, § 130a Abs 1 HGB iVm § 161 Abs 2 HGB für die **GmbH & Co KG**). Sofern eine Antragspflicht besteht, führt ein Verstoß gegen diese nicht dazu, dass ein entsprechendes Verfahren von Amts wegen eröffnet werden könnte. Vielmehr entsteht einerseits u. U. eine strafrechtliche Verantwortung des jeweils antragsverpflichteten Organs (z. B. für den Geschäftsführer einer GmbH nach § 84 GmbHG), andererseits kann der Verstoß gegen die Antrags-

Eröffnungsantrag **§ 13**

pflicht zu einem Schadensersatzanspruch der durch die verspätete Antragstellung geschädigten Gläubiger gemäß § 823 Abs 2 BGB (BGHZ 104, 64; 126, 190 ff) führen.

c) Auswirkungen des Eröffnungsantrages. Obwohl ein Eröffnungsantrag noch nicht zur Eröffnung des Insolvenzverfahrens führt, zieht bereits der Antrag automatisch eine Fülle von Rechtswirkungen nach sich. So stellen etwa die **Anfechtungsvorschriften** der §§ 129 ff wegen der dort geltenden Fristen durchgehend auf den Zeitpunkt der Antragstellung ab. Auch die **„Rückschlagsperre"** nach § 88 InsO berechnet sich nach dem Insolvenzantrag. 8

3. Antragsrücknahme

Nach Abs 2 kann der Eröffnungsantrag – Eigen- sowie Fremdantrag – zurückgenommen werden, bis das Insolvenzverfahren eröffnet oder der Antrag rechtskräftig abgewiesen worden ist. 9

a) Regelinsolvenzverfahren. Im Regelinsolvenzverfahren sind bezüglich der Antragsrücknahme keine Besonderheiten zu beachten. Die Antragsrücknahme ist **bis zur Eröffnung des Verfahrens** sowie bis zur rechtskräftigen Abweisung des Antrages (etwa mangels Masse) problemlos möglich. Zu den Folgen der Antragsrücknahme s. u. c). Die Rücknahme ist als **Prozesshandlung nur unbedingt und vollumfänglich** möglich. Eine Zustimmung des Schuldners ist nicht erforderlich (FK-*Schmerbach*, § 13 Rn 16; *Jaeger*, § 13 Rn 45). Auch nach Verfahrensabweisung kann der Antrag noch so lange zurückgenommen werden, bis der Abweisungsbeschluss rechtskräftig geworden ist. Eine solche Antragsrücknahme seitens des Schuldners kann u. U. aufgrund der negativen Folgen einer Verfahrensabweisung mangels Masse ratsam sein. 10

b) Verbraucherinsolvenzverfahren. Auch im Verbraucherinsolvenzverfahren kann der Verbraucher seinen Antrag gemäß § 13 Abs 2 unter den dort genannten Voraussetzungen zurücknehmen. Zusätzlich fingiert § 305 Abs 3 S 2 die Antragsrücknahme, wenn der Schuldner die in § 305 Abs 1 aufgeführten Erklärungen und Unterlagen nach Aufforderung durch das Gericht nicht binnen eines Monats nachreicht. Auch diese Vorschrift ist Ausdruck der Tendenz der §§ 304 ff, die Gerichte von und in Zusammenhang mit Verbraucherinsolvenzverfahren zu entlasten. 11

c) Kostentragungspflicht. Gem. § 4 InsO iVm **§ 269 Abs 3 ZPO** hat eine Antragsrücknahme in jedem Fall zur Folge, dass der Antragsteller die Kosten des Verfahrens zu tragen hat. Die Antragsrücknahme sollte daher wohl erwogen werden. In der Praxis erfolgt die Rücknahme eines Gläubigerantrages häufig aufgrund von (Teil-) Zahlungen seitens des sich in der Krise befindlichen Unternehmens. Abzahlungsvereinbarungen mit 12 dem Schuldner zur Abwendung eines Insolvenzverfahrens sollten daher immer die durch das Insolvenzverfahren entstehenden Kosten berücksichtigen. Erfüllt der Schuldner nach Stellung des Antrages die Verbindlichkeit des beantragenden Gläubigers, so führt dies zur – nachträglichen – Unzulässigkeit des Antrages (FK-*Schmerbach* § 13 Rn 100; *Jaeger*, § 13 Rn 51). Zur Vermeidung der Rechtsfolge des § 269 Abs 3 ZPO ist dem Gläubiger in einem solchen Fall zu empfehlen, eine **(einseitige) Erledigungserklärung** abzugeben, so dass das Gericht gemäß § 91a ZPO (analog) über die Kostentragungspflicht zu entscheiden hat (MK-InsO/ *Schmahl*, § 13 Rn 111; *Jaeger*, § 13 Rn 49). Die – ein- oder beidseitige – Erledigungserklärung kann nur bis zum Zeitpunkt des Wirksamwerdens des Eröffnungsbeschlusses oder der Rechtskraft des abweisenden Beschlusses erfolgen (*Jaeger*, § 13 Rn 50).

13 d) **Anfechtung von Rechtshandlungen.** Bei der Rücknahme des Gläubigerantrages sind außerdem die Anfechtungsvorschriften der §§ 129 ff zu beachten. Bei einer Antragsrücknahme nach erfolgter Befriedigung durch den Schuldner liegt eine Anfechtungssituation häufig nahe. Stellt nach Antragsrücknahme ein weiterer Gläubiger innerhalb der Fristen der §§ 130, 131 einen weiteren Gläubigerantrag, so wird die Zahlung zur Abwehr des ersten Gläubigerantrages häufig der Insolvenzanfechtung unterliegen.

§ 14 Antrag eines Gläubigers

(1) Der Antrag eines Gläubigers ist zulässig, wenn der Gläubiger ein rechtliches Interesse an der Eröffnung des Insolvenzverfahrens hat und seine Forderung und den Eröffnungsgrund glaubhaft macht.

(2) Ist der Antrag zulässig, so hat das Insolvenzgericht den Schuldner zu hören.

Literatur: *Delhaes*, Kölner Schrift, S 1141 ff; *Schmahl*, NZI 2002, S 177 ff.

I. Entstehungsgeschichte und Normzweck

1. Entstehungsgeschichte

1 Die Vorschrift entspricht weitgehend § 105 Abs 1 und Abs 2 KO. Abs 1 wurde erweitert um das Erfordernis des rechtlichen Interesses des Gläubigers an der Eröffnung des Insolvenzverfahrens; letzteres war jedoch nach allg Auffassung (*Kilger/K. Schmidt*, 17. Aufl, § 105 KO Anm 2 mwN) bereits ungeschriebenes Tatbestandsmerkmal des § 105 Abs 1 KO.

2. Normzweck

Aus der Zusammenschau mit § 13 Abs 1 S 2 ergibt sich, dass – anders als nach altem Recht – grundsätzlich jeder Gläubiger antragsberechtigt ist, der seine Forderung und den Eröffnungsgrund glaubhaft machen kann. Das Erfordernis des **rechtlichen Interesses** schließt etwa solche Gläubiger aus, die in Bezug auf ihre Forderung ausreichend gesichert sind. Abs 2 der Vorschrift berücksichtigt den verfassungsmäßigen Aspekt des rechtlichen Gehörs (Art. 103 Abs 1 GG).

II. Regelungsinhalt

1. Forderung des Gläubigers

Antragsvoraussetzung ist eine Forderung des Gläubigers gegen den Schuldner. Die Forderung kann im Hinblick auf §§ 41, 42 bedingt oder betagt sein, gemäß §§ 77 Abs 3 Nr 1, 191 können **auch aufschiebend bedingte Forderungen** berücksichtigt werden (HK-*Kirchhof*, § 14 Rn 6; N/R-*Mönning*, § 14 Rn 9). Auch auf die Forderungshöhe kommt es grundsätzlich nicht an (*Mönning* aaO Rn 13; *Jaeger*, § 14 Rn 9). Bei minimalen Forderungen kann es jedoch ggf. an einem rechtlichen Interesse fehlen (s. u. 3.).

2. Eröffnungsgrund

Als Eröffnungsgründe für einen Gläubigerantrag kommen nur in Betracht die Zahlungsunfähigkeit nach § 17 und die Überschuldung nach § 19. Der Eröffnungsgrund der drohenden Zahlungsunfähigkeit, § 18, kann nur bei Eigenanträgen ins Feld geführt werden. Bei einer lediglich drohenden Zahlungsunfähigkeit dürfte es außerdem regelmäßig am rechtlichen Interesse des Gläubigers an der Eröffnung des Verfahrens fehlen. Ebenso wie das Bestehen der Forderung muss der Gläubiger den Eröffnungsgrund schlüssig darlegen. Da einem Gläubiger regelmäßig Einblicke in die Geschäftsunterlagen des Schuldners verwehrt sind, muss sich die Darlegung des Eröffnungsgrundes auf Indizien beschränken (FK-*Schmerbach*, § 14 Rn 70). Unterschiedliche Auffassungen werden vertreten zu der Frage, welche Anforderungen an die Glaubhaftmachung der Forderung zu stellen sind. Aufgrund der weitgehenden Eingriffsmöglichkeiten im Insolvenzeröffnungsverfahren muss das Gericht jedenfalls ausschließen, dass der Insolvenzantrag missbräuchlich gestellt wird. **Sofern der Gläubiger nicht in der Lage ist, einen erfolglosen Vollstreckungsversuch aus einem titulierten Anspruch darzulegen**, wird das InsGericht **vor der Anordnung von Sicherungsmaßnahmen** in jedem Fall den **Schuldner anhören** müssen (*Schmerbach* aaO).

3. Glaubhaftmachung

5   **a) Umfang der Glaubhaftmachung.** Aufgrund des Wortlautes von Abs 1 bezieht sich das Erfordernis der Glaubhaftmachung (§ 294 ZPO) auf die Forderung und den Eröffnungsgrund. Allerdings wird vielfach vertreten, dass auch die weiteren Voraussetzungen der Antragsberechtigung glaubhaft zu machen sind (N/R-*Mönning*, § 14 Rn 32). Jedoch dürfte es ausreichen, dass der Gläubiger seine Antragsberechtigung sowie sein rechtliches Interesse an der Eröffnung des Verfahrens zunächst nur schlüssig darlegt (FK-*Schmerbach*, § 14 Rn 50; *Jaeger*, § 14 Rn 17ff, 26f). Erst wenn im Zuge der Anhörung des Schuldners dieser die Antragsberechtigung oder das rechtliche Interesse bestreitet, wird man vom Gläubiger auch insoweit eine Glaubhaftmachung gemäß § 294 ZPO verlangen können (*Jaeger*, § 14 Rn 27).

6   **b) Mittel der Glaubhaftmachung.** Zulässig sind gemäß § 4 iVm § 294 ZPO alle präsenten Beweismittel (also Vertragsunterlagen, Rechnungskopien und dergleichen). Soweit schriftliche Unterlagen fehlen, steht dem Gläubiger zur Glaubhaftmachung die Versicherung an Eides statt zu. Kann der Gläubiger für seine Forderung einen Titel vorlegen, ist eine weitergehende Glaubhaftmachung regelmäßig entbehrlich (HK-*Kirchhof*, § 14 Rn 10).

4. Anhörung des Schuldners, Gegenglaubhaftmachung

7   **a) Anhörung des Schuldners.** Wenn das Gericht den Antrag für zulässig hält, hat es den betroffenen Schuldner gemäß Abs 2 anzuhören. Dies gilt auch dann, wenn der Insolvenzantrag nach § 26 mangels Masse abgewiesen werden soll (HK-*Kirchhof*, § 14 Rn 24; *Jaeger*, § 14 Rn 32). Anzuhören sind alle in § 15 aufgeführten Personen. In der Praxis wird die Anhörung des Schuldners häufig parallel mit der Benennung eines Gutachters einhergehen. Dies kann zur Folge haben, dass der Gutachter bereits seine Arbeit aufnimmt, bevor dem **Schuldner Gelegenheit gegeben wurde, sich zu den einzelnen Zulässigkeitsvoraussetzungen gemäß § 14 Abs 1 zu äußern**. Eine Beauftragung des Sachverständigen sollte daher nur in dringenden Fällen vor Ablauf der Frist zur Stellungnahme auf den Insolvenzantrag erfolgen (beachte aber die Ausnahmen gemäß § 10). Auch sonstige Sicherungsmaßnahmen gemäß §§ 21, 22 sollten vom Gericht nur bei Gefahr im Verzuge vor einer Stellungnahme des Schuldners angeordnet werden.

8   **b) Gegenglaubhaftmachung.** Im Rahmen der Anhörung nach § 14 Abs 2 steht dem Schuldner die Möglichkeit zu, sich zum Eröffnungsantrag zu äußern. Sofern der Schuldner dem Antrag entgegen tritt, wandelt sich das vom Amtsermittlungsgrundsatz geleitete Verfahren in ein sog. quasi-streitiges Verfahren um. Im Zuge dieses Verfahrens hat der Schuldner die Möglichkeit, das **fehlende Vorhandensein der Forderungen bzw des Eröffnungsgrundes glaubhaft** zu machen. Eine erfolgreiche Gegenglaubhaftmachung führt dazu, den Antrag als unzulässig abzuweisen (MK-InsO/*Schmahl*, § 14 Rn 20; FK-*Schmerbach*, § 14 Rn 109). Neben dem quasi-streitigen Verfahren wird regelmäßig die Amtsermittlung unter Zuhilfenahme eines Sachverständigen fortgesetzt. Die Ermittlungen des Sachverständigen können dem Gericht bei der Entscheidungsfindung über das quasi-streitige Verfahren helfen.

5. Rechtliches Interesse an der Eröffnung des Verfahrens

Bereits nach altem Recht verlangten Rechtsprechung und Literatur das Vorliegen eines rechtlichen Interesses des Gläubigers an der Eröffnung des Verfahrens. Hierdurch sollen **missbräuchliche Insolvenzanträge vermieden** werden. In der Praxis werden Gläubigeranträge häufig aus „insolvenzfremden" Gründen gestellt, etwa zur zwangsweisen Durchsetzung von Zahlungsansprüchen oder auch zur Vermeidung eines Zivilprozesses (vgl die Beispiele bei N/R-*Mönning*, § 14 Rn 16ff). Stellt ein Gläubiger einen Insolvenzantrag zur Durchsetzung seiner Forderung, kann eine daraufhin erfolgte Zahlung seitens des Schuldners uU der Insolvenzanfechtung nach §§ 129ff unterliegen. Sofern das rechtliche Interesse des Gläubigers zweifelhaft ist, sollte das Gericht eine Anordnung von Sicherungsrechten nur nach erfolgter Anhörung des Schuldners vornehmen.

9

§ 15 Antragsrecht bei juristischen Personen und Gesellschaften ohne Rechtspersönlichkeit

(1) **Zum Antrag auf Eröffnung eines Insolvenzverfahrens über das Vermögen einer juristischen Person oder einer Gesellschaft ohne Rechtspersönlichkeit ist außer den Gläubigern jedes Mitglied des Vertretungsorgans, bei einer Gesellschaft ohne Rechtspersönlichkeit oder bei einer Kommanditgesellschaft auf Aktien jeder persönlich haftende Gesellschafter, sowie jeder Abwickler berechtigt.**

(2) ¹**Wird der Antrag nicht von allen Mitgliedern des Vertretungsorgans, allen persönlich haftenden Gesellschaftern oder allen Abwicklern gestellt, so ist er zulässig, wenn der Eröffnungsgrund glaubhaft gemacht wird.** ²**Das Insolvenzgericht hat die übrigen Mitglieder des Vertretungsorgans, persönlich haftenden Gesellschafter oder Abwickler zu hören.**

(3) ¹**Ist bei einer Gesellschaft ohne Rechtspersönlichkeit kein persönlich haftender Gesellschafter eine natürliche Person, so gelten die Absätze 1 und 2 entsprechend für die organschaftlichen**

Vertreter und die Abwickler der zur Vertretung der Gesellschaft ermächtigten Gesellschafter. ²Entsprechendes gilt, wenn sich die Verbindung von Gesellschaften in dieser Art fortsetzt.

Literatur: *Götker,* Der Geschäftsführer in der Insolvenz der GmbH, Köln, 1999; *Henssler,* Kölner Schrift, S 1283 ff.

I. Allgemeines

1   Die Vorschrift fasst die Bestimmungen der §§ 208, 210, 213, 236, 236a KO, § 63 Abs 2 GmbHG, § 100 GenG sowie § 111 Nr 1 VglO zusammen. Eine inhaltliche Abweichung zum bisherigen Recht enthält die Regelung nicht. Sie korrespondiert teilweise mit den spezialgesetzlichen Normen, welche eine Antragspflicht aufstellen (zB § 64 GmbHG). Die Antragsberechtigung nach § 15 geht jedoch deutlich weiter als die Antragspflicht nach den spezialgesetzlichen Vorschriften.

II. Regelungsinhalt

1. Antragsberechtigte bei juristischen Personen

2   Abs 1 der Vorschrift normiert die Selbstverständlichkeit, dass bei einer juristischen Person ein Eigenantrag (nur) von den Mitgliedern des Vertretungsorganes gestellt werden kann. Nach dem Wortlaut der Vorschrift kann **jedes Mitglied des Vertretungsorganes den Antrag stellen.** Dabei kommt es nicht darauf an, ob dem jeweiligen Mitglied eine Einzelvertretungsberechtigung der juristischen Person zusteht (N/R-*Mönning*, § 15 Rn 16; MK-InsO/*Schmahl*, § 15 Rn 48; Uhlenbruck/*Uhlenbruck*, § 15 Rn 2; *Jaeger*, § 15 Rn 6). Abs 2 sieht für den Fall, dass der Antrag **nicht von allen Mitgliedern des Vertretungsorganes gestellt wird, die Verpflichtung des InsGericht vor, die übrigen Mitglieder des Vertretungsorganes anzuhören.** Probleme stellen sich dann ein, wenn innerhalb des Vertretungsorganes zur Frage des Vorliegens eines Insolvenzgrundes unterschiedliche Auffassungen vorherrschen. Sofern das den Insolvenzantrag stellende Mitglied des Vertretungsorganes den Insolvenzgrund glaubhaft gemacht hat, wird das Gericht den Antrag zunächst zulassen. Im Rahmen der Anhörung der übrigen Mitglieder des Vertretungsorganes steht diesen die Möglichkeit zur Gegenglaubhaftmachung offen. Es findet ein **sog. quasi-streitiges Verfahren** statt. Dieses quasi-streitige Verfahren kann, wenn das InsGericht zwischenzeitlich einen Gutachter eingesetzt hat, faktisch durch die zu Tage tretenden Vermögensverhältnisse des Schuldners „überholt" werden.

Antragsrecht bei juristischen Personen und Gesellschaften § 15

2. Antragsberechtigung bei Gesellschaften ohne Rechtspersönlichkeit

Bei der GbR, der OHG sowie der KG steht das Antragsrecht allen persönlich haftenden Gesellschaftern (bei der GbR somit allen Gesellschaftern) zu. Gleiches gilt bei der KGaA (vgl § 278 Abs 2 AktG). Nach Abs 3 der Vorschrift steht das Antragsrecht bei Gesellschaften ohne Rechtspersönlichkeit, bei denen kein persönlich haftender Gesellschafter eine natürliche Person ist, wiederum **allen** organschaftlichen Vertretern zu. Abs 3 normiert für die häufig vorkommenden Fälle der GmbH & Co KG die Selbstverständlichkeit, dass die Vertretungsorgane des persönlich haftenden Gesellschafters (hier die Geschäftsführer der Komplementär-GmbH) antragsberechtigt sind. Ebenso wie bei den juristischen Personen steht die Antragsberechtigung allen Mitgliedern des Vertretungsorganes und nicht nur den einzelvertretungsberechtigten organschaftlichen Vertretern zu (*Jaeger*, § 15 Rn 39).

III. Problematische Einzelfälle

1. Fehlen eines organschaftlichen Vertreters

Probleme ergeben sich, wenn zwar die Voraussetzungen zur Stellung eines Insolvenzantrages vorliegen, die zur Stellung eines Insolvenzantrages berechtigten Personen jedoch nicht zur Verfügung stehen. Dies ist insbes dann der Fall, wenn sämtliche Mitglieder des Vertretungsorganes einer juristischen Person ihr **Amt niedergelegt** haben oder abberufen worden sind. In einem solchen Fall kann erst nach erfolgloser Aufforderung des für die Bestellung eines neuen Vertretungsorganes zuständigen Organs von Seiten des Registergerichtes ein **Notgeschäftsführer** bestellt werden (FK-*Schmerbach*, § 15 Rn 17).

2. Fehlerhafte Bestellung eines Geschäftsführers

Für die Antragsberechtigung ist in erster Linie abzustellen auf ein wirksam bestelltes Mitglied des Vertretungsorganes. Sofern der Bestellungsakt unter so erheblichen Mängeln leidet, dass er als nichtig angesehen werden muss, ist das „fehlerhafte" Vertretungsorgan zur Stellung des Insolvenzantrages zunächst nicht befugt. Sofern allerdings das Vertretungsorgan ordnungsgemäß im Handelsregister eingetragen ist, gilt die **Vermutung des § 15 Abs 1 HGB**. Das fehlerhaft bestellte Organ kann somit wirksam Insolvenzantrag stellen (MK-InsO/*Schmahl*, § 15 Rn 42; *Jaeger*, § 15 Rn 37).

§ 16 Eröffnungsgrund

Die Eröffnung des Insolvenzverfahrens setzt voraus, dass ein Eröffnungsgrund gegeben ist.

Literatur: *Niesert*, ZInsO 2002, S 356.

Die Vorschrift hat lediglich deklaratorischen Charakter. Sie steht in Beziehung zu den nachfolgenden Vorschriften der §§ 17 bis 19, welche den nach § 16 erforderlichen Eröffnungsgrund näher definieren.

§ 17 Zahlungsunfähigkeit

(1) Allgemeiner Eröffnungsgrund ist die Zahlungsunfähigkeit.

(2) [1]Der Schuldner ist zahlungsunfähig, wenn er nicht in der Lage ist, die fälligen Zahlungspflichten zu erfüllen. [2]Zahlungsunfähigkeit ist in der Regel anzunehmen, wenn der Schuldner seine Zahlungen eingestellt hat.

Literatur: *Kirchhof,* Kölner Schrift, S 285 ff.

1. Allgemeines

1   Die Vorschrift geht auf § 102 KO zurück. In Ergänzung zum alten Recht enthält § 17 Abs 2 eine weitergehende Definition der Zahlungsunfähigkeit. Abs 2 S 2 entspricht wörtlich § 102 Abs 2 KO. § 17 Abs 1 bezeichnet die Zahlungsunfähigkeit zu Recht als „allgemeinen Eröffnungsgrund". Dies bedeutet, dass die Zahlungsunfähigkeit für jede insolvenzfähige Vermögensmasse ausreichender Insolvenzgrund ist.

2. Definition der Zahlungsunfähigkeit

2   Abs 2 S 1 enthält die gesetzliche Definition des Eröffnungsgrundes der Zahlungsunfähigkeit nach Abs 1. Die Definition der Zahlungsunfähigkeit stellt (lediglich) ab auf die Fähigkeit, die fälligen Zahlungspflichten zu erfüllen. Dies bedeutet im Vergleich zur Definition der Zahlungsunfähigkeit nach der bisher hM eine erhebliche Verschärfung. Bislang wurden zur Feststellung der Zahlungsunfähigkeit nur die fälligen und **ernstlich eingeforderten** Verbindlichkeiten berücksichtigt (BGH ZIP 1995, 929, 930). Allerdings wurde auch für das alte Recht in der Literatur bereits die Auffassung vertreten, dass das ernsthafte Einfordern kein geeignetes Kriterium für die Feststellung der Zahlungsunfähigkeit sein konnte. Abgestellt **wird auf die Liquidität des Schuldners zum jeweiligen Zeitpunkt** (N/R-*Mönning*, § 17 Rn 14; MK-InsO/*Eilenberger*, § 17 Rn 10, 12; **aA:** Uhlenbruck/*Uhlenbruck*, § 17 Rn 6) während nach bisherigem Recht eine dauerhafte Zahlungsunfähigkeit gefordert wurde (*Kuhn/Uhlenbruck*, § 102 KO Rn 2b). Es entspricht der hM, dass eine geringe Liquiditätslücke nicht unter § 17 fällt

(BGH NZI 2005, 547; FK-*Schmerbach*, § 17 Rn 19 ff; N/R-*Mönning*, § 17 Rn 16; einschränkend MK-InsO/*Eilenberger*, § 17 Rn 15; *Jaeger*, § 17 Rn 20 ff). Gleiches gilt für die ebenfalls unschädliche sog. vorübergehende Zahlungsstockung (FK-*Schmerbach*, § 17 Rn 16 ff; *Jaeger*, § 17 Rn 23). Die Zahlungsunfähigkeit wird festgestellt durch eine Gegenüberstellung der aktuellen fälligen Verbindlichkeiten und den liquiden Mitteln des Schuldners (ausf. MK-InsO/*Eilenberger*, § 17 Rn 15 ff; *Jaeger*, § 17 Rn 19). Dabei dürfen auch solche Vermögensgegenstände mit Zerschlagungswerten berücksichtigt werden, welche kurzfristig liquidiert werden können. Es ist auf eine Zeit**raum**illiquidität abzustellen (*Uhlenbruck* aaO Rn 8 mwN). Der maßgebliche Zeitraum ist bei 2 bis 4 Wochen anzusiedeln (BGH NZI 2005, 547, 2002, 34; *Jaeger*, § 17 Rn 25).

3. Zahlungseinstellung

Abs 2 S 2 stellt klar, dass die Zahlungseinstellung durch den Schuldner ein – widerlegliches – Indiz für dessen Zahlungsunfähigkeit ist. Durch die Einstellung der Zahlung wird die Zahlungsunfähigkeit nach außen hin manifestiert (*Jaeger*, § 17 Rn 28). Regelmäßig geht die Zahlungsunfähigkeit der Zahlungseinstellung bereits zeitlich weit voraus, da zahlungsunfähige Unternehmen dazu neigen, die drängendsten Gläubiger zuerst zu befriedigen.

§ 18 Drohende Zahlungsunfähigkeit

(1) Beantragt der Schuldner die Eröffnung des Insolvenzverfahrens, so ist auch die drohende Zahlungsunfähigkeit Eröffnungsgrund.

(2) Der Schuldner droht zahlungsunfähig zu werden, wenn er voraussichtlich nicht in der Lage sein wird, die bestehenden Zahlungspflichten im Zeitpunkt der Fälligkeit zu erfüllen.

(3) Wird bei einer juristischen Person oder einer Gesellschaft ohne Rechtspersönlichkeit der Antrag nicht von allen Mitgliedern des Vertretungsorgans, allen persönlich haftenden Gesellschaftern oder allen Abwicklern gestellt, so ist Absatz 1 nur anzuwenden, wenn der oder die Antragsteller zur Vertretung der juristischen Person oder der Gesellschaft berechtigt sind.

Literatur: *Röhm*, NZI 2002, S 134 ff.

I. Entstehungsgeschichte und Normzweck

1. Entstehungsgeschichte

Der Insolvenzgrund der drohenden Zahlungsunfähigkeit wurde durch die InsO erstmalig in das deutsche Recht eingeführt.

§ 18 2. Teil. Eröffnung des Insolvenzverfahrens

2. Normzweck

2 Die Möglichkeit des Gläubigers, schon bei drohender Zahlungsunfähigkeit einen Insolvenzantrag zu stellen, steht im Zusammenhang mit zahlreichen weiteren Instrumenten, die es einem sich in der Krise befindlichen Unternehmen **ermöglichen sollen, mittels eines Insolvenzverfahrens eine Sanierung zu erreichen** (zu nennen sind in diesem Zusammenhang InsPlan und Eigenverwaltung). Die „Innenlösung" (*Braun/Kind*, § 18 Rn 1; *Jaeger*, § 18 Rn 2) wird als „Kernstück" der Insolvenzrechtsreform bezeichnet (N/R-*Mönning*, § 18 Rn 9). Zwar ist nicht zu leugnen, dass der im Vorfeld der Insolvenz liegende Eröffnungsgrund den gefährdeten Unternehmen eine Sanierungschance gewährt (MK-InsO/*Drukarczyk*, § 18 Rn 3; Uhlenbruck/*Uhlenbruck*, § 18 Rn 1; *Jaeger*, § 18 Rn 1). Allerdings haftet der Insolvenz immer noch ein Makel an, so dass viele Unternehmen aus Imagegründen auf eine sich anbietende vorzeitige Antragstellung verzichten werden. Ob die Zielsetzung des Gesetzgebers mittelfristig erreicht wird, kann zum jetzigen Zeitpunkt noch nicht festgestellt werden (*Jaeger*, § 18 Rn 23 ff).

II. Regelungsinhalt

1. Schuldnerantrag

3 Der Insolvenzgrund der drohenden Zahlungsunfähigkeit kommt nach Abs 1 nur beim Eigenantrag des Schuldners in Betracht. Er gewinnt besondere Bedeutung bei natürlichen Personen, die einen Eröffnungsantrag nicht auf eine Überschuldung nach § 19 InsO stützen können (HK-*Kirchhof*, § 18 Rn 3).

2. Definition der drohenden Zahlungsunfähigkeit

4 **a) Inhalt der Prognose.** Nach Abs 2 wird für die Feststellung der drohenden Zahlungsunfähigkeit eine Prognose für die Zukunft verlangt. Zu berücksichtigen sind dabei sämtliche – fällige sowie künftig fällig werdende – Verbindlichkeiten. Da die drohende Zahlungsunfähigkeit nach dem Gesetzeszweck zugunsten des Schuldners wirkt, können auch lediglich drohende Verbindlichkeiten berücksichtigt werden (HK-*Kirchhof*, § 18 Rn 7). Den – drohenden – zukünftigen Verbindlichkeiten sind ebenfalls im Rahmen einer Prognose die zu einem späteren Zeitpunkt voraussichtlich vorhandenen liquiden Vermögensgegenstände gegenüberzustellen.

5 **b) Prognosezeitraum.** Dem Gesetzeswortlaut ist nicht zu entnehmen, wie lange der Prognosezeitraum auszudehnen ist. Von der Literatur wird ein für die Praxis handhabbarer Zeitraum von **max. 2-3 Jahren** gefordert (K/P-*Pape*, § 18 Rn 9; Uhlenbruck/*Uhlenbruck*, § 18 Rn 3; *Jaeger*,

Drohende Zahlungsunfähigkeit § 18

§ 18 Rn 7). Anders MK-InsO/*Drukarczyk*, § 18 Rn 44: relativer Zeitraum, maximal längstes Zahlungsziel.

3. Nachweis der drohenden Zahlungsunfähigkeit; Missbrauchsgefahr

a) Nachweis der drohenden Zahlungsunfähigkeit. Das Gericht 6
muss die Möglichkeit haben, den Insolvenzgrund der drohenden Zahlungsunfähigkeit hinreichend festzustellen. Dies wird nur dann möglich sein, wenn der Schuldner einen Liquiditätsplan vorlegt, aus dem sich die überwiegende Wahrscheinlichkeit der Zahlungsunfähigkeit in der Zukunft ergibt (MK-InsO/*Drukarczyk*, § 18 Rn 11f; K/P-*Pape*, § 18 Rn 10; *Jaeger*, § 18 Rn 15).

b) Gefahr des Missbrauchs. In dem Insolvenzgrund der drohenden 7
Zahlungsunfähigkeit ist ein ernst zu nehmendes Missbrauchspotential verborgen. Der Schuldner, der einen Insolvenzantrag wegen drohender Zahlungsunfähigkeit stellt, vertraut möglicherweise darauf, dass die bereits seit längerem bestehende Überschuldung und die sich daraus ergebenden **strafrechtlichen Konsequenzen** vom InsGericht nicht weiter geprüft werden. Des weiteren kann eine vorgezogene Antragstellung – worauf *Pape* (K/P § 18 Rn 11) zu Recht hinweist – die Gläubiger durch die zwangsläufig eintretenden Wirkungen der Antragstellung unangemessen benachteiligen. Das InsGericht wird daher unter **Zuhilfenahme des Sachverständigen das Vorliegen des Insolvenzgrundes der drohenden Zahlungsunfähigkeit besonders kritisch zu überprüfen** haben und den Antrag bei offensichtlichem Missbrauch ggf. als unzulässig zurückzuweisen haben.

4. Antragsberechtigung

Abs 3 ist im Zusammenhang mit § 15 Abs 2 zu lesen. Danach kann im 8
Regelfall jeder Gesellschafter bzw jedes Mitglied des Vertretungsorgans Insolvenzantrag stellen. Bei der drohenden Zahlungsunfähigkeit muss der Antrag von allen dazu befugten Personen, jedenfalls aber von zur Vertretung der juristischen Person oder der Gesellschaft berechtigten Personen gestellt werden (MK-InsO/*Drukarczyk*, § 18 Rn 50; Uhlenbruck/*Uhlenbruck*, § 18 Rn 12; vgl die Aufstellung bei *Jaeger*, § 18 Rn 16). Sind also mehrere einzelvertretungsberechtigte Geschäftsführer einer GmbH vorhanden, so reicht es aus, dass einer von diesen den Antrag stellt; zu beachten ist dann aber § 15 Abs 2.

§ 19 Überschuldung

(1) Bei einer juristischen Person ist auch die Überschuldung Eröffnungsgrund.

(2) ¹Überschuldung liegt vor, wenn das Vermögen des Schuldners die bestehenden Verbindlichkeiten nicht mehr deckt. ²Bei der Bewertung des Vermögens des Schuldners ist jedoch die Fortführung des Unternehmens zugrunde zu legen, wenn diese nach den Umständen überwiegend wahrscheinlich ist.

(3) ¹Ist bei einer Gesellschaft ohne Rechtspersönlichkeit kein persönlich haftender Gesellschafter eine natürliche Person, so gelten die Absätze 1 und 2 entsprechend. ²Dies gilt nicht, wenn zu den persönlich haftenden Gesellschaftern eine andere Gesellschaft gehört, bei der ein persönlich haftender Gesellschafter eine natürliche Person ist.

Literatur: *Haas/Scholl*, ZInsO 2002, S 645 ff; *Müller/Haas*, Kölner Schrift, 2. Aufl 2000, S 1799 ff.

I. Entstehungsgeschichte und Normzweck

1. Entstehungsgeschichte

1 Die Vorschrift des § 19 geht zurück auf §§ 207, 209, 213 KO sowie auf andere Vorschriften außerhalb der Insolvenzgesetze (etwa § 63 Abs 1 GmbHG). Im Rahmen des Gesetzgebungsverfahrens zur InsO wurde der normative Ausgangspunkt für die Überschuldungsprüfung mehrfach geändert, bis die Vorschrift ihre endgültige Fassung erhielt (N/R-*Mönning*, § 19 Rn 1 ff).

2. Normzweck

2 Der Insolvenzgrund der Überschuldung kann als spezieller Insolvenzgrund für juristische Personen und sonstige beschränkt haftende Vermögensmassen angesehen werden. Dieser Insolvenzgrund berücksichtigt, dass den Gläubigern keine natürliche Person, sondern lediglich ein beschränkter Vermögensbestand haftet. Wenn also die **Aktiva des Schuldners nicht mehr ausreichen, um die Verbindlichkeiten abzudecken**, entsteht automatisch eine Gefahr für die Gläubiger, mit ihren Forderungen auszufallen. Die festgestellte Überschuldung ist daher bei den genannten Gesellschaftsformen stets verbunden mit einer Insolvenz**antragspflicht**.

II. Regelungsinhalt

1. Spezielle Schuldnerqualität

Abs 1 der Vorschrift besagt, dass der Insolvenzgrund der Überschuldung 3 (vorbehaltlich von Abs 3) nur bei juristischen Personen in Betracht kommt. Der Hintergrund liegt – wie oben bereits dargelegt – in der beschränkten Haftung der juristischen Person. Aus diesem Grund enthält Abs 3 eine Ausweitung der vom Insolvenzgrund der Überschuldung betroffenen Schuldner. Danach sind auch solche Gesellschaften ohne Rechtspersönlichkeit dem Anwendungsbereich des § 19 unterworfen, **bei denen keine natürliche Person persönlich haftet**. S 2 der Vorschrift enthält die Rückausnahme, dass die Überschuldung als Insolvenzgrund nicht einschlägig ist, wenn persönlich haftender Gesellschafter eine andere Gesellschaft ist, bei der jedenfalls ein persönlich haftender Gesellschafter eine natürliche Person ist.

2. Definition der Überschuldung

a) Zweistufiger Überschuldungsbegriff. Die InsO geht von einer 4 zweistufigen Überschuldungsprüfung aus. Dabei wird unterschieden zwischen einer Bewertung nach Fortführungsgesichtspunkten und einer Bewertung der Liquidationswerte. Das Gesetz geht davon aus, dass die Fortführungswerte regelmäßig höher sind. Von Fortführungswerten darf nach Abs 2 S 2 nur dann ausgegangen werden, wenn die Fortführung des Unternehmens „überwiegend wahrscheinlich" ist.

b) Überschuldungsprüfung. Der BGH nahm bisher eine sog. zwei- 5 stufige modifizierte Überschuldungsprüfung vor (zuletzt BGH NJW 1995, 1739, 1743). Danach lag eine Überschuldung selbst dann nicht vor, wenn zwar bilanziell eine Überschuldung vorlag, jedoch die Fortführung des Unternehmens überwiegend wahrscheinlich war. Die Auffassung des BGH wurde vom Gesetzgeber in § 19 abgelehnt. Zwar geht auch § 19 von einem zweistufigen Überschuldungsbegriff aus (s. o. Rn 4), jedoch führt die positive Fortführungsprognose nach dem Gesetzeswortlaut lediglich dazu, dass bei der Erstellung der Überschuldungsbilanz ein anderer Bewertungsmaßstab heranzuziehen ist. Ein **Unternehmen kann** somit je nach seinen Zukunftsperspektiven **nach Liquidationsgesichtspunkten rechnerisch, unter Fortführungsgesichtspunkten jedoch nicht rechtlich überschuldet** sein.

3. Feststellung des Unternehmenswertes

a) Unternehmenswert nach Liquidationswerten. Sofern eine ne- 6 gative Fortführungsprognose gestellt wird, sind bei der Überschuldungsprüfung Liquidationswerte zu Grunde zu legen. Bei der Feststellung der

§ 19 2. Teil. Eröffnung des Insolvenzverfahrens

Liquidationswerte ist die besondere Situation der Verwertung im Rahmen eines Insolvenzverfahrens zu berücksichtigen. Man spricht hierbei auch von Zerschlagungswerten (FK-*Schmerbach*, § 19 Rn 10). So sind etwa bei Lagerbeständen je nach Alter der einlagernden Gegenstände erhebliche Abschläge vom Wiederbeschaffungswert zu machen. Gleiches gilt für Forderungen, welche bereits seit längerem fällig sind bzw welche sich gegen Konzernunternehmen oder Gesellschafter richten.

7 **b) Fortführungswerte.** Weitaus schwieriger ist die Feststellung von Fortführungswerten. Der Gesetzgeber definiert die Grundlage für die Bewertung nicht. In der Literatur sind die Ansätze für die Bewertung unter Fortführungsgesichtspunkten unterschiedlich. Einigkeit besteht jedenfalls dahingehend, dass die Zerschlagungswerte die unterste Grenze bilden. Auch **eignen sich Buchwerte nicht zur Feststellung des Fortführungswertes**. Der Wert von Gegenständen, welche zur Fortführung des Unternehmens benötigt werden, kann – sofern es sich um neuwertige Gegenstände handelt – mit dem Wiederbeschaffungswert (Neupreis) angesetzt werden. Für gebrauchte Gegenstände ist ein Abschlag „alt für neu" vorzunehmen. Umstritten ist, ob in die Fortführungsbilanz auch Ertragswertgesichtspunkte einzubeziehen sind (**dafür:** N/R-*Mönning*, § 19 Rn 25; **dagegen:** HK-*Kirchhof*, § 19 Rn 14).

c) Berücksichtigung von Eigenkapital ersetzenden Gesellschaf-
8 **terdarlehen.** Nach altem Recht war lange umstritten, ob in die Überschuldungsprüfung Eigenkapital ersetzende Gesellschafterdarlehen mit einzubeziehen waren. Als herrschende und letztlich überzeugende Auffassung hat sich durchgesetzt, dass solche Darlehen grundsätzlich als Verbindlichkeiten zu berücksichtigen sind und somit auch eine Überschuldung auslösen können. Lediglich dann, wenn insoweit eine ausreichend dokumentierte Rangrücktrittserklärung vorliegt, können diese Darlehen aus der Überschuldungsbilanz herausgerechnet werden. Der Meinungsstreit wurde – vorübergehend – aufgrund von § 39 InsO erneut entfacht. Nach § 39 InsO sind nunmehr auch nachrangige Forderungen, also auch solche auf Rückgewähr von Kapital ersetzenden Darlehen (§ 39 Abs 1 Nr 5) im Insolvenzverfahren zu berücksichtigen. Hieraus wurde der Schluss gezogen, dass solche Forderungen nunmehr auch in der Überschuldungsbilanz zwingend zu berücksichtigen sind (MK-InsO/*Drukarczyk/Schüler*, § 19 Rn 104). Allerdings hat der **BGH in einer Grundsatzentscheidung vom 8. 1. 2001 (NZI 2001, 196)** entschieden, dass eine Forderung bei **Vorliegen einer Rangrücktrittserklärung nicht in der Überschuldungsbilanz zu berücksichtigen** ist. Dies gilt nach der Entscheidung ausdrücklich auch für Kapital ersetzende Forderungen. Soweit ein Gläubiger seine Forderung in den Rang des § 39 Abs 1 Nr 5 bzw des § 39 Abs 2 einreiht, fällt diese automatisch aus der Überschuldungsprüfung heraus

(vgl zu den Auswirkungen der Entscheidung *Wittig*, NZI 2001, 169 ff; *Jaeger*, § 19 Rn 93 ff), sowie unten § 39 Rn 8).

§ 20 Auskunftspflicht im Eröffnungsverfahren. Hinweis auf Restschuldbefreiung

(1) ¹Ist der Antrag zulässig, so hat der Schuldner dem Insolvenzgericht die Auskünfte zu erteilen, die zur Entscheidung über den Antrag erforderlich sind. ²Die §§ 97, 98, 101 Abs. 1 S. 1, 2, Abs. 2 gelten entsprechend.

(2) Ist der Schuldner eine natürliche Person, so soll er darauf hingewiesen werden, dass er nach Maßgabe der §§ 286 bis 303 Restschuldbefreiung erlangen kann.

Literatur: *Landfermann*, Kölner Schrift, S 159 ff; *Pape*, NZI 2002, 186 ff; *Vallender*, NZI 2001, 561 ff; *ders.*, Kölner Schrift, S 249 ff.

1. Allgemeines

a) **Auskunftspflicht.** Eine besondere Auskunftspflicht des Schuldners 1 vor Eröffnung des Verfahrens war im alten Recht nicht ausdrücklich normiert. Jedoch wurde davon ausgegangen, dass der Schuldner vor Eröffnung Gericht und Sequester gegenüber auskunftspflichtig war. Dies wurde insbes aus der Vorschrift des § 104 KO entnommen. Abs 1 verlagert die Wirkungen der §§ 97, 98 und (teilweise) 101 in das Eröffnungsverfahren. Dies ist sachgerecht, da das InsGericht vor der Eröffnung bereits einen umfassenden Einblick in die wirtschaftliche Situation des Schuldners benötigt.

b) **Hinweispflicht.** Abs 2 soll verhindern, dass der Schuldner aus 2 Rechtsunkenntnis die Chance der Restschuldbefreiung verliert (MK-InsO/*Schmahl*, § 30 Rn 14). Der Gesetzgeber ging davon aus, dass es eines zusätzlichen Hinweises für rechtsunkundige natürliche Personen bedarf, da es nach der KO eine Restschuldbefreiung nicht gab. Die Bestimmung **befand sich bis zum InsOÄndG 2001 weitgehend identisch in § 30 Abs 3**.

2. Auskunftspflicht

Zum Inhalt der Auskunftspflichten kann auf die Kommentierung un- 3 ten §§ 97, 98 und 101 verwiesen werden. Zu beachten ist, dass die Auskunftspflicht nach § 20 nur gegenüber dem InsGericht besteht; jedoch stehen einem vom Gericht eingesetzten vorl InsVerw gemäß § 22 Abs 3 entsprechende Rechte zu.

3. Hinweis auf die Möglichkeit der Restschuldbefreiung

4   Nach Abs 2 ist bei natürlichen Personen zusätzlich auf die Möglichkeit der Restschuldbefreiung hinzuweisen. In dem Hinweis ist der Schuldner **in einer für einen Laien unmissverständlichen Weise zu belehren**, insbes über die Antragstellungsfrist nach § 287 Abs 1 S 2 (vgl auch unten § 287 Rn 3). Bei nicht ordnungsgemäßer Belehrung wird die Frist des § 287 Abs 1 S 2 nicht in Gang gesetzt.

§ 21 Anordnung von Sicherungsmaßnahmen

(1) ¹Das Insolvenzgericht hat alle Maßnahmen zu treffen, die erforderlich erscheinen, um bis zur Entscheidung über den Antrag eine den Gläubigern nachteilige Veränderung in der Vermögenslage des Schuldners zu verhüten. ²Gegen die Anordnung der Maßnahme steht dem Schuldner die sofortige Beschwerde zu.

(2) ¹Das Gericht kann insbesondere
1. einen vorläufigen Insolvenzverwalter bestellen, für den § 8 Abs. 3 und die §§ 56, 58 bis 66 entsprechend gelten;
2. dem Schuldner ein allgemeines Verfügungsverbot auferlegen oder anordnen, dass Verfügungen des Schuldners nur mit Zustimmung des vorläufigen Insolvenzverwalters wirksam sind;
3. Maßnahmen der Zwangsvollstreckung gegen den Schuldner untersagen oder einstweilen einstellen, soweit nicht unbewegliche Gegenstände betroffen sind;
4. eine vorläufige Postsperre anordnen, für die die §§ 99, 101 Abs. 1 Satz 1 entsprechend gelten.

²Die Anordnung von Sicherungsmaßnahmen berührt nicht die Wirksamkeit von Verfügungen über Finanzsicherheiten nach § 1 Abs. 17 des Kreditwesengesetzes und die Wirksamkeit der Verrechnung von Ansprüchen und Leistungen aus Überweisungs-, Zahlungs- oder Übertragungsverträgen, die in ein System nach § 1 Abs. 16 des Kreditwesengesetzes eingebracht wurden.

(3) ¹Reichen andere Maßnahmen nicht aus, so kann das Gericht den Schuldner zwangsweise vorführen und nach Anhörung in Haft nehmen lassen. ²Ist der Schuldner keine natürliche Person, so gilt entsprechendes für seine organschaftlichen Vertreter. ³Für die Anordnung von Haft gilt § 98 Abs. 3 entsprechend.

Literatur: *Haarmeyer/Pape,* ZInsO 2002, S 845 ff; *Uhlenbruck,* ZInsO 2002, S 808 f; *ders.,* Kölner Schrift, S 325 ff.

Anordnung von Sicherungsmaßnahmen § 21

I. Entstehungsgeschichte und Normzweck

1. Entstehungsgeschichte

Im Gegensatz zur KO enthalten die §§ 21 ff eine ausführliche Regelung 1
der Befugnisse des vorl InsVerw. Die KO enthielt lediglich die fragmentarische Vorschrift des § 106, aus welcher das Rechtsinstitut der Sequestration entwickelt wurde (vgl etwa *Kilger/K. Schmidt*, § 106 KO Anm 2). Inhaltlich entsprechen die Befugnisse des vorl InsVerw in der Praxis weitgehend denen des Sequesters unter dem Geltungsbereich der KO.

2. Normzweck

Ebenso wie § 106 KO soll § 21 verhindern, dass zwischen Antragstel- 2
lung und Verfahrenseröffnung die Vermögenslage des Schuldners zum Nachteil der Gläubiger verändert wird. Mittelbar werden dem Schuldner durch die Anordnung der Sicherungsmaßnahmen die Chancen für eine spätere Sanierung des Unternehmens erhalten.

II. Regelungsinhalt

1. Insolvenzeröffnungsverfahren

Nach Stellung des Antrags gemäß § 13 InsO hat das InsGericht dessen 3
Zulässigkeit zu überprüfen. Die Anordnung der Sicherungsmaßnahmen gemäß § 21 sind erst möglich, wenn das Gericht den Antrag zugelassen hat (HK-*Kirchhof*, § 21 Rn 3; *Jaeger*, § 21 Rn 4.

2. Maßnahmen zur Sicherung der Masse

Abs 2 enthält einen Katalog von möglichen Sicherungsmaßnahmen, 4
welcher („insbesondere") nicht abschließend ist. Üblicherweise erlässt das Gericht einen Beschluss, in welchem jedenfalls die Sicherungsmaßnahmen der Nr 1 und Nr 2 aufgeführt sind. Sofern dem Gericht aufgrund der **ersten Ermittlungsmaßnahmen des vorl InsVerw** bekannt wird, dass Zwangsvollstreckungsmaßnahmen gegen das schuldnerische Vermögen eingeleitet worden sind, ist eine **entsprechende Ergänzung des ursprünglichen Beschlusses** anzuzeigen.

3. Die einzelnen Sicherungsmaßnahmen

a) **Vorl InsVerw.** Das Gericht kann und wird regelmäßig einen vorl 5
InsVerw bestellen, für den nach dem Wortlaut der Vorschrift die §§ 56, 58 bis 66 entsprechende Anwendung finden (vgl die Kommentierung dort). Die Rechtsstellung des vorl InsVerw wird in § 22 näher dargelegt. Vorwegnehmend sei darauf hingewiesen, dass es von **entscheidender Bedeutung ist, ob das Gericht dem Schuldner ein allg Verfügungs-**

§ 21 2. Teil. Eröffnung des Insolvenzverfahrens

verbot iSv § 22 Abs 1 auferlegt („starker" vorl InsVerw) oder nicht („schwacher" vorl InsVerw). Zu den einzelnen Auswirkungen ist auf die Kommentierung zu § 22 zu verweisen.

6   **b) Allgemeines Verfügungsverbot.** Sofern das Gericht einen vorl InsVerw bestellt, wird es regelmäßig auch ein allg Verfügungsverbot iSv Abs 2 Nr 2 aussprechen. Das Verfügungsverbot nach Nr 2 setzt denknotwendig die Einsetzung eines vorl InsVerw voraus. Die Wirkungen des allgemeinen Verfügungsverbotes werden in § 24 näher dargelegt. Aufgrund der dortigen Verweisung auf §§ 81 und 82 steht fest, dass es sich um ein **absolutes Verfügungsverbot** handelt, bei welchem lediglich der gute Glaube an den Inhalt öffentlicher Register geschützt wird (s. u. § 24 Rn 2).

7   **c) Einstellung der Zwangsvollstreckung. aa) Bewegliches Vermögen.** Das Gericht kann die Zwangsvollstreckung in das bewegliche Vermögen des Schuldners einstweilen einstellen. Nach § 306 Abs 2 ist diese Sicherungsmaßnahme **auch im Verbraucherinsolvenzverfahren möglich.** Der Beschluss nach Abs 2 Nr 3 hat dieselbe Wirkung wie das Vollstreckungsverbot nach § 89 (FK-*Schmerbach*, § 21 Rn 74). Das Vollstreckungsverbot kann sich auf das gesamte Schuldnervermögen beziehen; die Aufhebung einer bereits abgeschlossenen Vollstreckungsmaßnahme ist nach dieser Regelung jedoch nicht möglich (*Jaeger*, § 21 Rn 47).

8   **bb) Unbewegliches Vermögen.** Soll eine Zwangsversteigerung einstweilen eingestellt werden, muss der vorl InsVerw einen entsprechenden Antrag nach **§ 30 d Abs 4 ZVG** stellen. Dies ist dann möglich, wenn der vorl InsVerw glaubhaft macht, dass die einstweilige Einstellung zur Verhütung nachteiliger Veränderungen der Vermögenslage des Schuldners erforderlich ist (vgl *Zeller/Stöber*, § 30 d ZVG Rn 6; MK-InsO/*Haarmeyer*, § 21 Rn 79; *Jaeger*, § 21, Rn 42 f.).

9   **d) Postsperre.** Abs 2 wurde noch vor In-Kraft-Treten des Gesetzes eine neue Nr 4 hinzugefügt, nach welcher auch eine vorl Postsperre angeordnet werden kann. Die Zulässigkeit der Anordnung einer Postsperre wurde jedoch bereits zuvor für zulässig gehalten (HK-*Kirchhof*, § 21 Rn 10). Wegen des Grundsatzes der Verhältnismäßigkeit wird eine Postsperre im vorläufigen Verfahren jedoch nur anzuordnen sein, wenn das Verhalten des Schuldners eine Verheimlichung von Vermögensgegenständen nahe legt (in diesem Sinne auch FK-*Schmerbach*, § 21 Rn 87); zudem wird dann regelmäßig die Einsetzung eines „starken" Verwalters erforderlich sein (*Jaeger*, § 21 Rn 71). Zur **Kostentragungspflicht** bei der Postsperre *Vallender*, NZI 2003, 244 ff.

10   **e) Sonstige Sicherungsmaßnahmen.** Die in § 21 Abs 2 aufgeführten Maßnahmen sind – wie oben bereits erwähnt – nur exemplarisch. Da-

Rechtsstellung des vorläufigen Insolvenzverwalters § 22

neben können auch weitere sichernde Maßnahmen angeordnet werden. In Betracht kommt etwa ein **besonderes Verfügungsverbot in Bezug auf bestimmte Gegenstände,** eine Kontensperrung, die Entziehung des Reisepasses etc. (*Kuhn/Uhlenbruck*, § 106 KO Rn 2).

4. Prozessuale Wirkungen der Einsetzung eines vorl InsVerw

Durch die Einsetzung eines vorl InsVerw wird ein anhängiger Rechtsstreit nach § 240 S 2 ZPO nur dann unterbrochen, wenn ein allg Verfügungsverbot erlassen und ein „starker" vorl InsVerw eingesetzt wird (BGH NZI 1999, 363 f = NJW 1999, 2822 f). 11

5. Rechtliches Gehör

Dem Schuldner ist rechtliches Gehör vor Anordnung der Sicherungsmaßnahme nur dann zu gewähren, wenn hierdurch der Sicherungszweck nicht gefährdet wird (HK-*Kirchhof*, § 21 Rn 33, *Braun/Kind*, § 21 Rn 41; *Jaeger*, § 21 Rn 90). Lediglich vor der Anordnung einer Haft gemäß § 21 Abs 3 ist der Schuldner stets anzuhören (*Kirchhof* aaO Rn 34; *Jaeger*, § 21 Rn 89). 12

6. Rechtsmittel

Gegen die Anordnung ist nach Abs 1 S 2 seit dem 01. 01. 2002 die sofortige Beschwerde statthaft. Der frühere Ausschluss der Anfechtung wurde aufgehoben, da die Sicherungsmaßnahmen einen erheblichen Eingriff in die Rechte des Schuldners bedeuten. Mit der Beschwerde kann der Schuldner die Anordnung allg oder nur Teile von ihr angreifen, jedoch muss sich letzteres aus der Beschwerde ergeben (N/R-*Mönning*, § 21 Rn 136; MK-InsO/*Haarmeyer*, § 21 Rn 41). 13

§ 22 Rechtsstellung des vorläufigen Insolvenzverwalters

(1) ¹**Wird ein vorläufiger Insolvenzverwalter bestellt und dem Schuldner ein allgemeines Verfügungsverbot auferlegt, so geht die Verwaltungs- und Verfügungsbefugnis über das Vermögen des Schuldners auf den vorläufigen Insolvenzverwalter über.** ²**In diesem Fall hat der vorläufige Insolvenzverwalter:**
1. **das Vermögen des Schuldners zu sichern und zu erhalten;**
2. **ein Unternehmen, das der Schuldner betreibt, bis zur Entscheidung über die Eröffnung des Insolvenzverfahrens fortzuführen, soweit nicht das Insolvenzgericht einer Stillegung zustimmt, um eine erhebliche Verminderung des Vermögens zu vermeiden;**
3. **zu prüfen, ob das Vermögen des Schuldners die Kosten des Verfahrens decken wird; das Gericht kann ihn zusätzlich be-**

auftragen, als Sachverständiger zu prüfen, ob ein Eröffnungsgrund vorliegt und welche Aussichten für eine Fortführung des Unternehmens des Schuldners bestehen.

(2) ¹Wird ein vorläufiger Insolvenzverwalter bestellt, ohne daß dem Schuldner ein allgemeines Verfügungsverbot auferlegt wird, so bestimmt das Gericht die Pflichten des vorläufigen Insolvenzverwalters. ²Sie dürfen nicht über die Pflichten nach Absatz 1 S. 2 hinausgehen.

(3) ¹Der vorläufige Insolvenzverwalter ist berechtigt, die Geschäftsräume des Schuldners zu betreten und dort Nachforschungen anzustellen. ²Der Schuldner hat dem vorläufigen Insolvenzverwalter Einsicht in seine Bücher und Geschäftspapiere zu gestatten. ³Er hat ihm alle erforderlichen Auskünfte zu erteilen; die §§ 97, 98, 101 Abs. 1 S. 1, 2, Abs. 2 gelten entsprechend.

Literatur: s. Lit. zu § 21.

I. Entstehungsgeschichte und Normzweck

1. Entstehungsgeschichte

1 Im bisherigen Konkursrecht gab es keine Norm, welche die Befugnisse des vorl InsVerw (sprich: Sequester) näher regelte. Das Rechtsinstitut der Sequestration wurde aus § 106 Abs 1 KO entnommen und von der Praxis im Einzelnen ausformuliert. Die InsO geht einen Schritt weiter als die bisherige Praxis zur KO: Die Befugnisse des vorl InsVerw können weit über die, dem Sequester von Rechtsprechung und Literatur zugebilligten, Möglichkeiten hinausgehen. Es besteht insbes eine grundsätzliche Verpflichtung des vorl InsVerw, das Unternehmen fortzuführen.

2. Normzweck

2 Der Normzweck ergibt sich aus der bisherigen unvollständigen Normierung des Rechtsinstitutes der Sequestration. Der vorl InsVerw ist nach der Vorstellung des Gesetzgebers in seinen **Befugnissen weitgehend dem endgültigen InsVerw angenähert**. Dies machte eine abschließende und umfassende Bestimmung der Rechte und Pflichten des vorl InsVerw erforderlich (N/R-*Mönning*, § 22 Rn 12; *Jaeger*, § 22 Rn 1).

II. Regelungsinhalt

1. Abgrenzung zwischen „starkem" und „schwachem" vorl InsVerw

3 § 22 unterscheidet zwischen dem vorl InsVerw *mit* Verwaltungs- und Verfügungsbefugnis (auch „starker" vorl InsVerw genannt) und dem vorl

InsVerw *ohne* Verwaltungs- und Verfügungsbefugnis (sog. „schwacher" vorl InsVerw). Dabei ging der **Gesetzgeber** bewusst davon aus, dass der **starke vorl InsVerw die Regel**, der schwache vorl InsVerw die Ausnahme sein sollte. In der **Praxis** hat sich jedoch sehr bald herausgestellt, dass genau das **Gegenteil** der Fall ist (s. hierzu noch unten Rn 13). Zur gezielten Befugnis zur Begründung von Masseverbindlichkeiten durch den vorl InsVerw s. u. § 55 Rn 13, 16.

2. Tatbestandliche Voraussetzungen

a) „Starker" vorl InsVerw. Nach Abs 1 geht auf den vom InsGericht 4 bestellten vorl InsVerw automatisch die Verwaltungs- und Verfügungsbefugnis über, wenn dem Schuldner ein allg Verfügungsverbot auferlegt worden ist. Es bedarf somit keines zusätzlichen Beschlusses, dass auf den „starken" vorl InsVerw die Verwaltungs- und Verfügungsbefugnis übergeht. Dies ergibt sich bereits aus dem Gesetzeswortlaut (zu den Rechtsfolgen der Bestellung des „starken" vorl InsVerw s. u. Rn 6 ff).

b) „Schwacher" vorl InsVerw. Solange dem Schuldner **kein** allg 5 Verfügungsverbot auferlegt wird, verbleibt die Verwaltungs- und Verfügungsbefugnis beim Schuldner. Die Befugnisse des „schwachen" vorl InsVerw müssen gemäß Abs 2 vom Gericht im Einzelnen bestimmt werden. Nach Abs 2 S 2 **dürfen die Pflichten des schwachen vorl InsVerw nicht über die des starken vorl InsVerw hinausgehen** (BGH NZI 2002, 543 ff). In der Praxis wird üblicherweise zunächst ein „schwacher" vorl InsVerw nach Abs 2 bestellt sowie die Sicherungsmaßnahme gemäß § 21 Abs 2 Nr 2 angeordnet. In diesem Fall verbleibt die Verwaltungs- und Verfügungsbefugnis beim Schuldner; hingegen bleiben Verfügungen des Schuldners von der Zustimmung des vorl InsVerw abhängig. Durch eine umfassende und ins Einzelne gehende Ausformulierung der Pflichten des vorl InsVerw iSv Abs 2 **kann dieser faktisch einem „starken" vorl InsVerw weitgehend angenähert werden** (MK-InsO/*Haarmeyer*, § 22 Rn 132).

3. Rechtsstellung

a) Allgemeines. Nach der Grundnorm der Nr 1 hat der vorl InsVerw 6 das Vermögen des Schuldners zu sichern und zu erhalten. Diese Sicherungsbefugnis und -verpflichtung trifft sowohl den „starken" als auch den „schwachen" vorl InsVerw. Sie entspricht den Aufgaben des bisherigen Sequesters.

b) „Starker" vorl InsVerw. Die Befugnisse des „starken" vorl Ins- 7 Verw werden in Abs 1 Nr 1 bis 3 ausformuliert.

§ 22 2. Teil. Eröffnung des Insolvenzverfahrens

8   aa) **Fortführungspflicht des „starken" vorl InsVerw.** Nach Nr 2 **hat** der vorl InsVerw das schuldnerische Unternehmen jedenfalls bis zur Entscheidung über die Verfahrenseröffnung grundsätzlich **fortzuführen.** Lediglich ausnahmsweise kann der vorl InsVerw das Unternehmen dann stilllegen, wenn das InsGericht einer solchen Stilllegung zustimmt, um eine erhebliche Verminderung des Vermögens zu vermeiden. Insbesondere die unbedingte Fortführungspflicht des vorl InsVerw wurde von der Praxis stark kritisiert (s. zum Meinungsstreit BAG NZI 2002, 118). Ein wesentlicher Grund für diese Kritik lag in der Vorschrift des § 55 Abs 2, wonach ein „starker" vorl InsVerw bereits Masseverbindlichkeiten begründet, für deren Nichterfüllung er nach § 61 haften kann. Wird also ein „starker" vorl InsVerw bestellt und ist dieser gemäß § 22 Abs 1 Nr 2 verpflichtet, das Unternehmen fortzuführen, so beinhaltet dies ein unübersehbares Haftungsrisiko für den vorl InsVerw. Besagte Haftungsproblematik ist jetzt durch Einführung von § 55 Abs 3 für auf die Bundesanstalt für Arbeit übergegangene Insolvenzgeldansprüche geklärt worden (s. u. § 55 Rn 15). Außerdem hat der BGH die punktuelle Begründung von Masseverbindlichkeiten durch einen „halbstarken" vorl InsVerw ermöglicht (BGH NZI 2002, 543 ff).

9   bb) **Weitere Pflichten des vorl InsVerw.** Nach Nr 3 hat der vorl InsVerw außerdem zu prüfen, ob eine zur Eröffnung des Verfahrens ausreichende Masse vorhanden ist. Zusätzlich kann das Gericht den vorl InsVerw als Sachverständigen bestellen, welcher das Vorliegen eines Eröffnungsgrundes überprüfen und eine Fortführungsprognose über das Unternehmen abgeben kann (zur Rechtsstellung des Sachverständigen s. u. Rn 12).

10   c) **„Schwacher" vorl InsVerw.** Die Pflichten des „schwachen" vorl InsVerw sind vom InsGericht im Einzelnen anzuordnen. Sie ergeben sich somit nicht automatisch aus dem Katalog des Abs 1. Allerdings wird das Gericht im Regelfall jedenfalls die Pflichten nach Nr 1 und Nr 3 anordnen. Eine **Fortführung des Unternehmens ist dem vorl InsVerw** regelmäßig nur dann möglich, wenn auch die Verwaltungs- und Verfügungsbefugnis (teilweise) auf ihn übergegangen ist. Andernfalls kann der „schwache" vorl InsVerw die vorl Fortführung des Unternehmens lediglich begleiten und überwachen.

11   d) **„Halbstarker" vorl InsVerw.** Nach der Rechtsprechung des BGH (NZI 2002, 543 ff) ist auch eine **gezielte Begründung von Masseverbindlichkeiten** durch einen „halbstarken" vorl InsVerw möglich (vgl hierzu auch unten § 55 Rn 16 sowie § 108 Rn 11).

12   e) **Gutachter.** Nach Nr 3, 2. Halbsatz kann das Gericht den vorl InsVerw zum Sachverständigen bestellen, welcher das **Vorliegen eines Eröffnungsgrundes zu überprüfen und eine Fortführungsprog-**

nose zu erstellen hat. Diesem stehen aber nicht die einem vorl InsVerw vergleichbaren Rechte zu (LG Göttingen, ZIP 2002, 2269). Auch nach altem Recht war es möglich, vor Verfahrenseröffnung einen Gutachter einzusetzen. Der Gutachter wird – ebenso wie nach bisherigem Recht – von der Gerichtskasse nach dem ZSEG entschädigt, während dem vorl InsVerw lediglich ein Vergütungsanspruch gegen das schuldnerische Unternehmen zusteht.

f) Graduelle Erweiterung der Befugnisse des vorl InsVerw. 13
aa) Allgemeines. In der Praxis bestellt das InsGericht den vorl InsVerw häufig zunächst nach § 22 Abs 1 Nr 3 als Gutachter bzw als „schwachen" vorl InsVerw iSv Abs 2. In den meisten Fällen ist eine Bestellung zum „starken" vorl InsVerw iSv Abs 1 nicht erforderlich. Das Gericht kann – sofern es dies für erforderlich hält – den „schwachen" vorl InsVerw **im Verlauf des „Vorverfahrens" durch die Verhängung eines allgemeinen Verfügungsverbotes zum „starken" vorl InsVerw befördern**.

bb) Beispiele. Eine „Beförderung" bietet sich etwa dann an, wenn im 14 Zuge der Ermittlungen durch den Gutachter dieser feststellt, dass bestimmte Masse schädigende Handlungen des Schuldners unterbunden werden müssen. Die Anordnung der „starken" vorl Verwaltung ist etwa dann erforderlich, wenn zur Schonung der Masse sehr kurzfristig **Kündigungen von Arbeitsverhältnissen** ausgesprochen werden müssen und die bisherige Unternehmensleitung hierzu nicht bereit ist. Nach allg Auffassung geht die Arbeitgeberbefugnis auf den „starken" vorl InsVerw über (vgl MK-InsO/*Haarmeyer*, § 22 Rn 110; K/P-*Pape*, § 22 Rn 65, 67; Uhlenbruck/*Uhlenbruck*, § 22 Rn 69; *Jaeger*, § 22 Rn 49 ff).

4. Prozessuale Wirkungen

Die Einsetzung eines vorl InsVerw hat nur dann nach **§ 240 S 2 ZPO** 15 die Unterbrechung eines anhängigen Rechtsstreits zur Folge, wenn das Gericht ein allg Verfügungsverbot erlässt und einen „starken" vorl InsVerw einsetzt (BGH NZI 1999, 363 f = NJW 1999, 2822 f).

5. Weitere Befugnisse des vorl InsVerw (Abs 3)

Abs 3 der Vorschrift gibt dem vorl InsVerw Befugnisse, die an jene des 16 endgültigen InsVerw weitgehend angenähert sind. Zu nennen sind insbes die Auskunftspflichten des Schuldners gegenüber dem InsVerw.

§ 23 Bekanntmachung der Verfügungsbeschränkungen

(1) ¹Der Beschluß, durch den eine der in § 21 Abs. 2 Nr. 2 vorgesehenen Verfügungsbeschränkungen angeordnet und ein vorläufiger Insolvenzverwalter bestellt wird, ist öffentlich be-

§ 23 2. Teil. Eröffnung des Insolvenzverfahrens

kanntzumachen. ²Er ist dem Schuldner, den Personen, die Verpflichtungen gegenüber dem Schuldner haben, und dem vorläufigen Insolvenzverwalter besonders zuzustellen. ³Die Schuldner des Schuldners sind zugleich aufzufordern, nur noch unter Beachtung des Beschlusses zu leisten.

(2) Ist der Schuldner im Handels-, Genossenschafts-, Partnerschafts- oder Vereinsregister eingetragen, so hat die Geschäftsstelle des Insolvenzgerichts dem Registergericht eine Ausfertigung des Beschlusses zu übermitteln.

(3) Für die Eintragung der Verfügungsbeschränkung im Grundbuch, im Schiffsregister, im Schiffsbauregister und im Register über Pfandrechte an Luftfahrzeugen gelten die §§ 32, 33 entsprechend.

Literatur: s. Lit. zu § 21.

1. Allgemeines

1   Eine entsprechende Norm war in der KO, in welcher das Eröffnungsverfahren insgesamt nicht normiert worden war, nicht enthalten. Allerdings wurde der Sequestrationsbeschluss zumeist entsprechend §§ 60, 61 VglO bekannt gemacht und in die öffentlichen Register eingetragen. Ebenso wie die übrigen Vorschriften der §§ 20 ff verlagert auch § 23 die Rechtswirkungen des eröffneten Verfahrens in das Eröffnungsverfahren. Die Bekanntmachung der Verfügungsbeschränkungen haben u. a. zum Ziel, einen möglichen guten Glauben in die Verfügungsbefugnis zu vernichten.

2. Öffentliche Bekanntmachung

2   Nach der Vorschrift sind sowohl die Tatsache, dass ein vorl InsVerw bestellt worden ist, als auch etwaige Verfügungsbeschränkungen gemäß § 21 Abs 2 Nr 2 öffentlich bekannt zu machen. Neben der öffentlichen Bekanntmachung ist der gerichtliche Beschluss dem Schuldner, dessen Drittschuldnern sowie dem (idR bereits zuvor mündlich bestellten) vorl InsVerw zuzustellen. Den **Drittschuldnern** ist zusätzlich aufzugeben, die aus der **Verfügungsbeschränkung** folgenden Rechtswirkungen **zu beachten**. Für die öffentliche Bekanntmachung gilt § 9. Obwohl § 9 Abs 3 normiert, dass die öffentliche Bekanntmachung die Zustellung an alle Beteiligten ersetzt, hat das Gericht gemäß § 1 S 2 die Verfügungsbeschränkungen den dort aufgeführten Personen gesondert zuzustellen.

3. Wirkung der öffentlichen Bekanntmachung

3   Die öffentliche Bekanntmachung dient der Warnung der (potentiell) betroffenen Parteien. Denn die Verfügungsbeschränkungen gelten gemäß § 24 Abs 1 iVm §§ 81, 82 auch ohne öffentliche Bekanntmachung. Aller-

dings gilt gemäß § 82 S 2 vor der öffentlichen Bekanntmachung eine Vermutung des Drittschuldners, dass er die Eröffnung (hier: die Verfügungsbeschränkung im Eröffnungsverfahren) nicht kannte. Aufgrund der Vorschrift des § 81 Abs 1 S 2, wonach der **gute Glaube** an den Inhalt öffentlicher Register trotz des Verfügungsverbotes geschützt bleibt, wird die Verfügungsbeschränkung überdies in die jeweiligen Register eingetragen (vgl N/R-*Mönning*, § 23 Rn 20 ff; *Jaeger*, § 23 Rn 16 ff).

§ 24 Wirkungen der Verfügungsbeschränkungen

(1) Bei einem Verstoß gegen eine der in § 21 Abs. 2 Nr. 2 vorgesehenen Verfügungsbeschränkungen gelten die §§ 81, 82 entsprechend.
(2) Ist die Verfügungsbefugnis über das Vermögen des Schuldners auf einen vorläufigen Insolvenzverwalter übergegangen, so gelten für die Aufnahme anhängiger Rechtsstreitigkeiten § 85 Abs. 1 S. 1 und § 86 entsprechend.

Literatur: *Gerhardt*, Kölner Schrift, S 193 ff.

1. Allgemeines

Eine § 24 entsprechende Norm war in der KO nicht enthalten. Die (teilweise) Vorverlagerung der §§ 81 ff in das Eröffnungsverfahren rundet die Normierung des Insolvenzeröffnungsverfahrens ab.

2. Vorverlagerung der §§ 81, 82

Sofern dem Schuldner gemäß § 21 Abs 2 Nr 2 ein allg Verfügungsverbot auferlegt wird, gelten die Rechtsfolgen der §§ 81, 82 bereits im Eröffnungsverfahren. Das allg Verfügungsverbot erhält danach die Rechtswirkung eines absoluten Verfügungsverbotes, welches nach dessen öffentlicher Bekanntmachung lediglich den guten Glauben an den Inhalt öffentlicher Register schützt. Ein bloßer **Zustimmungsvorbehalt nach § 21 Abs 2 Nr 2 führt jedoch nicht zu einem solchen absoluten Verfügungsverbot** (N/R-*Mönning*, § 24 Rn 7). Aus der Tatsache, dass in Abs 2 lediglich die Verfügungsbeschränkungen des § 21 Abs 2 Nr 2 Erwähnung finden, ist davon auszugehen, dass bei einer sonstigen Sicherungsmaßnahme gemäß § 21 Abs 2 („insbes") nur ein relatives Verfügungsverbot nach §§ 135, 136 BGB eintritt (K/P-*Pape*, § 24 Rn 2; **aA:** MK-InsO/*Haarmeyer*, § 24 Rn 10).

3. Anhängige Prozesse des Schuldners im Eröffnungsverfahren

Nach Abs 2 werden dem „starken" vorl InsVerw nahezu dieselben Rechte eingeräumt, wie dem späteren endgültigen InsVerw. Der vorl Ins-

Verw **mit** Verwaltungs- und Verfügungsbefugnis darf Rechtsstreitigkeiten danach bereits vor Eröffnung des Verfahrens aufnehmen (§ 85 Abs 1 S 1). Bei Passivprozessen gilt die Vorschrift des eröffneten Verfahrens (§ 86) uneingeschränkt. Der vorl InsVerw kann somit bereits vor Eröffnung den Anspruch gemäß § 86 Abs 2 sofort anerkennen, so dass der Gegner seine Kosten nur noch als Insolvenzgläubiger geltend machen kann. Aufgrund der Beschränkung des § 24 Abs 2 auf den **„starken"** vorl **InsVerw** ist bei anhängigen Prozessen im Eröffnungsverfahren die Auferlegung eines allgemeinen Verfügungsverbotes nach § 22 Abs 1 S 1 vom Gericht in Erwägung zu ziehen. Die Prozessführungsbefugnis bei Passivprozessen betrifft jedoch aufgrund der fehlenden Verweisung auf § 87 nur solche Prozesse, deren Gegenstand keine Insolvenzforderung ist (K/P-*Pape*, § 24 Rn 12; *Jaeger*, § 24 Rn 13; **aA:** MK-InsO/*Haarmeyer*, § 24 Rn 15, 22).

§ 25 Aufhebung der Sicherungsmaßnahmen

(1) Werden die Sicherungsmaßnahmen aufgehoben, so gilt für die Bekanntmachung der Aufhebung einer Verfügungsbeschränkung § 23 entsprechend.

(2) ¹Ist die Verfügungsbefugnis über das Vermögen des Schuldners auf einen vorläufigen Insolvenzverwalter übergegangen, so hat dieser vor der Aufhebung seiner Bestellung aus dem von ihm verwalteten Vermögen die entstandenen Kosten zu berichtigen und die von ihm begründeten Verbindlichkeiten zu erfüllen. ²Gleiches gilt für die Verbindlichkeiten aus einem Dauerschuldverhältnis, soweit der vorläufige Insolvenzverwalter für das von ihm verwaltete Vermögen die Gegenleistung in Anspruch genommen hat.

Literatur: *Pape*, ZInsO 1998, S. 61 ff.

1. Allgemeines

1   Eine vergleichbare Norm war im alten Recht nicht enthalten (s. o. § 20 Rn 1). Die Vorschrift regelt die Rechtsfolgen bei der Aufhebung von Sicherungsmaßnahmen im Insolvenzantragsverfahren und stellt damit das Gegenstück dar zu den §§ 200 f im Eröffnungsverfahren. Hauptanwendungsfall dürfte die **Einstellung des Insolvenzverfahrens nach § 26** (Abweisung mangels Masse) sein (N/R-*Mönning*, § 25 Rn 3).

2. Bekanntmachung (Abs 1)

2   Die Aufhebung von Sicherungsmaßnahmen stellt einen *actus contarius* zur Anordnung derselben dar. Daher verweist Abs 1 wegen der Bekanntmachung der Aufhebung von Sicherungsmaßnahmen auf § 23, welcher

die Bekanntmachung der *Anordnung* von Verfügungsbeschränkungen regelt. Diesbezüglich kann auf die Kommentierung dort verwiesen werden.

3. Verbindlichkeiten des „starken" vorl InsVerw (Abs 2)

Die Vorschrift enthält in Abs 2 Sonderregelungen für den (relativ seltenen) Fall, dass vor einer Einstellung des Verfahrens ein „starker" vorl InsVerw bestellt wurde (vgl oben § 22). Nach **§ 55 Abs 2** werden die von diesem begründeten Verbindlichkeiten nach Insolvenzeröffnung zu **Masseverbindlichkeiten**. Kommt es hingegen nicht zu einer Eröffnung liefe § 55 Abs 2 ins Leere. Zum Ausgleich hierfür gibt Abs 2 dem „starken" vorl InsVerw auf, die von ihm begründeten „Quasi-Masseverbindlichkeiten" **vor Einstellung des Verfahrens vorab zu befriedigen.** 3

§ 26 Abweisung mangels Masse

(1) ¹**Das Insolvenzgericht weist den Antrag auf Eröffnung des Insolvenzverfahrens ab, wenn das Vermögen des Schuldners voraussichtlich nicht ausreichen wird, um die Kosten des Verfahrens zu decken.** ²**Die Abweisung unterbleibt, wenn ein ausreichender Geldbetrag vorgeschossen wird oder die Kosten nach § 4a gestundet werden.**

(2) ¹**Das Gericht hat die Schuldner, bei denen der Eröffnungsantrag mangels Masse abgewiesen worden ist, in ein Verzeichnis einzutragen (Schuldnerverzeichnis).** ²**Die Vorschriften über das Schuldnerverzeichnis nach der Zivilprozeßordnung gelten entsprechend; jedoch beträgt die Löschungsfrist fünf Jahre.**

(3) ¹**Wer nach Absatz 1 S. 2 einen Vorschuß geleistet hat, kann die Erstattung des vorgeschossenen Betrages von jeder Person verlangen, die entgegen den Vorschriften des Gesellschaftsrechts den Antrag auf Eröffnung des Insolvenzverfahrens pflichtwidrig und schuldhaft nicht gestellt hat.** ²**Ist streitig, ob die Person pflichtwidrig und schuldhaft gehandelt hat, so trifft sie die Beweislast.**

Literatur: *Uhlenbruck, Jan,* Kölner Schrift, S 1187 ff.

I. Entstehungsgeschichte und Normzweck

1. Entstehungsgeschichte

Die Vorschrift geht zurück auf § 107 KO, § 17 Nr 6 VglO und § 4 Abs 2 GesO. Abs 1 hat im Vergleich zu § 107 Abs 1 KO zwar nicht vom Wortlaut, wohl aber von den rechtlichen Wirkungen her eine bedeutsame Änderung erfahren. Die korrespondierende Vorschrift des § 54 InsO be- 1

§ 26 2. Teil. Eröffnung des Insolvenzverfahrens

zeichnet als Kosten des Insolvenzverfahrens lediglich die Gerichtskosten, sowie Vergütung und Auslagen des vorl InsVerw, InsVerw und der Mitglieder des Gläubigerausschusses. Die entsprechende Vorschrift aus der KO, § 58, setzte die Schwelle für die mögliche Eröffnung des Verfahrens deutlich höher. Durch das **InsOÄndG 2001 wurde Abs 1 S 2 dahingehend geändert, dass jetzt auch eine Verfahrenskostenstundung nach § 4a eine Abweisung mangels Masse verhindert**. Abs 2 entspricht inhaltlich § 107 Abs 2 KO. Abs 3 der Vorschrift hingegen enthält eine dem bisherigen Konkursrecht unbekannte neue Anspruchsgrundlage. Abs 3 S 3 wurde durch das Gesetz zur Anpassung von Verjährungsvorschriften an das Gesetz zur Modernisierung des Schuldrechts vom 9. 12. 2004 gestrichen.

2. Normzweck

2 Die Abweisung mangels Masse ist eine dem Insolvenzrecht immanente Selbstverständlichkeit. Sofern bereits vor Eröffnung des Verfahrens feststeht, dass die Kosten zur Durchführung des Verfahrens nicht gedeckt sind, ist der durch die Eröffnung verursachte Aufwand weder dem Gericht noch den sonstigen beteiligten Personen zuzumuten. Abs 2 stellt sicher, dass auch bei einem mangels Masse abgewiesenen Insolvenzverfahren die **Warnfunktion des Schuldnerverzeichnisses** erfüllt werden kann. Abs 3 schließlich gewährleistet, dass derjenige, der einen Massekostenvorschuss nach Abs 1 S 2 leistet, einen eigenständigen Schadensersatzanspruch gegen die Person geltend machen kann, der die verspätete Antragstellung und die dadurch verursachte Masselosigkeit verursacht hat.

II. Regelungsinhalt

1. Kosten des Verfahrens

3 Das Gericht hat zunächst – regelmäßig unter Heranziehung eines Sachverständigen – festzustellen, wie groß das Vermögen des Schuldners ist und ob es ausreicht, um die Kosten des Verfahrens gemäß § 54 InsO abzudecken. Die Kosten des Insolvenzverfahrens sind nach § 54 die Gerichtskosten sowie die Vergütungen und die Auslagen des vorl InsVerw, des InsVerw und der Mitglieder des Gläubigerausschusses (vgl unten § 54 Rn 1). Nicht zu den Kosten des Insolvenzverfahrens gehören die sonstigen Masseverbindlichkeiten nach § 55 Abs 1 und – sofern vom Gericht ein „starker" vorl InsVerw bestellt worden ist – § 55 Abs 2. Aus der Tatsache, dass – anders als nach der KO – die Verbindlichkeiten, die durch Handlungen des InsVerw, durch die Verwaltung, Verwertung und Verteilung der Masse entstehen, bei der Frage der Abweisung mangels Masse nicht berücksichtigt werden, wird vielfach das Problem entstehen, dass zwar ausreichende Masse zur Eröffnung des Verfahrens vorhanden ist, das jedoch im eröff-

neten Verfahren zahlreiche Masseverbindlichkeiten nicht erfüllt werden können. Diese vom Gesetzgeber durchaus beabsichtigte praktische Folge der Gesetzesänderung wird von manchen Stimmen aus der Literatur kritisiert (K/P-*Pape*, § 26 Rn 3). Es wird insbes gerügt, dass bei massearmen Verfahren bereits bei Beginn feststeht, dass eine **Vielzahl von Masseverbindlichkeiten nicht oder nur zum Teil erfüllt** werden können. Hierin liegt eine erhebliche Benachteiligung derjenigen Massegläubiger, deren Forderungen erst nach Eröffnung des Verfahrens entstehen. Dementsprechend plädieren einige Autoren dafür, bestimmte zwangsläufig entstehende Masseverbindlichkeiten unter dem Begriff Auslagen des InsVerw zu subsumieren (vgl unten § 54 Rn 5). Eine entsprechende Ansicht hat sich jedoch – trotz entsprechender vereinzelter instanzgerichtlicher Entscheidungen – bislang nicht durchsetzen können.

2. Massekostenvorschuss/Verfahrenskostenstundung

Sofern die Masse nicht ausreicht, das Verfahren zu eröffnen kann die 4 Abweisung mangels Masse dennoch dadurch verhindert werden, dass ein entsprechender Vorschuss bei Gericht eingezahlt wird oder dass dem natürlichen Schuldner eine Verfahrenskostenstundung nach § 4a gewährt wurde. Die Höhe des Vorschusses wird anhand des dem Gericht vorliegenden Gutachtens ermittelt. Üblicherweise setzt das Gericht im verfahrensabweisenden Beschluss die Höhe eines möglichen Massekostenvorschusses fest, bei dessen Einzahlung das Verfahren eröffnet werden kann. Das Gericht kann jedoch auch den antragstellenden Gläubiger vor der abweisenden Entscheidung formlos darauf hinweisen, dass ohne Einzahlung eines Vorschusses eine Abweisung mangels Masse erfolgen wird (N/R-*Mönning*, § 26 Rn 36, 39; *Jaeger*, § 26 Rn 35). Der einen **Massekostenvorschuss erbringende Gläubiger nimmt eine besonders privilegierte Stellung** ein. Soweit der Vorschuss für die in § 54 aufgeführten Kosten nicht verbraucht wird, ist dieser an den Vorschießenden zurückzuzahlen. Des weiteren erwirbt der Vorschießende das Recht, aus der Masse erwirtschaftete Vermögenswerte vorrangig ausgekehrt zu erhalten. Schließlich steht ihm nach Abs 3 ein eigenständiger Schadensersatzanspruch zu (vgl unten Rn 7).

3. Eintragung in das Schuldnerverzeichnis

Eine Verfahrensabweisung mangels Masse wird nach Abs 2 in das 5 Schuldnerverzeichnis eingetragen. Hierdurch wird bewerkstelligt, dass der Rechtsverkehr vor dem Schuldner trotz der nicht erfolgten und nicht öffentlich bekannt gemachten Verfahrenseröffnung gewarnt wird. Die Eintragung in das Schuldnerverzeichnis ist jedoch **nur ein unvollkommenes Warnsignal** (N/R-*Mönning*, § 26 Rn 51). Die Vorschrift wird ergänzt durch § 31, wonach bei im Handelsregister eingetragenen Schuldnern die Abweisung mangels Masse auch dort eingetragen wird. Auch letzterer Schutz ist jedoch nur unvollkommen, da insbes bei juristischen Personen des Handelsrechts (etwa GmbH) die Neugründung der Gesellschaft unter anderer Firma erfolgen kann. Die Warnfunktion kann daher nicht oder nur vorübergehend erfüllt werden.

4. Kostenentscheidung bei Abweisung mangels Masse

6   Im Falle der Abweisung mangels Masse ist umstritten, ob die Verfahrenskosten – einschließlich der Auslagen – stets dem Schuldner aufzuerlegen sind (N/R-*Mönning*, § 26 Rn 53 mwN; MüKo InsO-*Haarmeyer*, § 26 Rn 33) oder stets dem Gläubiger (*Uhlenbruck*, § 26 Rn 28 ff; HK-*Kirchhof*, § 26 Rn 23; vgl zum Streitstand *Jaeger*, § 26 Rn 72 ff). Aufgrund der häufig vorliegenden Vermögenslosigkeit des Schuldners wird jedoch oft die Zweitschuldnerhaftung des Antragstellers gemäß § 50 Abs 1 GKG eintreten (HK-*Kirchhof*, § 26 Rn 23).

5. Erstattungsanspruch gemäß Abs 3

7   Nach Abs 3 erhält derjenige, der nach Abs 1 S 2 zur Vermeidung der Abweisung mangels Masse einen Massekostenvorschuss geleistet hat, einen eigenständigen Anspruch auf **Erstattung des Massekostenvorschusses**. Der Anspruch richtet sich gegen die Personen, die gesetzlich zur – rechtzeitigen – Stellung eines Insolvenzantrages verpflichtet sind (MK-InsO/*Haarmeyer*, § 26 Rn 56; Uhlenbruck/*Uhlenbruck*, § 26 Rn 51 f; *Jaeger*, § 26 Rn 91). Zu den Anspruchsvoraussetzungen gehört, dass die antragspflichtige Person „pflichtwidrig und schuldhaft" gehandelt hat. Allerdings enthält Abs 3 S 2 eine Beweislastumkehr zu Lasten des Anspruchsgegners. Zu den prozessualen Folgen sowie zur möglichen Kollision des Anspruches aus Abs 3 zu einem Anspruches des InsVerw gemäß § 823 Abs 2 BGB iVm § 64 Abs 1 GmbHG vgl N/R-*Mönning*, § 26 Rn 57 f.

§ 27 Eröffnungsbeschluß

(1) [1]**Wird das Insolvenzverfahren eröffnet, so ernennt das Insolvenzgericht einen Insolvenzverwalter.** [2]**Die §§ 270, 313 Abs. 1 bleiben unberührt.**

(2) Der Eröffnungsbeschluß enthält:
1. **Firma oder Namen und Vornamen, Geschäftszweig oder Beschäftigung, gewerbliche Niederlassung oder Wohnung des Schuldners;**
2. **Namen und Anschrift des Insolvenzverwalters;**
3. **die Stunde der Eröffnung.**

(3) Ist die Stunde der Eröffnung nicht angegeben, so gilt als Zeitpunkt der Eröffnung die Mittagsstunde des Tages, an dem der Beschluß erlassen worden ist.

Literatur: *Pape*, ZInsO 2003, 389 ff; *Römermann*, NZI 2003, 134 ff; *Stiller*, ZInsO 2003, 259 ff.

I. Entstehungsgeschichte und Normzweck

Die Norm entspricht im Wesentlichen §§ 108, 110 Abs 1 KO sowie §§ 20, 21 VglO. Durch den Eröffnungsbeschluss wird das Eröffnungsverfahren in das Insolvenzverfahren übergeleitet. An die Eröffnung des Verfahrens knüpfen sich eine Reihe von Rechtsfolgen (zB die Begründung von Masseverbindlichkeiten). Auch markiert die Eröffnung des Verfahrens den Ausgangspunkt der Fristberechnung für die Gewährung von Insolvenzgeld gemäß §§ 183 ff SGB III. 1

II. Regelungsinhalt

1. Ernennung des InsVerw

Während im Eröffnungsverfahren lediglich ein vorl InsVerw eingesetzt war, wird dieser mit Eröffnung des Verfahrens – regelmäßig – zum endgültigen InsVerw benannt. Da in der Praxis von der Möglichkeit der Ernennung eines „starken" vorl InsVerw (§ 22 Abs 1 S 1) zumeist nicht Gebrauch gemacht wird, ist der InsVerw erstmalig in der Lage, die Verfügungsgewalt über das Unternehmen uneingeschränkt auszuüben. Für die **Ernennung des InsVerw ist** das Gericht – und hier gemäß § 18 Abs 1 RPflG **der Richter – zuständig.** Allerdings kann die Gläubigerversammlung im Berichtstermin (§ 57) einen anderen InsVerw wählen (s dort Rn 2). Aufgrund der Tatsache, dass der vom Gericht benannte InsVerw häufig bereits als vorl InsVerw mit dem Unternehmen betraut wurde, ist eine Abwahl des vom Gericht eingesetzten InsVerw in der Praxis die Ausnahme (vgl zu den Einzelheiten der Bestellung des InsVerw unten § 57 Rn 1). 2

2. Eröffnungsbeschluss

Abs 2 enthält – in Ergänzung zu §§ 28, 29 – formelle Vorgaben für den Inhalt des Eröffnungsbeschlusses. Neben der Bestellung des InsVerw (Abs 1) muss der Eröffnungsbeschluss noch enthalten: 3
– die genauen Angaben des Schuldners (Name, Firma, Adresse);
– die genauen Angaben des InsVerw;
– den genauen Zeitpunkt der Eröffnung (insbes die genaue Stunde).

§ 28 2. Teil. Eröffnung des Insolvenzverfahrens

4 Abs 3 enthält eine Sonderregelung in Bezug auf den genauen Zeitpunkt der Eröffnung: Wird die Stunde der Eröffnung nicht angegeben, so gilt die Mittagsstunde des Eröffnungstages als Eröffnungszeitpunkt.

§ 28 Aufforderungen an die Gläubiger und die Schuldner

(1) ¹**Im Eröffnungsbeschluß sind die Gläubiger aufzufordern, ihre Forderungen innerhalb einer bestimmten Frist unter Beachtung des § 174 beim Insolvenzverwalter anzumelden.** ²**Die Frist ist auf einen Zeitraum von mindestens zwei Wochen und höchstens drei Monaten festzusetzen.**
(2) ¹**Im Eröffnungsbeschluß sind die Gläubiger aufzufordern, dem Verwalter unverzüglich mitzuteilen, welche Sicherungsrechte sie an beweglichen Sachen oder an Rechten des Schuldners in Anspruch nehmen.** ²**Der Gegenstand, an dem das Sicherungsrecht beansprucht wird, die Art und der Entstehungsgrund des Sicherungsrechts sowie die gesicherte Forderung sind zu bezeichnen.** ³**Wer die Mitteilung schuldhaft unterläßt oder verzögert, haftet für den daraus entstehenden Schaden.**
(3) Im Eröffnungsbeschluß sind die Personen, die Verpflichtungen gegenüber dem Schuldner haben, aufzufordern, nicht mehr an den Schuldner zu leisten, sondern an den Verwalter.

Literatur: *Eckhardt*, Kölner Schrift, S 743 ff.

I. Allgemeines

1 Die Vorschrift geht zurück auf §§ 110, 118, 119 sowie § 138 KO. Insbes. der zeitliche Rahmen von zwei Wochen bis drei Monate wurde aus dem alten Recht übernommen. Neu ist allerdings, dass die Forderungsanmeldung jetzt nicht beim Gericht, sondern beim InsVerw zu erfolgen hat. Sie ergänzt § 27 und gestaltet den Inhalt des Eröffnungsbeschlusses näher aus. Abs 2 hat im wesentlichen zum Ziel, eine Konzentration und eine Beschleunigung des Verfahrens herzustellen.

II. Regelungsinhalt

1. Forderungsanmeldung

2 Die Forderungsanmeldung hat unter Beachtung des § 174 nunmehr beim InsVerw, nicht mehr beim Gericht zu erfolgen (vgl hierzu die Kommentierung unten zu § 174). Die Tabelle wird ebenfalls beim InsVerw geführt (vgl § 175). Die Anmeldefrist, welche 2 Wochen bis höchstens 3 Monate betragen kann, ist im Eröffnungsbeschluss anzugeben. In der

Praxis wird jeweils der Endtermin angegeben (FK-*Schmerbach*, § 28 Rn 5). Die Anmeldefrist ist keine Ausschlussfrist (s. u. § 177 Rn 3).

2. Mitteilung von Sicherungsrechten

In dem Eröffnungsbeschluss sind die Gläubiger weiterhin aufzufordern, 3 dem InsVerw die von ihnen geltend gemachten Sicherungsrechte (Absonderungsrechte) mitzuteilen. Dabei trifft die Gläubiger die Obliegenheit, den InsVerw rechtzeitig über die geltend gemachten Sicherungsrechte aufzuklären. Eine **Verletzung der Obliegenheit führt zu einer Schadensersatzpflicht des betroffenen Gläubigers**. Die Schadensersatzpflicht kann im äußersten Fall dazu führen, dass der Gläubiger mit seiner gesicherten Forderung in voller Höhe ausfällt. Letzteres wird etwa dann der Fall sein, wenn der InsVerw einen mit einem Sicherungsrecht belasteten Massegegenstand bereits verwertet und den Erlös an die Insolvenzgläubiger ausgeschüttet hat. Im Ergebnis wird der Schadensersatz gemäß Abs 2 S 3 immer auf eine Minderung des Verwertungserlöses hinauslaufen. Die Gläubiger haben das jeweilige Sicherungsrecht sowie die gesicherte Forderung genau zu bezeichnen und nachzuweisen. Bei unvollständiger Mitteilung wird der InsVerw zunächst verpflichtet sein, den Gläubiger eine Vervollständigung der Angaben zu ermöglichen.

3. Zahlungsverbot an den Schuldner

Abs 3 korrespondiert mit § 82 (vgl die Kommentierung dort). Der 4 Eröffnungsbeschluss ist zur Sicherstellung der **Bösgläubigkeit der Drittschuldner den dem Schuldner bekannten Debitoren zugänglich zu machen**. In der Praxis ist dem InsVerw zu empfehlen, den entsprechenden Eröffnungsbeschluss unverzüglich per Fax an die Debitoren zu senden. Die dingliche Wirkung des Zahlungsverbotes wird erst durch die Bekanntgabe gemäß § 82 erzielt. Zur Frage der öffentlichen Bekanntmachung des Zahlungsverbotes sowie der Beweislastverteilung (vgl unten § 82 Rn 4f).

§ 29 Terminbestimmungen

(1) Im Eröffnungsbeschluß bestimmt das Insolvenzgericht Termine für:
1. eine Gläubigerversammlung, in der auf der Grundlage eines Berichts des Insolvenzverwalters über den Fortgang des Insolvenzverfahrens beschlossen wird (Berichtstermin); der Termin soll nicht über sechs Wochen und darf nicht über drei Monate hinaus angesetzt werden;

§ 29   2. Teil. Eröffnung des Insolvenzverfahrens

2. eine Gläubigerversammlung, in der die angemeldeten Forderungen geprüft werden (Prüfungstermin); der Zeitraum zwischen dem Ablauf der Anmeldefrist und dem Prüfungstermin soll mindestens eine Woche und höchstens zwei Monate betragen.
(2) Die Termine können verbunden werden.

Literatur: s Lit. zu §§ 27 u. 28.

I. Entstehungsgeschichte und Normzweck

1. Entstehungsgeschichte

1 In der Vorschrift wird der Regelungsgegenstand der §§ 110 und 138 KO fortgeführt und teilweise abgeändert. Entgegen der alten Regelung wird jetzt das Verfahren stärker konzentriert, da spätestens 3 Monate nach Eröffnung ein Termin stattfindet, in dem sämtliche entscheidenden Beschlüsse für den weiteren Verfahrensfortgang getroffen werden müssen. Die Möglichkeit, Berichts- und Prüfungstermin zu verbinden, bestand auch schon nach § 110 Abs 2 KO.

2. Normzweck

2 Die von Gesetzes wegen einzuhaltenden Fristen sollen einen zügigen Verfahrensablauf gewährleisten. Daher hat das Gericht bereits im Eröffnungsbeschluss die Daten der abzuhaltenden Termine festzulegen (BegrRegE, *Kübler/Prütting*, S 179).

II. Regelungsinhalt

1. Berichtstermin

3 **a) Allgemeines.** Der Berichtstermin gemäß § 29 Abs 1 Nr 1 ist der für den weiteren Gang des Verfahrens maßgebliche Termin, in dem alle wesentlichen Entscheidungen zu treffen sind. Er hat innerhalb der ersten sechs Wochen nach Bekanntmachung des Eröffnungsbeschlusses stattzufinden. Später als drei Monate nach Bekanntmachung darf der Termin nicht stattfinden. Im vereinfachten Insolvenzverfahren findet der Berichtstermin hingegen gemäß § 312 Abs 1 nicht statt.

4 **b) Bedeutung des Berichtstermins.** An den Berichtstermin werden vom Gesetz eine Vielzahl von Rechtswirkungen geknüpft. So kann etwa der InsVerw bei einer unter Eigentumsvorbehalt stehenden beweglichen Sache mit der **Ausübung seines Wahlrechtes gemäß § 103 Abs 2 S 2 bis zum Berichtstermin warten (§ 107 Abs 2 S 1)**. In dem Berichtstermin stellt der InsVerw die ihm bislang bekannt gewordene wirtschaftliche Situation des Schuldners dar. Bei unbeweglichen Gegen-

Terminbestimmungen **§ 29**

ständen markiert der Berichtstermin den Zeitpunkt, bis zu dem der InsVerw eine Zwangsversteigerung gemäß § 30d Abs 1 Nr 1 ZVG einstellen kann. Anhand der den **Gläubigern** in diesem Zusammenhang bekannt werdenden Tatsache, **können diese entscheiden, ob das Unternehmen fortzuführen oder endgültig stillzulegen ist**, ob eine durch das Gericht bereits genehmigte Stilllegung bestätigt wird, ob ein InsPlan auszuarbeiten oder – sofern ein solcher bereits vorliegt – durchzuführen ist.

2. Prüfungstermin

Im Prüfungstermin, welcher gemäß Abs 2 mit dem Berichtstermin verbunden werden kann, werden die beim InsVerw angemeldeten Forderungen geprüft und entsprechend der sich dem InsVerw zeigenden Berechtigung der Forderung von diesem festgestellt oder bestritten. Zu den Einzelheiten vgl unten §§ 167ff. Eine Verbindung der Termine findet in der Praxis nur in einfach gelagerten Verfahren statt. 5

3. Zuständigkeit

Für die Bestimmung von Berichts- und Prüfungstermin ist grundsätzlich der **Rechtspfleger** zuständig. Allerdings wird der Eröffnungsbeschluss in der Praxis vom zuständigen Insolvenzrichter erlassen. Der Richter wird auf die terminlichen Belange des die Termine abhaltenden Rechtspflegers jedenfalls Rücksicht nehmen müssen. Eine vorherige terminliche Abstimmung ist erforderlich (N/R-*Mönning*, § 29 Rn 26; *Jaeger* § 29 Rn 7). Auch der InsVerw sollte in die Fristenplanung einbezogen werden. 6

4. Zu beachtende Fristen

a) Bestimmung des Berichtstermins. Der Berichtstermin soll innerhalb der ersten sechs Wochen nach Bekanntmachung des Eröffnungsbeschlusses stattfinden. In der Praxis stellt die **6-Wochen-Frist allerdings eher eine Untergrenze** dar, da der InsVerw den erforderlichen Bericht dergestalt erstellen können muss, dass den Gläubigern eine geeignete Entscheidungsgrundlage zur Verfügung steht. **Später als drei Monate** nach Bekanntmachung des Eröffnungsbeschlusses **darf der Termin nicht angesetzt werden**. Eine weitere Verlängerung sieht das Gesetz somit unter keinen Umständen vor. In der **Praxis** kann dies bei Überlastung des Gerichts zu erheblichen **Problemen** führen. 7

b) Prüfungstermin. Die in Abs 1 Nr 2 genannten Fristen sind im Zusammenhang zu sehen mit § 28 Abs 1 S 2. Den Gläubigern ist danach eine Frist von höchstens drei Monaten zur Anmeldung ihrer Forderung zu setzen. Der Prüfungstermin soll frühestens eine Woche nach Ablauf der Anmeldefrist angesetzt werden. 8

Leithaus

§ 30 Bekanntmachung des Eröffnungsbeschlusses

(1) ¹Die Geschäftsstelle des Insolvenzgerichts hat den Eröffnungsbeschluß sofort öffentlich bekanntzumachen. ²Die Bekanntmachung ist, unbeschadet des § 9, auszugsweise im Bundesanzeiger zu veröffentlichen.

(2) Den Gläubigern und Schuldnern des Schuldners und dem Schuldner selbst ist der Beschluß besonders zuzustellen.

Literatur: *Franke/Burger,* NZI 2001, 403 ff; *Uhlenbruck,* ZInsO 2001, 977 ff.

I. Entstehungsgeschichte und Normzweck

1. Entstehungsgeschichte

1   Die Vorschrift entspricht inhaltlich und vom Wortlaut her weit gehend dem alten Recht (§ 111 KO). Im Zuge des Gesetzgebungsverfahrens gab es eine Reihe kleinerer technischer Änderungen, welche auf die praktische Anwendung der Vorschrift jedoch keine Auswirkung haben (BegrRAussch, *Kübler/Prütting,* S 200). Aufgrund des InsOÄndG 2001 wurde Abs 3 gestrichen und weit gehend unverändert in § 20 Abs 2 verschoben.

2. Normzweck

2   Die Norm korrespondiert mit § 82 sowie § 9. Die Bekanntmachung des Eröffnungsbeschlusses führt zu einer Beweislastumkehr in Bezug auf die Bösgläubigkeit von Gläubigern, welche nach Eröffnungsbeschluss noch an den Schuldner mit befreiender Wirkung leisten wollen.

II. Regelungsinhalt

1. Bekanntmachung des Eröffnungsbeschlusses

3   Die Norm bestimmt zum einen, dass der Eröffnungsbeschluss bekannt gemacht werden muss, zum anderen bestimmt er, auf welche Weise die Bekanntmachung zu erfolgen hat. **Abs 1 verweist auf § 9 (Bekanntmachung** „in dem für amtliche Bekanntmachungen des Gerichts bestimmten Blatt") und ergänzt die Vorschrift klarstellend insoweit, als eine Veröffentlichung in jedem Fall auch – auszugsweise – im Bundesanzeiger zu erfolgen hat. Es steht im **Ermessen des Richters**, weiter gehende Veröffentlichungen gemäß § 9 Abs 2 zu veranlassen (K/P-*Pape,* § 30 Rn 2; *Jaeger,* § 30 Rn 8, vgl auch oben § 9).

2. Zustellung

4   Neben der öffentlichen Bekanntmachung des Eröffnungsbeschlusses ist dieser zusätzlich den unmittelbar beteiligten Personen zuzustellen. Das Gesetz nennt hier die **Gläubiger und Debitoren des Schuldners so-**

wie den Schuldner selbst. Aufgrund der Vorschrift des § 8 Abs 2 hat eine Zustellung nur an solche Personen zu erfolgen, deren Aufenthalt bekannt ist. Obwohl nicht gesondert im Gesetz geregelt, ist der Eröffnungsbeschluss selbstverständlich auch dem InsVerw zuzustellen.

§ 31 Handels-, Genossenschafts-, Partnerschafts- oder Vereinsregister

Ist der Schuldner im Handels-, Genossenschafts-, Partnerschafts- oder Vereinsregister eingetragen, so hat die Geschäftsstelle des Insolvenzgerichts dem Registergericht zu übermitteln:
1. **im Falle der Eröffnung des Insolvenzverfahrens eine Ausfertigung des Eröffnungsbeschlusses;**
2. **im Falle der Abweisung des Eröffnungsantrags mangels Masse eine Ausfertigung des abweisenden Beschlusses, wenn der Schuldner eine juristische Person oder eine Gesellschaft ohne Rechtspersönlichkeit ist, die durch die Abweisung mangels Masse aufgelöst wird.**

Literatur: *Vallender*, NZG 1998, 249 ff.

I. Allgemeines

§ 31 Nr 1 entspricht § 112 KO. Nr 2 war erforderlich geworden, da die Regelungen des bisherigen Löschungsgesetzes aus systematischen Gründen in die InsO übernommen wurden (N/R-*Mönning*, § 31 Rn 2; *Jaeger*, § 31 Rn 1). Die Vorschrift ergänzt die übrigen Publizitätsvorschriften der InsO (zB §§ 9, 23, 30). 1

II. Regelungsinhalt

Soweit der Schuldner in einem öffentlichen Register eingetragen ist, ist die Tatsache der Insolvenzeröffnung (Nr 1) bzw einer Abweisung mangels Masse (Nr 2) ebenfalls in dem jeweiligen Register einzutragen. Zu diesem Zwecke teilt das InsGericht dem zuständigen Registergericht die entsprechende Tatsache zum Zwecke der Eintragung mit. Die Verfahrenseröffnung ist gemäß Nr 1 bei allen juristischen Personen bzw Gesellschaften ohne Rechtspersönlichkeit einzutragen. Die **Abweisung mangels Masse wird hingegen nur dann dem Registergericht mitgeteilt, wenn es sich um eine juristische Person** bzw um eine Gesellschaft ohne Rechtspersönlichkeit handelt, welche im Falle der Abweisung mangels Masse von Amts wegen zu löschen sind. Letzteres gilt nur für solche Gesellschaften, bei denen kein persönlich haftender Gesellschafter eine natürliche Person ist (N/R-*Mönning*, § 31 Rn 14; *Jaeger*, § 31 Rn 5 ff). 2

§ 32 Grundbuch

(1) Die Eröffnung des Insolvenzverfahrens ist in das Grundbuch einzutragen:
1. bei Grundstücken, als deren Eigentümer der Schuldner eingetragen ist;
2. bei den für den Schuldner eingetragenen Rechten an Grundstücken und an eingetragenen Rechten, wenn nach der Art des Rechts und den Umständen zu befürchten ist, daß ohne die Eintragung die Insolvenzgläubiger benachteiligt würden.

(2) [1]Soweit dem Insolvenzgericht solche Grundstücke oder Rechte bekannt sind, hat es das Grundbuchamt von Amts wegen um die Eintragung zu ersuchen. [2]Die Eintragung kann auch vom Insolvenzverwalter beim Grundbuchamt beantragt werden.

(3) [1]Werden ein Grundstück oder ein Recht, bei denen die Eröffnung des Verfahrens eingetragen worden ist, vom Verwalter freigegeben oder veräußert, so hat das Insolvenzgericht auf Antrag das Grundbuchamt um Löschung der Eintragung zu ersuchen. [2]Die Löschung kann auch vom Verwalter beim Grundbuchamt beantragt werden.

Literatur: *Keller*, RPfleger 2000, 201 ff.

I. Allgemeines

1   Die Vorschrift entspricht weit gehend §§ 113 f KO. Hinzu gekommen ist die Möglichkeit des InsVerw gemäß Abs 3 S 2, die Löschung der Eintragung selbst zu veranlassen (BegrRegE, *Kübler/Prütting*, 201; *Jaeger*, § 32 Rn 2). Auch § 32 dient einer möglichst weitreichenden Publizität der Verfahrenseröffnung. Die Eintragung der Eröffnung in das Grundbuch sowie vergleichbare Register ist aufgrund des starken Gutglaubensschutzes nach § 892 BGB besonders wichtig (MK-InsO/*Schmahl*, §§ 32, 33 Rn 1; Uhlenbruck/*Uhlenbruck*, § 32 Rn 1; *Jaeger*, § 32 Rn 3).

II. Regelungsinhalt

1. Eigentumsrecht des Schuldners

2   Nach Abs 1 Nr 1 ist die Eröffnung des Insolvenzverfahrens in jedem Fall im Grundbuch einzutragen, wenn der Schuldner als (Mit-) Eigentümer eingetragen ist. Dies gilt selbst dann, wenn das Gericht und der InsVerw das betreffende Grundstück aufgrund vorrangiger Grundpfandrechte für wertlos halten (K/P-*Holzer*, § 32 Rn 2). Keine Eintragung ist hingegen erforderlich, wenn der InsVerw das Grundstück freigeben möchte (MK-InsO/*Schmahl*, §§ 32, 33 Rn 16).

Grundbuch §32

2. Sonstige Grundstücksrechte des Schuldners

Im Gegensatz zur zwingenden Eintragung gemäß Nr 1 steht dem Ins- 3
Gericht sowie dem InsVerw bezüglich einer Eintragung der Eröffnung
des Insolvenzverfahrens bei sonstigen Grundstücksrechten ein Ermessen
zu. Hier ist eine Eintragung nur dann vorzunehmen, wenn ohne die Eintragung
die Insolvenzgläubiger benachteiligt werden können. Eine Eintragung
ist etwa entbehrlich, wenn über das Grundstücksrecht ein Brief
erteilt ist und dieser sich in der Hand des InsVerw befindet (*Kuhn/Uhlenbruck*,
§ 113 KO Rn 3). Ansonsten dürfte auch im Falle der Nr 2 eine Eintragung
aufgrund des Haftungsrisikos immer vorzunehmen sein.

3. Verfahren

Nach Abs 2 können – ebenso wie bisher nach § 113 Abs 3 KO – die 4
Eintragungen des Sperrvermerkes in das Grundbuch sowohl vom InsGericht
als auch vom InsVerw beim Grundbuchamt beantragt werden.
Dabei hat stets derjenige den Antrag unverzüglich zu stellen, dem das Bestehen
eines zu sperrenden Rechtes zuerst bekannt geworden ist. Das InsGericht
wird routinemäßig bei den örtlich umliegenden Registergerichten
Auskünfte einholen. Eine diesbezügliche Verpflichtung besteht
jedoch nicht. Der InsVerw hat insoweit weiter gehende Möglichkeiten,
als ihm die Geschäftsunterlagen des Schuldners zugänglich gemacht werden
müssen. InsGericht und InsVerw sind auch bei späterer Kenntniserlangung
noch zur sofortigen Antragstellung verpflichtet (MK-InsO/
Schmahl, §§ 32, 33 Rn 22, 26).

4. Grundbuchsperre

Die Eintragung des Insolvenzvermerkes in das Grundbuch **beendet** 5
den Gutglaubensschutz gemäß § 892 BGB (*Kilger/K. Schmidt*, § 113
KO Rn 4; *Jaeger*, § 32 Rn 29). Die Grundbuchsperre wirkt jedoch nur für
solche Grundbuchänderungen, welche **nach** Eintragung des Insolvenzvermerkes
beantragt wurden (FK-*Schmerbach*, § 32 Rn 12; *Jaeger*, § 32
Rn 30). Häufig wird aufgrund von § 23 Abs 3 bereits eine Verfügungsbeschränkung
vor Eröffnung des Verfahrens im Grundbuch eingetragen
und auf diese Weise bereits eine Grundbuchsperre bewirkt worden sein.
Gleichwohl hat eine Eintragung gemäß § 32 noch zusätzlich zu erfolgen
(MK-InsO/*Schmahl*, §§ 32, 33 Rn 20; Uhlenbruck/*Uhlenbruck*, § 32
Rn 7).

5. Löschung der Eintragung

Soweit für den Insolvenzvermerk kein Bedürfnis (mehr) besteht, weil 6
der InsVerw das Grundstück entweder **freigegeben oder veräußert** hat,
ist dafür zu sorgen, dass eine Löschung des Insolvenzvermerkes erfolgt. Ei-

nen entsprechenden Antrag können sowohl das InsGericht als auch der InsVerw beim Grundbuchamt stellen. Weiterhin ist eine Löschung zu veranlassen nach **Aufhebung oder Einstellung des Insolvenzverfahrens** bzw – bei einer Eintragung gemäß § 23 Abs 3 – bei einer Abweisung mangels Masse gemäß § 26 (FK-*Schmerbach*, § 32 Rn 19). Ausf zur Löschung MK-InsO/*Schmahl*, §§ 32, 33 Rn 57 ff; *Jaeger*, § 32 Rn 36 ff.

§ 33 Register für Schiffe und Luftfahrzeuge

¹**Für die Eintragung der Eröffnung des Insolvenzverfahrens in das Schiffsregister, das Schiffsbauregister und das Register für Pfandrechte an Luftfahrzeugen gilt § 32 entsprechend.** ²**Dabei treten an die Stelle der Grundstücke die in diese Register eingetragenen Schiffe, Schiffsbauwerke und Luftfahrzeuge, an die Stelle des Grundbuchamts das Registergericht.**

Die Vorschrift bezieht sich vollinhaltlich auf die vorstehende Norm des § 32, so dass auf die Kommentierung zu § 32 verwiesen werden kann.

§ 34 Rechtsmittel

(1) Wird die Eröffnung des Insolvenzverfahrens abgelehnt, so steht dem Antragsteller und, wenn die Abweisung des Antrags nach § 26 erfolgt, dem Schuldner die sofortige Beschwerde zu.

(2) Wird das Insolvenzverfahren eröffnet, so steht dem Schuldner die sofortige Beschwerde zu.

(3) ¹**Sobald eine Entscheidung, die den Eröffnungsbeschluß aufhebt, Rechtskraft erlangt hat, ist die Aufhebung des Verfahrens öffentlich bekanntzumachen.** ²**§ 200 Abs. 2 S. 2 und 3 gilt entsprechend.** ³**Die Wirkungen der Rechtshandlungen, die vom Insolvenzverwalter oder ihm gegenüber vorgenommen worden sind, werden durch die Aufhebung nicht berührt.**

Literatur: Pape, NJW 2001, 23 ff; *ders.*, in: FS-*Uhlenbruck*, S 49 ff; *Uhlenbruck*, NZI 1999, 175 ff.

I. Entstehungsgeschichte und Normzweck

1. Entstehungsgeschichte

1   Abs 1 und 2 sind inhaltlich übereinstimmend mit § 109 KO. Abs 3 entspricht weitgehend § 116 KO. Abs 3 S 3 stellt ausdrücklich den auch bisher nach der KO schon angenommenen Rechtszustand klar.

2. Normzweck

Die Vorschrift ist im Zusammenhang mit § 6 zu sehen, wonach nur in solchen Fällen eine sofortige Beschwerde möglich ist, in denen die InsO dies ausdrücklich zulässt. Nach der BegrRegE stellen sowohl die **Eröffnung als auch die Ablehnung eines Eröffnungsantrages** so schwerwiegende Entscheidungen dar, dass diese **beschwerdefähig** sein müssen (BegrRegE, *Kübler/Prütting*, 203; *Jaeger*, § 34 Rn 4). Abs 3 S 1 und 2 regeln eine Selbstverständlichkeit, wonach bei einer Entscheidung, welche einen Eröffnungsbeschluss aufhebt, ein umgekehrtes Publizitätserfordernis besteht (MK-InsO/*Schmahl*, § 34 Rn 21).

II. Regelungsinhalt

1. Beschwerdebefugnis bei Ablehnung des Eröffnungsantrages

a) Ablehnung der Eröffnung aus „sonstigen" Gründen. Weist das InsGericht einen Antrag auf Eröffnung des Verfahrens ab, so ist regelmäßig jeder Antragsteller berechtigt, gegen den ablehnenden Beschluss eine sofortige Beschwerde einzulegen. Eine Abweisung des Insolvenzantrages kommt aus formellen (zB mangelnde örtliche Zuständigkeit) oder materiellen (mangelndes Vorliegen eines Insolvenzgrundes gemäß § 16) Gründen in Betracht. Beschwert ist in diesen Fällen stets der Antragsteller, also der Schuldner bei einem Eigenantrag sowie der Gläubiger bei einem Fremdantrag.

b) Abweisung mangels Masse. Lediglich bei einer Abweisung mangels Masse nach § 26 steht die Beschwerdebefugnis ausschließlich dem Schuldner selber zu. Dies gilt unabhängig davon, ob dem Abweisungsbeschluss ein Eigen- oder ein Fremdantrag voranging. Der Gesetzgeber ging davon aus, dass der Gläubiger durch eine Abweisung des Insolvenzantrages mangels Masse nicht – zusätzlich – beschwert ist. Der **Gläubiger hat somit keinen Anspruch darauf, dass ein Verfahren letztlich eröffnet** wird. Dies gilt selbst dann, wenn ein Abweisungsbeschluss zu Unrecht erfolgte, etwa weil entgegen der Auffassung des Gerichts eine ausreichende Masse zur Verfügung gestanden hätte.

c) Sonderfall: Herbeiführung einer Abweisung mangels Masse. Umstritten ist die Frage, ob der Schuldner bei Vorliegen eines Gläubigerantrages gegen den Eröffnungsbeschluss Beschwerde mit dem Ziel einlegen kann, die Abweisung mangels Masse herbeizuführen (**für** eine Zulässigkeit: OLG Stuttgart, ZIP 1989, 1070, **dagegen:** LG Mönchengladbach, ZIP 1997, 1384, LG München II, ZIP 1996, 1952). Der ablehnenden Auffassung ist der Vorzug zu geben, da ein Ziel der InsO die ord-

§ 34 2. Teil. Eröffnung des Insolvenzverfahrens

nungsgemäße Abwicklung des Schuldnervermögens ist (*Jaeger*, § 34 Rn 26).

2. Rechtsmittel gegen den Eröffnungsbeschluss

4   Gegen den Beschluss zur Eröffnung des Insolvenzverfahrens steht (nur) dem Schuldner die sofortige Beschwerde zu. Der den Antrag stellende Gläubiger ist durch den Eröffnungsbeschluss nicht beschwert, da dieser seinem Antrag entspricht. Zusätzlich zum Erfordernis des Eröffnungsbeschlusses ist beim Schuldner noch eine Beschwer zu verlangen. Stellt der Schuldner selber den Antrag und wird diesem Antrag vom InsGericht entsprochen, so fehlt es an einer formellen Beschwer (FK-*Schmerbach*, § 34 Rn 13). **Ausnahmsweise ist trotz fehlender formeller Beschwer die Zulässigkeit der sofortigen Beschwerde jedoch in bestimmten Fällen gegeben**, so etwa wenn ein ursprünglich vorhandener Eröffnungsgrund nachträglich weggefallen ist (vgl hierzu die bei MK-InsO/*Schmahl*, § 34 Rn 29 ff aufgeführten Fälle). Keine Beschwer des Schuldners wird man annehmen können, wenn er die Eröffnung beantragt hat und das Gericht – entgegen der Vorstellung des Schuldners – den Antrag nicht mangels Masse abweist, sondern das Verfahren eröffnet (vgl oben Rn 2).

3. Aufhebung des Eröffnungsbeschlusses

5   **a) Allgemeines.** Sofern eine sofortige Beschwerde gegen den Eröffnungsbeschluss zulässig und begründet ist, wird das Beschwerdegericht den Beschluss aufheben. Die Aufhebung des Eröffnungsbeschlusses ist – entsprechend dem ursprünglichen Eröffnungsbeschluss – gemäß § 34 Abs 3 öffentlich bekannt zu machen. Die Vorschrift **verweist auf § 200 Abs 2 S 2 und 3**, welcher wiederum auf die Vorschriften der §§ 31 bis 33 InsO verweist. Durch die Aufhebung des Eröffnungsbeschlusses wird somit ein Umkehrungsprozess in Gang gesetzt.

6   **b) Zustellung.** Die öffentliche Bekanntmachung hat gemäß § 9 zu erfolgen. Danach ist nicht erforderlich, dass der Aufhebungsbeschluss auch den betroffenen Personen unmittelbar zugestellt wird. Allerdings sollte das InsGericht eine solche Zustellung im Regelfall nach pflichtgemäßen Ermessen zusätzlich vornehmen.

4. Verfahrensfortgang

7   Hilft das AG als InsGericht der Beschwerde nicht ab, so entscheidet das LG über die sofortige Beschwerde gemäß § 6 InsO (s § 6 Rn 19). Gegen eine Entscheidung des LG steht der beschwerten Partei die **Rechtsbeschwerde gemäß § 7 InsO zum BGH** zu (s § 7 Rn 1).

5. Auswirkungen des Aufhebungsbeschlusses

a) Entfallen der materiellen Wirkungen des Eröffnungsbeschlusses. Erst mit Rechtskraft (MK-InsO/*Schmahl*, § 34 Rn 85) fallen die rechtlichen Auswirkungen des Eröffnungsbeschlusses rückwirkend (MK-InsO/*Schmahl*, § 34 Rn 87; K/P-*Pape*, § 34 Rn 20; Uhlenbruck/*Uhlenbruck*, § 34 Rn 32) weg. Der Schuldner ist – soweit rechtlich und tatsächlich möglich (siehe zum Sonderfall des § 104: *Pape* aaO) – so zu stellen, als habe eine Eröffnung des Verfahrens niemals stattgefunden.

8

b) Rechtshandlungen des InsVerw während des Verfahrens. Die vom InsVerw nach Verfahrenseröffnung und bis zur Rechtskraft des Aufhebungsbeschlusses vorgenommenen Rechtshandlungen bleiben gemäß Abs 3 S 3 unberührt. So sind etwa die vom InsVerw begründeten Verbindlichkeiten aus dem Vermögen des Schuldners in jedem Falle zu erfüllen. Dem **Schuldner stehen insoweit lediglich Sekundäransprüche** gegen den InsVerw bzw Amtshaftungsansprüche wegen eines möglichen Verschuldens des InsGericht zu (MK-InsO/*Schmahl*, § 34 Rn 107).

9

2. Abschnitt. Insolvenzmasse. Einteilung der Gläubiger

§ 35 Begriff der Insolvenzmasse

Das Insolvenzverfahren erfaßt das gesamte Vermögen, das dem Schuldner zur Zeit der Eröffnung des Verfahrens gehört und das er während des Verfahrens erlangt (Insolvenzmasse).

Literatur: *Dörndorfer*, NZI 2000, S 292 ff; *Gerhardt*, ZInsO 2000, S 574 ff; *Gerigk*, ZInsO 2001, S 931 ff; *Henning*, ZInsO 1999, S 333 ff; *Uhlenbruck*, ZIP 2000, S 401 ff; *ders.*, ZInsO 2001, S 977 ff; *Voigt/Gerke*, ZInsO 2002, S 1054 ff.

I. Allgemeines

Die Vorschrift lehnt sich an § 1 Abs 1 KO an, enthält jedoch im Vergleich zu dieser lediglich Abweichungen in Formulierungen. Das InsVerfahren erfasst allerdings – im Gegensatz zum alten Recht – auch das Vermögen, das der Schuldner „während des Verfahrens" erlangt. Der im Konkursrecht geltende Grundsatz „Neuerwerb ist konkursfrei" wurde damit aufgegeben (BegrRegE, *Kübler/Prütting*, 205; Uhlenbruck/*Uhlenbruck*, § 35 Rn 3; Jaeger, § 35 Rn 161). § 35 definiert zusammen mit der Norm des § 36 die zur Befriedigung der Gläubiger dienende (§ 38) „Soll-Masse" (*Braun/Bäuerle*, § 35 Rn 1).

1

II. Regelungsinhalt

1. Definition der Insolvenzmasse

2   § 35 definiert die Insolvenzmasse als „das gesamte Vermögen, das dem Schuldner zur Zeit der Eröffnung des Verfahrens gehört und das er während des Verfahrens erlangt". Allg wird unterschieden zwischen Soll- und Ist-Masse. Während die Ist-Masse die Insolvenzmasse umfasst, welche der InsVerw bei Beginn des Verfahrens tatsächlich in Anspruch nimmt (vgl §§ 80, 81), stellt die in §§ 35 und 36 definierte Soll-Masse jene Insolvenzmasse dar, welche auch rechtlich zur Befriedigung der InsGl dient (MK-InsO/*Lwowski*, § 35 Rn 20; Jaeger, § 35 Rn 7).

2. Bestandteile der Insolvenzmasse

3   **a) Allgemeines.** § 35 ist stets im Zusammenhang mit § 36 zu lesen. Grundsätzlich gehören daher nur pfändbare Gegenstände (Ausnahmen s § 36) zur Soll-Masse nach § 35. Zur Insolvenzmasse gehören nur schuldnereigene Gegenstände, also auch Gegenstände, an welchen ein Absonderungsrecht (§§ 49 ff) besteht. Nicht zur Sollmasse gehören solche Gegenstände, welche von schuldnerfremden Personen nach § 47 ausgesondert werden können.

4   **b) Bewegliche Sachen.** Zur Masse gehören bewegliche Sachen, welche sich im Eigentum des Schuldners befinden. Dies gilt etwa nicht für vom Schuldner gemietete oder geleaste Gegenstände. Auch schuldnerfremde Sachen, an denen der Schuldner ein dingliches Recht hat, gehören nicht zur Insolvenzmasse; dies gilt nur für das dingliche Recht.

5   **c) Unbewegliche Gegenstände.** Zu den zur Insolvenzmasse zählenden unbeweglichen Gegenständen, Grundstücke, Wohnungseigentum sowie grundstücksgleiche Rechte (etwa das Erbbaurecht). Auch dingliche Rechte an fremden Grundstücken (etwa Grundschulden, Grunddienstbarkeiten etc.) gehören zur Insolvenzmasse. Der InsVerw kann – sofern der Sicherungsfall eingetreten ist – aus einer zugunsten des Schuldners bestellten Grundschuld an einem schuldnerfremden Grundstück die Zwangsversteigerung betreiben. Zur Insolvenzmasse gehören auch dingliche Rechte an im Schiffsregister oder Schiffsbauwerkeregister eingetragenen Schiffen oder Schiffsbauwerken sowie in der Luftfahrzeugrolle eingetragenen Luftfahrzeugen. Nicht eingetragene Schiffe, Schiffsbauwerke und Luftfahrzeuge gehören zu den beweglichen Gegenständen (s. o. Rn 4).

6   **d) Gesellschafterrechte.** Zur Insolvenzmasse gehören auch sämtliche Beteiligungen des Schuldners an (anderen) Gesellschaften und die sich aus der Beteiligung ergebenden Vermögensrechte wie Abfindungsguthaben,

Gewinnansprüche etc.. Die Gesellschafterrechte werden – sofern gesetzlich und/oder gesellschaftsvertraglich zulässig – vom InsVerw wahrgenommen (s. u. § 80 Rn 5). Die Insolvenz eines Gesellschafters kann wegen gesellschaftsvertraglicher und/oder gesetzlicher Vorschriften zur Auflösung der Gesellschaft führen. Zur Insolvenzmasse gehören auch solche Forderungen des Schuldners (als Kapitalgesellschaft) gegen Gesellschafter und/oder Geschäftsführer wegen verbotener Rückzahlung von Einlagen und/oder Kapital ersetzenden Leistungen (ausf. MK-InsO/*Lwowski*, § 35 Rn 149 ff sowie Uhlenbruck/*Uhlenbruck*, § 35 Rn 93 ff).

e) Sonstige Rechte und Forderungen. Auch Forderungen des 7
Schuldners gegen dritte Personen gehören zur Insolvenzmasse und werden vom InsVerw eingezogen. Letzteres gilt auch für solche Forderungen, welche der Schuldner (wirksam) zur Sicherheit an Dritte abgetreten hat. Solche Forderungen gehören zwar grundsätzlich nicht (mehr) zur Soll-Masse. Dem InsVerw steht jedoch nach § 166 Abs 2 ein Einziehungsrecht und der Insolvenzmasse eine Feststellungs- und Verwertungskostenpauschale nach § 171 zu. Gebührenforderungen von Steuerberatern sind grundsätzlich pfändbar und Insolvenzbeschlag (BGH NJW 1999, 1544 ff). Sonstige Rechte stellen etwa Immaterialgüterrechte wie Patente, Marken und dingliche Nutzungsrechte dar (*Braun/Bäuerle*, § 35 Rn 19; ausführlich Jaeger, § 35 Rn 37 ff). Auch ausschließliche Lizenzen (im Gegensatz zu einfachen Lizenzen) können bei dinglicher Ausgestaltung zur Insolvenzmasse gehören (MK-InsO/*Lwowski*, § 35 Rn 322 mwN; Jaeger, § 35 Rn 62).

3. Freigabebefugnis

a) Allgemeines. Der InsVerw ist berechtigt und – unter gewissen 8
Umständen sogar verpflichtet – bestimmte Massegegenstände freizugeben. Hierbei wird unterschieden zwischen der „echten" und der „unechten" Freigabe. Eine „echte" Freigabe ist dann anzunehmen, wenn ein Vermögensgegenstand entweder keinen Vermögenswert repräsentiert oder der Verwertungserlös zu den Kosten und/oder dem Aufwand der Verwertung außer Verhältnis stünde. Eine solche Freigabe löst den freigegebenen Gegenstand dauerhaft aus der Insolvenzmasse (*Braun/Bäuerle*, § 35 Rn 75). In Betracht kommt auch eine eingeschränkte Freigabe von Massegegenständen an den Schuldner. So kann der InsVerw dem Schuldner die Befugnis erteilen, bestimmte Massegegenstände mit dem eigenen Namen mit der Maßgabe zu verwerten, dass Teile des Verwertungserlöses beim Schuldner verbleiben. Um Haftungsrisiken zu vermeiden, sollte der InsVerw eine „echte" Freigabe nur dann erklären, wenn ein (nennenswerter) Verwertungserlös ausgeschlossen werden kann. Eine „unechte" Frei-

gabe hingegen liegt vor, wenn lediglich Gegenstände an Aussonderungsgläubiger ausgegeben werden (K/P-*Holzer*, § 35 Rn 25).

9   b) Freigabe von Altlastengrundstücken. In Rechtsprechung und Literatur ist stark umstritten, ob und unter welchen Voraussetzungen ein InsVerw ein Altlastengrundstück dergestalt aus der Masse freigeben kann, dass die Masse nicht mit den Beseitigungskosten belastet wird (vgl zum Meinungsstand *Lwowski/Tetzlaff*, NZI 2001, S 57ff; *Kebekus* NZI 2001, S 63ff, jeweils mwN sowie unten § 55 Rn 6). Nach mittlerweile herrschender Auffassung dürfte es sich bei den Kosten für die Beseitigung von Altlasten regelmäßig um Masseverbindlichkeiten handeln. Sofern die Altlasten jedoch nicht vom InsVerw selber verursacht wurden, dürfte eine persönliche Haftung des InsVerw nach § 61 ausscheiden.

10   c) Übererlös bei echter Freigabe. In der Praxis kann es vorkommen, dass der Schuldner aus den vom InsVerw an ihn freigegebenen Gegenständen einen Übererlös erzielt. Hier wird allgemein angenommen, dass eine Anfechtung der Freigabe nach §§ 119, 123 BGB grundsätzlich zulässig ist. Allerdings stellt die irrige Annahme einer Unverwertbarkeit keinen beachtlichen Irrtum nach § 119 BGB dar (MK-InsO/*Lwowski*, § 35 Rn 100).

4. Neuerwerb

11   a) Allgemeines. Im Gegensatz zum alten Recht gehört auch der sog. Neuerwerb zur Insolvenzmasse nach § 35. Hierbei handelt es sich um Vermögenswerte, welche nach Eröffnung der Insolvenz durch den Schuldner erworben werden. Das Arbeitseinkommen gehört jedoch wegen § 36 Abs 1 nur insoweit zur Masse, wie es nach den Vorschriften der §§ 850ff ZPO pfändbar ist (K/P-*Holzer*, § 35 Rn 77; *Jaeger*, § 35 Rn 119). Hierzu gehören beim Schuldner als natürliche Person in erster Linie das Arbeitseinkommen und Zuwendungen durch Dritte (Schenkung, Erbschaft, Lottogewinn).

12   b) Neugläubiger. Aufgrund der Einbeziehung des Neuerwerbs in die Masse steht den Neugläubigern des Schuldners nur eine Vollstreckung in das insolvenzfreie Vermögen zu (K/P-*Holzer*, § 35 Rn 34; MK-InsO/*Lwowski*, § 35 Rn 60; *Jaeger*, § 35 Rn 121). Dies kann bei länger andauernden InsVerfahren über das Vermögen natürlicher Personen dazu führen, dass sich an die später beendete Insolvenz eine erneute Insolvenz in Ansehung der Neugläubiger anschließt. Zur Vermeidung dieses Zustandes sollte der InsVerw – sofern ausreichende Masse vorhanden ist – auf einen ausreichenden Unterhalt des Schuldners bedacht sein; die Insolvenzmasse sollte nicht auf Kosten der Neugläubiger ungerechtfertigte Gewinne einstreichen (*Lwowski* aaO Rn 65).

§ 36 Unpfändbare Gegenstände

(1) Gegenstände, die nicht der Zwangsvollstreckung unterliegen, gehören nicht zur Insolvenzmasse.
(2) Zur Insolvenzmasse gehören jedoch
1. die Geschäftsbücher des Schuldners; gesetzliche Pflichten zur Aufbewahrung von Unterlagen bleiben unberührt;
2. die Sachen, die nach § 811 Abs 1 Nr 4 und 9 der Zivilprozeßordnung nicht der Zwangsvollstreckung unterliegen.
(3) Sachen, die zum gewöhnlichen Hausrat gehören und im Haushalt des Schuldners gebraucht werden, gehören nicht zur Insolvenzmasse, wenn ohne weiteres ersichtlich ist, dass durch ihre Verwertung nur ein Erlös erzielt werden würde, der zu dem Wert außer allem Verhältnis steht.

Literatur: *Cepl*, NZI 2000, S 357 ff; s auch Lit. zu § 35.

I. Entstehungsgeschichte und Normzweck

Abs 1 und Abs 2 entsprechen weit gehend dem Regelungsinhalt von § 1 **1** Abs 1 und 3 KO. Abs 3 übernimmt sinngemäß § 812 ZPO und entspricht insoweit weitgehend § 1 Abs 4 KO (BegrRegE, *Kübler/Prütting*, S 207; Jaeger, § 36 Rn 1). Die Vorschrift regelt – weit gehend entsprechend dem alten Recht – Ausnahmen von der Massezugehörigkeit (insbes unpfändbare Gegenstände) sowie Rückausnahmen (Geschäftsbücher).

II. Regelungsinhalt

1. Unpfändbare Gegenstände

a) **Allgemeines.** Abs 1 stellt den Grundsatz auf, dass unpfändbare Ge- **2** genstände (§ 811 ZPO) nicht zur Masse gehören. Nur insoweit, wie eine Einzelzwangsvollstreckung nach den §§ 808–827 bzw §§ 864–871 ZPO zulässig ist, besteht auch eine Massezugehörigkeit.

b) **Pfändungsverbote in der ZPO.** Es gelten grundsätzlich die Pfän- **3** dungsverbote der ZPO (Ausnahmen s Rn 4 ff). Hierzu gehört im wesentlichen § 811 ZPO mit dem dortigen Katalog. Bei Forderungen, insbes Arbeitseinkommen, gelten die §§ 850 ff ZPO. Wegen der Einzelheiten ist auf die Spezialkommentierungen zur ZPO zu verweisen. Vgl auch MK-InsO/*Peters*, § 36 Rn 7 ff u. 40 ff.

2. Ausnahmen vom Pfändungsverbot

a) **Geschäftsbücher des Schuldners.** § 36 Abs 2 Nr 1 ordnet trotz **4** § 811 Nr 11 ZPO eine Zugehörigkeit der Geschäftsbücher des Schuldners zur Insolvenzmasse an. Klarstellend hat der Gesetzgeber noch angeordnet, dass die gesetzliche Pflicht zur Aufbewahrung der Unterlagen durch den Schuldner unberührt bleibt. Die in der KO enthaltene Beschränkung, wonach die Geschäftsbücher mit dem Geschäft im Ganzen nur insoweit veräußert werden dürfen, als sie zur Fortführung des Geschäftsbetriebs unentbehrlich sind, wurde in die InsO nicht einbezogen, da dies bei der Verwertung des Geschäftsbetriebs im Ganzen als unnötige Beschränkung angesehen wurde (BegrRegE, *Kübler/Prütting*, 207; Jaeger, § 36 Rn 10f). Abonnentenverzeichnisse, Kundenlisten und Kundenbücher fallen nach § 36 Abs 2 Nr 1 InsO in die Insolvenzmasse und dürfen demzufolge vom InsVerw verwertet werden (OLG Saarbrücken, ZIP 2001, 164 ff).

5   **b) Ausnahme von der Unpfändbarkeit nach § 811 Abs 1 Nr 4 und 9 ZPO.** Bei Insolvenzen von landwirtschaftlichen Betrieben und bei Apotheken würde eine Berufung auf die Unpfändbarkeitsregeln der Nr 4 bzw 9 des § 811 Abs 1 ZPO dazu führen, dass eine Fortführung in der Insolvenz unmöglich gemacht werden würde. Daher enthält § 36 Abs 2 – ebenso wie § 1 Abs 2 KO – eine entsprechende Ausnahmeregel.

6   **c) Hausrat.** Abs 3 enthält eine Vorschrift, welche vom Regelungsinhalt her § 812 ZPO entspricht. Während die ZPO lediglich eine Soll-Regelung enthält, ordnet Abs 3 an, dass der Hausrat grundsätzlich nicht zur Insolvenzmasse gehört. Lediglich dann, wenn es sich um wertvollen und damit (sinnvoll) verwertbaren Hausrat handelt, ist eine Zugehörigkeit des Hausrats zur Insolvenzmasse anzunehmen. Bei wertvollen Hausratsgegenständen dürfte – ebenso wie bei einer Unpfändbarkeit nach § 811 Abs 1 Nr 1 ZPO – eine „Austauschpfändung" in Betracht kommen (ähnlich: MK-InsO/*Peters*, § 36 Rn 12).

§ 37 Gesamtgut bei Gütergemeinschaft

(1) Wird bei dem Güterstand der Gütergemeinschaft das Gesamtgut von einem Ehegatten allein verwaltet und über das Vermögen dieses Ehegatten das Insolvenzverfahren eröffnet, so gehört das Gesamtgut zur Insolvenzmasse. Eine Auseinandersetzung des Gesamtguts findet nicht statt. Durch das Insolvenzverfahren über das Vermögen des anderen Ehegatten wird das Gesamtgut nicht berührt.

(2) Verwalten die Ehegatten das Gesamtgut gemeinschaftlich, so wird das Gesamtgut durch das Insolvenzverfahren über das Vermögen eines Ehegatten nicht berührt.

(3) Absatz 1 ist bei der fortgesetzten Gütergemeinschaft mit der Maßgabe anzuwenden, dass an die Stelle des Ehegatten, der das Gesamtgut allein verwaltet, der überlebende Ehegatte, an die Stelle des anderen Ehegatten die Abkömmlinge treten.

Begriff der Insolvenzgläubiger § 38

1. Allgemeines

Die Vorschrift übernimmt die Regelung aus § 2 KO nahezu wortidentisch. Die Regelung berücksichtigt die Besonderheiten der Gütergemeinschaft entsprechend §§ 740, 745 Abs 1 ZPO (BegrRegE, *Kübler/Prütting*, 207). 1

2. Verwaltung des Gesamtgutes durch den Schuldner

Für den Fall, dass nur einer der Ehegatten das Gesamtgut verwaltet, stellt Abs 1 für die Zugehörigkeit des Gesamtgutes auf die Person des Verwaltenden ab. Nur dann, wenn der Schuldner auch gleichzeitig derjenige ist, der das Gesamtgut verwaltet, gehört dieses zur Insolvenzmasse. Eine entsprechende Bestimmung muss nach § 1421 S 1 BGB im Ehevertrag vereinbart werden. Das Sonder- und Vorbehaltsgut des jeweils anderen Ehegatten bleibt von der Insolvenz des anderen Ehegatten unberührt (Abs 1 S 3). 2

3. Gemeinschaftliche Verwaltung des Gesamtgutes

Abs 2 bestimmt, dass bei gemeinschaftlicher Verwaltung des Gesamtgutes die Insolvenz über das Vermögen eines Ehegatten das Gesamtgut nicht berührt. Ein InsVerfahren über das Gesamtgut ist nur im Falle der fortgesetzten Gütergemeinschaft nach § 1483 Abs 1 BGB nach dem Tod eines Ehegatten möglich (§ 83 Abs 1 S 2, § 332 iVm §§ 315 ff; vgl MK-InsO/*Schumann*, § 37 Rn 39 ff; Jaeger, § 37 Rn 26 ff). Durch eine Eröffnung des InsVerfahrens über die fortgesetzte Gütergemeinschaft endet diese nicht (*Schumann* aaO Rn 16). Bei der Insolvenz eines Ehegatten beschränkt sich diese auf das Sonder- und Vorbehaltsgut des Ehegatten, der Schuldner des Verfahrens ist (*Schumann* aaO Rn 32; Jaeger, § 37 Rn 23 f). Es gilt eine widerlegbare Vermutung der Zugehörigkeit von Gegenständen zum Gesamtgut, § 1416 BGB. 3

§ 38 Begriff der Insolvenzgläubiger

Die Insolvenzmasse dient zur Befriedigung der persönlichen Gläubiger, die einen zur Zeit der Eröffnung des Insolvenzverfahrens begründeten Vermögensanspruch gegen den Schuldner haben (Insolvenzgläubiger).

Literatur: *Eckardt*, Kölner Schrift, S 743 ff.

I. Entstehungsgeschichte und Normzweck

Die Vorschrift entspricht § 3 Abs 1 KO. Sie hat jedoch durch die Abschaffung der Gläubigervorrechte (N/R-*Andres*, § 38 Rn 4) bei Konkurs- 1

§ 38 2. Teil. Eröffnung des Insolvenzverfahrens

forderungen (§ 61 KO) erheblich an Bedeutung gewonnen. Eine Rangfolge gibt es in der InsO nur noch in Bezug auf nachrangige InsForderung (§ 39). In der Norm wird die Insolvenzmasse allen Insolvenzgläubigern (sofern nicht nachrangig nach § 39) zur Befriedigung zugewiesen. Die Einordnung einer Forderung als InsForderung nach § 38 oder Masseforderung nach § 55 richtet sich in erster Linie nach dem Entstehungszeitpunkt (vor oder nach Insolvenzeröffnung); vgl aber § 55 Abs 2 InsO.

II. Regelungsinhalt

1. Persönliche Gläubiger

2   InsGl sind nur solche Gläubiger, denen der Schuldner persönlich haftet. Die persönliche Haftung kann vertraglicher oder außervertraglicher Natur sein. Insbes. kommt eine Haftung aus Schuldübernahme oder Bürgschaft in Betracht. Auch gesicherte Gläubiger sind – soweit der Schuldner ihnen persönlich haftet – InsGl (K/P-*Holzer*, § 38 Rn 10). Ein Gläubiger, welchem nur ein dingliches Recht an einem Massegegenstand zusteht, ist nicht InsGl (*Holzer* aaO Rn 9; FK-*Schulz*, § 38 Rn 2; Jaeger, § 38 Rn 19f).

2. Entstehungszeitpunkt

3   InsGl sind solche Gläubiger, deren Anspruch gegen den Schuldner vor Eröffnung des InsVerfahrens entstanden ist. Dies gilt grundsätzlich auch für solche Ansprüche, welche nach Antragstellung und Einsetzung eines („schwachen") vorl InsVerw begründet worden sind. Lediglich dann, wenn dem Schuldner bereits vor Insolvenzeröffnung nach § 22 Abs 1 ein allgemeines Verfügungsverbot auferlegt wird, können nach § 55 Abs 2 InsO auch Forderungen gegen die Insolvenzmasse als Masseforderungen begründet werden. Der BGH hat inzwischen entschieden, dass eine Begründung von Masseverbindlichkeiten durch einen vorl InsVerw auch ohne eine Anordnung eines allgemeinen Verfügungsverbotes möglich ist. Hierzu bedarf es eines speziellen Verfügungsverbotes und der Anordnung der Möglichkeit zur Begründung spezieller Masseverbindlichkeiten (BGH NZI 2002, 543 ff).

3. Einzelfälle

4   InsForderung sind solche vertraglichen Verpflichtungen, welche der Schuldner vor Eröffnung des InsVerfahrens eingegangen ist. Hierzu gehören etwa Ansprüche auf Kaufpreis und Werklohn sowie Honorare für die Erbringung von Dienstleistungen gegenüber dem Schuldner. Ausdrücklich als InsForderung eingeordnet sind Schadensersatzansprüche nach § 103 Abs 2 Satz 1, § 109 Abs 2 Satz 2, § 113 Abs 1 Satz 3 für den Fall der Ausübung eines Wahl- bzw Kündigungsrechts nach den §§ 103ff. Hierzu gehören auch mietrechtliche Ansprüche, wie Rückbauverpflichtungen,

Nebenkostenzahlungen u.ä. (MK-InsO/*Ehricke*, § 38 Rn 68; Jaeger, § 38 Rn 165). Umsatzsteuer, welche vor Eröffnung des InsVerfahren entstanden ist (*Ehricke* aaO Rn 87ff; Jaeger, § 38 Rn 128). Die „nicht anfallende" Umsatzsteuer wird häufig vom vorl InsVerw zur Entlastung der Masse bei Fortführung im vorl Verfahren genutzt. Gleiches gilt für die auf die Bundesanstalt für Arbeit nach § 187 SGB III übergegangenen Ansprüche auf Insolvenzgeld (s § 55 Abs 3). Ist ein InsGl wegen einer erfolgreichen Anfechtung des InsVerw verpflichtet, Leistungen an die Masse zurückzugewähren, lebt seine ursprüngliche Forderung wieder auf und stellt – sofern keine nachrangige Forderung in Betracht kommt – eine einfache InsForderung nach § 38 dar (s § 144 Abs 1).

4. Rechte der einfachen InsGl

InsGl können ihre Forderung nach § 174 zur Insolvenztabelle anmelden. 5
Sie haben ein Teilnahmerecht sowie ein Stimmrecht in Gläubigerversammlungen (§ 74 Abs 1 Satz 2). Wenn und soweit eine Ausschüttung von Geldern aus der Insolvenzmasse an die einfachen InsGl erfolgt, nehmen alle InsGl zu gleichen Teilen an einer Quote teil (MK-InsO/*Ehricke*, § 38 Rn 4). Steht einem einfachen InsGl aus einem Sicherungsrecht auch ein Recht auf abgesonderte Befriedigung nach §§ 50ff InsO zu, so entfällt eine Quote nach § 190 Abs 1 auf ihn nur insoweit, wie er auf die abgesonderte Befriedigung verzichtet hat oder bei ihr ausgefallen ist. Es kann daher ratsam sein, im Falle eines geringwertigen Absonderungsrechts gegenüber dem InsVerw ausdrücklich auf dieses zu verzichten, um mit der vollen InsForderung an der Quote teilzunehmen (s. auch unten § 190 Rn 9).

§ 39 Nachrangige Insolvenzgläubiger

(1) Im Rang nach den übrigen Forderungen der Insolvenzgläubiger werden in folgender Rangfolge, bei gleichem Rang nach dem Verhältnis ihrer Beträge, berichtigt:
1. **die seit der Eröffnung des Insolvenzverfahrens laufenden Zinsen der Forderungen der Insolvenzgläubiger;**
2. **die Kosten, die den einzelnen Insolvenzgläubigern durch ihre Teilnahme am Verfahren erwachsen;**
3. **Geldstrafen, Geldbußen, Ordnungsgelder und Zwangsgelder sowie solche Nebenfolgen einer Straftat oder Ordnungswidrigkeit, die zu einer Geldzahlung verpflichten;**
4. **Forderungen auf eine unentgeltliche Leistung des Schuldners;**
5. **Forderungen auf Rückgewähr des kapitalersetzenden Darlehens eines Gesellschafters oder gleichgestellte Forderungen.**

(2) Forderungen, für die zwischen Gläubiger und Schuldner der Nachrang im Insolvenzverfahren vereinbart worden ist, werden

im Zweifel nach den in Absatz 1 bezeichneten Forderungen berichtigt.

(3) Die Zinsen der Forderungen nachrangiger Insolvenzgläubiger und die Kosten, die diesen Gläubigern durch ihre Teilnahme am Verfahren entstehen, haben den gleichen Rang wie die Forderungen dieser Gläubiger.

Literatur: *Lutter,* ZIP 1999, S 641 ff, *Bauer,* ZInsO 2001, S 486 ff.

I. Entstehungsgeschichte und Normzweck

1. Entstehungsgeschichte

1   Die Vorschrift enthält eine erhebliche Abweichung vom bisherigen Recht, indem sie bestimmte Forderungsarten, welche nach der KO keinerlei Berücksichtigung fanden, wenigstens als nachrangig anerkennt (BegrRegE, *Kübler/Prütting,* S 209; Jaeger, § 39 Rn 1). Eine Nachrangigkeit von Forderungen war bislang nur im Bereich des Nachlasskonkurses bekannt; dies wurde jetzt für das gesamte InsVerfahren zur Regel erhoben (BegrRegE aaO; Jaeger, § 39 Rn 2).

2. Normzweck

2   Die Berücksichtigung nachrangiger InsGl wird in der Praxis selten einmal akut werden. Der Gesetzgeber hat dies gesehen und in § 174 Abs 3 S 1 entsprechend angeordnet, dass nachrangige Gläubiger ihre Forderungen nur dann zur Insolvenztabelle anmelden können, wenn sie ausdrücklich vom Gericht hierzu aufgefordert wurden (s. u. § 174 Rn 1). Der Gesetzgeber sieht es jedoch als sachgerecht an, dass in den Fällen, in denen die übrigen Gläubiger vollständig befriedigt werden, ein Überschuss an die nachrangigen Gläubiger verteilt wird. Innerhalb der nachrangigen Gläubiger ordnet der Gesetzgeber eine Rangfolge an (BegrRegE, *Kübler/Prütting,* S 209).

II. Regelungsinhalt

1. Gesetzlicher Nachrang

3   **a) Allgemeines.** Die bislang in § 63 Nr 1–4 KO enthaltenen Forderungsarten, welche in einem Konkursverfahren ausgeschlossen waren, werden jetzt in derselben Reihenfolge in § 39 Abs 1 Nr 1–4 als nachrangige Forderungsarten aufgelistet. Als nachrangig zu Nr 1–4 ordnet der Gesetzgeber die Kapital ersetzenden Gesellschafterleistungen in Nr 5 ein. Dementsprechend wurde § 32a Abs 1 GmbHG dahingehend abgeändert, dass Ansprüche auf Rückgewähr eines kapitalersetzenden Gesellschafterdarlehens nur als nachrangige InsForderung geltend gemacht werden

kann; nach altem Recht war die Geltendmachung ausgeschlossen. Innerhalb der Nr 1–5 sind die Forderungen nach Abs 1 in der dort aufgelisteten Rangfolge, bei gleichem Rang nach dem Verhältnis ihrer Beträge, auszugleichen. Hieraus folgt, dass das Insolvenzgericht nachrangige Gläubiger in der Praxis „schubweise" zur Anmeldung auffordern sollte (s. u. § 174 Rn 7).

b) Die nachrangigen Gläubiger im einzelnen. aa) Zinsen. Erfasst sind sämtliche vertraglichen und gesetzlichen Zinsen, die in Bezug auf die (als InsForderung anzusehende) Hauptforderung nach Insolvenzeröffnung entstehen (K/P-*Holzer*, § 39 Rn 10 mwN; Jaeger, § 39 Rn 10). Hat sich ein Dritter für die InsForderung verbürgt, so haftet der Bürge auch für die nach Nr 1 nachrangigen Zinsen (MK-InsO/*Ehricke*, § 39 Rn 11 mwN; Jaeger, § 39 Rn 14). Die Zinsen stehen im ersten Rang der nachrangigen InsForderung. 4

bb) Kosten der Teilnahme am Verfahren. An zweiter Rangstelle werden als nachrangige InsForderung beglichen die Kosten, die den Insolvenzgläubigern durch die Teilnahme am InsVerfahren entstehen. Hierbei handelt es sich insbes um Kosten der Rechtsverfolgung und der (Anwalts-)Kosten für die Anmeldung der InsForderung zur Insolvenztabelle (MK-InsO/*Ehricke*, § 39 Rn 18; Uhlenbruck/*Uhlenbruck*, § 39 Rn 6; Jaeger, § 39 Rn 17). Rechtsverfolgungskosten, welche bis zur Eröffnung des InsVerfahren entstanden sind, sind hingegen einfache InsForderung (N/R-*Andres*, § 39 Rn 7; Jaeger, § 39 Rn 16). 5

cc) Geldstrafen etc. Sofern der Schuldner verpflichtet ist, Geldstrafen, Ordnungsgelder etc. zu erbringen, nehmen diese erst den dritten Rang nach Zinsen und Rechtsverfolgungskosten ein. Zu den zu Nr 3 gehörigen Forderungen gehören auch solche auf Abschöpfung des Mehrerlöses nach § 74c StGB (MK-InsO/*Ehricke*, § 39 Rn 19; Jaeger, § 39 Rn 22 ff). 6

dd) Unentgeltliche Leistungen. Verpflichtungen des Schuldners auf unentgeltliche Leistungen können als nachrangige InsForderung erst im vierten Rang geltend gemacht werden. Dies hat seinen Hintergrund in der prinzipiell geringeren Schutzwürdigkeit des unentgeltlichen Erwerbs im Zivilrecht. Keine Unentgeltlichkeit liegt vor bei Erfüllung einer rechtlichen Pflicht, insbes einer Unterhaltspflicht (N/R-*Andres*, § 39 Rn 9; MK-InsO/*Ehricke*, § 39 Rn 24; Jaeger, § 39 Rn 35). Bemerkenswert ist, dass die Verpflichtung zur Erbringung einer unentgeltlichen Leistung im Rang vor der Rückforderung kapitalersetzender Gesellschafterdarlehen rangiert. 7

§ 39 2. Teil. Eröffnung des Insolvenzverfahrens

8 **ee) Kapitalersetzende Leistungen.** Von den gesetzlich nachrangigen InsForderungen nehmen die auf Rückführung Eigenkapital ersetzender Leistungen den letzten Rang ein. Wegen der Voraussetzungen des Eigenkapitalersatzes s Kommentierung zu § 135.

2. Vertraglicher Nachrang

9 **a) Allgemeines.** Aufgrund der allgemeinen Vertragsfreiheit bleibt es Gläubigern und dem Schuldner unbenommen, einen vertraglichen Nachrang zu vereinbaren. Abs 2 enthält für bestimmte Nachrangvereinbarungen eine Auslegungsregel, wonach diese in den Rang hinter Abs 1 Nr 5 rutschen. Diese Regelung gilt für Forderungen, für die im InsVerfahren ein Nachrang vereinbart wurde. Eine solche Rangrücktrittsvereinbarung erfolgt in der Praxis häufig zur Beseitigung einer Überschuldung iSv § 19. Zwar war nach In-Kraft-Treten der InsO zunächst zweifelhaft, ob ein Rangrücktritt dazu führen würde, dass eine mit Rangrücktritt versehene Forderung in einer Überschuldungsbilanz nicht zu berücksichtigen ist. Seit der Entscheidung BGH NZI 2001, 196 (vgl hierzu *Wittig*, NZI 2001, 169ff), steht jedoch fest, dass eine ausdrückliche Rangrücktrittsvereinbarung iSv § 39 Abs 2 ausreichend, aber auch erforderlich ist, um eine Berücksichtigung einer Forderung im Überschuldungsstatus zu vermeiden (s auch oben § 19 Rn 8).

10 **b) Gezielte Rangrücktrittsvereinbarung.** Da § 39 Abs 2 lediglich eine Auslegungsregel enthält, können die Parteien auch vereinbaren, dass eine einfache InsForderung in einen bestimmten Rang des § 39 Abs 1 eingeordnet wird. Gleiches gilt für einen „Zwischenrang" oder für einen Rang zwischen den Gläubigern des § 38 und des § 39. Ein Zustimmungserfordernis seitens der „verdrängten" Gläubiger des § 39 Abs 1 ist nicht erforderlich, da diese ohne die Rangrücktrittsvereinbarung nicht schlechter gestellt wären.

11 **c) Sonstige Rangrücktrittsvereinbarung.** Denkbar sind auch Rangrücktrittsvereinbarungen, welche lediglich zwischen zwei oder mehreren bestimmten Gläubigern abgeschlossen werden. Solche Vereinbarungen fallen nicht unter § 39 Abs 2, es sei denn dass der zurücktretende Gläubiger gleichzeitig erklärt, im Falle einer Insolvenz hinter sämtliche InsGl zurückzutreten. Der InsVerw berücksichtigt beide Gläubiger quotal; intern besteht ein Erstattungsanspruch des vorrangigen Gläubigers. Mit dinglicher (insolvenzfester) Wirkung können gläubigerinterne Rangrücktrittsvereinbarungen durch eine Abtretung der Ansprüche des nachrangigen an den vorrangigen Gläubiger abgesichert werden (*Wittig*, Bankrecht und Bankpraxis Rn 4/2978ff).

3. Zinsen und Kosten

Abs 3 enthält eine klarstellende Regelung, wonach die Zinsen und Kosten nachrangiger InsGl – entgegen der Systematik des Abs 1 – im gleichen Rang geltend gemacht werden können wie die Hauptforderung des jeweiligen Ranges. **12**

4. Sicherheiten; Aufrechnung

a) Allgemeines. Zweifelhaft ist, ob und inwieweit nachrangige InsGl als aus- bzw absonderungsberechtigte Gläubiger in Betracht kommen. Jedenfalls in Bezug auf Zinsen und Kosten nach Nr 1 und Nr 2 haftet der Erlös aus der Verwertung eines Absonderungsrechts nach § 50 Abs 1 mit (BGHZ 134, 195, 197; *Braun/Bäuerle*, § 39 Rn 6). Im Falle der Nr 5 unterfällt auch eine Sicherheit den Kapitalersatzregeln, so dass jedenfalls für den Zeitraum der letzten zehn Jahre vor Insolvenzantragstellung (§ 135 Nr 1) eine insolvenzfeste Absicherung Kapital ersetzender Gesellschafterleistungen nicht in Betracht kommt. **13**

b) Verzicht auf Sicherheiten. Nach ganz hM führt eine Rangrücktrittsvereinbarung iSv § 39 Abs 2 nicht auch gleichzeitig zu einem Untergang der für die zurückgetretene Forderung bestellten Sicherheiten (*Obermüller*, Hdb, Rn 1.1015) **14**

c) Aufrechnung. S hierzu Kommentierung zu § 96. **15**

§ 40 Unterhaltsansprüche

Familienrechtliche Unterhaltsansprüche gegen den Schuldner können im Insolvenzverfahren für die Zeit nach der Eröffnung nur geltend gemacht werden, soweit der Schuldner als Erbe des Verpflichteten haftet. § 100 bleibt unberührt.

Literatur: *Kohte,* Kölner Schrift, S 781 ff.

1. Allgemeines

Die Vorschrift entspricht inhaltlich § 3 Abs 2 KO. Unterhaltsberechtigte Gläubiger stehen nach der InsO schlechter da als nach der KO, da ihnen der Neuerwerb des Schuldners nicht mehr als Haftungsmasse zur Verfügung steht. Sie können jedoch während des Verfahrens in den erweiterten pfändbaren Teil des Arbeitseinkommens, § 850 d ZPO, vollstrecken (BegrRegE, *Kübler/Prütting*, S 211; Jaeger, § 40 Rn 5). Regelmäßig hat sich die Rechtslage der Unterhaltsgläubiger in der InsO drastisch verschlechtert (MK-InsO/*Schumann*, § 40 Rn 24; Uhlenbruck/*Uhlenbruck*, § 40 Rn 1). **1**

2. Regelungsinhalt

2 Die Vorschrift erfasst laufende, stets neu entstehende Unterhaltsverpflichtungen, welche nicht als InsForderung geltend gemacht werden können (N/R-*Andres*, § 40 Rn 2; Jaeger, § 40 Rn 5). Soll Unterhalt jedoch als Kapitalabfindung iSv § 1585 Abs 2 BGB gezahlt werden, so handelt es sich um eine InsForderung (*Braun/Bäuerle*, § 40 Rn 7; Jaeger, § 40 Rn 7). Die Vorschrift erfasst nur familienrechtliche, nicht aber vertragliche Unterhaltsansprüche (K/P-*Holzer*, § 40 Rn 7; *Bäuerle* aaO Rn 5). Unterhaltsansprüche, die vor Insolvenzeröffnung entstanden sind, können als InsForderung im Range des § 38 geltend gemacht werden (*Bäuerle* aaO Rn 8; Jaeger, § 40 Rn 3). Ansprüche, die nach § 40 nicht geltend gemacht werden können, sind von einer Restschuldbefreiung nach § 301 nicht erfasst (BegrRegE, *Kübler/Prütting*, S 211).

3. Berücksichtigung der Unterhaltsverpflichtung in der Insolvenz

3 Nur in dem **seltenen Fall**, dass der Schuldner als Erbe des Verpflichteten für Unterhalt haftet, können diese im InsVerfahren geltend gemacht werden. § 40 stellt eine Ausnahmeregel dar, da **auch nach Insolvenzeröffnung entstehende Forderungen als InsForderung** geltend zu machen sind (FK-*Schulz*, § 40 Rn 12; N/R-*Andres*, § 40 Rn 4; Jaeger, § 40 Rn 11). Die Höhe der anzumeldenden Forderung ist – wenn sie auf eine Rente/laufende Unterhaltszahlungen gerichtet ist – nach § 46 zu ermitteln. Bei einer Einmalabfindung gilt § 41.

§ 41 Nicht fällige Forderungen

(1) Nicht fällige Forderungen gelten als fällig.
(2) Sind sie unverzinslich, so sind sie mit dem gesetzlichen Zinssatz abzuzinsen. Sie vermindern sich dadurch auf den Betrag, der bei Hinzurechnung der gesetzlichen Zinsen für die Zeit von der Eröffnung des Insolvenzverfahrens bis zur Fälligkeit dem vollen Betrag der Forderung entspricht.

Literatur: *Bitter*, NZI 2000, S 399 ff; *Glück*, Der Einfluss des Konkurses auf die von den §§ 65, 69, 70 betroffenen Forderungen, Diss. Heidelberg, 1970.

1. Entstehungsgeschichte und Normzweck

1 Die Vorschrift entspricht § 65 KO und enthält nur redaktionelle Änderungen. Bei der Berechnung der Höhe einer InsForderung, welche zum Zeitpunkt der Eröffnung des InsVerfahren noch nicht fällig und auch unverzinslich war, ist nach Vorstellung des Gesetzgebers der InsO die vorzeitige Fälligkeit im Interesse der Gläubigergleichbehandlung durch Abzinsung auszugleichen (BegrRegE, *Kübler/Prütting*, S 211).

Nicht fällige Forderungen §41

2. Fälligkeitsanordnung

a) Betagte Forderungen. Beschränkt auf den Anwendungsbereich 2
der Feststellung und Berechnung einer InsForderung zum Zwecke der
Anmeldung derselben zur Insolvenztabelle ordnet der Gesetzgeber die
Fälligkeit aller noch nicht fälligen Forderungen zum Zeitpunkt der Eröffnung des InsVerfahrens an. Von § 41 werden nur solche Forderungen erfasst, bei denen der **Eintritt der Fälligkeit gewiss** ist (N/R-*Andres*, § 41
Rn 3 f; MK-InsO/*Lwowski/Bitter*, § 41 Rn 7 f; Uhlenbruck/*Uhlenbruck*,
§ 41 Rn 3; Jaeger, § 41 Rn 2 f).

b) Befristete Forderungen. Nach bisher hM ist § 41 nicht auf solche 3
Forderungen anwendbar, welche zum Zeitpunkt der Eröffnung des Verfahrens noch nicht entstanden sind (N/R-*Andres*, § 41 Rn 5; *Kuhn/Uhlenbruck*, § 65 KO Rn 7; Uhlenbruck/*Uhlenbruck*, § 41 Rn 4; Jaeger, § 41
Rn 5). Nach einer neueren Ansicht in der Literatur (*Bitter*, NZI 2000,
399 ff; *Glück*, Diss. Heidelberg, 1970; MK-InsO/*Lwowski/Bitter*, § 41
Rn 10 f) sollen die Regelungen des § 41 analog auf befristete Forderungen angewendet werden. Eine **analoge Anwendung** erscheint nicht zuletzt **aus Praktikabilitätsgründen angemessen**, da für befristete Forderungen nach § 191 wenigstens bis zur Schlussverteilung eine Rückstellung
erfolgen muss. Hierdurch kann sich ein InsVerfahren unnötig verlängern.

c) Auswirkungen auf absonderungsberechtigte Gläubiger. Umstritten ist die Anwendung des § 41 auf absonderungsberechtigte Gläubiger (MK-InsO/*Lwowski/Bitter*, § 41 Rn 12 ff; Jaeger, § 41 Rn 10 ff). Hier 4
ist zu differenzieren, ob der Schuldner gleichzeitig Gläubiger der Hauptforderung und Inhaber des mit einem Absonderungsrecht belasteten Gegenstandes ist oder nicht. Nur **bei Personenidentität** ist § 41 Abs 1 **auch
auf das Absonderungsrecht anzuwenden** (N/R-*Andres*, § 41 Rn 7;
Lwowski/Bitter aaO Rn 15; Uhlenbruck/*Uhlenbruck*, § 41 Rn 6; *Jaeger*,
§ 41 Rn 13; eingeschränkt: K/P-*Holzer*, § 41 Rn 5). Zulässig ist danach
auch eine **Vereinbarung** zwischen Gläubiger und Schuldner, wonach
das Absonderungsrecht (also die Verwertungsmöglichkeit) mit einem bestimmten Insolvenzereignis (Eröffnung des InsVerfahrens; Abweisung
mangels Masse, § 26) fällig wird (*Lwowski/Bitter* aaO Rn 15 mwN).

3. Abzinsungsanordnung

a) Allgemeines. Ein Gläubiger, dessen Forderung erst zu einem späteren Zeitpunkt (also nach Insolvenzeröffnung) fällig geworden wäre, soll 5
auf Grund der gesetzlichen vorzeitigen Fälligkeitsanordnung in § 41 Abs 1
gegenüber den Insolvenzgläubigern, deren Forderungen bereits zum
Eröffnungszeitpunkt fällig waren, nicht bevorzugt werden. Daher bestimmt Abs 2 Satz 1, dass unverzinsliche Forderungen bis zum außerhalb

§ 42 2. Teil. Eröffnung des Insolvenzverfahrens

der Insolvenz geltenden Fälligkeitszeitpunkt mit dem gesetzlichen Zinssatz abzuzinsen sind.

6 **b) Gesetzlicher Zinssatz.** Der gesetzliche Zinssatz beträgt grundsätzlich **nach § 246 BGB 4%.** Nur dann, wenn es sich um ein beiderseitiges **Handelsgeschäft** handelt, beträgt er **5% (§ 352 HGB)**. Ein mit dem Schuldner abgeschlossenes Handelsgeschäft verliert nicht dadurch die Eigenschaft als Handelsgeschäft, dass der Schuldner durch die Insolvenzeröffnung seine Kaufmannseigenschaft verliert (N/R-*Andres*, § 51 Rn 14).

7 **c) Berechnung der Abzinsung.** Nach allgemeiner Auffassung ist die Abzinsung nach der sog. **Hoffmann'schen Methode** vorzunehmen. Nach dieser Methode wird der Gläubiger mit dem Betrage seiner Insolvenzforderung berücksichtigt, der bei verzinslicher Anlegung samt den von der Verfahrenseröffnung bis zum Verfallstag auflaufenden gesetzlichen Zinsen (ohne Zinseszinsen) den Nennbetrag der Forderung ergeben würde. Dieser gegenwärtige Wert (x) ergibt sich, wenn „n" der volle Nennbetrag und „t" die Zahl der Tage von der Eröffnung des Insolvenzverfahrens bis zur Fälligkeit ist, für den gesetzlichen Zinsfuß von 4% (§ 246 BGB) aus folgender Gleichung:

$$x + \frac{4 \times t \times x}{100 \times 365} = n, \quad \text{also:} \quad x = \frac{36.500 \times n}{36.500 + (4 \times t)}$$

(vgl Jaeger, § 41, Rn 22)

§ 42 Auflösend bedingte Forderungen

Auflösend bedingte Forderungen werden, solange die Bedingung nicht eingetreten ist, im Insolvenzverfahren wie unbedingte Forderungen berücksichtigt.

Literatur: *Schießer*, Bedingte und betagte Ansprüche nach altem und neuem Recht, 1998; s auch Lit zu § 41.

1. Allgemeines

1 Die Vorschrift übernimmt den Regelungsinhalt von § 66 KO (BegrRegE, *Kübler/Prütting*, S 211; Jaeger, § 42 Rn 1). Da nicht sicher ist, ob die auflösende Bedingung während des Verfahrens eintritt, soll dem Gläubiger einer auflösend bedingten Forderung die Teilnahme am Verfahren zunächst nicht verwehrt werden (K/P-*Holzer*, § 42 Rn 1).

2. Regelungsinhalt

2 Gläubiger auflösend bedingter Forderungen werden (zunächst) wie unbedingte Forderungen im Verfahren angemeldet und vom InsVerw aner-

kannt (MK-InsO/*Lwowski/Bitter*, § 42 Rn 7; Jaeger, § 42 Rn 3). Tritt die aufschiebende Bedingung noch im Verfahren ein, so ist zu differenzieren, ob der InsVerw die Forderung bereits anerkannt hat oder nicht. Im letzteren Falle reicht einfaches Bestreiten seitens des InsVerw, des Schuldners oder eines anderen Gläubigers. Tritt die Bedingung erst nach der (unbedingten) Anerkennung durch den InsVerw ein, so muss der InsVerw Vollstreckungsgegenklage erheben (K/P-*Holzer*, § 42 Rn 6; Jaeger, § 42 Rn 5). Bereits geleistete Zahlungen kann der InsVerw als ungerechtfertigte Bereicherung zurückfordern (N/R-*Andres*, § 42 Rn 4).

3. Aufschiebende Bedingung

Im Gegensatz zum alten Recht (§ 67 KO) enthält die InsO keine allgemeine Bestimmung für das Schicksal aufschiebend bedingter Forderungen. Für das Stimmrecht solcher Forderungen ist zu verweisen auf § 77 Abs 3 Nr 1; für die Verteilung auf § 191. 3

§ 43 Haftung mehrerer Personen

Ein Gläubiger, dem mehrere Personen für dieselbe Leistung auf das Ganze haften, kann im Insolvenzverfahren gegen jeden Schuldner bis zu seiner vollen Befriedigung den ganzen Betrag geltend machen, den er zur Zeit der Eröffnung des Verfahrens zu fordern hatte.

Literatur: *K.Schmidt/Bitter*, ZIP 2000, 1077 ff; *Wissmann*, Persönliche Mithaft in der Insolvenz, 2. Aufl, 1989.

I. Entstehungsgeschichte und Normzweck

Die Vorschrift entspricht § 68 KO und weicht von diesem nur in sprachlicher Hinsicht ab (BegrRegE, *Kübler/Prütting*, S 212; Jaeger, § 43 Rn 1). Sie stellt den Gläubiger, dem mehrere Personen haften, im InsVerfahren der haftenden Personen besser, da der Gläubiger in jedem Verfahren seine Forderung in voller Höhe geltend machen kann (vgl hierzu auch *K.Schmidt/Bitter*, ZIP 2000, 1077, 1079). 1

II. Regelungsinhalt

1. Anwendungsbereich

Die „Doppelberücksichtigung" (MK-InsO/*Lwowski/Bitter*, § 43 Rn 1) greift nach dem Gesetzeswortlaut nur dann ein, wenn einem Gläubiger „mehrere Personen" für dieselbe Leistung auf das Ganze haften. Sie gilt daher für die (gesetzliche oder vertraglich begründete) Gesamtschuld (N/R-*Andres*, § 43 Rn 4; Jaeger, § 43 Rn 8 f), für den selbstschuldnerischen 2

Bürgen (BGH NJW 1969, 796, sowie für „harte" Patronatserklärungen (BGHZ 117, 127; Jaeger, § 43 Rn 20). Bei Teilhaft gilt die Vorschrift entsprechend auf die Teilleistung (*Andres* aaO Rn 9, kritisch hierzu: MK-InsO/*Lwowski/Bitter*, § 43 Rn 30 f). Nicht anwendbar ist die Vorschrift, wenn dem Gläubiger ein Absonderungsrecht am Schuldnervermögen zusteht. Hier wird der Gläubiger mit seiner Forderung nur „auf den Ausfall" berücksichtigt (§ 190 Abs 1). Haften jedoch dem Gläubiger Sachen im Vermögen eines Dritten neben der persönlichen Haftung des insolventen Schuldners, so wird § 43 analog auf die Drittsicherheit angewendet (*Lwowski/Bitter* aaO Rn 19; *Andres* aaO Rn 6; Jaeger, § 43 Rn 22).

2. Rechtsfolgen

3   Der Gläubiger kann seine Forderung gegen jeden Gesamtschuldner geltend machen. Dies gilt nach der Vorschrift auch in der Insolvenz jedes Gesamtschuldners. Dem Gläubiger steht daher (außerhalb wie innerhalb der Insolvenz) ein Wahlrecht zu. Ist nur einer von mehreren Gesamtschuldnern insolvent, so kann der Gläubiger sich bei dem nicht insolventen Gesamtschuldner befriedigen. Befriedigt er sich außerhalb der Insolvenz nur teilweise, so kann er dennoch die Gesamtforderung in der Insolvenz eines anderen Gesamtschuldners in voller Höhe geltend machen (Beispielsfälle bei MK-InsO/*Lwowski/Bitter*, § 43 Rn 34 f). In der Insolvenz kann der Gläubiger (anders als außerhalb der Insolvenz nach § 421 BGB) nur den Betrag geltend machen, den er zur Zeit der Eröffnung des Verfahrens zu fordern hatte. Haftet der Schuldner also auch für nachrangige Forderungen iSv § 39 (insbes Zinsen und Kosten, § 39 Abs 1 Nr 1, 2), so stehen ihm nicht insolvente Gesamtschuldner insoweit vorrangig zur Verfügung. Wegen der Geltendmachung von Regressansprüchen s. u. § 44 Rn 3 f.

3. Unanwendbarkeit der Vorschrift

4   Die Vorschrift ist nicht anwendbar bei Zusammentreffen von Gesellschafter- und Gesellschaftsinsolvenz sowie beim Zusammenfall der Insolvenz von Nachlass und Erben, da hier § 52 als abschließende Sonderregelung eingreift (K/P-*Holzer*, § 43 Rn 8; MK-InsO/*Lwowski/Bitter*, § 43 Rn 43; Jaeger, § 43 Rn 27).

§ 44 Rechte der Gesamtschuldner und Bürgen

Der Gesamtschuldner und der Bürge können die Forderung, die sie durch eine Befriedigung des Gläubigers künftig gegen den Schuldner erwerben könnten, im Insolvenzverfahren nur dann geltend machen, wenn der Gläubiger seine Forderung nicht geltend macht.

Literatur: *Hofmann*, BB 1964, 1398 ff; *Schumann*, JZ 1958, 427 ff.

I. Entstehungsgeschichte und Normzweck

Eine entsprechende Norm war zwar nicht in der KO, aber in § 33 VglO enthalten. Auch entsprach es allgemeiner Auffassung, dass ein Regressanspruch im Konkurs des anderen Mitverpflichteten nicht angemeldet werden kann, wenn und solange der Gläubiger in diesem seine Forderung (auch) geltend macht (*Kuhn/Uhlenbruck*, § 68 KO Rn 13).

II. Regelungsinhalt

1. Anwendungsbereich

Die Regelung steht in engem inhaltlichen Zusammenhang mit § 43, so dass bzgl. des Anwendungsbereiches weitgehend auf die dortigen Anmerkungen zu verweisen ist (MK-InsO/*Lwowski/Bitter*, § 44 Rn 1). Unmittelbar gilt § 44 nur für den Regressanspruch des Bürgen (§ 774 BGB) und des Gesamtschuldners (§ 426 BGB).

2. Voraussetzung

Grundsätzlich besteht bei Inanspruchnahme eines Bürgen oder Mit-Gesamtschuldners ein gesetzlicher Regressanspruch. Nimmt daher der Gläubiger den (nicht insolventen) Bürgen in Anspruch, so kann der Bürge seine Forderung im Wege des Regresses in der Insolvenz des Hauptschuldners zur Tabelle anmelden. Kommt es zu einer vollständigen Befriedigung des Gläubigers durch den Bürgen, wird der Gläubiger seinen Anspruch nicht (mehr) zur Insolvenztabelle anmelden. § 44 greift ein, wenn der Gläubiger vom Bürgen oder Mit-Gesamtschuldner nur teilweise befriedigt wird (etwa wegen der Insolvenz des Mitverpflichteten). Dann steht dem Gläubiger nach § 43 das Recht zu, seine Forderung ebenfalls in der Insolvenz des Hauptschuldners bzw Mit-Gesamtschuldners anzumelden.

3. Rechtsfolge

a) Teilweise Befriedigung des Gläubigers außerhalb der Insolvenz des Schuldners. Wird (s. u. Rn 5) der Gläubiger außerhalb der Insolvenz des Schuldners von einem Bürgen oder Mitverpflichteten **nur teilweise befriedigt und meldet** der Gläubiger daher seine **Forderung auch zur Insolvenztabelle des Schuldners an**, so kann der **Bürge** bzw Mitverpflichtete seine Regressforderung in der Insolvenz des Schuldners **nicht geltend machen**.

b) **Vollständige Befriedigung des Gläubigers außerhalb der Insolvenz des Schuldners.** Die Vorschrift enthält keine Einschränkung dahingehend, dass die Geltendmachungssperre bei vollständiger Befriedigung des Gläubigers außerhalb der Insolvenz des Schuldners aufgehoben wird. Der **Regressberechtigte** wird dann gegen den Gläubiger einen Anspruch auf Abtretung des zur Insolvenzmasse angemeldeten Betrages oder aber auf **Rücknahme der Insolvenzanmeldung wegen ungerechtfertigter Bereicherung** haben. Eine Restschuldbefreiung des Schuldners müssen die Regressberechtigten nach § 301 Abs 2 Satz 2 gegen sich gelten lassen (K/P-*Holzer*, § 44 Rn 10; MK-InsO/*Lwowski/Bitter*, § 44 Rn 18; Uhlenbruck/*Uhlenbruck*, § 44 Rn 8; Jaeger, § 44 Rn 6).

§ 45 Umrechnung von Forderungen

Forderungen, die nicht auf Geld gerichtet sind oder deren Geldbetrag unbestimmt ist, sind mit dem Wert geltend zu machen, der für die Zeit der Eröffnung des Insolvenzverfahrens geschätzt werden kann. Forderungen, die in ausländischer Währung oder in einer Rechnungseinheit ausgedrückt sind, sind nach dem Kurswert, der zur Zeit der Verfahrenseröffnung für den Zahlungsort maßgeblich ist, in inländische Währung umzurechnen.

Literatur: *Arend*, ZIP 1988, 69 ff; *Bitter*, NZI 2000, 399 ff; *Glück*, Der Einfluss des Konkurses auf die von den §§ 65, 69, 70 betroffenen Forderungen, Diss. Heidelberg, 1970; *K.Schmidt*, FS-Merz (1992), 533 ff.

I. Entstehungsgeschichte und Normzweck

1 Die Vorschrift geht zurück auf § 69 KO und enthält im Vergleich zum alten Recht lediglich sprachliche Abweichungen. Sie dient der Vereinfachung der Forderungsanmeldung sowie der Gläubigergleichbehandlung, indem sie anordnet, dass auch unbare Forderungen in Geld ausgedrückt und zur Insolvenztabelle angemeldet werden können. Die Einfügung, dass eine Forderung, welche „in einer Rechnungseinheit ausgedrückt" angemeldet werden kann, hatte seine Rechtfertigung in dem Umstand, dass zum Zeitpunkt der Verabschiedung der InsO noch Forderungen in ECU ausgedrückt werden konnten (Stellungnahme BR zur BegrRegE, Kübler/Prütting, S 213). Die Möglichkeit, eine nicht auf Geld gerichtete Forderung zu schätzen, trägt auch dem Umstand Rechnung, dass eine zeit- und kostenintensive Feststellung von Schadensersatzforderungen angesichts der häufig sehr dürftigen Insolvenzquoten außer Verhältnis steht.

II. Regelungsinhalt

1. Allgemeines

Die Vorschrift findet nur Anwendung auf InsForderung (MK-InsO/ *Lwowski/Bitter*, § 45 Rn 4; Uhlenbruck/*Uhlenbruck*, § 45 Rn 1). Der Gläubiger hat selbst die Tatsachen zu ermitteln und vorzutragen, aus denen sich die Schätzung bzw der Umrechnungskurs der anzumeldenden Forderung ergibt. Angesichts der oben (Rn 1) beschriebenen Sondersituation sollten vom InsVerw an die Tatsachengrundlage einer **Schätzung** keine zu hohen Anforderungen gestellt werden. Der InsVerw kann beispielsweise von einem einen Schadensersatzanspruch geltend machenden Gläubiger **nicht die Einholung eines Sachverständigengutachtens verlangen**, welches mehr kostet als die zu erwartende Quote einbringen würde. Es wird hier auf den jeweiligen Einzelfall ankommen.

2. Forderungen, die nicht auf Geld gerichtet sind (S 1)

In Betracht kommen Ansprüche auf Erbringung von Dienstleistungen, Herausgabe von Gegenständen und Herstellung von Werken. Ein wesentlicher Anwendungsfall ist der Nichterfüllungsschaden nach § 103 Abs 2 S 1 im Falle der Erfüllungsablehnung durch den InsVerw. Eine Forderung, die auf einen unbestimmten Geldbetrag gerichtet ist, stellt etwa eine **Geldrente oder sonstige wiederkehrende Leistungen** dar. Umstritten ist, ob § 45 auch auf Ansprüche aus einer betrieblichen Altersversorgung anwendbar ist (vgl zum Meinungsstand MK-InsO/*Lwowski/Bitter*, § 45 Rn 12ff). Jedenfalls auf Versorgungsansprüche von nicht unter das BetrAVG fallenden Personen scheint der BGH von dem Standpunkt einzunehmen, dass § 45 nicht Anwendung findet und dass lediglich eine Sicherung später möglicherweise entstehender Versorgungsansprüche vorzunehmen ist (BGHZ 136, 220, 224 = NJW 1998, 312, 313; vgl Jaeger, § 45 Rn 10). Anders werden auf den PSV übergegangene Versorgungsanwartschaften nach § 9 Abs 2 S 3 BetrAVG behandelt. Die Differenzierung ist keinesfalls zwingend. Es erscheint auch unpraktikabel, wegen eines Gesellschafters/ Geschäftsführers oder einiger weniger Vorstandsmitglieder eine Sicherung der Versorgungsanwartschaft bis zum späteren Eintritt des Versorgungsfalles vorzunehmen und hierdurch das InsVerfahren möglicherweise über Jahre hinweg offenzuhalten.

3. Fremdwährungsforderungen

„Echte" Fremdwährungsforderungen sind in der Praxis, jedenfalls nach Einführung des Euro, selten. Die Umrechnung der Fremdwährung hat nach dem zum **Zeitpunkt der Verfahrenseröffnung für den Zahlungsort maßgeblichen Kurswert** zu erfolgen. Wegen § 41 ist bei erst später fällig werdenden Fremdwährungsforderungen zusätzlich noch eine Abzinsung auf den späteren Fälligkeitstermin vorzunehmen (MK-InsO/ *Lwowski/Bitter*, § 45 Rn 24; *Jaeger*, § 45 Rn 14). Eine zu erwartende Wertsteigerung oder Inflationsrate ist nicht zu berücksichtigen (*Braun/Bäuerle*, § 45 Rn 10). Anders ist dies jedoch bei der Schätzung von Forderungen nach S 1, bei welcher eine spätere höhere Inflationsrate berücksichtigt werden kann (N/R-*Andres*, § 45 Rn 5; *Kuhn/Uhlenbruck*, § 69 KO Rn 5 a). Zwar wird allgemein vertreten, dass eine Anmeldung in fremder Währung vom InsVerw nicht geprüft und daher zurückgewiesen werden kann (*Braun/Bäuerle*, § 45 Rn 2 mwN; *Jaeger*, § 45 Rn 15). Bei einfach gelagerten Fällen, etwa wenn der maßgebliche Wechselkurs mit einem einfachen Blick in allgemein zugängliche Quellen festgestellt werden kann, dürfte eine Umrechnung in Euro vom InsVerw nicht zuviel verlangt sein.

4. Aufrechnung

5   Wegen der Beschränkung der Aufrechnungsmöglichkeiten (§ 95 Abs 1 S 2) s. u. § 95 Rn 3.

§ 46 Wiederkehrende Leistungen

Forderungen auf wiederkehrende Leistungen, deren Betrag und Dauer bestimmt sind, sind mit dem Betrag geltend zu machen, der sich ergibt, wenn die noch ausstehenden Leistungen unter Abzug des in § 41 bezeichneten Zwischenzinses zusammengerechnet werden. Ist die Dauer der Leistungen unbestimmt, so gilt § 45 Satz 1 entsprechend.

Literatur: s Lit. zu § 45.

I. Entstehungsgeschichte und Normzweck

1   Die Vorschrift geht zurück auf § 70 Satz 1 KO. Auch § 46 soll – wie § 45 – zu einer Vereinfachung und Vergleichbarkeit der angemeldeten Forderungen führen (BegrRegE, *Kübler/Prütting*, 213). § 46 ist *lex specialis* zu § 45. Hauptanwendungsbereich dürften die auf den PSV übergegangenen Ansprüche aus Betriebsrenten sein (*Braun/Bäuerle*, § 46 Rn 5).

II. Regelungsinhalt

1. Wiederkehrende Leistungen

2   Gemeint sind Forderungen, welche aus demselben Rechtsverhältnis resultieren und bzgl. des Betrages bestimmt sind (K/P-*Holzer*, § 46 Rn 3). Nicht zu solchen Leistungen gehören Wiederkehrschuldverhältnisse, wie etwa Lieferung von Gas, Elektrizität etc.

2. Berechnung des Abfindungsbetrages

a) Allgemeines. Die Vorschrift unterscheidet zwischen Forderungen, 3
die nach Betrag und Dauer bestimmt oder unbestimmt sind. Bei Forderungen, die in **Höhe und Dauer bestimmt** sind, ist nach S 1 vorzugehen. Es müssen dann die noch ausstehenden Leistungen auf die Dauer (unter Berücksichtigung des Verzinsungsgebotes nach § 41) berechnet werden.

b) Unbestimmte Dauer. Bei unbestimmter Dauer der Leistung ord- 4
net S 2 eine entsprechende Anwendung des § 45 S 1 an. Es muss danach eine Schätzung vorgenommen werden. Handelt es sich etwa um Versorgungsleistungen aus einer Betriebsrente, so kann die Dauer der Rente mit Hilfe von **Sterbetafeln oder durch Vorlage eines versicherungsmathematischen Gutachtens** geschätzt werden (*Braun/Bäuerle*, § 46 Rn 5; *Jaeger*, § 46 Rn 7). Sofern wiederkehrende Leistungen wegen unbestimmten Betragen und unbestimmter Dauer nicht direkt in den Anwendungsbereich des § 46 fallen, sind diese unter Berücksichtigung des Rechtsgedankens in § 46 (insbes Abzinsung) nach § 45 Abs 1 (s dort Rn 1) zu schätzen.

c) Ungewisser Forderungseintritt. Bzgl. Forderungen auf wieder- 5
kehrende Leistungen, bei denen selbst der Eintritt ungewiss ist (etwa wenn das Insolvenzereignis bei einer Betriebsrente vor dem Versorgungsfall eintritt) ist auf die Ausführungen oben (§ 45 Rn 3) zu verweisen.

§ 47 Aussonderung

Wer auf Grund eines dinglichen oder persönlichen Rechts geltend machen kann, dass ein Gegenstand nicht zur Insolvenzmasse gehört, ist kein Insolvenzgläubiger. Sein Anspruch auf Aussonderung des Gegenstands bestimmt sich nach den Gesetzen, die außerhalb des Insolvenzverfahrens gelten.

Literatur: *Andersen/Freihalter* (Hrsg.), Aus- und Absonderungsrechte in der Insolvenz, 1999; *Eckhardt*, ZIP 1996, 897 ff; *Fehl*, DZWiR 1999, 89 ff; *Henckel*, FS-Uhlenbruck (2000), 19 ff; *Lwowski*, Das Recht der Kreditsicherung, 8. Aufl 2001; *Michalski/Ruess*, NZI 2000, 250 ff; Peters, ZIP 2000, 2238 ff; *Obermüller*, Insolvenzrecht in der Bankpraxis, 6. Aufl 2002; *Riggert*, NZI 2000, 525 ff; *K. Schmidt*, ZZP 90 (1977), 38 ff; *Sinz*, Kölner Schrift, 2. Aufl, 2000, 593 ff; *Smid*, NZI 2000, 505 ff.

I. Entstehungsgeschichte und Normzweck

Die Vorschrift unterscheidet sich inhaltlich nicht von § 43 KO. Sie ent- 1
hält den klarstellenden Hinweis, dass Gegenstände, die rechtlich nicht zur Insolvenzmasse gehören, einem Aussonderungsrecht unterliegen (Be-

grRegE, *Kübler-Prütting*, S 215). Die Normierung des Aussonderungsrechts gehört zu den Grundsätzen der Eigentumsordnung. Auch das Insolvenzrecht respektiert die Zugehörigkeit von Vermögensgegenständen zu bestimmten Vermögensträgern. Daher können auch Gegenstände, welche in der vorhandenen Masse des Schuldners aufzufinden sind, von außenstehenden Personen unmittelbar aus der „Ist"-Masse herausverlangt werden (K/P-*Prütting*, § 47 Rn 4; MK-InsO/*Ganter*, § 47 Rn 3; *Jaeger*, § 47 Rn 3). Die Vorschrift entspricht dem Regelungsinhalt des § 771 ZPO (*Prütting* aaO Rn 5).

II. Regelungsinhalt

1. Allgemeines

2 **a) Dogmatische Einordnung.** Nach altem Recht war umstritten, ob es einen gesonderten Aussonderungsanspruch gibt (*Kuhn/Uhlenbruck*, § 43 KO Rn 1b) oder ob Aussonderung nur der Oberbegriff der Geltendmachung von bestimmten Rechten wie Eigentum und Besitz ist (*Kilger/ K.Schmidt*, § 43 KO Anm 1). Der dogmatische Streit, der auch zur InsO betrieben wird, hat jedoch in der Praxis keinerlei Auswirkungen.

3 **b) Dingliches oder persönliches Recht.** Gegenstand der Aussonderung können nicht nur dingliche Rechte (wie Eigentum, Besitz, Pfandrecht etc.) sein, sondern auch „persönliche Rechte", die lediglich **schuldrechtlicher Natur** sind (K/P-*Prütting* § 47 Rn 45; *Jaeger*, § 47 Rn 15). Ob ein schuldrechtlicher Anspruch ein Recht zur Aussonderung gibt, hängt vom jeweiligen **konkreten Inhalt der Forderung** ab (s. u. Rn 9 ff). Dabei können immer nur individuell bestimmte Gegenstände der Aussonderung unterliegen, auch Forderungen und Sachinbegriffe (zB Warenlager) können Gegenstand der Aussonderung sein (*Kilger/K. Schmidt*, § 43 KO Anm 2; *Jaeger*, § 47 Rn 25 f).

2. Einzelfälle

4 **a) Dingliche Rechte. aa) Eigentum, Eigentumsvorbehalt.** Der Grundfall des Aussonderungsrechts stellt das Eigentum und hierbei als praktisch bedeutsamster Fall das Vorbehaltseigentum des Aussonderungsberechtigten da. Der Vorbehaltseigentümer muss dem InsVerw lückenlosen Beweis seines Eigentums liefern (N/R-*Andres*, § 47 Rn 17). In der Praxis wird der Eigentumsvorbehalt zumeist in AGB vereinbart. Bei **widersprechenden AGB** setzt sich in jedem Falle der **einfache Eigentumsvorbehalt** des Lieferanten durch (BGH ZIP 1986, 1052, 1054). Zumeist werden zudem noch ein **erweiterter Eigentumsvorbehalt** (Übertragung des Eigentums bedingt durch die Begleichung **sämtlicher** offenen Forderungen des Lieferanten) und **verlängerter Eigentumsvor-**

behalt (**Vorausabtretung** der Kaufpreisforderungen gegen die Endabnehmer) vereinbart. Eine Vereinbarung des Eigentumsvorbehalts in **AGB** ist zulässig. Ohne weiteres kann ein Eigentumsvorbehalt wirksam noch bis zur Auslieferung des Kaufgegenstandes mittels Abdrucks der AGB auf der Rückseite des Lieferscheines (Hinweis auf der Vorderseite!) vereinbart werden. In **laufenden Geschäftsbeziehungen reicht die einmalige Übermittlung** der Lieferbedingungen aus. Im kaufmännischen Geschäftsverkehr kann unter gewissen Umständen auf einen ausdrücklichen Hinweis auf die geltenden AGB verzichtet werden (*Palandt/ Putzo*, § 449 BGB Rn 10).

bb) Sicherungsübereignung. Ebenso wie im alten Recht gewährt 5
das Sicherungseigentum kein Aus- sondern nur ein Absonderungsrecht (jetzt ausdrücklich geregelt in § 51 Nr 1).

cc) Früchte. Dem Eigentümer einer Sache steht an den Früchten der 6
Sache auch nach Trennung von der Sache nach §§ 953, 99 BGB ein Aussonderungsrecht zu. Nach BGHZ 27, 360 ist hierfür grundsätzlich der **Besitz des Berechtigten an der Hauptsache** erforderlich. In der Entscheidung hat der BGH ausdrücklich offengelassen, ob ein Aussonderungsrecht an den Früchten einer Sache aufgrund einer schuldrechtlichen Verpflichtung entstehen kann. Die hM bejaht dies nur für den Fall, dass der Berechtigte im Besitz der Hauptsache ist (*Jaeger/Lent*, § 15 KO Rn 17). Die insolvenzfeste Fruchtziehung kommt jedoch nur solange in Betracht, wie der InsVerw Erfüllung des schuldrechtlichen Vertrages nach § 103 InsO wählt oder nach § 108 Abs 1 InsO an ihn gebunden ist (HdbInsR-*Eickmann*, § 31 Rn 26).

dd) Forderungsabtretung. Auch Forderungen können Gegenstand 7
eines Absonderungsrechts sein (MK-InsO/*Ganter*, § 47 Rn 204; Uhlenbruck/*Uhlenbruck*, § 47 Rn 75; *Jaeger*, § 47 Rn 25 f). Eine Forderungsabtretung ist grundsätzlich formlos möglich, ein „gutgläubiger Erwerb" von Forderungen ist nur unter den sehr engen Voraussetzungen des § 405 BGB möglich. Ein **Abtretungsverbot nach § 399 BGB** hindert mit absoluter Wirkung die Übertragung der Forderung (*Ganter* aaO Rn 205). Im **kaufmännischen Rechtsverkehr** ist jedoch ein Abtretungsverbot wegen **§ 354a S 1 HGB** stark eingeschränkt. Die in der Praxis sehr häufig vorkommende **Sicherungsabtretung** (zB Globalzession, verlängerter Eigentumsvorbehalt) gewährt nach § 51 Nr 1 kein Aus-, sondern nur ein **Absonderungsrecht**.

ee) Factoring. Einen Sonderfall der Zession stellt der Forderungskauf 8
oder das Factoring (Forfaitierung) dar. Ob das Factoring dem Forderungskäufer ein Aus- oder Absonderungsrecht gewährt, hängt von der Ausgestaltung des Factoringvertrages ab. Beim sog. **unechten Factoring**

§ 47   2. Teil. Eröffnung des Insolvenzverfahrens

(Bonitätsrisiko verbleibt beim Verkäufer) geht die hM wegen der wirtschaftlichen Nähe zur Sicherungszession von einem **Absonderungsrecht** aus (HK-*Eickmann*, § 47 Rn 16; K/P-*Prütting*, § 47 Rn 58; *Jaeger*, § 47 Rn 127). Beim **„echten" Factoring** hingegen kommt es zu einer unbedingten Übertragung der Forderung unter Einschluss des Delkredererisikos auf den Forderungskäufer. Dieser erwirbt damit ein **Aussonderungsrecht** (MK-InsO/*Ganter*, § 47 Rn 258; Uhlenbruck/*Uhlenbruck*, § 47 Rn 94; *Jaeger*, § 47 Rn 127). Zur Frage der Einziehungsbefugnis des InsVerw beim Factoring s. u. § 166 Rn 9.

9   **b) Obligatorische Aussonderungsansprüche. aa) Allgemeines.** Grundsätzlich gewähren schuldrechtliche Ansprüche keinen Aussonderungsanspruch. Dem Vertragspartner des Schuldners verbleiben regelmäßig nur Schadensersatzansprüche, welche er nach § 103 Abs 2, S 1 als InsGl geltend machen kann (N/R-*Andres*, § 47 Rn 50; *Jaeger*, § 47 Rn 122).

10   **bb) Herausgabeanspruch des Vermieters.** Richtet sich ein Herausgabeanspruch auf einen nicht zur Sollmasse gehörenden Gegenstand eines Dritten (nicht des Schuldners), steht auch einem Nichteigentümer (wie etwa dem Vermieter nach § 546 Abs 1 BGB) ein Aussonderungsrecht zu. Entscheidend ist, dass es sich bei dem ausgesonderten Gegenstand **nicht um einen zur Insolvenzmasse gehörigen Gegenstand** handelt (MK-InsO/*Ganter*, § 47 Rn 341; Jaeger, § 47 Rn 124).

11   **cc) Rückgewähranspruch nach erfolgreicher Anfechtung.** Im Rahmen der Geltendmachung eines Anfechtungsanspruchs nach den §§ 129 ff oder dem Anfechtungsgesetz kann sich die Problematik stellen, dass der Anfechtungsgegner insolvent wird. In der Literatur wird teilweise die Auffassung vertreten, dass der Rückgewähranspruch aus der erfolgreichen Anfechtung (§ 143) ein Aussonderungsrecht gewährt (*Marotzke*, KTS 1987, 1 ff; *Kilger/K.Schmidt*, § 43 KO Anm 7). Nach hM (*Gottwald/Huber*, Insolvenzrechts-Handbuch, 2. Aufl, § 52 Rn 2 mwN; Jaeger, § 47 Rn 116) und der bislang zur KO ergangenen Rspr des BGH (BGHZ 71, 296, 302; BGH NJW 1990, 990, 992) gewährt der Rückgewähranspruch nach erfolgreicher Anfechtung hingegen nur einen schuldrechtlichen, nicht zur Aussonderung berechtigenden Anspruch. Neuerdings **bejaht der BGH ein Aussonderungsrecht** bei anfechtungsrechtlichen Rückgewähransprüchen (BGH NZI 2003, 537, NZI 2004, 78 m. Anm *Huber*; vgl auch MK-InsO/*Ganter*, § 47 Rn 346 sowie unten, § 143 Rn 3). Dies dürfte jedenfalls dann gelten, wenn der Gegenstand, auf den die Anfechtung sich bezieht, noch unterscheidbar in der Masse des Anfechtungsgegners vorhanden ist.

12   **dd) Treuhandverhältnisse.** Allg anerkannt ist die grundsätzliche Insolvenzfestigkeit einer Treuhandabrede. Für das Vorliegen einer **insol-**

Aussonderung § 47

venzfesten **Treuhandabrede** bedarf es einerseits einer (schuldrechtlichen) Vereinbarung über das Begründen einer Treuhand und andererseits der **faktischen Separierung des Treugutes durch den Treuhänder**. Unterschieden wird zwischen der uneigennützigen (Verwaltungs-)Treuhand und der eigennützigen (Sicherungs-)Treuhand. In aller Regel gewährt die Sicherungstreuhand nur ein Absonderungsrecht nach § 51 Abs 1 Nr 1.

(1) Treuhandabrede. Nach stRspr bedarf es für das Vorliegen einer Treuhand einer unmittelbaren Vermögenszuwendung aus dem Vermögen des Treugebers in das des Treuhänders (RGZ 84, 214, 216; 91, 12, 14; 127, 340, 344; BGH NJW 1959, 1223, 1224). Von diesem Unmittelbarkeitsgrundsatz kann abgewichen werden bei sog. Anderkonten. Hier erfolgt eine Zuwendung von Seiten Dritter auf das zugunsten des Treugebers beim Treuhänder eingerichtete Konto. Ob eine Treuhandabrede vorliegt, ist in jedem Einzelfall durch Auslegung zu ermitteln. Eine ausdrückliche Verwendung des Begriffs „Treuhand" ist nach allgemeinen Auslegungsregeln nicht erforderlich.

(2) Treuhänderische Bindung. Neben der schuldrechtlichen Vereinbarung ist auch die tatsächliche Durchführung der Treuhand durch den Treuhänder Voraussetzung für das Bestehen eines Aussonderungsrechts. Kommt es zu **Vermischungen des Treugutes** mit dem sonstigen Vermögen des Treuhänders, so kann die Treuhand aufbrechen und damit untergehen (BGH NZI 2003, 549 m Anm *Gundlach/Frenzel*). Dies ist etwa anzunehmen, wenn über ein Treuhandkonto auch sonstige Vermögensverfügungen des Treuhänders vorgenommen werden. Überweist jedoch der Treuhänder aufgrund der Treuhandvereinbarung von Geldern, die auf ein Treuhandkonto eingehen, Provisionszahlungen u.ä. auf ein eigenes Konto, so „infiziert" dies die Treuhand noch nicht.

c) Poolbildung. Nach bisher geltendem Recht bestand unstreitig die 13 Möglichkeit, dass aus- bzw absonderungsberechtigte Gläubiger zum Zwecke der Geltendmachung ihrer Rechte einen Pool bilden konnten. Eine Poolbildung bietet sich insbes dann an, wenn zwar feststeht, dass sich in einem Warenlager ausschließlich sicherungsübereignete Ware befindet, dass die Vorbehaltslieferanten jedoch Schwierigkeiten haben, die **Zuordnung der unter Eigentumsvorbehalt stehenden Ware zum jeweiligen Lieferanten nachzuweisen**. Machen alle Lieferanten einheitlich den Anspruch geltend, so steht jedenfalls fest, dass allen gemeinschaftlich ein Aussonderungsanspruch zusteht (ausf: Uhlenbruck/*Uhlenbruck*, § 51 Rn 51 ff). Die **Poolbildung zur Überwindung von Beweisschwierigkeiten wurde auch vom BGH anerkannt** (BGH NJW 1989, 895, 896). Namentlich von *Smid* (NZI 2000, 505 ff) wird im Geltungsbereich

§ 48 2. Teil. Eröffnung des Insolvenzverfahrens

der InsO die Befürchtung geäußert, dass wegen § 91 Abs 1 eine Poolbildung nach Insolvenzeröffnung nicht mehr möglich sei (*Smid* aaO S 510f). Die ganz hM vertritt jedoch auch im neuen Recht die Auffassung, dass ein Aussonderungspool, der keine Änderung in der Rechtsposition des Schuldners beinhaltet, sondern lediglich zur Überwindung von Beweisschwierigkeiten gebildet wird, nicht an § 91 oder an Anfechtungsvorschriften scheitert (*Braun/Bäuerle*, § 47 Rn 14; *Riggert*, NZI 2000, 525; MK-InsO/*Ganter*, § 47 Rn 189; *Jaeger*, § 47 Rn 90 – unter ausdrücklicher Zurückweisung der Auffassung von *Smid*).

3. Durchsetzung des Aussonderungsanspruchs

14 Anspruchsgegner des Aussonderungsberechtigten ist der InsVerw, so dass eine Klage gegen ihn zu richten ist (*Braun/Bäuerle*, § 47 Rn 93; *Jaeger*, § 47 Rn 164ff). Prinzipiell kann ein Aussonderungsanspruch auch durch einstweilige Verfügung gesichert werden, wenn zu befürchten steht, dass der InsVerw eine beeinträchtigende Verfügung vornehmen möchte (MK-InsO/*Ganter*, § 47 Rn 491; *Jaeger*, § 47 Rn 167). Prinzipiell **trägt die Masse die Kosten**, die dem InsVerw im Zusammenhang mit der Feststellung und Herausgabe von Aussonderungsgegenständen entstehen. Aussonderungsgläubiger und InsVerw können jedoch **vertraglich vereinbaren**, dass auf die Verwertung von mit Aussonderungsrechten belasteten Gegenständen die §§ 166ff entsprechende Anwendung finden. Häufig bilden sich zum Zwecke der Verwertung Pools, in denen aus- und absonderungsberechtigte Gläubiger sowie Kreditversicherer gemeinschaftlich gegenüber dem InsVerw auftreten. In solchen Fällen bietet sich eine pauschale **Kostentragungsregelung** an.

4. Auskunftsanspruch

15 Dem Aussonderungsberechtigten steht ein Auskunftsrecht zu, ob sich in der Masse ihm gehörende Gegenstände befinden. Die Auskunftspflicht des InsVerw steht unter der Beschränkung der Zumutbarkeit (BGHZ 70, 86, 91; K/P-*Prütting*, § 47 Rn 83; *Jaeger*, § 47 Rn 160).

§ 48 Ersatzaussonderung

Ist ein Gegenstand, dessen Aussonderung hätte verlangt werden können, vor der Eröffnung des Insolvenzverfahrens vom Schuldner oder nach der Eröffnung vom Insolvenzverwalter unberechtigt veräußert worden, so kann der Aussonderungsberechtigte die Abtretung des Rechts auf die Gegenleistung verlangen, soweit diese noch aussteht. Er kann die Gegenleistung aus der Insolvenzmasse verlangen, soweit sie in der Masse unterscheidbar vorhanden ist.

Ersatzaussonderung § 48

Literatur: s. Lit. zu § 47.

I. Entstehungsgeschichte und Normzweck

1. Entstehungsgeschichte

Die Vorschrift geht zurück auf § 46 KO, dessen Regelung – entgegen 1
der Vorstellung des Regierungsentwurfes (BegrRegE, *Kübler/Prütting*,
215) – weitgehend übernommen wurde. Durch die im Zuge des Gesetzgebungsverfahrens vorgenommene Änderung in S 1 kam es zu einer
(möglicherweise unbeabsichtigten) Ausweitung der Ersatzaussonderung,
da S 2 nicht entsprechend geändert wurde (MK-InsO/*Ganter*, § 48 Rn 2).
Daher kann jetzt eine Gegenleistung aus der Insolvenzmasse auch dann
verlangt werden, wenn ein aussonderungsbehafteter Gegenstand vom
Schuldner vor Insolvenzeröffnung veräußert wurde und die Gegenleistung noch in der Masse unterscheidbar vorhanden ist. Einschränkend
verlangt § 48 jedoch – im Gegensatz zum alten Recht –, dass der aussonderungsbehaftete Gegenstand „unberechtigt" veräußert wurde. Dies entsprach aber auch schon der Rechtsprechung des BGH zur KO (BGHZ
58, 257, 259; BGH NJW 2000, 1950, 1951).

2. Normzweck

Die Vorschrift will verhindern, dass ein ehemals aussonderungsberech- 2
tigter Gläubiger durch eine unberechtigte Vereitelung des Aussonderungsrechts durch den Schuldner vor Insolvenzeröffnung oder durch den
(vorl) InsVerw um sein Vorzugsrecht gebracht wird. Anstelle des Aussonderungsrechts tritt unter Heranziehung des **Surrogationsgedankens**
entweder der Anspruch des Schuldners gegen Dritte oder aber die Gegenleistung, sofern sie noch unterscheidbar in der Masse vorhanden ist (HK-*Eickmann*, § 48 Rn 2; K/P-*Prütting*, § 48 Rn 3f; Jaeger, § 48 Rn 7ff).

II. Regelungsinhalt

1. Voraussetzungen

a) Aussonderungsrecht. Grundvoraussetzung für die Geltendma- 3
chung eines Anspruchs nach § 48 ist, dass bei hypothetisch unveränderter
Masse dem Anspruchsteller ein Aussonderungsrecht an einem bestimmten
Gegenstand zugestanden hätte. Ob ein solches Aussonderungsrecht vorgelegen hätte, ist nach § 47 zu ermitteln.

b) Unberechtigte Veräußerung. Entsprechend der stRspr zur KO 4
verlangt der Gesetzgeber jetzt ausdrücklich, dass das hypothetische Aussonderungsrecht des Anspruchstellers unberechtigt verletzt wird. Veräußert etwa der Schuldner vor Insolvenzeröffnung einen unter Eigen-

tumsvorbehalt gelieferten Gegenstand (praktisch bedeutsamster Fall des Aussonderungsrechts), so ist er in aller Regel aufgrund entsprechender vertraglicher Vereinbarungen zwischen Vorbehaltslieferant und Schuldner zu einer Veräußerung des Gegenstands im gewöhnlichen Geschäftsgang berechtigt. Ein Ersatzaussonderungsanspruch greift dann nicht ein (MK-InsO/*Ganter*, § 48 Rn 28; Uhlenbruck/*Uhlenbruck*, § 48 Rn 15; Jaeger, § 48 Rn 45). Auch ein Widerruf der Veräußerungsbefugnis im Falle der Insolvenz dürfte gegen §§ 107, 119 verstoßen, wenn der InsVerw den Geschäftsbetrieb des Schuldners fortführt und dabei Vorbehaltsware im gewöhnlichen Geschäftsgang veräußert (*Braun/Bäuerle*, § 48 Rn 9). Zum Fall der Vereitelung einer Treuhandabrede vgl BGH NZI 2003, 549 m Anm *Gundlach/Frenzel*. Im Falle eines verlängerten Eigentumsvorbehaltes steht dem Vorbehaltslieferanten aber die Kaufpreisforderung des Schuldners gegen den Endabnehmer als Sicherungsrecht (§ 51 Nr 1) zur Verfügung.

2. Inhalt des Anspruchs

5 **a) Gegenleistung steht noch aus.** Nach S 1 hat der Ersatzaussonderungsberechtigte gegen den InsVerw einen Anspruch auf Abtretung des Rechts auf die Gegenleistung.

6 **aa) Veräußerung.** Der Begriff der Veräußerung ist weit zu verstehen (MK-InsO/*Ganter*, § 48 Rn 17; Uhlenbruck/*Uhlenbruck*, § 48 Rn 9; Jaeger, § 48 Rn 24 ff). Hierunter fallen nicht nur Kaufverträge, sondern jegliche, auch nicht rechtsgeschäftliche **Übertragungsbeziehungen zwischen Schuldner und einem Dritten** (K/P-*Prütting* § 48 Rn 8). Die Einziehung einer fremden Forderung (*Ganter* aaO Rn 20 mwN; Jaeger, § 48 Rn 32) sowie die Übertragung im Wege einer Zwangsvollstreckung (*Ganter* aaO Rn 23 mwN; Jaeger, § 48 Rn 25) werden vom Veräußerungsbegriff erfasst.

7 **bb) Gegenleistung.** Die Vorschrift setzt eine Entgeltlichkeit der Veräußerung voraus (K/P-*Prütting*, § 48 Rn 10; Jaeger, § 48 Rn 28). Die Surrogation nach Satz 1 erfolgt nicht automatisch; es muss vielmehr eine Abtretung des Anspruchs erfolgen (FK-*Joneleit/Imberger*, § 48 Rn 13). Ein Abtretungsverbot hindert daher die Abtretung nach Satz 1 (BGHZ 56, 228, 233; N/R-*Andres*, § 48 Rn 10; Jaeger, § 48 Rn 51). Im Falle eines Abtretungsverbotes muss der InsVerw zunächst den Zahlungseingang abwarten und anschließend nach S 2 die vereinnahmte Gegenleistung auskehren.

8 **b) Herausgabe der Gegenleistung.** Hat der Vertragspartner des Schuldners/InsVerw die Gegenleistung – was der Regelfall sein dürfte – bereits erbracht, so gewährt Satz 2 den (ehemals) Aussonderungsberech-

tigten einen Anspruch auf Herausgabe der Gegenleistung „soweit sie in der Masse **unterscheidbar vorhanden** ist". Eine Unterscheidbarkeit wird nicht dadurch ausgeschlossen, dass eine Überweisung der Gegenleistung auf ein Kontokorrentkonto des Schuldners oder des InsVerw erfolgt (BGH ZIP 1989, 118, 119). Es reicht insoweit aus, dass auf dem Kontokorrentkonto noch ein Guthaben vorhanden ist, welches den Ersatzaussonderungsanspruch übersteigt (BGHZ 141, 1116, 120 ff gegen die ehemals hM, vergleiche MK-InsO/*Ganter*, § 48 Rn 63). Der InsVerw ist im Falle der Einziehung einer fremden Forderung oder Veräußerung fremden Gutes zur Separierung des Erlöses verpflichtet. Ist die Gegenleistung in der Masse nicht mehr unterscheidbar vorhanden, besteht ein Masseanspruch des (ehemaligen) Aussonderungsberechtigten nach § 55 Abs 1 Nr 3 (K/P-*Prütting*, § 48 Rn 23). Es kommt eine Haftung des InsVerw nach § 61 in Betracht (N/R-*Andres*, § 48 Rn 13; Jaeger, § 48 Rn 86).

3. Ersatzabsonderung

Bereits nach altem Recht war ein Ersatzabsonderungsanspruch allgemein anerkannt (BGHZ 139, 319, 324 = NJW-RR 1999, 271 f). Es gelten insoweit die gleichen Grundsätze wie im Bereich des § 47 (*Braun/Bäuerle*, § 48 Rn 39; MK-InsO/*Ganter*, vor §§ 49–52 Rn 167 ff; Jaeger, § 48 Rn 61 ff). 9

4. Vorläufiger Insolvenzverwalter

Eine analoge Anwendung der Vorschrift kommt in Betracht, wenn der vorl InsVerw im Insolvenzeröffnungsverfahren aussonderungsfähige Gegenstände veräußert (MK-InsO/*Ganter*, § 48 Rn 14). 10

§ 49 Abgesonderte Befriedigung aus unbeweglichen Gegenständen

Gläubiger, denen ein Recht auf Befriedigung aus Gegenständen zusteht, die der Zwangsvollstreckung in das unbewegliche Vermögen unterliegen (unbewegliche Gegenstände), sind nach Maßgabe des Gesetzes über die Zwangsversteigerung und die Zwangsverwaltung zur abgesonderten Befriedigung berechtigt.

Literatur: *Städtler*, Grundpfandrechte in der Insolvenz, 1998; *Wenzel*, NZI 1999, 101 ff; *Zimmermann*, NZI 1998, 57 ff.

1. Allgemeines

Die Vorschrift entspricht weitgehend § 47 KO. Danach erfolgt die abgesonderte Befriedigung in Bezug auf unbewegliche Gegenstände außerhalb der InsO im ZVG. Lediglich durch die neu in das **ZVG einge-** 1

§ 49 2. Teil. Eröffnung des Insolvenzverfahrens

fügten Vorschriften der §§ 30d–30f (entsprechend § 187–190 des RegE) ist eine einstweilige Einstellung der Zwangsversteigerung aufgrund des InsVerfahren möglich (BegrRAussch, *Kübler/Prütting*, 217).

2. Unbewegliche Gegenstände

2   Die Vorschrift betrifft nur Absonderungsrechte an unbeweglichen Gegenständen sowie solchen Gegenständen, **welche unbeweglichen Gegenständen in Bezug auf die Zwangsvollstreckung gleich gestellt** sind. Dies sind neben Grundstücken und gründstücksgleichen Rechten (z. B. Erbbaurecht) auch eingetragene Schiffe und Schiffsbauwerke (MK-InsO/*Ganter*, § 49 Rn 7; Jaeger, § 49 Rn 13 ff) sowie Luftfahrzeuge (§ 171a ZVG, § 88 LuftfahrzRG).

3. Absonderungsrecht

3   Als Absonderungsrechte kommen in Betracht **Grundschulden und Hypotheken**, an den unter 2. aufgeführten Grundstücken bzw grundstücksgleichen Rechten. Grundschulden und Hypotheken erstrecken sich nach § 1120 BGB auf die vom Grundstück getrennten Erzeugnisse und sonstigen Bestandteile iSv §§ 93, 94 BGB. Weiterhin **erstreckt sich die Grundschuld/Hypothek auf das Zubehör des Grundstückseigentümers, §§ 1120, 97 BGB**. Fremdes Zubehör haftet nicht. Ist das Grundstück vermietet oder verpachtet, so erstreckt sich die Hypothek/Grundschuld außerdem auf Miet- und Pachtzinsforderungen. Hat aber der Grundstückseigentümer über Miet- und Pachtzinsforderungen verfügt, haften nur die Forderungen, welche nach der Beschlagnahme fällig werden (§ 1124 Abs 2 BGB).

4. Rangklassen

4   Die Verwertung des unbeweglichen Gegenstandes sowie die Befriedigung der absonderungsberechtigten Gläubiger erfolgt außerhalb der InsO nach den Vorschriften des ZVG. Insbes. gilt die dortige Rangordnung der Befriedigung nach erfolgter Zwangsversteigerung. Besondere Erwähnung verdient § 10 Abs 1 Nr 1a ZVG. Danach werden die Ansprüche des InsVerw für die Feststellung der beweglichen Gegenstände, auf die sich die Zwangsversteigerung bezieht (insbes Zubehörteile), entsprechend § 171 Abs 1, vorab befriedigt. Nach § 174a ZVG ist der InsVerw auf Antrag im geringsten Gebot zu berücksichtigen (MK-InsO/*Ganter*, § 49 Rn 50; Jaeger, vor §§ 49–52 Rn 50).

5. Vorläufige Einstellung der Zwangsversteigerung

5   Nach **§ 30d ZVG** kann der InsVerw beantragen, dass eine bereits beantragte und in Gang gesetzte **Zwangsversteigerung einstweilen eingestellt** wird. Nach § 30d Abs 4 ZVG kann dies **auch** auf Antrag eines **vorl**

InsVerw geschehen. Eine einstweilige Einstellung der Zwangsversteigerung wird regelmäßig dann beantragt, wenn das Grundstück für eine Fortführung des Unternehmens im laufenden InsVerfahren benötigt wird (§ 30 d Abs 1 Nr 2 ZVG).

§ 50 Abgesonderte Befriedigung der Pfandgläubiger

(1) Gläubiger, die an einem Gegenstand der Insolvenzmasse ein rechtsgeschäftliches Pfandrecht, ein durch Pfändung erlangtes Pfandrecht oder ein gesetzliches Pfandrecht haben, sind nach Maßgabe der §§ 166 bis 173 für Hauptforderung, Zinsen und Kosten zur abgesonderten Befriedigung aus dem Pfandgegenstand berechtigt.

(2) Das gesetzliche Pfandrecht des Vermieters oder Verpächters kann im Insolvenzverfahren wegen des Miet- oder Pachtzinses für eine frühere Zeit als die letzten zwölf Monate vor der Eröffnung des Verfahrens sowie wegen der Entschädigung, die infolge einer Kündigung des Insolvenzverwalters zu zahlen ist, nicht geltend gemacht werden. Das Pfandrecht des Verpächters eines landwirtschaftlichen Grundstücks unterliegt wegen des Pachtzinses nicht dieser Beschränkung.

Literatur: s Lit. zu § 47.

I. Allgemeines

Abs 1 entspricht § 48 KO. Allerdings ist ein Hinweis auf die §§ 166 ff 1 enthalten, welche dem InsVerw weitergehende Rechte bei der Verwertung von mit Absonderungsrechten behafteten Gegenständen einräumen. Abs 2 entspricht inhaltlich § 49 Abs 1 Nr 2 KO, wobei die dort erwähnten gesetzlichen Pfandrechte und Pfändungspfandrechte bereits in § 50 Abs 1 aufgeführt sind. Absonderungsrechte an beweglichen Gegenständen gewähren dem Absonderungsberechtigten eine bevorzugte Befriedigung aus den mit Absonderungsrechten behafteten Gegenständen. In §§ 166, 170–173 finden sich allerdings – anders als nach altem Recht – spezielle Vorzugsrechte zugunsten der Insolvenzmasse bei der Verwertung von absonderungsrechtsbehafteten Gegenständen.

II. Regelungsinhalt

1. Allgemeines

§§ 50, 51 regeln lediglich die Voraussetzungen eines Rechts auf abge- 2 sonderte Befriedigung. Die Rechtsfolgen sind geregelt in den §§ 166 ff. Grundfall des Absonderungsrechts ist das (rechtsgeschäftliche, gesetzliche oder durch Pfändung erlangte) **Pfandrecht** an beweglichen und (nach Maßgabe des § 49) unbeweglichen Gegenständen.

2. Arten des Pfandrechts

3   a) **Vertragliches Pfandrecht.** Ein vertragliches Pfandrecht kann nach §§ 1204 ff BGB an Sachen sowie nach §§ 1273 ff, 1280 ff BGB an Rechten und an Forderungen bestellt werden. Wegen der Verwertung von Pfandrechten ist auf §§ 166 ff zu verweisen (vgl auch BGH ZIP 2005, 909). Da für die Bestellung des Pfandrechts an Sachen nach § 1205 BGB die **Besitzeinräumung** erforderlich ist, steht in aller Regel nach § 166 Abs 1 dem InsVerw das Verwertungsrecht zu. Bei Pfandrechten an Forderungen scheidet jedoch die Anwendung des § 166 Abs 2 nach hM aus (s. u. § 166 Rn 10).

4   b) **Gesetzliches Pfandrecht. aa) Allgemeines.** Abs 1 betrifft gesetzliche Pfandrechte nach dem BGB sowie dem HGB. Zu erwähnen sind die Pfandrechte des Vermieters und Verpächters (§§ 559, 592 BGB), des Werkunternehmers (§ 647 BGB) sowie die **handelsrechtlichen Pfandrechte** des Kommissionärs (§ 398 HGB), des Spediteurs (§ 410 HGB), des Lagerhalters (§ 421 HGB) und des Frachtführers (§ 440 HGB). Eine vollständige Auflistung der gesetzlichen Pfandrechte findet sich bei MK-InsO/*Ganter*, § 50 Rn 84 ff. sowie bei Jaeger, § 50 Rn 30 ff).

5   **bb) Besonderheit des Vermieterpfandrechts.** Nach Abs 2 unterliegt das gesetzliche Pfandrecht des Vermieters oder Verpächters (§§ 559, 592 BGB) einer Beschränkung dahingehend, dass es nicht für Miete oder Pacht für eine frühere Zeit als die letzten zwölf Monate vor der Eröffnung des Verfahrens sowie wegen der Entschädigung, die infolge der Kündigung des InsVerw zu zahlen ist, geltend gemacht werden kann. Das **Vermieterpfandrecht** ist daher nur insolvenzfest für die rückständige **Miete und Pacht aus den letzten zwölf Monaten** vor Eröffnung sowie für den Zeitraum von der Insolvenzeröffnung bis zur Wirksamkeit der Kündigung durch den InsVerw nach § 109 Abs 1 Satz 1 (s dort Rn 2 ff).

6   c) **Pfändungspfandrecht.** Ein Pfändungspfandrecht entsteht bei der Zwangsvollstreckung nach §§ 804, 829 ZPO. Es kann an beweglichen Sachen, Rechten und Forderungen entstehen (§§ 804, 829 ZPO)

3. Sonstige Absonderungsrechte

7   Wegen sonstiger Absonderungsrechte ist auf die Kommentierung zu § 51 zu verweisen.

§ 51 Sonstige Absonderungsberechtigte

Den in § 50 genannten Gläubigern stehen gleich:
1. Gläubiger, denen der Schuldner zur Sicherung eines Anspruchs eine bewegliche Sache übereignet oder ein Recht übertragen hat;
2. Gläubiger, denen ein Zurückbehaltungsrecht an einer Sache zusteht, weil sie etwas zum Nutzen der Sache verwendet haben, soweit ihre Forderung aus der Verwendung den noch vorhandenen Vorteil nicht übersteigt;
3. Gläubiger, denen nach dem Handelsgesetzbuch ein Zurückbehaltungsrecht zusteht;
4. Bund, Länder, Gemeinden und Gemeindeverbände, soweit ihnen zoll- und steuerpflichtige Sachen nach gesetzlichen Vorschriften als Sicherheit für öffentliche Abgaben dienen.

Literatur: *Elz*, ZInsO 2000, S 478 ff; *Gaul*, ZInsO 2000, S 256 ff; *Mitlehner*, ZIP 2001, S 677 ff; *Wittig*, NZI 2002, 633 ff; s auch Lit. zu § 47.

I. Entstehungsgeschichte und Normzweck

Die Vorschrift geht zurück auf § 49 KO: Nr 2 entspricht § 49 Abs 1 Nr 3 KO; Nr 3 entspricht Nr 4; Nr 4 entspricht Nr 1. § 49 Abs 1 Nr 2 KO wurde in § 50 Abs 1 InsO gezogen. § 51 Nr 1 stellt ein gesetzgeberisches Novum dar, da ausdrücklich geregelt wird, dass aus der Sicherungsabtretung und Sicherungsübereignung nur ein Absonderungsrecht folgt. 1

II. Regelungsinhalt

1. Sonstige Absonderungsrechte in § 51

a) Sicherungsübereignung (Nr 1, 1. Alt.). Wie erwähnt, gewährt das Sicherungseigentum in der Insolvenz kein Aus-, sondern nur ein Absonderungsrecht. Dies entsprach schon st Rspr des BGH zum alten Recht (BGH WM 1959, 52, 53; BGH WM 1977, 1422, 1423; vgl auch *Kuhn/Uhlenbruck*, § 48 KO, Rn 13 ff sowie BegrRegE, *Kübler/Prütting*, 219). Eine wesentliche inhaltliche Änderung der Rechtslage im Vergleich zum alten Recht steht in der Verwertungsbefugnis des InsVerw, § 166 Abs 1, sowie in der automatischen Anordnung von Kostenbeiträgen für die Insolvenzmasse nach § 171. Bemerkenswert ist, dass seit In-Kraft-Treten der Schuldrechtsreform (01. 01. 2002) ein **Paradigmenwechsel bei der Verwertung von Sicherungsgut** eingetreten ist. Ein Gewährleistungsausschluss ist nach neuem Recht nach § 444 BGB prinzipiell nicht mehr möglich. Dies gilt nach bislang hM auch bezüglich freihändiger Verwertungsverkäufe durch den InsVerw. Eine Lösung des Dilemmas ist z. Zt. 2

§ 51 2. Teil. Eröffnung des Insolvenzverfahrens

noch nicht in Sicht (vgl zum Ganzen: *Wittig*, NZI 2002, 633, 639 ff; *Ringstmeier/Homann*, ZIP 2002, 505 ff; *Schmidt*, ZInsO 2002, 103 ff; *Marotzke*, ZInsO 2002, 501 ff). Während die Sicherungsnehmer (zB Banken) bislang eine Verwertung durch den InsVerw aufgrund der Kostenbeiträge nach § 171 zu vermeiden suchten, wird aufgrund der unsicheren Rechtslage zZt eher die Verwertung durch den InsVerw bevorzugt.

3   **b) Sicherungsabtretung (Nr 1, 2. Alt.).** Ebenso wie die Sicherungsübereignung (s. vorige Rn) gewährt die Sicherungsabtretung dem Sicherungsnehmer nur ein Absonderungsrecht. Auch dies entsprach stRspr zur KO. Bei sicherungszedierten Forderungen besteht ein ausschließliches Einziehungsrecht des InsVerw nach § 166 Abs 2. Ein solches Einziehungsrecht besteht auch bei bereits offengelegter Sicherungszession (BGH NZI 2002, 599). Vgl auch unten § 166 Rn 9.

4   **c) Zurückbehaltungsrecht wegen nützlicher Verwendungen.** Das **einfache** zivilrechtliche **Zurückbehaltungsrecht** nach § 273 BGB gewährt in der Insolvenz **kein Vorzugsrecht** (BGH NJW 1995, 1484, 1485; Jaeger, § 51 Rn 52). Aufgrund der Insolvenzeröffnung fällt der Sinn zur Gewährung eines Zurückbehaltungsrechts, nämlich dessen Druckcharakter weg (Uhlenbruck/*Uhlenbruck*, § 51 Rn 34). Lediglich insoweit, als der Besitzer einer Sache nützliche Verwendungen an derselben vorgenommen hat, steht ihm nach Nr 2 ein Absonderungsrecht zu. Auch vertraglich vereinbarte Zurückbehaltungsrechte begründen kein Absonderungsrecht (*Braun/Bäuerle*, § 51 Rn 49).

5   **d) Handelsrechtliche Zurückbehaltungsrechte.** Ein Absonderungsrecht gewährt weithin – neben den handelsrechtlichen gesetzlichen Pfandrechten iSv § 50 – das allgemeine kaufmännische Zurückbehaltungsrecht nach § 369 HGB.

6   **e) Absonderungsrecht der öffentlichen Hand.** Nr 4 gewährt dem Fiskus an zoll- und steuerpflichtigen Waren, welche als Sicherheit für öffentliche Abgaben dienen, ein spezielles Absonderungsrecht. Ein Pfandrecht an solchen beschlagnahmten Gegenständen entsteht nach § 76 AO (Einzelheiten hierzu: MK-InsO/*Ganter*, § 51 Rn 243 ff; Jaeger, § 51 Rn 60 ff).

2. Versicherungsrechtliche Absonderungsrechte

7   Nach § 157 VVG kann der geschädigte Dritte in der Insolvenz des **haftpflichtversicherten Versicherungsnehmers abgesonderte Befriedigung** aus der Entschädigungsforderung gegen den Versicherungsnehmer verlangen. Hierbei ist es unerheblich, ob der Versicherungsfall vor oder nach Insolvenzeröffnung eintritt (MK-InsO/*Ganter*, § 51 Rn 235 ff; Jaeger, § 51 Rn 59).

3. Verwertung

Zur Verwertung von mit Absonderungsrechten belasteten Gegenständen vgl unten §§ 166 ff. 8

§ 52 Ausfall der Absonderungsberechtigten

Gläubiger, die abgesonderte Befriedigung beanspruchen können, sind Insolvenzgläubiger, soweit ihnen der Schuldner auch persönlich haftet. Sie sind zur anteilsmäßigen Befriedigung aus der Insolvenzmasse jedoch nur berechtigt, soweit sie auf eine abgesonderte Befriedigung verzichten oder bei ihr ausgefallen sind.

Literatur: *K. Schmidt/Bitter*, ZIP 2000, 1077 ff.

1. Entstehungsgeschichte und Normzweck

Die Vorschrift entspricht inhaltlich § 64 KO und enthält lediglich sprachliche Abweichungen vom alten Recht. Die Regelung enthält eine Klarstellung dahingehend, dass absonderungsberechtigte Gläubiger in voller Höhe ihrer Forderung gegen den Schuldner als InsGl am Verfahren teilnehmen können (BegrRegE, *Kübler/Prütting*, S 220). 1

2. Berücksichtigung absonderungsberechtigter Gläubiger

Die Vorschrift ist im Zusammenhang mit § 190 zu sehen. § 52 stellt allgemein klar, dass eine Befriedigung der absonderungsberechtigten Gläubiger nur insoweit erfolgt, **wie sie auf eine abgesonderte Befriedigung verzichten oder bei dieser ausgefallen sind**. Ein Ausfall oder ein Verzicht ist dem InsVerw nach § 190 Abs 1 innerhalb der Ausschlussfrist nach § 189 Abs 1 nachzuweisen. Kann daher ein absonderungsberechtigter Gläubiger bei der Anmeldung seiner Forderung schon absehen, dass ihm das Absonderungsrecht keine oder nur sehr geringe Befriedigung gewähren wird, so ist zu erwägen, das Absonderungsrecht gar nicht geltend zu machen oder aber gegenüber dem InsVerw kurzfristig einen Verzicht nach § 190 Abs 1 zu erklären. Eine Insolvenzquote entfällt bei absonderungsberechtigten Gläubigern nur auf den Betrag, mit welchem der absonderungsberechtigte Gläubiger ausgefallen ist. Dies steht im **Gegensatz zu der Regelung in § 43**, wonach der Gläubiger, dem mehrere Personen haften, seine Forderung mehrfach – bis zur Grenze der vollen Befriedigung – geltend machen kann (vgl ausf. *K. Schmidt/Bitter*, ZIP 2000, 1077 ff; Jaeger, § 52 Rn 9 ff). 2

§ 53 Massegläubiger

Aus der Insolvenzmasse sind die Kosten des Insolvenzverfahrens und die sonstigen Masseverbindlichkeiten vorweg zu berichtigen.

Literatur: *Berkowsky*, NZI 2000, 253 ff; *Bork*, ZIP 2001, S 1521 ff; *Heidrich/ Prager*, NZI 2002, 653 ff; *Kirchhof*, ZInsO 1999, 365 ff; *ders.*, ZInsO 2000, S 297 ff; *Lüke*, Kölner Schrift, 859 ff; *K.Schmidt/Bitter*, ZIP 2000, S 1077 ff; s auch Lit. zu § 55.

I. Entstehungsgeschichte und Normzweck

1   Die Vorschrift entspricht weitgehend § 57 KO. Aufgegeben wurde eine Unterscheidung von Massekosten und Masseschulden; unterschieden wird jetzt nur noch zwischen den Kosten des InsVerfahrens und den „sonstigen" Masseverbindlichkeiten (BegrRegE, *Kübler/Prütting*, S 220; Jaeger, § 53 Rn 1). § 53 regelt die **allgemeinen Rechtsfolgen beim Vorliegen von Masseverbindlichkeiten**. Sonderregeln finden sich an diversen Stellen in der InsO (zB §§ 54, 55, 100 (Unterhaltsleistungen), § 123 Abs 2 (Sozialplan) sowie sonstige Vorschriften (vgl auch Gegenäußerung BReg, *Kübler/Prütting*, S 221).

II. Regelungsinhalt

1. Systematik der Massegläubiger

2   **a) Allgemeines.** Eine Unterscheidung der Massegläubiger ist grundsätzlich erst dann erforderlich, wenn die Insolvenzmasse (voraussichtlich) nicht ausreicht, um sämtliche Massegläubiger zu befriedigen. In einem solchen Fall treten die Folgen der §§ 208 ff ein. Sofern jedoch eine **ausreichende Insolvenzmasse** vorhanden ist, werden **alle Massegläubiger** (zu den Ausnahmen sogleich) nach § 53 vorweg aus der Masse **befriedigt**.

3   **b) Verfahrenskosten.** Die Kosten des InsVerfahrens werden im Einzelnen in § 54 geregelt. Es ist auf die dortige Kommentierung zu verweisen. Eine Eröffnung des Verfahrens ist nach § 26 Abs 1 nur dann möglich, wenn die vorhandene Masse wenigstens ausreicht, um die Kosten des Ins-Verfahrens abzudecken oder ein entsprechender Geldbetrag vorgeschossen wird (§ 54 Rn 2; § 26 Rn 4).

4   **c) Sonstige Masseverbindlichkeiten.** Die sonstigen Masseverbindlichkeiten sind (nicht abschließend) geregelt in § 55. Hinzu kommen etwa noch die Unterhaltskosten nach § 100 sowie die Sozialplanverbindlichkeiten nach § 123 Abs 2. Eine Befriedigung sämtlicher Masseverbindlichkeiten muss – im Gegensatz zur KO – bei Eröffnung des InsVerfahren

nicht mehr gesichert sein. Steht bei Beginn des Verfahrens eine Massearmut fest oder stellt sich eine solche im Laufe des Verfahrens heraus, so kann der InsVerw nach §§ 208 ff eine Massearmut anzeigen. Eine Befriedigung der Massegläubiger erfolgt dann in der Rangfolge des § 209; in der jeweiligen Rangklasse ggf. quotal (s. u. § 209 Rn 3).

d) **Beschränkte Befriedigung.** Nach § 123 Abs 2 S 2 (s § 124 Rn 6) 5 darf für Ansprüche aus einem **Sozialplan nur ein Drittel** der Masse verwendet werden, die ohne einen Sozialplan für die Verteilung an die InsGl zur Verfügung stünde. Im Falle einer **Massearmut** nach §§ 208 ff entfällt auf Sozialplanforderungen **kein Masseanspruch** (§ 209 Rn 10).

2. Durch den vorl InsVerw begründete Masseverbindlichkeiten

Im Gegensatz zum alten Recht kann auch der vorläufige InsVerw unter 6 bestimmten Voraussetzungen nach **§ 55 Abs 2** Masseverbindlichkeiten begründen (s. u. § 55 Rn 13).

§ 54 Kosten des Insolvenzverfahrens

Kosten des Insolvenzverfahrens sind:
1. **die Gerichtskosten für das Insolvenzverfahren;**
2. **die Vergütungen und die Auslagen des vorläufigen Insolvenzverwalters, des Insolvenzverwalters und der Mitglieder des Gläubigerausschusses.**

Literatur: *Keller,* ZIP 2000, S 688 ff; s auch Lit. zu § 53.

I. Entstehungsgeschichte und Normzweck.

Die Vorschrift geht zurück auf § 58 KO. Zu den Verfahrenskosten ge- 1 hören jetzt jedoch nur noch die Gerichtskosten für das InsVerfahren sowie die Vergütung und die Auslagen des vorl InsVerw, des InsVerw sowie der Mitglieder des Gl-Ausschusses. Die dem Schuldner und dessen Familie nach § 100 (vormals § 129 KO) bewilligte Unterstützung gehört nicht mehr zu den Kosten des Verfahrens. § 54 steht in engem Zusammenhang mit §§ 26 f, da zur Eröffnung des InsVerfahren jetzt nur noch die Kosten des InsVerfahrens abgedeckt sein müssen (§ 26 Rn 3).

II. Regelungsinhalt

1. Allgemeines

Die Kosten des InsVerfahren wurden zum Zwecke der Erhöhung des 2 Prozentsatzes eröffneter InsVerfahren auf den Kernbereich der gerichtlichen und außergerichtlichen Kosten reduziert (K/P-*Pape,* § 54 Rn 1;

Jaeger, § 54 Rn 1 ff). Es ist ausreichend, aber auch erforderlich, dass die Kosten iSv § 54 aus der Masse erfüllt werden können, damit ein Verfahren nach § 27 eröffnet werden kann. Andernfalls erfolgt ein Abweisungsbeschluss nach § 26.

2. Gerichtskosten des InsVerfahren

3   Die Gerichtskosten für das InsVerfahren sind in Abschnitt D der Anlage 1 zu § 11 Abs 2 GKG geregelt (neu eingefügt durch Art. 29 EGInsO sowie geändert durch Gesetz vom 06. 08. 1998, BGBl. I, 2030; vgl auch K/P-*Pape*, § 54 Rn 6). Zu den Einzelheiten der im InsVerfahren anfallenden Gerichtskosten vgl MK-InsO/*Hefermehl*, § 54 Rn 8 ff; *Pape* aaO Rn 6 ff; Jaeger, § 54 Rn 4 ff.

3. Vergütung des InsVerw

4   Dem InsVerw steht nach § 63 Anspruch auf Vergütung seiner Geschäftstätigkeit zu. Aufgrund der Verordnungsermächtigung in § 65 wurde die insolvenzrechtliche Vergütungsverordnung (InsVV) erlassen. Die aufgrund dieser Verordnung vom InsVerw geltend zu machenden Vergütungsansprüche sind nach § 54 Nr 2 aus der Masse zu begleichen.

4. Auslagen des InsVerw

5   Dem InsVerw steht nach § 8 InsVV ein Anspruch auf Erstattung seiner tatsächlich entstandenen Auslagen zu. Diese können nach § 8 Abs 3 InsVV auch pauschaliert werden. Nach § 4 Abs 1 S 3 InsVV kann der InsVerw zur Erledigung besonderer Aufgaben im Rahmen der Verwaltung zu Lasten der Insolvenzmasse **Dienst- oder Werkverträge** abschließen und den Vertragspartnern eine angemessene Vergütung aus der Masse zahlen. Vereinzelt wurde in der Rechtsprechung und Literatur vertreten, dass in bestimmten Fällen solche Ansprüche als Auslagen iSv § 54 Abs 1 Nr 2 anzusehen seien (AG Charlottenburg, ZInsO 1999, 597). Dies wurde etwa diskutiert für zwingend anfallende Vergütungen für Steuerberater zum Zwecke der Erfüllung steuerlicher Verpflichtungen des InsVerw. Nach inzwischen einhelliger Auffassung gehören solche Kosten jedoch **nicht zu den Auslagen des InsVerw**, sondern zu sonstigen Masseverbindlichkeiten iSv § 55 Abs 1 Nr 1 (K/P-*Pape*, § 54 Rn 41 mwN; Jaeger, § 54 Rn 14). Sind solche Kosten von der Insolvenzmasse nicht gedeckt, ist gleichwohl das Verfahren nach § 27 zu eröffnen (MK-InsO/*Haarmeyer*, § 26 Rn 16 mwN).

5. Vergütung und Auslagen des vorl InsVerw

6   Auch der vorl InsVerw ist nach § 21 Abs 2 Nr 1 iVm § 63 berechtigt, eine angemessene Vergütung sowie den Ersatz seiner Auslagen geltend zu

machen. Die Einzelheiten der Vergütung bestimmen sich nach § 11 InsVV.

6. Vergütung und Auslagen der Mitglieder des Gläubigerausschusses

Weiter gehören zu den Kosten des Verfahrens die Vergütung sowie die Auslagen der Mitglieder des Gläubigerausschusses nach § 73 InsO iVm § 17 InsVV (vgl wegen der Einzelheiten die Kommentierung zu § 73). 7

7. Vergütung des Sachwalters und des Treuhänders

Auch zu den Kosten des InsVerfahrens gehören Vergütung und Auslagen des Sachwalters bei einer Eigenverwaltung (§§ 270–285) sowie des Treuhänders im vereinfachten InsVerfahren und im Verbraucherinsolvenzverfahren (§§ 311–314). Für den Sachwalter ergibt sich dies aus § 274 Abs 1. Die Einbeziehung der Kosten des Treuhänders in die Kosten des InsVerfahrens ergibt sich aus § 313 Abs 1, wonach der Treuhänder „die Aufgaben des InsVerw" wahrnimmt (*Braun/Bäuerle*, § 54 Rn 28; MK-InsO/*Hefermehl*, § 54 Rn 104). 8

§ 55 Sonstige Masseverbindlichkeiten

(1) Masseverbindlichkeiten sind weiter die Verbindlichkeiten:
1. die durch Handlungen des Insolvenzverwalters oder in anderer Weise durch die Verwaltung, Verwertung und Verteilung der Insolvenzmasse begründet werden, ohne zu den Kosten des Insolvenzverfahrens zu gehören;
2. aus gegenseitigen Verträgen, soweit deren Erfüllung zur Insolvenzmasse verlangt wird oder für die Zeit nach der Eröffnung des Insolvenzverfahrens erfolgen muss;
3. aus einer ungerechtfertigten Bereicherung der Masse.

(2) Verbindlichkeiten, die von einem vorläufigen Insolvenzverwalter begründet worden sind, auf den die Verfügungsbefugnis über das Vermögen des Schuldners übergegangen ist, gelten nach der Eröffnung des Verfahrens als Masseverbindlichkeiten. Gleiches gilt für Verbindlichkeiten aus einem Dauerschuldverhältnis, soweit der vorläufige Insolvenzverwalter für das von ihm verwaltete Vermögen die Gegenleistung in Anspruch genommen hat.

(3) Gehen nach Absatz 2 begründete Ansprüche auf Arbeitsentgelt nach § 187 des Dritten Buches Sozialgesetzbuch auf die Bundesagentur für Arbeit über, so kann die Bundesagentur diese nur als Insolvenzgläubiger geltend machen. Satz 1 gilt entsprechend für die in § 208 Abs. 1 des Dritten Buches Sozialgesetzbuch be-

zeichneten Ansprüche, soweit diese gegenüber dem Schuldner bestehen bleiben.

Literatur: *Berscheid*, Kölner Schrift, 1361 ff; *Bien*, ZIP 1998, 1014 ff; *Eckert*, ZIP 1996, 897 ff; *Kebekus*, NZI 2001, 63 ff; *Lwowski/Tetzlaff*, NZI 2000, 393 ff u. 2001, 57 ff; *Prütting/Stickelbrock*, ZIP 2002, 1608 ff; *Schwartmann*, NZI 2001, 69 ff; *Uhlenbruck*, Kölner Schrift, 325 ff; s auch Lit. zu §§ 53 u. 54.

I. Entstehungsgeschichte und Normzweck

1. Entstehungsgeschichte

1   Die Vorschrift geht zurück auf § 59 KO, enthält jedoch im Vergleich dazu erhebliche Änderungen. So wurden die sog. unechten Masseverbindlichkeiten des § 59 Abs 1 Nr 3 KO (bestimmte Arbeitnehmerforderungen) ersatzlos gestrichen (BegrRegE, *Kübler/Prütting*, S 223; Jaeger, § 55 Rn 1 ff). Im Zuge des Gesetzgebungsverfahrens wurde diskutiert, die Regelung des alten § 59 Abs 1 Nr 3 KO in § 55 InsO (wieder) hineinzubringen (Stellungnahme BRat, *Kübler/Prütting*, S 224). Letztlich hat sich jedoch die **Streichung der unechten Masseverbindlichkeiten** durchgesetzt. Die Struktur der Masseverbindlichkeiten wurde insgesamt geändert (s. o. § 53 Rn 1, 6). Neu ist die in Abs 2 dem vorl InsVerw eingeräumte Möglichkeit, bereits vor Eröffnung des Verfahrens Masseverbindlichkeiten zu begründen (BegrRegE, *Kübler/Prütting*, S 223; s. o. § 22 Rn 8; Jaeger, § 55 Rn 3). Nach In-Kraft-Treten der InsO wurde durch das InsOÄndG 2001 § 55 ein neuer Abs 3 angefügt. Dieser betrifft Ansprüche nach Abs 2, welche auf die Bundesagentur für Arbeit übergehen (s. u. Rn 15).

2. Normzweck

2   Die Neuordnung der Masseverbindlichkeiten nach der InsO bezweckt eine Erhöhung der Verteilungsgerechtigkeit u. a. durch Streichung der sog. unechten Masseverbindlichkeiten (§ 59 Abs 1 Nr 3 KO). Unterstützt wird dies mit Hilfe der **Beschränkung der oktroyierten Masseverbindlichkeiten** durch Erleichterung der Kündigungsmöglichkeiten in den §§ 103 ff (K/P-*Pape*, § 55 Rn 8). Die Möglichkeit, bereits vor Insolvenzeröffnung nach Abs 2 Masseverbindlichkeiten zu begründen, steht im Zusammenhang mit dem **Fortführungsgrundsatz gemäß § 22**; nach Vorstellung des Gesetzgebers sollte Abs 2 die Fortführung des Unternehmens im Eröffnungsverfahren erleichtern (BegrRegE, *Kübler/Prütting*, S 223 f). Da sich in der Praxis nach In-Kraft-Treten der InsO weitgehend durchgesetzt hatte, auf Bestellung eines starken vorl InsVerw iSv § 22 InsO wegen der Gefahr der Haftung nach § 61 zu verzichten (s. o. § 22 Rn 13),

war Abs 3 zur Entlastung der Masseverbindlichkeiten eingefügt worden (MK-InsO/*Hefermehl*, § 55 Rn 5; Jaeger, § 55 Rn 3).

II. Regelungsinhalt

1. Masseverbindlichkeiten nach Abs 1

a) Allgemeines. Grundsätzlich können Masseverbindlichkeiten nur 3 nach Insolvenzeröffnung begründet werden (MK-InsO/*Hefermehl*, § 55 Rn 16; zu den Ausnahmen s. u. Rn 11 ff). § 55 enthält hierfür eine abschließende Regelung (*Hefermehl* aaO Rn 20). Die „sonstigen" Masseverbindlichkeiten nach Abs 1 resultieren aus einem Handeln/Unterlassen seitens des InsVerw, aus der **Auslaufverpflichtung durch den InsVerw nach §§ 103 ff** beendeter oder gekündigter Dauerschuldverhältnisse oder – als Auffangtatbestand – aus ungerechtfertigter Bereicherung der Masse. Entscheidend für die Qualifizierung als Masseverbindlichkeit ist nicht das Entstehen, sondern die „Begründung" einer Verbindlichkeit nach Insolvenzeröffnung (MK-InsO/*Hefermehl*, § 55 Rn 16).

b) Masseverbindlichkeiten nach Nr 1. Nach Nr 1 sind solche Ver- 4 bindlichkeiten sonstige Masseverbindlichkeiten, welche durch Handlungen (positives Tun oder Unterlassen) des InsVerw oder „in anderer Weise durch die Verwaltung, Verwertung und Verteilung" der Masse begründet werden.

aa) Handlungen des InsVerw. Hierzu gehören in erster Linie **Ver-** 5 **bindlichkeiten aus vom InsVerw nach Eröffnung abgeschlossenen Rechtsgeschäften** (MK-InsO/*Hefermehl*, § 55 Rn 21 ff; Jaeger, § 55 Rn 7 ff) Es muss sich also um ein nach Eröffnung abgeschlossenes „Neugeschäft" handeln (K/P-*Pape*, § 55 Rn 25). Nicht zu den Masseverbindlichkeiten gehört zB der Provisionsanspruch des Handelsvertreters nach § 84 Abs 1 HGB für Geschäfte die vor Insolvenzeröffnung abgeschlossen wurden (*Hefermehl* aaO § 55 Rn 16). Verpflichtungen, die aus der Rückabwicklung vor Insolvenzeröffnung durch den Schuldner abgeschlossener Verträge entstehen, sind InsForderung (*Braun/Bäuerle*, § 55 Rn 3 ff; Jaeger, § 55 Rn 8). Masseverbindlichkeiten können auch resultieren aus **unerlaubten Handlungen des InsVerw** und seiner Hilfspersonen (*Hefermehl* aaO Rn 36; Jaeger, § 55 Rn 11 ff). Auch durch die **Prozessführung** können Masseverbindlichkeiten iSv Nr 1 entstehen (*Bäuerle* aaO Rn 10; Jaeger, § 55 Rn 21) zur Einordnung von Prozessführungskosten aus vom InsVerw aufgenommenen Prozessen s. u. § 105 Rn 4).

bb) Sonstigen Masseverbindlichkeiten iSv Nr 1. Weiterhin gehö- 6 ren zu den Masseverbindlichkeiten die „in anderer Weise" bei der Verwaltung, Verwertung und Verteilung der Insolvenzmasse entstandenen Verbindlichkeiten. Es handelt sich hierbei um Verbindlichkeiten, die automatisch durch ein Verhalten des InsVerw entstehen, ohne dass der InsVerw das Entstehen einer Verbindlichkeit bezweckt hat. Dies gilt zB für **Steuerverbindlichkeiten** wie auf Lieferungen des InsVerw entfallende Umsatzsteuer, sowie die für die Arbeitnehmer während der Dauer des Massezeitraums (*Braun/Bäuerle*, § 55 Rn 19ff; Jaeger, § 55 Rn 33f) anfallende Lohn- und Einkommenssteuer. Umstritten ist die Frage, ob auch die **Kosten einer Ersatzvornahme für Altlasten** auf einem zur Masse gehörenden Grundstück zu den Masseverbindlichkeiten nach Nr 1 gehört (so § 35 Rn 9).

7 c) **Masseverbindlichkeiten nach Nr 2. aa) Allgemeines.** Nr 2 steht unmittelbar im Zusammenhang mit den §§ 103 ff und den dort geregelten Möglichkeiten des InsVerw, die Erfüllung oder Nichterfüllung bestimmter Verträge zu verlangen sowie Dauerschuldverhältnisse unter Einhaltung verkürzter Kündigungsfristen kündigen zu können.

8 bb) **Wahlrecht nach § 103.** Aufgrund der allgemeinen Vorschriften §§ 103, 105 steht dem InsVerw ein Wahlrecht bezüglich der Erfüllung oder Nichterfüllung eines vom Schuldner vor Insolvenzeröffnung eingegangenen Vertragsverhältnisses zu. § 103 Abs 2 S 1 ordnet an, dass im Falle der **Erfüllungsverweigerung der Vertragspartner den Schadensersatz wegen Nichterfüllung nur als InsGl** geltend machen kann. Spiegelbildlich regelt § 55 Abs 1 Nr 2 für den Fall der Erfüllungswahl, dass die Gegenleistung des Schuldners/InsVerw aus der Masse zu erbringen ist. Im Falle der Teilbarkeit nach § 105 bezieht sich der Masseanspruch nur auf den Vertragsteil, auf den sich die Erfüllungswahl bezieht (K/P-*Pape*, § 55 Rn 44; *Braun/Bäuerle*, § 55 Rn 28; Jaeger, § 55 Rn 45).

9 cc) **Dauerschuldverhältnisse.** Soweit in den §§ 103ff (insbes §§ 109 Abs 1 S 2, 113 Abs 1 S 3) bei Dauerschuldverhältnissen für den InsVerw eine erleichterte Kündigungsmöglichkeit angeordnet wird, entsteht für den **Auslaufzeitraum**, also bis Wirksamwerden der Kündigungserklärung, ein Masseanspruch des Vertragspartners nach Nr 2 (**sog. oktroyierte Masseverbindlichkeiten**, MK-InsO/*Hefermehl*, § 55 Rn 140; *Braun/Bäuerle*, § 55 Rn 30). Eine Masseverbindlichkeit stellen auch die Ansprüche aus Dauerschuldverhältnissen dar, welche dadurch entstehen, dass der InsVerw einen Kündigungstermin versäumt hat und sich dadurch die Kündigungsmöglichkeit nach §§ 103ff hinauszögert (s § 209 Rn 7). Bei Dauerschuldverhältnissen, welche dem Wahlrecht nach § 103 unterliegen (zB Mietverträge über bewegliche Gegenstände, Lizenzverträge, Franchiseverträge), besteht ebenfalls ein Masseanspruch für die Verbindlichkeiten, welche bis zum Zeitpunkt der Ausübung des Wahlrechts anfallen. Dabei ist es **unerheblich, ob der InsVerw die Rechte aus dem**

Sonstige Masseverbindlichkeiten   § 55

Dauerschuldverhältnis in Anspruch nimmt oder nicht. Sofern der InsVerw sich nicht zum möglichen Erfüllungsverlangen in Bezug auf ein Dauerschuldverhältnis – etwa unter Verweis auf eine mögliche analoge Anwendung des § 107 Abs 2 S 1 – „unverzüglich" iSv § 103 Abs 2 S 2 erklärt, ist davon auszugehen, dass er die Leistung aus dem Dauerschuldverhältnis in Anspruch nimmt und damit eine (befristete) Erfüllung iSv Nr 2 „erfolgen muss". Eine Berufung auf § 107 Abs 2 S 1 auf der einen Seite und eine Verweigerung der Erfüllung der Verpflichtungen aus dem Dauerschuldverhältnis für die Zeit bis zur Erfüllungswahl auf der anderen Seite ist treuwidrig (§ 242 BGB). Es trifft auch nicht zu, dass für den Zeitraum bis zur Erfüllungswahl lediglich ein Anspruch nach Nr 3 (ungerechtfertigte Bereicherung der Masse) in Betracht kommt (vgl hierzu K/P-*Pape*, § 55 Rn 51).

   d) **Bereicherungsansprüche nach Nr 3.** Weiterhin stellen Ansprüche aus ungerechtfertigter Bereicherung der Insolvenzmasse einen Masseanspruch dar. Einen Masseanspruch gewähren nur solche Bereicherungen, welche der Masse nach Insolvenzeröffnung zugeflossen sind. Bereicherungsansprüche, die vor Insolvenzeröffnung entstanden sind, stellen lediglich InsForderung dar (*Braun/Bäuerle*, § 55 Rn 42; MK-InsO/*Hefermehl*, § 55 Rn 206; Uhlenbruck/*Uhlenbruck*, § 55 Rn 74; Jaeger, § 55 Rn 79). Wegen Bereicherungsansprüchen nach Abs 2 vgl auch *Hefermehl* aaO Rn 206; Jaeger, § 55 Rn 92.

2. Masseverbindlichkeiten nach Abs 2

   a) **Allgemeines.** Abs 2 enthält eine dem deutschen Konkursrecht bislang unbekannte Möglichkeit, auch schon vor Insolvenzeröffnung Masseverbindlichkeiten zu begründen. Der Gesetzgeber wollte hiermit einem in der Praxis häufig auftretenden Bedürfnis nachkommen, auch schon in vorläufigen Verfahren – insbes **bei einer Betriebsfortführung** – Masseverbindlichkeiten begründen zu können. Dies ist nach Abs 2 nur einem vorl InsVerw möglich, auf den „die Verfügungsbefugnis über das Vermögen des Schuldners übergegangen ist". Die Formulierung verweist auf § 22 Abs 1 S 1; die Rechtsfolgen des Abs 2 treten also ein, wenn dem Schuldner ein allgemeines Verfügungsverbot auferlegt wird (s. o. § 22 Rn 4).

   b) **Masseverbindlichkeiten im Eröffnungsverfahren.** Die Möglichkeit der Begründung von Masseverbindlichkeiten im Eröffnungsverfahren ist im Vergleich zum eröffneten Verfahren beschränkt. Dies gilt insbes in Bezug auf Dauerschuldverhältnisse (Abs 2 S 2).

   aa) **Begründung durch den vorl InsVerw.** S 1 bestimmt, dass (nur) solche Verbindlichkeiten im Eröffnungsverfahren zu Masseverbindlichkeiten werden, welche der vorl InsVerw „begründet". Ausgeschlossen sind danach die in „anderer Weise" iSv Abs 1 Nr 1 begründeten Verbindlichkeiten. Die automatisch entstehenden Ansprüche, etwa wegen abzuführender Umsatzsteuer, stellen hingegen eine Masseverbindlichkeit dar (MK-InsO/*Hefermehl*, § 55 Rn 221; Uhlenbruck/*Uhlenbruck*, § 55 Rn 37).

14   **bb) Dauerschuldverhältnisse.** Für die Verbindlichkeiten aus Dauerschuldverhältnissen haftet der vorl InsVerw nur insoweit, wie **das von ihm verwaltete Vermögen die Gegenleistung in Anspruch genommen hat.** Dies ist etwa der Fall bei Mietverhältnissen über ein Betriebsgrundstück bei Fortführung des Betriebes im Eröffnungsverfahren. Soweit der vorl InsVerw Arbeitnehmer freistellt, stellen deren Vergütungsansprüche daher nur InsForderung dar (*Braun/Bäuerle*, § 55 Rn 49; Jaeger, § 55 Rn 95).

c) Ausnahme von der Begründung von Masseverbindlichkeiten
15 **(Abs 3).** Bislang bestand ein Meinungsstreit, ob im Falle des Abs 2 Ansprüche der Arbeitnehmer aus der Vorfinanzierung von Insolvenzgeld, die auf die Bundesagentur für Arbeit nach § 187 SGB III übergehen, als Masseforderungen einzuordnen waren. Die Rechtsprechung hatte sich auf den Standpunkt gestellt, dass übergegangene Ansprüche nur als InsForderung zu qualifizieren seien (BAG ZIP 2001, 1964, 1968 = NZI 2002, 118; LAG Hamm NZI 2000, 189). Trotz dieser Rechtsprechung sah sich der Gesetzgeber veranlasst, die Einordnung der übergegangenen Ansprüche im InsOÄndG 2001 ausdrücklich als InsForderung einzuordnen. Gleiches gilt für Ansprüche nach § 208 Abs 2 SGB III.

d) „Punktuelle" Befugnis zur Begründung von Masseverbind-
16 **lichkeiten.** Die Praxis hat bislang die Möglichkeit der Einsetzung eines „starken" vorl InsVerw nur zurückhaltend angenommen. Der wesentliche Grund hierfür liegt darin, dass Rechtsprechung und Literatur bislang davon ausgingen, dass eine gezielte Begründung von Masseverbindlichkeiten durch den vorl InsVerw unter Ausschluss zB der Ansprüche aus Dauerschuldverhältnissen nicht möglich ist (Alles-oder-Nichts-Prinzip). Der BGH hat jedoch entschieden, dass eine **Ermächtigung des vorl InsVerw durch das Insolvenzgericht zur Begründung bestimmter Masseverbindlichkeiten** prinzipiell möglich ist (BGH NZI 2002, 543 ff). Die Ausgestaltung einer solchen Ermächtigung ist bislang noch nicht höchstrichterlich entschieden. Es dürfte aber ausreichend sein, wenn der vorl InsVerw zum Abschluss bestimmter Verträge (etwa Lieferverträge) ermächtigt wird (vgl *Prütting/Stickelbrock*, ZIP 2002, 1608).

3. Sozialplanansprüche

17   Nicht in § 55, sondern in § 123 Abs 2 ist geregelt, dass Ansprüche aus Sozialplänen, welche nach Insolvenzeröffnung aufgestellt werden, Masse-

verbindlichkeiten sind. § 123 Abs 2 S 2 begrenzt jedoch den Anspruch dahingehend, dass **nicht mehr als ein Drittel der Masse** verwendet werden kann, die ohne einen Sozialplan für die Verteilung an die InsGl zur Verfügung stünde. Daraus ergibt sich, dass **bei einer Massearmut auf Sozialpläne keine Ansprüche** entfallen (s. u. § 124 Rn 4; § 209 Rn 10).

3. Abschnitt. Insolvenzverwalter. Organe der Gläubiger

§ 56 Bestellung des Insolvenzverwalters

(1) Zum Insolvenzverwalter ist eine für den jeweiligen Einzelfall geeignete, insbesondere geschäftskundige und von den Gläubigern und dem Schuldner unabhängige natürliche Person zu bestellen.

(2) ¹Der Verwalter erhält eine Urkunde über seine Bestellung. ²Bei Beendigung seines Amtes hat er die Urkunde dem Insolvenzgericht zurückzugeben.

I. Normzweck

Der InsVerw ist die zentrale Person des InsVerfahren. Er ist durch den Übergang der Verwaltungs- und Vertretungsbefugnis umfassend berechtigt und verpflichtet die Masse zu sichern, zu verwalten, zu verwerten und schließlich zu verteilen. Er wird hierbei durch das InsGericht überwacht und unterliegt der persönlichen Haftung (§ 60). § 56 bestimmt die Voraussetzungen für seine Bestellung. § 56 gilt auch für den vorl InsVerw (§ 21 Abs 2 Nr 1), Sachwalter (§ 274 Abs 1) und Treuhänder im vereinfachten InsVerfahren (§ 313 Abs 1 S 3), dagegen nach § 292 Abs 3 S 2 nicht für den Treuhänder in der Wohlverhaltensperiode (N/R-*Delhaes*, § 56 Rn 3; MK-InsO/*Graeber*, § 56 Rn 8). – Hinsichtlich der aktuellen Bestellungspraxis der InsGerichte wurden in der Vergangenheit häufig Bedenken geäußert. Von Seiten des Gesetzgebers sind bislang keine Änderungen der gesetzlichen Grundlagen für die Bestellung erfolgt. Es werden jedoch bereits seit längerem Änderungen diskutiert. Dies gilt insbes im Anschluss an den Beschluss des BVerfG vom 3. 8. 2004 (NZI 2004, 574). Dort legt das BverfG fest, dass die Entscheidung des InsGerichts bezüglich der Vorauswahl eines Bewerbers als Akt der öffentlichen Gewalt iS des Art 19 Abs 4 GG anzusehen ist und demzufolge gerichtlich überprüfbar ist. Ob neben dieser Vorauswahl auch der konkrete Akt der Bestellung eines Insverw bzw vorläufigen Insverw justiziabel ist, bleibt offen. Das OLG Hamm hat dies im Anschluss an den Beschluss des BVerfG verneint (NZI 2005, 111 ebenso OLG Düsseldorf KTS 1996, 448, 449; OLG

Koblenz ZIP 2000, 507f). Soweit ersichtlich, hat der Beschluß in der Praxis bislang nur geringe Auswirkungen. Eine Abkehr von der bisherigen Bestellungspraxis ist nur bei wenigen InsGerichten erkennbar. Die Erarbeitung eines einheitlichen Kriterienkataloges für die Bestellung von InsVerw wäre sinnvoll. Hierbei muss jedoch auch ausreichender Spielraum für die Einzelfallentscheidung des Richters verbleiben. In jedem Fall darf eine Erweiterung des Kreises der bestellten InsVerw nicht zu einer Qualitätseinbuße bei der Abwicklung von InsVerf führen. Vgl ausführlich zu dem gesamten Themenkreis *Kruth*, Die Auswahl und Bestellung des Insolvenzverwalters; *Vallender* NJW 2004, 3614; *Graeber*, NZI 2004, 546; *Hess/Rupe* NZI 2004, 641.

II. Verwalterbestellung

1. Voraussetzungen

2   a) **Sachlich.** Die Bestellung des InsVerw fällt zusammen mit der Eröffnung des Verfahrens nach § 27, bei der nach § 27 Abs 1 S 1 der InsVerw bestimmt werden soll.

3   b) **In der Person des InsVerw. aa) Natürliche Person.** Zum InsVerw kann nur eine natürliche Person bestellt werden. Er muss voll geschäftsfähig sein (FK-*Kind*, § 56 Rn 39; HK-*Eickmann*, § 56 Rn 14), wobei dies für beschränkt Geschäftsfähige und Betreute aus der fehlenden persönlichen Eignung hergeleitet wird (HK-*Eickmann*, § 56 Rn 2, 14).

4   **bb) Unabhängigkeit.** Der InsVerw muss insbes von InsSchu und InsGl unabhängig sein, wobei dies nicht schon deshalb zu verneinen ist, weil der InsVerw von einem InsGl oder vom InsSchu vorgeschlagen wurde (ausf. *Smid/Smid*, § 56 Rn 15 ff und MK-InsO/*Graeber*, § 56 Rn 91 ff; Uhlenbruck/*Uhlenbruck* § 56 Rn 11). Dies ergibt sich insbesondere daraus, dass die Gl-Versammlung nach § 57, wenn auch unter gerichtlicher Aufsicht, einen InsVerw auswechseln kann (FK-*Kind*, § 56 Rn 4; H/W/W-*Hess*, § 56 Rn 17). Es kann sogar sinnvoll sein, einem **Vorschlag der InsGl** unter dem Aspekt der Akzeptanz des InsVerw durch die InsGl zu folgen, wenngleich das InsGericht nicht an diesen gebunden ist (N/R-*Delhaes*, § 56 Rn 5). – Bei der Beurteilung der **Unabhängigkeit** gelten die Anforderungen der §§ **41, 42 ZPO** (AG Hamburg NZI 2002, 166, 167; MK-InsO/*Graeber*, § 56 Rn 24 und 33 und NZI 2002, 345, 346f; HK-*Eickmann*, § 56 Rn 3; vgl FK-*Schmerbach*, § 4 Rn 32; **aA:** K/P-*Lüke*, § 56 Rn 10). Dem steht nicht deren grundsätzliche Ausschließlichkeit entgegen (vgl BGHZ 113, 262, 277 zu § 83 KO; BGH NJW 1991, 425; *Thomas/Putzo*, § 41 Rn 1); zudem dient deren Anwendung der Rechtssicherheit. Hinsichtlich des Aspekts einer **Befangenheit** ist nach § 42 ZPO zu berücksichtigen, dass der InsVerw schon allein we-

gen der Möglichkeit der Abwahl durch die Gl-Versammlung nicht gänzlich unabhängig sein kann (*Smid/Smid*, § 56 Rn 11). Bei der **Gefahr von Interessenkollisionen** muss von einer Bestellung abgesehen werden (AG Potsdam NZI 2002, 391, 392); wobei die Tätigkeitsverbote des § 45 BRAO zwar nicht direkt gelten, aber diese Wertung gleichwohl zu berücksichtigen ist (OLG Celle ZInsO 2001, 755, 756 f). Interessenkollisionen liegen zB vor, wenn der InsVerw in zwei widerstreitenden InsVerfahren tätig wird (OLG Zweibrücken ZInsO 2000, 398). Der InsVerw hat von sich aus auf eine mögliche Beeinträchtigung seiner Unabhängigkeit bzw deren Besorgnis hinzuweisen (*Graeber* NZI 2002, 345, 350 f). Aus Gründen der Unabhängigkeit darf der InsVerw oder ein Sozius auch keine Gegenstände aus der Masse erwerben (K/P-*Lüke*, § 56 Rn 11; vgl N/R-*Delhaes*, § 56 Rn 19: dann Sonderverwalter nötig). Dies gilt auch für Mitarbeiter des InsVerw – Ein InsVerw kann nicht gleichzeitig **Zwangsverwalter** sein (LG Augsburg Rpfleger 1997, 78; HK-*Eickmann*, § 56 Rn 3). – Zum Verhältnis zur Verwaltung eines Pools siehe *Graeber* NZI 2002, 345 ff und *Riggert* NZI 2002, 352 ff. – Die Mitglieder des Arbeitskreises der Insolvenzverwalter Deutschlands e.V. haben sich einen Verhaltenskodex gegeben (NZI 2002, 23 f; vgl *Runkel* NZI 2002, 1 ff), der nach dem AG Hamburg (NZI 2002, 166 f) geeignet ist, die Entscheidung des InsGericht mittelbar zu beeinflussen.

cc) Qualifikation. Der Verwalter muss **im Einzelfall** zur Besorgung 5 der Geschäfte **geeignet** sein und die **erforderliche Geschäftskunde** besitzen:

(1) Die **erforderliche Geschäftskunde** stellt in erste Linie auf die juristischen und betriebswirtschaftlichen Kenntnisse ab (HK-*Eickmann*, § 56 Rn 11; *Stapper* NJW 1999, 3441, 3443). Dementsprechend werden in der Praxis Rechtsanwälte, Steuerberater und Wirtschaftsprüfer zu InsVerw bestellt, da diese über die nötige Qualifikation verfügen.

(2) Weiterhin ist der **Grund der Insolvenz** (betriebswirtschaftliche Gründe, kriminelle Handlungen; vgl FK-*Kind*, § 56 Rn 33), sowie die Branche bzw der **Tätigkeitsbereich des InsSchu** zu berücksichtigen (HK-*Eickmann*, § 56 Rn 11).

(3) Schließlich bestimmt die **Größe des insolventen Betriebs**, welcher InsVerw zur Abwicklung geeignet und insbes fähig ist, da uU erhebliche Aufgaben zu erledigen sind, die von InsVerw mit kleinen Bürokapazitäten nicht ausreichend bewältigt werden können (HK-*Eickmann*, § 56 Rn 15: technisch-formale Bewältigung). Dabei ist die fachliche und personelle Ausstattung des Büros entscheidend (N/R-*Delhaes*, § 56 Rn 12; H/W/W-*Hess*, § 56 Rn 19; *Smid/Smid*, § 56 Rn 13).

(4) Weitere Kriterien sind die **Seriosität und Bonität des Verwalters**, insbes bei einer umfangreichen Masse (*Smid/Smid*, § 56 Rn 14).

(5) Die Person muss praktische Erfahrung auf dem Gebiet der Insolvenzverwaltung besitzen (MK-InsO/*Graeber*, § 56 Rn 19).

(6) Das **Regionalprinzip** ist trotz der modernen Telekommunikationstechniken nicht überholt, da eine räumliche Nähe und Kenntnis der örtlichen Begebenheiten sowie ein persönlicher Kontakt zwischen Ins-Gericht und InsVerw erheblich zur Effizienzsteigerung beitragen kann (OLG Schleswig NJW 2005, 1664; *Smid/Smid*, § 56 Rn 13; MK-InsO/*Graeber*, § 56 Rn 78 ff; **aA:** HK-*Eickmann*, § 56 Rn 13; H/W/W-*Hess*, § 56 Rn 18).

(7) Bei einer **Konzerninsolvenz** wird es idR sinnvoll sein, nur einen InsVerw für alle Betriebe des Konzerns zu bestellen, da diesem dann ein größerer Handlungsspielraum eröffnet und die Sanierungschancen erhöht werden (FK-*Kind*, § 56 Rn 37; vgl *Ehricke* DZWiR 1999, 353 ff; krit *Smid/Smid*, § 56 Rn 23).

2. Sonderverwalter

6 Dieser kann nach allg Ansicht bestellt werden, wenn der InsVerw rechtlich oder tatsächlich an der Verwaltung gehindert ist (N/R-*Delhaes*, § 56 Rn 19; HK-*Eickmann*, § 56 Rn 35; krit *Graeber* NZI 2002, 345, 351). Dies kann aber nicht dazu dienen, einen InsVerw, bei dem Interessenkollisionen absehbar sind, zu bestellen, um dann für Entscheidungen, bei denen die Interessenkollision aktuell wird, einen Sonderverwalter zu bestellen (OLG Celle ZInsO 2001, 755, 757; AG Potsdam NZI 2002, 391, 392).

3. Auswahlentscheidung

7 **a) Ermessensentscheidung.** Das InsGericht hat nach Antragstellung zunächst zu prüfen, ob und welche Sicherungsmaßnahmen zu treffen sind. Dabei wird es die Bestellung eines vorl InsVerw auch im Hinblick darauf treffen, ob dieser auch als „endgültiger" InsVerw geeignet ist (MK-InsO/*Graeber*, § 56 Rn 9; vgl K/P-*Lüke*, § 56 Rn 3). Dabei handelt das InsGericht im Rahmen seiner **richterlichen Unabhängigkeit** (OLG Düsseldorf KTS 1996, 448, 449) und ist an die **Grenzen der pflichtgemäßen Ermessensausübung** gebunden (N/R-*Delhaes*, § 56 Rn 4). Ein Vorschlags**recht** der InsGl besteht wegen der richterlichen Unabhängigkeit nicht (N/R-*Delhaes*, § 56 Rn 6 – vgl aber oben II. 1. b) bb)). Eine Einflussnahme seitens Dritter (zB Wirtschaftsministerium, Ministerpräsident) auf die Entscheidung verbietet sich allein schon wegen der richterlichen Unabhängigkeit (vgl AG Potsdam NZI 2002, 391, 392 und AG Duisburg ZIP 2002, 1636, 1640f).

b) Rechtsmittel. Die Ernennung des InsVerw ist unanfechtbar (HK-*Eickmann*, § 56 Rn 26; H/W/W-*Hess*, § 56 Rn 25). Die zugrundeliegende Auswahlentscheidung kann gleichfalls **nicht angefochten werden** (OLG Hamm NZI 2005, 111; OLG Düsseldorf KTS 1996, 448, 449; OLG Koblenz ZIP 2000, 507f; *Kesseler* ZIP 2000, 1565, 1566ff; *Vallender* DZWiR 1999, 265, 266; **aA:** *Lüke* ZIP 2000, 485ff, 1574f; H/W/W-*Hess*, § 56 Rn 14: Beschwerde nach § 6 Abs 1 aufgrund extensiver Auslegung des § 56). Es bleibt lediglich der Antrag auf Entlassung nach §§ 57, 59 (HK-*Eickmann*, § 56 Rn 28). – Ein einklagbarer Anspruch auf Bestellung zum InsVerw besteht nicht (OLG Hamm NZI 2005, 111; OLG Düsseldorf KTS 1996, 448, 449; *Robrecht* KTS 1998, 63ff). 8

c) Schadensersatzansprüche bei fehlerhafter Verwalterbestellung oder Überwachung des InsVerw können als Amtshaftungsansprüche nach Art 34 GG iVm § 839 Abs 1 BGB bestehen (OLG München ZIP 1991, 1367ff; FK-*Kind*, § 56 Rn 44). 9

4. Verfahren

a) Bestellungsakt. Die Bestellung erfolgt durch Beschluss, wobei nach § 18 Abs 2 Nr 1 RPflG der Richter funktionell zuständig ist (H/W/W-*Hess*, § 56 Rn 20); die Ernennung durch den Rechtspfleger ist unwirksam nach § 8 Abs 4 S 1 RPflG (*Smid/Smid*, § 56 Rn 2). Der Beschluss wird idR mit dem Eröffnungsbeschluss zusammenfallen. Er muss wegen mangelnder Anfechtbarkeit nicht begründet werden (N/R-*Delhaes*, § 56 Rn 14; MK-InsO/*Graeber*, § 56 Rn 99; **aA:** K/P-*Lüke*, § 56 Rn 20; Henssler ZIP 2002, 1053, 1057 wegen verfassungsrechtlicher Aspekte). 10

b) Das Amt beginnt mit der nachfolgenden **Annahme** durch den InsVerw, zu der dieser nicht verpflichtet ist (HK-*Eickmann*, § 56 Rn 29; OLG Düsseldorf KTS 1973, 270, 272; H/W/W-*Hess*, § 56 Rn 23; N/R-*Delhaes*, § 56 Rn 15). 11

c) Der InsVerw erhält eine **Bestallungsurkunde**. Sie ist jedoch nicht mit einer Gutglaubenswirkung verbunden (FK-*Kind*, § 56 Rn 45) und dient nur der Legitimation des InsVerw (H/W/W-*Hess*, § 56 Rn 52; *Smid/Smid*, § 56 Rn 32). Der InsVerw ist nach Beendigung seines Amtes nach **Abs 2** verpflichtet, die Urkunde wieder zurückzugeben, was ggf nach § 58 Abs 3 durchgesetzt werden kann. 12

d) Beendigung. Das Amt endet mit dem Tod des InsVerw, seiner Geschäftsunfähigkeit, mit der Wahl und Ernennung eines anderen Verwalters nach § 57, sobald dieser das Amt annimmt, der Entlassung aus wichtigem 13

Grund nach § 59, sowie der Beendigung des InsVerfahrens. Sonderfälle sind die Nachtragsverteilung (§ 205) oder die Planerfüllungsüberwachung (§ 261) (HK-*Eickmann*, § 56 Rn 33). Ein Rücktritt bzw eine Niederlegung des Amtes ist nicht möglich (MK-InsO/*Graeber*, § 56 Rn 126; *Gottwald/Klopp/Kluth*, InsHdb, § 22 Rn 14).

III. Status

1. Amtstheorie

14 Nach überwiegender Meinung übt der InsVerw ein ihm übertragenes **privates Amt im eigenen Namen** aus, wobei ihm insbes die Verwaltungs- und Verfügungsbefugnis nach § 80 Abs 1 übertragen wird. Er ist **Partei kraft Amtes** (BGHZ 35, 180ff; 51, 125, 128; *Hess/Binz/Wienberg* § 8 GesO Rn 16; *Häsemeyer* Rn 15.07; K/P-*Lüke* § 80 Rn 37f). Daneben wird noch die **Vertretungstheorie** vertreten, nach der er Vertreter des Schuldners, die Vertretungsmacht jedoch auf die Masse beschränkt ist (*Heinze* KTS 1980, 1), sowie die **Organtheorie**, nach der er Organ des Rechtssubjekts Masse ist, diese also rechtliche verselbständigt. Zum Theorienstreit siehe: *K. Schmidt* KTS 1984, 345ff; *Gottwald/Klopp/Kluth*, InsHdb., § 22 Rn 20ff; N/R-*Delhaes*, Vor § 56 Rn 10f.

2. Berufsrecht (ausf. FK-*Kind*, § 56 Rn 10–30)

15 Wird ein Rechtsanwalt als InsVerw bestellt, so ist zwischen seinen Berufspflichten als Rechtsanwalt und InsVerw zu differenzieren. Zu Kollisionen kann es kommen, wenn der InsVerw als Rechtsanwalt in der Sache bereits tätig war und nun zum InsVerw bestellt wird oder er nachdem er als InsVerw bestellt wurde mit einem Mandant betraut wird, dass im Zusammenhang hierzu steht. In beiden Fällen bestimmt sich die Zulässigkeit nach den berufsrechtlichen Bestimmungen, wobei die Verschwiegenheitspflicht nach § 43a Abs 2 BRAO iVm § 203 Abs 1 Nr 3 StGB aktuell werden kann, mit der Folge, dass der Rechtsanwalt als InsVerw ungeeignet ist (FK-*Kind*, § 56 Rn 16). Dies gilt nach § 45 Abs 1 Nr 3 BRAO auch, wenn der Rechtsanwalt zuvor als InsVerw tätig war (K/P-*Lüke*, § 56 Rn 11); weiterhin ist § 45 Abs 1 Nr 2 BRAO zu beachten. – Eine Übertragung des § 45 Abs 3 BRAO auf § 43a BRAO ist nicht möglich, so dass sich das Vertretungsverbot nicht auf Partner einer Sozietät bezieht. – Zur Beachtung des § 45 BRAO bei der Bestellung des InsVerw: OLG Celle ZInsO 2001, 755, 756f.

IV. Aufgaben

16 Der InsVerw als zentrale Person des InsVerfahren hat das Vermögen des InsSchu zu sichern und zu verwalten. Nach § 80 geht mit Verfahrenseröffnung die Verwaltungs- und Verfügungsbefugnis auf ihn über. Er hat nach § 148 das zur Masse gehörende Vermögen in Besitz und Verwaltung zu nehmen. Zur Sicherung der Masse kommt insbes eine Siegelung nach § 150 in Betracht. Hinsichtlich der InsForderung hat der InsVerw diese zu prüfen und sich darüber zu erklären (§§ 174 ff). Bei noch nicht vollständig erfüllten gegenseitigen Verträgen hat der InsVerw das Wahlrecht nach §§ 103 ff auszuüben bzw bei Dauerschuldverhältnissen diese ggf zu kündigen. Weiterhin hat der InsVerw die Masse dadurch zu erhöhen, dass er das schuldnerische Vermögen nach §§ 159 ff, 165 f, 168 verwertet, was idR zur Effizienzsteigerung durch Verwertungsgesellschaften erfolgt. Schließlich hat der InsVerw die Masse nach Maßgabe der §§ 187 ff auszukehren. – Der InsVerw hat auch das Recht und bei Beauftragung durch die Gl-Versammlung die Pflicht einen InsPlan nach §§ 218 ff vorzulegen. Die Überwachung der Durchführung des InsPlan kann dem InsVerw übertragen werden (vgl § 261).

§ 57 Wahl eines anderen Insolvenzverwalters

[1]In der ersten Gläubigerversammlung, die auf die Bestellung des Insolvenzverwalters folgt, können die Gläubiger an dessen Stelle eine andere Person wählen. [2]Die andere Person ist gewählt, wenn neben der in § 76 Abs. 2 genannten Mehrheit auch die Mehrheit der abstimmenden Gläubiger für sie gestimmt hat. [3]Das Gericht kann die Bestellung des Gewählten nur versagen, wenn dieser für die Übernahme des Amtes nicht geeignet ist. [4]Gegen die Versagung steht jedem Insolvenzgläubiger die sofortige Beschwerde zu.

1. Normzweck

Das InsVerfahren wird durch den **Grundsatz der Gläubigerselbstverwaltung** bestimmt. Dementsprechend bestimmt § 57 (vgl § 80 KO) die Möglichkeit, den InsVerw abzuwählen und durch einen neuen zu ersetzen. Diese Autonomie der Gläubiger ist aber dahingehend begrenzt, dass die Bestellung des neuen InsVerw nach S 3 vom InsGericht überwacht wird. Neben § 57 besteht die Möglichkeit eine Entlassung des InsVerw nach § 59 Abs 1 S 2 zu beantragen. – Das Wahlrecht ist von geringer praktischer Bedeutung, da die Abwicklung schon durch den vorl InsVerw, der idR mit dem späteren InsVerw identisch sein wird, vorbereitet wird und ein großer Teil der wesentlichen Entscheidungen bis zur ersten Gl-Versammlung, die spätestens nach drei Monaten stattzufinden hat (§ 29 Abs 1 S 1), bereits getroffen sind. Gerade in größeren Verfahren kann die schon im vorl Verfahren bestimmte Leitlinie nur noch schwerlich von einem neuen InsVerw geändert werden. Zudem entstehen neue Kosten und eine Verzögerung des Verfahrens (vgl MK-InsO/*Graeber*, § 57 Rn 8). – § 57 gilt auch für den Sachwalter (§ 274 Abs 1) und den Treuhänder im vereinfachten InsVerfahren (§ 313 Abs 1 S 3).

2. Wahlrecht

2   **a) Erste Gl-Versammlung.** Das Wahlrecht steht den InsGl nur in der ersten Gl-Versammlung, die auf eine Verwalterbestellung durch das InsGericht folgt, zu (OLG Naumburg ZIP 2000, 1394, 1396f). Das Wahlrecht kann daher, wenn der InsVerw vom InsGericht ausgetauscht wird (vgl § 59), erneut bestehen und ist dann nicht auf die allererste Gl-Versammlung des Verfahrens beschränkt, sondern auf die erste nach der Neubestellung (*Graeber* ZIP 2000, 1465, 1466; MK-InsO/*Graeber*, § 57 Rn 17; FK-*Kind*, § 57 Rn 2; **aA:** K/P-*Lüke*, § 57 Rn 4). Dies bedeutet aber auch, dass das Wahlrecht jeweils nur einmal ausgeübt werden kann, so dass eine erneute Wahl dann nicht möglich ist, wenn die Verwalterbestellung vom InsGericht nach S 3 abgelehnt wurde (OLG Celle ZInsO 2001, 755, 756; LG Freiburg ZIP 1987, 1597f; HK-*Eickmann*, § 57 Rn 4; H/W/W-*Hess*, § 57 Rn 3; **aA:** MK-InsO/*Graeber*, § 57 Rn 18). Eine Vertagung der Gl-Versammlung führt dazu, dass dann nicht mehr die erste Gl-Versammlung vorliegt und das Wahlrecht erlischt (MK-InsO/*Graeber*, § 57 Rn 19). Auch wenn ein neu gewählter InsVerw bestellt wird, kann dieser nicht mehr nach § 57 abgewählt werden (LG Neubrandenburg ZInsO 1999, 300; MK-InsO/*Graeber*, § 57 Rn 20; *Görg* DZWiR 2000, 364, 367; K/P-*Lüke*, § 57 Rn 4; **aA:** *Hegmanns* EWiR 1987, 1223f zu § 80 KO). – § 57 gilt nicht analog für den vorl Verwalter (*Vallender* DZWiR 1999, 265, 266). Der Beschluß der ersten Gl-Versammlung zur Wahl eines anderen InsVerw kann nicht im Verfahren nach § 78 Abs 1 angefochten werden (BGH NJW-RR 2003, 1416).

3   **b) Qualifizierte Mehrheit. aa) Summenmehrheit.** Nach S 2 ist eine Mehrheit der Forderungsbeträge nach § 76 Abs 2 erforderlich.

4   **bb) Kopfmehrheit, S 2.** Zusätzlich ist eine Mehrheit der abstimmenden InsGl nötig.

5   **cc) Stimmrecht.** Eine Beschränkung des Stimmrechts bei enger wirtschaftlicher Verflechtung des InsGl mit dem InsSchu ist nicht möglich (HK-*Eickmann*, § 57 Rn 5; FK-*Kind*, § 57 Rn 4; **aA:** AG Wolfratshausen ZIP 1990, 597f).

6   **c) Verfahren.** Es gelten die allg Regeln der §§ 76ff. Die Wahl ist in die Tagesordnung aufzunehmen, § 74 Abs 2 (N/R-*Delhaes*, § 57 Rn 2); die Gl-Versammlung muss beschlussfähig sein (MK-InsO/*Graeber*, § 57 Rn 11). Der zu wählende InsVerw ist konkret zu bestimmen, namentlich zu nennen (N/R-*Delhaes*, § 57 Rn 3).

Wahl eines anderen Insolvenzverwalters **§ 57**

3. Verfahren, S 3 und 4

a) Geeignetheitsprüfung. Das InsGericht kann die Bestellung des 7
neu gewählten InsVerw versagen, wenn dieser ungeeignet ist. Die Entscheidung orientiert sich an den zu § 56 erörterten Grundsätzen (N/R-*Delhaes*, § 57 Rn 8) und nicht nach dem Maßstab des gemeinsamen Interesse der InsGl gemäß § 78 (OLG Naumburg ZIP 2000, 1394, 1396; **aA:** AG Hechingen ZIP 2001, 1970f; vgl K/P-*Lüke*, § 57 Rn 5). Zur Ermittlung der **Geeignetheit** ist das InsGericht nach § 5 verpflichtet, falls die Eignung nicht schon aufgrund der Tätigkeit in anderen Verfahren gerichtsbekannt ist. Hinsichtlich der Unabhängigkeit des neuen Verwalters sind insbes die Umstände und Hintergründe der Neuwahl zu berücksichtigen. So soll es zB an der nötigen Neutralität fehlen, wenn ein InsVerw wegen der Geltendmachung von Anfechtungsansprüchen vom betroffenen InsGl abgewählt wird (HK-*Eickmann*, § 57 Rn 7; **aA:** *Graeber* ZIP 2000, 1465, 1470). Die Geeignetheit des bisherigen InsVerw ist insofern unerheblich, da § 57 nur der Gläubigerautonomie Rechnung trägt; dies gilt auch für Zweckmäßigkeitserwägungen (H/W/W-*Hess*, § 57 Rn 18f). Gleichsam kann die Versagung auch nicht darauf gestützt werden, dass der neue Verwalter sich einarbeiten muss und zusätzliche Kosten entstehen (*Smid/Smid*, § 57 Rn 6; OLG Naumburg ZIP 2000, 1394; 1396). – In der Praxis kommt es zu Anträgen durch Finanzämter, falls der InsVerw die vom Finanzamt geschätzte Steuerforderung nicht anerkennt. Hierbei wird jedoch nicht beachtet, dass der InsVerw, auch wenn das Finanzamt die Rücknahme in Höhe des zu unrecht angemeldeten Betrages in Aussicht stellt, die geschätzte (!) Forderung gar nicht anerkennen darf, das Finanzamt also ein rechtlich nicht mögliches Verhalten begehrt.

b) Beschluss. Die Versagung ist durch zu begründenden (N/R-*Del-* 8
haes, § 57 Rn 8; MK-InsO/*Graeber*, § 57 Rn 38) Beschluss auszusprechen und im Termin zu verkünden bzw zuzustellen; eine öffentliche Zustellung nach § 9 Abs 3 ist idR ungeeignet (HK-*Eickmann*, § 57 Rn 9). – Die **funktionelle Zuständigkeit** liegt beim **Rechtspfleger**, da dieser nach Verfahrenseröffnung gemäß § 18 zuständig wird (HK-*Eickmann*, § 57 Rn 11; H/W/W-*Hess*, § 57 Rn 8; MK-InsO/*Graeber*, § 57 Rn 23 und ZIP 2000, 1465, 1467; *Bassenge/Herbst* RPflG, § 18 Rn 4; FK-*Kind*, § 57 Rn 14; **aA:** LG Traunstein NZI 2002, 664, 665; LG Hechingen ZIP 2001, 1970; K/P-*Lüke*, § 57 Rn 8; *Muscheler/Bloch* ZIP 2000, 1474, 1476f; vgl N/R-*Delhaes*, § 57 Rn 6: Versagungsbeschluss durch Rechtspfleger – Neubestellung durch Richter; vgl *Smid/Smid*, § 57 Rn 9: § 5 RPflG).

c) Bestellung. Erfolgt keine Versagung, so ist der Gewählte zu bestel- 9
len. Dies erfolgt wiederum durch Beschluss des InsGericht (N/R-*Delhaes*, § 57 Rn 5). Das Amt des bisherigen InsVerw endet automatisch mit der

Neubestellung (MK-InsO/*Graeber*, § 57 Rn 36; HK-*Eickmann*, § 57 Rn 10; FK-*Kind*, § 57 Rn 20; **aA:** N/R-*Delhaes*, § 57 Rn 5), seine Handlungen bleiben jedoch wegen der ex-nunc-Wirkung der Bestellung des neuen Verwalters erhalten (*Smid/Smid*, § 57 Rn 5; MK-InsO/*Graeber*, § 57 Rn 40; H/W/W-*Hess*, § 57 Rn 27). – Eine förmliche Zustellung ist mangels Rechtsmittels und wegen der öffentlichen Bekanntgabe der Bestellung nicht nötig (FK-*Kind*, § 57 Rn 20; HK-*Eickmann*, § 57 Rn 10; **aA:** MK-InsO/*Graeber*, § 57 Rn 37).

10 **d) Rechtsmittel, S 4.** Die Versagung kann nach S 4 von jedem InsGl, aber auch nur von diesem mit der sofortigen Beschwerde angefochten werden. Eine Beschwerde des alten Verwalters steht diesem auch nicht nach § 59 Abs 2 analog zu, da dort die Entlassung durch das InsGericht und nicht durch die Gl-Versammlung erfolgt (MK-InsO/*Graeber*, § 57 Rn 45); § 78 greift gleichfalls nicht ein (KG ZIP 2002, 2240, 2241; OLG Naumburg ZIP 2000, 1394, 1396; OLG Zweibrücken ZIP 2000, 2173f; LG Traunstein ZIP 2002, 2142; LG Hechingen ZIP 2001, 1970; MK-InsO/*Graeber*, § 57 Rn 46; K/P-*Lüke*, § 57 Rn 7; vgl *Pape* ZInsO 2000, 477; **aA:** *Muscheler/Bloch* ZIP 2000, 1474, 1476; *Smid/Wehdeking* InVo 2001, 85; OLG Karlsruhe ZIP 1997, 1970f; MK-InsO/*Ehricke*, § 78 Rn 14). Eine Beschwerdeberechtigung des Gl-Ausschuss bzw der Gl-Versammlung ist nicht gegeben; die nötige **Beschwer** des Beschwerdeführers fehlt, wenn er nicht in der Gl-Versammlung gegen den gewählten InsVerw gestimmt hat (N/R-*Delhaes*, § 57 Rn 12).

§ 58 Aufsicht des Insolvenzgerichts

(1) ¹Der Insolvenzverwalter steht unter der Aufsicht des Insolvenzgerichts. ²Das Gericht kann jederzeit einzelne Auskünfte oder einen Bericht über den Sachstand und die Geschäftsführung von ihm verlangen.

(2) ¹Erfüllt der Verwalter seine Pflichten nicht, so kann das Gericht nach vorheriger Androhung Zwangsgeld gegen ihn festsetzen. ²Das einzelne Zwangsgeld darf den Betrag von fünfundzwanzigtausend Euro nicht übersteigen. ³Gegen den Beschluß steht dem Verwalter die sofortige Beschwerde zu.

(3) Absatz 2 gilt entsprechend für die Durchsetzung der Herausgabepflichten eines entlassenen Verwalters.

I. Normzweck

1 Der InsVerw wird bei seiner Tätigkeit vom InsGericht überwacht, das hierzu nicht nur berechtigt, sondern auch verpflichtet ist. Dies ist verfassungsrechtlich geboten, da durch das InsVerfahren das Vermögen des Ins-

Schu einer fremden Verwaltung unterstellt wird. Die Überwachung dient einerseits den Interessen der InsGl und des InsSchu, indem sie eine ordnungsgemäße Abwicklung gewährleistet, andererseits aber auch dem InsVerw, da durch sie ein Teil der Verantwortung auf das InsGericht übergeht. – § 58 findet auch Anwendung auf den vorl InsVerw (§ 21 Abs 2 Nr 1; AG Halle-Saalkreis ZIP 1993, 1669 zu § 8 Abs 3 GesO; *Smid/Smid*, § 58 Rn 8) auf den Sachwalter (274 Abs 1), den Treuhänder in der Wohlverhaltensperiode (§ 292 Abs 3 S 2) und den Treuhänder im vereinfachten InsVerfahren (§ 313 Abs 1 S 3).

II. Aufsicht

1. Dauer

Die Aufsicht durch das InsGericht beginnt mit **Bestellung** des vorl Ins- 2
Verw und endet erst mit **vollständiger Erfüllung aller Pflichten**, insbes der Erteilung der Schlussrechnung und Rückgabe der Bestallungsurkunde (MK-InsO/*Graeber*, § 58 Rn 7, 10; K/P-*Lüke*, § 58 Rn 4; **aA:** N/R-*Delhaes*, § 58 Rn 4: Verfahrensbeendigung bzw Entlassung des InsVerw). Sie hat dabei einen Dauercharakter dergestalt, dass das InsGericht fortwährend die Tätigkeit prüft und nicht erst bei Anzeichen von Verstößen ermittelt (*Smid/Smid*, § 58 Rn 4).

2. Zuständigkeit

Die funktionelle Zuständigkeit liegt idR beim Rechtspfleger. Aus- 3
nahme sind der vorl InsVerw, der vom Richter überwacht wird, und der Richtervorbehalt nach § 18 Abs 2 RPflG (MK-InsO/*Graeber*, § 58 Rn 8; HK-*Eickmann*, § 58 Rn 7).

3. Maßstab, Intensität, Art der Aufsichtsmaßnahme

a) Grundsatz. Die Durchführung der Aufsicht liegt im **pflicht-** 4
gemäßen Ermessen des InsGericht (MK-InsO/*Graeber*, § 58 Rn 13; HK-*Eickmann*, § 58 Rn 6). Dieses besteht dabei nicht nur hinsichtlich des „Ob" des Tätigwerdens, sondern auch hinsichtlich des „Wie" (K/P-*Lüke*, § 58 Rn 13). Eine Trennung beider Aspekte ist wegen des Dauercharakters schwierig. So besteht sie idR im Durcharbeiten der vom InsVerw eingereichten Unterlagen, wobei das InsGericht dann eventuellen Unstimmigkeiten nach dem Amtsermittlungsgrundsatz des § 5 Abs 1 nachzugehen hat (MK-InsO/*Graeber*, § 58 Rn 13). Hat das InsGericht dabei Anhaltspunkte für ein ordnungswidriges Verhalten, wird es **Einzelauskünfte** und **Verfahrensberichte** nach **Abs 1 S 2** verlangen (HK-*Eickmann*, § 58 Rn 4). Auch die Einsichtnahme in Bücher und die Vorlage von Belegen sowie die Prüfung des Kassenbestandes kann erfolgen (MK-InsO/*Graeber*, § 58 Rn 22). Dabei kann das InsGericht dann auch einen

Sachverständigen heranziehen (N/R-*Delhaes*, § 58 Rn 7; MK-InsO/*Graeber*, § 58 Rn 13; **aA:** LG Frankfurt/Oder DZWiR 1999, 514f mit abl Anm *Graeber*). – Hinsichtlich der **Intensität** des aufsichtsrechtlichen Einflusses auf das Verfahren ist zu berücksichtigen, dass dem InsVerw durch die InsO ein weites Ermessen bei der Wahrnehmung seiner Aufgaben eingeräumt ist und ein zu starker Einfluss des InsGericht auf konkrete Verfahrensgestaltungen die Gefahr einer Amtshaftung birgt.

5   **b) Sonderfälle. aa)** Die Überwachungspflicht des InsGericht wird durch das Bestehen eines **Gl-Ausschuss** nicht reduziert, da dieser eine zusätzliche Kontrolle durchführen, aber nicht das InsGericht entlasten soll (*Smid/Smid*, § 58 Rn 5; N/R-*Delhaes*, § 58 Rn 4; MK-InsO/*Graeber*, § 58 Rn 16; FK-*Kind*, § 58 Rn 2; **aA:** H/W/W-*Hess*, § 58 Rn 10; K/P-*Lüke*, § 58 Rn 7). Sie besteht auch dann, wenn eine Handlung durch die Gl-Versammlung bestätigt wird, da die Aufsicht gerade auch im Interesse der InsSchu erfolgt (MK-InsO/*Graeber*, § 58 Rn 17; **aA:** K/P-*Lüke*, § 58 Rn 7 ff).

6   **bb)** Die Überwachung ist intensiver, wenn ein **neuer Verwalter nach § 57** gewählt wurde, da dann die ursprüngliche Auswahlentscheidung des InsGericht hinfällig ist und das InsGericht sich dann uU nicht mehr darauf verlassen kann, einen erprobten und zuverlässigen InsVerw bestellt zu haben (MK-InsO/*Graeber*, § 58 Rn 19).

cc) Eine höhere Kontrolldichte besteht auch dann, wenn bereits Pflichtwidrigkeiten bekannt geworden sind (K/P-*Lüke*, § 58 Rn 9).

4. Umfang

7   Das InsGericht prüft das **gesamte Handeln** des InsVerw, soweit es mit den insolvenztypischen Pflichten in Zusammenhang steht (MK-InsO/*Graeber*, § 58 Rn 20; *Smid/Smid*, § 58 Rn 6). – Grundsätzlich erfolgt **keine Zweckmäßigkeitsprüfung**, da sonst die Handlungsmöglichkeiten des InsVerw stark eingeschränkt wären, er permanent der Gefahr von Aufsichtsmaßnahmen ausgesetzt wäre und dies nicht im Interesse der Beteiligten liegt, vielmehr eine effiziente Verwaltung nötig ist, die auch Spielraum gewährt (HK-*Eickmann*, § 58 Rn 3; K/P-*Lüke*, § 58 Rn 11; H/W/W-*Hess*, § 58 Rn 13). Nach **aA** erfolgt auch eine Überprüfung der wirtschaftlichen Zweckmäßigkeit (*Smid/Smid*, § 58 Rn 8). – Die Beschränkung auf eine bloße Rechtsaufsicht gilt nicht bei Mitwirkungs- oder Anordnungsrechten, §§ 151 Abs 1, 161, 163 (HK-*Eickmann*, § 58 Rn 3) oder ausdrücklicher Anordnung, §§ 158 Abs 2 S 2, 161 S 2, 233 (N/R-*Delhaes*, § 58 Rn 5). – Die **Rechnungslegung** wird sowohl auf die formell-rechnerische als auch die materielle Richtigkeit überprüft (MK-InsO/*Graeber*, § 58 Rn 26). – Das **InsGericht** kann den InsVerw

auch auffordern, eine der Masse entnommene Sondervergütung zurückzugewähren (OLG Köln KTS 1977, 56ff; LG Aachen Rpfleger 1978, 380). Das Aufsichtsrecht deckt dagegen nicht die Geltendmachung einer antezipierten Schadensersatzforderung der InsGl gegen den InsVerw durch das InsGericht (LG Göttingen ZIP 1995, 858, 859f; LG Freiburg ZIP 1980, 438 f; *Leithaus* NZI 2001, 124,126 f).

III. Zwangsmittel, Abs 2

1. Voraussetzungen

a) Die Verhängung eines Zwangsgeldes setzt die schuldhafte Verletzung 8 der Verwalterpflichten voraus (HK-*Eickmann*, § 58 Rn 8). Das InsGericht ist verpflichtet einzugreifen (N/R-*Delhaes*, § 58 Rn 10; *Smid/Smid*, § 58 Rn 13).

b) Betroffener Pflichtenkreis. Erfasst sind die konkreten (Übersicht 9 bei MK-InsO/*Graeber*, § 58 Rn 31) und die allg insolvenzrechtlichen Pflichten, wie zügige Verfahrensdurchführung, Ausführung von Beschlüssen der Gl-Versammlung, Rechnungslegung. – **Nicht erfasst** sind nicht insolvenzrechtliche Pflichten. Dies ist insbes die Auskunft gegenüber Dritten bzw gegenüber InsGl außerhalb der Gl-Versammlung (vgl unten). Gleichsam nicht erfasst sind Pflichtverstöße gegenüber Aussonderungsberechtigten und Massegläubigern, denn sie können ihre Rechte außerhalb des InsVerfahren verfolgen (*Smid/Smid*, § 58 Rn 14).

c) Vorliegen eines Pflichtenverstoßes. Hierbei ist insbes die Ab- 10 grenzung der Pflicht- zur Zweckwidrigkeit zu beachten (s. o.).

2. Anwendung

Kommt der InsVerw einer Anordnung des InsGericht nicht nach, kann 11 dieses ein **Zwangsgeld** androhen und ggf verhängen. Zuvor wird es den InsVerw jedoch formlos anmahnen. Neben dieser Möglichkeit kann der InsVerw auch nach § 59 entlassen werden, idR ist dies jedoch subsidiär (MK-InsO/*Graeber*, § 58 Rn 44). – **Einzelheiten:**

a) Zuständigkeit. Diese richtet sich nach der Aufsichtspflicht (oben). 12

b) Androhung. Zunächst ist das **Zwangsgeld nach S 1 anzudro-** 13 **hen**; bei mehrmaliger Anwendung des Zwangmittels ist auch die mehrmalige Androhung nötig (MK-InsO/*Graeber*, § 58 Rn 47). Hierbei ist die genaue Bezeichnung der vom InsVerw vorzunehmenden Handlung nötig (HK-*Eickmann*, § 58 Rn 9). Die Androhung ist wegen der in ihr enthaltenen Fristsetzung sinnvollerweise zuzustellen, so dass die Erfüllung der Verpflichtung überprüfbar ist (MK-InsO/*Graeber*, § 58 Rn 49). Die Höhe des

Zwangsgeldes kann zwischen 2,50 € und 25.000,- € liegen; der Grundsatz der Verhältnismäßigkeit ist zu beachten.

14 **c) Festsetzung.** Bei Nichterfüllung ist das Zwangsgeld durch Beschluss festzusetzen; dieser ist wegen der Anfechtbarkeit nach § 58 Abs 2 S 3 zu begründen (*Smid/Smid*, § 58 Rn 13) und zuzustellen (HK-*Eickmann*, § 58 Rn 10). Die Festsetzung ist jedoch unzulässig, wenn die Verpflichtung nach Ablauf der gesetzten Frist aber vor der Festsetzung erfüllt wird, denn diese ist dann von der Beugungsfunktion des Zwangsgeldes (kein Sanktionscharakter) nicht mehr gedeckt (MK-InsO/*Graeber*, § 58 Rn 51; N/R-*Delhaes*, § 58 Rn 16).

15 **d)** Der Festsetzungsbeschluss ist Vollstreckungstitel nach § 794 Nr 3 ZPO und von Amts wegen durch den zuständigen Insolvenzrechtspfleger zu vollstrecken (MK-InsO/*Graeber*, § 58 Rn 52.

IV. Herausgabepflichten, Abs 3

16 Den InsVerw treffen die Herausgabepflichten auch noch nach der Entlassung, solange er noch der Aufsicht durch das InsGericht unterliegt. Daneben ist auch die Herausgabeklage zulässig, aber wegen fehlender Verweisung auf die §§ 883, 887, 888 ZPO auch nötig. Die Herausgabeklage ist auch nötig, wenn der InsVerw verstorben ist, da ein Zwangsgeld gegen die Erben nicht verhängt werden kann (zu allem HK-*Eickmann*, § 58 Rn 14–16).

V. Rechtsbehelfe

1. Rechtsbehelf der Verfahrensbeteiligten bzw Dritter

17 Es gibt keinen Anspruch auf aufsichtsrechtliches Einschreiten; ein Rechtsmittel gegen die Weigerung des InsGericht ist nicht gegeben (LG Göttingen NZI 2000, 491).

2. Rechtsmittel des InsVerw

18 **a) Gegen Aufsichtmaßnahmen nach Abs 1.** Ein allg Rechtsmittel des InsVerw gegen aufsichtsrechtliche Anordnungen besteht nicht (N/R-*Delhaes*, § 58 Rn 20). Daher ist bei Handeln des Rechtspflegers die Rechtspflegererinnerung nach § 11 Abs 2 RPflG statthaft (N/R-*Delhaes*, § 58 Rn 20).

19 **b) Gegen die Festsetzung nach Abs 2.** In diesem Fall steht dem InsVerw nach **Abs 2 S 3** (ggf iVm § 11 Abs 1 RPflG) die **sofortige Beschwerde** zu. Die Androhung des Zwangsgeldes kann nur nach § 11 Abs 2 RPflG angefochten werden, wenn sie vom Rechtspfleger verfügt wurde (N/R-*Delhaes*, § 58 Rn 20; **aA:** HK-*Eickmann*, § 58 Rn 13; MK-

InsO/*Graeber*, § 58 Rn 58: keine Anfechtung der Androhung). Ab Rechtskraft der Festsetzung kann aber keine Aufhebung mehr verlangt werden, sie bleibt dennoch möglich (MK-InsO/*Graeber*, § 58 Rn 59; N/R-*Delhaes*, § 58 Rn 21; **aA:** Aufhebung durch förmlichen Beschluss, HK-*Eickmann*, § 58 Rn 12; vgl LG Oldenburg ZIP 1982, 1233 und zust FK-*Kind*, § 58 Rn 15: Aufhebung analog § 766 ZPO).

VI. Auskunftsverlangen Verfahrensbeteiligter und Dritter

In der Praxis kommt es häufig vor, dass Verfahrensbeteiligte oder Dritte 20
vom InsVerw Auskunft verlangen, um ein ihnen vermeintlich zustehendes Recht im InsVerfahren geltend zu machen. – Zum Auskunftsverlangen gegenüber dem InsGericht vgl § 4 Rn 8 ff. – Speziell zum Auskunftsverlangen des InsSchu und persönlich haftenden Gesellschafters: *Bork/Jacoby* ZInsO 2002, 398 ff.

1. Verfahrensbeteiligte

Die Informationspflichten des InsVerw nach § 58 bestehen nur gegen- 21
über dem InsGericht (HK-*Eickmann*, § 58 Rn 5). Die Verfahrensbeteiligten können aber Informations- und Auskunftsrechte in der Gl-Versammlung bzw im Gl-Ausschuss geltend machen oder die Einsichtnahme (§§ 66, 154, 175) bzw Akteneinsicht nach § 299 ZPO verlangen (MK-InsO/*Graeber*, § 58 Rn 23; HK-*Eickmann*, § 58 Rn 5; N/R-*Delhaes*, § 58 Rn 2; siehe § 4 Rn 9 ff). IÜ haben sie keinen Auskunftsanspruch, sondern die Stellung eines Dritten (vgl AG Köln ZInsO 2002, 595; N/R-*Balthasar*, § 156 Rn 34 ff). – Die Beschränkung der Informationspflicht auf das Verhältnis zum InsGericht kann nicht durch die Anregung einer Anfrage durch das InsGericht umgangen werden (MK-InsO/*Graeber*, § 58 Rn 23; N/R-*Delhaes*, § 58 Rn 12). Daher stellt die Weigerung des InsVerw, gegenüber einem InsGl eine bestimmte Auskunft zu erteilen, keine Pflichtwidrigkeit dar und kann nicht zu Aufsichtsmaßnahmen führen (vgl AG Köln NZI 2002, 390).

2. Dritte

a) Dritte (und Verfahrensbeteiligte) können zunächst spezialgesetzlich 22
oder mit dem InsSchu vertraglich vereinbarte **Auskunftsrechte** geltend machen. Ein danach bestehender Auskunftsanspruch geht nicht mit Verfahrenseröffnung unter (er kann sich insbes nicht in eine InsForderung umwandeln), sondern ist vom InsVerw zu erfüllen (OLG Hamm NZI 2002, 103, 104 f zu § 51 a GmbHG).

b) Besteht kein besonderer Auskunftsanspruch sind Dritte auf den **allg** 23
Auskunftsanspruch angewiesen, der auf dem Grundsatz von Treu und Glauben beruht. Dieser setzt voraus, dass der Anspruchsteller bei beste-

hender Sonderverbindung zwischen InsSchu bzw InsVerw und ihm über Bestehen bzw Umfang eines eigenen Rechts entschuldbar im Ungewissen ist und der Anspruchgegner unschwer Auskunft erteilen kann (Palandt/ *Heinrichs*, § 261 Rn 8 ff).

3. Keine Amtshilfe

24 Behörden, die Ansprüche gegen die Masse geltend machen wollen, insbes Finanzämter und Sozialversicherungsträger, haben keinen Anspruch auf Amtshilfe gegen den InsVerw. Dies folgt daraus, dass der InsVerw keine Behörde ist und auch nicht im Auftrag einer Behörde tätig wird. Die Ausgestaltung des InsVerfahren ist primär an der Gläubigerbefriedigung ausgerichtet und ähnelt daher einem Auftragsverhältnis zwischen den InsGl und dem InsVerw. So achtet das InsGericht auf die Einhaltung der Verfahrensvorschriften, prüft aber nicht die Ordnungsgemäßheit der Verwertung. Die Verneinung der Pflicht zur Amtshilfe ergibt sich auch aus der historischen Entwicklung. Die KO als Gesamtvollstreckungsverfahren wurde aus der Einzelzwangsvollstreckung heraus entwickelt, die gerade als staatlich reglementiertes Verfahren im Auftrag der Gläubiger stattfindet. Die staatliche Reglementierung besteht im InsVerfahren darin, dass der InsVerw vom Staat eingesetzt und überwacht wird. Dies macht den InsVerw aber nicht zu einem staatlichen Organ, das anderen staatlichen Organen zur Amtshilfe nach Art 35 GG verpflichtet wäre. Die anspruchstellenden Behörden sind so auf die Rechte der übrigen Verfahrensbeteiligten beschränkt und genießen keine Sonderbehandlung.

4. Zivilprozessuale Verpflichtung

25 Nach **§ 142 ZPO nF** kann das Prozessgericht vom InsVerw die Vorlage von Urkunden und Unterlagen verlangen, wenn sich eine Partei hierauf berufen hat (LG Ingolstadt NZI 2002, 390; **aA:** *Uhlenbruck* NZI 2002, 589, 590: Unzumutbarkeit nach § 142 Abs 2 S 1 ZPO). Die Anforderung steht im richterlichen Ermessen (*Zöller/Greger*, § 142 Rn 2). Die Verpflichtung kann mit den Zwangsmitteln, wie sie auch gegen Zeugen zulässig sind, durchgesetzt werden (*Zöller/Greger*, § 142 Rn 4). – Bei einer Anwendung gegenüber dem InsVerw ist aber § 36 Abs 2 S 1 zu beachten, der die Geschäftsbücher dem Insolvenzbeschlag unterwirft, so ein Besitzrecht des InsVerw begründet und dieser die Geschäftsbücher idR zur Abwicklung benötigt, so dass eine Herausgabe dann unzumutbar sein dürfte (*Uhlenbruck* NZI 2002, 589, 590).

VII. Keine standesrechtliche Aufsicht

26 Ist ein Rechtsanwalt als InsVerw tätig, so unterliegt er insofern nicht der standesrechtlichen Aufsicht, diese wird durch die gerichtliche Aufsicht verdrängt (**aA:** Uhlenbruck/*Uhlenbruck*, § 58 Rn 19; *Kuhn/Uhlenbruck*, § 83 KO Rn 8; N/R-*Delhaes*, § 58 Rn 3). Der InsVerw unterliegt bei seiner Tätigkeit nur dem Pflichtenprogramm der InsO und der Beaufsichtigung des InsGericht. Die Gegenansicht ist inkonsequent, wenn sie (zutreffend) betont, dass der InsVerw außerhalb der Gl-Versammlung nicht gegenüber Kollegen zur Auskunft verpflichtet ist (*Jaeger/Weber* KO, § 83 Rn 1; N/R-*Delhaes*, § 58 Rn 3). Kollegen des InsVerw-Rechtsanwalts sind bei Vertretung eines InsGl auf die durch die InsO eingeräumten Rechte beschränkt und können sich nicht auf ihre Sonderstellung bzw die des InsVerw als Rechtsanwalt berufen (vgl Uhlenbruck/*Uhlenbruck*, § 58 Rn 19: nur standesrechtliche Pflicht auf das Fehlen des Auskunftsrechts und die Möglichkeit der Akteneinsicht hinzuweisen).

§ 59 Entlassung des Insolvenzverwalters

(1) ¹**Das Insolvenzgericht kann den Insolvenzverwalter aus wichtigem Grund aus dem Amt entlassen.** ²**Die Entlassung kann von Amts wegen oder auf Antrag des Verwalters, des Gläubigerausschusses oder der Gläubigerversammlung erfolgen.** ³**Vor der Entscheidung des Gerichts ist der Verwalter zu hören.**

(2) ¹**Gegen die Entlassung steht dem Verwalter die sofortige Beschwerde zu.** ²**Gegen die Ablehnung des Antrags steht dem Verwalter, dem Gläubigerausschuß oder, wenn die Gläubigerversammlung den Antrag gestellt hat, jedem Insolvenzgläubiger die sofortig Beschwerde zu.**

1. Normzweck

Die Durchführung des InsVerfahren setzt ein ordnungsgemäßes Handeln des InsVerw voraus. § 59 gibt dem InsGericht in Ergänzung der Aufsichtsmöglichkeiten des § 58 die Befugnis, den InsVerw zu entlassen. Im Hinblick auf die Gläubigerautonomie ergänzt § 59 die Abwahlmöglichkeit nach § 57, da trotz unterlassener Abwahl ein Antrag auf Entlassung des InsVerw zulässig bleibt (vgl MK-InsO/*Graeber*, § 59 Rn 6). – § 59 gilt auch für den vorl InsVerw (§ 21 Abs 2 Nr 1), Sachwalter (§ 274 Abs 1), Treuhänder in der Wohlverhaltensperiode (§ 292 Abs 3 S 2) und den Treuhänder im vereinfachten InsVerfahren (§ 313 Abs 1 S 3). – Die Entlassung ist in der Praxis sehr selten. 1

2. Entlassung, Abs 1

a) **Voraussetzungen. aa) Entlassungsgrund.** Der InsVerw kann bei Vorliegen eines wichtigen Grundes entlassen werden. Die Entlassung darf dabei vom InsGericht nicht zur Disziplinierung des InsVerw genutzt werden, sondern ist allein am Verfahrenszweck auszurichten (MK-InsO/ 2

Graeber, § 59 Rn 12). Ein **wichtiger Grund** liegt demnach vor, wenn die „Verfahrensabwicklung objektiv nachhaltig beeinträchtigt" ist (MK-InsO/*Graeber*, § 59 Rn 13), der InsVerw zur „Fortsetzung seiner Tätigkeit ungeeignet erscheint" (FK-*Kind*, § 59 Rn 7). Ein wichtiger Grund kann damit bei wiederholten Pflichtverstößen (N/R-*Delhaes*, § 59 Rn 7; vgl OLG Zweibrücken NZI 2000, 535, 536) oder auch bei einem einmaligen schwerwiegenden Pflichtverstoß vorliegen. Dies ist beispielsweise bei der Begehung einer Straftat der Fall (LG Göttingen NZI 2003, 499). Auch eine Störung des Verhältnisses des InsVerw zum InsGericht oder zum Gl-Ausschuss kann eine Entlassung rechtfertigen (OLG Zweibrücken NZI 2000, 373f; NZI 2000, 535, 536; HK-*Eickmann*, § 59 Rn 3; MK-InsO/*Graeber*, § 59 Rn 19; **aA** für das persönliche Vertrauensverhältnis: LG Stendal ZInsO 1999, 233, 234). Ungenügend sind aber bloße Meinungsverschiedenheiten zwischen den Beteiligten, auch wenn insofern heftig gestritten wird (FK-*Kind*, § 59 Rn 9). Fehlende Unabhängigkeit oder Vorliegen von Interessenkollisionen (OLG Zweibrücken NZI 2000, 373) bzw deren Nichtanzeige sind weitere wichtige Gründe (vgl BGH ZIP 1991, 324, 328 ff). Weiterhin ist der InsVerw zu entlassen, wenn er zB aufgrund einer Erkrankung an der Erfüllung seiner Pflichten gehindert ist (N/R-*Delhaes*, § 59 Rn 7), wobei dann aber auch die Einsetzung eines Sonderverwalters in Betracht zu ziehen ist (HK-*Eickmann*, § 59 Rn 3). – Im Fall der Fortsetzung des Amtes bis zur Rechtskraft des Entlassungsbeschlusses ist bei einem nochmaligen Verstoß die sofortige Wirksamkeit der Entlassung anzuordnen (AG Bonn DZWiR 2002, 83 mit Anm *Smid*). Vgl ausführlich zur Rechtsprechung über die Entlassungsgründe *Schmittmann* NZI 2004, 239.

3   **bb) „Amtsniederlegung".** Diese Voraussetzungen gelten auch, wenn der InsVerw sein Amt niederlegen möchte; er kann sein Amt nicht einseitig beenden (HK-*Eickmann*, § 59 Rn 6; MK-InsO/*Graeber*, § 59 Rn 30 f; K/P-*Lüke*, § 59 Rn 2). Das InsGericht wird ihn jedoch sinnvoller Weise entlassen, wenn er dies wünscht, da eine ordnungsgemäße Verfahrensdurchführung dann künftig nicht mehr zu erwarten ist (MK-InsO/*Graeber*, § 59 Rn 34.

4   **cc) Ermessen.** Die Entlassung des InsVerw steht im **pflichtgemäßen Ermessen** des InsGerichts. Eine Pflicht zur Entlassung soll bestehen, wenn bekannt wird, dass schon die Bestellung wegen Vorliegen eines Hinderungsgrundes hätte unterbleiben müssen (BGHZ 17, 141; MK-InsO/*Graeber*, § 59 Rn 27; HK-*Eickmann*, § 59 Rn 5).

5   **b) Verfahren. aa) Entlassung von Amts wegen.** Nach **S 2 1. Alt** erfolgt die Entlassung von Amts wegen, wenn dem InsGericht bei seiner Überwachung des InsVerw ein Entlassungsgrund bekannt wird. Bei An-

zeigen von Verfahrensbeteiligten oder Dritten hat es diesen nachzugehen, jedoch zu berücksichtigen, dass diese auch aus den „normalen" Spannungen anlässlich der Verfahrensdurchführung und den dabei bestehenden Interessengegensätzen herrühren können (MK-InsO/*Graeber*, § 59 Rn 28).

bb) Antrag. Die Entlassung kann nach **S 2 2. Alt** auch auf Antrag erfolgen. Antragsberechtigt sind der **InsVerw**, der **Gl-Ausschuss** und die **Gl-Versammlung**. Die beiden Letztgenannten müssen die Antragsstellung beschließen, §§ 72, 76 Abs 2, (N/R-*Delhaes*, § 59 Rn 5; *Smid/Smid*, § 59 Rn 14). Der einzelne InsGl oder der InsSchu sind nicht antragsbefugt, jedoch können diese eine Überprüfung von Amts wegen anregen. – Nach **§ 292 Abs 3 S 2** kann die Entlassung des **Treuhänders** während der Wohlverhaltensperiode auch von jedem einzelnen InsGl beantragt werden (HK-*Eickmann*, § 59 Rn 8).

cc) Anhörung. S 3 enthält die Verpflichtung, den InsVerw vor seiner Entlassung anzuhören. Dies gilt sowohl für die Entlassung von Amts wegen als auch für die auf Antrag (N/R-*Delhaes*, § 59 Rn 8). Bei Antragstellung durch den InsVerw ist dagegen zweckmäßigerweise der Gl-Ausschuss und die Gl-Versammlung anzuhören (MK-InsO/*Graeber*, § 59 Rn 39), seine Anhörung ist dagegen in dessen Antragstellung enthalten (N/R-*Delhaes*, § 59 Rn 8).

dd) Ermittlung von Amts wegen. Unabhängig davon, ob das InsGericht aufgrund seiner Überwachungstätigkeit Kenntnis eines Entlassungsgrundes erhält oder ein Antrag gestellt wird, hat es nach § 5 Abs 1 von Amts wegen den Sachverhalt zu ermitteln. Es darf über die Entlassung erst entscheiden, wenn es vom Vorliegen des wichtigen Grundes überzeugt ist und keine Zweifel mehr bestehen, wobei eine Ausnahme im Interesse der InsGl bei besonders schweren Verfehlungen auch vorher zulässig sein soll (LG Halle ZIP 1993, 1739f; MK-InsO/*Graeber*, § 59 Rn 14ff; FK-*Kind*, § 59 Rn 10; *Smid/Smid*, § 59 Rn 6).

c) Entscheidung des InsGericht. aa) Sie ergeht durch zu begründenden **Beschluss**.

bb) Zuständigkeit. Die funktionelle Zuständigkeit liegt im eröffneten Verfahren nach § 18 Abs 1 RPflG beim Rechtspfleger (LG Stendal ZInsO 1999, 233, 234; MK-InsO/*Graeber*, § 59 Rn 25; FK-*Kind*, § 59 Rn 14; *Smid/Smid*, § 59 Rn 2). Dies erfasst auch die Bestellung des neuen InsVerw (**aA**: N/R-*Delhaes*, § 59 Rn 10: immer der Richter). Bei einem vorl InsVerfahren ist dagegen der Richter sowohl für die Entlassung als auch die Neubestellung zuständig (MK-InsO/*Graeber*, § 59 Rn 25).

cc) Zustellung. Der ablehnende Beschluss ist dem InsVerw und dem Antragsteller zuzustellen; nach Abs 2 S 2 im Fall des Antrags der Gl-Ver-

§ 59
2. Teil. Eröffnung des Insolvenzverfahrens

sammlung jedem InsGl (HK-*Eickmann*, § 59 Rn 11; MK-InsO/*Graeber*, § 59 Rn 41). Bei Entlassung des InsVerw genügt die Zustellung an diesen.

12   **d) Rechtsfolge.** Mit Rechtskraft des Entlassungsbeschlusses ist das Amt des InsVerw beendet. Die bis dahin entstandenen Vergütungsansprüche bleiben (auch bei mangelhafter Geschäftsführung) bestehen (MK-InsO/*Graeber*, § 59 Rn 43, K/P-*Lüke*, § 59 Rn 10; N/R-*Delhaes*, § 59 Rn 13; *Smid/Smid*, § 59 Rn 7). Im Fall der Untreue oder Unterschlagung zu Lasten der Masse hat der InsVerw jedoch seinen Anspruch verwirkt (OLG Karlsruhe ZIP 2000, 2035 f; AG Wolfratshausen ZInsO 2000, 517, 518; LG Konstanz ZInsO 1999, 589, 590 f; **aA:** MK-InsO/*Graeber*, § 59 Rn 43).

13   **e) Sonderfälle. aa) Vorl Insolvenzverwaltung.** Das InsGericht kann alternativ zur Entlassung des vorl InsVerw die vorl Insolvenzverwaltung aufheben; dazu ist kein wichtiger Grund nach § 59 erforderlich (MK-InsO/*Graeber*, § 59 Rn 8; **aA:** FK-*Kind*, § 59 Rn 6), auch steht dem vorl InsVerw dann kein Beschwerderecht zu.

14   **bb)** Bei **Gefahr im Verzug** ist an eine vorl Entlassung zu denken (N/R-*Delhaes*, § 59 Rn 4; MK-InsO/*Graeber*, § 59 Rn 40; **aA:** K/P-*Lüke*, § 59 Rn 7: vorl Befreiung von seinen Befugnissen).

3. Rechtsmittel, Abs 2

15   **a) Bei Entlassung des InsVerw.** Nach S 1 steht dem InsVerw im Fall seiner Entlassung gegen den Beschluss die sofortige Beschwerde zu. Es gilt § 11 Abs 1 RPflG. Die Beschwerde hat keine aufschiebende Wirkung (FK-*Kind*, § 59 Rn 18; K/P-*Lüke*, § 59 Rn 11; H/W/W-*Hess*, § 59 Rn 34). – Die übrigen Verfahrensbeteiligten haben kein Beschwerderecht; die InsGl können lediglich nach Bestellung des neuen InsVerw diesen nach § 57 abwählen (MK-InsO/*Graeber*, § 59 Rn 47). Eine Neuwahl des entlassenen InsVerw wird aber wegen der Versagungsmöglichkeit des § 57 S 3 kaum Aussicht auf Erfolg haben.

16   **b) Bei Nichtentlassung trotz Antrags.** Gegen die Ablehnung der Entlassung kann der Antragsteller nach S 2 Beschwerde einlegen. Dies gilt im Fall der Antragstellung durch die Gl-Versammlung auch für den einzelnen InsGl, der nicht auf eine Mehrheitsbildung in der Gl-Versammlung angewiesen sein soll. Sein Abstimmungsverhalten in der Gl-Versammlung ist dabei ohne Einfluss auf sein Beschwerderecht (HK-*Eickmann*, § 59 Rn 12; FK-*Kind*, § 59 Rn 17; N/R-*Delhaes*, § 59 Rn 12; **aA:** H/W/W-*Hess*, § 59 Rn 34; *Heidland*/Kölner Schrift, Seite 730 ff, Rn 42). S 2 bedeutet nicht, dass bei einem ablehnenden Beschluss jeder potentiell Antragsberechtigte Beschwerde einlegen kann; beschwerdeberechtigt ist nur der Antragsteller (HK-*Eickmann*, § 59 Rn 12).

c) **Rechtsfolgen.** Behält der InsVerw aufgrund seiner Beschwerde 17
sein Amt (vgl LG Halle ZIP 1993, 1739 f; FK-*Kind*, § 59 Rn 18; H/W/
W-*Hess*, § 59 Rn 25; **aA:** MK-InsO/*Graeber*, § 59 Rn 44: Wiederbestellung nötig), so ist ein eventuell bereits neu bestellter InsVerw durch Beschluss zu entlassen (HK-*Eickmann*, § 59 Rn 11).

§ 60 Haftung des Insolvenzverwalters

(1) ¹Der Insolvenzverwalter ist allen Beteiligten zum Schadenersatz verpflichtet, wenn er schuldhaft die Pflichten verletzt, die ihm nach diesem Gesetz obliegen. ²Er hat für die Sorgfalt eines ordentlichen und gewissenhaften Insolvenzverwalters einzustehen.

(2) Soweit er zur Erfüllung der ihm als Verwalter obliegenden Pflichten Angestellte des Schuldners im Rahmen ihrer bisherigen Tätigkeit einsetzen muß und diese Angestellten nicht offensichtlich ungeeignet sind, hat der Verwalter ein Verschulden dieser Personen nicht gemäß § 278 des Bürgerlichen Gesetzbuches zu vertreten, sondern ist nur für deren Überwachung und für Entscheidungen von besonderer Bedeutung verantwortlich.

§ 61 Nichterfüllung von Masseverbindlichkeiten

¹Kann eine Masseverbindlichkeit, die durch eine Rechtshandlung des Insolvenzverwalters begründet worden ist, aus der Insolvenzmasse nicht voll erfüllt werden, so ist der Verwalter dem Massegläubiger zum Schadensersatz verpflichtet. ²Dies gilt nicht, wenn der Verwalter bei der Begründung der Verbindlichkeiten nicht erkennen konnte, daß die Masse voraussichtlich zur Erfüllung nicht ausreichen würde.

I. Normzweck

Dem InsVerw obliegt durch den Übergang der Verwaltungs- und Ver- 1
fügungsbefugnis nach § 80 Abs 1 die gesamte Verwaltung des vom Insolvenzbeschlag erfassten Vermögens des InsSchu. Als Ausgleich für diese Rechtsmacht bestimmt § 60 die persönliche Haftung des InsVerw. Um den InsVerw aber bei seiner Tätigkeit nicht zu behindern, ist die Haftung in zweifacher Weise begrenzt. Zum einen übernimmt § 60 das Haftungsmodell, wie es für § 82 KO zuletzt, dh nach der Änderung der Rspr des BGH (BGHZ 99, 151), vertreten wurde und beschränkt die Haftung auf insolvenzspezifische Pflichten. Zum anderen ist der Sorgfaltsmaßstab eines

ordentlichen und gewissenhaften InsVerw entscheidend (Abs 1 S 2). Vgl zur Entwicklung der Rspr: MK-InsO/*Brandes*, §§ 60, 61 Rn 2f.

2 Die **Rechtsnatur** der Verwalterhaftung ist str (*Lüke* NJW 1985, 1164; *K. Schmidt* NJW 1987, 812, 813f und KTS 1976, 191ff): Sie wird zT deliktisch (*Smid/Smid*, § 60 Rn 7), zT aber auch im Rahmen eines gesetzlichen Schuldverhältnisses (BGH KTS 1961, 94, 95) gesehen. Davon unabhängig führt die Haftung zur Entstehung eines gesetzlichen Schuldverhältnisses (BGHZ 93, 278, 281ff). Neben der Haftung aus §§ 60, 61 kann eine Haftung aus Delikt, vertraglicher Verpflichtung oder aus Verschulden bei Vertragsverhandlungen (§§ 280, 311 BGB) bestehen (*Smid/Smid*, § 60 Rn 7; HK-*Eickmann*, § 60 Rn 21). Ein Sonderfall ist die steuerliche Haftung nach § 69 AO, die gleichfalls daneben besteht (FK-*Kind*, § 60 Rn 26; FG Düsseldorf ZInsO 2001, 426ff hierzu: *Take* ZInsO 2001, 404f; vgl OLG Frankfurt ZIP 1987, 456, 457f: Vorrang zu § 82 KO; HK-*Eickmann*, § 60 Rn 7). Die §§ 60, 61 sind damit ein spezieller Haftungstatbestand für Vermögensschäden (K/P-*Lüke*, § 60 Rn 5).

3 § 60 gilt auch für den vorl InsVerw (§ 21 Abs 2 Nr 1), den Sachwalter (§ 274 Abs 1), den Treuhänder im vereinfachten InsVerfahren (§ 313 Abs 1 S 2). Vgl ausführlich zur Haftung des vorl InsVerw *Meyer*, Die Haftung des vorläufigen Insolvenzverwalters.

II. Voraussetzungen

1. Verletzung einer insolvenzspezifischen Pflicht

4 **a)** Die Haftung nach § 60 ist auf das in der InsO normierte Pflichtenprogramm begrenzt (*Smid/Smid*, § 60 Rn 3; N/R-*Abeltshauser*, § 60 Rn 5; **aA:** K/P-*Lüke*, § 60 Rn 12: spezielle, mit der Verwaltertätigkeit im Zusammenhang stehende Pflicht). Bei sonstigen Pflichten, dh die nicht ausdrücklich in der InsO normiert sind, ist im Einzelfall zu prüfen, ob sie insolvenzspezifisch sind (*Smid/Smid*, § 60 Rn 19). Zu den Pflichten des InsVerw *Graeber* NZI 2003, 569.

5 Zu den **nicht erfassten Pflichten** gehören diejenigen Pflichten, die allg gegenüber Vertragspartnern bestehen, sich allg aus einem Vertragsschluss ergeben (*Gottwald/Döbereiner*, InsHdb, § 23 Rn 6). Eine Ausnahme hiervon ist die Haftung nach § 61 oder der Fall, dass der InsVerw ausdrücklich eine Garantiehaftung übernimmt bzw aus Verschulden bei Vertragsverhandlungen (§§ 311 Abs 2, 280 I BGB) haftet (*Gottwald/Döbereiner*, InsHdb., § 23 Rn 7). Bsp: Veräußerung schuldnerfremden Eigentums (BGH NJW-RR 1990, 411; BGH ZIP 1990, 242, 244ff); Verletzung einer Verkehrssicherungspflicht (*Smid/Smid*, § 60 Rn 20; MK-InsO/*Brandes*, §§ 60, 61 Rn 76); Verletzung einer Verwertungsvereinbarung (BGH NJW 1988, 209f; *Smid/Smid*, § 60 Rn 20); Übernahme einer Garantie

(BGH NJW-RR 1990, 94, 96); Haftung gegenüber Sicherungseigentümer (OLG Koblenz ZIP 1992, 420 ff). Bei der Verletzung einer allg Verkehrssicherungspflicht ist aber zu beachten, dass hieraus eine Masseverbindlichkeit entstehen kann (vgl § 7 StVG, §§ 836–838 BGB, § 833 BGB); insofern ist eine indirekte Haftung wegen schuldhafter Masseschmälerung möglich (*Gottwald/Döbereiner*, InsHdb., § 23 Rn 8).

Zu den **insolvenzspezifischen Pflichten**, die gegenüber InsSchu, 6 InsGl, Massegläubigern und Aussonderung- bzw Absonderungsberechtigten bestehen können (*Gottwald/Döbereiner*, InsHdb., § 23 Rn 9), gehört die allg Pflicht zur möglichst weitgehenden gleichmäßigen Befriedigung der InsForderung (§ 1 S 1, BGHZ 100, 346, 350; *Smid/Smid*, § 60 Rn 17; N/R-*Abeltshauser*, § 60 Rn 21; *Merz* KTS 1989, 277, 279). Bei dieser sind insbes die Massegläubiger (unter Einhaltung der Reihenfolge des § 209 im Fall der Masseunzulänglichkeit) zu befriedigen (*Gottwald/Döbereiner*, InsHdb., § 23 Rn 9). Weitere allg Pflicht ist die Pflicht zur sorgfältigen Masseverwertung (*Smid*/Kölner Schrift, 337, 344), **str** ist dabei, ob bei einer juristischen Person oder einer Gesellschaft ohne Rechtspersönlichkeit auch die nicht persönlich haftenden Gesellschafter Beteiligte iSd § 60 InsO sind (so MK-InsO/*Brandes*, §§ 60, 61 Rn 69; BGH ZIP 1985, 423, 425; **aA:** FK-*Kind*, § 60 Rn 8).

b) Einzelne konkrete Pflichten nach der InsO. aa) Sammlung 7 **der Masse.** Der InsVerw hat zunächst das vom Insolvenzbeschlag erfasste **Vermögen in Besitz zu nehmen** (§ 148 Abs 1; MK-InsO/*Brandes*, §§ 60, 61 Rn 11). Er haftet für die pflichtwidrige Verkürzung der Masse, zB durch Nichteinziehung von Forderungen bzw den Verzicht auf sie (OLG Karlsruhe ZInsO 2000, 674, 676), und die Vergrößerung der Schuldenmasse, zB durch Anerkennung ungerechtfertigter Forderungen (N/R-*Abeltshauser*, § 60 Rn 23). – Die **Nichtgeltendmachung von Umsatzsteuerrückforderungsansprüchen** stellt nur dann einen Verstoß dar, wenn der InsSchu eine natürliche Person oder eine künftig werbend tätig werdende GmbH ist, da der InsVerw sonst mit einer Aufrechnung des Finanzamtes rechnen kann (OLG Koblenz ZIP 1993, 52, 53; MK-InsO/*Brandes*, §§ 60, 61 Rn 12). – Der InsVerw handelt auch dann pflichtwidrig, wenn er etwas zur Masse fordert, dass dieser nicht zusteht (LG Braunschweig EWiR 2001, 279 = DZWiR 2001, 277 ff: sittenwidrige Kostenbeteiligungsvereinbarung mit einem Aussonderungsberechtigten analog §§ 170, 171).

bb) Verwaltung der Masse. Nach der Inbesitznahme der Masse hat 8 der InsVerw alle Maßnahmen zu ergreifen, um sie zu erhalten, wozu auch die einstweilige Unternehmensfortführung gehört (*Gottwald/Döbereiner*, InsHdb., § 23 Rn 19).

§§ 60, 61

(1) Zu den **Masseerhaltungsmaßnahmen** zählen alle Maßnahmen die der Bewahrung der Massegegenstände dienen (MK-InsO/*Brandes*, §§ 60, 61 Rn 15), zB: Schutz eines Gebäudes vor Frostschäden, BGH NJW 1988, 209; Abschluss von Versicherungen für Gegenstände der Masse, BGHZ 105, 230, 237; *Lüke* ZIP 1989, 1, 3; N/R-*Abeltshauser*, § 60 Rn 22), wobei die Kosten für die Masse mit dem Risiko des Schadenseintritts abzuwägen sind (OLG Köln ZIP 1982, 977, 978; MK-InsO/*Brandes*, §§ 60, 61 Rn 15). Hierzu zählt aber auch die rechtliche Sicherung der Masse, zB durch Eintragung eines Insolvenzvermerks nach § 32 Abs 2 S 2, die der InsVerw bei Untätigkeit des InsGericht zu beantragen hat (LG Zweibrücken NZI 2000, 327). – Der InsVerw hat auch Verzeichnisse über den Umfang der Masse aufzustellen (MK-InsO/*Brandes*, §§ 60, 61 Rn 48).

(2) Dagegen sind für die Masse wertlose Gegenstände **freizugeben**, um auf sie entfallende Kosten einzusparen (MK-InsO/*Brandes*, §§ 60, 61 Rn 15), dies gilt auch dann, wenn der Aufwand über dem Erlös bei der Verwertung liegt (MK-InsO/*Brandes*, §§ 60, 61 Rn 16). Letzteres ist aber str bei der Insolvenz von Gesellschaften (dafür: OLG Rostock ZInsO 2000, 604f; *Förster* ZInsO 2000, 315ff; MK-InsO/*Brandes*, §§ 60, 61 Rn 16; **aA:** *K. Schmidt* ZIP 2000, 1913ff zur Problematik von Altlasten). Zur Freigabe von Sondermüll und **Altlasten:** N/R-*Andres*, § 55 Rn 75; MK-InsO/*Brandes*, §§ 60, 61 Rn 16; vgl *Tetzlaff* ZIP 2001, 10ff; *K. Schmidt* ZIP 2000, 1913ff; sowie BVerwG ZIP 1998, 2167ff; VG Darmstadt ZIP 2000, 2077f).

(3) Der InsVerw hat weiterhin **schwebende Rechtsverhältnisse** zu klären und dabei insbes Wahl- und Kündigungsrechte auszuüben, wobei er sich ergebende Masseforderungen einzuziehen hat. UU hat er einer **Abbuchung im Lastschriftverfahren** vor Verfahrenseröffnung zu widersprechen (BGH NJW 2005, 675; OLG Hamm NJW 1985, 865, 866f; *Obermüller* Rn 3.443). Dieser Widerspruch ist auch nicht rechtsmissbräuchlich (BGH NJW 2005, 675; **aA** MK-InsO/*Brandes*, §§ 60, 61 Rn 41).

(4) Im Zusammenhang zu den Masseerhaltungsmaßnahmen steht auch die **Pflicht zur Ergänzung der Masse** durch die Verfolgung der Insolvenzanfechtung (MK-InsO/*Brandes*, §§ 60, 61 Rn 13), ggf zusammen mit Anspruch nach § 64 Abs 2 GmbHG (BGHZ 131, 325ff; MK-InsO/*Brandes*, §§ 60, 61 Rn 13). Der InsVerw hat ggf auch einen Gläubigergesamtschaden oder eine persönliche Gesellschafterhaftung geltend zu machen (zB Unterbilanzhaftung, BGHZ 80, 129ff; kapitalersetzende Darlehen, BGH NJW 1996, 720f). Er hat Herausgabe- und Schadensersatzpflichten geltend zu machen, insbes eine **Unterbrechung der Verjäh-**

rung dieser Ansprüche herbeizuführen (FK-*Kind*, § 60 Rn 10; BGH NJW 1994, 323 ff).

(5) Bei der **Freigabe** eines Gegenstandes, dass dem **Sicherungseigentum** eines Dritten unterliegt, kann der InsVerw für den dann der Masse entgehenden Kostenbeteiligungsanspruch nach § 171 haften (MK-InsO/*Brandes*, §§ 60, 61 Rn 17), jedoch ist dabei das Verwertungsrisiko gegen die Kostenbeteiligung abzuwägen.

(6) Bei der **Unternehmensfortführung** ist zu berücksichtigen, dass erhebliche Unwägbarkeiten bestehen, der Haftungsmaßstab also dementsprechend niedrig anzusetzen ist; gerade für die Zeit bis zum Berichtstermin stellt die InsO an die Fortführung geringere Anforderungen, vgl § 157 (MK-InsO/*Brandes*, §§ 60, 61 Rn 23 ff); wobei die Verluste aber nicht erheblich sein dürfen (K/P-*Lüke*, § 60 Rn 23: § 158 Abs 2 S 2). Hierbei wird insbes die Pflicht aktuell, keine unerfüllbaren Masseverbindlichkeiten einzugehen, die nur von § 61 erfasst ist.

(7) Bei der Verwertung ist die **Buchführungspflicht** (BGHZ 74, 316, 320; FK-*Kind*, § 60 Rn 9; vgl OLG Hamm ZIP 1987, 1402 f: verspätete Steuerbilanz) zu beachten, auch wenn diese eigentlich nur gegenüber dem Fiskus und nicht gegenüber den InsGl besteht (vgl *Smid/Smid*, § 60 Rn 20).

(8) Weiterführung von Prozessen: Abwägung hinsichtlich möglicher Kostenbelastung der Masse (*Gottwald/Döbereiner*, InsHdb., § 23 Rn 23), Haftung bei fehlender Aussicht auf Erfolg, sowohl der Masse als auch den Inanspruchgenommenen gegenüber (LG Mönchengladbach NZI 1999, 327 f zu § 8 GesO), wobei bei der Abwägung dem InsVerw ein weiter Spielraum zuzubilligen ist. Allein die Möglichkeit den Prozeß zu verlieren, genügt nicht für eine Haftung. UU auch Haftung, wenn er einen erfolgversprechenden Prozess bei wirtschaftlicher Vertretbarkeit nicht führt (MK-InsO/*Brandes*, §§ 60, 61 Rn 12); Haftung bei 50 % Chance, falls bereits bei Klageerhebung Massearmut herrscht (OLG Hamm ZIP 1995, 1436, 1437 f; **aA** *Smid/Smid*, § 60 Rn 20); Vollstreckung aus vorl vollstreckbaren Urteil: Haftung nur, wenn InsVerw erkennen konnte, dass die gegnerische Berufung Erfolg haben kann (OLG Düsseldorf ZIP 1993, 1805, 1806; vgl K/P-*Lüke*, § 60 Rn 29); Pflicht den geltendgemachten Anspruch im Mahnbescheid richtig zu bezeichnen (BGH NJW 1994, 323, 324). – Eine Haftung gegenüber dem Prozessgegner bei unzulänglicher Masse erfolgt nicht, da keine insolvenzspezifische Pflicht verletzt ist (BGH NJW 2001, 3187 ff zu § 82 KO; vgl K/P-*Lüke*, § 60 Rn 29; **aA:** OLG Karlsruhe ZIP 1989, 1070 ff; OLG Hamm, ZIP 1995, 1436, 1437 ff; OLG Schleswig ZIP 1996, 1051; MK-InsO/*Brandes*, §§ 60, 61 Rn 39). Zu § 61 su.

§§ 60, 61

(9) Die Nichterfüllung arbeitsrechtlicher- und sozialrechtlicher Verpflichtungen, insbes **Anmelde- und Informationspflichten,** ist pflichtwidrig (MK-InsO/*Brandes*, §§ 60, 61 Rn 87; vgl BSG ZIP 1980, 348, 349f; ZIP 1982, 1336, 1337f zur Haftung nach AFG). Bei der Verletzung **steuerlicher Pflichten** haftet der InsVerw idR nicht nach § 60, sondern nach § 69 AO. Ausnahme ist jedoch die verspätete Zahlung von zur Tabelle festgestellten steuerlichen Forderungen, da dann eine insolvenzspezifische Pflicht verletzt ist (*Merz* KTS 1989, 277, 281; *Vallender* ZIP 1997, 345, 348 zur KO). Der Verwalter hat weiter handels- und steuerrechtliche Pflichten nach § 155 zu erfüllen (MK-InsO/*Brandes*, §§ 60, 61 Rn 21, 81), Steuerbescheide zu überprüfen (OLG Köln ZIP 1980, 94, 95f).

9   cc) **Verwertung der Masse.** Bei der **Verwertung** hat der InsVerw insbes die Mitwirkungsrechte der InsGl nach §§ 160–163 zu beachten (MK-InsO/*Brandes*, §§ 60, 61 Rn 30).

(1) Besonderheiten bestehen bei **Aus- und Absonderungsberechtigten.** Er haftet demgemäss bei der Verwertung fremden Eigentums oder mit Absonderungsrechten belegter Gegenstände (BGH KTS 1958, 142, 143; *Merz* KTS 1989, 277, 284; *Smid/Smid*, § 60 Rn 20; MK-InsO/*Brandes*, §§ 60, 61 Rn 54; HK-*Eickmann*, § 60 Rn 9; BGH NJW 1998, 992, 993; BGH NJW 1996, 2233ff: beide zu § 82 KO). Stehen Aus- und Absonderungsrechte Dritter im Raum, so hat der InsVerw die **Auskunftspflicht** des § 167 Abs 1 und die **Mitteilungspflicht** nach § 168 Abs 1 zu beachten (K/P-*Lüke*, § 60 Rn 18; HK-*Eickmann*, § 60 Rn 9). – Die Pflichten des InsVerw gegenüber dem **Absonderungsberechtigten** enden mit der Freigabe (OLG Koblenz ZIP 1992, 420, 422f; K/P-*Lüke*, § 60 Rn 19). – Bei der Verwertung von Gegenständen, an denen Absonderungsrechte bestehen, ist die Haftung nach § 60 von der Verletzung vertraglicher Vereinbarungen hinsichtlich der Verwertung abzugrenzen; diese stellt keine Verletzung insolvenzspezifischer Pflichten dar, so dass nur eine Haftung aus Vertrag oder Verschulden bei Vertragsschluss besteht (K/P-*Lüke*, § 60 Rn 21). – Ein unterlassenes Auskehren eines Erlöses bei der Verwertung von Absonderungsgut bzw dessen verspätete Auszahlung sind als Verstoß gegen die Pflicht zur unverzüglichen Erlösverteilung nach § 170 Abs 1 S 2 Pflichtverletzungen (LG Stendal ZIP 2002, 765, 769; FK-*Kind*, § 60 Rn 11; vgl BGH ZIP 1994, 140ff zur KO). – Keine Aufgabe gegenüber Dritten, solange der InsVerw den Absonderungs- bzw Aussonderungsberechtigten nicht seine Absicht angezeigt hat und diesen die Möglichkeit zur Reaktion gibt (*Gundlach/Frenzel/Schmidt* NZI 2001, 350, 352; vgl OLG Hamburg ZIP 1996, 386f). – Ausf zu den Pflichten gegenüber Aus- und Absonderungsberechtigten: *Gundlach/Frenzel/Schmidt* NZI 2001, 350ff.

(2) Im Zusammenhang mit Aus- und Absonderungsberechtigten sind insbes die **Pflichten zur sorgfältigen Sachverhaltsaufklärung** wichtig, da den InsVerw **grundsätzlich keine Nachforschungs- und Ermittlungspflicht** trifft (BGH NJW 1996, 2233, 2235; OLG Karlsruhe NZI 1999, 231, 232; OLG Köln ZIP 1982, 1107f; OLG Düsseldorf ZIP 1988, 450, 452). Er hat nur zu ermitteln, wenn zumindest konkrete Anhaltspunkte bestehen und ihm die Sachverhaltsaufklärung zumutbar ist (*Gundlach/Frenzel/Schmidt* NZI 2001, 350, 354; *K/P-Lüke*, § 60 Rn 15; *N/R-Abeltshauser*, § 60 Rn 38f) oder wenn diese Rechte nachgewiesen werden (HK-*Eickmann*, § 60 Rn 9). Die Aufklärungspflicht ist auch nicht im Hinblick auf kurz vor Eintritt der Insolvenz erworbene Gegenstände gesteigert, zumal der InsVerw oft nicht erkennen kann, wann die Gegenstände angeschafft wurden (OLG Düsseldorf ZIP 1988, 450, 452; *Gundlach/Frenzel/Schmidt* NZI 2001, 350, 354). Es genügt damit, wenn der InsVerw mit der Verwertung eine angemessene Zeit abwartet, ob Aussonderungsrechte geltend gemacht werden (OLG Karlsruhe NZI 1999, 231, 232 zur KO). – Für den InsVerw streitet auch die Eigentumsvermutung nach § 1006 BGB (BGH NJW 1996, 2233, 2235; OLG Karlsruhe NZI 1999, 231, 232; OLG Düsseldorf ZIP 1988, 450, 452).

(3) Bei der Verwertung darf eine **Unternehmensveräußerung** nicht übereilt und nur zu einem angemessenen Preis erfolgen (BGH ZIP 1985, 423).

dd) Verteilung der Masse – Gläubigerbefriedigung. Bei der Anmeldung von Forderungen hat der InsVerw den InsGl zweckdienliche Hinweise zu geben (KG ZIP 1987, 1199f), er hat sie aber nicht mehrmalig zur Anmeldung aufzufordern (AG Charlottenburg ZIP 1990, 879, 880). Er hat die angemeldeten Forderungen zu prüfen und ggf festzustellen; str Forderungen darf er nicht anerkennen (MK-InsO/*Brandes*, §§ 60, 61 Rn 18) und auch keine nicht angemeldeten Forderungen in die Tabelle bzw das Verteilungsverzeichnis (HK-*Eickmann*, § 60 Rn 7) oder das Schlussverzeichnis (RGZ 87, 151, 155) aufnehmen. Er hat das Verteilungsverzeichnis nach § 188 zu erstellen (MK-InsO/*Brandes*, §§ 60, 61 Rn 48). Bei der Verteilung hat er die Beträge ggf nach §§ 189 Abs 2, 190 Abs 2, 191 Abs 1 S 2, 198 zurückzubehalten oder zu hinterlegen (HK-*Eickmann*, § 60 Rn 7). Er hat auch die Ausfallforderungen zu verteilen (OLG Celle ZIP 1993, 1720, 1721f), dabei aber keine Pflicht, auf den fehlenden Nachweis des Ausfalls hinzuweisen (OLG Hamm, ZIP 1994, 1373ff). Zu beachten ist insbes das Gebot der Vorwegbefriedigung der Masseforderungen, **§ 53** (HK-*Eickmann*, § 60 Rn 8).

ee) Masseunzulänglichkeit. Der InsVerw hat ggf auf eine Einstellung des Verfahrens mangels Masse hinzuwirken oder bei Masseunzulänglich-

§§ 60, 61   2. Teil. Eröffnung des Insolvenzverfahrens

keit diese rechtzeitig anzuzeigen (MK-InsO/*Brandes*, §§ 60, 61 Rn 45). Dagegen kann die verfrühte Anzeige der Masseunzulänglichkeit Schadensersatzansprüche der Altmassegläubiger auslösen, denn diese sind ab der Anzeige nach § 210 an der Durchsetzung ihrer Forderungen gehindert; der InsVerw befindet sich daher in einem Spannungsverhältnis (MK-InsO/ *Brandes*, §§ 60, 61 Rn 46), denn jedes Verfahren ist zunächst masseunzulänglich und wird erst durch die Verwaltung massehaltig. – Weiter ist die **Rangfolge** des § 209 bei der Befriedigung **einzuhalten** (MK-InsO/*Brandes*, §§ 60, 61 Rn 47; HK-*Eickmann*, § 60 Rn 8). – Haftung gegenüber Arbeitnehmern, bei Weiterbeschäftigung trotz Masseunzulänglichkeit und dem damit verbundenen Ausfall der Arbeitnehmer mit der Lohnforderung (vgl BAG ZIP 1984, 1248, 1249).

12   **ff) Begleitpflichten.** Schließlich treffen den InsVerw weitere Pflichten unabhängig vom Verfahrensstand. So ist er verpflichtet, auf eine eigene Pflichtverletzung hinzuweisen (vgl der sog. Sekundäranspruch im Anwaltshaftpflichtrecht) (*Smid/Smid*, § 60 Rn 22), Interessenkollisionen (MK-InsO/*Brandes*, §§ 60, 61 Rn 29; FK-*Kind*, § 60 Rn 10; BGH NJW 1991, 982, 985 f) bzw die Verletzung von Insolvenzloyalitätspflichten anzuzeigen (N/R-*Abeltshauser*, § 60 Rn 25). Ihm ist weiter auch das Betreiben einer konkurrierenden wirtschaftlichen Tätigkeit bzw die Nutzung von Insiderwissen verboten (N/R-*Abeltshauser*, § 60 Rn 26). – Bei seiner gesamten Tätigkeit hat er die hM in Rspr und Lit zu beachten (OLG Hamm NZI 2000, 477, 478 f; OLG Köln ZIP 1991, 1606, 1607). – Eine Rechtspflicht zur Aufstellung von Insolvenzplänen besteht über § 157 hinaus nicht (HK-*Eickmann*, § 60 Rn 6). – Er ist verpflichtet die Gl-Versammlung umfassend und richtig zu Informieren (KG ZInsO 2001, 411, 414).

13   **b) Beteiligter.** Mit der Bestimmung der konkret verletzten Pflicht ist auch bestimmt, wem gegenüber diese Verpflichtung besteht und wer Beteiligter iSd **Abs 1 S 1** ist (MK-InsO/*Brandes*, §§ 60, 61 Rn 68). Dies entspricht dem **materiellen Beteiligtenbegriff** (K/P-*Lüke*, § 60 Rn 13). Die besondere Erwähnung des Beteiligten iSd Abs 1 S 1 ist daher ohne Bedeutung (K/P-*Lüke*, § 60 Rn 13). Beteiligte sind der InsSchu, die InsGl, Aussonderung- und Absonderungsberechtigte, Massegläubiger (HK-*Eickmann*, § 60 Rn 5). Bei Gesellschaften ohne Rechtspersönlichkeit sind deren Gesellschafter Beteiligte, dies gilt auch für Gesellschafter von juristischen Personen (HK-*Eickmann*, § 60 Rn 5). Weiterhin der Nacherbe im Fall des § 85 Abs 2 und der Justizfiskus bei Forderungen nach dem GKG Beteiligter (HK-*Eickmann*, § 60 Rn 5).

2. Sorgfaltspflichtverletzung

Der Schadensersatzanspruch setzt die Verletzung einer insolvenzspezi- 14
fischen Pflicht voraus. Zur Frage der Rechtfertigung durch Zustimmung
seitens des InsGericht oder der Gl-Versammlung s. u. Rn 18.

3. Kausalität

Die Pflichtverletzung muss adäquat kausal zu einem Schaden geführt 15
haben (*Smid/Smid*, § 60 Rn 23; HK-*Eickmann*, § 60 Rn 10; *Vallender* ZIP
1997, 345, 350 zur KO; BGH KTS 1961, 94). Eine Unterbrechung des
Kausalverlaufs wird nicht durch ein Unterlassen der Aufsicht durch den
Gl-Ausschuss bewirkt, jedoch kann eine Haftung nach § 71 entstehen
(K/P-*Lüke*, § 60 Rn 35).

4. Verschulden

a) **Verschuldensmaßstab.** Es gilt der allgemeine Maßstab des **§ 276** 16
Abs 1 S 1 BGB (FK-*Kind*, § 60 Rn 16), jedoch ist der Fahrlässigkeits-
maßstab nach **Abs 1 S 2** eingeschränkt. Der InsVerw haftet demnach für
die **Sorgfalt eines ordentlichen und gewissenhaften InsVerw** (*Gott-
wald/Döbereiner*, InsHdb., § 23 Rn 10). Hierbei sind keine übertriebenen
Maßstäbe anzuwenden (*Smid/Smid*, § 60 Rn 21). Dieser Verschuldensmaßstab ist damit zwar objektiv an einem ordentlichen InsVerw orientiert,
es ist aber die konkret vom InsVerw zu erfüllende Aufgabe zu berücksichtigen (MK-InsO/*Brandes*, §§ 60, 61 Rn 90). So können zB kompetente
Auskunftspersonen fehlen, so dass die Beurteilung der Lage des InsSchu
schwieriger als im Normalfall ist (HK-*Eickmann*, § 60 Rn 11). Auch dann,
wenn der InsVerw ein **Unternehmen fortführt** und dabei **eilbedürf-
tige Entscheidungen** trifft, können leichter Fehleinschätzungen auftreten (*Smid/Smid*, § 60 Rn 21; *Vallender* ZIP 1997, 345, 348f). Hierauf
weist auch die Begründung des Regierungsentwurfes hin, die herausstellt,
dass der InsVerw eine Einarbeitungszeit benötige und der InsVerw in einer
erheblich schwierigeren Situation sei als der Geschäftsführer eines gesun-
den wirtschaftlichen Unternehmens (BT-Drucks. 12/2443, Seite 129;
FK-*Kind*, § 60 Rn 17: mit Hinweis auf manipulierte oder fehlende Daten). Bei Beurteilung eines **Fahrlässigkeitsvorwurfes** ist der **Fortgang
des Verfahrens** und insbes die Einarbeitung des InsVerw zu berücksichtigen, so dass die Anforderungen idR mit dem Verfahrensfortgang ansteigen
(MK-InsO/*Brandes*, §§ 60, 61 Rn 90; FK-*Kind*, § 60 Rn 17).

b) **Rechtsirrtum.** Der InsVerw hat grundsätzlich die gefestigte Mei- 17
nung in Rspr und Literatur zu kennen und zu berücksichtigen. Ein Verschulden fehlt aber, wenn zu einer Frage eine höchstrichterliche Rspr
fehlt und die Frage im Schrifttum unterschiedlich beurteilt wird, der Ins-
Verw die verschiedenen Meinungen gesichtet hat und zu einer vertret-

baren Lösung gekommen ist (OLG Nürnberg ZIP 1986, 244, 246; MK-InsO/*Brandes*, §§ 60, 61 Rn 92; HK-*Eickmann*, § 60 Rn 13). Fahrlässigkeit liegt aber vor, wenn der InsVerw den Sachverhalt ungenügend aufklärt oder eine klare, eindeutige und zweifelsfreie Rechtslage falsch beurteilt (BGH NJW 1996, 2233, 2234 f; OLG Hamm NJW 1985, 865, 867; OLG Köln NJW 1991, 2570, 2571). – Der strenge Haftungsmaßstab, der von der Rspr zum Schuldnerverzug entwickelt wurde, gilt für den Ins-Verw nicht, da er idR widerstreitenden Interessen ausgesetzt ist (OLG Köln NJW 1991, 2570, 2571; MK-InsO/*Brandes*, §§ 60, 61 Rn 92).

18 c) **Zustimmungen.** Erfolgt eine Zustimmung der Gl-Versammlung oder des -ausschusses zum Verwaltungs- bzw Verwertungsakt des InsVerw, so entfällt die Verantwortlichkeit des InsVerw und damit sein Verschulden nicht automatisch (BGH ZIP 1985, 423, 425 f; *Gottwald/Döbereiner*, InsHdb., § 23 Rn 13; *Smid/Smid*, § 60 Rn 26), jedoch ist die Zustimmung ein „Indiz für sorgfältiges Verhalten" (HK-*Eickmann*, § 60 Rn 14). Auch wenn ihm eine bestimmte Handlung vorgeschrieben wurde, darf er diese nicht vornehmen, wenn sie zu einer Schädigung der anderen Beteiligten führen kann, denn er hat bei der Verwaltung auch deren Interessen zu berücksichtigen (MK-InsO/*Brandes*, §§ 60, 61 Rn 99). Der InsVerw hat diesen Beschluss dann ggf nach **§ 78** zu beanstanden. Damit kann die Haftung nur im Verhältnis zu den InsGl und den absonderungsberechtigten Gläubigern entfallen, da durch die Beschlussfassung nur deren Interessen vertreten werden und der InsVerw auch dann nur deren Interessen bei der Ausführung unberücksichtigt lassen kann (vgl BGH ZIP 1985, 423, 425 f). Nach **aA** kann im Fall der Unterstützung des InsVerw durch den Gl-Ausschuss ein Verschulden entfallen, vgl § 69 (K/P-Lüke § 60 Rn 47), gleichfalls soll aber bei einer gegenüber Dritten bestehenden Pflicht eine Mithaftung bestehen, vgl § 71. *Eickmann* (HK § 60 Rn 14) differenziert nach den Kompetenzen des Gl-Ausschuss, so dass im Fall einer eigenständigen Entscheidungskompetenz wegen der Amtspflicht des InsVerw, Beschlüsse der Gl-Versammlung auszuführen, insbes bei § 157 (Fortführung), ein Verschulden entfällt. Eine Haftung liegt dann nur bei unsorgfältiger Berichtserstattung vor (HK-*Eickmann*, § 60 Rn 14).

19 d) **Prozessführung.** Bei einem Rechtsstreit für die Masse hat der Ins-Verw, wenn er Rechtsanwalt ist, die Sorgfalt, die ihm gegenüber Mandanten obliegt, anzuwenden und für eine umfassende Wahrung der Rechte der Masse zu sorgen (BGH NJW 1994, 323, 324; MK-InsO/*Brandes*, §§ 60, 61 Rn 92). Wegen der widerstreitenden Interessen wird er aber nur haften, wenn er pflichtwidrig die mangelnde Aussicht auf Erfolg verkannt hat (vgl BGH NJW-RR 1988, 1487; OLG Karlsruhe ZIP 1989, 1070, 1071). – Gegenüber einem **Prozessgegner** treffen ihn keine insolvenzspezifischen Pflichten (ständige Rspr des BGH vgl zuletzt NJW 2005,

901). Die Lage des Prozeßgegners ist nicht mit der eines Massegl gleichzusetzen, der sich zu Leistungen an die Masse verpflichtet hat. Es gehört zu dem allg Risiko einer obsiegenden Prozeßpartei, ob sie die von ihr aufgewendeten Prozesskosten vom unterliegenden Gegner erstattet erhält (BGH aaO). Eine persönliche Haftung des InsVerw scheidet damit im Regelfall aus. Etwas anderes gilt nur, wenn ein Fall des § 826 BGB gegeben ist, dh der Verwalter in grob leichtfertiger Weise ein Verfahren einleitet und durchführt, obwohl er weiß, dass der bedingte gegnerische Kostenerstattungsanspruch ungedeckt ist (BGH aaO). Vgl zu dem gesamten Komplex *Pape* ZIP 2001, 1701, 1704.

e) Fortführung und die damit verbundene Begründung von Neumasseverbindlichkeiten. Im Fall, dass dem InsVerw die Stilllegung des Betriebs vom InsGericht untersagt bzw ihr während des vorl InsVerfahren nicht zugestimmt wird, so entfällt die Haftung des InsVerw nicht, sondern er hat die (künftigen) Massegläubiger darüber zu informieren, dass nach seiner Ansicht die Masse nicht ausreichen wird und daher eigentlich die Stilllegung geboten ist (MK-InsO/*Brandes*, §§ 60, 61 Rn 96). Dies wird dann allerdings idR die faktische Stilllegung bewirken.   20

f) Ausschluss. Ein Verschulden scheidet aus für aufgezwungene Masseschulden (*Uhlenbruck* KTS 1976, Seite 212 f; K/P-*Lüke*, § 60 Rn 37), dh die ohne eine Rechtshandlung des InsVerw entstanden sind (zB die Verbindlichkeiten bei Dauerschuldverhältnissen, die nicht durch Kündigung vermieden werden konnten).   21

5. Haftung für Erfüllungsgehilfen bzw Dritte

Als Zurechnungsnorm wird **§ 278 BGB** angewendet (HK-*Eickmann*, § 60 Rn 15; K/P-*Lüke*, § 60 Rn 41; FK-*Kind*, § 60 Rn 29; *Gundlach/ Frenzel/Schmidt* NZI 2001, 350, 351; BGH ZIP 2001, 1507, 1508 zur KO) unter **Modifikation durch § 60 Abs 2**: Bei notwendigem Einsatz des beim InsSchu angestellten Mitarbeitern hat der InsVerw nur für deren Überwachung einzustehen, falls diese nicht offensichtlich ungeeignet sind. Dies ist gerechtfertigt, da der InsVerw idR auf Angestellte des InsSchu angewiesen sein wird, da nur diese über das erforderliche Wissen (zumindest in der Anfangsphase der Fortführung) verfügen (MK-InsO/ *Brandes*, §§ 60, 61 Rn 93), das entbindet ihn freilich nicht von der Haftung für bedeutende Entscheidungen, die vorliegen, wenn die Entscheidung über den routinemäßigen Geschäftsanfall hinausgeht (HK-*Eickmann*, § 60 Rn 17; vgl N/R-*Abeltshauser*, § 60 Rn 48; *Gundlach/Frenzel/Schmidt* NZI 2002, 350, 352). Fraglich ist, wann der **Einsatz notwendig** ist. Nach Ansicht des Rechtsausschusses sollte dies der Fall sein, wenn der InsVerw keine andere Möglichkeit hat, als Angestellte des InsSchu einzusetzen (Begr RechtsA BT-Drucks. 12/7302 Seite 161, 162; zust K/P-*Lüke*,   22

§§ 60, 61 2. Teil. Eröffnung des Insolvenzverfahrens

§ 60 Rn 40). Nach **aA** soll dagegen diese Entscheidung dem pflichtgemäßen Ermessen des InsVerw unterliegen (HK-*Eickmann*, § 60 Rn 18; FK-*Kind*, § 60 Rn 31). – § 60 Abs 2 erfasst nicht nur Angestellte, sondern alle Mitarbeiter (HK-*Eickmann*, § 60 Rn 20). – Bei Hinzuziehung von Selbständigen wird nur für das Auswahlverschulden gehaftet (BGH ZIP 1980, 25, 26; *Gundlach/Frenzel/Schmidt* NZI 2001, 350, 352; HK-*Eickmann*, § 60 Rn 16; *Smid/Smid*, § 60 Rn 24, 30).

6. Umfang der Haftung

23   Dieser bestimmt sich nach **§§ 249 ff BGB** (*Smid/Smid*, § 60 Rn 27; BGH NJW-RR 1990, 45). Ein **Mitverschulden** ist nach **§ 254 BGB** zu berücksichtigen (*Gottwald/Döbereiner*, InsHdb, § 23 Rn 12; *Vallender* ZIP 1997, 345, 351 f zur KO). Dieses liegt zB vor, wenn ein Aussonderungsberechtigter keine Freigabeklage erhebt, um die Verwertung zu verhindern (BGH NJW 1993, 522, 524; MK-BGB/*Oetker*, § 254 BGB Rn 96), ein InsGl das Verzeichnis nicht überprüft und so seine Forderung nicht ins Schlussverzeichnis aufgenommen wird (OLG Hamm ZIP 1983, 341 f). Die Beweislast für ein mitwirkendes Verschulden des Geschädigten trägt der InsVerw (MK-InsO/*Brandes*, §§ 60, 61 Rn 95). – Die §§ 60 ff betreffen nur den **Individualschaden** des einzelnen InsGl (*Smid/Smid*, § 60 Rn 8; HK-*Eickmann*, § 60 Rn 1). Ein Gesamtschaden, dh ein Schaden der sich als Masseverkürzung darstellt und alle InsGl trifft (HK-*Eickmann*, § 60 Rn 1), kann nach § 92 nur von einem InsVerw geltend gemacht werden, § 92 S 2 (*Gottwald/Döbereiner*, InsHdb., § 23 Rn 15; *Smid/Smid*, § 60 Rn 8); ab Beendigung des InsVerfahren aber von jedem InsGl als sog. Quotenschaden (N/R-*Abeltshauser*, § 60 Rn 69).

7. Gerichtsstand

24   Ein Schadensersatzanspruch kann am Gerichtsstand der unerlaubten Handlung (§ 32 ZPO) erhoben werden (OLG Celle EWIR 88, 605; *Smid/Smid*, § 60 Rn 32; MK-InsO/*Brandes*, §§ 60, 61 Rn 119; *Zöller/ Vollkommer* § 32 Rn 11 a). Bei eigentlicher Zuständigkeit der Arbeitsgerichte bleibt diese bestehen (LAG Hamm EWiR 1989, 797; *Smid/Smid*, § 60 Rn 32; **aA:** LAG Hessen DB 1996, 1932: fehlerhafte Berechnung eines Vergütungsanspruchs).

III. Verhältnis zur Massehaftung und zu § 70

25   **1.** Die persönliche Haftung des InsVerw und die **Haftung der Masse** nach § 31 BGB iVm § 55 Abs 1 Nr 1 (MK-InsO/*Brandes*, §§ 60, 61 Rn 112; **aA:** K/P-*Lüke*, § 60 Rn 7, 48; MK-BGB/*Reuter* § 31 BGB Rn 17; Palandt/*Heinrichs* § 31 BGB Rn 3: § 31 BGB analog) können nebeneinander stehen, so dass dann eine **gesamtschuldnerische Haftung**

vorliegt (MK-InsO/*Brandes*, §§ 60, 61 Rn 112; K/P-*Lüke*, § 60 Rn 48). Im Innenverhältnis hat der InsVerw den Schaden alleine zu tragen (*K. Schmidt* KTS 1976, 191, 207). Bei der Geltendmachung von Ansprüchen ist vom Anspruchsteller deutlich zu machen, ob er den InsVerw persönlich haftbar macht oder die Masse verklagt, wenngleich ein nachträglicher Parteiwechsel wegen der ständigen Teilnahme des InsVerw am Verfahren unproblematisch ist (K/P-*Lüke*, § 60 Rn 8; vgl BGH NJW 1956, 1598).

2. Der InsVerw haftet neben Mitgliedern des Gl-Ausschuss (§ 71) gesamtschuldnerisch (*K. Schmidt* KTS 1976, 191, 205; HK-*Eickmann*, § 60 Rn 22; FK-*Kind*, § 60 Rn 27). 26

IV. Haftung nach § 61 gegenüber Neumassegläubigern

1. Erfasste Forderungen

§ 61 erfasst die Haftung wegen Nichtausgleichs von **Masseverbindlichkeiten, § 55 Abs 1 Nr 1 und Abs 2** (HK-*Eickmann*, § 61 Rn 4). Die **Bereicherungsansprüche** nach **§ 55 Abs 1 Nr 3** sind gleichfalls erfasst, wenn die Bereicherung durch eine Rechtshandlung des InsVerw herbeigeführt wurde (HK-*Eickmann*, § 61 Rn 4; **aA:** H/W/W-*Hess*, § 61 Rn 10). Der Pflichtverstoß liegt dann darin, dass die Ansprüche entgegen § 53 nicht vorweg befriedigt wurden bzw die Rangfolge des § 209 nicht beachtet wird (vgl *Smid/Smid*, § 61 Rn 1). **Nicht** erfasst sind aber **Massekosten** nach **§ 54**, da der InsVerw auf diese keinen Einfluss nehmen konnte (H/W/W-*Hess*, § 61 Rn 10; FK-*Kind*, § 61 RN 4). – Hiervon zu unterscheiden ist eine persönlich übernommene Haftung des InsVerw; gefährlich sind zB missverständlich gefasste Erklärungsvorschläge seitens der Lieferanten, die für die Weiterbelieferung eine persönliche Haftung des InsVerw wünschen; es ist darauf zu achten, dass nur eine Verpflichtung der Masse erklärt wird. 27

Eine Schadenersatzpflicht des InsVerw nach § 61 besteht nur für pflichtwidrig begründete Masseverbindlichkeiten. Eine solche Pflichtwidrigkeit liegt nach BGH (DStR 2004, 1220) nicht vor, wenn er nachweisen kann, dass objektiv zum Zeitpunkt der Begründung der Masseverbindlichkeit von einer voraussichtlich ausreichenden Masse auszugehen war oder dass für ihn nicht erkennbar war, das dies nicht zutraf. Zum Nachweis hierfür wird er regelmäßig eine plausible Liquiditätsrechnung vorlegen müssen. Diese muss von ihm während des Verlaufs des Verfahrens ständig überprüft und aktualisiert werden. 28

2. Ausschluss

Die Haftung gilt nur für vom InsVerw begründete Forderungen, aber nicht für ihm aufgezwungene Forderungen bzw Forderungen, die ohne 29 eine Rechtshandlung entstanden sind; diese sind von § 60 erfasst (HK-*Eickmann*, § 61 Rn 3; K/P-*Lüke*, § 60 Rn 37); zB Lohnansprüchen für die Zeit der gesetzlichen (vgl § 113) Kündigungsfrist (*Smid/Smid*, § 61 Rn 4).

3. Verschulden

30 Dieses ist ausgeschlossen, falls der InsVerw bei Begründung der Forderung nicht voraussehen konnte, dass die Masse nicht ausreichen würde. Dabei ist von Voraussehbarkeit auszugehen, wenn der Eintritt der Masseunzulänglichkeit wahrscheinlicher ist als der Nichteintritt (LG Köln NZI 2002, 607; MK-InsO/*Brandes*, §§ 60, 61 Rn 34). Bei einer Unternehmensfortführung wird er eine regelmäßig zu überprüfende und aktualisierte Liquiditätsrechnung erstellen müssen. Die **Beweislast** für die Nichterkennbarkeit trifft nach **§ 61 S 2** den InsVerw, da er den besseren Überblick über die Masse und die Masseverbindlichkeiten hat (OLG Schleswig DZWiR 2002, 256–258; LG Köln NZI 2002, 607; MK-InsO/*Brandes*, §§ 60, 61 Rn 35; HK-*Eickmann*, § 61 Rn 6). Weder von § 61 noch von § 60 wird der Fall erfasst, dass der InsVerw einen Vertrag aufgrund einer Leistungsstörung nicht erfüllen kann, die Masse aber insgesamt ausreicht (*von Olshausen* ZIP 2002, 237, 238f). – Einem Neumassegläubiger ist kein Mitverschulden nach § 254 BGB zuzurechnen, wenn er mit dem vorl InsVerw einen Vertrag schließt, da er wegen seiner hervorgehobenen Rangstelle Befriedigung erwarten konnte (OLG Schleswig DZWiR 2002, 256–258).

4. Umfang, Entstehung

31 Der InsVerw haftet nur auf das **negative Interesse**, denn der Vertragspartner hätte den Vertrag bei genügender Aufklärung über die Masseunzulänglichkeit nicht abgeschlossen (BGH DStR 2004, 1220; *von Olshausen* ZIP 2002, 237, 239; MK-InsO/*Brandes*, §§ 60, 61 Rn 38). Die Haftung entsteht bereits mit der **Fälligkeit der unerfüllbaren Forderung**, im Fall des § 103 mit dem Erfüllungsverlangen des InsVerw (OLG Hamm NZI 2003, 150ff). Der InsVerw kann den MasseGl nicht auf den Abschluß des Verfahrens verweisen. Der Ausfallschaden ist bereits eingetreten, wenn der InsVerw die Masseunzulänglichkeit angezeigt hat und nicht zu erwarten ist, dass die Altmassegl in absehbarer Zeit Befriedigung erhalten werden (BGH DStR 2004, 1220).

5. Sonderfälle. – Haftung des vorl InsVerw

32 **a)** § 61 gilt auch für den **vorl InsVerw** (§ 21 Abs 2 Nr 1 in Bezug auf § 55 Abs 2, den Treuhänder im vereinfachten Verfahren (§ 313 Abs 1 S 3). Für den vorl InsVerw gilt dies selbst dann, wenn er der Pflicht zur Unternehmensfortführung in § 21 Abs 2 Nr 2 nachkommt (LG Cottbus NZI 2002, 441, 442f; **aA:** *Wiester* ZInsO 1998, 99, 102f; *Kirchhof* ZInsO

Verjährung **§ 62**

1999, 365, 366). Die Haftung setzt dabei keine Verfahrenseröffnung voraus (HK-*Eickmann*, § 61 Rn 7; H/W/W-*Hess*, § 61 Rn 7).

b) Besonders problematisch ist wegen § 55 Abs 2 die Haftung des **vorl** 33
InsVerw, der das Unternehmen einerseits vorl fortführen soll, aber andererseits noch keinen Überblick über die Vermögensverhältnisse hat (MK-InsO/*Brandes*, §§ 60, 61 Rn 36), so dass ein Absehen von der Kündigung der Dauerschuldverhältnisse während der ersten Tage keine Haftung begründen kann (FK-*Kind*, § 61 Rn 4). Es ist zu berücksichtigen, dass ein erheblicher Zeitdruck gegeben ist und eine zuverlässige Liquiditätsplanung noch nicht vorliegen wird (LG Cottbus NZI 2002, 441, 443).

V. Haftpflichtversicherung

Eine Haftpflichtversicherung des InsVerw ist nach § 149ff VVG mög- 34
lich. Diese wird idR einen Risikoausschluss dahingehend enthalten, dass unternehmerische Fehlentscheidungen nicht abgedeckt sind. Dies dient der Beschränkung der Versicherung auf die berufliche Tätigkeit des Ins-Verw (MK-InsO/*Brandes*, §§ 60, 61 Rn 120; vgl *Weisemann/Nisters* DZWiR 1999, 138, 144f). Die Kosten für die Haftpflichtversicherung sind als allg Geschäftskosten mit der Vergütung abgegolten (K/P-*Lüke*, § 60 Rn 60); bei speziellen Versicherungen („Aufsicherung", FK-*Kind*, § 60 Rn 37) für einzelne Verfahren können die Kosten dagegen als Auslagen erstattungsfähig sein, vgl § 4 Abs 3 S 2 InsVV (K/P-*Lüke*, § 60 Rn 60; vgl N/R-*Abeltshauser*, § 60 Rn 76; *Heyrath* ZInsO 2002, 1023ff). – Die Risikoausschlussklauseln erfassen nur dann die Haftung des InsVerw, wenn diese Haftung auf derselben Entscheidung beruht, die die unternehmerische Fehlentscheidung darstellt (K/P-*Lüke*, § 60 Rn 61). Die Risikoausschlussklausel ist an § 305c BGB zu messen.

§ 62 Verjährung

¹**Die Verjährung des Anspruchs auf Ersatz des Schadens, der aus einer Pflichtverletzung des Insolvenzverwalters entstanden ist, richtet sich nach den Regelungen über die regelmäßige Verjährung nach dem Bürgerlichen Gesetzbuch.** ²**Der Anspruch verjährt spätestens in drei Jahren von der Aufhebung oder der Rechtskraft der Einstellung des Insolvenzverfahrens an.** ³**Für Pflichtverletzungen, die im Rahmen einer Nachtragsverteilung (§ 203) oder einer Überwachung der Planerfüllung (§ 260) begangen worden sind, gilt Satz 2 mit der Maßgabe, daß an die Stelle der Aufhebung des Insolvenzverfahrens der Vollzug der Nachtragsverteilung oder die Beendigung der Überwachung tritt.**

§ 62

2. Teil. Eröffnung des Insolvenzverfahrens

1 § 62 übernimmt die Rspr des BGH zur KO (vgl BGHZ 93, 278), modifiziert durch eine kürzere Höchstfrist (vgl N/R-*Abeltshauser*, § 62 Rn 3). Die neue Regelung steht im Zusammenhang mit § 66, wonach die Schlussrechnung nun keine entlastende Wirkung mehr hat und die kurze Verjährung ein Korrektiv hierzu darstellt. Abs 1 S 1 wurde neugefasst durch das Gesetz zur Anpassung von Verjährungsvorschriften an das Gesetz zur Modernisierung des Schuldrechts vom 9. 12. 2004.

1. Verjährungsfrist

2 Die Ansprüche aus §§ 60, 61 verjähren nach S 1 iVm § 195 BGB nach einer Frist von **drei Jahren**.

2. Fristbeginn

3 Der Fristlauf beginnt gem § 62 S 1 iVm § 199 Abs 1 BGB mit dem Schluss des Jahres, in dem der Anspruch entstanden ist und der Anspruchsberechtigte von den den Anspruch begründenden Umständen und der Person des Schuldners Kenntnis erlangt hat oder ohne grobe Fahrlässigkeit erlangen müsste. – Im Fall eines **Gemeinschaftsschadens** ist auf den Zeitpunkt abzustellen, an dem die Befugnis besteht, den Schadensersatzanspruch nach § 92 geltend zu machen (N/R-*Abeltshauser*, § 62 Rn 6; H/W/W-*Hess*, § 62 Rn 8; K/P-*Lüke*, § 62 Rn 2; **aA**: HK-*Eickmann*, § 62 Rn 4; MK-InsO/*Brandes*, § 62 Rn 3; FK-*Kind*, § 62 Rn 4).

3. Höchstfrist

4 Nach S 2 sind die Schadensersatzansprüche mit Ablauf von drei Jahren ab Aufhebung des InsVerfahren bzw dessen rechtskräftiger Einstellung verjährt. Dies gilt auch im Fall eines Gesamtschadens für die ab Verfahrensbeendigung gegebene Befugnis der InsGl, den Schaden selbst geltend zu machen (MK-InsO/*Brandes*, § 62 Rn 4). Hinsichtlich der **Aufhebung** gilt nach §§ 200 Abs 1, 258 Abs 1 iVm § 9 Abs 1 S 3, dass diese mit Ablauf von zwei Tagen ab der Veröffentlichung des Aufhebungsbeschlusses wirksam wird (HK-*Eickmann*, § 62 Rn 5). Bei der **Einstellung** des Verfahrens ist dessen Rechtskraft entscheidend. Bei Entscheidung nach §§ 207 Abs 1, 212, 213 tritt diese mit Ablauf der Beschwerdefrist ein. Bei der Einstellung nach § 211 Abs 1 gilt bei Entscheidung durch den Richter § 9 Abs 1 S 3, bei Entscheidung durch den Rechtspfleger der Rechtskraftzeitpunkt nach § 11 Abs 2 RPflG (HK-*Eickmann*, § 62 Rn 6).

4. Sonderfälle

5 Folgt dem InsVerfahren eine **Nachtragsverteilung** oder ein InsPlan nach, ist die Ausschlussfrist ab Vollzug der Nachtragsverteilung bzw Beendigung der **Überwachung des InsPlan** zu rechnen. Dies gilt aber nur für

Ansprüche, bei denen die Pflichtwidrigkeit bei der Nachtragsverteilung oder der Überwachung erfolgten (MK-InsO/*Brandes*, § 62 Rn 4aE). Der Zeitpunkt des Vollzugs ist dabei wegen der erforderlichen Rechtssicherheit der Zeitpunkt der Rechnungslegung nach § 205 Abs 2 (HK-*Eickmann*, § 62 Rn 7); die Überwachung des InsPlan ist mit deren Aufhebung nach § 268 beendet (HK-*Eickmann*, § 62 Rn 8).

5. Hemmung, Neubeginn

Es gelten §§ 203 ff BGB iVm § 4. 6

§ 63 Vergütung des Insolvenzverwalters

(1) ¹**Der Insolvenzverwalter hat Anspruch auf Vergütung für seine Geschäftsführung und auf Erstattung angemessener Auslagen.** ²**Der Regelsatz der Vergütung wird nach dem Wert der Insolvenzmasse zur Zeit der Beendigung des Insolvenzverfahrens berechnet.** ³**Dem Umfang und der Schwierigkeit der Geschäftsführung des Verwalters wird durch Abweichung vom Regelsatz Rechnung getragen.**

(2) **Sind die Kosten des Verfahrens nach § 4a gestundet, steht dem Insolvenzverwalter für seine Vergütung und seine Auslagen ein Anspruch gegen die Staatskasse zu, soweit die Insolvenzmasse dafür nicht ausreicht.**

1. Normzweck

Der InsVerw hat Anspruch auf angemessene Vergütung seiner Tätigkeit. Dies wird grundlegend in § 63 geregelt, die Einzelheiten der Vergütung sind durch die InsVV, die auf Grundlage des § 65 erlassen wurde, bestimmt. – § 63 gilt auch für den vorl InsVerw (§ 21 Abs 2 Nr 1), den Sachwalter (§ 274 Abs 1) und den Treuhänder im vereinfachten InsVerfahren (§ 313 Abs 1 S 3). 1

2. Vergütung

a) **Entstehung.** Der Vergütungsanspruch entsteht mit Erbringung der Arbeitsleistung; die Festsetzung nach § 64 legt lediglich deklaratorisch die konkrete Höhe fest (BGHZ 116, 233, 242; HK-*Eickmann*, § 63 Rn 2; N/R-*Delhaes*, § 63 Rn 5). 2

b) **Fälligkeit** tritt mit Beendigung des Verfahrens ein; dies ist beim vorl InsVerw der Zeitpunkt der Verfahrenseröffnung (HK-*Eickmann*, § 63 Rn 2; MK-InsO/*Nowak*, § 63 Rn 7). 3

§ 63 2. Teil. Eröffnung des Insolvenzverfahrens

4   c) **Verjährung.** Für noch nicht festgesetzte Ansprüche gilt die regelmäßige Verjährung von drei Jahren nach § 195 BGB; bei festgesetzten Ansprüchen die 30jährige Frist des § 197 Abs 1 Nr 3. Das Recht, die Einrede zu erheben, steht nur den InsGl und dem InsSchu zu (ausf. MK-InsO/*Nowak*, § 63 Rn 10).

5   d) **Rang.** Der Vergütungsanspruch ist nach § 54 Nr 2 **Masseverbindlichkeit** und bei Masseunzulänglichkeit nach § 209 Abs 1 Nr 1 vorrangig zu befriedigen, bei Masselosigkeit gilt § 207 Abs 3 S 1 (N/R-*Delhaes*, § 63 Rn 6; HK-*Eickmann*, § 63 Rn 5).

6   e) **Konkurrenzen.** Eine Vergütungsvereinbarung zwischen den Verfahrensbeteiligten ist nur insofern wirksam, wie sie auf massefremde Gegenstände bezogen ist, zB freigegebene Gegenstände, oder nicht vom Pflichtenkreis des InsVerw umfasst ist, zB Verwaltung einer Mietsache zugunsten Grundpfandgläubiger (MK-InsO/*Nowak*, § 63 Rn 48). Sonst ist die Vereinbarung als Verstoß gegen § 134 BGB nichtig (BGH NJW 1982, 185 ff; MK-InsO/*Nowak*, § 63 Rn 48; N/R-*Delhaes*, § 63 Rn 8; K/P-*Lüke*, § 63 Rn 17).

7   f) Die **Höhe der Vergütung** bemisst sich nach der **InsVV**. Sie ist gestaffelt und entspricht einem Prozentsatz der in der Schlussrechnung festgestellten Teilungsmasse (Abs 1 S 2; MK-InsO/*Nowak*, § 63 Rn 18), wobei Absonderungsrechte nur teilweise berücksichtigt werden (ausf. N/R-*Delhaes*, § 63 Rn 11), Masseverbindlichkeiten nicht abgerechnet werden und Vorschüsse außer Betracht bleiben (HK-*Eickmann*, § 63 Rn 8). Weicht der Umfang der Tätigkeit vom Regelumfang ab, so ist der errechnete Regelsatz nach **§ 3 InsVV iVm Abs 1 S 3** mittels **Zu- oder Abschläge** zu modifizieren (N/R-*Delhaes*, § 63 Rn 9). Zudem hat der Verwalter im Rahmen seines Vergütungsantrages anzugeben, für welche von ihm beauftragten Fachleute er das an diese entrichtete Entgelt aus der Masse entnommen hat (BGH NJW 2005, 903). Das InsG ist berechtigt und verpflichtet zu überprüfen, ob die Beauftragung Externer gerechtfertigt war und dies bei der Vergütungsfestsetzung zu berücksichtigen.

8   g) Die Entnahme eines **Vorschusses** aus der Masse ist nach **§ 9 InsVV** zulässig (vgl LG Göttingen ZInsO 2001, 846 f – vgl zur Beschwerde: § 64). Der Anspruch auf Vorschuss endet mit dem Amt des InsVerw, so dass dann nur noch die endgültige Vergütungsfestsetzung erfolgt (OLG Zweibrücken NZI 2002, 43, 44 f). Aufgrund der neuerdings bestehenden Gewerbesteuerpflicht der InsVerw wird dieser in Zukunft von den InsVerw regelmäßig in Anspruch genommen werden müssen.

Vergütung des Insolvenzverwalters § 63

h) Der Vergütungsanspruch wird nicht verzinst (OLG Zweibrücken 9 NZI 2002, 434, 435).

3. Auslagen und zusätzliche Leistungen

a) Ein Auslagenersatzanspruch besteht nach § 4 InsVV. Hierzu zählt je- 10 doch nicht der gewöhnliche Büro-/Geschäftsaufwand, der schon mit der Regelvergütung abgegolten ist. Ersetzt werden die angemessenen Auslagen, wozu die Kriterien der §§ 670, 675 BGB herangezogen werden können (MK-InsO/*Nowak*, § 63 Rn 39). Der Anspruch kann nach **§ 8 Abs 3 InsVV** pauschaliert werden (vgl OLG Zweibrücken ZInsO 2001, 504ff; LG Hannover ZInsO 2002, 816f: ab dem 1. Jahr jeweils 10% pro Jahr, nicht lediglich einmalig 10% für alle Folgejahre, BGH ZIP 2004, 1715).

b) Einen Ersatz der gezahlten **Umsatzsteuer** kann der InsVerw nach 11 § 7 **InsVV** verlangen.

c) Der InsVerw hat nach § 5 **InsVV** einen Anspruch auf **zusätzliche** 12 **Vergütung**, wenn er aufgrund seiner beruflichen Qualifikation Tätigkeiten ausführt, bei denen er sein **berufliches Spezialwissen** einbringt, für die ein anderer „durchschnittlicher" InsVerw dagegen die Dienste Dritter in Anspruch genommen hätte (MK-InsO/*Nowak*, § 63 Rn 44). Diese Dienste wären dann ebenfalls gesondert zu vergüten. Unproblematisch ist ebenfalls der Fall, dass der InsVerw einen Sozius beauftragt, da es keinen Unterschied macht, ob der InsVerw diesen oder einen externen Rechtsanwalt beauftragt (vgl FK-*Kind*, § 63 Rn 9). Diese Möglichkeit und der Vergütungsanspruch nach § 5 InsVV werden freilich nur in schwierigen Fällen oder bei gerichtlicher Vertretung gegeben sein (K/P-*Lüke*, § 63 Rn 13f). – Die Zusatzvergütung nach § 5 InsVV kann der InsVerw der Masse entnehmen, ohne dass er der Genehmigung oder der Festsetzung durch das InsGericht bedarf (MK-InsO/*Nowak*, § 63 Rn 45).

d) Übernimmt der InsVerw die **Nachtragsverteilung** verdient er damit 13 nach § 6 **Abs 1 InsVV** eine gesonderte Vergütung (ausf. N/R-*Delhaes*, § 63 Rn 26).

e) Für die **Überwachung eines InsPlan** gilt § 6 **Abs 2 InsVV**. 14

4. Vergütung des vorl InsVerw

Der vorl InsVerw enthält unabhängig von einer möglichen Vergütung 15 im Rahmen des eröffneten InsVerfahren eine angemessene Vergütung nach § 11 **InsVV**. Deren Höhe orientiert sich am Aufwand und der Dauer des vorl InsVerfahren und berechnet sich als Bruchteil der Vergütung des InsVerw. Die Vergütung des vorl InsVerw bemisst sich nach dem Wert des verwalteten Vermögens am Ende des vorl InsVerfahren (BGHZ 146, 165 ff; OLG Zweibrücken ZIP 2000, 1306, 1308; AG Hamburg NZI 2002, 210 f: abhanden gekommene Gegenstände; LG Bonn ZInsO 2000, 239; HK-*Eickmann*, § 63 Rn 18; N/R-*Delhaes*, § 63 Rn 34; **aA:** LG Karlsruhe ZInsO 2000, 230 mwN: Wert der Masse bei Verfahrensbeendigung). Aus- und Absonderungsrechte sind hierbei zu berücksichtigen, wenn der InsVerw mit diesen einen erhöhten Aufwand hatte (BGHZ 146, 165 ff; OLG Stuttgart ZInsO 2001, 897, 899; N/R-*Delhaes*, § 63 Rn 34; vgl OLG Zweibrücken ZIP 2000, 1306, 1309: Verwertungsprognose), dagegen nicht wenn sie von ihm verwertet wurden (OLG Zweibrücken NZI 2002, 434 f; NZI 2001, 387, 388). – Problematisch ist die Vergütung bei Abweisung des Eröffnungsantrags mangels Masse; dem InsVerw sind dann zumindest die Auslagen aus der Staatskasse zu ersetzen (vgl FK-*Kind*, § 63 Rn 19). – Sehr str ist die funktionelle Zuständigkeit, siehe § 64 unter II. 2. – Vgl insgesamt: *Keller* ZIP 2001, 1749 ff.

5. Vergütung des Treuhänders

16 Zur Vergütung des Treuhänders beim Restschuldbefreiungsverfahren siehe § 293; zur Vergütung des Treuhänders beim vereinfachten InsVerfahren s § 313 Rn 7.

6. Zahlung durch die Landeskasse, Abs 2

17 Im Fall der Stundung der Verfahrenskosten nach § 4a steht dem InsVerw ein sekundärer Erstattungsanspruch gegen die Staatskasse zu, soweit die Masse nicht zur Kostendeckung ausreicht. Staatskasse ist hierbei analog §§ 122 Abs 1 ZPO, 103, 121 BRAGO die Landeskasse des InsGericht, das den InsVerw bestellt hat (MK-InsO/*Nowak*, § 63 Rn 52). Diese Beträge können dann vom InsSchu nach § 50 Abs 1 S 2 2. HS iVm KV 9018 verlangt werden.

7. Vergütung des Sonderinsolvenzverwalters

18 Die Vergütung richtet sich mangels Normierung in der InsO bzw der InsVV wie unter Geltung der KO nach §§ 1915, 1835, 1836 BGB bzw der BRAGO (N/R-*Delhaes*, § 63 Rn 43; LG Frankfurt/Oder ZInsO 1999, 45 f; *Gottwald/Last*, InsHdb, § 126 Rn 21; FK-*Kind*, § 63 Rn 20). Nach **aA** richtet sich die Vergütung nach der InsO und der InsVV (MK-InsO/*Nowak*, § 63 Rn 46).

§ 64 Festsetzung durch das Gericht

(1) Das Insolvenzgericht setzt die Vergütung und die zu erstattenden Auslagen des Insolvenzverwalters durch Beschluß fest.

(2) ¹Der Beschluß ist öffentlich bekanntzumachen und dem Verwalter, dem Schuldner und, wenn ein Gläubigerausschuß bestellt ist, den Mitgliedern des Ausschusses besonders zuzustellen. ²Die festgesetzten Beträge sind nicht zu veröffentlichen; in der öffentlichen Bekanntmachung ist darauf hinzuweisen, daß der vollständige Beschluß in der Geschäftsstelle eingesehen werden kann.

(3) ¹Gegen den Beschluß steht dem Verwalter, dem Schuldner und jedem Insolvenzgläubiger die sofortige Beschwerde zu. ²§ 567 Abs. 2 der Zivilprozeßordnung gilt entsprechend.

1. Normzweck

§ 64 regelt in Ergänzung zu § 63 die Festsetzung der Verwaltervergütung, deren Bekanntmachung und das zulässige Rechtsmittel. § 46 gilt auch für den vorl InsVerw (§ 21 Abs 2 Nr 1); den Sachwalter (§ 274 Abs 1), den Treuhänder in der Wohlverhaltensperiode (§ 293 Abs 2) und den Treuhänder im vereinfachten InsVerfahren (§ 313 Abs 1 S 3) – daneben auch für die Vergütung der Mitglieder des Gl-Ausschuss (§ 73 Abs 2).

2. Festsetzung, Abs 1

a) Beschluss. Die nach § 63 iVm der InsVV bestimmte Vergütung wird nach Abs 1 vom InsGericht durch Beschluss festgesetzt. Voraussetzung ist, dass die Vergütung fällig ist, das InsVerw also beendet ist (MK-InsO/*Nowak*, § 64 Rn 3, § 63 Rn 7).

b) Zuständigkeit. Die **funktionelle Zuständigkeit** – auch für die Vergütungsfestsetzung des vorl InsVerw – liegt nach § 18 Abs 1 RPflG beim Rechtspfleger, falls der Richter keinen Vorbehalt ausgesprochen hat oder das Verfahren noch nicht eröffnet wurde (OLG Zweibrücken ZIP 2000, 1306, 1307; OLG Köln NZI 2000, 585, 586; LG Frankfurt/Main ZIP 1999, 1686; LG Baden-Baden ZIP 1999, 1138, 1139: Sequester; HK-*Eickmann*, § 64 Rn 2; K/P-*Lüke*, § 64 Rn 9; H/W/W-*Hess*, § 64 Rn 1; *Smid/Smid*, § 64 Rn 4; *Franke/Burger* NZI 2001, 403, 405f; vgl OLG Stuttgart ZInsO 2001, 897, 898; **aA:** LG Rostock ZInsO 2001, 96; AG Göttingen NZI 1999, 469; AG Köln ZIP 2000, 418; 419; *Uhlenbruck* NZI 1999, 289, 292: Richter; **aA:** AG Düsseldorf NZI 2000, 37: Rechtspfleger).

c) Inhalt und Verfahren. Die Festsetzung ist durch **§ 8 InsVV** weiter konkretisiert, sie erfolgt nach § 8 Abs 1 InsVV nur auf Antrag des InsVerw, gesondert nach Vergütung und Auslagen (Abs 1 S 2) und ggf als Pauschale

§ 64

(Abs 3). Durch das Antragserfordernis (K/P-*Lüke*, § 64 Rn 3) ist der InsVerw gezwungen, einen konkreten Betrag als Vergütung zu beantragen, dabei die Regelvergütung anzugeben, etwaige Zuschläge zu begründen oder in Sonderfällen die gesamte Berechnung zu begründen bzw Auslagen zu belegen (MK-InsO/*Nowak*, § 64 Rn 4; *Gottwald/Last*, InsHdb, § 126 Rn 41f). – Die InsGl und der InsSchu sind wegen Art 103 GG anzuhören, wobei sich die Form der Anhörung nach den Bedürfnissen des Einzelfalls richtet (MK-InsO/*Nowak*, § 64 Rn 5f; H/W/W-*Hess*, § 64 Rn 1; **aA:** N/R-*Delhaes*, § 64 Rn 5; HK-*Eickmann*, § 64 Rn 3; *Smid/Smid*, § 64 Rn 5). – Der Beschluss des InsGericht ist wegen der Anfechtbarkeit **zu begründen** (HK-*Eickmann*, § 64 Rn 5; MK-InsO/*Nowak*, § 64 Rn 8; *Smid/Smid*, § 64 Rn 3). – Das InsGericht ist hinsichtlich der Höhe nach § 4 iVm § 308 Abs 1 ZPO gebunden und darf danach keine höhere Vergütung festsetzen, als beantragt (MK-InsO/*Nowak*, § 64 Rn 7; **aA:** N/R-*Delhaes*, § 64 Rn 6).

5   **d) Wirkung.** Mit Rechtskraft der Festsetzung darf der InsVerw die festgesetzte Vergütung der Masse entnehmen (**aA:** N/R-*Delhaes*, § 64 Rn 1: ab Festsetzung), bei vorheriger Entnahme sind nach § 717 Abs 2 ZPO analog iVm § 291 BGB die Prozesszinsen zu erstatten (MK-InsO/*Nowak*, § 64 Rn 17). Mit Rechtskraft beginnt auch die 30jährige Verjährungsfrist nach §§ 197 Abs 1 Nr 3, 201 BGB.

6   **e) Schadensersatzansprüche gegen den InsVerw** bleiben bei der Festsetzung außer Betracht, diese sind vielmehr im Klageverfahren gegen den InsVerw geltend zu machen (vgl BGH ZIP 1995, 290 ff: Vollstreckungsgegenklage nach § 767 ZPO).

3. Bekanntgabe, Abs 2

7   Der Festsetzungsbeschluss ist **öffentlich bekannt zu machen**, wobei nach **S 2** die festgesetzten Beträge wegen des nötigen Datenschutzes nicht veröffentlicht werden, jedoch im Hinblick auf Art 19 Abs 4 GG auf die Möglichkeit der Einsichtnahme auf der Geschäftsstelle hingewiesen werden soll. Zusätzlich ist der Beschluss dem InsVerw, dem InsSchu und bei Bestehen eines Gl-Ausschuss, dessen Mitgliedern **zuzustellen**. Die Zustellung erfolgt nach § 8; mit ihr beginnt der Lauf der Anfechtungsfrist. – Zu verfassungsrechtlichen Bedenken vgl: BVerfG ZIP 1988, 379 ff, MK-InsO/*Nowak*, § 64 Rn 10 und K/P-*Lüke*, § 64 Rn 8.

4. Rechtsmittel, Abs 3

8   **a) Beschwerde. aa)** Gegen den Beschluss ist die **sofortige Beschwerde statthaft**; im Falle der Entscheidung durch den Rechtspfleger iVm § 11 Abs 1 RPflG.

bb) Beschwerdebefugnis. Zur Anfechtung befugt sind der InsVerw, 9
der InsSchu und der einzelne InsGl, dagegen nicht Gl-Ausschuss und
-versammlung als solche. Der einzelne Massegläubiger ist dann beschwerdebefugt, wenn ein massearmes Verfahren vorliegt und der Massegläubiger durch die festgesetzte Vergütung in seinem Anspruch beeinträchtigt
ist (HK-*Eickmann*, § 64 Rn 10; MK-InsO/*Nowak*, § 64 Rn 13; N/R-*Delhaes*, § 64 Rn 10).

cc) Beschwer. An einer Beschwer des InsGl fehlt es bei Massearmut 10
des Verfahrens, wenn diese nicht gerade durch die Vergütung herbeigeführt wurde (LG Frankfurt/Main ZIP 1991, 1442), und dann, wenn
der InsGl vollständige Befriedigung erhält (OLG Brandenburg ZInsO
2001, 257f; FK-*Kind*, § 64 Rn 15; HK-*Eickmann*, § 64 Rn 11; MK-InsO/*Nowak*, § 64 Rn 14; K/P-*Lüke*, § 64 Rn 16). – Nach der Verweisung
in S 2 gilt § 567 Abs 2 ZPO, so dass der **Beschwerdewert** von 50 € erreicht werden muss (vgl H/W/W-*Hess*, § 64 Rn 3; *Smid/Smid*, § 64
Rn 7). Der Betrag der Beschwer errechnet sich bei InsGl anhand der ihnen zugewiesenen Quote, im Vergleich zur Quote bei reduzierter Vergütung (MK-InsO/*Nowak*, § 64 Rn 14).

dd) Sonderfall. Eine Beschwerde gegen die Genehmigung des Ins- 11
Gericht hinsichtlich der Entnahme eines **Vorschusses** ist unstatthaft, zulässig ist nur ggf die Erinnerung nach § 11 Abs 2 RPflG (BGH NJW 2003,
210f; OLG Köln NZI 2002, 153ff; LG Göttingen ZInsO 2001, 846f,
hierzu *Foltis* ZInsO 2001, 842f; LG Münster ZInsO 2001, 903; MK-InsO/*Nowak* § 9 InsVV Rn 14; FK-*Kind*, § 64 Rn 16; **aA**: OLG Zweibrücken NZI 2002, 43; LG Stuttgart NZI 2000, 547, 548; LG Rostock NZI
2001, 158, 159; N/R-*Delhaes*, § 64 Rn 14; K/P-*Eickmann*, InsVV, § 9
Rn 19f; *Smid/Smid* § 9 InsVV; *Gottwald/Last*, InsHdb., § 126 Rn 50).

b) Die **weitere Beschwerde** ist nach **§ 7 statthaft**; Abs 2 verweist nur 12
auf § 567 Abs 2 und nicht auf § 568 Abs 3, der einen Ausschluss der weiteren Beschwerde für Prozesskosten enthält, zu denen die Verwaltervergütung jedoch nicht zählt (OLG Zweibrücken ZIP 2000, 1306f; OLG
Köln ZIP 2000, 1993, 1995; OLG Celle ZIP 2000, 706, 708; OLG Stuttgart ZIP 2000, 587, 588; HK-*Eickmann*, § 64 Rn 14; H/W/W-*Hess*, § 64
Rn 4; K/P-*Lüke*, § 64 Rn 17).

§ 65 Verordnungsermächtigung

Das Bundesministerium der Justiz wird ermächtigt, die Vergütung und die Erstattung der Auslagen des Insolvenzverwalters durch Rechtsverordnung näher zu regeln.

Entsprechend § 65 wurde die Insolvenzvergütungsverordnung (InsVV) vom 19. 8. 1998 (BGBl S 2205) erlassen.

§ 66 Rechnungslegung

(1) Der Insolvenzverwalter hat bei der Beendigung seines Amtes einer Gläubigerversammlung Rechnung zu legen.

(2) ¹**Vor der Gläubigerversammlung prüft das Insolvenzgericht die Schlußrechnung des Verwalters.** ²**Es legt die Schlußrechnung mit den Belegen, mit einem Vermerk über die Prüfung und, wenn ein Gläubigerausschuß bestellt ist, mit dessen Bemerkungen zur Einsicht der Beteiligten aus; es kann dem Gläubigerausschuß für dessen Stellungnahme eine Frist setzen.** ³**Der Zeitraum zwischen der Auslegung der Unterlagen und dem Termin der Gläubigerversammlung soll mindestens eine Woche betragen.**

(3) ¹**Die Gläubigerversammlung kann dem Verwalter aufgeben, zu bestimmten Zeitpunkten während des Verfahrens Zwischenrechnung zu legen.** ²**Die Absätze 1 und 2 gelten entsprechend.**

1. Normzweck

1   Die insolvenzrechtliche Rechnungslegungspflicht bei Beendigung des Amtes des InsVerw dient dazu, die InsGl und das InsGericht umfassend zu informieren, sowie die Geschäftsführung des InsVerw transparent zu machen. Sie ist von der kaufmännischen Rechnungslegungspflicht nach dem HGB zu unterscheiden (HK-*Eickmann*, § 66 Rn 2; *Smid/Smid*, § 66 Rn 3) und ergänzt die Aufstellungen nach §§ 151, 152, 153 und 156 (vgl N/R-*Delhaes*, § 66 Rn 2). Die Beteiligten benötigen die Informationen als Entscheidungsgrundlage zB für die Einstellung mangels Masse (§ 207) durch das InsGericht oder für Zustimmungen der InsGl zur Geschäftsführung, zB nach §§ 157, 160, 162 (N/R-*Delhaes*, § 66 Rn 4). – Der **Gläubigerautonomie** entspricht die Möglichkeit nach **Abs 3** eine zusätzliche, vorherige Rechnungslegung verlangen zu können. – § 66 ist ebenfalls anwendbar auf den vorl InsVerw (§ 21 Abs 2 Nr 1; ausf. *Uhlenbruck* NZI 1999, 289 ff) und den Treuhänder im vereinfachten InsVerfahren (§ 313 Abs 1 S 3); für den Treuhänder in der Wohlverhaltensperiode besteht nach § 292 Abs 3 S 1 eine Rechnungslegungspflicht. – Die Schlussrechnung hat anders als bei § 86 S 4 KO **keine Präklusionswirkung** mehr.

2. Schlussrechnung, Abs 1

2   **a) Rechnungslegungspflicht. aa)** Die Verpflichtung zur Rechnungslegung besteht nach Abs 1 bei jeder **Beendigung des Amtes**. Die **Schlussrechnung** muss daher auch bei Einstellung wegen Masseunzulänglichkeit erstellt werden (N/R-*Delhaes*, § 66 Rn 7, 14; K/P-*Onus-*

Rechnungslegung § 66

seit, § 66 Rn 5; K/P-*Pape*, § 207 Rn 20; MK-InsO/*Gößmann*, § 66 Rn 36; MK-InsO/*Hefermehl*, § 207 Rn 44; *Bähner* KTS 1991, 347, 359; **aA:** LG Düsseldorf BB 1977, 1673). Ausf MK-InsO/*Nowak*, § 66 Rn 35 für den Fall des Todes des InsVerw. Bei Einstellung ohne vorheriger Rechnungslegung obliegt die Pflicht dem Gemeinschuldner (N/R-*Delhaes*, § 66 Rn 14 mwN).

bb) Ein **Verzicht auf die Rechnungslegungspflicht** ist für den Fall 3 der Einstellung wegen Masseunzulänglichkeit auch im Voraus möglich (N/R-*Westphal*, § 207 Rn 28 insbes Fn 1; H/W/W-*Hess*, § 207 Rn 31; *Braun/Kießner*, § 207 Rn 16; zur KO: LG Göttingen ZIP 1997, 1039 f mit zust Anm *Tappmeier*, EWiR 1997, 803; *Kuhn/Uhlenbruck*, § 204 KO Rn 6; Uhlenbruck/*Delhaes*, Rn 1023, 1023a; **aA:** K/P-*Pape*, § 207 Rn 21; MK-InsO/*Hefermehl*, § 207 Rn 42; *Haarmeyer/Wutzke/Förster*, Handb, Rn 8.118). Der Verzicht ist sinnvoll, da insbes das Schlussverzeichnis seine Funktion als Verteilungsverzeichnis wegen der Zahlungsunfähigkeit verloren hat und als Titel nach §§ 201 Abs 1, 215 Abs 2 S 2 der Tabellenauszug (Zustand der Tabelle vor dem Prüftermin) genügt. Es sollte daher in der Ladung zum Berichtstermin im Eröffnungsbeschluss ein entsprechender Tagesordnungspunkt enthalten sein, damit die Gl-Versammlung wirksam den Verzicht beschließen kann (so auch *Braun/Kießner*, § 207 Rn 16).

b) Inhalt (ausf. *Hess/Weis* NZI 1999, 260 ff). Die Schlussrechnung 4 besteht aus dem **Tätigkeitsbericht** (beschreibender Teil) und der **Einnahmen/Überschussrechnung** (rechnerischer Teil), wobei ggf auch eine **Schlussbilanz** (HK-*Eickmann*, § 66 Rn 6; MK-InsO/*Nowak*, § 66 Rn 11) oder ein **Schlussverzeichnis** beizufügen sein kann (H/W/W-*Hess*, § 66 Rn 15; **aA:** K/P-*Onusseit*, § 66 Rn 13; MK-InsO/*Nowak*, § 66 Rn 13: Schlussverzeichnis erforderlich).

aa) Tätigkeitsbericht. Dieser hat die **Geschäftsführung umfas-** 5 **send darzustellen,** an das Inventar (§ 151) anzuschließen und dabei insbes auf die Verwertung einzugehen (OLG Brandenburg ZIP 2000, 43, 44 f; HK-*Eickmann*, § 66 Rn 8; N/R-*Delhaes*, § 66 Rn 4; H/W/W-*Hess*, § 66 Rn 11). Daneben hat der InsVerw sorgfältig darzulegen, wie er Gegenstände, zB durch Anfechtung, zur Masse gezogen hat. Die Rechnungslegung ist jedoch durch den Aspekt der Zumutbarkeit begrenzt, so dass bei der Gefahr, dass InsGl Informationen missbrauchen, der InsVerw nur dem InsGericht gegenüber uneingeschränkt zur Offenlegung verpflichtet ist (MK-InsO/*Nowak*, § 66 Rn 7; vgl allg BGHZ 10, 385, 387; BGH NJW 1966, 1117, 1119).

bb) Einnahmen/Überschussrechnung. In dieser sind die Einnah- 6 men und Ausgaben chronologisch und in Anlehnung an einen Kontenplan darzustellen (*Smid/Smid*, § 66 Rn 12). Eine doppelte Buchführung ist nur im Rahmen des § 155 Abs 1 erforderlich; falls eine solche geführt wird, kann diese anstatt der einfachen Einnahmen/Überschussrechnung eingereicht werden (N/R-*Delhaes*, § 66 Rn 8). – Die entsprechenden Belege und Kontoauszüge sind beizufügen (HK-*Eickmann*, § 66 Rn 9; FK-*Kind*, § 66 Rn 12).

7 **cc) Schlussverzeichnis.** Im Schlussverzeichnis sind sowohl diejenigen Forderungen aufzunehmen, die bei der Verteilung Berücksichtigung finden, als auch die, die streitig bleiben (N/R-*Delhaes*, § 66 Rn 12; *Smid/Smid*, § 66 Rn 14; **aA:** H/W/W-*Hess*, § 66 Rn 27).

3. Prüfung, Abs 2

8 **a) Umfang. aa) Durch das InsGericht.** Das InsGericht hat den Schlussbericht vor der Gl-Versammlung zu prüfen. Hierfür ist der Rechtspfleger funktionell zuständig (*Smid/Smid*, § 66 Rn 16; N/R-*Delhaes*, § 66 Rn 16; K/P-*Onusseit*, § 66 Rn 18). – Das InsGericht prüft in materieller Hinsicht die **Recht- aber nicht die Zweckmäßigkeit** des Verwalterhandelns. Aus dem Bericht muss sich nachvollziehbar ergeben, wie das Vermögen verwaltet und verwertet wurde (*Smid/Smid*, § 66 Rn 17; K/P-*Onusseit*, § 66 Rn 22). In formeller Hinsicht prüft es die Vollständigkeit des Berichts und insbes dessen rechnerische Richtigkeit (*Smid/Smid*, § 66 Rn 17; K/P-*Onusseit*, § 66 Rn 21). – Hinsichtlich der Prüfung durch einen Sachverständigen ist zu beachten, dass das InsGericht diesem nur die rechnerische Prüfung, aber nicht die rechtliche Prüfung übertragen kann (HK-*Eickmann*, § 66 Rn 11; **aA:** MK-InsO/*Nowak*, § 66 Rn 20: volle Überprüfung durch den Sachverständigen mit anschließender freien Beweiswürdigung durch das InsGericht). Der Sachverständige kann vom InsVerw wegen Besorgnis der Befangenheit abgelehnt werden, so wenn zB ein im gleichen Gerichtsbezirk tätiger InsVerw mit der Begutachtung beauftragt wird (OLG Köln ZIP 1990, 58, 59 f; H/W/W-*Hess*, § 66 Rn 35; FK-*Kind*, § 66 Rn 19). Zum Umfang der Prüfung durch den Sachverständigen: H/W/W-*Hess*, § 66 Rn 36–59. – Das InsGericht hat nach erfolgter Prüfung einen **Prüfvermerk** zu verfassen, in dem das Ergebnis sowie die Art und der Umfang der Prüfung vermerkt wird und der zusammen mit der Schlussrechnung auszulegen ist (*Smid/Smid*, § 66 Rn 19; K/P-*Onusseit*, § 66 Rn 24).

9 **bb) Durch den Gl-Ausschuss.** Eine Prüfung findet nach § 69 durch den Gl-Ausschuss statt, der anders als das InsGericht auch die Zweckmäßigkeit des Verwalterhandelns beurteilt (HK-*Eickmann*, § 66 Rn 12; MK-InsO/*Nowak*, § 66 Rn 30). Das InsGericht hat die Schlussrechnung diesem nach erfolgter Prüfung zuzuleiten, und es kann, wenn es dies für zweckmäßig hält, diesem auch eine Frist zur Stellungnahme setzen; bei Fristversäumnis ist der Schlussbericht ohne die Stellungnahme auszulegen

(MK-InsO/*Nowak*, § 66 Rn 26). Die Stellungnahme hat schriftlich zu erfolgen (K/P-*Onusseit*, § 66 Rn 26). – Eine mangelhafte oder fehlende Prüfung durch den Gl-Ausschuss kann eine Schadensersatzpflicht nach § 71 auslösen (MK-InsO/*Nowak*, § 66 Rn 31).

b) Auslegung, S 2. Nach der Prüfung hat das InsGericht den geprüften Bericht mindestens eine Woche vor der Gl-Versammlung (Schlusstermin, § 197 Abs 1 S 1) auszulegen. Die Auslegung umfasst nach S 2 auch den Prüfvermerk des InsGericht, die Belege und ggf auch die Stellungnahme des Gl-Ausschuss, sowie den Prüfvermerk eines vom InsGericht eingesetzten Sachverständigen. 10

c) Einwendungen. Diese können nur gegen das Schlussverzeichnis nach **§ 197 Abs 1 S 2 Nr 2** erhoben werden (K/P-*Onusseit*, § 66 Rn 31). Eine Präklusion findet nicht statt (N/R-*Delhaes*, § 66 Rn 24; vgl *Smid/Smid*, § 66 Rn 22), so dass etwaige Schadensersatzansprüche unberührt bleiben (MK-InsO/*Nowak*, § 66 Rn 34). 11

4. Zwischenbericht, -rechnung

Der InsVerw kann nach Abs 3 S 1 von der Gl-Versammlung aufgefordert werden, eine Zwischenrechnung zu legen. Diese ist vom Zwischenbericht, der vom InsGericht angefordert werden kann, zu unterscheiden. Das Recht der Gl-Versammlung ist dahingehend beschränkt, dass die Zwischenrechnung unzumutbar sein kann (*Smid/Smid*, § 66 Rn 24). 12

§ 67 Einsetzung des Gläubigerausschusses

(1) Vor der ersten Gläubigerversammlung kann das Insolvenzgericht einen Gläubigerausschuß einsetzen.
(2) ¹Im Gläubigerausschuß sollen die absonderungsberechtigten Gläubiger, die Insolvenzgläubiger mit den höchsten Forderungen und die Kleingläubiger vertreten sein. ²Dem Ausschuß soll ein Vertreter der Arbeitnehmer angehören, wenn diese als Insolvenzgläubiger mit nicht unerheblichen Forderungen beteiligt sind.
(3) Zu Mitgliedern des Gläubigerausschusses können auch Personen bestellt werden, die keine Gläubiger sind.

§ 68 Wahl anderer Mitglieder

(1) ¹Die Gläubigerversammlung beschließt, ob ein Gläubigerausschuß eingesetzt werden soll. ²Hat das Insolvenzgericht bereits einen Gläubigerausschuß eingesetzt, so beschließt sie, ob dieser beibehalten werden soll.

§§ 67, 68 2. Teil. Eröffnung des Insolvenzverfahrens

(2) Sie kann vom Insolvenzgericht bestellte Mitglieder abwählen und andere oder zusätzliche Mitglieder des Gläubigerausschusses wählen.

1. Normzweck

1 Ein Gl-Ausschuss kann nach § 67 vom InsGericht bis zur ersten Gl-Versammlung eingesetzt werden, danach nur noch von der Gl-Versammlung nach § 68. Der Gl-Ausschuss dient der Gläubigerautonomie, indem ihm verschiedene Mitbestimmungsrechte eingeräumt sind und er als ständige Vertretung besteht.

2. Einsetzung durch das InsGericht, § 67 – „vorl Gl-Ausschuss"

2 **a) Voraussetzungen. aa) Zeitlich.** § 67 gilt bis zur ersten Gl-Versammlung; ein Gl-Ausschuss kann aber auch schon im Eröffnungsverfahren gem § 21 Abs 1 iVm §§ 67, 68 analog eingesetzt werden und ist insbes bei einer möglichen Betriebsfortführung wegen der Prüfung der Fortführungs- und Sanierungschancen sinnvoll (LG Duisburg NZI 2004, 95; AG Köln ZIP 2000, 1350f mit Anm *Undritz* EWiR 2000, 1115f; MK-InsO/ *Größmann*, § 67 Rn 2; K/P-*Kübler*, § 67 Rn 11; N/R-*Delhaes*, § 67 Rn 4; HK-*Eickmann*, § 67 Rn 1; *Smid/Smid*, § 67 Rn 2; **aA:** H/W/W-*Hess*, § 67 Rn 13; FK-*Kind*, § 67 Rn 17; *Uhlenbruck* ZInsO 2002, 1373, 1374f; *Pape* ZInsO 1999, 675, 676).

3 **bb) Sachlich.** Die Einsetzung steht im **Ermessen des InsGericht**, wobei dieses die Betonung der Gläubigerautonomie durch die InsO und den Umfang und die Schwierigkeiten des Verfahrens zu beachten hat (HK-*Eickmann*, § 67 Rn 2; K/P-*Kübler*, § 67 Rn 9f). Das Ermessen bezieht sich auf das „Ob" der Einsetzung, die Größe des Gl-Ausschusses und die Auswahl der Mitglieder.

4 **b) Verfahren. aa) Form.** Die Einsetzung erfolgt durch Beschluss.

5 **bb) Zuständigkeit.** Die funktionelle Zuständigkeit liegt im eröffneten Verfahren beim Rechtspfleger, falls kein Richtervorbehalt erklärt wurde, davor (einschließlich Eröffnungsbeschluss) beim Richter (K/P-*Kübler*, § 67 Rn 13; MK-InsO/*Größmann*, § 67 Rn 3).

6 **c) Entscheidung des InsGericht. aa) Besetzung.** Die Besetzung richtet sich nach **Abs 2**, der freilich nur eine Richtung angibt, von der abgewichen werden kann (vgl MK-InsO/*Größmann*, § 67 Rn 10; FK-*Kind*, § 67 Rn 6). Nach Abs 2 sind mindestens drei Mitglieder zu bestellen (HK-*Eickmann*, § 67 Rn 9; **aA:** *Smid/Smid*, § 67 Rn 4; MK-InsO/*Größmann*, § 67 Rn 11; LG Neuruppin ZIP 1997, 2130 zur GesO: mindestens zwei), ggf zusätzlich ein Vertreter der Arbeitnehmer, falls deren Forderun-

Einsetzung des Gläubigerausschusses §§ 67, 68

gen erheblich sind, dh über 10% liegen (HK-*Eickmann*, § 67 Rn 9; K/P-*Kübler*, § 67 Rn 18). Vertreten sollen sein: die absonderungsberechtigten InsGl, die InsGl mit hohen Forderungen und die Kleingläubiger. Die Besetzung hat sich iÜ an den Gläubigerinteressen zu orientieren.

bb) Persönliche Voraussetzungen. Als Mitglieder können sowohl 7 natürliche als auch juristische Personen bestellt werden (LG Dusiburg, NZI 2004, 95; HK-*Eickmann*, § 67 Rn 4; MK-InsO/*Gößmann*, § 67 Rn 17); ausgeschlossen sind aber der InsVerw, der InsSchu, sowie Mitglieder dessen Organe, zB Aufsichtsratsmitglieder (HK-*Eickmann*, § 67 Rn 4; K/P-*Kübler*, § 67 Rn 24; MK-InsO/*Gößmann*, § 67 Rn 22; **aA:** AG Hamburg ZIP 1987, 386f mit zust Anm *Hegmanns* EWiR 1987, 275f; H/W/W-*Hess*, § 67 Rn 28). Auch juristische Personen des öffentlichen Rechts können Mitglied sein (zB gesetzliche Krankenversicherungen, Agentur für Arbeit etc). Behörden können mangels Rechtsfähigkeit nicht als Mitglieder bestellt werden (MK-InsO/*Gößmann* § 67 Rn 20; *Smid/Smid*, § 67 Rn 6). Nach **Abs 3** können auch Nichtgläubiger als Mitglieder bestimmt werden. – **Str** ist, ob eine Stellvertretung möglich ist (so: MK-InsO/*Gößmann*, § 67 Rn 26; **aA:** N/R-*Delhaes*, § 68 Rn 8).

cc) Annahme. Sie ist gegenüber dem InsGericht zu erklären (MK- 8 InsO/*Gößmann*, § 67 Rn 27), der Gewählte ist aber nicht verpflichtet, das Amt anzunehmen (K/P-*Kübler*, § 67 Rn 28).

d) Rechtsmittel. Die Entscheidung des Richters ist unanfechtbar, die 9 des Rechtspflegers unterliegt der Erinnerung nach § 11 Abs 2 RPflG (FK-*Kind*, § 67 Rn 20). Gegen die Nichteinsetzung besteht kein Rechtsmittel (HK-*Eickmann*, § 67 Rn 3).

3. Einsetzung durch die Gl-Versammlung, § 68

a) Zwang zur Entscheidung. Die Gl-Versammlung hat zwingend, 10 wenn auch nicht in der ersten Versammlung, über einen Gl-Ausschuss zu entscheiden; ein Ermessen besteht lediglich hinsichtlich des Inhalts (Bestätigung, Ab-/Neuwahl, Umgestaltung) (MK-InsO/*Gößmann*, § 68 Rn 5f). Wird keine Entscheidung getroffen, so bleibt ein ggf bestehender Gl-Ausschuss im Amt (K/P-*Kübler*, § 67 Rn 29; *Pape* ZInsO 1999, 675, 677).

b) Inhalt. aa) Neueinsetzung, Abs 1 S 1. Falls das InsGericht von 11 einer Einsetzung abgesehen hat, kann ein Gl-Ausschuss durch die Gl-Versammlung eingesetzt werden. Die Mitglieder sind mit jeweils absoluter Mehrheit zu wählen (*Smid/Smid*, § 68 Rn 2).

bb) Bestätigung/Absetzung, Abs 1 S 2. Die Gl-Versammlung 12 kann einen vom InsGericht bestellten Gl-Ausschuss bestätigen oder auch abwählen, falls es zB die dabei entstehenden Kosten scheut. Im Fall der Abwahl endet das Amt der bisherigen Mitglieder mit der Rechtskraft des Beschlusses (HK-*Eickmann*, § 68 Rn 3). Eine Absetzung des selbst gewählten Gl-Ausschuss ist nicht mehr möglich, es bleibt nur die Entlassung einzelner Mitglieder nach § 70 (MK-InsO/*Gößmann*, § 68 Rn 11; *Pape* ZInsO 1999, 675, 677; vgl N/R-*Delhaes*, § 68 Rn 3).

13   cc) **Umgestaltung, Abs 2.** Die Gl-Versammlung kann ebenfalls die Zusammensetzung des Gl-Ausschuss ändern und einzelne Mitglieder abwählen bzw den Ausschuss erweitern. Das Recht zur Abwahl gilt aber nur für vom InsGericht eingesetzte Mitglieder; für von der Gl-Versammlung eingesetzte gilt § 70 (HK-*Eickmann*, § 68 Rn 5).

14   c) **Grenze.** Die Grenze dieser Bestimmungsrechte liegt nach § 78 darin, dass ein InsGl durch die Handlung der Gl-Versammlung nicht unangemessen benachteiligt werden darf (*Smid/Smid*, § 67 Rn 5; K/P-*Kübler*, § 68 Rn 6; FK-*Kind*, § 68 Rn 8; *Gottwald/Klopp/Kluth*, InsHdb, § 21 Rn 8; **aA:** MK-InsO/*Gößmann*, § 68 Rn 9: § 78 spreche von Beschlüssen, nicht von Wahlentscheidungen). Die Repräsentationsregel des § 67 Abs 2 hat die Gl-Versammlung dagegen nicht zu beachten (K/P-*Kübler*, § 68 Rn 10; H/W/W-*Hess*, § 68 Rn 6; MK-InsO/*Gößmann*, § 68 Rn 7; **aA:** HK-*Eickmann*, § 68 Rn 4), die Nichtbeachtung kann aber uU eine unangemessene Benachteiligung darstellen.

15   d) **Rechtsmittel.** Der Beschluss der Gl-Versammlung ist nicht anfechtbar und nur nach § 78 aufhebbar (vgl soeben).

16   e) **Gläubigerbeirat.** Aus der Normierung des Gl-Ausschusses in der InsO und seiner Haftung (§ 71) ergibt sich, dass daneben oder anstatt dessen kein Gläubigerbeirat zulässig ist; die §§ 68 ff dürfen nicht umgangen werden (K/P-*Kübler*, § 68 Rn 8; MK-InsO/*Gößmann*, § 68 Rn 18; *Pape* ZInsO 1999, 675, 676; **aA:** FK-*Kind*, § 67 Rn 18).

§ 69 Aufgaben des Gläubigerausschusses

¹**Die Mitglieder des Gläubigerausschusses haben den Insolvenzverwalter bei seiner Geschäftsführung zu unterstützen und zu überwachen.** ²**Sie haben sich über den Gang der Geschäfte zu unterrichten sowie die Bücher und Geschäftspapiere einsehen und den Geldverkehr und -bestand prüfen zu lassen.**

1. Normzweck

1   Der Gl-Ausschuss ist ein eigenständiges Organ im InsVerfahren und daher grundsätzlich unabhängig. Er hat bei seiner Tätigkeit nicht nur die Interessen der InsGl zu berücksichtigen, sondern auch die des InsSchu, auch wenn seine Besetzung nach § 68 idR von der Gl-Versammlung bestimmt wird; eine Weisungsbefugnis der Gl-Versammlung besteht nicht (vgl MK-InsO/*Gößmann*, § 69 Rn 2; K/P-*Kübler*, § 69 Rn 4). – Ausf *Pape* ZInsO 1999, 675 ff.

2. Aufgaben

a) Allgemeines. aa) Verpflichteter/Berechtigter. Die in § 69 angesprochenen Aufgaben sind als **Pflichten** ausgestaltet („haben" – MK-InsO/*Gößmann*, § 69 Rn 3), die jedem Mitglied grundsätzlich **individuell** auferlegt sind und nicht nur den Gl-Ausschuss als Kollektivorgan betreffen (MK-InsO/*Gößmann*, § 69 Rn 4; *Smid*/*Smid*, § 69 Rn 4). Dabei ist zunächst nur der Gl-Ausschuss als Kollektiv berechtigt, insbes aufgrund der persönlichen Haftung nach § 71 sind die Mitglieder aber subsidiär berechtigt, so dass diese bei Untätigkeit des Organs tätig werden können und uU müssen (MK-InsO/*Gößmann*, § 69 Rn 6). Einige Aufgaben sind jedoch nur vom Gl-Ausschuss als Kollektiv auszuüben, zB die Einberufung der Gl-Versammlung (N/R-*Delhaes*, § 69 Rn 5).

bb) Status. Die Mitglieder des Gl-Ausschusses üben wie der InsVerw ein privates Amt aus (K/P-*Kübler*, § 69 Rn 11), wobei eine Stellvertretung in Sitzungen und bei Abstimmungen nicht zulässig ist (N/R-*Delhaes*, § 69 Rn 7; H/W/W-*Hess*, § 69 Rn 4). Über das Wissen, dass das Mitglied bei seiner Tätigkeit erlangt, hat es **Stillschweigen** zu bewahren (MK-InsO/*Gößmann*, § 69 Rn 7; K/P-*Kübler*, § 69 Rn 20).

cc) Innere Ordnung. Hinsichtlich der internen Struktur und Aufgabenverteilung enthält die InsO keine Regelungen; es gilt das **Prinzip der Selbstorganschaft**, so dass sich der Gl-Ausschuss eine eigene Ordnung geben kann (MK-InsO/*Gößmann*, § 69 Rn 8; FK-*Kind*, § 69 Rn 6; *Uhlenbruck* ZInsO 2002, 1373, 1375 f).

b) Unterstützung und Überwachung des InsVerw, S 1. Diese beiden Aufgaben stellen die beiden wichtigsten Aufgaben dar. Sie sind im Zusammenhang mit der umfassenden Verwaltungsbefugnis des InsVerw zu sehen, welche einerseits die Unterstützung des InsVerw durch die InsGl erforderlich macht, die andererseits aber auch kontrolliert werden muss. Der Gl-Ausschuss soll daher die bedeutenden Fragen der Abwicklung zusammen mit dem InsVerw treffen (*Frege* NZG 1999, 478, 483; MK-InsO/*Gößmann*, § 69 Rn 13). – Aufzählung einzelner Pflichten bei H/W/W-*Hess*, § 69 Rn 7.

c) Geldverkehr und -bestand, S 2. Ausdrücklich geregelt ist in **S 2** die Prüfung des Geldverkehrs und -bestandes, die durch den Gl-Ausschuss oder (wahlfrei) durch von diesem Beauftragte zu erfolgen hat; die Kosten einer externen Prüfung sind Massekosten nach § 55 Abs 1 Nr 1 (*Smid*/

Smid, § 69 Rn 6). Ein Turnus für diese Prüfung ist nicht vorgeschrieben (MK-InsO/*Gößmann*, § 69 Rn 18; HK-*Eickmann*, § 69 Rn 2; **aA:** *Smid/ Smid*, § 69 Rn 6: vier Monate). Besteht kein Gl-Ausschuss, so erfolgt die Prüfung durch die Gl-Versammlung, § 79 S 2 (*Smid/Smid*, § 69 Rn 6). Das Prüfungsrecht umfasst dabei nicht nur die **Einsichtnahme in die Geschäftsunterlagen** des InsVerw, sondern auch in die des InsSchu, die der InsVerw verwaltet (K/P-*Kübler*, § 69 Rn 25). Es kann auch die Einsichtnahme in Gutachten verlangt werden, sofern diese auf das InsVerfahren bezogen sind und nicht den InsVerw in seiner persönlichen Stellung betreffen (K/P-*Kübler*, § 69 Rn 25). – Ein Ausschluss des Rechts zur Einsichtnahme besteht, wenn die **Geheimhaltung** zur ordnungsgemäßen Geschäftsführung des InsVerw erforderlich ist (K/P-*Kübler*, § 69 Rn 25) bzw die Gefahr des Missbrauchs besteht (N/R-*Delhaes*, § 69 Rn 25 f). – Kosten die bei einer Fremdprüfung anfallen, sind Masseschulden nach § 55 Abs 1 Nr 1 (N/R-*Delhaes*, § 69 Rn 23).

3. Handeln bzw Stellung

7   **a) Gegenüber Dritten.** Im Verfahren ist der Gl-Ausschuss ständig zu beteiligen, wohingegen die Gl-Versammlung nur bei bedeutenden Entscheidungen zu beteiligen ist. Der Gl-Ausschuss kann nicht nach außen handeln, so dass es dabei verbleibt, dass nur der InsVerw rechtswirksam handeln kann und dabei eine Handlung auch dann wirksam ist, wenn sie einer Entscheidung des Gl-Ausschuss widerspricht (MK-InsO/*Gößmann*, § 69 Rn 9; K/P-*Kübler*, § 69 Rn 6; *Gottwald/Klopp/Kluth*, InsHdb, § 21 Rn 1).

8   **b) Gegenüber der Gl-Versammlung. aa)** Die Gl-Versammlung ist gegenüber dem Gl-Ausschuss nicht weisungsbefugt, sie ist lediglich für dessen Konstituierung zuständig; der Gl-Ausschuss ist **kein Exekutivorgan** der Gl-Versammlung (MK-InsO/*Gößmann*, § 69 Rn 10). Die Gl-Versammlung ist so auch nicht befugt, Beschlüsse des Gl-Ausschusses aufzuheben, abzuändern oder zu ersetzen (K/P-*Kübler*, § 69 Rn 7).

9   **bb)** Eine Ausübung der Rechte des Gl-Ausschuss durch die Gl-Versammlung ist nur in den gesetzlich geregelten Fällen möglich (zB § 59 Abs 1, 160 Abs 1 S 2, 233 – MK-InsO/*Gößmann*, § 69 Rn 10).

10   **cc)** Eine **Übertragung der Rechte der Gl-Versammlung** auf den Gl-Ausschuss ist möglich (N/R-*Balthasar*, § 157 Rn 18; K/P-*Onusseit*, § 157 Rn 22; *Pape* ZInsO 1999, 305, 313) und dann sinnvoll, wenn zu erwarten ist, dass die InsGl an künftigen Gl-Versammlungen nicht mehr teilnehmen.

11   **c) Gegenüber dem InsVerw.** Die Aufgabe, die der Gl-Ausschuss gegenüber dem InsVerw wahrzunehmen hat, ist die Kontrollbefugnis, die

Entlassung **§ 70**

anders als bei der Aufsicht des InsGericht auch die Zweckmäßigkeit umfasst (K/P-*Kübler*, § 69 Rn 2). Ein Weisungsrecht gegenüber dem InsVerw besteht indes nicht (N/R-*Delhaes*, § 69 Rn 11; *Smid/Smid*, § 69 Rn 4; K/P-*Kübler*, § 69 Rn 21), so dass die Einflussnahme begrenzt ist (vgl MK-InsO/*Gößmann*, § 69 Rn 11).

d) Gegenüber dem InsGericht. Eine Aufsicht durch das InsGericht 12 findet nicht statt (MK-InsO/*Gößmann*, § 69 Rn 12; K/P-*Kübler*, § 69 Rn 9 mwN zur KO); die Aufhebungsbefugnis des § 78 besteht nicht (K/P-*Kübler*, § 69 Rn 9; MK-InsO/*Gößmann*, § 69 Rn 12; *Pape* ZInsO 1999, 305, 306). Die Möglichkeit des § 70 darf ebenfalls nicht zur Durchsetzung einer „Aufsicht" missbraucht werden (vgl MK-InsO/*Gößmann*, § 69 Rn 12; **aA:** *Pape* ZInsO 1999, 305, 306).

§ 70 Entlassung

¹Das Insolvenzgericht kann ein Mitglied des Gläubigerausschusses aus wichtigem Grund aus dem Amt entlassen. ²Die Entlassung kann von Amts wegen, auf Antrag des Mitglieds des Gläubigerausschusses oder auf Antrag der Gläubigerversammlung erfolgen. ³Vor der Entscheidung des Gerichts ist das Mitglied des Gläubigerausschusses zu hören; gegen die Entscheidung steht ihm die sofortige Beschwerde zu.

Das im Gegensatz zu § 92 KO nun bestehende Erfordernis eines wich- 1 tigen Grundes ist wichtig zur Sicherung der Unabhängigkeit des Gl-Ausschuss (vgl MK-InsO/*Gößmann*, § 70 Rn 1, 13). Auch wird durch § 70 deutlich, dass eine Abwahl von Mitgliedern außerhalb des § 68 Abs 2 nicht möglich ist (str).

1. Wichtiger Grund

Es gilt das zu § 59 Gesagte entsprechend, zB zur Unabhängigkeit, Ver- 2 folgung von Sonderinteressen, Störungen des Vertrauensverhältnisses zu Gl-Versammlung/InsGericht/InsVerw oder zur Unmöglichkeit der Amtsausübung, zB aufgrund Krankheit (vgl HK-*Eickmann*, § 70 Rn 4). Maßgebend ist daneben die Erfüllung der Pflichten des § 69, ein wichtiger Grund wird aber nur bei einer **schwerwiegenden Pflichtverletzung** vorliegen (MK-InsO/*Gößmann*, § 70 Rn 6; K/P-*Kübler*, § 70 Rn 5; *Pape* ZInsO 1999, 675, 678). Der BGH nimmt dies bspw bei der Begünstigung eines InsGl zum Nachteil der übrigen InsGl an (NZI 2003, 436). – Ein wichtiger Grund ist auch bei einem Entlassungsbegehren der Gl-Versammlung nicht entbehrlich (MK-InsO/*Gößmann*, § 70 Rn 13; K/P-*Kübler*, § 70 Rn 4; **aA:** *Heidland*/Kölner Schrift, 711, 721 Rn 20); gleichsam ist eine Niederlegung des Amtes durch das Mitglied ausgeschlossen (MK-

InsO/*Gößmann*, § 70 Rn 16; N/R-*Delhaes*, § 70 Rn 5), dieses muss ebenfalls einen wichtigen Grund vorweisen können.

2. Entlassungsverfahren

3   a) **Einleitung. aa) Von Amts wegen, S 2 1. Var.** Das InsGericht hat das Mitglied von Amts wegen zu entlassen, wenn es bei der Verfahrensabwicklung vom Vorliegen eines wichtigen Grundes Kenntnis erlangt (zB auch aufgrund einer Anregung). Der InsVerw ist verpflichtet, ihm bekannt gewordene Pflichtverletzungen dem InsGericht mitzuteilen (N/R-*Delhaes*, § 70 Rn 6; MK-InsO/*Gößmann*, § 70 Rn 9).

4   **bb) Auf Antrag, S 2 2. und 3. Var.** Die Entlassung kann weiterhin vom Mitglied des Gl-Ausschusses und von der Gl-Versammlung beantragt werden.

5   b) **Anhörung.** Nach **S 3 1. HS** ist das Mitglied vor der Entlassung anzuhören; dies ist bei eigener Antragstellung (S 2 2. Var) entbehrlich. Bei drohender Gefahr für die Masse ist eine vorl Entlassung ohne vorherige Anhörung zulässig (N/R-*Delhaes*, § 70 Rn 3, 8).

3. Entscheidung des InsGericht

6   Die Entscheidung ergeht durch Beschluss. Die funktionelle Zuständigkeit richtet sich nach § 18 RPflG. Der Beschluss ist jedenfalls bei einer Entlassung des Mitglieds (falls kein Eigenantrag vorliegt) zu begründen (K/P-*Kübler*, § 70 Rn 12, HK-*Eickmann*, § 70 Rn 5). Ein Ermessen des InsGericht besteht bei Vorliegen eines wichtigen Grundes nicht (K/P-*Kübler*, § 70 Rn 12; MK-InsO/*Gößmann*, § 70 Rn 12).

4. Rechtsfolge

7   Mit der Entlassung endet das Amt des Mitglieds. Der freie Platz kann beim vorl Gl-Ausschuss durch das InsGericht, sonst nur durch bereits bestimmte Ersatzmitglieder, aufgrund eines Selbstergänzungsrecht des Gl-Ausschuss oder nach § 68 wiederbesetzt werden; ein Mitglied, das aufgrund seiner Beschwerde sein Amt behält, verdrängt nicht ein zwischenzeitlich aufgerücktes Mitglied, so dass der Gl-Ausschuss entsprechend erweitert ist (MK-InsO/*Gößmann*, § 70 Rn 19).

5. Rechtsmittel

8   Nach **S 3 2. HS** steht dem Mitglied gegen die Entlassung bzw gegen die Ablehnung des Eigenantrags (**aA** wohl *Pape* ZInsO 1999, 675, 678) die sofortige Beschwerde zu *(Heidland*/Kölner Schrift, 721 Rn 21; K/P-*Kübler*, § 70 Rn 13). Bei einer unanfechtbaren Entscheidung des Rechtspflegers ist nach § 11 Abs 2 RPflG die befristete Erinnerung statthaft. Ge-

gen die vorl Entlassung ist anlog S 3 2. HS ebenfalls die sofortige Beschwerde statthaft (N/R-*Delhaes*, § 70 Rn 11).

§ 71 Haftung der Mitglieder des Gläubigerausschusses

¹**Die Mitglieder des Gläubigerausschusses sind den absonderungsberechtigten Gläubigern und den Insolvenzgläubigern zum Schadenersatz verpflichtet, wenn sie schuldhaft die Pflichten verletzen, die ihnen nach diesem Gesetz obliegen.** ²**§ 62 gilt entsprechend.**

Die Mitglieder haften individuell und persönlich für die Erfüllung der 1
Pflichten des § 69 auf Schadensersatz. § 71 enthält dabei eine eigene gesetzliche Haftungsgrundlage (K/P-*Kübler*, § 71 Rn 4; MK-InsO/*Gößmann*, § 71 Rn 3).

1. Voraussetzungen

a) **Anspruchsberechtigte.** Die Haftung besteht sowohl den absonde- 2
rungsberechtigten Gläubigern als auch den InsGl gegenüber. Diese Einschränkung im Vergleich zu § 89 KO führt aber nicht zu einem Ausschluss deliktischer Ansprüche seitens der Aussonderungsberechtigten, der Massegläubiger bzw des InsSchu (K/P-*Kübler*, § 71 Rn 5; N/R-*Delhaes*, § 71 Rn 16).

b) **Anspruchsverpflichtete** sind allein die Mitglieder des Gl-Aus- 3
schusses, wobei bei unwirksamer Wahl die tatsächliche Amtsausübung ausreicht (MK-InsO/*Gößmann*, § 71 Rn 14). Besteht eine Haftung mehrerer Ausschussmitglieder nebeneinander oder neben dem InsVerw, so besteht ein **Gesamtschuldverhältnis** nach § 421 BGB (HK-*Eickmann*, § 71 Rn 2; K/P-*Kübler*, § 71 Rn 9).

c) Die Haftung setzt eine **Handlung** oder (bei bestehender Hand- 4
lungspflicht) ein **Unterlassen** voraus (N/R-*Delhaes*, § 71 Rn 5).

d) **Pflichtverletzung.** Die Haftung setzt weiter die Verletzung einer 5
Pflicht des § 69 voraus; sie ist auf die Verletzung **insolvenzspezifischer Pflichten** begrenzt (MK-InsO/*Gößmann*, § 71 Rn 9).

e) **Verschulden.** Die Haftung besteht für **Vorsatz und Fahrlässig-** 6
keit.

aa) Sie besteht auch bei Vorliegen **leichter Fahrlässigkeit** unabhängig 7
vom Anteil an der Schadensverursachung (N/R-*Delhaes*, § 71 Rn 10; Uhlenbruck/*Uhlenbruck*, § 71 Rn 8; FK-*Kind*, § 71 Rn 3; **aA:** OLG Frankfurt ZIP 1990, 722, 725f mit Anm *Hegmanns* EWiR 1990, 497f;

MK-InsO/*Gößmann*, § 71 Rn 7; *Kuhn/Uhlenbruck*, § 89 KO Rn 4: falls Verschuldensanteil unter 20%).

8   **bb)** Eine **Haftungsmilderung** bzw Freistellung von der Haftung durch die Gl-Versammlung oder das InsGericht ist nicht möglich, da § 71 eine nicht dispositive gesetzliche Haftungsanordnung ist (K/P-*Kübler*, § 71 Rn 12; MK-InsO/*Gößmann*, § 71 Rn 6).

9   **cc)** Es gilt ein **individualisierter Verschuldensmaßstab**, der die **persönlichen Fähigkeiten** berücksichtigt (N/R-*Delhaes*, § 71 Rn 10). Ein Hinweis auf eigene Unkenntnis der Pflichten eines Ausschussmitglieds kann eine Haftung nicht ausschließen; das gewählte Mitglied hat das Amt vielmehr abzulehnen, wenn es sich die Erfüllung der Pflichten nicht zutraut (K/P-*Kübler*, § 71 Rn 13; MK-InsO/*Gößmann*, § 71 Rn 7). Eine Haftung entfällt dagegen, wenn das Mitglied von einem anderen Ausschussmitglied arglistig getäuscht wurde (K/P-*Kübler*, § 71 Rn 14; N/R-*Delhaes*, § 71 Rn 10).

10   **f) Schaden.** Der Anspruch ist wie bei deliktischen Ansprüchen durch den **Schutzzweck der verletzten Norm**, aber auch durch ein mitwirkendes Verschulden nach **§ 254 Abs 1 BGB** oder die Grundsätze der **Vorteilsausgleichung** begrenzt (K/P-*Kübler*, § 71 Rn 17). Die Geldendmachung eines Gemeinschaftsschadens ist durch § 92 S 1 dahingehend eingeschränkt, dass der Schadensersatzanspruch während des InsVerfahren nur vom InsVerw geltend gemacht werden kann (HK-*Eickmann*, § 71 Rn 5; N/R-*Delhaes*, § 71 Rn 4).

11   **g) Kausalität.** Es gelten die allg Grundsätze. So entfällt der Anspruch, wenn das Mitglied gegen den Beschluss gestimmt hat oder bei der Beschlussfassung abwesend war (MK-InsO/*Gößmann*, § 71 Rn 10; K/P-*Kübler*, § 71 Rn 14).

2. Haftung für Hilfspersonen

12   Bei der Einschaltung von Hilfspersonen gilt § 278 BGB (vgl §§ 60, 61 II. 5.). Diese **Zurechnung** gilt auch dann, wenn Aufgaben vom Ausschuss auf einzelne Mitglieder übertragen werden und dieser die Tätigkeit gegen sich gelten lässt (MK-InsO/*Gößmann*, § 71 Rn 16).

3. Verjährung

13   Für die Verjährung verweist S 2 auf § 62.

4. Aufrechnung

14   Eine Aufrechnung der Ausschussmitglieder mit den Vergütungsansprüchen gegen die Masse ist mangels Gegenseitigkeitsverhältnis nicht möglich (K/P-*Kübler*, § 71 Rn 20; MK-InsO/*Gößmann*, § 71 Rn 20).

5. Haftpflicht

Die Ausschussmitglieder können (sollten) eine Haftpflichtversicherung 15
abschließen, wobei die Kosten hierfür nach § 18 Abs 1 InsVV als Auslagen
geltend gemacht werden können (K/P-*Kübler*, § 71 Rn 25 f; MK-InsO/
Nowak, § 18 InsVV Rn 6).

§ 72 Beschlüsse des Gläubigerausschusses

Ein Beschluß des Gläubigerausschusses ist gültig, wenn die Mehrheit der Mitglieder an der Beschlußfassung teilgenommen hat und der Beschluß mit der Mehrheit der abgegebenen Stimmen gefasst worden ist.

1. Beschlüsse

Die InsO enthält keine detaillierten Regelungen hinsichtlich der Tätig- 1
keit des Gl-Ausschuss, insbes fehlen Regelungen zur Einberufung von
Versammlungen. Allein die Beschlussfassung ist in § 72 geregelt. Der Gl-
Ausschuss kann und sollte sich daher eine Geschäftsordnung geben (MK-
InsO/*Gößmann*, § 72 Rn 5). – Mangels Formvorschrift kann die Be-
schlussfassung auch schriftlich oder im Umlaufverfahren erfolgen (K/P-
Kübler, § 72 Rn 3); bei letzterem sind allerdings alle Mitglieder zu befra-
gen, da jedes Mitglied ein Recht auf Teilnahme an der Abstimmung hat
(MK-InsO/*Gößmann*, § 72 Rn 20). Ausführlich zu den Fragen der inter-
nen Verfahrensweise *Gundlach/Frenzel/Schmidt* NZI 2005, 304.

2. Beschlussfähigkeit

An einer **Abstimmung** müssen mehr als **50% der stimmberechtig-** 2
ten Mitglieder teilgenommen haben, so dass eine **Kopfmehrheit** erforderlich ist (vgl MK-InsO/*Gößmann*, § 72 Rn 3). Die Stimmberechtigung
eines Mitglieds entfällt dabei nach allg Grundsätzen bei einem möglichen
Interessenkonflikt, so bei einem Rechtsgeschäft mit ihm selbst oder mit
nahestehenden Personen, vgl § 138 (HK-*Eickmann*, § 72 Rn 3; vgl MK-
InsO/*Gößmann*, § 72 Rn 15). Gleichsam darf ein Mitglied nicht als Richter in eigener Sache tätig werden (K/P-*Kübler*, § 72 Rn 9; MK-InsO/
Gößmann, § 72 Rn 16). Die Stimmberechtigung entfällt auch, wenn das
Mitglied dem Gl-Ausschuss zum Zeitpunkt der Beschlussfassung nicht
mehr angehört (vgl K/P-*Kübler*, § 72 Rn 4).

3. Mehrheit

Zur wirksamen Annahme des Antrags ist die **relative Mehrheit der** 3
abgegebenen Stimmen erforderlich (MK-InsO/*Gößmann*, § 72 Rn 17:
aA: K/P-*Kübler*, § 72 Rn 5; H/W/W-*Hess*, § 72 Rn 3: absolute Mehr-

heit). Bei einer Pattsituation ist der Antrag abgelehnt (K/P-*Kübler*, § 72 Rn 5; N/R-*Delhaes*, § 72 Rn 3). Bei Stimmenthaltung ist die Stimme nicht mitzurechnen (H/W/W-*Hess*, § 72 Rn 6).

4. Fehlerhafte Beschlüsse

4   Nach allg Grundsätzen ist ein Beschluss unwirksam, wenn die Beschlussfassung fehlerhaft war (zB bei Verstoß gegen die Geschäftsordnung) und der Verstoß kausal für das Abstimmungsergebnis geworden ist (HK-*Eickmann*, § 72 Rn 5). Die Unwirksamkeit ist dann gegenüber dem Ins-Gericht geltend zu machen (HK-*Eickmann*, § 72 Rn 6; **aA:** K/P-*Kübler*, § 72 Rn 7, 14; H/W/W-*Hess*, § 72 Rn 9: keine Kontrolle; vgl FK-*Kind*, § 72 Rn 18: Zuständigkeit der ordentlichen Gerichte); nach **aA** ist ein Verstoß vom InsGericht von Amts wegen bei der Verfahrensleitung zu berücksichtigen (MK-InsO/*Gößmann*, § 72 Rn 22).

5. Korrektur

5   Die Korrektur eines Beschlusses ist allein durch die Gl-Versammlung möglich, nicht aber durch das InsGericht (HK-*Eickmann*, § 72 Rn 7; **aA:** FK-*Kind*, § 72 Rn 19 f: auch keine Korrektur durch die Gl-Versammlung).

§ 73 Vergütung der Mitglieder des Gläubigerausschusses

(1) ¹Die Mitglieder des Gläubigerausschusses haben Anspruch auf Vergütung für ihre Tätigkeit und auf Erstattung angemessener Auslagen. ²Dabei ist dem Zeitaufwand und dem Umfang der Tätigkeit Rechnung zu tragen.
(2) § 63 Abs. 2 sowie §§ 64 und 65 gelten entsprechend.

1. Vergütungsanspruch

1   **a)** Die Mitglieder des Gl-Ausschusses haben wie der InsVerw Anspruch auf Vergütung. Anspruchsinhaber sind die einzelnen Mitglieder, nicht der Gl-Ausschuss als solcher (N/R-*Delhaes*, § 73 Rn 2). Dementsprechend wird der Vergütungsanspruch individuell beurteilt, so dass die Vergütung nicht für alle Ausschussmitglieder gleich ist (MK-InsO/*Nowak*, § 73 Rn 7; N/R-*Delhaes*, § 73 Rn 6). Die Vergütung ist in § 73 nur hinsichtlich des **Grundsatzes der Angemessenheit** geregelt, indem auf den **Zeitaufwand** und den **Umfang der Tätigkeit** (Abs 1 S 2) abgestellt wird; der regelmäßige Stundensatz ist in **§ 17 InsVV** geregelt. Demnach ist eine Abrechnung über einen Stundensatz oder eine Pauschalvergütung als Prozentsatz der Verwaltervergütung möglich. Die Pauschalvergütung ist zulässig, obwohl sie in § 17 InsVV nicht geregelt ist, da nach Abs 1 S 2

insbes auf den Umfang der Tätigkeit abzustellen ist (K/P-*Lüke*, § 73 Rn 9 mwN).

aa) Stundensatz. Bei der Abrechnung über den Stundensatz ist nicht nur die Zeit der Teilnahme an den Sitzungen zu berücksichtigen, sondern auch die Vor-, sowie Nachbearbeitung der Sitzung (N/R-*Delhaes*, § 73 Rn 7). Der grundsätzliche Stundensatz beträgt zwischen 25 und 50 €, wobei eine Erhöhung über diesen Betrag hinaus möglich ist (MK-InsO/*Nowak*, § 17 InsVV Rn 2; **aA** LG Duisburg NZI 2005, 116). Diese ist gerechtfertigt, wenn das Verfahren besondere rechtliche oder tatsächliche Schwierigkeiten aufweist oder das Ausschussmitglied seine besondere Sachkunde (zB wegen der beruflicher Tätigkeit) einbringt (K/P-*Lüke*, § 73 Rn 8). Auch die Haftungsrisiken sind hierbei zu berücksichtigen (FK-*Kind*, § 73 Rn 3; MK-InsO/*Nowak*, § 17 InsVV Rn 2). – Den tatsächlichen Aufwand an Stunden hat das Mitglied darzulegen und zu beweisen (LG Aachen ZIP 1993, 137, 139; K/P-*Lüke*, § 73 Rn 11; N/R-*Delhaes*, § 73 Rn 7; FK-*Kind*, § 73 Rn 15).

bb) Bei der **Abrechnung orientiert an der Verwaltervergütung** hat sich ein Prozentsatz von 1 bis 5 entwickelt (HK-*Eickmann*, § 73 Rn 3, *Pape* ZInsO 675, 680 mwN; vgl AG Chemnitz, ZIP 1999, 669; LG Aachen ZIP 1993, 137, 138; AG Stuttgart ZIP 1986, 659 ff). Diese Form der Vergütung ist zulässig, wird aber nur in Ausnahmefällen sinnvoll sein (FK-*Kind*, § 73 Rn 7; N/R-*Delhaes*, § 73 Rn 8).

b) Hinsichtlich der **Entstehung** des Vergütungsanspruchs, dessen **Fälligkeit**, **Verjährung** und **Rang** gilt das in § 63 Rn 2 ff Gesagte entsprechend. Die Berechtigung, die Einrede der Verjährung zu erheben, steht bei noch nicht beendetem Verfahren auch dem InsVerw zu, iÜ sind die InsGl und der InsSchu zur Erhebung berechtigt, da durch die Vergütungsforderung die Masse verringert wird; eine Einredeberechtigung des InsGericht besteht mangels materieller Betroffenheit nicht (MK-InsO/*Nowak*, § 73 Rn 6).

c) Berufliche Tätigkeit. Die berufliche Tätigkeit des Mitglieds ist grundsätzlich (vgl aber oben zur besonderen Sachkenntnis) ohne Einfluss auf die Vergütung nach § 73, so dass keine Verrechnung einer sonstigen Vergütung mit der Vergütung als Ausschussmitglied erfolgt (MK-InsO/*Nowak*, § 73 Rn 8; N/R-*Delhaes*, § 73 Rn 4). Auch sog. institutionelle Gläubiger, zB der Pensionssicherungsverein, haben Anspruch auf Vergütung (*Pape* ZInsO 1999, 675, 680; **aA:** H/W/W-*Hess*, § 17 InsVV Rn 25; vgl K/P-*Lüke*, § 73 Rn 12: kein Vergütungsanspruch des öffentlichrechtlichen Dienstherrn).

§ 74

6 d) Vertretung. Im Fall der Vertretung steht die Vergütung dem Vertretenen zu (MK-InsO/*Nowak*, § 73 Rn 10).

7 e) Vorschuss. Die Gewährung eines Vorschusses ist nicht geregelt, aber nach § 9 InsVV analog wegen des Angemessenheitsgrundsatzes möglich, insbes bei langwierigen Verfahren (AG Chemnitz, ZIP 1999, 669; MK-InsO/*Nowak*, § 73 Rn 12; N/R-*Delhaes*, § 73 Rn 11; *Pape* ZInsO 1999, 675, 680).

2. Auslagenersatz

8 Der Auslagenersatz richtet sich nach **§ 18 InsVV**, wobei die Auslagen einzeln zu belegen sind (K/P-*Lüke*, § 73 Rn 16; *Pape* ZInsO 1999, 675, 679). Erstattungsfähig sind nur angemessene Auslagen. Keine Auslagen sind die allg Geschäftskosten (MK-InsO/*Nowak*, § 73 Rn 11). Bei Umsatzsteuerpflichtigkeit des Mitglieds ist die Umsatzsteuer dem Mitglied ebenfalls aus der Masse zu erstatten (HK-*Eickmann*, § 73 Rn 4). Zu den Auslagen gehören insbes die Kosten für eine Haftpflichtversicherung, vgl § 71 unter 5. – Ein pauschalierter Auslagenersatz ist im Gegensatz zum InsVerw nicht geregelt, jedoch soll er möglich sein, wenn eine genaue Ermittlung unverhältnismäßig ist (K/P-*Lüke*, § 73 Rn 16; vgl N/R-*Delhaes*, § 73 Rn 9: Schätzung einzelner Positionen zulässig).

3. Verweisung, Abs 2

9 Hinsichtlich der Vergütungsfestsetzung und der Verordnungsermächtigung ist in Abs 2 auf §§ 64, 65 verwiesen. Bei Stundung der Verfahrenskosten besteht nach Abs 2 iVm § 63 Abs 2 ein Sekundäranspruch gegen die Staatskasse.

§ 74 Einberufung der Gläubigerversammlung

(1) ¹Die Gläubigerversammlung wird vom Insolvenzgericht einberufen. ²Zur Teilnahme an der Versammlung sind alle absonderungsberechtigten Gläubiger, alle Insolvenzgläubiger, der Insolvenzverwalter, die Mitglieder des Gläubigerausschusses und der Schuldner berechtigt.

(2) ¹Die Zeit, der Ort und die Tagesordnung der Gläubigerversammlung sind öffentlich bekanntzumachen. ²Die öffentliche Bekanntmachung kann unterbleiben, wenn in einer Gläubigerversammlung die Verhandlung vertagt wird.

§ 75 Antrag auf Einberufung

(1) Die Gläubigerversammlung ist einzuberufen, wenn dies beantragt wird:
1. vom Insolvenzverwalter;
2. vom Gläubigerausschuß;
3. von mindestens fünf absonderungsberechtigten Gläubigern oder nicht nachrangigen Insolvenzgläubigern, deren Absonderungsrechte und Forderungen nach der Schätzung des Insolvenzgerichts zusammen ein Fünftel der Summe erreichen, die sich aus dem Wert aller Absonderungsrechte und den Forderungsbeträgen aller nicht nachrangigen Insolvenzgläubiger ergibt;
4. von einem oder mehreren absonderungsberechtigten Gläubigern oder nicht nachrangigen Insolvenzgläubigern, deren Absonderungsrechte und Forderungen nach Schätzung des Gerichts zwei Fünftel der in Nummer 3 bezeichneten Summe erreichen.

(2) Der Zeitraum zwischen dem Eingang des Antrags und dem Termin der Gläubigerversammlung soll höchstens drei Wochen betragen.

(3) Wird die Einberufung abgelehnt, so steht dem Antragsteller die sofortige Beschwerde zu.

1. Normzweck

Die §§ 74, 75 regeln die Einberufung der Gl-Versammlung; dies entspricht im Wesentlichen §§ 93, 98 KO, 15 GesO.

2. Einberufung, § 74 Abs 1 S 1, § 75 Abs 1

Die Befugnis, die Gl-Versammlung einzuberufen, liegt ausschließlich beim InsGericht (K/P-*Kübler*, § 74 Rn 7; MK-InsO/*Ehricke*, § 74 Rn 20). Die Einberufung erfolgt in den vom Gesetz ausdrücklich vorgeschriebenen Zeitpunkten und zusätzlich dann, wenn das InsGericht dies nach pflichtgemäßem Ermessen für notwendig erachtet oder ein Antrag nach § 75 vorliegt (HK-*Eickmann*, § 74 Rn 2f). Funktionell zuständig ist bis auf die erste Gl-Versammlung (§ 29 Abs 1 Nr 1) der Rechtspfleger nach § 18 Abs 1, 2 RPflG (MK-InsO/*Ehricke*, § 74 Rn 23; *Smid/Smid*, § 74 Rn 3).

a) Gesetzliche Zeitpunkte. Dies sind der Berichts- bzw Prüfungstermin nach §§ 156, 176, der Schlussrechnungstermin nach § 66; die Termine nach § 160 bzw § 163, der Schlusstermin nach § 197 und der Erörterungs- bzw Abstimmungstermin (§§ 235, 241).

§§ 74, 75

4 b) Ermessen. Die Einberufung im Ermessen des InsGericht ist an den Gläubigerinteressen orientiert.

5 c) Antrag. aa) Prüfung. Im Fall des Antrags nach § 75 Abs 1 hat das InsGericht die Gl-Versammlung zwingend einzuberufen (OLG Celle ZIP 2002, 900, 901; HK-*Eickmann*, § 75 Rn 1). Das InsGericht prüft dabei nur die Antragsberechtigung nach § 75 Abs 1 und ob ein für die Bestimmung der Tagesordnung hinreichender Grund, vgl § 75 Abs 2, angegeben wurde (HK-*Eickmann*, § 75 Rn 8; K/P-*Kübler*, § 75 Rn 6f); uU hat es nach § 4 iVm § 139 ZPO nachzufragen (OLG Celle ZIP 2002, 901, 902).

6 bb) Antragsberechtigung, § 75 Abs 1. (1) Nr 1. Antragsberechtigt ist der InsVerw.

(2) Nr 2. Der Gl-Ausschuss kann ebenfalls die Einberufung beantragen, wobei er diese ordnungsgemäß beschließen muss und ihm das Recht nur kollektiv zusteht (MK-InsO/*Ehricke*, § 74 Rn 6).

(3) Nr 3. Ein Antrag einzelner InsGl ist nach Nr 3 zulässig, wenn mindestens **fünf** Absonderungsberechtigte oder nachrangige InsGl dies beantragen und diese mindestens **ein Fünftel** der Summe der Forderungen der Absonderungsberechtigten und nicht nachrangigen InsGl repräsentieren. Bei Bestehen einer persönlichen Forderung des absonderungsberechtigten Gläubigers entscheidet nicht der Realisierungs-, sondern der Forderungswert, wobei bei Bestimmung der Vergleichsmasse keine Doppelberücksichtigung erfolgen darf, sondern nur die Höhe der Forderung einzustellen ist (HK-*Eickmann*, § 74 Rn 6). Maßgebend ist der nach § 178 ff festgestellte Betrag; ist trotz ordnungsgemäßer Anmeldung noch keine Feststellung erfolgt, so ist der Betrag vom InsGericht zu schätzen (K/P-*Kübler*, § 75 Rn 5; MK-InsO/*Ehricke*, § 74 Rn 10). Als InsGl gelten auch die Gl, deren Forderung vom InsVerw oder einem Gl bestritten wurde oder die Ihre Forderung erst nach Ablauf der Anmeldefrist bei dem Verwalter angemeldet haben (BGH NZI 2005, 31).

(4) Nr 4. Weiterhin kann ein Antrag von einem oder mehreren Absonderungsberechtigten oder nicht nachrangigen InsGl gestellt werden, wenn sie mindestens **zwei Fünftel** der unter (3) genannten Summe darstellen.

(5) Insolvenzschuldner. Er ist über den Wortlaut hinaus bei einem Antrag auf Unterhaltsgewährung nach § 100 Abs 1 antragsbefugt, da hierüber zwingend die Gl-Versammlung abzustimmen hat (LG Schwerin ZInsO 2002, 1096f).

3. Verfahren

a) Öffentliche Bekanntmachung. Die Einberufung erfolgt durch 7
Beschluss, der nach § 74 Abs 2 S 1 iVm § 9 öffentlich bekannt zu machen
ist; dies ist nach S 2 nur bei Vertagung entbehrlich. Als Vertagung gilt nur
die echte Vertagung nach § 227 Abs 1 S 1 ZPO, also der Fall der späteren
Fortsetzung eines begonnenen Termins (HK-*Eickmann*, § 74 Rn 8); eine
Erweiterung der Tagesordnung ohne erneute Bekanntmachung ist nicht
möglich (MK-InsO/*Ehricke*, § 74 Rn 39). § 218 ZPO ist nicht analog anwendbar, so dass auch bei Bestimmung des Nachfolgetermins im Termin
eine öffentliche Bekanntmachung zu erfolgen hat (HK-*Eickmann*, § 74
Rn 8). – Als Angaben müssen die **Zeit**, der **Ort** und die **Tagesordnung**
enthalten sein. Die Tagesordnung muss so konkret angegeben werden,
dass eine Vorbereitung auf die Versammlung möglich ist; dies gilt auch,
wenn nach § 9 Abs 1 S 1 2. HS eine auszugsweise Bekanntmachung erfolgt oder bei vom Gesetz zwingend vorgegebenen Tagesordnungspunkten (K/P-*Kübler*, § 74 Rn 11; N/R-*Delhaes*, § 74 Rn 7). Bei zu unbestimmter Bekanntmachung ist ein gefasster Beschluss nichtig, falls nicht
alle Beteiligten anwesend waren und kein Widerspruch erfolgte (MK-InsO/*Ehricke*, § 74 Rn 45; N/R-*Delhaes*, § 74 Rn 9). – Zwischen der Bekanntmachung und dem Zeitpunkt der Versammlung müssen nach § 4
iVm § 217 ZPO mindestens drei Tage liegen (HK-*Eickmann*, § 74 Rn 5;
K/P-*Kübler*, § 74 Rn 10; N/R-*Delhaes*, § 74 Rn 4). – Im Fall des Antrags
auf Einberufung soll nach § 75 Abs 2 S 2 zwischen Beantragung und der
Gl-Versammlung eine Frist von höchstens drei Wochen liegen.

b) Teilnahmeberechtigung. Die zur Teilnahme berechtigten Personen sind ausdrücklich und abschließend in § 74 Abs 1 S 2 genannt. Danach sind Aussonderungsberechtigte und Massegläubiger nicht zur Teilnahme befugt (MK-InsO/*Ehricke*, § 74 Rn 30; *Pape* ZInsO 1999, 305,
308; FK-*Kind*, § 74 Rn 11; **aA:** *Smid*/*Smid*, § 74 Rn 5). Die Versammlung ist nichtöffentlich, zur Teilnahme sind jedoch nach allg Regeln die
Vertreter oder Beistände berechtigt (HK-*Eickmann*, § 74 Rn 10; K/P-*Kübler*, § 74 Rn 9). Das InsGericht kann im Einzelfall nach pflichtgemäßem Ermessen gemäß § 175 Abs 2 GVG einzelne weitere Personen
zulassen, zB Referendare, Vertreter von Standesorganisationen oder Aufsichtsratsmitglieder der insolventen AG (HK-*Eickmann*, § 74 Rn 11; MK-InsO/*Ehricke*, § 74 Rn 31).

c) Rechtsmittel. Bei Ablehnung des Antrags ist nach § 75 Abs 3 die 9
sofortige Beschwerde statthaft. Bei gemeinsamer Antragstellung nach
§ 75 Abs 1 Nr 3, 4 ist das Beschwerderecht ebenfalls gemeinsam auszuüben (HK-*Eickmann*, § 75 Rn 11; MK-InsO/*Ehricke*, § 75 Rn 14; N/R-*Delhaes*, § 75 Rn 4; **aA:** H/W/W-*Hess*, § 75 Rn 7). Daneben ist bei Ein-

berufung der Gl-Versammlung durch den Rechtspfleger die befristete Erinnerung nach § 11 Abs 2 RPflG statthaft; bei Einberufung durch den Richter ist keine Beschwerde statthaft (OLG Köln ZInsO 2001, 1112, 1113; LG Göttingen ZIP 2000, 1945 f; vgl MK-InsO/*Ehricke*, § 75 Rn 14: Beschwerde zulässig, falls das InsGericht gegen die Fristregelungen verstößt).

§ 76 Beschlüsse der Gläubigerversammlung

(1) Die Gläubigerversammlung wird vom Insolvenzgericht geleitet.

(2) Ein Beschluß der Gläubigerversammlung kommt zustande, wenn die Summe der Forderungsbeträge der zustimmenden Gläubiger mehr als die Hälfte der Summe der Forderungsbeträge der abstimmenden Gläubiger beträgt; bei absonderungsberechtigten Gläubigern, denen der Schuldner nicht persönlich haftet, tritt der Wert des Absonderungsrechts an die Stelle des Forderungsbetrags.

§ 77 Feststellung des Stimmrechts

(1) [1]Ein Stimmrecht gewähren die Forderungen, die angemeldet und weder vom Insolvenzverwalter noch von einem stimmberechtigten Gläubiger bestritten worden sind. [2]Nachrangige Gläubiger sind nicht stimmberechtigt.

(2) [1]Die Gläubiger, deren Forderungen bestritten werden, sind stimmberechtigt, soweit sich in der Gläubigerversammlung der Verwalter und die erschienenen stimmberechtigten Gläubiger über das Stimmrecht geeinigt haben. [2]Kommt es nicht zu einer Einigung, so entscheidet das Insolvenzgericht. [3]Es kann seine Entscheidung auf den Antrag des Verwalters oder eines in der Gläubigerversammlung erschienenen Gläubigers ändern.

(3) Absatz 2 gilt entsprechend
1. für die Gläubiger aufschiebend bedingter Forderungen;
2. für die absonderungsberechtigten Gläubiger.

1. Verfahrensleitung, § 76 Abs 1

1   Die Leitung der Gl-Versammlung erfolgt entsprechend der allg Verfahrensleitung durch das InsGericht. Dieses soll als neutrales Organ die ordnungsgemäße Durchführung der Versammlung gewährleisten (MK-InsO/*Ehricke*, § 76 Rn 3; N/R-*Delhaes*, § 76 Rn 1). Dem InsGericht stehen hierzu die sitzungspolizeilichen Befugnisse der §§ 176 ff GVG zu, bei funktioneller Zuständigkeit des Rechtspflegers sind dessen Befugnisse je-

doch durch § 4 Abs 2 RPflG beschränkt, so dass er keine Ordnungshaft verhängen darf (HK-*Eickmann*, § 76 Rn 2). Die Zulassung von Pressevertretern nach § 175 Abs 2 GVG sollte restriktiv gehandhabt werden, da die Gl-Versammlung nur parteiöffentlich ist (ausf. MK-InsO/*Ehricke*, § 76 Rn 5; *Gottwald/Klopp/Kluth*, InsHdb, § 17 Rn 39; **aA:** K/P-*Kübler*, § 76 Rn 12 ff; *Smid/Smid*, § 76 Rn 3). Das InsGericht hat weiterhin die Teilnahmeberechtigung zu prüfen (N/R-*Delhaes*, § 76 Rn 1), wie auch uU die ordnungsgemäße Vertretung nach § 4 iVm §§ 80, 88 Abs 2 ZPO (K/P-*Kübler*, § 76 Rn 8). Die Versammlung ist weiter durch einen Urkundsbeamten der Geschäftsstelle zu protokollieren, § 4 iVm §§ 159 ff ZPO (HK-*Eickmann*, § 76 Rn 3; MK-InsO/*Ehricke*, § 76 Rn 12).

2. Beschlussfassung, § 76 Abs 2

a) Gl-Versammlung. Die Beschlussfassung ist nur in einer Gl-Versammlung nach § 74 zulässig; eine nicht vom InsGericht einberufene Versammlung kann keine Beschlüsse iSd InsO fassen (HK-*Eickmann*, § 76 Rn 4).

b) Beschlussfähigkeit. Diese ist nicht ausdrücklich geregelt. Es ist zumindest die Anwesenheit eines stimmberechtigten Gläubigers notwendig (HK-*Eickmann*, § 76 Rn 5; K/P-*Kübler*, § 76 Rn 22; *Ehricke* NZI 2000, 57, 58). Eine Ersetzungsbefugnis des InsGericht im Fall der Beschlussunfähigkeit besteht nicht (HK-*Eickmann*, § 76 Rn 5; N/R-*Delhaes*, § 76 Rn 3; ausf. MK-InsO/*Ehricke*, § 76 Rn 18 ff; *Pape* ZInsO 1999, 305, 306), vielmehr liegt ein Verzicht der InsGl hinsichtlich der Rechte der Gl-Versammlung vor, so dass das InsGericht den Verfahrensfortgang unter Beachtung des Verzichts nach pflichtgemäßem Ermessen bestimmt (H/W/W-*Hess*, § 76 Rn 12 ff). Eine Stimmrechtsübertragung durch die Gl-Versammlung auf das InsGericht ist wegen der unterschiedlichen Aufgabenbereiche nicht möglich (K/P-*Kübler*, § 76 Rn 23; FK-*Kind*, § 76 Rn 9; N/R-*Balthasar*, § 157 Rn 16; Pape ZInsO 1999, 305, 313 **aA:** HK-*Eickmann*, § 76 Rn 5; MK-InsO/*Ehricke*, § 76 Rn 21).

c) Stimmrechtsfeststellung, § 77. Der Beschlussfassung geht die Feststellung der Stimmrechte nach § 77 voraus (HK-*Eickmann*, § 76 Rn 6), wobei sich das Stimmrecht nicht aus dem Recht zur Teilnahme ergibt (N/R-*Delhaes*, § 77 Rn 1). Ein Stimmrecht steht nach § 77 Abs 1 S 1 grundsätzlich den nicht nachrangigen InsGl zu; kein Stimmrecht steht nach § 77 Abs 1 S 2 den nachrangigen InsGl zu. Dies gilt aufgrund des fehlenden Rechts zur Teilnahme an der Gl-Versammlung auch für die Aussonderungsberechtigten und die Massegläubiger (vgl §§ 74, 75 Rn 8; K/P-*Kübler*, § 77 Rn 6).

§§ 76, 77

5   **aa) Nicht bestrittene Forderung.** Voraussetzung ist, dass die Gläubiger ihre Forderung angemeldet haben und diese nicht vom InsVerw oder einem stimmberechtigten InsGl bestritten wurde (gesetzliches Stimmrecht). Liegt der Termin zur Anmeldung nach §§ 28 Abs 1, 174 idR nach dem Berichtstermin, so genügt es hierbei allerdings als Anmeldung, dass der Gläubiger die Forderung in der Gl-Versammlung behauptet (K/P-*Kübler*, § 77 Rn 28 f; AG Hamburg NZI 2000, 138, 139; vgl MK-InsO/*Ehricke*, § 77 Rn 6: danach Anmeldung zwingend erforderlich). Ist eine Prüfung noch nicht erfolgt, so sind die Forderungen bis zu einem eventuellen Bestreiten voll zu berücksichtigen (HK-*Eickmann*, § 77 Rn 3; K/P-*Kübler*, § 77 Rn 13; *Pape* ZIP 1991, 837, 844 zur KO). Das Bestreiten iSd § 77 ist unabhängig von § 174; bei gegenseitigem Bestreiten ist eine Einigung über das Stimmrecht nach § 77 Abs 2 nötig (HK-*Eickmann*, § 77 Rn 4). Bei titulierten Forderungen ist vom Bestreitenden darzulegen, dass der Titel noch angreifbar ist oder bereits erfüllt wurde (HK-*Eickmann*, § 77 Rn 9; MK-InsO/*Ehricke*, § 77 Rn 16).

6   **bb) Vereinbartes Stimmrecht.** Bei Bestreiten der Forderung ist der InsGl gleichwohl stimmberechtigt, wenn dies nach § 77 Abs 2 S 1 aufgrund einer **Einigung** zwischen InsVerw und den stimmberechtigten InsGl festgestellt wurde. Dabei kann auch ein nur teilweises Stimmrecht vereinbart werden (MK-InsO/*Ehricke*, § 77 Rn 12). Diese Einigung wirkt zwar auch für zukünftige Abstimmungen, sie kann jedoch widerrufen werden (HK-*Eickmann*, § 77 Rn 11).

7   **cc) Gerichtliche Feststellung. (1) Beschluss.** Bei einer fehlenden Einigung ist eine Feststellung des Stimmrechts durch das InsGericht nach § 77 Abs 2 S 2 durch Beschluss möglich. Das InsGericht prüft dabei, ob die angemeldete Forderung tatsächlich und rechtlich bestehen kann. Wegen der bloß summarischen Prüfung ist eher ein wenigstens anteiliges Stimmrecht einzuräumen, anstatt es ganz zu versagen (*Pape* ZInsO 1999, 305, 310). Hierbei gilt wiederum die Umkehr der Beweislast bei titulierten Forderungen (vgl Rn 5).

(2) Abänderung. Der Beschluss ist nach **§ 77 Abs 2 S 3** jederzeit (HK-*Eickmann*, § 77 Rn 12; **aA**: N/R-*Delhaes*, § 77 Rn 11; MK-InsO/*Ehricke*, § 77 Rn 21: nur bis Ende der Versammlung) auf Antrag des InsVerw oder eines Gläubigers **abänderbar (Selbstüberprüfung)**.

(3) Rechtsmittel. Neben dem Abänderungsantrag kann, falls die Feststellung durch den **Rechtspfleger** erging, diese nach **§ 18 Abs 3** RPflG auf Antrag eines InsGl oder des InsVerw durch den Richter abgeändert werden. Voraussetzung ist nach **S 2** zum einen, dass sich die Stimmrechtsfeststellung auf das Abstimmungsergebnis ausgewirkt hat, wobei alle getroffenen Feststellungen des RPflG in einer Gesamtbetrachtung (unter Annahme dass alle Entscheidungen anders ausgefallen wären) zu berücksichtigen sind (AG Mönchengladbach ZInsO 2001, 141). Zum anderen, dass ein solcher Abänderungsantrag noch im Abstimmungstermin gestellt wurde (OLG Celle ZInsO 2001, 320, 321). Daneben ist keine Anfechtung, auch nicht nach § 11 Abs 2 RPflG möglich (LG München I ZInsO 2000, 684; HK-*Eickmann*, § 77 Rn 13; K/P-*Kübler*, § 77 Rn 22).

dd) Wirkungen der Stimmrechtsfeststellung. Die Entscheidung 8 über das Stimmrecht beeinflusst nicht die materielle Rechtslage, sondern bezieht sich allein auf die Abstimmungsberechtigung (H/W/W-*Hess*, § 77 Rn 3). Bei geprüften oder nicht bestrittenen Forderungen bewirkt die Stimmrechtsfeststellung ein bleibendes, bei ungeprüften Forderungen ein vorläufiges Stimmrecht (MK-InsO/*Ehricke*, § 77 Rn 32 f; K/P-*Kübler*, § 77 Rn 26).

ee) Bei **bedingten Forderungen** oder den Forderungen **Absonde-** 9 **rungsberechtigter** gilt nach § 77 Abs 3 das Vorgenannte entsprechend. Bei Absonderungsrechten ist der voraussichtliche Verwertungserlös zu schätzen, um die Höhe des Stimmrechts zu ermitteln, wobei das Stimmrecht bei akzessorischen Sicherungsrechten von der Forderungshöhe und davon, ob die persönliche Forderung angemeldet wurde, abhängt (HK-*Eickmann*, § 77 Rn 16). Bei Anmeldung der persönlichen Forderung ergibt sich die Stimmberechtigung schon aus § 77 Abs 1 bzw 2 (*Pape* ZInsO 1999, 305, 311).

d) Stimmrechtsausschluss. Ein Ausschluss des Stimmrechts ist wie 10 beim Gl-Ausschuss möglich, vgl § 72 Rn 2.

e) Mehrheit. Der Beschluss kommt bei entsprechender Mehrheit zu- 11 stande. Bei der Bestimmung der Mehrheit sind nur die stimmberechtigten InsGl, die auch tatsächlich abgestimmt haben und sich nicht enthalten haben (MK-InsO/*Ehricke*, § 76 Rn 29), zu berücksichtigen.

aa) Wert des Stimmrechts. Abzustellen ist auf die Höhe der Forde- 12 rungen (**Summenmehrheit**). Bei Absonderungsberechtigten gilt der voraussichtliche Wert des Absonderungsrechts im Fall der Verwertung, falls der InsSchu nicht persönlich haftet oder die persönliche Forderung nicht angemeldet wurde (HK-*Eickmann*, § 76 Rn 9; H/W/W-*Hess*, § 76 Rn 2). Haftet der InsSchu persönlich, so gilt der volle Wert der Forderung (MK-InsO/*Ehricke*, § 76 Rn 25). Bei akzessorischen Sicherungsrechten ist der Wert durch die Höhe der gesicherten Forderung begrenzt (MK-InsO/*Ehricke*, § 76 Rn 25). Der Wert des Absonderungsrechts ist vom InsGericht zu schätzen (H/W/W-*Hess*, § 76 Rn 21).

bb) Zustandekommen der Mehrheit. Diese ist erreicht, wenn 13 mehr als **50 %** für den Beschluss stimmen, **absolute Mehrheit**; bei

§ 78 2. Teil. Eröffnung des Insolvenzverfahrens

Stimmgleichheit ist der Beschluss nicht zustande gekommen (HK-*Eickmann*, § 76 Rn 10f; K/P-*Kübler*, § 76 Rn 20; N/R-*Delhaes*, § 76 Rn 4). – Sonderfall: Gesamt(hands)gläubiger: Das Stimmrecht kann nur einheitlich ausgeübt werden; dies gilt auch bei einer mit einem Nießbrauch belasteten Forderung (K/P-*Kübler*, § 76 Rn 17, auch zu verpfändeten Forderungen).

14 **f) Bindungswirkung.** Ein Beschluss der Gl-Versammlung bindet den InsVerw im Innenverhältnis, sowie die übrigen Gläubiger, solange er nicht durch einen erneuten Beschluss der Gl-Versammlung aufgehoben wird (MK-InsO/*Ehricke*, § 76 Rn 31f; N/R-*Delhaes*, § 76 Rn 6).

15 **g) Anfechtung.** Eine Anfechtung der Beschlüsse der Gl-Versammlung ist nicht möglich, diese können lediglich unter den Voraussetzungen des § 78 vom InsGericht aufgehoben werden (OLG Saarbrücken NZI 2000, 179f; LG Göttingen NZI 2000, 490; MK-InsO/*Ehricke*, § 76 Rn 33). Eine Überprüfung ist nur mittels einer Feststellungsklage (§ 256 ZPO) oder inzident überprüfbar (N/R-*Delhaes*, § 76 Rn 7).

§ 78 Aufhebung eines Beschlusses der Gläubigerversammlung

(1) Widerspricht ein Beschluß der Gläubigerversammlung dem gemeinsamen Interesse der Insolvenzgläubiger, so hat das Insolvenzgericht den Beschluß aufzuheben, wenn ein absonderungsberechtigter Gläubiger, ein nicht nachrangiger Insolvenzgläubiger oder der Insolvenzverwalter dies in der Gläubigerversammlung beantragt.

(2) ¹Die Aufhebung des Beschlusses ist öffentlich bekanntzumachen. ²Gegen die Aufhebung steht jedem absonderungsberechtigten Gläubiger und jedem nicht nachrangigen Insolvenzgläubiger die sofortige Beschwerde zu. ³Gegen die Ablehnung des Antrags auf Aufhebung steht dem Antragsteller die sofortige Beschwerde zu.

1. Normzweck

1 Die Möglichkeit, einen Beschluss der Gl-Versammlung vom InsGericht aufheben zu lassen, eröffnet eine Möglichkeit, zu verhindern, dass einzelne InsGl durch Beschlüsse der Gl-Versammlung Sondervorteile erlangen (HK-*Eickmann*, § 78 Rn 1; *Kilger/Schmidt* § 99 Anm 1a) zu § 99 KO).

2. Aufhebung

2 **a) Voraussetzungen. aa) Materielle. (1) Beschluss.** Aufhebbar ist nur ein Beschluss der Gl-Versammlung. Ist der Beschluss bereits unwirksam, so bedarf es keiner Aufhebung mehr, jedoch ist das InsGericht befugt, die Nichtigkeit durch Beschluss festzustellen (K/P-*Kübler*, § 78 Rn 5, 14, N/R-*Delhaes*, § 78 Rn 3f). Die Aufhebung eines Beschlusses, durch den ein Gläubigerausschussmitglied bestimmt wird, ist möglich (§ 68 unter III. 3. und 4.; MK-InsO/*Ehricke*, § 78 Rn 13; K/P-*Kübler*, § 78 Rn 4; FK-*Kind*, § 78 Rn 15; **aA:** MK-InsO/*Gößmann*, § 68 Rn 3, 9; § 70 Rn 1,10). Die Wahl eines neuen InsVerw nach § 57 ist dagegen nicht über § 78 angreifbar (§ 57 Rn 10; FK-*Kind*, § 78 Rn 14; **aA:** MK-InsO/ *Ehricke*, § 78 Rn 14; Smid/*Smid*, § 78 Rn 11).

(2) **Interessenwidrigkeit.** Eine Aufhebung ist nur möglich, wenn der Beschluss dem **gemeinsamen Interesse der InsGl** widerspricht. Dies ist der Fall, wenn er eine bestmögliche Befriedigung der InsGl (N/ R-*Delhaes*, § 78 Rn 5; K/P-*Kübler*, § 78 Rn 6), welche eine möglichst effektive Masseverwertung und Reduzierung der Absonderungsrechte und Masseforderungen erfordert, vereitelt (HK-*Eickmann*, § 78 Rn 10). Beeinträchtigt er nur Singularinteressen einzelner InsGl, so ist eine Aufhebung nicht möglich. Dabei ist nur auf die **Interessen der InsGl** abzustellen, obwohl auch die Absonderungsberechtigten ein Stimmrecht haben (HK-*Eickmann*, § 78 Rn 11; MK-InsO/*Ehricke*, § 78 Rn 18). – Die **Prüfung des InsGericht** hat auf den Kenntnisstand der abstimmenden InsGl abzustellen, da deren Entscheidung überprüft wird; dies gilt auch wenn die Entscheidung auf der Grundlage falscher Informationen durch den InsVerw getroffen wurde (KG ZInsO 2001, 411, 413f; FK-*Kind*, § 78 Rn 13; krit *Pape* ZInsO 2001, 691ff).

bb) Verfahrensrechtliche. (1) Die Aufhebung erfolgt nur auf **Antrag**.

(2) **Antragsbefugt** sind die nicht nachrangigen InsGl, Absonderungsberechtigte und der InsVerw. Der Gl-Ausschuss, Aussonderungsberechtigte oder Massegläubiger sind dagegen nicht antragsbefugt (H/W/W-*Hess*, § 78 Rn 5). Wie bei § 99 KO ist die Antragsbefugnis aber nur gegeben, wenn der InsGl überstimmt wurde oder gar nicht mit abgestimmt hat (HK-*Eickmann*, § 78 Rn 5), zB weil ihm das Stimmrecht versagt wurde (K/P-*Kübler*, § 78 Rn 9), aber nicht wenn er für den Beschluss gestimmt hat (N/R-*Delhaes*, § 78 Rn 7). Etwas anderes gilt nur, wenn der zustimmende InsGl irrtumsbedingt für den Beschluss gestimmt hatte (MK-InsO/*Ehricke*, § 78 Rn 7). Die Antragsbefugnis des InsVerw entfällt, wenn alle InsGl für den Antrag gestimmt haben (MK-InsO/*Ehricke*, § 78 Rn 8).

(3) Der Antrag ist nur zulässig, wenn er noch in der Versammlung gestellt wird (OLG Celle ZInsO 2001, 320, 321), so dass nicht erschienene InsGl nur über das Antragsrecht des InsVerw geschützt sind (K/P-*Kübler*, § 78 Rn 10).

4 **b) Entscheidung.** Das InsGericht entscheidet durch zu begründenden Beschluss. Funktionell zuständig ist die die Gl-Versammlung leitende Person (MK-InsO/*Ehricke*, § 78 Rn 31). Der Beschluss ist bei Aufhebung des Beschlusses der Gl-Versammlung nach **Abs 2 S 1** iVm § 9 öffentlich bekannt zu machen. Die Ablehnung des Aufhebungsantrags ist zu verkünden oder dem Antragsteller zuzustellen; eine öffentliche Bekanntmachung ist entbehrlich (HK-*Eickmann*, § 78 Rn 14).

5 **c) Rechtsmittel. aa)** Der Aufhebungsbeschluss kann nach **Abs 2 S 2** von jedem absonderungsberechtigten Gläubiger oder nicht nachrangigen InsGl mit der **sofortigen Beschwerde** angefochten werden. Die ausdrückliche Bestimmung des Kreises der Anfechtungsberechtigten gilt auch für die Erinnerung nach § 11 Abs 2 RPflG bei einer Entscheidung durch den Rechtspfleger (FK-*Kind*, § 78 Rn 22).

6 **bb)** Gegen die Ablehnung des Aufhebungsantrags steht dem Antragsteller nach **Abs 2 S 3** die **sofortige Beschwerde** zu; dieser kann dann auch der InsVerw sein (MK-InsO/*Ehricke*, § 78 Rn 33 mwN).

§ 79 Unterrichtung der Gläubigerversammlung

¹Die Gläubigerversammlung ist berechtigt, vom Insolvenzverwalter einzelne Auskünfte und einen Bericht über den Sachstand und die Geschäftsführung zu verlangen. ²Ist ein Gläubigerausschuß nicht bestellt, so kann die Gläubigerversammlung den Geldverkehr und -bestand des Verwalters prüfen lassen.

1. Informationsrechte

1 Der Gl-Versammlung stehen verschiedene Informationsrechte zu, um eine effektive Wahrnehmung der Mitwirkungsrechte zu ermöglichen.

2 **a) Allgemeines Einsichtsrecht.** Die Gl-Versammlung hat zunächst ein **allg Einsichtsrecht** nach § 4 iVm § 299 ZPO (N/R-*Delhaes*, § 79 Rn 1; vgl § 4 Rn 8).

3 **b) § 79.** Daneben besteht ein **besonderes Informationsrecht** nach § 79 hinsichtlich des **allg Verfahrensstandes** und den **Einzelheiten** des InsVerfahren (HK-*Eickmann*, § 79 Rn 2). – Das Recht, einen **Bericht** über den Sachstand und die Geschäftsführung zu verlangen, tritt neben die gesetzlichen Pflichten zur Berichterstellung nach § 66 (Schlussrechnung), §§ 153, 154 (Eröffnungsbilanz), § 156 (Eröffnungsbericht) und § 188 (Verteilungsverzeichnisse). Die Gl-Versammlung kann dem InsVerw auch aufgeben, in bestimmten Zeitabständen Bericht zu erstatten, was wegen des damit verbundenen Aufwandes jedoch nur in Großverfahren sinnvoll sein dürfte (vgl K/P-*Kübler*, § 79 Rn 4, H/W/W-*Hess*, § 79

Unterrichtung der Gläubigerversammlung §79

Rn 5). Sie kann weiter bestimmen, ob der Bericht schriftlich oder mündlich in der Gl-Versammlung zu erstatten ist (MK-InsO/*Ehricke*, § 79 Rn 8). – Die Informationspflicht des InsVerw besteht allerdings nur im Rahmen des Zumutbaren (*Smid/Smid*, § 79 Rn 3; FK-*Kind*, § 79 Rn 9).

c) Berechtigter. Die Befugnis zur Information steht dem Organ zu und nicht jedem einzelnen InsGl (MK-InsO/*Ehricke*, § 79 Rn 2; H/W/W-*Hess*, § 79 Rn 3), daher bestehen keine Auskunftsrechte einzelner InsGl außerhalb der Gl-Versammlung (N/R-*Delhaes*, § 79 Rn 2; MK-InsO/*Ehricke*, § 79 Rn 5). Diese können aber in die bereits gefertigten, beim InsGericht vorliegenden Berichte Einsicht nehmen, § 4 iVm § 299 ZPO (K/P-*Kübler*, § 79 Rn 4, *Smid/Smid*, § 79 Rn 3). Das Informationsrecht der Gl-Versammlung wird nicht durch die Überwachung des InsVerw durch den Gl-Ausschuss nach § 69 verdrängt (MK-InsO/*Ehricke*, § 79 Rn 3, FK-*Kind*, § 79 Rn 3). 4

2. Prüfung des Geldverkehrs und -bestandes

Eine Sondersituation liegt nach S 2 bei bestehendem Gl-Ausschuss vor, bei der die eigentlich von der Gl-Versammlung vorzunehmende **Kassenprüfung** vom Gl-Ausschuss vorzunehmen ist (K/P-*Kübler*, § 79 Rn 6; N/R-*Delhaes*, § 79 Rn 5). Vgl hierzu § 69 Rn 6. 5

3. Durchsetzung

Das Informationsrecht kann nicht unmittelbar von der Gl-Versammlung mit **Zwangsmitteln** durchgesetzt werden; es besteht lediglich die Möglichkeit über Zwangsmittel des InsGericht nach § 58 (H/W/W-*Hess*, § 79 Rn 6). 6

4. Rechtsmittel

Der Beschluss der Gl-Versammlung, die Informationsrechte des § 79 wahrzunehmen, kann nicht angefochten werden (K/P-*Kübler*, § 79 Rn 7). 7

5. Informationsrechte gegenüber dem InsSchu

Ein unmittelbares Informationsrecht der Gl-Versammlung besteht nicht, dieses ist nur mittelbar über den InsVerw bzw über § 97 Abs 1 gegeben (MK-InsO/*Ehricke*, § 79 Rn 12; HK-*Eickmann*, § 79 Rn 4). 8

3. Teil. Wirkungen der Eröffnung des Insolvenzverfahrens

1. Abschnitt. Allgemeine Wirkungen

§ 80 Übergang des Verwaltungs- und Verfügungsrechts

(1) Durch die Eröffnung des Insolvenzverfahrens geht das Recht des Schuldners, das zur Insolvenzmasse gehörende Vermögen zu verwalten und über es zu verfügen, auf den Insolvenzverwalter über.

(2) [1]Ein gegen den Schuldner bestehendes Veräußerungsverbot, das nur den Schutz bestimmter Personen bezweckt (§§ 135, 136 des Bürgerlichen Gesetzbuchs), hat im Verfahren keine Wirkung. [2]Die Vorschriften über die Wirkungen einer Pfändung oder einer Beschlagnahme im Wege der Zwangsvollstreckung bleiben unberührt.

Literatur: *Bork/Jakoby*, ZInsO 2002, S 398 ff; *Ehlers*, ZInsO 1998, 356 ff; *Gerhardt*, Kölner Schrift, 193 ff; *Landfermann*, Kölner Schrift, 159 ff; *K. Schmidt*, NJW 1987, 1905; *Wellensiek*, Kölner Schrift, 403 ff.

I. Entstehungsgeschichte und Normzweck

1. Entstehungsgeschichte

1   Abs 1 entspricht § 6 KO und fasst die dortigen Regelungen in einem Absatz zusammen. Die BegrRegE (*Kübler/Prütting*, S 261) weist jedoch zu Recht darauf hin, dass die vom InsVerw zu verwaltende Masse durch die **Einbeziehung des Neuerwerbs** (s. o. § 35 Rn 1) erweitert ist. Abs 2 entspricht § 13 KO. Eine inhaltliche Änderung im Vergleich zum alten Recht besteht nicht.

2. Normzweck

2   Abs 2 verfolgt im Wesentlichen zwei Ziele: Zum einen **verliert der Schuldner** durch die Eröffnung des Insolvenzverfahrens die **Verwaltungs- und Verfügungsbefugnis** über die Masse (wenn dies nicht bereits durch Anordnung eines allgemeinen Verfügungsverbotes nach § 22 im Eröffnungsverfahren geschehen ist, s. o. § 22 Rn 4). Zum anderen **geht die Verwaltungs- und Verfügungsbefugnis auf den vom InsGericht eingesetzten InsVerw über**. Abs 2 ist im Zusammenspiel mit

§§ 81, 90, 91 zu sehen: Relative Veräußerungsverbote iSv §§ 135, 136 BGB verlieren durch die Insolvenzeröffnung ihre Wirkung.

II. Regelungsinhalt

1. Rechtsstellung des InsVerw

a) Allgemeines. Nach Abs 1 geht die Verwaltungs- und Verfügungs- 3
befugnis über das zur Masse gehörende Vermögen (§ 35) auf den InsVerw über. Damit tritt der InsVerw **faktisch und rechtlich in die Rechtsstellung des Schuldners** ein. Gleichzeitig verliert der Schuldner seine Verwaltungs- und Verfügungsbefugnis über das zur Insolvenzmasse gehörende Vermögen iSd §§ 35, 36 (N/R-*Wittkowski*, § 80 Rn 9).

b) Theorienstreit zur Rechtsstellung des InsVerw. Auf den Theo- 4
rienstreit zur Rechtsstellung des InsVerw wird an dieser Stelle nicht im einzelnen eingegangen (vgl N/R-*Wittkowski*, § 80 Rn 39; MK-InsO/*Ott*, § 80 Rn 26 ff). Als herrschend dürfte sich die auch in **stRspr** vertretene **Amtstheorie** durchgesetzt haben (*Ott*, aaO Rn 27).

c) Rechte des InsVerw. Gegenüber dem Schuldner kann der Ins- 5
Verw eine Fülle von **Auskunfts- und Mitwirkungsrechte** geltend machen (s §§ 97 ff). Durch den Übergang der Verfügungsbefugnis kann der InsVerw außerdem sämtliche **Rechte des Schuldners gegenüber Dritten** wahrnehmen und geltend machen. Hierzu gehört etwa die Ausübung von **Gestaltungsrechten** (Kündigung, Anfechtung etc.). Grundsätzlich stehen dem InsVerw nur die Rechte zu, **welche der Schuldner vor Eröffnung hatte** (BGHZ 56, 228 = NJW 1971, 1750; MK-InsO/*Ott*, § 80 Rn 43). Allerdings gehen die Befugnisse des InsVerw **teilweise über jene des Schuldners hinaus**, da er – jedenfalls mit Wirksamkeit für die Masse – sich von gegenseitigen nicht erfüllten Verträgen unter den Voraussetzungen der **§§ 103 ff** lösen kann. Ebenso kann der InsVerw nach Eröffnung des Insolvenzverfahrens eine **Insolvenzanfechtung nach §§ 129 ff** geltend machen. Mit Eröffnung tritt der InsVerw auch in die Rechtsstellung als Arbeitgeber ein (N/R-*Wittkowski*, § 80 Rn 104 mwN). Ihm steht als solcher ein vereinfachtes Kündigungsrecht nach § 113 zu. Der Insolvenzverwalter wird selbst nicht Kaufmann (BGH NJW 1987, 1940, 1941; *Ott* aaO Rn 100). Das von ihm verwaltete Unternehmen verliert die Kaufmannseigenschaft hingegen nicht. Soweit es in Bezug auf den Schuldner auf eine **Kaufmannseigenschaft** ankommt (zB Gerichtsstandsvereinbarungen, Zuständigkeit der Kammer für Handelssachen, erhöhte Verzugszinsen etc.) wird nach allgemeiner Auffassung an die Kaufmannseigenschaft des Schuldners angeknüpft (*Ott*, aaO Rn 100 ff).

§ 80 3. Teil. Wirkungen der Eröffnung des Insolvenzverfahrens

6 **d) Pflichten des InsVerw. aa) Gegenüber den Gläubigern.** Nach Eröffnung ist der InsVerw in erster Linie den Gläubigern verpflichtet. Er hat für die bestmögliche Verwertung der vorhandenen Masse mit dem Ziel Sorge zu tragen, dass die Gläubiger, soweit möglich, befriedigt werden. Die Art und Weise der **Verwertung obliegt dem pflichtgemäßen Ermessen des InsVerw**. Er steht hierbei allerdings unter der **Kontrolle** des Gerichts sowie von Gläubigerversammlung bzw Gläubigerausschuss (MK-InsO/*Ott*, § 80 Rn 54; N/R-*Wittkowski*, § 80 Rn 41f). Der InsVerw wird zunächst versuchen, das schuldnerische Unternehmen fortzuführen und – soweit möglich – als Ganzes zu erhalten. Als Verwertungsmöglichkeit kommt insoweit entweder die **übertragende Sanierung** (dh die Veräußerung der Vermögensgegenstände des Schuldners als Ganzes an einen Dritten, zB Auffanggesellschaft) oder eine echte Sanierung des Schuldners als Unternehmensträger (zB durch einen **Insolvenzplan** nach §§ 217ff) in Betracht. In aller Regel bietet die Erhaltung des Unternehmens als Ganzes die größte Chance auf Erzielung eines marktgängigen Verwertungserlöses und damit einer größtmöglichen Befriedigung der Insolvenzgläubiger bei gleichzeitigem Erhalt eines Großteils der Arbeitsplätze. Sofern eine (übertragende) Sanierung des Unternehmens im Ganzen oder wenigstens in Teilbereichen nicht möglich ist, muss der InsVerw zu einer **Liquidation** (Zerschlagung) der Masse schreiten (wegen der Zustimmungserfordernisse durch Gläubigerversammlung bzw Gläubigerausschuss s §§ 159ff).

7 **bb) Prozessführungsbefugnis des InsVerw.** Mit Eröffnung des Insolvenzverfahrens werden Prozesse, welche die Insolvenzmasse betreffen, **automatisch nach § 240 ZPO unterbrochen**. Der InsVerw kann solche Prozesse unter den Voraussetzungen der §§ 85f für den Schuldner aufnehmen. Prozesse, die über Massegegenstände nach Insolvenzeröffnung anhängig zu machen sind, führt der InsVerw als „Insolvenzverwalter über das Vermögen des Schuldners". Ist der InsVerw – wie häufig – selber Rechtsanwalt, kann er sich selbst bei Gericht vertreten und die Vergütung als Rechtsanwalt nach der einschlägigen Gebührenordnung aus der Masse vereinnahmen (MK-InsO/*Ott*, § 80 Rn 77 mwN). **Passivprozesse** (gegen den InsVerw) sind nach §§ 86f **erheblich eingeschränkt**. So ist der InsVerw zB zu verklagen, wenn er sich weigert, Aussonderungsrechte (§ 47) zu berücksichtigen. Soweit der InsVerw persönlich auf Haftung nach §§ 60f in Anspruch genommen wird, ist er auch persönlich (und nicht als InsVerw) zu verklagen (s § 61 Rn 25). Zu den Möglichkeiten eines InsVerw, **Prozesskostenhilfe** zu erlangen, vgl MK-InsO/*Ott*, § 80 Rn 85ff; s auch unten §§ 85ff.

2. Rechtsstellung des Schuldners

Der **Schuldner verliert die Verfügungsbefugnis** über die Masse, soweit diese nach den vorstehenden Ausführungen dem InsVerw zukommen. Er bleibt jedoch weiterhin Eigentümer der Massegegenstände (HK-*Eickmann*, § 80 Rn 3; K/P-*Lüke*, § 80 Rn 5 ff). Der Schuldner **behält die Verfügungsbefugnis über das insolvenzfreie Vermögen** (s § 36 Rn 2 ff), also insbes über pfändungsfreies Vermögen, nicht jedoch über den sog. Neuerwerb (s § 35 Rn 11 f). Zu der Beschränkung beruflicher Tätigkeiten des Schuldners während des Insolvenzverfahrens vgl *Lüke* aaO Rn 15 ff.

3. Veräußerungsverbote

Abs 2 ordnet an, dass relative Veräußerungsverbote iSv §§ 135, 136 BGB mit Insolvenzeröffnung ihre **Wirksamkeit verlieren**. Praktisch bedeutsam ist Abs 2 nur in Bezug auf gerichtliche oder behördliche Veräußerungsverbote iSv § 136 BGB (MK-InsO/*Ott*, § 80 Rn 154). Rechtsgeschäftliche Veräußerungsverbote haben für den InsVerw ohnehin keine bindende Wirkung, so dass Abs 2 S 1 auf diese keine Anwendung findet (BGHZ 40, 156, 160; 55, 228, 231; N/R-*Wittkowski*, § 80 Rn 177). Hauptanwendungsfall des Abs 2 S 1 ist das **Veräußerungsverbot aufgrund einer einstweiligen Verfügung** (§§ 935 ff ZPO). Abs 2 S 2 stellt hingegen klar, dass ein Pfändungspfandrecht, auch eines, welches im Wege des einstweiligen Rechtsschutzes erworben wurde, von der Unwirksamkeit unberührt bleibt. Ein solches **Pfändungspfandrecht** gewährt dem Gläubiger somit ein Absonderungsrecht (§§ 49, 50). Allerdings kann ein im Wege der Zwangsvollstreckung erlangtes Pfändungspfandrecht der **Rückschlagsperre** nach § 88 oder der **Insolvenzanfechtung** nach § 131 unterliegen.

§ 81 Verfügungen des Schuldners

(1) ¹Hat der Schuldner nach der Eröffnung des Insolvenzverfahrens über einen Gegenstand der Insolvenzmasse verfügt, so ist diese Verfügung unwirksam. ²Unberührt bleiben die §§ 892, 893 des Bürgerlichen Gesetzbuchs, §§ 16, 17 des Gesetzes über Rechte an eingetragenen Schiffen und Schiffsbauwerken und §§ 16, 17 des Gesetzes über Rechte an Luftfahrzeugen. ³Dem anderen Teil ist die Gegenleistung aus der Insolvenzmasse zurückzugewähren, soweit die Masse durch sie bereichert ist.

(2) ¹Für eine Verfügung über künftige Forderungen auf Bezüge aus einem Dienstverhältnis des Schuldners oder an deren Stelle tretende laufende Bezüge gilt Absatz 1 auch insoweit, als die Be-

züge für die Zeit nach der Beendigung des Insolvenzverfahrens betroffen sind. ²Das Recht des Schuldners zur Abtretung dieser Bezüge an einen Treuhänder mit dem Ziel der gemeinschaftlichen Befriedigung der Insolvenzgläubiger bleibt unberührt.

(3) ¹Hat der Schuldner am Tag der Eröffnung des Verfahrens verfügt, so wird vermutet, daß er nach der Eröffnung verfügt hat. ²Eine Verfügung des Schuldners über Finanzsicherheiten im Sinne des § 1 Abs. 17 des Kreditwesengesetzes nach der Eröffnung ist, unbeschadet der §§ 129 bis 147, wirksam, wenn sie am Tag der Eröffnung erfolgt und der andere Teil nachweist, dass er die Eröffnung des Verfahrens weder kannte noch kennen musste.

Literatur: *Gerhardt*, Kölner Schrift, S 193 ff.

I. Entstehungsgeschichte und Normzweck

1. Entstehungsgeschichte

1   Die Vorschrift entspricht weitgehend dem bisherigen Recht. Abs 1 ist nahezu wortgleich mit § 7 Abs 1 und Abs 2 KO; Abs 3 entspricht § 7 Abs 3 KO. Gestrichen wurden allerdings die Worte „gegenüber den Konkursgläubigern", wodurch klargestellt wurde, dass die **Unwirksamkeit von Verfügungen** eine **absolute** ist (BegrRegE, *Kübler/Prütting*, S 261), was bisher bereits der ganz hM entsprach. Abs 2 enthält eine Neuerung welche aufgrund des geänderten Massebegriffs in der InsO erforderlich geworden war.

2. Normzweck

2   Die Vorschrift **konkretisiert** die Wirkungen des Verlustes der Verwaltungs- und Verfügungsbefugnis gem § 80. Der Gutglaubensschutz bei Verfügungen des Schuldners nach Eröffnung wird weitgehend aufgehoben. Lediglich der **gute Glaube an den Inhalt des Grundbuches und vergleichbare Register** wird noch geschützt. Abs 2 schützt nicht die Insolvenzmasse, sondern das Vermögen, welches der Schuldner zur Durchführung eines Restschuldbefreiungsverfahrens oder eines Insolvenzplanes benötigt.

II. Regelungsinhalt

1. Absolutes Verfügungsverbot

3   Nach Abs 1 sind Verfügungen über Gegenstände der Insolvenzmasse nach Eröffnung unwirksam. Es handelt sich hierbei nicht um eine relative Unwirksamkeit iSd §§ 135, 136 BGB, sondern um eine absolute (BegrRegE, *Kübler/Prütting*, 261; MK-InsO/*Ott*, § 81 Rn 13 mwN zum al-

Leistungen an den Schuldner **§ 82**

ten Recht; Uhlenbruck/*Uhlenbruck*, § 81 Rn 1). Der **entgegen § 81 verfügenden Schuldner ist ein Nichtberechtigter iSv § 185 BGB** (FK-*App*, § 81 Rn 13). Daher kann der InsVerw Verfügungen des Schuldners, die entgegen Abs 1 vorgenommen wurden, nach § 185 Abs 2 BGB genehmigen (*Ott* aaO Rn 17; N/R-*Wittkowski*, § 81 Rn 15).

2. Zeitpunkt der Verfügung

a) **Allgemeines.** Die Wirkung von Abs 2 tritt unmittelbar mit dem 4
Eröffnungsbeschluss ein. Abs 3 gewährt dem InsVerw zusätzlich eine Beweiserleichterung dahingehend, dass Verfügungen, welche am Eröffnungstage stattgefunden haben, im **Zweifel nach der Eröffnung** erfolgt sind.

b) **Mehraktige Verfügungen.** Häufig erfolgt eine Verfügung des 5
Schuldners in mehreren Akten, also etwa bei der Übertragung bzw Belastung von Grundstücken. Wird ein Verfügungsakt dergestalt auseinandergezogen, dass dieser erst **nach Insolvenzeröffnung** beendet ist, so **hindert** dies grundsätzlich den **wirksamen Rechtserwerb** des anderen Teils (MK-InsO/*Ott*, § 81 Rn 10; Uhlenbruck/*Uhlenbruck*, § 81 Rn 6). Bei der Übertragung von Rechten an **Grundstücken** oder grundstücksgleichen Rechten ist allerdings die spezielle Regelung des **§ 91 Abs 2 vorrangig** anzuwenden (MK-InsO/*Ott*, § 81 Rn 10; Uhlenbruck/*Uhlenbruck*, § 81 Rn 6 mwN). Daher ist es für eine wirksame Veräußerung von Immobilien ausreichend, wenn die **dingliche Einigung nach §§ 873, 925 BGB vor Verfahrenseröffnung** erfolgt und der **Eintragungsantrag auch** vor diesem Zeitpunkt gestellt worden ist (*Ott* aaO Rn 10 mwN).

3. Gutglaubensschutz

Der gute Glaube in die Verfügungsberechtigung des Schuldners wird 6
nach Eröffnung des Verfahrens nur noch **stark eingeschränkt geschützt**. Abs 1 schützt nur noch den guten Glauben in das **Grundbuch (§§ 892, 893 BGB) sowie Schiffsrechtsregister und Luftfahrtrolle** (Abs 1 S 2). Im übrigen kommt es wegen der Verfügung von Gegenständen aus dem schuldnerischen Vermögen auf eine Kenntnis von der Insolvenzeröffnung nicht an (MK-InsO/*Ott*, § 81 Rn 19; Kübler/*Prütting-Lüke*, § 81 Rn 24 mwN).

§ 82 Leistungen an den Schuldner

¹Ist nach der Eröffnung des Insolvenzverfahrens zur Erfüllung einer Verbindlichkeit an den Schuldner geleistet worden, obwohl die Verbindlichkeit zur Insolvenzmasse zu erfüllen war, so wird

der Leistende befreit, wenn er zur Zeit der Leistung die Eröffnung des Verfahrens nicht kannte. ²Hat er vor der öffentlichen Bekanntmachung der Eröffnung geleistet, so wird vermutet, daß er die Eröffnung nicht kannte.

Literatur: *Heublein,* ZIP 2000, 161 ff; *Kübler,* BB 1976, 801 ff; *Obermüller,* ZInsO 1999, 690 ff.

I. Entstehungsgeschichte und Normzweck

1   Die Vorschrift entspricht § 8 KO und enthält inhaltlich keine Abweichungen zum alten Recht. Die Norm gewährleistet einen **beschränkten Gutglaubensschutz für Drittschuldner** des Schuldners, welche zu einem Zeitpunkt nach Insolvenzeröffnung aber vor Kenntnis von demselben an den Schuldner Leistungen erbringen. Der Schutz des Drittschuldners ist zwar weitergehend als der des Gläubigers nach § 81, jedoch kann auch den Drittschuldner das Risiko treffen, nach erfolgter Leistung noch einmal in die Masse zahlen zu müssen (MK-InsO/*Ott,* § 82 Rn 1).

II. Regelungsinhalt

1. Tatbestandliche Voraussetzungen

2   Die Vorschrift greift erst nach Insolvenzeröffnung und nach Eintritt des Insolvenzbeschlages nach § 80 ein. Die Vorschrift greift nicht nur bei der Erfüllung von Geldschulden, sondern bei **jeglicher Verbindlichkeit** ein, welche zur Insolvenzmasse zu erfüllen war (Uhlenbruck/*Uhlenbruck,* § 82 Rn 4).

2. Gutglaubenschutz

3   **a) Allgemeines.** Der Drittschuldner wird von seiner fälschlich an den Schuldner erbrachten Leistung dann befreit, wenn er zum Zeitpunkt der Leistung den **Eröffnungsantrag nicht kannte**. Es schadet nur **positive Kenntnis** vom Insolvenzantrag (Uhlenbruck/*Uhlenbruck,* § 82 Rn 11; MK-InsO/*Ott,* § 82 Rn 13). Auch grob fahrlässige Unkenntnis schadet nicht (*Hess,* § 82 Rn 33). Wegen der Kenntnis von Hilfspersonen ist auf die allgemeinen Zurechnungsregeln zu verweisen (vgl Palandt/*Heinrichs,* § 166 BGB Rn 6).

4   **b) Beweislast vor der öffentlichen Bekanntmachung.** § 82 unterscheidet – ebenso wie § 8 KO – wegen der Beweislast bzgl der Kenntnis von der Insolvenzeröffnung zwischen dem **Zeitraum vor und nach der öffentlichen Bekanntmachung nach § 9 InsO**. Bis zur Bekanntmachung trägt der Insolvenzverwalter die volle Beweislast der Kenntnis des Drittschuldners: Seine Unkenntnis wird vermutet.

Leistungen an den Schuldner **§ 82**

c) Beweislast nach der öffentlichen Bekanntmachung. Nach der 5
Eröffnung dreht sich die Beweislast zu Lasten des Leistenden um: Der
muss dann seine Unkenntnis vom Eröffnungsbeschluss nachweisen (MK-
InsO/*Ott*, § 82 Rn 15). Ebenso muss er im Bestreitensfalle nachweisen,
dass seine Leistung vor einem Eröffnungsantrag erfolgt ist (Uhlenbruck/
Uhlenbruck, § 82 Rn 13). Nach § 9 Abs 1 S 3 wird die **öffentliche Bekanntmachung mit dem Ablauf des zweiten Tages nach der Ausgabe des Bundesanzeigers wirksam**; dies gilt entsprechend für Tageszeitungen (vgl im Einzelnen *Uhlenbruck* aaO Rn 13). Entgegen der
Auffassung von *Uhlenbruck* kann es hingegen keinen Unterschied machen,
ob die betreffende Tageszeitung schon am Vorabend erworben werden
kann, da auch dem vorsichtigsten Drittschuldner nicht zugemutet werden
kann, den frühsten Erscheinungszeitpunkt abzupassen.

3. Rechtsfolge der Inanspruchnahme

Eine Besonderheit ergibt sich dann, wenn der Gutglaubenschutz nicht 6
eingreift und der Drittschuldner erneut an den Insolvenzverwalter zahlen
muss: Da die erste Zahlung an den Schuldner nach Insolvenzeröffnung erfolgt ist, **steht dem Drittschuldner keine Insolvenzforderung nach
§ 38** zu (MK-InsO/*Ott*, § 82 Rn 11). Der Drittschuldner muss sich nach
Insolvenz unmittelbar an den Schuldner halten und wird daher häufig
vollständig ausfallen.

4. Sonderfälle im bankrechtlichem Überweisungsverkehr

(vgl ausf. *Obermüller*, InsRBankpraxis Rn 3.44 ff) Im Prinzip gelten 7
auch im bargeldlosen Zahlungsverkehr keine Besonderheiten: Erbringt
der Drittschuldner seine Leistung **mittels Banküberweisung**, so wird er
frei, wenn er bzw seine **Bank die Überweisung nicht mehr rückgängig machen können**, nachdem er Kenntnis von der Insolvenzeröffnung
hatte (wegen der Beweislast bzgl der Kenntnis vgl oben Rn 4f). Mit Insolvenzeröffnung erlischt der Girovertrag sowie sonstige Aufträge und Geschäftsbesorgungsverträge automatisch nach §§ 115 ff InsO (*Obermüller*
aaO Rn 3.70), vgl jedoch § 115 Abs 3 S 1. Zahlungen die auf dem Girokonto des Schuldners nach Eröffnung eingehen, leitet die Bank grundsätzlich an den Insolvenzverwalter weiter (*Obermüller* aaO). Problematisch
sind jedoch die Fälle, in denen ein **Zahlungseingang auf einem debitorischen Konto des Schuldners** erfolgt. Eine Verrechnung solcher
Zahlungseingänge durch die Bank mit dem negativen Kontokorrentsaldo
ist jedenfalls dann zulässig, wenn die eingehenden Zahlungen von einer
Globalzession zugunsten der Bank erfasst waren (BGH NZI 2003,
34 ff). Wegen des weitergehenden Meinungsstreites ist zu verweisen auf
die Ausführungen bei Uhlenbruck/*Uhlenbruck*, § 82 Rn 16 ff.

§ 83 Erbschaft. Fortgesetzte Gütergemeinschaft

(1) ¹Ist dem Schuldner vor der Eröffnung des Insolvenzverfahrens eine Erbschaft oder ein Vermächtnis angefallen oder geschieht dies während des Verfahrens, so steht die Annahme oder Ausschlagung nur dem Schuldner zu. ²Gleiches gilt von der Ablehnung der fortgesetzten Gütergemeinschaft.

(2) Ist der Schuldner Vorerbe, so darf der Insolvenzverwalter über die Gegenstände der Erbschaft nicht verfügen, wenn die Verfügung im Falle des Eintritts der Nacherbfolge nach § 2115 des Bürgerlichen Gesetzbuchs dem Nacherben gegenüber unwirksam ist.

Literatur: siehe Lit. zu § 82.

I. Entstehungsgeschichte und Normzweck

1. Entstehungsgeschichte

1 Abs 1 entspricht § 9 KO mit der Maßgabe, dass sich die Regelung nunmehr auch auf Erbschaften und Vermächtnisse bezieht, welche nach Eröffnung des Verfahrens angefallen sind. Diese **Änderung war aufgrund von § 35 (Einbeziehung des Neuerwerbs) erforderlich**. Abs 2 stimmt inhaltlich mit § 128 KO überein. Aufgrund der systematischen Stellung bezieht Abs 2 selbstverständlich auch Vorerbschaften ein, die nach Eröffnung angefallen sind.

2. Normzweck

2 Gem. §§ 80, 81 geht die Befugnis des Schuldners, über die ihm gehörenden Vermögensgegenstände zu verfügen, auf den InsVerw über. Dies gilt gem § 35 auch für den sog. Neuerwerb. Da Erbschaften und Vermächtnisse nach ihrem Anfall ebenfalls zum Vermögen des Schuldners gehören, müsste grundsätzlich auch dem InsVerw die Befugnis zustehen, über die Annahme oder Ausschlagung einer Erbschaft zu entscheiden. § 83 Abs 1 gesteht hingegen ausschließlich dem Schuldner eine **Restverfügungsbefugnis über sein Vermögen** zu. Hierdurch soll insbesondere dem Umstand Rechnung getragen werden, dass die Interessen der Nachlassgläubiger und die der Gläubiger des Schuldners konkurrieren (FK-App, § 83 Rn 4 ff). Entsprechendes gilt für eine Gütergemeinschaft nach Ableben eines Ehegatten.

II. Regelungsinhalt

1. Erbschaft

3 **a) Anfallen einer Erbschaft.** Nach § 1922 Abs 1 BGB geht das Vermögen eines Erblassers nach dessen Ableben im Wege der Universal-

sukzession auf die Erben über. Eine **Erbschaft wird vom Insolvenzbeschlag grundsätzlich mit erfasst**. Hierdurch kann sich – sofern die Erbschaft werthaltig ist – die Haftungsmasse vergrößern.

b) Ausschlagung. Gem § 1942 BGB kann ein Erbe die Erbschaft mit 4 einer Frist von sechs Wochen nach Kenntniserlangung vom Anfall der Erbschaft (§ 1944 BGB) ausschlagen. Die Ausschlagung hat die Wirkung, dass das Erbe beim ausschlagenden Erben nicht anfällt. Abs 1 S 1 belässt dem Schuldner die Befugnis, die Erbschaft – nach freiem Belieben (RGZ 54, 295) – anzunehmen oder auszuschlagen. Daher kann die Ausschlagung eines werthaltigen Erbes nicht nach §§ 129 ff angefochten werden (vgl statt aller: *Kuhn/Uhlenbruck*, § 9 KO Rn 3). Allerdings kann der **Schuldner durch die Ausschlagung des Erbes nicht verhindern, dass ein etwaiger Pflichtteilsanspruch in die Masse gelangt** (*Kuhn/ Uhlenbruck* aaO Rn 10).

c) Annahme. Nimmt er sie an, so geht die Verfügungsbefugnis über 5 die Erbschaft, soweit diese beim Schuldner anfällt, auf den InsVerw über. Bei einer Ausschlagung bleibt die Erbschaft außerhalb der Insolvenzmasse; sie geht auf den nächsten – gesetzlichen oder testamentarischen – Erben über. Im Falle der Annahme einer Erbschaft **hat der InsVerw zu prüfen, ob das Erbe werthaltig ist**. Ggf ist der InsVerw verpflichtet, einen **Nachlasskonkurs** über das Erbe zu beantragen (FK-*App*, § 83 Rn 7f).

2. Vermächtnis

Auf das lediglich schuldrechtlich wirkende (§ 1939 BGB) Vermächtnis 6 sind die vorstehenden Ausführungen **entsprechend zu übertragen**, vgl § 2180 BGB.

3. Fortgesetzte Gütergemeinschaft

Abs 1 S 2 erklärt die Ausschlagungsbefugnis des Schuldners für entspre- 7 chend anwendbar auf die **Ablehnung der fortgesetzten Gütergemeinschaft gem § 1484 BGB**. Nach § 1484 Abs 2 BGB finden die Vorschriften über die Ausschlagung einer Erbschaft weitgehend entsprechende Anwendung auf die Fortsetzung der Gütergemeinschaft nach dem Ableben eines Ehegatten.

4. Vorerbschaft

Abs 2 geht von der Prämisse aus, dass die Beschränkungen des Vor- 8 erben, über den Nachlass zu verfügen, auch dann bestehen bleiben, wenn über sein Vermögen ein Insolvenzverfahren eröffnet wird. Der InsVerw ist daher daran gehindert, das Stammvermögen der Vorerbschaft zu veräußern. Eine Verwertung durch den InsVerw kann nur insoweit erfolgen, als es sich um Nutzungen des Stammvermögens der Vorerbschaft handelt

(*Kuhn/Uhlenbruck*, § 128 KO Rn 2, 2a). Im Ergebnis läuft die Vorschrift auf eine **Trennung des Stammvermögens der Vorerbschaft von der Insolvenzmasse** hinaus. Die Vorschrift gilt auch für den befreiten Vorerben (*Kuhn/Uhlenbruck* aaO Rn 3). Dem Nacherben steht ein Aussonderungsrecht zu, wenn die Nacherbfolge (Ableben des Vorerben) eingetreten ist (*Kuhn/Uhlenbruck* aaO Rn 2b).

§ 84 Auseinandersetzung einer Gesellschaft oder Gemeinschaft

(1) ¹Besteht zwischen dem Schuldner und Dritten eine Gemeinschaft nach Bruchteilen, eine andere Gemeinschaft oder eine Gesellschaft ohne Rechtspersönlichkeit, so erfolgt die Teilung oder sonstige Auseinandersetzung außerhalb des Insolvenzverfahrens. ²Aus dem dabei ermittelten Anteil des Schuldners kann für Ansprüche aus dem Rechtsverhältnis abgesonderte Befriedigung verlangt werden.

(2) ¹Eine Vereinbarung, durch die bei einer Gemeinschaft nach Bruchteilen das Recht, die Aufhebung der Gemeinschaft zu verlangen, für immer oder auf Zeit ausgeschlossen oder eine Kündigungsfrist bestimmt worden ist, hat im Verfahren keine Wirkung. ²Gleiches gilt für eine Anordnung dieses Inhalts, die ein Erblasser für die Gemeinschaft seiner Erben getroffen hat, und für eine entsprechende Vereinbarung der Miterben.

Literatur: siehe Lit zu § 82.

I. Entstehungsgeschichte und Normzweck

1. Entstehungsgeschichte

1 Abs 1 S 1 entspricht § 16 Abs 1 KO; S 2 geht zurück auf § 51 KO. Abs 2 entspricht § 16 Abs 2 KO. Eine inhaltliche Änderung ist lediglich insofern eingetreten, als nach Abs 2 S 2 auch eine Vereinbarung zwischen Miterben, die das Recht zur Aufhebung der Erbengemeinschaft beschränkt, im Insolvenzverfahren nicht beachtet werden muss (BegrRegE, *Kübler/Prütting*, S 263).

2. Normzweck

2 Die Vorschrift regelt das Verhältnis zwischen Insolvenzrecht auf der einen und dem Recht der Auseinandersetzung einer Gemeinschaft nach Bruchteilen bzw einer Gesellschaft ohne Rechtspersönlichkeit (GbR, OHG, KG) auf der anderen Seite. Sie stellt insoweit einen **Vorrang des Gesellschaftsrechts** auf (K/P-*Lüke*, § 84 Rn 15, 25). Die Vorschrift kor-

respondiert mit den jeweiligen Regelungen im Gemeinschafts- bzw Gesellschaftsrecht. Zwar wird eine Gemeinschaft/Gesellschaft durch die Insolvenz eines Mitgliedes aufgelöst, die Vermögensverhältnisse innerhalb der Gesellschaft/Gemeinschaft bleiben für diese jedoch aufgrund des durch die Vorschrift gewährten **Absonderungsrechts** weitgehend erhalten.

II. Regelungsinhalt

1. Auseinandersetzung einer Gemeinschaft

Der InsVerw hat bei einer Bruchteilsgemeinschaft (Miteigentum) eine 3
Auseinandersetzung nach §§ 752 ff BGB vorzunehmen. Sofern der InsVerw sich im Besitz der im Miteigentum stehenden Sache befindet, steht diesen **in Ansehung ihres Miteigentumsanteils ein Aussonderungsrecht** zu (N/R-*Wittkowski*, § 84 Rn 3).

2. Auseinandersetzung einer Gesellschaft ohne Rechtspersönlichkeit (GbR, OHG, KG)

Abs 1 bestimmt, dass die Auseinandersetzung einer Gesellschaft ohne 4
Rechtspersönlichkeit außerhalb des Insolvenzverfahrens stattfindet. Das Insolvenzverfahren kann – sofern im **Gesellschaftsvertrag nichts anderes geregelt** ist – jedoch der Anlass für die Auseinandersetzung der Gesellschaft sein (§ 728 BGB, § 131 Abs 1 Nr 3 HGB). Die Frage, ob die Gesellschaft durch die Eröffnung des Insolvenzverfahrens aufgelöst wird oder lediglich der Schuldner aus der Gesellschaft ausscheidet, ist **ausschließlich nach Gesellschaftsrecht zu beurteilen**. Der Geschäftsanteil des Schuldners steht der Insolvenzmasse (nur) wertmäßig zu. Bezüglich des Abfindungsanspruches des Schuldners ist ebenfalls grundsätzlich auf die Bestimmungen des Gesellschaftsrechts zu verweisen. Daher ist auch eine gesellschaftsvertragliche Abfindungsregelung grundsätzlich für den InsVerw maßgeblich. **Ausnahmsweise kann eine Abfindungsregelung (etwa eine Buchwertklausel) vom InsVerw angefochten** werden, wenn diese etwa erst im kritischen Zeitraum nach §§ 130, 131 vereinbart bzw geändert wurde.

3. Stille Gesellschaft

Umstritten ist die Anwendung des § 84 auf die stille Gesellschaft nach 5
§§ 230 ff HGB. Hierbei ist zu differenzieren zwischen der Insolvenz des Geschäftsinhabers und der des stillen Gesellschafters. Da die stille Gesellschaft kein Gesamthandsvermögen bildet, **steht dem Geschäftsinhaber bei der Insolvenz des stillen Gesellschafters lediglich eine Insolvenzforderung zu**. Umgekehrt kann der InsVerw einen positiven Abfindungsanspruch zur Masse ziehen (FK-*App*, § 84 Rn 27). Bei der Insolvenz

des Geschäftsinhabers wird die stille Gesellschaft ebenfalls aufgelöst. Auch hier hat der stille Gesellschafter gem § 236 Abs 1 HGB lediglich eine Insolvenzforderung. Im Vergleich zu sonstigen Gesellschaftern des Geschäftsherrn bedeutet dies allerdings eine Privilegierung des stillen Gesellschafters (vgl im Einzelnen die Kommentierung von *K.Schmidt* in GroßkommHGB, 5. Aufl, § 341 aF Rn 2).

4. Absonderungsrecht der übrigen Gesellschafter/Miteigentümer

6 Den Gesellschaftern/Miteigentümern steht für „Ansprüche aus dem Rechtsverhältnis" ein **Absonderungsrecht gegen die Masse** zu. Bei den hiernach privilegierten Forderungen handelt es sich um solche, deren Rechtsgrund gerade die Stellung als Teilhaber ausmacht (HK-*Eickmann*, § 84 Rn 15; MK-InsO/*Stodolkowitz*, § 84 Rn 23; Uhlenbruck/*Uhlenbruck*, § 84 Rn 18). Hierzu zählen insbes Ansprüche auf Ausgleichung, Aufwendungsersatz, Gewinn- und Verlustanteile sowie Auseinandersetzungskosten (*Kuhn/Uhlenbruck*, § 51 KO Rn 3). Ein Absonderungsrecht steht dem Gesellschafter **auch dann zu, wenn er aus eigenen Mitteln eine Gesellschaftsschuld beglichen hat** (*Kuhn/Uhlenbruck* aaO; *Stodolkowitz*, aaO). In Bezug auf einen im Besitz des Schuldners befindlichen beweglichen Gegenstand dürfte ein **Verwertungsrecht des InsVerw nach § 166** gegeben sein.

§ 85 Aufnahme von Aktivprozessen

(1) ¹**Rechtsstreitigkeiten über das zur Insolvenzmasse gehörende Vermögen, die zur Zeit der Eröffnung des Insolvenzverfahrens für den Schuldner anhängig sind, können in der Lage, in der sie sich befinden, vom Insolvenzverwalter aufgenommen werden.** ²**Wird die Aufnahme verzögert, so gilt § 239 Abs. 2 bis 4 der Zivilprozeßordnung entsprechend.**

(2) Lehnt der Verwalter die Aufnahme des Rechtsstreits ab, so können sowohl der Schuldner als auch der Gegner den Rechtsstreit aufnehmen.

Literatur: *K.Schmidt*, NJW 1995, 911 ff; *Vollkommer*, MDR 1998, 1269 ff; *Wagner*, KTS 1997, 567 ff.

I. Entstehungsgeschichte und Normzweck

1 Die Vorschrift entspricht nahezu wörtlich § 10 KO. Die InsO übernimmt die „Lösungen des ... Konkursrechtes" (BegrRegE, *Kübler/Prütting*, S 264). Sie korrespondiert mit § 240 ZPO, nach welcher Prozesse unter Beteiligung des Schuldners bei Eröffnung des Insolvenzverfahrens sowie bei der Bestellung eines „starken" vorl InsVerw unterbrochen wird.

Der („starke" vorl) InsVerw kann entscheiden, ob er das Risiko eines Prozesses über das zur Insolvenzmasse gehörende Vermögen tragen möchte oder nicht. Abs 2 gibt sowohl dem Schuldner als auch dem Gegner das Recht, einen Prozess nach Ablehnung durch den InsVerw aufzunehmen. Für letzteren wird sich das Erfordernis einer Aufnahme des Prozesses jedoch häufig nicht stellen.

II. Regelungsinhalt

1. Aktivprozess

§ 85 betrifft nur solche Prozesse, bei denen der Schuldner ein Vermögensrecht geltend macht, welches zur **Aktivmasse** gehört bzw gehören soll. Dabei ist unerheblich, ob der Schuldner auf Kläger- oder auf Beklagtenseite steht (HK-*Eickmann*, § 85 Rn 5; MK-InsO/*Schumacher*, § 85 Rn 4; Uhlenbruck/*Uhlenbruck*, § 85 Rn 47). Es muss sich um eine **vermögensrechtliche Streitigkeit** handeln, welche zur Konkursmasse gehörige Gegenstände (**nicht das insolvenzfreie Vermögen**) betrifft (FK-*App*, § 85 Rn 4). Ein Aktivprozess liegt hingegen **nicht** vor, wenn über einen von dem Insolvenzschuldner erhobenen Anspruch zu dessen Gunsten erkannt, die ausgeurteilte Leistung im Wege der Zwangsvollstreckung oder zu ihrer Abwendung erbracht worden ist und der Titelschuldner im Rechtsmittelverfahren wegen seiner Leistung gem § 717 II ZPO Ersatz verlangt (BGH NZI 2004, 318, ZIP 2005, 952).

2. Aufnahme des Verfahrens

Der InsVerw entscheidet nach **pflichtgemäßem Ermessen**, ob er den gem § 240 ZPO unterbrochenen Prozess aufnehmen möchten (*Kuhn/Uhlenbruck*, § 10 KO Rn 3). Erklärt der InsVerw die Aufnahme des Prozesses (zur Form der Aufnahmeerklärung vgl MK-InsO/*Schumacher*, vor §§ 85–87 Rn 80f), so tritt er in den Prozess in der Lage ein, in dem er sich befindet. Dies bedeutet, dass der InsVerw an die bisherige Prozessführung des Schuldners gebunden ist (MK-InsO/*Schumacher*, § 85 Rn 16). Der InsVerw hat somit nicht nur die Frage des Bestehens bzw Nichtbestehens des geltend gemachten Anspruches zu prüfen, sondern auch festzustellen, ob der Prozess vom Schuldner „richtig" geführt worden ist. Das pflichtgemäße Ermessen des InsVerw bezieht sich auf die **Erfolgsaussichten insgesamt**.

3. Ablehnung der Aufnahme

Die Ablehnung der Aufnahme durch den InsVerw hat bei Aktivprozessen automatisch die **Freigabe des klagegegenständlichen Anspruchs zur Folge** (MK-InsO/*Schumacher*, § 85 Rn 23). Nach Abs 2 kann sowohl der Gegner als auch der Schuldner den Rechtsstreit aufnehmen. Der Geg-

§ 86 3. Teil. Wirkungen der Eröffnung des Insolvenzverfahrens

ner wird üblicherweise an der Aufnahme kein Interesse haben, da durch ein Fortführen des Verfahrens zusätzliche Kosten entstehen, welche er auch bei Obsiegen im Verhältnis zur Masse wirtschaftlich selbst zu tragen hätte. Anders sieht dies für den **Schuldner** aus. Dieser kann den Prozess auf eigenes (Kosten-) Risiko fortführen und – im Falle des Obsiegens – den **Erlös für sich behalten**. Eine voreilige Freigabe durch den InsVerw kann zu einer Haftung gem § 60 InsO führen.

4. Verzögerung der Aufnahme

5   Zur Entscheidung über die Aufnahme des Prozesses steht dem InsVerw eine **„angemessene" Überlegungsfrist** zu. Bei der Bemessung der Frist ist den besonderen Umständen des jeweiligen Insolvenzverfahrens Rechnung zu tragen. Trifft der InsVerw innerhalb der Frist keine Entscheidung über die Aufnahme bzw Ablehnung der Aufnahme, so gelten gem Abs 1 S 2 die Vorschriften des § 239 Abs 2–4 ZPO entsprechend (MK-InsO/ *Schumacher,* § 85 Rn 34 ff). Das Gericht hat danach die Möglichkeit, den InsVerw zu einer weiteren Verhandlung über den Rechtsstreit zu laden. Erscheint der InsVerw zum Termin nicht, so ergeht gegen ihn Versäumnisurteil. Erscheinen beide Parteien zum Termin nicht, so ruht das Verfahren. Während der Masse bei der Ablehnung der Aufnahme seitens des Ins-Verw keine weiteren Kosten entstehen (FK-*App*, § 85 Rn 20), sind im Falle des Unterliegens bei einem aufgenommenen Prozess bzw bei einer Verzögerung der Aufnahme die entstandenen Kosten Masseschuld iSv § 55 Abs 1 Nr 1 InsO (FK-*App*, § 85 Rn 16). Es kommt ggf eine Haftung des InsVerw nach § 61 in Betracht (*Schumacher,* aaO Rn 32; s auch oben, § 61 Rn 19).

§ 86 Aufnahme bestimmter Passivprozesse

(1) Rechtsstreitigkeiten, die zur Zeit der Eröffnung des Insolvenzverfahrens gegen den Schuldner anhängig sind, können sowohl vom Insolvenzverwalter als auch vom Gegner aufgenommen werden, wenn sie betreffen:
1. die Aussonderung eines Gegenstands aus der Insolvenzmasse,
2. die abgesonderte Befriedigung oder
3. eine Masseverbindlichkeit.

(2) Erkennt der Verwalter den Anspruch sofort an, so kann der Gegner einen Anspruch auf Erstattung der Kosten des Rechtsstreits nur als Insolvenzgläubiger geltend machen.

Literatur: s Lit. zu § 85.

I. Entstehungsgeschichte und Normzweck

S § 85 Rn 1.

1

II. Regelungsinhalt

1. Passivprozesse

a) Allgemeines. Im Gegensatz zu § 85 betrifft § 86 Prozesse, welche gegen den Schuldner geführt werden. Solche Prozesse sollen nach der Vorstellung des Gesetzgebers im Rahmen eines Insolvenzverfahrens **möglichst vermieden** werden. Die **Anmeldung einer Forderung zur Insolvenztabelle** stellt im Vergleich zum Prozess einen schnelleren, einfacheren sowie kostengünstigeren Weg der Rechtsverfolgung dar. Hinter der Vorschrift steht die weitere Überlegung, dass ein Insolvenzgläubiger auch bei Obsiegen lediglich einen Anspruch auf die Insolvenzquote hat. Aus diesem Grund steht dem Gegner ein **Aufnahmerecht bei Passivprozessen** nur unter der Voraussetzung zu, dass er beim Obsiegen einen **unmittelbaren Anspruch gegen die Masse bzw einen Anspruch auf Ab- oder Aussonderung** hätte.

2

b) Aussonderungsanspruch. Zum Zeitpunkt der Anhängigmachung eines Rechtsstreites, welcher gem § 240 ZPO unterbrochen wird, war das Insolvenzverfahren zumeist noch nicht eröffnet. Daher war zu diesem Zeitpunkt von einem Aussonderungsrecht noch nicht die Rede. Abzustellen ist daher auf die **insolvenzrechtliche Lage nach Eröffnung des Verfahrens**. Zu den Prozessen, mit welchen ein Aussonderungsrecht (§§ 47, 48) geltend gemacht wird, gehören insbesondere Herausgabeklagen gem § 985 BGB. **Auch Unterlassungsansprüche** können uU einen Aussonderungsanspruch darstellen. Dies gilt etwa bei Klagen auf Unterlassung von Patentverletzungen (K/P-*Lüke*, § 86 Rn 9).

3

c) Absonderungsrecht. Allgemein ist zu beachten, dass bestimmte Absonderungsrechte den Gläubiger außerhalb des Insolvenzverfahrens zur Herausgabe des Gutes berechtigen. Hingegen hat der **InsVerw nach § 166 InsO regelmäßig selbst das Verwertungsrecht**. Der ein Absonderungsrecht geltend machende Gegner hat daher bei der Aufnahme eines Prozesses seinen Antrag entsprechend umzustellen (K/P-*Lüke*, § 86 Rn 11).

4

d) Masseverbindlichkeiten. Allgemein wird vertreten, dass der Anwendungsbereich der Vorschrift in Bezug auf Masseverbindlichkeiten stark eingeschränkt ist (*Braun/Kroth*, § 86 Rn 6; K/P-*Lüke*, § 86 Rn 13) In Betracht kommen **in erster Linie Ansprüche aus § 55 Abs 2**, da insoweit auch das größte Streitpotential auszumachen ist. Auch Ansprüche

5

wegen Teilerfüllungswahl nach § 105 sind denkbar (MK-InsO/*Schumacher*, § 86 Rn 12). Ansprüche aus § 54 sowie § 55 Abs 1 entstehen üblicherweise erst nach Eröffnung des Insolvenzverfahrens. In diesen Fällen ist eine „Aufnahme" eines nach § 240 ZPO unterbrochenen Rechtsstreites kaum vorstellbar.

2. Aufnahme durch den InsVerw

6   Zur Aufnahme sind berechtigt der InsVerw sowie der Gegner. Der InsVerw hat – ebenso wie bei § 85 – die Frage der Aufnahme eines Passivprozesses **nach pflichtgemäßem Ermessen zu prüfen**. Die Kostentragungspflicht kann der InsVerw lediglich durch ein sofortiges Anerkenntnis gem Abs 2 abwenden. Er wird daher in der gebotenen Eile die Chancen und Risiken der Fortführung des Verfahrens zu prüfen haben.

3. Aufnahme durch den Gegner

7   Der Gegner kann den Prozess sofort – ohne eine Entscheidung des InsVerw abwarten zu müssen – fortführen (FK-*App*, § 86 Rn 9; N/R-*Wittkowski*, § 86 Rn 10). Erklärt der Gegner den Wunsch, den Rechtsstreit aufzunehmen, wird der InsVerw unverzüglich zu prüfen haben, ob er den Anspruch sofort gem Abs 2 anerkennt, um wenigstens eine Belastung der Masse durch die Kosten des Gegners zu vermeiden.

4. Sofortiges Anerkenntnis

8   Nach Abs 2 kann der InsVerw den Anspruch sofort anerkennen mit der Folge, dass die **Kosten des Gegners der Insolvenzmasse nicht zur Last fallen**. Der Gegner ist auf eine Geltendmachung der Kosten als Insolvenzgläubiger beschränkt. Bei den Kosten gem Abs 2 handelt es sich nicht um solche iSv § 39 Abs 1 Nr 2. Das sofortige Anerkenntnis hat spätestens in der ersten mündlichen Verhandlung vor dem endgültig zuständigen Gericht zu erfolgen (N/R-*Wittkowski*, § 86 Rn 13). Die Kosten des Verfahrens bei nicht erfolgten Anerkenntnis gem Abs 2 stellen **bei Unterliegen des InsVerw eine Masseverbindlichkeit** dar (*Wittkowski* aaO Rn 15).

§ 87 Forderungen der Insolvenzgläubiger

Die Insolvenzgläubiger können ihre Forderungen nur nach den Vorschriften über das Insolvenzverfahren verfolgen.

Literatur: s Lit. zu § 85.

I. Entstehungsgeschichte und Normzweck

1   § 12 schränkte die Konkursgläubiger lediglich in Bezug auf die „Sicherstellung oder Befriedigung" ihrer Forderungen ein. Hieraus folgerte die

hM, dass die Insolvenzgläubiger außerhalb des Konkursverfahrens gegen den Gemeinschuldner persönlich Klage erheben konnten. Der Gesetzgeber der InsO wollte diese Möglichkeit abschneiden (BegrRegE, *Kübler/Prütting*, S 265). Die Vorschrift ergänzt § 85 und 86 und stellt klar, dass in Ermangelung der Möglichkeit einer Fortführung des Prozesses gegen den InsVerw nunmehr lediglich noch die **Möglichkeiten der InsO (Forderungsanmeldung; Feststellungsklage)** offenstehen.

II. Regelungsinhalt

1. Allgemeines

§ 87 beinhaltet eine Auffangnorm für die Ansprüche der §§ 85, 86. Insolvenzgläubiger sind sämtliche Gläubiger, welche weder Massegläubiger sind, noch ein Ab- oder ein Aussonderungsrecht haben, bzw solche Gläubiger, welche mit ihren Sicherungsrechten (teilweise) ausfallen. Zu den Insolvenzgläubigern nach § 87 gehören auch solche iSv § 39; zu beachten ist jedoch, dass die nachrangigen Gläubiger ihre Forderungen nur unter den in § 174 Abs 3 genannten Voraussetzungen anmelden können (*Braun/Kroth*, § 87 Rn 3).

2. Forderungsanmeldung

Nach Verfahrenseröffnung kann ein Insolvenzgläubiger wegen einer Insolvenzforderung keine Zahlungsklage gegen den Schuldner mehr erheben. Eine solche **Klage ist als unzulässig abzuweisen** (N/R-*Wittkowski*, § 87 Rn 6). Statt dessen sind **Insolvenzforderungen** „nach den Vorschriften über das Insolvenzverfahren" **zur Tabelle anzumelden**. Erst bei **Bestreiten** der Forderung besteht die Möglichkeit des Insolvenzgläubigers, die **Feststellung der Forderung zur Tabelle gerichtlich** gem §§ 179 ff zu betreiben (*Braun/Kroth*, § 87 Rn 7).

3. Recht zur Aufnahme des Prozesses

Die Vorschrift hindert die Parteien nicht daran, den Prozess aufzunehmen, § 180 Abs 2. In einem solchen Prozess ist der ursprüngliche Zahlungsantrag in einen Antrag auf Feststellung zur Tabelle umzustellen (N/R-*Wittkowski*, § 87 Rn 8). Der InsVerw wird allerdings zu bedenken haben, dass die Fortführung eines Rechtsstreites zu einer zusätzlichen **Belastung der Masse** mit Verbindlichkeiten gem § 55 Abs 1 Nr 1 führen kann. Hält der InsVerw den Anspruch für gegeben, so wird er den Gläubiger auffordern, die Forderung zur Tabelle anzumelden. Andernfalls sollte er den Gegner auf die Umstellung des Klageantrages hinweisen.

§ 88 Vollstreckung vor Verfahrenseröffnung

Hat ein Insolvenzgläubiger im letzten Monat vor dem Antrag auf Eröffnung des Insolvenzverfahrens oder nach diesem Antrag durch Zwangsvollstreckung eine Sicherung an dem zur Insolvenzmasse gehörenden Vermögen des Schuldners erlangt, so wird diese Sicherung mit der Eröffnung des Verfahrens unwirksam.

Literatur: *Keller,* ZIP 2000, 1324 ff; *Vallender,* ZIP 1997, 1993 ff.

I. Entstehungsgeschichte und Normzweck

1. Entstehungsgeschichte

1   Eine entsprechende Vorschrift war dem Konkursrecht nicht bekannt. Die Vorschrift übernimmt die **„Rückschlagsperre" aus § 7 Abs 3 GesO** mit der Maßgabe, dass diese nur Vollstreckungsmaßnahmen im letzten Monat vor Antragstellung betrifft. Im Gegensatz zur GesO umfasst die Vorschrift auch nur solche Zwangsvollstreckungsmaßnahmen, die dem Gläubiger eine Sicherung verschafft haben.

2. Normzweck

2   Die Vorschrift unterstreicht den Grundsatz der *par conditio creditorum* und verlagert diesen – ebenso wie die von der Zweckrichtung her identischen Anfechtungsvorschriften der §§ 129 ff – in das Vorfeld des Insolvenzverfahrens (BegrRegE, *Kübler/Prütting,* S 266). Bezüglich vor Antragstellung eingeleiteter Zwangsvollstreckungsmaßnahmen werden sich die Anfechtungsvorschriften und die Rückschlagsperre häufig überschneiden.

II. Regelungsinhalt

1. Zwangsvollstreckung

3   Eine Zwangsvollstreckung iSd Vorschrift ist jeder auf Sicherstellung des Gläubigers hinzielende Akt, der in einem an bestimmte Voraussetzungen geknüpften Verfahren unter Androhung oder Anwendung von Zwangsmitteln gegen den Schuldner vorgenommen wird (Braun/Kroth, § 88 Rn 2). Unerheblich ist, ob es sich bei der Vollstreckungsmaßnahme um eine zivilrechtliche handelt oder ob diese im Wege der Verwaltungsvollstreckung erfolgt (FK-*App,* § 88 Rn 4).

2. Sicherung

4   **a) Allgemeines.** Die Vorschrift betrifft nicht sämtliche denkbaren Vollstreckungsmaßnahmen, sondern lediglich solche, welche dem Gläubiger (zunächst nur) eine Sicherung einräumen. Eine solche **Sicherung**

Vollstreckung vor Verfahrenseröffnung **§ 88**

stellt etwa das **Pfändungspfandrecht** an einem beweglichen Gegenstand oder einer Forderung dar. Eine Sicherung ist jedoch dann nicht (mehr) gegeben, wenn die gepfändete Sache verwertet und der Verwertungserlös an den Gläubiger ausgeschüttet wurde bzw wenn die gepfändete Forderung vom Gläubiger eingezogen worden ist. Eine **Befriedigung** des Gläubigers im kritischen Zeitraum unterfällt somit nicht (mehr) der Rückschlagsperre, möglicherweise aber der **Insolvenzanfechtung**.

b) **Einzelfälle.** Die Eintragung einer **Zwangs- oder Arresthypothek** in ein Grundstück bzw ein anderes Registergut stellt eine **Sicherung** iSv § 88 dar. Dies gilt auch – trotz § 106 – für die Eintragung einer Vormerkung in Vollziehung einer einstweiligen Verfügung (BGH NZI 1999, 407, 408 = NJW 1999, 3122, 3123; Keller, ZIP 2000, 1324, 1328f). Hingegen führt eine **Wegnahme von Geld** durch den Gerichtsvollzieher unmittelbar zur **Befriedigung** des Gläubigers. Insofern kann allerdings § 131 Abs 1 Nr 1 eingreifen, wonach auch eine Vollstreckungsmaßnahme ohne weitere Voraussetzungen angefochten werden kann, welche innerhalb des letzten Monates vor Eröffnung zur Befriedigung des Gläubigers geführt hat. Während die **Rückschlagsperre automatisch** eintritt, bedarf es insoweit hingegen noch einer ausdrücklichen Anfechtungserklärung seitens des InsVerw oder – bei verwalterlosen Verfahren – seitens eines Insolvenzgläubigers (K/P-*Lüke*, § 88 Rn 3). Bei der Pfändung künftiger Forderungen entsteht das Pfandrecht erst mit Entstehen der Forderung (BFH ZIP 2005, 1182).

3. Insolvenzgläubiger

Die Rückschlagsperre betrifft lediglich die Zwangsvollstreckung durch Insolvenzgläubiger. Somit sind **Ab- und Aussonderungsgläubiger von der Vorschrift ausgenommen**, sofern sich die Zwangsvollstreckungsmaßnahme gerade auf das Ab- bzw Aussonderungsrecht bezieht. Da ein Pfändungspfandrecht ein Absonderungsrecht gewährt, greift die Rückschlagsperre etwa dann nicht ein, wenn der Gläubiger vor dem kritischen Zeitpunkt im Wege der Zwangsvollstreckung ein Pfändungspfandrecht erlangt hat (FK-*App*, § 88 Rn 5).

4. Frist

Von der Rückschlagsperre betroffen sind Sicherungen, welche **nach Stellung des Eröffnungsantrages oder innerhalb eines Monates davor** erlangt wurden. Die Vorschrift läuft insofern parallel zu § 131 Abs 1 Nr 1, der inkongruente Deckungen und damit auch Deckungen im Wege der Zwangsvollstreckung betrifft. Wegen der Fristberechnung, s. u. § 139 Rn 3. Maßgeblich ist der **Zeitpunkt, in dem die Sicherung im Wege der Einzelzwangsvollstreckung entsteht** (K/P-*Lüke*, § 88

Rn 16). Eine **Vorpfändung** iSv § 845 ZPO erfüllt diese Voraussetzung noch **nicht**. Daher fällt eine Forderungspfändung in jedem Fall unter die Rückschlagsperre, wenn die Zustellung des Pfändungs- und Überweisungsbeschlusses an den Drittschuldner erst innerhalb der Monatsfrist erfolgt ist (MK-InsO/*Breuer*, § 88 Rn 21; Uhlenbruck/*Uhlenbruck*, § 88 Rn 6). Sofern es für das Entstehen einer Sicherung auf die Eintragung ankommt, dürfte es bezüglich der Rückschlagsperre auch auf die Eintragung, und nicht auf die Stellung des Antrages, ankommen; eine analoge Anwendung des § 140 Abs 2 ist nicht geboten (*Breuer*, aaO mwN).

5. Rechtsfolge

8   a) **Allgemeines.** Die von der Vorschrift betroffenen **Zwangsvollstreckungsmaßnahmen** werden mit der Eröffnung des Verfahrens **absolut unwirksam**. Hieraus folgt, dass die Rückschlagsperre zwar dann nicht eintritt, wenn das Verfahren mangels Masse abgewiesen wird. Kommt es allerdings zu einer Eröffnung des Verfahrens, so wirkt die **Rückschlagsperre** auch dann fort, wenn unmittelbar nach Eröffnung das Verfahren nach § 207 mangels Masse eingestellt wird (MK-InsO/*Breuer*, § 88 Rn 23).

9   b) **Reichweite der Unwirksamkeit.** Umstritten ist, ob die Unwirksamkeit der Zwangsvollstreckungsmaßnahme nur gegenüber den Insolvenzgläubigern oder **absolut gegenüber jedermann wirkt**. *Lüke* (K/P, § 88 Rn 24) vertritt die Auffassung, dass die Unwirksamkeit nur gegenüber den Insolvenzgläubigern eintritt. Eine nachträgliche Freigabe durch den InsVerw führe dazu, dass die Sicherung wirksam bleibe. Hingegen geht die hM – entsprechend dem eindeutigen Wortlaut der Norm – von einer absoluten Unwirksamkeit der betroffenen Zwangsvollstreckungsmaßnahmen aus (MK-InsO/*Breuer*, § 88 Rn 23; HK-*Eickmann*, § 88 Rn 11 mwN).

6. Pfändung von Miet- und Pachtzinsforderungen

10   Für Miet- und Pachtzinsforderungen besteht in § 110 eine spezielle Regelung.

§ 89 Vollstreckungsverbot

(1) **Zwangsvollstreckungen für einzelne Insolvenzgläubiger sind während der Dauer des Insolvenzverfahrens weder in die Insolvenzmasse noch in das sonstige Vermögen des Schuldners zulässig.**

(2) ¹**Zwangsvollstreckungen in künftige Forderungen auf Bezüge aus einem Dienstverhältnis des Schuldners oder an deren**

Stelle tretende laufende Bezüge sind während der Dauer des Verfahrens auch für Gläubiger unzulässig, die keine Insolvenzgläubiger sind. ²Dies gilt nicht für die Zwangsvollstreckung wegen eines Unterhaltsanspruchs oder einer Forderung aus einer vorsätzlichen unerlaubten Handlung in den Teil der Bezüge, der für andere Gläubiger nicht pfändbar ist.

(3) ¹Über Einwendungen, die auf Grund des Absatzes 1 oder 2 gegen die Zulässigkeit einer Zwangsvollstreckung erhoben werden, entscheidet das Insolvenzgericht. ²Das Gericht kann vor der Entscheidung eine einstweilige Anordnung erlassen; es kann insbesondere anordnen, dass die Zwangsvollstreckung gegen oder ohne Sicherheitsleistung einstweilen einzustellen oder nur gegen Sicherheitsleistung fortzusetzen sei.

Literatur: *Döndorfer*, DGVZ 1999, 51 ff; *Hintzen*, Kölner Schrift, S 1107 ff.

I. Entstehungsgeschichte und Normzweck

1. Entstehungsgeschichte

Abs 1 und Abs 2 gehen zurück auf § 14 KO und § 47 VglO. Im Vergleich zum alten Recht wurde inhaltlich keine Änderung vorgenommen. Abs 3 hat hingegen im alten Recht kein Vorbild. Dieser ist im Hinblick auf eine mögliche Restschuldbefreiung nach §§ 286 ff eingefügt worden (BegrRegE, *Kübler/Prütting*, S 267). 1

2. Normzweck

Das Verbot, Einzelzwangsvollstreckungsmaßnahmen im Insolvenzverfahren vorzunehmen, ist logische Folge der *par conditio creditorum*. Das Zwangsvollstreckungsverbot betrifft nicht nur die Gegenstände der Masse, sondern auch sonstiges Vermögen des Schuldners (BegrRegE, *Kübler/Prütting*, S 266 f). 2

II. Regelungsinhalt

1. Abgrenzung zur Rückschlagsperre nach § 88

Sowohl § 88 als auch § 89 setzen die Eröffnung des Verfahrens voraus. § 88 wirkt von seinem Wortlaut her auch über den Zeitpunkt der Eröffnung hinaus; von diesem Zeitpunkt an gilt jedoch zusätzlich das Vollstreckungsverbot nach § 89, welches in seinen Wirkungen erheblich weiter geht als die Rückschlagsperre und diese somit konsumiert. Während § 88 nur Sicherungen erfasst, **verbietet § 89 jegliche Zwangsvollstreckungsmaßnahmen**, also auch solche Maßnahmen, welche zur **Befriedigung** des Schuldners führen. 3

§ 89 3. Teil. Wirkungen der Eröffnung des Insolvenzverfahrens

2. Unzulässigkeit der Einzelzwangsvollstreckung

4   **a) Allgemeines.** Die Insolvenzgläubiger sind nach Abs 1 für die Dauer des Insolvenzverfahrens daran gehindert, Einzelzwangsvollstreckungsmaßnahmen in das Vermögen des Schuldners vorzunehmen. Die Vorschrift betrifft – ebenso wie § 88 – nur die **Insolvenzgläubiger** (s. o. § 88 Rn 6). Eine Zwangsvollstreckung kann trotz Abs 1 zulässig sein, wenn vor Eröffnung und außerhalb der Frist des § 88 im Wege der Zwangsvollstreckung ein **Pfändungspfandrecht** erworben wurde, da ein solches ein **Absonderungsrecht** gewährt (K/P-*Lüke*, § 89 Rn 23). Das gesamte, also auch das pfändungsfreie sowie das nicht zur Masse gehörige, Vermögen des Schuldners ist von dem Vollstreckungsverbot des Abs 1 – vorbehaltlich der Ausnahme nach Abs 3 – entzogen. Im Gegensatz zum alten Recht hat die Ausweitung des Vollstreckungsverbotes auf das „sonstige" Vermögen des Schuldners praktisch geringere Auswirkungen, da gem § 35 InsO auch der **Neuerwerb zur Insolvenzmasse** gehört. Sonstiges Vermögen iSd Vorschrift sind etwa die in § 36 Abs 3 genannten sowie die vom InsVerw freigegebenen Gegenstände (*Lüke*, aaO Rn 14).

5   **b) Dauer.** Das Vollstreckungsverbot – auch das für die insolvenzfreien Gegenstände – gilt für die gesamte Dauer des Insolvenzverfahrens. Es endet grundsätzlich mit der Aufhebung oder der Einstellung des Verfahrens. Allerdings wirkt das Vollstreckungsverbot gem § 294 Abs 1 auch nach Beendigung des Insolvenzverfahrens fort, wenn dieses in ein Restschuldbefreiungsverfahren mündet (vgl hierzu die Anm unten zu § 294).

6   **c) Unbewegliches Vermögen.** Zu beachten ist, dass wegen Vollstreckungsmaßnahmen in das unbewegliche Vermögen außerhalb der InsO in den **§§ 30dff ZVG** Spezialregelungen enthalten sind. Hiernach hat der InsVerw die Möglichkeit, die Zwangsversteigerung bzw die Zwangsverwaltung auf Antrag einstweilen einstellen zu lassen. Vorstehendes bezieht sich jedoch nur auf Zwangsvollstreckungsmaßnahmen, welche vor Eröffnung des Verfahrens und außerhalb der Rückschlagsperre nach § 88 eingeleitet worden waren (s. o. § 49 Rn 1).

7   **d) Nicht erfasste Maßnahme.** Nach ganz hM sind vorbereitende Maßnahmen, wie etwa die **Erteilung einer Vollstreckungsklausel**, vom Verbot des Abs 1 ausgenommen (Uhlenbruck/*Uhlenbruck*, § 89 Rn 9 mwN; **aA** OLG Frankfurt, ZIP 1995, 1689).

3. Rechtsfolge

8   Das Vollstreckungsverbot entfaltet – ebenso wie bei § 88 – eine **dingliche Wirkung** mit der Folge, dass gleichwohl erfolgte Zwangsvollstreckungsmaßnahmen **absolut unwirksam** sind. Allerdings entsteht nach der herrschenden Lehre zur Rechtsnatur des Pfändungspfandrechtes auch

bei unzulässigen Vollstreckungsmaßnahmen eine öffentlich-rechtliche Verstrickung (K/P-*Lüke*, § 89 Rn 21). Ein gutgläubiger Erwerb hingegen scheidet aus (MK-InsO/*Breuer*, § 89 Rn 34 mwN). Dies hat zur Folge, dass das aufgrund einer unwirksame Zwangsvollstreckungsmaßnahme Erlangte nach Bereicherungsrecht herauszugeben ist (*Kilger/K.Schmidt*, § 47 VglO Anm 8a; N/R-*Wittkowski*, § 89 Rn 22).

§ 90 Vollstreckungsverbot bei Masseverbindlichkeiten

(1) Zwangsvollstreckungen wegen Masseverbindlichkeiten, die nicht durch eine Rechtshandlung des Insolvenzverwalters begründet worden sind, sind für die Dauer von sechs Monaten seit der Eröffnung des Insolvenzverfahrens unzulässig.

(2) Nicht als derartige Masseverbindlichkeiten gelten die Verbindlichkeiten:
1. **aus einem gegenseitigen Vertrag, dessen Erfüllung der Verwalter gewählt hat;**
2. **aus einem Dauerschuldverhältnis für die Zeit nach dem ersten Termin, zu dem der Verwalter kündigen konnte;**
3. **aus einem Dauerschuldverhältnis, soweit der Verwalter für die Insolvenzmasse die Gegenleistung in Anspruch nimmt.**

Literatur: *Vallender*, ZIP 1997, 1993.

I. Entstehungsgeschichte und Normzweck

1. Entstehungsgeschichte

Die Vorschrift enthält ein weitergehendes Vollstreckungsverbot als das alte Recht. Allerdings hat die InsO das ursprünglich geforderte generelle Vollstreckungsverbot nur in reduzierter Form übernommen (N/R-*Wittkowski*, § 90 Rn 1).   1

2. Normzweck

Abs 1 schützt die Insolvenzmasse in den ersten sechs Monaten nach Eröffnung des Insolvenzverfahrens vor bestimmten Vollstreckungsmaßnahmen von Massegläubigern. Hierdurch soll dem InsVerw ein weitergehender Bewegungsspielraum ermöglicht werden. Der Vollstreckungsschutz wird jedoch auf solche Verbindlichkeiten beschränkt, die ohne Zutun des InsVerw begründet werden.   2

II. Regelungsinhalt

1. Systematik

3 In Abs 1 wird der Grundsatz aufgestellt, dass die Vollstreckung für die ersten 6 Monate nach Eröffnung des Verfahrens wegen Masseverbindlichkeiten, die nicht durch eine Rechtshandlung des InsVerw begründet worden sind, unzulässig ist. Hieraus folgt im Umkehrschluss, dass durch Handlungen des InsVerw begründete Masseverbindlichkeiten ohne weiteres der Zwangsvollstreckung unterliegen. Abs 2 schränkt das Vollstreckungs"verbot" des Abs 1 weiter ein, indem auch bei bestimmten Masseverbindlichkeiten, welche ohne aktives Tun des InsVerw begründet werden, eine Vollstreckungsmöglichkeit eröffnet wird.

2. Vollstreckungsverbot

4 Nach Abs 1 gilt für die Dauer von 6 Monaten seit Eröffnung des Verfahrens ein Vollstreckungsverbot für solche Masseverbindlichkeiten, welche nicht durch eine Rechtshandlung des InsVerw begründet worden sind. Dem Vollstreckungsverbot unterliegen danach lediglich die „oktroyierten" Masseverbindlichkeiten (MK-InsO/*Breuer*, § 90 Rn 4; Uhlenbruck/*Uhlenbruck*, § 90 Rn 2). Aufgrund der Tatsache, dass nach der InsO das Entstehen von Masseverbindlichkeiten ohne Zutun des InsVerw in geringerem Maße möglich ist als nach altem Recht, dürfte der Anwendungsbereich der Norm gering bleiben. In Betracht kommen vor allem Masseverbindlichkeiten nach § 55 Abs 2, welche eben nicht durch den InsVerw, sondern durch den vorl InsVerw begründet worden sind. Aufgrund der weitgehenden Einschränkung des Vollstreckungsverbotes nach Abs 2 (s. u. Rn 5) dürfte das Vollstreckungsverbot im Übrigen nur in den Fällen des Abs 2 Nr 2 für die Zeit bis zum 1. Kündigungstermin eingreifen (N/R-*Wittkowski*, § 90 Rn 4).

3. Vollstreckung trotz Unterlassung des InsVerw

5 Nach Abs 2 wird das Vollstreckungsverbot gem Abs 1 bei solchen Masseverbindlichkeiten weiter ausgehöhlt, bei denen der InsVerw trotz der rechtlichen Möglichkeit bestimmte Leistungen von Massegläubigern entgegen genommen hat. Zu Recht weist *App* (FK-InsO § 90 Rn 5) darauf hin, dass Abs 2 im Verhältnis zu Abs 1 jedoch lediglich klarstellenden Charakter hat. Wenn der InsVerw bei einem gegenseitigen Vertrag dessen Erfüllung gewählt hat (Nr 1), so ist die Masseverbindlichkeit durch ein positives Tun des InsVerw entstanden. Gleiches gilt bei einem Dauerschuldverhältnis, wenn der InsVerw die Gegenleistung für die Insolvenzmasse in Anspruch nimmt (Nr 3). Ebenso dürfte es (zweifelnd insoweit *App* aaO Rn 5) einer Rechtshandlung des InsVerw entsprechen, wenn dieser ein

Dauerschuldverhältnis – trotz der gesetzlich vorgesehenen Möglichkeiten – nicht zum nächstmöglichen Termin kündigt. Das einzige echte Vollstreckungsverbot in § 90 ist somit in Abs 2 Nr 2 „versteckt". Danach kann in den ersten sechs Monaten nach Eröffnung nicht wegen solcher Masseverbindlichkeiten vollstreckt werden, welche aus Dauerschuldverhältnissen bis zum 1. Kündigungstermin folgen. Praktisch relevant wird dies insbesondere bei Arbeitsverhältnissen bis zum 1. Kündigungstermin nach § 113.

4. Rechtsfolgen

Entgegen der Vorschrift vorgenommene Zwangsvollstreckungsmaßnahmen führen zu einer öffentlich-rechtlichen Verstrickung; ein Pfändungspfandrecht entsteht jedoch nicht (MK-InsO/*Breuer*, § 90 Rn 21). Statthafter Rechtsbehelf ist die Erinnerung gem § 766 ZPO (*Breuer* aaO Rn 24). Die Vorschrift hindert Massegläubiger nur an der Zwangsvollstreckung. Die Erlangung eines Titels (Klageerhebung, Beantragung eines Mahnbescheides, Erstellung einer notariellen Urkunde) wird hingegen nicht verhindert. Massegläubiger können daher die Frist des Abs 1 zur – ggf erforderlichen – gerichtlichen Auseinandersetzung mit dem InsVerw „nutzen". 6

§ 91 Ausschluss sonstigen Rechtserwerbs

(1) Rechte an den Gegenständen der Insolvenzmasse können nach der Eröffnung des Insolvenzverfahrens nicht wirksam erworben werden, auch wenn keine Verfügung des Schuldners und keine Zwangsvollstreckung für einen Insolvenzgläubiger zugrunde liegt.

(2) Unberührt bleiben die §§ 878, 892, 893 des Bürgerlichen Gesetzbuchs, § 3 Abs. 3, §§ 16, 17 des Gesetzes über Rechte an eingetragenen Schiffen und Schiffsbauwerken, § 5 Abs. 3, §§ 16, 17 des Gesetzes über Rechte an Luftfahrzeugen und § 20 Abs. 3 der Schiffahrtsrechtlichen Verteilungsordnung.

Literatur: *v. Olshausen*, ZIP 1995, 1950 ff; *Serick*, ZIP 1982, 507 ff; s auch Lit. zu § 47.

I. Entstehungsgeschichte und Normzweck

Die Vorschrift entspricht § 15 KO. Gestrichen wurden lediglich die Worte „gegenüber den Konkursgläubigern". Die Vorschrift ergänzt die Verfügungs- und Vollstreckungsverbote der InsO und **verbietet** außerdem noch den **Rechtserwerb in sonstiger Weise**. 1

II. Regelungsinhalt

1. Unmöglichkeit des Rechtserwerbs

2   Abs 1 verhindert jeglichen Erwerb von Rechten an Gegenständen der Insolvenzmasse. Danach ist es insbes **gleichgültig**, ob der Erwerb aufgrund einer **Verfügung des Schuldners oder aufgrund einer Zwangsvollstreckung** erfolgt. Die Vorschrift schließt damit die Lücken, welche nach §§ 81 (Verfügungsverbot) und 89 (Vollstreckungsverbot) noch bestehen (MK-InsO/*Breuer*, § 91 Rn 3). Möglich ist lediglich ein Rechtserwerb an Massegegenständen aufgrund einer **Verfügung des InsVerw** nach § 80 Abs 1 oder aufgrund von Zwangsvollstreckungsmaßnahmen, welche trotz §§ 89, 90 an Massegegenständen möglich sind (FK-*App*, § 91 Rn 1).

2. Massegegenstände

3   Das Verbot der Vorschrift betrifft nur Massegegenstände. Das insolvenzfreie Vermögen des Schuldners kann daher auch nach Eröffnung erworben werden (MK-InsO/*Breuer*, § 91 Rn 12; Uhlenbruck/*Uhlenbruck*, § 91 Rn 2).

3. Rechtserwerb in sonstiger Weise

4   Die Hauptfälle des Abs 1 sind der **Rechtserwerb kraft Gesetzes** (zB §§ 946 ff BGB) sowie der Erwerb durch mehraktige Rechtshandlungen, wenn die erforderliche Rechtshandlung des Schuldners bereits vor Eröffnung des Verfahrens vorgenommen wurde (*Kilger/K.Schmidt*, § 15 KO Anm 1). Zu den Einzelfällen des Anwendungsbereichs vgl MK-InsO/*Breuer*, § 91 Rn 19 ff. In Betracht kommen auch Verfügungen Dritter über Massegegenstände.

4. Poolvereinbarungen

5   Umstritten ist die Frage, inwieweit **Poolvereinbarungen von aus- und absonderungsberechtigten Gläubigern** von dem Verbot des Rechtserwerbes gem Abs 1 erfasst sind (s. o., § 47 Rn 13).

5. Zeitpunkt des Rechtserwerbs

6   Die Vorschrift betrifft nur einen Rechtserwerb **nach Eröffnung des Verfahrens**. Allerdings kann ein Rechtserwerb vor Eröffnung aufgrund eines Vollstreckungs- und Verfügungsverbotes nach § 21 Abs 2 ausgeschlossen sein oder nach §§ 129 ff angefochten werden.

6. Bedingter Rechtserwerb

7   Der Eintritt einer Bedingung, welche zum – endgültigen – Erwerb eines Rechts an einem Massegegenstand führt, wird – entgegen dem Wort-

laut der Vorschrift – grundsätzlich nicht von dem Erwerbsverbot erfasst (vgl § 140 Abs 3). Eine Ausnahme gilt lediglich bei solchen Bedingungen, die gerade für den **Fall einer Insolvenz** vereinbart wurden (N/R-*Wittkowski*, § 91 Rn 14 mwN). Da ein Vorbehaltskäufer bereits ein **Anwartschaftsrecht** erworben hat, kann der Erwerb des Vollrechts durch bloße Zahlung des Kaufpreises daher entgegen § 91 Abs 1 **wirksam** erfolgen (FK-*App*, § 91 Rn 13; *Wittkowski*, aaO Rn 15). **Verarbeitungsklauseln erlöschen** mit Eröffnung des Verfahrens (Uhlenbruck/*Uhlenbruck*, § 91 Rn 22 mwN). Daher muss der InsVerw die Erfüllung des Vertrages gem § 103 wählen, wenn er eine Ware (weiter) verarbeiten möchte (*Wittkowski*, aaO Rn 18). Der Vorbehaltskäufer kann im Übrigen auch über das Anwartschaftsrecht nach Eröffnung verfügen (*Kilger/K.Schmidt*, § 15 KO Anm 4c).

7. Gutglaubensschutz gem Abs 2

Wie bei § 81 ist der gute Glaube an den Inhalt öffentlicher Register geschützt. Aufgrund der Erwähnung des § 878 BGB wird nach § 91 auch der **gute Glaube in die Verfügungsbefugnis zu dem nach § 878 maßgeblichen Zeitpunkt** geschützt. Für den gutgläubigen Erwerb ist regelmäßig der Zeitpunkt der Stellung des Eintragungsantrages maßgeblich (N/R-*Wittkowski*, § 91 Rn 38). Auch eine **Vormerkung** kann nach Abs 2 gutgläubig erworben werden (*Wittkowski*, aaO Rn 40). 8

§ 92 Gesamtschaden

¹Ansprüche der Insolvenzgläubiger auf Ersatz eines Schadens, den diese Gläubiger gemeinschaftlich durch eine Verminderung des zur Insolvenzmasse gehörenden Vermögens vor oder nach der Eröffnung des Insolvenzverfahrens erlitten haben (Gesamtschaden), können während der Dauer des Insolvenzverfahrens nur vom Insolvenzverwalter geltend gemacht werden. ²Richten sich die Ansprüche gegen den Verwalter, so können sie nur von einem neu bestellten Insolvenzverwalter geltend gemacht werden.

Literatur: *Altmeppen/Wilhelm*, NJW 1999, 673 ff; *K.Schmidt*, NZI 1998, 9 ff; *Uhlenbruck*, Kölner Schrift, S 1157; s auch Lit. zu § 93.

I. Entstehungsgeschichte und Normzweck

1. Entstehungsgeschichte

Die Vorschrift übernimmt die im alten Recht bereits in einzelnen **gesellschaftsrechtlichen Vorschriften** bestehende Regelung allgemein 1

§ 92 3. Teil. Wirkungen der Eröffnung des Insolvenzverfahrens

für jeglichen Gesamtschaden in die InsO und schreibt fest, was nach altem Recht bereits stRspr entsprach (MK-InsO/*Brandes*, § 92 Rn 3).

2. Normzweck

2 Die Geltendmachung des Gesamtschadens durch den InsVerw dient der **Vereinfachung und Konzentration des Verfahrens**. Sie stellt die gleichmäßige Befriedigung der Insolvenzgläubiger sicher. Die Insolvenzgläubiger bleiben zwar Anspruchsinhaber, die erforderliche Prozessführungsbefugnis steht jedoch nur dem InsVerw zu.

II. Regelungsinhalt

1. Gesamtschaden

3 Der Gesamtschaden wird in Abs 1 legal definiert als der Schaden, den die Insolvenzgläubiger durch eine Verminderung des zur Insolvenzmasse gehörenden Vermögens **vor oder nach Eröffnung des Verfahrens gemeinschaftlich erlitten** haben. Ein solcher Schaden liegt vor, wenn die Insolvenzmasse durch eine Verschiebung des Schuldnervermögens vermindert wird (MK-InsO/*Brandes*, § 92 Rn 9; Uhlenbruck/*Uhlenbruck*, § 92 Rn 2). **Nicht** vom Gesamtschaden umfasst ist der einem **einzelnen Gläubiger entstehende Schaden**. Ein solcher Einzelschaden ist vom betroffenen Gläubiger individuell geltend zu machen.

2. Neugläubiger

4 Für den Anwendungsbereich des § 92 ist festzustellen, ob dem Gläubiger durch die schädigende Handlung durch eine Verringerung der Insolvenzmasse ein sog. **Quotenschaden** entstanden ist oder ob der Gläubiger überhaupt erst durch die schädigende Handlung zu einem Insolvenzgläubiger geworden ist. Einem solchen Neugläubiger steht ggf aus § 823 Abs 2 BGB ein unmittelbarer, individueller Anspruch gegen denjenigen zu, welcher mit ihm nach Entstehen der Insolvenzantragspflicht (vgl § 64 GmbHG) kontrahiert hat. Der InsVerw kann gem § 92 lediglich den Quotenschaden geltend machen. Zu den Einzelheiten vgl die Kommentierungen zum GmbHG (zB Baumbach/Hueck, GmbHG, 17. Aufl 2000).

3. Prozessführungsbefugnis des InsVerw

5 **a) Allgemeines.** Der Quotenschaden kann ausschließlich vom InsVerw geltend gemacht werden. Macht ein Gläubiger den Gesamtschaden selbst geltend, so fehlt ihm die erforderliche Aktivlegitimation. Eine entsprechende Klage eines einzelnen Gläubigers ist unzulässig (HK-*Eickmann*, § 92 Rn 8).

b) Ansprüche gegen den InsVerw. S 2 der Vorschrift enthält eine 6
Sonderregelung für den Fall, dass der Quotenschaden durch den InsVerw
selbst verursacht worden ist. In diesem Fall bestimmt das Gesetz, dass der
Schaden von einem neu zu bestellenden InsVerw geltend gemacht werden
muss. Je nach dem, ob der alte InsVerw in seinem Amt verbleibt, ist ein
zusätzlicher Sonderverwalter zu bestellen (HK-*Eickmann*, § 92 Rn 10;
Braun/Kroth, § 92 Rn 10).

§ 93 Persönliche Haftung der Gesellschafter

Ist das Insolvenzverfahren über das Vermögen einer Gesellschaft ohne Rechtspersönlichkeit oder einer Kommanditgesellschaft auf Aktien eröffnet, so kann die persönliche Haftung eines Gesellschafters für die Verbindlichkeiten der Gesellschaft während der Dauer des Insolvenzverfahrens nur vom Insolvenzverwalter geltend gemacht werden.

Literatur: *Bork*, NZI 2002, 362; *Haas/Müller*, NZI 2002, 366; *K.Schmidt/Bitter*, ZIP 2000, 1077 ff; s auch Lit. zu § 92.

I. Entstehungsgeschichte und Normzweck

Die Vorschrift entwickelt § 212 KO weiter und ergänzt § 171 HGB nF 1
(MK-InsO/*Brandes*, § 93 Rn 2). Gesellschaftsgläubiger sind jetzt – ebenso
wie nach § 171 Abs 2 HGB bei der KG – darin beschränkt, ihre Ansprüche gegen die **persönlich haftenden Gesellschafter** isoliert im Insolvenzverfahren über das Vermögen der Gesellschaft geltend zu machen
(BegrRegE, *Kübler/Prütting*, S 273 f). Durch die Vorschrift findet keine
Verschlechterung der Rechtsposition des persönlich haftenden Gesellschafters statt. Vielmehr wird eine Konzentration dergestalt hergestellt,
dass die Gesellschaftsgläubiger sich **nicht** dadurch Sondervorteile sichern
können, dass sie sich außerhalb des Insolvenzverfahrens über die Gesellschaft unmittelbar an einen noch über Vermögen verfügenden persönlich
haftenden Gesellschafter wenden (BegrRegE, aaO S 274).

II. Regelungsinhalt

1. Anwendungsbereich

Die Vorschrift ist bei den Gesellschaftsformen anwendbar, bei denen 2
wenigstens ein Gesellschafter vorhanden ist, der mit seinem Vermögen
für die Verbindlichkeiten der Gesellschaft haftet (MK-InsO/*Brandes*, § 93
Rn 3 Uhlenbruck/*Uhlenbruck*, § 93 Rn 1). Sie bezieht sich auch ausdrücklich nur auf die **persönliche Haftung des betreffenden Gesellschaf-**

ters (Komplementär bei der KG, persönlich haftender Gesellschafter bei der OHG sowie Gesellschafter bei der GbR).

2. Geltendmachung der Ansprüche durch den InsVerw

3   Der InsVerw ist berechtigt und verpflichtet, die Ansprüche der Gesellschaft gegen den/die persönlich haftenden Gesellschafter geltend zu machen und durchzusetzen. Hierbei konkurriert der InsVerw mit den **Privatgläubigern des Gesellschafters**. Sofern und sobald sich bei der Geltendmachung der Ansprüche gegen den Gesellschafter herausstellt, dass dieser nicht in der Lage ist, sowohl die Ansprüche der Gesellschaftsgläubiger als auch die der Privatgläubiger zu erfüllen, wird der InsVerw bestrebt sein, ein **selbständiges Insolvenzverfahren gegen den Gesellschafter** in Gang zu setzen. Dies wird in der Praxis der Regelfall sein, da ein persönlich haftender Gesellschafter von der Natur der Sache her bestrebt sein wird, die Gesellschaftsgläubiger zur Vermeidung eines Insolvenzverfahrens gegen die Gesellschaft zu befriedigen.

3. Privatgläubiger des Gesellschafters

4   Privatgläubiger des Gesellschafters, die nicht auch Gesellschaftsgläubiger sind, können unmittelbar auf das Vermögen des Gesellschafters zugreifen; hier ergibt sich somit keine Besonderheit. **Umstritten war, ob § 93 auch (analog) auf andere Haftungstatbestände** – wie seitens des Gesellschafters eingegangener Bürgschaftsverpflichtungen gegenüber Gesellschaftsgläubigern – **Anwendung findet** (dafür *Bork*, NZI 2002, 362 ff; dagegen: *Haas/Müller*, NZI 2002, 366). Der **BGH** (NZI 2002, 483) hat sich **gegen eine analoge Anwendung** ausgesprochen. Eine Sperr- und Ermächtigungswirkung tritt nur ein bei einer akzessorischen Haftung des Gesellschafters für Gesellschaftsverbindlichkeiten zB § 128 HGB, § 156 UmwG. Es dürfte daher für den InsVerw regelmäßig ratsam sein, gegen die persönlich haftenden Gesellschafter ebenfalls einen Insolvenzantrag zu stellen, um etwaige Einzelzwangsvollstreckungsmaßnahmen der Privatgläubiger zu unterbinden. Die Zahlungsunfähigkeit des Gesellschafters wird regelmäßig durch die Eröffnung des Verfahrens gegen die Gesellschaft indiziert sein.

4. Doppelberücksichtigung und Ausfallhaftung

5   Vgl hierzu *K.Schmidt/Bitter*, ZIP 2000, 1077 ff.

§ 94 Erhaltung einer Aufrechnungslage

Ist ein Insolvenzgläubiger zur Zeit der Eröffnung des Insolvenzverfahrens kraft Gesetzes oder auf Grund einer Vereinbarung

Erhaltung einer Aufrechnungslage § 94

zur Aufrechnung berechtigt, so wird dieses Recht durch das Verfahren nicht berührt.

Literatur: Adam, WM 1998, 801 ff; *de Bra*, NZI 1999, 249 ff; *Heublein*, ZIP 2000, 161 ff; *Lüke*, ZIP 1996, 1539 ff; *vOlshausen*, KTS 2000, 1 ff; *Wittig*, WM 1995, 865 ff; s auch Lit. zu §§ 95 und 96.

I. Entstehungsgeschichte und Normzweck

Eine Rechtsänderung zum bisherigen Recht (§ 53 KO, § 54 S 1 VglO, § 7 Abs 5 GesO) findet nicht statt. Die neu in die InsO aufgenommene Vorschrift fasst lediglich den bisherigen Rechtszustand in einer eigenen Vorschrift zusammen (BegrRegE, *Kübler/Prütting*, S 275). Die Vorschrift **schützt** denjenigen, der sich vor Eröffnung des Verfahrens – in unanfechtbarer Weise (§ 96 Abs 1 Nr 3) – in einer **Aufrechnungsposition** zur Masse befunden hatte. Der Gläubiger muss seine Forderung nicht zur Tabelle anmelden, sondern kann ohne weiteres die Aufrechnung erklären (N/R-*Wittkowski*, § 94 Rn 2). 1

II. Regelungsinhalt

1. Anwendungsbereich

Die Vorschrift betrifft vom **Wortlaut** her nur die Aufrechnung seitens eines **Insolvenz**gläubigers, also **nicht auch Masse**gläubigers. Allerdings ist unbestritten, dass auch Massegläubiger – auch bei eingetretener Massearmut – aufrechnen können (OLG Köln ZIP 1987, 928; N/R-*Wittkowski*, § 94 Rn 4). Die **Aufrechnungsbefugnis** bezieht sich auf alle Insolvenzgläubiger, also **auch auf die nachrangigen** gem § 39 (K/P-*Lüke*, § 94 Rn 13). Dies ist **nicht** der Fall bei **kapitalersetzenden Darlehen nach § 39 Nr 5** (stRspr BGHZ 81, 311, 314; BGH NJW 1995, 658; MK-InsO/*Brandes*, § 94 Rn 24). Für die Aufrechnung durch den InsVerw gelten die allgemeinen Aufrechnungsvorschriften (HK-*Eickmann*, § 94 Rn 22 ff). 2

2. Aufrechnungslage

a) Zeitpunkt. Die Vorschrift betrifft nur solche Aufrechnungslagen, welche zum Zeitpunkt der Verfahrenseröffnung bereits bestanden haben. Tritt die Aufrechnungslage erst im Verfahren ein, gilt § 95 (s dort). 3

b) Voraussetzung der Aufrechnung. Im Übrigen gelten für die Frage, ob eine Aufrechnung möglich ist, die allgemeinen gesetzlichen Vorschriften, sofern nicht vertraglich etwas anderes vereinbart worden ist. So müssen sowohl die Gegenseitigkeit als auch die Gleichartigkeit der Forderungen gemäß **§ 387 BGB** erfüllt sein. Die Aufrechnung mit der 4

Forderung eines Dritten ist nicht möglich. Sofern zum Zwecke der Aufrechnung der Dritte die Forderung an den Aufrechnenden abtritt, ist zwar möglicherweise die Voraussetzung der Gegenseitigkeit erfüllt; die Aufrechnung kann jedoch in einem solchen Fall aufgrund von § 96 InsO ausgeschlossen sein (s. u. § 96 Rn 6).

3. Aufrechnungsverbote

5 **a) Allgemeines. Gesetzliche Aufrechnungsverbote** sind auch in der Insolvenz **grundsätzlich zu beachten** (MK-InsO/*Brandes*, § 94 Rn 22; HK-*Eickmann*, § 94 Rn 12ff; Uhlenbruck/*Uhlenbruck*, § 94 Rn 23). **Vertragliche** Aufrechnungsverbote hingegen **können** – je nach Sinn und Zweck des Verbotes – in der Insolvenz **unbeachtlich sein** (*Brandes,* aaO Rn 28; K/P-*Lüke*, § 94 Rn 67ff). Aufgrund des durch Insolvenzeröffnung manifest gewordenen Vermögensverfalls des Schuldners dürfte eine Berufung auf das Aufrechnungsverbot häufig gegen Treu und Glauben verstoßen (BGH WM 1975, 614; BGH ZIP 1984, 1473). Etwas anderes gilt, wenn der Aufrechnungsausschluss – etwa auf Betreiben des vorl InsVerw – ausdrücklich für den Fall der Eröffnung des Insolvenzverfahrens vereinbart worden ist (*Brandes* aaO Rn 29; *Lüke* aaO Rn 68).

6 **b) Aufrechnungsverbote in der InsO.** Weiterhin sind bei Aufrechnungslagen im Insolvenzverfahren stets §§ 95, 96 zu beachten, wonach unter bestimmten Voraussetzungen eine im Übrigen zulässige Aufrechnung ausscheidet (s dort).

4. Aufrechnungserklärung

7 Die Aufrechnung ist **gegenüber dem InsVerw** zu erklären. Eine Frist hierfür ist nicht vorgesehen. Auch ist das Recht zur Erklärung der Aufrechnung aufgrund von § 390 S 2 BGB **grundsätzlich unverjährbar**. Innerhalb eines Prozesses sind hingegen die Präklusionsvorschriften der ZPO zu beachten (K/P-*Lüke*, § 94 Rn 71).

§ 95 Eintritt der Aufrechnungslage im Verfahren

(1) [1]Sind zur Zeit der Eröffnung des Insolvenzverfahrens die aufzurechnenden Forderungen oder eine von ihnen noch aufschiebend bedingt oder nicht fällig oder die Forderungen noch nicht auf gleichartige Leistungen gerichtet, so kann die Aufrechnung erst erfolgen, wenn ihre Voraussetzungen eingetreten sind. [2]Die §§ 41, 45 sind nicht anzuwenden. [3]Die Aufrechnung ist ausgeschlossen, wenn die Forderung, gegen die aufgerechnet werden soll, unbedingt und fällig wird, bevor die Aufrechnung erfolgen kann.

(2) ¹Die Aufrechnung wird nicht dadurch ausgeschlossen, daß die Forderungen auf unterschiedliche Währungen oder Rechnungseinheiten lauten, wenn diese Währungen oder Rechnungseinheiten am Zahlungsort der Forderung, gegen die aufgerechnet wird, frei getauscht werden können. ²Die Umrechnung erfolgt nach dem Kurswert, der für diesen Ort zur Zeit des Zugangs der Aufrechnungserklärung maßgeblich ist.

Literatur: s Lit. zu § 94.

I. Entstehungsgeschichte und Normzweck

1. Entstehungsgeschichte

Die Vorschrift geht zurück auf § 54 KO, weist jedoch erhebliche Unterschiede zum alten Recht auf. So war nach altem Recht eine Aufrechnung bei Eröffnung des Konkursverfahrens auch dann möglich, wenn die Forderung des Gläubigers betagt oder bedingt war oder nicht auf einen Geldbetrag gerichtet war. Dies wurde vom Gesetzgeber der InsO nicht als wünschenswert angesehen (BegrRegE, *Kübler/Prütting*, S 276). Daher bestimmt die Vorschrift jetzt ausdrücklich, dass §§ 41 und 45 nicht anwendbar sind. Im Zuge des Gesetzgebungsverfahrens wurde durch den Rechtsausschuss der Vorschrift noch Abs 2 angefügt, wonach eine Aufrechnung gegen Fremdwährungen grundsätzlich zulässig ist. 1

2. Normzweck

Die Vorschrift übernimmt die Wertung aus § 392 BGB. Sie ist im Zusammenhang mit der vorangegangenen Vorschrift des § 94 zu lesen. Ebenso wie dort erhält der Forderungsinhaber, der sich im Verhältnis zum Schuldner in einer Aufrechnungslage befindet, die grundsätzliche Möglichkeit, seine Befriedigung im Wege der Aufrechnung zu suchen. Es ist also grundsätzlich nicht erforderlich, die eigene Leistung zu erbringen und die Gegenforderung zur Insolvenztabelle anzumelden. § 95 schränkt diesen Grundsatz jedoch ein, wenn die Aufrechnungslage erst im Laufe des Insolvenzverfahrens entsteht. Zwar gilt weiterhin der Grundsatz, dass die Aufrechnung möglich ist, jedoch hat der Gläubiger so lange zu warten, bis die Aufrechnungslage eingetreten ist. Abs 2 bildet eine Rückausnahme zu Abs 1 S 2. 2

II. Regelungsinhalt

1. Fälligkeit der Forderung

Für die Frage, ob der Gläubiger nach § 95 Abs 1 aufrechnen kann, ist von entscheidender Bedeutung, **welche Forderung zuerst fällig wird**: Die 3 des Gläubigers oder die des Schuldners. War die Forderung des Schuldners **bereits fällig** und durchsetzbar, die des Gläubigers jedoch noch nicht fällig, so ist gem Abs 1 S 3 die **Aufrechnung ausgeschlossen**. Der Gläubiger ist somit verpflichtet, seine Leistung zu erbringen. Er kann seine Gegenforderung lediglich noch zur Tabelle anmelden. War die Forderung des **Gläubigers bei Insolvenzeröffnung bereits fällig**, die Gegenforderung jedoch noch nicht, so ist der Gläubiger lediglich gehalten, zu **warten, bis die Fälligkeit eintritt**. Die potentielle Aufrechnungsmöglichkeit bleibt weiterhin erhalten. Gleiches gilt auch dann, wenn zwar beide Forderungen erst nach Eröffnung fällig werden, die Gläubigerforderung jedoch vor der Schuldnerforderung fällig wird (MK-InsO/*Brandes*, § 95 Rn 6; HK-*Eickmann*, § 95 Rn 7; Uhlenbruck/*Uhlenbruck*, § 95 Rn 2).

2. Bedingte Forderungen

4 Bezüglich der Maßgeblichkeit des Bedingungseintritts für die Frage, ob eine Aufrechnung zulässig ist, gilt das für den Zeitpunkt der Fälligkeit Gesagte entsprechend (s auch MK-InsO/*Brandes*, § 95 Rn 8).

§ 96 Unzulässigkeit der Aufrechnung

(1) Die Aufrechnung ist unzulässig,
1. **wenn ein Insolvenzgläubiger erst nach der Eröffnung des Insolvenzverfahrens etwas zur Insolvenzmasse schuldig geworden ist,**
2. **wenn ein Insolvenzgläubiger seine Forderung erst nach der Eröffnung des Verfahrens von einem anderen Gläubiger erworben hat,**
3. **wenn ein Insolvenzgläubiger die Möglichkeit der Aufrechnung durch eine anfechtbare Rechtshandlung erlangt hat,**
4. **wenn ein Gläubiger, dessen Forderung aus dem freien Vermögen des Schuldners zu erfüllen ist, etwas zur Insolvenzmasse schuldet.**

(2) Absatz 1 sowie § 95 Abs. 1 Satz 3 stehen nicht der Verfügung über Finanzsicherheiten im Sinne des § 1 Abs. 17 des Kreditwesengesetzes oder der Verrechnung von Ansprüchen und Leistungen aus Überweisungs-, Zahlungs- oder Übertragungsverträgen entgegen, die in ein System im Sinne des § 1 Abs. 16 des Kreditwesengesetzes eingebracht wurden, das der Ausführung solcher Verträge dient, sofern die Verrechnung spätestens am Tage der Eröffnung des Insolvenzverfahrens erfolgt.

Literatur: *Keller*, WM 2000, S 1296 ff; *Paulus*, ZIP 1997, 569 ff; *Weitekamp*, NZI 1998, 112 ff; *Wunderer*, WM 1998, 793 ff; s auch Lit. zu §§ 94 und 95.

Unzulässigkeit der Aufrechnung **§ 96**

I. Entstehungsgeschichte und Normzweck

1. Entstehungsgeschichte

Die Vorschrift geht inhaltlich zurück auf § 55 KO, weist jedoch sowohl 1
sprachlich als auch von der Reichweite der Regelung her Neuerungen
auf. Neu eingefügt wurde Nr. 3, wonach eine Aufrechnung unzulässig
ist, wenn der Insolvenzgläubiger durch eine anfechtbare Rechtshandlung
in die Aufrechnungslage gelangt ist. Nach altem Recht musste der Konkursverwalter in diesem Fall zunächst die Anfechtung erklären, um eine
Aufrechnung zu verhindern (BegrRegE, *Kübler/Prütting*, S 278). Kurz vor
In-Kraft-Treten der InsO wurde der Vorschrift noch Abs 2 angefügt.
Diese Änderung war erforderlich geworden aufgrund der Richtlinie 98/
26/EG vom 19. 5. 1998. Durch Gesetz zur Umsetzung der EG-Finanzsicherheiten-Richtlinie vom 5. 4. 2004 (BGBl I S 502) wurde Abs. 2 neu
gefasst.

2. Normzweck

Die Vorschrift steht im Zusammenhang mit § 94 und § 95 und vervoll- 2
ständigt die Regelungen über die Aufrechnungsmöglichkeiten im Insolvenzverfahren. Sie normiert einige **Rückausnahmen zum Grundsatz
der Privilegierung der Aufrechnungslage im Insolvenzverfahren**.
Abs 1 Nr 1 und 2 betreffen Fälle, in denen der Insolvenzgläubiger eine
Forderung erst nach Eröffnung des Verfahrens erworben hat; Nr 3 solche,
in denen die Aufrechnungslage erst durch eine anfechtbare Handlung entstanden ist. Diese Fälle haben gemein, dass der aufrechnungswillige Insolvenzgläubiger wegen des **Grundsatzes der *par conditio creditorum*** nicht
auf den Bestand der Aufrechnungslage vertrauen darf. Abs 1 Nr 4 stellt lediglich klar, dass Insolvenzmasse und freies Vermögen des Schuldners auch
bei einer möglichen Aufrechnung getrennt sind. Abs 2 bezweckt, dass sich
deutsche Unternehmen an internationalen Abrechnungssystemen beteiligen können.

II. Regelungsinhalt

1. Erwerb der Schuldnerstellung nach Verfahrenseröffnung

a) **Allgemeines.** Nach Abs 1 **Nr 1** ist die Aufrechnung ausgeschlos- 3
sen, wenn eine Forderung der Insolvenzmasse gegen den Gläubiger erst
nach Verfahrenseröffnung entstanden ist. Dies ist der Fall, wenn die Forderung bei Eröffnung des Insolvenzverfahrens selbst in ihrem Kern noch
nicht begründet war (RGZ 121, 371).

b) **Einzelfälle.** Hauptfall des Aufrechnungsverbotes nach Nr 1 dürfte 4
die **Veräußerung von Massegegenständen an Insolvenzgläubiger**

sein (N/R-*Wittkowski*, § 96 Rn 4). Zu beachten ist, dass aufgrund der Verschärfung der Rechtslage in Bezug auf die Aufrechnungsmöglichkeit mit bedingten oder betagten Forderungen (§ 95) es nunmehr – entgegen dem alten Recht – nicht mehr ausreicht, dass eine Forderung bereits vor Verfahrenseröffnung bedingt begründet war (HK-*Eickmann*, § 96 Rn 4). Abs 1 Nr 1 schließt die Anwendbarkeit des § 406 BGB nicht aus (K/P-*Lüke*, § 96 Rn 10; N/R-*Wittkowski*, § 96 Rn 8), so dass gegen eine Forderung, welche vor Eröffnung entstand, jedoch erst nach Eröffnung an den InsVerw zurückabgetreten wurde, eine Aufrechnung trotz Nr 1 möglich ist (MK-InsO/*Brandes*, § 96 Rn 16). Ausnahmen von Abs 1 Nr 1 ergeben sich aus § 110 Abs 3 und § 114 Abs 2 für bestimmte Dauerschuldverhältnisse. Auf die dortige Kommentierung ist zu verweisen.

2. Erwerb der Gegenforderung nach Eröffnung des Verfahrens (Nr 2)

5 **a) Allgemeines.** Eine Aufrechnung ist weiterhin unzulässig, wenn der Insolvenzgläubiger seine **Gegenforderung erst nach Eröffnung des Verfahrens erwirbt**. Es muss sich um eine Forderung handeln, die vor Eröffnung entstanden und nach Eröffnung auf den Gläubiger übergegangen ist. Dies gilt auch, wenn der Insolvenzgläubiger eine Forderung vor Eröffnung an einen Dritten sicherungsübereignet und dieser Dritte die Forderung nach Eröffnung „freigegeben" hat (str, vgl K/P-*Lüke*, § 96 Rn 32 mwN).

6 **b) Zulässigkeit der Aufrechnung.** Nach allgemeiner Auffassung kann mit dem **Rückgriffsanspruch des Wechselindossanten** in der Insolvenz seines Vormannes trotz Nr 2 aufgerechnet werden, da es sich hierbei um eine gesetzlich aufschiebend bedingte Forderung handelt (MK-InsO/*Brandes*, § 96 Rn 24 mwN). Gleiches gilt für alle **gesetzlich aufschiebend bedingt** entstandenen Forderungen, sofern § 95 Abs 1 S 3 nicht entgegensteht (HK-*Eickmann*, § 96 Rn 8).

3. Erwerb der Aufrechnungslage durch anfechtbare Handlung

7 **a) Allgemeines.** Die Aufrechnung bei anfechtbaren Aufrechnungslagen war bereits nach § 55 Nr 3 KO – wenn auch fragmentarisch geregelt – unzulässig. § 55 Nr 3 KO verlegte das nach Nr 1 und 2 bestehende Aufrechnungsverbot in den Zeitraum vor Eröffnung des Verfahrens, wenn auf Seiten des Gläubigers bezüglich der Zahlungseinstellung oder des Verfahrensantrages Kenntnis vorhanden war. Dem entsprechend war auch nach altem Recht anerkannt, dass § 55 Nr 3 KO auf dem selben Rechtsgedanken wie § 30 KO beruhte (*Kuhn/Uhlenbruck*, § 55 Rn 15 mwN). § 96 Abs 1 **Nr 3** bestimmt nunmehr uneingeschränkt, dass immer dann, wenn der Insolvenzgläubiger die Möglichkeit der Aufrechnung durch eine anfechtbare

Rechtshandlung erlangt hat, **eine Aufrechnung *qua legem* unzulässig** ist. Dies führt zu einer Angleichung der Anfechtungs- und Aufrechnungsvorschriften. Wurde eine Aufrechnungslage in einer nach §§ 130ff InsO anfechtbaren Weise erworben, dann kann der Insolvenzverwalter sich unmittelbar auf die Unwirksamkeit der Aufrechnung nach § 96 Abs 1 Nr 3 InsO berufen und muss nicht zusätzlich klagen (BGH NZI 2005, 164, 165).

b) Kongruente oder inkongruente Deckung? Teilweise wird diskutiert, ob die Anfechtbarkeit nach § 130 oder § 131 zu beurteilen ist (HK-*Eickmann*, § 96 Rn 11). Hierauf kommt es hingegen nicht an. Der Insolvenzgläubiger kann eine Forderung anfechtungsrechtlich in jeglicher Form erwerben (kongruent, inkongruent, im Wege der absichtlichen Gläubigerbenachteiligung gemäß § 133 oder auf andere Weise). Hatte der Gläubiger gegen den Schuldner keinen Anspruch auf eine Begründung gegenseitiger Forderungen, ist die Aufrechnungslage in inkongruenter Weise entstanden (BGH, NZI 2005, 553, 2004, 518). Unerheblich ist auch, ob die anfechtbare Rechtshandlung zum Erwerb einer Gläubiger- oder Schuldnerposition vorgenommen wurde (N/R-*Wittkowski*, § 96 Rn 18). Macht der Insolvenzverwalter geltend, die Verrechnung einer Kaufpreisforderung des Schuldners mit einer Gegenforderung des Käufers (Insolvenzgläubigers) sei unzulässig, weil dieser die Möglichkeit dazu durch eine anfechtbare Rechtshandlung erlangt habe, kann gegenüber dem vom Insolvenzverwalter weiterverfolgten Anspruch die Behauptung des Insolvenzgläubigers erheblich sein, der Kaufpreis sei bewusst überhöht festgesetzt worden, um durch Verrechnung mit Gegenforderungen eine „Debitorenbereinigung" zu erzielen (BGH, NZI 2004, 620).

c) Anfechtungsvorschriften. Im Übrigen ist auf die Kommentierung zu den Anfechtungsvorschriften (§§ 129ff) zu verweisen.

4. Erwerb einer Forderung aus dem insolvenzfreien Vermögen

Nach **Nr 4** ist die Aufrechnung auch dann ausgeschlossen, wenn die **Forderung** durch den Insolvenzgläubiger **aus dem insolvenzfreien Vermögen des Schuldners erworben** wurde. In einem solchen Fall fehlt es an der erforderlichen Gegenseitigkeit der Forderungen. Die Insolvenzmasse und das insolvenzfreie Schuldnervermögen bilden gemäß §§ 35ff zwei unterschiedliche Vermögensmassen, vergleichbar mit **unterschiedlichen juristischen Personen** im allgemeinen Privatrecht. Wegen der Einbeziehung des Neuerwerbs in die Masse (s. o. § 35 Rn 11) hat die Vorschrift an Bedeutung gewonnen (MK-InsO/*Brandes*, § 96 Rn 40).

5. Ausnahme für Abrechnungssysteme

Aufgrund der EU-Richtlinie 98/26/EG vom 19. 5. 1998 wurde **Abs 2** in § 96 eingefügt. Hierdurch sollen Abrechnungssysteme unterstützt werden, welche häufig über mehrere Länder hinweg sicherstellen sollen, dass im Falle der Insolvenz eines Teilnehmers eine wechselseitige Aufrechnung aller zum Zeitpunkt der Eröffnung fälligen Forderungen und Verbindlichkeiten erfolgen kann (*close-out-netting* oder *Clearing*-Verfahren) vgl hierzu im einzelnen *Keller,* WM 2000, 1296 ff.

§ 97 Auskunfts- und Mitwirkungspflichten des Schuldners

(1) ¹**Der Schuldner ist verpflichtet, dem Insolvenzgericht, dem Insolvenzverwalter, dem Gläubigerausschuß und auf Anordnung des Gerichts der Gläubigerversammlung über alle das Verfahren betreffenden Verhältnisse Auskunft zu geben.** ²**Er hat auch Tatsachen zu offenbaren, die geeignet sind, eine Verfolgung wegen einer Straftat oder einer Ordnungswidrigkeit herbeizuführen.** ³**Jedoch darf eine Auskunft, die der Schuldner gemäß seiner Verpflichtung nach Satz 1 erteilt, in einem Strafverfahren oder in einem Verfahren nach dem Gesetz über Ordnungswidrigkeiten gegen den Schuldner oder einen in § 52 Abs. 1 der Strafprozeßordnung bezeichneten Angehörigen des Schuldners nur mit Zustimmung des Schuldners verwendet werden.**

(2) **Der Schuldner hat den Verwalter bei der Erfüllung von dessen Aufgaben zu unterstützen.**

(3) ¹**Der Schuldner ist verpflichtet, sich auf Anordnung des Gerichts jederzeit zur Verfügung zu stellen, um seine Auskunfts- und Mitwirkungspflichten zu erfüllen.** ²**Er hat alle Handlungen zu unterlassen, die der Erfüllung dieser Pflichten zuwiderlaufen.**

Literatur: *Grub,* Kölner Schrift, S 671 ff; *Henssler,* Kölner Schrift, S 1283 ff; *Vallender,* ZIP 1995, 529 ff.

I. Entstehungsgeschichte und Normzweck

1. Entstehungsgeschichte

1 Die Vorschrift geht zurück auf §§ 100, 101 KO. Bereits die KO kannte umfassende Informationspflichten des Gemeinschuldners, welche in der InsO inhaltlich im Wesentlichen aufrecht erhalten werden. Im Anschluss an die Entscheidung BVerfGE 56, 37 wurde Abs 1 S 3 in die Vorschrift aufgenommen (BegrRegE, *Kübler/Prütting,* S 279). Im Zuge des Gesetzgebungsverfahrens wurde aus dem ursprünglichen **Verwertungs**verbot ein umfassendes Verbot, die Informationen des Schuldners in ordnungswidriger oder strafrechtlicher Weise zu **verwenden**.

2. Normzweck

Der InsVerw ist bei der Erfüllung seiner Aufgaben im Interesse der zu 2
befriedigenden Gläubiger auf umfassende Informationen seitens des
Schuldners angewiesen (MK-InsO/*Passauer*, § 97 Rn 1). Das Informationsbedürfnis des InsVerw geht nach der Vorstellung des Gesetzgebers sogar weiter als das der staatlichen Ermittlungsbehörden im Straf- oder Ordnungswidrigkeitenrecht.

II. Regelungsinhalt

1. Auskunftspflicht

Auskunftspflichtig ist der Schuldner. Sofern es sich bei diesem um eine 3
natürliche Person handelt, ist er selber, ggf auch dessen gesetzlicher Vertreter, auskunftspflichtig. Bei juristischen Personen **trifft die Auskunftspflicht nach § 101 Abs 1 die organschaftlichen Vertreter**. Nach § 101 Abs 1 S 2 gilt die Auskunftspflicht zum Teil **auch für bereits ausgeschiedene** organschaftliche Vertreter (s § 101 Rn 5).

2. Auskunftsberechtigte

a) Allgemeines. Auskunftsberechtigt ist das Insolvenzgericht und der 4
InsVerw. Soweit ein Gläubigerausschuss eingesetzt ist, besteht die Auskunftspflicht auch gegenüber diesem.

b) Gläubigerversammlung. Das Gericht kann anordnen, dass auch 5
gegenüber der Gläubigerversammlung Auskunft zu erteilen ist. Letzteres sollte allerdings – insbes im Hinblick auf Abs 1 S 2 – **nur ausnahmsweise** erfolgen. Der Gläubigerversammlung stehen sonst gem § 79 grundsätzlich nur Informationsansprüche gegen den InsVerw und das Gericht zu.

c) Insolvenzgläubiger. Auch gegenüber einzelnen Insolvenzgläubi- 6
gern bestehen **keine** Informationspflichten. Insgläubiger können ihre Informationen lediglich durch **Einsicht in die Insolvenzakten** oder durch Auskunft seitens des InsVerw und/oder des Insolvenzgerichts erhalten.

3. Umfang der Auskunftspflicht

a) Allgemeines. Der Schuldner muss sich gegenüber dem jeweils 7
Auskunftsberechtigten über alle das Verfahren betreffenden Umstände erklären. Die Auskunftspflicht bezieht sich auf die **vermögensrechtlichen Umstände, die im Zusammenhang mit der Abwicklung des Insolvenzverfahrens Bedeutung haben können**. Hieraus könnte gefolgert werden, dass der Schuldner sich über das insolvenzfreie Vermögen grundsätzlich nicht zu erklären braucht. Dies trifft jedoch nur zum Teil zu, Denn häufig wird eine Abgrenzung von **insolvenzfreiem Vermögen** und In-

solvenzmasse nur möglich sein, wenn das schuldnerische Vermögen in vollem Umfang bekannt ist. Dies gilt etwa insoweit, als die Pfändungsfreigrenzen des laufenden Einkommens festgestellt werden müssen (vgl auch MK-InsO/*Passauer*, § 97 Rn 14; AG Duisburg NZI 2000, 415).

8 b) Strafrechtlich relevante Auskünfte. aa) Auskunftserteilung.
Nach Abs 1 S 2 geht die Auskunftspflicht des Schuldners so weit, dass er auch strafrechtlich relevante Tatsachen offenbaren muss. Eine entsprechende Verpflichtung war auch im Geltungsbereich der KO anerkannt (**BVerfGE 56, 37**). Häufig sind strafrechtlich relevante Informationen für den InsVerw die wichtigste Erkenntnisquelle. So ist etwa für das Vorliegen einer Anfechtungsmöglichkeit entscheidend, wann der Schuldner zahlungsunfähig und/oder überschuldet war. Sofern beim Schuldner eine Insolvenzantragspflicht (zB § 64 GmbHG) bestand, kann sich hieraus häufig eine Strafbarkeit des Antragspflichtigen (zB § 84 GmbHG) ergeben. Könnte sich der Schuldner in diesen Fällen stets auf sein Aussageverweigerungsrecht zurückziehen, wäre vielfach dem InsVerw die Durchführung des Verfahrens unmöglich.

9 bb) Verwendungsverbot. Im Gegenzug hierzu bestimmt Abs 1 S 3, dass eine Auskunft, die der Schuldner gem den ihn treffenden Verpflichtungen erteilt hat, in einem Strafverfahren nur mit Zustimmung des Schuldners verwendet werden kann. Das Verwendungsverbot **kann im Bereich der Insolvenzverschleppungstatbestände zu Strafbarkeitsjedenfalls aber zu Verfolgungslücken führen.**

4. Sonstige Pflichten des Schuldners

10 a) Die Unterstützungspflicht. aa) Allgemeines. Nach Abs 2 hat der Schuldner den InsVerw bei der Erfüllung seiner Aufgaben zu unterstützen. Diese Verpflichtung ist als **Generalklausel** ausgestaltet (K/P-*Lüke*, § 97 Rn 9), welche durch eine weitere Generalklausel in Abs 3 S 2 unterstützt wird. Danach hat der Schuldner alle Handlungen zu unterlassen, die der Erfüllung der Auskunfts- und Mitwirkungspflichten des § 97 zuwider laufen. Angesichts der Bestimmung in Abs 2 erscheint das zusätzliche „Behinderungsverbot" überflüssig, wenn auch unschädlich.

11 bb) Einzelfälle. Eine nähere Konkretisierung der Mitwirkungspflichten des Schuldners wird der Rechtsprechung vorbehalten bleiben. Eine über die bloße Auskunft hinausgehende Mitwirkung wird etwa dann nötig sein, wenn bei im Ausland befindlichem Schuldnervermögen der Schuldner dem InsVerw eine **Vollmacht erteilen** muss (LG Köln ZIP 1997, 21, 61). Die Mitwirkungspflicht geht jedoch **nicht** so weit, dass der **Schuldner dem InsVerw seine gesamte Arbeitskraft zur Verfügung stellen muss** (HK-*Eickmann*, § 97 Rn 6; MK-InsO/*Passauer*, § 97 Rn 30).

cc) **Sanktionen.** Zu den Sanktionen bei einer Verletzung der Unterstützungspflicht s § 98. 12

b) **Bereitschaftspflicht.** Im Vergleich zu § 101 Abs 1 KO enthält 13 § 97 eine Abschwächung in Bezug auf die **körperliche Verfügbarkeit** des Schuldners. Nach bisher geltendem Recht durfte der Schuldner sich gem § 101 Abs 1 *a priori* nur mit Erlaubnis des Gerichts von seinem Wohnort entfernen. § 97 Abs 3 erlegt dem Schuldner nur noch die Pflicht auf, sich auf Anordnung des Gerichts jederzeit zur Verfügung zu stellen. Lediglich dann, wenn der Schuldner Anstalten macht, sich der Bereitstellungspflicht zu entziehen, kann er gem § 98 Abs 2 zwangsweise vorgeführt und ggf in Haft genommen werden (s. u. § 98 Rn 4 ff u. 8).

5. Verpflichtungen des Schuldners bei der vorläufigen Insolvenzverwaltung

Nach § 22 Abs 3 S 3 **gilt § 97 (uneingeschränkt) entsprechend,** 14 wenn das Gericht – wie zumeist – einen vorl InsVerw einsetzt. Diese Vorverlagerung der Auskunfts- und Mitwirkungspflichten des Schuldners ist für die Durchführung des späteren Insolvenzverfahrens unverzichtbar. Erst durch die erforderlichen Informationen seitens des Schuldners wird der vorl InsVerw und Gutachter in die Lage versetzt, über das Ob und Wie der Durchführung des späteren Insolvenzverfahrens zu entscheiden bzw für eine Entscheidung des Gerichts das erforderliche Tatsachenmaterial zur Verfügung zu stellen. § 22 Abs 3 **unterscheidet nicht danach, ob der vorl InsVerw „stark" oder „schwach" ist.** Auskunfts- und Mitwirkungspflichten dürften nur eingeschränkt gelten, wenn und solange das Gericht zunächst nur einen **Gutachter** einsetzt, welcher noch nicht die Befugnisse des vorl InsVerw hat (s. o. § 22 Rn 12).

§ 98 Durchsetzung der Pflichten des Schuldners

(1) ¹Wenn es zur Herbeiführung wahrheitsgemäßer Aussagen erforderlich erscheint, ordnet das Insolvenzgericht an, dass der Schuldner zu Protokoll an Eides Statt versichert, er habe die von ihm verlangte Auskunft nach bestem Wissen und Gewissen richtig und vollständig erteilt. ²Die §§ 478 bis 480, 483 der Zivilprozeßordnung gelten entsprechend.
(2) Das Gericht kann den Schuldner zwangsweise vorführen und nach Anhörung in Haft nehmen lassen,
1. wenn der Schuldner eine Auskunft oder die eidesstattliche Versicherung oder die Mitwirkung bei der Erfüllung der Aufgaben des Insolvenzverwalters verweigert;

§ 98   3. Teil. Wirkungen der Eröffnung des Insolvenzverfahrens

2. wenn der Schuldner sich der Erfüllung seiner Auskunfts- und Mitwirkungspflichten entziehen will, insbesondere Anstalten zur Flucht trifft, oder
3. wenn dies zur Vermeidung von Handlungen des Schuldners, die der Erfüllung seiner Auskunfts- und Mitwirkungspflichten zuwiderlaufen, insbesondere zur Sicherung der Insolvenzmasse, erforderlich ist.

(3) [1]Für die Anordnung von Haft gelten die §§ 904 bis 910, 913 der Zivilprozeßordnung entsprechend. [2]Der Haftbefehl ist von Amts wegen aufzuheben, sobald die Voraussetzungen für die Anordnung von Haft nicht mehr vorliegen. [3]Gegen die Anordnung der Haft und gegen die Abweisung eines Antrags auf Aufhebung des Haftbefehls wegen Wegfalls seiner Voraussetzungen findet die sofortige Beschwerde statt.

Literatur: *Schmitz-Herscheidt*, KTS 1996, 517 ff, s auch Lit. zu § 97.

I. Entstehungsgeschichte und Normzweck

1. Entstehungsgeschichte

1   Wesentliche inhaltliche Änderungen im Vergleich zum alten Recht enthält § 98 nicht. Abs 1 geht zurück auf § 69 Abs 2 VglO; Abs 2 entspricht inhaltlich § 101 Abs 1 und 2 KO.

2. Normzweck

2   § 98 enthält das Instrumentarium zur Durchsetzung der Verpflichtungen des Schuldners aus § 97. Die Vorschrift findet – ebenso wie § 97 – auch schon vor Eröffnung Anwendung, wenn ein vorl InsVerw eingesetzt worden ist.

II. Regelungsinhalt

1. Zwangsmaßnahmen

3   **a) Eidesstattliche Versicherung.** Das Gericht kann den Schuldner zur Abgabe einer eidesstattlichen Versicherung bezüglich der **Wahrheitsgemäßheit und Vollständigkeit** der von ihm erteilten Auskünfte zwingen, wenn es der Auffassung ist, dass der Schuldner seinen Verpflichtungen nicht oder nicht vollständig nachgekommen ist oder **wenn das Gericht** an der Wahrheitsgemäßheit der Aussagen des Schuldners **Zweifel hat**. Die Vorschrift verweist auf die einschlägigen Normen der ZPO.

4   **b) Zwangsweise Vorführung des Schuldners.** Das Gericht kann den Schuldner bei Vorliegen einer der dort – abschließend – aufgeführten Fälle zwangsweise vorführen lassen.

aa) Verweigerung von Auskünften. Die zwangsweise Vorführung **5** des Schuldners kann angeordnet werden, wenn der Schuldner gegenüber den auskunftsberechtigten Personen die Erteilung von Auskünften gemäß § 97 Abs 1 S 1 oder die Abgabe der eidesstattlichen Versicherung gemäß § 98 Abs 1 verweigert. Gleiches gilt, wenn der Schuldner gegen die Generalklausel des § 97 Abs 2 verstößt. Insb im letzteren Fall wird das Gericht besonders **sorgfältig zu prüfen** haben, ob ein Verstoß gegen die Generalklausel vorliegt. Dies folgt aus der gebotenen verfassungskonformen Auslegung der Norm sowie aus dem zu beachtenden **Grundsatz der Verhältnismäßigkeit**. Nicht jede Verweigerungshaltung des Schuldners kann das Gericht zur Verhängung von Zwangsmaßnahmen iSv § 98 Abs 2 berechtigen.

bb) Flucht. Des Weiteren kann der Schuldner auf Anordnung des **6** Gerichts zwangsweise vorgeführt werden, wenn er sich seiner Pflichten, insbes durch Flucht, **körperlich entziehen** möchte. Die Notwendigkeit dieses Zwangsmittels leuchtet hier ohne weiteres ein. Aufgrund der Grundrechtsrelevanz der Vorschrift müssen jedoch bereits **konkrete Anhaltspunkte** für eine geplante Flucht vorliegen.

cc) Behinderungshandlungen des Schuldners. Während Nr 2 **7** Handlungen des Schuldners betrifft, durch die dieser sich selber körperlich dem Verfahren entzieht, zielt Nr 3 ab auf sonstige Behinderungs- und Beseitigungsmaßnahmen seitens des Schuldners, etwa das Beiseiteschaffen von Massegegenständen. Auch in solchen Fällen ist – zunächst – die zwangsweise Vorführung des Schuldners möglich.

c) Haft. Unter den im Vorangegangenen (b)) erörterten Vorausset- **8** zungen kann das Gericht nach der zwangsweisen Vorführung sowie nach erfolgter Anhörung des Schuldners diesen als *ultima ratio* in Haft nehmen lassen. Bei Anordnung der Haft hat das Gericht jedoch stets den **Grundsatz der Verhältnismäßigkeit** zu beachten (K/P-*Lüke*, § 98 Rn 8 mwN). Im Haftbefehl sind die Mitwirkungspflichten des Schuldners so bestimmt zu bezeichnen, dass diese zweifelsfrei von ihm erkennbar sind (BGH NZI 2005, 263)

§ 99 Postsperre

(1) ¹Soweit dies erforderlich erscheint, um für die Gläubiger nachteilige Rechtshandlungen des Schuldners aufzuklären oder zu verhindern, ordnet das Insolvenzgericht auf Antrag des Insolvenzverwalters oder von Amts wegen durch begründeten Beschluß an, daß bestimmte oder alle Postsendungen für den Schuldner dem Verwalter zuzuleiten sind. ²Die Anordnung ergeht nach Anhörung des Schuldners, sofern dadurch nicht wegen besonderer Umstände des Einzelfalls der Zweck der Anordnung gefährdet wird. ³Unterbleibt die vorherige Anhörung des Schuldners, so ist dies in dem Beschluß gesondert zu begründen und die Anhörung unverzüglich nachzuholen.

(2) ¹Der Verwalter ist berechtigt, die ihm zugeleiteten Sendungen zu öffnen. ²Sendungen, deren Inhalt nicht die Insolvenzmasse betrifft, sind dem Schuldner unverzüglich zuzuleiten. ³Die übrigen Sendungen kann der Schuldner einsehen.

(3) ¹Gegen die Anordnung der Postsperre steht dem Schuldner die sofortige Beschwerde zu. ²Das Gericht hat die Anordnung nach Anhörung des Verwalters aufzuheben, soweit ihre Voraussetzungen fortfallen.

Literatur: *Vallender*, Kölner Schrift, S 249 ff; *ders.*, NZI 2003, 244 ff.

I. Entstehungsgeschichte und Normzweck

1. Entstehungsgeschichte

1   Die Vorschrift geht zurück auf § 121 KO, ist jedoch im Vergleich zu dieser einerseits inhaltlich eingeschränkt, andererseits ausführlicher normiert. Während das alte Recht grundsätzlich von einer Verhängung der Postsperre ausging – auch insoweit war jedoch eine gerichtliche Anordnung erforderlich – ist eine Postsperre nunmehr nur dann zu verhängen, „soweit dies erforderlich erscheint, um für die Gläubiger nachteilige Rechtshandlungen des Schuldners aufzuklären oder zu verhindern".

2. Normzweck

2   Das Erfordernis der Verhängung einer Postsperre über den Schuldner leuchtet ohne weiteres ein. Häufig wird der InsVerw erst durch Sichtung der Tagespost die Gelegenheit erhalten, „unzensierte" Informationen über den Schuldner zu erlangen.

II. Regelungsinhalt

1. Voraussetzungen zur Verhängung der Postsperre

a) Aufklärung nachteiliger Rechtshandlungen durch den Schuldner. § 99 Abs 1 S 1 bestimmt, dass eine Postsperre vom Gericht
3   nur verhängt werden kann, wenn und soweit dies zur Aufklärung nachteiliger Rechtshandlungen durch den Schuldner erforderlich erscheint. Die weite Fassung dieser Voraussetzung („erforderlich erscheint") führt in der Praxis dazu, dass eine **Postsperre** – ebenso wie nach altem Recht – **regelmäßig verhängt** wird. Es wird niemals völlig auszuschließen sein,

dass der Schuldner dem InsVerw Tatsachen verheimlicht, die zur Aufklärung der insolvenzspezifischen Umstände erforderlich sind.

b) Formelle Voraussetzungen. aa) Anhörung des Schuldners. 4
Nach Abs 1 S 2 ist vor Verhängung der Postsperre grundsätzlich die Anhörung des Schuldners erforderlich. Diese Anhörung ist Ausdruck des Gebotes des rechtlichen Gehörs aus Art 103 GG. Allerdings enthält die Vorschrift eine Ausnahmeregel, wonach auf eine **Anhörung verzichtet werden kann, wenn dadurch der Zweck der Anordnung gefährdet** wird. Dies wird etwa dann der Fall sein, wenn begründeter Verdacht besteht, dass der Schuldner Anstalten unternimmt, für ihn bestimmte Postsendungen „umzuleiten". Unterbleibt aus vorgenannten Gründen die vorherige Anhörung des Schuldners, so ist dies gem Abs 1 S 3 im Anordnungsbeschluss gesondert zu begründen. Außerdem ist das Gericht verpflichtet, eine solche **Anhörung unverzüglich nachzuholen**.

bb) Anordnung durch das Gericht. Eine Anordnung der Postsperre kann gemäß Abs 1 S 1 durch das Gericht erfolgen. 5

2. Umfang der Postsperre

a) Allgemeines. Die Postsperre umfasst sämtliche für den Schuldner 6
eingehenden **schriftlichen Sendungen** (N/R-*Wittkowski*, § 99 Rn 7).
Sie kann daher **Briefe, Telegramme, Fernschreiben sowie Faxe** betreffen. Insb letzteres wird in der Praxis regelmäßig Schwierigkeiten aufwerfen, da sich das Faxgerät des Schuldners in dessen Räumen befindet. Selten hat der InsVerw die Möglichkeit, sämtliche Faxeingänge rechtzeitig abzufangen. Hier bleibt dem InsVerw in extremen Ausnahmefällen nur die Möglichkeit, die Telefonleitungen des Schuldners vollständig zu sperren, da ein Abhören des Telefons nicht zulässig ist. Dieselbe Problematik stellt sich bei E-Mails (MK-InsO/*Passauer*, § 99 Rn 20).

b) Beschränkungen im Beschluss. Das Gericht kann die Postsperre 7
auf bestimmte Postsendungen beschränken. Eine solche Beschränkung ist allerdings in der Praxis selten, da dies zu erheblichen tatsächlichen Schwierigkeiten führt.

c) Rechte und Pflichten des InsVerw. Der InsVerw hat gem Abs 2 8
das Recht, sämtliche ihm zugeleiteten Sendungen zu öffnen und einzusehen. In der Praxis lässt sich hierbei nicht vermeiden, dass der InsVerw auch private Korrespondenz des Schuldners zur Kenntnis nimmt. Dies wurde vom Gesetzgeber ausdrücklich in Kauf genommen (MK-InsO/*Passauer*, § 99 Rn 19). Stellt sich nach Öffnung der Post heraus, dass bestimmte Sendungen sich inhaltlich nicht auf die Insolvenzmasse beziehen, so hat der InsVerw diese gem Abs 2 S 2 unverzüglich dem Schuldner zuzuleiten. Der Schuldner ist somit – anders als nach altem Recht – nicht mehr gehal-

ten, die Herausgabe seiner privaten Korrespondenz ausdrücklich zu verlangen. Der InsVerw ist – ebenso wie nach altem Recht – verpflichtet, dem **Schuldner Einsicht in die geschäftliche Korrespondenz** zu gewähren.

3. Rechtsmittel

9 Der Schuldner kann sich gegen den die Postsperre anordnenden Beschluss mit der **sofortigen Beschwerde** gem Abs 3 iVm § 6 wenden. Ein entsprechendes Rechtsmittel war auch nach altem Recht (§ 73 Abs 3 KO) vorgesehen. Umstritten ist, ob der InsVerw gegen einen die Postsperre aufhebenden Beschluss Erinnerung einlegen kann (**dagegen:** MK-InsO/*Passauer*, § 99 Rn 41; HK-*Eickmann*, § 99 Rn 16; **dafür:** FK-*App*, § 99 Rn 16; K/P-*Lüke*, § 99 Rn 14).

4. Aufhebung der Postsperre

10 Schließlich ist nach Abs 3 S 2 die Anordnung der Postsperre aufzuheben, soweit ihre Voraussetzungen fortgefallen sind. Vor Aufhebung der Postsperre ist zunächst der InsVerw anzuhören. Eine Aufhebung der Postsperre kann jedenfalls dann erfolgen, wenn die Ermittlung der Masse durch den InsVerw abgeschlossen ist (MK-InsO/*Passauer*, § 99 Rn 43).

5. Kostentragungspflicht

11 Vgl hierzu *Vallender*, NZI 2003, S 244 ff.

§ 100 Unterhalt aus der Insolvenzmasse

(1) Die Gläubigerversammlung beschließt, ob und in welchem Umfang dem Schuldner und seiner Familie Unterhalt aus der Insolvenzmasse gewährt werden soll.

(2) ¹Bis zur Entscheidung der Gläubigerversammlung kann der Insolvenzverwalter mit Zustimmung des Gläubigerausschusses, wenn ein solcher bestellt ist, dem Schuldner den notwendigen Unterhalt gewähren. ²In gleicher Weise kann den minderjährigen unverheirateten Kindern des Schuldners, seinem Ehegatten, seinem früheren Ehegatten, seinem Lebenspartner, seinem früheren Lebenspartner und dem anderen Elternteil seines Kindes hinsichtlich des Anspruchs nach den §§ 1615 l, 1615 n des Bürgerlichen Gesetzbuchs Unterhalt gewährt werden.

Literatur: *Kothe*, Kölner Schrift, S 781 ff.

I. Entstehungsgeschichte und Normzweck

Die Norm geht zurück auf §§ 129, 132 KO. Sie enthält einen Ausgleich zu Gunsten des Schuldners und dessen Familie dafür, dass dem Schuldner die Verfügungsbefugnis über sein Vermögen weitgehend entzogen wird. Dies gilt – im Gegensatz zur KO – auch für den Neuerwerb. Aufgrund der auch im Rahmen des § 35 grundsätzlich zu beachtenden Pfändungsfreigrenzen (§§ 850a ff ZPO) hat die Vorschrift in erster Linie für selbständig tätige Schuldner Bedeutung. Aufgrund des Gesetzes zur Überarbeitung des Lebenspartnerschaftsrechts vom 15.12.2004 sind in § 2 Abs 2 S 2 nun auch Lebenspartner und frühere Lebenspartner einbezogen.

II. Regelungsinhalt

1. Umfang der Unterhaltsgewährung

Die Vorschrift unterscheidet bei der Frage, in welchem Umfang dem Schuldner und seiner Familie zwischen dem Stadium vor und nach Zusammentreten der Gläubigerversammlung aus der Insolvenzmasse ein Unterhalt gewährt werden darf.

a) Entscheidung bis zur ersten Gläubigerversammlung. Bis zur endgültigen Entscheidung über den Unterhalt des Schuldners und seiner Familie kann diesem **lediglich der „notwendige" Unterhalt** gewährt werden. Diese Terminologie ist der des Sozialhilferechts angeglichen (N/R-*Wittkowski*, § 100 Rn 2). Bei der Gewährung dieses „Notunterhalts" hat der InsVerw insbes sonstige Einkünfte und ggf die bereits gewährte Sozialhilfe zu berücksichtigen.

b) Endgültige Unterhaltsgewährung. Die Gläubigerversammlung ist nach Abs 1 berechtigt, den **Schuldner und seiner Familie** über den notwendigen Unterhalt hinaus **weiteren Unterhalt** zu gewähren. Hierbei hat die Gläubigerversammlung selbstverständlich die Belange der Gläubiger zu berücksichtigen. In der Praxis wird die Gläubigerversammlung daher aus eigenem Interesse dem Schuldner nur ausnahmsweise einen über den „notwendigen" hinausgehenden Unterhalt, welcher unmittelbar aus der Masse zu zahlen ist, gewähren.

2. Zuständigkeit

Nach Abs 1 beschließt grundsätzlich die **Gläubigerversammlung** über die Gewährung des Unterhalts. Bis zum Zusammentreten der ersten Gläubigerversammlung liegt die Zuständigkeit zur Gewährung des Unterhalts beim **InsVerw**. Dieser hat – sofern ein solcher bestellt ist – hierzu die **Zustimmung des Gläubigerausschusses** einzuholen.

3. Unterhaltsberechtigte

6 **a) Bis zur Entscheidung durch die Gläubigerversammlung.**
Abs 2 bestimmt, dass der Notunterhalt bis zur Entscheidung durch die Gläubigerversammlung nur dem Schuldner, dessen minderjährigen, unverheirateten Kindern, seinem Ehegatten, seinem früheren Ehegatten und dem anderen Elternteil seiner Kinder gewährt werden darf. Die Vorschrift orientiert sich insoweit an den gesetzlichen Unterhaltsverpflichtungen des Schuldners.

7 **b) Nach dem Zusammentreten der Gläubigerversammlung.**
Nach Abs 1 kann Unterhalt dem Schuldner und seiner „Familie" gewährt werden. Der Begriff der Familie iSv Abs 1 geht deutlich über den der Unterhaltsberechtigten gem Abs 2 hinaus. Er beschränkt sich also nicht auf solche Angehörigen, welche mit dem Schuldner verwandt oder verschwägert sind (MK-InsO/*Passauer*, § 100 Rn 16).

4. Pflicht zur Unterhaltsgewährung

8 Die Vorschrift normiert lediglich eine Berechtigung für InsVerw bzw Gläubigerversammlung, dem Schuldner und dessen Angehörigen Unterhalt zu gewähren. Eine entsprechende **Verpflichtung normiert die Vorschrift** nicht. Sofern und soweit dem Schuldner aus der Insolvenzmasse kein Unterhalt gewährt wird, ist dieser auf entsprechende sonstige Einkünfte (pfändungsfreies Einkommen, Sozialhilfe etc.) angewiesen. Dem Schuldner steht kein durchsetzbarer Anspruch aus § 100 zu (MK-InsO/*Passauer*, § 100 Rn 20).

§ 101 Organschaftliche Vertreter. Angestellte

(1) ¹Ist der Schuldner keine natürliche Person, so gelten die §§ 97 bis 99 entsprechend für die Mitglieder des Vertretungs- oder Aufsichtsorgans und die vertretungsberechtigten persönlich haftenden Gesellschafter des Schuldners. ²§ 97 Abs. 1 und § 98 gelten außerdem entsprechend für Personen, die nicht früher als zwei Jahre vor dem Antrag auf Eröffnung des Insolvenzverfahrens aus einer in Satz 1 genannten Stellung ausgeschieden sind. ³§ 100 gilt entsprechend für die vertretungsberechtigten persönlich haftenden Gesellschafter des Schuldners.

(2) § 97 Abs. 1 Satz 1 gilt entsprechend für Angestellte und frühere Angestellte des Schuldners, sofern diese nicht früher als zwei Jahre vor dem Eröffnungsantrag ausgeschieden sind.

Literatur: *Henssler*, Kölner Schrift, S 1283 ff; *Uhlenbruck*, KTS 1997, 371 ff.

I. Entstehungsgeschichte und Normzweck

1. Entstehungsgeschichte

Eine vergleichbare Vorschrift war in der KO nicht enthalten. Allerdings war eine entsprechende Auskunftsverpflichtung auch nach alten Recht anerkannt (*Kuhn/Uhlenbruck*, § 100 KO Rn 3).

2. Normzweck

Die Vorschrift dient – ebenso wie die vorangehenden §§ 97–99 – der sachgerechten und effizienten Durchführung des Insolvenzverfahrens, indem die Auskunfts- und Mitwirkungspflichten auch auf Organe und Angestellte des Schuldners ausgeweitet werden (K/P-*Lüke*, § 101 Rn 2).

II. Regelungsinhalt

1. Betroffene Personen

a) Organschaftliche Vertreter. Die Verpflichtungen aus §§ 97–99 gelten nach Abs 1 S 1 für die „Mitglieder des Vertretungs- oder Aufsichtsorgans und die vertretungsberechtigten persönlich haftenden Gesellschafter des Schuldners". Hiervon sind zB betroffen bei der GmbH die Geschäftsführer und – sofern vorhanden – auch die Aufsichtsratsmitglieder, bei der AG die Mitglieder von Vorstand und Aufsichtsrat sowie bei oHG und KG die persönlich haftenden Gesellschafter, soweit diesen Geschäftsführungsbefugnis zusteht.

b) Angestellte. Die allgemeine Mitwirkungspflicht gem § 97 Abs 1 S 1 gilt nach § 101 Abs 2 „entsprechend" auch für Angestellte des Schuldners.

2. Maßgeblicher Zeitpunkt

a) Organe. Die Verpflichtungen aus §§ 97 Abs 1 und 98 gelten auch für solche organschaftliche Vertreter, welche **nicht früher als zwei Jahre vor dem Eröffnungsantrag aus ihrer Stellung ausgeschieden** sind. Die zeitliche Ausdehnung der Verpflichtung trägt dem in der Praxis häufig anzutreffenden Phänomen Rechnung, dass die für die Insolvenz verantwortlichen Personen häufig kurz vor Antragstellung aus dem Unternehmen ausscheiden. Eine Postsperre gemäß § 99 kann über solche Organvertreter persönlich nicht verhängt werden.

b) Angestellte. Eine Verpflichtung zur Mitwirkung nach § 97 Abs 1 S 1 ist ebenfalls für solche Angestellte normiert, die nicht früher als zwei Jahre vor dem Eröffnungsantrag ausgeschieden sind.

3. Unterhalt

7 Abs 1 S 2 ordnet eine entsprechende Anwendung des § 100 auf die vertretungsberechtigten persönlich haftenden Gesellschafter des Schuldners an. Aus der Terminologie der Bestimmung ergibt sich, dass es sich hierbei nur um Gesellschafter einer OHG und Komplementäre einer KG bzw KGaA handeln kann. Angesichts der Insolvenzfähigkeit der GbR nach § 11 Abs 2 Nr 1 enthält die Vorschrift insoweit einen Systembruch; **für die vertretungsberechtigten Gesellschafter einer GbR sollte die Vorschrift daher analog angewendet werden.** Hierbei ist allerdings zu bedenken, dass es nach § 100 ohnehin der Gläubigerversammlung oder dem InsVerw überlassen ist, ob überhaupt ein Unterhalt aus der Masse gewährt wird (s. o., § 100 Rn 8).

§ 102 Einschränkung eines Grundrechts

Durch § 21 Abs. 2 Nr. 4 und die §§ 99, 101 Abs. 1 Satz 1 wird das Grundrecht des Briefgeheimnisses sowie des Post- und Fernmeldegeheimnisses (Artikel 10 Grundgesetz) eingeschränkt.

Mit der Vorschrift wird dem Zitiergebot des **Art 19 Abs 1 S 1 GG** Genüge getan.

2. Abschnitt. Erfüllung der Rechtsgeschäfte. Mitwirkung des Betriebsrats

Vorbemerkung vor §§ 103–128

1 Die §§ 103–128 regeln die Rechtsfolgen der Verfahrenseröffnung für die gegenseitigen Verträge des InsSchu und enthalten in den §§ 113, 114, 120–128 das Insolvenzarbeitsrecht. § 103 ist Grund- und Auffangnorm, die §§ 104, 106 ff enthalten Sondervorschriften für bestimmte Vertragstypen.

2 Insolvenzrechtliche Probleme bietet nur der beiderseits noch nicht voll erfüllte gegenseitige Vertrag. Haben beide Seiten oder hat nur der InsSchu vor Verfahrenseröffnung bereits vollständig geleistet, bleibt es vorbehaltlich einer Anfechtung nach den §§ 129 ff bei der eingetretenen Vermögenszuordnung. Der Vertragspartner muss, soweit er noch nicht erfüllt hat, in die Masse leisten. Hat er vollständig vorgeleistet, kann er seine Leistung nach Verfahrenseröffnung nicht zurückfordern (§ 105 S 2). Den Anspruch auf die Gegenleistung kann er nach § 38 nur als InsForderung zur Tabelle anmelden (ausf. *Gottwald/Huber*, InsHdb, § 34 Rn 1–7).

§ 103 Wahlrecht des Insolvenzverwalters

(1) Ist ein gegenseitiger Vertrag zur Zeit der Eröffnung des Insolvenzverfahrens vom Schuldner und vom anderen Teil nicht oder nicht vollständig erfüllt, so kann der Insolvenzverwalter anstelle des Schuldners den Vertrag erfüllen und die Erfüllung vom anderen Teil verlangen.

(2) ¹Lehnt der Verwalter die Erfüllung ab, so kann der andere Teil eine Forderung wegen der Nichterfüllung nur als Insolvenzgläubiger geltend machen. ²Fordert der andere Teil den Verwalter zur Ausübung seines Wahlrechts auf, so hat der Verwalter unverzüglich zu erklären, ob er die Erfüllung verlangen will. ³Unterlässt er dies, so kann er auf der Erfüllung nicht bestehen.

Literatur: Neues Schuldrecht: *Ringstmeier/Homann*, ZIP 2002, 505 ff; *Scherer*, NZI 2002, 356 ff; *Schmidt*, ZInsO 2002, 103 ff.

I. Allgemeines

1. Entstehung

§ 103, der stets im Zusammenhang mit § 55 Abs 1 Nr 2 zu sehen ist, hat das „Wahlrecht des Verwalters" bei der Abwicklung gegenseitiger Verträge aus §§ 17 KO, 9 GesO inhaltlich unverändert übernommen; Auslegung und Rspr sind übertragbar. **1**

2. Rechtswirkung

Der für das Insolvenzrecht zuständige IX. Zivilsenat hat in einem **Grundsatzurteil** vom 25. April 2002 klargestellt, dass die Verfahrenseröffnung auf den Bestand der noch offenen Erfüllungsansprüche aus einem gegenseitigen Vertrag keine Auswirkungen hat (ZIP 2002, 1093, 1094; im Anschluss an MK-InsO/*Kreft*, § 103 Rn 13, 18, 25, 32, 38). Der Senat hat damit seine seit 1988 stRspr, nach der die Ansprüche mit Eröffnung erlöschen und erst durch das Erfüllungsverlangen des InsVerw mit dem früheren Inhalt neu entstehen („Erlöschenstheorie"; BGH ZIP 1988, 322, 323), nun endgültig aufgegeben (zur Ankündigung der Rechtsprechungsänderung: K/P-*Tintelnot*, § 103 Rn 12a-c). Er geht jetzt davon aus, dass die Ansprüche auch nach Verfahrenseröffnung fortbestehen, jedoch wegen der wechselseitigen Einreden aus § 320 BGB ihre Durchsetzbarkeit verlieren. Wählt der InsVerw Erfüllung, erhalten die nicht durchsetzbaren Ansprüche die spezifische Rechtsqualität originärer Masseverbindlichkeiten und Masseforderungen (BGH ZIP 2002, 1093, 1095; *Huber*, NZI 2002, 467, 469: „Qualitätssprung"). Dies folgt unmittelbar aus § 55 Abs 1 Nr 2. Lehnt der InsVerw die Erfüllung ab, bleibt es bei der insolvenzmäßi- **2** gen Abwicklung. Der Vertragspartner kann nach § 103 Abs 2 S 1 einen Nichterfüllungsanspruch als InsForderung geltend machen.

3 Diese Kommentierung geht von der neuen **„Theorie vom Verlust der Durchsetzbarkeit der Erfüllungsansprüche"** (*Huber* NZI 2002, 467, 468) aus. Da der BGH offenbar nur die dogmatische Untermauerung seiner bisherigen Rspr beabsichtigt, sind für die praktisch relevanten Fragen kaum Änderungen zu erwarten (vgl die ausf. Darstellung bei MK-InsO/*Kreft*, § 103 Rn 1–54). Wegen der früheren Rspr und der abweichenden Ansichten im Schrifttum siehe K/P-*Tintelnot*, § 103 Rn 1–12c.

3. Ziele

4 §§ 103, 55 Abs 1 Nr 2 verfolgen einen doppelten Zweck: Primär dienen sie dem **Masseschutz** und der **Gläubigergleichbehandlung**. Sie ermöglichen dem InsVerw, der Masse den dem Vertrag innewohnenden Vermögenswert zu verschaffen. Dabei soll die Masse den Gegenwert für die von ihr erbrachten Leistungen grundsätzlich ungeschmälert durch Abtretungen des InsSchu oder Aufrechnungen mit InsForderung erhalten (dazu Rn 14, 16). Gleichzeitig sollen aus der Masse nur Leistungen vergütet werden, die ihr nach Verfahrenseröffnung zufließen. Eine vor Eröffnung erbrachte Teilleistung begründet daher nur eine InsForderung (BGHZ 135, 25, 26 ff zu § 17 KO; jetzt § 105 S 1). Gleichzeitig dient § 103 dem **Schutz des Vertragspartners**: Er muss nur dann noch in die Masse leisten, wenn er dafür die volle vertragliche Gegenleistung, und nicht lediglich die Insolvenzquote erhält (N/R-*Balthasar*, § 103 Rn 3).

II. Tatbestandsvoraussetzungen

1. Gegenseitiger Vertrag

5 § 103 erfasst die vollkommen zweiseitig verpflichtenden Verträge iSd § 320 BGB. Wesentlich ist die **synallagmatische Verknüpfung** der Hauptleistungspflichten. Für bestimmte Vertragstypen gelten Sonderregeln nach §§ 104, 106 ff, dem BGB und Spezialgesetzen (vgl Rn 8).

6 **a) Abgrenzung.** § 103 gilt nicht für die nur einseitig verpflichtenden Verträge (Schenkung, unentgeltliche Verwahrung, Bürgschaft), die unvollkommen zweiseitigen Verträge (Leihe, zinsloses Darlehen, Auftrag, vgl § 115) und die unvollkommenen Verbindlichkeiten (Spiel, Wette, Ehemaklervertrag). Tarifverträge fallen ebenfalls nicht unter § 103. Ihr normativer Teil begründet keine synallagmatischen Pflichten, der schuldrechtliche ist gegenseitig, enthält aber keine vermögensrechtlichen Ansprüche (zur Kündbarkeit in der Insolvenz des Arbeitgeberverbandes: BAG ZIP 2001, 129, 131; EWiR 2001, 443 (*Bezani*)). Nicht gegenseitig sind auch Schiedsverträge. Der InsVerw bleibt idR gebunden (BGHZ 24,

15, 18; Kündbarkeit in bestimmten Fällen: *Flöther*, DZWiR 2001, 89, 94f).

b) Zeitpunkt des Vertragsschlusses. § 103 geht davon aus, dass der 7 Vertrag bei Verfahrenseröffnung bereits geschlossen war (weitergehend HK-*Marotzke*, § 103 Rn 4). Aus einem Vorvertrag kann der InsVerw analog § 103 Abschluss und Durchführung des Vertrages verlangen (K/P-*Tintelnot*, § 103 Rn 30c).

2. Einzelne Verträge (ausf. MK-InsO/*Kreft*, § 103 Rn 67–85, 97–107)

Bauträgervertrag, soweit die Bauleistung betroffen ist. Der Anspruch 8 auf Grundstücksübertragung ist wegen der Vormerkung idR insolvenzfest, § 106 Abs 1 S 2 (BGH ZIP 2002, 309: Nutzungsersatzanspruch des InsVerw bei unwirksamem Kaufvertrag). – **Bauvertrag.** In der Praxis spielen vor allem das Kündigungsrecht nach § 8 Nr 2 VOB/B und die Wirksamkeit vertraglicher Lösungsklauseln eine Rolle (*Kreft*, FS Uhlenbruck, 2000, S 387ff; *Thode*, ZfIR 2000, 165, 185ff). – **Verzinsliches Darlehn,** auch als Darlehns- und Getränkelieferungsvertrag (BGH ZIP 2001, 31; EWiR 2001, 737 (*Tintelnot*)). In der Insolvenz des Darlehnsnehmers kann der InsVerw Auszahlung verlangen, die Bank kann jedoch ggf nach § 490 Abs 1 BGB nF / § 610 BGB aF kündigen (*Heise*, Rn 111ff; *Obermüller*, ZInsO 2002, 97). Wegen der Kapitalbelassungspflicht gilt § 103 auch noch nach Valutierung (**aA** N/R-*Balthasar*, § 103 Rn 12 mN), ebenso in der Insolvenz des Darlehnsgebers (K/P-*Tintelnot*, § 103 Rn 19). – **Dienstvertrag.** § 103 wird durch §§ 108, 113, 114, 120–128 verdrängt. Dies gilt auch für Anstellungsverträge mit Allein- oder beherrschenden Gesellschaftern (BGH ZIP 1980, 46; OLG Hamm ZInsO 2001, 43, 44). – **Doppeltreuhandverträge** (*Bork* NZI 1999, 337). – **Energielieferungsvertrag** (BGH ZIP 1981, 1117; ausf. *Hempel*, in *Ludwig/Odenthal*, § 2 AVBEltV Rn 589ff). § 103 erfasst nur die noch ausstehenden Lieferungen. Rückständige Teillieferungen begründen nach § 105 S 1 nur eine InsForderung (LG Erfurt ZIP 1999, 1453; EWiR 2000, 89 (*Undritz*); BGH ZIP 1997, 688). – **Factoring.** Der Rahmenvertrag fällt unter § 116; die einzelnen Forderungskäufe unterliegen § 103, soweit sie noch nicht ausgeführt sind (ausf. *Obermüller*/Kölner Schrift, S 985 Rn 54ff; *Sinz*/Kölner Schrift, S 593 Rn 69ff). – **Fix- und Finanztermingeschäfte,** soweit nicht § 104 als Spezialnorm anwendbar ist. – **Frachtvertrag** (§§ 407ff HGB) in der Insolvenz des Frachtführers. Für den Versender liegt eine Geschäftsbesorgung iSd § 116 vor (LG Lübeck, DZWiR 2000, 78; **aA:** K/P-*Tintelnot*, § 103 Rn 22a). Das gleiche gilt für den **Speditionsvertrag** (§§ 453ff HGB). – **Geschäftsbesorgungsvertrag/Auftrag.** §§ 115, 116 sind spezieller: zB Baubetreuungsvertrag, Anwalts-, Steuerberatervertrag, Girovertrag, Lastschriftverfahren, Inkasso (*Seitz*,

NZI 1999, 10ff), Auftrag zur Prozessführung in Prozessstandschaft (BGH ZIP 2000, 738). – **Gesellschaftsvertrag.** § 103 wird durch §§ 728 BGB, 131 HGB verdrängt (FK/*Wegener*, § 103 Rn 27). – Der **Handelsvertretervertrag** unterfällt § 116; § 103 ist unanwendbar. – **Kauf,** einschließlich Handelskauf (§§ 373ff HGB) und Tausch. Sonderregeln enthalten § 104 für Fixkäufe, § 106 für vorgemerkte Ansprüche beim Grundstückskauf (s dort), § 107 für die Insolvenz des Vorbehaltsverkäufers (s dort). – **Kommission** (§§ 383ff HGB) in der Insolvenz des Kommissionärs. Bei der Verkaufskommission hat der Kommittent ein Aussonderungsrecht nach § 47 an der Ware bzw nach Ausführung an der Forderung nach § 392 Abs 2 HGB (FK-*Wegener*, § 103 Rn 11). In der Insolvenz des Kommittenten ist grundsätzlich § 116 anwendbar (N/R-*Balthasar*, § 103 Rn 23). – **Kontokorrent.** Nach neuerer Ansicht ist § 103 analog anwendbar (K/P-*Tintelnot*, § 103 Rn 19a mN). Nach bislang hM endet es mit Verfahrenseröffnung, eine Passivforderung aus dem Saldo ist InsForderung (BGHZ 74, 253, 254, OLG Celle, NZI 2000, 181; zur Anfechtung von Verrechnungen *Heublein* ZIP 2001, 1161ff). – **Leasingvertrag** über bewegliche Sachen und Rechte (*Obermüller*, Rn 7.2ff). Für Immobilien ist § 108 Abs 1 S 1 spezieller. In der Insolvenz des Leasinggebers sind nach § 108 Abs 1 S 2 drittfinanzierte Leasingverträge ausgenommen (*Michalski/Ruess*, NZI 2000, 250). – **Lizenzvertrag,** Patent (*Bausch*, NZI 2005, 289ff), Film (*Raitz v. Frentz/Marrder*, ZUM 2001, 761; *Abel* NZI 2003, 121ff), Software (*Paulus* ZIP 1996, 2ff; *Brandt*, NZI 2001, 337; *Cepl*, NZI 2000, 357, 359ff; *Wallner*, NZI 2002, 70ff). – Der **Maklervertrag** unterfällt § 116; § 103 ist unanwendbar. – **Miet- und Pachtvertrag** über bewegliche Sachen und Rechte sowie ähnliche Verträge (zB Filmverleih, Bankfachbenutzung, Reklameflächennutzung). Für Immobilien sind die §§ 108–111 spezieller. – **Reisevertrag.** § 103 gilt in der Insolvenz des Veranstalters auch dann, wenn dieser bereits Sicherheit nach § 651k geleistet hat (K/P-*Tintelnot*, § 103 Rn 39; s auch *Eckert*, DB 2002, 1951). – **Telekommunikationsvertrag** (*Müller/Kemper*, MMR 2002, 433; Uhlenbruck/*Berscheid*, § 103 Rn 25). – **Vergleich,** soweit die Pflichten im Gegenseitigkeitsverhältnis stehen (BGH ZIP 1992, 191, 196). – **Verlagsvertrag.** In der Insolvenz des Verfassers kann der InsVerw den Vertrag durch Gestattung der Vervielfältigung und Verbreitung des Werkes nur erfüllen, wenn das Urheberrecht in die Masse fällt. Dies setzt nach § 113 UrhG die Einwilligung des Verfassers voraus. In der Insolvenz des Verlegers schränkt § 36 VerlG als Spezialnorm das Wahlrecht des InsVerw ein (ausf. *Jaeger/Henckel*, § 17 Rn 233ff; *Schwab*, KTS 1999, 49, 54ff; Uhlenbruck/*Berscheid*, § 103 Rn 34ff). – **Vertragsübernahmevertrag** (BGH ZIP 2001, 2142, 2143f). – **Vertriebsmittlervertrag** (Handelsvertreter, Vertragshändler, Franchisenehmer) in der Insolvenz des Vertriebsmittlers. In der des Herstellers gilt bei Vertragshändler und Handelsvertreter § 116

(OLG Saarbrücken, WiB 1997, 479), beim Franchisenehmer § 103 (K/P-*Tintelnot*, § 103 Rn 18a). – **Versicherungsvertrag** in der Insolvenz des Versicherungsnehmers, soweit noch Prämien offen stehen (BGH NJW 1993, 1994; OLG Hamm, NJW-RR 1998, 1062; Rechtsschutzversicherung: OLG Karlsruhe, NZI 2002, 316; Lebensversicherung: *Stegmann/Lind*, NVersZ 2002, 193; *Müller-Feldhammer*, NZI 2001, 343). In der Insolvenz des Versicherers gilt die Sonderregel des § 13 VVG (ausf. *Maus*, Der Konkurs der Lebensversicherungsgesellschaft, 1993). – **Entgeltliche Verwahrung**, einschließlich der Sonderform des Lagergeschäfts (§§ 467 ff HGB). – **Wettbewerbsabreden** und **-verbote**. Die Karenzentschädigung (§§ 74, 90a HGB) ist zur Unterlassungspflicht synallagmatisch (*Jaeger/Henckel*, § 17 Rn 215 ff; ArbG Lingen, ZIP 1984, 92 f.). – **Werk- und Werklieferungsverträge**. Hat er eine Geschäftsbesorgung zum Inhalt ist § 116 spezieller (vgl dort Rn 2). Der Architektenvertrag fällt als Werkvertrag unter § 103, soweit er nicht weitergehende Geschäftsbesorgungsvereinbarungen enthält (**aA:** *Locher*, Das private Baurecht, Rn 355: § 116).

Das **BGB** enthält vorrangige Regelungen für das **Vereins- und Familienrecht** (MK-InsO/*Kreft*, § 103 Rn 108 ff). 9

3. Analoge Anwendung

Auf **Rückabwicklungsverhältnisse** aus gegenseitigen Verträgen ist 10 § 103 analog anwendbar, soweit die Rückgewähr der Leistungen Zug-um-Zug erfolgt (**aA** Uhlenbruck/*Berscheid*, § 103 Rn 31 mwN: direkte Anwendung). Das gilt für den Rücktritt (§ 348 BGB), die frühere Wandlung und den Bereicherungsausgleich, soweit nicht die Grundsätze der Saldotheorie zu einem einseitigen Überschussanspruch führen (zu Einschränkungen der Saldotheorie im Insolvenzverfahren: BGH ZIP 2002, 309, 312; EWiR 2002, 397 (*Ringstmeier*)).

4. Insolvenzfreie Verträge

Ein Wahlrecht des InsVerw besteht nicht bei Verträgen, die wegen ihres 11 Inhalts nicht zur Masse gehören, sondern vom und an den InsSchu **persönlich** zu erfüllen sind; insbes Rechtsgeschäfte in familiären und höchstpersönlichen Angelegenheiten (ärztliche Behandlung, Kinderbetreuung, Engagement eines Künstlers für private Feier uä) und Verträge, die sich auf unpfändbare Gegenstände iSd § 36 beziehen (zB Kauf von Arbeitsmitteln für eine freiberufliche Tätigkeit, § 811 Abs 1 Nr 5 ZPO). Unvertretbare Handlungen kann der InsVerw nicht „an Stelle des Schuldners" vornehmen, so dass § 103 für höchstpersönliche Verbindlichkeiten des InsSchu ausscheidet (MK-InsO/*Kreft*, § 103 Rn 88; **aA** N/R-*Balthasar*, § 103 Rn 3).

5. Beiderseits nicht vollständige Erfüllung

12 § 103 ist unanwendbar, wenn auch nur eine Partei den Vertrag bei Verfahrenseröffnung bereits vollständig erfüllt hatte (BGH ZIP 2000, 146, 148). In diesem Fall bleibt es bei der insolvenzmäßigen Abwicklung. Bei **Teilleistungen** wird § 103 durch § 105 S 1 ergänzt.

13 a) **Erfüllung.** Wie § 362 Abs 1 BGB. Sie tritt erst mit dinglichem Rechtsübergang als Eintritt des Leistungserfolges, nicht schon mit Vornahme der Leistungshandlung ein (OLG Naumburg, ZInsO 2002, 677, 678). Beim Versendungskauf kann der InsVerw die Sache daher regelmäßig bis zur Ankunft beim Käufer durch Erfüllungsverweigerung anderweitig verwerten (OLG Düsseldorf, ZIP 1982, 724, 725). Rechtserwerb kraft Gesetzes oder Hoheitsaktes in der Zwangsvollstreckung ist ausreichend (N/R-*Balthasar*, § 103 Rn 28f); ebenso ein gutgläubiger Erwerb (BGH ZIP 2000, 146, 148). Die Vermögensverschiebung muss nicht dauerhaft sein: eine Leistung unter Vorbehalt oder die Vollstreckung aus vorl vollstreckbaren bzw den diesen gleichgestellten Vorbehaltsurteilen genügt (MK-InsO/*Huber*, § 103 Rn 126). Der Gläubiger muss den Leistungsgegenstand zu seiner freien Verfügung erhalten (BGH NJW 1996, 1207; ZIP 1998, 2090, 2091). Beim fremdfinanzierten Kauf tritt Erfüllung erst ein, wenn der Verkäufer nach den Darlehensbedingungen über die Summe verfügen darf (BGH ZIP 2000, 1481, 1482). Die Rückübertragung des Gegenstandes nach eingetretener Erfüllung lässt das Wahlrecht nicht neu entstehen (BGH ZIP 1980, 40). Es besteht jedoch fort, solange der Rechtserwerb nach §§ 129 ff anfechtbar ist, da die Sache wirtschaftlich der Masse zugeordnet bleibt (*Marotzke*, Rn 4.4).

14 b) **Erfüllungssurrogate.** Sie sind der Erfüllung gleichgestellt; zB Leistung an Erfüllungs statt, befreiende Hinterlegung und Aufrechnung. Nicht ausreichend ist die Leistung erfüllungshalber, § 364 Abs 2 BGB, zB die Hingabe eines Schecks oder Wechsels (BGH WM 1975, 1255). Die „Hinterlegung" des Kaufpreises auf einem Notaranderkonto ist keine Erfüllung, soweit ihr die Parteien nicht ausnahmsweise diese Wirkung beimessen (BGH NJW 1998, 2134, 2135; OLG Naumburg ZInsO 2002, 677, 678). Wann in diesem Fall Erfüllung eintritt, ist Auslegungsfrage (BGH NJW 1994, 1403, 1404 und OLG Naumburg, aaO).

15 c) **Unvollständige Erfüllung.** Es genügt, dass auf beiden Seiten (Haupt- oder Neben-) Pflichten wenigstens zu einem Teil unerfüllt sind. Nach dem Gesetzeswortlaut ist nicht erforderlich, dass die Pflicht im Gegenseitigkeitsverhältnis steht. Beim Kauf bleibt § 103 deshalb anwendbar, solange der Käufer die Sache noch nicht abgenommen bzw bei Auflassung und Eintragung des Grundstücks nicht mitgewirkt hat (BGHZ 58, 246, 249; OLG Dresden, ZIP 1998, 1154; N/R-*Balthasar*, § 103 Rn 33;

MK-InsO/*Huber*, § 103 Rn 123; **aA** K/P-*Tintelnot*, § 103 Rn 37f mN). Die noch ausstehende Restleistung kann absolut oder im Verhältnis zur Gegenleistung gering sein. § 320 Abs 2 BGB ist wegen seiner abweichenden Zielsetzung nicht entsprechend anwendbar. Sie darf lediglich gemessen am Vertragsziel „nicht völlig unbedeutend" sein (BGHZ 58, 246, 249: Fehlen wertlosen Zubehörs; Einzelheiten: K/P-*Tintelnot*, § 103 Rn 37–47; MK-InsO/*Huber*, § 103 Rn 129–147). Durch die Lieferung bzw Herstellung einer mangelhaften Sache ist nicht erfüllt. Dies folgt jetzt unmittelbar aus §§ 433 Abs 1 S 2, 633 Abs 1 BGB nF (zum bisherigen Recht: OLG Dresden, NJW-RR 2000, 974, 975).

6. Erfüllungswahl trotz Abtretung

Dem Wahlrecht steht nicht entgegen, dass die vertraglichen Ansprüche vor Eröffnung vom InsSchu **abgetreten** oder von einem Dritten **gepfändet** worden sind (BGHZ 106, 236, 244; Z 135, 25, 26 noch zur Erlöschenstheorie; krit HK-*Marotzke*, § 103 Rn 17 mN). Für Sicherungszessionen folgt dies bereits aus § 166 Abs 2. IÜ ist zu beachten, dass der Vertrag der Masse zugeordnet bleibt und der InsVerw daher im Interesse der Masse über sein Schicksal entscheiden können muss (*Braun/Kroth*, § 103 Rn 4; K/P-*Tintelnot*, § 103 Rn 50). Zum Forbestand der Drittrechte unten Rn 31).

16

III. Ausübung des Wahlrechts

Es handelt sich nicht um ein echtes Wahlrecht. Gestaltende Wirkung hat nur das Erfüllungsverlangen, indem es die Ansprüche zu Masseforderungen und Masseverbindlichkeiten aufwertet (vgl Rn 2).

17

1. Inhaber

Das Wahlrecht steht nur dem **endgültigen InsVerw persönlich** zu, nicht dem vorl InsVerw, da sich die Frage nach der Fortführung gegenseitiger Verträge erst mit Verfahrenseröffnung stellt (AG Wuppertal, ZIP 2001, 1335, 1336). Der InsVerw kann es weder delegieren noch durch einen Stellvertreter ausüben lassen (OLG Düsseldorf ZIP 1996, 337, 339; ZIP 1988, 855; Uhlenbruck/*Berscheid,* § 103 Rn 63). Nach § 160 kann die Zustimmung des Gläubigerausschusses notwendig sein; fehlt sie, ist die Entscheidung im Außenverhältnis gleichwohl wirksam, § 164.

18

2. Maßstab

Die Ausübung ist nur dem Interesse der Masse verpflichtet. Eine hieran orientierte Entscheidung verstößt grundsätzlich nicht gegen Treu und Glauben (OLG Karlsruhe ZIP 1990, 1143, 1144). Die Erfüllungsablehnung ist nicht missbräuchlich, selbst wenn der Vertragspartner bereits

19

weitgehend erfüllt (OLG Dresden, ZIP 2002, 815, 817) oder der InsSchu die Vertragsabwicklung verzögert hat (BGH ZIP 1983, 709) oder der InsVerw sich hierdurch in Widerspruch zu seiner früheren Erklärung als vorl InsVerw setzt (BGHZ 97, 87, 82f; OLG Düsseldorf ZIP 1984, 728; LG Köln, ZIP 1988, 931, 932). Die unter Geltung der KO anerkannte Wahlrechtseinschränkung im Konkurs des Vorbehaltsverkäufers (BGHZ 98, 160, 168) ist durch § 107 Abs 1 erledigt (s dort Rn 1). Wählt der InsVerw Erfüllung, muss er davon ausgehen dürfen, bei Fälligkeit zur Leistung imstande zu sein; anderenfalls droht eine Haftung aus § 61 (OLG Hamm, ZIP 1992, 1404, 1405).

3. Gestaltungserklärung

20 Das Wahlrecht wird durch einseitige, empfangsbedürftige, formfreie Willenserklärung iSd §§ 130 ff BGB ausgeübt.

21 a) **Auslegung.** Sie kann in einem schlüssigen Verhalten liegen. Aus Sicht des Empfängers muss eindeutig sein, dass Erfüllung eines beiderseits unerfüllten Vertrages begehrt wird (OLG Dresden, ZIP 2002, 815, 816f mN). Ausreichend ist, dass der InsVerw den Vertrag mit Massemitteln erfüllt oder erfüllen lässt (BGH NJW-RR 1998, 1338) oder Gewährleistungsrechte geltend macht (OLG Düsseldorf NJW-RR 1993, 1110f). Die vorbehaltlose Leistungsaufforderung ist dagegen kein Erfüllungsverlangen, wenn der InsVerw erkennbar von einer bereits vollständigen Erfüllung seitens des InsSchu ausgeht und nur die Gegenleistung einfordern will (BGH NJW 1962, 2296; OLG Dresden aaO; vgl aber OLG Celle, EWiR 2000, 614 (Schmitz)). Ebenso wenig, schon mangels Zugangs der Erklärung, die Weiterveräußerung oder Verarbeitung von Vorbehaltsware (BGH ZIP 1998, 298). Schweigen und Zeitablauf haben grundsätzlich keinen Erklärungswert, da der InsVerw nicht zur Äußerung verpflichtet ist (BGH ZIP 1981, 1117). Der Kontrahent ist gegen Verzögerungen durch § 103 Abs 2 S 2 ausreichend geschützt (vgl Rn 23 ff).

22 b) **Widerruf.** Das Erfüllungsverlangen ist als Gestaltungserklärung **bedingungsfeindlich** und **unwiderruflich**. Wird es unter Vorbehalt oder zu veränderten Bedingungen erklärt, gilt dies als Ablehnung (BGH ZIP 1988, 322 ff). Die Anfechtung ist nach allg Regeln, §§ 119 ff, 142 ff BGB, möglich (dazu K/P-Tintelnot, § 103 Rn 59).

4. Aufforderung, § 103 Abs 2 S 2

23 a) **Bedeutung.** Der Vertragspartner kann über seine weitere Leistungspflicht Klarheit schaffen, indem er den InsVerw zur Wahlrechtsausübung auffordert. Erklärt dieser sich nicht unverzüglich, wird der Vertrag nicht fortgeführt (§ 103 Abs 2 S 3). Aus einem vom InsSchu erwirkten Titel kann nicht mehr vollstreckt werden (BGH ZIP 1987, 304 f).

b) Inhalt. Die Aufforderung muss wegen ihrer weitreichenden Folgen für die Masse **deutlich** sein. Sie ist erst nach Verfahrenseröffnung möglich (OLG Düsseldorf, OLGR 1992, 340, 341f). Ein mehrfaches Erfüllungsverlangen (K/P-*Tintelnot*, § 103 Rn 70) oder die Aufforderung zur Mängelbeseitigung (OLG Düsseldorf, NJW-RR 1993, 1110) genügen, nicht aber die bloße Forderungsanmeldung zur Tabelle (**aA** MK-InsO/*Huber*, § 103 Rn 171).

c) Unverzüglich. Wie § 121 Abs 1 BGB; der InsVerw muss gemessen an den Umständen des Einzelfalls ohne schuldhaftes Zögern entscheiden. Er muss jedenfalls Zeit haben, sich in die Verhältnisse des Schuldnerunternehmens einzuarbeiten. Bei Verträgen, die für die Fortführung des Unternehmens wesentlich sind (Liefer- und Absatzverträge; Energielieferungsverträge) darf er in **Analogie** zu dem insoweit verallgemeinerungsfähigen **§ 107 Abs 2 S 1** bis zum Berichtstermin warten, „**Überlegungsfrist**" (N/R-*Balthasar*, § 103 Rn 11; Uhlenbruck/*Berscheid,* § 103 Rn 69; vgl OLG Köln NZI 2003, 149 zum Leasing; **aA:** MK-InsO/*Ott*, § 107 Rn 18).

IV. Rechtsfolgen

Einen Überblick über die Konsequenzen der neuesten Rspr für die verschiedenen Abwicklungslagen bietet *Huber*, NZI 2002, 467ff.

1. Erfüllungsverlangen

a) Folgen für die Vertragsparteien. Der InsVerw tritt umfassend in die Rechtsstellung des InsSchu ein. Er muss den Vertrag – mit Ausnahme der auf eine Teilleistung nach § 105 S 1 entfallenden anteiligen Gegenleistung – in gleicher Weise erfüllen wie der InsSchu und kann seinerseits die Gegenleistung einziehen.

aa) Umfang der Leistungspflicht. Masseschulden (§ 55 Abs 1 Nr 2) sind Hauptleistungspflichten, Nebenpflichten, Gewährleistungsansprüche (OLG Celle BauR 1995, 856f; OLG Frankfurt/M NJW-RR 1988, 1338, 1339), ein Schadensersatzanspruch statt der Leistung (früherer Nichterfüllungsschaden; BGH ZIP 1984, 612, 613), Verzögerungsschäden, Verzugs- und Fälligkeitszinsen (Staudinger/*Rieble*, BGB, § 339 Rn 160) und Vertragsstrafen, und zwar auch, soweit diese bei Verfahrenseröffnung bereits verwirkt waren (krit K/P-*Tintelnot*, § 103 Rn 76). Eine Nachfrist (§ 326 BGB aF; §§ 281, 323 nF), läuft weiter, ist aber uU angemessen zu verlängern.

bb) Inhalt der Leistungspflicht. Er bleibt unverändert. Der vorleistungspflichtige Vertragspartner kann nicht wegen der Insolvenz die Leistung nach § 321 BGB verweigern (OLG Düsseldorf MDR 1970, 1009) oder wegen etwaiger Gewährleistungsansprüche einen Teil der Gegenleistung einbehalten (OLG Hamm, NJW-RR 1997, 1242f). Der InsVerw darf nicht entgegen einem vereinbarten Gewährleistungseinbehalt die Auszahlung verlangen (BGH ZIP 1999, 199, 200), ebenso wenig Erteilung einer Rechnung zwecks Vorsteuerabzugs, wenn sie dem InsSchu bereits erteilt war (BFH ZIP 1995, 483).

30   cc) **Dauer der Vertragsbindung.** Der InsVerw, der den Betrieb nur vorübergehend weiterführen will, tritt gleichwohl in die volle Vertragslaufzeit ein. Von §§ 109, 113 abgesehen gibt es **kein Sonderkündigungsrecht**. Dieses Alles-oder-Nichts-Prinzip bedeutet, dass der InsVerw zur Vermeidung langfristiger Bindung nur in eingeschränktem Umfang fortführen kann. Für die Praxis sind Erfüllungsablehnung und Neuabschluss zu anderen Bedingungen deshalb meist günstiger als der Eintritt in den bestehenden Vertrag. Eine Kündigung analog § 109 Abs 1 erkennen die Gerichte bislang nicht an (vgl K/P-*Tintelnot*, § 103 Rn 82; Uhlenbruck/*Berscheid*, § 103 Rn 79).

31   **b) Folgen für Drittrechte.** Vor Eröffnung am Erfüllungsanspruch des InsSchu begründete Drittrechte (Zessionen, Pfändungen) hindern die Wahlrechtsausübung nicht (vgl Rn 16). Nach der Rspr haben sie wegen **§ 91 Abs 1** keinen Bestand, da der Anspruch erst durch das Erfüllungsverlangen und damit nach Eröffnung als originäre Masseverbindlichkeit begründet wird (BGHZ 106, 236, 241 ff noch auf dem Boden der Erlöschenstheorie; OLG Düsseldorf ZIP 1996, 337, 338; MK-InsO/*Kreft*, § 103 Rn 41 zur neuen Rechtslage). Die Gegenansicht hält die Zession für wirksam, nimmt aber einen Bereicherungsausgleich vor (K/P-*Tintelnot*, § 103 Rn 89 mN).

32   **c) Aufrechnung.** Aus dem gleichen Grund ist dem Vertragspartner nach § 96 Abs 1 Nr 1 die Aufrechnung mit einer InsForderung gegen einen durch das Erfüllungsverlangen des InsVerw als Masseforderung neu begründeten Zahlungsanspruch grundsätzlich versagt (BGHZ 103, 250, 254; 116, 156, 159 ff). Könnte er sich seiner Gegenleistungspflicht durch die Aufrechnung mit einer nicht voll werthaltigen InsForderung entledigen, wäre er gegenüber den anderen Gläubigern begünstigt. – Das Aufrechnungsverbot gilt nicht, soweit der InsSchu vor Verfahrenseröffnung bereits teilweise vorgeleistet hat. In Höhe des hierauf entfallenden Anspruchsteils kann der Vertragspartner mit einer vorinsolvenzlichen Forderung aufrechnen (BGH ZIP 1995, 926, 927; ZIP 2001, 1380; ZIP 2002, 309, 312). Dies entspricht der Wertung des § 105 S 1.

2. Erfüllungsablehnung

33   **a) Folgen für die Erfüllungsansprüche.** Keine Partei kann mehr Erfüllung verlangen. Die Erklärung wirkt nicht konstitutiv, sondern bestä-

tigt lediglich den mit Eröffnung eingetretenen Rechtszustand. Die Ansprüche sind nach jetziger Rspr nicht mehr durchsetzbar; der Vertragspartner kann deshalb seinen Erfüllungsanspruch nicht zur Tabelle anmelden (MK-InsO/*Kreft*, § 103 Rn 16). – Der Vertrag als solcher bleibt unberührt (vgl Rn 2). Die Umgestaltung vollzieht sich erst, wenn der Vertragspartner einen einseitigen Anspruch wegen Nichterfüllung nach § 103 Abs 2 S 1 zur Tabelle anmeldet (MK-InsO/*Kreft*, § 103 Rn 22). Macht der Vertragspartner einen solchen nicht geltend, kann nach neuer Rechtslage sein Erfüllungsanspruch das Insolvenzverfahren überdauern, sofern der Anspruch nicht in einen InsPlan aufgenommen oder Restschuldbefreiung erteilt wird (*Huber* NZI 2002, 467, 469).

b) Nichterfüllungsanspruch, § 103 Abs 2 S 1. In das Abrechnungsverhältnis sind die Vertragsansprüche beider Seiten unter Einschluss etwaiger Gewährleistungs- und Schadensersatzansprüche als unselbständige Rechnungsposten einzustellen. Dies gilt nicht für den entgangenen Gewinn, da es sich nicht um einen Schadensersatzanspruch im bürgerlich-rechtlichen Sinne, sondern um einen insolvenzrechtlichen Ausgleichsanspruch handelt (N/R-*Balthasar*, § 103 Rn 62). Der Vertragspartner kann nicht auf Leistung zur Masse bestehen (N/R-*Balthasar*, § 103 Rn 63; **aA** *Musielak*, AcP 179 (1979), 189, 202 ff). Der Anspruch nach § 103 Abs 2 S 1 unterliegt einer eigenen Verjährung; es gilt die Verjährungsfrist des Erfüllungsanspruchs (BGHZ 96, 392). – Sicherheiten für den Erfüllungsanspruch sichern auch die Nichterfüllungsforderung; dies war unter Geltung der Erlöschenstheorie umstritten (*Huber*, NZI 2002, 467, 469). Wegen § 95 Abs 1 S 3 kann der Vertragspartner mit seinem Nichterfüllungsanspruch nicht gegen einen Anspruch des InsSchu aus der Zeit vor Verfahrenseröffnung aufrechnen (MK-InsO/*Kreft*, § 103 Rn 23). 34

c) Teilleistungen (vgl *Scherer* NZI 2004, 113 ff). Der Vertragspartner kann eine Teilleistung herausverlangen, soweit sie noch nicht in das Vermögen des InsSchu übergegangen war; anderenfalls ist die Rückforderung nach § 105 S 2 ausgeschlossen. Der InsVerw muss der Löschung einer dem InsSchu bewilligten Vormerkung zustimmen (N/R-*Balthasar*, § 103 Rn 67). – Hat nur der InsSchu Teilleistungen erbracht, kann der InsVerw oder ein Zessionar (die Abtretung ist in diesem Fall wirksam) den entsprechenden Teil der Gegenleistung zur Masse verlangen (N/R-*Balthasar*, § 103 Rn 68). Das Geleistete kann er nicht zurückfordern, da der Vertrag als Rechtsgrundlage für die Vorleistung fortbesteht (MK-InsO/*Kreft*, § 103 Rn 32). 35

3. Abdingbarkeit

a) Nach § 119 sind Vereinbarungen zwischen Vertragspartner und InsSchu unzulässig, die eine von § 103 zum Nachteil der Masse abweichende 36

Abwicklung vorsehen. Unzulässig sind insbes **vertragliche Lösungsklauseln** (vgl § 119 Rn 3). Das Recht des InsVerw, die Erfüllung abzulehnen, kann nicht im Voraus **abbedungen** (K/P-*Tintelnot*, § 119 Rn 8) oder durch eine Vertragsstrafe erschwert werden (N/R-*Balthasar*, § 119 Rn 9). Entstehung und Ausübung des Wahlrechts können nicht von **zusätzlichen Voraussetzungen** abhängig gemacht werden. ZB kann die „vollständige Erfüllung" nicht an die Vornahme der Leistungshandlung geknüpft (MK-InsO/*Huber*, § 119 Rn 57) oder die Wahlrechtsausübung nicht vom Scheitern von Verhandlungen mit dem Gl abhängig gemacht (FK-*Wegener*, § 103 Rn 85). Unzulässig ist auch, das Schweigen des InsVerw entgegen § 103 Abs 2 S 3 als Erfüllungsverlangen zu qualifizieren (MK/InsO-*Huber*, § 103 Rn 57). Auf der **Rechtsfolgenseite** kann der Anspruch nach § 103 Abs 2 S 1 nicht zur Masseverbindlichkeit aufgewertet werden (*Braun/Kroth*, § 119 Rn 7). Eine Schadenspauschalierung verstößt trotz zugelassenen Gegenbeweises gegen § 119, da sie die Beweislast zum Nachteil der Masse umkehrt (N/R-*Balthasar*, § 119 Rn 8; HK-*Marotzke*, § 103 Rn 83; **aA** bei zulässigem Gegenbeweis: K/P-Tintelnot, § 119 Rn 12).

37   **b)** Absprachen, die nicht der InsSchu, sondern erst der InsVerw nach Eröffnung mit einzelnen Gläubigern trifft, sog. **Abwicklungsvereinbarungen**, sind nicht an § 119 zu messen, der nur die Zeit vor Verfahrenseröffnung („im voraus") betrifft (HK-*Marotzke*, § 103 Rn 86; vgl § 119 Rn 2). Trifft der InsVerw zum Nachteil der Masse von den dargestellten Rechtsfolgen abweichende Vereinbarungen, begründet das seine Haftung aus § 60. Darüber hinaus ist die Rechtshandlung nach der Entscheidung des BGH vom 25. April 2002 **wegen Insolvenzzweckwidrigkeit unwirksam**, wenn sie evident gegen das Ziel einer gleichmäßigen Gläubigerbefriedigung verstößt und sich dem Vertragspartner dies ohne weiteres aufdrängen musste. Damit gelten die gleichen Maßstäbe wie für den Missbrauch der Vertretungsmacht (BGH ZIP 2002, 1093, 1095 f).

§ 104 Fixgeschäfte. Finanzleistungen

(1) War die Lieferung von Waren, die einen Markt- oder Börsenpreis haben, genau zu einer festbestimmten Zeit oder innerhalb einer festbestimmten Frist vereinbart und tritt die Zeit oder der Ablauf der Frist erst nach der Eröffnung des Insolvenzverfahrens ein, so kann nicht die Erfüllung verlangt, sondern nur eine Forderung wegen der Nichterfüllung geltend gemacht werden.

(2) [1]War für Finanzleistungen, die einen Markt- oder Börsenpreis haben, eine bestimmte Zeit oder eine bestimmte Frist vereinbart und tritt die Zeit oder der Ablauf der Frist erst nach der

Fixgeschäfte. Finanzleistungen § 104

Eröffnung des Verfahrens ein, so kann nicht die Erfüllung verlangt, sondern nur eine Forderung wegen der Nichterfüllung geltend gemacht werden. ²Als Finanzleistungen gelten insbesondere
1. die Lieferung von Edelmetallen,
2. die Lieferung von Wertpapieren oder vergleichbaren Rechten, soweit nicht der Erwerb einer Beteiligung an einem Unternehmen zur Herstellung einer dauernden Verbindung zu diesem Unternehmen beabsichtigt ist,
3. Geldleistungen, die in ausländischer Währung oder in einer Rechnungseinheit zu erbringen sind,
4. Geldleistungen, deren Höhe unmittelbar oder mittelbar durch den Kurs einer ausländischen Währung oder einer Rechnungseinheit, durch den Zinssatz von Forderungen oder durch den Preis anderer Güter oder Leistungen bestimmt wird,
5. Optionen und andere Rechte auf Lieferungen oder Geldleistungen im Sinne der Nummern 1 bis 4,
6. Finanzsicherheiten im Sinne des § 1 Abs. 17 des Kreditwesengesetzes.

³Sind Geschäfte über Finanzleistungen in einem Rahmenvertrag zusammengefasst, für den vereinbart ist, daß er bei Vorliegen eines Insolvenzgrundes nur einheitlich beendet werden kann, so gilt die Gesamtheit dieser Geschäfte als ein gegenseitiger Vertrag im Sinne der §§ 103, 104.

(3) ¹Die Forderung wegen der Nichterfüllung richtet sich auf den Unterschied zwischen dem vereinbarten Preis und dem Markt- oder Börsenpreis, der zu einem von den Parteien vereinbarten Zeitpunkt, spätestens jedoch am fünften Werktag nach der Eröffnung des Verfahrens am Erfüllungsort für einen Vertrag mit der vereinbarten Erfüllungszeit maßgeblich ist. ²Treffen die Parteien keine Vereinbarung, ist der zweite Werktag nach der Eröffnung des Verfahrens maßgebend. ³Der andere Teil kann eine solche Forderung nur als Insolvenzgläubiger geltend machen.

1. Bedeutung, Normzweck

§ 104 verdrängt § 103, indem er für Waren- und (über § 18 KO hinausgehend) auch für die praktisch bedeutsamen Finanztermingeschäfte die Vertragsbeendigung und Verrechnung der beiderseitigen Vertragswerte anordnet. Der Ausschluss des Wahlrechts entlastet bei den typischerweise marktgängige Ware betreffenden Fixgeschäften des **Abs 1** den Vertragspartner von der Ungewissheit, zur Erhaltung der eigenen Leistungsfähigkeit vorsorglich Deckungsgeschäfte tätigen bzw als Verkäufer Ware vorhalten zu müssen (N/R-*Balthasar*, § 104 Rn 6). Daneben wird dem

InsVerw die Möglichkeit genommen, das Risiko von Preisschwankungen, die bei den Warentermingeschäften zT erheblich ausfallen können, einseitig auf den Vertragspartner abzuwälzen. Gleichzeitig unterbindet § 104 Spekulationen des InsVerw zum Schaden der Masse (K/P-*Köndgen*, § 104 Rn 5). Die Masse erleidet durch die Vertragsbeendigung keinen Nachteil, da der InsVerw sich bei Bedarf zum Marktpreis neu eindecken kann (N/R-*Balthasar*, § 104 Rn 7). **Abs 2** passt das deutsche Recht ausländischen Rechtsordnungen an.

2. Fixgeschäfte, § 104 Abs 1

2   a) **Warenlieferungsvertrag.** Waren sind nach der Definition des § 1 Abs 2 Nr 1 HGB aF alle bewegliche Sachen; für Wertpapiere ist § 104 Abs 2 S 2 Nr 2 Spezialnorm. Die Ware muss einen Börsen- (§ 11 Abs 1 BörsG) oder Marktpreis haben. Ausreichend ist, dass der Preis für Geschäfte gleicher Art täglich (arg § 104 Abs 3 S 1) ggf durch Sachverständigengutachten objektiv feststellbar ist (Uhlenbruck/*Lüer*, § 104 Rn 7). Die Ware muss tatsächlich in relevantem Umfang gehandelt werden, damit – wie vom Normzweck vorausgesetzt (Rn 1) – jederzeit Deckungsgeschäfte iSv Abs 3 getätigt werden können.

3   b) Lieferung „genau zu einer festbestimmten Zeit" oder innerhalb einer solchen Frist meint das **relative Fixgeschäft** (§ 323 Abs 2 Nr 2 BGB nF, § 361 BGB aF, § 376 HGB), das mit der Einhaltung der Leistungszeit „steht und fällt". Es ergibt sich aus Klauseln wie „fix", „genau", „präzis", „prompt", „spätestens" (Palandt/*Heinrichs*, § 361 Rn 2; zur Abgrenzung von Fälligkeitsregel und verzugsbegründender Leistungszeitbestimmung). Nach dem Normzweck erfasst Abs 1 auch das **absolute Fixgeschäft**, bei dem die Leistung mit Zeitablauf unmöglich wird (K/P-*Köndgen*, § 104 Rn 5; aA Uhlenbruck/*Lüer,* § 104 Rn 6). Der vereinbarte Liefertermin muss nach Verfahrenseröffnung liegen; anderenfalls bleibt es bei § 103 (H/W/W-*Hess*, § 103 Rn 11).

4   c) Als Ausnahme zu § 103 setzt Abs 1 voraus, dass der Vertrag bei Eröffnung **beiderseits noch nicht voll erfüllt** ist (HK-*Marotzke*, § 104 Rn 3; krit K/P-*Köndgen*, § 104 Rn 13). Hat eine Partei vorgeleistet, bleibt es bei den allg Regeln (vgl § 103 Rn 12 ff).

3. Finanzleistungen, § 104 Abs 2

5   Abs 2 erfasst die sog. derivaten Finanzinstrumente (ausf. K/P-*Köndgen*, § 104 Rn 18–35). Deren Aufzählung in S 2 ist nicht abschließend. Im Gegensatz zu Abs 1 muss es sich nicht um ein Fixgeschäft handeln, da Abs 2 nur von einer „bestimmten" Zeit bzw Frist spricht, die nach Verfahrenseröffnung endet (*Braun/Kroth*, § 104 Rn 8). Zweifelhaft ist, ob Abs 2 die beiderseitige Nichterfüllung voraussetzt. Damit würden – wohl

entgegen dem Gesetzeszweck – Optionsgeschäfte ausgeschlossen, bei denen der Ausgleich nach Ausübung durch Zahlung eines Differenzbetrages erfolgt, da der Optionsberechtigte seine Verpflichtung mit Zahlung der Optionsprämie bereits vollständig erfüllt hat (N/R-*Balthasar*, § 104 Rn 31). – **S 3** ermöglicht für in einem Rahmenvertrag mit Gesamtbeendigungsklausel zusammengefasste Geschäfte eine Gesamtsaldierung (sog. „**close-out netting**"; ausf. *Berger*/Kölner Schrift, Rn 39 ff), unabhängig davon, ob die einzelnen Geschäfte für sich genommen unter Abs 2 S 1 fielen.

4. Rechtsfolgen, § 104 Abs 3

Mit Verfahrenseröffnung wandelt sich der Liefervertrag in ein Differenzgeschäft um. Die Umwandlung bleibt auch bei Aufhebung des Eröffnungsbeschlusses bestehen (allg Ansicht zu § 18 KO, vgl *Kuhn/Uhlenbruck*, KO, § 18 Rn 8; Uhlenbruck/*Lüer*, § 104 Rn 10). An die Stelle der Erfüllungsansprüche tritt ein einheitlicher, durch Saldierung errechneter **Nichterfüllungsanspruch**, der, soweit er dem Vertragspartner zusteht, nach S 3 nur als **InsForderung** geltend gemacht werden kann. Er berechnet sich nach S 1 zwingend **abstrakt**, und zwar aus der Differenz zwischen dem vertraglich vereinbarten und dem maßgeblichen Marktpreis zu einem zwischen den Parteien vereinbarten Zeitpunkt, hierbei jedoch spätestens der fünfte Werktag nach Verfahrenseröffnung. Bei Fehlen eines vereinbarten Zeitpunkts ist nach S 2 der Marktpreis am zweiten Werktag nach Verfahrenseröffnung maßgebend. Ist dieser nicht zu ermitteln, kann nach Streichung des § 18 Abs 3 KO nunmehr auf den Vortagespreis zurückgegriffen werden (BegrRAussch, BT-Drucks 12/7302 S 168). Provisionen uä sind als Elemente einer konkreten Schadensberechnung nicht zu berücksichtigen (N/R-*Balthasar*, § 104 Rn 19; anders die allg Ansicht im Anschluss an *Jaeger/Henckel*, KO § 18 Rn 22; vgl Uhlenbruck/*Lüer*, § 104 Rn 29).

5. Unabdingbarkeit

§ 104 ist zwingend, § 119. Unzulässig sind Absprachen, die die Fortsetzung des Geschäfts über die Verfahrenseröffnung hinaus vorsehen (FK-*Wegener*, § 104 Rn 29), den Nichterfüllungsanspruch zur Masseschuld erklären (MK-InsO/*Huber*, § 119 Rn 59) oder seine Berechnungsmethode ändern (HK-*Marotzke*, § 104 Rn 15). Zulässig ist, die Rechtswirkungen des § 104 auf einen früheren Zeitpunkt vorzuziehen (H/W/W-*Hess*, § 104 Rn 78 f) oder für den Fall der Insolvenz eine auflösende Bedingung zu vereinbaren, da dies an den Folgen des § 104 nichts ändert (FK-*Wegener*, § 104 Rn 30).

§ 105 Teilbare Leistungen

¹Sind die geschuldeten Leistungen teilbar und hat der andere Teil die ihm obliegende Leistung zur Zeit der Eröffnung des Insolvenzverfahrens bereits teilweise erbracht, so ist er mit dem der Teilleistung entsprechenden Betrag seines Anspruchs auf die Gegenleistung Insolvenzgläubiger, auch wenn der Insolvenzverwalter wegen der noch ausstehenden Leistung Erfüllung verlangt. ²Der andere Teil ist nicht berechtigt, wegen der Nichterfüllung seines Anspruchs auf die Gegenleistung die Rückgabe einer vor der Eröffnung des Verfahrens in das Vermögen des Schuldners übergegangene Teilleistung aus der Insolvenzmasse zu verlangen.

1. Erfüllungswahl bei teilbaren Leistungen, S 1

1 **a) Entstehung und Ziel.** Da in KO und GesO eine entsprechende Regelung fehlte, erfasste die Erfüllungswahl nach dem Gesetzeswortlaut auch rückständige Leistungen, die damit zu Masseverbindlichkeiten wurden. Die neuere Rspr hatte dies aus Masseschutzerwägungen bereits teilweise korrigiert (BGHZ 135, 25, 27). S 1 trennt jetzt bei teilbaren Leistungen strikt zwischen den vor und nach Verfahrenseröffnung erbrachten Leistungen. Masseschuld ist nach §§ 103 Abs 1, 55 Abs 1 Nr 2 nur der Teil der Gegenleistung, für den der Masse nach Verfahrenseröffnung infolge des Erfüllungsverlangens eine Leistung zufließt. Die anteilige Gegenleistung für vor Verfahrenseröffnung bereits erbrachte Teile einer teilbaren Leistung bleibt auch dann InsForderung, wenn der InsVerw hinsichtlich der noch ausstehenden Teilleistung Erfüllung wählt. Damit entscheidet allein der Begriff der Teilbarkeit darüber, ob der Vertragspartner mit seiner anteiligen Vergütung für bereits erbrachte Leistungen InsGl oder Massegläubiger ist. Der Vertragspartner wird hierdurch nicht unangemessen benachteiligt, da er mit der Teilvorleistung ein Ausfallrisiko eingegangen war. Dies rechtfertigt seine Gleichstellung mit den anderen InsGl (N/R-*Balthasar*, § 105 Rn 4 f; krit HK-*Marotzke*, § 105 Rn 3 ff). Hat der InsVerw irrtümlich eine InsForderung nach S 1 als Masseforderung beglichen, besteht ein bereicherungsrechtlicher Rückzahlungsanspruch (OLG Brandenburg, NZI 2002, 107, 108).

2 **b) Teilbarkeit.** Sie muss für die Leistungen **beider Seiten** gegeben sein.

3 **aa) Definition.** Der Begriff ist im Interesses des Masseschutzes weit auszulegen (MK-InsO/*Kreft*, § 105 Rn 14; vgl *Scheffler*, ZIP 2001, 1182 ff; *Scherer* NZI 2004, 113, 117). Der BGH bejaht Teilbarkeit jetzt schon dann, wenn sich die erbrachten Leistungen feststellen und bewerten lassen (BGH ZIP 2002, 1093, 1094; ZIP 2001, 1380, 1382; krit K/P-*Tintelnot*, § 105

Teilbare Leistungen § 105

Rn 5). Damit sind kaum noch Sachverhalte vorstellbar, in denen Teilbarkeit verneint werden kann (*Pape*, NJW 2002, 1165, 1173). Insb soll es nicht mehr darauf ankommen, dass sich die teilerbrachte Leistung wirtschaftlich einem bestimmten Bestandteil der Gegenleistung zuordnen lässt (so noch BGHZ 67, 242, 248; 125, 270, 274f; K/P-*Tintelnot*, § 105 Rn 4). Die Gleichartigkeit der Teilleistungen war schon unter § 36 VglO nicht erforderlich (*Kilger/Schmidt*, KO, § 36 VglO Anm 6). Unteilbar sind nur noch die höchstpersönlichen Leistungen, die ein Dritter nicht fertig stellen kann (*Thode*, ZfIR 2000, 165, 181; Uhlenbruck/*Berscheid,* § 105 Rn 6).

bb) Bsp. Teilbar sind ausweislich der Gesetzesbegründung (BT- **4** Drucks 12/2443, S 146) vor allem die zur Betriebsfortführung notwendigen **Sukzessivlieferungsverträge** über Waren und Energie. Diese kann der InsVerw fortführen, ohne rückständige Teillieferungen aus der Masse vergüten zu müssen. **Bau-** ua **Werkleistungen** sind regelmäßig teilbar; die Bewertung erfolgt nach den Regeln, die im Fall einer außerordentlichen Kündigung des Vertrages anzuwenden sind (BGH ZIP 2002, 1093, 1094, 1096; ZIP 2001, 1380, 1382; vgl *Meyer*, NZI 2001, 294; *Schmitz*, ZIP 2001, 765). Der Praxis ist zu raten, den Leistungsstand bei Verfahrenseröffnung zu dokumentieren (*Pape*, NJW 2002, 1165, 1173). Zu beachten ist, dass nach hM die **Umsatzsteuerforderung** aus der gesamten Leistung gemäß §§ 3 Abs 1, 13 Abs 1 Nr 1 UstG erst mit Fertigstellung des Werkes und somit nach Verfahrenseröffnung entsteht; sie ist damit Masseverbindlichkeit (BFH, BStBl II 1978, 483, 485; KTS 1979, 208, 209, *Frotscher*, Besteuerung bei Insolvenz, S 206ff, 209, 210; *Eckert*, Umsatzsteuer im Insolvenzverfahren, UVR 1999, 265ff, 305ff). Aus insolvenzrechtlicher Sicht spricht jedoch, insbes nach der neuesten BGH-Entscheidung, einiges dafür, die Umsatzsteuer für den vor Verfahrenseröffnung erbrachten Teil der Werkleistung als InsForderung zu behandeln (N/R-*Andres*, § 55 Rn 39; *Braun/Kroth*, § 105 Rn 14–17 mwN). Teilbar sind auch **Werklieferungsverträge** (BGH NZI 2001, 537, 538). Zeitanteilige Leistungen aus Lizenz- u. a. **Dauerschuldverträgen** sind teilbar, soweit ihr Wert feststellbar ist (BGH NJW 1977, 50, 51). Teilbar sind auch die Leistungen aus **Miet-**, **Pacht-** und **Leasingverträgen** über bewegliche Sachen (rückständige Raten: BGH ZIP 1994, 715, 717; Räumungsanspruch aus § 546 BGB: BGH ZIP 2001, 1469, 1471; **aA** beim Leasing *Obermüller*, Rn 7.17). **Aktuell** ist die Frage, ob die vor der Aufnahme eines Aktivprozesses durch den InsVerw entstandenen **Prozesskosten** unter S 1 fallen. Die bislang hM behandelt wegen des Grundsatzes der Einheit der Kostenentscheidung die gesamten Verfahrenskosten als Masseschulden (KG KTS 2002, 358, 360; OLG Köln, JurBüro 1986, 1243; OLG Hamm, JurBüro 1990, 1482; MK-ZPO/*Feiber*, § 240 Rn 26; *Gottwald/Gerhard*, InsHdb, § 33 Rn 27; offen gelassen: BGH NZI 2005,

§ 105   3. Teil. Wirkungen der Eröffnung des Insolvenzverfahrens

33 f). Das OLG Rostock (ZIP 2001, 2145 f) hat sich der Gegenansicht (K/P-*Lüke*, § 85 Rn 58 f; MK-InsO/*Schumacher*, § 85 Rn 19 f; *Uhlenbruck*, ZIP 2001, 1988, 1989; N/R-*Andres*, § 55 Rn 17; *Heiderhoff*, ZIP 2002, 1564 ff) angeschlossen und stuft die vor Eröffnung bereits abgeschlossenen Kostentatbestände als InsForderung ein. Hierdurch wird die Abgrenzung des S 1 zwischen Masse- und InsForderung konsequent verwirklicht und eine Privilegierung des Kosten- gegenüber anderen InsGl vermieden. Die Teilung muss in den Tenor aufgenommen werden (vgl OLG Rostock ZIP 2001, 2145). Eine nachträgliche Differenzierung im Kostenfestsetzungsverfahren nach §§ 103 ff ZPO ist nicht möglich (OLG Düsseldorf ZInsO 2001, 560, 561 f; *Heiderhoff*, ZIP 2002, 1564, 1568).

5   **c) Teilvorleistung des Vertragspartners.** S 1 setzt voraus, dass bei Eröffnung der (anteilige) Gegenleistungsanspruch noch unerfüllt ist, der Kontrahent also zumindest teilweise vorgeleistet hat. Bei gleichmäßiger Teilerfüllung ist S 1 unanwendbar (K/P-*Tintelnot*, § 105 Rn 13). Die **Beweislast** für den Zeitpunkt der Leistung trägt derjenige, der sich darauf zu seinem Vorteil beruft (BGH ZIP 2002, 1093, 1096). Vgl allg *Scherer* NZI 2004, 113 ff.

6   **d) Rechtsfolge.** Der auf die Vorleistung entfallende Teil der Gegenleistung ist InsForderung. Der Erfüllung wählende InsVerw muss aus der Masse die Gegenleistung nur gekürzt um diesen Anteil erbringen. Dies führt zu Problemen, wenn der InsSchu eine Sachgesamtheit schuldet, deren Teile nicht gleichartig sind. Fraglich ist, welche Teile der InsVerw für den anteiligen Restpreis liefern muss (Bsp *Henckel*, JZ 1998, 157: Kauf und Anzahlung eines Porzellanservices). Dem InsVerw diesbezüglich analog § 262 BGB ein Wahlrecht einzuräumen (MK-InsO/*Kreft*, § 105 Rn 23; N/R-*Balthasar*, § 105 Rn 10: § 366 BGB analog), scheint wenig interessengerecht. Zur Vermeidung unbilliger Ergebnisse wird man in diesem Fall ausnahmsweise die Teilbarkeit verneinen müssen (K/P-*Tintelnot*, § 105 Rn 15; differenzierend MK-InsO/*Kreft*, § 105 Rn 23).

7   **e) Abdingbarkeit.** § 105 ist wegen § 119 **zwingend**. Es kann daher nicht vereinbart werden, dass bei Erfüllungswahl auch rückständige Leistungen aus der Masse zu bedienen sind (MK-InsO/*Kreft*, § 105 Rn 37). Der Vertragspartner kann dies auch nicht unter Berufung auf § 320 BGB erzwingen (K/P-*Tintelnot*, § 105 Rn 16). Unzulässig ist auch eine Vereinbarung, die die Teilbarkeit abweichend von § 105 definiert (MK-InsO/*Kreft*, § 105 Rn 37).

2. Rückforderungsverbot, S 2

8   **a) Anwendungsbereich.** Da S 2 sich ausweislich der Gesetzesbegründung sowohl an § 36 Abs 2 S 2 VglO als auch am generellen

Rückforderungsverbot des § 26 S 1 KO orientiert (Begr RegE, BT-Drucks 12/2443, S 145), gilt er trotz der systematischen Stellung nicht nur für teilbare Leistungen, sondern für **sämtliche Rechtsverhältnisse** (*Braun/Kroth*, § 105 Rn 4).

b) Rechtsfolge/Ziel. S 2 schließt die Rückforderung aus, wenn die Leistung bei Eröffnung bereits in das Vermögen des InsSchu gelangt war. Der Vertragspartner soll die insolvenzbedingte Nichterfüllung seines Gegenanspruchs nicht dadurch kompensieren, dass er seine eigene Leistung herausverlangt. Soweit diese nämlich bereits zur Masse gehört, dient sie der Befriedigung aller Gl (N/R-*Balthasar*, § 105 Rn 11). Ein Rückgabeanspruch kann auch nicht zur Tabelle angemeldet werden (MK-InsO/*Kreft*, § 105 Rn 38). 9

c) Voraussetzungen. aa) Nichterfüllung. Aus welchem Grund die Forderung des Vertragspartners infolge der Verfahrenseröffnung nicht voll erfüllt wird, spielt keine Rolle. Das ist außer in den Fällen des S 1 der Fall, wenn der InsVerw die Erfüllung nach § 103 Abs 2 ablehnt, beim Netting nach § 104, beim Erlöschen von Rechtsverhältnissen nach §§ 115 ff und bei der Auflösung von Gesellschaften nach § 118 (K/P-*Tintelnot*, § 105 Rn 18 f). 10

bb) Massezugehörigkeit der Leistung. Das dingliche Geschäft muss wirksam sein. Die Aussonderung nach §§ 47, 48 wird durch S 2 nicht beschränkt (N/R-*Balthasar*, § 105 Rn 12). Herausgabe kann deshalb nach einer Irrtumsanfechtung nur verlangt werden, wenn der Willensmangel auch das Erfüllungsgeschäft erfasst. 11

d) Abdingbarkeit. Auch S 2 ist nach § 119 zwingend. Eine Vereinbarung, die die Rückgabe von Teilleistungen nach Eröffnung vorsieht, ist unwirksam (MK-InsO/*Huber*, § 119 Rn 61). Die Parteien können S 2 nicht dadurch umgehen, dass sie die dingliche Einigung unter die auflösende Bedingung der Verfahrenseröffnung oder Zahlungseinstellung stellen (N/R-*Balthasar*, § 105 Rn 12). 12

§ 106 Vormerkung

(1) ¹**Ist zur Sicherung eines Anspruchs auf Einräumung oder Aufhebung eines Rechts an einem Grundstück des Schuldners oder an einem für den Schuldner eingetragenen Recht oder zur Sicherung eines Anspruchs auf Änderung des Inhalts oder des Ranges eines solchen Rechts eine Vormerkung im Grundbuch eingetragen, so kann der Gläubiger für seinen Anspruch Befriedigung aus der Insolvenzmasse verlangen.** ²**Das gilt auch, wenn der Schuldner**

dem Gläubiger gegenüber weitere Verpflichtungen übernommen hat und diese nicht oder nicht vollständig erfüllt sind.

(2) Für die Vormerkung, die im Schiffsregister, Schiffsbauregister oder Register für Pfandrechte an Luftfahrzeugen eingetragen ist, gilt Absatz 1 entsprechend.

1. Normzweck

1 § 106 verlängert den Vormerkungsschutz (§ 883 BGB, §§ 16 Abs 1, 77, 81a SchiffsRG, § 10 LuftfahrzRG) in die Insolvenz. Die gesicherten Ansprüche sind in zweifacher Hinsicht **insolvenzfest**. Sie sind aus der Masse zu erfüllen und damit gegenüber Forderungen der InsGl privilegiert (N/R-*Balthasar*, § 106 Rn 2). Und sie unterliegen nicht den Folgen des § 103; ihre Erfüllung steht nicht zur Disposition des InsVerw (FK-*Wegener*, § 106 Rn 1). Dies entspricht § 9 Abs 1 S 3 GesO, § 24 KO und § 50 Abs 4 VglO.

2. Vormerkungsbestellung, § 106 Abs 1 S 1

2 Insolvenzfest sind nur die durch rechtswirksame Vormerkung gesicherten Ansprüche. Für ihre Bestellung gelten die allg Grundsätze (s Palandt/*Bassenge*, §§ 883 Rn 5–19; 885). Ein gutgläubiger Erwerb genügt (BGHZ 57, 341).

3 **a) Gesicherter Anspruch.** § 106 erfasst nicht die Amtsvormerkung, da diese nicht der Anspruchssicherung, sondern der Rangwahrung dient (*Smid/Smid*, § 106 Rn 7). Sicherungsfähig sind schuldrechtliche Ansprüche, die auf eine eintragungsfähige dingliche Rechtsänderung gerichtet sind. Bedeutung hat vor allem die Auflassungsvormerkung (zur Vormerkbarkeit von Rückauflassungsansprüchen BGH NJW 2002, 2461, 2463f; ZIP 1997, 420, 421f). Häufig ist auch die Sicherung einer Nießbrauchs- oder Grundpfandrechtsbestellung, insbes einer **Bauhandwerkersicherungshypothek** nach § 648 BGB (zur Rückschlagsperre vgl Rn 4). Über § 1179a Abs 1 S 3 BGB ist auch der gesetzliche Löschungsanspruch nach § 106 insolvenzfest. Ein **künftiger Anspruch** (§ 883 Abs 1 S 2 BGB) kann vorgemerkt werden, wenn seine Entstehung nur noch vom Willen des Berechtigten abhängt (BGH NJW 1981, 446) bzw der InsSchu die Bindung nicht mehr einseitig beseitigen kann (OLG Hamm NJW-RR 2000, 818). Hat der InsSchu ein unwiderrufliches formgültiges Verkaufsangebot abgegeben, steht der Insolvenzfestigkeit des künftigen Auflassungsanspruchs nicht entgegen, dass er erst nach Verfahrenseröffnung durch die Annahme des Angebots entsteht (BGH NZI 2002, 30, 32). Beim **formnichtigen Kaufvertrag** entsteht die akzessorische Vormerkung auch nicht bei späterer Heilung nach § 311b Abs 1 S 2 BGB, da diese ex nunc wirkt (BGHZ 54, 56, 63; BGH ZInsO 2002, 487, 488: kein Zurückbehaltungsrecht gegen den Löschungsanspruch des InsVerw wegen gezahlter Kaufpreisraten). Beim **Vertrag zugunsten Dritter** ist nur der Anspruch des Versprechensempfängers (§ 335), nicht der des Dritten vormerkungsfähig (BGH NJW 1983, 1543). Soll der Versprechensempfänger den Dritten erst noch benennen, zB der Bauträger den Enderwerber in der Insolvenz des Grundstückseigentümers, kann dem Dritten die für den Benennungsberechtigten eingetragene Vormerkung insolvenzfest abgetreten werden (K/P-*Tintelnot*, § 106 Rn 17). Vormerkungswirkung hat auch das **dingliche Vorkaufsrecht** (§ 1098 Abs 2 BGB). Der Übereignungsanspruch (§§ 1098 Abs 1 S 1, 464 Abs 2 BGB) ist deshalb nach § 106 insolvenzfest, wenn noch der InsSchu das Grundstück verkauft und der Berechtigte sein Vorkaufsrecht ausgeübt hatte (N/R-*Balthasar*, § 106 Rn 6). War das Vorkaufsrecht noch nicht ausgeübt, besteht kein gesicherter Übereignungsanspruch und es gilt § 103 (str, **vgl** Uhlenbruck/*Berscheid,* § 106 Rn 29ff). Der Berechtigte kann sein Vorkaufsrecht nur ausüben, wenn der InsVerw Erfüllung wählt. Lehnt er sie ab, ist der Übereignungsanspruch des Käufers nicht durchsetzbar (K/P-*Tintelnot*, § 106 Rn 8). Verwertet erst der InsVerw, ergibt sich der Insolvenzschutz aus § 1098 Abs 1 S 2 BGB. Das **obligatorische Vorkaufsrecht** ist nach § 471 BGB nicht insolvenzfest. Vorgemerkte **Ansprüche aus Schenkungsversprechen** sind nicht nach § 106 geschützt, da der in ihrem Vollzug erfolgte Erwerb laut BGH selbst dann anfechtbar ist, wenn die Vormerkung außerhalb der Frist des § 134 Abs 1 eingetragen worden war (BGH ZIP 1988, 585; EWiR 1988, 697 (*Pape*); **aA** K/P-*Tintelnot*, § 106 Rn 18f).

b) Eintragung vor Eröffnung. Unerheblich ist, ob ihr eine Bewilligung (§ 885 Abs 1 S 1 2. Alt BGB) oder eine einstweilige Verfügung (§ 885 Abs 1 S 1 1. Alt BGB) zugrunde liegt. Im zweiten Fall muss wegen der **Rückschlagsperre** des § 88 die Eintragung mehr als einen Monat vor Antragstellung erfolgt sein (LG Meiningen ZIP 2000, 416, 417; BayObLG ZIP 2000, 1263; Uhlenbruck/*Berscheid,* § 106 Rn 18). War im Eröffnungsverfahren ein **vorl Verfügungsverbot** nach § 21 Abs 2 Nr 2 erlassen, ist die Vormerkung nur wirksam, wenn sie vorher eingetragen war (FK-*Wegener*, § 106 Rn 19). Ist die Eintragung zunächst aus formellen Gründen unterblieben, bewirkt eine Heilung nach Verbotserlass nicht mehr den Insolvenzschutz (BGH ZIP 1997, 1585; EWiR 1997, 887 (*Stürner*)). In der **Nachlassinsolvenz** und der des **Gesamtguts der fortgesetzten Gütergemeinschaft** ist nach §§ 321, 332 Abs 2 der maßgebliche Zeitpunkt der Erbfall bzw der Eintritt der fortgesetzten Gütergemeinschaft. Der eingetragenen Vormerkung steht wegen § 878 BGB und § 91 Abs 2 die **bewilligte Vormerkung** gleich, wenn die Bewilligung analog § 875 Abs 2 BGB bindend war und die Eintragung vom Gl vor Eröffnung beantragt worden ist (BGH ZIP 1996, 83, 87; EWiR

1996, 119 (*Gerhardt*); K/P-*Tintelnot*, § 106 Rn 5: auch bei Antrag des Ins-Schu; zust Uhlenbruck/*Berscheid*, § 106 Rn 22).

3. Rechtsfolge, § 106 Abs 1 S 1 und 2

5   Der gesicherte Anspruch ist nicht InsForderung, sondern Masseschuld. Da § 103 durch S 1 verdrängt wird, kann der InsVerw die Erfüllung nicht ablehnen (BGH ZIP 1998, 836). Der InsVerw kann die angezeigte Masseunzulänglichkeit dem gesicherten Anspruch nicht entgegenhalten, wenn der Gesicherte die Auflassungskosten übernimmt (OLG Stuttgart Urt. v. 18. 08. 2003 – 5 U 62/03). Ihm stehen jedoch alle Gegenrechte des InsSchu, einschließlich des Anspruchs aus § 886 BGB, zu (*Braun/Kroth*, § 106 Rn 11). Die Gegenleistung gebührt der Masse (BGH NJW 1967, 1370); der Gl hat trotz des missverständlichen Wortlauts („kann Erfüllung verlangen") kein Lösungsrecht (FK-*Wegener*, § 106 Rn 17). Gegen vormerkungswidrige Verfügungen ist der Berechtigte nach § 883 Abs 2 BGB geschützt; der Erfüllungsanspruch richtet sich auch dann gegen die Masse, wenn bereits der InsSchu vormerkungswidrig verfügt hatte (N/R-*Balthasar*, § 106 Rn 15). Die **Insolvenzanfechtung** des gesicherten Anspruchs oder der Vormerkung wird durch S 1 nicht ausgeschlossen (BGH ZIP 1988, 585).

6   Der InsVerw kann nach § 103 die Erfüllung ablehnen, soweit der Vertrag weitere, nicht durch die Vormerkung gesicherte Ansprüche begründet. **§ 106 Abs 1 S 2** stellt dies klar. So sichert eine Auflassungsvormerkung nur den Anspruch auf Eigentumsübertragung, nicht auf dessen Lastenfreiheit (BGH ZIP 1994, 1705) und nicht einen Nachbesserungsanspruch (BGH ZIP 1996, 426, 427). Der Bauträger ist zur Übereignung, nicht aber zur Bauleistung verpflichtet. War ein Gesamtpreis vereinbart, ist der Anteil für den Grunderwerb, soweit er nicht durch Auslegung feststellbar ist, gemäß §§ 315, 316 BGB zu bestimmen (BGH ZIP 1981, 250, 251; BGHZ 96, 275, 281). Der InsVerw hat keine Möglichkeit, sich zwecks besserer Verwertbarkeit auch das Grundstück zu verschaffen. Da S 2 den Käufer schützt, ist eine Vereinbarung, nach der in der Insolvenz auch die Eigentumsverschaffung nicht mehr geschuldet sein soll, unwirksam (BGH NJW 1986, 925, 927). Der Bauherr muss den Bau durch Dritte vollenden lassen; seinen Nichterfüllungsanspruch, § 103 Abs 2 S 1, kann er zur Tabelle anmelden. Mehrere Erwerber schulden einander aus § 21 Abs 3, 4 WEG die Vollendung des Baus (*Bärmann/Pick/Merle*, WEG, § 22 Rn 270 ff; einschr OLG Frankfurt/M OLGZ 1991, 293: nur bei mindestens hälftiger Fertigstellung; zur Rechtsstellung der finanzierenden Bank vgl § 3 Abs 1 S 3 MaBV).

4. Schiffe, Schiffsbauwerke und Luftfahrzeuge, § 106 Abs 2

7   Sie sind wie in der Einzelzwangsvollstreckung, § 864 ZPO, den Immobilien gleichgestellt.

5. Abdingbarkeit

§ 106 ist zwingendes Recht, § 119. Da er den Vertragspartner schützt, werden Vereinbarungen, die ihn ausschließen oder einschränken, jedoch praktisch nicht vorkommen (MK-InsO/Huber, § 119 Rn 63). 8

§ 107 Eigentumsvorbehalt

(1) ¹Hat vor der Eröffnung des Insolvenzverfahrens der Schuldner eine bewegliche Sache unter Eigentumsvorbehalt verkauft und dem Käufer den Besitz an der Sache übertragen, so kann der Käufer die Erfüllung des Kaufvertrages verlangen. ²Dies gilt auch, wenn der Schuldner dem Käufer gegenüber weitere Verpflichtungen übernommen hat und diese nicht oder nicht vollständig erfüllt sind.

(2) ¹Hat vor der Eröffnung des Insolvenzverfahrens der Schuldner eine bewegliche Sache unter Eigentumsvorbehalt gekauft und vom Verkäufer den Besitz an der Sache erlangt, so braucht der Insolvenzverwalter, den der Verkäufer zur Ausübung des Wahlrechts aufgefordert hat, die Erklärung nach § 103 Abs. 2 Satz 2 erst unverzüglich nach dem Berichtstermin abzugeben. ²Dies gilt nicht, wenn in der Zeit bis zum Berichtstermin eine erhebliche Verminderung des Wertes der Sache zu erwarten ist und der Gläubiger den Verwalter auf diesen Umstand hingewiesen hat.

1. Allgemeines

§ 107 löst Probleme der insolvenzrechtlichen Behandlung des Eigentumsvorbehalts, die daraus resultierten, dass KO, VglO und GesO keine Sonderregelung enthielten. An sich unterliegt auch der Eigentumsvorbehalt dem Wahlrecht des InsVerw, da die durch vollständige Kaufpreiszahlung bedingte Eigentumsübertragung den Leistungserfolg noch nicht herbeiführt, der Vertrag somit beiderseits noch unerfüllt ist. 1

In der **Verkäuferinsolvenz** schließt **Abs 1** das Wahlrecht des InsVerw generell aus. Der InsVerw kann damit nicht mehr durch die Ablehnung der Vertragserfüllung den Kaufpreisanspruch und das von ihm abhängige Anwartschaftsrecht des Käufers zerstören. Abs 1 **schützt** somit das **Anwartschaftsrecht**. Die frühere Rspr hatte die Entscheidung des InsVerw trotz der Kritik im Schrifttum nur im Einzelfall über § 242 BGB korrigiert (BGHZ 98, 160, 168). Die jetzige Regelung steht im Einklang mit § 161 Abs 1 S 2 BGB. 2

Abs 2 schränkt in der **Käuferinsolvenz** das Aussonderungsrecht des Verkäufers aus § 47 in zeitlicher Hinsicht ein, um **Sanierungschancen** für das Unternehmen nicht dadurch zu gefährden, dass Vorbehaltsware 3 gleich nach Verfahrenseröffnung ausgesondert wird. Der bei Eröffnung vorhandene Bestand an Betriebsmitteln soll als Grundlage der Verwalterentscheidung über die Unternehmensfortführung bis zum Berichtstermin erhalten bleiben. Wegen § 29 Abs 1 Nr 1 kann sich eine Ausübungssperre von bis zu drei Monaten für das Aussonderungsrecht ergeben. In der **Praxis** spielt Abs 2 idR nur bei größeren Maschinen oder Produktionsanlagen eine Rolle, über deren dauerhafte Weiternutzung die Gl-Versammlung im Zusammenhang mit der Frage der Betriebsfortführung entscheiden muss. Bei Materialien, die für die tägliche Produktion benötigt werden, ersetzt die Einrichtung sog. **Konsignationslager**, aus denen bedarfentsprechend gegen gesonderte Abrechnung entnommen werden kann, weitgehend die von Abs 2 vorausgesetzte Entscheidung hinsichtlich des Gesamtvertrages.

2. Verkäuferinsolvenz, Abs 1

4   a) **Verkauf unter Eigentumsvorbehalt.** Obwohl der Wortlaut nur an das schuldrechtliche Geschäft anknüpft, verlangt der Schutzzweck der Norm, dass der Käufer vor Eröffnung **dinglich** bereits ein Anwartschaftsrecht erworben hatte. Die Kaufsache muss ihm bedingt durch vollständige Kaufpreiszahlung nach den §§ 929ff, 158 BGB übereignet worden sein (*Braun/Kroth*, § 107 Rn 4).

5   b) **Besitzübertragung.** Das Merkmal hat **keine eigenständige Bedeutung**, da der Besitz des InsSchu schon Voraussetzung für die Entstehung eines Anwartschaftsrechts ist (K/P-*Tintelnot*, § 107 Rn 7). Da Abs 1 nicht die Verfügungsgewalt des Käufers, sondern dessen Rechtsposition schützt, ist jede Form der Besitzübertragung nach §§ 929ff BGB ausreichend (Uhlenbruck/*Berscheid*, § 107 Rn 4). Auf Seiten des Käufers genügt auch der Erwerb des mittelbaren Besitzes (N/R-*Balthasar*, § 107 Rn 8). Auch ist ein völliger Besitzverlust beim Verkäufer-InsSchu nicht Voraussetzung für die Anwendbarkeit von Abs 1 (K/P-*Tintelnot*, § 107 Rn 7; **aA** FK-*Wegener*, § 107 Rn 9–12; *Braun/Kroth*, § 107 Rn 4).

6   c) Die zT vorgeschlagene **analoge Anwendung** auf kaufähnliche Verträge (zB Leasing mit Kaufoption) ist abzulehnen, auch wenn ein Anwartschaftsrecht begründet worden ist. Abs 1 ist als Ausnahmevorschrift zu § 103 nicht analogiefähig (iE ebenso FK-*Wegener*, § 107 Rn 4f; K/P-*Tintelnot*, § 107 Rn 8; **aA** HK-*Marotzke*, § 107 Rn 2).

7   d) **Rechtsfolge, Satz 1 und 2.** Da im Hinblick auf die Eigentumsübertragung Erfüllungshandlungen des Verkäufer-InsSchu nicht mehr ausstehen, ist der Wortlaut, der Käufer könne „Erfüllung verlangen", missverständlich. S 1 ist so zu verstehen, dass das Recht des InsVerw ausgeschlossen wird, durch Erfüllungsablehnung den Kaufpreisanspruch und

Eigentumsvorbehalt § 107

das von ihm abhängige Anwartschaftsrecht zu beseitigen (vgl Rn 1). Der Käufer behält die Möglichkeit, durch Zahlung des Restkaufpreises den Vollrechtserwerb herbeizuführen. Zugleich bleibt er aus dem Kaufvertrag zum Besitz der Kaufsache berechtigt (*Braun/Kroth*, § 107 Rn 7).

S 1 schützt allein den Eigentumserwerb. Soweit den Verkäufer weitere 8 Vertragspflichten treffen, unterliegen diese nach **S 2** dem Wahlrecht (einschr MK-InsO/*Ott*, § 107 Rn 14 für Pflichten, ohne deren Erfüllung das Anwartschaftsrecht wertlos wäre). Lehnt der InsVerw insoweit die Erfüllung ab, verringert sich die vom Käufer für den Eigentumserwerb zu erbringende Gegenleistung entsprechend (HK-*Marotzke*, § 107 Rn 10; zur Berechnung vgl § 106 Rn 6). Daneben steht ihm wegen des nicht erfüllten Teils der Anspruch aus § 103 Abs 2 S 1 zu. Die **Übergabe des Kfz-Briefes** kann der InsVerw nicht nach S 2 verweigern, da dieser analog § 952 BGB ins Eigentum des Käufers übergeht (K/P-*Tintelnot*, § 107 Rn 13; **aA** *Marotzke*, EWiR 1996, 179, 180).

3. Käuferinsolvenz, Abs 2

Hier bleibt das Wahlrecht als solches unberührt. Hinausgeschoben ist 9 nur die Erklärungsfrist nach § 103 Abs 2 S 2.

a) Verkauf unter Eigentumsvorbehalt. Die Bedeutung ist trotz des 10 identischen Wortlauts eine andere als in Abs 1. Da Abs 2 nicht das Anwartschaftsrecht schützt, muss die bedingte Übereignung der Sache noch nicht stattgefunden haben (allg Ansicht; vgl nur N/R-*Balthasar*, § 107 Rn 13). Auf das Erfordernis eines Eigentumsvorbehalts kann dagegen angesichts des klaren Wortlauts nicht verzichtet werden (MK-InsO/*Ott*, § 107 Rn 18; N/R-*Balthasar*, § 107 Rn 14; **aA** K/P-*Tintelnot*, § 107 Rn 19: erweiternde Anwendung auf alle Verträge, die zur Besitzüberlassung geführt haben).

b) Besitzerlangung. Da dem InsVerw die Fortführung mit den vor- 11 handenen Bestand an Betriebsmitteln ermöglicht werden soll, spielt der Besitz des InsSchu in Abs 2 eine eigenständige Rolle. Abs 2 erfasst entgegen teilweise vertretener Ansicht auch Gegenstände, an denen der InsSchu nur mittelbaren Besitz hat. Auch insoweit kann ein Fortführungsinteresse bestehen, zB an vermieteten oder einem Dritten zur Bearbeitung überlassenen Sachen (*Braun/Kroth*, § 107 Rn 11; K/P-*Tintelnot*, § 107 Rn 18; **aA** *Marotzke*, JZ 1995, 803, 812 ff; N/R-*Balthasar*, § 107 Rn 13).

c) Rechtsfolgen, S 1 und 2. aa) S 1 schiebt den Beginn der Frist für 12 die Entscheidung des InsVerw über die Wahlrechtsausübung nach § 103 Abs 2 S 2 auf den **Berichtstermin** hinaus. Erst ab diesem Zeitpunkt muss der InsVerw sich unverzüglich, dh ohne schuldhaftes Zögern, erklären. Er muss prüfen können, welche Vorbehaltssachen er benötigt, um die

Entscheidung der Gl-Versammlung umzusetzen (N/R-*Balthasar*, § 107 Rn 15), idR werden ein bis zwei Wochen ausreichen. – Solange das Wahlrecht besteht, ist der InsVerw zum Besitz des Vorbehaltsgutes berechtigt, § 107 Abs 2 S 1 begründet ein **sonstiges Recht zum Besitz** iSd § 986 Abs 1 BGB (Uhlenbruck/*Berscheid,* § 107 Rn 7). Das gilt auch, wenn der InsSchu sein Anwartschaftsrecht bereits übertragen hatte; der Dritte ist nach § 268 BGB geschützt (*Smid/Smid,* § 107 Rn 12). Ein **Aussonderungsrecht** des Verkäufers entsteht erst mit der Erfüllungsablehnung bzw im Fall des § 103 Abs 2 S 3. Vorher besteht auch kein **Auskunftsanspruch** über den Bestand der Vorbehaltsware (AG Düsseldorf DZWiR 2000, 347 f).

13   bb) Die **Fristverlängerung** ist nach **Abs 2 S 2** ausgeschlossen, wenn dadurch eine erhebliche Wertminderung droht und der Verkäufer dies angezeigt hat. Wesentliche eigene Schäden muss der Verkäufer nicht hinnehmen. **Ja**: verderbliche Ware oder Saisonartikel (*Smid/Smid,* § 107 Rn 7), Veraltung infolge technologischen Fortschritts (N/R-*Balthasar,* § 107 Rn 17); **nein**: Wertverlust infolge weiterer Nutzung (*Braun/Kroth,* § 107 Rn 15: Ausgleich nach § 172) oder veränderter Marktbedingungen (K/P-*Tintelnot,* § 107 Rn 22; **aA** N/R-*Balthasar,* § 107 Rn 17). Die Wertminderung ist erheblich, wenn sie unter abwägender Berücksichtigung der Bedeutung des Vorbehaltsgutes für die Fortführung dem Verkäufer nicht zuzumuten ist (N/R-*Balthasar,* § 107 Rn 18).

14   d) **Abdingbarkeit.** Eine Abkürzung der Überlegungsfrist ist nach § 119 unwirksam (FK-*Wegener,* § 107 Rn 34).

Vorbemerkung vor §§ 108 ff

1   Die **Gesetzessystematik** bei den Gebrauchsüberlassungsverträgen stellt zunächst auf den **Vertragsgegenstand** ab: Verträge über **Mobilien und Rechte** fallen unter **§ 103**. Danach gilt das Alles-oder-Nichts-Prinzip, dh der Vertrag besteht entweder für die gesamte Vertragslaufzeit ohne besondere Kündigungsmöglichkeit fort oder er wird endgültig nicht erfüllt. Tritt der InsVerw in den Vertrag ein, sind die bis zur Eröffnung entstandenen Forderungen nach § 105 S 1 InsForderung, die nach Eröffnung fällig werdenden Forderungen sind Masseverbindlichkeiten nach § 55 Abs 1 Nr 2 1. Alt.

2   Für **Immobilien** ordnet das Gesetz in **§ 108 Abs 1 S 1** den Fortbestand des Vertrages an. Die nach Eröffnung hieraus entstehenden Verbindlichkeiten sind Masseschulden nach § 55 Abs 1 Nr 2 2. Alt, rückständige Leistungen begründen nach § 108 Abs 2 nur eine einfache InsForderung. Zugleich normiert das Gesetz in den §§ 109 ff besondere Kündigungsrechte. Diese unterscheiden zum einen danach, welche Vertragspartei sich in der

Insolvenz befindet, zum anderen danach, ob der Vertrag bereits vollzogen ist oder die Nutzungsüberlassung noch aussteht. Die insolvenzbedingte vorzeitige Vertragsbeendigung löst grundsätzlich einen als InsForderung geltend zu machenden Schadensersatzanspruch des Vertragspartners aus. § 108 Abs 1 S 2 durchbricht diese klare Systematik, indem er die **fremdfinanzierten Verträge** über Mobilien/Rechte dem § 103 entzieht, ohne aber die Kündigungsmöglichkeiten nach §§ 109 ff auf sie zu erstrecken.

§ 108 Fortbestehen von Dauerschuldverhältnissen

(1) ¹Miet- und Pachtverhältnisse des Schuldners über unbewegliche Gegenstände oder Räume sowie Dienstverhältnisse des Schuldners bestehen mit Wirkung für die Insolvenzmasse fort. ²Dies gilt auch für Miet- und Pachtverhältnisse, die der Schuldner als Vermieter oder Verpächter eingegangen war und die sonstige Gegenstände betreffen, die einem Dritten, der ihre Anschaffung oder Herstellung finanziert hat, zur Sicherheit übertragen wurden.
(2) Ansprüche für die Zeit vor der Eröffnung des Insolvenzverfahrens kann der andere Teil nur als Insolvenzgläubiger geltend machen.

Literatur: ausf. zum Leasingvertrag: Uhlenbruck/*Sinz*, § 108 Rn 50–150.

1. Normzweck

Nach **Abs 1 S 1** bestehen Miet- (Leasing-) und Pachtverhältnisse über unbewegliche Gegenstände sowie Dienstverhältnisse des InsSchu fort. Das folgt an sich schon aus den Kündigungsregeln in §§ 109 ff. Die Bedeutung der Norm liegt im Ausschluss des § 103 (N/R-*Balthasar*, § 108 Rn 3). **Abs 1 S 2** berücksichtigt, dass Leasinggut von den Leasingfirmen in erheblichem Umfang refinanziert werden muss. Die zur Sicherung der Kreditgeber regelmäßig vereinbarte Abtretung der Leasingraten ginge nach § 103 ins Leere, da die Gegenleistung nach stRspr der Masse gebührt (vgl § 103 Rn 31). Der Fortbestand der Verträge erhält den Bestand der Sicherheiten und sichert so die Refinanzierungsmöglichkeit der Leasingbranche (krit N/R-*Balthasar*, § 107 Rn 5; K/P-*Tintelnot*, § 108 Rn 4). – **Abs 2** stellt die Masse von Ansprüchen aus der Zeit vor Verfahrenseröffnung frei. Dahinter steht wie bei § 105 der Grundsatz, dass aus der Masse nur Leistungen zu erbringen sind, für die ihr ein Gegenwert zufließt. Zum Verhältnis zu § 55 Abs 2 vgl Rn 10.

2. Vertragsfortdauer, Abs 1

Entgegen der zu weiten Überschrift erfasst Abs 1 nicht sämtliche, sondern nur die genannten Dauerschuldverhältnisse. Gleichgestellt sind Lea-

1

2

§ 108 3. Teil. Wirkungen der Eröffnung des Insolvenzverfahrens

singverträge, da die Rspr sie nach Mietrecht beurteilt (BGH ZIP 1993, 1874). Der durch die Ausübung einer Kaufoption entstehende Kaufvertrag fällt unter § 103 (BGH ZIP 1990, 180, 183). Während S 1 in der Insolvenz beider Vertragsteile gilt, erfasst S 2 nur die des Vermieters/Verpächters.

3   **a) Immobilienmiete und -pacht, S 1 1. Alt. aa)** Es kann sich um Haupt-, Zwischen- oder Untermiete/-pacht handeln. Der Fortbestand des Vertrages hängt **nicht** davon ab, dass die Miet-/Pachtsache bereits **überlassen** war. Vor Vollzug kann der InsVerw des Mieters zur Entlastung der Masse nach § 109 Abs 2 zurücktreten. Der InsVerw des Vermieters muss den Gebrauch einräumen, dafür fließt der Masse der Mietzins zu. Dass erst im Erwerber nach § 111 kündigen kann, erschwert zwar eine Sanierung durch Verwertung, rechtfertig aber keine Einschränkung des klaren Gesetzeswortlauts (MK-InsO/*Eckert*, § 108 Rn 12; N/R-*Balthasar*, § 108 Rn 9; a**A** K/P-*Tintelnot*, § 108 Rn 19 f, der § 103 anwenden will). Das Wohnrecht (§ 1093 BGB) und der Nießbrauch (§ 1030 BGB) fallen unter die Pacht (Uhlenbruck/*Berscheid*, § 108 Rn 8).

4   **bb) Unbewegliche Gegenstände** sind solche, die nach § 49 der Zwangsvollstreckung in das unbewegliche Vermögen unterliegen; insbes Grundstücke, Schiffe und Flugzeuge (*Zöller/Stöber*, § 864 ZPO Rn 1–8). **Räume** sind wie im Mietrecht des BGB Wohn-, Geschäfts- und sonstige Räume (vgl Palandt/*Weidenkaff*, Einf vor § 535 Rn 88–94). Eine nur vorübergehende Errichtung, zB Messestand, genügt (FK-*Wegener*, § 108 Rn 13). Da der Vertragsgegenstand über die Kündigungsmöglichkeit entscheidet, ist die genaue Abgrenzung wichtig. Bei typengemischten Verträgen entscheidet das vorherrschende Element (*Braun/Kroth*, § 108 Rn 11; Bsp: MK-InsO/*Eckert*, § 107 Rn 18–25; K/P-*Tintelnot*, § 108 Rn 13–15).

5   **b) Dienstverhältnisse, S 1 2. Alt**, sind bereits vor Dienstantritt insolvenzfest, da bei Anwendung des § 103 jeglicher Kündigungsschutz entfiele (*Berscheid*, ZInsO 1998, 115 f; Uhlenbruck/*Berscheid*, § 108 Rn 42). § 108 wird durch § 116 verdrängt, wenn eine Geschäftsbesorgung geschuldet ist.

6   **c) Finanzierte Verträge über sonstige Gegenstände, S 2. aa)** Hauptanwendungsfall ist das **Leasing**, erfasst sind auch **Miete** und **Pacht** (*Livonius*, ZInsO 1998, 111, 114 f).

7   **bb)** „Sonstige Gegenstände" sind im Unterschied zu S 1 **bewegliche Sachen und Rechte**. Das Software-Leasing fällt darunter (*Schmid-Burgk/Ditz*, ZIP 1996, 1123, 1125).

cc) Der Vertrag besteht nur unter der Voraussetzung fort, dass der Ge- 8
genstand dem Dritten, der seine Anschaffung oder Herstellung finanziert
hat, **zur Sicherheit übertragen** worden ist. Nicht erfasst ist damit der
Fall, dass der InsSchu als Leasinggeber die verleaste Sache selbst im Rahmen
einer „sale-and-lease-back"-Abrede least, da der Leasinggeber des
InsSchu dann Volleigentum hat; es gilt dann § 103. Der Kredit muss zur
Refinanzierung einer **konkreten Leasingsache** gedient haben; ein unspezifizierter
Betriebsmittelkredit genügt nicht (N/R-*Balthasar*, § 108
Rn 13). Wegen der identischen Interessenlage ist unerheblich, ob die gesicherte
Refinanzierung bereits bei Anschaffung/Herstellung des Leasinggutes
und Abschluss des Leasingvertrages zustande gekommen ist oder
nachträglich (K/P-*Tintelnot*, § 108 Rn 21, aA MK-InsO/*Eckert*, § 108
Rn 46; FK-*Wegener*, § 108 Rn 15a: § 103). Da S 2 die Refinanzierungsmöglichkeit
durch den Bestand der Sicherheiten gewährleisten soll, muss
die vom Leasinggeber gewährte Sicherung (Sicherungsübereignung, Sicherungszession
der Raten) der Refinanzierung der konkreten Leasingsache
zugeordnet werden können (FK-*Wegener*, § 108 Rn 15a; K/P-*Tintelnot*,
§ 108 Rn 21a, b). Darauf ist insbes bei Sicherheitenpools zu achten.
Str ist, ob S 2 die sog. Doppelstock-Finanzierung erfasst (so N/R-*Balthasar*,
§ 108 Rn 13; **aA** K/P-*Tintelnot*, § 108 Rn 22).

d) Rechtsfolgen. Bis zu einer Beendigung nach §§ 109, 111–113 9
können beide Teile die Fortsetzung des Vertrages mit Wirkung **für und
gegen die Masse** verlangen, § 55 Abs 1 Nr 2 2. Alt. In der Insolvenz des
Mieters ist der Mietzins aus der Masse zu erbringen, soweit nicht die
Grundsätze der eigenkapitalersetzenden Nutzungsüberlassung entgegenstehen
(BGH ZIP 1999, 65, 66; ZIP 2000, 1491, 1492). Deren Wirkungen
enden mit der Beschlagnahme in der Zwangsverwaltung (BGH ZIP
1999, 65, 67; ZIP 2000, 455, 456; vgl LG Erfurt NZI 2004, 599f: allg
Verfügungsgebot und InsEröffnung sind dieser gleichgestellt). Der InsVerw
des Vermieter-InsSchu kann sich nicht durch Freigabe der Mietsache
von der Pflicht zur Nutzungsüberlassung bzw einem Schadenersatzanspruch
wegen Nichterfüllung befreien (FK-*Wegener*, § 108 Rn 26).
Schuldet der InsVerw des Vermieters bei finanzierten Miet- oder Pachtverträgen
neben der Gebrauchsüberlassung eine weitere Leistung und ist
der hierauf entfallende Teil der Gegenleistung ebenfalls an die finanzierende
Bank abgetreten, steht der Masse gegen diese insoweit ein Bereicherungsanspruch
zu (N/R-*Balthasar*, § 108 Rn 16).

3. Rückständige Leistungen, Abs 2

Während Ansprüche aus Miet-, Pacht- und Dienstverhältnissen für die 10
Zeit nach Eröffnung nach §§ 108 Abs 1, 55 Abs 1 Nr 2 2. Alt Masseverbindlichkeiten
sind, erklärt Abs 2 die rückständigen Ansprüche zu **ein-**

§ 108   3. Teil. Wirkungen der Eröffnung des Insolvenzverfahrens

fachen InsForderung. Für den Zeitraum des Eröffnungsverfahrens war lange nicht abschließend geklärt, in welchem Verhältnis Abs 2 zu § 55 Abs 2 steht, wonach Rechtshandlungen des vorl InsVerw mit Verwaltungs- und Verfügungsbefugnis (§ 22 Abs 1, sog. „starker" vorl InsVerw) Masseverbindlichkeiten begründen.

11 Hinsichtlich der **Miet- und Pachtverhältnisse** hat der BGH in einer **Grundsatzentscheidung** den Vorrang des § 55 Abs 2 vor § 108 Abs 2 festgestellt (BGH, ZInsO 2002, 819, 820 mN zur Gegenansicht). Gleichzeitig, und hierin liegt die eigentliche Bedeutung des Urteils, hat der BGH klargestellt, dass Handlungen des vorl InsVerw ohne Verwaltungs- und Verfügungsbefugnis (§ 22 Abs 2, sog. „schwacher" vorl InsVerw) keine Masseverbindlichkeiten begründen (BGH aaO, 820–823; N/R-*Andres*, § 55 Rn 130). Zu dieser, an sich unmittelbar aus § 55 Abs 2 folgenden Klarstellung bestand Anlass durch die verbreitete Praxis der InsGericht, dem schwachen InsVerw weitreichende Pauschalermächtigungen zu erteilen, deren Rechtsfolgen – Insolvenz- oder Masseverbindlichkeit – zweifelhaft waren (instruktiv *Haarmeyer/Pape*, ZInsO 2002, 845 ff). Solche Pauschalermächtigungen sind in Zukunft nicht mehr zulässig (BGH aaO, 822 f). Allerdings kann das Gericht, so der BGH, den schwachen InsVerw zu einzelnen, konkret bestimmten Rechtsgeschäften ermächtigen, aus denen die Masse berechtigt und verpflichtet wird (BGH aaO, 823; krit *Haarmeyer/Pape*, ZInsO 2002, 845, 847 f; *Prütting/Stickelbrock*, ZIP 2002, 1608, 1611). Danach gilt für Ansprüche aus Miet- und Pachtverhältnissen für die Zeit des Eröffnungsverfahrens: Sie sind Masseschulden nach § 55 Abs 2, wenn der starke InsVerw entweder Leistungen aus dem bestehenden Mietverhältnis in Anspruch genommen, zB die Mietsache genutzt (S 2) oder ein neues Mietverhältnis begründet hat (S 1). Das gleiche gilt, wenn dem schwachen InsVerw vom Gericht eine entsprechende Einzelermächtigung erteilt war. Ist kein oder nur ein schwacher Verwalter ohne gerichtliche Einzelermächtigung bestellt, müssen Alt- und Neugläubiger davon ausgehen, dass sie für ihre Leistungen im Eröffnungsverfahren nur eine InsForderung erhalten, auch wenn der InsSchu die Mietsache weiterhin genutzt hat. Ausgleich schafft das Kündigungsrecht nach § 112.

12 Hinsichtlich der **Schadensersatzansprüche**, insbes der Verpflichtung zu Schönheitsreparaturen, ist im Einzelfall zu prüfen, inwieweit diese vor oder nach der Eröffnung eingetreten sind (Uhlenbruck/*Berscheid*, § 108 Rn 35 mwN). Soweit Ansprüche des Vermieters/Verpächters durch das Vermieter-/Verpächterpfandrecht gesichert sind, ist § 108 Abs 2 hierauf ohne Einfluss, es gilt § 50 Abs 2 InsO (Uhlenbruck/*Berscheid*, § 108 Rn 35). Der Anspruch auf (Rück-)Zahlung der Kaution ist InsForderung, wenn die Kaution vor Eröffnung gezahlt wurde. Der Mieter hat aber ein Aussonderungsrecht, wenn die Kaution auf einem Treuhandkonto hinterlegt ist, vgl § 551 Abs 3 BGB (Uhlenbruck/*Berscheid*, § 108 Rn 36).

Für die auf die Agentur für Arbeit übergegangenen Entgeltansprüche aus 13
Arbeitsverhältnissen (Insolvenzgeld) bestimmt der durch das InsOÄndG
eingefügte § 55 Abs 3, dass es sich um InsForderung handelt (ebenso schon
BAG ZIP 2001, 1964; ausf. Uhlenbruck/*Berscheid,* § 108 Rn 49). Zur
Rechtsnatur weiterer **Arbeitnehmeransprüche** vgl § 113 Rn 42 ff.

4. Abdingbarkeit

§ 108 ist zwingend, § 119. Zur Unwirksamkeit von Kündigungs- und 14
Lösungsklauseln vgl §§ 112 Rn 10; 119 Rn 3. Forderungen nach Abs 2
können nicht vertraglich zu Masseverbindlichkeiten aufgewertet werden
(*Braun/Kroth*, § 119 Rn 7).

§ 109 Schuldner als Mieter oder Pächter

(1) ¹**Ein Miet- oder Pachtverhältnis über einen unbeweglichen Gegenstand oder über Räume, das der Schuldner als Mieter oder Pächter eingegangen war, kann der Insolvenzverwalter ohne Rücksicht auf die vereinbarte Vertragsdauer unter Einhaltung der gesetzlichen Frist kündigen.** ²**Ist Gegenstand des Mietverhältnisses die Wohnung des Schuldners, so tritt an die Stelle der Kündigung das Recht des Insolvenzverwalters zu erklären, dass Ansprüche, die nach Ablauf der in Satz 1 genannten Frist fällig werden, nicht im Insolvenzverfahren geltend gemacht werden können.** ³**Kündigt der Verwalter nach Satz 1 oder gibt er die Erklärung nach Satz 2 ab, so kann der andere Teil wegen der vorzeitigen Beendigung des Vertragsverhältnisses oder wegen der Folgen der Erklärung als Insolvenzgläubiger Schadenersatz verlangen.**

(2) ¹**Waren dem Schuldner der unbewegliche Gegenstand oder die Räume zur Zeit der Eröffnung des Verfahrens noch nicht überlassen, so kann sowohl der Verwalter als auch der andere Teil vom Vertrag zurücktreten.** ²**Tritt der Verwalter zurück, so kann der andere Teil wegen der vorzeitigen Beendigung des Vertragsverhältnisses als Insolvenzgläubiger Schadenersatz verlangen.** ³**Jeder Teil hat dem anderen auf dessen Verlangen binnen zwei Wochen zu erklären, ob er vom Vertrag zurücktreten will; unterlässt er dies, so verliert er das Rücktrittsrecht.**

1. Entstehung und Ziel

§ 109 regelt die Vertragsbeendigung *wegen* der **Insolvenz des Mieters/Pächters**. Abs 1 S 1 räumt ein Sonderkündigungsrecht anders als 1
§ 19 S 1 KO nur noch dem InsVerw ein. Der Vermieter kann nur ordentlich und mit den Einschränkungen aus § 112 kündigen (siehe § 112

Rn 6 ff). Er ist hinreichend dadurch geschützt, dass seine Mietforderungen ab Eröffnung nach § 55 Abs 1 Nr 2 Masseschulden sind (H/W/W-*Hess*, § 109 Rn 4). Der InsVerw ist damit in der Lage, den Vertrag solange fortzuführen, wie eine wirtschaftliche Nutzung der Mietsache möglich ist (K/P-*Tintelnot*, § 109 Rn 3). Handelt es sich um die Wohnung des Ins-Schu, tritt nach dem durch das InsOÄndG neu eingefügten S 2 an die Stelle der Kündigung eine **Nichthaftungserklärung der Masse**. Dies beseitigt ein zentrales Problem der Kleinverfahren. Bisher waren Ins-Verw/Treuhänder (§ 313) schon aus haftungsrechtlichen Gründen gezwungen, im Interesse der Masse auch angemessene Schuldnerwohnungen zu kündigen. Dies gefährdete evident das Verfahrensziel des § 1 S 2, dem Schuldner mittels Restschuldbefreiung den Neuanfang zu ermöglichen. Ausweg war der Abschluss von Freigabevereinbarungen mit dem Vermietern. Für vor dem 1. 12. 2001 eröffnete InsVerfahren gilt die alte Rechtslage weiter (vgl MK-InsO/*Eckert*, § 109 Rn 45 ff). – Vor Überlassung der Mietsache haben nach der Sonderregelung in Abs 2 beide Seiten ein Rücktrittsrecht (krit *Eckert* ZIP 1996, 897, 900 u HK-*Marotzke*, § 109 Rn 38).

2. Sonderkündigungsrecht bei Geschäftsraummiete und Pacht, Abs 1 S 1, 3

2 **a) Voraussetzungen. aa) Anwendungsbereich.** Obwohl der Wortlaut sämtliche Mietverhältnisse erfasst, betrifft die Kündigung nach S 1 in nach dem 1. 12. 2001 eröffneten InsVerfahren nur noch gewerbliche oder zu freiberuflichen Zwecken geschlossene Miet- und Pachtverhältnisse. Für die **Wohnraummiete** ist S 2 jetzt lex specialis. War die Mietsache bei Eröffnung noch **nicht überlassen**, kann der InsVerw wählen, ob er nach Abs 2 zurücktreten oder die Sache zunächst nutzen und später nach S 1 kündigen will, soweit nicht der Vermieter von seinem Recht aus Abs 2 Gebrauch macht (FK-*Wegener*, § 109 Rn 15; vgl Rn 14). Bei einem bereits gekündigten Mietverhältnis kann die Kündigung nach S 1 ggf die Frist verkürzen (*Braun/Kroth*, § 109 Rn 8). Der InsVerw eines von **mehreren Mietern** kann zum Schutz der Masse ohne Mitwirkung der übrigen kündigen (zu den Rechtsfolgen s Rn 6).

3 **bb) Zeitpunkt.** Das Kündigungsrecht besteht **erst im eröffneten InsVerfahren**; der vorl InsVerw kann es nicht ausüben. Dies folgt aus Wortlaut und Systematik (FK-*Wegener*, § 109 Rn 10; **aA**: *Eckert* ZIP 1996, 897, 899 f). Anders als nach § 111, § 57a ZVG lässt S 1 die Kündigung nicht nur zum erstmöglichen Termin, sondern während des **gesamten InsVerfahren** zu (OLG Hamm BB 1994, 679; Uhlenbruck/*Berscheid*, § 109 Rn 4 mwN). Da der InsVerw erst aufgrund der Verfahrensentwicklung entscheiden kann, wie lange er die Mietsache benötigt, ist eine Kün-

Schuldner als Mieter oder Pächter **§ 109**

digung auch nach längerer Vertragsfortsetzung nicht treuwidrig (*Minuth/ Wolf* NZM 1999, 289, 291).

cc) Frist. Der Vermieter ist durch die einzuhaltende Kündigungsfrist 4 geschützt. Sie folgt für die Nichtwohnraummiete aus § 580a Abs 4 BGB nF (§ 565 BGB aF), für die Pacht aus §§ 584 Abs 2, 594a Abs 2 BGB nF. Der InsVerw ist nicht gehindert, mit einer dem Vermieter günstigeren längeren Frist zu kündigen (OLG Frankfurt/M, ZIP 1980, 620, 621). Eine kürzere vertragliche oder sonstige gesetzliche Frist kann er nutzen (N/R-*Balthasar*, § 109 Rn 3; **aA** *Smid/Smid*, § 109 Rn 4). Nach altem Mietrecht war umstritten, ob für die Verwalterkündigung von Geschäftsräumen die verlängerte Frist des § 565 Abs 1a (OLG Düsseldorf, ZMR 2000, 817; jetzt auch BGH NZI 2002, 429, 430) oder mangels entsprechender Verweisung in § 565 Abs 5 die normale Frist des § 565 Abs 1 Nr 3 BGB aF galt (so OLG Naumburg ZInsO 2000, 287). § 580a Abs 4 BGB nF verweist jetzt ausdrücklich auf Abs 2, so dass die längere Frist gilt (*Braun/ Kroth*, § 109 Rn 13; Uhlenbruck/*Berscheid,* § 109 Rn 5). Obwohl diese Bindung dem Normziel widerspricht, dürfte eine teleologische Reduktion (K/P-*Tintelnot*, § 109 Rn 9a) nach der Gesetzesänderung nicht mehr in Betracht kommen. Die **Verfahrensbeendigung** vor Fristablauf macht die Kündigung nicht unwirksam (K/P-*Tintelnot*, § 109 Rn 17).

dd) Form. Vertragliche Formerfordernisse für die Kündigungserklä- 5 rung binden den InsVerw (OLG Naumburg NZM 2000, 90, 91).

b) Rechtsfolgen der Kündigung. aa) Mit Ablauf der Kündigungs- 6 frist endet die Pflicht der Masse zur Mietzahlung. Ein ggf an ihre Stelle tretender Entschädigungsanspruch nach § 546a, 571 BGB nF ist jedoch ebenfalls Masseschuld (BGH ZIP 1984, 612, 613f). Die Kündigung des InsVerw beendet das Mietverhältnis nach § 425 Abs 2 BGB grundsätzlich nicht auch gegenüber den nicht insolventen **Mitmietern** (anders die hM: OLG Celle, NJW 1974, 2012; OLG Düsseldorf BB 1988, 654; FK-*Wegener*, § 109 Rn 11). Sind diese gleichrangig neben dem InsSchu zur Nutzung berechtigt, entspricht die Fortsetzung des Mietvertrages der gesamtschuldnerischen Haftung und den beiderseitigen Interessen (MK-InsO/ *Eckert*, § 109 Rn 38). Dagegen ist die Kündigung einem Dritten gegenüber wirksam, der sich nur sicherungshalber mitverpflichtet hatte (OLG Köln ZIP 1995, 46); in diesem Fall ergibt sich „aus dem Schuldverhältnis ein anderes".

bb) Schadensersatz wegen vorzeitiger Vertragsbeendigung, S 3. 7 Der Vermieter ist so zu stellen, als wäre das Mietverhältnis nicht vorzeitig, sondern zum ersten regulären Kündigungstermin vom InsSchu beendet worden (N/R-*Balthasar*, § 109 Rn 12). An der vorzeitigen Beendigung fehlt es, wenn der InsSchu mit gleicher Frist hätte kündigen können oder die Kündigung nach S 1 durch eine Kündigung des Vermieters überholt wird (BGH ZIP 1984, 1114). Der Schaden besteht regelmäßig im **Mietausfall**, den der Vermieter erleidet, weil er innerhalb der normalen Vertragsdauer nicht, erst nach Unterbrechung oder zu einem geringeren Mietzins weitervermieten kann. Unterlässt der Vermieter die angemessene Weitervermietung unter Verletzung seiner Schadensminderungspflicht aus § 254 BGB, muss er sich den entgangenen Mietzins anrechnen lassen (BGH NJW 1968, 985). Anzurechnen sind außerdem infolge unterbliebener Gebrauchsüberlassung ersparte Aufwendungen (zB Wasser-, Heizungskosten; OLG Frankfurt/M DB 1979, 2125) und infolge der vorzeitigen Rückgabe erlangte Vorteile (zB eigene Nutzungsmöglichkeit). **Entgangener Gewinn** aus einer unterbliebenen Verwertung der Mieteinnahmen wird nicht ersetzt, da S 3 nicht den vollen Nichterfüllungsschaden iSd BGB umfasst (K/P-*Tintelnot*, § 109 Rn 19; **aA** MK-InsO/ *Eckert*, § 109 Rn 29). – Der Anspruch ist ausweislich des Wortlauts keine Masse-, sondern eine einfache **InsForderung**. – Das **Vermieterpfandrecht** sichert ihn nicht, § 50 Abs 2 (Uhlenbruck/*Berscheid*, § 109 Rn 10). – **Mitmieter**, denen gegenüber die Kündigung wirksam ist (vgl Rn 6), haften auch für den Schadensersatzanspruch (MK-InsO/*Eckert*, § 109 Rn 41).

3. Nichthaftungserklärung bei Wohnraummiete, Abs 1 S 2, 3

8 Anders als das bisherige Kündigungsrecht schützt die Nichthaftungserklärung den InsSchu vor dem Verlust seiner Wohnung. Gleichzeitig beendet sie wie eine Kündigung die Haftung der Masse für die Verbindlichkeiten aus dem Mietverhältnis. Der InsVerw muss deshalb, um seine Haftung nach § 61 zu vermeiden, die Erklärung abgeben, wenn die Wohnung für Massezwecke nicht benötigt wird.

9 **a) Voraussetzungen. aa) Anwendungsbereich.** „Wohnung" meint nur den räumlichen Lebensmittelpunkt des InsSchu und seiner Familie zur Zeit der Eröffnung, nicht Zweit- oder Ferienwohnungen; auch nicht untervermietete Wohnungen, da die Masse anderenfalls den Untermietzins einziehen könnte, ohne ihrerseits aus dem Hauptmietvertrag verpflichtet zu sein (MK-InsO/*Eckert*, § 109 Rn 50). Str ist, ob Wohnungen erfasst sind, die der InsSchu für Familienangehörige gemietet hat. Dagegen spricht, dass hierdurch in größerem Umfang InsForderung nach S 3 begründet werden (K/P-*Tintelnot*, § 109 Rn 7b; **aA** MK-InsO/*Eckert*, § 109 Rn 50). **Mischmietverhältnisse** fallen unter S 2, wenn die Wohnnutzung die gewerbliche überwiegt. Rechtlich selbständige, aber inhaltlich verbundene Verträge, zB Gaststättenpacht und Wirtswohnung, unterfallen einheitlich S 1 (MK-InsO/*Eckert*, § 109 Rn 51). Soweit der InsSchu im Hinblick auf S 2 eine verbessernde Anmietung vorgenommen hat,

Schuldner als Mieter oder Pächter § 109

rechtfertigt die Unangemessenheit des Mietaufwandes nicht den Rückgriff auf S 1, uU aber eine Anfechtung (K/P-*Tintelnot*, § 109 Rn 7 b).

bb) Frist. Wegen der Verweisung auf S 1 kann auch die Erklärung 10
nach S 2 während des **gesamten InsVerfahren** abgegeben werden (vgl
Rn 2), und zwar mit der für Wohnraum geltenden Frist aus §§ 573 d
Abs 2, 575 a Abs 3 BGB nF. Hierzu berechtigt sind der InsVerw, der Treuhänder (§ 313) und der InsSchu selbst bei der Eigenverwaltung.

cc) Form. Schriftform nach § 568 BGB nF (*Braun/Kroth*, § 109 11
Rn 16).

b) Rechtsfolgen. aa) Der Mietvertrag wird durch die Erklärung des 12
InsVerw nicht beendet, sondern vom InsSchu fortgesetzt. Außer dem InsSchu behalten auch **Mitmieter** ihr Nutzungsrecht (MK-InsO/*Eckert*, § 109 Rn 52). Die nach Fristablauf fälligen **Ansprüche** aus dem Mietverhältnis richten sich nicht mehr gegen die Masse, sondern gegen InsSchu persönlich (Mietzahlung, Obhutspflichten, Schönheitsreparaturen, uä); insoweit ist S 2 Ausnahme zu § 55 Abs 1 Nr 2 (**aA zT** HK-Marotzke, § 109 Rn 10 ff). Eine Nebenkostennachzahlung für die Zeit vor Fristablauf richtet sich weiterhin gegen die Masse (MK-InsO/*Eckert*, § 109 Rn 53). Inwieweit **Verwaltungs- und Verfügungsbefugnis** über die Wohnung auf den InsSchu übergehen, ist dem Gesetz nicht zu entnehmen. Es ist davon auszugehen, dass die Erklärung **keine** vollständige **Freigabe** der Mietsache bewirkt, sondern die Masse in gewissem Umfang mit der Vertragdurchführung belastet bleibt (K/P-*Tintelnot*, § 109 Rn 7 f; MK-InsO/*Eckert*, § 109 Rn 53; **aA** *Braun/Kroth*, § 109 Rn 16). Dies betrifft jedenfalls den Schadensersatzanspruch nach S 3 (vgl Rn 13). Darüber hinaus dürfte die weitgehende Überleitung auf den InsSchu gewollt sein (K/P-*Tintelnot*, § 109 Rn 7 f). Ausgeschlossen ist unstreitig das Recht des InsVerw zur außerordentlichen Kündigung nach S 1. Schutzzweck und Gesetzesbegründung sprechen dafür, dem InsVerw auch die ordentliche Kündigung zu versagen. (K/P-*Tintelnot*, § 109 Rn 7 f; **aA** MK-InsO/*Eckert*, § 109 Rn 48, 56). Das Recht zur ordentlichen Kündigung liegt daher für die Zeit nach Fristablauf grundsätzlich beim InsSchu. Der InsVerw muss jedoch mit Zustimmung des InsGericht kündigen können, wenn der InsSchu flüchtig ist (K/P-*Tintelnot*, § 109 Rn 7 f). Dementsprechend muss der Vermieter seine Kündigung und Räumungsklage gegen den InsSchu richten (K/P-*Tintelnot*, § 109 Rn 7 f; **aA** MK-InsO/*Eckert*, § 109 Rn 56). Da der Kautionsrückzahlungsanspruch der Masse zusteht (MK-InsO/*Eckert*, § 109 Rn 58), sind Kündigung und Klage auch dem InsVerw mitzuteilen, um diesem die Geltendmachung des Anspruchs zu ermöglichen. Die Sperre des § 112 entfällt mit Fristablauf, so dass der Vermieter sofort wegen rückständiger Miete aus der Zeit vor Eröffnung nach § 543 Abs 1,

2 Nr 3 BGB nF außerordentlich kündigen kann, soweit der InsSchu dies nicht nach § 569 Abs 3 Nr 2 BGB nF abwendet (K/P-*Tintelnot*, § 109 Rn 7 e). IÜ kann der Vermieter nur unter Beachtung der allg Kündigungsschutzbestimmungen, §§ 573 ff BGB nF, kündigen (MK-InsO/*Eckert*, § 109 Rn 57).

13 **bb) Schadensersatz wegen der Folgen der Erklärung, S 3.** Ein Schaden entsteht dem Vermieter, wenn der InsSchu nach Fristablauf Ansprüche aus dem Mietverhältnis nicht erfüllt. „Folge der Erklärung" ist dieser Schaden jedoch nur, soweit die Nachteile auch im Falle einer Kündigung des InsVerw nach S 1 ersatzfähig wären, da eine Besserstellung des Vermieters durch Einfügung des S 2 nicht beabsichtigt war (*Braun/Kroth*, § 109 Rn 18). Geltend gemacht werden können deshalb nur Mietausfälle bis zum Ablauf der erstmöglichen regulären Kündigungsfrist und etwaige bis dahin entstandene Schäden an der Mietsache (*Braun/Kroth* § 109 Rn 18; zu weit K/P-*Tintelnot*, § 109 Rn 19 b: bis zur Schlussverteilung).

4. Beiderseitiges Rücktrittsrecht, Abs 2

14 Es besteht nur vor **Besitzübergang** (FK-*Wegener*, § 109 Rn 17–19). Dass die Parteien iÜ bereits Leistungen erbracht haben, steht dem Rücktritt nicht entgegen (K/P-*Tintelnot*, § 109 Rn 22). **§ 242 BGB** begrenzt den Rücktritt des Vermieters nur in Ausnahmefällen, zB wenn der InsVerw für die volle Vertragszeit Sicherheit geboten hat (MK-InsO/*Eckert*, § 109 Rn 69) oder der Vermieter die Besitzübergabe vertragswidrig vereitelt (Uhlenbruck/*Berscheid*, § 109 Rn 19 mwN, str). – Bei der Wohnraummiete bedarf es keines rechtfertigenden Grundes; §§ 573, 574 BGB erhalten dem InsSchu nur die von ihm bewohnte Wohnung (MK-InsO/*Eckert*, § 109 Rn 69; FK-*Wegener*, § 109 Rn 22; **aA** Uhlenbruck/*Berscheid*, § 109 Rn 17: Abs 2 gilt nicht, sondern Abs 1 S 2 analog).

15 In der Insolvenz eines von **mehreren Mietern** kann der InsVerw den Rücktritt allein erklären, hinsichtlich der Rechtsfolgen ist wie bei der Kündigung zu differenzieren (vgl Rn 6). Dem Vermieter ist wie unter § 19 KO kein Rücktrittsrecht zuzubilligen, da er durch die Haftung der solventen Mieter und der Masse hinreichend geschützt ist (N/R-*Balthasar*, § 109 Rn 16; MK-InsO/*Eckert*, § 109 Rn 72; auch hier differenzierend FK-*Wegener*, § 109 Rn 20; K/P-*Tintelnot*, § 109 Rn 24 a).

16 Nach **S 3 erlischt** das Rücktrittsrecht zwei Wochen nach Erklärungsaufforderung der Gegenseite. Die starre Frist läuft dem Sanierungsgedanken des § 107 Abs 2 zuwider. Es wird deshalb bei den zur Betriebsfortführung notwendigen Immobilien sowohl die analoge Anwendung des § 107 Abs 2 S 1 erwogen (K/P-*Tintelnot*, § 109 Rn 26; N/R-*Balthasar*, § 109 Rn 19) als auch, die Frist nach S 3 erst mit dem Berichtstermin beginnen zu lassen (*Braun/Kroth*, § 109 Rn 23). Beide Vorschläge dürften indes mit dem eindeutigen Gesetzeswortlaut nicht vereinbar sein (ebenso HK-*Marotzke*, § 109 Rn 46). Besteht der Vertrag wegen Fristversäumung zunächst nach § 108 Abs 1 fort, kann der InsVerw ihn gleichwohl nach § 109 Abs 1 S 1 außerordentlich kündigen. S 3 schließt das **Kündigungsrecht** des Abs 1 S 1 nicht aus (N/R-*Balthasar*, § 109 Rn 20).

Infolge des Rücktritts sind bereits erbrachte Leistungen nach den §§ 346 ff BGB abzuwickeln (FK-*Wegener*, § 109 Rn 24). Beim Rücktritt des InsVerw steht dem Vermieter nach **S 2** ein **Schadensersatzanspruch** nach den für die Kündigung geltenden Grundsätzen zu (vgl Rn 7). Der Anspruch ist nach dem eindeutigen Gesetzeswortlaut **InsForderung**. 17

5. Abdingbarkeit

§ 109 ist zwingend, § 119. Unabdingbar sind **Kündigungs-** und **Rücktrittsrecht** des InsVerw nach § 109 Abs 1 S 1, Abs 2 S 1, da anderenfalls Masseverbindlichkeiten entstünden (BGH ZIP 1988, 657, 658; MK-InsO-*Eckert*, § 109 Rn 76) und die hierfür geltende Frist (K/P-*Tintelnot*, § 119 Rn 8). Das gleiche gilt für die Nichthaftungserklärung nach § 109 Abs 1 S 2 (MK-InsO/*Eckert*, § 109 Rn 86). Ein **Vertragsstrafeversprechen**, das bei Kündigung bzw Rücktritt des InsVerw verwirkt sein soll, ist unzulässig, weil es die freie Entschließung des InsVerw beeinträchtigt (N/R-*Balthasar*, § 109 Rn 13). Die Vereinbarung eines **Sonderkündigungsrechts des Vermieters** ist unzulässig, da es der Regel des § 109 Abs 1 widerspricht (OLG Hamm NZI 2002, 162, 163, EWiR 2002, 253 f (*Blank*); LG Stendal, ZInsO 2001, 524 f). Dies muss ebenso für eine wirkungsgleiche auf die Verfahrenseröffnung bezogene auflösende Bedingung gelten (MK-InsO/*Eckert*, § 109 Rn 78). Unwirksam ist auch der Ausschluss einer vertraglichen **Verlängerungsoption** des Mieters wegen der Insolvenz (MK-InsO/*Eckert*, § 109 Rn 81). Ein **Schadensersatzanspruch des Vermieters** für den Fall des *eigenen* Rücktritts kann nicht vereinbart werden (FK-*Wegener*, § 109 Rn 30). Eine **Pauschalierung** des nach § 109 Abs 1 S 3, Abs 2 S 2 zu ersetzenden Schadens ist auch bei Eröffnung des Gegenbeweises unzulässig, da dies die Beweislast zum Nachteil des InsVerw umkehrt (MK-InsO/*Eckert*, § 109 Rn 84; vgl K/P-*Tintelnot*, § 109 Rn 12). Wegen öffentlich-rechtlicher Besonderheiten ist die Schadenspauschalierung der Fernmeldeordnung zulässig (BGH ZIP 1988, 657, 659). 18

§ 110 Schuldner als Vermieter oder Verpächter

(1) ¹**Hatte der Schuldner als Vermieter oder Verpächter eines unbeweglichen Gegenstands oder von Räumen vor der Eröffnung des Insolvenzverfahrens über die Miet- und Pachtforderung für die spätere Zeit verfügt, so ist diese Verfügung nur wirksam, so-**

§ 110 3. Teil. Wirkungen der Eröffnung des Insolvenzverfahrens

weit sie sich auf die Miete und Pacht für den zur Zeit der Eröffnung des Verfahrens laufenden Kalendermonat bezieht. ²Ist die Eröffnung nach dem fünfzehnten Tag des Monats erfolgt, so ist die Verfügung auch für den folgenden Kalendermonat wirksam.

(2) ¹Eine Verfügung im Sinne des Absatzes 1 ist insbesondere die Einziehung der Miete oder Pacht. ²Einer rechtsgeschäftlichen Verfügung steht eine Verfügung gleich, die im Wege der Zwangsvollstreckung erfolgt.

(3) ¹Der Mieter oder der Pächter kann gegen die Miet- oder Pachtforderung für den in Absatz 1 bezeichneten Zeitraum eine Forderung aufrechnen, die ihm gegen den Schuldner zusteht. ²Die §§ 95 und 96 Nr. 2 bis 4 bleiben unberührt.

1. Entstehung und Zweck

1   § 110 betrifft die **Insolvenz** des **Vermieters/Verpächters**. Indem er Vorausverfügungen des InsSchu in bestimmten zeitlichen Grenzen für unwirksam erklärt, stellt er sicher, dass sich der durch § 108 angeordnete Fortbestand des Vertrages nicht zum Nachteil der Masse auswirkt (*Braun/Kroth*, § 110 Rn 2). Die Systematik entspricht §§ 1124, 1125 BGB. Gegenüber § 21 Abs 2, 3 KO enthält § 110 im wesentlichen Klarstellungen. Neu ist die Anwendbarkeit auf noch nicht vollzogene Verträge.

2. Unwirksamkeit von Vorausverfügungen, Abs 1, 2

2   **a) Gegenstand.** Das Verfügungsverbot bezieht sich ausschließlich auf Forderungen aus Miet-, Pacht- und Leasingverträgen über **Immobilien** iSd § 108 Abs 1 S 1 (s § 108 Rn 4). Die Ausdehnung auf die entsprechenden Verträge über Mobilien kommt nicht in Betracht. Soweit sie unter § 103 fallen, bedarf es einer besonderen Anordnung der Unwirksamkeit von Zessionen nicht, da diese nach der Theorie vom Verlust der Durchsetzbarkeit der Erfüllungsansprüche ohnehin keinen Bestand haben. Ansprüche aus drittfinanzierten Verträgen iSd § 108 Abs 1 S 2 sind nicht erfasst, weil die Regelung gerade die Insolvenzfestigkeit der abgetretenen Raten bezweckt. Anders als nach § 21 Abs 2 KO ist unerheblich, ob die Mietsache bereits überlassen war; der wirksame Vertragsschluss genügt.

3   **b) Vorausverfügung.** Verfügungen sind wie im Zivilrecht Rechtsgeschäfte, durch die ein Recht unmittelbar geändert, aufgehoben, belastet oder übertragen wird (vgl Palandt/*Heinrichs*, Überbl vor § 104 Rn 16). Hierzu zählen vor allem Abtretung, Verpfändung, Stundung und Erlass künftiger Miet-/Pachtzinsraten. **Abs 2 S 1** stellt klar, dass auch die Annahme von Mietzinsvorauszahlungen eine Verfügung darstellt, obwohl die Erfüllung nach herrschender Ansicht Realakt und nicht Rechts-

geschäft ist. Das gilt auch dann, wenn die Vorauszahlung bereits im Vertrag vereinbart war, da das Ausfallrisiko des Mieters das gleiche ist und das Entgelt für die künftige Nutzungsüberlassung der Masse zustehen muss (*Braun/Kroth*, § 110 Rn 3). Der Baukostenzuschuss ist keine Vorausverfügung, weil er nicht die Nutzung abgilt, sondern der Wertsteigerung des Grundstücks dient (BGHZ 16, 31, 35; aA N/R-*Balthasar*, § 110 Rn 9). **Abs 2 S 2** setzt Maßnahmen der **Zwangsvollstreckung**, einschließlich Arrest und einstweiliger Verfügung (FK-*Wegener*, § 109 Rn 10), den rechtsgeschäftlichen Verfügungen gleich. Wie bei § 21 Abs 2 KO sind jedoch Zwangvollstreckungen der Grundpfandrechtsgläubiger nicht erfasst (Uhlenbruck/*Berscheid,* § 110 Rn 8 mwN).

c) Zeitraum. Das Gesetz akzeptiert Vorausverfügungen für den **Eröffnungsmonat**, bei Eröffnung nach dem 15. auch für den folgenden Monat. Für spätere Zeiträume ordnet § 110 die Unwirksamkeit an. Dies bedeutet lediglich, dass ab dann die Miete/Pacht nicht mehr dem InsSchu oder einem Pfand- oder Abtretungsgläubiger zusteht, sondern der Masse (H/W/W-*Hess,* § 110 Rn 9 f). Hat der Mieter/Pächter aufgrund der unwirksamen Verfügung an den Dritten oder im Voraus an den InsSchu gezahlt, kann der InsVerw noch einmal Zahlung verlangen. Dem Mieter/Pächter steht gegen den Dritten oder den InsSchu ein Bereicherungsanspruch zu, der im letztgenannten Fall als InsForderung geltend zu machen ist (N/R-*Balthasar,* § 110 Rn 12). Bezieht sich die Vorausverfügung auf einen Zeitraum nach Verfahrensbeendigung oder Freigabe des Grundstücks, ist sie wirksam (*Braun/Kroth,* § 110 Rn 8). Der InsSchu muss sich in diesem Fall auch eine frühere Einziehung entgegen halten lassen (K/P-*Tintelnot,* § 110 Rn 8). Die Wirksamkeit nach § 110 schließt eine **Anfechtung** der Vorausverfügung nicht aus (BGH ZIP 1997, 513, 514 f; Uhlenbruck/*Berscheid,* § 110 Rn 10). 4

3. Aufrechnung

Abs 3 erweitert das **Aufrechnungsrecht** des Vertragspartners, indem er entgegen § 96 Nr 1 für den in Abs 1 genannten Zeitraum die Aufrechnung gegen Miet-/Pachtforderungen des InsVerw mit bereits vor Eröffnung begründeten Ansprüchen zulässt. Der Schuldgrund der Gegenforderung ist unerheblich (N/R-*Balthasar,* § 110 Rn 13). Ein vertragliches Aufrechnungsverbot, das der Aufrechnung nach S 1 entgegenstünde, ist unwirksam (BGH ZIP 1986, 583, 586). S 2 stellt klar, dass Abs 3 nur von § 96 Nr 1 befreit, iÜ aber alle Aufrechnungsvoraussetzungen gegeben sein müssen. Str, wegen der Sonderregeln der § 51 Nr 2, 3 jedoch zu verneinen, ist, ob Abs 3 in analoger Anwendung auch die Ausübung eines **Zurückbehaltungsrechts** zulässt (*Braun/Kroth,* § 110 Rn 11 f mN). 5

4. Abdingbarkeit

6 Nach § 119 kann von den Zeiträumen des § 110 nicht abgewichen werden, da sie den Massezufluss sichern (FK-*Wegener*, § 110 Rn 17). Es verstößt nicht gegen § 110, wenn sich der Zessionar zusätzlich durch ein Grundpfandrecht sichern lässt (K/P-*Tintelnot*, § 119 Rn 11).

§ 111 Veräußerung des Miet- oder Pachtobjekts

¹**Veräußert der Insolvenzverwalter einen unbeweglichen Gegenstand oder Räume, die der Schuldner vermietet oder verpachtet hatte, und tritt der Erwerber anstelle des Schuldners in das Miet- oder Pachtverhältnis ein, so kann der Erwerber das Miet- oder Pachtverhältnis unter Einhaltung der gesetzlichen Frist kündigen.** ²**Die Kündigung kann nur für den ersten Termin, erfolgen, für den sie zulässig ist.** ³**§ 57 c des Gesetzes über die Zwangsversteigerung und die Zwangsverwaltung gilt entsprechend.**

1. Ziel

1 § 111 erleichtert die Verwertung vermieteter/verpachteter Immobilien in der **Insolvenz des Vermieters/Verpächters**. Ein Miet- oder Pachtverhältnis, das den Erwerber langfristig an der Eigennutzung der Immobilie hindert, mindert die Chancen auf eine angemessene Verwertung erheblich. Deshalb räumt § 111 wie schon § 21 Abs 4 KO dem Erwerber ein **einmaliges**, auf die gesetzliche Kündigungsfrist beschränktes **Sonderkündigungsrecht** ein. Dies gleicht die Rechtslage beim freihändigen Verkauf den §§ 57–57 c ZVG bei der Zwangsversteigerung der Immobilie durch den InsVerw nach § 165 an. Nach § 471 BGB ist auch das Vorkaufsrecht des Wohnraummieters nach § 577 BGB, § 2 WoBindG bei Verkäufen aus der Masse ausgeschlossen.

2. Voraussetzungen, S 1

2 **a)** Das Sonderkündigungsrecht besteht nur bei der Veräußerung **unbeweglicher Gegenstände** oder Räume (vgl § 108 Rn 3), die im **Alleineigentum** des InsSchu stehen. Verwertet der InsVerw nur den Miteigentumsanteil des InsSchu, gilt § 111 nicht. Auch bei der Teilungsversteigerung nach § 183 ZVG ist der Erwerber an die vertraglichen Kündigungsmöglichkeiten gebunden (FK-*Wegener*, § 111 Rn 3). Die Veräußerung ist erst mit der dinglichen **Übereignung**, dh mit Auflassung und Grundbucheintrag, abgeschlossen (N/R-*Balthasar*, § 111 Rn 4).

3 **b)** Vermietung und Verpachtung müssen durch den **InsSchu** vor Verfahrenseröffnung erfolgt sein; hat erst der InsVerw den Vertrag geschlossen, ist § 111 nicht einschlägig (FK-*Wegener*, § 111 Rn 12). § 111 erfasst auch Leasingverträge.

c) Der von § 111 vorausgesetzte Vertragseintritt des Erwerbers richtet 4 sich nach den §§ 566, 578, 581 Abs 2, 593 b BGB nF und setzt voraus, dass dem Mieter/Pächter die Miet- bzw Pachtsache im Zeitpunkt der Veräußerung bereits **überlassen** war. Unerheblich ist dagegen, ob die Überlassung schon vor Verfahrenseröffnung erfolgt war. Auch der nicht vollzogene Vertrag besteht nach § 108 Abs 1 S 1 fort und ist vom InsVerw zu erfüllen (vgl § 108 Rn 3; N/R-*Balthasar*, § 111 Rn 7; Uhlenbruck/*Berscheid*, § 111 Rn 3; **aA** K/P-*Tintelnot*, § 111 Rn 4).

3. Rechtsfolgen, S 1 bis 3

a) Kündigungsrecht. aa) Der Erwerber ist berechtigt, das Miet-/ 5 Pachtverhältnis ungeachtet einer vertraglich vereinbarten längeren Kündigungsfrist oder einer Befristung mit der **gesetzlichen Frist** (vgl § 109 Rn 4) zu kündigen. Eine kürzere vertragliche Frist bleibt nach dem Normzweck wirksam (N/R-*Balthasar*, § 111 Rn 8).

bb) Wichtig ist, dass S 1 den Erwerber nur von der Vertragslaufzeit, 6 nicht von sonstigen **Kündigungsbeschränkungen** befreit. Der Kündigungsschutz des BGB bei der Wohnraummiete ist zu beachten (*Vallender* NZI 2004, 401, 404; BHG NJW 1982, 1696, 1699 zu § 57a ZVG). Der Erwerber muss ein berechtigtes Interesse an der Kündigung geltend machen (§§ 573ff BGB nF), der Mieter kann ihr widersprechen (§§ 574ff BGB nF). Nach S 3 iVm § 57c ZVG ist die Ausübung des Sonderkündigungsrechts ausgeschlossen, solange der Mieter einen geleisteten Beitrag zur Schaffung oder Instandsetzung von Wohnraum abwohnen darf.

cc) S 2 lässt die außerordentliche Kündigung nur zum **ersten**, unter 7 Einhaltung der gesetzlichen Frist **erreichbaren Termin** zu. Auszugehen ist vom Datum der Veräußerung (vgl Rn 2). Allerdings ist der Erwerber eine nach den jeweiligen Umständen angemessene Zeit zur Prüfung der Sach- und Rechtslage zuzubilligen (OLG Düsseldorf, Rpfleger 1987, 513; *Braun/Kroth*, § 111 Rn 9). Versäumt der Erwerber den ersten Kündigungstermin, kann er mit gesetzlicher Frist nur dann noch kündigen, wenn er nachweist, dass ihm die Einhaltung des früheren Termins trotz Beachtung der erforderlichen Sorgfalt nicht möglich war (RGZ 98, 273, 274f).

b) Schadensersatz. Der Mieter kann einen Schaden, den er durch 8 die Kündigung nach S 1 erleidet, in Analogie zu § 109 Abs 1 S 2 als einfache **InsForderung** geltend machen (allg Ansicht; vgl nur N/R-*Balthasar*, § 111 Rn 14; N/R-*Andres*, § 55 Rn 94). Für den Umfang des Ersatzes gelten dieselben Grundsätze wie bei § 109 Abs 1 S 2 und Abs 2 S 2 (vgl

§ 112 3. Teil. Wirkungen der Eröffnung des Insolvenzverfahrens

§ 109 Rn 7). Zu ersetzen ist im Regelfall der Mehraufwand für ein gleichwertiges Mietobjekt bis zum ersten regulären Beendigungstermin; Folgeschäden werden nicht ersetzt (K/P-*Tintelnot*, § 111 Rn 8). Da der Schadensersatzanspruch schon vor Eröffnung aufschiebend bedingt entstanden ist, ist die **Aufrechnung** gegen Mietforderungen aus der Zeit vor Eröffnung zulässig (BGHZ 68, 379, 382; Uhlenbruck/*Berscheid*, § 111 Rn 13).

9   c) **Verhältnis Erwerber-Mieter/Pächter.** Es gelten die § 566ff BGB nF (ausf. MK-InsO/*Eckert*, § 111 Rn 5ff). Eine vom InsSchu übernommene Verpflichtung, ein Dauerwohnrecht zu begründen, geht nicht auf den Erwerber über (BGH NJW 1976, 2264, 2265).

4. Abdingbarkeit

10   Wegen § 119 kann das Sonderkündigungsrecht des Erwerbers nicht durch Vereinbarung zwischen Vermieter und Mieter abbedungen werden (N/R-*Balthasar*, § 111 Rn 9).

§ 112 Kündigungssperre

Ein Miet- oder Pachtverhältnis, das der Schuldner als Mieter oder Pächter eingegangen war, kann der andere Teil nach dem Antrag auf Eröffnung des Insolvenzverfahrens nicht kündigen:
1. **wegen eines Verzugs mit der Entrichtung der Miete oder Pacht, der in der Zeit vor dem Eröffnungsantrag eingetreten ist;**
2. **wegen einer Verschlechterung der Vermögensverhältnisse des Schuldners.**

1. Ziel und Bedeutung

1   Das Kündigungsverbot für den Vermieter/Verpächter in der Insolvenz des Mieters/Pächters ist eine Neuschöpfung der InsO. § 112 verfolgt wie § 107 Abs 2 das Ziel, **Sanierungs-** und **Verwertungschancen** zu erhalten (MK-InsO/*Eckert*, § 112 Rn 1; vgl § 107 Rn 1ff). Die wirtschaftliche Einheit im Besitz des InsSchu soll nicht vor der Entscheidung über das Verfahrensziel auseinander gerissen werden (Begr zu § 125 RegE, BT-Drucks 12/2443, S 148), indem dem Unternehmen betriebsnotwendige Pacht- oder Mietgegenstände entzogen werden. § 109 Abs 1 räumt daher konsequent dem Vermieter von Immobilien kein Sonderkündigungsrecht mehr ein (vgl § 109 Rn 1). – Die **Auswirkungen** der Norm werden unterschiedlich beurteilt. Während zT die Befürchtung geäußert wird, die Sperre werde zu verfrühten Kündigungen Anlass geben (MK-InsO/ *Eckert*, § 112 Rn 1; *Braun/Kroth*, § 112 Rn 2), sehen andere in der damit unter Umständen frühzeitig ausgelösten Insolvenz eine gesetzgeberische

Intention der InsO verwirklicht (N/R-*Balthasar*, § 112 Rn 18). In der Praxis wird das Bestreben des Verwalters regelmäßig dahin gehen, eine Einigung mit dem Vermieter zu erzielen.

2. Anwendungsbereich

a) Anders als §§ 108–111 nimmt § 112 keine Beschränkung auf Verträge über Immobilien vor, so dass auch Miet-, Pacht- und Leasingverträge über **Mobilien und Rechte**, insbes Softwarelizenzen, erfasst sind (N/R-*Balthasar*, § 112 Rn 9; OLG Köln NZI 2003, 149f zum Leasingvertrag). § 112 gilt nicht für die Wohnung des InsSchu, § 109 Abs 1 S 2 ist hierfür lex specialis (str, vgl Uhlenbruck/*Berscheid*, § 112 Rn 4).

b) Der Vertrag muss **ungekündigt** bestehen; eine vor dem Eröffnungsantrag bereits ausgesprochene Kündigung bleibt wirksam (K/P-*Tintelnot*, § 112 Rn 3).

c) Obwohl der Gesetzeswortlaut diese Einschränkung nicht vorsieht, gilt § 112 nur für **vollzogene Verträge**. Dafür spricht die Gesetzesbegründung, die ausdrücklich auf den Besitz des InsSchu abhebt. Aus gesetzessystematischer Sicht widerspricht ein Kündigungsausschluss bei nicht vollzogenen Immobilienverträgen dem späteren Rücktrittsrecht nach § 109 Abs 2 (wie hier N/R-*Balthasar*, § 112 Rn 11; FK-*Wegener*, § 112 Rn 3; vgl Uhlenbruck/*Berscheid*, § 112 Rn 10f; **aA** MK-InsO/*Eckert*, § 112 Rn 11–14; *Braun/Kroth*, § 112 Rn 4; differenzierend K/P-*Tintelnot*, § 112 Rn 4).

d) Für eine **analoge Anwendung** des § 112 auf sonstige Verträge über betriebsnotwendige Gegenstände (*Marotzke*, JZ 1995, 803, 813f; K/P-*Tintelnot*, § 112 Rn 5; *Braun/Kroth*, § 112 Rn 12), ist angesichts der klaren gesetzlichen Beschränkung auf Gebrauchsüberlassungsverträge kein Raum (N/R-*Balthasar*, § 112 Rn 16).

3. Reichweite des Kündigungsverbots

a) Verzug, Nr 1. aa) Nr 1 schließt die fristlose Kündigung nach §§ 543 Abs 2, 569 Abs 2 BGB nF wegen eines **vor dem Eröffnungsantrag** eingetretenen Verzuges mit zwei Raten aus. Die fristlose Kündigung kann nach dem Eröffnungsantrag nur auf Zahlungsrückstände gestützt werden, die nach dem Antrag eingetreten sind (LG Neubrandenburg, WuM 2001, 551, 552). Darauf, ob der Vertragspartner zur Zeit der Kündigung Kenntnis von der Antragstellung hatte, kommt es nicht an (*Smid/Smid*, § 112 Rn 7).

bb) Tritt **nach Antragstellung** ein neuerlicher Zahlungsverzug ein, kann die Kündigung darauf ohne Beschränkung nach § 112 Nr 1 gestützt werden (BGHZ 151, 353; OLG Köln NZI 2003, 149, 150; LG Neubrandenburg, aaO; N/R-*Balthasar*, § 112 Rn 13; **aA** *Pape*/Kölner Schrift, S 539 ff, Rn 59). Das ist unstreitig, wenn kein oder nur ein „schwacher" vorl InsVerw nach § 22 Abs 2 bestellt war. Soll kein neuer Kündigungsgrund entstehen, müssen InsSchu und InsVerw daher Sorge tragen, dass nach dem Eröffnungsantrag keine Miet-/Pachtrückstände mehr entstehen (*Braun/Kroth*, § 112 Rn 15; OLG Köln NZI 2003, 149, 150). Beim „starken" InsVerw nach § 22 Abs 1 soll nach einer Ansicht die Kündigung wegen Verzuges erst nach Eröffnung bzw ihrer Ablehnung mangels Masse zulässig sein. Im Eröffnungsverfahren könne ein die Kündigung rechtfertigender Verzug nicht eintreten, da das Gesetz die Befriedigung erst gemäß § 55 Abs 2 als Masseschuld im eröffneten InsVerfahren oder nach § 25 Abs 2 mit Aufhebung der Verwalterbestellung vorsehe (K/P-*Tintelnot*, § 112 Rn 11 f; *Smid/Smid*, § 112 Rn 6; offen gelassen von OLG Celle ZInsO 2002, 326, 328)

8   cc) Entgegen seinem Wortlaut ist § 112 auch dann anwendbar, wenn zwar der **Verzug** erst **nach Antragstellung** eintritt, ihm aber eine überwiegende **Nutzung vor dem Antrag** zugrunde liegt (Fälligkeit der Miete zum Monatsende bei Antragstellung am 15.; Bsp bei K/P-*Tintelnot*, § 112 Rn 9; vgl auch LG Karlsruhe NJW 2003, 1167 f). Denn InsVerw und InsSchu haben wegen § 266 BGB keine Möglichkeit, durch Zahlung der anteiligen Miete für die Zeit nach Antragstellung die Kündigung abzuwenden und damit das Ziel des § 112, den Schuldnerbesitz zusammenzuhalten, zu verwirklichen (K/P-*Tintelnot*, § 112 Rn 9 f; *Braun/Kroth*, § 112 Rn 13).

9   b) **Vermögensverschlechterung, Nr 2.** Nr 2 verbietet die Kündigung wegen einer Vermögensverschlechterung. Diese muss nach Vertragsschluss eingetreten sein; die Vermögenslage des Mieters/Pächters zur Zeit des Vertragsschlusses kann nur die Anfechtung nach §§ 119 Abs 2, 123 Abs 1 BGB rechtfertigen (FK-*Wegener*, § 112 Rn 7). Da der Vermögensverfall keinen gesetzlichen Kündigungsgrund darstellt, ist Nr 2 so zu verstehen, dass entsprechende **vertragliche Kündigungsrechte** und das **Rücktrittsrecht** des **§ 321 BGB** nach Antragstellung nicht mehr ausgeübt werden können.

4. Abdingbarkeit

10   Die Kündigungssperre ist nach § 119 zwingend (FK-*Wegener*, § 112 Rn 12). Wegen Umgehung sind darüber hinaus solche Klauseln unwirksam, die eine auf den Vermögensverfall oder die Verfahrenseröffnung bezogene auflösende Bedingung vorsehen. Jedenfalls für die von § 112 erfassten Verträge ist damit die Frage nach der Zulässigkeit von **Lösungsklauseln** zu verneinen (K/P-*Tintelnot*, § 112 Rn 13; Uhlenbruck/*Berscheid*, § 119 Rn 17; H/W/W-*Hess*, § 112 Rn 21; krit N/R-*Balthasar*,

§ 112 Rn 6–8; zur generellen Unzulässigkeit der Lösungsklauseln s § 119 Rn 3).

§ 113 Kündigung eines Dienstverhältnisses

¹Ein Dienstverhältnis, bei dem der Schuldner der Dienstberechtigte ist, kann vom Insolvenzverwalter und vom anderen Teil ohne Rücksicht auf eine vereinbarte Vertragsdauer oder einen vereinbarten Ausschluß des Rechts zur ordentlichen Kündigung gekündigt werden. ²Die Kündigungsfrist beträgt drei Monate zum Monatsende, wenn nicht eine kürzere Frist maßgebend ist. ³Kündigt der Verwalter, so kann der andere Teil wegen der vorzeitigen Beendigung des Dienstverhältnisses als Insolvenzgläubiger Schadenersatz verlangen.

I. Normzweck

Ein Dienst- bzw Arbeitsverhältnis besteht nach Eröffnung des InsVerfahrens über das Vermögen des Dienstberechtigten nach § 108 mit Wirkung für die Masse fort. Für dieses gelten auch hinsichtlich der Kündigung zunächst die allg Regelungen. Daher stellt § 113 grundsätzlich keinen eigenen Kündigungsgrund, sondern eine Fristverkürzung dar, so dass die allg Kündigungsschutzvorschriften modifiziert durch § 113 zu beachten sind (ausf. N/R-*Hamacher*, § 113 Rn 98–152, Rn 209–249). – Zur Anfechtung eines Dienstverhältnisses nach §§ 129 ff siehe dort. 1

Die Klagefrist des § 113 Abs 2 aF ist zum 01.01.2004 im Hinblick auf § 4 S 1 KSchG nF entfallen. Zur aF ausf. Uhlenbruck/*Berscheid*, § 113 Rn 118 ff. 2

II. Kündigungsrecht, S 1

1. Voraussetzungen

a) Das Vorliegen eines **Dienstverhältnisses** richtet sich nach **§ 611 BGB**. Bei Organen einer juristischen Person ist zu unterscheiden zwischen der Organstellung und dem Dienstvertrag, wobei letzterer nach § 113 kündbar ist (*Smid/Weisemann/Streuber*, § 113 Rn 4; ausf. Uhlenbruck/*Berscheid*, § 113 Rn 13 ff; *Braun/Wolf*, § 113 Rn 7). Die gilt auch für einen Geschäftsführer (OLG Hamm ZInsO 2001, 43 f; vgl zum Alleingeschäftsführer N/R-*Hamacher*, § 113 Rn 41). 3

b) Ein **Arbeitsverhältnis** liegt unter Anwendung der allg Regeln vor, wenn der Dienstverpflichtete fremdbestimmte Dienste leistet, so dass wesentliches Abgrenzungskriterium die Weisungsgebundenheit ist; vgl § 84 Abs 1 HGB (*Smid/Weisemann/Streuber*, § 113 Rn 2; MK-InsO/*Löwisch/* 4

§ 113 3. Teil. Wirkungen der Eröffnung des Insolvenzverfahrens

Caspers, Vor § 113 Rn 16). Zur Abgrenzung bei Scheinselbständigkeit ausf. H/W/W-*Hess*, § 113 Rn 59 ff.

5   c) **Ausbildungsverhältnisse** sind von § 113 erfasst und somit ordentlich kündbar (Uhlenbruck/*Berscheid*, § 113 Rn 5; H/W/W-*Hess*, § 113 Rn 56; *Lohkemper* KTS 1996, 1, 10; *Braun/Wolf*, § 113 Rn 22). Nach BAG zu § 22 KO galt § 622 BGB analog mit der Folge der ordentlichen Kündigung (BAG AP Nr 9 zu § 22 KO); die Analogie ist wegen § 113 aber nicht mehr erforderlich. Nach **aA** ist nur eine außerordentliche Kündigung möglich, zB bei Wegfall einer tatsächlichen Ausbildungsmöglichkeit infolge Betriebsstilllegung (*Müller* NZA 1998, 1315, 1316; K/P-*Moll*, § 113 Rn 68), für die aber zT auch die Frist des Abs 1 S 2 angewendet wird (*Smid/Weisemann/Streuber*, § 113 Rn 5; N/R-*Hamacher*, § 113 Rn 45).

6   d) **Wehr- und Zivildienstleistende** fallen auch unter § 113 (*Braun/Wolf*, § 113 Rn 23; *Hess*, InsOA, § 113, Rn 529; **aA:** ErfK/*Müller-Glöge*, § 113 Rn 23).

7   e) **Nicht in Vollzug gesetzte Dienstverhältnisse** können nach § 113 gekündigt werden, da dieser § 103 als speziellere Norm verdrängt (Uhlenbruck/*Berscheid*, § 113 Rn 6 f; *Berscheid* ZInsO 1998, 115, 116; K/P-*Moll*, § 113 Rn 32 ff; *Düwell*/Kölner Schrift, 1435, Rn 6; **aA:** H/W/W-*Hess*, § 113 Rn 15 und Rn 170 ff; *Zwanziger/Bertram*, § 113 Rn 11). Kündigungszeitpunkt ist analog § 113 S 1 der Zugang der Kündigungserklärung (N/R-*Hamacher*, § 113 Rn 10 ff; MK-InsO/*Löwisch/Caspers*, § 113 Rn 12, 29; *Braun/Wolf*, § 113 Rn 44; **aA:** HK-*Irschlinger*, § 113 Rn 11; K/P-*Moll*, § 113 Rn 54 ff: Vereinbarung, dass Kündigung erst mit Dienstantritt möglich ist, gilt).

8   f) **Neueinstellungen.** Für neubegründete Dienstverhältnisse gilt § 113, da der InsVerw kraft seiner Arbeitgeberbefugnis die Masse verpflichtet. § 113 gilt nicht, wenn die Einstellung als Mitarbeiter des InsVerw erfolgte (ausf. Uhlenbruck/*Berscheid*, § 113 Rn 8).

2. Kündigungsrecht, S 1

9   Das Dienstverhältnis kann bei Eröffnung eines InsVerfahren ordentlich gekündigt werden, auch wenn eine ordentliche Kündigung aufgrund einer einzelvertraglichen Vereinbarung eigentlich ausgeschlossen wäre; so bei Befristungen (BAG ZIP 2000, 1941, 1942), Bedingungen oder Unkündbarkeitsklauseln (BAG ZIP 2000, 985, 986), die durch § 113 durchbrochen werden. § 113 S 1 überwindet auch tarifvertragliche Vereinbarungen (BAG DB 2005, 2303; BAG AP Nr. 5 zu § 113 InsO; *Tschöpe/Fleddermann* ZInsO 2001, 455, 457) sowie Betriebsvereinbarungen und dem Kündigungsausschluß nach § 323 UmwG (BAG U v 22. 9. 2005 – 6

AZR 526/04). Der InsVerw hat aber gesetzliche Sonderkündigungsschutzrechte zu beachten (K/P-*Moll*, § 113 Rn 21; N/R-*Hamacher*, § 113 Rn 31; Uhlenbruck/*Berscheid*, § 113 Rn 43 ff). Das **Sonderkündigungsrecht** des S 1 steht sowohl dem InsVerw als auch dem Dienstverpflichteten/Arbeitnehmer zu.

a) Kündigung durch den Dienstberechtigten bzw Arbeitgeber; InsVerw. aa) InsVerw iSd § 113 ist zunächst der **„normale" InsVerw** nach § 27. 10

bb) Str ist, ob auch ein **vorl InsVerw** das Kündigungsrecht des § 113 ausüben kann. 11

(1) Ist der InsVerw als **starker vorl Verwalter** eingesetzt, so tritt er nach §§ 22, 23 umfassend in die Rechte des InsSchu ein, die „Arbeitgeberfunktion" geht auf ihn über und er kann die Dienstverhältnisse nach allg Regeln kündigen (*Gottwald/Heinze*, InsHdb, § 102 Rn 21; *Küttner/Kania* →Insolvenz Rn 4). Gleichwohl steht ihm nicht das Kündigungsrecht aus § 113 zu (BAG DZWiR 2005, 422 ff, HK-*Irschlinger*, § 113 Rn 4; N/R-*Hamacher*, Vor § 113 Rn 21 und § 113 Rn 35; Schaub DB 1999, 217, 220; *Lakies* BB 1998, 2638, 2640; *Berscheid* ZInsO 1998, 9, 13; **aA:** K/P-*Moll*, § 113 Rn 15; analog § 113: FK-*Eisenbeis*, § 113 Rn 11 ff; *Braun/Wolf*, § 113 Rn 43 ff). Zwar stellt § 113 anders als § 103 nicht auf den Zeitpunkt der Verfahrenseröffnung ab (vgl *Gottwald/Heinze*, InsHdb, § 102 Rn 22), jedoch war Sinn der Neuregelung, dem vorl InsVerw die Masseschuldbegründungskompetenz zu geben, aber nicht, ihm die Möglichkeit zu geben, sich der Arbeitnehmer zu entledigen. Nach Verfahrenseröffnung sollte eine Nachkündigung erfolgen (Rn 20). 12

(2) Bei einem sog. **schwachen vorl Verwalter** verbleibt die „Arbeitgeberfunktion" dagegen grundsätzlich beim InsSchu; dementsprechend ist § 113 weder für den InsVerw noch den InsSchu anwendbar (*Gottwald/Heinze*, InsHdb, § 102 Rn 20; *Schaub* DB 1999, 217, 220; **aA:** K/P-*Moll*, § 113 Rn 15, falls das Gericht ausdrücklich die Arbeitgeberbefugnisse auf den vorl InsVerw überträgt). 13

b) Kündigung durch den Dienstverpflichteten, Arbeitnehmer. Diesem steht das Kündigungsrecht zu, um einen schnellen Wechsel in ein „gesundes" Unternehmen zu ermöglichen. Führt ein vorl. Insolvenzverwalter eine Insolvenzgeldfinanzierung durch, entfällt das Kündigungsrecht. In diesem Fall ist kein Lohn mehr rückständig. 14

3. Kündigungsgrund

a) Der InsVerw benötigt einen Kündigungsgrund, wenn und soweit dies nach den allg Regelungen erforderlich ist. 15

b) Der für den Arbeitnehmer bei der außerordentlichen Kündigung nach § 626 BGB erforderliche Kündigungsgrund kann nicht im Eintritt der Insolvenz gesehen werden, es gelten vielmehr die allg Grundsätze (*Smid/Weisemann/Streuber*, § 113 Rn 33; K/P-*Moll* § 113 Rn 16). Ein Kündigungsgrund kann sich für den Arbeitnehmer aber aus den Begleitumständen der Insolvenz ergeben, insbes bei Verzug mit der Entgeltzahlungspflicht (N/R-*Hamacher*, § 113 Rn 248).

4. Sonstige Kündigungsvoraussetzungen

16 **a) Erklärung.** Es geltend die allg Regeln für den Zugang, Widerruf, Vertretung (insbes § 174 BGB) bzw Angabe des Kündigungsgrundes (vgl ausf. Uhlenbruck/*Berscheid*, § 113 Rn 29 ff).

17 **b) Schriftform.** § 623 BGB erfasst nur Arbeitsverhältnisse, Dienstverhältnisse können weiterhin formlos gekündigt werden.

18 **c) Anhörung, Anzeige.** Zu beachten ist insbes die Anhörungspflicht nach § 102 Abs 1 BetrVG. Das Massenentlassungsverfahren nach §§ 17, 18 KSchG, insbes die Entlassungssperre nach § 18 Abs 1 KSchG, gilt auch in der Insolvenz (ausf. *Smid/Weisemann/Streuber*, § 113 Rn 20 f; N/R-*Hamacher*, § 113 Rn 64 ff).

5. Kündigungsart

19 **a)** § 113 gilt sowohl für die **Beendigungs-**, als auch die **Änderungskündigung** (HK-*Irschlinger*, § 113 Rn 13).

20 **b) Nachkündigung.** Falls das Arbeitsverhältnis bereits mit einer längeren Frist gekündigt wurde, kann der InsVerw dieses dennoch gemäß § 113 nachkündigen (BAG, AP Nr 12 zu § 113 InsO; LAG Hamm ZIP 2002, 1858, 1859 f; ZIP 1998, 161; Uhlenbruck/*Berscheid*, § 113 Rn 106; *Braun/Wolf*, § 113 Rn 14; N/R-*Hamacher*, § 113 Rn 93; HK-*Irschlinger*, § 113 Rn 4 a; *Leithaus* NZI 1999, 254, 255).

III. Kündigungsfrist, S 2

21 S 2 enthält eine besondere insolvenzrechtliche Kündigungsfrist, die als speziellere Norm § 622 und etwaige tarif-, sowie einzelvertragliche Fristen verdrängt, soweit diese eine längere Kündungsfrist vorsehen (*Smid/Weisemann/Streuber*, § 113 Rn 24 f). Sie beträgt **drei Monaten zum Monatsende**. Ist dagegen eine kürzere Frist gegeben, kann der InsVerw innerhalb dieser kündigen; § 113 enthält eine **Höchstfrist** (Uhlenbruck/*Berscheid*, § 113 Rn 75). In diesem Fall hat die Kündigung nicht zum Monatsende, sondern zum jeweils maßgebenden Zeitpunkt zu erfolgen (N/R-*Hamacher*, § 113 Rn 88), zB nach § 622 Abs 1 BGB zum 15. des Monats. Liegt die vereinbarte Frist zwischen der gesetzlichen Mindestfrist und der Drei-Monats-Frist des § 113, so ist die vereinbarte Frist maßgeblich (BAG NJW 2001, 317 f; ZIP 1999, 370 ff; *Smid/Weisemann/Streuber*, § 113 Rn 27; *Braun/Wolf*, § 113 Rn 13; *Ascheid/Preis/Schmidt/Dörner*, InsO § 113 Rn 2; K/P-*Moll*, § 113 Rn 38 ff; **aA:** LAG Hamm NZA-RR 1998, 538, 539; LAG Köln NZA 1998, 765 f; Uhlenbruck/*Berscheid*, § 113 Rn 90 ff; *Boemke*, NZI 2001, 460, 462 f; MünchHdbArbR/*Wank*, § 119 Rn 24). Bei der Kündigung von befristeten oder „unkündbaren" Arbeitsverhältnissen ist die Höchstfrist von drei Monaten maßgebend (BAG NZA 2001, 23 f mit krit Anm *Moll* EWiR 2001, 27 f; **aA:** Kündigung mit den kurzen gesetzlichen Kündigungsfristen des § 622 Abs 1 BGB auch dann, wenn das Recht zur ordentlichen Kündigung nicht ausdrücklich vereinbart worden ist (LAG Hamm, ZInsO 2001, 282 gegen BAG, NZI 2000, 611; Uhlenbruck/*Berscheid*, § 113 Rn 16 und Rn 94 ff; vgl K/P-*Moll*, § 113 Rn 47 ff). – Die Regelung setzt sich auch gegen arbeitsvertraglich vereinbarte Erschwerungen des Beginns oder Laufs der Kündigungsfrist durch (vgl K/P-*Moll* § 113 Rn 53 ff).

IV. Schadensersatzanspruch, S 3

1. Voraussetzungen

Der Dienstverpflichtete kann bei der Kündigung durch den InsVerw nach § 113 den sog. **Verfrühungsschaden,** dh den durch die vorzeitige Auflösung entstandenen Schaden, als **InsForderung** ersetzt verlangen. Dies betrifft den Zeitraum zwischen der erfolgten Kündigung und dem tarif- oder einzelvertraglich möglichen Kündigungszeitpunkt bzw dem Ende der Befristung bei befristeten Arbeitsverhältnissen (*Ascheid/Preis/Schmidt/Dörner*, InsO § 113 Rn 4; FK-*Eisenbeis* § 113 Rn 78). Bei Ausschluss einer ordentlichen Kündigung ist der Schaden die Kündigungsmöglichkeit an sich, so dass der Gedanke der §§ 9, 10 KSchG anzuwenden ist (*Zwanziger/Bertram*, § 113 Rn 17; *Ascheid/Preis/Schmidt/Dörner*, InsO § 113 Rn 5; diff FK-*Eisenbeis*, § 113 Rn 79; **aA:** Uhlenbruck/*Berscheid*, § 113 Rn 113: die Kündigungsmöglichkeit an sich ist kein Verfrühungsschaden). Der Anspruch ist ausgeschlossen, wenn der InsVerw die Kündigung unabhängig von § 113 hätte aussprechen können (N/R-*Hamacher*, § 113 Rn 252). 22

2. Anspruchshöhe

Sie orientiert sich an den **Bruttobezügen** (HK-*Irschlinger*, § 113 Rn 15) und ist bei der Kündigung von Vorstandsmitgliedern einer AG nach § 87 Abs 3 AktG beschränkt. Ein anderweitig erzielter oder erzielbarer Verdienst ist nach § 615 S 2 BGB **anzurechnen** (*Smid/Weisemann/Streuber*, § 113 Rn 44; HK-*Irschlinger*, § 113 Rn 14). Hierzu gehören auch aus Anlass der vorzeitigen Auflösung gezahlte Sozialleistungen, was dem 23

Gedanken des § 11 Nr 3 KSchG entspricht (N/R-*Hamacher*, § 113 Rn 255; vgl Uhlenbruck/*Berscheid*, § 113 Rn 112).

24   **3.** Den Anspruch muss der Dienstverpflichtete als **InsGl iSd § 38** verfolgen und zur Tabelle anmelden. Der InsVerw hat den Anspruch solange zu bestreiten, bis der Dienstverpflichtete Auskunft über anrechenbare Beträge erteilt hat (HK-*Irschlinger*, § 113 Rn 14).

V. Insolvenzgeld, Freistellung, Arbeitsentgelt, Zeugniserteilung

1. InsGeld

26   Der Arbeitnehmer hat Anspruch auf InsGeld (früher Konkursausfallgeld – „Kaug") nach **§ 183 ff SGB III** (ausf. *Lakies* NZA 2000, 565 ff).

27   **a) Voraussetzungen, § 183 SGB III. aa)** InsGeld wird nur für den Zeitraum von längstens **drei Monaten** vor Eröffnung des InsVerfahren gezahlt.

28   **bb)** Erfasst sind nur **Arbeitnehmer, die im Inland beschäftigt** waren.

29   **cc)** InsGeld wird nur als Ersatz für **ausstehendes Arbeitsentgelt** gezahlt. Der Anspruch auf Urlaubsabgeltung ist entgegen der alten Rechtslage nach § 184 Abs 1 Nr 1 SGB III nicht mehr vom InsGeld erfasst (BSG NZI 2002, 506 f; *Lakies* NZA 2001, 521, 522; *Werner* NZI 2003, 184 ff).

30   **dd)** Ein **Insolvenzereignis** muss vorliegen; dieses ist legaldefiniert in § 183 Abs 1 S 1 SGB III.

31   **b) Umfang.** Vom InsGeld umfasst sind nach Abs 1 S 3 alle Ansprüche auf Bezüge aus dem Arbeitsverhältnis, die eine Gegenleistung für geleistete Arbeit sind (Schaub NZI 1999, 215, 216), also auch auf Gratifikationen, Urlaubsentgelt, Gewinnbeteiligungen, soweit diese in den Drei-Monats-Zeitraum fallen, jedoch nicht einen Anspruch auf Urlaubsabgeltung (BSG, NZI 2002, 506). Entscheidend ist das Nettoeinkommen, § 185 SGB III. Nach § 208 SGB III werden die Sozialabgaben ebenfalls vom Arbeitsamt getragen.

32   **c) Verfahren.** Zwingende Voraussetzung ist ein **Antrag** des Arbeitnehmers, der innerhalb der **zweimonatigen Ausschlussfrist** des § 324 SBG III gestellt werden muss. Das InsGeld wird von dem Arbeitsamt, in dessen Bezirk die für den Arbeitgeber zuständige Lohnabrechnungsstelle des Arbeitnehmers liegt (§ 327 Abs 3 S 1 SGB III), ausgezahlt und ist auch bei diesem zu beantragen (*Lakies* NZA 2000, 565, 568). – Die **Vorfinanzierung** von Arbeitsentgelten regelt § 188 Abs 4 SGB III (ausf. *La-*

kies NZA 2000, 565, 569). – Ein **Vorschuss** kann nach § 186 SGB III gezahlt werden, was im Ermessen des Arbeitsamtes steht.

d) Übergang. Die Ansprüche auf das Arbeitsentgelt gehen infolge der 33 Zahlung nach § 187 S 1 SGB III auf die BA über, wobei § 55 Abs 3 gilt, so dass Regressansprüche der BA InsForderung sind (vgl § 55 Rn 15; vgl BAG ZIP 2001, 1964 ff zur alten Rechtslage).

e) Vorausabtretung, Pfändung. Die Vorausabtretung von Ar- 34 beitsentgelt umfasst nach § 188 Abs 1 SBG III auch das InsGeld, so dass dieses dem Zessionar zusteht. Entsprechendes gilt nach § 188 Abs 2 SBG III für die Pfändung von Arbeitseinkommen. Nach Antragstellung kann der Arbeitnehmer gemäß § 189 S 1 SGB III über den Anspruch auf InsGeld wie über Arbeitseinkommen verfügen.

2. Freistellung

a) Abgrenzung. aa) Zum allgemeinen Freistellungsrecht. Str 35 ist, ob die **Freistellung** von Arbeitnehmern **in der Insolvenz** von der allg Freistellung im arbeitsrechtlichen Sinn zu unterscheiden ist (so LAG Hamm ZIP 435, 436; NZA-RR 2002, 157, 158 f; *Pirscher* ZInsO 2001, 698 f; **aA** kein insolvenzspezifisches Freistellungsrecht: AG Kaiserslautern ZInsO 2002, 96; *Oberhofer* ZInsO 2002, 21 f; *Moll* EWiR 2001, 487 f). Der Streit kann aber dahinstehen, da im wesentlichen dieselben Anforderungen gelten. Entscheidender Unterschied zwischen beiden Formen ist, dass bei der Freistellung in der Insolvenz keine Entgeltzahlung mehr erfolgt, sondern die Entgeltansprüche erst bei Verteilung der Masse beglichen werden. Zuvor kann der Arbeitnehmer Arbeitslosengeld nach SGB III beantragen.

bb) Zum Urlaubsanspruch. Bei der Freistellung zur Gewährung 36 von Urlaub erfüllt der InsVerw als Arbeitgeber einen Anspruch des Arbeitnehmers, übt aber nicht sein einseitiges Direktionsrecht aus. Vgl iÜ unten Rn 4.

b) Anwendungsbereich. Das Freistellungsrecht gilt für den **Ins-** 37 **Verw**, nach § 55 Abs 2 S 2 aber auch für den **vorl InsVerw** (vgl auch *Bertram* NZI 2001, 625, 626).

c) Voraussetzungen. aa) Die Freistellung ist möglich, wenn „ein 38 **überwiegendes und schutzwürdiges Interesse** des Arbeitgebers an der Nichtbeschäftigung des Arbeitnehmers" besteht (LAG Hamm ZIP 2001, 435, 436 mVa BAG AP Nr 4 zu § 611 BGB Beschäftigungspflicht), so wenn ein Beschäftigungsbedürfnis oder die nötige **Liquidität fehlt** (*Bertram* NZI 2001, 625, 627). Als Ausübung des einseitigen Direktionsrechts unterliegt die insolvenzrechtliche Freistellung den Voraussetzungen des § 315 Abs 1 BGB, so dass die **Grenzen des billigen Ermessens** nicht überschritten werden dürfen (LAG Hamm ZIP 2001, 435, 437 mVa BAG NZA 1997, 381 f). Eine **Sozialauswahl iSd § 1 Abs 3 KSchG** ist zwar nicht erforderlich (LAG Hamm ZIP 2001, 435, 437), jedoch ist sie sinnvoll, da oftmals diejenigen Arbeitnehmer freigestellt werden, denen später gekündigt wird und sie jedenfalls dann durchzuführen ist.

39 **bb) Beteilungsrechte.** Der InsVerw muss bei der Freistellung den Betriebsrat nicht nach § 102 BetrVG hören, auch ist keine Zustimmung nach § 99 BetrVG erforderlich (BAG AP § 174 BGB Nr 11 zur GesO; *Ascheid/Preis/Schmidt/Koch*, § 102 BetrVG Rn 20; *Bertram* NZI 2001, 625, 627). Ein Mitwirkungsrecht nach § 87 Abs 1 Nr 3 BetrVG besteht ebenfalls nicht (BAG NZA 2002, 902, 905; *Moll* EWiR 2001, 487, 488; **aA:** *Oberhofer* ZInsO 2002, 21, 23; *Pirscher* ZInsO 2001, 698, 699 mwN; offen gelassen: LAG Hamm ZIP 2001, 435, 437; *Bertram* NZI 2001, 625, 627). Eine Beteiligung des Betriebsrats ist jedoch sinnvoll, um eine einvernehmliche und sozialverträgliche Lösung zu finden.

40 **d) Arbeitslosengeld.** Während der Freistellung hat der Arbeitnehmer Anspruch auf Arbeitslosengeld nach §§ 143 Abs 3, 129 SGB III. Mit Zahlung des Arbeitslosengeldes durch die Bundesagentur für Arbeit gehen die Entgeltansprüche nach § 115 SGB X auf diese über und können erst bei der Masseverteilung geltend gemacht werden.

3. Urlaubsgewährung

41 Bei Gewährung von Urlaub durch den InsVerw ist der Anspruch auf **Urlaubsentgelt** Masseverbindlichkeit nach § 55 Abs 1 Nr 2; ebenso ein uU entstehender **Urlaubsabgeltungsanspruch** (BAG, NZA 2004, 43 ff; LAG Hamm NZI 2003, 47, 49 f; MünchHdbArbR/*Leinemann*, § 91 Rn 84). Beim Anspruch auf Urlaubsentgelt ist aber danach zu unterscheiden, ob der Urlaub in die Zeit vor Verfahrenseröffnung fällt, da dann insofern nur eine InsForderung vorliegt (MünchHdbArbR/*Leinemann*, § 91 Rn 86).

4. Rang der Entgeltforderungen

42 **a) Vorläufiges InsVerfahren.** Die Inanspruchnahme von Diensten durch einen vorl InsVerw ohne Verfügungsbefugnis führt nicht dazu, dass daraus Masseverbindlichkeiten nach § 55 Abs 2 entstehen (vgl BGH, ZInsO 2002, 819, 820 mwN; § 108 Rn 13).

43 **b) Eröffnetes Insolvenzverfahren. aa)** Nach Eröffnung sind die Ansprüche auf Arbeitsentgelt nach § 55 als **Masseverbindlichkeiten** zu begleichen. Dies gilt auch im Fall der Freistellung und der Vereinbarung einer Abfindung, also unabhängig davon, ob der InsVerw die Arbeitsleis-

tung entgegennimmt (*Lakies* NZA 2001, 521, 524f). Hinsichtlich des Anspruchs auf Urlaubsentgelt ist der Zeitraum entscheidend, in dem der Urlaub tatsächlich genommen wird; bei Gratifikationen ist danach zu differenzieren, für welchen Zeitraum der Dienstleistung sie gezahlt wird und damit ggf anteilig eine Masseverbindlichkeit (*Lakies* NZA 2001, 521, 522).

bb) Bei Anzeige der **Masseunzulänglichkeit** erfolgt eine zusätzliche 44 Trennung zwischen Alt- und Neumasseverbindlichkeiten nach **§ 209**, verbunden mit einer gestaffelten Verteilung (vgl § 209; vgl *Gottwald/Heinze*, InsHdb, § 105 Rn 129; *Lakies* NZA 2001, 521, 526). Die Vergütungsansprüche der **freigestellten Arbeitnehmer** sind nach **§ 209 Abs 1 Nr 3 nachrangige Masseforderungen** (*Bertram* NZI 2001, 625, 626 mwN). Eine Leistungsklage auf Arbeitsentgelt, das unter § 209 Abs 1 Nr 3 fällt, wird wegen § 210 unzulässig (BAG NZA 2002, 975, 976ff).

c) Zur **Vollstreckung** bei Masseforderungen aus Arbeitsverhältnissen 45 siehe § 90 Rn 5.

5. Zeugniserteilung

Der Anspruch aus § 630 BGB auf Zeugniserteilung steht dem Arbeit- 46 nehmer nur gegen den InsSchu zu, wenn das Arbeitsverhältnis beendet wird, bevor das InsVerf eröffnet wird oder die Arbeitgeberbefugnis auf einen vorl InsVerw übergeht; der InsVerw ist dann im Fall der Klage nicht passiv legitimiert (BAG DZWiR 2004, 505ff; FK-*Eisenbeis*, § 113 Rn 108). Sonst ist der InsVerw Schuldner des Zeugnisanspruchs, der auch den Zeitraum vor Verfahrenseröffnung erfasst (BAG DZWiR 2004, 505ff; NJW 1991, 1971f; LAG Köln ZInsO 2002, 293, 294). Zu diesem Zweck ist der InsSchu dem InsVerw nach § 97 zur Auskunft verpflichtet (BAG DZWiR 2004, 505ff; FK-*Eisenbeis*, § 113 Rn 109; *Kuhn/Uhlenbruck*, § 22 KO, Rz 27; **aA:** *Staudinger/Neumann*, § 630 Rn 5). Dem Fall der Beendigung des Arbeitsverhältnisses vor Verfahrenseröffnung wird der Fall gleichzustellen sein, in dem der InsVerw den Arbeitnehmer mit Verfahrenseröffnung freistellt, da er dann keine Beurteilungsgrundlage hat (vgl aber Stiller NZA 2005, 330, 333). Die Praxis handhabt die Zeugniserteilung idR so, dass der InsSchu das Zeugnis ausstellt.

VI. Altersteilzeitverträge in der Insolvenz

1. Modelle

Altersteilzeitverträge sind in zwei Ausgestaltungen möglich: Zum einen 47 als klassisches Alterteilzeitmodell mit einer Reduzierung der täglichen Arbeitszeit, zum anderen als sog. Blockmodell, bei dem die Altersteilzeit in eine Arbeitsphase mit voller Stundzahl und eine anschließende Freistellungsphase aufgeteilt ist.

2. Kündigung

48 Besonderheiten ergeben sich beim Blockmodell. Eine Kündigung des Altersteilzeitvertrages ist während der Arbeitsphase grdsl möglich (LAG Düsseldorf, NZA-RR 2003, 635f). Die Altersteilzeitregelung ist bei der Sozialauswahl wegen § 8 Abs 1 ATZG nicht zu berücksichtigen (LAG Düsseldorf, NZA-RR 2003, 635f, str). Dagegen ist die Kündigung eines Arbeitnehmers in der **Freistellungsphase** mangels eines dringenden betrieblichen Erfordernisses an der Kündigung nicht möglich (BAG, AP Nr 125 zu § 1 KSchG1969 – betriebsbedingte Kündigung; NZA 2003, 789ff; LAG Niedersachsen, NZA-RR 2003, 17f).

3. Entgeltansprüche

49 Für die Einteilung der Entgeltansprüche gilt § 108 Abs 2. Ansprüche des Arbeitnehmers sind nur insofern als Masseverbindlichkeit iSd § 55 Abs 1 Nr 2 einzustufen, als sie nach der Insolvenzeröffnung erworben wurden. Dh, dass Arbeitnehmer in der Freistellungsphase nur für den Zeitraum „spiegelbildlich" Masseforderungen besitzen, während dem sie nach der InsEröffnung noch tatsächlich gearbeitet haben, iÜ stehen ihnen lediglich InsForderung iSd § 38 zu (BAG, NZA 2005, 561ff; **aA** LAG Düsseldorf, NZA-RR 2004, 95ff u. NZA-RR 2004, 288ff).

4. Insolvenzsicherung

50 Die Entgeltansprüche des Arbeitnehmers aus der Altersteilzeitvereinbarung sind nach § 8a ATZG besonders gegen den Insolvenzfall abzusichern (ausf. *Rolfs* NZS 2004, 561ff u. *Kovács/Koch* NZI 2004, 415ff).

§ 114 Bezüge aus einem Dienstverhältnis

(1) Hat der Schuldner vor der Eröffnung des Insolvenzverfahrens eine Forderung für die spätere Zeit auf Bezüge aus einem Dienstverhältnis oder an deren Stelle tretende laufende Bezüge abgetreten oder verpfändet, so ist diese Verfügung nur wirksam, soweit sie sich auf die Bezüge für die Zeit vor Ablauf von zwei Jahren nach dem Ende des zur Zeit der Eröffnung des Verfahrens laufenden Kalendermonats bezieht.

(2) [1]Gegen die Forderung auf die Bezüge für den in Absatz 1 bezeichneten Zeitraum kann der Verpflichtete eine Forderung aufrechnen, die ihm gegen den Schuldner zusteht. [2]Die §§ 95 und 96 Nr 2 bis 4 bleiben unberührt.

(3) [1]Ist vor der Eröffnung des Verfahrens im Wege der Zwangsvollstreckung über die Bezüge für die spätere Zeit verfügt worden, so ist diese Verfügung nur wirksam, soweit sie sich auf die

Bezüge für den zur Zeit der Eröffnung des Verfahrens laufenden Kalendermonat bezieht. ²Ist die Eröffnung nach dem fünfzehnten Tag des Monats erfolgt, so ist die Verfügung auch für den folgenden Kalendermonat wirksam. ³§ 88 bleibt unberührt; § 89 Abs. 2 Satz 2 gilt entsprechend.

1. Unwirksamkeit von Vorausverfügungen, Abs 1

a) Zweck. Der Umfang einer Vorausabtretung bzw -verpfändung von 1 Entgeltforderungen wird begrenzt; Abtretungen nach Verfahrenseröffnung sind schon nach § 81 unwirksam. Ziele sind die Sicherung der Befriedigung der InsGl durch Einbeziehung des Neuerwerbs und, in der Restschuldbefreiung, Erhöhung der Verteilungsmasse (MK-InsO/*Löwisch/Caspers*, § 114 Rn 2). Um aber das Sicherungsmittel der Lohnabtretung nicht zu entwerten, ist die Wirksamkeit im Insolvenzfall nicht gänzlich ausgeschlossen.

b) Umfang. aa) Art der Forderung. Erfasst sind wie bei § 287 2 Abs 2 die nach **§§ 850 ff ZPO pfändbaren Forderungen** (N/R-*Kießner*, § 114 Rn 17; vgl § 287 Rn 13), aber keine Forderungen aus selbständiger Tätigkeit (*Smid/Smid*, § 114 Rn 2; N/R-*Kießner*, § 114 Rn 54 ff; *Trendelenburg* ZInsO 2000, 437, 440; **aA:** FK-*Ahrens*, § 287 Rn 90); zB Honoraransprüche von Freiberuflern (AG Köln, NZI 2004, 155 ff; *Uhlenbruck* ZVI 2003, 51; Uhlenbruck/*Berscheid*, § 114 Rn 26; **aA:** OLG Düsseldorf, U. v. 31. 10. 2003 – 4 U 110/03 für Ansprüche gegen die Kassenärztliche Vereinigung). **Str** ist, ob auch Dienstverträge mit Unternehmen als Dienstverpflichteten hierunter fallen (so MK-InsO/*Löwisch/Caspers*, § 114 Rn 6; **aA:** N/R-*Kießner*, § 114 Rn 16 a).

bb) Entstehungszeitpunkt. Für die Beurteilung, ob die Forderung 3 zeitlich erfasst wird, ist ihr Entstehungszeitpunkt entscheidend (MK-InsO/*Löwisch/Caspers*, § 114 Rn 21). Ob die Fälligkeit durch Ausübung gesetzlicher bzw vertraglicher Rechte oder aufgrund vertraglicher Sonderabreden hinausgeschoben wurde, ist unerheblich (MK-InsO/*Löwisch/Caspers*, § 114 Rn 22).

cc) Frist. Die Wirksamkeit endet **zwei Jahre** nach dem Ende des 4 Monats, in dem die Eröffnung des InsVerfahrens (§ 27) erfolgte.

c) Rechtsfolge. Vorausverfügungen sind, soweit sie den Zeitraum 5 nach Fristablauf erfassen, absolut **unwirksam**. Dies gilt unabhängig davon, ob eine Restschuldbefreiung beantragt wurde (*Braun/Kroth* § 114 Rn 5). Zu den erfassten Vorausverfügungen zählen auch rechtsgeschäftliche Vereinbarungen, ein Erlass, eine Stundung oder eine Arrestvollziehung (H/W/W-*Hess*, § 114 Rn 18). – Eine Vorausverfügung ist bei einem

Arbeitsplatzwechsel nach Eröffnung des InsVerfahren **unwirksam**, da die Abtretung erst mit Eingehung des neuen Arbeitsverhältnisses wirksam wird, der InsSchu dann aber keine Verfügungsbefugnis mehr innehat und die Masse nicht verpflichten kann (N/R-*Kießner*, § 114 Rn 40; Uhlenbruck/*Berscheid*, § 114 Rn 15).

2. Aufrechnungsverbot, Abs 2

6   **a)** Abs 2 bestimmt ergänzend zu §§ 94ff, dass eine **Aufrechnung** des zur Zahlung Verpflichteten **nur iFd Abs 1 zulässig** ist. Dies bewirkt einen Gleichlauf zur Befugnis der Vorausverfügung (N/R-*Kießner*, § 114 Rn 45). Damit wird vom Grundsatz abgewichen, dass eine nach Eröffnung des Verfahrens eintretende Aufrechnungslage nicht mehr zur Aufrechnung berechtigt. Allerdings bleiben die Beschränkungen nach §§ 95, 96 Nr 2 bis 4 anwendbar.

7   **b) Einzelheiten. aa)** Das anspruchsbegründende Rechtsverhältnis muss schon bei Verfahrenseröffnung bestanden haben (MK-InsO/*Löwisch*/*Caspers*, § 114 Rn 25). Eine analoge Anwendung des Abs 2, so dass eine Verrechnung nach § 52 SGB I im Rahmen von Sozialversicherungsansprüchen zulässig wäre, ist nicht möglich (BayObLG ZInsO 2001, 514, 516f; OLG Karlsruhe ZInsO 2001, 913; SG Münster ZIP 2002, 448, 449; **aA:** BGG U v 10.12.2003 – B 5 RJ 18/03 R mwN; LSG NRW U v 28.1.2002 – L 4 (3) RJ 169/00).

8   **bb)** Grundsätzlich gelten die §§ 387ff BGB; nach Abs 2 S 2 iVm § 95 Abs 2 können aber auch nicht gleichartige Forderungen aufgerechnet werden, wenn sie zwar auf unterschiedliche Währungen bezogen sind oder anderen Rechnungseinheiten unterliegen, aber frei tauschbar sind.

9   **cc)** Gegenüber dem Treuhänder ermöglicht § 294 Abs 3 die Aufrechnung (N/R-*Kießner*, § 114 Rn 47).

10   **dd)** Bei Zusammentreffen von Vorausverfügung und Aufrechnung gelten die §§ 392, 406 BGB (K/P-*Moll*, § 114 Rn 37).

11   **ee)** Ein **Zurückbehaltungsrecht** ist ausgeschlossen, falls es einer unzulässigen Aufrechnung gleichkommt (Palandt/*Heinrichs*, § 273 Rn 14); so bei beiderseitigen fälligen Geldforderungen (BGH NJW 1974, 367f).

3. Zwangsvollstreckung in Bezüge uä, Abs 3

12   **a) Grundsätzliche Unwirksamkeit. aa) Abs 3** enthält eine **Verfügungssperre**, die Zwangsvollstreckungsmaßnahmen einzelner InsGl unwirksam werden lässt. Erfasst sind die Bezüge des im Zeitpunkt der Verfahrenseröffnung laufenden Kalendermonats und falls die Eröffnung nach dem 15. des Monats liegt zusätzlich die des nachfolgenden Monats. In-

Erlöschen von Aufträgen **§ 115**

folge einer analogen Anwendung des Abs 3 soll dem Zeitpunkt der Verfahrenseröffnung die Anordnung von Sicherungsmaßnahmen gleichstehen (AG Mönchengladbach ZVI 2002, 293 f).

bb) Soweit die Zwangsvollstreckung innerhalb eines Monats (bzw drei 13 Monate, § 312 Abs 1 S 3) vor Verfahrenseröffnung erfolgte, ist sie bereits durch die **Rückschlagsperre in** § 88 unwirksam (MK-InsO/*Löwisch*/*Caspers*, § 114 Rn 43).

cc) Während des InsVerfahren ist eine Zwangsvollstreckung nach § 89 14 unwirksam.

b) Ausnahme. Aufgrund der Verweisung in **S 3 2. HS** bleiben 15 Zwangsvollstreckungen nach **§ 89 Abs 2 S 2**, die also **Unterhaltsansprüche** oder Forderungen aus **vorsätzlichen unerlaubten Handlungen** betreffen, **wirksam**, soweit sie den pfändungsfreien Teil des Einkommens betreffen. – Bei Streitigkeiten entscheidet wegen der ausschließlichen Zuständigkeit nach §§ 766, 802 ZPO das **Vollstreckungsgericht** (LG München KTS 2001, 132). Die **aA**, wonach das InsGericht wegen größerer Sachnähe nach § 89 Abs 3 S 1 entscheidet (FK-*Eisenbeis*, § 114 Rn 11; HK-*Irschlinger*, § 114 Rn 7) ist nicht haltbar, da § 114 ausdrücklich **nur** auf § 89 Abs 2 S 2 und nicht auf § 89 Abs 3 verweist.

Vorbemerkung vor §§ 115–117

Die Verwaltungs- und Verfügungsbefugnis über das Vermögen des InsSchu liegt ab Verfahrenseröffnung allein beim Verwalter, § 80. §§ 115–117 verhindern deshalb konsequent, dass Dritte, die der InsSchu hierzu ermächtigt hatte, weiterhin Rechtsgeschäfte mit Wirkung für und gegen die Masse tätigen können. Die Vorschriften gehen jedoch in ihren Rechtswirkungen zT über das verfolgte Ziel hinaus (K/P-*Tintelnot*, §§ 115, 116 Rn 2).

§ 115 Erlöschen von Aufträgen

(1) Ein vom Schuldner erteilter Auftrag, der sich auf das zur Insolvenzmasse gehörende Vermögen bezieht, erlischt durch die Eröffnung des Insolvenzverfahrens.
(2) [1]**Der Beauftragte hat, wenn mit dem Aufschub Gefahr verbunden ist, die Besorgung des übertragenen Geschäfts fortzusetzen, bis der Insolvenzverwalter anderweitig Fürsorge treffen kann.** [2]**Der Auftrag gilt insoweit als fortbestehend.** [3]**Mit seinen Ersatzansprüchen aus dieser Fortsetzung ist der Beauftragte Massegläubiger.**

§ 115   3. Teil. Wirkungen der Eröffnung des Insolvenzverfahrens

(3) [1]**Solange der Beauftragte die Eröffnung des Verfahrens ohne Verschulden nicht kennt, gilt der Auftrag zu seinen Gunsten als fortbestehend.** [2]**Mit den Ersatzansprüchen aus dieser Fortsetzung ist der Beauftragte Insolvenzgläubiger.**

1. Erfasste Auftragsverhältnisse

1   **a) Begriff** des Auftrages und **Abgrenzung** vom rechtlich unverbindlichen Gefälligkeitsverhältnis entsprechen allg zivilrechtlichen Grundsätzen (siehe Palandt/*Sprau*, Einf vor § 662 Rn 1, 4). Vom Geschäftsbesorgungsvertrag des § 116 unterscheidet er sich durch die Unentgeltlichkeit. Während Auftrag und Geschäftsbesorgung das Innenverhältnis zum InsSchu betreffen, wirkt die Vollmacht (§ 117) im Außenverhältnis gegenüber Dritten.

2   **b)** § 115 gilt nur für den vom InsSchu erteilten Auftrag, dh in der **Insolvenz des Auftraggebers**. Im umgekehrten Fall ist der Auftraggeber durch die Möglichkeit zum Widerruf nach § 671 BGB ausreichend geschützt. Aufträge, die der vorl starke InsVerw ohne Beschränkung auf das Eröffnungsverfahren erteilt hat, fallen nicht unter § 115, sondern bestehen fort; der InsVerw kann sie nach § 671 BGB widerrufen (FK-*Wegener*, § 115 Rn 8).

3   **c)** Der von § 115 geforderte **Massebezug** fehlt, wenn die geschuldete Tätigkeit das freie Vermögen des InsSchu oder seine persönlichen Angelegenheiten betrifft (N/R-*Kießner*, § 115 Rn 5). Massebezug haben insbes die Veräußerung von Massegegenständen (Verkaufskommission; K/P-*Tintelnot*, §§ 115, 116 Rn 6) und der Erwerb von Gegenständen für den InsSchu, wenn er mit Mitteln der Masse erfolgt oder der Anspruch aus dem Vertrag zum beschlagnahmefähigen Vermögen gehört (Einkaufskommission; *Smid/Meyer*, § 115 Rn 4). – Die **Beweislast** für die Massezugehörigkeit liegt beim InsVerw (K/P-*Tintelnot*, §§ 115, 116 Rn 8).

4   **d)** § 115 wirkt sich nur auf noch **nicht** vollständig **erledigte** Aufträge aus; der ausgeführte Auftrag bleibt in seinen Wirkungen für und gegen die Masse bestehen (MK-InsO/*Ott*, § 115 Rn 10).

2. Rechtsfolgen

5   **a) Grundsatz: Erlöschen des Auftragsverhältnisses, Abs 1. aa)** Die Rechtsfolge tritt **kraft Gesetzes** mit der **Verfahrenseröffnung** ein. Der InsVerw kann sie durch eine Erfüllungswahl nicht verhindern, da § 103 von § 115 verdrängt wird (LG Düsseldorf ZInsO 2001, 1168; MK-InsO/*Ott*, § 115 Rn 13f; Uhlenbruck/*Berscheid,* §§ 115, 116 Rn 12; **aA** HK-*Marotzke*, § 115 Rn 3, 6). Er muss ggf neu abschließen. § 115 beendet den Auftrag nicht nur gegenüber der Masse, sondern auch gegenüber

dem InsSchu und auch für die Zeit nach Abschluss des InsVerfahren (*Gottwald/Huber*, InsHdb, § 36 Rn 41). Der Anordnung der vorl Insolvenzverwaltung kommt die Erlöschenswirkung nicht zu (LG Lübeck, DZWiR 2000, 78).

bb) § 115 beendet das Auftragsverhältnis nur **für die Zukunft**; aus der bisherigen Tätigkeit des Beauftragten entstandene Ansprüche bleiben unberührt (N/R-*Kießner*, § 115 Rn 8). Der Beauftragte hat das aus der Geschäftsführung Erlangte an die Masse herauszugeben, § 667 BGB, und Rechnung zu legen, § 666 BGB (LG Düsseldorf ZIP 1997, 1657). Aufwendungsersatz nach § 670 BGB kann er nur als InsForderung geltend machen (*Braun/Kroth*, § 115 Rn 6). Auf ein Zurückbehaltungsrecht kann er sich nicht berufen (OLG Düsseldorf, ZIP 1982, 471, 472).

cc) Da die Auftragsbeendigung wegen der jederzeitigen Widerrufsmöglichkeit nach § 671 BGB keine Leistungsstörung darstellt, steht ihm **kein Schadensersatz** wegen Nichterfüllung zu (*Smid/Meyer*, § 115 Rn 6; K/P-*Tintelnot*, §§ 115, 116 Rn 11; Uhlenbruck/*Berscheid*, §§ 115, 116 Rn 13).

b) Ausnahmen. aa) Notgeschäftsführung, Abs 2. Die Regelung entspricht § 672 Abs 2 BGB und dient dem Erhalt der Masse, solange der InsVerw nicht anderweit Fürsorge treffen kann. Der Auftrag gilt insoweit als fortbestehend; der Beauftragte ist berechtigt und verpflichtet, tätig zu werden. Erwächst ihm aus der Notgeschäftsführung ein Anspruch nach § 670 BGB ist dieser Masseschuld, § 115 Abs 2 S 3. Ansprüche aus der Tätigkeit vor Eröffnung bleiben InsForderung (FK-*Wegener*, § 115 Rn 16). Das Bestehen einer Gefahrenlage richtet sich nach den **objektiven Gegebenheiten im Zeitpunkt der Vornahme**; ob sich das Geschäft letztlich als für die Masse vorteilhaft erweist, ist unerheblich (N/R-*Kießner*, § 115 Rn 10). Ob der Beauftragte Verfahrenseröffnung und Gefahrenlage kannte, spielt keine Rolle (*Braun/Kroth*, § 115 Rn 7). Die Voraussetzungen für das Bestehen einer Masseschuld hat der Beauftragte zu beweisen (FK-*Wegener*, § 115 Rn 16).

bb) Unkenntnis von der Insolvenzeröffnung, Abs 3. Die Regelung dient dem Schutz des Beauftragten, der unverschuldet von der Verfahrenseröffnung keine Kenntnis hat. Die Grundsätze der **Wissenszurechnung** sind anwendbar (K/P-*Tintelnot*, §§ 115, 116 Rn 13). Die Bösgläubigkeit hat der InsVerw zu beweisen (*Smid/Meyer*, § 115 Rn 11). Abs 3 schützt nur den Beauftragten im Verhältnis zur Masse. **Dritten** gegenüber bleibt er Vertreter ohne Vertretungsmacht, arg § 117 Abs 2. Ansprüche gegen die Masse können diese nur geltend machen, wenn der InsVerw das Geschäft genehmigt (N/R-*Kießner*, § 115 Rn 15). Ansprüche gegen den Beauftragten aus § 179 BGB sind gleichwohl nach § 117 Abs 3 ausgeschlossen. Im **Verhältnis zur Masse** steht der Beauftragte so, als hätte er das Geschäft schon vor Eröffnung ausgeführt (MK-InsO/*Ott*, §§ 115, Rn 17). Ein Aufwendungsersatzanspruch ist wie bei Abs 1 **Ins-Forderung**, § 115 Abs 3 S 2. Da die Fortbestehensfiktion nur „zu seinen Gunsten" gilt, scheiden Regressansprüche der Masse aus (K/P-*Tintelnot*, §§ 115, 116 Rn 13).

3. Abdingbarkeit

10 „**Fortsetzungsklauseln**", die den Fortbestand des Auftrags über die Verfahrenseröffnung hinaus anordnen, sind nach § 119 unwirksam (FK-*Wegener*, § 115 Rn 20; HK-*Marotzke*, § 115 Rn 3). Der **Rang** der Ersatzansprüche als Masse- oder InsForderung kann nicht zum Nachteil des Gl verändert werden (*Braun/Kroth*, § 119 Rn 7).

§ 116 Erlöschen von Geschäftsbesorgungsverträgen

¹**Hat sich jemand durch einen Dienst- oder Werkvertrag mit dem Schuldner verpflichtet, ein Geschäft für diesen zu besorgen, so gilt § 115 entsprechend.** ²**Dabei gelten die Vorschriften für die Ersatzansprüche aus der Fortsetzung der Geschäftsbesorgung auch für die Vergütungsansprüche.** ³**Satz 1 findet keine Anwendung auf Überweisungsverträge sowie auf Zahlungs- und Übertragungsverträge; diese bestehen mit Wirkung für die Masse fort.**

1 1. Zur **Zielsetzung** vgl Vor §§ 115–117. Der neu eingefügte S 3 dient der Sicherung eines funktionierenden Zahlungssystems.

2. Geschäftsbesorgungsvertrag

2 Dieser liegt vor, wenn der Verpflichtete **selbständig fremde Vermögensinteressen** wahrzunehmen hat (BGHZ 45, 223, 228 ff). Anders als der Beauftragte wird der Geschäftsbesorger **selbständig** und **entgeltlich** tätig (FK-*Wegener*, § 116 Rn 2). **Bsp** bei Palandt/*Sprau*, § 675 Rn 9–25, MK-InsO/*Ott*, § 116 Rn 10–45. Geschäftsbesorgungsvertrag, der mit Eröffnung erlischt, ist auch die fremdnützige Treuhand im Rahmen außerinsolvenzlicher Sanierungsvergleiche (K/P-*Tintelnot*, §§ 115, 116 Rn 30 f). Zu den praktisch wichtigen Handelsvertreter-, Rechtsanwalts- und Bankverträgen unten Rn 4 ff. – § 116 gilt nur in der **Insolvenz des Geschäftsherrn**. Die Tätigkeit muss wie bei § 115 **Massebezug** haben (vgl § 115 Rn 3).

3. Rechtsfolgen

3 § 116 verweist auf § 115. Wie dort beendet die **Verfahrenseröffnung** das Vertragsverhältnis kraft Gesetzes mit Wirkung für die Zukunft, §§ 115

Abs 1, 116 S 1 (§ 115 Rn 6); zur Ausnahme nach S 3 unten Rn 6). Die beiderseitigen Rechte und Pflichten aus der bisherigen Tätigkeit ergeben sich aus §§ 675, 662 ff BGB (§ 115 Rn 6). Insb ist ein nicht verbrauchter **Vorschuss** zurückzuzahlen (MK-InsO/*Ott*, § 116 Rn 49; BGH NJW 1991, 1884). Aufwendungsersatz- und Vergütungsansprüche aus der bisherigen Tätigkeit begründen nur InsForderung (§ 115 Rn 6). Bloße InsForderung sind auch Ansprüche aus einer fortgesetzten Tätigkeit nach §§ 115 Abs 3, 116 S 1, 2 (§ 115 Rn 9). Ersatz- und Vergütungsansprüche aus Notgeschäftsführung sind nach §§ 115 Abs 2, 116 S 1, 2 Masseschulden (§ 115 Rn 8). Wird der **Eröffnungsbeschluss aufgehoben**, lebt der Vertrag wieder auf (FK-*Wegener*, § 116 Rn 24).

4. Beispiele

a) Handelsvertreterverträge. Der Provisionsanspruch des Vertreters 4 bleibt auch dann InsForderung, wenn der InsVerw die Erfüllung des vermittelten Geschäfts wählt (BGH ZIP 1990, 318, 319; vgl K/P-*Tintelnot*, §§ 115, 116 Rn 15). Das gleiche gilt für den Ausgleichsanspruch nach § 89b HGB (OLG Karlsruhe, ZIP 1985, 235, 236 ff). Lehnt der InsVerw die Erfüllung des vermittelten Geschäfts nach § 103 ab, besteht kein Provisionsanspruch nach § 87a Abs 3 HGB, da hierin kein vertragswidriges Verhalten liegt (K/P-*Tintelnot*, §§ 115, 116 Rn 11). Aufwendungsersatz, §§ 670, 675 BGB, kann der Vertreter nur als InsForderung geltend machen.

b) Nach § 116 erlöschen auch **Rechtsanwaltsverträge** des Schuldners 5 (BGHZ 109, 260, 263 f), wenn sich das Mandat auf die Masse bezieht. Daran fehlt es zB bei Prozessmandaten in Scheidungs- und Familiensachen (FK-*Wegener*, § 116 Rn 23). Zum Erlöschen der Vollmacht vgl § 117 Rn 5. Der Anwalt muss Mandantenunterlagen nach § 667 1. Alt BGB herausgeben, ohne dass ihm wegen ausstehender Honorare ein Zurückbehaltungsrecht zusteht (LG Düsseldorf ZIP 1997, 1657). Den Umfang der Herausgabepflicht bestimmt jetzt § 50 Abs 4 BRAO; danach gehören zur Handakte nur die vom InsSchu oder für diesen empfangenen Schriftstücke (weitergehend zum alten Recht noch BGH ZIP 1990, 48, 50). Ein nicht verbrauchter Vorschuss ist herauszugeben (vgl Rn 3). Dagegen kann der Anwalt sein Arbeitsergebnis zurückhalten, da es nicht iSv § 667 2. Alt BGB „erlangt" ist (BGH ZIP 1988, 1474). Wird der Anwalt nach Eröffnung tätig, nimmt er etwa Termine wahr, entstehen hieraus Honorarforderungen nur nach Maßgabe der §§ 115 Abs 2, 3, 116 S 1. Etwas anderes gilt, wenn der InsVerw den Anwalt um weitere Bearbeitung ersucht und damit das erloschene Mandat neu erteilt. Die hieraus für die Zukunft entstehenden Gebühren sind Masseforderungen. Wegen der Einheitlichkeit des Mandats bleibt der Anwalt allerdings mit den vor

§ 117 3. Teil. Wirkungen der Eröffnung des Insolvenzverfahrens

Eröffnung verdienten Gebühren auf die Quote beschränkt (K/P-*Tintelnot*, §§ 115, 116 Rn 19). Das Vorstehende gilt entsprechend für Verträge mit **Steuerberatern** (BGH ZIP 1988, 1474) und **Wirtschaftsprüfern**.

6   c) Bei **Bankverträgen** ist zu differenzieren (ausf. *Obermüller*, ZInsO 1999, 690 ff; *Smid/Meyer*, § 116 Rn 15 ff). Der **Girovertrag**, § 676 f BGB, erlischt (BGH ZIP 1995, 659, 660) und mit ihm vom InsSchu erteilte **Einzugsermächtigungen** und **Abbuchungsaufträge** (*Smid/Meyer*, § 116 Rn 31). Einer gleichwohl ausgeführten Lastschrift kann der InsVerw widersprechen (FK-*Wegener*, § 116 Rn 25; aA K/P-*Tintelnot*, §§ 115, 116 Rn 26: nur bei insolvenzunabhängigem Interesse). Mit dem Girovertrag endet auch ein **Kontokorrentverhältnis** (BGH ZIP 1991, 1586, 1587); der Überschussanspruch aus dem Saldo ist sofort fällig (OLG Köln ZIP 1995, 138, 139). Nutzt der InsVerw das Konto weiter, schließt er konkludent einen neuen Vertrag (BGH ZIP 1991, 155, 156). Nach S 3 bestehen folgende Verträge mit Wirkung für die Masse fort: **Überweisungen**, § 676a–c BGB; diese kann das Kreditinstitut ausführen und Aufwendungsersatz als Masseverbindlichkeit geltend machen, wenn der Vertrag vor Eröffnung zustande gekommen war (FK-*Wegener*, § 116 Rn 1a). Der InsVerw muss den Überweisungsvertrag zum Schutz der Masse kündigen (*Braun/Kroth*, § 116 Rn 13). Nach BGH (NJW 2005, 99) ist der vorl Insverwalter berechtigt, die Genehmigung von Belastungsbuchungen im Einzugsermächtigungsverfahren zu verhindern, auch wenn sachliche Einwendungen gegen eingezogene Forderung nicht bestehen.

7   d) **Zahlungs-** (§ 676 d BGB) und **Übertragungsverträge** (§ 676 BGB).

4. Abdingbarkeit

8   Vgl § 115 Rn 10.

§ 117 Erlöschen von Vollmachten

(1) **Eine vom Schuldner erteilte Vollmacht, die sich auf das zur Insolvenzmasse gehörende Vermögen bezieht, erlischt durch die Eröffnung des Insolvenzverfahrens.**

(2) **Soweit ein Auftrag oder ein Geschäftsbesorgungsvertrag nach § 115 Abs. 2 fortbesteht, gilt auch die Vollmacht als fortbestehend.**

(3) **Solange der Bevollmächtigte die Eröffnung des Verfahrens ohne Verschulden nicht kennt, haftet er nicht nach § 179 des Bürgerlichen Gesetzbuchs.**

Erlöschen von Vollmachten **§ 117**

1. Ziel, vgl vor §§ 115–117

Liegt ein Auftrag oder eine Geschäftsbesorgung zugrunde, folgt das Erlöschen der Vollmacht bereits aus § 168 S 1 BGB. Insoweit dient § 117 der **Klarstellung**. Darüber hinaus erlöschen nach Abs 1 auch die isolierte und die Vollmacht, deren Grundverhältnis fortbesteht. Das entspricht dem Übergang der Verfügungsgewalt auf den InsVerw nach § 80 (K/P-*Tintelnot*, § 117 Rn 1). **Konstitutive** Bedeutung hat § 117 bei der Eigenverwaltung, da der InsSchu verfügungsberechtigt bleibt (N/R-*Kießner*, § 117 Rn 4). § 117 Abs 2, 3 ergänzen § 115 Abs 2, 3.

2. Anwendungsbereich

a) Vollmacht ist nur die **rechtsgeschäftlich** erteilte Vertretungsmacht (§ 166 Abs 2 S 1 BGB). § 117 gilt nicht für die organschaftliche oder gesetzliche Vertretungsmacht, deren Fortbestand sich nach den jeweils einschlägigen Vorschriften bestimmt (MK-InsO/*Ott*, § 117 Rn 10 mN). Einziehungs- und Verfügungsermächtigungen erlöschen durch den Wegfall der Verfügungsbefugnis des InsSchu nach § 80, nicht nach § 117 (K/P-*Tintelnot*, § 117 Rn 7).

b) Die Vollmacht muss sich auf zur Masse gehörendes Vermögen, einschließlich eines Neuerwerbs nach § 35 (*Braun/Kroth*, § 117 Rn 3) beziehen. Der **Massebezug** fehlt, wenn die Vollmacht persönliche Angelegenheiten des InsSchu oder sein insolvenzfreies Vermögen betrifft. § 117 gilt auch nicht, wenn es um eine Vollmacht für Rechtsbehelfe geht, die dem InsSchu im InsVerfahren persönlich zustehen (OLG Dresden, ZIP 2002, 2000: Beschwerde gegen Vergütungsfestsetzung des vorl InsVerw).

c) § 117 gilt nur für vom InsSchu erteilte Vollmachten, solche des **vorl starken InsVerw** gelten fort, falls sie nicht auf das Eröffnungsverfahren beschränkt wurden (Uhlenbruck/*Berscheid*, § 117 Rn 17).

3. Rechtsfolge

a) Erlöschen der Vollmacht, Abs 1. Die Folge tritt erst mit dem **Eröffnungsbeschluss** ein, nicht schon mit der Anordnung einer vorl Insolvenzverwaltung. Der „starke" vorl InsVerw (§ 22 Abs 1) kann die Vollmacht jedoch im Interesse der künftigen Masse widerrufen (N/R-*Kießner*, § 117 Rn 12b). Die Vollmacht erlischt **kraft Gesetzes**, §§ 170–173 BGB sind nicht anwendbar (K/P-*Tintelnot*, § 117 Rn 4). Die Vertretungsmacht endet mit Wirkung für die Zukunft, **„ex nunc"** (FK-*Wegener*, § 117 Rn 5). Auch der InsSchu persönlich wird nicht mehr verpflichtet (HK-*Marotzke*, § 117 Rn 1). Sie lebt mit Beendigung des InsVerfahrens nicht wieder auf (MK-InsO/*Ott*, § 117 Rn 13), wohl aber bei Aufhebung des Eröffnungsbeschlusses (FK-*Wegener*, § 117 Rn 5). Abs 1 gilt für **sämtliche**

§ 117 3. Teil. Wirkungen der Eröffnung des Insolvenzverfahrens

vom InsSchu erteilte **Vollmachten**, selbst wenn sie unwiderruflich erteilt waren (*Smid/Meyer*, § 117 Rn 2). Unwirksam wird auch eine vom Bevollmächtigten des InsSchu erteilte **Untervollmacht** (H/W/W-*Hess*, § 117 Rn 5). Weiter erfasst § 117 die **isolierte** Vollmacht bei fehlendem oder unwirksamen Grundgeschäft (N/R-*Kießner*, § 117 Rn 12; vgl Rn 1). **Handlungsvollmacht** (§ 52 HGB) und **Prokura** (§ 48 HGB) erlöschen, selbst wenn das zugrunde liegende Dienstverhältnis nach § 113 fortbesteht (K/P-*Tintelnot*, § 117 Rn 5; vgl Rn 1). Der InsVerw kann beide Vollmachten jedenfalls dann **neu erteilen**, wenn er den Betrieb fortführt und sie sich nicht auf insolvenzspezifische Aufgaben erstrecken (*Smid/Meyer*, § 117 Rn 4; vgl Uhlenbruck/*Berscheid*, § 117 Rn 8 ff). Das Erlöschen der **Prokura** muss vom InsVerw nicht angemeldet werden (LG Halle NZI 2004, 631). – Eine **Prozessvollmacht** erlischt (BGH ZIP 1998, 1113f; OLG Karlsruhe NZI 2005, 39f; OLG Brandenburg NZI 2001, 255; zu den Folgen einer gleichwohl an den Anwalt bewirkten Zustellung iFd Aufnahme des Rechtsstreits: BGH ZIP 1998, 1584, 1585; ZIP 1999, 75, 76), sowie eine Ermächtigung zur gewillkürten **Prozessstandschaft** (BGH ZIP 2000, 149, 150).

6 **b) Notgeschäftsführung, Abs 2.** Abs 2 und 3 schützen den Beauftragten (H/W/W-*Hess*, § 117 Rn 13). Bei der Notgeschäftsführung, §§ 115 Abs 2, 116 (vgl § 115 Rn 8), gilt neben dem Auftrag auch die Vollmacht als fortbestehend. Das Vertreterhandeln bindet daher die Masse (K/P-*Tintelnot*, § 117 Rn 8; krit HK-*Marotzke*, § 117 Rn 6). Wegen der ausdrücklichen Bezugnahme auf § 115 Abs 2 gilt Abs 2 nicht für die isolierte Vollmacht (*Braun/Kroth*, § 117 Rn 5; **aA** HK-*Marotzke*, § 117 Rn 6).

7 **c) Schuldlose Unkenntnis von der Verfahrenseröffnung, Abs 3.** Vgl § 115 Rn 9. Anders als der Notgeschäftsführer ist der im Vertrauen auf den Fortbestand seiner Vollmacht handelnde Beauftragte Vertreter ohne Vertretungsmacht. Seine Rechtsgeschäfte verpflichten daher – mit Ausnahme einer Genehmigung des InsVerw nach § 177 BGB – weder die Masse noch den InsSchu persönlich (*Smid/Meyer*, § 117 Rn 7). Die Grundsätze der Anscheins- und Duldungsvollmacht sind nicht anwendbar (N/R-*Kießner*, § 117 Rn 16). Nach Abs 3 unterliegt der Beauftragte, der gutgläubig auf den Fortbestand seiner Vollmacht vertraut, nicht der Haftung aus § 179 Abs 1, 2 BGB. Dies folgt indes schon daraus, dass der Dritte nicht besser stehen kann als bei einem Handeln des InsSchu selbst, der wegen §§ 80, 81 die Masse nicht mehr verpflichten kann (*Braun/Kroth*, § 117 Rn 6).

8 Aus dem gleichen Grund kommt die Haftung des Beauftragten aus § 179 BGB auch bei **schuldhafter Unkenntnis** nicht in Betracht. Abs 3 hat damit keine eigenständige Bedeutung (K/P-*Tintelnot*, § 117 Rn 10; FK-*Wegener*, § 117 Rn 9; **aA** HK-*Marotzke*, § 117 Rn 1, 7, Fall in wört-

licher Anwendung des Abs 3 eine Haftung aus § 179 BGB bejaht). Um aus Sicht des Beauftragten zufällige Ergebnisse zu vermeiden, ist § 179 BGB auch bei der **Eigenverwaltung** ausgeschlossen, obwohl der InsSchu selbst wirksam handeln könnte. (K/P-*Tintelnot*, § 117 Rn 11; MK-InsO/ *Ott*, § 117 Rn 20). Möglich ist in den Fällen schuldhafter Unkenntnis eine Haftung aus §§ 280, 311 Abs 2 BGB nF (frühere **cic**) auf das negative Interesse, die daran anknüpft, dass der Beauftragte den Wegfall der Verfügungsbefugnis des InsSchu verschwiegen hat (K/P-*Tintelnot*, § 117 Rn 10f; N/R-*Kießner*, § 117 Rn 18; FK-*Wegener*, § 117 Rn 4; **aA** MK-InsO/*Ott*, § 117 Rn 21).

4. Abdingbarkeit

Wegen § 119 kann eine Vollmacht nicht „unwiderruflich" auch für die Insolvenz erteilt werden (K/P-*Tintelnot*, § 119 Rn 7; HK-*Marotzke*, § 117 Rn 13). 9

§ 118 Auflösung von Gesellschaften

¹Wird eine Gesellschaft ohne Rechtspersönlichkeit oder eine Kommanditgesellschaft auf Aktien durch die Eröffnung des Insolvenzverfahrens über das Vermögen eines Gesellschafters aufgelöst, so ist der geschäftsführende Gesellschafter mit den Ansprüchen, die ihm aus der einstweiligen Fortführung eilbedürftiger Geschäfte zustehen, Massegläubiger. ²Mit den Ansprüchen aus der Fortführung der Geschäfte während der Zeit, in der er die Eröffnung des Insolvenzverfahrens ohne sein Verschulden nicht kannte, ist er Insolvenzgläubiger; § 84 Abs. 1 bleibt unberührt.

1. Zweck

§ 118 schützt den geschäftsführenden Gesellschafter einer infolge der Insolvenz eines Mitgesellschafters aufgelösten Gesellschaft, indem er dessen Rechtsstellung der eines Auftragnehmers nach Eröffnung des InsVerfahrens über das Vermögen des Auftraggebers nach §§ 115, 116 angleicht. Vgl § 28 KO. 1

2. Anwendungsbereich

a) § 118 gilt für **Gesellschaften ohne Rechtspersönlichkeit** iSd § 11 Abs 2 Nr 1 mit Ausnahme des nicht rechtsfähigen Vereins, den § 11 Abs 1 S 2 einer juristischen Person gleichstellt, und für die rechtsfähige **Kommanditgesellschaft auf Aktien** (§ 278 AktG). 2

§ 118 3. Teil. Wirkungen der Eröffnung des Insolvenzverfahrens

3 **b)** § 118 setzt voraus, dass die Gesellschafterinsolvenz die Auflösung der Gesellschaft bewirkt hat. Dies richtet sich nach dem **Gesellschaftsrecht** (H/W/W-*Hess*, § 118 Rn 1). Bei der **GbR** ist die Auflösung nach § 728 Abs 2 BGB die gesetzliche Regel; der Gesellschaftsvertrag kann abweichend hiervon die Fortsetzung vorsehen, § 736 Abs 1 BGB. Dagegen gehen §§ 131 Abs 3 Nr 2, 161 Abs 2 HGB, 9 Abs 1 PartGG für **OHG, KG** und **PartnerschaftsG** seit der Handelsrechtsreform umgekehrt von der Fortsetzung der Gesellschaft unter Ausschluss des insolventen Gesellschafters aus, soweit nicht der **Gesellschaftsvertrag** ausnahmsweise die Auflösung bestimmt. Das gleiche gilt nach § 289 Abs 1 AktG bei der **KGaA** in der Insolvenz des Komplementärs; die eines Kommanditaktionärs löst die Gesellschaft nie auf, § 289 Abs 3 AktG. **Praktische Bedeutung** hat § 118 damit vor allem für die GbR.

3. Notgeschäftsführung, S 1

4 Die zulässigen Maßnahmen sind **zeitlich** beschränkt auf die Übergangsphase, bis mit dem InsVerw die Abwicklung der Gesellschaft organisiert worden ist (*Braun/Kroth*, § 118 Rn 6); **gegenständlich** sind nur Maßnahmen der Gefahrenabwehr im Interesse des Gesellschaftsvermögens zulässig (MK-InsO/*Ott*, § 118 Rn 11). Zur Notgeschäftsführung sind bei der GbR alle Gesellschafter nach §§ 727 Abs 2 S 2, 728 Abs 2 S 2, 3 BGB berechtigt und verpflichtet.

4. Rechtsfolge

5 In Übereinstimmung mit §§ 115 Abs 2, 116 erklärt S 1 Ansprüche aus der einstweiligen Fortführung eilbedürftiger Geschäfte zu **Masseschulden** in der Insolvenz des Mitgesellschafters. Mit den sich hieraus ergebenden Ansprüchen auf Aufwendungsersatz (§§ 728 Abs 2 S 2, 727 Abs 2 S 3, 713, 670 BGB) bzw auf eine vereinbarte Vergütung ist der geschäftsführende Gesellschafter nach § 118 S 1 Massegläubiger. Der Gesetzeswortlaut spricht dafür, dass der Geschäftsführer seinen Anspruch **in voller Höhe** gegen die Masse richten kann, obwohl nach gesellschaftsrechtlichen Grundsätzen für diese Sozialverbindlichkeit primär das Gesellschaftsvermögen haftet, die Gesellschafter dagegen nur in Höhe des Ausfalls und nur mit einer ihrem Anteil am Gesellschaftsvermögen entsprechenden Quote (vgl MK-InsO/*Ott*, § 118 Rn 14 mN). Während einige dem Gesellschaftsrecht den Vorrang einräumen und § 118 auf die anteilige Ausfallhaftung des InsSchu beschränken (MK-InsO/*Ott*, § 118 Rn 14, der in Rn 13 die Gesetzesformulierung als missverständlich bezeichnet; wohl auch *Braun/Kroth*, § 118 Rn 7), rechtfertigt das „Veranlasserprinzip", dem (zum Tätigwerden verpflichteten) Notgeschäftsführer einen – einfach zu realisierenden – Anspruch in der gesamten Höhe gegen die Masse zu gewähren.

Sieht der Gesellschaftsvertrag einer **OHG, KG, PartnerschaftsG** oder **KGaA** ausnahmsweise die Auflösung vor (vgl Rn 3), ohne dass er Regeln über die Notgeschäftsführung enthält, gelten die Regeln der GbR entsprechend (MK-InsO/*Ott*, § 118 Rn 12).

5. Unverschuldete Unkenntnis, S 2

Ansprüche aus der Fortführung der Geschäfte in unverschuldeter Unkenntnis von der Verfahrenseröffnung (§§ 729 S 1, 713, 670 BGB), begründen wie nach §§ 115 Abs 3, 116 nur eine **InsForderung**. Die Geschäftsführungsbefugnis besteht bis zum Eintritt der Bösgläubigkeit im bisherigen Umfang fort; ob die Maßnahmen der Insolvenzmasse zugute kommen, spielt keine Rolle (MK-InsO/*Ott*, § 118 Rn 11). Zur Höhe des Anspruchs gelten die Ausführungen zu Rn 5 entsprechend.

6. Absonderungsrechte, S 2 2. HS

Die Verweisung gilt trotz der systematischen Stellung auch für S 1 (*Braun/Kroth*, § 118 Rn 7). Da das Absonderungsrecht nach § 84 Abs 1 S 2 nur am Auseinandersetzungsguthaben des InsSchu (§ 734 BGB) besteht, läuft es leer, wenn das Gesellschaftsvermögen zur Befriedigung der Ansprüche nicht ausreicht (N/R-*Kießner*, § 118 Rn 13 f).

§ 119 Unwirksamkeit abweichender Vereinbarungen

Vereinbarungen, durch die im voraus die Anwendung der §§ 103 bis 118 ausgeschlossen oder beschränkt wird, sind unwirksam.

1. Ziel

§ 119 stellt klar, dass die Vorschriften über gegenseitige Verträge zwingendes Recht sind. Dies folgt an sich bereits aus dem Normzweck (*Smid/Meyer*, § 119 Rn 1). §§ 103–118 sichern die gleichmäßige Befriedigung aller Gläubiger, indem sie dem InsVerw Gestaltungsrechte zur Anreicherung der Masse einräumen (§§ 103 ff) und Dritte von der Verwaltung ausschließen (§§ 115 ff). Absprachen mit einzelnen Gläubigern, die hiervon zum Nachteil der Masse abweichen, sind mit diesem Ziel unvereinbar.

2. Anwendungsbereich

„Im voraus" meint nur Vereinbarungen, welche die Vertragspartner **vor Eröffnung des InsVerfahren** (*Braun/Kroth*, § 119 Rn 4) über das Vermögen eines oder beider Teile geschlossen haben. Nicht erfasst sind Absprachen zwischen solventem Vertragsteil und InsVerw oder zwischen den InsVerw beider Seiten (MK-InsO/*Huber*, § 119 Rn 13). Solche „Abwicklungsvereinbarungen" können jedoch nach neuester Rspr wegen Insolvenzzweckwidrigkeit unwirksam sein (vgl § 103 Rn 37). Der Begriff der „**Vereinbarung**" ist nach Wortlaut und Normzweck **weit** gefasst (N/R-*Balthasar*, § 119 Rn 6). Unzulässig ist nicht nur der vollständige Ausschluss der gesetzlichen Verwalterrechte, sondern jede Vereinbarung, die diese zumindest mittelbar in ihren Voraussetzungen oder Rechtsfolgen einschränkt (MK-InsO/*Huber*, § 119 Rn 14). **Gestaltungsrechte** des InsVerw können weder abbedungen noch kann ihre Entstehung oder Ausübung von zusätzlichen oder erschwerten Voraussetzungen abhängig gemacht werden. Erleichterungen, insbes eine Verkürzung von Kündigungs- und Rücktrittsfristen, sind möglich. Auch mittelbare Beschränkungen, zB die Vereinbarung von Vertragsstrafen für den Fall der insolvenzbedingten vorzeitigen Vertragsbeendigung, sind unzulässig. Von der gesetzlichen **Rechtsfolge** kann nicht zum Nachteil der Masse abgewichen werden. Damit sind insbes Rangverbesserungen der in §§ 103 ff normierten Ansprüche unzulässig. Soweit das Gesetz zum Schutz der **Verwaltungsausübung** das Erlöschen von Schuldverhältnissen anordnet (insbes §§ 115–117), kann deren Fortbestand nicht vereinbart werden. Wegen der **Einzelheiten** wird auf die Kommentierung der jeweiligen Vorschrift verwiesen.

3 3. **Vertragliche Lösungsklauseln**, die das Vertragsverhältnis durch die Insolvenz entweder auflösend bedingen oder – praktisch häufiger – dem anderen Teil für diesen Fall ein Kündigungs-, Rücktritts- oder Wahlrecht einräumen (*Braun/Kroth*, § 119 Rn 9), sind wegen Verstoßes gegen § 119 **unwirksam** (sehr str; wie hier: *Braun/Kroth*, § 119 Rn 9 ff; K/P-*Tintelnot*, § 119 Rn 16; Uhlenbruck/*Berscheid*, § 119 Rn 16; N/R-*Balthasar*, § 119 Rn 10 ff; Abel NZI 2003, 121, 128; **aA** FK-*Wegener*, § 103 Rn 85; H/W/W-*Hess*, § 119 Rn 19, 29; MK-InsO/*Huber*, § 119 Rn 28 ff; u. a. unter Berufung auf BGH ZIP 1985, 1479; ZIP 1994, 40 „Breitbandverteileranlage"). Dies folgt bereits aus dem Wortlaut des § 119, wonach jede Beschränkung der gesetzlichen Gestaltungsrechte des InsVerw unzulässig ist. Lösungsklauseln vereiteln jedoch evident den Zweck der §§ 103, 108, 109, dem InsVerw im Interesse der Masse die Vertragsfortführung zu den bisherigen Konditionen zu ermöglichen (K/P-*Tintelnot*, § 119 Rn 16). Praktisch entziehen sie dem InsVerw mit dem Vertragsbestand die Grundlage für eine Sanierung (N/R-*Balthasar*, § 119 Rn 15). – **Insolvenzunabhängige** Lösungsklauseln, die nicht an formelle (§§ 13 ff) oder materielle (§ 17) Voraussetzungen der Verfahrenseröffnung oder diese selbst anknüpfen, sondern an den Verzug oder sonstige Vertragsverletzungen des InsSchu, werden durch § 119 nicht berührt (vgl § 137 Abs 3 RegE; MK-InsO/*Huber*, § 119 Rn 19).

§ 120 Kündigung von Betriebsvereinbarungen

(1) ¹Sind in Betriebsvereinbarungen Leistungen vorgesehen, welche die Insolvenzmasse belasten, so sollen Insolvenzverwalter und Betriebsrat über eine einvernehmliche Herabsetzung der Leistungen beraten. ²Diese Betriebsvereinbarungen können auch dann mit einer Frist von drei Monaten gekündigt werden, wenn eine längere Frist vereinbart ist.

(2) Unberührt bleibt das Recht, eine Betriebsvereinbarung aus wichtigem Grund ohne Einhaltung einer Kündigungsfrist zu kündigen.

1. Normzweck

1 Die vereinfachte Lösung von Betriebsvereinbarungen ermöglicht es dem InsVerw die laufenden Belastungen, zu verringern und erleichtert eine Veräußerung des Unternehmens, da ein Erwerber nach § 613a Abs 1 S 2 BGB an bestehende Betriebsvereinbarungen gebunden wäre.

2. Beratungen über die Betriebsvereinbarung, Abs 1 S 1

2 **a) Betriebsvereinbarungen und Regelungsabreden. aa)** Bei bestehenden Betriebsvereinbarung sollen InsVerw und Betriebsrat über eine einvernehmliche Herabsetzung der Leistungen, die aufgrund der Betriebsvereinbarung erbracht werden, beraten. „Eine **Betriebsvereinbarung** ist eine privatrechtliche, kollektivrechtliche Vereinbarung auf betrieblicher Ebene, durch die Arbeitgeber und Betriebsrat die betrieblichen Arbeitsbedingungen bzw diejenigen des Unternehmens im Rahmen der funktionellen Zuständigkeit des Betriebsrats gestalten" (*Schaub* →Betriebsvereinbarung I.). Von § 120 sind auch Betriebsvereinbarungen hinsichtlich einer betrieblichen Alterversorgung erfasst und somit kündbar (BAG NZA 2000, 322, 323 ff; HK-*Marotzke*, § 120 Rn 2; Uhlenbruck/ *Berscheid*, § 120 Rn 19); vgl aber §§ 7 ff BetrAVG, wonach unverfallbare Anwartschaften und Versorgungsansprüche gesichert werden (vgl MK-InsO/*Löwisch/Caspers*, § 120 Rn 5, 36 f).

3 **bb)** Erfasst sind auch **Regelungsabreden**, wenn sie den Arbeitgeber mit einer Leistungspflicht belasten (K/P-*Moll*, § 120 Rn 14 f; *Braun/Wolf*, § 120 Rn 4; N/R-*Hamacher*, § 120 Rn 42; FK-*Eisenbeis*, § 120 Rn 5; **aA:** MK-InsO/*Löwisch/Caspers*, § 120 Rn 13). Diese unterscheiden sich von der Betriebsvereinbarung dadurch, dass sie keine zwingende Abrede enthalten und nicht unmittelbar, dh nicht ohne eine Handlung des Arbeitgebers gelten (*Schaub* →Betriebliche Einigung).

4 **cc)** Sozialpläne erfasst zunächst § 124, so dass § 120 auf diese nur anwendbar ist, wenn sie früher als drei Monate vor Verfahrenseröffnung ver-

§ 120 3. Teil. Wirkungen der Eröffnung des Insolvenzverfahrens

einbart wurden (K/P-*Moll*, § 120 Rn 16; Uhlenbruck/*Berscheid,* § 129 Rn 8; **aA** Oetker/Friese, DZWiR 2001, 397, 400).

5 **b) Beratungsgebot.** Dieses soll zu einer einvernehmlichen Vereinbarung über die bestehende Betriebsvereinbarung führen, die durch eine schriftliche Vereinbarung (§ 77 Abs 2 S 1 BetrVG; vgl MK-InsO/*Löwisch/ Caspers*, § 120 Rn 19) abänderbar ist. Ein Verstoß ist folgenlos (N/R-*Hamacher*, § 120 Rn 28; *Braun/Wolf*, § 120 Rn 7; K/P-*Moll*, § 120 Rn 31 f; **aA:** HK-*Irschlinger*, § 120 Rn 3; *Zwanziger/Bertram*, § 120 Rn 4: Kündigung erst danach zulässig; MK-InsO/*Löwisch/Caspers*, § 120 Rn 20: Ultima-Ratio-Prinzip).

3. Kündigungsmöglichkeit

6 **a) Vereinfachte ordentliche Kündigung, Abs 1 S 2. aa) Kündigungsrecht. (1) Belastende Betriebsvereinbarung.** Liegt eine Betriebsvereinbarung bzw Regelungsabrede vor, so kann diese gemäß einem in ihr enthaltenen Kündigungsrecht gekündigt werden. **Str** ist dabei, ob eine belastende Wirkung nur bei einer negativen Vermögensbeeinträchtigung im Zeitpunkt der Verfahrenseröffnung (FK-*Eisenbeis*, § 120 Rn 9; *Müller* NZA 1998, 1315, 1317) vorliegt. Nach **aA** sollen auch mittelbar objektive Belastungen genügen (N/R-*Hamacher*, § 120 Rn 26; *Smid/ Weisemann/Streuber*, § 120 Rn 7; MK-InsO/*Löwisch/Caspers*, § 120 Rn 10: Arbeitszeitregelungen) oder sogar bloße Organisationsregelungen, die Leistungspflichten betreffen (K/P-*Moll*, § 120 Rn 19; MK-InsO/*Löwisch/ Caspers*, § 120 Rn 12).

(2) Aus Abs 1 S 2 folgt **zudem** ein **eigenes Kündigungsrecht**, falls in der Betriebsvereinbarung eine Kündigung ausgeschlossen ist (HK-*Irschlinger*, § 120 Rn 6; *Schrader* NZA 1997, 70, 71; *Smid/Weisemann/Streuber*, § 120 Rn 10; N/R-*Hamacher*, § 120 Rn 37; *Küttner/Kania* →Insolvenz; **aA:** *Müller* NZA 1998, 1315, 1318; *Lohkemper* KTS 1996, 1, 40).

(3) Ein **Nachkündigungsrecht** ist wie bei § 113 gegeben (MK-InsO/ *Löwisch/Caspers*, § 120 Rn 25).

(4) Bei einer Kündigung durch den Betriebsrat ist ein Beschluss nach § 33 BetrVG nötig (MK-InsO/*Löwisch/Caspers*, § 120 Rn 22).

(5) Bei einer Eigenverwaltung gilt § 279 S 2, so dass eine Zustimmung des Sachwalters nötig ist (HK-*Irschlinger*, § 120 Rn 7).

7 **bb) Kündigungsfrist.** Es besteht eine **Höchstfrist von drei Monaten.** Dies entspricht der Kündigungsfrist, die bei Fehlen einer gesonderten Vereinbarung nach § 77 Abs 5 BetrVG gilt. Etwaige längere Kündigungsfristen sind suspendiert, vereinbarte kürzere Fristen gelten indessen (*Braun/Wolf*, § 120 Rn 10; MK-InsO/*Löwisch/Caspers*, § 120 Rn 24). Die

Frist ist nach §§ 187 Abs 1, 188 Abs 2 BGB zu berechnen und ist nicht auf das Monatsende bezogen (K/P-*Moll*, § 120 Rn 29).

cc) Kündigungserklärung. Sie wird mit Zugang beim Betriebsratsvorsitzenden (§ 26 Abs 2 S 2 BetrVG) wirksam; besteht kein Betriebsrat mehr, ist sie gegenüber allen Arbeitnehmern zu erklären (*Smid/Weisemann/Streuber*, § 120 Rn 9). 8

b) Außerordentliche Kündigung, Abs 2. Das Recht zur außerordentlichen Kündigung der Betriebsvereinbarung bleibt erhalten. Es besteht bei Vorliegen eines wichtigen Grundes, dh falls es dem InsVerw unzumutbar ist, die Drei-Monats-Frist des Abs 1 S 2 einzuhalten (K/P-*Moll*, § 120 Rn 47; *Braun/Wolf*, § 120 Rn 12). 9

c) Daneben sind die **Grundsätze des Wegfalls der Geschäftsgrundlage** (BAG NZA 1997, 109, 110; 1995, 314, 317f) und die **Insolvenzanfechtung** nach §§ 129ff (N/R-*Hamacher*, § 120 Rn 51) anwendbar und ermöglichen ggf eine Lösung von der Betriebsvereinbarung (*Smid/Weisemann/Streuber*, § 120 Rn 12). 10

4. Rechtsfolgen einer Kündigung

a) Bei **freiwilligen Betriebsvereinbarungen**, die also nicht auf einem Spruch der Einigungsstelle beruhen (Schaub →Betriebsvereinbarung 3.), endet deren Wirkung mit Ablauf der Kündigungsfrist. Eine Nachwirkung besteht nicht (BAG NZA 1989, 765, 766), was auch bei einer vereinbarten Nachwirkung gilt (MK-InsO/*Löwisch/Caspers*, § 120 Rn 33; K/P-*Moll*, § 120 Rn 41 ff; Uhlenbruck/*Berscheid*, § 120 Rn 18). 11

b) An die Kündigung einer mitbestimmungspflichtigen, dh **erzwingbaren Betriebsvereinbarungen** schließt sich dagegen die Nachwirkung gemäß § 77 Abs 6 BetrVG an, dh die Betriebsvereinbarung gilt fort, bis sie durch eine andere Regelung ersetzt wird (HK-*Irschlinger*, § 120 Rn 4). Diese Nachwirkung sollte durch § 120 nicht berührt werden (N/R-*Hamacher*, § 120 Rn 39) und gilt auch bei einer außerordentlichen Kündigung (BAG ZIP 1995, 1037, 1041; N/R-*Hamacher*, § 120 Rn 48). 12

c) Zu differenzieren ist bei **teilmitbestimmten Betriebsvereinbarungen**, bei denen die Höhe der Leistung als „Wie" der Leistung im Gegensatz zum „Ob" der Leistung mitbestimmungspflichtig ist und so der Nachwirkung unterliegt (*Braun/Wolf*, § 120 Rn 11; MK-InsO/*Löwisch/Caspers*, § 120 Rn 32; *Lohkemper* KTS 1996, 1, 39f). 13

d) Wegen des Günstigkeitsprinzips **suspendierte arbeitsvertragliche Regelungen** leben mit Wegfall der Betriebsvereinbarung wieder auf (MK-InsO/*Löwisch/Caspers*, § 120 Rn 34). 14

5. Rechtsweg

15 Streitigkeiten zwischen InsVerw und Betriebsrat fallen unter das Beschlussverfahren, § 2a Abs 1 ArbGG, Streitigkeiten zwischen InsVerw und Arbeitnehmer unter das Urteilsverfahren, § 2 Abs 1 ArbGG (MK-InsO/*Löwisch/Caspers*, § 120 Rn 44).

16 6. § 120 ist, obwohl nicht in § 119 erwähnt, zwingend (MK-InsO/*Löwisch/Caspers*, § 120 Rn 29; N/R-*Hamacher*, § 120 Rn 3).

§ 121 Betriebsänderungen und Vermittlungsverfahren

Im Insolvenzverfahren über das Vermögen des Unternehmers gilt § 112 Abs. 2 Satz 1 des Betriebsverfassungsgesetzes mit der Maßgabe, daß dem Verfahren vor der Einigungsstelle nur dann ein Vermittlungsversuch vorangeht, wenn der Insolvenzverwalter und der Betriebsrat gemeinsam um eine solche Vermittlung ersuchen.

§ 122 Gerichtliche Zustimmung zur Durchführung einer Betriebsänderung

(1) ¹Ist eine Betriebsänderung geplant und kommt zwischen Insolvenzverwalter und Betriebsrat der Interessenausgleich nach § 112 des Betriebsverfassungsgesetzes nicht innerhalb von drei Wochen nach Verhandlungsbeginn oder schriftlicher Aufforderung zur Aufnahme von Verhandlungen zustande, obwohl der Verwalter den Betriebsrat rechtzeitig und umfassend unterrichtet hat, so kann der Verwalter die Zustimmung des Arbeitsgerichts dazu beantragen, daß die Betriebsänderung durchgeführt wird, ohne daß das Verfahren nach § 112 Abs. 2 des Betriebsverfassungsgesetzes vorangegangen ist. ²§ 113 Abs. 3 des Betriebsverfassungsgesetzes ist insoweit nicht anzuwenden. ³Unberührt bleibt das Recht des Verwalters, einen Interessenausgleich nach § 125 zustande zu bringen oder einen Feststellungsantrag nach § 126 zu stellen.

(2) ¹Das Gericht erteilt die Zustimmung, wenn die wirtschaftliche Lage des Unternehmens auch unter Berücksichtigung der sozialen Belange der Arbeitnehmer erfordert, daß die Betriebsänderung ohne vorheriges Verfahren nach § 112 Abs. 2 des Betriebsverfassungsgesetzes durchgeführt wird. ²Die Vorschriften des Arbeitsgerichtsgesetzes über das Beschlußverfahren gelten entsprechend; Beteiligte sind der Insolvenzverwalter und der Be-

Betriebsänderung **§§ 121, 122**

triebsrat. ³Der Antrag ist nach Maßgabe des § 61a Abs. 3 bis 6 des Arbeitsgerichtsgesetzes vorrangig zu erledigen.

(3) ¹Gegen den Beschluß des Gerichts findet die Beschwerde an das Landesarbeitsgericht nicht statt. ²Die Rechtsbeschwerde an das Bundesarbeitsgericht findet statt, wenn sie in dem Beschluß des Arbeitsgerichts zugelassen wird; § 72 Abs. 2 und 3 des Arbeitsgerichtsgesetzes gilt entsprechend. ³Die Rechtsbeschwerde ist innerhalb eines Monats nach Zustellung der in vollständiger Form abgefaßten Entscheidung des Arbeitsgerichts einzulegen und zu begründen.

1. Normzweck

Die §§ 121, 122 regeln das Verfahren der Betriebsänderung. Sie gelten nicht nur für das eröffnete InsVerfahren sondern auch, wenn dem vorl Ins-Verw nach § 22 Abs 1 S 1 die Verwaltungs- und Verfügungsbefugnis übertragen wurde (*Gottwald/Heinze*, InsHdb, § 106 Rn 4). Dieser ist so schon im Eröffnungsverfahren befugt, Betriebsänderungen einzuleiten und zu betreiben (**aA** hinsichtlich Antrag nach § 122: N/R-*Hamacher*, § 122 Rn 39). – Die praktische Bedeutung des fakultativen Vermittlungsverfahrens und arbeitsrechtlichen Zustimmungsverfahrens ist gering, da diese für eine effektive Sanierung zu lange dauern. 1

2. Betriebsänderung

Eine Betriebsänderung liegt nach § 111 S 3 BetrVG vor, wenn ein Betrieb oder wesentliche Betriebsteile eingeschränkt, stillgelegt oder verlegt werden, der Betrieb mit einem anderen zusammengelegt oder gespalten wird oder wesentliche innerbetriebliche Änderungen vorgenommen werden (ausf. ErfK/*Hanau/Kania*, § 111 BetrVG Rn 9ff; H/W/W-*Hess*, §§ 121, 122 Rn 65ff; Uhlenbruck/*Berscheid*, §§ 121, 122 Rn 29ff und in Rn 17ff allg zur Pflicht des Abschlusses eines Interessenausgleichs und/oder Sozialplans). Voraussetzung ist, dass der Betrieb mehr als **20 wahlberechtigte Arbeitnehmer** und einen **Betriebsrat** hat. Eine Beteiligungspflicht besteht nicht, wenn der Betriebsrat im Zeitpunkt des Entschlusses zur Betriebsänderung noch nicht gewählt ist (BAG AP Nr 63 zu § 112 BetrVG 1972). Problematisch ist aufgrund des Zeitmangels idR die Anhörung des Betriebsrats; eine Information ist dagegen möglich. – Eine Einschränkung und **Stilllegung** des ganzen Betriebs ist grundsätzlich erst nach dem Berichtstermin (§ 156) wegen der im Verfahren zu beachtenden Gläubigerautonomie zulässig (HK-*Irschlinger*, § 122 Rn 16), sofern überhaupt eine Fortführung aus betriebswirtschaftlichen Gründen möglich ist. In der Praxis wird der Geschäftsbetrieb oft kurz nach der Verfahrenseröffnung eingestellt und nur eine „Ausproduktion" vorgenommen. 2

Andres

3. Fakultatives Vermittlungsverfahren, § 121

3 Das fakultative Vermittlungsverfahren nach § 112 Abs 2 BetrVG ist im Fall eines InsVerfahrens entbehrlich und nur bei einem gemeinsamen Ersuchen von InsVerw und Betriebsrat durchzuführen. So wird die bei einer Insolvenz notwendige Verfahrensbeschleunigung erreicht, denn beide Seiten können unmittelbar nach Scheitern von Verhandlungen über einen Interessenausgleich oder Sozialplan die Einigungsstelle anrufen (N/R-*Hamacher*, § 121 Rn 1). Treffen InsVerw und Betriebsrat dagegen die Absprache, das Vermittlungsverfahren durchzuführen, so sind beide Seiten hieran gebunden (HK-*Irschlinger*, § 121 Rn 3; *Zwanziger/Bertram*, § 121 Rn 2). Dessen ungeachtet kann der InsVerw das arbeitsgerichtliche Zustimmungsverfahren nach § 122 betreiben (H/W/W-*Hess*, §§ 121, 122 Rn 11 mwN; FK-*Eisenbeis*, § 121 Rn 1).

4 Das fakultative Vermittlungsverfahren wird vom Präsidenten des Landesarbeitsgerichts (als Behörde) in dessen Bezirk der Betrieb gelegen ist durchgeführt (*Braun/Wolf*, § 121 Rn 5; *Lakies* BB 1999, 206). Dem InsVerw und dem Betriebsrat ist dabei ein Vorschlag zu unterbreiten, der aber nicht verbindlich ist und auch nicht schon im Vorhinein angenommen werden kann (N/R-*Hamacher*, § 121 Rn 7; *Smid/Weisemann/Streuber*, § 121 Rn 10; **aA:** *Richardi*, § 112 BetrVG Rn 188). Die Besetzung der Einigungsstelle und der Gang des Verfahrens vor der Einigungsstelle bestimmt sich nach § 76 BetrVG (*Smid/Weisemann/Streuber*, § 121 Rn 11); vgl § 98 ArbGG.

4. Arbeitsgerichtliches Zustimmungsverfahren, § 122

5 **a) Verfahren. aa) Zulässigkeit, § 122 Abs 1. (1) Betriebsänderung.** Das Zustimmungsverfahren ist nur statthaft, wenn der InsVerw eine Betriebsänderung iSd §§ 111 ff BetrVG plant.

(2) Fristablauf. Der Antrag ist erst zulässig, wenn mit dem Betriebsrat erfolglos für die Dauer von mindestens 3 Wochen Verhandlungen über einen Interessenausgleich geführt bzw versucht wurden. Die Frist rechnet dabei ab der **Aufnahme eines Einigungsverfahrens** oder ab dem **Zugang der schriftlichen Aufforderung** des InsVerw gerichtet an den Betriebsrat, Verhandlungen über einen Interessenausgleich zu beginnen. Verhandlungen, die vom InsSchu oder dem vorl InsVerw geführt wurden, sind mit einzurechnen (K/P-*Moll*, § 122 Rn 21a; ArbG Lingen ZIP 1999, 1892; 1895; *Braun/Wolf*, § 122 Rn 4; Uhlenbruck/*Berscheid*, §§ 121, 122 Rn 69). Die Frist berechnet sich nach §§ 222 ZPO, 187 Abs 1, 188 Abs 2 BGB (*Braun/Wolf*, § 122 Rn 4). Lehnt der Betriebsrat Verhandlungen ab, so ist der Antrag ab der Ablehnung zulässig (N/R-*Hamacher*, § 122 Rn 22).

(3) Information. Das Zustimmungsverfahren ist weiter nur zulässig, wenn der zuständige Betriebsrat rechtzeitig und umfassend informiert wurde. Sie ist rechtzeitig, wenn die Informationen noch rechtzeitig berücksichtigt werden kann und ein Interessenausgleich möglich ist, und umfassend, wenn über Inhalt, Gründe und Auswirkungen der Betriebsänderung informiert wird (ausf. *Bauer/Göpfert* DB 1997, 1464, 1467 ff u. Uhlenbruck/*Berscheid,* §§ 121, 122 Rn 65 ff). Damit trifft die Informationspflicht des § 111 BetrVG nun den **InsVerw**. War die Information ungenügend, so hat der Betriebsrat dies wegen des Gebots der vertrauensvollen Zusammenarbeit (§ 2 Abs 1 BetrVG) dem InsVerw unverzüglich (ohne schuldhaftes Zögern; § 121 BGB) mitzuteilen, andernfalls verwirkt er das Recht, sich hierauf zu berufen (ArbG Lingen ZIP 1999, 1892; 1895; K/P-*Moll,* § 122 Rn 17; *Braun/Wolf,* § 122 Rn 3).

bb) Beteiligte sind nach § 122 Abs 2 S 2. HS der InsVerw und der Betriebsrat.

cc) Form. Das Verfahren ist nach § 122 Abs 2 S 2 1. HS als **Beschlussverfahren** nach dem ArbGG durchzuführen, wobei es wegen der besonderen Dringlichkeit vorrangig nach § 61 a Abs 3–6 ArbGG zu erledigen ist.

b) Begründetheit; Zustimmungsvoraussetzungen, § 122 Abs 2. aa) Interessenabwägung. Die Zustimmung wird durch das Gericht erteilt, wenn die Durchführung der Betriebsänderung ohne Durchführung des üblichen Verfahrens (§ 112 Abs 2 BetrVG) aufgrund der wirtschaftlichen Lage des Unternehmens geboten ist. Unerheblich ist dabei, ob die Betriebsänderung an sich wirtschaftlich geboten ist; eine dahingehende Prüfungskompetenz steht dem Gericht nicht zu (ArbG Lingen ZIP 1999, 1892, 1894; *Braun/Wolf,* § 122 Rn 6; FK-*Eisenbeis,* § 122 Rn 14). Das Gericht wägt damit die wirtschaftliche Lage des Unternehmens gegen die sozialen Belange der Beschäftigten ab (ausf. K/P-*Moll,* § 122 Rn 26–36 u. Uhlenbruck/*Berscheid,* §§ 121, 122 Rn 71 ff).

(1) Im Hinblick auf die wirtschaftliche Lage, werden die Interessen der Insolvenzgläubiger an einer möglichst hohen Befriedigung aus der Insolvenzmasse hinsichtlich der **Eilbedürftigkeit** der Umsetzung der vom InsVerw geplanten Maßnahmen bewertet (ArbG Lingen ZIP 1999, 1892, 1894; FK-*Eisenbeis,* § 122 Rn 14; N/R-*Hamacher,* § 122 Rn 57; K/P-*Moll,* § 122 Rn 28). Dies stellt den **ersten Schritt** der Prüfung dar. Wegen der Eilbedürftigkeit trifft das Gericht hierbei eine **Prognoseentscheidung** (FK-*Eisenbeis,* § 122 Rn 15) dahingehend, ob trotz der wirtschaftlichen Situation ein Zuwarten möglich ist. Ein Anhaltspunkt hierfür ist, ob die laufenden Kosten inklusive der Personalkosten durch die laufenden Einnahmen gedeckt sind (ArbG Lingen ZIP 1999, 1892, 1896; *Giesen* ZIP 1998, 142, 144; K/P-*Moll*, § 122 Rn 33).

(2) In einem **zweiten Schritt** ist dann zu prüfen, ob die **sozialen Belange der Arbeitnehmer** nicht doch das Verfahren nach § 112 BetrVG erfordern (ArbG Lingen ZIP 1999, 1892, 1895 f.). Als sozialer Belang genügt nicht das bloße Hinausschieben der Kündigung, entscheidend ist, ob durch das Verfahren vor der Einigungsstelle eine sozialverträglichere Lösung erreicht werden kann (FK-*Eisenbeis*, § 122 Rn 15 b). Eine sozialverträgliche Lösung wird jedoch regelmäßig wegen fehlender Mittel unmöglich sein.

9   bb) Die **Darlegungs- und Beweislast** für die besondere Dringlichkeit liegt beim InsVerw (HK-*Irschlinger*, § 122 Rn 11; N/R-*Hamacher*, § 122 Rn 54 aber Rn 32, 51; *Zwanziger/Bertram*, § 122 Rn 12 aE; **aA:** *Braun/Wolf*, § 122 Rn 5: Ermittlung von Amts wegen, § 83 Abs 1 ArbGG).

10   c) **Rechtsfolgen. aa) Durchführungsrecht.** Wird die Zustimmung zum Verzicht auf das Verfahren nach § 112 Abs 2 BetrVG erteilt, kann der InsVerw die Betriebsänderung rechtmäßig, dh ohne Durchführung des Einigungsstellenverfahrens, durchführen (Uhlenbruch/*Berscheid,* §§ 121, 122 Rn 87).

11   bb) **Nachteilsausgleichsanspruch.** Durch § 122 Abs 1 S 2 ist eine Anwendung des **§ 113 Abs 3 BetrVG** (der grundsätzlich auch im InsVerfahren anwendbar ist; vgl BAG ZIP 1986, 45 zur KO) ausgeschlossen, so dass dann keine Nachteilsausgleichsansprüche der Arbeitnehmer entstehen können (N/R-*Hamacher*, § 122 Rn 77). Entscheidend ist dabei die Rechtskraft der Entscheidung (HK-*Irschlinger*, § 122 Rn 5, 7). Eine nachträgliche Zustimmung ist nicht möglich (HK-*Irschlinger*, § 122 Rn 12; *Giesen* ZIP 1998, 142, 145). Nachteilsansprüche nach § 113 BetrVG (bei fehlender Zustimmung) sind als Masseverbindlichkeiten zu berichtigen (*Braun/Wolf*, § 122 Rn 11; N/R-*Hamacher*, § 122 Rn 3), für sie gilt die Grenze des § 123 Abs 2 (str, vgl LAG Niedersachsen U. v. 12. 08. 2003 – 5 Sa 534/02; **aA:** BAG NZI 2004, 99, 102: Insolvenzsituation nicht zu berücksichtigen).

12   cc) **Unterlassungsanspruch.** Der Betriebsrat kann nur während der Drei-Wochen-Frist die Unterlassung der Betriebsänderung verlangen und dies mit Hilfe einer einstweiligen Verfügung durchsetzen (vgl LAG Hamburg ZIP 1997, 2205 f; vgl LAG Hamm ZIP 1997, 2210 f – beide zum BetrVG aF; **vgl:** ArbG Hamburg NZA-RR 1998, 127 u Uhlenbruck/*Berscheid,* §§ 121, 122 Rn 98: keine zeitliche Begrenzung; vgl LAG Hamm 13 TaBV 127/03 ArbRB 2004, 44; **aA:** LAG Hannover

ZIP 1997, 1201, 1202f zu § 122 InsO, MK-InsO/*Löwisch/Caspers*, §§ 121, 122 Rn 25; K/P-*Moll*, § 122 Rn 37; *Braun/Wolf*, § 122 Rn 12; *Giesen* ZIP 1998, 142, 146: kein Unterlassungsanspruch; vgl ausf. FK-*Eisenbeis*, § 122 Rn 29–32). Nach Fristablauf kann nur noch § 113 Abs 3 BetrVG eingreifen (HK-*Irschlinger*, § 122 Rn 15).

d) Rechtsmittel, § 122 Abs 3. Das Rechtsmittel gegen den Zustim- 13 mungsbeschluss des Gerichtes ist allein die Rechtsbeschwerde an das BAG, falls diese vom ArbG zugelassen wurde (ausf. N/R-*Hamacher*, § 122 Rn 67 ff). Sie ist innerhalb eines Monats nach Zustellung des vollständigen Urteils beim BAG einzulegen und zu begründen. Für die Zulassung der Beschwerde gilt § 72 Abs 2 und 3 ArbGG; eine Nichtzulassungsbeschwerde ist mangels Verweises auf § 92 a ArbGG nicht statthaft (FK-*Eisenbeis*, § 122 Rn 22).

e) Ein **einstweiliges Verfügungsverfahren** ist nach § 85 Abs 2 14 ArbGG zulässig (ausf. Uhlenbruck/*Berscheid*, §§ 121,122 Rn 90 ff; **aA** nur in Ausnahmefällen FK-*Eisenbeis*, § 122 Rn 27; MK-InsO/*Löwisch/Caspers*, §§ 121, 122 Rn 53 ff). Da die Entscheidung jedoch nach § 318 ZPO keine Rechtskraftwirkung entfaltet, ist der InsVerw bei einer Abänderung im Hauptsacheverfahren ggf Nachteilsausgleichsansprüchen ausgesetzt.

f) Konkurrenz zu §§ 125, 126. Nach § 122 Abs 1 S 3 werden das 15 Interessensausgleichsverfahren nach § 125 und das Beschlussverfahren nach § 126 durch die Durchführung des Zustimmungsverfahrens nicht berührt.

§ 123 Umfang des Sozialplans

(1) In einem Sozialplan, der nach der Eröffnung des Insolvenzverfahrens aufgestellt wird, kann für den Ausgleich oder die Milderung der wirtschaftlichen Nachteile, die den Arbeitnehmern infolge der geplanten Betriebsänderung entstehen, ein Gesamtbetrag von bis zu zweieinhalb Monatsverdiensten (§ 10 Abs. 3 des Kündigungsschutzgesetzes) der von einer Entlassung betroffenen Arbeitnehmern vorgesehen werden.
(2) [1]Die Verbindlichkeiten aus einem solchen Sozialplan sind Masseverbindlichkeiten. [2]Jedoch darf, wenn nicht ein Insolvenzplan zustande kommt, für die Berichtigung von Sozialplanforderungen nicht mehr als ein Drittel der Masse verwendet werden, die ohne einen Sozialplan für die Verteilung an die Insolvenzgläubiger zur Verfügung stünde. [3]Übersteigt der Gesamtbetrag aller Sozialplanforderungen diese Grenze, so sind die einzelnen Forderungen anteilig zu kürzen.

(3) ¹Sooft hinreichende Barmittel in der Masse vorhanden sind, soll der Insolvenzverwalter mit Zustimmung des Insolvenzgerichts Abschlagszahlungen auf die Sozialplanforderungen leisten. ²Eine Zwangsvollstreckung in die Masse wegen einer Sozialplanforderung ist unzulässig.

§ 124 Sozialplan vor Verfahrenseröffnung

(1) Ein Sozialplan, der vor der Eröffnung des Insolvenzverfahrens, jedoch nicht früher als drei Monate vor dem Eröffnungsantrag aufgestellt worden ist, kann sowohl vom Insolvenzverwalter als auch vom Betriebsrat widerrufen werden.

(2) Wird der Sozialplan widerrufen, so können die Arbeitnehmer, denen Forderungen aus dem Sozialplan zustanden, bei der Aufstellung eines Sozialplans im Insolvenzverfahren berücksichtigt werden.

(3) ¹Leistungen, die ein Arbeitnehmer vor der Eröffnung des Verfahrens auf seine Forderung aus dem widerrufenen Sozialplan erhalten hat, können nicht wegen des Widerrufs zurückgefordert werden. ²Bei der Aufstellung eines neuen Sozialplans sind derartige Leistungen an einen von einer Entlassung betroffenen Arbeitnehmer bei der Berechnung des Gesamtbetrags der Sozialplanforderungen nach § 123 Abs. 1 bis zur Höhe von zweieinhalb Monatsverdiensten abzusetzen.

I. Normzweck

1   Im InsVerfahren bleibt das BetrVG anwendbar, so dass bei Betriebsänderungen unter den Voraussetzungen der §§ 112, 112a BetrVG ein Sozialplan aufzustellen ist, der insolvenzrechtlichen Besonderheiten hinsichtlich der Begrenzung des Volumens und den erfassten Arbeitnehmern unterliegt. Die §§ 123, 124 ersetzen das Gesetz über den Sozialplan im Konkurs- und Vergleichsverfahren. – Zu Transfersozialplänen in der Insolvenz: *Kowalski* KTS 2002, 261 ff.

II. Sozialplan nach Eröffnung des InsVerfahrens, § 123

1. Anwendungsbereich

2   § 123 ist nur anwendbar auf einen Sozialplan, der nach Eröffnung des InsVerfahren (§ 27) aufgestellt wird; für vorher aufgestellte Sozialpläne gilt § 124. Str ist, ob § 123 auch auf Sozialpläne, die nicht nur für zu entlassende Arbeitnehmer gelten, Anwendung findet (N/R-*Hamacher*, § 123 Rn 13; MK-InsO/*Löwisch/Caspers*, § 123 Rn 7 ff; *Smid/Weisemann/Streu-*

ber, § 123 Rn 10; **aA:** *Gottwald/Heinze*, InsHdb, § 105 Rn 48; K/P-*Moll*, §§ 123, 124 Rn 32; FK-*Eisenbeis*, § 123 Rn 13 a).

2. Volumenbegrenzung

Das Volumen des Sozialplans ist doppelt begrenzt. 3

a) Absolute Begrenzung, Abs 1. Das Volumen darf den **2,5-fachen** 4 Betrag der Summe der Monatsgehälter der zu entlassenden Arbeitnehmern nicht übersteigen.

aa) Arbeitnehmer. (1) Berücksichtigung finden nur diejenigen, die 5 nach **§ 5 BetrVG** dem betriebverfassungsrechtlichen Arbeitnehmerbegriff unterfallen (*Gottwald/Heinze*, InsHdb, § 105 Rn 49; N/R-*Hamacher*, § 123 Rn 16); leitende Angestellte sind nicht erfasst (HK-*Irschlinger*, § 123 Rn 17; FK-*Eisenbeis*, § 123 Rn 10).

(2) Neben den Arbeitnehmern, die entlassen werden sollen, sind auch diejenigen erfasst, die **anlässlich der Betriebsänderung** von sich aus kündigen oder einen Aufhebungsvertrag schließen (HK-*Irschlinger*, § 123 Rn 19; vgl § 112a Abs 1 S 2 BetrVG). Für ersteres soll aber eine Kündigung infolge einer bloßen Anregung, sich einen neuen Arbeitsplatz zu suchen unter Hinweis auf die schwierige wirtschaftliche Lage, nicht genügen (BAG ZIP 1995, 1915, 1917f, K/P-*Moll*, §§ 123, 124 Rn 40f). Arbeitnehmer, denen aus verhaltens- bzw personenbedingten Gründen gekündigt wird oder die aufgrund einer Befristung ausscheiden, sind nicht erfasst (K/P-*Moll*, §§ 123, 124 Rn 42; *Smid/Wiesemann/Streuber*, § 123 Rn 13).

b) Relative Begrenzung, Abs 2 S 2. Das Volumen ist zudem auf 6 den Betrag von **einem Drittel der Masse** begrenzt. Dies gilt nicht für einen InsPlan (*Braun/Wolf*, § 123 Rn 8; N/R-*Hamacher*, § 123 Rn 28). Zur Berechnung wird die Verteilungsmasse nach § 53 um die Verfahrenskosten (§ 54) und die übrigen Masseverbindlichkeiten (§ 55) gekürzt (MK-InsO/*Löwisch/Caspers*, § 123 Rn 61). Von dieser **relativen** (fiktiven) **Verteilungsmasse** kann dann **ein Drittel** für den Sozialplan verwendet werden, wobei mehrere Sozialpläne zusammengefasst werden (N/R-*Hamacher*, § 123 Rn 32; FK-*Eisenbeis*, § 123 Rn 18).

aa) Monatsgehälter. Diese werden entsprechend § 10 Abs 3 KSchG 7 berechnet, wobei als Berechnungszeitraum der Monat in dem der Sozialplan aufgestellt wird, maßgebend ist (*Braun/Wolf*, § 123 Rn 17; N/R-*Hamacher*, § 123 Rn 17; *Schwerdtner*/Kölner Schrift, 1139ff Rn 36; *Spinti* S 67; K/P-*Moll*, §§ 123, 124 Rn 25, 48; *Gottwald/Heinze*, InsHdb, § 105 Rn 51; *Smid/Weisemann/Streuber*, § 123 Rn 14; **aA:** HK-*Irschlinger*, § 123 Rn 19, 23; FK-*Eisenbeis*, § 123 Rn 11: Zeitpunkt der Betriebsänderung bzw Zeitpunkt der meisten Entlassungen). Als **Monatsgehalt** ist das anzusetzen, was der Arbeitnehmer bei seiner **regelmäßigen Arbeitszeit** in diesem Zeitraum an **Geld- und Sachleistungen** erhalten hätte; maßgebend ist das Bruttoeinkommen (*Braun/Wolf*, § 123 Rn 5; N/R-*Hamacher*, § 123 Rn 20). **Einzurechnen** sind: Zulagen, Akkordverdienst, Nutzungsmöglichkeit eines Dienstwagens, zeitanteilig das 13. Monatsgehalt bzw ein Urlaubsgeld; **nicht**: Überstunden (aA falls über einen längeren Zeitraum erbracht, N/R-*Hamacher*, § 123 Rn 19; H/W/W-*Hess*, § 123 Rn 34) bzw für Kurzarbeit und Aufwandsentschädigungen (HK-*Irschlinger*, § 123 Rn 14f). – Durch diese Begrenzung ist nur der Gesamtbetrag des Sozialplans beschränkt, jedoch nicht der an den einzelnen Arbeitnehmer zu zahlende Betrag, der allein durch die Regelung des Sozialplans bestimmt wird (*Braun/Wolf*, § 123 Rn 5).

8   c) Die Begrenzung gilt nicht für Beträge, die in einem Sozialplan für eine **Beschäftigungs- und Qualifizierungsgesellschaft** vorgesehen werden (Uhlenbruck/*Berscheid*, §§ 123, 124 Rn 23).

3. Rechtsfolgen

9   a) **Eines gültigen Sozialplanes, Abs 2 S 1. aa)** Die durch einen gültigen Sozialplan begründeten Forderungen sind Masseforderungen. Da die relative Verteilungsmasse aber erst nach Abzug der übrigen Masseverbindlichkeiten feststeht, sind diese letztrangig (*Braun/Wolf*, § 123 Rn 12; *Gottwald/Heinze*, InsHdb, § 105 Rn 47; N/R-*Hamacher*, § 123 Rn 37).

10   **bb) Abschlagszahlungen, Abs 3 S 1.** Sofern die in der Masse befindlichen Barmittel dies zulassen, sind mit Zustimmung des InsGericht Abschlagszahlungen zu leisten. Hierbei ist die relative Begrenzung zu beachten, damit keine überhöhten Abschlagszahlungen erfolgen (*Schwertdner*/Kölner Schrift, 1645 Rn 112). Die Abschlagszahlungen können beim InsGericht vom InsVerw und den Arbeitnehmern beantragt werden; ein Anspruch des Arbeitnehmers auf sie besteht nicht (N/R-*Hamacher*, § 123 Rn 41).

11   **cc)** Eine **Zwangsvollstreckung** wegen der Sozialplanforderung in die Masse ist nach Abs 3 S 2 **unzulässig**, was vom InsVerw mit der Erinnerung nach § 766 ZPO geltend gemacht werden kann. Die Unwirksamkeit folgt nicht schon aus §§ 89, 90 (HK-*Irschlinger*, § 123 Rn 31; *Braun/Wolf*, § 123 Rn 14).

12   b) **Eines Verstoßes. aa) Gegen die absolute Begrenzung.** Wird das absolute Volumen überschritten, so ist der Sozialplan unwirksam; **str** sind aber die weiteren Folgen: Nach einer Ansicht ist ein neuer Sozialplan zu vereinbaren bzw die Einigungsstelle anzurufen (HK-*Irschlinger*, § 123 Rn 22; vgl *Gottwald/Heinze*, InsHdb, § 105 Rn 57). Nach **aA** soll eine an-

Sozialplan §§ 123, 124

teilige Kürzung bei Erkennbarkeit des Verteilungsschlüssels erfolgen (N/
R-*Hamacher*, § 123 Rn 24; *Gottwald/Heinze*, InsHdb, § 105 Rn 56; FK-
Eisenbeis, § 123 Rn 12; *Kowalski* KTS 2002, 261; 267) bzw der Sozialplan
im rechtlich zulässigen Umfang aufrechterhalten werden (K/P-*Moll*,
§§ 123, 124 Rn 69; MK-InsO/*Löwisch/Caspers*, § 123 Rn 59; H/W/W-
Hess, § 123 Rn 38).

bb) Gegen die relative Begrenzung. Nach Abs 2 S 3 sind die auf- 13
grund des Sozialplans zu zahlenden Beträge **anteilig zu kürzen**. Eine
Unwirksamkeit scheidet aus, doch kann uU eine Anpassung nach den
Grundsätzen des Wegfalls der Geschäftsgrundlage erfolgen (N/R-*Hamacher*, § 123 Rn 35; vgl *Gottwald/Heinze*, InsHdb, § 102 Rn 78). Die aufgrund der Kürzung entfallenen Beträge können als InsForderung geltend
gemacht werden (*Gottwald/Heinze*, InsHdb, § 105 Rn 60; FK-*Eisenbeis*,
§ 123 Rn 14a; *Boemke/Tietze*, DB 1999, 1389, 1393; *Smid/Weisemann/
Streuber*, § 123 Rn 22; **aA:** HK-*Irschlinger*, § 123 Rn 20 mVa Abs 2 S 3).

III. Insolvenznahe Sozialpläne, § 124

1. Widerrufsrecht

Nach Abs 1 besteht für insolvenznahe Sozialpläne, die innerhalb von 14
drei Monaten vor Verfahrenseröffnung aufgestellt wurden, ein Widerrufsrecht des InsVerw und des Betriebsrates. Ein Widerrufsgrund ist
nicht erforderlich; der Widerruf ist nicht formbedürftig und nicht fristgebunden (K/P-*Moll*, §§ 123, 124 Rn 92 f). Das Widerrufsrecht besteht
auch dann, wenn der Sozialplan vom vorl starken InsVerw abgeschlossen
wurde (MK-InsO/*Löwisch/Caspers*, § 124 Rn 8).

2. Rechtsfolgen

a) Infolge eines **wirksamen Widerrufs** fällt der Sozialplan rückwir- 15
kend weg, die Sozialplanpflicht lebt wieder auf (*Braun/Wolf*, § 124 Rn 6;
K/P-*Moll*, §§ 123, 124 Rn 95 f).

b) Andernfalls bleiben die Forderungen aus dem Sozialplan als **InsFor-** 16
derung bestehen (BAG AP Nr 1 zu § 38 InsO mit zust Anm *Moll*; LAG
Köln ZIP 2001, 1070, 1071 f; *Braun/Wolf*, § 124 Rn 11; K/P-*Moll*,
§§ 123, 124 Rn 104 f; *Boemke/Tietze* DB 1999, 1389, 1394 f; HK-*Irschlinger*, § 124 Rn 7; N/R-*Hamacher*, § 124 Rn 22; MK-InsO/*Löwisch/Caspers*,
§ 124 Rn 15; *Gottwald/Heinze*, InsHdb, § 105 Rn 67; *Oetker/Friese*
DZWiR 2001, 265, 276; **aA:** ArbG Köln ZInsO 2001, 287; Uhlenbruck/*Berscheid*, §§ 123, 124 Rn 28 ff; ErfK/*Hanau/Kania*, §§ 112, 112 a
BetrVG Rn 44; *Lohkemper* KTS 1996, 1, 36; *Lakies* BB 1999, 206, 210;
Warrikoff BB 1994, 2338, 2344); dies gilt erst Recht für vor diesem Zeitpunkt aufgestellte Sozialpläne (*Gottwald/Heinze*, InsHdb, § 105 Rn 45;

N/R-*Hamacher*, § 124 Rn 8, 24), auch falls der Anspruch erst nach Verfahrenseröffnung entsteht (BAG NZI 1999, 334f). Sie sind nur dann **Masseverbindlichkeit**, wenn der Sozialplan von einem vorl InsVerw mit Masseschuldbegründungskompetenz abgeschlossen wurde (BAG AP Nr 1 zu § 38 InsO; LAG Köln ZIP 2001, 1070, 1071; MK-InsO/*Löwisch/Caspers*, § 124 Rn 8; N/R-*Hamacher*, § 124 Rn 23).

3. Neuaufstellung eines Sozialplans

17 **a)** Die von einem Widerruf betroffenen Arbeitnehmer können nach **Abs 2** bei der Aufstellung eines Sozialplans berücksichtigt werden, wobei sich eine Berücksichtigungspflicht aus dem betriebsverfassungsrechtlichen Gleichbehandlungsgebot, § 75 Abs 1 BetrVG, ergeben kann, (*Braun/Wolf*, § 124 Rn 7; N/R-*Hamacher*, § 124 Rn 15).

18 **b) Ausschluss des Rückforderungsrechts.** Ein Schutz dieser Arbeitnehmer ist dadurch erreicht, dass eine Rückforderung der an sie gezahlten Beträge ausgeschlossen ist. Gleichwohl bleibt das Recht des InsVerw, den Sozialplan nach §§ 129 ff anzufechten, bestehen (MK-InsO/*Löwisch/Caspers*, § 124 Rn 18).

19 **c) Anrechnung, Berücksichtigung gezahlter Beträge.** Die Beträge, die bereits aufgrund des widerrufenen Sozialplans gezahlt wurden, sind bei der Aufstellung des neuen Sozialplans von dessen Volumen abzuziehen, so dass die Masse, die an die Insolvenzgläubiger verteilt wird, durch den Rückforderungsausschluss nicht geschmälert wird (N/R-*Hamacher*, § 124 Rn 18). Zudem sind bereits geleistete Zahlungen auf Leistungen aus dem neuen Sozialplan anzurechnen (*Braun/Wolf*, § 124 Rn 8; N/R-*Hamacher*, § 124 Rn 19).

§ 125 Interessenausgleich und Kündigungsschutz

(1) ¹Ist eine Betriebsänderung (§ 111 des Betriebsverfassungsgesetzes) geplant und kommt zwischen Insolvenzverwalter und Betriebsrat ein Interessenausgleich zustande, in dem die Arbeitnehmer, denen gekündigt werden soll, namentlich bezeichnet sind, so ist § 1 des Kündigungsschutzgesetzes mit folgenden Maßgaben anzuwenden:
1. **es wird vermutet, daß die Kündigung der Arbeitsverhältnisse der bezeichneten Arbeitnehmer durch dringende betriebliche Erfordernisse, die einer Weiterbeschäftigung in diesem Betrieb oder einer Weiterbeschäftigung zu unveränderten Arbeitsbedingungen entgegenstehen, bedingt ist;**
2. **die soziale Auswahl der Arbeitnehmer kann nur im Hinblick auf die Dauer der Betriebszugehörigkeit, das Lebensalter und**

die Unterhaltspflichten und auch insoweit nur auf grobe Fehlerhaftigkeit nachgeprüft werden; sie ist nicht als grob fehlerhaft anzusehen, wenn eine ausgewogene Personalstruktur erhalten oder geschaffen wird.
²Satz 1 gilt nicht, soweit sich die Sachlage nach Zustandekommen des Interessenausgleichs wesentlich geändert hat.

(2) Der Interessenausgleich nach Absatz 1 ersetzt die Stellungnahme des Betriebsrats nach § 17 Abs. 3 Satz 2 des Kündigungsschutzgesetzes.

I. Normzweck

Die Regelungen der §§ 1, 17 KSchG werden modifiziert, um eine 1 schnellere Klärung der Personalsituation zu ermöglichen, was für eine erfolgreiche Sanierung durch Rationalisierungsmaßnahmen nötig ist. Die Interessen der Arbeitnehmer werden dabei im Interessenausgleich berücksichtigt, so dass eine Vereinfachung der Kündigung gerechtfertigt ist. Dies gilt freilich nicht, wenn der Interessenausgleich wegen der Änderung der Umstände hinfällig ist.

II. Modifikationen des § 1 KSchG

1. Voraussetzungen

a) § 125 setzt voraus, dass eine bestimmte **Betriebsänderung** nach 2 § 111 BetrVG geplant ist (s §§ 121, 122 Rn 2).

b) Qualifizierter Interessenausgleich mit Namensliste. aa) Vor- 3 liegen muss ein **Interessenausgleich** zwischen InsVerw und Betriebsrat iSd § 112 Abs 1 BetrVG (K/P-*Moll*, § 125 Rn 20), für dessen Zustandekommen § 112 Abs 1 bis 3 BetrVG gilt (*Braun/Wolf*, § 125 Rn 3). Der Interessenausgleich muss mit dem zuständigen Betriebsrat vereinbart werden (vgl Uhlenbruck/Berscheid, § 125 Rn 13).

bb) Der Interessenausgleich hat **zusätzlich** eine **namentliche Be-** 4 **zeichnung** der zu kündigenden Arbeitnehmer zu enthalten, ohne die die Vermutungswirkungen nicht eingreifen.

(1) Form. Namensliste und **Interessenausgleich** müssen eine **ein-** 5 **heitliche Urkunde** bilden (BAG ZIP 1998, 1885, 1887; ZInsO 2000, 351; K/P-*Moll*, § 125 Rn 32). Hierfür genügt die Verbindung mittels einer Heftmaschine (BAG ZIP 1998, 1885, 1887), wobei eine Heftung nach Unterzeichnung bei durchgehender Paraphierung ausreicht (LAG Hamm ZInsO 2000, 467). Die bloße Beifügung als Anlage genügt nicht, falls diese nicht gesondert unterschrieben ist (FK-*Eisenbeis*, § 125 Rn 6;

offengelassen BAG ZInsO 2000, 351; vgl ArbG Ludwigshafen BB 1997, 1901; ArbG Hannover BB 1997, 2167). Die Namensliste muss zeitgleich mit Abschluss des Interessenausgleichs vereinbart werden (Uhlenbruck/ *Berscheid*, § 125 Rn 15), eine Namensliste, die erst nach Ausspruch der Kündigungen aufgestellt, nachgereicht oder unterschrieben wird, ist unzureichend (LAG Düsseldorf LAGE Nr 9 zu § 1 KSchG; ArbG Offenbach bei *Schiefer* DB 1998, 925, 926 f; H/W/W-*Hess*, § 125 Rn 22; N/R-*Hamacher*, § 125 Rn 32).

6 **(2) Inhalt.** Der Anforderung der **hinreichenden Individualisierung** genügt eine Negativliste, der nicht zu kündigenden Arbeitnehmer, nicht (K/P-*Moll*, § 125 Rn 26; **aA:** ArbG Essen bei *Schiefer* DB 1998, 925, 927); einzige Ausnahme ist die Stilllegung des gesamten Betriebs, bei der eine Bezeichnung unnötig ist (K/P-*Moll*, § 125 Rn 27; **aA:** N/R-*Hamacher*, § 125 Rn 25; MK-InsO/*Löwisch/Caspers*, § 125 Rn 67). Weiterhin ist die bloße Angabe einer Personalnummer unzureichend (FK-*Eisenbeis*, § 125 Rn 5 mwN). Es ist anzugeben, ob eine Beendigungs- oder Änderungskündigung vorliegt; bei letzterer ist die zu ändernde Vertragsbedingung zu nennen (K/P-*Moll*, § 125 Rn 29 f).

7 **c) Eröffnetes InsVerfahren.** § 125 setzt ein eröffnetes Verfahren voraus. Der vorl InsVerw kann sich nicht auf § 125 berufen und hat die Regelung über die Sozialauswahl in § 1 Abs 3 S 1 KSchG zu beachten (HK-*Irschlinger*, § 125 Rn 4).

8 **d)** Zwischen der geplanten Betriebsänderung und der durch sie bedingten Kündigung muss ein **sachlich** und **zeitlicher Zusammenhang** bestehen (K/P-*Moll*, § 125 Rn 34; *Braun/Wolf*, § 125 Rn 7; Uhlenbruck/ *Berscheid*, § 125 Rn 16 ff). Dies wird vermutet, wenn nur eine Betriebsänderung Gegenstand des Interessenausgleichs war (ArbG Jena ZInsO 2002, 644).

9 **e)** Schließlich muss der qualifizierte Interessenausgleich vor Ausspruch der Kündigung zustande gekommen sein (Uhlenbruck/*Berscheid*, § 125 Rn 14).

2. Rechtsfolge

10 § 1 KSchG wird wie nachfolgend erläutert **modifiziert**. Hierauf ist die Rspr zu § 1 Abs 5 KSchG übertragbar.

11 **a) Betriebsbedingte Kündigung.** Das Vorliegen einer betriebsbedingten Kündigung wird **nach Nr 1 vermutet**. Erfasst ist dabei die Beendigungs- als auch die Änderungskündigung (*Schrader*, NZA 1997, 70, 74; N/R-*Hamacher*, § 125 Rn 23 mwN; **aA:** *Küttner/Kania* →Insolvenz Rn 15). Die Vermutung kann nach § 292 S 1 ZPO durch substantiierten

Interessenausgleich und Kündigungsschutz § 125

Sachvortrag entkräftet werden, der ggf bewiesen werden muss (BAG ZIP 1998, 1809, 1810). Die Darlegungslast ist gestuft, so dass der InsVerw die Voraussetzungen des § 125 Abs 1 S 1 vorzutragen, insbes den Interessenausgleich und die Namensliste vorzulegen, und ggf zu beweisen hat und erst bei erfolgreicher Widerlegung der Vermutung die Betriebsbedingtheit im Einzelnen zu beweisen hat (Uhlenbruck/*Berscheid,* § 125 Rn 11; HK-*Irschlinger,* § 125 Rn 10; K/P-*Moll,* § 125 Rn 36; *Braun/Wolf,* § 125 Rn 10; H/W/W-*Hess,* § 125 Rn 18 mwN; **aA:** *Zwanziger/Bertram,* § 125 Rn 17). Die Vermutung des § 125 Abs 1 S 1 Nr 1 stellt eine Rechts- und Tatsachenvermutung dar (Ascheid RdA 1997, 333, 343; K/P-*Moll,* § 125 Rn 36; Uhlenbruck/*Berscheid,* § 125 Rn 32), so dass der Arbeitnehmer den Beweis des Gegenteils als Hauptbeweis erbringen muss (K/P-*Moll,* § 125 Rn 36; Uhlenbruck/*Berscheid,* § 125 Rn 33 ff).

b) Gleiches gilt für das **Fehlen** einer **anderweitigen Beschäftigungsmöglichkeit** im Betrieb oder Unternehmen (Uhlenbruck/*Berscheid,* § 125 Rn 31). Vgl FK-*Eisenbeis,* § 125 Rn 7 a. 12

c) Sozialauswahl. Die **Überprüfung** ist in dreifacher Weise **eingeschränkt:** 13

aa) Auswahlkriterien. Die Überprüfung ist auf die Kriterien der Betriebszugehörigkeit, des Lebensalters und der Unterhaltsverpflichtungen beschränkt. Hierbei kann auch überwiegend auf die Unterhaltspflichten der Arbeitnehmer abgestellt werden (BAG ZIP 2000, 676, 677). Diese Beschränkung des Prüfungsumfangs bedeutet nicht, dass der InsVerw an der Berücksichtigung anderer als der drei genannten Kriterien gehindert ist (K/P-*Moll,* § 125 Rn 47 ff). – InsVerw und Betriebsrat können eine Absprache über die Art und Weise der Sozialauswahl treffen (**Auswahlrichtlinie** nach § 95 BetrVG; vgl MK-InsO/*Löwisch/Caspers,* § 125 Rn 43 ff), mit der Folge, dass die Überprüfung nach § 1 Abs 4 KSchG erfolgt (vgl sogleich). 14

bb) Prüfungsintensität. Das Gericht prüft entsprechend § 1 Abs 4 KSchG nur, ob die Sozialauswahl **grob fehlerhaft** ist; folglich die drei Beurteilungskriterien jegliche Ausgewogenheit vermissen lassen (BAG ZIP 2000, 676, 677). Die Herabsetzung der Prüfungsintensität gilt auch für die Bestimmung des auswahlrelevanten Personenkreises (LAG Niedersachsen NZI 2002, 570, 571; BAG NZA 1999, 866, 867; **aA:** N/R-*Hamacher,* § 125 Rn 50) und im Hinblick auf eine Bildung von Altersstufen (sogleich), sowie der entgegenstehenden berechtigten betrieblichen Interessen des § 1 Abs 3 S 2 KSchG (Uhlenbruck/*Berscheid,* § 125 Rn 42 f). Der Sinn und Zweck der gesetzlichen Regelung gebieten eine weite Anwendung des eingeschränkten Prüfungsmaßstabs bei der Sozialauswahl, so dass die soziale Rechtfertigung nur noch in Ausnahmefällen in Frage zu 15 stellen ist (BAG, AP Nr 1 zu § 125 InsO).– Zur Berücksichtigung der Schwerbehinderteneigenschaft vgl Uhlenbruck/*Berscheid*, § 125 Rn 55 ff.

16 **cc) Personalstruktur.** Nach **Abs 1 Nr 2 2. HS** liegt eine grob fehlerhafte Sozialauswahl nicht vor, wenn durch den Interessenausgleich eine ausgewogene Personalstruktur erhalten bleibt oder geschaffen wird. Bei Bestimmung der Zielstruktur hat der InsVerw einen weiten Beurteilungsspielraum (HK-*Irschlinger*, § 125 Rn 18). Dagegen ist die Umsetzung detailliert im Interessenausgleich zu dokumentieren (HK-*Irschlinger*, § 125 Rn 19 f), die Prüfungsintensität ist insofern nicht auf den Maßstab der groben Fehlerhaftigkeit herabgesetzt (*Smid/Weisemann/Streuber*, § 125 Rn 11; N/R-*Hamacher*, § 125 Rn 56; *Küttner/Kania* →Insolvenz Rn 15; **aA:** *Berscheid* ZInsO 1999, 511, 514; *Warrikoff* BB 1994, 2338, 2342). Eine angemessene Personalstruktur kann dabei auf die **Altersstruktur** des Betriebs im Vergleich zum Branchendurchschnitt oder einer Abteilung im Vergleich zum Betriebsdurchschnitt bezogen sein (ausf. Uhlenbruck/*Berscheid*, § 125 Rn 59 ff). Gleiches gilt hinsichtlich der Qualifikation (BAG AP Nr 1 zu § 125 InsO), Teilzeitkräfteanteil oder Berufsrepräsentation.

17 **dd) Beweislast.** Es besteht eine abgestufte Beweislast (K/P-*Moll*, § 125 Rn 65 mwN; Uhlenbruck/*Berscheid*, § 125 Rn 44 ff): Die Auskunftspflicht des InsVerw nach § 1 Abs 3 S 1 KSchG gilt analog (K/P-*Moll*, § 125 Rn 66; N/R-*Hamacher*, § 125 Rn 58). Der InsVerw hat erst weiter vorzutragen, wenn die Ordnungsgemäßheit der Sozialauswahl substantiiert bestritten und dies bewiesen wird (BAG ZIP 1998, 1809; HK-*Irschlinger*, § 125 Rn 22). Als Maßstab für die Ordnungsgemäßheit der Sozialauswahl ist darauf abzustellen, ob die Gewichtung der Kriterien jede Ausgewogenheit vermissen lässt (BAG AP Nr 3 zu § 1 KSchG 1969 – Namensliste), somit eines der drei Sozialdaten überhaupt nicht berücksichtigt oder ihm ein völlig ungenügendes Gewicht oder zusätzlichen Auswahlkriterien eine überhöhte Bewertung beigemessen wurde (Uhlenbruck/*Berscheid*, § 125 Rn 49). Für die Schaffung einer ausgewogenen Personalstruktur liegt die Darlegungs- und Beweislast indessen beim InsVerw, da dieser den Einblick in die Unternehmensplanung hat (N/R-*Hamacher*, § 125 Rn 58; *Zwanziger/Bertram*, § 125 Rn 30).

3. Änderung der Sach- und Rechtslage

18 **a)** Eine wesentliche Änderung der Sach- und Rechtslage liegt vor, wenn die Voraussetzungen der Betriebsänderung nach Abschluss des Interessenausgleichs wegfallen, zB wegen einer Betriebsveräußerung oder einem teilweisen Entfall einer Teilbetriebsstilllegung (HK-*Irschlinger*, § 125 Rn 24). Dagegen genügen Änderungen in Einzelfällen idR nicht (K/P-*Moll*, § 125 Rn 69). Die Regeln des **Wegfalls der Geschäftsgrundlage** gelten entsprechend (H/W/W-*Hess*, § 125 Rn 34; *Smid/Weisemann/*

Streuber, § 125 Rn 13), so dass darauf abzustellen ist, ob die Betriebsparteien den Interessenausgleich bei Kenntnis der Änderung ohne Zweifel nicht oder anders abgeschlossen hätten (LAG Köln, NZA-RR 1998, 160,162). Der Arbeitnehmer trägt die Darlegungs- und Beweislast für die Änderung der Sach- und Rechtslage (K/P-*Moll*, § 125 Rn 78; N/R-*Hamacher*, § 125 Rn 66 mwN).

b) Rechtsfolge. aa) Nur bei einer Änderung **bis Zugang der Kündigungserklärung** (ArbG Aachen ZIP 2000, 202, 204 mit abl Anm *Westpfahl* EWiR 2000, 131 f; Uhlenbruck/*Berscheid,* § 125 Rn 82) gilt nach **Abs 1 S 2** die Modifikation des S 1 nicht. 19

bb) Bei einer Änderung der Sach- und Rechtslage nach Zugang der Kündigung bis Ablauf der Kündigungsfrist (BAG NJW 2001, 1297, 1298, NZA 1998, 254 f) kann dem Arbeitnehmer ein **Wiedereinstellungsanspruch** zustehen (HK-*Irschlinger*, § 125 Rn 24; BAG NZA 1998, 701, 703; K/P-*Moll*, § 125 Rn 73 ff; **aA:** *Zwanziger* BB 1997, 626, 628; Uhlenbruck/*Berscheid,* § 128 Rn 32 ff: kein Wiedereinstellungsanspruch in der Insolvenz). 20

cc) Nach Ablauf der Kündigungsfrist einer insolvenzbedingten Kündigung ist ein Wiedereinstellungsanspruch grsl nicht gegeben (BAG AP Nr 264 zu § 613a BGB; BAG NZA 2005, 405; vgl LAG Hamm NZA-RR 2003, 652 ff). 21

III. Massenentlassungsanzeige, Abs 2 – Beteiligungsrechte

Bei Massenentlassungen wird die nach § 17 Abs 3 S 2 KSchG zur Anzeige der Massenentlassung bei der Arbeitsverwaltung notwendige Stellungnahme des Betriebsrats nach Abs 2 durch den qualifizierten Interessenausgleich mit Namensliste ersetzt. Eine schriftliche Unterrichtung nach § 17 Abs 2 S 1 KSchG hat gleichwohl zu erfolgen, damit der Betriebsrat dies bei seiner Zustimmung zum Interessensausgleich berücksichtigen kann. 22

Die Erstattung der Massenentlassungsanzeige hat vor Ablauf der Kündigungsfrist, dh vor der **Entlassung** als tatsächliche Beendigung des Arbeitsverhältnisses zu erfolgen (BAG AP Nr 14 zu § 17 KSchG 1969). Nach **aA** ist sie vor Ausspruch der Kündigungserklärung zu erstatten (AG Berlin NZA 2005, 585 f mVa EuGH NZA 2005, 213 ff; offengelassen: BAG NZA 2005, 1109), jedoch ist eine richtlinienkonforme Auslegung der §§ 17, 18 KSchG nicht möglich (ausf. BAG AP Nr 14 zu § 17 KSchG 1969; LAG Hamm NZA-RR 2005, 578 ff). Erfolgt dagegen überhaupt keine Anzeige, so ist die Kündigung unwirksam (BAG NZA 2005, 1109; AP Nr. 13 zu § 17 KSchG 1969). 23

24 Die Anhörungsobliegenheit nach § 102 BetrVG entfällt durch den Abschluss des Interessenausgleichs nicht (BAG AP Nr 134 zu § 120 BetrVG 1972; LAG Hamm ZInsO 2002, 644, ZInsO 2001, 678, 680; FK-*Eisenbeis*, § 125 Rn 20). Gleichfalls ist § 99 BetrVG zu beachten; dagegen ist § 76 BetrVG mit Zustimmung zum Interessenausgleich erfüllt (FK-*Eisenbeis*, § 125 Rn 21 f).

§ 126 Beschlußverfahren zum Kündigungsschutz

(1) ¹Hat der Betrieb keinen Betriebsrat oder kommt aus anderen Gründen innerhalb von drei Wochen nach Verhandlungsbeginn oder schriftlicher Aufforderung zur Aufnahme von Verhandlungen ein Interessenausgleich nach § 125 Abs. 1 nicht zustande, obwohl der Verwalter den Betriebsrat rechtzeitig und umfassend unterrichtet hat, so kann der Insolvenzverwalter beim Arbeitsgericht beantragen festzustellen, daß die Kündigung der Arbeitsverhältnisse bestimmter, im Antrag bezeichneter Arbeitnehmer durch dringende betriebliche Erfordernisse bedingt und sozial gerechtfertigt ist. ²Die soziale Auswahl der Arbeitnehmer kann nur im Hinblick auf die Dauer der Betriebszugehörigkeit, das Lebensalter und die Unterhaltspflichten nachgeprüft werden.

(2) ¹Die Vorschriften des Arbeitsgerichtsgesetzes über das Beschlußverfahren gelten entsprechend; Beteiligte sind der Insolvenzverwalter, der Betriebsrat und die bezeichneten Arbeitnehmer, soweit sie nicht mit der Beendigung der Arbeitsverhältnisse oder mit den geänderten Arbeitsbedingungen einverstanden sind. ²§ 122 Abs. 2 Satz 3, Abs. 3 gilt entsprechend.

(3) ¹Für die Kosten, die den Beteiligten im Verfahren des ersten Rechtszugs entstehen, gilt § 12a Abs. 1 Satz 1 und 2 des Arbeitsgerichtsgesetzes entsprechend. ²Im Verfahren vor dem Bundesarbeitsgericht gelten die Vorschriften der Zivilprozeßordnung über die Erstattung der Kosten des Rechtsstreits entsprechend.

§ 127 Klage des Arbeitnehmers

(1) ¹Kündigt der Insolvenzverwalter einem Arbeitnehmer, der in dem Antrag nach § 126 Abs. 1 bezeichnet ist, und erhebt der Arbeitnehmer Klage auf Feststellung, daß das Arbeitsverhältnis durch die Kündigung nicht aufgelöst oder die Änderung der Arbeitsbedingungen sozial ungerechtfertigt ist, so ist die rechtskräftige Entscheidung im Verfahren nach § 126 für die Parteien bindend. ²Dies gilt nicht, soweit sich die Sachlage nach dem Schluß der letzten mündlichen Verhandlung wesentlich geändert hat.

(2) Hat der Arbeitnehmer schon vor der Rechtskraft der Entscheidung im Verfahren nach § 126 Klage erhoben, so ist die Verhandlung über die Klage auf Antrag des Verwalters bis zu diesem Zeitpunkt auszusetzen.

1. Normzweck

Der InsVerw kann die Rechtmäßigkeit betriebsbedingter Kündigungen bindend überprüfen lassen, und zwar in einem kollektivrechtlichen Sinn dahingehend, dass mehrere bzw alle Arbeitnehmer, denen gekündigt wurde oder werden soll, einbezogen sind. Die Bindungswirkung für die einzelnen Arbeitsverhältnisse ergibt sich aus § 127. Die praktische Bedeutung ist gering, da das Verfahren wegen fehlender Sonderzuständigkeiten in der Arbeitsgerichtsbarkeit zu langwierig ist, um ein wirksames Mittel der Sanierung darzustellen.

2. Antragsverfahren nach § 126

a) Antragsvoraussetzungen. aa) Fehlender Betriebsrat bzw fehlender Interessenausgleich. (1) Der Antrag ist zunächst zulässig, wenn im Betrieb kein Betriebsrat besteht (N/R-*Hamacher*, § 126 Rn 7 mwN). Damit ist der Fall gemeint ist, dass in einem Betrieb von mehr als 20 Arbeitnehmern tatsächlich kein Betriebsrat besteht (K/P-*Moll*, § 126 Rn 11f; FK-*Eisenbeis*, § 126 Rn 4; HK-*Irschlinger*, § 126 Rn 9; *Braun/Wolf*, § 126 Rn 4; N/R-*Hamacher*, § 126 Rn 6; Uhlenbruck/*Berscheid*, § 126 Rn 8; *Zwanziger/Bertram*, Seite 112; **aA**: MK-InsO/*Löwisch/Caspers*, § 126 Rn 6; *Schrader* NZA 1997, 70, 76; *Lakies* BB 1999, 206, 208: wenn nach dem BetrVG kein Betriebsrat zu bilden ist; vgl *Warrikoff*, BB 1994, 2338, 2342: wertende Betrachtung).

(2) Interessenausgleich. Besteht ein Betriebsrat (vgl § 21b BetrVG), so kann der Antrag in Anlehnung an **§ 122** gestellt werden, wenn nicht innerhalb einer Frist von drei Wochen ab Verhandlungsbeginn oder schriftlicher Aufforderung, Verhandlungen aufzunehmen, ein Interessenausgleich nicht zustande kommt (vgl §§ 121, 122 IV. 1. a) bb)). Verfahrensvoraussetzung ist damit eine **geplante Betriebsänderung** nach § 111 BetrVG, so dass deren Voraussetzungen ebenfalls vorliegen müssen (N/R-*Hamacher*, § 126 Rn 9). – Bei bereits erfolgtem Interessenausgleich ist das Verfahren nur zulässig, wenn es auf andere als im Interessenausgleich berücksichtigte betriebsbedingte Gründe gestützt wird (BAG NZI 2000, 498, 500; ErfK/*Ascheid* § 126 InsO Rn 1; *Kittner/Däubler/Zwanziger-Däubler* § 126 Rn 4; HK-*Irschlinger*, § 126 Rn 6). § 125 und § 126 stehen im Verhältnis der Alternativität (**aA:** *Lohkemper* KTS 1996, 1, 22; *Warrikoff* BB 1994, 2338, 2342), anders ist dies nur, wenn ausdrücklich nur ein Teilinteressenausgleich vorliegt (BAG NZI 2000, 498, 500; N/R-

Hamacher, § 126 Rn 5, *Giesen* ZIP 1998, 46, 52). – Der Fristablauf braucht noch nicht bei Antragsstellung, sondern muss erst im Zeitpunkt der mündlichen Verhandlung bzw Anhörung eingetreten sein (K/P-*Moll*, § 126 Rn 18, *Braun/Wolf*, § 126 Rn 5; N/R-*Hamacher*, § 126 Rn 15; *Müller-Limbach* KTS 2001, 531, 542).

3 **bb) Bezeichnung der Arbeitnehmer.** Die Entscheidung bezieht sich nur auf die im Antrag namentlich bezeichneten Arbeitnehmer (vgl hierzu § 125 Rn 4 ff).

4 **b) Verfahren. aa) Zuständigkeit des Arbeitsgerichts.** Es gilt § 82 ArbGG.

5 **bb) Prüfungsumfang, Abs 1 S 2.** Die Prüfung der Sozialauswahl ist wie bei § 125 auf die drei Kriterien Lebensalter, Dauer der Betriebszugehörigkeit und Unterhaltsverpflichtungen beschränkt.

6 **cc)** Das **gerichtliche Verfahren** erfolgt nach **Abs 2 1. HS iVm §§ 80 ff ArbGG** als **Beschlussverfahren** (ausf. N/R-*Hamacher*, § 126 Rn 16 ff); es ist nach Abs 2 S 2 iVm § 61 a Abs 3 bis 6 ArbGG vorrangig zu erledigen.

7 **dd) Darlegungs- und Beweislast.** Wegen des Beschlussverfahrens gilt der **Untersuchungsgrundsatz**, hinsichtlich der objektiven Beweislast gelten aber keine Besonderheiten, sondern die allg Regeln des § 1 KSchG (N/R-*Hamacher*, § 126 Rn 44 ff; K/P-*Moll*, § 126 Rn 27; Uhlenbruck/*Berscheid*, §§ 126, 127 Rn 21).

8 **ee) Beteiligte** sind nach Abs 2 S 1 2. HS der InsVerw, der Betriebsrat und die im Antrag bezeichneten Arbeitnehmer. Dies gilt für letztere dann nicht, wenn sie mit der Kündigung einverstanden sind (BAG ZIP 2000, 1588, 1589), wobei eine eindeutige Erklärung nötig ist (*Braun/Wolf*, § 126 Rn 14; N/R-*Hamacher*, § 126 Rn 21).

9 **c) Rechtsmittel, Kosten.** Nach Abs 2 S 2 iVm § 122 Abs 3 ist nur das Rechtsmittel der Rechtsbeschwerde an das BAG statthaft, wenn diese vom ArbG zugelassen wird (vgl §§ 121, 122 IV. 5.). Eine Nichtzulassungsbeschwerde findet nicht statt (BAG ZInsO 2001, 1071). – Nach Abs 3 S 1 gilt § 12 a Abs 1 S 1 und 2 ArbGG entsprechend, mit der Folge dass kein Kostenerstattungsanspruch der obsiegenden Partei besteht. Im Verfahren vor dem BAG gelten die Regelungen der ZPO entsprechend.

3. Kündigungsschutzverfahren, Bindungswirkung, § 127

10 **a) Bindungswirkung. aa)** Die rechtskräftige Entscheidung, die im Verfahren nach § 126 erging, entfaltet Bindungswirkung für den Individualkündigungsschutzprozess des am Verfahren beteiligten Arbeitnehmers. Damit sind nur betriebsbedingte Beendigungs- bzw Änderungskündigungen erfasst. Die Bindungswirkung wird zudem nur praktisch bedeutsam, wenn der Arbeitnehmer innerhalb der drei Wochen Frist des § 4 KSchG Kündigungsschutzklage erhoben hat.

bb) Ausschluss. Die **Bindungswirkung** entfällt, wenn nach der letzten mündlichen Verhandlung im Verfahren nach § 126 eine **wesentliche Änderung der Sachlage** eintritt. Hat der InsVerw schon zuvor gekündigt, ist diese Änderung irrelevant, da auf den Zugang der Kündigungserklärung abzustellen ist; es kann dann nur ein Wiedereinstellungsanspruch bestehen (N/R-*Hamacher*, § 127 Rn 11 f; FK-*Eisenbeis*, § 127 Rn 5; MK-InsO/*Löwisch/Caspers*, § 127 Rn 16; **aA** zT *Müller-Limbach* KTS 2001, 531, 564: kein Wiedereinstellungsanspruch). Eine wesentliche Änderung liegt vor, wenn die Betriebsänderung nicht oder nicht so wie geplant durchgeführt wird, zB indem sie durch eine Betriebsveräußerung ersetzt wird oder nicht nur marginal abgeändert wird (N/R-*Hamacher*, § 127 Rn 9). 11

b) Umfang. Die Bindungswirkung bedeutet, dass die Betriebsbedingtheit der Kündigung und die ordnungsgemäße Sozialauswahl feststehen und im Kündigungsschutzverfahren nicht geprüft werden. Eine Entscheidung nach § 126, die einer Entscheidung im Kündigungsschutzprozess nachfolgt, beeinflusst diese nicht mehr (*Braun/Wolf*, § 127 Rn 7; K/P-*Moll*, § 127 Rn 26). Die Bindungswirkung tritt auch ein, wenn der Antrag als unbegründet zurückgewiesen wird (N/R-*Hamacher*, § 127 Rn 4; FK-*Eisenbeis*, § 127 Rn 4; MK-InsO/*Löwisch/Caspers*, § 126 Rn 10; *Giesen* ZIP 1998, 46, 53; *Friese* ZInsO 2001, 350, 354 f; **aA**: K/P-*Moll*, § 127 Rn 22). 12

c) Verfahren. In verfahrensrechtlicher Hinsicht regelt Abs 2, dass das Verfahren auf Antrag des InsVerw auszusetzen ist, bis über den Antrag nach § 126 entschieden ist. Damit kann der InsVerw schon vor Stellung des Antrags nach § 126 die Kündigung aussprechen, was sich aus § 127 Abs 2 ergibt (BAG ZIP 2000, 1588, 1590; K/P-*Moll*, § 126 Rn 22; N/R-*Hamacher*, § 126 Rn 3, § 127 Rn 11; *Lohkemper* KTS 1996, 1, 15). Das Gericht kann auch ohne Antrag des InsVerw das Verfahren nach § 148 ZPO aussetzen (N/R-*Hamacher*, § 127 Rn 15; *Braun/Wolf*, § 127 Rn 12; **aA**: K/P-*Moll*, § 127 Rn 37). 13

§ 128 Betriebsveräußerung

(1) ¹**Die Anwendung der §§ 125 bis 127 wird nicht dadurch ausgeschlossen, daß die Betriebsänderung, die dem Interessenausgleich oder dem Feststellungsantrag zugrunde liegt, erst nach ei-**

§ 128 3. Teil. Wirkungen der Eröffnung des Insolvenzverfahrens

ner Betriebsveräußerung durchgeführt werden soll. ²An dem Verfahren nach § 126 ist der Erwerber des Betriebs beteiligt.

(2) Im Falle eines Betriebsübergangs erstreckt sich die Vermutung nach § 125 Abs. 1 Satz 1 Nr. 1 oder die gerichtliche Feststellung nach § 126 Abs. 1 Satz 1 auch darauf, daß die Kündigung der Arbeitsverhältnisse nicht wegen des Betriebsübergangs erfolgt.

1. Allgemeines

1 § 128 modifiziert die Geltung des § 613a BGB in der Insolvenz, da sonst eine übertragende Sanierung durch das Kündigungsverbot des § 613a Abs 4 BGB fast unmöglich wäre. Hierbei bleibt der grundsätzliche Übergang der Rechte und Pflichten nach § 613a BGB unberührt (MK-InsO/*Löwisch/Caspers*, § 128 Rn 3).

2. Verfahren nach §§ 125–127

2 **a) Abs 1 S 1.** Die Verfahren nach §§ 125, 126 und ihre Wirkungen für die Arbeitsverhältnisse werden nicht dadurch beeinträchtigt, dass die vom InsVerw geplante Betriebsänderung erst nach einer Betriebsveräußerung durchgeführt wird. Damit braucht der InsVerw nicht die Betriebsänderung abzuwarten um erst dann eine übertragende Sanierung durchzuführen. Diese Erleichterung gilt aber nur, wenn das Verfahren nach § 125 bzw § 126 schon vor dem Betriebsübergang (-veräußerung) eingeleitet wurde, da § 128 lediglich eine Beteiligung an diesen Verfahren ermöglicht (N/R-*Hamacher*, § 128 Rn 64).

3 **b)** Zum **Betriebsübergang** siehe Palandt/*Putzo*, § 613a BGB Rn 9ff und MK-InsO/*Löwisch/Caspers*, § 128 Rn 6ff.

4 **c) Insolvenzrechtliche Besonderheiten des Betriebsübergangs. aa) Lohnansprüche.** Die zum Zeitpunkt der Eröffnung des InsVerfahrens entstandenen Lohnansprüche gehen nicht wie sonst auf den Erwerber über, sondern gelten als InsForderung; § 613a BGB wird insofern teleologisch reduziert (BAG NZA 1985, 393, 394; MK-InsO/*Löwisch/Caspers*, § 128 Rn 13; K/P-*Moll*, § 128 Rn 4; N/R-*Hamacher*, § 128 Rn 51). Diese Trennung der Zeiträume gilt auch für die **betriebliche Altersversorgung**, so dass der Erwerber nur für die ab Insolvenzeröffnung entstandenen Anwartschaften haftet (BAG NZA 1990, 188, 189; MK-InsO/*Löwisch/Caspers*, § 128 Rn 14; vgl ausf *Gottwald/Heinze*, InsHdb, § 105 Rn 87ff und § 107). Nach der Rspr besteht für diese Forderungen eine Mithaftung der Masse nach § 613a Abs 2 BGB (BAG NJW 1987, 1966; NZA 1996, 432, 433 beide zur KO; **aA:** MK-InsO/*Löwisch/Caspers*, § 128 Rn 16 mwN)

Betriebsveräußerung § 128

bb) Kündigungsverbot des § 613a Abs 4 BGB. Dieses ist ein eigenständiges Kündigungsverbot und greift ein, wenn der Betriebsübergang der tragende Grund für Kündigung ist (MK-InsO/*Löwisch/Caspers*, § 128 Rn 21f). Vgl zum Wiedereinstellungsanspruch *Uhlenbruck/Berscheid*, § 128 Rn 32ff u *Annuß* ZInsO 2001, 49, 58f. 5

cc) Erwerberkonzept. Die Kündigung erfolgt nicht wegen eines Betriebsüberganges, wenn sie auf Grundlage eines Erwerberkonzeptes erfolgt und dieses bereits greifbare Formen erlangt hat (BAG NZI 2003, 674ff). Dann ist es gleichgültig, ob das Konzept noch durch den Betriebsveräußerer oder erst durch den Betriebserwerber umgesetzt wird, der Betriebsübergang ist dann nur der äußere Anlass der Kündigung (*Uhlenbruck/Berscheid*, § 128 Rn 11ff; *Annuß/Stamer* NZA 2003, 1247ff). 6

dd) Hinsichtlich § 126 gilt die Besonderheit, dass der Betriebserwerber am Feststellungsverfahren zu beteiligen ist. Hierzu gehört auch ein Interessent, der mit dem InsVerw einen Vorvertrag geschlossen hat (N/R-*Hamacher*, § 128 Rn 66, 72; **aA:** feste Kaufabsicht erforderlich, *Müller* NZA 1998, 1315, 1321; **aA:** Verhandlungen genügen, K/P-*Moll*, § 128 Rn 24). Die Bindungswirkung nach § 127 Abs 2 ist dann unproblematisch, so dass der Erwerber die geplante Betriebsänderung durchführen und die Bindungswirkung der Entscheidung nach § 126 für eigene Kündigungen nutzen kann (HK-*Irschlinger*, § 128 Rn 2; *Braun/Wolf*, § 128 Rn 2). Dies gilt aber nur, wenn der Betriebsübergang der Eröffnung des InsVerfahren nachfolgt, wobei der Zeitpunkt der möglichen Übernahme der Leitungsmacht entscheidet (N/R-*Hamacher*, § 128 Rn 54). Nur dann liegt der Betriebsübergang dem Interessenausgleich bzw dem Verfahren nach § 126 zugrunde. Andernfalls liegt mit dem Betriebsübergang eine wesentliche Änderung der Sachlage vor, so dass die Bindungswirkung entfällt (*Braun/Wolf*, § 128 Rn 2). 7

3. Vermutungswirkung, Abs 2

Die Vermutung des **§ 125 Abs 1 S 1 Nr 1** wird dahingehend erweitert, dass die Kündigung nicht wegen des Betriebsübergangs erfolgte und so auch nicht nach § 613a Abs 4 BGB unwirksam ist. Der Antrag (§ 126) ist entsprechend zu fassen (*Müller* NZA 1998, 1315, 1321). – Der Arbeitnehmer muss somit eine **doppelte Vermutung** entkräften: Zum einen, dass seine Kündigung nicht wegen eines Betriebsüberganges erfolgt ist, § 128 Abs 2, und zum anderen, dass sie durch dringende betriebliche Erfordernisse bedingt ist, § 125 Abs 1 S 1 Nr 1, dass also die Kündigung nicht auf Grundlage eines Sanierungskonzeptes erfolgte (*Uhlenbruck/Berscheid*, § 128 Rn 26ff). Die Darlegungs- und Beweislast liegt wie bei § 125 Abs 1 S 1 Nr 1 beim Arbeitnehmer, so dass dieser den Vollbeweis des Gegenteils erbringen muss (*Uhlenbruck/Berscheid*, § 128 Rn 27). 8

4. Feststellungswirkung

9 Die Entscheidung nach § 126 enthält die Feststellung, dass die Kündigungen nicht aufgrund des Betriebsübergangs erfolgten, so dass dies nach § 127 für den Kündigungsschutzprozess bindend feststeht (MK-InsO/*Löwisch/Caspers*, § 128 Rn 35; H/W/W-*Hess*, § 128 Rn 15).

5. Transfergesellschaften; Beschäftigungs- und Qualifizierungsgesellschaften; betriebsorganisatorische Einheit (beE)

10 Durch die dreiseitige Vereinbarung zwischen InsVerw, den Arbeitnehmern und einer Transfergesellschaft wird der Arbeitnehmer in eine betriebsorganisatorische Einheit, idR im Rahmen einer Transfergesellschaft übernommen. Dort hat er den Anspruch auf **Transferkurzarbeitergeld** nach § 216b SGB III (*Welkoborsky* NZS 2004, 509 ff). Der Betrieb kann so ohne die Beschränkung des § 613a BGB veräußert werden, wobei der Erwerber dann diejenigen Arbeitnehmer von der Transfergesellschaft übernehmen kann, die er für die Fortführung des Unternehmens benötigt. Dieses Vorgehen stellt keine Umgehung des § 613a BGB dar, wenn die Vereinbarung auf das **endgültige Ausscheiden des Arbeitnehmers** aus dem Arbeitsverhältnis gerichtet ist (BAG ZIP 1999, 320, 323 „Dörries Scharmann" mit Anm *Hanau*; *Hanau/Berscheid*/Kölner Schrift, 1541 Rn 38; *Annuß* ZInsO 2001, 49, 58; vgl LAG Nürnberg NZI 2005, 464 f; **aA:** LAG Bremen BB 2005, 665 ff; LAG Düsseldorf DB 1997, 1878). Die Vereinbarung muss für den Arbeitnehmer ein **Risikogeschäft** darstellen, dh es darf nicht von vornherein feststehen, welche Arbeitnehmer wieder eingestellt werden. Denn nur dann entfällt das Arbeitsverhältnis durch den Aufhebungsvertrag vollständig, so dass ein Übergang ausscheidet. Unschädlich ist es damit, wenn lediglich feststeht, dass ein Teil der Arbeitnehmer vom Betriebserwerber weiter beschäftigt werden (BAG ZIP 1999, 320, 323; **aA:** LAG Bremen BB 2005, 665 ff).

3. Abschnitt. Insolvenzanfechtung

§ 129 Grundsatz

(1) Rechtshandlungen, die vor der Eröffnung des Insolvenzverfahrens vorgenommen worden sind und die Insolvenzgläubiger benachteiligen, kann der Insolvenzverwalter nach Maßgabe der §§ 130 bis 146 anfechten.

(2) Eine Unterlassung steht einer Rechtshandlung gleich.

Literatur: *Fuchs*, ZInsO 2002, S. 358 ff; *Henckel*, Kölner Schrift, S. 813 ff; *Hess/Weis*, Anfechtungsrecht, 1999; *Spliedt*, NZI 2001, 127 ff; *Zeuner*, Die Anfechtung in der Insolvenz, 1999.

Grundsatz **§ 129**

I. Entstehungsgeschichte und Normzweck

1. Entstehungsgeschichte

Die Anfechtungsvorschriften der §§ 129–147 lösen die der §§ 29–42 KO ab. Im Vergleich zur KO sind die Anfechtungsregeln deutlich verschärft worden, während die Systematik weitgehend gleichgeblieben ist. Da das neue einheitliche Insolvenzrecht nicht mehr zwischen Konkurs und Vergleich unterscheidet, gelten die Anfechtungsregeln nunmehr auch im Vorfeld eines Insolvenzverfahrens (MK-InsO/*Kirchhof*, vor §§ 129–147 Rn 7; Uhlenbruck/*Hirte*, § 129 Rn 1; N/R-*Nerlich*, § 129 Rn 2). 1

2. Normzweck

Die Anfechtungsvorschriften nehmen einen zentralen Platz im Insolvenzrecht ein. Sie verlegen den Grundsatz der Gläubigergleichbehandlung *(par conditio creditorum)* in das Vorfeld des Insolvenzverfahrens und unterstützen dadurch die §§ 21, 22 InsO. Die §§ 80 ff InsO sorgen für einen Schutz der Masse vor Verkürzung erst ab Eröffnung des Insolvenzverfahrens. Rechtshandlungen, die vor Eröffnung erfolgt sind und sich nachträglich als gläubigerbenachteiligend herausstellen, können unter bestimmten, in den §§ 129–147 InsO näher geregelten, Umständen vom Verw angefochten werden (zu den Rechtsfolgen der Anfechtung s. u. § 143). Anfechtbare Rechtshandlungen kommen in der insolvenzrechtlichen Praxis häufig vor. Die Insolvenzanfechtung versetzt den Verw daher oftmals überhaupt erst in die Lage, ein Verfahren zur Eröffnung zu bringen, wenn der Schuldner in der Vergangenheit in anfechtbarer Weise die den Gläubigern zur Verfügung stehende Masse geschmälert hat. 2

II. Norminhalt

1. Rechtshandlungen

a) Allgemeines. Anfechtbar sind „Rechtshandlungen", also alle Handlungen, welche rechtliche Wirkungen auslösen (*Kuhn/Uhlenbruck*, § 29 KO Rn 6). Der Begriff der Rechtshandlung ist weit zu verstehen; er beschränkt sich nicht nur auf Willenserklärungen und geschäftsähnliche Handlungen. Vielmehr ist unter Anwendung einer wirtschaftlichen Betrachtungsweise jedes rechtlich relevante Verhalten, welches nach Abs 2 auch in einem Unterlassen liegen kann, dem Anwendungsbereich der Anfechtungsvorschriften unterworfen. 3

b) Einzelfälle. aa) Prozessuale Handlungen. Unterlassung der Einlegung von Rechtsmitteln; Entgegennahme eines Versäumnisurteils; 4

nicht ausreichendes Bestreiten sowie Nichtvornahme von gebotenen Verteidigungshandlungen (N/R-*Nerlich*, § 129 Rn 40).

5 **bb) Handelnde Personen.** Grundsätzlich ist jede Rechtshandlung anfechtbar, welche zu einer Schmälerung der Insolvenzmasse führt. Eine Rechtshandlung des Schuldners ist hierbei grundsätzlich nicht erforderlich. Dies gilt nur für einzelne Anfechtungstatbestände, wie etwa §§ 132 Abs 1, 133.

6 **cc) Rechtshandlungen des vorläufigen Insolvenzverwalters.** Es entspricht gesicherter Erkenntnis, dass der Verw auch Rechtshandlungen eines vorl Verw ohne Verfügungsbefugnis auch dann anfechten kann, wenn Personenidentität besteht (BGH ZIP 1992, 1005, 1007). Dies gilt insbes dann, wenn sich der vorl Verw die Anfechtung ausdrücklich vorbehalten hat (BGH NZI 2003, 315 ff m Anm *Leithaus*) oder wenn aus anderem Grunde der Anfechtungsgegner keinen Grund hat, auf das Behaltendürfen der Leistung zu vertrauen. Letzteres scheidet insbesondere für den Empfänger von Leistungen aus, die auf gesetzlichen Anspruchsgrundlagen beruhen (BGH NZI 2005, 218 ff m Anm *Leithaus*). Ein Anfechtungsrecht kann auch möglicherweise nach § 242 BGB beschränkt sein (BGH ZIP 1996, 1949).

7 **dd) Arbeitsrecht.** Anfechtbar sein kann auch die Kündigung eines Arbeitsverhältnisses vor Eröffnung des Insolvenzverfahrens, wenn hierdurch die Verkürzung der Kündigungsfrist gem § 113 vereitelt wird (*Leithaus*, NZI 1999, 254 ff).

2. Gläubigerbenachteiligung

8 Vor In-Kraft-Treten der InsO war in Rechtsprechung und Literatur bereits allg anerkannt, dass eine anfechtbare Rechtshandlung die Gläubiger **objektiv benachteiligen** muss. Dies ist nunmehr in § 129 ausdrücklich normiert. Eine Gläubigerbenachteiligung liegt vor, wenn sich die **Befriedigungsmöglichkeiten** der Insolvenzgläubiger aus der Insolvenzmasse oder das anfechtbare Verhalten **günstiger gestaltet hätte**, wäre die anfechtbare Handlung nicht vorgenommen worden (*Kilger/K.Schmidt*, § 29 KO Anm 13). Hierbei ist eine wirtschaftliche Betrachtungsweise anzuwenden (MK-InsO/*Kirchhof*, § 129 Rn 101; Uhlenbruck/*Hirte*, § 129 Rn 93; N/R-*Nerlich*, § 129 Rn 63). Anfechtbar ist daher zB nicht die schenkweise Übertragung eines dem Schuldner gehörenden Grundstücks auf seinen Ehegatten, wenn das Grundstück über den Verkehrswert hinaus belastet ist (RGZ 21, 99). Die Abführung von Lohnsteuer an das Finanzamt wirkt in der Insolvenz des Arbeitgebers regelmäßig Gläubiger benachteiligend (BGH, NZI 2004, 206). Keine Gläubigerbenachteiligung liegt hingegen vor, wenn der spätere Insolvenzschuldner ohne vorherige

Verpflichtung kurz vor dem Eröffnungsantrag an einen Gläubiger Gegenstände verkauft und dadurch zu Gunsten des Käufers eine Aufrechnungslage herbeiführt, wenn der Käufer zuvor bereits ein insolvenzbeständiges Sicherungseigentum an den Kaufgegenständen hatte (BGH, NZI 2004, 620; vgl aber BGH, NZI 2005, 553). Hat der in der Insolvenz absonderungsberechtigte Gläubiger vor Insolvenzeröffnung sicherungsübereignete Gegenstände in Besitz genommen und verwertet, kann die **Inbesitznahme** nicht mit der Begründung angefochten werden, der Masse sei die Feststellungskostenpauschale entgangen (BGH, NZI 2005, 165).

3. Unmittelbare oder mittelbare Benachteiligung

a) Allgemeines. § 129 Abs 1 spricht von die Insolvenzgläubiger **benachteiligenden Rechtshandlungen**. Aufgrund des ausdrücklichen Erfordernisses einer unmittelbaren Benachteiligung etwa in § 132 Abs 1 und Abs 2 folgt, dass grundsätzlich auch mittelbar benachteiligende Rechtshandlungen anfechtbar sind (MK-InsO/*Kirchhof*, § 129 Rn 111; Uhlenbruck/*Hirte*, § 129 Rn 127; N/R-*Nerlich* § 129 Rn 77). 9

b) Unmittelbare Benachteiligung. Eine Benachteiligung ist dann als unmittelbar anzusehen, wenn diese durch die Handlung selbst **ohne Hinzutreten weiterer Umstände** eingetreten ist. Eine Abgrenzung zur mittelbaren Benachteiligung ist in Grenzfällen allerdings nur schwer möglich. 10

c) Mittelbare Benachteiligung. In den meisten Fällen (§§ 130, 131, 133) reicht hingegen eine bloß mittelbare Benachteiligung aus. Hier dürfte regelmäßig **adäquate Kausalität** zwischen Rechtshandlung und Benachteiligung genügen (MK-InsO/*Kirchhof*, § 129 Rn 121; Uhlenbruck/*Hirte*, aaO; N/R-*Nerlich*, § 129 Rn 77 ff mwN). 11

4. Fristberechnung

S § 139 12

5. Zeitpunkt der Vornahme der Rechtshandlung

Die Vorschrift verlangt, dass eine Rechtshandlung vor Eröffnung des Insolvenzverfahrens vorgenommen worden ist. Nach Eröffnung vorgenommene Rechtshandlungen des Schuldners sind streng genommen nicht (mehr) anfechtbar, da dem Schuldner die Verfügungsbefugnis über sein Vermögen entzogen ist (K/P-*Paulus* § 129 Rn 18). Im Übrigen ist wegen der Berechnung des Zeitpunkts der Vornahme der maßgeblichen Rechtshandlung auf die Kommentierung zu § 140 zu verweisen. 13

§ 129　3. Teil. Wirkungen der Eröffnung des Insolvenzverfahrens

6. Anfechtungsbefugnis

14　Ebenso wie nach der KO ist zur Anfechtung ausschließlich der Verw befugt. Allerdings obliegt die Anfechtungsbefugnis im Verbraucherinsolvenzverfahren nach § 313 Abs 2 ausschließlich den Gläubigern.

7. Rechtsfolgen der Anfechtung

15　Die Rechtsfolgen einer Anfechtung sind näher geregelt in § 143 InsO. Vgl insoweit die Kommentierung dort.

8. Aufrechnung und Anfechtung

16　Hierzu ist auf die Kommentierung oben zu § 96 abs. 1 Nr. 3 (Rn 7 f) zu verweisen.

III. Übergangsrecht

Art. 106 EGInsO
„Die Vorschriften der Insolvenzordnung über die Anfechtung von Rechtshandlungen sind auf die vor dem 01. 01. 1999 vorgenommenen Rechtshandlungen nur anzuwenden, soweit diese nicht nach bisherigem Recht der Anfechtung entzogen oder in geringerem Umfang unterworfen sind."

1. Allgemeines

17　Das neue Insolvenzrecht enthält für die Anfechtung eine eigenartige Übergangsregelung. Grundsätzlich gilt nach Art. 103 und 104 EGInsO, dass die InsO auf solche Verfahren Anwendung findet, welche *nach* dem 1. 1. 1999 beantragt worden sind. Dies gilt nach Art. 106 EGInsO nur eingeschränkt für die Frage der Insolvenzanfechtung. Zwar sind danach die Anfechtungsvorschriften der InsO auf „alte" Rechtshandlungen anzuwenden. Wird hingegen nach entsprechender Prüfung eine Anfechtbarkeit festgestellt, ist in einem zweiten Schritt eine Kontrollprüfung anhand des alten Rechts vorzunehmen (K/P-*Paulus*, § 129 Rn 56). Wäre eine entsprechende Rechtshandlung nach altem Recht nicht oder nur eingeschränkt anfechtbar, so ist das Vertrauen in die bisherige Rechtslage geschützt. Der alte Rechtszustand bleibt somit insoweit maßgeblich, als dieser den Anfechtungsgegner *besser* stellt als die Insolvenzordnung (*Paulus* aaO Rn 57).

2. Maßgebliche Verjährungsfrist

18　Art. 106 EGInsO schützt das Vertrauen des Anfechtungsgegners in das im Vergleich zu dem vor In-Kraft-Treten der Insolvenzordnung durchweg weniger strengen alten Anfechtungsrechts. Das alte Recht ist daher für Rechtshandlungen, welche vor dem 1. 1. 1999 vorgenommen wurden (ausschließlich) maßgebend, wenn die entsprechende Rechtshandlung nach altem Recht nicht oder nur in geringerem Umfang anfechtbar war. Umstritten ist, ob dies auch für die Verjährungsfrist nach § 146 Abs 1 gilt (**für eine Anwendbarkeit der längeren Verjährungsfrist auf alte Rechtshandlungen:** MK-InsO/*Kirchhof*, vor §§ 129 bis 147 Rn 109; *Spliedt*, NZI 2001, 127, 128 f; *Braun/De Bra*, § 129 Rn 70; **dagegen:** K/P-*Paulus*, § 129 Rn 57; *Zeuner*, Die Anfechtung in der Insolvenz, 1999, Seite 7). Zu folgen ist der ersten Ansicht. Das „Vertrauen" in eine Geltendmachungsfrist/Verjährungsfrist kann naturgemäß nicht schutzwürdig sein, da der Beginn der Frist aus der Sicht des Anfechtungsgegners ausschließlich von Zufällen abhängig ist: Der Anfechtungsgegner kann regelmäßig nicht vorhersehen, wann ein Insolvenzverfahren über das Vermögen des betroffenen Schuldners eröffnet wird.

§ 130 Kongruente Deckung

(1) ¹Anfechtbar ist eine Rechtshandlung, die einem Insolvenzgläubiger eine Sicherung oder Befriedigung gewährt oder ermöglicht hat,
1. wenn sie in den letzten drei Monaten vor dem Antrag auf Eröffnung des Insolvenzverfahrens vorgenommen worden ist, wenn zur Zeit der Handlung der Schuldner zahlungsunfähig war und wenn der Gläubiger zu dieser Zeit die Zahlungsunfähigkeit kannte oder
2. wenn sie nach dem Eröffnungsantrag vorgenommen worden ist und wenn der Gläubiger zur Zeit der Handlung die Zahlungsunfähigkeit oder den Eröffnungsantrag kannte.

²Dies gilt nicht, soweit die Rechtshandlung auf einer Sicherungsvereinbarung beruht, die die Verpflichtung enthält, eine Finanzsicherheit, eine andere oder eine zusätzliche Finanzsicherheit im Sinne des § 1 Abs 17 des Kreditwesengesetzes zu bestellen, um das in der Sicherungsvereinbarung festgelegte Verhältnis zwischen dem Wert der gesicherten Verbindlichkeiten und dem Wert der geleisteten Sicherheiten wiederherzustellen (Margensicherheit).

(2) Der Kenntnis der Zahlungsunfähigkeit oder des Eröffnungsantrags steht die Kenntnis von Umständen gleich, die zwingend auf die Zahlungsunfähigkeit oder den Eröffnungsantrag schließen lassen.

(3) Gegenüber einer Person, die dem Schuldner zur Zeit der Handlung nahestand (§ 138), wird vermutet, daß sie die Zahlungsunfähigkeit oder den Eröffnungsantrag kannte.

Literatur: *de Bra*, NZI 1999, 240 ff; *Eckhardt*, ZIP 1999, 1417; *Holzer*, WiB 1997, S. 729 ff; *Keller*, BKR 2003, 481; s auch Lit zu § 129.

§ 130 3. Teil. Wirkungen der Eröffnung des Insolvenzverfahrens

I. Entstehungsgeschichte und Normzweck

1. Entstehungsgeschichte

1   Die Vorschrift entspricht inhaltlich im Wesentlichen § 30 Nr. 1 KO. Sie verschärft die Regelungen der KO aber sowohl in Bezug auf den Zeitraum, in welchem eine Rechtshandlung noch anfechtbar ist, als auch auf die Konkretisierung des Tatbestandsmerkmals der Kenntnis in Abs 2.

2. Normzweck

2   Die Vorschrift ist im Zusammenhang mit dem nachfolgenden § 131 zu sehen. Die kongruente Deckung wird sowohl von der InsO als auch bisher nach der KO gegenüber der inkongruenten Deckung privilegiert, wenn auch insgesamt eine Verschärfung der Vorschriften vorgenommen wurde.

II. Regelungsinhalt

1. Kongruente Deckung

3   Eine Rechtshandlung stellt dann eine kongruente Deckung dar, wenn diese eine **zeitlich und inhaltlich zustehende Sicherung oder Befriedigung** zur Folge hat. Eine entsprechende Rechtshandlung ist aus Sicht der übrigen Gläubiger **prinzipiell unverdächtig**; lediglich im unmittelbaren Vorfeld der Insolvenz hat derjenige, der von der Unternehmenskrise Kenntnis hat, sich in die Gruppe der übrigen Gläubiger einzureihen. Kongruent ist auch das (inkonnexe) Frachtführerpfandrecht (BGH NZI 2005, 389), sowie das Entstehen von Forderungen im Rahmen einer Globalsession (aA OLG Karlsruhe ZIP 2005, 1248).

2. Kenntnis

4   Eine kongruente Rechtshandlung ist nur dann anfechtbar, wenn der Gläubiger Kenntnis von bestimmten, das Insolvenzereignis ankündigende, Tatsachen hat.

5   **a) Gegenstand der Kenntnis. aa) Zahlungsunfähigkeit.** Hat der Gläubiger bei Vornahme der Rechtshandlung Kenntnis von der Zahlungsunfähigkeit, so ist die Rechtshandlung, wenn sie in den letzten drei Monaten vor Antrag auf Eröffnung des Verfahrens oder nach dem Eröffnungsantrag vorgenommen wurde, anfechtbar. Wegen der Definition der Zahlungsunfähigkeit s. o. § 17 Rn 2 sowie BGH NZI 2005, 547.

6   **bb) Eröffnungsantrag.** Nach Stellung des Eröffnungsantrages reicht es für die Anfechtbarkeit der kongruenten Deckungshandlung aus, dass

der Schuldner von dem Antrag Kenntnis hat. Eine zusätzliche Kenntnis der Zahlungsunfähigkeit ist nicht erforderlich.

cc) Drohende Zahlungsunfähigkeit und Überschuldung. Nicht erwähnt sind die weiteren Insolvenzgründe der drohenden Zahlungsunfähigkeit sowie der Überschuldung. Hieraus ist zu folgern, dass eine entsprechende Kenntnis des die Rechtshandlung vornehmenden Gläubigers im Rahmen von § 130 unschädlich ist (*Holzer*, WiB 1997, 729, 734). Eine solche Kenntnis kann allenfalls im Rahmen des § 133 schädlich sein.

b) Kenntnis von Umständen. Nach Abs 2 ist die Kenntnis der Zahlungsunfähigkeit bzw des Eröffnungsantrages gleichgesetzt mit der Kenntnis von **Umständen**, die zwingend hierauf schließen lassen. Der Gesetzgeber hat hierdurch die Beweissituation des anfechtenden Verw erheblich verbessert, da dieser nunmehr lediglich noch darzulegen und ggf. unter Beweis zu stellen hat, dass der Gläubiger Kenntnis von bestimmten Indizien hatte. Leistet der Schuldner, der mit seinen laufenden steuerlichen Verbindlichkeiten seit mehreren Monaten zunehmend in Rückstand geraten ist, lediglich eine Teilzahlung und bestehen keine konkreten Anhaltspunkte dafür, dass er in Zukunft die fälligen Forderungen alsbald erfüllt, so kennt die Finanzverwaltung in der Regel Umstände iSv § 130 Abs 2 InsO, die zwingend auf die Zahlungsunfähigkeit des Schuldners schließen lassen (BGH, NZI 2003, 322).

c) Nahestehende Personen. Die Kenntnis wird vermutet bei nahestehenden Personen iSv § 138.

d) Margensicherheit. Der Gesetzgeber hat aufgrund von Vorgaben des EU-Rechts in Abs 1 S 2 Ausnahmen von der Anfechtungsmöglichkeit bei bestimmten Finanzsicherheiten iSv § 1 Abs 17 KWG vorgesehen (G. zur Umsetzung der RL 2002/47/EG v. 06. 06. 2002, NZI 2004, 309; zum RegE: *Keller*, BKR 2003, 481).

3. Maßgeblicher Zeitpunkt

Unter die Anfechtungsmöglichkeit nach § 130 fallen solche Rechtshandlungen, welche in den letzten 3 Monaten vor Eröffnungsantrag vorgenommen wurden. Hieraus folgt, dass weiter zurückliegende Rechtshandlungen nur noch unter den verschärften Voraussetzungen der §§ 133, 134 angefochten werden können. Berechnung der Frist: s §§ 139, 140. Des Weiteren sind kongruente Rechtshandlungen anfechtbar in der Zeit zwischen Antragstellung und Verfahrenseröffnung. Soweit im Vorfeld der Eröffnung ein vorl Verw eingesetzt wird, auf welchen die Verwaltungs- und Verfügungsbefugnis übergeht, dürfte eine Anfechtung von Rechtshandlungen allerdings aufgrund der absoluten Wirkung des Verfügungsverbotes ausscheiden (s. u. § 146 Rn 3).

§ 131 Inkongruente Deckung

(1) Anfechtbar ist eine Rechtshandlung, die einem Insolvenzgläubiger eine Sicherung oder Befriedigung gewährt oder ermöglicht hat, die er nicht oder nicht in der Art oder nicht zu der Zeit zu beanspruchen hatte,
1. wenn die Handlung im letzten Monat vor dem Antrag auf Eröffnung des Insolvenzverfahrens oder nach diesem Antrag vorgenommen worden ist,
2. wenn die Handlung innerhalb des zweiten oder dritten Monats vor dem Eröffnungsantrag vorgenommen worden ist und der Schuldner zur Zeit der Handlung zahlungsunfähig war oder
3. wenn die Handlung innerhalb des zweiten oder dritten Monats vor dem Eröffnungsantrag vorgenommen worden ist und dem Gläubiger zur Zeit der Handlung bekannt war, daß sie die Insolvenzgläubiger benachteiligte.

(2) Für die Anwendung des Absatzes 1 Nr. 3 steht der Kenntnis der Benachteiligung der Insolvenzgläubiger die Kenntnis von Umständen gleich, die zwingend auf die Benachteiligung schließen lassen. Gegenüber einer Person, die dem Schuldner zur Zeit der Handlung nahe stand (§ 138), wird vermutet, daß sie die Benachteiligung der Insolvenzgläubiger kannte.

Literatur: s. Lit zu §§ 129 und 130.

I. Entstehungsgeschichte und Normzweck

1. Entstehungsgeschichte

1   Die Vorschrift bezieht sich auf denselben Regelungsgegenstand wie § 30 Abs 2 KO. Ebenso wie bei der Anfechtung aufgrund einer kongruenten Deckung verbessert die InsO die Anfechtungsmöglichkeiten bei inkongruenter Deckung im Vergleich zur KO, insbes in Bezug auf die subjektiven Anforderungen beim Insolvenzgläubiger. Es gibt Bestrebungen in der Gesetzgebung, die Anfechtung wegen inkongruenter Deckung zugunsten von öffentlich-rechtlichen Gläubigern zu ändern. Dies hat in der Literatur allgemein Kritik erfahren. Wann und ob eine entsprechende Gesetzesänderung vorgenommen wird, stand zum Zeitpunkt der Drucklegung noch nicht fest.

2. Normzweck

2   Inkongruente Deckungen waren bereits unter dem Geltungsbereich der KO leichter anfechtbar als kongruente. Der Gesetzgeber geht davon aus, dass inkongruente Deckungen im unmittelbaren Vorfeld der Insol-

venzeröffnung grundsätzlich zu missbilligen und nur ausnahmsweise als wirksam hinzunehmen sind.

II. Regelungsinhalt

1. Inkongruente Deckung

Eine Rechtshandlung führt dann zu einer inkongruenten Deckung, wenn hierdurch einem Insolvenzgläubiger eine Sicherung oder Befriedigung gewährt oder ermöglicht wird, die er nicht oder nicht in der Art oder nicht in der Zeit zu beanspruchen hatte.

a) Nicht zu beanspruchen. Nicht zu beanspruchen hat der Gläubiger einen Anspruch, welcher nicht durchsetzbar ist oder dem ein dauerndes Leistungsverweigerungsrecht entgegengesetzt werden kann (MK-InsO/*Kirchhof*, § 131 Rn 13; Uhlenbruck/*Hirte*, § 131 Rn 4; K/P-*Paulus*, § 131 Rn 6). Hierzu gehört die Leistung auf eine verjährte Forderung sowie die Erfüllung einer Naturalobligation. An einem Anspruch fehlt es weiter, wenn der Rechtsgrund *ex tunc* nach § 142 BGB beseitigt wurde. Besteht überhaupt kein Anspruch, so dürfte die Schenkungsanfechtung nach § 134 vorrangig einschlägig sein: Überschneidungen sind insoweit möglich. Nicht zu beanspruchen hat ein Kreditgeber nach Gewährung eines Kredites das „Auffüllen" von Sicherheiten. Auch der allgemeine Nachbesicherungsanspruch aus Nr. 13 AGB Banken/Nr. 21 AGB Sparkassen führt bei der Gewährung zusätzlicher Sicherheiten nicht zu einer Kongruenz der Deckung (BGHZ 33, 389; BGH ZIP 1995, 1078, 1081).

b) Nicht in der Art zu beanspruchen. Eine inkongruente Deckung liegt weiterhin vor, wenn dem Gläubiger zwar ein Anspruch gegen den Schuldner zusteht, der Schuldner diesen Anspruch jedoch nicht in der vertragsgemäßen Weise erfüllt bzw befriedigt. Geldforderungen sind beispielsweise im Wege der Barzahlung, durch Überweisung vom Konto des Schuldners oder per Übergabe eines eigenen Schecks des Schuldners zu erfüllen. Übergibt der Schuldner dem Gläubiger hingegen einen **Kundenscheck oder tritt er eine Drittforderung erfüllungshalber** an diesen ab, so liegt eine inkongruente Erfüllungshandlung vor (OLG Stuttgart, ZIP 1996, 1621, 1623 – Kundenscheck; OLG Schleswig, ZIP 1982, 82 – Abtretung von Drittforderungen). Entscheidend für eine Qualifizierung einer Leistung „nicht in der Art" ist **das Abweichen von der Verkehrsüblichkeit** (K/P-*Paulus*, § 131 Rn 13) oder der vertraglichen Vereinbarung. Kongruent ist daher die Hingabe eines Kundenschecks, wenn dies von den Parteien von vornherein so vereinbart worden war. Inkongruent ist die Stundung einer Forderung durch die Finanzverwaltung gegen Abtretung einer Kundenforderung (BGH NZI 2005, 671).

§ 131 3. Teil. Wirkungen der Eröffnung des Insolvenzverfahrens

6 **c) Nicht zu der Zeit zu beanspruchen.** Inkongruent sind weiterhin Leistungen vor Fälligkeit. Inkongruent sind daher auch Zahlungen auf noch nicht fällige, aber aufgrund des Vertrages vor Fälligkeit erfüllbare Ansprüche, wie etwa aus bestimmten Darlehensverträgen (MK-InsO/*Kirchhof*, § 131 Rn 40; Uhlenbruck/*Hirte*, § 131 Rn 13; N/R-*Nerlich*, § 131 Rn 33; K/P-*Paulus*, § 131 Rn 16). Inkongruent ist eine Überweisung mehr als 5 Bankgeschäftstage vor Fälligkeit (BGH NZI 2005, 497).

7 **d) Insbesondere „Druckzahlungen".** Inkongruent ist nach ständiger Rechtsprechung des BGH auch eine während der „kritischen Zeit" **im Wege der Zwangsvollstreckung** erlangte Sicherung oder Befriedigung (BGHZ 128, 196 (199); BGH, NJW 2002, 2568). Eine inkongruente Deckung liegt auch dann vor, wenn der Schuldner in der gesetzlichen Krise zur Abwendung der einer unmittelbar bestehenden Zwangsvollstreckung geleistet hat. Dementsprechend bewirkt auch eine Leistung, die der Schuldner zur **Abwendung eines angekündigten Insolvenzantrags**, den der Gläubiger zur Durchsetzung seiner Forderung angedroht hat, eine inkongruente Deckung (BGH, NZI 2004, 201 (202)). Der für die Inkongruenz notwendige zeitliche Zusammenhang zwischen der Drohung mit einem Insolvenzantrag und der Leistung des Schuldners endet je nach Lage des Einzelfalls nicht mit Ablauf der von dem Gläubiger mit der Androhung gesetzten Zahlungsfrist; rückt der Gläubiger von der Drohung mit dem Insolvenzantrag nicht ab und verlangt er von dem Schuldner fortlaufend Zahlung, kann der Leistungsdruck über mehrere Monate fortbestehen (BGH, NZI 2004, 201 (202)). Allerdings stellt sich eine Leistung **nicht** bereits deshalb als inkongruente Deckung dar, wenn der Schuldner sie dem Gläubiger auf eine fällige Forderung **früher als drei Monate vor dem Eröffnungsantrag** gewährte, um eine unmittelbar bevorstehende Zwangsvollstreckung zu vermeiden (BGH NZI 2003, 533).

2. Sicherung oder Befriedigung

8 Unter **Befriedigung** wird verstanden jede **Erfüllungshandlung** in Bezug auf einen bestehenden Anspruch. Unter den Begriff der **Sicherung** fallen sämtliche Rechtshandlungen, die es dem Gläubiger ermöglichen, sich durch ihre Ausübung wegen eines gegen den Schuldner bestehenden Anspruches zu befriedigen. Der Begriff der Sicherung ist **weit auszulegen** (HK-*Kreft*, § 131 Rn 11).

3. Gewähren oder ermöglichen

9 Im Gegensatz zu § 30 Nr. 2 KO ist nunmehr neben der Gewährung von Sicherheit oder Befriedigung auch **bereits deren Ermöglichung anfechtbar**. Hierdurch wird die Anfechtungsmöglichkeit zeitlich weiter

Inkongruente Deckung **§ 131**

vorverlagert. Das Ermöglichen einer Befriedigung kann etwa in der Offenlegung einer Sicherungszession gegenüber dem Drittschuldner liegen. In Betracht kommen auch Prozesshandlungen wie **ein Anerkenntnis nach § 307 ZPO** (BegrRegE, *Kübler/Prütting*, S. 338) oder das Entgegennehmen eines Versäumnisurteils.

4. Zeitpunkt der Vornahme der Deckungshandlung

§ 131 unterscheidet zwischen dem Zeitraum des letzten Monats vor Antragstellung bis zur Eröffnung des Verfahrens auf der einen und dem 2. und 3. Monat vor Eröffnungsantrag auf der anderen Seite. **10**

a) Rechtshandlungen bis einen Monat vor Antrag und danach. **11**
Findet eine inkongruente Deckung im letzten Monat vor Antrag auf Eröffnung oder nach diesem Antrag bis Eröffnung statt, so ist diese **ohne das Vorliegen weiterer** – objektiver oder subjektiver – **Voraussetzungen anfechtbar**. Hierin liegt eine drastische Verschärfung der Anfechtungsmöglichkeiten im Vergleich zur KO. Der Verw muss nunmehr lediglich noch darlegen und notfalls beweisen, dass eine inkongruente Deckungshandlung vorgelegen und innerhalb des letzten Monats vor Antragstellung oder danach stattgefunden hat.

b) 2. und 3. Monat vor Antragstellung. Inkongruente Deckungshandlungen, die im 2. und 3. Monat vor Antragstellung stattgefunden haben, sind unter zwei Voraussetzungen anfechtbar: **12**

aa) Zahlungsunfähigkeit des Schuldners. War der Schuldner während der Vornahme der inkongruenten Deckungshandlung im 2. und 3. Monat vor Antragstellung bereits – **objektiv – zahlungsunfähig**, so ist die Deckungshandlung ohne weitere – subjektive oder objektive – Voraussetzungen anfechtbar (Abs 1 Nr 2). **13**

bb) Kenntnis der Gläubigerbenachteiligung. War der Schuldner zum Zeitpunkt der Vornahme der Deckungshandlung im 2. und 3. Monat vor Antragstellung (noch) nicht zahlungsunfähig bzw kann der Verw die Zahlungsunfähigkeit im Prozess nicht nachweisen, so ist eine inkongruente Deckungshandlung nur dann anfechtbar, wenn als zusätzliches subjektives Kriterium die **Kenntnis des Gläubigers von der Benachteiligung** der übrigen Gläubiger hinzutritt. Die Gläubigerbenachteiligung ist – ebenso wie bei § 130 – vom Verw zu beweisen; ihm stehen jedoch dieselben Beweiserleichterungen zur Seite wie dort (s. o. § 130 Rn 8). Ist dem Gläubiger eine finanziell beengte Lage des Schuldners bekannt, kann die Inkongruenz einer Deckung auch im Rahmen von § 131 Abs 1 Nr 3 InsO ein nach § 286 ZPO zu würdigendes Beweiszeichen für die Kenntnis von einer Gläubigerbenachteiligung sein (BGH NZI 2004, 201 (203)). **14**

5. Bargeschäft

15 Vgl zum Bargeschäft: die Kommentierung zu § 142. Nach wohl hM (MK-InsO/*Kirchhof*, § 142 Rn 7; HK-*Kreft*, § 142 Rn 10, jeweils mwN) scheidet ein Bargeschäft – über den Wortlaut des § 142 hinaus – auch dann aus, wenn dieses im Wege der inkongruenten Deckung nach § 131 vorgenommen wurde. Ähnlich hatte der BGH unter dem Geltungsbereich der KO bei der Zahlung mit Kundenschecks entschieden (BGHZ 123, 320 = NJW 1993, 3267, 3268 f). Hierfür spricht der grundsätzlich „verdächtige" Charakter einer inkongruenten Deckung. Auch dürfte zu erwarten sein, dass der BGH seinen in der zitierten Entscheidung (BGHZ 123, 320) vertretenen Standpunkt auch auf die InsO anwenden wird. Allerdings dürfte es bei den Anwendungsfällen des Bargeschäfts nur sehr vereinzelt überhaupt zu inkongruenten Deckungen kommen können (s. u. § 142 Rn 9).

§ 132 Unmittelbar nachteilige Rechtsgeschäfte

(1) Anfechtbar ist ein Rechtsgeschäft des Schuldners, das die Insolvenzgläubiger unmittelbar benachteiligt,
1. **wenn es in den letzten drei Monaten vor dem Antrag auf Eröffnung des Insolvenzverfahrens vorgenommen worden ist und wenn zur Zeit des Rechtsgeschäfts der Schuldner zahlungsunfähig war und wenn der andere Teil zu dieser Zeit die Zahlungsunfähigkeit kannte oder**
2. **wenn es nach dem Eröffnungsantrag vorgenommen worden ist und wenn der andere Teil zur Zeit des Rechtsgeschäfts die Zahlungsunfähigkeit oder den Eröffnungsantrag kannte.**

(2) Einem Rechtsgeschäft, das die Insolvenzgläubiger unmittelbar benachteiligt, steht eine andere Rechtshandlung des Schuldners gleich, durch die der Schuldner ein Recht verliert oder nicht mehr geltend machen kann oder durch die ein vermögensrechtlicher Anspruch gegen ihn erhalten oder durchsetzbar wird.

(3) § 130 Abs. 2 und 3 gilt entsprechend.

Literatur: s Lit. zu §§ 129 und 130.

I. Entstehungsgeschichte und Normzweck

1 Die Vorschrift geht – ebenso wie § 131 – zurück auf § 30 Nr. 1 KO. Eingeschränkt wird § 30 Nr. 1, 1. Alt. KO dahingehend, dass nunmehr eine **unmittelbare Gläubigerbenachteiligung** verlangt wird. Die Vorschrift ist insgesamt als **Auffangtatbestand** für die nicht unter §§ 130, 131 fallenden Rechtsgeschäfte gedacht, welche gleichwohl unmittelbar benachteiligend sind (MK-InsO/*Kirchhof*, § 132 Rn 1; N/R-*Nerlich*, § 132 Rn 3 f).

II. Regelungsinhalt

1. Rechtsgeschäfte

In Einschränkung des Grundsatzes aus § 129 ist nach § 132 Abs 1 nicht jegliche Rechtshandlung anfechtbar, sondern lediglich **Rechtsgeschäfte**. Unter dem Begriff des Rechtsgeschäfts fallen nicht nur Verträge, sondern auch einseitige Rechtsgeschäfte wie Kündigungen sowie geschäftsähnliche Handlungen.

2. Unmittelbare Benachteiligung

Des weiteren ist zusätzlich erforderlich eine unmittelbare Gläubigerbenachteiligung, während nach §§ 130, 131 jede Gläubigerbenachteiligung, also auch eine mittelbare, ausreichend ist. Zum Anwendungsbereich des § 132 vgl BGH NZI 2003, 315 ff (m Anm *Leithaus*).

3. Anfechtungszeitraum

Entsprechend den Anfechtungsfristen in §§ 130, 131 sind nach dem als Auffangtatbestand konzipierten § 132 Rechtsgeschäfte aus den letzten **3 Monaten** vor Eröffnungsantrag sowie danach bis zur Eröffnung anfechtbar.

4. Subjektive Voraussetzungen

Erforderlich und ausreichend ist bei beiden Alternativen des § 132 Abs 1 die **Kenntnis des Gläubigers von der Zahlungsunfähigkeit** des Schuldners bei Vornahme des Rechtsgeschäfts. Nach Stellung des Insolvenzantrages reicht es aus, dass der Gläubiger von der Stellung des Antrages Kenntnis hatte. Ein Alternativverhältnis zwischen Nr 1 und Nr 2 besteht nicht. Abs 3 verweist auf § 130 Abs 2 und 3 (vgl insoweit die Kommentierung dort).

5. Der Auffangtatbestand des Abs 2

Nach Abs 2 werden auch bestimmte **Unterlassungen** in den Geltungsbereich der unmittelbar benachteiligenden Rechtshandlungen einbezogen. Danach besteht nicht das in Abs 1 hervorgehobene Erfordernis eines Rechtsgeschäftes; vielmehr sind von Abs 2 (bestimmte) **Rechtshandlungen** erfasst.

a) Der Schuldner verliert ein Recht oder kann dieses nicht mehr geltend machen. Hier sind Fälle zu nennen, in denen der Schuldner durch bloßes Unterlassen sichere Rechtspositionen aufgibt, wie etwa das Nichteinlegen von Rechtsmitteln in aussichtsreichen Prozessen oder die Versäumung einer Verjährungsunterbrechung (MK-InsO/*Kirchhof*, § 132 Rn 24; Uhlenbruck/*Hirte*, § 132 Rn 13; N/R-*Nerlich*, § 132 Rn 34).

8 **b) Anspruch bleibt erhalten.** Hier tritt durch bloßes Unterlassen der umgekehrte Fall ein: Der Schuldner unterlässt die Einrede der Verjährung und wird rechtskräftig verurteilt; er unterlässt die rechtzeitige Anfechtung nach §§ 119, 123 BGB.

9 **c) Rechtsfolge.** Abs 2 bestimmt, dass die soeben beschriebenen Unterlassungen einer unmittelbaren Benachteiligung nach Abs 1 gleich stehen. Im Rahmen des Abs 2 reicht jedoch die mittelbare Benachteiligung aus (MK-InsO/*Kirchhof*, § 132 Rn 27; Uhlenbruck/*Hirte*, § 132 Rn 14; N/R-*Nerlich*, § 132 Rn 37). Aufgrund des Verweises auf Abs 1 sind auch die übrigen Voraussetzungen (**3-Monats-Frist, Kenntnis**) zu beachten.

§ 133 Vorsätzliche Benachteiligung

(1) Anfechtbar ist eine Rechtshandlung, die der Schuldner in den letzten zehn Jahren vor dem Antrag auf Eröffnung des Insolvenzverfahrens oder nach diesem Antrag mit dem Vorsatz, seine Gläubiger zu benachteiligen, vorgenommen hat, wenn der andere Teil zur Zeit der Handlung den Vorsatz des Schuldners kannte. Diese Kenntnis wird vermutet, wenn der andere Teil wußte, daß die Zahlungsunfähigkeit des Schuldners drohte und daß die Handlung die Gläubiger benachteiligte.

(2) Anfechtbar ist ein vom Schuldner mit einer nahestehenden Person (§ 138) geschlossener entgeltlicher Vertrag, durch den die Insolvenzgläubiger unmittelbar benachteiligt werden. Die Anfechtung ist ausgeschlossen, wenn der Vertrag früher als zwei Jahre vor dem Eröffnungsantrag geschlossen worden ist oder wenn dem anderen Teil zur Zeit des Vertragsschlusses ein Vorsatz des Schuldners, die Gläubiger zu benachteiligen, nicht bekannt war.

Literatur: *Ehricke*, KTS 1996, 209 ff; *Kirchhof*, ZInsO 1998, 3 ff; *Paulus*, WM 2000, 2590 ff; *ders.*, BB 2001, 425 ff.

I. Entstehungsgeschichte und Normzweck

1. Entstehungsgeschichte

1 **Abs 1** geht zurück auf die **„Absichtsanfechtung"** nach § 31 Nr 1 KO. Während die KO bei der Absichtsanfechtung keine zeitliche Beschränkung kannte, sind jetzt nur noch solche Rechtshandlungen anfechtbar, die der Schuldner in den letzten **zehn Jahren vor Eröffnungsantrag** vorgenommen hat. Auch wurde das Merkmal der „Absicht" durch „Vorsatz" ersetzt. Wesentliche praktische Auswirkungen ergeben sich jedoch weder aus der Beschränkung der Frist noch aus der Ausdehnung auf jede Form des Vorsatzes. **Abs 2** entspricht inhaltlich § 31 Nr 2 KO; die Jahresfrist der KO wird nunmehr auf **zwei Jahre** ausgedehnt.

2. Normzweck

Abs 1 bildet einen weiteren (neben § 132 Abs 1 und Abs 2) **Auffangtatbestand** im Anfechtungsrecht. Die Vorschrift entspricht – zusammen mit der Schenkungsanfechtung nach § 134 – der *„actio pauliana"* des **Römischen Rechts**. Ebenso wie in der KO unterfallen entgeltliche Rechtsgeschäfte des Schuldners mit **nahestehenden Personen**, die die Gläubiger objektiv benachteiligen, nach Abs 2 der Anfechtung, ohne dass es auf einen entsprechenden Vorsatz ankäme, da solche Geschäfte grundsätzlich als „verdächtig" angesehen werden.

II. Die Voraussetzungen des Abs 1

1. Rechtshandlung

Anfechtbar nach Abs 1 sind **sämtliche Rechtshandlungen** (s. o. § 129 Rn 3). Die Anfechtung setzt aber in jedem Fall voraus, dass zumindest **auch Rechtshandlungen des Schuldners** zu der erfolgten Vermögensverlagerung beigetragen haben (BGH NZI 2004, 87; NZI 2005, 215, **aA:** *Kreft*, KTS 2004, 205 ff). Eine Zahlung, die der Schuldner zur Abwendung von Zwangsvollstreckungsmaßnahmen an den Gerichtsvollzieher leistet, kann hingegen eine Rechtshandlung des Schuldners darstellen (BGH NZI 2003, 533).

2. Benachteiligungsabsicht

Die Rechtshandlung muss der Schuldner mit dem **Vorsatz** vorgenommen haben, hierdurch seine **Gläubiger zu benachteiligen**. Auch bedingter Vorsatz reicht aus (MK-InsO/*Kirchhof*, § 133 Rn 12; Uhlenbruck/*Hirte*, § 133 Rn 12; N/R-*Nerlich*, § 133 Rn 23; BGH, NZI 2003, 533). Ein Schuldner nimmt auch dann die Benachteiligung der Gläubiger im allgemeinen billigend in Kauf, wenn er weiß, dass er nicht alle seine Gläubiger befriedigen kann und er die Forderungen eines einzelnen Gläubigers vorwiegend deshalb erfüllt, um diesen von der Stellung eines Insolvenzantrags abzuhalten (BGH, NZI 2003, 533). Ein unlauteres Zusammenwirken von Schuldner und Gläubiger wird für den Gläubigerbenachteiligungsvorsatz hingegen nicht vorausgesetzt (BGH, NZI 2003, 597). Für den Benachteiligungsvorsatz des Schuldners und eine **Kenntnis des**

Gläubigers hiervon bildet eine durch Androhung eines Insolvenzantrags bewirkte **inkongruente Deckung in der Regel ein starkes Beweiszeichen** (BGH, NZI 2004, 201 (203f)). Von einem Gläubiger, der Umstände kennt, die zwingend auf eine mindestens drohende Zahlungsunfähigkeit schließen lassen, ist zu vermuten, dass er auch die drohende Zahlungsunfähigkeit selbst kennt (BGH NZI 2003, 597).

3. Anfechtungszeitraum

5   Anfechtbar sind Rechtshandlungen die in den letzten **zehn Jahren vor dem Antrag auf Eröffnung** des Verfahrens oder nach dem Antrag vorgenommen wurden. Zur Fristberechnung s. u. § 139 Rn 3. Zur Frage des maßgeblichen Zeitpunktes s. u. § 140 Rn 2ff.

III. Die Voraussetzungen des Abs 2

1. Rechtshandlung

6   Nach Abs 2 sind nur entgeltliche Verträge, also nicht jede Rechtshandlung, von einer Anfechtung betroffen. Zusätzlich muss durch den **entgeltlichen Vertrag** eine **unmittelbare Benachteiligung** der Insolvenzgläubiger eingetroffen sein (s. o. § 129 Rn 9f).

2. Benachteiligungsabsicht

7   Bei nahestehenden Personen iSv § 138 verzichtet der Gesetzgeber auf eine Benachteiligungsabsicht. Es ist vielmehr ausreichend, dass der entgeltliche Vertrag die Insolvenzgläubiger unmittelbar benachteiligt. Zwar verlangt Abs 2 auch bei nahestehenden Personen eine Kenntnis des anderen Teiles (also der nahestehenden Person) von dem Vorsatz des Schuldners, die Gläubiger zu benachteiligen. Das Gesetz **vermutet** jedoch – widerleglich – die **Kenntnis der nahestehenden Person** und dreht bei diesen daher die Beweislast um.

3. Vornahmezeitraum

8   Die Beweislastumkehr greift nur bei entgeltlichen Beträgen ein, welche in den **letzten zwei Jahren vor dem Eröffnungsantrag** oder danach vorgenommen wurden (zur Fristberechnung vgl § 139). Bei weiter zurückliegenden Rechtshandlungen kommt also nur noch eine Anfechtung nach § 133 Abs 1 in Betracht. Abs 2 ist daher nicht als eigenständige Anfechtungsnorm anzusehen (MK-InsO/*Kirchhof*, § 133 Rn 39; Uhlenbruck/*Hirte*, § 133 Rn 33; N/R-*Nerlich*, § 133 Rn 61). Ebenso wie die Kenntnis vom Benachteiligungsvorsatz wird auch der **Abschluss** des Rechtsgeschäfts **innerhalb der 2 Jahresfrist vermutet**. Bleiben Zweifel, ob der Vertrag richtig datiert ist, geht dies daher zu Lasten des Anfechtungsgegners (HK-*Kreft*, § 133 Rn 27 mwN).

§ 134 Unentgeltliche Leistung

(1) Anfechtbar ist eine unentgeltliche Leistung des Schuldners, es sei denn, sie ist früher als vier Jahre vor dem Antrag auf Eröffnung des Insolvenzverfahrens vorgenommen worden.

(2) Richtet sich die Leistung auf ein gebräuchliches Gelegenheitsgeschenk geringen Werts, so ist sie nicht anfechtbar.

Literatur: *Häsemann*, ZIP 1994, 418 ff; *Henckel*, ZIP 1990, 137 ff; *Holzer*, WiB 1997, 729 ff.

I. Entstehungsgeschichte und Normzweck

1. Entstehungsgeschichte

Die Schenkungsanfechtung geht zurück auf § 32 KO und § 10 Abs 1 Nr 3 GesO. Während nach altem Recht der Anfechtungszeitraum ein Jahr bzw (bei Ehegatten) zwei Jahre betrug, weitet die Insolvenzordnung den **Anfechtungszeitraum allg auf vier Jahre** aus. Eine Differenzierung zwischen Ehegatten und Nichtehegatten wird nicht mehr vorgenommen (vgl aber § 133 Abs 2). 1

2. Normzweck

Bei unentgeltlichen Leistungen ist eine Gläubigerbenachteiligung offenkundig. Der Beschenkte wird auch im Übrigen von der Rechtsordnung als weniger schutzwürdig angesehen (vgl etwa §§ 816 Abs 1 S 2, 822 BGB). Der Verw soll daher die Möglichkeit haben, freigiebige Zuwendungen aus dem Schuldnervermögen zu Gunsten der Insolvenzmasse ohne weitere Voraussetzungen rückgängig zu machen (HK-*Kreft*, § 134 Rn 2). Lediglich gebräuchliche **Gelegenheitsgeschenke geringen Wertes** werden – ähnlich wie nach altem Recht – von der Schenkungsanfechtung ausgenommen. 2

II. Regelungsinhalt

1. Leistung

Während § 32 KO die Schenkungsanfechtung auf „Verfügungen" beschränkte, wird nach dem Wortlaut von § 134 Abs 1 nunmehr **jede Leistung des Schuldners** erfasst. Dies entsprach allerdings bereits der Rechtsprechung zum alten Recht, welche **auch verpflichtende Rechtsgeschäfte und Unterlassungen** unter § 32 KO subsumierte (MK-InsO/*Kirchhof*, § 134 Rn 2; Uhlenbruck/*Hirte*, § 134 Rn 5 f; N/R-*Nerlich*, § 134 Rn 4, jeweils mwN). 3

2. Unentgeltlichkeit

4 Unentgeltlich ist eine Leistung, wenn ein Vermögenswert des Verfügenden zu Gunsten einer anderen Person aufgegeben wird, ohne dass der Empfänger eine ausgleichende Gegenleistung an den Verfügenden erbringt (BGH ZIP 1992, 1089, 1091). Leistung und Gegenleistung sind gegenüber zu stellen. **Weicht die Gegenleistung objektiv im Wert von der Leistung ab**, so ist in Höhe der Abweichung eine Unentgeltlichkeit anzunehmen. Trotz objektiver Wertlosigkeit kann jedoch in Ausnahmefällen in subjektiver Hinsicht eine Entgeltlichkeit angenommen werden mit der Folge, dass eine Anfechtung ausscheidet. Es kommt auf die Werthaltigkeit der Gegenleistung an, wenn ein Dritter iSv § 267 BGB die Leistung erbringt (BGH NZI 2005, 323). Den Parteien steht bei der Bewertung von Leistung und Gegenleistung ein **angemessener Bewertungsspielraum** zu (BGHZ 71, 66; BGH ZIP 1993, 1173; BGH ZIP 1998, 838). Haben die Parteien den Bewertungsspielraum überschritten, so kann eine **(gemischte) Schenkung** vorliegen.

3. Beispiele

5 **a) Entgeltlichkeit.** Die Erfüllung einer unvollkommenen Verbindlichkeit iSv § 762 BGB stellt eine *entgeltliche* Leistung dar (BGH ZIP 1998, 463 f zu § 55 BörsG). Entgeltlich ist auch die Erfüllung einer durch einen entgeltlichen Vertrag begründeten Verpflichtung des Schuldners sowie die **Sicherung einer eigenen Verbindlichkeit des Schuldners**, wenn diese durch einen entgeltlichen Vertrag begründet wurde (**hM:** BGHZ 112, 137, 138 f = NJW 1990, 2626 f; HK-*Kreft*, § 134 Rn 11 mwN; **aA:** MK-InsO/*Kirchhof*, § 134 Rn 26 f). Verfolgt der Sicherungsgeber mit der Sicherung ein eigenes wirtschaftliches Interesse, so fehlt es grundsätzlich an der Unentgeltlichkeit (BGH NJW 1983, 1679).

6 **b) Unentgeltlichkeit.** Unentgeltlich ist dagegen die Sicherung einer fremden Schuld ohne entsprechende Gegenleistung und ohne rechtliche Verpflichtung. Die Übernahme der Mitverpflichtung zur Sicherung eines der Muttergesellschaft gewährten Kredites dürfte daher nur dann entgeltlich sein, wenn die Muttergesellschaft eine Verlustausgleichspflicht gegenüber der Tochtergesellschaft trifft. Unentgeltlich ist auch die **Erfüllung einer eigenen Verbindlichkeit**, wenn hiermit **mittelbar eine unentgeltliche Leistung an einen Dritten** verbunden ist (BGH, WM 1999, 820 ff). Die Bestellung einer Sicherheit für eine eigene, durch eine entgeltliche Gegenleistung begründete Verbindlichkeit ist nicht nach § 134 InsO als unentgeltliche Verfügung anfechtbar (BGH, NZI 2004, 623); allerdings kann eine solche Besicherung eine inkongruente Deckung (§ 131) darstellen. Eine Leistung, die der Schuldner zur Tilgung einer (nicht werthaltigen) Forderung des Leistungsempfängers gegen einen

Dritten erbringt, wurde vom BGH als unentgeltlich iSv § 134 angesehen (BGH, NZI 2005, 323 m Anm *Gundlach/Frenzel*). Zur Anfechtbarkeit der Erteilung einer widerruflichen Bezugsberechtigung in einem Lebensversicherungsvertrag an einen Dritten vgl BGH NZI 2004, 78.

§ 135 Kapitalersetzende Darlehen

Anfechtbar ist eine Rechtshandlung, die für die Forderung eines Gesellschafters auf Rückgewähr eines kapitalersetzenden Darlehens oder für eine gleichgestellte Forderung
1. Sicherung gewährt hat, wenn die Handlung in den letzten zehn Jahren vor dem Antrag auf Eröffnung des Insolvenzverfahrens oder nach diesem Antrag vorgenommen worden ist;
2. Befriedigung gewährt hat, wenn die Handlung im letzten Jahr vor dem Eröffnungsantrag oder nach diesem Antrag vorgenommen worden ist.

§ 32 a GmbHG   Rückgewähr von Darlehen

(1) Hat ein Gesellschafter der Gesellschaft in einem Zeitpunkt, in dem ihr die Gesellschafter als ordentliche Kaufleute Eigenkapital zugeführt hätten (Krise der Gesellschaft), statt dessen ein Darlehen gewährt, so kann er den Anspruch auf Rückgewähr des Darlehens im Insolvenzverfahren über das Vermögen der Gesellschaft nur als nachrangiger Insolvenzgläubiger geltend machen.

(2) Hat ein Dritter der Gesellschaft in einem Zeitpunkt, in dem ihr die Gesellschafter als ordentliche Kaufleute Eigenkapital zugeführt hätten, statt dessen ein Darlehen gewährt und hat ihm ein Gesellschafter für die Rückgewähr des Darlehens eine Sicherung bestellt oder hat er sich dafür verbürgt, so kann der Dritte im Insolvenzverfahren über das Vermögen der Gesellschaft nur für den Betrag verhältnismäßige Befriedigung verlangen, mit dem er bei der Inanspruchnahme der Sicherung oder des Bürgen ausgefallen ist.

(3) [1]Diese Vorschriften gelten sinngemäß für andere Rechtshandlungen eines Gesellschafters oder eines Dritten, die der Darlehensgewährung nach Absatz 1 oder 2 wirtschaftlich entsprechen. [2]Die Regeln über den Eigenkapitalersatz gelten nicht für den nicht geschäftsführenden Gesellschafter, der mit zehn vom Hundert oder weniger am Stammkapital beteiligt ist. [3]Erwirbt ein Darlehensgeber in der Krise der Gesellschaft Geschäftsanteile zum Zweck der Überwindung der Krise, führt dies für seine be-

stehenden oder neugewährten Kredite nicht zur Anwendung der Regeln über den Eigenkapitalersatz.

§ 32b GmbHG   Haftung für zurückgezahlte Darlehen

(1) ¹Hat die Gesellschaft im Fall des § 32a Abs. 2, 3 das Darlehen im letzten Jahr vor dem Antrag auf Eröffnung des Insolvenzverfahrens oder nach diesem Antrag zurückgezahlt, so hat der Gesellschafter, der die Sicherung bestellt hatte oder als Bürge haftete, der Gesellschaft den zurückgezahlten Betrag zu erstatten; § 146 der Insolvenzordnung gilt entsprechend. ²Die Verpflichtung besteht nur bis zur Höhe des Betrags, mit dem der Gesellschafter als Bürge haftete oder der dem Wert der von ihm bestellten Sicherung im Zeitpunkt der Rückzahlung des Darlehens entspricht. ³Der Gesellschafter wird von der Verpflichtung frei, wenn er die Gegenstände, die dem Gläubiger als Sicherung gedient hatten, der Gesellschaft zu ihrer Befriedigung zur Verfügung stellt. ⁴Diese Vorschriften gelten sinngemäß für andere Rechtshandlungen, die der Darlehensgewährung wirtschaftlich entsprechen.

§ 129a HGB   Rückgewähr von Darlehen

¹Bei einer offenen Handelsgesellschaft, bei der kein Gesellschafter eine natürliche Person ist, gelten die §§ 32a und 32b des Gesetzes betreffend die Gesellschaften mit beschränkter Haftung sinngemäß mit der Maßgabe, daß an die Stelle der Gesellschafter der Gesellschaft mit beschränkter Haftung die Gesellschafter oder Mitglieder der Gesellschafter der offenen Handelsgesellschaft treten. ²Dies gilt nicht, wenn zu den Gesellschaftern der offenen Handelsgesellschaft eine andere offene Handelsgesellschaft oder Kommanditgesellschaft gehört, bei der ein persönlich haftender Gesellschafter eine natürliche Person ist.

§ 172a HGB   Rückgewähr von Darlehen

¹Bei einer Kommanditgesellschaft, bei der kein persönlich haftender Gesellschafter eine natürliche Person ist, gelten die §§ 32a, 32b des Gesetzes betreffend die Gesellschaften mit beschränkter Haftung sinngemäß mit der Maßgabe, daß an die Stelle der Gesellschafter der Gesellschaft mit beschränkter Haftung die Gesellschafter oder Mitglieder der persönlich haftenden Gesellschafter der Kommanditgesellschaft sowie die Kommanditisten treten. ²Dies gilt nicht, wenn zu den persönlich haftenden Gesellschaftern eine offene Handelsgesellschaft oder Kommanditgesellschaft

Kapitalersetzende Darlehen **§ 135**

gehört, bei der ein persönlich haftender Gesellschafter eine natürliche Person ist.

Literatur: *v. Gerkan/Hommelhoff (Hrsg.)*, Handbuch des Kapitalersatzrechts, 2. Aufl 2002; vgl auch die GmbHG-Kommentare von *Scholz*, 9. Aufl, 2002; *Baumbach/Hueck*, 17. Aufl 2000; *Hachenburg*, 8. Aufl 1991; *Lutter/Hommelhoff*, 15. Aufl 2000.

I. Entstehungsgeschichte und Normzweck

1. Entstehungsgeschichte

Die Vorschrift geht zurück auf § 32a KO; sie wurde den übrigen Anfechtungsvorschriften konzeptionell angepasst (BegrRegE, *Kübler/Prütting*, S. 349). Im Gegensatz zum alten Recht verzichtet die Vorschrift auf einen ausdrücklichen Verweis auf § 32a GmbHG, sondern **verweist allg auf die Kapitalersatzvorschriften**, damit also auch auf §§ 129a, 172a HGB (BegrRegE, aaO S. 350). Die 30jährige Geltendmachungsfrist des § 41 Abs 1 S 3 KO wurde durch die auch gem § 133 Abs 1 geltende 10-Jahres-Frist ersetzt. 1

2. Normzweck

Die Vorschrift stellt das **Bindeglied zu den Kapitalersatzbestimmungen** im GmbH-Gesetz und im HGB, deren analoge Anwendung auf kapitalersetzende Leistungen bei der AG **sowie** den schon vor der Kodifikation der Kapitalersatzregeln geltenden **Rechtsprechungsregeln** dar. Nach verbreiteter Auffassung handelt es sich bereits bei den vorerwähnten Rechtsregeln um solche des Insolvenzanfechtungsrechts (*Roth/Altmeppen*, § 32a GmbHG Rn 4). 2

II. Allgemeines zum Kapitalersatzrecht

1. Entwicklung der Rechtsprechung

Bereits vor In-Kraft-Treten der §§ 32a ff GmbHG sowie der Vorgängervorschrift des § 135 InsO, § 32a KO, wurden Gesellschafterdarlehen, welche im Zeitpunkt der Krise gewährt bzw nicht aus der Gesellschaft abgezogen wurden, haftendem Eigenkapital gleichgesetzt. Dies führte im Insolvenzverfahren zu einer Auszahlungssperre sowie zu einem Rückgewähranspruch im Falle der Rückzahlung im Vorfeld eines Konkursverfahrens. Die Rechtsprechung orientierte sich wegen Anspruchsvoraussetzungen und Rechtsfolgen an den §§ 30, 31 GmbHG; danach bestand ein Rückforderungsanspruch nur insoweit, als die Rückzahlung des Gesellschafterdarlehens beim schuldnerischen Unternehmen zu einer Unterbilanz führen würde (*Baumbach/Hueck/Fastrich*, § 32a GmbHG Rn 77). 3

Leithaus

§ 135 3. Teil. Wirkungen der Eröffnung des Insolvenzverfahrens

2. Spezialgesetzliche Regelungen

4 Durch die GmbH-Gesetzesnovelle wurden die **§ 32 a/b in das GmbHG sowie die §§ 129 a/172 a in das HGB** eingefügt. Durch diese Vorschriften sollte für die GmbH sowie für Handelsgesellschaften, bei denen keine natürliche Person eine persönliche Haftung trägt, die bisherige Rechtsprechung des BGH kodifiziert werden. Allerdings zeigte sich, dass die Kodifizierung einerseits Lücken aufwies, andererseits von den Rechtsfolgen her über die Rechtsprechungsregeln hinaus ging.

3. Rechtsprechungsentwicklung nach 1980

5 Der BGH hat in zwei Grundsatzentscheidungen (BGHZ 90, 370; 95, 188) klargestellt, dass durch §§ 32a, 172a HGB die bisherigen Rechtsprechungsregeln nicht außer Kraft gesetzt wurden. Vielmehr **gelten die Rechtsprechungsregeln** neben den vorerwähnten Bestimmungen **fort**.

4. Kapitalersatzregeln für die Aktiengesellschaft

6 Der BGH hat mit der Entscheidung v. 26. 3. 1984 (BGHZ 90, 381, 385 ff – BuM) die Kapitalersatzvorschriften dem Grunde nach auch auf die AG Anwendung finden lassen. Er macht allerdings insoweit eine Einschränkung, dass nur solche Gesellschafter von den Kapitalersatzvorschriften erfasst sind, welche entweder 25% und mehr am Gesellschaftskapital halten oder in sonstiger Weise auf die Geschäftspolitik der Gesellschaft entscheidenden Einfluss nehmen können (vgl etwa *K. Schmidt*, AG 1984, 12 ff).

5. Weitere Entwicklung der Gesetzgebung

7 Im Jahr 1998 wurde § 32 a Abs 3 durch zwei neue Sätze erweitert.

8 **a) Privilegierung von Kleinbeteiligungen.** Durch das Kapitalaufnahmeerleichterungsgesetz erfolgte eine Privilegierung von Gesellschaftern, welche bis zu **10% des Geschäftskapitals** der GmbH halten und **nicht gleichzeitig Geschäftsführer** sind. Diese sind von „den Regeln über den Eigenkapitalersatz" ausgenommen. Der Gesetzgeber hat klargestellt, dass die Privilegierung nicht nur eine Ausnahme von der Anwendung der § 32 a/b GmbHG bedeutet, sondern das **auch** die oben (Rn 3) erwähnten **Rechtsprechungsregeln** keine Anwendung finden sollen. Höchstrichterliche Rechtsprechung hierzu liegt bislang nicht vor.

9 **b) Sanierungsprivileg.** Weiterhin wurde durch das KonTraG § 32a Abs 3 S 3 eingefügt, wonach bei einer **Darlehensgewährung in der Krise und dem gleichzeitigen Erwerb von Geschäftsanteilen** der in der Krise befindlichen GmbH, neu gewährte Darlehen, sowie alte zuvor bereits gewährte Darlehen, von den Kapitalersatzvorschriften ausgenom-

Kapitalersetzende Darlehen **§ 135**

men werden. Entscheidende Voraussetzung für die Privilegierung ist, dass die Darlehensgewährung zum Zwecke der **Überwindung der Krise** erfolgt. Rechtsprechung und Literatur verlangen daher, das **Vorliegen eines Sanierungskonzepts** (*Baumbach/Hueck/Fastrich*, § 32 a GmbHG Rn 19; *Lutter/Hommelhoff*, § 32 a/b GmbHG Rn 84;).

Im Übrigen ist auf die o. a. Spezialkommentare zum GmbH-Gesetz zu verweisen. 10

III. Regelungsinhalt

§ 135 führt zu einer Anfechtbarkeit von Rechtshandlungen, welche 11 entweder zu einer Rückführung eines kapitalersetzenden Gesellschafterdarlehens oder einer gleichgestellten Forderung führen oder welche dem betroffenen Gesellschafter eine Sicherheit gewähren.

1. Kapitalersetzende Darlehen oder gleichgestellte Forderung

§ 135 bezieht sich auf die Vorschriften des GmbH-Gesetzes. Nach 12 § 32 a Abs 3 S 1 GmbHG sind nicht nur Gesellschafterdarlehen von den Kapitalersatzregeln erfasst, sondern auch **wirtschaftlich entsprechende Leistungen**. Hierzu gehört etwa eine Sicherheitenstellung eines Drittdarlehens durch einen Gesellschafter, eine **kapitalersetzende Nutzungsüberlassung** (vgl hierzu etwa *Haas/Dittrich* in *v. Gerkan/Hommelhoff*, HdbKapErsR Rn 8.50 ff mwN) oder andere wirtschaftlich vergleichbare Rechtshandlungen. Hierzu gehört etwa auch eine für einen gewissen Zeitraum (länger als 2–3 Monate) **gestundete Forderung aus Warenlieferung seitens des Gesellschafters** (Konzernmutter) an die Gesellschaft (Tochtergesellschaft), welche insbes beim Eintritt einer Krise bei der Tochtergesellschaft nicht geltend gemacht werden. Wird ein Darlehen oder eine vergleichbare Gesellschafterleistung der (nicht in der Krise befindlichen) Gesellschaft gewährt kann dieses Kapitalersatzcharakter erlangen, wenn es bei Eintritt der Krise in der Gesellschaft „**stehengelassen**" wird (*Baumbach/Hueck/Fastrich*, § 32 a Rn 34).

2. Krise

§ 32 a Abs 1 S 1 definiert die Krise der Gesellschaft im Sinne der Kapi- 13 talersatzregeln als den **Zeitpunkt**, in dem die **Gesellschafter der Gesellschaft als ordentliche Kaufleute Eigenkapital zugeführt hätten**. Diese Legaldefinition bedeutet keine inhaltliche Änderung im Vergleich zu der vorher geltenden Rechtslage. Eine Krise wird üblicherweise dann angenommen, wenn die **Gesellschaft nicht mehr über ausreichende Kreditwürdigkeit verfügt**, um von dritter Seite (also Banken) Darlehen zu erhalten (*Baumbach/Hueck/Fastrich*, § 32 a Rn 42 f). Da Banken für die Darlehensgewährung üblicherweise Sicherheiten verlangen (§ 18 KWG) wird dann von einer Krise ausgegangen werden müssen, wenn Banken nur noch zur Darlehensgewährung bereit sind, wenn die Gesellschafter oder andere dritte Personen Fremdsicherheiten stellen. Gleiches gilt, wenn die Gesellschaft im Wesentlichen durch Gesellschafterleistungen (Darlehen und/oder stehengelassene Warenkredite) finanziert wird.

3. Sicherung

14 Nach § 135 Nr. 1 ist eine Rechtshandlung, welche einem Gesellschafter zur Absicherung dessen Rückführungsanspruchs aus der Gesellschaft eine **Sicherheit** gewährt, anfechtbar, wenn sie in den letzten **zehn Jahren vor dem Insolvenzeröffnungsantrag** oder danach vorgenommen wurde. Aufgrund der ohnehin bestehenden Nachrangigkeit kapitalersetzender Forderungen nach § 39 Abs 1 Nr 5 InsO führt dies auch zu einem Ausschluss der Aufrechnung mit kapitalersetzenden Forderungen (MK-InsO/*Stodolkowitz*, § 133 Rn 81).

4. Befriedigung

15 Ebenso wie nach altem Recht ist die **Rückzahlung von kapitalersetzenden Darlehen** und gleichgestellten Gesellschafterleistungen innerhalb des **letzten Jahres vor Insolvenzantragstellung** sowie danach anfechtbar. Rückzahlungen die **außerhalb der Jahresfrist** erfolgt sind, können daher vom Verw nicht mehr angefochten werden. In diesem Fall bleibt es bei der Anwendung der **Rechtsprechungsregeln** (s. o. Rn 3), welche keine derartige Befristung kennen. Allerdings sind die Rechtsprechungsregeln auf Rückzahlungen beschränkt, welche zu einer Verminderung der Kapitalziffer geführt haben und nicht auf die gesamte Gesellschafterleistung, welche in der Krise zurückgeführt wurde.

§ 136 Stille Gesellschaft

(1) Anfechtbar ist eine Rechtshandlung, durch die einem stillen Gesellschafter die Einlage ganz oder teilweise zurückgewährt oder sein Anteil an dem entstandenen Verlust ganz oder teilweise erlassen wird, wenn die zugrundeliegende Vereinbarung im letzten Jahr vor dem Antrag auf Eröffnung des Insolvenzverfahrens über das Vermögen des Inhabers des Handelsgeschäfts oder nach diesem Antrag getroffen worden ist. Dies gilt auch dann, wenn im Zusammenhang mit der Vereinbarung die stille Gesellschaft aufgelöst worden ist.

(2) Die Anfechtung ist ausgeschlossen, wenn ein Eröffnungsgrund erst nach der Vereinbarung eingetreten ist.

§ 236 HGB Insolvenz des Inhabers

(1) Wird über das Vermögen des Inhabers des Handelsgeschäfts das Insolvenzverfahren eröffnet, so kann der stille Gesellschafter wegen der Einlage, soweit sie den Betrag des auf ihn fallenden Anteils am Verlust übersteigt, seine Forderung als Insolvenzgläubiger geltend machen.

(2) Ist die Einlage rückständig, so hat sie der stille Gesellschafter bis zu dem Betrage, welcher zur Deckung seines Anteils erforderlich ist, zur Insolvenzmasse einzuzahlen.

Literatur: *Kolhosser*, WM 1985, 929 ff; *Paulick/Blaurock*, Handbuch der stillen Gesellschaft, 1988.

I. Entstehungsgeschichte und Normzweck

1. Entstehungsgeschichte

§ 136 entspricht inhaltlich der Bestimmung des § 237 HGB aF. Die Vorschrift wurde im Zuge des In-Kraft-Tretens der InsO in die dortigen Anfechtungsvorschriften verlegt, ohne dass dies eine inhaltliche Änderung zur Folge gehabt hätte. Abs 2 der Vorschrift enthält eine Präzisierung des vorherigen Rechtszustandes. Danach ist eine Vereinbarung, wonach dem stillen Gesellschafter eine Teilnahme an entstandenen Verlusten ganz oder teilweise erlassen wird, dann nicht anfechtbar, wenn die Vereinbarung vor Eintreten eines Insolvenzgrundes vorgenommen wurde (BegrRegE, *Kübler/Prütting*, S. 350).

2. Normzweck

Die Anfechtung der Rückgewähr der Einlage eines stillen Gesellschafters sowie der Erlass der Verlustteilnahme des stillen Gesellschafters stellt eine Zwischenlösung zwischen Forderungen „echter" Gesellschafter und außenstehenden Gläubigern dar. § 236 HGB gestattet es dem **stillen Gesellschafter, seinen Rückforderungsanspruch prinzipiell als einfacher Insolvenzgläubiger** (und nicht als nachrangiger Insolvenzgläubiger) **geltend zu machen**. Gleichwohl geht das Gesetz beim stillen Gesellschafter von einer **größeren Nähe zur Gesellschaft** aus. Daher sind Rückzahlungen der stillen Einlage bis zu einem Jahr vor Insolvenzantragstellung anfechtbar (und nicht nur bis zu drei Monaten wie etwa nach §§ 130, 131). Außerdem bedarf es für die Anfechtung keiner sonstigen subjektiven und objektiven Voraussetzungen wie etwa der Kenntnis von der Zahlungsunfähigkeit (vgl hierzu auch HK-*Kreft*, § 136 Rn 2).

II. Regelungsinhalt

1. Anfechtbare Rechtshandlungen

3 **a) Vereinbarung über die Rückgewähr der Einlage.** Anfechtbar ist nach § 136 nicht die Rückgewähr der Einlage des stillen Gesellschafters als solche. Daher ist nicht anfechtbar die Rückzahlung der stillen Einlage entsprechend dem Vertrag über die Errichtung der stillen Gesellschaft (RGZ 84, 438; HK-*Kreft*, § 136 Rn 7), also wenn eine vertragsgemäße Rückführung der stillen Einlage innerhalb der Jahresfrist erfolgt.

4 **b) Vereinbarung über den Erlass der Verlusttragungspflicht.** Ebenso ist anfechtbar der vollständige oder teilweise Erlass der Teilnahme des stillen Gesellschafters am Verlust des Handelsgeschäfts. Die Vorschrift greift insoweit zusammen mit § 236 Abs 1 HGB, wonach der stille Gesellschafter nur wegen seiner Einlage vermindert um die auf ihn entfallenden Verluste als Insolvenzgläubiger am Insolvenzverfahren des Handelsgeschäfts teilnimmt. Eine Kombination der Anfechtung kommt dann in Betracht, wenn dem stillen Gesellschafter zunächst sein Verlustanteil erlassen und sodann die vollständige Einlage zurückgewährt worden ist. Der Erlass zukünftiger Verluste ist nach § 136 nicht anfechtbar (MK-InsO/*Stodolkowitz*, § 136 Rn 21 mwN).

2. Anfechtungsfrist

5 Anfechtbar sind Rechtshandlungen, welche im letzten Jahr vor dem Antrag auf Eröffnung des Insolvenzverfahrens über das Vermögen des Inhabers des Handelsgeschäft oder nach dem Antrag vorgenommen wurden. Str. ist, wen die Beweislast trifft, dass die angefochtene Vereinbarung innerhalb der Jahresfrist getroffen wurde (für eine Beweislast des Gesellschafters: N/R-*Nerlich*, § 136 Rn 15; *Schlegelberger/K.Schmidt*, § 237 HGB Rn 18). Gegen eine solche Beweislast spricht allerdings der Wortlaut des § 136 Abs 1 S 1, welcher die Anfechtungsfrist nicht als negatives Tatbestandsmerkmal formuliert. Daher dürfte der abweichenden Auffassung beizutreten sein, wonach den stillen Gesellschafter nur eine erweiterte Darlegungslast bezüglich der Umstände trifft, wegen welcher er über eine entsprechende Kenntnis verfügt (MK-InsO/*Stodolkowitz*, § 136 Rn 23).

3. Ausnahme: Eintritt des Eröffnungsgrundes nach Vereinbarung

6 Nach § 136 Abs 2 ist die Anfechtung nach Abs 1 ausgeschlossen, wenn erst nach der sonst anfechtbaren Vereinbarung über die Rückführung der Einlage oder den Erlass der Verlusttragungspflicht ein Insolvenzeröffnungsgrund eingetreten ist. Aufgrund des Ausnahmecharakters der Vorschrift trägt der stille Gesellschafter diesbezüglich die Beweislast (N/R-*Nerlich*, § 136 Rn 15; MK-InsO/*Stodolkowitz*, § 136 Rn 24; Uhlenbruck/

Hirte, § 136 Rn 11). Die Ausnahmevorschrift soll gewährleisten, daß eine Rückführung der Einlage bzw ein Einlass der Verlusttragungspflicht nur dann anfechtbar ist, wenn zum Zeitpunkt des Abschlusses der Vereinbarung eine Insolvenzreife bereits bestanden hat. In diesem Zusammenhang ist verwunderlich, dass nach ganz hM als Eröffnungsgrund im Sinne der Vorschrift nicht nur die Zahlungsunfähigkeit sowie die Überschuldung (§§ 17, 19 InsO), sondern auch die drohende Zahlungsunfähigkeit nach § 18 InsO angesehen wird (MK-InsO/*Stodolkowitz*, § 136 Rn 24 mwN). Nach der Begründung des Regierungsentwurfs soll die Vorschrift nach der Umformulierung „für die Praxis handhabbar" werden. Wenn die Ausnahmevorschrift jetzt aber auch schon bei einer drohenden Zahlungsunfähigkeit eingreifen soll, so wird die Vorschrift alles andere als handhabbar. So ist insbes umstritten, wann von einer drohenden Zahlungsunfähigkeit ausgegangen werden kann und über welchen Zeitraum hinweg auch die Feststellung einer drohenden Zahlungsunfähigkeit abgestellt werden soll (s. o. § 18 Rn 4 f). Aufgrund der Umkehr der Beweislast wird der stille Gesellschafter quasi keine Möglichkeit haben, nachzuweisen, dass der Gesellschaft innerhalb des letzten Jahres vor Insolvenzantragstellung die Zahlungsunfähigkeit nicht wenigstens gedroht hat. Daher ist die Vorschrift insoweit einschränkend auszulegen, als ein Eröffnungsgrund iSv § 136 Abs 2 nur ein solcher nach §§ 17 und 19 sein kann.

4. Atypisch stille Gesellschaft

Bei einen atypisch stillen Gesellschafter, welcher nicht nur am Gewinn der Gesellschaft beteiligt ist, sondern auch über Mitwirkungs- und Kontrollbefugnisse verfügt, wendet die Rechtsprechung § 136 InsO sowie § 236 HGB nicht an. Vielmehr zieht die Rechtsprechung in diesen Fällen die Kapitalersatzregeln (vgl oben § 135) heran (BGHZ 106, 107, 109 ff = NJW 1989, 982 f; MK-InsO/*Stodolkowitz*, § 135 Rn 72).

§ 137 Wechsel- und Scheckzahlungen

(1) Wechselzahlungen des Schuldners können nicht auf Grund des § 130 vom Empfänger zurückgefordert werden, wenn nach Wechselrecht der Empfänger bei einer Verweigerung der Annahme der Zahlung den Wechselanspruch gegen andere Wechselverpflichtete verloren hätte.
(2) Die gezahlte Wechselsumme ist jedoch vom letzten Rückgriffsverpflichteten oder, wenn dieser den Wechsel für Rechnung eines Dritten begeben hatte, von dem Dritten zu erstatten, wenn der letzte Rückgriffsverpflichtete oder der Dritte zu der Zeit, als er den Wechsel begab oder begeben ließ, die Zahlungsunfähigkeit

des Schuldners oder den Eröffnungantrag kannte. § 130 Abs. 2 und 3 gilt entsprechend.

(3) Die Absätze 1 und 2 gelten entsprechend für Scheckzahlungen des Schuldners.

I. Entstehungsgeschichte und Normzweck

1. Entstehungsgeschichte

1 Die Vorschrift entspricht § 34 KO. In Verschärfung zum alten Recht schadet bei dem Rückgriff des Verpflichteten auch grobe Fahrlässigkeit (BegrRegE, *Kübler/Prütting*, S. 351). Aufgrund des Gleichklangs mit § 130 wurde in Abs 1 ein Verweis auf § 130 Abs 2 und 3 aufgenommen.

2. Normzweck

2 Die Norm passt die Anfechtungsnormen an das Wechsel- und Scheckrecht an. Der aus einem Wechsel bzw Scheck Berechtigte soll nicht deshalb unbillig benachteiligt werden, weil er aus wechsel- oder scheckrechtlichen Gründen die Leistung annehmen musste, um nicht eigene Regreßansprüche zu verlieren (MK-InsO/*Kirchhof*, § 137 Rn 1; Uhlenbruck/*Hirte*, § 137 Rn 1). Als Ausgleich hierfür kann der Verw jedoch beim letzten Rückgriffsverpflichteten einen Rückgriff nehmen, wenn bei diesem Kenntnis oder grob fahrlässige Unkenntnis wegen Zahlungsunfähigkeit des Schuldners oder des Eröffnungsantrages vorliegt (*Kirchhof* aaO).

II. Regelungsinhalt

1. Anwendungsbereich

3 Die Vorschrift verbietet nur eine Anfechtung nach § 130, wenn die übrigen Voraussetzungen vorliegen. Bei Vorliegen einer inkongruenten Deckung (§ 131) bleibt eine Anfechtung daher möglich (N/R-*Nerlich*, § 137 Rn 4). Die Vorschrift ist bei Zahlungen, die erst nach einem Wechselprotest erfolgt sind, nicht einschlägig (K/P-*Paulus*, § 137 Rn 3).

2. Anfechtungsausschluss

4 Nach Abs 1 nicht anfechtbar ist die Zahlung auf einen Wechsel (bzw auf einen Scheck gem Abs 3), wenn der Empfänger nach Wechsel- bzw Scheckrecht bei der Verweigerung der Annahme der Zahlung den Rückgriffsanspruch gegen andere Wechselverpflichtete verloren hätte. So kann ein Wechselprozess mangels Zahlung dann nicht erhoben werden, wenn der Wechselschuldner bei Verfall eine Zahlung anbietet. Würde der Wechselinhaber eine dergestalt angebotene Zahlung trotz entsprechender

Kenntnis nach § 130 ablehnen, würde er seine sonst bestehende Rückgriffsmöglichkeit auf andere Wechselverpflichtete verlieren. Dieses Dilemma beseitigt – wie bereits § 34 KO – § 137 Abs 1. Ist hingegen kein weiterer Rückgriffsverpflichteter vorhanden oder ist der Wechsel zu Protest gegangen, so greift Abs 1 nicht ein (MK-InsO/*Kirchhof*, § 137 Rn 7; N/R-*Nerlich*, § 137 Rn 3).

3. Rückgriffsmöglichkeit nach Abs 2

Abs 2 gibt dem Verw die Möglichkeit, die an den Wechselinhaber gezahlte Summe von anderen aus dem Wechsel verpflichteten Personen erstattet zu verlangen. Als Rückgriffsverpflichtete nennt Abs 2 einerseits den „letzten Rückgriffsverpflichteten" und andererseits einen Dritten, für dessen Rechnung der Rückgriffsverpflichtete den Wechsel begeben hatte.

a) Letzter Wechselverpflichteter. Eine **Rückgriffsmöglichkeit** besteht nur gegenüber demjenigen, welcher bei wirksamer Protesterhebung **in der Rückgriffskette „ganz hinten" gestanden hätte**. Dies ist entweder der Aussteller des auf den Schuldner bezogenen Wechsels oder der erste Indossant des vom Schuldner ausgestellten eigenen Wechsels (MK-InsO/*Kirchhof*, § 137 Rn 13; Uhlenbruck/*Hirte*, § 137 Rn 6; HK-*Kreft*, § 137 Rn 9).

b) Für Rechnung eines Dritten. Sollte letztendlich nicht der aus dem Wechsel ersichtliche Rückgriffsverpflichtete die Haftung aus dem Wechsel übernehmen, sondern ein außenstehender Dritter (etwa im Fall des **Kommissionswechsels nach Art 3 Abs 3 WG**), so kann der Verw sich an diesen Dritten halten. Es handelt sich nach der Formulierung des Gesetzes um eine Alternativhaftung und nicht um eine gesamtschuldnerische Haftung. Der letzte Rückgriffsverpflichtete hat darzulegen und notfalls zu beweisen, dass er den Wechsel für Rechnung eines Dritten begeben hat (K/P-*Paulus*, § 137 Rn 6).

c) Haftungsvoraussetzungen. Bei dem letzten Rückgriffsverpflichteten bzw dem Dritten **schadet** nicht nur Kenntnis von der Zahlungsunfähigkeit bzw der Antragstellung, sondern **auch grob fahrlässige Unkenntnis**. Danach sind die Anfechtungsvoraussetzungen schärfer als die des § 130, auf welchen § 137 Bezug nimmt. Abs 2 S 2 **verweist auf § 130 Abs 2 und 3**. Der Verweis auf § 130 Abs 2 dürfte praktisch bedeutungslos sein, da nach § 137 Abs 2 auch grobe Fahrlässigkeit schadet. Aufgrund des Verweises auf § 130 Abs 3 wird bei dem letzten Rückgriffsverpflichteten oder dem Dritten Kenntnis vermutet, wenn dieser eine nahestehende Person iSv § 138 ist.

4. Scheckzahlungen

9 Nach Abs 3 gelten die vorstehenden Ausführungen entsprechend für Scheckzahlungen des Schuldners.

§ 138 Nahestehende Personen

(1) Ist der Schuldner eine natürliche Person, so sind nahestehende Personen:
1. der Ehegatte des Schuldners, auch wenn die Ehe erst nach der Rechtshandlung geschlossen oder im letzten Jahr vor der Handlung aufgelöst worden ist;
1a. der Lebenspartner des Schuldners, auf wenn die Lebenspartnerschaft erst nach der Rechtshandlung eingegangen oder im letzten Jahr vor der Handlung aufgelöst worden ist;
2. Verwandte des Schuldners oder des in Nummer 1 bezeichneten Ehegatten oder des in Nummer 1a bezeichneten Lebenspartners in auf- und absteigender Linie und voll- und halbbürtige Geschwister des Schuldners oder des in Nummer 1 bezeichneten Ehegatten oder des in Nummer 1a bezeichneten Lebenspartners sowie die Ehegatten oder Lebenspartner dieser Personen;
3. Personen, die in häuslicher Gemeinschaft mit dem Schuldner leben oder im letzten Jahr vor der Handlung in häuslicher Gemeinschaft mit dem Schuldner gelebt haben.

(2) Ist der Schuldner eine juristische Person oder eine Gesellschaft ohne Rechtspersönlichkeit, so sind nahestehende Personen:
1. die Mitglieder des Vertretungs- oder Aufsichtsorgans und persönlich haftende Gesellschafter des Schuldners sowie Personen, die zu mehr als einem Viertel am Kapital des Schuldners beteiligt sind;
2. eine Person oder eine Gesellschaft, die auf Grund einer vergleichbaren gesellschaftsrechtlichen oder dienstvertraglichen Verbindung zum Schuldner die Möglichkeit haben, sich über dessen wirtschaftliche Verhältnisse zu unterrichten;
3. eine Person, die zu einer der in Nummer 1 oder 2 bezeichneten Personen in einer in Absatz 1 bezeichneten persönlichen Verbindung steht; dies gilt nicht, soweit die in Nummer 1 oder 2 bezeichneten Personen kraft Gesetzes in den Angelegenheiten des Schuldners zur Verschwiegenheit verpflichtet sind.

Literatur: *App*, FamRZ 1996, 1523 ff; *Ehricke*, KTS 1996, 209 ff; *Hirte*, ZInsO 1999, 429 ff.

I. Entstehungsgeschichte und Normzweck

1. Entstehungsgeschichte

Die Vorschrift ergänzt und erweitert die Regelung in § 31 Nr. 2 KO und definiert den Begriff der **nahestehenden Person einheitlich für das gesamte Insolvenzanfechtungsrecht** (BegrRegE, *Kübler/Prütting*, S 353). Ähnliche Vorschriften finden sich auch in § 4 Abs 2, § 108 Abs 2 VglO sowie in § 10 Abs 1 Nr 2 und 3 GesO. Im Zuge des Gesetzgebungsverfahrens wurden die Regelungen zu nahestehenden Personen, welche zunächst auf 3 Vorschriften verteilt waren, in einer Vorschrift zusammengefasst. Durch das Gesetz zur Beendigung der Diskriminierung gleichgeschlechtlicher Gemeinschaften (Lebenspartnerschaftsgesetz vom 16. 2. 2001, BGBl. I, S 266) wurde in Abs 1 eine neue Nr 1 a eingearbeitet. Danach gelten die in Nr 1 enthaltenen Regelungen **auch für Lebenspartnerschaften** im Sinne dieses Gesetzes. Die Einbeziehung der Lebenspartner in Abs 1 Nr 2 erfolgte erst durch das Gesetz zur Überarbeitung des Lebenspartnerschaftsrechts vom 15. 12. 2004 (BGBl. I, S 3396).

2. Normzweck

Der Begriff der „nahestehenden Person" durchzieht sowohl das Insolvenzanfechtungsrecht als auch das Recht der Anfechtung außerhalb eines Insolvenzverfahrens nach dem AnfG. Bei nahestehenden Personen wird **prinzipiell vermutet**, dass **diese Kenntnis der wirtschaftlichen Situation** des Schuldners haben (vgl § 130 Abs 3, § 131 Abs 3, § 132 Abs 3, § 133 Abs 2, § 137 Abs 2 S 2, § 145 Abs 2 Nr 2, § 162 Abs 1 Nr 1). Durch die Vereinheitlichung des Begriffs der nahestehenden Person wird das Anfechtungsrecht insgesamt leichter handhabbar.

II. Regelungsinhalt

1. Schuldner als natürliche Person

Abs 1 regelt die nahestehende Person in Bezug auf einen Schuldner, der eine natürliche Person ist. Die dort aufgeführten Personen weisen eine **persönliche oder familiäre Nähe** bzw Beziehung zum Schuldner auf. Es wird an rein **objektive Kriterien** angeknüpft; eine tatsächliche Nähe bzw Beziehung muss nicht vorliegen. Bei Ehegatten enthält Abs 1 Nr 1 im Vergleich zu § 31 KO eine Einschränkung dahingehend, dass bei einer Auflösung der Ehe länger als ein Jahr vor der Handlung eine persönliche Nähe ausscheidet. Neu hinzugekommen ist, dass auch Personen, die in **häuslicher Gemeinschaft mit dem Schuldner** leben oder im letzten Jahr vor der Handlung in häuslicher Gemeinschaft gelebt haben, als nahestehende Personen angesehen werden (Abs 1 Nr 3).

2. Schuldner als juristische Person oder als Gesellschaft ohne Rechtspersönlichkeit

4 a) **Allgemeines.** Ist der Schuldner eine juristische Person oder eine Gesellschaft ohne Rechtspersönlichkeit (GBR, OHG, KG), so werden in den Bereich der nahestehenden Personen nach Abs 2 solche Personen einbezogen, welche **auf die Entscheidungsfindung beim Schuldner Einfluß** haben. Dies entspricht im Wesentlichen der bereits zur KO geltenden Rechtsprechung (BGHZ 1958, 20, 32 f; BGH NJW 1989, 1037, 1038; NJW 1990, 2687, 2688). Festzustellen ist, dass die – von der Konzeption her **abschießende** – Regelung in § 138 insgesamt lückenhaft ist (MK-InsO/*Stodolkowitz*, § 138 Rn 8; HK-*Kreft*, § 138 Rn 5). Daher soll nach herrschender Auffassung eine Analogie im Bereich des § 138 möglich sein (einschränkend K/P-*Paulus*, § 138 Rn 1 aE; FK-*Dauernheim*, § 138 Rn 2).

5 b) **Enge gesellschaftsrechtliche Beziehung.** Nach Abs 2 Nr 1 sind nahestehende Personen bei juristischen Personen die Mitglieder des **Vertretungs- (Vorstand, Geschäftsführung) oder Aufsichtsorgans** (obligatorischer oder fakultativer Aufsichtsrat, Beirat) und bei der Gesellschaft ohne Rechtspersönlichkeit die persönlich haftenden Gesellschafter (Gesellschafter einer OHG, Komplementär einer KG, Gesellschafter einer GbR, Partner einer PartG, Mitglied einer EWIV) des Schuldners. Bei den erwähnten Personen besteht aufgrund der allgemeinen Aufgabenstellung und der gesellschaftsrechtlich vermittelten Befugnisse die **unwiderlegliche Vermutung**, dass diese entweder auf die Geschicke des Schuldners **unmittelbaren Einfluss** nehmen oder aber (bei Mitgliedern des Aufsichtsorgans) Kontrollbefugnisse ausüben können, welche ihnen **hinreichende Kenntnis von den wirtschaftlichen Verhältnissen des Schuldners** vermitteln. Weiterhin zählen zu den nahestehenden Personen nach Abs 2 Nr 1 Personen, welche zu **mehr als einem Viertel an dem Schuldner beteiligt** sind. Auch bei solchen Gesellschaftern mit einer maßgeblichen Beteiligung am Kapital des Schuldners geht das Gesetz von hinreichender Kenntnis von den wirtschaftlichen Verhältnissen des Schuldners aus. Bei solchen Gesellschaftern ist es nicht erforderlich, dass diese auch für die Gesellschaft (etwa als persönlich haftender Gesellschafter oder als Geschäftsführer) vertretungsbefugt sind.

6 c) **Vergleichbare gesellschaftsrechtliche oder dienstvertragliche Verbindung.** Abs 2 Nr 2 enthält eine Auffangvorschrift zu Nr 1 und bezieht auch solche Personen in den Kreis der nahestehenden Personen ein, welche „aufgrund einer vergleichbaren gesellschaftsrechtlichen oder dienstvertraglichen Verbindung zum Schuldner die Möglichkeit haben, sich über dessen wirtschaftliche Verhältnisse zu unterrichten" (MK-InsO/

Stodolkowitz, § 138 Rn 27; Uhlenbruck/*Hirte*, § 138 Rn 39, 47). Wann eine solche „vergleichbare" Verbindung anzunehmen ist, wird **im jeweiligen Einzelfall gesondert zu prüfen** sein. In folgenden Fällen wird man von einer vergleichbaren Verbindung auszugehen haben:
- Verbundene Unternehmen im Sinne von §§ 17 ff AktG (MK-InsO/ *Stodolkowitz*, § 138 Rn 28 ff).
- Bei Schwester- oder Cousinengesellschaften wird eine Nähe jedoch nur dann anzunehmen sein, wenn die gemeinsame Mutter-/Großmuttergesellschaft an beiden Gesellschaften wenigstens mittelbar mehrheitlich beteiligt ist;
- Prokuristen, leitende Angestellte in Buchhaltung und Verwaltung (K/ P-*Paulus*, § 138 Rn 22);
- Abschluss- und Sonderprüfer sowie deren Hilfspersonen (MK-InsO/ *Stodolkowitz* § 138 Rn 34).

d) Persönliche Nähe bzw Beziehung. Abs 2 Nr 3 stellt eine Verbindung zwischen denen in Abs 2 genannten Personen und jenen Personen, welche in Abs 1 aufgelistet werden, her. Danach ist etwa auch der Ehegatte eines persönlich haftenden Gesellschafters einer OHG nahestehende Person der OHG. Im übrigen kann auf die Kommentierung oben (Rn 3) verwiesen werden.   7

e) Ausnahme für zur Verschwiegenheit verpflichtete Personen. Abs 2 Nr 3 zweiter Halbsatz enthält eine **Rückausnahme** für den Fall das die in Abs 2 Nr 1 und 2 genannten Personen „**Kraft Gesetzes in den Angelegenheiten des Schuldners zur Verschwiegenheit verpflichtet sind**", da diesen Personen nicht unterstellt werden kann, daß sie die Verschwiegenheitspflicht durch Weitergabe von Kenntnissen verletzt haben, die auf ihrer besonderen Informationsmöglichkeit beruhen und der Verschwiegenheit unterliegen. Die Begründung des Regierungsentwurfs nennt beispielhaft die strafbewehrte Verschwiegenheitspflicht von Vorstands- und Aufsichtsratsmitgliedern einer AG gemäß § 404 AktG (BegrRegE, *Kübler/Prütting*, S. 602 f).   8

§ 139 Berechnung der Fristen vor dem Eröffnungsantrag

(1) Die in den §§ 88, 130 bis 136 bestimmten Fristen beginnen mit dem Anfang des Tages, der durch seine Zahl dem Tag entspricht, an dem der Antrag auf Eröffnung des Insolvenzverfahrens beim Insolvenzgericht eingegangen ist. Fehlt ein solcher Tag, so beginnt die Frist mit dem Anfang des folgenden Tages.

(2) Sind mehrere Eröffnungsanträge gestellt worden, so ist der erste zulässige und begründete Antrag maßgeblich, auch wenn das Verfahren auf Grund eines späteren Antrags eröffnet worden

§ 139 3. Teil. Wirkungen der Eröffnung des Insolvenzverfahrens

ist. Ein rechtskräftig abgewiesener Antrag wird nur berücksichtigt, wenn er mangels Masse abgewiesen worden ist.

I. Entstehungsgeschichte und Normzweck

1 Im Gegensatz zum alten Recht enthält das Anfechtungsrecht der InsO jetzt eine spezialgesetzliche Vorschrift zur **Berechnung der Fristen vor dem Insolvenzeröffnungsantrag**. Bisher wurde die Rückrechnung der Anfechtungsfristen in spiegelbildlicher Anwendung von §§ 187 Abs 1, 188 Abs 2 Nr 3 BGB vorgenommen. Abs. 1 enthält daher lediglich klarstellenden Inhalt (BegrRegE, *Kübler/Prütting*, S 355). Abs 2 enthält eine Auslegungsregel, wonach bei mehreren zulässigen und begründeten Insolvenzanträgen für die Berechnung der erste Antrag maßgeblich ist, auch wenn das Verfahren aufgrund eines späteren Antrages eröffnet wird. Hierdurch wird gewährleistet, dass das **aus Sicht des anfechtenden Verw jeweils günstigste Ergebnis** erzielt wird (BegrRegE aaO S 355).

II. Regelungsinhalt

1. Anwendungsbereich

2 Die Bestimmung des § 139 ist nicht nur anwendbar für die **Anfechtungsfristen** in den §§ 129 ff, sondern **auch für die Monatsfrist des § 88** („Rückschlagsperre"), da auch diese auf die Stellung des Insolvenzantrages abstellt.

2. Fristberechnung (Abs 1)

3 Abs 1 bestimmt in **spiegelbildlicher Anwendung der Fristberechnungsregeln des BGB** (§§ 187, 188), daß für die Berechnung der Fristen in den maßgeblichen Vorschriften auszugehen ist, von dem Tag der durch seine Zahl dem Tag entspricht, an dem der Antrag des Insolvenzverfahrens beim Insolvenzgericht eingegangen ist. Ist der Insolvenzantrag also am 05.07.2002 eingegangen, so ist eine inkongruente Deckungshandlung nach § 131 InsO anfechtbar, wenn sie nach dem 05.04 0.00 Uhr erfolgt ist. Nach Abs 1 S 2 beginnt die Frist erst am folgenden Tag zu laufen, wenn ein entsprechender Tag im Monat fehlt. Wurde also der Insolvenzantrag am 31.12.2001 gestellt, so sind inkongruente Deckungshandlungen anfechtbar, welche nach dem 01.10.2001, 0.00 Uhr stattgefunden haben.

3. Mehrere Eröffnungsanträge

4 **a) Allgemeines.** Wurden mehrere Eröffnungsanträge gestellt, so ist für die Fristberechnung **der erste zulässige und begründete Antrag maßgeblich**. Dies gilt auch dann, wenn das Verfahren aufgrund eines später gestellten Antrages eröffnet worden ist. Ein solcher Fall kann etwa dann eintreten, wenn zunächst ein Fremdantrag gestellt wurde, welcher vom Insolvenzgericht noch zeitaufwendig geprüft werden muss und vor Entscheidung über den Fremdantrag der Schuldner einen zulässigen und begründeten Eigenantrag stellt.

b) Abweisung mangels Masse. Auch ein (rechtskräftig) abgewiesener Insolvenzantrag kann für die Anfechtungsfristen noch berücksichtigt werden, wenn es sich um eine Abweisung mangels Masse gehandelt hat (Abs 2 S 2). Bei einer Abweisung mangels Masse kann der Schuldner oder ein Gläubiger einen weiteren Antrag stellen und die mangelnde Masse durch einen Kostenvorschuss beseitigen (BegrRegE, *Kübler/Prütting*, S 355).

§ 140 Zeitpunkt der Vornahme einer Rechtshandlung

(1) Eine Rechtshandlung gilt als in dem Zeitpunkt vorgenommen, in dem ihre rechtlichen Wirkungen eintreten.

(2) Ist für das Wirksamwerden eines Rechtsgeschäfts eine Eintragung im Grundbuch, im Schiffsregister, im Schiffsbauregister oder im Register für Pfandrechte an Luftfahrzeugen erforderlich, so gilt das Rechtsgeschäft als vorgenommen, sobald die übrigen Voraussetzungen für das Wirksamwerden erfüllt sind, die Willenserklärung des Schuldners für ihn bindend geworden ist und der andere Teil den Antrag auf Eintragung der Rechtsänderung gestellt hat. Ist der Antrag auf Eintragung einer Vormerkung zur Sicherung des Anspruchs auf die Rechtsänderung gestellt worden, so gilt Satz 1 mit der Maßgabe, daß dieser Antrag an die Stelle des Antrags auf Eintragung der Rechtsänderung tritt.

(3) Bei einer bedingten oder befristeten Rechtshandlung bleibt der Eintritt der Bedingung oder des Termins außer Betracht.

I. Entstehungsgeschichte und Normzweck

Eine vergleichbare Regelung war in der KO nicht enthalten. Allerdings entspricht § 10 Abs 3 GesO § 140 Abs 2. Die weiteren, im Wesentlichen der Rechtssicherheit dienenden (HK-*Kreft*, § 140 Rn 2), Regelungen in Abs 1 und 3 entsprechen weitgehend der bisherigen Rechtslage: In Abs 2 weicht das Gesetz allerdings von der Rechtsprechung zur KO ab, da es – entsprechend dem Schutzzweck des § 91 Abs 2 – für die Wirksamkeit eines Grundstücksgeschäfts **auf den bindend gewordenen Eintragungsantrag abstellt** (BegrRegE, *Kübler/Prütting*, S 357). § 140 Abs 1 zielt darauf ab, den **Zeitpunkt der Vornahme des anfechtbaren Rechtsgeschäfts möglichst weit hinauszuzögern**. Der bereits erwähnte

Abs 2 schränkt diese Zielsetzung für Registergüter teilweise ein. Abs 3 enthält eine Klarstellung für den bedingten Rechtserwerb.

II. Regelungsinhalt

1. Grundsatz

2   Nach Abs 1 gilt eine **Rechtshandlung** als in dem Zeitpunkt vorgenommen, in dem **ihre rechtlichen Wirkungen eintreten**. Dies ist dann der Fall, wenn und sobald die gesamten Erfordernisse vorliegen, welche die Rechtsordnung an die Entstehung, Aufhebung oder Veränderung eines Rechtsverhältnisses knüpft (MK-InsO/*Kirchhof*, § 140 Rn 5; Uhlenbruck/*Hirte*, § 140 Rn 2). Bei Gestaltungserklärungen wie etwa einer **Kündigung** tritt die rechtliche Wirkung mit **Zugang** der Erklärung ein.

2. Mehraktige Rechtshandlungen

3   Einheitliche Rechtshandlungen, die aus mehreren Teilakten bestehen, sind erst mit dem **letzten zur Erfüllung ihres Tatbestandes erforderlichen Teilakt** abgeschlossen (BGHZ 99, 274, 286; MK-InsO/*Kirchhof*, § 140 Rn 7 mwN; Uhlenbruck/*Hirte*, § 140 Rn 2). So wird etwa ein Rechtsgeschäft, welches (nachträglich) genehmigt werden muss, erst mit **Erteilung der Genehmigung** wirksam. Erst dann gilt die (möglicherweise anfechtbare) Rechtshandlung als vorgenommen (*Kirchhof* aaO Rn 8); die Anfechtungsfrist läuft erst ab diesem Zeitpunkt. Ein zweiseitiges Rechtsgeschäft kommt ebenfalls erst durch Angebot und Annahme zustande; **erst die** zweite, **zum Vertragsschluss führende, Willenserklärung** ist daher für die Anfechtung maßgeblich.

3. Einzelfälle

4   **a) Einlösung eines Schecks.** Bei einer Hingabe eines Schecks erfüllungshalber tritt die Erfüllungswirkung nicht schon mit der Einreichung des Schecks, sondern **erst mit der Einlösung durch die bezogene Bank** ein.

5   **b) Genehmigung.** Ist für die Wirksamkeit eines Rechtsgeschäfts die Erteilung einer Genehmigung erforderlich, so ist für die Anfechtung des Rechtsgeschäfts der **Zeitpunkt der Erteilung der Genehmigung** maßgeblich (BGH NJW 1997, 103).

6   **c) Globalzession/verlängerter Eigentumsvorbehalt.** Bei der Vorausabtretung zukünftiger Forderungen, etwa im Zusammenhang mit einer Globalzession oder einem verlängerten Eigentumsvorbehalt, wird die Abtretung erst dann wirksam, **wenn die abgetretene Forderung entsteht**. Dies ist bei Kaufpreisforderungen der Zeitpunkt des **Abschlusses**

des entsprechenden Kaufvertrages (BGH ZIP 1991, 808; ZIP 1998, 249).

d) Forderungsverpfändung. Diese wird nach § 1280 BGB erst bei **Anzeige der Verpfändung** an den Drittschuldner wirksam.

e) Zwangsvollstreckung. Die Entstehung des Pfandrechts führt für den Pfandgläubiger zu einem Absonderungsrecht nach § 50 Nr. 1. Entsteht das Pfändungspfandrecht in unanfechtbarer Zeit, so kann die Verwertung des Pfandrechts auch dann nicht angefochten werden, wenn diese in anfechtbarer Zeit erfolgt (MK-InsO/*Kirchhof*, § 140 Rn 17). Bei **Zwangsvollstreckungen ist § 88** zu beachten. Entsteht das Pfändungspfandrecht erst im letzten Monat vor Insolvenzantragstellung, so wird diese Sicherung automatisch nachträglich unwirksam.

4. Registerrechte

a) Allgemeines. Abs 2 enthält eine Ausnahme von dem Grundsatz in Abs 1, wonach es bei mehraktigen Rechtsgeschäften auf den letzten Akt ankommt. Im Gegensatz zur bisherigen Rechtsprechung (st Rspr: RGZ 51, 286; BGHZ 30, 240; BGH ZIP 2000, 1552) kommt es jetzt bei Registerrechten nicht mehr auf den Zeitpunkt der Eintragung, sondern auf die **Stellung des bindend gewordenen Eintragungsantrages** an.

b) Eintragungsantrag bezüglich des jeweiligen Rechts. Abs 2 S 1 lässt es für den Zeitpunkt der Vornahme des Rechtsgeschäfts bei Grundstücken, Schiffen, Schiffsbauwerken sowie Luftfahrzeugen ausreichen, dass „die übrigen Voraussetzungen für das Wirksamwerden erfüllt sind, die Willenserklärung des Schuldners für ihn bindend geworden ist und der andere Teil den Antrag auf Eintragung der Rechtsänderung gestellt hat". Diese Vorschrift stellt bezüglich eines Grundstücks auf **§ 878 BGB** ab, welcher ebenfalls auf die **bindende Erklärung sowie den Antrag auf Eintragung beim Grundbuchamt** abstellt. Wurde also bei einem Grundstücksgeschäft die Auflassung nach § 925 BGB erklärt und wurde der Eintragungsantrag im Namen des anderen Teils (also nicht vom Schuldner) gestellt, so gilt der Rechtserwerb (Eigentumsübertragung am Grundstück) im Sinne des Anfechtungsrechts als vollzogen. Dieser kann daher nur noch angefochten werden, wenn der insoweit letzte Akt (also der Eintragungsantrag des anderen Teils) innerhalb der Anfechtungsfrist liegt.

c) Vormerkung. S 2 verlegt den maßgeblichen Zeitpunkt noch weiter nach vorne, **wenn wegen der geplanten Rechtsänderung ein Antrag auf Vormerkung gestellt wurde**. Kommt es später zu der Eintragung der Rechtsänderung, so entscheidet der Zeitpunkt des (bindend gewordenen) Eintragungsantrags durch den anderen Teil. Voraussetzung hierfür ist jedoch, dass auch zum Zeitpunkt der Stellung des Antrags auf Eintragung einer Vormerkung der Rechtserwerb im Übrigen bindend geworden ist (HK-*Kreft*, § 140 Rn 12).

5. Bedingte und befristete Rechtsgeschäfte

12   Abs 3 enthält eine klarstellende Regelung, wonach bei bedingten oder befristeten Rechtshandlungen der Eintritt der Bedingung oder des Termins außer Betracht bleibt. Bei einer Bedingung oder Befristung kommt es daher auf den **Abschluss der rechtsbegründenden Tatbestände** an und nicht auf die Bedingung oder den Termin. Dies steht in Übereinstimmung mit weiteren Vorschriften, welche sich mit bedingten oder befristeten Rechtshandlungen befassen (§§ 140, 191).

§ 141 Vollstreckbarer Titel

Die Anfechtung wird nicht dadurch ausgeschlossen, daß für die Rechtshandlung ein vollstreckbarer Schuldtitel erlangt oder daß die Handlung durch Zwangsvollstreckung erwirkt worden ist.

1   Die Vorschrift entspricht inhaltlich § 35 KO. Sie enthält lediglich klarstellenden Regelungsinhalt, wonach der Anfechtungsgegner sich nicht dadurch in eine bessere Position bringt, dass er die Rechtshandlung (den wirtschaftlichen Vorteil) aufgrund eines zuvor erlangten vollstreckbaren Schuldtitels oder im Rahmen der Zwangsvollstreckung vom Schuldner erlangt hat. Dementsprechend hat der BGH entschieden, dass eine inkongruente Deckung im Sinne von § 131 auch dann vorliegt, wenn der Schuldner angesichts einer drohenden Zwangsvollstreckung „freiwillig" an den Vollstreckungsgläubiger zahlt (NZI 2002, 378).

§ 142 Bargeschäft

Eine Leistung des Schuldners, für die unmittelbar eine gleichwertige Gegenleistung in sein Vermögen gelangt, ist nur anfechtbar, wenn die Voraussetzungen des § 133 Abs. 1 gegeben sind.

Literatur: s. Lit. zu § 130.

I. Entstehungsgeschichte und Normzweck

1. Entstehungsgeschichte

1   Eine entsprechende Vorschrift war in der KO nicht enthalten. Allerdings entsprach der Regelungsinhalt bereits der bisherigen stRspr (RGZ

100, 62, 64; BGH NJW 1977, 718; s auch BegrRegE, *Kübler/Prütting*, S 358).

2. Normzweck

Die Vorschrift gewährleistet, dass der spätere Schuldner auch noch in der Krise bis zur Eröffnung des Insolvenzverfahrens wirtschaftlich handlungsfähig bleibt. Daher sind – soweit es sich um normale Verkehrsgeschäfte handelt – Rechtsgeschäfte unanfechtbar, durch welche lediglich ein **Aktivatausch** (zB Waren gegen Geld) erfolgt. In einem solchen Fall ist eine **Gläubigerbenachteiligung** iSv § 129 ausgeschlossen (MK-InsO/*Kirchhof*, § 142 Rn 1; Uhlenbruck/*Hirte*, § 142 Rn 3).

II. Regelungsinhalt

1. Grundsatz

Grundsätzlich (zur Ausnahme vgl unten) sind Leistungen des Schuldners unanfechtbar, für die unmittelbar eine gleichwertige Gegenleistung in das Vermögen des Schuldners gelangt. Die entscheidenden Tatbestandsmerkmale sind:

a) „**Unmittelbarkeit**". Aufgrund der Formulierung „für die unmittelbar" müssen Leistung und Gegenleistung in einem **engen und zeitlichen sachlichen Zusammenhang** stehen. Eine Zug-um-Zug-Leistung im eigentlichen Sinne ist nicht erforderlich.. Bezüglich Kontogutschriften und Verfügungen über ein Girokonto hat der BGH entschieden, dass auch **ein zeitlicher Abstand von zwei Wochen** noch den Regeln des Bargeschäfts unterfallen kann (BGH NZI 2002, 311 ff; vgl hierzu auch MK-InsO/*Kirchhof*, § 142 Rn 15 mwN; kritisch: Uhlenbruck/*Hirte*, § 142 Rn 14; N/R-*Nerlich*, § 142 Rn 11). Weiterhin ist nach der Rechtsprechung des BGH **unerheblich, in welcher Reihenfolge Leistung und Gegenleistung erfolgen** (BGH NJW 1999, 3264 = NZI 1999, 194; BGH NZI 2002, 311, 313).

b) **Gleichwertigkeit**. Ein Bargeschäft liegt nur dann vor, wenn sich Leistung und Gegenleistung auch wirtschaftlich entsprechen (BGH NZI 2002, 311, 313). Ist die Leistung aus der (späteren) Insolvenzmasse wertvoller als die Gegenleistung, so liegt bezüglich der Differenz eine gemischte Schenkung vor, welche nach § 134 anfechtbar ist. Die Ausnahme des Bargeschäfts greift aufgrund der nicht vorhandenen Gleichwertigkeit nicht ein.

2. Einzelfälle

Als Beispiele für ein Bargeschäft gelten folgende Fälle (s. auch K/P-*Paulus*, § 142 Rn 12 f): Gutschrift auf einem debitorisch geführten Kontokorrentkonto des Schuldners durch die kontoführende Bank unter gleichzeitiger und gleichwertiger Zulassung von Verfügungen über die Gutschrift (BGH NZI 2002, 311, 313; NZI 2005, 622); Erwerb eines belasteten Grundstücks unter **Übernahme der Belastung** zu einem Kaufpreis welcher dem Wert des Grundstücks abzüglich der Belastung entspricht (BGH ZIP 1995, 364, 365); Zahlung einer *angemessenen* **Vergütung für einen Sanierungsberater (Rechtsanwalt)** in der Krise des Schuldners (FK-*Dauernheim*, § 142 Rn 3; K/P-*Paulus*, § 142 Rn 12 mwN) – das Beratungshonorar eines Rechtsanwalts ist in der Regel dann angemessen, wenn er entweder nach RVG abrechnet oder ein angemessenes Stundenhonorar vereinbart wird (*Dauernheim, aaO*).

3. Ausnahmen vom Bargeschäft

7   a) **Absichtsanfechtung.** § 142 erklärt ein Bargeschäft nur dann für anfechtbar, wenn es die Voraussetzung des **§ 133 Abs 1, also einer Absichtsanfechtung**, erfüllt. Zu den Voraussetzungen der Absichtsanfechtung (s. o. § 133 Rn 3 ff). Der Anwendungsbereich dieser Ausnahme ist sehr begrenzt, da ein Bargeschäft begrifflich bereits eine Gläubigerbenachteiligung ausschließt; sie bleibt theoretisch nur insoweit möglich, wie eine mittelbare Gläubigerbenachteiligung eintritt (MK-InsO/*Kirchhof*, § 142 Rn 24). Als Beispiel für eine mittelbare Gläubigerbenachteiligung kommt in Betracht, dass der Erwerber einen Vermögensgegenstand dem Schuldner zu einem angemessenen Preis abkauft obwohl er weiß, dass der Schuldner den Gläubigern den Erlös entziehen will (BGHZ 123, 320, 324 = NJW 1993, 3267 f).

8   b) **Entgeltlicher Vertrag mit nahestehender Person.** Vom Wortlaut her **verweist § 142 nur auf § 133 Abs 1** und nicht auch auf Abs 2. Bezüglich der Anwendbarkeit der Ausnahmevorschrift auf entgeltliche Verträge mit nahestehenden Personen (§ 138) besteht ein Meinungsstreit. Nach einer Auffassung (N/R-*Nerlich*, § 142, Rn 14; *Braun/Riggert*, § 142 Rn 18) stellt § 142 insoweit ein Redaktionsversehen dar, als lediglich auf § 133 Abs 1 verwiesen wird. Bei § 133 Abs 2 handele es sich lediglich um eine Beweislastregel zu Abs 1. Dagegen vertritt etwa *Kirchhof* (MünchKommInsO § 142 Rn 24) die Auffassung, dass **§ 133 Abs 2 im Rahmen des Bargeschäfts nicht zur Anwendung kommen kann**, da dort eine unmittelbare Gläubigerbenachteiligung verlangt wird. Der Auffassung *Kirchhofs* ist zu folgen: § 133 Abs 2 enthält nicht lediglich eine Auslegungsregel, sondern eine eigene Anfechtungsnorm mit eigenständigen Tatbestandsmerkmalen; sie setzt insbes keine Gläubigerbenachteiligungsabsicht bei der nahestehenden Person voraus. Im Übrigen ist bei einer unmittelbaren Gläubigerbenachteiligung das Bargeschäft begrifflich ausgeschlossen (*Kirchhof, aaO*).

c) Inkongruente Deckung. Nach Auffassung von *Kreft* (in HK 9 § 142 Rn 8f) ist ein Bargeschäft auch dann ausgeschlossen, **wenn eine inkongruente Deckung iSv § 131 InsO vorliegt.** Dies wäre etwa vorstellbar, wenn ein Gläubiger in der Krise bestehende Sicherheiten gegen neue Sicherheiten austauscht. Der BGH habe in einer Entscheidung zur KO (BGHZ 123, 320) entschieden, dass ein Bargeschäft bei einer inkongruenten Deckung ausscheide, da inkongruente Deckungen prinzipiell „verdächtig" seien. § 142 sei daher einschränkend auszulegen (*Kreft*, aaO Rn 9). In einer jüngeren Entscheidung (BGH NZI 2002, 311) hat der BGH die Frage, ob sich Bargeschäft und inkongruente Deckung tatsächlich ausschließen, offen gelassen. Es dürfte aber davon auszugehen sein, dass nach der zukünftigen Rechtsprechung des BGH bei inkongruenten Deckungen ein Bargeschäft ausscheidet (so § 131 Rn 15).

§ 143 Rechtsfolgen

(1) Was durch die anfechtbare Handlung aus dem Vermögen des Schuldners veräußert, weggegeben oder aufgegeben ist, muß zur Insolvenzmasse zurückgewährt werden. Die Vorschriften über die Rechtsfolgen einer ungerechtfertigten Bereicherung, bei der dem Empfänger der Mangel des rechtlichen Grundes bekannt ist, gelten entsprechend.

(2) Der Empfänger einer unentgeltlichen Leistung hat diese nur zurückzugewähren, soweit er durch sie bereichert ist. Dies gilt nicht, sobald er weiß oder den Umständen nach wissen muß, daß die unentgeltliche Leistung die Gläubiger benachteiligt.

Literatur: s. Lit. zu § 129.

I. Entstehungsgeschichte und Normzweck

Die Vorschrift geht zurück auf § 37 KO und enthält im Vergleich zum 1 alten Recht nur klarstellende und redaktionelle Abweichungen. Lediglich wegen der Beweislast bezüglich einer Bösgläubigkeit des Empfängers einer unentgeltlichen Leistung führt die Vorschrift zu einer Verbesserung der Stellung des Empfängers (BegrRegE, *Kübler/Prütting*, S. 359). Die Vorschrift soll gewährleisten, dass der Ausgangszustand vor Vornahme der anfechtbaren Rechtshandlung wiederhergestellt wird, wobei – wenn auch im geringeren Maße – Billigkeitserwägungen Platz greifen (N/R-*Nerlich*, § 143 Rn 1f).

II. Regelungsinhalt

1. Allgemeines

2   Nach Abs 1 ist der Vermögensgegenstand, welcher aus dem Vermögen des Schuldners veräußert, weggeben und aufgegeben wurde, zur Insolvenzmasse **in Natur zurückzugewähren**. Eine übereignete Sache ist zurückzuübereignen; ein Recht zurückzuübertragen; eine dingliche Belastung ist zu beseitigen. Wegen eines im Grundbuch eingetragenen Grundpfandrechts/sonstigen dinglichen Sicherungsrechts ist vom Begünstigten eine Löschungsbewilligung zu erteilen. Zur Sicherung des Anspruchs auf Rückgewähr ist auch der Erlass einer einstweiligen Verfügung möglich (HK-*Kreft*, § 143 Rn 9).

2. Rechtsnatur des Rückgewähranspruchs

3   Die Rechtsnatur des Rückgewähranspruchs ist in Rechtsprechung und Literatur umstritten. Nach der bisher hM handelt es sich um einen **schuldrechtlichen Anspruch** (N/R-*Nerlich*, § 143 Rn 3 mwN), welcher jedoch in der Fassung des § 143 Abs 1 einen bereicherungsrechtlichen Einschlag erhält (*Nerlich* aaO Rn 5). Aus der schuldrechtlichen Ausgestaltung des Anspruchs ergibt sich, dass – wenn der Anfechtungsgegner seinerseits insolvent wird – dem Verw gegen den Anfechtungsgegner lediglich eine einfache Insolvenzforderung zusteht (**aA:** *Nerlich,* aaO Rn 6). Im Vordringen befindlich ist die Auffassung, dass der Rückgewähranspruch einen **quasidinglichen Charakter** hat (BGH NZI 2003, 537; NZI 2004, 78).

3. Unmöglichkeit der Rückgewährung in Natur

4   Nach Abs 1 S 2 wird der Anfechtungsgegner von den Rechtsfolgen her wie bei einer **ungerechtfertigten Bereicherung**, bei der dem Empfänger der **Mangel des rechtlichen Grundes bekannt** ist, behandelt. Hierbei handelt es sich nur um eine Rechtsfolgenverweisung (N/R-*Nerlich*, § 143 Rn 5). Der Anfechtungsgegner hat, wenn der Gegenstand oder das Recht, auf welche sich die Anfechtung bezieht, nicht mehr vorhanden ist, **nach § 818 Abs 1 und Abs 2 Wertersatz sowie Nutzungsersatz** zu leisten. Aufgrund des Verweises auf § 819 Abs 1 BGB ist beim Anfechtungsgegner die Anwendbarkeit des § 818 Abs 3 BGB ausgeschlossen; er haftet vielmehr nach den §§ 987 ff BGB (vgl die ausführliche Kommentierung von *Kirchhof* in MünchKommInsO § 143 Rn 73 ff; Uhlenbruck/*Hirte*, § 143 Rn 28).

4. Haftung bei unentgeltlicher Leistung

5   Im Geltungsbereich des § 134 kommt dem Empfänger einer unentgeltlichen Leistung nach Abs 2 **der Entreicherungseinwand nach § 818**

Abs 3 BGB zugute (MK-InsO/*Kirchhof*, § 143 Rn 101; Uhlenbruck/*Hirte*, § 143 Rn 53; FK-*Dauernheim*, § 143 Rn 28 f). Die Haftungserleichterung beschränkt sich auf die Unmöglichkeit der Rückgewähr des empfangenen Gegenstandes oder dessen Verschlechterung/Untergang (*Kirchhof* aaO § 143 Rn 102). Eine verschärfte Haftung trifft den **Empfänger einer unentgeltlichen Leistung** allerdings dann, **wenn er (auch leicht) fahrlässig nicht weiß**, daß die unentgeltliche Leistung die Gläubiger benachteiligt. Die Beweislast für die Bösgläubigkeit trägt der Verw (FK-*Dauernheim*, § 143 Rn 32; K/P-*Paulus*, § 143 Rn 63).

§ 144 Ansprüche des Anfechtungsgegners

(1) Gewährt der Empfänger einer anfechtbaren Leistung das Erlangte zurück, so lebt seine Forderung wieder auf.

(2) Eine Gegenleistung ist aus der Insolvenzmasse zu erstatten, soweit sie in dieser noch unterscheidbar vorhanden ist oder soweit die Masse um ihren Wert bereichert ist. Darüber hinaus kann der Empfänger der anfechtbaren Leistung die Forderung auf Rückgewähr der Gegenleistung nur als Insolvenzgläubiger geltend machen.

I. Entstehungsgeschichte und Normzweck

Abs 1 geht zurück auf § 39 KO; Abs 2 entspricht § 38 KO. Eine inhaltliche Änderung der bisherigen Rechtslage und Rechtsprechung ist nicht bezweckt (BegrRegE, *Kübler/Prütting*, S 360). Die Vorschrift enthält einen Ausgleich für die zunächst eingetretene Benachteiligung des Anfechtungsgegners. Abs 1 betrifft nur die Fallgestaltung, dass ein obligatorisches Geschäft unanfechtbar ist und vom Verw nur das Erfüllungsgeschäft angefochten wird (N/R-*Nerlich*, § 144 Rn 2). Abs 2 hingegen ist nur dann anwendbar, wenn der einer Leistung zugrundeliegende Verpflichtungsvertrag angefochten wird und der Inhalt der beiderseitigen Verpflichtungen die Insolvenzgläubiger unmittelbar benachteiligt hat (*Nerlich*, aaO Rn 3).

II. Regelungsinhalt

1. Unanfechtbares Verpflichtungsgeschäft

a) Allgemeines. Abs 1 betrifft in erster Linie den Fall der Anfechtung einer kongruenten bzw inkongruenten Deckungshandlung (§§ 130, 131). Regelmäßig ist das einer Deckungshandlung zugrundeliegende Schuldverhältnis für sich genommen nicht gläubigerbenachteiligend: Leistung und Gegenleistung entsprechen sich wertmäßig. Die Gläubigerbenachtei-

§ 144 3. Teil. Wirkungen der Eröffnung des Insolvenzverfahrens

ligung bei der Deckungsanfechtung liegt darin begründet, dass der Anfechtungsgegner die Gegenleistung dem Schuldner kreditiert hatte. **Ohne die angefochtene Rechtshandlung des Schuldners hätte der Anfechtungsgegner seine Forderung gegen den Schuldner als einfache Insolvenzforderung zur Insolvenztabelle anmelden müssen.** Ist bereits das Verpflichtungsgeschäft gläubigerbenachteiligend etwa weil die aus der Masse zu erbringende Gegenleistung nicht gleichwertig ist, so fällt das Grundgeschäft unter Abs 2 (MK-InsO/*Kirchhof*, § 144 Rn 5).

3 **b) Rechtsfolgen.** Nach Abs 1 lebt nach Rückgewähr der anfechtbaren Leistung die Forderung des Anfechtungsgegners gegen den Schuldner in der ursprünglichen Form wieder auf. Neben der Forderung leben außerdem (sowohl akzessorische als auch nichtakzessorische) Sicherheiten auf (*Braun/Riggert*, § 144 Rn 4; MK-InsO/*Kirchhof*, § 144 Rn 10ff; Uhlenbruck/*Hirte*, § 144 Rn 7; K/P-*Paulus*, § 144 Rn 3). Lediglich dann, wenn auch die Sicherheitenbestellung anfechtbar ist (zB Gewährung einer Grundschuld für eine vormals ungesicherte Forderung innerhalb der Monatsfrist des § 131 Abs 1 Nr 1) greift § 144 Abs 2 ein: Für den Anfechtungsgegner bleibt es dann bei einer ungesicherten Insolvenzforderung. Akzessorische Sicherheiten leben automatisch auf, nicht akzessorische Sicherheiten müssen ggf. neu begründet werden (*Kirchhof* aaO Rn 11).

2. Die Gegenleistung

4 **a) Allgemeines.** Abs 2 betrifft den Fall, daß das Verpflichtungsgeschäft etwa wegen wirtschaftlichen Ungleichgewichts zwischen Leistung und Gegenleistung angefochten wird. Hat im Zuge der Erfüllung des angefochtenen Verpflichtungsgeschäfts der Anfechtungsgegner etwas in die Masse geleistet, steht ihm nach erfolgter Anfechtung diese Gegenleistung (als Masseforderung) zu, soweit die **Gegenleistung in der Masse noch unterscheidbar vorhanden ist oder soweit die Masse um ihren Wert bereichert ist**. Entscheidend kommt es darauf an, dass die Gegenleistung wertmäßig noch in der Masse vorhanden ist. Bei gemischten Schenkungen ist daher der werthaltige Teil der Gegenleistung aus der Masse zu erstatten (MK-InsO/*Kirchhof*, § 144 Rn 14 mwN).

5 **b) Rechtsfolgen.** Umstritten ist, ob der Erstattungsanspruch nach Abs 2 mit dem Anspruch des Verw nach § 143 Abs 1 saldiert werden kann (**dafür**: K/P-*Paulus*, § 144 Rn 8; N/R-*Nerlich*, § 144 Rn 11; Uhlenbruck/*Hirte*, § 144 Rn 13; **dagegen**: MK-InsO/*Kirchhof*, § 144 Rn 16). Der letzteren Auffassung ist mit der Einschränkung zu folgen, dass eine **Saldierung nicht zu einer Gläubigerbenachteiligung führen darf**. Ist jedoch der Anspruch des Anfechtungsgegners aus der Insolvenzmasse

aufgrund entsprechender Bereicherung der Masse voll zu erfüllen, so spricht dies nicht gegen eine Saldierung der Ansprüche: Eine Hin- und Herzahlung macht dann keinen Sinn.

c) Wegfall der Bereicherung. Abs 2 S 2 regelt den Fall, dass sich die Gegenleistung zum Zeitpunkt der Rückgewähr des in anfechtbarer Weise erlangten Vermögensgegenstandes weder in Natur noch wertmäßig in der Insolvenzmasse befindet. Insoweit **steht dem Anfechtungsgegner nur eine einfache Insolvenzforderung zu.** Ist der Wert teilweise in der Masse vorhanden, so gilt dies für den darüber hinausgehenden Wert (MK-InsO/*Kirchhof*, § 144 Rn 19). Der Anfechtungsgegner kann seinen Anspruch vorsorglich im Anfechtungsprozess (*Braun/Riggert*, § 144 Rn 17) oder auch nachträglich nach § 177 zur Insolvenztabelle anmelden. Meldet der Anfechtungsgegner seinen Forderung erst nach einer Abschlagsverteilung an, so **hat er die Besonderheiten des § 192 zu beachten.** 6

§ 145 Anfechtung gegen Rechtsnachfolger

(1) **Die Anfechtbarkeit kann gegen den Erben oder einen anderen Gesamtrechtsnachfolger des Anfechtungsgegners geltend gemacht werden.**
(2) **Gegen einen sonstigen Rechtsnachfolger kann die Anfechtbarkeit geltend gemacht werden:**
1. **wenn dem Rechtsnachfolger zur Zeit seines Erwerbs die Umstände bekannt waren, welche die Anfechtbarkeit des Erwerbs seines Rechtsvorgängers begründen;**
2. **wenn der Rechtsnachfolger zur Zeit seines Erwerbs zu den Personen gehörte, die dem Schuldner nahestehen (§ 138), es sei denn, daß ihm zu dieser Zeit die Umstände unbekannt waren, welche die Anfechtbarkeit des Erwerbs seines Rechtsvorgängers begründen;**
3. **wenn dem Rechtsnachfolger das Erlangte unentgeltlich zugewendet worden ist.**

1. Allgemeines

Die Vorschrift knüpft an § 40 KO an (BegrRegE, *Kübler/Prütting*, S. 361). Inhaltlich entspricht die Norm der bisherigen Rechtslage. § 145 regelt die Voraussetzungen unter welchen eine Anfechtung auch gegen einen Rechtsnachfolger des Anfechtungsgegners möglich ist. Abs 1 bezieht sich auf die Gesamtrechtsnachfolge (zB Erbschaft) während Abs 2 auf die Einzelrechtsnachfolge zielt. 1

2. Anfechtbarkeit bei Gesamtrechtsnachfolge

2 Abs 1 bestimmt, dass gegen den Erben oder sonstige Gesamtrechtsnachfolger (**Verschmelzung/Umwandlung/Fusion**) die Anfechtung uneingeschränkt möglich ist. Als Gesamtrechtsnachfolge wird teilweise auch der Fall behandelt, dass über das **Vermögen des Anfechtungsgegners ein Insolvenzverfahren** eröffnet wird (BGH NZI 2003, 537, NZI 2004, 78; HK-*Kreft*, § 145 Rn 4; MK-InsO/*Kirchhof*, § 145 Rn 15; Uhlenbruck/*Hirte*, § 145 Rn 10). Die Anfechtungsvoraussetzungen brauchen beim Gesamtrechtsnachfolger nicht vorzuliegen; vielmehr kommt es bei der Gesamtrechtsnachfolge auf die objektiven und subjektiven Anfechtungsvoraussetzungen des Rechtsvorgängers an (MK-InsO/*Kirchhof*, § 145 Rn 5).

3. Einzelrechtsnachfolge (Abs 2)

3 Abs 2 regelt die Rechtsnachfolge, welche keine Erbschaft und keine Gesamtrechtsnachfolge iSv Abs 1 ist, etwa der Erwerb des in anfechtbarer Weise weggegebenen Gegenstandes. Die Anfechtung gegenüber dem Einzelrechtsnachfolger ist naturgemäß nur unter sehr eingeschränkten Bedingungen möglich, da dieser für den zunächst in anfechtbarer Weise erlangten Gegenstand regelmäßig eine Gegenleistung erbracht hat und bezüglich der Anfechtbarkeit gutgläubig sein wird. Von dem Grundsatz, daß die Anfechtbarkeit gegen den Einzelrechtsnachfolger nicht geltend gemacht werden kann, nennt das Gesetz **abschließend folgende Ausnahmen**:

4 **a)** Dem Rechtsnachfolger waren die die Anfechtbarkeit des Erwerbs des Rechtsvorgängers begründenden Umstände zum Zeitpunkt des Erwerbs bekannt;

5 **b)** Der Rechtsnachfolger gehörte zum Zeitpunkt des Erwerbs zu den nahestehenden Personen iSv § 138;

6 **c)** Dem Rechtsnachfolger wurde das Erlangte unentgeltlich zugewandt.

7 Für den Fall des Erwerbs durch eine nahestehende Person enthält **Abs 2 Nr 2 eine Exkulpationsmöglichkeit**: So kann die nahestehende Person geltend machen, dass ihr die Umstände, welche die Anfechtbarkeit des Erwerbs des Rechtsvorgängers begründeten, unbekannt waren. Hierfür trägt die **nahestehende Person allerdings die Beweislast** (MK-InsO/*Kirchhof*, § 145 Rn 40; *Braun/Riggert*, § 145 Rn 25).

§ 146 Verjährung des Anfechtungsanspruchs

(1) Die Verjährung des Anfechtungsanspruchs richtet sich nach den Regeln über die regelmäßige Verjährung nach dem Bürgerlichen Gesetzbuch.

(2) Auch wenn der Anfechtungsanspruch verjährt ist, kann der Insolvenzverwalter die Erfüllung einer Leistungspflicht verweigern, die auf einer anfechtbaren Handlung beruht.

Literatur: *Huber*, ZInsO 2005, 190 ff.

I. Entstehungsgeschichte und Normzweck

1. Entstehungszweck

Die bisherige einjährige Ausschlussfrist nach § 41 Abs 1 S 1 KO wurde zunächst durch eine auf zwei Jahre verlängerte Anfechtungsfrist ersetzt. Seit dem 15. 12. 2004 gelten hingegen die allgemeinen Verjährungsregeln. 1

2. Normzweck

Der Zweck der Verlängerung der Frist, in welcher der Verw ein Anfechtungsrecht geltend machen kann, liegt in der Verbesserung der Durchsetzungsmöglichkeiten durch den Verw. Die bisherige **einjährige Ausschlussfrist wurde vielfach als zu kurz angesehen**; insbesondere in kompliziert gelagerten und unübersichtlichen Großinsolvenzen bereitete die Aufarbeitung des für die Prozesserhebung erforderlichen Sachverhalts häufig unüberwindliche Schwierigkeiten. Auch die Ausgestaltung der Geltendmachungsfrist als „echte" Verjährungsvorschrift führt zu einer Erleichterung der Durchsetzung des Anfechtungsanspruchs. Im Gegensatz zur KO, welche lediglich auf § 203 Abs 1 und § 207 aF BGB verwies, gelten nunmehr alle Hemmungsvorschriften des Verjährungsrechts des Bürgerlichen Gesetzbuchs (BegrRegE, *Kübler/Prütting*, S. 362 f). 2

II. Regelungsinhalt

1. Verweis auf das BGB

a) Allgemeines. Durch die erneute Änderung wurden die Verjährungsvorschriften an jene des BGB angepasst. Dies bedeutet eine erhebliche Verlängerung der Verjährungsfristen im Vergleich zum Alten Recht aber auch im Vergleich zur bisherigen Rechtslage nach der InsO. Die Verjährung beträgt jetzt regelmäßig drei Jahre. Sie beginnt nach § 199 Abs 1 BGB mit dem Ende des Jahres, in dem der Anfechtungsanspruch entstanden ist **und** der Insolvenzverwalter von den anspruchsbegründenden Umständen und der Person des Anfechtungsgegners Kenntnis erlangt hat oder 3

§ 147 3. Teil. Wirkungen der Eröffnung des Insolvenzverfahrens

ohne grobe Fahrlässigkeit erlangen musste (§ 199 Abs 1 BGB). Die weitere Verlängerung führt zu erheblichen Erleichterungen in der Praxis für den Insolvenzverwalter. Oftmals findet dieser erst im Laufe der Ermittlungstätigkeiten Hinweise auf Umstände, welche für einen Anfechtungsanspruch sprechen. Erst am Ende des Jahres nach diesem Zeitpunkt beginnt nunmehr die dreijährige Verjährungsfrist.

4   **b) Höchstfrist.** Fraglich ist, welche Höchstfrist für die Verjährung anzusetzen ist. Da davon auszugehen ist, dass es sich beim Anfechtungsanspruch nicht um einen Schadensersatzanspruch im Sinne von § 199 Abs 2 bzw Abs 3 handelt, dürfte § 199 Abs 4 anwendbar sein (Huber, ZInsO 2005, 190, 191). Danach verjährt der Anfechtungsanspruch spätestens 10 Jahre nach seinem Entstehen (Eröffnung des Insolvenzverfahrens), unabhängig von einer etwaigen Kenntnis oder grob fahrlässigen Unkenntnis. Aufgrund der Nähe des Anfechtungsrechts zum Recht der unerlaubten Handlung mag aber auch die Vorschrift des § 199 Abs 3 eingreifen. Dann käme in Extremfällen sogar eine 30jährige Verjährung in Betracht.

5   **c) Übergangsrecht.** Die dreijährige Verjährungsfrist ist erst für die am 15. 12. 2004 bzw später eröffneten Insolvenzverfahren einschlägig (Huber, ZInsO 2005, 190, 191).

2. Bisheriges Recht (§ 146 Abs 1 aF)

6   Nach Abs 1 ging die **zweijährige Verjährungsfrist** – ebenso wie die Ausschlussfrist nach altem Recht – mit der Eröffnung des Insolvenzverfahrens an. Entscheidend war der Zeitpunkt, zu dem der **Eröffnungsbeschluss wirksam** wurde. Dies war regelmäßig der im Eröffnungsbeschluss nach § 27 Abs 2 Nr 3, Abs 3 genannte Tag (MK-InsO/*Kirchhof*, § 146 Rn 8; K/P-*Paulus*, § 146 Rn 3; Uhlenbruck/*Hirte*, § 146 Rn 2).

3. Leistungsverweigerungsrecht (Abs 2)

7   Abs 2 entspricht inhaltlich dem alten Recht (§ 41 Abs. 2 KO). Er gewährt dem Verw ein **unverjährbares Leistungsverweigerungsrecht** in Bezug auf eine auf einer anfechtbaren Rechtshandlung beruhenden Leistungspflicht des Schuldners.

4. Übergangsrecht

8   S. o. § 129 Rn 17 f.

§ 147 Rechtshandlungen nach Verfahrenseröffnung

¹**Eine Rechtshandlung, die nach der Eröffnung des Insolvenzverfahrens vorgenommen worden ist und die nach § 81 Abs 3 Satz 2, §§ 892, 893 des Bürgerlichen Gesetzbuchs, §§ 16, 17 des**

Gesetzes über Rechte an eingetragenen Schiffen und Schiffsbauwerken und §§ 16, 17 des Gesetzes über Rechte an Luftfahrzeugen wirksam ist, kann nach den Vorschriften angefochten werden, die für die Anfechtung einer vor der Verfahrenseröffnung vorgenommenen Rechtshandlung gelten. ²Satz 1 findet auf die den in § 96 Abs 2 genannten Ansprüchen und Leistungen zugrunde liegenden Rechtshandlungen mit der Maßgabe Anwendung, dass durch die Afechtung nicht die Verrechnung einschließlich des Saldenausgleichs rückgängig gemacht wird oder die betreffenden Überweisungs-, Zahlungs- oder Übertragungsverträge unwirksam werden.

I. Entstehungsgeschichte und Normzweck

S 1 entspricht § 42 S 1 KO. S 2 wurde neu eingefügt durch das Gesetz zur Änderung insolvenzrechtlicher und kreditwesenrechtlicher Vorschriften vom 8. 12. 1999 (BGBl. I, S. 2384). Er befasst sich mit dem Sonderfall, dass nach Insolvenzeröffnung aufgrund von § 81 Abs 1 S 2 auch nach Verfahrenseröffnung Rechtshandlungen noch wirksam vorgenommen werden können, sobald diese sich auf den gutgläubigen Erwerb von Registerrechten beziehen. Die Vorschrift schließt daher eine Lücke, die dadurch entstehen kann, dass nach Insolvenzeröffnung beim Vertragspartner des Schuldners Anfechtungsvoraussetzungen vorliegen. § 147 hatte einen Absatz 2, der durch das Gesetz zur Anpassung von Verjährungsvorschriften an das Gesetz zur Modernisierung des Schuldrechts vom 9. 12. 2004 aufgehoben wurde. 1

II. Regelungsinhalt

1. Gutgläubiger Erwerb von Rechten an in Register eingetragenen Gegenständen

Nach § 81 S 2 können trotz des allgemeinen und dinglich wirkenden Verfügungsverbots über Gegenstände des Schuldnervermögens aufgrund der §§ 892, 893 BGB, §§ 16, 17 des Gesetzes über Rechte an eingetragenen Schiffen und Schiffsbauwerken sowie §§ 16, 17 des Gesetzes über Rechte an Luftfahrzeugen **gutgläubig Rechte an zum Schuldnervermögen gehörenden Registergütern** erworben werden (s. o. § 81 Rn 6). Die Voraussetzungen für einen gutgläubigen Erwerb müssen erfüllt sein (*Braun/Riggert*, § 147 Rn 2). Eine **Erwähnung des § 878 BGB ist nach dem Willen des Gesetzgebers ausdrücklich nicht erfolgt** (BegrRegE, *Küber/Prütting*, S 364). Dies soll jedoch nach hM nur dann gelten, wenn **zusätzlich die Voraussetzungen des § 140 Abs 2** (Antragstellung „des anderen Teils") erfüllt sind (MK-InsO/*Kirchhof*, § 147 Rn 8; *Riggert*, aaO 2

§ 147 3. Teil. Wirkungen der Eröffnung des Insolvenzverfahrens

Rn 5). Die Vorschrift greift nur dann ein, wenn alle maßgeblichen **Rechtshandlungen nach Insolvenzeröffnung erfolgt** sind (*Kirchhof,* aaO Rn 11f). Eine Anfechtung der nach Eröffnung erfolgten und unter S 1 zu subsumierenden Rechtshandlung kommt dann in Betracht, wenn die entsprechende Rechtshandlung vor Insolvenzeröffnung anfechtbar gewesen wäre. Die jeweilige Anfechtungsvorschrift der §§ 130 bis 134 sowie § 145 ist entsprechend anzuwenden (FK-*Dauerenheim,* § 147 Rn 3).

2. Überweisungs-, Zahlungs- und Übertragungsverträge (S 2)

3   S 2 wurde – wie erwähnt – erst nach In-Kraft-Treten der InsO in die Vorschrift eingeführt. Er betrifft solche Zahlungs-, Überweisungs- und Übertragungsverträge, die im nationalen und internationalen Zahlungsverkehr auch noch nach Insolvenzeröffnung wirksam sind (sog. *Close-Out-Netting*-Verträge, etwa nach dem *ISDA-Masteragreement* sowie EFET und EMNA). Die Vorschrift ist im Zusammenhang mit § 96 Abs 2 zu sehen: Zwar soll die nach dieser Vorschrift zulässige Verrechnung nicht unwirksam werden; **gegen diejenigen Personen, die einen Anfechtungstatbestand erfüllen, eröffnet S 2 jedoch einen Anspruch auf Wertersatz** (*Braun/Riggert,* § 147 Rn 8).

3. Verjährung

4   Aufgrund der Anpassung der Verjährungsvorschriften des Anfechtungsrechts zu denen des bürgerlichen Rechts in § 146 war § 147 Abs 2 entbehrlich geworden.

4. Übergangsrecht

5   S. o. § 129 Rn 17f.

4. Teil. Verwaltung und Verwertung der Insolvenzmasse

1. Abschnitt. Sicherung der Insolvenzmasse

§ 148 Übernahme der Insolvenzmasse

(1) Nach der Eröffnung des Insolvenzverfahrens hat der Insolvenzverwalter das gesamte zur Insolvenzmasse gehörende Vermögen sofort in Besitz und Verwaltung zu nehmen.

(2) ¹Der Verwalter kann auf Grund einer vollstreckbaren Ausfertigung des Eröffnungsbeschlusses die Herausgabe der Sachen, die sich im Gewahrsam des Schuldners befinden, im Wege der Zwangsvollstreckung durchsetzen. ²§ 766 der Zivilprozeßordnung gilt mit der Maßgabe, daß an die Stelle des Vollstreckungsgerichts das Insolvenzgericht tritt.

Literatur: *Delhaes*, NZI 1999, 47 ff; *Wellensiek*, Kölner Schrift, S 403 ff.

I. Entstehungsgeschichte und Normzweck

1. Entstehungsgeschichte

Abs 1 entspricht § 117 Abs 1 KO mit der Maßgabe, dass die Verwertung 1
der Masse keine Erwähnung findet (diese ist jetzt in §§ 159 ff geregelt).
Abs 2 stellt klar, dass eine vollstreckbare Ausfertigung des Eröffnungsbeschlusses einen hinreichenden Herausgabetitel iSv § 794 Abs 1 Nr 3 ZPO darstellt. Letzteres war in der KO nicht ausdrücklich kodifiziert.

2. Normzweck

Die Vorschrift korrespondiert mit § 80, wonach die Verwaltungs- und 2
Verfügungsbefugnis auf den Verw übergeht. § 148 versetzt den Verw in die Lage, seine Verfügungsbefugnis im Verhältnis zum Schuldner durchzusetzen.

II. Regelungsinhalt

1. Inbesitznahme

Der Verw hat die gesamte pfändbare (Ist-) Masse in Besitz zu nehmen 3
(FK-*Wegener*, § 148 Rn 2). Die Verpflichtung zur Inbesitznahme erstreckt sich somit **auch auf solche Gegenstände**, bei denen sich zu einem späteren Zeitpunkt herausstellt, dass diese **nicht zur Masse gehören**, da in-

soweit möglicherweise ein Aussonderungsrecht besteht (zum Begriff der **Ist-Masse** vgl oben, § 35 Rn 2). Der Verw hat das Vermögen sofort in Besitz zu nehmen. Tritt aufgrund verspäteter Inbesitznahme ein Schaden ein, so kann der Verw ggf **gem § 60 InsO schadensersatzpflichtig** sein (MK-InsO/*Füchsl/Weishäupl* § 148 Rn 12; Uhlenbruck/*Uhlenbruck*, § 148 Rn 5; K/P-*Holzer*, § 148 Rn 5). Im Zusammenhang mit der Verwaltung der Masse hat der Verw für eine **ausreichende Versicherung Sorge zu tragen** (BGHZ 105, 230, 237; HK-*Irschlinger*, § 149 Rn 7).

2. Vollstreckung der Herausgabeverpflichtung

4   Abs 2 normiert die bereits nach altem Recht anerkannte Rechtslage, wonach der Eröffnungsbeschluss einen ausreichenden **Titel zur Durchsetzung des Herausgabeanspruchs gegen den Schuldner** darstellt. Es bedarf lediglich einer **vollstreckbaren Ausfertigung**, zu deren Erteilung das Insolvenzgericht zuständig ist (K/P-*Holzer*, § 148 Rn 19; MK-InsO/ *Füchsl/Weishäupl*, § 148 Rn 61; Uhlenbruck/*Uhlenbruck*, § 148 Rn 19). Nach Abs 2 S 2 ist auch für die Entscheidung über eine Erinnerung nach § 766 ZPO das Insolvenzgericht zuständig. Neben dem Eröffnungsbeschluss bedarf es keiner gesonderten Durchsuchungsanordnung (*Holzer* aaO Rn 18; *Füchsl/Weishäupl* aaO Rn 66).

§ 149 Wertgegenstände

(1) ¹**Der Gläubigerausschuß kann bestimmen, bei welcher Stelle und zu welchen Bedingungen Geld, Wertpapiere und Kostbarkeiten hinterlegt oder angelegt werden sollen.** ²**Ist kein Gläubigerausschuß bestellt oder hat der Gläubigerausschuß noch keinen Beschluß gefaßt, so kann das Insolvenzgericht entsprechendes anordnen.**

(2) ¹**Ist ein Gläubigerausschuß bestellt, so ist der Insolvenzverwalter nur dann berechtigt, Geld, Wertpapiere oder Kostbarkeiten von der Stelle, bei der hinterlegt oder angelegt worden ist, in Empfang zu nehmen, wenn ein Mitglied des Gläubigerausschusses die Quittung mitunterzeichnet.** ²**Anweisungen des Verwalters auf diese Stelle sind nur gültig, wenn ein Mitglied des Gläubigerausschusses sie mitunterzeichnet hat.**

(3) **Die Gläubigerversammlung kann abweichende Regelungen beschließen.**

Literatur: *Uhlenbruck*, KTS 1970, 187 ff.

Siegelung **§ 150**

1. Allgemeines

Die Vorschrift fasst Regelungen der §§ 129 Abs 2, 132 Abs 1 und 137 KO in einer Norm zusammen. Erhebliche Unterschiede zum alten Recht ergeben sich insofern nicht. Die zwingend vorgeschriebene Hinterlegung von leicht liquidierbaren Wertgegenständen dient der Sicherung und Erhaltung der Masse und beugt etwaigen kriminellen Handlungen der beteiligten Personen vor. 1

2. Zuständigkeiten

Für die Anordnung und den Inhalt der Hinterlegung zuständig ist – sofern einer bestellt wurde – der Gläubigerausschuss, ansonsten das Insolvenzgericht. Bis zur Anordnung einer Hinterlegung durch Gläubigerausschuss oder Insolvenzgericht steht die Hinterlegung im Ermessen des Verw (HK-*Irschlinger*, § 149 Rn 5). Bei **Verfügungen über hinterlegte Gegenstände benötigt der Verw zwingend** („... nur gültig, wenn ...") die **Unterschrift eines Gläubigerausschussmitgliedes**. Von Letzterem kann auch nicht nach Abs 3 abgewichen werden, da Abs 2 insoweit zwingendes Recht beinhaltet (FK-*Wegener*, § 149 Rn 11; **aA**: *Irschlinger* aaO Rn 9; N/R-*Andres*, § 149 Rn 4; MK-InsO/*Füchsl/Weishäupl*, § 149 Rn 4). 2

3. Begriff des Wertgegenstandes

Hinterlegungsfähige Gegenstände sind solche, welche auch in § 372 BGB Erwähnung finden. Hiervon ausgenommen sind lediglich die in § 372 BGB zusätzlich enthaltenen „einfachen" Urkunden. Zu den Wertpapieren gehören nach allgemeiner Auffassung auch die sog. qualifizierten Legitimationspapiere gem § 808 BGB, wie etwa Sparkassenbücher (K/P-*Holzer*, § 149 Rn 4; MK-InsO/*Füchsl/Weishäupl*, § 149 Rn 8; Uhlenbruck/*Uhlenbruck*, § 149 Rn 9). 3

§ 150 Siegelung

¹**Der Insolvenzverwalter kann zur Sicherung der Sachen, die zur Insolvenzmasse gehören, durch den Gerichtsvollzieher oder eine andere dazu gesetzlich ermächtigte Person Siegel anbringen lassen.** ²**Das Protokoll über eine Siegelung oder Entsiegelung hat der Verwalter auf der Geschäftsstelle zur Einsicht der Beteiligten niederzulegen.**

1. Allgemeines

Die Vorschrift fasst die Regelungen in §§ 122 und 124 KO in einer Norm zusammen. Die Möglichkeit des Verw, mit Hilfe eines Gerichts- 1

Leithaus

vollziehers Siegelungen anbringen zu lassen, dient der Sicherung der Inbesitznahme nach § 148 InsO (FK-*Wegener*, § 150 Rn 1). Die Siegelung verleiht den gesiegelten Gegenständen einen – zusätzlichen – strafrechtlichen Schutz nach § 136 StGB (N/R-*Andres*, § 150 Rn 8 f; MK-InsO/*Füchsl/Weishäupl*, § 150 Rn 6; Uhlenbruck/*Maus*, § 150 Rn 4).

2. Zuständigkeit

2   Die Siegelung selbst kann nur durch einen **Gerichtsvollzieher oder eine andere dazu gesetzlich ermächtigte Person** (Einzelheiten bei MK-InsO/*Füchsl/Weishäupl*, § 150 Rn 3; Uhlenbruck/*Maus*, § 150 Rn 2) angebracht werden. Allerdings benötigt der Verwalter neben dem Eröffnungsbeschluss keine zusätzliche gerichtliche Ermächtigung (FK-*Wegener*, § 150 Rn 3).

3. Siegelung und Entsiegelung

3   Die Siegelung kann auf körperlichen Gegenständen angebracht werden, wie Behältnisse und Räume. Bei abschließbaren Gegenständen sind dem Verw zusätzlich etwaige Schlüssel auszuhändigen (N/R-*Andres*, § 150 Rn 6). Sowohl über die Siegelung als auch über eine spätere Entsiegelung hat die ausführende Person ein Protokoll auszustellen, welches auf der Geschäftsstelle des Insolvenzgerichts zur Einsicht der Beteiligten niederzulegen ist.

§ 151 Verzeichnis der Massegegenstände

(1) ¹Der Insolvenzverwalter hat ein Verzeichnis der einzelnen Gegenstände der Insolvenzmasse aufzustellen. ²Der Schuldner ist hinzuzuziehen, wenn dies ohne eine nachteilige Verzögerung möglich ist.

(2) ¹Bei jedem Gegenstand ist dessen Wert anzugeben. ²Hängt der Wert davon ab, ob das Unternehmen fortgeführt oder stillgelegt wird, sind beide Werte anzugeben. ³Besonders schwierige Bewertungen können einem Sachverständigen übertragen werden.

(3) ¹Auf Antrag des Verwalters kann das Insolvenzgericht gestatten, daß die Aufstellung des Verzeichnisses unterbleibt; der Antrag ist zu begründen. ²Ist ein Gläubigerausschuß bestellt, so kann der Verwalter den Antrag nur mit Zustimmung des Gläubigerausschusses stellen.

Literatur: *Delhaes*, NZI 1999, 47 ff; *Hess/Weis*, NZI 1999, 482 ff; *Höffner*, ZIP 1999, 2088 ff; *Wellensiek*, Kölner Schrift, S 403 ff.

I. Entstehungsgeschichte und Normzweck

1. Entstehungsgeschichte

Die Vorschrift entspricht inhaltlich weitgehend § 123 KO. Die InsO verzichtet allerdings darauf, dass bei der Aufzeichnung der Massegegenstände eine obrigkeitliche oder eine Urkundsperson zugegen ist. Im Gegensatz zum alten Recht hat der Verw bei der Bewertung der Massegegenstände nach Abs 2 alternativ Fortführungs- und Liquidationswert anzugeben. **1**

2. Normzweck

Die Vorschrift steht im Zusammenhang mit § 152 und 153. Alle drei Normen tragen dem Verw auf, sich über die Gesamtvermögenssituation des Schuldners ein Bild zu machen. **2**

II. Regelungsinhalt

1. Zuständigkeit

Zur Erstellung des Verzeichnisses der Gegenstände der Insolvenzmasse (vgl zum Begriff der Insolvenzmasse oben § 35 Rn 2) ist der Verw berechtigt und verpflichtet. Der Verw kann nach Abs 3 durch Beschluss des Insolvenzgerichts und, wenn ein solcher bestellt ist, **nur mit Zustimmung des Gläubigerausschusses von der Erstellung eines Masseverzeichnisses befreit** werden. Auch zur Bewertung der Massegegenstände ist grundsätzlich der Verw befugt; in schwierigen Fällen darf er sich jedoch der Hilfe eines Sachverständigen bedienen. **3**

2. Inhalt des Masseverzeichnisses

In das Verzeichnis sind sämtliche Gegenstände der Ist-Masse (zu diesem Begriff s. o. § 35 Rn 2) detailliert aufzunehmen. Hierzu gehören neben beweglichen und unbeweglichen Sachen auch Forderungen und Rechte (HK-*Irschlinger*, § 151 Rn 2). Das Masseverzeichnis überschneidet sich jedenfalls teilweise mit der Aktivseite der Vermögensübersicht nach § 153 (vgl insoweit die dortigen Anmerkungen). Da zur Insolvenzmasse auch **Anfechtungsansprüche nach §§ 129 ff** gehören, sind auch solche Ansprüche in das Masseverzeichnis aufzunehmen (MK-InsO/*Füchsl/Weishäupl*, § 151 Rn 29; Uhlenbruck/*Maus*, § 151 Rn 3; K/P-*Holzer*, § 151 Rn 13). **4**

3. Bewertungsfragen

a) Wertansatz. Abs 2 S 1 bestimmt, dass in dem Masseverzeichnis der Wert des jeweiligen Gegenstandes aufzuführen ist. Bei der Ermittlung des **5**

Wertes hat der Verw zunächst festzustellen, ob das Unternehmen im Insolvenzverfahren fortgeführt werden soll oder nicht. Im letzteren Fall sind lediglich Zerschlagungswerte anzugeben. Für den Fall der (geplanten) Fortführung hat der Verw **alternativ Fortführungs- und Zerschlagungswerte aufzuführen**. Die Technik entspricht derjenigen bei der Feststellung einer Überschuldung nach § 19 (vgl dort Rn 6ff).

6 **b) Sachverständiger.** Häufig wird die Bewertung von Massegegenständen dem Verw Schwierigkeiten bereiten, so insbes bei Grundstücken, Unternehmensbeteiligungen, immaterielle Vermögensgegenstände wie Urheberrechte, Marken und dergleichen sowie bei umfangreichen Warenlagern. Das Gesetz gestattet es, „besonders schwierige" Bewertungen einem **Sachverständigen** zu übertragen. Bei den zuvor erwähnten Vermögensgegenständen wird **im Regelfall** von einer besonders schwierigen Bewertung ausgegangen werden können (N/R-*Andres*, § 151 Rn 24; MK-InsO/*Füchsl/Weishäupl*, § 151 Rn 15).

4. Befreiung von der Aufzeichnungspflicht

7 Das Gesetz lässt in Abs 3 eine Ausnahme von der Erstellung des Masseverzeichnisses zu. Ein Unterlassen ist nur zulässig aufgrund einer vom Insolvenzgericht zu begründenden Entscheidung auf Antrag des Verw. Sofern ein Gläubigerausschuss bestellt ist, bedarf es zusätzlich zwingend nach S 2 der Zustimmung dieses Gläubigerausschusses. Es entspricht allgemeiner Auffassung, dass eine Befreiung des Verw nur dann ausnahmsweise zulässig ist, wenn dieser sich **auch auf andere Weise einen zuverlässigen Überblick über die Vermögenssituation des Schuldners verschaffen kann**, etwa dann, wenn unmittelbar vor Antragstellung eine Inventur stattgefunden hat (FK-*Wegener*, § 151 Rn 22). Nach *Andres* (N/R § 151 Rn 25) sollte Abs 3 nur bei Kleinstverfahren Anwendung finden. Bei beiden vorerwähnten Auffassungen sind Zweifel anzumelden: Sowohl bei **Kleinstverfahren** als auch dann, wenn unmittelbar zuvor eine Inventur erfolgt ist, dürfte es dem Verw gerade nur geringe Schwierigkeiten bereiten, ein Masseverzeichnis zu erstellen. Hier dürfte der Aufwand zur Erlangung einer gerichtlichen Entscheidung häufig unverhältnismäßig sein. Festgehalten werden kann jedoch, dass die Befreiung von der Erstellung eines Masseverzeichnisses nur in sehr engen Grenzen zugelassen werden sollte.

§ 152 Gläubigerverzeichnis

(1) Der Insolvenzverwalter hat ein Verzeichnis aller Gläubiger des Schuldners aufzustellen, die ihm aus den Büchern und Geschäftspapieren des Schuldners, durch sonstige Angaben des

Schuldners, durch die Anmeldung ihrer Forderungen oder auf andere Weise bekannt geworden sind.

(2) ¹In dem Verzeichnis sind die absonderungsberechtigten Gläubiger und die einzelnen Rangklassen der nachrangigen Insolvenzgläubiger gesondert aufzuführen. ²Bei jedem Gläubiger sind die Anschrift sowie der Grund und der Betrag seiner Forderung anzugeben. ³Bei den absonderungsberechtigten Gläubigern sind zusätzlich der Gegenstand, an dem das Absonderungsrecht besteht, und die Höhe des mutmaßlichen Ausfalls zu bezeichnen; § 151 Abs. 2 Satz 2 gilt entsprechend.

(3) ¹Weiter ist anzugeben, welche Möglichkeiten der Aufrechnung bestehen. ²Die Höhe der Masseverbindlichkeiten im Falle einer zügigen Verwertung des Vermögens des Schuldners ist zu schätzen.

Literatur: s Lit. zu §§ 150 u. 151.

I. Entstehungsgeschichte und Normzweck

In der KO war eine § 152 entsprechende Norm nicht enthalten. Allerdings ging man bereits nach altem Recht davon aus, dass der Konkursverwalter ein Gläubigerverzeichnis zu erstellen hatte. Das Gläubigerverzeichnis dient den beteiligten Personen – ebenso wie das Masseverzeichnis nach § 151 sowie die Vermögensübersicht nach § 153 – dazu, sich eine **Übersicht über die zum Zeitpunkt der Eröffnung des Verfahrens vorhandene Vermögenssituation** des Schuldners zu verschaffen. Das Gläubigerverzeichnis dient weiterhin der Kontrolle bei der späteren Erstellung der Insolvenztabelle durch den Verw (vgl die Kommentierung u. § 175 InsO). 1

II. Regelungsinhalt

1. Beteiligte Personen

Zuständig für die Erstellung des Gläubigerverzeichnisses ist der Verw. Dieser kann sich dabei der Hilfe des Schuldners bedienen. 2

2. Form und Inhalt des Gläubigerverzeichnisses

a) Allgemeines. Der Verw hat sich einen möglichst vollständigen Überblick über die Gläubiger des Schuldners zu machen (FK-*Wegener*, § 152 Rn 3). Sofern der Schuldner über eine funktionierende Buchhaltung verfügt, kann er das Gläubigerverzeichnis **auf der Grundlage der vorhandenen Kreditorenliste** erstellen. Üblicherweise werden jedoch langfristige Verbindlichkeiten, wie etwa gegenüber Banken, in der Buchhaltung gesondert aufgeführt. Insoweit ist der Verw auf die **Auskünfte** 3 des Schuldners sowie die Einsichtnahme in Bilanzen und sonstige Buchhaltungsunterlagen angewiesen.

4   **b) Gliederung.** Nach Abs 2 teilt sich das Gläubigerverzeichnis auf in einfache Insolvenzgläubiger, absonderungsberechtigte Gläubiger sowie – untergliedert nach den entsprechenden Rangklassen – nachrangige Insolvenzgläubiger. Nach S 2 sind jeweils Anschrift des Gläubigers sowie Grund und Höhe der Forderung aufzulisten. Bei den **absonderungsberechtigten Gläubigern** ist nach S 3 zusätzlich anzugeben, inwieweit diese nach der Verwertung der Absonderungsgegenstände mutmaßlich ausfallen werden. Abs 2 verweist im letzten HS ausdrücklich lediglich auf § 151 Abs 2 S 2, so dass bei der **Bewertung des mutmaßlichen Absonderungsrechts** ebenfalls zwischen Fortführungs- und Liquidationswerten differenziert werden soll. Eine Verweisung auf § 151 Abs 2 **S 3** findet sich hingegen nicht, so dass davon auszugehen ist, dass der Verw hier auch bei schwierigen Verwertungsfragen einen **Sachverständigen nicht heranziehen** sollte.

5   **c) Aufrechnungslagen.** Nach Abs 3 hat der Verw weiterhin aufzulisten, ob und inwieweit den Verbindlichkeiten eigene Ansprüche des Schuldners im Wege der Aufrechnung entgegengehalten werden können. Aus der Formulierung „Möglichkeit der Aufrechnung" ist zu folgern, dass auch etwaige Aufrechnungsverbote nach § 96 InsO zu berücksichtigen sind.

6   **d) Masseverbindlichkeiten.** Abs 3 S 2 gibt dem Verw für den Fall einer schnellen Liquidation des schuldnerischen Unternehmens auf, die **Höhe der Masseverbindlichkeiten zu schätzen**. Letzteres dürfte auch dann erforderlich sein, wenn eine Fortführung in Betracht kommt, da auch hierdurch die Gläubiger im Gerichtstermin eine zusätzliche Entscheidungsgrundlage erhalten können.

§ 153 Vermögensübersicht

(1) ¹**Der Insolvenzverwalter hat auf den Zeitpunkt der Eröffnung des Insolvenzverfahrens eine geordnete Übersicht aufzustellen, in der die Gegenstände der Insolvenzmasse und die Verbindlichkeiten des Schuldners aufgeführt und einander gegenübergestellt werden.** ²**Für die Bewertung der Gegenstände gilt § 151 Abs. 2 entsprechend, für die Gliederung der Verbindlichkeiten § 152 Abs. 2 Satz 1.**

(2) ¹Nach der Aufstellung der Vermögensübersicht kann das Insolvenzgericht auf Antrag des Verwalters oder eines Gläubigers dem Schuldner aufgeben, die Vollständigkeit der Vermögens-

übersicht eidesstattlich zu versichern. ²Die §§ 98, 101 Abs. 1 Satz 1, 2 gelten entsprechend.

Literatur: s Lit. zu §§ 150 u. 151.

I. Entstehungsgeschichte und Normzweck

1. Entstehungsgeschichte

Die Vorschrift geht zurück auf §§ 124 und 125 KO und übernimmt die dortigen Regelungen mit gewissen Modifikationen. Wegen der anfallenden Bewertungs- und Gliederungsfragen verweist die Vorschrift auf die vorstehenden §§ 151 Abs 2 und 152 Abs 2 S 1.

2. Normzweck

Ebenso wie die vorstehenden §§ 151 und 152 dient die Vorschrift der Feststellung einer umfassenden Vermögensübersicht, welche die beteiligten Personen (Gericht, Verw und Gläubiger) in die Lage versetzen soll, über den weiteren Fortgang des Insolvenzverfahrens zu entscheiden.

II. Regelungsinhalt

1. Allgemeines

Bezogen auf den **Zeitpunkt der Eröffnung** des Insolvenzverfahrens hat der Verw eine **Vermögensübersicht** zu erstellen, die von **Form und Inhalt einer Bilanz entspricht** (§ 124 KO sprach insofern noch ausdrücklich von einer Bilanz). Aufgrund des Verweises auf § 151 Abs 2 hat der Verw dann, wenn von einer Fortführung des Unternehmens auszugehen ist, zwei alternative Bilanzen, eine **unter Fortführungs- und eine unter Zerschlagungsgesichtspunkten**, zu erstellen. Die Aussagefähigkeit einer solchen Vermögensaufstellung dürfte regelmäßig einschränkend zu beurteilen sein, insbes dann, wenn ungewisse Vermögensgegenstände wie Forderungen gegen mögliche Anfechtungsgegner in den Aktiva enthalten sind. Der Verw tut gut daran, wenn er – ohne von Gesetzes wegen dazu verpflichtet zu sein – zweifelhafte Vermögenspositionen ausführlich erläutert.

2. Gliederung der Vermögensübersicht

Wegen der Gliederung findet sich ein Verweis auf § 152 Abs 2 S 1 (s dort Rn 4). Allerdings ist der Verweis insoweit einschränkend auszulegen, als nachrangige Gläubiger in der Vermögensaufstellung nur dann aufgeführt werden sollten, wenn vernünftigerweise mit einer Ausschüttung an die nachrangigen Gläubiger gerechnet werden kann, was eine absolute Ausnahme darstellen dürfte (ähnlich: HK-*Irschlinger*, § 153 Rn 4). Die

nachrangigen Gläubiger sind im Übrigen bereits aus dem Gläubigerverzeichnis nach § 152 ersichtlich.

3. Eidesstattliche Versicherung

5   Abs 2 räumt dem Verw die Möglichkeit ein, von dem Schuldner nach Aufstellung der Vermögensübersicht eine eidesstattliche Versicherung über die Vollständigkeit dieser Vermögensübersicht zu erlangen. Hierzu bedarf es einer **Entscheidung des Insolvenzgerichts**, welche nur auf **Antrag des Verw** ergeht. In Abweichung zum alten Recht bezieht sich die Verpflichtung zur Abgabe der eidesstattlichen Versicherung auf die gesamte Vermögensübersicht. Des weiteren ist die Befugnis zur Abnahme der eidesstattlichen Versicherung nunmehr von dem Verw bzw einem Gläubiger auf das Insolvenzgericht verlagert worden. Dem Verw ist jedenfalls dann die Beantragung der Abgabe einer eidesstattlichen Versicherung durch den Schuldner zu empfehlen, wenn er **begründete Zweifel an der Vollständigkeit und Wahrheitsgemäßheit** der Angaben des Schuldners hat. Unterlässt der Verw dies, setzt er sich möglicherweise einer Haftung gem § 60 aus. In Abs 2 der Vorschrift findet sich eine Verweisung auf §§ 98 und 101 Abs 1 S 1 und 2. Insofern ist auf die dortige Kommentierung zu verweisen.

§ 154 Niederlegung in der Geschäftsstelle

Das Verzeichnis der Massegegenstände, das Gläubigerverzeichnis und die Vermögensübersicht sind spätestens eine Woche vor dem Berichtstermin in der Geschäftsstelle zur Einsicht der Beteiligten niederzulegen.

Literatur: *Ems*, KTS 1999, 1 ff; s auch Lit. zu § 150 und 151.

Ebenso wie im alten Recht (§ 124 KO) sind die in §§ 151 bis 153 aufgeführten Unterlagen in der Geschäftsstelle des Insolvenzgerichts zur Einsicht der Beteiligten niederzulegen. Im Gegensatz zum alten Recht findet sich nunmehr eine Fristbestimmung dahingehend, dass die Niederlegung spätestens eine Woche vor dem Gerichtstermin zu erfolgen hat, damit interessierte Beteiligte sich bereits vor dem Gerichtstermin ein Bild von der Vermögenssituation des Schuldners machen können. Wegen der Einsichtnahme in die in den Insolvenzakten des Gerichts befindlichen Unterlagen vgl oben § 4 Rn 8 ff.

§ 155 Handels- und steuerrechtliche Rechnungslegung

(1) ¹**Handels- und steuerrechtliche Pflichten des Schuldners zur Buchführung und zur Rechnungslegung bleiben unberührt.** ²**In**

bezug auf die Insolvenzmasse hat der Insolvenzverwalter diese Pflichten zu erfüllen.

(2) ¹Mit der Eröffnung des Insolvenzverfahrens beginnt ein neues Geschäftsjahr. ²Jedoch wird die Zeit bis zum Berichtstermin in gesetzliche Fristen für die Aufstellung oder die Offenlegung eines Jahresabschlusses nicht eingerechnet.

(3) ¹Für die Bestellung des Abschlußprüfers im Insolvenzverfahren gilt § 318 des Handelsgesetzbuchs mit der Maßgabe, daß die Bestellung ausschließlich durch das Registergericht auf Antrag des Verwalters erfolgt. ²Ist für das Geschäftsjahr vor der Eröffnung des Verfahrens bereits ein Abschlußprüfer bestellt, so wird die Wirksamkeit dieser Bestellung durch die Eröffnung nicht berührt.

Literatur: *Heni*, Rechnungslegung im Insolvenzverfahren, WPg 1990, S 93 ff; *K. Schmidt*, Liquidationsbilanzen und Konkursbilanzen, 1998; Weisang, BB 1998, 1149 ff.

I. Entstehungsgeschichte und Normzweck

1. Entstehungsgeschichte

Die Vorschrift hat keine Entsprechung in der KO. Allerdings wurde auch für das alte Recht bereits eine Buchführungs- und Rechnungslegungspflicht des Verw für die Dauer des Verfahrens angenommen. Ebenso war für das alte Recht anerkannt, dass die **Rechnungslegungspflicht für den Konkursverwalter die daneben weiterhin bestehenden Pflichten des Schuldners unberührt** lässt.

1

2. Normzweck

Die Norm hat lediglich klarstellenden Charakter. Der Zweck der Fortführung der handels- und steuerrechtlichen Rechnungslegung liegt auch darin, dass die InsO regelmäßig bis zum Gerichtstermin von einer Fortführung des Unternehmens ausgeht (N/R-*Andres*, § 155 Rn 12).

2

II. Regelungsinhalt

1. Rechnungslegung des Schuldners

Durch die Insolvenzeröffnung werden die handels- und steuerrechtlichen Rechnungslegungs- und Buchführungspflichten des Schuldners nicht berührt. Daher ist der Schuldner trotz und auch neben der (im Folgenden zu behandelnden) Buchführungspflicht des Verw auch weiterhin noch entsprechend verpflichtet. Auch nach Eröffnung **gehen die Pflichten des Schuldners nicht weiter als vorher**. Eine Bilanzierungspflicht

3

entsteht somit bei Kleingewerbetreibenden durch die Eröffnung nicht (HK-*Irschlinger*, § 155 Rn 4). Auch entfällt die Buchführungspflicht mit einer etwaigen Betriebseinstellung (*Irschlinger* aaO Rn 4).

2. Pflichten des Verw

4   Neben der fortbestehenden Pflicht des schuldnerischen Unternehmens entsteht durch die Eröffnung des Verfahrens eine entsprechende Pflicht des Verw. Diese bezieht sich jedoch nach Abs 1 S 2 nur auf die Insolvenzmasse, nicht hingegen auf das insolvenzfreie Vermögen (vgl oben § 35 Rn 8). Neben der handels- und steuerrechtlichen Rechnungslegung nach § 155 trifft den Verw die **allgemeine Rechnungslegungspflicht gegenüber der Gläubigerversammlung** nach § 66 (vgl insofern die Kommentierung oben zu § 66). Auch der Verw ist nur insoweit zur handels- und steuerrechtlichen Rechnungslegung verpflichtet, als dies vor Eröffnung der Schuldner selbst war. Auch die Massearmut beseitigt grundsätzlich nicht die Rechnungslegungspflicht (N/R-*Andres*, § 155 Rn 16; MK-InsO/*Füchsl/Weishäupl*, § 155 Rn 40; Uhlenbruck/*Uhlenbruck*, § 155 Rn 4).

3. Neues Geschäftsjahr

5   Nach Abs 2 S 1 beginnt mit der Eröffnung des Verfahrens ein neues Geschäftsjahr. Hieraus ergibt sich, dass regelmäßig mit Eröffnung ein Rumpfgeschäftsjahr endet. Auf den Stichtag der Eröffnung ist somit – sofern entsprechende Bilanzierungspflichten bestehen – eine Abschlussbilanz zu erstellen. Aus der Formulierung der Vorschrift dürfte zu entnehmen sein, dass das Rumpfgeschäftsjahr – bezogen auf die Insolvenzmasse – das bis zur Eröffnung „angebrochene" Geschäftsjahr ist. **Mit Eröffnung beginnt somit ein vollständiges und neues ganzes Geschäftsjahr**. Eine entsprechende Gesetzesauslegung hätte zumindest den Vorteil, dass die Kosten für die Erstellung einer erneuten Rechnungslegung zum Ende des satzungsmäßigen Geschäftsjahres entfallen (FK-*Boochs*, § 155 Rn 11; MK-InsO/*Füchsl/Weishäupl*, § 155 Rn 18; **aA:** N/R-*Andres*, § 155 Rn 19, der davon ausgeht, dass mit Eröffnung des Verfahrens ein Rumpfgeschäftsjahr **entsteht**). Zur zeitlichen Entlastung des Verw bestimmt Abs 2 S 2, dass zu Gunsten des Verw die gesetzlichen Fristen für die Aufstellung des Jahresabschlusses um die Zeit zwischen Eröffnung und Gerichtstermin verlängert werden. Nach hM beginnt mit der Beendigung des Verfahrens ebenfalls ein neues Geschäftsjahr (*Füchsl/Weishäupl* aaO Rn 24 mwN)

4. Bereits bestellter Abschlußprüfer

6   Abs 3 enthält eine im alten Recht nicht enthaltene Bestimmung, wonach der Abschlussprüfer nach § 318 HGB ausschließlich durch das Re-

gistergericht auf Antrag des Verw bestellt wird. Nach S 2 wird allerdings eine bereits vor Eröffnung erfolgte Bestellung eines Anschlussprüfers durch die Eröffnung nicht berührt. Sofern eine Bestellung innerhalb der kritischen Phase erfolgt, kann – bei Vorliegen der übrigen Voraussetzungen – insofern allerdings auch an eine Insolvenzanfechtung nach § 129 ff gedacht werden.

2. Abschnitt. Entscheidung über die Verwertung

§ 156 Berichtstermin

(1) [1]Im Berichtstermin hat der Insolvenzverwalter über die wirtschaftliche Lage des Schuldners und ihre Ursachen zu berichten. [2]Er hat darzulegen, ob Aussichten bestehen, das Unternehmen des Schuldners im ganzen oder in Teilen zu erhalten, welche Möglichkeiten für einen Insolvenzplan bestehen und welche Auswirkungen jeweils für die Befriedigung der Gläubiger eintreten würden.

(2) [1]Dem Schuldner, dem Gläubigerausschuß, dem Betriebsrat und dem Sprecherausschuß der leitenden Angestellten ist im Berichtstermin Gelegenheit zu geben, zu dem Bericht des Verwalters Stellung zu nehmen. [2]Ist der Schuldner Handels- oder Gewerbetreibender oder Landwirt, so kann auch der zuständigen amtlichen Berufsvertretung der Industrie, des Handels, des Handwerks oder der Landwirtschaft im Termin Gelegenheit zur Äußerung gegeben werden.

§ 157 Entscheidung über den Fortgang des Verfahrens

[1]Die Gläubigerversammlung beschließt im Berichtstermin, ob das Unternehmen des Schuldners stillgelegt oder vorläufig fortgeführt werden soll. [2]Sie kann den Verwalter beauftragen, einen Insolvenzplan auszuarbeiten, und ihm das Ziel des Plans vorgeben. [3]Sie kann ihre Entscheidungen in späteren Terminen ändern.

I. Normzweck – Systematik

Die Entscheidung über Art und Weise der Verwertung ist gemäß dem Gedanken der Gläubigerautonomie der Gl-Versammlung vorbehalten; sie ist im Berichtstermin zu treffen. Dementsprechend hat der InsVerw die Beteiligten im Berichtstermin zu informieren um ihnen eine hinreichende Entscheidungsgrundlage zu geben. Dagegen gibt es einen Berichtstermin im vereinfachten InsVerfahren (§ 311 ff) nach § 312 Abs 1

1

§§ 156, 157 4. Teil. Verwaltung und Verwertung der Insolvenzmasse

nicht. – Die §§ 156–158 regeln das Verfahren, insbes die Zuständigkeit zur Entscheidung über die Art der Verwertung; die §§ 159–164 regeln die Einzelheiten der Verwertung.

II. Verfahren

1. Zuständigkeit

2   Die Zuständigkeit für die Entscheidung über die Art der Verwertung liegt nach § 157 bei der Gl-Versammlung.

2. Ablauf des Berichtstermins, § 156

3   **a) Einberufung, Vorbereitung, Leitung.** Der Berichtstermin ist nach § 29 Abs 1 Nr 1 zusammen mit der Verfahrenseröffnung zu bestimmen. Zum Zeitpunkt siehe § 29 Rn 7 f. Wegen der Verknüpfung mit dem Eröffnungsbeschluss unterliegt die Einberufung der Form des § 30 (K/P-*Onusseit*, § 156 Rn 5); hinsichtlich des Inhalts der Einberufung siehe §§ 74, 75 Rn 7. Der Berichtstermin ist vom InsVerw vorzubereiten, indem das Masseverzeichnis nach § 151, das Gl-Verzeichnis nach § 152 und die Vermögensübersicht nach § 153 erstellt werden und beim InsGericht nach § 154 eingereicht werden, wobei ein Verstoß gegen § 154 aber keine Verschiebung oder Beschlussunfähigkeit zur Folge hat (MK-InsO/*Görg*, § 156 Rn 7).

4   **b) Bericht des InsVerw.** Der Bericht muss so detailliert sein, dass die Gl-Versammlung sich ein **umfassendes Bild** machen kann und eine hinreichende Grundlage für ihre Entscheidungen hat (K/P-*Onusseit*, § 156 Rn 8 f). Dabei kann sie auch ihr Auskunftsrecht nach § 79 ausüben. Kommt der InsVerw seinen Pflichten nicht nach, so kann das Gericht nach § 58 vorgehen; Sanktionen seitens der Gl-Versammlung sind nicht möglich, uU aber eine Haftung nach § 60 (N/R-*Balthasar*, § 156 Rn 32). – Der Bericht ist im Termin **mündlich** zu erstatten; er ist wörtlich bzw durch Beifügung einer schriftlichen Fassung, § 4 iVm § 160 Abs 3 und 5 ZPO, zu Protokoll zu nehmen (HK-*Flessner*, § 156 Rn 5). Die Verpflichtung des InsVerw, einen schriftlichen Bericht vor dem Berichtstermin bei Gericht einzureichen, wird aus § 411 Abs 1 ZPO analog iVm § 4 hergeleitet (HK-*Flessner*, § 156 Rn 5; H/W/W-*Hess*, § 156 Rn 7; vgl MK-InsO/*Görg*, § 156 Rn 25; gegen eine solche Verpflichtung: N/R-*Balthasar*, § 156 Rn 30, FK-*Wegener*, § 156 Rn 7). – Bei Eigenverwaltung ist der Bericht vom InsSchu nach § 281 Abs 2 zu erstatten, der Sachwalter nimmt zu diesem lediglich Stellung. – Es bestehen folgende **inhaltliche Anforderungen:** (vgl *Möhlmann* NZI 1999, 433 ff)

5   **aa) Wirtschaftliche Lage, Insolvenzgründe, Abs 1 S 1.** Im Berichtstermin hat der InsVerw nach § 156 Abs 1 zunächst über die wirt-

schaftliche Lage des InsSchu zu berichten und dabei insbes die Ursachen der Insolvenz aufzuzeigen. Damit hat der Bericht zu enthalten: Ausführungen über die **rechtlichen Verhältnisse** (Rechtsform, Rechtsformwechsel, anhängige Prozesse, erkannte Anfechtungstatbestände, bestehende Rechts-, insbes Dauerschuldverhältnisse, vgl N/R-*Balthasar*, § 156 Rn 20f), Angaben zu den **tatsächlichen Verhältnissen** (Organisationsstruktur des Unternehmens, N/R-*Balthasar*, § 156 Rn 18), insbes die betriebswirtschaftlichen Daten (Umsatz- und Gewinn-/Verlustentwicklung, Mitarbeiter, Auftragsvolumen, Lieferanten- und Kundenbeziehungen; MK-InsO/*Görg*, § 156 Rn 10); Ausführungen über die **Vermögenssituation** (zB bestehende Masseverbindlichkeiten) in Ergänzung zur Vermögensübersicht (§ 153), wobei auch Angaben über die zu erwartende Entwicklung (Verbindlichkeiten aus geplanten Sozialplänen; Schadensersatzansprüche wegen der Nichterfüllung von Verträgen; MK-InsO/ *Görg*, § 156 Rn 12) zu machen sind, da sonst die Entscheidung über die Fortführung nicht getroffen werden kann; bei drohender Masseunzulänglichkeit ist ein Liquiditätsplan vorzulegen (MK-InsO/*Görg*, § 156 Rn 11, 17f). Ist ein Beschluss zur Betriebsfortführung wahrscheinlich, sind die Fähigkeiten des bisherigen Managements zu bewerten, damit die InsGl über eine eventuelle Auswechslung beschließen können; mögliche Unwerturteile bei dieser Bewertung sind in Wahrnehmung berechtigter Interessen zulässig (N/R-*Balthasar*, § 156 Rn 19, 21; K/P-*Onusseit*, § Rn 11; MK-InsO/*Görg*, § 156 Rn 14).

bb) Weitere **Einzelheiten** regelt S 2: 6

(1) Sanierungsaussichten, 1. HS. Die Aussicht der Erhaltung des Unternehmens als Ganzes oder in Teilen ist darzulegen. Dabei ist sowohl auf eine Sanierung des Unternehmensträgers als auch die Möglichkeit einer übertragenden Sanierung bzw einer Kombination beider Möglichkeiten einzugehen. Vgl ausf. N/R-*Balthasar*, § 156 Rn 22 ff.

(2) InsPlan. Die Möglichkeit eines Insolvenzplans, der insbes bei der Sanierung wichtig werden kann, ist zu erläutern; auch im Hinblick auf einen (zwar praxisfernen, aber möglichen) Liquidationsplan (N/R-*Balthasar*, § 156 Rn 25).

(3) Folgen. Dabei sind die Folgen für die Befriedigung der InsGl zu erläutern und zwar für eine Liquidation, Sanierung und einen InsPlan (N/R-*Balthasar*, § 156 Rn 27f).

c) Stellungnahmen, Abs 2. Nach der Berichterstattung ist gemäß 7 § 156 Abs 2 S 1 dem InsSchu, den InsGl, sowie dem Betriebsrat und dem Sprecherausschuss für leitende Angestellte die Möglichkeit zur Stellungnahme zu geben. Erweiterte Stellungnahmemöglichkeiten bestehen nach

§§ 156, 157   4. Teil. Verwaltung und Verwertung der Insolvenzmasse

S 2, falls der InsSchu Handels- oder Gewerbetreibender bzw Landwirt ist. Dann ist den zuständigen amtlichen Berufvertretungen gleichfalls die Möglichkeit zur Äußerung zu geben.

8   **d) Auskunftspflicht.** Der InsVerw ist verpflichtet, auf vom Ins-Gericht im Berichtstermin zugelassene Fragen der InsGl und sonstigen Verfahrensbeteiligten zu antworten, soweit hierdurch die ordnungsgemäße Abwicklung nicht beeinträchtig wird (Uhlenbruck/*Uhlenbruck*, § 156 Rn 12). Außerhalb des Berichtstermins ist er nicht zu Einzelauskünften verpflichtet (vgl § 58 Rn 20; Uhlenbruck/*Uhlenbruck*, § 156 Rn 12).

3. Entscheidung, § 157

9   **a) Zeitpunkt.** Die Entscheidung über die Art der Verwertung ist nach S 1 im Berichtstermin zu treffen. Für die Beschlussfassung, insbes das Stimmrecht gelten die §§ 76–77.

10   **b) Inhalt.** Die Gl-Versammlung entscheidet über das Ob und Wie der Schuldenbereinigung. Sie hat dabei die Wahl zwischen der Fortführung der Geschäfte oder der Stilllegung des Betriebs, wobei aber auch ein Teil des Unternehmens stillgelegt, ein anderer Teil dagegen fortgeführt werden kann. Alternativ oder kumulativ kann sie über einen InsPlan beschließen.

11   **aa) Stilllegung.** Bei einer Entscheidung für die Stilllegung und Verwertung, kann sie die Art und Weise der Verwertung bestimmen und hierdurch den InsVerw binden. Dabei kann auch die Durchführung eines InsPlan in Form eines Liquidationsplanes beschlossen werden, dies kommt jedoch in der Praxis kaum vor (MK-InsO/*Görg*, § 157 Rn 7). Für die Stilllegung des Betriebs vor dem Berichtstermin gilt § 158. Folge des Stilllegungsbeschlusses ist, dass der InsVerw nach § 159 verpflichtet ist, unverzüglich die Verwertung durchzuführen, jedoch kann das InsGericht nach § 233 S 1 den Stilllegungsbeschluss suspendieren, falls der InsSchu (oder der InsVerw, str siehe unten) einen InsPlan vorlegen und dessen Durchführung andernfalls gefährdet wäre (MK-InsO/*Görg*, § 157 Rn 8).

12   **bb) Fortführung. (1) Vorl Fortführung.** Die Gl-Versammlung kann die vorl Fortführung beschließen, insbes um die Möglichkeit einer übertragenden Sanierung offen zu halten.

(2) Die **endgültige Fortführung** kann die Gl-Versammlung dagegen nur im Rahmen eines InsPlan im Abstimmungstermin nach § 235 beschließen (MK-InsO/*Görg*, § 157 Rn 11; **aA:** N/R-*Balthasar*, § 157 Rn 9). Sie kann daher im Berichtstermin den InsVerw nach S 2 nur dazu beauftragen, einen InsPlan auszuarbeiten.

cc) InsPlan. Die Kompetenz zur Beauftragung des InsVerw nach S 2 13
schließt ein eigenes Initiativrecht des InsVerw aus (N/R-*Balthasar*, § 157
Rn 12; *Grub* ZIP 1993, 393, 397; *Schiessler*, InsPlan, 98, 227; **aA**: K/P-*Otte*, § 281 Rn 11 ff; *Landfermann* BB 1995, 1649, 1654; MK-InsO/*Görg*, § 157 Rn 16; H/W/W-*Hess*, § 157 Rn 6).

c) Eine **Übertragung der Aufgaben** der Gl-Versammlung auf den 14
Gl-Ausschuss (§ 69 Rn 8) oder den InsVerw (N/R-*Balthasar*, § 157
Rn 19 f; K/P-*Onusseit*, § 157 Rn 22 ff; *Pape* ZInsO 1999, 305, 313) ist zulässig; eine Übertragung auf das InsGericht indes nicht, auch nicht durch
die bloße Nichtwahrnehmung der eigenen Entscheidungskompetenzen
(keine „Ersetzungsbefugnis" des InsGericht, s §§ 76, 77 Rn 3); MK-InsO/*Görg*, § 157 Rn 23; vgl ausf. Uhlenbruck/*Uhlenbruck*, § 157 Rn 2
und Rn 13–18).

d) Änderung. Nach S 3 kann die Gl-Versammlung ihre Entscheidun- 15
gen in späteren Terminen abändern.

4. Weitere Tagesordnungspunkte

Im Berichtstermin können neben der Beschlussfassung nach § 157 auch 16
andere, vorher bestimmte Tagesordnungspunkte erledigt werden, da
dieser eine vollwertige Gl-Versammlung ist (HK-*Flessner*, § 156 Rn 6).
Tagesordnungspunkte können sein: Beschlüsse nach § 57 (Neuwahl des
InsVerw), § 66 (Rechnungslegung), § 68 (Gl-Ausschuss), § 149 (Hinterlegung) oder §§ 160, 162, 163 (besonders bedeutsame Rechtshandlungen)
sein (N/R-*Balthasar*, § 157 Rn 14). In der Insolvenz einer natürlichen
Person ist nach § 100 über den zu gewährenden Unterhalt zu entscheiden
(MK-InsO/*Görg*, § 156 Rn 5; H/W/W-*Hess*, § 157 Rn 7). Bei **drohender Masseunzulänglichkeit** sollte auf die Anhörung nach § 207 Abs 2
und den Rechnungsprüfungstermin im Voraus verzichtet werden (str,
siehe § 66 Rn 3). Ein entsprechender Tagesordnungspunkt ist aufzunehmen.

Der Berichtstermin kann nach § 29 Abs 2 auch mit dem **Prüfungster-** 17
min verbunden werden (in der Praxis häufig), was eine effektive, kostengünstige Abwicklung insbes in kleinen Verfahren ermöglicht.

§ 158 Maßnahmen vor der Entscheidung

**(1) Will der Insolvenzverwalter vor dem Berichtstermin das
Unternehmen des Schuldners stillegen, so hat er die Zustimmung
des Gläubigerausschusses einzuholen, wenn ein solcher bestellt
ist.**

(2) ¹**Vor der Beschlußfassung des Gläubigerausschusses oder,
wenn ein solcher nicht bestellt ist, vor der Stillegung des Unter-**

§ 158   4. Teil. Verwaltung und Verwertung der Insolvenzmasse

nehmens hat der Verwalter den Schuldner zu unterrichten. ²Das Insolvenzgericht untersagt auf Antrag des Schuldners und nach Anhörung des Verwalters die Stilllegung, wenn diese ohne eine erhebliche Verminderung der Insolvenzmasse bis zum Berichtstermin aufgeschoben werden kann.

1. Normzweck

1   Nach dem Grundkonzept der InsO (auch §§ 129, 130 KO) soll die Entscheidung über die Stilllegung des Unternehmens des InsSchu erst im Berichtstermin entschieden werden, so dass der Betrieb vorl durch den InsVerw fortgeführt wird (**Verwertungssperre**). Dies ist aber nicht immer möglich und sinnvoll, so wenn der InsAntrag zu spät gestellt wurde, daher keine Masse zur vorl Fortführung vorhanden ist und auch kein Massekredit aufgenommen werden kann. Hierbei ist auch zu berücksichtigen, dass der InsVerw nach § 61 schadensersatzpflichtig werden kann. Andererseits nimmt das Gesetz aber auch eine geringfügige, unvermeidliche Masseminderung (vgl Abs 2 S 2) in Kauf, um die Entscheidung über die Verwertung offen zu halten („**Schutz der Entscheidungskompetenz**", N/R-*Balthasar*, § 158 Rn 14). Die Regelung des § 158 bestimmt daher einen Ausgleich der widerstreitenden Interessen.

2. Vorzeitige Stilllegung

2   **a) Stilllegung des Unternehmens.** Der Begriff der Stilllegung des Unternehmens erfasst nicht nur die Einstellung des gesamten Betriebs, sondern auch die von Betriebsteilen, wobei eine Abgrenzung anhand des im Arbeitsrecht entwickelten Begriffs des wesentlichen Betriebsteils sinnvoll erscheint (FK-*Wegener*, § 158 Rn 2; **aA:** MK-InsO/*Görg*, § 158 Rn 5: Maßstab des § 160 Abs 1). Die Abgrenzung zwischen Stilllegung und bloßer Verwaltung ist fließend. Die Veräußerung des Unternehmens, des Betriebes oder eines Betriebsteiles stellen keine Stilllegung dar (Uhlenbruck/*Uhlenbruck*, § 158 Rn 3). Bei der Rückgabe von Mietsachen ist zu berücksichtigen, dass der Geschäftsbetrieb idR bereits vom InsSchu eingestellt wurde oder faktisch zum Erliegen gekommen ist.

3   **b) Entscheidung des InsVerw.** Bei seiner Entscheidung hat der InsVerw neben einer **rechtlichen Unmöglichkeit der Fortführung** (zB bei fehlender Gewerbeerlaubnis, Zulassung, Betriebserlaubnis uä), die Stilllegung aus **wirtschaftlichen Gründen** zu erwägen. Er hat zu berücksichtigen, dass die Fortführung eine erhebliche Verringerung der Masse bedeuten kann; er unterliegt hierbei dem gleichen Maßstab wie das InsGericht nach Abs 2 S 2 (Rn 10 ff; MK-InsO/*Görg*, § 158 Rn 10). So können zB durch die Rückgabe der Mietsache die Masseschulden re-

Maßnahmen vor der Entscheidung § 158

duziert werden; daneben hat der Vermieter ein erhebliches Interesse an der Neuvermietung.

c) Zeitpunkt. § 158 erfasst nur die Stilllegung zwischen dem Zeitpunkt der Verfahrenseröffnung und dem Berichtstermin. Vor der Verfahrenseröffnung ist nur eine Stilllegung nach § 22 Abs 1 S 2 Nr 2 möglich (siehe § 22 Rn 8; K/P-*Onusseit*, § 158 Rn 5). 4

d) Zustimmung des Gl-Ausschusses. aa) Erfordernis. Die vorzeitige Stilllegung ist nach Abs 1, falls ein Gl-Ausschuss bestellt ist, nur mit dessen vorheriger (K/P-*Onusseit*, § 158 Rn 7) Zustimmung zulässig. Ansonsten entscheidet der InsVerw allein über die Stilllegung. Um die Interessen der InsGl zu schützen ist daher dann, wenn schon bei Verfahrenseröffnung eine vorzeitige Stilllegung absehbar ist, die Einsetzung eines **vorläufigen Gl-Ausschuss** nach § 67 sinnvoll (N/R-*Balthasar*, § 158 Rn 18). 5

bb) Erteilung. Die Zustimmung wird durch Beschluss gefasst; es gilt § 72. Äußert sich der Gl-Ausschuss nachdem der InsVerw ihn zur Zustimmung aufgefordert hatte nicht innerhalb einer angemessenen Frist, so gilt die Zustimmung als verweigert. Ein Schweigen des Gl-Ausschuss stellt keine Zustimmung dar und führt auch nicht zu einer Ersetzungsbefugnis des InsGericht oder einer Alleinentscheidungsbefugnis des InsVerw (K/P-*Onusseit*, § 158 Rn 8). Vielmehr ist dann der Betrieb bis zum Berichtstermin fortzuführen. Der InsVerw kann dann nur, eine Stilllegung auf eigenes Risiko vornehmen, um einer Haftung nach § 60 Abs 1 und 61 S 2 zu entgehen (K/P-*Onusseit*, § 158 Rn 8; Uhlenbruck/*Uhlenbruck*, § 158 Rn 6). 6

e) Benachrichtigung des InsSchu. Der InsSchu ist bei einer vorzeitigen Stilllegung in jedem Fall zu unterrichten. Entweder vor der Beschlussfassung des Gl-Ausschusses oder, falls dieser nicht besteht, vor der tatsächlichen Stilllegung durch den InsVerw. Dies bedeutet aber keine echte Anhörung, sondern soll dem InsSchu nur eine **Antragstellung nach Abs 2 S 2** ermöglichen, so dass die Unterrichtung möglichst frühzeitig zu erfolgen hat. Eine besondere Form ist nicht erforderlich (N/R-*Balthasar*, § 158 Rn 20). Von der Unterrichtung kann analog §§ 161 S 1, 10 Abs 1 S 1 abgesehen werden, wenn diese einen erheblichen Aufschub bedeuten würde (N/R-*Balthasar*, § 158 Rn 22; MK-InsO/*Görg*, § 158 Rn 14, **aA** Uhlenbruck/*Uhlenbruck*, § 158 Rn 9). 7

f) Das Vorliegen eines Stilllegungsgrundes ist zur wirksamen Stilllegung nicht erforderlich, doch macht sich der InsVerw schadensersatzpflichtig, wenn er ohne hinreichende Gründe den Betrieb einstellt; dies 8

Andres

gilt auch bei Zustimmung des Gl-Ausschusses, der dann uU kumulativ nach § 71 haftet (N/R-*Balthasar*, § 158 Rn 18).

9 **g)** Ferner berührt eine **fehlende Zustimmung** des Gl-Ausschusses die Wirksamkeit einer trotzdem erfolgten Stilllegung nicht, so dass der InsVerw zB wirksam Arbeitsverhältnisse kündigen kann (LAG Köln AP Nr 7 zu § 113 InsO; LAG Hamm ZInsO 2002, 644).

3. Untersagung, Abs 2 S 2

10 Das InsGericht kann die vorzeitige Stilllegung auf Antrag des InsSchu versagen.

11 **a) Formelle Voraussetzungen. aa) Antrag.** Die Untersagung erfolgt nur auf Antrag des InsSchu, InsGl sind nicht antragsberechtigt (MK-InsO/*Görg*, § 158 Rn 15); auch ist das InsGericht nicht befugt, ohne Antrag die Untersagung auszusprechen (K/P-*Onusseit*, § 158 Rn 11). Das Antragsrecht besteht auch dann, wenn der Gl-Ausschuss der Stilllegung zugestimmt hat (krit FK-*Wegener*, § Rn 4).

12 **bb) Anhörung.** Weiter ist die Anhörung des InsVerw erforderlich, damit dieser sein Vorhaben hinreichend erläutern kann und das InsGericht eine Entscheidungsgrundlage erhält.

13 **b) Materielle Voraussetzung** ist, dass die Untersagung der Stilllegung und die damit verbundene vorl Fortführung möglich ist, ohne dass damit eine **erhebliche Verminderung der Masse** bis zum Berichtstermin einhergeht. Maßgebend ist das Interesse der InsGl, selbst über die Stilllegung zu entscheiden (K/P-*Onusseit*, § 158 Rn 14; N/R-*Balthasar*, § 158 Rn 24, 30), auch wenn ein Antrag des InsSchu Untersagungsvoraussetzung ist und so auf den ersten Blick dessen Interessen geschützt werden. Einen konkreten Maßstab stellt das Gesetz nicht auf, eine erhebliche Verminderung wird jedoch zumindest dann vorliegen, wenn die Befriedigung der Neumasseschulden nicht gesichert ist (MK-InsO/*Görg*, § 158 Rn 11; K/P-*Onusseit*, § 158 Rn 14). Der Maßstab ist gleich, egal ob der InsVerw allein oder mit Zustimmung des Gl-Ausschusses die Stilllegung beschlossen hat (MK-InsO/*Görg*, § 158 Rn 18; vgl FK-*Wegener*, § 158 Rn 4).

14 **c) Entscheidung des InsGericht. aa) Zuständigkeit.** Die funktionelle Zuständigkeit liegt beim Rechtspfleger, falls kein Richtervorbehalt besteht.

15 **bb) Inhalt.** Das InsGericht kann die Untersagung anordnen bzw die sofortige Wiedereröffnung anordnen, falls die Stilllegung schon tatsächlich vollzogen wurde (K/P-*Onusseit*, § 158 Rn 15; N/R-*Balthasar*, § 158 Rn 26), oder den Antrag zurückweisen.

Verwertung der Insolvenzmasse § 159

cc) Rechtsmittel sind, abgesehen von § 11 Abs 2 RPflG, nicht statthaft (K/P-*Onusseit*, § 158 Rn 15). 16

4. Unternehmensveräußerung

Eine analoge Anwendung auf eine Veräußerung des Unternehmens vor 17
dem Berichtstermin ist nicht möglich, da dem der Gedanke der Gläubigerautonomie (Zuständigkeit der Gl-Versammlung) entgegensteht (HK-*Flessner*, § 158 Rn 2; H/W/W-*Hess*, § 158 Rn 9).

5. Arbeitnehmerbeteiligung

Die bei der Stilllegung (Betriebsänderung nach § 111 ff BetrVG) uU er- 18
forderliche Betriebsratsbeteiligung ist durch § 158 nicht entbehrlich (K/P-*Onusseit*, § 158 Rn 10 Uhlenbruck/*Uhlenbruck*, § 158 Rn 7 f).

§ 159 Verwertung der Insolvenzmasse

Nach dem Berichtstermin hat der Insolvenzverwalter unverzüglich das zur Insolvenzmasse gehörende Vermögen zu verwerten, soweit die Beschlüsse der Gläubigerversammlung nicht entgegenstehen.

I. Normzweck

Die Aufgabe der Verwertung der Masse ist dem InsVerw zugewiesen, 1
der mit dieser nach dem Berichtstermin zu beginnen hat. Bei der Verwertung ist der InsVerw insofern frei, als keine Beschlüsse der Gl-Versammlung hinsichtlich der Verwertung entgegenstehen. Die Möglichkeit der Beschränkung durch Beschlüsse sichert die **Gläubigerautonomie**, indem der InsVerw zum Exekutivorgan hinsichtlich der von den InsGl gewünschten Verwertung bestimmt wird. Vgl aber auch Rn 5 unten. – Besonderheiten bestehen für die Vornahme besonders bedeutender Rechtsgeschäfte (§§ 160–164) und bei Absonderungsrechten (§§ 165 ff). – Bei Eigenverwaltung erfolgt die Verwertung durch den InsSchu, der an die Stelle des InsVerw tritt.

II. Verwertung

1. Begriff

Der Begriff „Verwertung" ist nicht gesetzlich definiert. Er bedeutet, dass 2
die Massegegenstände veräußert oder genutzt werden, um den hierbei erlösten Geldbetrag anschließend im Rahmen der Verteilung an die InsGl auszuschütten. Gehört zur Masse ein **Unternehmen**, so kann die Verwertung als Veräußerung des ganzes Unternehmens (insbes im Rahmen der

übertragenden Sanierung) oder als Veräußerung einzelner Teile und Gegenstände erfolgen. Maßgebend für die Art der Verwertung ist der erwartete **Erlösbetrag** (vgl N/R-*Balthasar*, § 159 Rn 5). Neben der Veräußerung ist auch die **bloße Nutzung** der Massegegenstände möglich, zB durch Fortführung eines Unternehmens, Vermietung/Verpachtung oder Einräumung eines Nießbrauchs (HK-*Flessner*, § 159 Rn 2). Bei Vermietung/Verpachtung muss aber bei Begründung des Miet-/Pachtverhältnisses bestimmt sein, wie der Gegenstand nach der Nutzungszeit verwertet, dh veräußert wird, da sonst kein Akt der Verwertung, sondern der Verwaltung vorliegt (MK-InsO/*Görg*, § 159 Rn 8; vgl HK-*Flessner*, § 159 Rn 2). **Geldforderungen** werden entweder eingezogen oder durch einen Forderungsverkauf verwertet.

2. Verwertungsbefugnis

3 a) **Zuständigkeit und Rechtsmacht.** Die Zuständigkeit folgt aus § 159, die Rechtsmacht aus dem Verfügungsrecht nach § 80 Abs 1. Die Pflicht zur Verwertung entsteht kraft Gesetzes unmittelbar nach dem Berichtstermin; sie braucht nicht durch einen Beschluss der Gl-Versammlung aktualisiert werden (HK-*Flessner*, § 159 Rn 3; K/P-*Onusseit*, § 159 Rn 3). Die Kompetenz des InsVerw ist durch die Zustimmungserfordernisse nach den §§ 160, 162 und uU entgegenstehende Beschlüsse der Gl-Versammlung begrenzt. Zur Sicherung der Zustimmungserfordernisse der §§ 161, 163 können der InsSchu oder eine Mehrzahl von InsGl eine vorl Untersagung der Verwertungsmaßnahme erreichen, der InsVerw kann aber im Außenverhältnis wirksam handeln, § 164.

4 b) **Verwertung vor dem Berichtstermin. aa)** Der **vorl InsVerw** ist grundsätzlich nicht zur Verwertung befugt (BGH BGHZ 146, 165, 172f; HK-*Kirchhof*, § 22 Rn 13), eine Ausnahme kann nur bei Notverkäufen (zB bei leicht verderblichen Waren) bestehen (FK-*Wegener*, § 159 Rn 1b, 1d), dh dann, wenn und soweit ein Aufschub der Verwertung zu einer Masseschädigung führen würde (BGH NJW 2001, 1496, 1497). Zur Verwertung zählt aber nicht der Forderungseinzug durch den vorl InsVerw, er ist eine zulässige, sichernde Verwaltungsmaßnahme (*Mitlehner* ZIP 2001, 677, 678; FK-*Wegener*, § 159 Rn 1c).

5 bb) Der **InsVerw** ist vor dem Berichtstermin ebenfalls grundsätzlich nicht zur Verwertung befugt ("Verwertungssperre", § 158 Rn 1). **Ausnahme** sind **Notgeschäfte**. Daneben sollte das Verwertungsverbot in **Kleinverfahren** großzügiger gehandhabt werden, da das in der InsO geregelte Verwertungsverfahren auf Großbetriebe ausgerichtet ist und für Kleinbetriebe keine praktikable Regelung darstellt. Gerade in „kleinen" Verfahren bestehen im Berichtstermin idR keine Entscheidungsmöglichkeiten mehr, so dass die Verwertungssperre dann eine unnötige Vermin-

Verwertung der Insolvenzmasse § 159

derung der Masse bedeutet, die letztlich die InsGl schädigt. Unter Berücksichtigung des Grundgedankens der bestmöglichen Gläubigerbefriedigung besteht daher dann kein generelles Verwertungsverbot.

c) Zusammentreffen mit einem InsPlan. Die Verwertungsbefugnis wird durch einen vorgelegten InsPlan nicht automatisch eingeschränkt, jedoch kann das InsGericht nach § 233 die Verwertung der Masse aussetzen, falls dies nicht schon von der Gl-Versammlung, zB durch einen Beschluss nach § 157 S 2 konkludent beschlossen wurde (HK-*Flessner*, § 159 Rn 5; K/P-*Onusseit*, § 159 Rn 6); die Verwertungsbefugnis entfällt dabei auch schon dann, wenn ein Liquidationsplan angestrebt wird (*Braun/Gerbers*, § 159 Rn 3). 6

d) Umfang. Gegenständlich erfasst die Verwertungsbefugnis des InsVerw grundsätzlich die gesamte Masse. Einschränkungen: 7

aa) Absonderungsrechte. Gegenstände, an denen Absonderungsrechte bestehen, unterliegen der Verwertungsbefugnis des InsVerw, jedoch bestehen Beschränkungen hinsichtlich der Art der Verwertung (su). 8

bb) Miteigentum. Der Verwertung unterliegt nur die Teilungsmasse; der InsVerw ist nach § 747 BGB beschränkt. 9

cc) Geschäftsbücher gehören nach § 36 Abs 2 Nr 1 zur Masse, sind aber nur eingeschränkt verwertbar, da sie idR zur Rechnungslegung benötigt werden und Aufbewahrungspflichten unterliegen können (K/P-*Onusseit*, § 159 Rn 10ff; Uhlenbruck/*Uhlenbruck*, § 159 Rn 16). Der Verwertung zugänglich sind dagegen zB Kundenverzeichnisse (N/R-*Andres*, § 36 Rn 41, 44; OLG Saarbrücken ZIP 2001, 164, 165). 10

dd) Arbeitnehmererfindungen sind nach Maßgabe des ArbnErfG verwertbar; siehe K/P-*Onusseit*, § 159 Rn 13–18; N/R-*Balthasar*, § 159 Rn 16–22. 11

ee) Die **Praxis eines Freiberuflers** kann verwertet werden, jedoch ist bei einem Verkauf der Praxis bzw des Kunden-/Patienten-/Mandantenstammes nach § 203 StGB vor Offenlegung der Namen und Daten die Zustimmung der Betroffenen erforderlich (K/P-*Onusseit*, § 159 Rn 19; N/R-*Balthasar*, § 159 Rn 23; vgl Uhlenbruck/*Uhlenbruck*, § 159 Rn 18). 12

3. Art und Weise der Verwertung stehen grundsätzlich im Ermessen des InsVerw. Sie wird vom Gesetz nur für die Gegenstände, an denen Absonderungsrechte bestehen näher bestimmt. 13

a) Absonderungsrechte. aa) Bewegliches Vermögen. Eine Verwertung ist nach § 166 Abs 1 nur zulässig, wenn der InsVerw die Sache in seinem Besitz hat. 14

§ 159 4. Teil. Verwaltung und Verwertung der Insolvenzmasse

15 **bb) Unbewegliches Vermögen.** Eine freihändige Verwertung ist mit Zustimmung nach § 160 Abs 2 Nr 1 zulässig, ohne Zustimmung nur durch Zwangsversteigerung oder -verwaltung (§§ 172 ff ZVG, § 165).

16 **b)** In **zeitlicher Hinsicht** hat der InsVerw unverzüglich nach dem Berichtstermin mit der Verwertung zu beginnen. Bei seiner Entscheidung hat er den Zeitraum so zu legen, dass eine bestmögliche Verwertung erfolgen kann. Ein Hinausschieben der Verwertung in der Hoffnung auf höhere Marktpreise wird nur in sehr engen Grenzen bei begründeter Erwartung auf höhere Preise zulässig sein (vgl K/P-*Onusseit*, § 159 Rn 5); Spekulationen sind nach dem Rechtsgedanken des § 104 ausgeschlossen (*Smid/Smid*, § 159 Rn 2, 6).

17 **c)** IÜ unterliegt der InsVerw den **allg Beschränkungen**, zB denen des Wettbewerbsrechts; ausf. hierzu K/P-*Onusseit*, § 159 Rn 21–24.

18 **d) Versteigerer, Verwerter.** Der InsVerw braucht die Verwertung nicht selbst vorzunehmen, sondern kann sie auch von einer Verwertungsgesellschaft vornehmen lassen. Zwar erhält diese dann einen Anteil vom Verwertungserlös, jedoch wird hierdurch eine professionelle Verwertung gewährleistet, was letztendlich einen Vorteil für die Masse bedeutet. – Einschränkungen bestehen bei einer unmittelbaren oder mittelbaren Beteiligung des InsVerw an einer Verwertungsgesellschaft. Dann ist nach § 160 Abs 1 wegen der besonderen Bedeutung die Zustimmung der InsGl einzuholen; gleiches gilt analog § 162 für die Beteiligung dem InsVerw nahestehender Personen, vgl § 138 (N/R-*Balthasar*, § 159 Rn 8; vgl MK-InsO/*Görg*, § 159 Rn 9; FK-*Wegener*, § Rn 7).

19 **e) Unterstützung durch den InsSchu.** Der InsVerw bedarf der Unterstützung durch den InsSchu idR im Fall der **Auslandsberührung**. Der InsVerw braucht dann uU mangels Anerkennung seines Verfügungsrechts (§ 80 Abs 1) im Ausland eine Vollmacht des InsSchu um Verwertungshandlungen vorzunehmen. Die Vollmachtserteilung kann nach § 98 erzwungen werden, eine Ersetzung der Willenserklärung nach § 894 ZPO scheidet allerdings (auch bei zivilrechtlicher Klage) aus (N/R-*Balthasar*, § 159 Rn 10 f; **aA:** LG Köln ZIP 1997, 2161 f; vgl OLG Köln ZIP 1998, 113 ff: Anspruch aus § 826 BGB bei verweigerter Vollmacht).

III. Umsatzsteuer

20 Die Verwertung nach Verfahrenseröffnung ist umsatzsteuerpflichtig, die Steuer aus der Masse nach § 55 Abs 1 zu zahlen (N/R-*Andres*, § 55 Rn 31). Bei einer Verwertung durch den vorl InsVerw entsteht nur bei einem starken InsVerw nach § 55 Abs 2 S 1 eine Masseschuld, sonst eine InsForderung.

IV. Freigabe

Der InsVerw hat einen Gegenstand aus der Masse freizugeben, wenn 21
durch die Kosten der Verwertung ein Erlös für die Masse nicht zu erwarten ist. Mit der Freigabe unterliegt der Gegenstand nicht mehr dem Insolvenzbeschlag (siehe § 35 Rn 8 ff).

§ 160 Besonders bedeutsame Rechtshandlungen

(1) ¹Der Insolvenzverwalter hat die Zustimmung des Gläubigerausschusses einzuholen, wenn er Rechtshandlungen vornehmen will, die für das Insolvenzverfahren von besonderer Bedeutung sind. ²Ist ein Gläubigerausschuß nicht bestellt, so ist die Zustimmung der Gläubigerversammlung einzuholen.

(2) Die Zustimmung nach Absatz 1 ist insbesondere erforderlich,
1. wenn das Unternehmen oder ein Betrieb, das Warenlager im ganzen, ein unbeweglicher Gegenstand aus freier Hand, die Beteiligung des Schuldners an einem anderen Unternehmen, die der Herstellung einer dauernden Verbindung zu diesem Unternehmen dienen soll, oder das Recht auf den Bezug wiederkehrender Einkünfte veräußert werden soll;
2. wenn ein Darlehen aufgenommen werden soll, das die Insolvenzmasse erheblich belasten würde;
3. wenn ein Rechtsstreit mit erheblichem Streitwert anhängig gemacht oder aufgenommen, die Aufnahme eines solchen Rechtsstreits abgelehnt oder zur Beilegung oder zur Vermeidung eines solchen Rechtsstreits ein Vergleich oder ein Schiedsvertrag geschlossen werden soll.

1. Normzweck

Die Verwertungsbefugnis des InsVerw wird bei der Vornahme besonders bedeutsamer Rechtshandlungen beschränkt, indem die Zustimmung der InsGl erforderlich ist. Dieses Zustimmungserfordernis besteht nicht nur im Interesse der InsGl, sondern wegen der Haftungsrisiken auch im Interesse des InsVerw. – § 160 regelt rechtsgeschäftliches Handeln des InsVerw und komplettiert damit § 158, der das tatsächliche Handeln betrifft. Verfahrensrechtlich ist das Bestimmungsrecht der InsGl durch § 161 abgesichert. – Vorgängernormen waren die §§ 133, 134 KO.

2. Verfahren

a) Zuständigkeit. Zuständig für die Zustimmung ist der Gl-Ausschuss (Abs 1 S 1) oder falls keiner besteht die Gl-Versammlung (Abs 1

S 2), die auch anstatt des Gl-Ausschuss um Zustimmung ersucht werden kann. Hat der Gl-Ausschuss zugestimmt, so ist eine Verweigerung der Gl-Versammlung ohne Wirkung (LG Göttingen NZI 2000, 491 f; zum Verhältnis Gl-Ausschuss /Gl-Versammlung iRd § 160: Uhlenbruck/*Uhlenbruck,* § 160 Rn 3).

3   **b) Einwilligung.** Die Zustimmung ist **vor der Durchführung** der Rechtshandlung einzuholen, sie ist eine **Einwilligung** nach § 183 BGB (N/R-*Balthasar*, § 160 Rn 11; K/P-*Onusseit*, § 160 Rn 3; *Braun/Gerbers*, § 160 Rn 4; **aA:** HK-*Flessner*, § 160 Rn 11; vgl FK-*Wegener*, § 160 Rn 12 f). Dies folgt aus dem Zweck, die Gläubigerautonomie abzusichern und ist wegen den Haftungsrisiken (§ 60) allein sinnvoll (vgl aber Uhlenbruck/*Uhlenbruck,* § 160 Rn 5). Die Zustimmung erfolgt durch **Beschluss nach §§ 72, 76** und kann auch im Voraus abstrakt für einen bestimmten Kreis von Geschäften erteilt werden (HK-*Flessner*, § 160 Rn 12). – Problematisch ist indes die **generelle Zustimmung**, da sich mit ihr das **Gläubigerorgan** seiner Aufgabe quasi entzieht und so, bei Generalzustimmung durch den Gl-Ausschuss eine Haftung nach § 71 für alle durch den InsVerw in „Vollzug" der Zustimmung getätigten Rechtshandlungen entstehen kann (N/R-*Balthasar*, § 160 Rn 18; MK-InsO/ *Görg*, § 160 Rn 31; Uhlenbruck/*Uhlenbruck,* § 160 Rn 6: unzulässig; **aA:** K/P-*Onusseit*, § 160 Rn 8). – Die Zustimmung ist bis zur Vornahme der Handlung durch den InsVerw **frei widerruflich** (Uhlenbruck/*Uhlenbruck,* § 160 Rn 7).

3. Zustimmungserfordernis

4   **a) Generalklausel, Abs 1 S 1.** Nach der Generalklausel ist die Zustimmung bei besonders bedeutsamen Rechtshandlungen erforderlich.

5   **aa)** Unter **Rechtshandlungen** sind alle **rechtsgeschäftlichen Handlungen** und **Prozesshandlungen** zu verstehen (N/R-*Balthasar*, § 160 Rn 5; K/P-*Onusseit*, § 160 Rn 9). Im Gegensatz zur Anfechtung (vgl § 129 Rn 3) ist ein Unterlassen nicht erfasst (MK-InsO/*Görg*, § 160 Rn 6 **aA:** N/R-*Balthasar*, § 160 Rn 6: § 160 analog).

6   **bb) Bedeutsamkeit.** Maßgebend ist die Bedeutung für die Masse und die Befriedigungsmöglichkeiten der InsGl, sowie die Bedeutung für den weiteren Verfahrensablauf, so zB wenn durch die Rechtshandlung ein möglicher, geplanter InsPlan undurchführbar werden würde (HK-*Flessner*, § 160 Rn 2). Dabei kann nicht allein auf eine absolute Grenze abgestellt werden. Die Bedeutung kann nur durch eine **Beurteilung im Einzelfall unter Berücksichtigung quantitativer und qualitativer Aspekte** ermittelt werden, wobei die Wertung der Regelbeispiele zu berücksichtigen ist (N/R-*Balthasar*, § 160 Rn 8; K/P-*Onusseit*, § 160 Rn 19). Als qualita-

tive Elemente können die **grundlegende Bedeutung für den weiteren Verfahrensablauf**, die **Ungewöhnlichkeit der Maßnahme** oder das **Risiko der Handlung** herangezogen werden (N/R-*Balthasar*, § 160 Rn 9 f).

b) Regelbeispiele, Abs 2. aa) Veräußerung von Massegegenständen, Nr 1. (1) Veräußerung eines **Unternehmens/Betriebs**. Die Zustimmbedürftigkeit besteht nicht nur bei der Veräußerung eines Unternehmens/Betriebs als Gesamtheit, sondern auch auf den Verkauf von Teilen, wobei wie bei der Stilllegung nach § 158 auf die Bestimmung des wesentlichen Betriebsteils nach § 111 BetrVG abzustellen ist (FK-*Wegener*, § 160 Rn 5). 7

(2) Die Veräußerung des **Warenlagers als Ganzes** liegt vor, wenn es als Gesamtheit durch einen Akt veräußert wird, aber nicht bei einem bloßen sukzessiven Ausverkauf (N/R-*Balthasar*, § 160 Rn 33; K/P-*Onusseit*, § 160 Rn 14).

(3) Die Veräußerung **unbeweglichen Vermögens aus freier Hand** bedeutet den Verkauf aufgrund der nach § 80 Abs 1 übergegangenen Verfügungsbefugnis (HK-*Flessner*, § 160 Rn 5). Nicht erfasst ist eine Veräußerung im Wege der Zwangsvollstreckung nach § 165, §§ 172 ff ZVG. Dem gleichgestellt ist die vom InsVerw in Auftrag gegebene öffentliche Versteigerung, die nicht zustimmungsbedürftig ist, da sie wie die Versteigerung nach dem ZVG die Realisierung des Marktwertes gewährleistet (str, so N/R-*Balthasar*, § 160 Rn 36; Uhlenbruck/*Uhlenbruck*, § 160 Rn 19, FK-*Wegener*, § 160 Rn 4; Kilger/*Schmidt*, §§ 133, 134 KO Anm 4 mwN; **aA:** HK-Flessner § 169 Rn 5). Vorgeschlagen wird eine teleologische Reduktion bei belasteten Grundstücken wonach § 160 nur eingreifen soll, wenn ein Übererlös für die Masse zu erwarten ist (*Braun/Gerbers*, § 160 Rn 6).

(4) Veräußerung einer **Unternehmensbeteiligung an einem dauerhaft verbundenen Unternehmen.** Die Zustimmungspflicht besteht hier wegen der Disposition über den Fortführungswert (N/R-*Balthasar*, § 160 Rn 37); eine Beteilung iSd § 160 liegt dagegen nicht vor, wenn sie allein eine Geldanlage darstellt (Uhlenbruck/*Uhlenbruck*, § 160 Rn 20). Die Gesetzesformulierung knüpft an die Formulierung des § 271 Abs 1 S 1 HGB an (s MK-HGB/*Beater*, § 271 HGB Rn 3 ff). Nach § 271 Abs 1 S 3 HGB genügt im Zweifel eine Beteiligung von 20 % (FK-*Wegener*, § 160 Rn 6). Zu den Beteiligungen zählen die Anteile an Kapital- oder Personenhandelsgesellschaften, sowie stille Beteiligungen iSd § 230 HGB (K/P-*Onusseit*, § 160 Rn 16).

(5) Veräußerung eines Rechts auf den Bezug wiederkehrender Einkünfte. Erfasst ist zB der Verkauf einer Rente oder eines Nießbrauchs zum abgezinsten Barwert (N/R-*Balthasar*, § 160 Rn 39; *Kilger/Schmidt*, §§ 133, 134 KO Anm 5).

8 **bb) Darlehen, Nr 2.** Eine erhebliche Belastung der Masse durch das Darlehen wird zT angenommen bei einem Überschreiten der Grenze von 10% der Masse (FK-*Wegener*, § 160 Rn 7), entscheidend für die Massebelastung sind aber die Zins- und Rückzahlungsverpflichtungen (K/P-*Onusseit*, § 160 Rn 17), die zeitliche Bindung (N/R-*Balthasar*, § 160 Rn 41) oder die Notwendigkeit Sicherheiten aus der freien Masse zu stellen, wodurch die Verwertung verzögert werden kann (Uhlenbruck/*Uhlenbruck*, § 160 Rn 22).

9 **cc) Rechtstreitigkeiten, Nr 3.** Die Regelung entspricht § 133 Nr 2 KO umfasst aber nun neben der Einleitung auch die bloße Aufnahme von Prozessen. Zustimmungspflichtig ist die Ablehnung der Aufnahme eines Prozesses, gleiches gilt für den Abschluss von Vergleichen oder Schiedsverträgen. Zu den Vergleichen gehört nicht der Abschluss eines Sozialplans (vgl Uhlenbruck/*Uhlenbruck*, § 160 Rn 23: allenfalls S 1 einschlägig; **aA:** *Kilger/Schmidt*, §§ 133, 134 KO Anm 3d; FK-*Wegener*, § 160 Rn 3, 10). Nicht zu den Rechtstreitigkeiten iSd Nr 3 zählen die Beschlussverfahren nach §§ 122, 126, wegen deren geringen Streitwerts und da sie nur eine genehmigte Betriebsänderung ausführen (FK-*Wegener*, § 160 Rn 8). – Die Zustimmungspflichtigkeit besteht in allen Fällen nur, wenn es sich um einen Prozess mit **erheblichem Streitwert** handelt. – Die Einschaltung eines **Prozessfinanzierers** bedarf keiner Zustimmung, wenn Massearmut vorliegt, die InsGl nicht bereit sind, die Prozesskosten zu tragen, und PKH nicht gewährt wird, da dies für die InsGl dann lediglich vorteilhaft ist und ihnen kein Risiko entsteht.

4. Rechtsfolgen

10 **a) Wirksamkeit der Rechtshandlung, Bindungswirkung.** Die Zustimmung betrifft allein das Innenverhältnis. Eine ohne Zustimmung vorgenommene Rechtshandlung ist nach **§ 164** im **Außenverhältnis wirksam.** Aber auch im Innenverhältnis besteht keine Bindung des Ins-Verw, er kann gleichwohl von der Durchführung der Handlung absehen (N/R-*Balthasar*, § 160 Rn 12). Andererseits tritt auch nur eine Bindung der InsGl insofern ein, dass ein Widerruf nur mit ex-nunc-Wirkung möglich ist (N/R-*Balthasar*, § 160 Rn 16; MK-InsO/*Görg*, § 160 Rn 26).

11 **b) Haftung.** Die für den InsVerw wichtigste Folge ist die Einschränkung bzw der Entfall der Haftung nach §§ 60, 61. Die Zustimmung des Gl-Ausschuss führt dabei nur zu einer Beschränkung der Haftung, da die

Haftung der Ausschussmitglieder nach § 71 neben die des InsVerw tritt. Ein **Ausschluss der Haftung** kann uU bei der Zustimmung durch die **Gl-Versammlung** vorliegen (vgl §§ 60, 61 Rn 18). Daher empfiehlt es sich, auch im Fall eines bestehenden Gl-Ausschuss bei riskanten Geschäften die Zustimmung der Gl-Versammlung einzuholen.

c) **Darlegungs- und Beweislast.** Weitere Folge der Zustimmung ist die Veränderung der Darlegungs- und Beweislast zwischen den Beteiligten. Nimmt der InsVerw eine Rechtshandlung ohne Zustimmung vor, so trifft ihn die Beweislast, dass die Zustimmung entbehrlich war; dagegen liegt die Darlegungs- und Beweislast beim InsGl bzw InsSchu wenn der InsVerw die Voraussetzungen einer Notgeschäftsführung schlüssig darlegt oder eine Zustimmung vorliegt (*Braun/Gerbers*, Vor § 160 Rn 2f). 12

§ 161 Vorläufige Untersagung der Rechtshandlung

¹In den Fällen des § 160 hat der Insolvenzverwalter vor der Beschlußfassung des Gläubigerausschusses oder der Gläubigerversammlung den Schuldner zu unterrichten, wenn dies ohne nachteilige Verzögerung möglich ist. ²Sofern nicht die Gläubigerversammlung ihre Zustimmung erteilt hat, kann das Insolvenzgericht auf Antrag des Schuldners oder einer in § 75 Abs. 1 Nr. 3 bezeichneten Mehrzahl von Gläubigern und nach Anhörung des Verwalters die Vornahme der Rechtshandlung vorläufig untersagen und eine Gläubigerversammlung einberufen, die über die Vornahme beschließt.

1. Normzweck

Die vorl Untersagung sichert in verfahrensrechtlicher Weise die Gläubigerautonomie ab. Die Unterrichtungspflicht hinsichtlich des InsSchu und dessen Antragsrecht nach S 2 bedeuten eine eingeschränkte Sicherung des InsSchu, da er die Art der Verwertung nicht beeinflussen kann, sondern bloß eine Entscheidung der Gl-Versammlung herbeiführen kann. 1

2. Unterrichtungspflicht, S 1

a) **Gegenüber dem InsSchu.** Der InsVerw ist verpflichtet, den InsSchu vor der Vornahme besonders bedeutender Rechtshandlungen zu unterrichten. Diese Unterrichtung hat noch vor der Beschlussfassung des Gl-Ausschusses oder der Gl-Versammlung über die Erteilung einer Zustimmung nach § 160 zu erfolgen. Sie ist formlos möglich (K/P-*Onusseit*, § 161 Rn 3). Die Unterrichtungspflicht entfällt, wenn die Unterrichtung eine Verzögerung bedeuten würde, so bei unbekanntem Aufenthaltsort des InsSchu (FK-*Wegener*, § 161 Rn 2) oder wenn hierdurch gravierende 2

Nachteile für die InsGl entstünden (N/R-*Balthasar*, § 161 Rn 9). Unterlässt der InsVerw die Unterrichtung, so ist dies ohne Einfluss auf den Beschluss des Gl-Ausschuss oder der Gl-Versammlung, jedoch kann eine Haftung nach § 60 entstehen (HK-*Flessner*, § 161 Rn 2).

3 **b) Gegenüber den InsGl.** Eine Unterrichtung der InsGl ist nicht vorgesehen (Uhlenbruck/*Uhlenbruck*, § 161 Rn 2; **aA** vgl *Smid/Smid*, § 161 Rn 2).

3. Vorläufige Untersagung, S 2

4 **a) Voraussetzungen. aa) Antrag.** Dieser kann formlos gestellt werden und braucht keine Begründung zu enthalten (K/P-*Onusseit*, § 161 Rn 4; **aA:** *Smid/Smid*, § 161 Rn 4; MK-InsO/*Görg*, § 161 Rn 8). Ein **Antragsrecht** steht nur dem **InsSchu** und einer **Mehrheit der InsGl** iSd § 75 Abs 1 Nr 3 zu.

5 **bb) Materiell** setzt die Untersagung voraus, dass der InsVerw die Vornahme einer besonders bedeutsamen Rechtshandlung (§ 160) plant und er keine Zustimmung der Gl-Versammlung hat.

6 **b) Entscheidung.** Die Untersagung ist vom InsGericht zwingend auszusprechen, ein Ermessen besteht nicht (HK-Flessner, § 162 Rn 4; FK-Wegener, § 161 Rn 5; aA: K/P-Onusseit, § 161 Rn 5; MK-InsO/ Görg, § 161 Rn 11; Smid/Smid, § 161 Rn 6; N/R-Balthasar, § 161 Rn 16; Uhlenbruck/Uhlenbruck, § 161 Rn 5). Die Untersagung ist zeitlich befristet bis zur nächsten Gl-Versammlung, die vom InsGericht gleichzeitig einzuberufen ist. Sie sollte innerhalb der Drei-Wochen-Frist des § 75 Abs 2 stattfinden (vgl N/R-*Balthasar*, § 161 Rn 22).

7 **c) Rechtsfolgen.** Der InsVerw ist auch, wenn er die Zustimmung des Gl-Ausschusses erhalten hat, nicht mehr zur Vornahme der Rechtshandlung befugt. Dies berührt aber nach § 164 nur das Innenverhältnis, er kann trotzdem im Außenverhältnis wirksam handeln. Dies führt auch dazu, dass eine Vereinbarung die der InsVerw bereits unter der Bedingung der späteren Zustimmung des Gl-Ausschusses getroffen hat und die dann tatsächlich durch die Zustimmung wirksam wurde, nicht mehr über § 161 verhindert werden kann (ausf. *Hilzinger* ZInsO 1999, 560, 562). In diesem Fall kann das Wirksamwerden nur verhindert werden, wenn die Untersagung nach § 161 schon vor der Zustimmung des Gl-Ausschusses ergeht.

8 **d) Rechtsmittel.** Der Beschluss unterliegt nicht der Beschwerde und kann nur nach § 11 Abs 2 RPflG überprüft werden.

§ 162 Betriebsveräußerung an besonders Interessierte

(1) Die Veräußerung des Unternehmens oder eines Betriebs ist nur mit Zustimmung der Gläubigerversammlung zulässig, wenn der Erwerber oder eine Person, die an seinem Kapital zu mindestens einem Fünftel beteiligt ist,
1. zu den Personen gehört, die dem Schuldner nahestehen (§ 138),
2. ein absonderungsberechtigter Gläubiger oder ein nicht nachrangiger Insolvenzgläubiger ist, dessen Absonderungsrechte und Forderungen nach der Schätzung des Insolvenzgerichts zusammen ein Fünftel der Summe erreichen, die sich aus dem Wert aller Absonderungsrechte und den Forderungsbeträgen aller nicht nachrangigen Insolvenzgläubiger ergibt.

(2) Eine Person ist auch insoweit im Sinne des Absatzes 1 am Erwerber beteiligt, als ein von der Person unabhängiges Unternehmen oder ein Dritter für Rechnung der Person oder des abhängigen Unternehmens am Erwerber beteiligt ist.

1. Normzweck

Die Betriebsveräußerung an besonders Interessierte ist ein Sonderfall des § 160. Der Grund für das besondere Zustimmungserfordernis ist, dass die Veräußerung an die genannten Personen die Gefahr birgt, dass der Verkauf zu Sonderbedingungen erfolgt und so nicht der eigentlich erzielbare Marktpreis erlöst wird.

2. Erfasste Rechtshandlungen

§ 162 erfasst wie § 160 auch die Veräußerung von Unternehmens- oder Betriebsteilen (K/P-*Onusseit*, § 162 Rn 3). Hierfür soll aber wegen den unterschiedlichen Schutzzwecken des § 160 (besonders wichtige Geschäfte) und des § 162 (besondere Einflussmöglichkeiten) nicht die Beschränkung auf wesentliche Betriebsteile gelten (FK-*Wegener*, § 162 Rn 3a).

3. Erfasster Personenkreis

a) Nahestehende Person, Abs 1 Nr 1. Die dem Schuldner nahestehenden Personen werden in § 138 im Rahmen der Anfechtungsvorschriften legal definiert. Erweitert wird das Zustimmungserfordernis auf Personen, die mit mindestens 20% am Kapital des Erwerbers beteiligt sind, wodurch verhindert werden soll, dass eine Umgehung durch Einschaltung eines Strohmanns insbes einer Gesellschaft erfolgt (HK-*Flessner*, § 162 Rn 5). Diese Kapitalbeteiligung bestimmt sich bei Personengesellschaften nach dem Liquidationswert (N/R-*Balthasar*, § 162 Rn 17).

4 **b) Bestimmte Gläubiger, Abs 1 Nr 2.** Nr 2 erfasst die Gläubiger, die Aufgrund der Höhe ihrer Forderung (20%) einen besonderen Einfluss auf die Verwertung und die Unternehmensveräußerung haben. Sie sind in Anlehnung an § 75 Abs 1 Nr 3 bestimmt, vgl dort. Hinsichtlich der 20% Schwelle ist vom InsGericht eine Schätzung vorzunehmen. Nach dem Sinn der Vorschrift sind bei einem gemeinsamen Erwerb durch mehrere Gläubiger deren Anteile zusammenzurechnen (N/R-*Balthasar*, § 162 Rn 14; K/P-*Onusseit*, § 162 Rn 6).

5 **c) Mittelbare Beteiligung, Abs 2.** Die Regelung zu den mittelbaren Beteiligungen führt zu einer Erweiterung des Abs 1.

6 **aa)** Nach der **1. Alt** wird ein Unternehmen erfasst, wenn es von einer Person, die unter Abs 1 fällt abhängig ist. Es liegt dann ein zweistufiges Beteiligungsverhältnis vor. Damit wird verhindert, dass § 162 allein durch die Zwischenschaltung eines Unternehmens als Erwerber nicht anwendbar ist. Die Abhängigkeit des Unternehmens bestimmt sich dabei nach §§ 16–18 AktG.

7 **bb)** Durch die **2. Alt** werden Strohmanngeschäfte erfasst bei denen der Erwerber für Rechnung einer Person, die unter Abs 1 fällt, oder für ein Unternehmen, dass unter Abs 2 1. Alt fällt, erwirbt.

8 **cc)** Diese Regelung ist lückenhaft, so dass eine analoge Anwendung auf alle anderen Fälle der mittelbaren Beteiligung erfolgen sollte (N/R-*Balthasar*, § 162 Rn 22; **aA:** K/P-*Onusseit*, § 162 Rn 5; MK-InsO/*Görg*, § 162 Rn 15).

4. Zustimmung

9 Greifen die Voraussetzungen ein, so ist die Zustimmung der Gl-Versammlung nötig. – Erfolgt die Veräußerung ohne die Zustimmung, so ist sie im Außenverhältnis nach § 164 gleichwohl wirksam. Wegen der drohenden Haftung im Innenverhältnis wird der InsVerw jedoch, wenn er vom Vorliegen des § 162 ausgeht, nach § 75 eine Gl-Versammlung beantragen.

§ 163 Betriebsveräußerung unter Wert

(1) Auf Antrag des Schuldners oder einer in § 75 Abs. 1 Nr. 3 bezeichneten Mehrzahl von Gläubigern und nach Anhörung des Insolvenzverwalters kann das Insolvenzgericht anordnen, daß die geplante Veräußerung des Unternehmens oder eines Betriebs nur mit Zustimmung der Gläubigerversammlung zulässig ist, wenn der Antragsteller glaubhaft macht, daß eine Veräußerung an einen anderen Erwerber für die Insolvenzmasse günstiger wäre.

Betriebsveräußerung unter Wert **§ 163**

(2) Sind dem Antragsteller durch den Antrag Kosten entstanden, so ist er berechtigt, die Erstattung dieser Kosten aus der Insolvenzmasse zu verlangen, sobald die Anordnung des Gerichts ergangen ist.

1. Normzweck

Das Zustimmungserfordernis bedeutet eine Einschränkung des § 160. Das InsGericht kann auf Antrag die Entscheidungskompetenz vom Gl-Ausschuss auf die Gl-Versammlung übertragen; damit soll eine Veräußerung unter Wert verhindert werden. 1

2. Übertragung der Zustimmungszuständigkeit

a) **Formelle Voraussetzungen. aa) Antrag.** Die Übertragung setzt einen Antrag des InsSchu oder einer qualifizierten Mehrzahl von Gläubigern iSd § 75 Abs 1 Nr 3 (s §§ 74, 75 Rn 6) voraus. 2

bb) Die **Anhörung des InsVerw** ist nicht ausdrücklich angeordnet, aber wegen des Eingriffs in Verfahrensrechte notwendig (N/R-*Balthasar*, § 163 Rn 13). 3

cc) Der Antrag ist nur zulässig, wenn nicht ohnehin schon die Gl-Versammlung zugestimmt hat; über § 164 kann keine erneute Abstimmung erreicht werden (MK-InsO/*Görg*, § 163 Rn 11; **aA:** FK-*Wegener*, § 163 Rn 1). 4

b) **Glaubhaftmachung.** Der Antragsteller muss die Veräußerung unter Wert nach § 294 ZPO glaubhaft machen. Dazu kann er sich allen präsenten Beweismitteln und der eidesstattlichen Versicherung bedienen. Die Glaubhaftmachung muss beide Elemente (das Vorhandensein eines konkreten Erwerbes; günstigere Möglichkeit der Veräußerung) erfassen. 5

aa) **Anderer Erwerber.** Es muss eine **konkrete Möglichkeit** der anderweitigen Veräußerungsmöglichkeit nachgewiesen werden, also ein **bestimmter potentieller Erwerber genannt werden;** die bloße Behauptung, dass die Liquidierung oder eine teilweise Veräußerung günstiger wären, genügt nicht (HK-*Flessner*, § 163 Rn 3; Uhlenbruck/*Uhlenbruck*, § 163 Rn 5). 6

bb) **Günstigere Möglichkeit des Verkaufs.** Diese besteht, wenn ein höherer Erlös für die Masse erlangt werden kann, sei es weil zB der Kaufpreis höher ist, die Fälligkeit des Kaufpreises früher eintritt, die Bonität des Erwerbers höher ist oder die übrigen Vertragsbedingungen günstiger sind (N/R-*Balthasar*, § 163 Rn 10; K/P-*Onusseit*, § 163 Rn 3). 7

8 **cc) Maßstab.** Die Glaubhaftmachung ist bei **überwiegender Wahrscheinlichkeit** der Behauptung erfolgreich (MK-InsO/*Görg*, § 163 Rn 12; K/P-*Onusseit*, § 163 Rn 5). Nach aA ist die Vorlage einer Absichterklärung des Erwerbers und eine Sicherstellung des Kaufpreis mittels Bürgschaft erforderlich (*Smid/Smid*, § 163 Rn 6). Weist der Antragsteller einen Erwerber nach und liegt der geplante Kaufpreis unter dem Liquidationswert, so ist die Glaubhaftmachung ohne weiteres erfolgreich (N/R-*Balthasar*, § 163 Rn 12).

3. Entscheidung

9 **a) Inhalt.** Das InsGericht hat bei erfolgreicher Glaubhaftmachung anzuordnen, dass die geplante Veräußerung des Unternehmens/Betriebs nur mit Zustimmung der Gl-Versammlung zulässig ist. Ein Ermessen besteht dabei nur hinsichtlich der Gewichtung der Daten in der Vergleichsbetrachtung (MK-InsO/*Görg*, § 163 Rn 12; vgl FK-*Wegener*, § 163 Rn 2a; aA: K/P-*Onusseit*, § 163 Rn 6: auch bei erfolgloser Glaubhaftmachung Anordnung im Ermessen des InsGericht). Die gleichzeitige Einberufung der Gl-Versammlung steht im Ermessen des InsGericht (HK-*Flessner*, § 163 Rn 6; aA: MK-InsO/*Görg*, § 163 Rn 16; FK-*Wegener*, § 163 Rn 5).

10 **b) Rechtsmittel** sind nicht gegeben, die Entscheidung kann nur im Rahmen des § 11 Abs 2 RPflG überprüft werden.

11 **c) Kosten, Abs 2.** Der Antragsteller hat bei erfolgreichem Antrag einen Kostenerstattungsanspruch gegen die Masse. Dabei können aber nur die Kosten erstattet werden, die unmittelbar mit dem Antrag zusammenhängen, also nicht die Kosten zur Ermittlung der anderweitigen Veräußerungsmöglichkeit (MK-InsO/*Görg*, § 163 Rn 17; K/P-*Onusseit*, § 163 Rn 7).

§ 164 Wirksamkeit der Handlung

Durch einen Verstoß gegen die §§ 160 bis 163 wird die Wirksamkeit der Handlung des Insolvenzverwalters nicht berührt.

Verstöße gegen die Zustimmungserfordernisse der §§ 160, 162 und 163 bzw gegen eine vorl Untersagung nach § 161 betreffen nur das Innenverhältnis der Verfahrensbeteiligten. Zum Zweck des Schutzes des Rechtsverkehrs sind Verstöße im Außenverhältnis folgenlos. § 164 gilt grundsätzlich unbeschränkt, so dass die Kenntnis des Vertragspartners die Wirksamkeit des Rechtsgeschäfts nicht beeinflusst (MK-InsO/*Görg*, § 164 Rn 3 mwN). Nach den Grundsätzen des Missbrauchs der Vertretungsmacht ist das Rechtsgeschäft jedoch dann nichtig, wenn beide Teile kollusiv zum Nachteil der Masse zusammenwirken (N/R-*Balthasar*, § 164 Rn 6) oder die Handlung evident insolvenzzweckwidrig ist (FK-*Wegener*, § 164 Rn 4; K/P-*Onusseit*, § 164 Rn 3; vgl MK-InsO/*Görg*, § 164 Rn 6: Unwirksamkeit dann unabhängig von einer eventuellen Zustimmung eines Gläubigerorgans). – Ist das Geschäft nach § 164 wirksam, so kann sich auch der InsVerw nicht auf den Verstoß berufen (MK-InsO/*Görg*, § 164 Rn 3).

3. Abschnitt. Gegenstände mit Absonderungsrechten

§ 165 Verwertung unbeweglicher Gegenstände

Der Insolvenzverwalter kann beim zuständigen Gericht die Zwangsversteigerung oder die Zwangsverwaltung eines unbeweglichen Gegenstands der Insolvenzmasse betreiben, auch wenn an dem Gegenstand ein Absonderungsrecht besteht.

I. Normzweck

Die Verwertung unbeweglicher Gegenstände, an denen Absonderungsrechte bestehen, ist nicht ausführlich in der InsO geregelt. Es wird vielmehr auf die Möglichkeit der Verwertung nach den Regelungen über die Zwangsversteigerung oder -verwaltung des ZVG verwiesen. Diese Möglichkeit der Verwertung tritt neben die des freihändigen Verkaufs oder der Freigabe (HK-*Landfermann*, § 165 Rn 5 – vgl unten III.). Der InsVerw hat hierbei ein Wahlrecht. – Bei der Eigenverwaltung hat der InsSchu das Recht zur Verwertung nach §§ 270 Abs 1 S 1, 282 Abs 1 S 1, das er im Einvernehmen mit dem InsVerw auszuüben hat. Im vereinfachten InsVerfahren steht die Verwertungsbefugnis dem einzelnen Gläubiger zu, der InsVerw hat nur unter den Voraussetzungen des § 313 Abs 3 S 3 iVm § 173 Abs 2 das Recht eine Immobilie, die mit einem Absonderungsrecht belastet ist, zu verwerten (str, siehe § 313 Rn 15). 1

II. Verwertungsrecht

1. Unbewegliche Gegenstände

a) Unbewegliche Gegenstände sind in § 49 als Gegenstände definiert, die der Zwangsvollstreckung in das unbewegliche Vermögen unterliegen. Damit verweist § 165 auf **§ 864 ZPO**. Mit § 869 ZPO sind für die Zwangsversteigerung und -verwaltung die Regelungen des ZVG anwendbar. Von § 864 ZPO werden auch die mithaftenden Gegenstände eines Grundstücks (Erzeugnisse, Bestandteile, Zubehör iSd § 1120 BGB) und eingetragene Schiffe erfasst, weiter Luftfahrzeuge sowie weitere Ge- 2

§ 165 4. Teil. Verwaltung und Verwertung der Insolvenzmasse

genstände (ausf. N/R-*Becker*, § 165 Rn 3; MK-InsO/*Lwowski*, § 165 Rn 25).

3 **b) Bruchteile.** Unterliegen dem Insolvenzbeschlag nur Bruchteile an einem Gegenstand, so kann der InsVerw nach §§ 180 ff ZVG die Auseinandersetzung der Gemeinschaft in Form der Zwangsversteigerung verlangen, da dieses Recht ursprünglich dem InsSchu zustand und gemäß 80 Abs 1 auf den InsVerw übergegangen ist (N/R-*Becker*, § 165 Rn 4).

4 **c) Massezugehörigkeit.** Das Verwertungsrecht besteht nur für Gegenstände, die dem **Insolvenzbeschlag** unterliegen, § 35.

5 **d)** Die Verwertung setzt weiter den **Besitz** des InsVerw an dem Gegenstand voraus. Sein Besitzrecht aus **§ 148 Abs 1** kann der InsVerw nach § 885 ZPO durchsetzen, wobei als Titel nach § 148 Abs 2 die vollstreckbare Ausfertigung des Eröffnungsbeschlusses ausreicht (K/P-*Kemper*, § 165 Rn 5).

2. Absonderungsrecht

6 Das Bestehen eines Absonderungsrechts hindert den InsVerw nicht, die Versteigerung bzw -verwaltung nach dem ZVG durchzuführen. Ein solches Vorgehen hat für den InsVerw den Vorteil, dass er nur geringen Haftungsrisiken unterliegt. Für die InsGl besteht jedoch der Nachteil, dass der Ertrag bei einer Verwertung im Wege der Zwangsversteigerung und -verwaltung idR geringer als bei einer freihändigen Verwertung ist (vgl unten). – Der absonderungsberechtigte Gl kann auch noch nach InsEröffnung die Zwangsvollstreckung betreiben, soweit er über einen vollstreckbaren Titel ggü dem InsVerw verfügt (vgl Uhlenbruck/*Uhlenbruck*, § 165 Rn 6 und unten Rn 17).

3. Verfahren – Regelung der §§ 172–174 ZVG

7 Für die Zwangsversteigerung bzw -verwaltung gelten nach § 172 ZVG die allg Vorschriften des ZVG (§§ 1–171n), ergänzt durch die Sonderregelungen der §§ 173–174a ZVG.

8 **a) Antrag.** Die Zwangsvollstreckung erfolgt auf Antrag des InsVerw, § 15 ZVG. Dabei hat er die Bestallungsurkunde (§ 56 Abs 2 S 1) vorzulegen, nicht erforderlich ist dagegen der Eröffnungsbeschluss, § 16 ZVG. Zudem ist nach § 17 ZVG die Voreintragung des InsSchu und die Massezugehörigkeit erforderlich, wobei letztere durch Eintragung des Insolvenzvermerks nach § 32 nachgewiesen werden kann.

9 **b) Zuständigkeit.** § 165 verweist für die Zuständigkeit auf § 1 Abs 1 ZVG, so dass bei Antragstellung seitens des InsVerw die Zuständigkeit des **Vollstreckungsgerichts** unberührt bleibt.

Verwertung unbeweglicher Gegenstände §165

c) Titel. Der InsVerw bedarf keines Titels, um die Vollstreckung einzuleiten. Diese Befugnis folgt schon aus dem Zweck des InsVerfahren. Es genügt die Vorlage der Bestallungsurkunde.

d) Anordnung der Zwangsversteigerung. aa) § 173 ZVG. Die Anordnung der Zwangsversteigerung auf Antrag des InsVerw bedeutet eine **Beschlagnahme** nur insoweit als es um die Abgrenzung der §§ 13, 55 ZVG geht, so dass bei laufenden Leistungen erst mit dem Anordnungsbeschluss die Beschlagnahme erfolgt. IÜ tritt die Beschlagnahmewirkung des § 20 Abs 1 ZVG nicht ein, so dass der InsVerw nicht an einer freihändigen Verwertung gehindert ist, solange die Versteigerung nicht erfolgt ist (K/P-*Kemper*, § 165 Rn 12). Demgegenüber hat der Beitritt eines Gläubigers nach § 27 ZVG die reguläre Beschlagnahmewirkung (§§ 23, 24), so dass der InsVerw dann an einem freihändigen Verkauf gehindert ist (N/R-*Andres*, § 49 Rn 15; FK-*Wegener*, § 165 Rn 5; K/P-*Kemper*, § 165 Rn 12; *Muth* ZIP 1999, 949 f).

bb) §§ 174, 174 a ZVG – Doppelausgebot. Die Regelung über das **geringste Gebot (§ 44 ZVG)** ist modifiziert:

(1) § 172 ZVG. Der Grundfall der Insolvenzverwaltervollstreckung erfolgt nach § 172 ZVG, so dass das geringste Gebot so errechnet wird, als hätte der InsVerw ein Recht der Rangklasse 5, § 10 Abs 1 ZVG (MK-InsO/*Lwowski*, § 165 Rn 145 ff).

(2) § 174 ZVG. Jeder **Gläubiger** mit einem anerkannten Absonderungsrecht kann verlangen, dass bei der Feststellung des geringsten Gebots nur die seinem Recht vorgehenden Rechte berücksichtigt werden. Es erfolgt dann ein Doppelausgebot: ein Ausgebot nach § 172 ZVG und ein Ausgebot nach § 174 ZVG (MK-InsO/*Lwowski*, § 165 Rn 149 ff, insbes 154). Dies hat dann zur Folge, dass der Gläubiger mit seiner Ausfallforderung festgestellt werden kann und er am InsVerfahren teilnehmen kann. – Wird auf beide Ausgebote ein Gebot abgegeben, so wird wegen dieses Zwecks auf das nach § 174 ZVG zugeschlagen (MK-InsO/*Lwowski*, § 165 Rn 156; *Stöber*, § 174 3.11 a); *Muth* ZIP 1999, 945, 951).

(3) § 174 a ZVG. Der **InsVerw** kann nach **§ 10 Abs 1 Nr 1 a ZVG** einen pauschalierten **Kostenanspruch** wegen der Feststellung des Zubehörs in Höhe von 4% des Wertes des Grundstückszubehörs (§ 74 a Abs 5 S 2 ZVG) gelten machen, wenn die Versteigerung einen mithaftendenden beweglichen Gegenstand erfasst. Dieser Anspruch der Masse hat nach § 10 Nr 1 a ZVG einen bevorrechtigten Rang (zur Rangordnung des § 10 ZVG: N/R-*Andres*, § 49 Rn 22 ff). Der InsVerw kann demgemäss nach § 174 a ZVG beantragen, dass das geringste Gebot nur die Verfahrenskosten (§ 109 Abs 1 ZVG) und die Rechte aus Nr 1 enthält. Damit kann der Ins-

§ 165 4. Teil. Verwaltung und Verwertung der Insolvenzmasse

Verw erreichen, dass wegen der erhöhten Absatzchancen zumindest diese Kosten der Masse zufließen. Die Absatzchancen sind erhöht, da der Erwerber nach §§ 52 Abs 1 S 2, 90 Abs 1, 91 Abs 1 ZVG das Grundstück ohne die Belastungen des § 10 Abs 1 Nr 2 bis 8 ZVG erwirbt (vgl *Braun/Gerbers*, § 165 Rn 10). Die mit dem Antrag nach § 174a ZVG verbundene Zurücksetzung ihrer Rechte können die Gläubiger verhindern, indem sie den Kostenerstattungsanspruch nach § 268 BGB analog ablösen (N/R-*Becker*, § 165 Rn 13; *Braun/Gerbers*, § 165 Rn 10; K/P-*Kemper*, § 165 Rn 21). Dem InsVerw ist damit ein Druckmittel an die Hand gegeben, um den Kostenanspruch zu realisieren, jedoch kann er keine Versteigerung allein nach § 174a ZVG betreiben, sondern nur iVm § 172 (MK-InsO/*Lwowski*, § 165 Rn 160, 164; *Stöber* § 174a Rn 2.6). – Wird bei einem **Doppelausgebot** nach §§ 172, 174a ZVG auf beide ein Gebot abgegeben, so ist auf das nach § 172 ZVG zuzuschlagen (MK-InsO/*Lwowski*, § 165 Rn 163; *Stöber*, § 174a Rn 2.4; *Muth* ZIP 1999, 945, 951; **aA:** K/P-*Kemper*, § 165 Rn 20), bei einem Doppelausgebot nach §§ 174, 174a auf das Meistgebot (*Muth* ZIP 1999, 945, 951f; **aA:** *Stöber*, § 174a 2.5). – Bei einem **Mehrfachausgebot** nach §§ 172, 174, 174a ZVG ist auf das höchste Gebot zuzuschlagen (MK-InsO/*Lwowski*, § 165 Rn 165ff; **aA:** K/P-*Kemper*, § 165 Rn 20).

(4) Zeitpunkt. Beide Anträge können bis zum Schluss der Verhandlung im Versteigerungstermin gestellt werden. Dies ist jedoch dahingehend auszulegen, dass der Antrag bis zum Schluss der Versteigerung zulässig ist, da sonst die beendete Versteigerung uU wiedereröffnet werden müsste (*Muth* ZIP 1999, 945, 949). Wegen der Antragsmöglichkeit im Termin ist in der Terminsbestimmung auf die Insolvenzverwalterversteigerung und die damit verbundene Anwendung der §§ 172ff hinzuweisen, damit die Beteiligten sich auf die Besonderheiten einstellen können, insbes eine Ablösung der Verfahrenskosten zur Abwendung des Ausgebots nach § 174a ZVG erwägen können (MK-InsO/*Lwowski*, § 165 Rn 134).

13 **e) Zustellung.** Die Anordnung ist nach §§ 3, 173 S 2 ZVG dem InsVerw zuzustellen. Eine Zustellung an den InsSchu ist nicht vorgeschrieben, wegen der Möglichkeit bei Einstellung des Verfahrens oder einer Freigabe die Zwangsvollstreckung fortzuführen, aber sinnvoll (N/R-*Andres*, § 49 Rn 13; K/P-*Kemper*, § 165 Rn 11).

14 **f) Konkurrenz.** Der Antrag des InsVerw kann neben einen Antrag eines Gläubigers, der ein Absonderungsrecht an dem Gegenstand hat, treten. Liegen so zwei Anträge vor, so ist zuerst die vom Gläubiger beantragte Vollstreckungsversteigerung durchzuführen und dann im Anschluss ggf die vom InsVerw beantragte Insolvenzverwalterversteigerung (ausf. *Smid/Depré*, § 165 Rn 25–28; N/R-*Andres*, § 49 Rn 16; *Gottwald/Gottwald*, InsHdb, § 42 Rn 84; FK-*Wegener*, § 165 Rn 7).

Verwertung unbeweglicher Gegenstände **§ 165**

g) Für die **Zwangsverwaltung** bestehen Besonderheiten bei der vorl 15
Einstellung, siehe Rn 22).

4. Sonderfall: bereits laufendes Zwangsvollstreckungsverfahren

a) Auf Antrag des InsSchu. Ein auf Antrag des InsSchu im Zeit- 16
punkt der Eröffnung bereits begonnenes Teilungsverfahren nach §§ 180 ff
ZVG kann wegen des Übergangs der Verwaltungs- und Verfügungsbefugnis vom InsVerw weiter betrieben bzw durch Antragsrücknahme beendet
werden (N/R-*Becker*, § 165 Rn 39).

b) Auf Antrag eines Gläubigers. aa) Die Durchführung eines be- 17
reits angeordneten Verfahrens bleibt durch die Eröffnung des InsVerfahren
grundsätzlich unberührt. Erforderlich ist, dass die Anordnung vor
Eröffnung des InsVerfahren zugestellt oder der Versteigerungsvermerk
eingetragen wurde, dh die Beschlagnahme wirksam geworden ist (FK-*Wegener*, § 165 Rn 6). Der Gläubiger kann dieses Verfahren dann auf Grundlage seines Absonderungsrechts fortführen, § 240 ZPO greift nicht ein
(K/P-*Kemper*, § 165 Rn 22; *Gottwald*/*Gottwald*, InsHdb, § 42 Rn 71;
MK-InsO/*Lwowski*, § 165 Rn 46). – Im Fall der Zwangsverwaltung besteht dann eine Sondermasse innerhalb der Insolvenzmasse (MK-InsO/
Lwowski, § 165 Rn 30; K/P-*Kemper*, § 165 Rn 55).

bb) Weiter kann der gesicherte InsGl trotz der Insolvenz die Zwangs- 18
vollstreckung betreiben. Notwendig ist dann allerdings eine Titelumschreibung nach §§ 727, 730 ZPO auf den InsVerw. Eine Titelumschreibung ist auch beim „starken" vorl InsVerw erforderlich, da das
alleinige Verwaltungs- und Verfügungsrecht auf ihn übergegangen ist, dagegen ist die Umschreibung beim „schwachen" vorl InsVerw entbehrlich
(LG Cottbus ZInsO 2000, 107, 108 und 337, 338; *Knees* ZIP 2001, 1568,
1570, 1572, 1574). – Das Recht die Zwangsvollstreckung zu betreiben
steht auch einem Massegläubiger zu, der einen dinglichen Titel erwirkt
hat, wobei aber der Ausschluss des § 90 zu beachten ist.

cc) Die Erlangung eines Absonderungsrechtes wird durch das **Vollstre-** 19
ckungsverbot des § 89 verhindert, das mit Eröffnung des InsVerfahren
eingreift.

dd) Zu einem **Verlust des Sicherungsrecht** kommt es, wenn das Ab- 20
sonderungsrecht nach §§ 129 ff angefochten wird. Auch kann die **Rückschlagsperre des § 88** eingreifen.

ee) Einstellung der Zwangsversteigerung, §§ 30 d-f ZVG – Voll- 21
streckungsschutzanträge. (ausf. *Wenzel*, NZI 1999, 101 ff; Uhlen-
bruck/*Uhlenbruck*, § 165 Rn 18 f)

§ 165 4. Teil. Verwaltung und Verwertung der Insolvenzmasse

(1) Die Zwangsversteigerung kann nach **§ 30 d Abs 1 ZVG** vorl eingestellt werden. Die Einstellung wird vom InsGericht auf Antrag des InsVerw dann angeordnet, wenn die Fortführung des Unternehmens beschlossen ist und das Grundstück für diese benötigt wird (Nr 1), wenn der Berichtstermin noch nicht stattgefunden hat (Nr 2), wenn die Durchführung eines InsPlan gefährdet wäre (Nr 3) oder wenn eine angemessene Verwertung der Masse gefährdet wäre (Nr 4) (ausf. K/P-*Kemper*, § 165 Rn 25 ff).

(2) Eine Einstellung ist weiterhin **im Eröffnungsverfahren** nach **§ 30 d Abs 4 ZVG** möglich.

(3) Der Gläubiger erhält dann aber auf Antrag nach **§ 30 e ZVG** für die Zeit nach dem Berichtstermin die laufenden Zinsen und einen **Ausgleichsanspruch.** Dieser soll eine uU eintretende Verschlechterung der Befriedigungsmöglichkeiten kompensieren. Der InsGl ist für diesen Anspruch Massegläubiger und kann die Ersatzabsonderung analog § 48 verlangen (N/R-*Becker*, § 165 Rn 44).

(4) Die **Aufhebung** einer einstweiligen Einstellung richtet sich nach **§ 30 f ZVG**.

22 **ff) Einstellung der Zwangsverwaltung, § 153 b, c ZVG.** Die einstweilige Einstellung der Zwangsverwaltung ist nach § 153 b ZVG möglich. Sie ist ähnlich geregelt wie die Einstellung der Zwangsversteigerung.

23 gg) Ein laufendes Zwangsvollstreckungsverfahren hindert den InsVerw an der freihändigen Verwertung (vgl oben Rn 11).

III. Alternativen

1. Sogenannte „kalte bzw stille Zwangsverwaltung"

24 Die Zwangsverwaltung nach ZVG kann durch die Verwaltung der Immobilie durch den InsVerw ersetzt werden. Dabei wird hinsichtlich der Verwertungskosten, die frei vereinbart werden müssen (§ 10 Abs 1 Nr 1 a ZVG gilt nicht analog), idR ein höherer Anteil als 4 % angesetzt, so dass der Masse ein erhöhter Betrag zufließt. In der Praxis wird insbes bei größeren Verfahren idR eine Wohnungsverwaltungsgesellschaft mit der Verwaltung beauftragt. Dies bedeutet aber keine Benachteiligung der Grundpfandgläubiger, da diese Art der Verwaltung effektiver ist und zu höheren Einnahmen führt.

2. Freihändige Verwertung

25 Die freihändige Verwertung wird idR ebenfalls einen höheren Erlös einbringen, so dass diese für die Grundpfandgläubiger vorteilhaft ist. Die

Verwertung unbeweglicher Gegenstände § 165

InsO enthält keine Regelung zu Massebeiträgen wie in §§ 170, 171 für die Verwertung beweglicher Sachen, so dass der Massebeitrag vom InsVerw frei auszuhandeln ist. In der Praxis orientiert sich der Betrag am Aufwand des InsVerw, an der Einschaltung eines Maklers oder dem Bestehen besonderer Probleme (insbes Altlasten). Auch die Kosten einer alternativen Zwangsversteigerung sind zu berücksichtigen. – **Grundstückszubehör** s § 166 Rn 5.

IV. Steuern

1. Zwangsversteigerung

a) Grunderwerbssteuer. Bei der Zwangsversteigerung fällt nach § 1 Abs 1 Nr 4 GrEStG Grunderwerbssteuer an, die nach § 13 Nr 4 GrEStG vom Meistbietenden (Ersteigerer) zu entrichten ist (MK-InsO/*Lwowski*, § 165 Rn 251). 26

b) Umsatzsteuer. aa) Wegen der Grunderwerbssteuerpflicht besteht nach § 4 Nr 9a UStG keine Umsatzsteuerpflicht. 27

bb) Daneben besteht für den InsVerw nach § 9 Abs 1, 3 UStG aber auch die Möglichkeit **für die Umsatzsteuer** zu **optieren**. 28

(1) Voraussetzungen. Das Optionsrecht besteht nach § 9 Abs 3 UStG nur bis zum Zeitpunkt der Aufforderung zur Abgabe von Geboten im Versteigerungstermin und auch nur dann, wenn der Erwerber unter § 2 UStG fällt, also insbes Unternehmer ist bzw für unternehmerische Zwecke erwirbt.

(2) Rechtsfolgen, Vorteile. Für die Masse hat die Ausübung des Optionsrechts den Vorteil, dass sie nicht mit einem möglichen **Vorsteuerberichtigungsanspruch** nach § 15a Abs 1 UStG belastet wird. Diese Berichtigung erfolgt, wenn der InsSchu die Möglichkeit des Vorsteuerabzugs vor dem Insolvenzfall innerhalb der 10-Jahres-Frist ausgenutzt hatte, aber nun das Grundstück innerhalb der Frist veräußert wird (MK-InsO/ *Lwowski*, § 165 Rn 252). Die Vorsteuer wäre dann zeitanteilig nachzuentrichten. – Da zudem die **Umsatzsteuer** nach § 13b Abs 1 Nr 3 iVm Abs 2 UStG **vom Erwerber zu tragen** ist, wird die Masse nicht belastet (*Braun/Gerbers*, § 165 Rn 16f; K/P-*Kemper*, § 165 Rn 53; **aA:** *Mitlehner* NZI 2002, 534, 535f). Das Meistgebot ist dabei ein **Nettogebot** (BMF 05. 12. 2001, IV D 1 – S 7279–5/01, Tz 13; MK-InsO/*Lwowski*, § 165 Rn 252; **aA:** *Mitlehner* NZI 2002, 534, 536; zu § 51 UStDV: *Onusseit* ZIP 2000, 777, 785f: Bruttogebot, Erwerber darf die zu zahlende Umsatzsteuer abziehen, die er dann nach § 51 UStDV (vgl jetzt § 13b UStG) an das Finanzamt abzuführen hat), so dass der gesamte Versteigerungserlös (nur abzüglich der Kosten, § 109 ZVG) der Masse zugute kommt. Der Er-

§ 165 4. Teil. Verwaltung und Verwertung der Insolvenzmasse

werber ist aber von der Pflicht, die Umsatzsteuer zu entrichten, befreit, wenn er den Vorsteuerabzug gemäß § 15 UStG ausnutzt (vgl *Braun/Gerbers*, § 165 Rn 19).

29   **cc) Optiert der InsVerw nicht** für die Umsatzsteuer, so ist der uU bestehende Vorsteuerberichtigungsanspruch aus § 15a Abs 1 iVm Abs 4 UStG gegen die Masse gerichtet (*Braun/Gerbers*, § 165 Rn 15; N/R-*Andres*, § 55 Rn 35; vgl *Welzel* ZIP 1998, 1823, 1826; **aA:** FG Köln, ZIP 1990, 1287, 1289 zur KO).

2. „Freihändige" Verwertung

30   Beim „freihändigen" Verkauf ist die anfallende **Grunderwerbssteuer** nach § 13 Nr 1 GrEStG vom Veräußerer oder Erwerber zu entrichten und gehört zu den Masseverbindlichkeiten nach § 55 Abs 1 Nr 1 (*Mohrbutter/Mohrbutter* Rn VIII. 68; MK-InsO/*Lwowski*, § 165 Rn 255; *Maus* ZIP 2000, 339, 342 f), jedoch hat sie meist nach der vertraglichen Regelung der Erwerber zu tragen. **Umsatzsteuer** fällt nach § 4 Nr 9a UStG nicht an, jedoch kann der InsVerw wiederum nach § 9 UStG für den Verzicht auf die Befreiung optieren (*Braun/Gerbers*, § 165 Rn 11).

3. Freigabe

31   **a) Umsatzsteuer. aa)** Bei der **„echten" Freigabe** erfolgt keine Leistung des InsSchu an die Masse, er erhält lediglich wieder die Verwaltungs- und Verfügungsbefugnis über sein Eigentum zurück. Es liegt **kein steuerbarer Umsatz iSv § 1 Abs 1 Nr 1 UStG** vor (MK-InsO/*Lwowski*, § 165 Rn 210; MK-InsO/*Lüke* § 80 Rn 63; *Braun/Gerbers*, § 165 Rn 20; *Onusseit* ZIP 2002, 1344 ff; *Mitlehner* NZI 2002, 534, 537; **aA:** BFH NZI 2002, 572 f zur KO).

32   **bb)** Dagegen liegt bei der **„unechten" Freigabe** wegen der Ausgleichszahlung des InsSchu an die Masse ein steuerbarer Umsatz iSv § 1 Abs 1 Nr 1 UStG vor, so dass Umsatzsteuer abzuführen ist. Steuerschuldner ist dann nach § 13a Abs 1 Nr 1 UStG der InsVerw, der in die Unternehmerstellung des InsSchu eingetreten ist.

33   **b) Grunderwerbssteuer** fällt bei der Freigabe nicht an.

34   **c) Grundsteuer.** Es ist zwischen den Steuerforderungen, die **(1)** vor der Eröffnung entstanden sind und als InsForderung bestehen bleiben, denen, die **(2)** während des Verfahrens entstanden sind und so Masseforderungen sind, und denen, die **(3)** nach der Freigabe entstanden sind und für die das freie Schuldnervermögen haftet, zu unterscheiden (MK-InsO/*Lwowski*, § 165 Rn 212).

§ 166 Verwertung beweglicher Gegenstände

(1) Der Insolvenzverwalter darf eine bewegliche Sache, an der ein Absonderungsrecht besteht, freihändig verwerten, wenn er die Sache in seinem Besitz hat.

(2) Der Verwalter darf eine Forderung, die der Schuldner zur Sicherung eines Anspruchs abgetreten hat, einziehen oder in anderer Weise verwerten.

(3) Die Absätze 1 und 2 finden keine Anwendung
1. auf Gegenstände, an denen eine Sicherheit zu Gunsten des Teilnehmers eines Systems nach § 1 Abs 16 des Kreditwesengesetzes zur Sicherung seiner Ansprüche aus dem System besteht,
2. auf Gegenstände, an denen eine Sicherheit zu Gunsten der Zentralbank eines Mitgliedstaats der Europäischen Union oder Vertragsstaats des Europäischen Wirtschaftsraums oder zu Gunsten der Europäischen Zentralbank besteht, und
3. auf eine Finanzsicherheit im Sinne des § 1 Abs 17 des Kreditwesengesetzes.

1. Normzweck

Die Verwertung beweglicher Gegenstände erfolgt abweichend von 1 § 127 KO nun allein durch den InsVerw. Durch die Konzentration der Verwertungskompetenz wird ein Auseinanderfallen der Teile des Schuldnervermögens und ein Verlust notwendiger Betriebsmittel vermieden, so dass die Chancen auf eine Sanierung bzw einer Verwertung durch Veräußerung des gesamten Unternehmens erhöht werden. – Der Treuhänder im vereinfachten InsVerfahren ist nach § 313 Abs 3 grundsätzlich nicht zur Verwertung der mit absonderungsrechten belasteten Gegenständen befugt.

2. Verwertung beweglicher Sachen, Abs 1

a) **Voraussetzungen. aa) Bewegliche Sache.** Der Begriff der Sache 2 ergibt sich aus § 90 BGB. Diese muss beweglich sein, andernfalls richtet sich die Verwertung nach § 165.

bb) **Absonderungsrecht iSd §§ 50, 51.** § 166 erfasst insbes Sachen, 3 die sicherungsübereignet sind (**Sicherungseigentum** nach § 51 Nr 1), die einem **erweiterten Eigentumsvorbehalt** oder einem **Vermieter- bzw Pfändungspfandrecht** (§ 50 Abs 1 iVm § 562 BGB bzw § 804 Abs 1 ZPO) unterliegen. – Liegt ein **einfacher Eigentumsvorbehalt** vor, so greift § 107 Abs 2 ein, bei Nichterfüllung liegt dann ein Aussonde-

§ 166 4. Teil. Verwaltung und Verwertung der Insolvenzmasse

rungsrecht vor (N/R-*Becker*, § 166 Rn 14; *Braun/Gerbers*, § 166 Rn 6). Zum verlängerten Eigentumsvorbehalt siehe Rn 9).

4 **cc) Besitz des InsVerw. (1) Unmittelbarer Besitz.** Eine Sache ist im Besitz des InsVerw, wenn der InsSchu sie zum Zeitpunkt der Verfahrenseröffnung in Besitz hatte und der InsVerw sie nach § 148 Abs 1 in Besitz genommen hat. Damit ist zunächst der unmittelbare Besitz erfasst (*Braun/Gerbers*, § 166 Rn 7).

(2) **Mittelbarer Besitz** genügt, wenn die Einräumung des unmittelbaren Besitzes eines Dritten dem Unternehmen des InsSchu entspricht, denn dann ist der InsVerw bei der Fortführung oder der Verwertung der Gesamtheit „Unternehmen" genauso auf diesen Gegenstand angewiesen wie bei unmittelbaren Besitzes des InsVerw (HK-*Landfermann*, § 166 Rn 11, *Braun/Gerbers*, § 166 Rn 7; N/R-*Becker*, § 166 Rn 17f; FK-*Wegener*, § 166 Rn 4; vgl *Gaul* ZInsO 2000, 256, 260ff; **aA:** MK-InsO/ *Lwowski*, § 166 Rn 37; K/P-*Kemper*, § 166 Rn 4; *Haunschild* DZWiR 1999, 60, 61). Als Bsp werden angeführt: gewerblich vermietete/verpachtete, fremd verwahrte oder verleaste Gegenstände (N/R-*Becker*, § 166 Rn 17). § 166 ist allerdings bei unmittelbaren Besitzes des gesicherten Gläubigers unanwendbar (*Braun/Gerbers*, § 166 Rn 8).

(3) **Sonderfall: Leasing.** Ein Verwertungsrecht besteht dann, wenn der InsSchu der Leasinggeber ist und entweder Eigentümer (dann Verwertungsrecht nach § 159) oder Sicherungseigentumsgeber (dann § 166) ist; ist er dagegen Leasingnehmer, so hat der Leasinggeber ein Aussonderungsrecht, so dass § 166 ausscheidet (*Braun/Gerbers*, § 166 Rn 7; vgl FK-*Wegener*, § 166 Rn 3). Nach **aA** besteht in der Insolvenz des Leasinggebers ein Verwertungsrecht erst, wenn der InsVerw nach Beendigung des Leasingvertrages wieder unmittelbaren Besitz erlangt (*Zahn* DB 1995, 1649; *Sinz*/Kölner Schrift, S 455, Rn 35; K/P-*Kemper*, § 166 Rn 4; MK-InsO/ *Lwowski*, § 166 Rn 50).

(4) **Besitzschutzansprüche.** Dem InsVerw steht ein Anspruch aus § 861 BGB zu, falls dem InsSchu oder ihm selbst der Besitz durch verbotene Eigenmacht entzogen wurde (HK-*Landfermann*, § 166 Rn 8; *Gottwald/Gottwald*, InsHdb, § 42 Rn 104; *Eckhardt* ZIP 1999, 1734, 1743f), so dass nach dessen Durchsetzung die Verwertung möglich ist. Vgl den Herausgabeanspruch nach § 148 Abs 2, der aber nur gegen den InsSchu gerichtet ist.

5 **dd) Konkurrenzen. (1) Zu § 165.** Gegenstände, die nach §§ 1120, 1192 BGB in den **Haftungsverbund der Hypothek** bzw Grundschuld fallen (Erzeugnisse, Bestandteile, Zubehör), werden nicht erfasst, sondern nach § 165 zusammen mit dem Grundstück verwertet (K/P-*Kemper*,

§ 166 Rn 3; Uhlenbruck/*Uhlenbruck,* § 166 Rn 2). Ein Verkauf kann wegen § 1120 BGB nur im Rahmen einer ordnungsgemäßen Wirtschaft iSd § 1122 Abs 2 BGB erfolgen (vgl Uhlenbruck/*Uhlenbruck,* § 165 Rn 4 u § 166 Rn 3).

(2) **Zu § 172 Abs 2.** S *Gundlach/Frenzel/Schmidt* DZWiR 2001, 140, 142 f.

b) Verwertungsrecht. aa) Art und Weise. Der InsVerw ist zur **frei-** 6 **händigen Verwertung** befugt. Dabei hat er die originäre Rechtsmacht, lastenfreies Eigentum zu verschaffen und im Fall der Sicherungsübereignung über fremdes Eigentum zu verfügen (HK-*Landfermann,* § Rn 12; *Gundlach/Frenzel/Schmidt* NZI 2001, 119, 120). – Nach einer Ansicht soll vor der Verwertung eines mit einem **Pfändungspfandrecht** belasteten Gegenstandes die Entfernung des Pfandsiegels durch den Gerichtsvollzieher nötig sein (BegrRegE; *Gottwald/Adolphsen*/Kölner Schrift, S 1070 Rn 21; HK-*Landfermann,* § Rn 14). Näher liegt jedoch die Annahme, dass die Verwertungskompetenz des InsVerw die Verstrickung überwindet (N/R-*Becker,* § 166 Rn 13; *Jauernig,* § 74 IV. 2. b); Uhlenbruck/*Uhlenbruck,* § 166 Rn 10). Nach dritter Ansicht muss er nach § 825 ZPO vorgehen und an Stelle des InsSchu beim Vollstreckungsgericht die Anordnung der freihändigen Verwertung beantragen (*Gottwald/Gottwald,* InsHdb, § 42 Rn 103; K/P-*Kemper,* § 166 Rn 11). – Der InsVerw kann die Verwertung unter den Voraussetzungen des § 170 Abs 2 dem Gläubiger überlassen.

bb) Besondere Pflichten. Der InsVerw hat die Unterrichtungs- 7 pflichten der §§ 167, 168 zu beachten. Ebenso § 172 im Fall der Benutzung, Verbindung, Vermischung oder Verarbeitung.

cc) Vorl InsVerw. Eine Verwertung durch den InsVerw ist zwar 8 grundsätzlich erst nach dem Berichtstermin zulässig, liegt jedoch ein Ausnahmefall vor (vgl § 159 Rn 4) so ist der vorl InsVerw mit Verwaltungs- und Verfügungsbefugnis auch nach § 166 zur Verwertung berechtigt, der schwache vorl InsVerw dagegen nie (OLG Köln ZInsO 2000, 296; *Braun/Gerbers,* § 166 Rn 10; *Kirchhof* ZInsO 1999, 436, 437; einschr K/P-*Kemper,* § 166 Rn 13; **aA** keine Verwertung durch den vorl InsVerw: N/R-*Becker,* § 166 Rn 3; FK-*Wegener,* § 166 Rn 5; *Gundlach/Frenzel/Schmidt* NZI 2001, 119, 122).

3. Verwertung von Forderungen, Abs 2

a) Sicherungsabtretung. aa) Diese liegt vor, wenn zwischen dem 9 Zedenten und dem Zessionar eine Sicherungsabrede besteht, nach der bei Erledigung des Sicherungszwecks die Forderung wieder dem Zedenten zustehen soll. Es genügt hierbei die Vereinbarung eines **verlängerten**

§ 166   4. Teil. Verwaltung und Verwertung der Insolvenzmasse

Eigentumsvorbehalts (HK-*Landfermann*, § 166 Rn 16). Eine Unterscheidung danach, ob die Abtretung angezeigt wurde oder nicht, erfolgt nicht (BGH NJW 2002, 3475 ff; BGH NZI 2003, 259, 260; LG Limburg NZI 2000, 279 f; LG Berlin ZInsO 2000, 459, 460; KG NZI 1999, 500 ff; *Braun/Gerbers*, § 166 Rn 13; K/P-*Kemper*, § 166 Rn 8; **aA:** N/R-*Becker*, § 166 Rn 39 f: bei Offenlegung Verwertungsrecht des Gläubigers; vgl *Weis* ZInsO 2002, 170, 176). Erfolgte die Abtretung dagegen nicht zur Sicherung, so hat der Gläubiger ein Aussonderungsrecht. Im Fall des echten Factorings unterliegt die Forderung der Aussonderung gem § 47. Ein Verwertungsrecht besteht nicht. Im Fall des unechten Factorings unterliegt sie lediglich der Absonderung. Dann besteht ein Verwertungsrecht (N/R-*Andres*, § 47 Rn 30).

10   bb) Der Verwalter ist **nicht** zur Verwertung einer **verpfändeten Forderung** befugt, eine analoge Anwendung ist nicht möglich (LG Tübingen NZI 2001, 263, 264; HK-*Landfermann*, § 166 Rn 17; *Braun/Gerbers*, § 166 Rn 14; K/P-*Kemper*, § 166 Rn 9; FK-*Wegener*, § 166 Rn 6; *Gundlach/Frenzel/Schmidt* NZI 2001, 119, 123; **aA:** *Marotzke* ZZP 109 (1996), 429, 448: analog).

11   cc) Bei **Versicherungsverträgen** (insbes **Lebensversicherungen**) unterliegt der nach einer Kündigung bestehende Anspruch auf Auszahlung des Rückkaufwerts dem Verwertungsrecht des InsVerw (OLG Hamm NZI 2002, 50, 51; FK-*Wegener*, § 166 Rn 6a; *Gottwald/Klopp/Kluth*, InsHdb, § 25 Rn 34; *Gottwald/Huber*, InsHdb, § 38 Rn 28). Besteht allerdings ein unwiderrufliches Bezugsrecht (ggf infolge einer nach § 1 BetrAVG eingetretenen Unverfallbarkeit), so kann der Bezugsberechtigte seinen Anspruch aussondern (*Stegmann/Lind*, NVersZ 2002, 193, 194; vgl BGH NJW 2002, 3253 ff zum widerruflichen Bezugsrecht).

12   b) **Besondere Forderungen.** Forderungen, die unter Abs 2 fallen (Abtretung innerhalb eines Abrechnungssystems oder an eine Zentralbank), können vom InsVerw nicht verwertet werden. Diese Forderungen sollen von dem Eintritt der Insolvenz nicht berührt werden (vgl Richtlinie 98/26/EG vom 19. 05. 1998).

13   c) **Verwertungsrecht.** Die Verwertung erfolgt idR durch Einziehung, alternativ durch Verkauft der Forderung.

4. Immaterialgüterrechte etc.

14   Die Verwertung von anderen Rechten als Forderungen (zB Marken, Patente, Urheberrechte, Grundschulden, der Kundenstamm) ist nach § 166 Abs 2 S 1 analog zulässig (N/R-*Becker*, § 166 Rn 35; *Gottwald/Gottwald*, InsHdb, § 42 Rn 99, 131; *Marotzke* ZZP 109 (1996), 429, 449 f; **aA:** FK-*Wegener*, § 166 Rn 6 b; HK-*Landfermann*, § 166 Rn 19; MK-InsO/

Lwowski, § 166 Rn 136; K/P-*Kemper*, § 173 Rn 5; *Gundlach/Frenzel/ Schmidt* NZI 2001, 119, 123; *Wallner* ZInsO 1999, 453, 454 ff). – Zur Verwertung bei verpfändeten Unternehmensbeteiligungen: *Primozic/Voll* NZI 2004, 363 ff.

5. Kein Verwertungsrecht des Gläubigers

Ein Verwertungsrecht des Gläubigers wird durch § 166 ausgeschlossen. Damit ist die Veräußerung eines beweglichen Gegenstandes durch den Gläubiger oder eine Zwangsvollstreckung in den Gegenstand unwirksam. § 166 stellt ein **absolutes Verfügungsverbot** dar, so dass auch ein gutgläubiger Erwerb ausscheidet (N/R-*Becker*, § 166 Rn 8). Ein Verwertungsrecht des Gläubigers kann danach nur nach § 173 bestehen. Zieht der Gläubiger dennoch eine Forderung ein, so wird der Schuldner analog § 407 BGB frei, wenn ihm die Abtretung angezeigt wurde und er keine Kenntnis davon hatte, dass das Verwertungsrecht auf den InsVerw übergegangen war (*Schlegel* NZI 2003, 17, 19; vgl *Pape* NZI 2000, 301 ff). Der Gläubiger darf den Erlös behalten, hat jedoch die Feststellungs- und Kostenpauschale nach §§ 170, 171 zu entrichten. Dies folgt aus §§ 667, 681 S 2, 687 Abs 2 S 1 BGB (bewusste Anmaßung) bzw § 816 Abs 1 S 2 BGB (nach Genehmigung des InsVerw), wobei jeweils der ohnehin an den Absonderungsberechtigten auszukehrende Betrag abzuziehen ist und so nur ein Anspruch in Höhe des Kostenanspruch bleibt (N/R-*Becker*, § 166 Rn 9 f).

§ 167 Unterrichtung des Gläubigers

(1) ¹Ist der Insolvenzverwalter nach § 166 Abs. 1 zur Verwertung einer beweglichen Sache berechtigt, so hat er dem absonderungsberechtigten Gläubiger auf dessen Verlangen Auskunft über den Zustand der Sache zu erteilen. ²Anstelle der Auskunft kann er dem Gläubiger gestatten, die Sache zu besichtigen.

(2) ¹Ist der Verwalter nach § 166 Abs. 2 zur Einziehung einer Forderung berechtigt, so hat er dem absonderungsberechtigten Gläubiger auf dessen Verlangen Auskunft über die Forderung zu erteilen. ²Anstelle der Auskunft kann er dem Gläubiger gestatten, Einsicht in die Bücher und Geschäftspapiere des Schuldners zu nehmen.

1. Normzweck

Der absonderungsberechtigte InsGl hat, auch wenn er nach Eröffnung des InsVerfahren nicht mehr zur Verwertung des Sicherungsgutes berechtigt ist, einen Informationsanspruch gegen den InsVerw, damit er den Wert des Sicherungsgutes bestimmen, anderweitige Verwertungsmöglich-

§ 167 4. Teil. Verwaltung und Verwertung der Insolvenzmasse

keiten aufzeigen (vgl § 168) oder das Bestehen etwaiger Schadensersatzansprüche gegen den InsVerw bei mangelhafter Verwertung (vgl § 169; **aA** zu § 60: N/R-*Becker*, § 167 Rn 2) prüfen kann.

2. Auskunftsrecht

2 **a) Erfasster Personenkreis.** Der InsVerw ist sowohl bei bestehender Berechtigung zur Verwertung einer beweglichen Sache (§ 166 Abs 1), als auch bei einer Forderungsverwertung (§ 166 Abs 2) zur Auskunft verpflichtet. Auskunftsberechtigt sind damit nur die von § 166 Betroffenen, so dass kein Auskunftsrecht im Rahmen der Immobilienverwertung nach § 165, bei einem Verwertungsrecht des InsGl nach § 173 oder der Massebzw InsGl besteht (N/R-*Becker*, § 167 Rn 3f).

3 **b) Umfang.** Das Auskunftsrecht der Absonderungsberechtigten ist begrenzt auf eine **zumutbare Auskunftserteilung** (HK-*Landfermann*, § 167 Rn 3; *Gundlach/Frenzel/Schmidt* KTS 2001, 241, 245). Hierbei sind deren Interessen gegen die des InsVerw abzuwägen (ausf. MK-InsO/*Lwowski*, § 167 Rn 32ff; vgl BGH ZIP 2000, 1061, 1064f). Der InsVerw muss selbst Ermittlungen anstellen und ggf ihm zustehende Auskunftsrechte ausüben (vgl BGH NZI 2004, 209ff). Der InsVerw ist nur zur Auskunftserteilung auf **Verlangen** verpflichtet und muss nicht selbst initiativ tätig werden (N/R-*Becker*, § 167 Rn 6); der Absonderungsberechtigte hat ein konkretes Auskunftsverlangen zu formulieren (*Gundlach/Frenzel/Schmidt* KTS 2001, 241, 244f). Die Auskunft kann formlos (insbes telefonisch) erteilt werden und ist nicht fristgebunden (N/R-*Becker*, § 167 Rn 7).

4 **c)** Das Auskunftsrecht tritt neben das allg Informationsrecht im Rahmen der Gl-Versammlung, vgl § 156, oder sonstige allg Auskunftsansprüche, vgl § 58 Rn 21.

3. Wahlrecht

5 Der InsVerw kann alternativ nach Abs 1 S 2 die Besichtigung der Sache bzw nach Abs 2 S 2 die Einsichtnahme in die Geschäftsunterlagen des InsSchu gestatten. Dies ist ein echtes Wahlrecht, so dass der InsVerw keine Unzumutbarkeit der Auskunftserteilung nachweisen muss (*Gundlach/Frenzel/Schmidt* KTS 2001, 241, 246). In der Praxis ist oft eine Auskunftserteilung neben einer Besichtigung/Einsichtnahme erforderlich; ein strenges Alternativitätsverhältnis besteht nicht (N/R-*Becker*, § 167 Rn 13; HK-*Landfermann*, § 167 Rn 3a). Eine Einsichtnahme/Besichtigung kommt nicht in Betracht, wenn die Gefahr besteht, dass der Gläubiger dabei Kenntnis von Geschäftsgeheimnissen erhält und so eine ordnungsgemäße Verwertung gefährdet wird.

4. Durchsetzung

Bei Streitigkeiten über das Informationsrecht ist der ordentliche Rechtsweg gegeben (HK-*Landfermann*, § 167 Rn 4). Ein Zurückbehaltungsrecht kann wegen des Auskunftsanspruch nicht geltend gemacht werden (BGH ZIP 2000, 1061, 1066).

6

5. Kosten

Ein Aufwandsersatzanspruch des InsVerw besteht wegen der abschließenden Regelung der §§ 170, 171 nicht (FK-*Wegener*, § 167 Rn 5; HK-*Landfermann*, § 167 Rn 5; *Braun/Gerbers*, § 167 Rn 3; *Gundlach/Frenzel/Schmidt* ZInsO 2001, 537, 539 und KTS 2001, 241, 249; **aA**: MK-InsO/*Lwowski*, § 167 Rn 48: Ausschluss nur im Anwendungsbereich der §§ 170, 171).

7

§ 168 Mitteilung der Veräußerungsabsicht

(1) ¹Bevor der Insolvenzverwalter einen Gegenstand, zu dessen Verwertung er nach § 166 berechtigt ist, an einen Dritten veräußert, hat er dem absonderungsberechtigten Gläubiger mitzuteilen, auf welche Weise der Gegenstand veräußert werden soll. ²Er hat dem Gläubiger Gelegenheit zu geben, binnen einer Woche auf eine andere, für den Gläubiger günstigere Möglichkeit der Verwertung des Gegenstands hinzuweisen.

(2) Erfolgt ein solcher Hinweis innerhalb der Wochenfrist oder rechtzeitig vor der Veräußerung, so hat der Verwalter die vom Gläubiger genannte Verwertungsmöglichkeit wahrzunehmen oder den Gläubiger so zu stellen, wie wenn er sie wahrgenommen hätte.

(3) ¹Die andere Verwertungsmöglichkeit kann auch darin bestehen, daß der Gläubiger den Gegenstand selbst übernimmt. ²Günstiger ist eine Verwertungsmöglichkeit auch dann, wenn Kosten eingespart werden.

1. Normzweck

Durch die Hinweispflicht soll gewährleistet werden, dass dem absonderungsberechtigten InsGl durch die Übertragung der Verwertungsbefugnis auf den InsVerw kein finanzieller Nachteil entsteht. Zudem kann das beim InsGl vorhandene Spezialwissen (zB gute Geschäftsverbindungen) zum Vorteil der Masse genutzt werden. Schließlich wird durch das Hinweiserfordernis in Abs 2 bei fehlendem Hinweis seitens des InsGl Streit vermieden (K/P-*Kemper*, § 168 Rn 2).

1

2. Mitteilung, Abs 1 S 1

2 a) Erforderlichkeit. Die Mitteilungspflicht knüpft an die Verwertung nach § 166 an. Da § 168 aber ausdrücklich nur von der „Veräußerung" spricht, ist die bloße Einziehung einer Forderung nicht erfasst (FK-*Wegener*, § 168 Rn 4; *Braun/Gerbers*, § 168 Rn 2; **aA:** *Gundlach/Frenzel/Schmidt* DZWiR 2001, 18, 19f: falls nicht Einziehung zum vollen Wert; zust Uhlenbruck/*Uhlenbruck,* § 168 Rn 4). – Die Auskunftspflicht besteht auch dann, wenn der InsVerw die Sache öffentlich versteigern lässt (OLG Celle NZI 2004, 265). – Bei Notverkäufen ist wegen der besonderen Eilbedürftigkeit die Mitteilung entbehrlich (MK-InsO/*Lwowski*, § 168 Rn 31; **aA:** H/W/W-*Hess*, § 168 Rn 15: lediglich die Wochenfrist braucht nicht eingehalten zu werden). – Wird die angezeigte Verwertung nicht durchgeführt, löst eine spätere Verwertung nur dann eine erneute Mitteilungspflicht aus, wenn die Konditionen schlechter als bei der zunächst geplanten sind (*Gundlach/Frenzel/Schmidt* DZWiR 2001, 18).

3 b) Zeitpunkt. Das Gesetz enthält nur die Bestimmung, dass die Mitteilung vor der Verwertung zu erfolgen hat. Zur Ermöglichung des Hinweises nach Abs 1 S 2 hat die Mitteilung aber **mindestens eine Woche vor der geplanten Veräußerung** zu erfolgen. Wegen der offenen Gesetzesformulierung ist der InsVerw jedoch schon dann zur Mitteilung verpflichtet, wenn die wesentlichen Konditionen des zu schließenden Vertrages (insbes der Kaufpreis) feststehen (HK-*Landfermann*, § 168 Rn 4). Ab diesem Zeitpunkt ist eine Beurteilung durch den InsGl möglich. Eine möglichst frühzeitige Mitteilung ist auch im Interesse einer zügigen Verfahrensabwicklung und ermöglicht es dem InsGl rechtzeitig nach Alternativen zu suchen oder ein Übernahmeangebot nach Abs 3 S 1 zu machen.

4 c) Die Mitteilung ist **formlos** möglich; der Zugang ist vom InsVerw zu beweisen (*Gundlach/Frenzel/Schmidt* DZWiR 2001, 18).

5 d) Inhalt. Die Mitteilung hat so detailliert zu erfolgen, dass der InsGl die Verwertungsalternativen vergleichen kann. Anzugeben sind zumindest der **Preis**, die **Zahlungsmodalitäten** (Fälligkeit, Stundung) und die für die Masse entstehenden **Kosten** (FK-*Wegener*, § 168 Rn 3). Daneben ist der InsGl über seine **Hinweismöglichkeit nach Abs 1 S 2** aufzuklären (K/P-*Kemper*, § 168 Rn 5).

3. Hinweis des InsGl, Abs 1 S 2

6 Der InsGl kann innerhalb einer Woche nach der Mitteilung auf eine günstigere Verwertungsmöglichkeit hinweisen.

7 a) Günstigere Verwertungsmöglichkeit. Eine Verwertungsmöglichkeit ist dann günstiger, wenn der Erlös für den InsGl höher ausfällt, was nach Abs 3 S 2 auch im Fall einer Kostenersparnis vorliegt. Bei der Beurteilung sind jedoch auch die weiteren Vertragsmodalitäten (Fälligkeit, Bonität des Erwerbers) zu berücksichtigen (HK-*Landfermann*, § 168 Rn 5; vgl *Haas/Scholl* NZI 2002, 642, 644ff; ausf. Uhlenbruck/*Uhlenbruck*, § 168 Rn 9ff). Der Hinweis muss daher inhaltlich so detailliert sein, dass eine Vergleichsbetrachtung möglich ist, hat also insbes Erlös und Verwertungskosten zu benennen (K/P-*Kemper*, § 168 Rn 10; MK-InsO/ *Lwowski*, § 168 Rn 23; Uhlenbruck/*Uhlenbruck*, § 168 Rn 13; vgl *Haas/ Scholl* NZI 2001, 642, 643f).

b) Selbsteintritt. Ein Hinweis iSd Abs 1 S 2 liegt auch dann vor, 8 wenn der InsGl nach **Abs 3 S 1** anbietet, den Gegenstand selbst zu übernehmen. Dann ist der Günstigkeitsvergleich wegen des Fehlens eines Vergleichsmaßstabs („für den Gläubiger") hinfällig, so dass der InsVerw dieses Angebot annehmen wird, wenn dieses einen höheren Erlös für die Masse bedeutet (K/P-*Kemper*, § 168 Rn 9; H/W/W-*Hess*, § 168 Rn 21; **aA:** HK-*Landfermann*, § 168 Rn 9). Der InsVerw ist aber nicht verpflichtet den angebotenen Selbsteintritt anzunehmen, es gibt **kein Eintrittsrecht** (K/P-*Kemper*, § 168 Rn 15; *Gundlach/Frenzel/Schmidt* ZInsO 2001, 537, 541). – Der Selbsteintritt ist von der bloßen Übernahme der Verwertung für den InsVerw zu unterscheiden.

c) Frist. Die Einhaltung der Wochenfrist ist nach Abs 2 nicht zwin- 9 gend, sie ist **keine Ausschlussfrist**. Erfolgt der Hinweis rechtzeitig vor der geplanten Verwertung und hat der InsVerw sich noch nicht gebunden, so hat er den Hinweis zu beachten (FK-*Wegener*, § 168 Rn 5; *Gundlach/ Frenzel/Schmidt* ZInsO 2001, 537, 539).

4. Rechtsfolgen

a) Bei fehlendem Hinweis. Erfolgt kein Hinweis durch den InsGl, 10 so kann der InsVerw ohne weiteres zu den angekündigten Bedingungen verwerten. Der InsGl ist mit dem Vorbringen, dass die Verwertung nachteilig für ihn war, ausgeschlossen (*Gundlach/Frenzel/Schmidt* ZInsO 2001, 537, 540).

b) Bei erfolgtem Hinweis. aa) Eine Verpflichtung des InsVerw die 11 nachgewiesene günstigere Verwertungsmöglichkeit wahrzunehmen besteht nicht, jedoch ist der InsVerw verpflichtet, dem InsGl dann den hieraus entstandenen Nachteil zu ersetzten (Abs 2 2. Alt). Dies ist die Erlösdifferenz zwischen beiden Verwertungsmöglichkeiten, begrenzt durch die Forderung des InsGl und unter Berücksichtigung des Kostenanteils aus § 170, also dem Sicherungsinteresse des InsGl (K/P-*Kemper*, § 168 Rn 15; *Gundlach/Frenzel/Schmidt* ZInsO 2001, 537 540). Die Ersatzforderung ist eine Masseforderung (K/P-*Kemper*, § 168 Rn 16). Die Beweislast für die günstigere Verwertungsmöglichkeit und den Hinweis auf sie liegt beim InsGl (FK-*Wegener*, § 168 Rn 9).

12   **bb)** Nimmt der InsVerw die angebotene Übernahme durch den InsGl wahr (Abs 2 1. Alt), so kommt ein entsprechender Vertrag zustande, so dass der InsGl zur Zahlung des angebotenen Entgelts verpflichtet ist. Der InsGl ist dann aber auch zur Verrechnung mit dem nach § 170 Abs 1 an ihn auszukehrenden Betrag berechtigt (N/R-*Becker*, § 168 Rn 28). Die Wahl dieser Verwertung stellt eine Verwertung durch den InsVerw dar (N/R-*Becker*, § 168 Rn 3), so dass auch dann der Kostenanspruch der Masse nach §§ 170, 171 besteht. Veräußert der InsGl den übernommenen Gegenstand weiter, so steht ein dabei erzielter Mehrerlös ihm selbst zu (HK-*Landfermann*, § 168 Rn 9 b; FK-*Wegener*, § 168 Rn 7; K/P-*Kemper*, § 168 Rn 9; H/W/W-*Hess*, § 168 Rn 24; **aA:** N/R-*Becker*, § 168 Rn 28–31), eine Anrechnung auf die Ausfallforderung erfolgt nicht (MK-InsO/*Lwowski*, § 169 Rn 65).

§ 169 Schutz des Gläubigers vor einer Verzögerung der Verwertung

¹Solange ein Gegenstand, zu dessen Verwertung der Insolvenzverwalter nach § 166 berechtigt ist, nicht verwertet wird, sind dem Gläubiger vom Berichtstermin an laufend die geschuldeten Zinsen aus der Insolvenzmasse zu zahlen. ²Ist der Gläubiger schon vor der Eröffnung des Insolvenzverfahrens auf Grund einer Anordnung nach § 21 an der Verwertung des Gegenstands gehindert worden, so sind die geschuldeten Zinsen spätestens von dem Zeitpunkt an zu zahlen, der drei Monate nach dieser Anordnung liegt. ³Die Sätze 1 und 2 gelten nicht, soweit nach der Höhe der Forderung sowie dem Wert und der sonstigen Belastungen des Gegenstands nicht mit einer Befriedigung des Gläubigers aus dem Verwertungserlös zu rechnen ist.

1. Normzweck

1   Durch die Verpflichtung zur Verzinsung erhält der InsGl einen Ausgleich dafür, dass die Verwertungskompetenz nach § 166 beim InsVerw liegt und so eine eigene, uU zügigere Verwertung ausgeschlossen ist. – Vgl § 30 e ZVG bei der Verwertung von Immobilien.

2. Zinszahlungspflicht

2   **a) Voraussetzungen. aa) Absonderungsrecht.** Die Zinszahlungspflicht knüpft an die Verwertungsbefugnis des InsVerw nach § 166 an und setzt so ein Absonderungsrecht an einem beweglichen Gegenstand oder ei-

Schutz des Gläubigers vor einer Verzögerung der Verwertung § 169

ner Forderung voraus (N/R-*Becker*, § 169 Rn 5; K/P-*Kemper*, § 169 Rn 3; einschr *Gottwald/Gottwald*, InsHdb, § 42 Rn 114: nur § 166 Abs 1).

bb) Unterbleibende Verwertung. Weitere Voraussetzung ist, dass 3 die Verwertung nicht nach dem Berichtstermin (**S 1**) oder im Fall einer Anordnung nach § 21 die Verwertung nicht nach Ablauf von drei Monaten nach der Anordnung (**S 2**) erfolgt. Eine Anordnung nach S 2 liegt im Fall der Untersagung oder einstweiligen Einstellung von Zwangsvollstreckungsmaßnahmen nach § 21 Abs 2 Nr 3 vor (HK-*Landfermann*, § 169 Rn 6) Der betroffene Gl muss aber gerade tatsächlich durch die Anordnung an der Verwertung gehindert sein; dies fehlt bei einem fortbestehenden vertraglichen Verwertungsrecht (BGH NZI 2003, 259, 262; Uhlenbruck/*Uhlenbruck*, § 169 Rn 7).

cc) Verzögerung der Verwertung. Gemäß der amtlichen Über- 4 schrift ist eine Verzögerung der Verwertung erforderlich (BGH NZI 2003, 259, 262; N/R-*Becker*, § 169 Rn 12–15; *Lwowski/Heyn* WM 1998, 479 f; *Obermüller* NZI 2003, 416, 417 f; **aA**: HK-*Landfermann*, § 169 Rn 7; K/P-*Kemper*, § 169 Rn 4; Uhlenbruck/*Uhlenbruck*, § 169 Rn 4; *Gundlach/Frenzel/Schmidt* ZInsO 2001, 537, 542). Str ist, ob die Versäumung einer konkreten Verwertungsmöglichkeiten erforderlich ist (bejahend: Gottwald/Gottwald, § 42 Rn 105; H/W/W-*Hess*, § 169 Rn 11; **aA**: FK-*Wegener*, § 169 Rn 3; MK-InsO/*Lwowski*, § 169 Rn 34).

dd) Eine Nutzung oder Nutzungsmöglichkeit des InsVerw ist keine 5 Voraussetzung (Uhlenbruck/*Uhlenbruck*, § 169 Rn 4).

ee) Werthaltige Sicherung. Die Zinszahlungspflicht ist ausgeschlos- 6 sen, wenn das Absonderungsrecht wirtschaftlich wertlos ist, **S 3**, so wenn vorrangige Belastungen bestehen oder die Sicherheit im Verhältnis zur Forderung zu gering ist (BGH NZI 2003, 259, 262; *Obermüller* NZI 2003, 416, 417 f). Ein Liquiditätsausgleich ist bei einer nur **teilweisen Befriedigung** des InsGl aus der Sicherheit auch nur in diesem Umfang erforderlich, so dass die Zinszahlungspflicht bei veränderten Befriedigungsaussichten anzupassen ist (HK-*Landfermann*, § 169 Rn 8; FK-*Wegener*, § 169 Rn 5; MK-InsO/*Lwowski*, § 169 Rn 42). Das Gesetz stellt insofern auf die prognostizierte Befriedigung ab, so dass eine Neuberechnung bzw Rückerstattung nur erfolgt, wenn über die Zahlungen eine gesonderte Vereinbarung zwischen InsVerw und InsGl getroffen wurde (HK-*Landfermann*, § 169 Rn 9). Gleichfalls sind bei der Bestimmung der Werthaltigkeit der Sicherung die auf den InsGl entfallenden Kosten nach §§ 170, 171 zu berücksichtigen (K/P-*Kemper*, § 169 Rn 7).

b) Höhe. Die Zinshöhe richtet sich vorrangig nach einer Verein- 7 barung zwischen InsVerw und InsGl; fehlt eine Vereinbarung, so sind die gesetzlich geschuldeten Zinsen zu zahlen (FK-*Wegener*, § Rn 4; HK-*Landfermann*, § 169 Rn 10; K/P-*Kemper*, § 169 Rn 6). Dies sind nach § 352 HBG 5%, nach § 288 Abs 1 5% über dem Basiszinssatz, nach § 288 Abs 2 8% über dem Basiszinssatz bzw nach § 497 Abs 1 S 2 BGB 2,5% über dem Basiszinssatz. Bezugspunkt der Berechnung ist die Sicherung, soweit sie werthaltig ist.

8   **c) Fälligkeit.** Die Zinsen sind ab dem Berichtstermin geschuldet und im Fall einer Anordnung nach § 21 ab dem Berichtstermin oder dem Ablauf von drei Monaten nach der Anordnung, je nach dem was früher eintritt. Die Zahlungspflicht endet mit der Beendigung der Verwertung, dh der Ausschüttung des Verwertungserlöses an den InsGl, bzw mit der Übertragung des Verwertungsrechts auf ihn (BGH NZI 2003, 259, 263; N/R-*Becker*, § 169 Rn 31 f; HK-*Landfermann*, § 169 Rn 11 b; **aA:** LG Stendal ZIP 2002, 765, 766 ff: beim Forderungseinzug Zeitpunkt der Einziehung und Vereinnahmung der Forderung durch den InsVerw). Die Zahlungen sollen „laufend" erfolgen, so dass bei Fehlen einer Absprache eine monatliche Zahlung zu erfolgen hat (HK-*Landfermann*, § 169 Rn 12; MK-InsO/*Lwowski*, § 169 Rn 47; **aA:** Braun/*Gerbers*, § 169 Rn 5: quartalsmäßige Auszahlung ausreichend; vgl N/R-*Becker*, § 169 Rn 38: jährliche Auszahlung, aber uU Verkürzung möglich).

9   **d)** Die Zinszahlungspflicht ist eine **Masseschuld**, § 39 Abs 1 Nr 1 gilt nicht (K/P-*Kemper*, § 169 Rn 14; FK-*Wegener*, § 169 Rn 1).

3. Absicherung des Zinsbetrages

10   Eine Haftung des Sicherungsgegenstandes für Zinsen kann auch mit Wirkung für die Zeit des InsVerfahren vereinbart werden. Die nach § 169 zu zahlenden Zinsen sind dabei auf diese Zinsen anzurechnen.

4. Verhältnis zu § 172

11   Die Ausgleichszahlungen nach § 172 treten neben die Zinszahlungspflicht aus § 169 (FK-*Wegener*, § 169 Rn 6; HK-*Landfermann*, § 169 Rn 16; N/R-*Becker*, § 169 Rn 25). Dies folgt daraus, dass einerseits der Liquiditätsverlust ausgeglichen werden soll, andererseits § 172 den Wertausgleich betrifft (HK-*Landfermann*, § 169 Rn 16; FK-*Wegener*, § 169 Rn 6).

§ 170 Verteilung des Erlöses

(1) ¹**Nach der Verwertung einer beweglichen Sache oder einer Forderung durch den Insolvenzverwalter sind aus dem Verwertungserlös die Kosten der Feststellung und der Verwertung des Gegenstands vorweg für die Insolvenzmasse zu entnehmen.** ²**Aus**

dem verbleibenden Betrag ist unverzüglich der absonderungsberechtigte Gläubiger zu befriedigen.

(2) Überläßt der Insolvenzverwalter einen Gegenstand, zu dessen Verwertung er nach § 166 berechtigt ist, dem Gläubiger zur Verwertung, so hat dieser aus dem von ihm erzielten Verwertungserlös einen Betrag in Höhe der Kosten der Feststellung sowie des Umsatzsteuerbetrages (§ 171 Abs. 2 Satz 3) vorweg an die Masse abzuführen.

§ 171 Berechung des Kostenbeitrags

(1) ¹Die Kosten der Feststellung umfassen die Kosten der tatsächlichen Feststellung des Gegenstands und der Feststellung der Rechte an diesem. ²Sie sind pauschal mit vier vom Hundert des Verwertungserlöses anzusetzen.

(2) ¹Als Kosten der Verwertung sind pauschal fünf vom Hundert des Verwertungserlöses anzusetzen. ²Lagen die tatsächlich entstandenen, für die Verwertung erforderlichen Kosten erheblich niedriger oder erheblich höher, so sind diese Kosten anzusetzen. ³Führt die Verwertung zu einer Belastung der Masse mit Umsatzsteuer, so ist der Umsatzsteuerbetrag zusätzlich zu der Pauschale nach Satz 1 oder den tatsächlich entstandenen Kosten nach Satz 2 anzusetzen.

I. Normzweck

Die Rechtsstellung der absonderungsberechtigten InsGl ist neben der Übertragung der Verwertungsbefugnis auf den InsVerw durch die Beteiligung an den Kosten der Feststellung und Verwertung ihrer Sicherheit im Vergleich zur KO geändert und eingeschränkt. Die InsGl sind verpflichtet, die Feststellungs- und Verwertungskosten, die bei der Verwertung der Gegenstände, an denen ihnen zur Absonderung berechtigende Sicherungsrechte zustehen, zu tragen. Dies rechtfertigt sich dadurch, dass die Feststellungs- und Verwertungsleistung des InsVerw ihnen zustatten kommt und die Masse durch die Verwertung des Sicherungsgutes nur im Fall freier Spitzen (unten Rn 24) einen unmittelbaren Vorteil hat. Ohne die Kostentragungspflicht wäre sie indes mit den Bearbeitungskosten und sogar mit der nach § 1 Abs 2 Nr 2 InsVV und § 3 Abs 1 a) InsVV erhöhten Verwaltervergütung belastet. Daneben soll die Masse nicht mit der anfallenden Umsatzsteuer belastet werden. Eine Massebereicherung erfolgt jedoch nur eingeschränkt, da die Sicherungsnehmer weiterhin befugt sind, durch vertragliche Vereinbarung die Sicherheit auch auf diese Kostenbeiträge in zulässiger Weise zu erstrecken (AG Wittlich NZI 2000, 444 f; FK-

Wegener, §§ 170, 171 Rn 2; K/P-*Kemper*, § 170 Rn 13; vgl HK-*Landfermann*, § 170 Rn 7).

II. Kostentragungspflicht

1. Allgemeines

2 **a) Sondermasse.** Bei der Verwertung ist vom InsVerw eine Sondermasse zu bilden, aus der zunächst der auf die Masse entfallende Betrag (Feststellungs- und Verwertungskosten, s Rn 13ff) und dann der Anteil des InsGl zu entnehmen ist (K/P-*Kemper*, § 170 Rn 3). Die Ausschüttung an die InsGl hat unverzüglich („ohne schuldhaftes Zögern", § 121 Abs 1 S 1 BGB) nach der Verwertung zu erfolgen (N/R-*Becker*, § 170 Rn 15 f). Zuletzt ist ein eventuell bestehender Kostenüberschuss zur Masse zu nehmen. Damit kann die Höhe des Kostenbeitrags offen bleiben, wenn er offensichtlich zusammen mit dem auszukehrenden Betrag im Verwertungserlös enthalten ist (Uhlenbruck/*Uhlenbruck*, § 170 Rn 9).

3 **b) Mehrfache Belastung.** Ist der Sicherungsgegenstand mit mehreren Absonderungsrechten belastet, so ist bei der Auszahlung des Anteils der InsGl die Rangfolge der Sicherungen zu beachten.

4 **c) Gesamtverwertung.** Bei Verwertung einer Sachgesamtheit ist der Anteil des betroffenen Sicherungsgegenstandes anhand des Verhältnisses der Verkehrswerte, uU mit Hilfe eines Sachverständigen, zu bestimmen (K/P-*Kemper*, § 170 Rn 3; HK-*Landfermann*, § 170 Rn 9 a; Uhlenbruck/*Uhlenbruck*, § 170 Rn 9).

5 **d) Verwertung durch den InsGl. aa) Übertragung.** Eine Übertragung der Verwertung auf den InsGl ist nach Abs 2 zulässig, dieser ist aber nicht zur Übernahme der Verwertung verpflichtet (HK-*Landfermann*, § 170 Rn 10 f). Die Verwertungsübernahme ist vom Selbsteintritt nach § 168 Abs 3 S 1 abzugrenzen: Der Selbsteintritt ist eine Verwertung durch den InsVerw nach § 170 Abs 1 (FK-*Wegener*, § 170, 171 Rn 5; MK-InsO/ *Lwowski*, § 170 Rn 48), bei **§ 170 Abs 2** erfolgt die Verwertung dagegen durch den InsGl in dessen eigenen Namen und dessen eigene Rechnung, da der InsVerw seine Verwertungsbefugnis auf den InsGl überträgt (N/R-*Becker*, § 170 Rn 21). – Vgl zur im Eröffnungsverfahren durch den InsGl begonnenen Verwertung einer Lebensversicherung: OLG Hamm NZI 2002, 50 ff.

6 **bb) Kostenbeteiligung.** Bei der Verwertung durch den InsGl sind der Masse die Feststellungskosten nach § 171 Abs 1 und eine uU die Masse belastende Umsatzsteuer zuzuführen (N/R-*Becker*, § 170 Rn 22, 24); etwaige Verwertungskosten fallen dagegen beim InsGl selbst an und sind so nicht an die Masse abzuführen (OLG Frankfurt/Main ZIP 2002, 2140 mit zust Anm Gerhardt EWiR 2003, 27f; MK-InsO/*Lwowski*, § 170 Rn 35; *Braun/Gerbers*, §§ 170, 171 Rn 9) und können vom InsGl nicht von den Feststellungskosten abgezogen werden (K/P-*Kemper*, § 170 Rn 12) – Eine bei der Verwertung tatsächlich anfallende Umsatzsteuer ist vorweg an die Masse abzuführen (Uhlenbruck/*Uhlenbruck*, § 170 Rn 15 und unten Rn 17).

cc) Fälligkeit. Bei Verwertung durch den InsGl ist der Kostenanteil mit dem Abschluss der Verwertung, der Erlöserzielung fällig (*Braun/Gerbers*, §§ 170, 171 Rn 8; LG Halle/Saale ZInsO 2001, 270, 271; **aA:** FK-*Wegener*, §§ 170, 171 Rn 7: Zeitpunkt des Abschluss des Kaufvertrages). 7

dd) Aufrechnung. Eine Aufrechnung des InsGl der Kostenschuld mit der Ausfallforderung im Fall der persönlichen Haftung des InsSchu ist nach § 96 Nr 1 nicht möglich (N/R-*Becker*, § 170 Rn 30). 8

ee) Bei **eigenmächtiger Verwertung** durch den InsGl im Wege des Forderungseinzugs hat der InsGl die Feststellungskostenpauschale an die Masse abzuführen, Verwertungskosten dagegen nicht; ein weitergehender Schadenersatzanspruch der Masse nach § 823 Abs 2 BGB iVm § 166 Abs 2 wegen Vereitelung einer besseren Verwertung durch den InsVerw ist möglich (BGH NJW-RR 2004, 340 ff). Zur fehlenden Anfechtungsmöglichkeit bei Verwertung vor Eröffnung durch den Absonderungsberechtigten s § 129 Rn 8). 9

e) Eröffnungsverfahren. Eine Anwendung auf den vorl InsVerw ist wegen der Anknüpfung an das Verwertungsrecht aus § 166 nicht möglich (BGH NZI 2003, 259, 260 f; vgl BGH NZI 2001, 191 f; K/P-*Kemper*, § 170 Rn 14; FK-*Wegener*, §§ 170, 171 Rn 12; vgl *Kirchhof* ZInsO 1999, 436, 438: bei Notgeschäftsführung Kostenbeitrag nach §§ 170, 171, dies hat der BGH offen gelassen). 10

f) Eine **Erweiterung des Anwendungsbereichs** auf die Verwertung nach **§ 173 Abs 2** ist möglich (N/R-*Becker*, § 170 Rn 4; *Braun/Gerbers*, §§ 170, 171 Rn 5). 11

g) Entschädigungszahlungen nach §§ 169, 172 Abs 1 enden mit der Auszahlung des Erlösanteils (N/R-*Becker*, § 170 Rn 18). 12

2. Feststellungskosten, § 171 Abs 1

a) Begriff. Feststellungskosten sind alle Kosten, die bei der Bestimmung des Sicherungsgutes und der am Sicherungsgut bestehenden Rechte anfallen. Dies sind im wesentlichen die Kosten der Inventarisierung und der Bewertung nach § 151 Abs 2 (*Braun/Gerbers*, §§ 170, 171 Rn 12). 13

§§ 170, 171 4. Teil. Verwaltung und Verwertung der Insolvenzmasse

14 **b) Höhe.** Als Feststellungskosten sind unabhängig von den tatsächlich entstandenen Kosten **4%** des Verwertungserlöses anzusetzen (BGH NJW 2002, 3475, 3477). Auszugehen ist dabei vom **Bruttoerlös** (AG Köln ZIP 2000, 2216; HK-*Landfermann*, § 171 Rn 5; FK-*Wegener*, §§ 170, 171 Rn 4; N/R-*Becker*, § 171 Rn 6; *Braun/Gerbers*, §§ 170, 171 Rn 7; K/P-*Kemper*, § 170 Rn 3; *Mitlehner* ZIP 2001, 677, 681; *Onusseit* ZIP 2000, 777, 780 f; **aA:** *de Weerth* BB 1999, 821; *Geurts* DB 1999, 818, 819 f; *Obermüller* ZInsO 1999, 249, 255; LG Halle/Saale ZInsO 2001, 270, 272: diff nach Vorsteuerabzugsberechtigung des InSchu).

3. Verwertungskosten, § 171 Abs 2

15 **a) Begriff.** Zu den Verwertungskosten zählen alle Kosten der Verwertung, soweit sie nicht Feststellungskosten oder anfallende Umsatzsteuer sind. Verwertungskosten sind: Kosten der Versteigerung, Transport-, Werbungskosten (*Braun/Gerbers*, §§ 170, 171 Rn 13), Makler-, Anzeige-, Porto- oder Telefonkosten (*Smid/Smid*, § 171 Rn 8). **Nicht** unter die Verwertungskosten fallen Gutachterkosten, die bei der Bewertung des Sicherungsgutes anfallen; dies sind vielmehr Feststellungskosten (FK-*Wegener*, §§ 170, 171 Rn 4). Ebenfalls nicht unter die Verwertungskosten fallen die Kosten der notwendigen Erhaltung des Sicherungsgutes, die von der Masse zu tragen sind (FK-*Wegener*, §§ 170, 171 Rn 4; N/R-*Becker*, § 170 Rn 13; *Braun/Gerbers*, §§ 170, 171 Rn 14; MK-InsO/*Lwowski*, § 171 Rn 58 ff). Schließlich ist die uU nach § 1 Abs 2 Nr 2 InsVV erhöhte Verwaltervergütung von der Masse und nicht vom InsGl zu tragen (Uhlenbruck/*Uhlenbruck*, § 170 Rn 12).

16 **b) Höhe.** Bei den Verwertungskosten ist von **5 % des Bruttoerlöses** auszugehen, jedoch ist ein hiervon abweichender Betrag auszugleichen, wenn die tatsächlichen Kosten erheblich von diesem Pauschalbetrag abweichen. Eine **erhebliche Abweichung** besteht, wenn die tatsächlichen Verwertungskosten weniger als 2,5 % oder mehr als 10 % des Bruttoerlöses betragen (BegrRegE, RWS-Doku, S 399; zust *Braun/Gerbers*, §§ 170, 171 Rn 16). Nach **aA** sind auch geringere Abweichungen schon erheblich (N/R-*Becker*, § 171 Rn 13) oder es wird in § 171 Abs 2 S 2 lediglich eine Beweislastregel gesehen (*Haunschild* DZWiR 1999, 60, 62). Derjenige, der sich auf die Abweichung beruft, hat diese zu beweisen (K/P-*Kemper*, § 171 Rn 7; vgl AG Bonn NZI 2001, 50). – Im Fall der bloßen Kündigung einer Lebensversicherung wird idR eine erhebliche Abweichung vorliegen, so dass der Masse pro Kündigungsschreiben als Verwertungskosten nur ein Betrag von 25 € zusteht (vgl AG Bonn NZI 2001, 50; Uhlenbruck/*Uhlenbruck*, § 171 Rn 3); die Feststellungskostenpauschale wird nicht gekürzt (BGH NZI 2002, 599, 601).

4. Umsatzsteuer

Zusätzlich zu diesen Kosten ist nach § 171 Abs 2 S 3 die tatsächlich anfallende **Umsatzsteuer** dem Erlös für die Masse zu entnehmen (HK-*Landfermann*, § 171 Rn 10), so dass bei einer Verwertung durch den InsVerw nur der Nettoerlös an den InsGl auszuschütten ist. Zur Verwertung durch den InsGl s Rn 5). 17

5. Vertragliche Verwertungsabreden sind zulässig, jedoch darf von der Regelung in §§ 170, 171 nicht zum Nachteil der Masse abgewichen werden (N/R-*Becker*, § 170 Rn 1; MK-InsO/*Lwowski*, § 170 Rn 53; K/P-*Kemper*, § 170 Rn 5; **aA:** *Smid/Smid*, §§ 170 Rn 3). In der Praxis bietet es sich an, dass InsVerw und InsGl eine Abrede über die Art und Weise der Verwertung treffen, da zB bei der Gesamtverwertung einer Sachgesamtheit oftmals höhere Erlöse erzielt werden können. Dabei ist dann auch eine Abrede über die Kostenbeteiligung zu treffen, wobei die Massebeteiligung bei 15–20% liegen wird. Dabei ist ausdrücklich zu regeln, ob die anfallende Umsatzsteuer erfasst ist. 18

III. Umsatzsteuer

1. Allgemeines

Die Verwertung von Sicherungsgut führt zu einer Umsatzsteuerbelastung der Masse. Dies gilt auch bei der Übernahme des Sicherungsguts durch den InsGl nach § 168 Abs 3 S 1 (Selbsteintritt), da dann gleichwohl eine Verwertung durch den InsVerw vorliegt (*Maus* ZIP 2000, 339, 341). 19

2. Steuertatbestand

a) Verwertung. Bei der Verwertung durch den InsVerw liegt **ein steuerbarer Umsatz** iSd § 1 Abs 1 UStG vor, wenn der InsSchu Unternehmer nach § 2 UStG ist (*Obermüller* ZInsO 1999, 249 250f). Im Fall der Verwertung durch den InsGl liegen **zwei steuerbare Umsätze** vor, sog. **Doppelbesteuerungstheorie** (BFH ZIP 1993, 1247ff; *Braun/Gerbers*, §§ 170, 171 Rn 18; *Obermüller* ZInsO 1999, 249, 252). – Die bloße Einziehung von Forderungen stellt keinen steuerbaren Umsatz dar, so dass hierfür keine Umsatzsteuer anfällt (*Smid/Smid*, § 171 Rn 15; *Braun/Gerbers*, §§ 170, 171 Rn 24). 20

b) Kostenbeiträge die der InsVerw an die Masse auskehrt, sind umsatzsteuerfrei (FK-*Wegener*, §§ 170, 171 Rn 4; *Maus* ZIP 2000, 339, 344; *Obermüller* ZInsO 1999, 249, 254; *Mitlehner* ZIP 2001, 677, 681; **aA:** *Onusseit* ZIP 2000, 777, 779: Umsatzsteuer für den Verwertungskostenbeitrag zu entrichten). 21

c) Freigabe. Siehe hierzu § 165 Rn 31. 22

3. Masseforderung

23 Die durch den steuerbaren Umsatz des InsVerw ausgelöste Umsatzsteuer ist als Masseforderung zu erfüllen (HK-*Landfermann*, § 171 Rn 8).

IV. „freie Spitzen"

24 „Freie Spitzen" liegen vor, wenn der bei der Verwertung erzielte Erlös durch die Sicherungsrechte nicht vollständig aufgezehrt ist und ein Teilbetrag der Masse zugute kommt. Bei der Berechnung des Kostenanteils ist dann umstritten, ob die zu entrichtenden 9% aus dem bei der Verwertung erlösten Teil zu berechnen sind oder nur aus dem an den Sicherungsnehmer ausgekehrten Betrag. Für eine Berechnung aus dem Gesamtbetrag spricht, dass der Verwalter auch eine Feststellungs- und Verwertungsleistung hinsichtlich des gesamten Betrags erbracht hat. Weiterhin wären dem Sicherungsnehmer bei eigener Verwertung auch Kosten hinsichtlich des Gesamtbetrags entstanden. Auch § 1 Abs 2 Nr 1 InsVV und § 3 Abs 1 a) InsVV sprechen für dieses Ergebnis, da der InsVerw für die Verwertung von mit Absonderungsrechten belasteten Gegenständen eine Vergütung erhält, die von der Masse zu tragen ist. Nach dem Gesetzeszweck und der Gesetzesbegründung sollte mit der Kostentragungspflicht der §§ 170, 171 aber gerade eine Belastung der Masse weitestgehend vermieden werden.

§ 172 Sonstige Verwendung beweglicher Sachen

(1) ¹Der Insolvenzverwalter darf eine bewegliche Sache, zu deren Verwertung er berechtigt ist, für die Insolvenzmasse benutzen, wenn er den dadurch entstehenden Wertverlust von der Eröffnung des Insolvenzverfahrens an durch laufende Zahlungen an den Gläubiger ausgleicht. ²Die Verpflichtung zu Ausgleichszahlungen besteht nur, soweit der durch die Nutzung entstehende Wertverlust die Sicherung des absonderungsberechtigten Gläubigers beeinträchtigt.

(2) ¹Der Verwalter darf eine solche Sache verbinden, vermischen und verarbeiten, soweit dadurch die Sicherung des absonderungsberechtigten Gläubigers nicht beeinträchtigt wird. ²Setzt sich das Recht des Gläubigers an einer anderen Sache fort, so hat der Gläubiger die neue Sicherheit insoweit freizugeben, als sie den Wert der bisherigen Sicherheit übersteigt.

1. Normzweck

1 Die Verwertungsbefugnis des InsVerw nach § 166 ist durch die Nutzungsbefugnis ergänzt. Sie ermöglicht es dem InsVerw bei der Fortführung eines Unternehmens Gegenstände, an denen Absonderungsrechte

Sonstige Verwendung beweglicher Sachen § 172

bestehen, zu benutzen. Die Fortführung wäre sonst oftmals unmöglich oder zumindest sehr eingeschränkt.

2. Nutzungsrecht, Ausgleichszahlungen – Abs 1

a) Voraussetzungen des Nutzungsrechts. aa) Das Nutzungsrecht setzt zunächst eine **bewegliche Sache**, an der ein **Absonderungsrecht** besteht voraus. Siehe hierzu § 166 Rn 3). Eine analoge Anwendung auf Gegenstände an denen Aussonderungsrechte bestehen ist nicht möglich, der InsVerw ist dann auf vertragliche Abreden angewiesen, wenn er den Gegenstand nutzen will (FK-*Wegener*, § 172 Rn 2, 2a; MK-InsO/ *Lwowski*, § 172 Rn 23; **aA:** *Wellensiek*/Kölner Schrift, S 403, 414). Ein analoge Anwendung auf die Nutzung nicht körperlicher Gegenstände wie Immaterialgüterrechte ist nicht möglich (**aA:** N/R-*Becker*, § 172 Rn 47 f).

bb) Verwertungsrecht. Die Nutzung ist nur zulässig, wenn dem Ins-Verw ein Verwertungsrecht an dem Gegenstand zusteht. § 172 knüpft damit an die Verwertungsbefugnis des § 166 an, so dass § 172 im Eröffnungsverfahren dem vorl InsVerw kein Nutzungsrecht verschafft. Ein Nutzungsrecht besteht dann nur aufgrund der Sicherungsabrede zwischen InsSchu und InsGl (vgl unten).

cc) Ausgleichszahlungen. (1) Das Nutzungsrecht setzt weiter voraus, dass der InsVerw dem absonderungsberechtigten InsGl den **durch die Benutzung entstehenden Wertverlust** seiner Sicherung **ersetzt**. Tritt der Wertverlust wegen anderer Gründe (zB vorsätzliche Eingriffe Dritter) ein, so ist dies nicht auszugleichen (K/P-*Kemper*, § 172 Rn 4).

(2) Der Ausgleich hat wie nach § 169 durch laufende, dh idR monatliche Zahlungen zu erfolgen (HK-*Landfermann*, § 172 Rn 7; § 169 Rn 8). Rückständige Forderungen sind als Masseforderungen zu begleichen (MK-InsO/*Lwowski*, § 172 Rn 36; HK-*Landfermann*, § 172 Rn 8; *Smid/ Smid*, § 172 Rn 11). Die Zahlungspflicht beginnt mit der wertmindernden Nutzung und endet mit Beendigung der Nutzung, Verwertung des Gegenstandes oder wenn der Wertausgleich den vom InsGl durch Verwertung erzielbaren Betrag erreicht (Uhlenbruck/*Uhlenbruck*, § 172 Rn 6 mwN).

(3) Die Ausgleichspflicht tritt kumulativ neben die Zinszahlungsverpflichtung nach § 169 (HK-*Landfermann*, § 172 Rn 9; K/P-*Kemper*, § 172 Rn 10). Da das Nutzungsrecht nicht auf das Eröffnungsverfahren erstreckt wird, ist eine Wertminderung vor Verfahrenseröffnung kein Fall des § 172 (N/R-*Becker*, § 172 Rn 31).

§ 172 4. Teil. Verwaltung und Verwertung der Insolvenzmasse

5 **b) Rechtsfolge. aa) Nutzungsrecht.** Das Nutzungsrecht des InsVerw besteht wie die Ausgleichspflicht ab der Eröffnung des Verfahrens bis zur Verwertung des Gegenstandes (K/P-*Kemper*, § 172 Rn 9), auch wenn der InsVerw idR erst nach dem Berichtstermin zur Verwertung berechtigt und verpflichtet ist. Nutzung ist dabei der bestimmungsgemäße Gebrauch der Sache (K/P-*Kemper*, § 172 Rn 3; MK-InsO/*Lwowski*, § 172 Rn 24), eine Nutzungsüberlassung an Dritte ist nur zulässig, wenn dies der bestimmungsgemäß Gebrauch darstellt (vgl Uhlenbruck/*Uhlenbruck*, § 172 Rn 1). Zum Verbrauch Rn 13.

6 **bb) Unterlassungsanspruch.** Dem InsGl steht kein Unterlassungsanspruch zu, falls der InsVerw die Sache nutzt, ohne die Ausgleichszahlungen zu leisten (**aA:** *Smid/Smid*, § 172 Rn 10); er ist nur dadurch gesichert, dass die Ausgleichszahlungen als Masseverbindlichkeit zu erfüllen sind (*Braun/Gerbers*, § 172 Rn 6).

7 **cc) Verhältnis zur Sicherungsabrede.** Die vertragliche Sicherungsabrede wird durch die Verfahrenseröffnung suspendiert, so dass die Nutzungsbefugnis allein aus § 172 folgt (HK-*Landfermann*, § 172 Rn 4; MK-InsO/*Lwowski*, § 172 Rn 31; **aA:** N/R-*Becker*, § 172 Rn 13). Daneben kann der InsVerw aber mit dem InsGl eine besondere Vereinbarung treffen, die allerdings nicht zum Nachteil der Masse von § 172 abweichen darf.

8 **dd) Ausschluss der Ausgleichszahlungspflicht.** Eine Verpflichtung zum Ausgleich des Wertverlustes, besteht nach **Abs 1 S 2** dann nicht, wenn das Sicherungsrecht durch die Nutzung nicht beeinträchtigt wird, weil die Nutzung nicht kausal für die Wertminderung des Gegenstandes oder der InsGl übersichert ist (Uhlenbruck/*Uhlenbruck*, § 172 Rn 8). Die Beweislast für den Wertverlust bzw die Beeinträchtigung liegt beim InsGl (K/P-*Kemper*, § 172 Rn 5).

3. Verbindung, Vermischung, Verarbeitung – Abs 2

9 **a) Voraussetzung. aa) Berechtigung des InsVerw.** Das Recht des InsVerw zur Verbindung, Vermischung oder Verarbeitung des Sicherungsgegenstandes besteht nach S 1, wenn hierdurch das Sicherungsrecht des InsGl nicht untergeht oder beeinträchtigt wird. Ob ein Sicherungsrecht untergeht richtet sich nach §§ 946–950 BGB.

10 **bb) Verstöße.** Verstößt der InsVerw gegen § 172 Abs 2, so hat der beeinträchtigte InsGl Schadensersatzansprüche gegen die Masse nach § 55 Abs 1 Nr 1 iVm §§ 823 Abs 1, 951 BGB bzw gegen den InsVerw nach § 60 (K/P-*Kemper*, § 172 Rn 12).

11 **cc) Verarbeitungsklausel.** Die Berechtigung des InsVerw kann sich auch aus einer Verarbeitungsvereinbarung mit dem InsGl ergeben. Frag-

lich ist, ob der InsVerw sich auch auf ein Fortbestehen einer Vereinbarung des InsSchu mit dem InsGl vor Verfahrenseröffnung berufen kann (so K/P-*Kemper*, § 172 Rn 15), diese wird jedoch idR bei Verfahrenseröffnung widerrufen.

b) Rechtsfolge. Das Sicherungsrecht besteht fort und dient weiterhin der Sicherung des InsGl. Falls jedoch das Sicherungsgut eine Wertsteigerung erfahren hat, so ist der InsGl nach S 2 verpflichtet das Sicherungsgut entsprechend dem Wertzuwachs freizugeben. Dies ist eine schuldrechtliche Verpflichtung die durch Erklärung des InsGl erfüllt werden kann; idR genügt aber die Berücksichtigung im Rahmen der Verwertung (HK-*Landfermann*, § 172 Rn 12). – Der Kostenbeitrag nach §§ 170, 171 fällt nicht an (*Gundlach/Frenzel/Schmidt* DZWiR 2001, 140, 141). 12

4. Verbrauch des Sicherungsgutes

Der Verbrauch wird von § 172 nicht erfasst, so dass eine Vereinbarung notwendig ist. Der InsVerw kann alternativ die gesicherte Forderung erfüllen und so die Verfügungsmacht über das Sicherungsgut erlangen (FK-*Wegener*, § 172 Rn 13; MK-InsO/*Lwowski*, § 172 Rn 24, 33; *Gottwald/Gottwald*, InsHdb., § 42 Rn 111; **aA:** N/R-*Becker*, § 172 Rn 9; H/W/W-*Hess*, § 172 Rn 17). 13

§ 173 Verwertung durch den Gläubiger

(1) Soweit der Insolvenzverwalter nicht zur Verwertung einer beweglichen Sache oder einer Forderung berechtigt ist, an denen ein Absonderungsrecht besteht, bleibt das Recht des Gläubigers zur Verwertung unberührt.

(2) ¹Auf Antrag des Verwalters und nach Anhörung des Gläubigers kann das Insolvenzgericht eine Frist bestimmen, innerhalb welcher der Gläubiger den Gegenstand zu verwerten hat. ²Nach Ablauf der Frist ist der Verwalter zur Verwertung berechtigt.

1. Normzweck

Das Verwertungsrecht des InsVerw nach § 166 erfasst nicht alle Fälle, bei denen Absonderungsrechte bestehen. Ist danach der InsGl zur Verwertung befugt, so ist trotzdem eine Übertragung des Verwertungsrechts auf den InsVerw nach Abs 2 möglich. Die soll verhindern, dass durch das Verwertungsrecht des InsGl eine Verzögerung des Verfahrensfortgangs zum Schaden der Masse eintritt. § 173 Abs 2 entspricht § 127 Abs 2 KO. – § 173 Abs 2 ist nach § 313 Abs 3 S 3 im vereinfachten InsVerfahren anwendbar (s § 313 Rn 15). 1

§ 173   4. Teil. Verwaltung und Verwertung der Insolvenzmasse

2. Verwertung durch den InsGl, Abs 1

2   **a) Verwertungsrecht.** Steht dem InsVerw kein Verwertungsrecht nach §§ 166 ff zu, so verbleibt das originäre Verwertungsrecht beim InsGl und wird auch nicht durch die Eröffnung des Verfahrens berührt. Dies ist zB der Fall, wenn eine mit einem Absonderungsrecht belastete bewegliche Sache **nicht im Besitz des InsVerw** ist, so insbes beim vertraglichen Pfandrecht, oder bei Forderungen im Fall der **Verpfändung**. Die Verwertung anderer Rechte an denen Sicherungsrechte bestehen erfolgt durch den InsVerw (str, siehe § 166 Rn 14).

3   **b) Art und Weise** der Verwertung richten sich nach den vertraglichen Vereinbarungen (insbes AGBs) bzw den gesetzlichen Bestimmungen (vgl Uhlenbruck/*Uhlenbruck,* § 173 Rn 3).

4   **c) Umsatzsteuer.** Bei der Verwertung durch den InsGl vollzieht sich ein sog. **doppelter Umsatz**, so dass sowohl die Masse als auch der InsGl umsatzsteuerpflichtig sind (vgl §§ 170, 171 Rn 20; FK-*Wegener,* § 173 Rn 5; K/P-*Kemper,* § 173 Rn 10), jedoch besteht weder ein Erstattungsanspruch der Masse gegen den InsGl, noch die Verpflichtung des InsGl zur Entrichtung der Umsatzsteuer für den InsVerw nach § 13 b Abs 1 Nr 2 UStG (*Braun/Gerbers,* § 173 Rn 3).

5   **d) Übererlös.** Einen bei der Verwertung erlangten Übererlös hat der InsGl an die Masse als ungerechtfertigte Bereicherung herauszugeben (MK-InsO/*Lwowski,* § 173 Rn 21).

3. Übergang des Verwertungsrecht, Abs 2

6   Das Verwertungsrecht kann nach Ablauf einer vom InsGericht gesetzten Frist auf den InsVerw übergehen.

7   **a) Voraussetzungen. aa) Antrag des InsVerw.** Die Fristsetzung erfolgt nach S 1 nur auf Antrag des InsVerw. Eine Übertragung auf Initiative des InsSchu, InsGericht oder InsGl bzw Massegläubigern ist nicht möglich (*Smid/Smid,* § 173 Rn 6; N/R-*Becker,* § 173 Rn 20). Der Antrag kann formlos gestellt werden (*Braun/Gerbers,* § 173 Rn 4).

8   **bb) Anhörung des Gläubigers.** Die Anhörung des InsGl ist unter den Voraussetzungen des § 10 analog entbehrlich (N/R-*Becker,* § 173 Rn 23).

9   **cc) Fristsetzung.** Das InsGericht hat dem InsGl eine angemessene Frist zu setzen, in der er den Gegenstand zu verwerten hat. Bei der Bestimmung des Frist hat sich das InsGericht an der Dringlichkeit und den Schwierigkeiten der Verwertung (K/P-*Kemper,* § 173 Rn 13; MK-InsO/ *Lwowski,* § 173 Rn 26) und den Folgen für die Verfahrensabwicklung zu

Verwertung durch den Gläubiger § 173

orientieren. Eine marktgerechte Verwertung durch den InsGl soll möglich bleiben (*Smid/Smid*, § 173 Rn 5).

dd) Fristablauf. Für den Fristlauf gelten über § 4 die §§ 222 ZPO, 187, 188 BGB. Der InsGl hat den Gegenstand innerhalb dieser Frist zu verwerten. 10

ee) Als **Rechtsbehelf** gegen die Fristsetzung ist nur die Erinnerung nach § 11 Abs 2 RPflG statthaft, falls der Rechtspfleger gehandelt hat. 11

b) Rechtsfolge. aa) Übergang der Verwertungsbefugnis. Nach fruchtlosem Fristablauf ist nur noch der InsVerw zur Verwertung des Gegenstandes befugt (K/P-*Kemper*, § 173 Rn 14; HK-*Landfermann*, § 173 Rn 6; *Braun/Gerbers*, § 173 Rn 4f; **aA:** FK-*Wegener*, § 173 Rn 4: Verwertungsbefugnis von InsVerw und InsGl). Der InsVerw ist dann nach § 159 zur unverzüglichen Verwertung verpflichtet (K/P-*Kemper*, § 173 Rn 15). Zur tatsächlichen Durchführung der Verwertung erhält der InsVerw einen Herausgabeanspruch gegen den InsGl (MK-InsO/*Lwowski*, § 173 Rn 23; *Gottwald/Gottwald*, InsHdb, § 42 Rn 135; *Schlichting/Graser* NZI 2000, 206, 207f). 12

bb) Art und Weise. Die Verwertung steht im Ermessen des InsVerw, der auch zur **freihändigen Verwertung** berechtigt ist (Uhlenbruck/*Uhlenbruck*, § 173 Rn 11). 13

cc) Die Gläubigerschutzvorschriften der **§§ 167–169** sind nicht anwendbar (N/R-*Becker*, § 173 Rn 34; Uhlenbruck/*Uhlenbruck*, § 173 Rn 12 **aA:** MK-InsO/*Lwowski*, § 173 Rn 27) 14

dd) Kostenbeteiligung. Der InsGl ist nach §§ 170, 171 an den Kosten zu beteiligen (N/R-*Becker*, § 173 Rn 33; HK-*Landfermann*, § 173 Rn 6; **aA:** K/P-*Kemper*, § 173 Rn 16; FK-*Wegener*, § 173 Rn 5; diff MK-InsO/*Lwowski*, § 173 Rn 28ff u. zust Uhlenbruck/*Uhlenbruck*, § 173 Rn 14: Feststellungskosten nein, Verwertungskosten ja). 15

InsVerw hat im Fall der Nutzung Wertersatz nach § 172 zu leisten (MK-InsO/*Lwowski*, § 173 Rn 31; K/P-*Kemper*, § 173 Rn 17; N/R-*Becker*, § 173 Rn 33). 16

5. Teil. Befriedigung der Insolvenzgläubiger. Einstellung des Verfahrens

1. Abschnitt. Feststellung der Forderungen

§ 174 Anmeldung der Forderungen

(1) ¹Die Insolvenzgläubiger haben ihre Forderungen schriftlich beim Insolvenzverwalter anzumelden. ²Der Anmeldung sollen die Urkunden, aus denen sich die Forderung ergibt, in Abdruck beigefügt werden.

(2) Bei der Anmeldung sind der Grund und der Betrag der Forderung anzugeben sowie die Tatsachen, aus denen sich nach Einschätzung des Gläubigers ergibt, dass ihr eine vorsätzlich begangene unerlaubte Handlung des Schuldners zugrunde liegt.

(3) ¹Die Forderungen nachrangiger Gläubiger sind nur anzumelden, soweit das Insolvenzgericht besonders zur Anmeldung dieser Forderungen auffordert. ²Bei der Anmeldung solcher Forderungen ist auf den Nachrang hinzuweisen und die dem Gläubiger zustehende Rangstelle zu bezeichnen.

(4) ¹Die Anmeldung kann durch Übermittlung eines elektronischen Dokuments erfolgen, wenn der Insolvenzverwalter der Übermittlung elektronischer Dokumente ausdrücklich zugestimmt hat. ²In diesem Fall sollen die Urkunden, aus denen sich die Forderung ergibt, unverzüglich nachgereicht werden.

Literatur: *Eckardt*, Kölner Schrift, S 743 ff; *K. Schmidt*, FS-Merz, 1992, S 537 ff; *Uhlenbruck*, ZIP 1996, 1641 ff.

I. Entstehungsgeschichte und Normzweck

1. Entstehungsgeschichte

1 Die Vorschrift enthält eine im Vergleich zur KO praktisch bedeutsame Abweichung, da nach neuem Recht die Insolvenzgläubiger ihre Forderungen nicht mehr gegenüber dem Gericht, sondern **ausschließlich beim Verw anzumelden haben** (Abs 1 S 1). Eine weitere Neuregelung enthält Abs 3, wonach Forderungen nachrangiger Gläubiger nach § 39 InsO nur insoweit anzumelden sind, als hierzu durch das Insolvenzgericht ausdrücklich aufgefordert wird (s § 39 Rn 1). Im Übrigen entspricht die Vorschrift inhaltlich § 139 KO. Abs 4 wurde durch das Justiz-Kommunikationsgesetz vom 22. 3. 2005 (BGBl. I S 837) eingefügt.

§ 174 Anmeldung der Forderungen

2. Normzweck

Die Vorschriften über die Feststellung der Insolvenzforderungen (§§ 174 bis 186) regeln die Einzelheiten zur Aufstellung der Insolvenztabelle und der Vorbereitung der späteren Verteilung der Insolvenzmasse an die Gläubiger. Da die **Feststellung einer Forderung zur Tabelle einem rechtskräftigen Urteil** entspricht (§ 178 Abs 3), hat der Verw in Abstimmung mit dem Insolvenzgericht die angemeldeten Forderungen einer – wenn auch summarischen – rechtlichen und tatsächlichen Prüfung zu unterziehen. Sofern und soweit der Verw die Feststellung einer Forderung zur Tabelle verweigert, stehen den Insolvenzgläubigern ausschließlich die in den §§ 179 ff geregelten Rechtsbehelfe zur Verfügung.

II. Regelungsinhalt

1. Zuständigkeit

Die Anmeldung der Forderungen hat ausschließlich gegenüber dem Verw zu erfolgen. Sofern eine Anmeldung fälschlicherweise beim Insolvenzgericht erfolgt, hat dieses nach pflichtgemäßem Ermessen zu entscheiden, ob es die Anmeldung mit dem Hinweis auf **die Zuständigkeit des Verw** zurückweist oder unmittelbar an den Verw weiterleitet. (Letzteres dürfte dann einem pflichtgemäßen Ermessen entsprechen, wenn die formellen Voraussetzungen der Anmeldung im Übrigen (Abs 1 S 2 und Abs 2) erfüllt sind. Zur Frage der Zuständigkeit zur Führung der Insolvenztabelle vgl unten § 175 Rn 2.

2. Formelle und inhaltliche Anforderungen an die Anmeldung

a) **Formelle Voraussetzungen.** Nach Abs 1 S 2 sind der Anmeldung in aller Regel („sollen") Urkunden, aus denen sich die Forderung ergibt, in Kopie beizufügen. Lediglich dann, wenn die Forderung entweder offenkundig oder durch Urkunden nicht nachzuweisen ist, kann auf die Voraussetzung verzichtet werden. Eine Anmeldung per Telefax ist zulässig (FK-*Schulz*, § 174 Rn 12). Auf der Anmeldung sollte auf etwaige **Vertretungsbefugnisse des die Anmeldung Unterzeichnenden hingewiesen** werden, etwa durch Zusätze wie „i.A.", „i.V." oder „ppa.". Nach dem neu eingefügten Abs 4 kann eine Forderungsanmeldung jetzt ggf auch in elektronischer Form eingereicht werden.

b) **Inhalt der Forderungsanmeldung.** Die Anmeldung soll nach Abs 2 Grund und Betrag der geltend gemachten Forderung enthalten. Inhaltlich sind an die Anmeldung wegen § 178 Abs 3 dieselben **Schlüssigkeitsanforderungen zu stellen wie an eine Klageschrift nach § 253 ZPO**. Eine Forderung, die nicht auf einen bestimmten Geldbetrag ge-

§ 174

richtet ist, muss vom Gläubiger nach § 45 InsO umgerechnet werden (s. o. § 45 Rn 3).

3. Frist zur Anmeldung

6   § 174 enthält selbst keine Regelung zur Anmeldungsfrist. Eine solche Frist wird allerdings in einigen Vorschriften (§ 175 S 2, § 177 Abs 1 S 1) vorausgesetzt. Nach § 28 Abs 1 S 1 ist eine solche Frist auch bereits im Eröffnungsbeschluss vom Gericht zu bestimmen. Zu beachten ist hierbei jedoch, dass die Anmeldefrist **keine Ausschlussfrist** ist und dass wegen § 177 Abs 1 S 2 **auch eine Präklusion ausscheidet** (N/R-*Becker*, § 174 Rn 10 sowie § 177 Rn 3; MK-InsO/*Nowak*, § 174 Rn 7; Uhlenbruck/*Uhlenbruck*, § 174 Rn 10; s im Übrigen unten § 177 Rn 3).

4. Nachrangige Forderungen

7   Abs 3 stellt klar, dass nachrangige Forderungen (§ 39) in aller Regel nicht angemeldet werden können. Eine Anmeldung hätte nur dann Sinn, wenn eine Aussicht bestünde, dass auch auf nachrangige Forderungen Ausschüttungen aus der Masse erfolgen können. Nur in diesem Fall **fordert das Gericht nach Abs 3 die Gläubiger auf**, auch nachrangige Forderungen nach § 39 anzumelden (s oben § 39 Rn 2). Das Gericht sollte die nachrangigen Gläubiger, wenn nur eine teilweise Befriedigung der nachrangigen Gläubiger abzusehen ist, **„schubweise"** in der Rangfolge des § 39 zur Anmeldung auffordern (N/R-*Becker*, § 174 Rn 28; MK-InsO/*Nowak*, § 174 Rn 32; Uhlenbruck/*Uhlenbruck*, § 174 Rn 25).

5. Fehler und Ergänzungen

8   Verstößt eine Forderungsanmeldung gegen die zuvor beschriebenen formellen und inhaltlichen Anforderungen, so ist der Verw – sofern bis zum Gerichtstermin noch hinreichend Zeit verbleibt – nach **pflichtgemäßem Ermessen berechtigt und verpflichtet, die Anmeldung unter Angabe von Gründen zurückzuweisen** (N/R-*Becker*, § 174 Rn 18 ff; MK-InsO/*Nowak*, § 174 Rn 30; Uhlenbruck/*Uhlenbruck*, § 174 Rn 24). Bis zum Ablauf der im Eröffnungsbeschluss genannten Anmeldefrist ist der Verw regelmäßig verpflichtet, die Anmeldung zurückzuweisen. In der Praxis – gerade in **großen Insolvenzverfahren – kommt es jedoch meist nicht zu einer Zurückweisung, sondern lediglich zu einem Bestreiten im Prüfungstermin**. Bei fehlerhaften Anmeldungen nach Ablauf der Anmeldefrist kann der Verw sich regelmäßig darauf zurückziehen, die angemeldete Forderung im Prüfungstermin zunächst – vorläufig – zu bestreiten. Der Gläubiger ist dann gehalten, eine nachträgliche Feststellung der Forderung herbeizuführen. Bei kleineren Verfahren mit überschaubarer Gläubigerzahl dürfte der Verw allerdings nach pflicht-

gemäßem Ermessen auch noch bis kurz vor dem Prüfungstermin verpflichtet sein, fehlerhafte Anmeldungen zunächst zu rügen.

§ 175 Tabelle

(1) ¹Der Insolvenzverwalter hat jede angemeldete Forderung mit den in § 174 Abs. 2 und 3 genannten Angaben in eine Tabelle einzutragen. ²Die Tabelle ist mit den Anmeldungen sowie den beigefügten Urkunden innerhalb des ersten Drittels des Zeitraums, der zwischen dem Ablauf der Anmeldefrist und dem Prüfungstermin liegt, in der Geschäftsstelle des Insolvenzgerichts zur Einsicht der Beteiligten niederzulegen.

(2) Hat ein Gläubiger eine Forderung aus einer vorsätzlich begangenen unerlaubten Handlung angemeldet, so hat das Insolvenzgericht den Schuldner auf die Rechtsfolgen des § 302 und auf die Möglichkeit des Widerspruchs hinzuweisen.

Literatur: s Lit. zu § 174

I. Allgemeines

Die Vorschrift entspricht inhaltlich § 140 KO mit der Maßgabe, dass die Eintragungen in die Tabelle nicht mehr vom Urkundsbeamten der Geschäftsstelle, sondern vom Verw selbst vorzunehmen sind. Die Übertragung der „körperlichen" Führung der Insolvenztabelle auf den Verw dient nach Vorstellung des Gesetzgebers der Entlastung der Insolvenzgerichte.

II. Regelungsinhalt

1. Zuständigkeit

Umstritten ist die Frage, wer zur Führung der Insolvenztabelle nach § 175 zuständig ist. Zwar normiert Abs 1, dass die Forderungen vom Verw in die Tabelle einzutragen sind. Hieraus folgern einige Autoren, dass der Verw lediglich berechtigt ist, den entsprechenden Eintragungsakt vorzunehmen. Die **inhaltliche Verantwortlichkeit** für die Eintragungen (Führung der Tabelle) obliege jedoch – ebenso wie nach altem Recht – dem **Insolvenzgericht** (HK-*Irschlinger*, § 175 Rn 5; aA *Eckardt*, Kölner Schrift, S 743, 752, Rn 18; N/R-*Becker*, § 175 Rn 3; MK-InsO/*Nowak*, § 175 Rn 14; Uhlenbruck/*Uhlenbruck*, § 175 Rn 3).

2. Niederlegung der Tabelle

S 2 bestimmt, dass die vom Verw erstellte Tabelle mit sämtlichen beigefügten Urkunden „innerhalb des ersten Drittels des Zeitraums, der zwischen dem Ablauf der Anmeldefrist und dem Prüfungstermin liegt, in der Geschäftsstelle des Insolvenzgerichts zur Einsicht der Beteiligten niederzulegen" ist. Daraus folgt, dass den Gläubigern wenigstens 2/3 der Zeit zwischen An- und Ablauf der Anmeldefrist und Prüfungstermin zur Überprüfung der Tabelle verbleibt (vgl zur Berechnung der Frist MK-InsO/*Nowak*, § 175 Rn 11). Den am Insolvenzverfahren **Beteiligten ist Einsicht in die Tabelle zu gewähren** (*Nowak* aaO Rn 12.).

§ 176 Verlauf des Prüfungstermins

¹**Im Prüfungstermin werden die angemeldeten Forderungen ihrem Betrag und ihrem Rang nach geprüft.** ²**Die Forderungen, die vom Insolvenzverwalter, vom Schuldner oder von einem Insolvenzgläubiger bestritten werden, sind einzeln zu erörtern.**

Literatur: *Bähr*, InVo 1998, 205 ff; *Eickmann*, KTS 1986, 197 ff; s auch Lit. zu § 174.

I. Entstehungsgeschichte und Normzweck

1. Entstehungsgeschichte

1 Die Vorschrift geht zurück auf §§ 141 und 143 KO, welche im neuen Recht teils umformuliert, teils zusammengefasst werden. Im Gegensatz zum alten Recht verlangt die Vorschrift jetzt nur noch, dass bestrittene Forderungen im Termin erörtert werden sollen. Hierdurch soll eine Straffung des Verfahrens erreicht werden (BegrRegE, *Kübler/Prütting*, S 408). Auf eine § 143 KO entsprechende Norm wurde im Verlauf des Gesetzgebungsverfahrens verzichtet, (BegrRegE aaO).

2. Normzweck

2 Durch die Prüfung der angemeldeten Forderungen in einem Prüfungstermin wird eine Konzentration und Beschleunigung des Verfahrens erreicht. Das Gesetz geht jedoch – ebenso wie die KO – davon aus, dass auch nachträglich angemeldete Forderungen in einem späteren Termin geprüft werden können.

II. Regelungsinhalt

1. Prüfung und Anerkennung der Forderungen

3 Im Prüfungstermin werden sämtliche angemeldeten Forderungen einer Prüfung unterzogen, also auch solche, welche erst nach der Anmeldefrist beim Verw eingegangen sind. In Bezug auf den Betrag und – sofern in Betracht kommend – den Rang der Forderung erfolgt eine **summarische**

Prüfung (N/R-*Becker*, § 176 Rn 13; **anders:** MK-InsO/*Nowak*, § 176 Rn 17: „formale Zulässigkeit der Forderung ist zu prüfen"; Uhlenbruck/ *Uhlenbruck*, § 176 Rn 2). Sofern der Verw, ein anderer Insolvenzgläubiger oder der Schuldner gegen eine bestimmte Forderung **keine Einwände** erhebt (s. u. Rn 4), **stellt der Verw die Forderung lediglich – ohne Begründung – fest**. Eine Feststellung des (Nach-)Ranges einer Forderung dürfte praktisch selten relevant werden, da eine Anmeldung nachrangiger Forderungen nach § 139 InsO nur dann in Betracht kommt, wenn auf solche Forderungen mit einer Ausschüttung zu rechnen ist und das Gericht nach § 173 Abs 3 S 1 zu einer Anmeldung aufgefordert hat (s. o. § 174, Rn 7 sowie § 39 Rn 2).

2. Bestreiten der Forderung

Ein im Rahmen des Prüfungstermines relevantes Bestreiten kann erfolgen **seitens des Verw, eines anderen Insolvenzgläubigers sowie des Schuldners** selber. Das Bestreiten hat zur Folge, dass die bestrittene Forderung im Termin nach S 2 einzeln zu erörtern ist. Nur ein Widerspruch, welcher im Termin mündlich oder – sofern ein solches angeordnet worden ist – im schriftlichen Verfahren rechtzeitig schriftlich erhoben wurde, hat nach § 178 Abs 1 S 1 feststellungshindernde Wirkung. Ein Widerspruch (nur) des **Schuldners** ist nach § 178 Abs 1 S 2 für die Feststellung der Forderung unbeachtlich; ein solcher Widerspruch führt lediglich dazu, dass die Forderung **im Termin einzeln erörtert** wird.

3. Teilnahme am Termin

a) Allgemeines. Obwohl – anders als im alten Recht, § 143 KO – nicht ausdrücklich geregelt, ist die Anwesenheit eines Gläubigers im Prüfungstermin zur Prüfung und Feststellung seiner Forderung nicht erforderlich (N/R-*Becker*, § 176 Rn 9; MK-InsO/*Nowak* § 176 Rn 7; Uhlenbruck/*Uhlenbruck*, § 176 Rn 9, § 176 Rn 7; BegrRegE, *Kübler/Prütting*, S 408). Die persönliche Anwesenheit eines Gläubigers ist aus seiner Sicht nach § 178 Abs 1 S 1 nur dann erforderlich, wenn dieser eine andere Forderung bestreiten möchte.

b) Nachrangige Gläubiger. Nachrangige Gläubiger sind auch dann am **Prüfungstermin teilnahmeberechtigt**, wenn das Gericht sie nicht nach § 174 Abs 3 aufgefordert hat, ihre Forderungen zur Tabelle anzumelden (FK-*Schulz*, § 176 Rn 7; K/P-*Pape*, § 176 Rn 11; BegrRegE, *Kübler/ Prütting*, S 250). Zwar haben nachrangige Insolvenzgläubiger nach § 177 Abs 1 S 2 in der Gläubigerversammlung (bei einer solchen handelt es sich auch bei dem Prüfungstermin) **kein Stimmrecht**; jedoch sind sie berechtigt, einen Widerspruch zu erheben (*Schulz* aaO Rn 7; *Pape* aaO Rn 11).

7   **c) Persönliche Anwesenheit des Verw.** Umstritten ist, ob der Verw im Prüfungstermin persönlich anwesend sein muss oder ob er sich vertreten lassen darf (**für** die Möglichkeit der Vertretung: FK-*Schulz*, § 176 Rn 9; **dagegen**: *Haarmeyer/Wutzke/Förster*, Handb, 7/41). Mit *Schulz* (aaO) ist die **Vertretungsmöglichkeit** dann zu bejahen, wenn der Vertreter über die Einzelheiten der zu prüfenden Forderungen hinreichend informiert ist.

§ 177 Nachträgliche Anmeldungen

(1) ¹Im Prüfungstermin sind auch die Forderungen zu prüfen, die nach dem Ablauf der Anmeldefrist angemeldet worden sind. ²Widerspricht jedoch der Insolvenzverwalter oder ein Insolvenzgläubiger dieser Prüfung oder wird eine Forderung erst nach dem Prüfungstermin angemeldet, so hat das Insolvenzgericht auf Kosten des Säumigen entweder einen besonderen Prüfungstermin zu bestimmen oder die Prüfung im schriftlichen Verfahren anzuordnen. ³Für nachträgliche Änderungen der Anmeldung gelten die Sätze 1 und 2 entsprechend.

(2) Hat das Gericht nachrangige Gläubiger nach § 174 Abs. 3 zur Anmeldung ihrer Forderungen aufgefordert und läuft die für diese Anmeldung gesetzte Frist später als eine Woche vor dem Prüfungstermin ab, so ist auf Kosten der Insolvenzmasse entweder ein besonderer Prüfungstermin zu bestimmen oder die Prüfung im schriftlichen Verfahren anzuordnen.

(3) ¹Der besondere Prüfungstermin ist öffentlich bekanntzumachen. ²Zu dem Termin sind die Insolvenzgläubiger, die eine Forderung angemeldet haben, der Verwalter und der Schuldner besonders zu laden. ³§ 74 Abs. 2 Satz 2 gilt entsprechend.

Literatur: s Lit. zu §§ 174 und 176.

I. Entstehungsgeschichte und Normzweck

1. Entstehungsgeschichte

1   Die Vorschrift übernimmt im Wesentlichen die Regelungen des § 142 KO. Sie enthält lediglich eine gesonderte Regelung für den Fall, dass sich im Verlaufe des Verfahrens herausstellt, dass auch nachrangige Gläubiger ihre Forderungen anmelden können.

2. Normzweck

2   Die Vorschrift stellt zum einen klar, dass auch solche Forderungen im Prüfungstermin Berücksichtigung finden, welche nach der Anmeldefrist

II. Regelungsinhalt

1. Verspätete Anmeldung

Nach § 28 Abs 1 hat das Gericht bereits im Eröffnungsbeschluss eine 3
Anmeldefrist zu bestimmen. Üblicherweise liegt diese Anmeldefrist so rechtzeitig vor dem Prüfungstermin, dass auch nachträgliche Anmeldungen problemlos Berücksichtigung finden können. In der Praxis bereitet der Verw oder ein Insolvenzgläubiger den Prüfungstermin üblicherweise erst eine Woche vorher vor. Die **Anmeldefrist** hat jedoch insoweit Relevanz, als der Verw bei **verspätet** eingehenden Forderungsanmeldungen berechtigt ist, einer **Prüfung dieser Forderung zu widersprechen**. Für den Fall des Widerspruchs bei nachträglich angemeldeten Forderungen, werden diese zu einem späteren Zeitpunkt (vgl unten Rn 5 f) einer **nachträglichen Prüfung** unterzogen. Sofern eine Forderung erst nach dem Prüfungstermin angemeldet wird, ist die nachträgliche Prüfung obligatorisch. Das Widerspruchsrecht steht auch einem Insolvenzgläubiger zu, da dieser nach § 175 S 2 die angemeldeten Forderungen in der Geschäftsstelle des Insolvenzgerichts einsehen kann. Ein Widerspruchsrecht sollte insoweit jedoch nur angenommen werden, als verspätet angemeldete Forderungen erst nach der in § 175 S 2 genannten Frist zur Einsichtnahme ausgelegen haben.

2. Prüfung im Termin

Sofern gegen die nachträglich angemeldete Forderung weder vom 4
Verw noch von einem Gläubiger Widerspruch erhoben wurde, ist auch diese im regulären Prüfungstermin zu prüfen und festzustellen. Insoweit ergeben sich keinerlei Besonderheiten; insbes ist eine nachträglich angemeldete Forderung nicht präkludiert.

3. Prüfung außerhalb des Termins

a) Gesonderter Prüfungstermin. Widerspricht der Verw oder ein 5
Insolvenzgläubiger der verspätet angemeldeten Forderung, so kann das Gericht insoweit auf Kosten des säumigen Gläubigers einen erneuten Prüfungstermin anberaumen. Ein solches Vorgehen bietet sich insbes in **größeren Verfahren sowie dann an, wenn mehrere Forderungen verspätet angemeldet** wurden und die Forderungen im Vergleich zu den festgestellten Forderungen erheblich ins Gewicht fallen. Der nachträgliche Prüfungstermin ist nach Abs 1 S 2 öffentlich bekannt zu geben; die betroffenen Gläubiger sind zu diesem Termin nach Abs 3 S 2 jedoch

zusätzlich zu laden. Zu den zusätzlichen Kosten, welche nach Abs 1 S 2 der säumige Gläubiger zu tragen hat, vgl N/R-*Becker*, § 177 Rn 12ff; MK-InsO/*Nowak*, § 177 Rn 10; Uhlenbruck/*Uhlenbruck*, § 177 Rn 9.

6   **b) Prüfung im schriftlichen Verfahren.** Das Gericht kann sich nach **pflichtgemäßem Ermessen** auch dafür entscheiden, dass die nachträglich angemeldeten Forderungen im schriftlichen Verfahren geprüft werden. Es hat hierbei die Umstände des Einzelfalles (s. o. Rn 3) zu würdigen (N/R-*Becker*, § 177 Rn 17). Außerdem ist das Gericht berechtigt, einen zunächst geplanten mündlichen Prüfungstermin aufzuheben und hierüber das schriftliche Verfahren anzuordnen sowie umgekehrt vom schriftlichen Verfahren zum mündlichen Prüfungstermin zu wechseln (*Becker* aaO Rn 14 u. 20).

4. Nachrangige Gläubiger

7   Abs 2 enthält eine Sonderregelung für den praktisch nicht relevanten Fall, dass das Gericht erst im Laufe des Verfahrens erfährt, dass auch eine Ausschüttung an nachrangige Gläubiger in Betracht kommt und dass auch diese daher nach § 174 Abs 3 ihre Forderungen zur Tabelle anmelden können. Auch den nachrangigen Gläubigern ist in diesem Fall eine angemessene Frist zur Anmeldung ihrer Forderungen zu setzen. Tritt dann der Fall ein, dass diese Frist später als eine Woche vor dem (Haupt-) Prüfungstermin abläuft, so kann das Gericht nach pflichtgemäßem Ermessen entweder einen neuen Prüfungstermin für die nachrangigen Gläubiger anberaumen oder eine Prüfung der nachrangigen Forderungen im schriftlichen Verfahren bestimmen. Vgl zur Frage des pflichtgemäßen Ermessens oben, Rn 6. Erfolgt die Anmeldung der nachrangigen Gläubiger verspätet, so gelten die Regelungen in Abs 1 entsprechend (N/R-*Becker*, § 177 Rn 34; MK-InsO/*Nowak*, § 177 Rn 5; Uhlenbruck/*Uhlenbruck*, § 177 Rn 13).

§ 178 Voraussetzungen und Wirkungen der Feststellung

(1) ¹**Eine Forderung gilt als festgestellt, soweit gegen sie im Prüfungstermin oder im schriftlichen Verfahren (§ 177) ein Widerspruch weder vom Insolvenzverwalter noch von einem Insolvenzgläubiger erhoben wird oder soweit ein erhobener Widerspruch beseitigt ist.** ²**Ein Widerspruch des Schuldners steht der Feststellung der Forderung nicht entgegen.**

(2) ¹**Das Insolvenzgericht trägt für jede angemeldete Forderung in die Tabelle ein, inwieweit die Forderung ihrem Betrag und ihrem Rang nach festgestellt ist oder wer der Feststellung widersprochen hat.** ²**Auch ein Widerspruch des Schuldners ist einzutra-**

gen. ³Auf Wechseln und sonstigen Schuldurkunden ist vom Urkundsbeamten der Geschäftsstelle die Feststellung zu vermerken.

(3) Die Eintragung in die Tabelle wirkt für die festgestellten Forderungen ihrem Betrag und ihrem Rang nach wie ein rechtskräftiges Urteil gegenüber dem Insolvenzverwalter und allen Insolvenzgläubigern.

Literatur: s Lit. zu §§ 174 und 176.

I. Entstehungsgeschichte und Normzweck

1. Entstehungsgeschichte

Abs 1 S 1 entspricht inhaltlich § 144 Abs 1 KO. Der neu aufgenommene Abs 1 S 2 stellt lediglich den bereits nach altem Recht geltenden Rechtszustand klar. Abs 2 S 1 und 3 wiederholen den Regelungsinhalt von § 145 Abs 1 KO (BegrRegE, *Kübler/Prütting*, S 411). Abs 2 S 2 enthält eine Neuerung, welche auf das jetzt in § 176 S 2 auch gesetzlich normierte Widerspruchsrecht des Schuldners zurückgeht. Abs 3 geht zurück auf § 145 Abs 2 KO und übernimmt diesen inhaltlich unverändert.

2. Normzweck

Die Vorschrift enthält Regelungen über die Voraussetzungen und Wirkungen der Feststellung von Forderungen zur Insolvenztabelle. Bedeutsam ist vor allem die nach altem Recht geltende Norm des Abs 3, wonach die Eintragung in die Tabelle nach den rechtlichen Wirkungen einem rechtskräftigen Urteil gleichkommt.

II. Regelungsinhalt

1. Festgestellte Forderungen

Zur Feststellung einer Forderung zur Tabelle mit der Wirkung des Abs 3 bedarf es zunächst einer Anmeldung der Forderung zur Tabelle. Wird gegen die angemeldete Forderung im Prüfungstermin oder im schriftlichen Verfahren weder vom Verw noch von einem anderen Gläubiger Widerspruch erhoben, so „gilt" die Forderung als festgestellt. Die **Feststellung ist somit bei Ausbleiben eines Widerspruchs ein Automatismus**. Nach Abs 1 S 2 kann ein Widerspruch des Schuldners (zu dem dieser nach § 176 S 2 prinzipiell im Prüfungstermin berechtigt ist) die Feststellung einer Forderung zur Tabelle nicht verhindern. Allerdings ist der Widerspruch – abweichend vom bisherigen Recht – in der Tabelle zu vermerken (Abs 2 S 2). Die Eintragung eines Widerspruchs des Schuldners dürfte ausschließlich „kosmetische" Gründe haben. Aus dem Wort „soweit" folgt, dass ein teilweiser Widerspruch gegen eine angemeldete

Forderung die Wirkung des Abs 3 für den nicht gerügten Teil der Forderung sofort entstehen lässt.

2. Eintragung der Forderung

4 **a) Allgemeines.** Nach Abs 2 sind die angemeldeten Forderungen vom Gericht – unabhängig davon, ob gegen sie ein Widerspruch erhoben wurde oder nicht – in die Tabelle einzutragen. Neben der Forderung ist zu vermerken, ob diese festgestellt worden bzw ob, von wem und inwieweit gegen sie Widerspruch erhoben worden ist. Wird kein Widerspruch erhoben, so hat die **Eintragung „festgestellt" lediglich deklaratorische Bedeutung** (s. o. Rn 3). Auch die Tatsache, dass „nur" der Schuldner Widerspruch erhoben hat, verhindert die Feststellung der Forderung nicht (s. o. Rn 3).

5 **b) Rang der Forderung.** In der Tabelle ist weiterhin zu vermerken, welche Rangklasse die angemeldete Forderung einnimmt. Da im Regelfall nachrangige Gläubiger nach § 39 InsO ihre Forderungen nicht zur Tabelle anmelden können, werden die angemeldeten Forderungen üblicherweise nur als einfache Insolvenzforderungen festgestellt.

6 **c) Absonderungsberechtigte Gläubiger.** In der Tabelle sollte vermerkt werden, wenn es sich um die Forderung eines absonderungsberechtigten Gläubigers handelt (FK-*Schulz*, § 178 Rn 10). Dies kann mit dem nach altem Recht **gängigen Vermerk „festgestellt auf den Ausfall"** geschehen.

3. Vermerke auf Urkunden

7 Nach Abs 2 S 3 ist – ebenso wie nach altem Recht – auf Wechseln und sonstigen Schuldurkunden vom Urkundsbeamten der Geschäftsstelle die Feststellung zu vermerken. Dabei ist der Vermerk jeweils auf das Original der Urkunde zu setzen (N/R-*Becker*, § 178 Rn 19; MK-InsO/*Schumacher*, § 178 Rn 53; Uhlenbruck/*Uhlenbruck*, § 178 Rn 4). Sofern der Vermerk auf der Urkunde – was der Regelfall sein dürfte – erst nach dem Termin aufgebracht wird, muss im Termin wenigstens eine Kopie der Schuldurkunde vorgelegen haben, damit eine **Verknüpfung zwischen festgestellter Forderung und Schuldurkunde hergestellt werden kann** (*Becker* aaO Rn 20; *Schumacher* aaO Rn 53). Der Vermerk auf der Schuldurkunde erleichtert dem Insolvenzgläubiger die Veräußerung der festgestellten Quote mittels Übertragung der Urkunde (*Becker* aaO Rn 22; *Schumacher* aaO Rn 53). Aus Abs 2 S 3 ergibt sich für den Gläubiger keine Verpflichtung, einen Vermerk auf der Schuldurkunde anbringen zu lassen.

4. Wirkung der Eintragung

Die Eintragung in die Tabelle stellt eine Forderung wie ein rechtskräftiges Urteil gegenüber dem Verw sowie die den übrigen Gläubiger in Bezug auf Betrag und Rang der Forderung fest. Aus der Feststellung der Forderung zur Tabelle ergibt sich hingegen noch **kein Auszahlungsanspruch gegen den Verw**. Hierzu bedarf es zunächst noch eines Beschlusses über die Verteilung einer **Quote nach § 187 Abs 1 bzw einer Abschlagsverteilung nach § 187 Abs 2**. Die Feststellung zur Tabelle entfaltet Wirkungen nur zwischen Gläubiger und Verw/Schuldner bzw gegenüber den übrigen Insolvenzgläubigern, nicht jedoch gegenüber Dritten (N/R-*Becker*, § 178 Rn 32; MK-InsO/*Schumacher*, § 178 Rn 72; Uhlenbruck/*Uhlenbruck*, § 178 Rn 5). Insofern geht die Rechtskraftwirkung der Eintragung in die Insolvenztabelle weiter als ein Urteil, da dies in Rechtskraft nur zwischen den Prozessparteien eintritt (*Becker* aaO Rn 28). Gegen die Feststellung zur Tabelle sind nur noch diejenigen Rechtsmittel zulässig, welche auch bezüglich eines rechtskräftigen Urteils zur Verfügung stehen (K/P-*Pape*, § 178 Rn 6 mwN; *Schumacher* aaO Rn 76 ff).

8

§ 179 Streitige Forderungen

(1) Ist eine Forderung vom Insolvenzverwalter oder von einem Insolvenzgläubiger bestritten worden, so bleibt es dem Gläubiger überlassen, die Feststellung gegen den Bestreitenden zu betreiben.

(2) Liegt für eine solche Forderung ein vollstreckbarer Schuldtitel oder ein Endurteil vor, so obliegt es dem Bestreitenden, den Widerspruch zu verfolgen.

(3) ¹Das Insolvenzgericht erteilt dem Gläubiger, dessen Forderung bestritten worden ist, einen beglaubigten Auszug aus der Tabelle. ²Im Falle des Absatzes 2 erhält auch der Bestreitende einen solchen Auszug. ³Die Gläubiger, deren Forderungen festgestellt worden sind, werden nicht benachrichtigt; hierauf sollen die Gläubiger vor dem Prüfungstermin hingewiesen werden.

I. Entstehungsgeschichte und Normzweck

1. Entstehungsgeschichte

Abs 1 sowie Abs 3 S 1 entsprechen inhaltlich § 146 Abs 1 KO. Abs 2 geht zurück auf § 146 Abs 6 KO. Im Zuge des Gesetzgebungsverfahrens wurde durch den Rechtsausschuss Abs 3 S 3 mit der Zielrichtung einge-

1

§ 179

fügt, Insolvenzgericht und Verw vor unnötigen Nachfragen zu schützen (BegrRAussch, *Kübler/Prütting*, S 412).

2. Normzweck

2   Die §§ 179 ff regeln die Einzelheiten des Verfahrens, in welchem ein Gläubiger, dessen angemeldete Forderung von dem Verw oder einem anderen Gläubiger bestritten wurde, die Feststellung zur Tabelle im gerichtlichen Wege erreichen kann.

II. Regelungsinhalt

1. Widersprechende Personen

3   § 179 betrifft nur einen Widerspruch vom Verw oder einem der übrigen Insolvenzgläubiger. Sofern (nur) der Schuldner widerspricht, ist die Vorschrift des § 184 einschlägig (vgl die Anmerkungen dort). Der **Widerspruch von Verw bzw Gläubiger verhindert nach § 178 Abs 1 die Feststellung zur Tabelle**. Hiergegen kann der Gläubiger der bestrittenen Forderung nur im Wege der Feststellungsklage nach § 180 vorgehen. Voraussetzung für die Erhebung der Feststellungsklage ist, dass zu diesem Zeitpunkt der Widerspruch noch besteht (N/R-*Becker*, § 179 Rn 3; MK-InsO/*Schumacher*, § 179 Rn 3; zur Kostentragungspflicht bei einer „voreiligen" Feststellungsklage gegen vorläufiges Bestreiten vgl K/P-*Pape*, § 179 Rn 5 ff).

2. Klagelast

4   **a) Nicht titulierte Forderung.** Abs 1 geht von dem Regelfall aus, dass die angemeldete Forderung vor Eröffnung des Verfahrens noch nicht tituliert worden ist. Bestreitet der Verw oder ein Gläubiger in diesem Fall, so bleibt es dem anmeldenden Gläubiger überlassen, die Feststellungsklage zu betreiben.

5   **b) Titulierte Forderung.** Nach Abs 2 **dreht sich die „Klagelast" um**, wenn der anmeldende Gläubiger bereits im Besitz eines vollstreckbaren Schuldtitels oder eines Endurteils ist. Titulierte Forderungen sind zum einen sämtliche Entscheidungen, aus denen unmittelbar die Zwangsvollstreckung betrieben werden kann (*Pape* aaO Rn 15; MK-InsO/*Schumacher*, § 179 Rn 23; Uhlenbruck/*Uhlenbruck*, § 179 Rn 14). Gleiches gilt für Steuerbescheide. Zum anderen erwähnt Abs 2 ein Endurteil, welches hingegen nicht zwingend vollstreckbar sein muss (N/R-*Becker*, § 179 Rn 21; *Schumacher* aaO Rn 24). Dem Bestreitenden werden nach Abs 2 allerdings keine weiter gehenden Befugnisse eingeräumt, als dies beim Schuldner selber der Fall gewesen wäre. Gegen ein bereits rechtskräftig gewordenes Endurteil bzw einen solchen Vollstreckungstitel kann der

Gläubiger bzw der Verw somit nur im Wege der Restitutionsklage bzw Vollstreckungsabwehrklage vorgehen (*Becker* aaO Rn 19f; *Schumacher* aaO Rn 33).

3. Tabellenauszug

Nach Abs 3 S 1 und 2 steht jeweils demjenigen, welcher – entsprechend der Klagelast (s. o. Rn 4f) – Feststellungsklage erheben möchte, die Erteilung eines beglaubigten Auszuges aus der Tabelle zu. Zuständig für die Erteilung des Auszuges ist das Insolvenzgericht.

4. Keine Benachrichtigung über die Feststellung zur Tabelle

Nach Abs 3 S 3 werden nur diejenigen Gläubiger über das Ergebnis des Prüfungstermines gesondert benachrichtigt, deren angemeldete Forderung (teilweise) nicht zur Tabelle festgestellt wurde (vgl zum Verfahren der Feststellung § 178 Rn 3ff). Hierauf sind die Gläubiger nach Abs 3 S 3, 2. HS vor dem Prüfungstermin hinzuweisen. Der Hinweis kann mit der Aufforderung verbunden werden, die jeweilige Forderung zur Tabelle anzumelden. *Becker* (N/R § 179 Rn 33, 35) weist zu Recht darauf hin, dass die Vorschrift systematisch zu § 178 gehört.

§ 180 Zuständigkeit für die Feststellung

(1) ¹Auf die Feststellung ist im ordentlichen Verfahren Klage zu erheben. ²Für die Klage ist das Amtsgericht ausschließlich zuständig, bei dem das Insolvenzverfahren anhängig ist oder anhängig war. ³Gehört der Streitgegenstand nicht zur Zuständigkeit der Amtsgerichte, so ist das Landgericht ausschließlich zuständig, zu dessen Bezirk das Insolvenzgericht gehört.

(2) War zur Zeit der Eröffnung des Insolvenzverfahrens ein Rechtsstreit über die Forderung anhängig, so ist die Feststellung durch Aufnahme des Rechtsstreits zu betreiben.

1. Allgemeines

Die Zuständigkeitsnormen in Abs 1 und Abs 2 entsprechen vollinhaltlich § 146 Abs 2 und Abs 3. Die Vorschrift regelt die örtliche Zuständigkeit bei Feststellungsklagen.

2. Örtliche Zuständigkeit

Nach Abs 1 liegt die örtliche Zuständigkeit sowohl für Aktiv- als auch Passivprozesse beim Prozessgericht, welches zum Bezirk des Insolvenzgerichts gehört. Lediglich dann, wenn bereits bei Eröffnung des Verfahrens ein Rechtsstreit anhängig ist, verbleibt es bei der bisherigen örtlichen Zuständigkeit. Auch Gerichtsstandsvereinbarungen haben insoweit keine

3. Bereits anhängige Verfahren

3 Abs 2 regelt solche Prozesse, welche durch Eröffnung des Verfahrens oder durch Bestellung eines „starken" vorl Verw nach § 240 ZPO unterbrochen wurden. In solchen Prozessen ist der **Klagebelastete (s. o. § 179 Rn 4 f) befugt, den Rechtsstreit mit dem Ziel der (negativen) Feststellung zur Tabelle aufzunehmen**. Der ursprüngliche Klageantrag wird dabei nach § 264 Nr 3 ZPO umgestellt (MK-InsO/*Schumacher*, § 180 Rn 23; K/P-*Pape*, § 180 Rn 5 mwN).

4. Besondere Verfahrensarten

4 Umstritten ist, ob im Rahmen der Feststellungsklage ein Urkunds-, Wechsel- oder Scheckprozess (fort-)geführt werden kann (**dafür:** *Kuhn/ Uhlenbruck*, § 146 KO Rn 11; MK-InsO/*Schumacher*, § 180 Rn 7; **dagegen:** u. a. K/P-*Pape*, § 180 Rn 2 mwN). Ein vor Eröffnung des Verfahrens abgeschlossener Schiedsvertrag bindet nach allgemeiner Auffassung die Parteien auch im Rahmen des Feststellungsprozesses nach § 180 (BGHZ 24, 15, 18; *Pape* aaO mwN; **differenzierend** *Schumacher* aaO, Rn 11). Bei arbeitsrechtlichen Streitigkeiten, welche außerhalb des Insolvenzverfahrens in die **Zuständigkeit der Arbeitsgerichte** fallen, ist *entsprechend* § 180 (vgl § 185) das jeweils örtlich zuständige Arbeitsgericht zuständig (N/R-*Becker*, § 180 Rn 5).

5. Sachliche Zuständigkeit

5 Die Frage, ob ein Feststellungsprozess nach Abs 1 vor dem AG oder LG erhoben werden muss, richtet sich gem § 185 nach allgemeinem Verfahrensrecht (N/R-*Becker*, § 180 Rn 26; MK-InsO/*Schumacher*, § 180 Rn 14; Uhlenbruck/*Uhlenbruck*, § 180 Rn 3). Da der Streitwert einer Feststellungsklage nach § 182 (vgl die Anm dort) sich nach dem Betrag bemisst, welcher bei der Verteilung der Masse für die Forderung zu erwarten ist, wird häufig auch bei hohen Anmeldungsbeträgen für den Feststellungsprozess das AG zuständig sein. Bei bereits anhängigen Verfahren bleibt hingegen nach Abs 2 die einmal begründete Zuständigkeit beim LG auch bei der späteren Herabsetzung des Streitwertes gegeben.

§ 181 Umfang der Feststellung

Die Feststellung kann nach Grund, Betrag und Rang der Forderung nur in der Weise begehrt werden, wie die Forderung in der Anmeldung oder im Prüfungstermin bezeichnet worden ist.

1. Allgemeines

Die Vorschrift entspricht § 146 Abs 4 und enthält keine inhaltliche Abweichung vom alten Recht. Es handelt sich um eine Präklusionsvorschrift.

2. Präklusion

Der anmeldende Gläubiger ist im Bereich der Feststellungsklage nach §§ 179 ff nach Grund, Betrag und – sofern einschlägig – Rang der Forderung mit den im Prüfungstermin gemachten Angaben präkludiert. Hierbei ist stets **auf den letzten Prüfungstermin**, in welchem die Forderung behandelt wurde, **abzustellen**. Entsprechendes gilt – ohne ausdrücklich in der Vorschrift erwähnt zu werden – bei schriftlicher Prüfung (N/R-*Becker*, § 181 Rn 3).

3. Wiedereinsetzung

Nach dem Wortlaut der Vorschrift kommt es für die Frage der Präklusion auf ein etwaiges Verschulden des anmeldenden Gläubigers nicht an. Man könnte jedoch daran denken, einem Gläubiger **analog § 186 Wiedereinsetzung in den vorherigen Stand** zu gewähren. Dafür spricht, dass die Wiedereinsetzung nach § 186 selbst dann möglich ist, wenn der Gläubiger den Prüfungstermin insgesamt versäumt.

§ 182 Streitwert

Der Wert des Streitgegenstands einer Klage auf Feststellung einer Forderung, deren Bestand vom Insolvenzverwalter oder von einem Insolvenzgläubiger bestritten worden ist, bestimmt sich nach dem Betrag, der bei der Verteilung der Insolvenzmasse für die Forderung zu erwarten ist.

Im Gegensatz zum alten Recht enthält die Vorschrift nunmehr eine starre Berechnungsvorschrift für den Streitwert einer Feststellungsklage nach § 180. Während nach § 148 KO der Wert des Streitgegenstandes vom Prozessgericht unter Berücksichtigung verschiedener wertbildender Kriterien nach freiem Ermessen festgesetzt werden konnte, ist nunmehr **für die Bestimmung des Streitwertes ausschließlich der Betrag von Bedeutung, welcher bei der Verteilung der Insolvenzmasse letztlich zu erwarten ist**. Da bei Erhebung der Feststellungsklage bzw Umstellung der bereits anhängigen Klage nach § 180 Abs 2 die zu erwartende Quote regelmäßig noch nicht bekannt sein wird, ist das Gericht auch nach neuem Recht auf eine Schätzung des Streitwertes angewiesen. Der Ermessensspielraum ist insoweit jedoch stark eingeschränkt (K/P-*Pape*, § 182 Rn 1). Es hat notfalls die Insolvenzakten auszuwerten oder eine Auskunft des Verw einzuholen (BGH NZI 1999, 447 bis 448 = WM

1999, 2178 bis 2179). Ist nicht mit einer Ausschüttung einer Insolvenzquote zu rechnen, so ist für die Streitwertfestsetzung der niedrigste Wert anzusetzen (FG Düsseldorf, Urteil vom 22. 9. 2000 – AZ 14 K 2809/00 – unveröffentlicht).

§ 183 Wirkung der Entscheidung

(1) Eine rechtskräftige Entscheidung, durch die eine Forderung festgestellt oder ein Widerspruch für begründet erklärt wird, wirkt gegenüber dem Insolvenzverwalter und allen Insolvenzgläubigern.

(2) Der obsiegenden Partei obliegt es, beim Insolvenzgericht die Berichtigung der Tabelle zu beantragen.

(3) Haben nur einzelne Gläubiger, nicht der Verwalter, den Rechtsstreit geführt, so können diese Gläubiger die Erstattung ihrer Kosten aus der Insolvenzmasse insoweit verlangen, als der Masse durch die Entscheidung ein Vorteil erwachsen ist.

I. Entstehungsgeschichte und Normzweck

1   Abs 1 entspricht der Regelung in § 147 S 1 KO. Abs 2 übernimmt die Vorschrift des § 146 Abs 7 KO unverändert. Abs 3 schließlich entspricht inhaltlich § 147 S 2 KO. Eine inhaltliche Änderung im Vergleich zum alten Recht ist somit nicht eingetreten. Die Vorschrift stellt die Verknüpfungen zwischen einem obsiegenden Urteil im Feststellungsprozess und der zu berichtigenden Insolvenztabelle her.

II. Regelungsinhalt

1. Reichweite der Rechtskraft

2   Spiegelbildlich zu § 178 Abs 3 wirkt eine rechtskräftige Entscheidung, wonach eine Forderung zur Tabelle festgestellt wird, gegenüber dem Verw und den übrigen Insolvenzgläubigern. Es entsteht somit der Rechtszustand, der vorgelegen hätte, wenn ein Widerspruch gegen die angemeldete Forderung nicht erhoben worden wäre. Bei mehreren Widersprüchen sind alle zu beseitigen (K/P-*Pape*, § 183 Rn 3).

2. Berichtigung der Tabelle

3   Weder der Verw noch das Gericht sind verpflichtet, nach einer rechtskräftigen Entscheidung iSv Abs 1 die Berichtigung der Insolvenztabelle „von Amts wegen" durchzuführen. Die Tabelle wird somit auch durch die Entscheidung nicht automatisch unrichtig, so dass die **spätere Berichtigung auf Betreiben des obsiegenden Gläubigers** nicht nur deklarato-

rische Bedeutung hat (N/R-Becker, § 183 Rn 11). Gegen die Beurkundung der Berichtigung der Insolvenztabelle ist ein Rechtsmittel nicht mehr gegeben (K/P-Pape, § 183 Rn 5). Einzutragen ist – auf Antrag des widersprechenden Verw bzw Gläubigers – dass der Widerspruch rechtskräftig als begründet festgestellt worden ist (N/R-*Becker*, § 183 Rn 13).

3. Kostenerstattung

a) **Allgemeines.** Wegen der Kostentragungslast gelten auch im Verfahren nach den §§ 179 ff die allgemeinen Regeln der §§ 91 ff ZPO (N/R-*Becker*, § 183 Rn 18; MK-InsO/*Schumacher*, § 183 Rn 9; Uhlenbruck/*Uhlenbruck*, § 183 Rn 6). Unterliegt somit der Verw, so sind die Kosten des Forderungsgläubigers aus der Masse zu erstatten. Insoweit kommt bei Vorliegen der übrigen Voraussetzungen eine Haftung des Verw nach §§ 60, 61 in Betracht. 4

b) **Prozessführung einzelner Gläubiger.** Abweichend von den allgemeinen Kostenerstattungsregeln enthält Abs 3 eine Sonderregelung für den Fall, dass ein einzelner Gläubiger den Feststellungsprozess alleine führt. Sofern der Masse durch den Rechtsstreit ein Vorteil erwächst, steht dem Gläubiger gegen die Masse ein Kostenerstattungsanspruch zu. Der Wortlaut des Gesetzes ist hier streng genommen unzutreffend. Dadurch, dass ein geringerer Betrag zur Tabelle angemeldet wird, entsteht der Masse selber kein Vorteil; vielmehr ist derselbe Massebestand an die Gläubiger auszuschütten. Lediglich die auf den einzelnen Gläubiger entfallende Quote erhöht sich. Der Kostenerstattungsanspruch ist der Höhe nach durch den Betrag begrenzt, mit welchem die übrigen Gläubiger von der erstrittenen Feststellung profitieren (N/R-*Becker*, § 183 Rn 20). Die **Masse ist hier denknotwendig nur Zweitschuldner**, da bei einem Unterliegen des anmeldenden Gläubigers dieser nach § 91 ZPO die Kosten des bestreitenden Gläubigers zu tragen hat. Allerdings dürfte bei Teilobsiegen der Kostenerstattungsanspruch unter Beachtung der zuvor dargelegten Begrenzung gegen die Masse auch insofern durchgreifen, als der bestreitende Gläubiger unterlegen ist (**aA**: N/R-*Becker*, § 183 Rn 23; FK-*Schulz*, § 183 Rn 7). Dies ergibt sich aus der allgemeinen Formulierung „als der Masse durch die Entscheidung ein Vorteil erwachsen ist". 5

§ 184 Klage gegen einen Widerspruch des Schuldners

¹Hat der Schuldner im Prüfungstermin oder im schriftlichen Verfahren (§ 177) eine Forderung bestritten, so kann der Gläubiger Klage auf Feststellung der Forderung gegen den Schuldner erheben. ²War zur Zeit der Eröffnung des Insolvenzverfahrens ein

§ 184

Rechtsstreit über die Forderung anhängig, so kann der Gläubiger diesen Rechtsstreit gegen den Schuldner aufnehmen.

I. Allgemeines

1   Während S 2 der Vorschrift inhaltlich mit § 144 Abs 2 KO übereinstimmt, enthält S 1 eine neue Regelung. Diese korrespondiert mit der Tatsache, dass das Widerspruchsrecht des Schuldners, welches für die Feststellung einer Forderung zur Tabelle keine Bedeutung hat (s. o. § 178 Rn 3), im Vergleich zur KO geringfügig ausgedehnt wurde.

II. Regelungsinhalt

1. Allgemeines

2   Der Widerspruch des Schuldners verhindert nicht, dass eine Forderung zur Tabelle festgestellt wird und dass im Zuge des Insolvenzverfahrens auf die entsprechende Forderung die darauf entfallende Insolvenzquote ausgeschüttet wird (s. o. § 178 Rn 3). Allerdings kann der betroffene Gläubiger seine Forderung nach Beendigung des Insolvenzverfahrens aufgrund des mit dem Schuldnerwiderspruch versehenen Tabelleneintrags **nicht im Wege der Zwangsvollstreckung durchsetzen** (N/R-*Becker*, § 184 Rn 2; MK-InsO/*Schumacher*, § 184 Rn 2; Uhlenbruck/*Uhlenbruck*, § 184 Rn 1). Diese Wirkung hat der Widerspruch des Schuldners allerdings nur dann, wenn dem Gläubiger nicht bereits ein vollstreckbarer Titel vor Insolvenzeröffnung vorlag (*Becker* aaO Rn 6).

2. Restschuldbefreiungsverfahren

3   Der Widerspruch des Schuldners verhindert nicht die Berücksichtigung des betroffenen Gläubigers bei der Verteilung in der Wohlverhaltensperiode zur Erlangung einer Restschuldbefreiung (K/P-*Pape*, § 184 Rn 4; MK-InsO/*Schumacher*, § 184 Rn 2). Der Schuldner als natürliche Person muss **zur Erlangung der Restschuldbefreiung eine Erklärung abgeben**, wonach er sämtliche pfändbaren Mittel den Gläubigern für die Dauer der Wohlverhaltensperiode von 6 Jahren zur Verfügung stellt und zu diesem Zwecke an einen Treuhänder abtritt.

3. Fortführung eines Rechtsstreits nach Aufhebung des Insolvenzverfahrens

4   Ebenso wie nach altem Recht steht es einem Gläubiger frei, einen Prozess, welcher nach § 240 ZPO durch die Eröffnung des Verfahrens oder durch die Bestellung eines starken vorl Verw unterbrochen wurde, nach Aufhebung des Insolvenzverfahrens wieder aufzuheben. Letzteres erübrigt sich dann, wenn die Forderung zur Tabelle festgestellt und ein Wider-

spruch des Schuldners nicht vorliegt, da die Eintragung insoweit einem rechtskräftigen Urteil auch mit Wirkung für den Schuldner gleichkommt. Lediglich bei Vorliegen eines Widerspruchs des Schuldners kann die Aufnahme des Prozesses Sinn machen (s auch § 201). Hierbei muss aus der Sicht des Gläubigers allerdings das **Kostentragungsrisiko** berücksichtigt werden. Nicht geregelt ist insoweit, ob eine spätere Restschuldbefreiung auch die Prozess- und Anwaltskosten des – obsiegenden – Gläubigers umfasst.

§ 185 Besondere Zuständigkeiten

¹Ist für die Feststellung einer Forderung der Rechtsweg zum ordentlichen Gericht nicht gegeben, so ist die Feststellung bei dem zuständigen anderen Gericht zu betreiben oder von der zuständigen Verwaltungsbehörde vorzunehmen. ²§ 180 Abs. 2 und die §§ 181, 183 und 184 gelten entsprechend. ³Ist die Feststellung bei einem anderen Gericht zu betreiben, so gilt auch § 182 entsprechend.

1. Allgemeines

Die Vorschrift übernimmt den Regelungsinhalt des § 146 Abs 5 KO. Sie bestimmt, dass bei Forderungen, die nicht vor den ordentlichen Gerichten geltend gemacht werden können, das jeweils zuständige Gericht des anderen Gerichtszweigs unter weitgehender entsprechender Anwendung der §§ 180 ff entscheidet. 1

2. Zuständigkeit der Gerichtszweige

Soweit Feststellungsklagen nach §§ 179 ff in den Geltungsbereich eines anderen als des ordentlichen Gerichtszweigs fallen, ist nach § 185 **das entsprechende Gericht des jeweils anderen Gerichtszweigs zuständig**. Dies gilt – obwohl nicht gesondert erwähnt – auch für das arbeitsgerichtliche Verfahren (HK-*Irschlinger*, § 185 Rn 1). Sofern – wie etwa im verwaltungs- und finanzgerichtlichen Verfahren – ein außergerichtliches Vorverfahren durchzuführen ist, ist dies auch zur Vorbereitung einer entsprechenden Feststellungsklage nach § 185 erforderlich. 2

3. Entsprechend anwendbare Vorschriften

a) **Allgemeines.** S. 2 erklärt die Vorschriften der §§ 180 Abs 2, 181, 183 sowie 184 bei Feststellungsklagen und vorgeschalteten Verwaltungsverfahren für entsprechend anwendbar. Bemerkenswert ist, dass § 180 Abs 1, welcher eine für den Verw günstige Zuständigkeitsregelung enthält, nicht entsprechend anwendbar ist. Hieraus folgt, dass es insoweit bei der jeweiligen örtlichen Zuständigkeit bleibt. 3

4 b) Streitwertbestimmung. S 3 stellt zwar klar, dass die Streitwertbestimmung des § 182 nur auf gerichtliche Verfahren entsprechend Anwendung finden soll. Insoweit wird hingegen vertreten, dass eine derartige Beschränkung der *ratio* des § 182 widerspräche (HK-*Irschlinger*, § 185 Rn 3). Nach anderer Auffassung soll S 3 die Kostenvorschriften außerhalb der ZPO unberührt lassen (K/P-*Pape*, § 185 Rn 2; MK-InsO/*Schumacher*, § 185 Rn 15). Es dürfte ein Mittelweg zu vertreten sein, wonach auch bei Kostenordnungen außerhalb der ordentlichen Gerichtsbarkeit der Rechtsgedanke des § 182 zu berücksichtigen ist (N/R-*Becker*, § 185 Rn 18).

§ 186 Wiedereinsetzung in den vorigen Stand

(1) ¹Hat der Schuldner den Prüfungstermin versäumt, so hat ihm das Insolvenzgericht auf Antrag die Wiedereinsetzung in den vorigen Stand zu gewähren. ²§ 51 Abs. 2, § 85 Abs. 2, §§ 233 bis 236 der Zivilprozeßordnung gelten entsprechend.
(2) ¹Die den Antrag auf Wiedereinsetzung betreffenden Schriftsätze sind dem Gläubiger zuzustellen, dessen Forderung nachträglich bestritten werden soll. ²Das Bestreiten in diesen Schriftsätzen steht, wenn die Wiedereinsetzung erteilt wird, dem Bestreiten im Prüfungstermin gleich.

1. Allgemeines

1 Die Vorschrift entspricht nahezu wörtlich § 165 KO. Sie räumt dem Schuldner, der den Prüfungstermin ohne Verschulden versäumt hat, die Möglichkeit ein, auch nachträglich noch Forderungen zu bestreiten.

2. Wiedereinsetzung nur für den Schuldner

2 Die Vorschrift betrifft ausschließlich den den Prüfungstermin versäumenden Schuldner. Eine entsprechende Vorschrift für Gläubiger, welche eine Forderung bestreiten wollen, findet sich in der InsO nicht (s. o. § 181 Rn 3). Dies ist insoweit bemerkenswert, als gerade der Widerspruch des Schuldners für die Frage der Feststellung einer Forderung zur Tabelle nach § 178 Abs 1 S 2 keine Bedeutung hat. Die Vorschrift ist **analog** anzuwenden auf den Fall, dass die Forderungsprüfungen im **schriftlichen Verfahren** durchgeführt wurden (MK-InsO/*Schumacher*, § 186 Rn 1; Uhlenbruck/*Uhlenbruck*, § 186 Rn 4).

3. Voraussetzungen der Wiedereinsetzung

3 Nach Abs 1 S 2 gelten die **Wiedereinsetzungsvorschriften der ZPO (§ 51 Abs 2, § 85 Abs 2 sowie §§ 233 bis 236) entsprechend**. Der Wiedereinsetzungsantrag muss somit innerhalb der 2-Wochen-Frist des § 234 Abs 1 ZPO gestellt werden. In dem Antrag hat der Schuldner nach § 236 Abs 2 S 1 ZPO zur Überzeugung des Gerichts darzulegen und glaubhaft zu machen, dass ihn an der Versäumung des Prüfungstermins keine Schuld trifft.

4. Zustellung an den Gläubiger

Abs 2 S 1 bestimmt, dass demjenigen Gläubiger, dessen Forderung 4 durch den Schuldner bestritten wird, der Wiedereinsetzungsantrag nebst sämtlichen Anlagen zuzustellen ist. Obwohl in der Vorschrift nicht ausdrücklich erwähnt, sollte dem Gläubiger außerdem eine angemessene Frist zur Stellungnahme auf den Wiedereinsetzungsantrag gewährt werden (FK-*Schulz*, § 186 Rn 10).

5. Entscheidung des Gerichts

Gibt das Gericht dem Wiedereinsetzungsantrag statt, so steht das Bestreiten des Schuldners nach Abs 2 S 2 dem Bestreiten im Prüfungstermin gleich. Hieraus folgt, dass der **Widerspruch nach § 178 Abs 2 S 2 nachträglich in die Tabelle einzutragen** ist. Es bedarf somit – anders als nach § 138 Abs 2 – eines gesonderten Antrages zur Berichtigung der Tabelle.

2. Abschnitt. Verteilung

§ 187 Befriedigung der Insolvenzgläubiger

(1) Mit der Befriedigung der Insolvenzgläubiger kann erst nach dem allgemeinen Prüfungstermin begonnen werden.
(2) ¹Verteilungen an die Insolvenzgläubiger können stattfinden, sooft hinreichende Barmittel in der Insolvenzmasse vorhanden sind. ²Nachrangige Insolvenzgläubiger sollen bei Abschlagsverteilungen nicht berücksichtigt werden.
(3) ¹Die Verteilungen werden vom Insolvenzverwalter vorgenommen. ²Vor jeder Verteilung hat er die Zustimmung des Gläubigerausschusses einzuholen, wenn ein solcher bestellt ist.

Literatur: *Bähr*, InVo 1998, 205 ff; *Eckhardt*, Kölner Schrift, S 743 ff; *Mohrbutter*, Der Ausgleich von Verteilungsfehlern in der Insolvenz, 1998.

I. Entstehungsgeschichte und Normzweck

1. Entstehungsgeschichte

Abs 1 sowie Abs 2 S 1 entsprechen inhaltlich § 149 KO. Abs 2 S 2 1 wurde aufgrund der Regelung in § 39 neu in das Gesetz aufgenommen. Abs 3 S 1 entspricht § 167 KO; S 2 übernimmt die Regelung des § 150

KO. Abweichend vom alten Recht räumt die Vorschrift dem Verw in Bezug auf die Abschlagsverteilung ein Ermessen ein (BegrRegE, *Kübler/ Prütting* S 417).

2. Normzweck

2   Die Abschlagsausschüttung an die Insolvenzgläubiger räumt dem Verw die Möglichkeit ein, vor der endgültigen Feststellung der in der Schlussverteilung auszuschüttenden Quote bereits insoweit Ausschüttungen vorzunehmen, als dies zum jeweiligen Stand des Verfahrens vertretbar erscheint.

II. Regelungsinhalt

1. Allgemeines

3   Die InsO unterscheidet – ebenso wie die KO – zwischen Abschlagsverteilung, Schlussverteilung und Nachtragsverteilung. In § 187 geregelt ist lediglich die Abschlagsverteilung. Für alle vorerwähnten Verteilungsarten gilt die Grundregel, dass eine Verteilung erst nach dem allgemeinen Prüfungstermin nach § 29 Abs 1 Nr 2, § 176 erfolgen kann (Abs 1).

2. Abschlagsverteilung

4   **a) Einfache Insolvenzgläubiger.** Abs 2 S 1 räumt dem Verw die Möglichkeit einer Abschlagsverteilung ein, „so oft hinreichende Barmittel in der Insolvenzmasse vorhanden sind". Hieraus folgt, dass es auch mehrere Abschlagsverteilungen geben kann. Eine Abschlagsverteilung sollte hingegen nur dann erfolgen, wenn Kosten der Verteilung und verteilbare Masse in einem angemessenen Verhältnis zueinander stehen (HK-*Irschlinger*, § 187 Rn 4).

5   **b) Durchführung der Abschlagsverteilung. aa) Ermessen.** Die Entscheidung, ob eine Abschlagsverteilung überhaupt durchgeführt werden soll, liegt ausschließlich im pflichtgemäßen Ermessen des Verw. Insb haben die Gläubiger keine Möglichkeit, die Vornahme einer Abschlagsverteilung einzuklagen (N/R-*Westphal*, § 187 Rn 6; MK-InsO/*Füchsl/ Weishäuptl*, § 187 Rn 12; Uhlenbruck/*Uhlenbruck*, § 187 Rn 8). Auch wird das Insolvenzgericht den Verw im Regelfall nicht nach § 58 anweisen können, eine Abschlagsverteilung durchzuführen (K/P-*Holzer*, § 187 Rn 14).

6   **bb) Zustimmung.** Zur Durchführung einer Abschlagsverteilung benötigt der Verw die Zustimmung des Gläubigerausschusses, sofern ein solcher bestellt worden ist (Abs 3 S 2). Die Zustimmung des Gerichts ist hingegen – ebenso wie nach altem Recht – nicht erforderlich (N/R-*West-*

phal, § 187 Rn 20; MK-InsO/*Füchsl/Weishäuptl*, § 187 Rn 10; Uhlenbruck/*Uhlenbruck*, § 187 Rn 10).

c) Nachrangige Insolvenzgläubiger. Eine Abschlagsverteilung bei nachrangigen Insolvenzgläubigern ist nach Abs 2 S 2 ausgeschlossen. Die Vorschrift dürfte allerdings in der Praxis keine Relevanz haben, da nachrangige Insolvenzgläubiger ohnehin nur dann berücksichtigt werden können, wenn sämtliche einfachen Insolvenzgläubiger befriedigt sind (§ 39). 7

3. Besonderheiten bei Genossenschaft und VVaG

Wegen der bei der Genossenschaft (§ 105 GenG) und dem VVaG (§ 52 Abs 2 VAG) zu beachtenden Besonderheiten vgl K/P-*Holzer*, § 187 Rn 19 ff; N/R-*Westphal*, § 187 Rn 27 f. 8

§ 188 Verteilungsverzeichnis

¹Vor einer Verteilung hat der Insolvenzverwalter ein Verzeichnis der Forderungen aufzustellen, die bei der Verteilung zu berücksichtigen sind. ²Das Verzeichnis ist auf der Geschäftsstelle zur Einsicht der Beteiligten niederzulegen. ³Der Verwalter hat die Summe der Forderungen und den für die Verteilung verfügbaren Betrag aus der Insolvenzmasse öffentlich bekanntzumachen.

Literatur: s Lit. zu § 187.

1. Allgemeines

Die Vorschrift entspricht § 151 KO, welche nur redaktionell, nicht jedoch inhaltlich geändert wurde. Die Vorschrift enthält eine formelle Voraussetzung für jede Verteilung. Sie soll sicherstellen, dass die betroffenen Gläubiger vor Durchführung der Verteilung ihre angemessene Berücksichtigung überprüfen können. 1

2. Verteilungsverzeichnis

Das Verteilungsverzeichnis entspricht inhaltlich der Insolvenztabelle nach § 175 (K/P*Holzer*, § 188 Rn 3; MK-InsO/*Füchsl/Weishäuptl*, § 188 Rn 3; Uhlenbruck/*Uhlenbruck*, § 188 Rn 2). In ihr aufzunehmen sind die Namen der einzelnen zu befriedigenden Insolvenzgläubiger sowie (nach S 3) die Summe der einzelnen Forderungen der jeweiligen Insolvenzgläubiger. Die weiteren Einzelheiten des Inhalts des Verteilungsverzeichnisses ergeben sich aus den §§ 189 ff, so dass insoweit auf die dortigen Anm zu verweisen ist. 2

3. Niederlegung; Veröffentlichung

3 S 2 bestimmt, dass das Verzeichnis auf der Geschäftsstelle zur Einsicht der Beteiligten niederzulegen ist (vgl zur Einsichtnahme in die Insolvenzakten oben, § 4 Rn 8 ff). Neben der Auslegung des Verzeichnisses auf der Geschäftsstelle hat der Verw nach S 3 die Gesamtsumme der Forderungen und den für die betreffende Verteilung verfügbaren Betrag öffentlich bekannt zu machen (§ 9). Die öffentliche Bekanntmachung gibt den Gläubigern die Möglichkeit, ihre Akteneinsichtnahmerechte wahrzunehmen (HK-*Irschlinger*, § 188 Rn 6). Sofern ein Gläubiger durch ein Versehen des Verw in das Verzeichnis nicht aufgenommen wurde, kommt eine Haftung des Verw nach § 60 Abs 1 in Betracht. Allerdings kann dem Gläubiger das Unterlassen der Überprüfung des ausgelegten Verzeichnisses als Mitverschulden nach § 254 BGB entgegen gehalten werden (MK-InsO/*Füchsl/Weishäuptl*, § 188 Rn 8; Uhlenbruck/*Uhlenbruck*, § 188 Rn 22; *Irschlinger* aaO Rn 7; FK-*Schulz*, § 188 Rn 6; N/R-*Westphal*, § 188 Rn 31).

§ 189 Berücksichtigung bestrittener Forderungen

(1) **Ein Insolvenzgläubiger, dessen Forderung nicht festgestellt ist und für dessen Forderung ein vollstreckbarer Titel oder ein Endurteil nicht vorliegt, hat spätestens innerhalb einer Ausschlußfrist von zwei Wochen nach der öffentlichen Bekanntmachung dem Insolvenzverwalter nachzuweisen, daß und für welchen Betrag die Feststellungsklage erhoben oder das Verfahren in dem früher anhängigen Rechtsstreit aufgenommen ist.**

(2) **Wird der Nachweis rechtzeitig geführt, so wird der auf die Forderung entfallende Anteil bei der Verteilung zurückbehalten, solange der Rechtsstreit anhängig ist.**

(3) **Wird der Nachweis nicht rechtzeitig geführt, so wird die Forderung bei der Verteilung nicht berücksichtigt.**

Literatur: s Lit. zu § 187.

I. Entstehungsgeschichte und Normzweck

1. Entstehungsgeschichte

1 Abs 1 geht zurück auf § 152 S 1 KO. Abs 2 entspricht inhaltlich § 168 Nr 1 KO. Abs 3 übernimmt die Regelung in § 152 S 2 KO. Die Vorschrift übernimmt insgesamt unverändert das alte Recht.

2. Normzweck

2 Die Norm zwingt den Gläubiger einer bestrittenen Forderung, für die kein vollstreckbarer Schuldtitel bzw ein Endurteil iSv § 179 Abs 2 vorliegt, die Aufnahme in das Verteilungsverzeichnis rechtzeitig innerhalb einer Ausschlussfrist von zwei Wochen geltend zu machen. Nur die rechtzeitige Geltendmachung führt dazu, dass die bestrittene Forderung bei der Verteilung überhaupt berücksichtigt wird. Die Norm dient somit der reibungslosen Durchführung eines Verteilungsverfahrens.

II. Regelungsinhalt

1. Betroffene Forderungen

Abs 1 bezieht sich ausschließlich auf solche Forderungen, welche einerseits vom Verw oder einem anderen Gläubiger bestritten wurden und für welche der vermeintliche Forderungsinhaber andererseits nicht über einen vollstreckbaren Schuldtitel oder ein Endurteil iSv § 179 Abs 2 verfügt. Bei diesen Forderungen setzt sich die „Klagelast" (vgl die Kommentierung oben zu § 179 Rn 4f) in einer „Geltendmachungslast" fort. Hieraus folgt, dass bestrittene titulierte Forderungen an der Verteilung teilnehmen (*Kuhn/Uhlenbruck*, § 152 KO Rn 1). Handelt es sich um einen vorläufig vollstreckbaren Titel, bei dem die Vollstreckung von einer Sicherheitsleistung abhängig gemacht wurde, wird der Verw vor einer Ausschüttung auch eine entsprechende Sicherheitsleistung (vgl § 109 ZPO), bezogen auf den ausgeschütteten Betrag, verlangen dürfen.

2. Nachweis der Klageerhebung

a) Allgemeines. Damit eine bestrittene Forderung bei der (Abschlags-) Verteilung überhaupt berücksichtigt wird, reicht eine Klageerhebung nach §§ 179ff alleine noch nicht aus. Abs 1 legt dem Gläubiger eine zusätzliche Hürde auf. Der Gläubiger muss dem Verw nachweisen, dass und für welchen Betrag er eine entsprechende Feststellungsklage erhoben hat oder – für den Fall des § 180 Abs 2 – ob das Verfahren in dem früher anhängigen Rechtsstreit wieder aufgenommen wurde.

b) Frist. Für den Nachweis bestimmt Abs 1 eine Ausschlussfrist von zwei Wochen nach der öffentlichen Bekanntmachung der Verteilung nach § 188 S 3. Wegen des Beginns der 2-Wochen-Frist vgl § 9 Abs 1 S 3. Für die Berechnung der Frist gelten im Übrigen die §§ 187 Abs 2 und 188 Abs 2 BGB (K/P-*Holzer*, § 189 Rn 7f; MK-InsO/*Füchsl/Weishäuptl*, § 189 Rn 2; Uhlenbruck/*Uhlenbruck*, § 189 Rn 4).

c) Form. Eine Formvorschrift für die Führung des Nachweises enthält die Vorschrift nicht. Es dürfte somit ausreichend sein, dass dem Verw eine Kopie der Klageschrift übermittelt wird (K/P-*Holzer*, § 189 Rn 10; **aA:** MK-InsO/*Füchsl/Weishäuptl*, § 189 Rn 5).

3. Rechtsfolge

7 **a) Verspäteter bzw nicht erfolgter Nachweis.** Nach Abs 3 führt der verspätete Nachweis der Forderung dazu, dass diese bei der jeweiligen Verteilung nicht berücksichtigt wird. Das Versäumnis bei einer Abschlagsverteilung kann bei einer späteren Verteilung mit der Folge nachgeholt werden, dass die Forderung bei der späteren Verteilung gem Abs 2 Berücksichtigung findet (vgl Kommentierung zu § 192). Ein Versäumnis bei der Schlussverteilung hat hingegen zur Folge, dass die Forderung nicht mehr berücksichtigt wird (K/P-*Holzer*, § 189 Rn 12; MK-InsO/*Füchsl/Weishäuptl*, § 189 Rn 12; Uhlenbruck/*Uhlenbruck*, § 189 Rn 7).

b) Rechtzeitiger und formgerechter Nachweis

8 Nach Abs 2 hat der rechtzeitige Nachweis nicht zur Folge, dass auf die bestrittene Forderung bereits eine Ausschüttung erfolgt. Voraussetzung hierfür ist zusätzlich ein obsiegendes Urteil im Feststellungsverfahren nach §§ 179 ff sowie eine Berichtigung der Tabelle nach § 183 Abs 2. Durch den Nachweis des anhängigen Rechtsstreits wird der Verw lediglich dazu gezwungen, den auf die bestrittene Forderung entfallenen Anteil bei der Verteilung zurückzubehalten. Der Betrag ist nach Maßgabe des § 198 zu hinterlegen (vgl Kommentierung zu § 198). Er bleibt in der Hinterlegung, „solange der Rechtsstreit anhängig ist", also bis zu einer rechtskräftigen Entscheidung über die Feststellung (*Holzer* K/P, § 189 Rn 11; MK-InsO/*Füchsl/Weishäuptl*, § 189 Rn 11; Uhlenbruck/*Uhlenbruck*, § 189 Rn 6).

4. Wiedereinsetzung in den vorigen Stand

9 Bei Versäumung der Ausschlussfrist des Abs 1 ist eine Wiedereinsetzung in den vorigen Stand nicht möglich (K/P-*Holzer*, § 189 Rn 8; MK-InsO/*Füchsl/Weishäuptl*, § 189 Rn 4;; Uhlenbruck/*Uhlenbruck*, § 189 Rn 7; N/R-*Westphal*, § 189 Rn 10).

§ 190 Berücksichtigung absonderungsberechtigter Gläubiger

(1) ¹**Ein Gläubiger, der zur abgesonderten Befriedigung berechtigt ist, hat spätestens innerhalb der in § 189 Abs. 1 vorgesehenen Ausschlußfrist dem Insolvenzverwalter nachzuweisen, daß und für welchen Betrag er auf abgesonderte Befriedigung verzichtet hat oder bei ihr ausgefallen ist.** ²**Wird der Nachweis nicht rechtzeitig geführt, so wird die Forderung bei der Verteilung nicht berücksichtigt.**

(2) ¹Zur Berücksichtigung bei einer Abschlagsverteilung genügt es, wenn der Gläubiger spätestens innerhalb der Ausschlußfrist dem Verwalter nachweist, daß die Verwertung des Gegenstands betrieben wird, an dem das Absonderungsrecht besteht, und den Betrag des mutmaßlichen Ausfalls glaubhaft macht. ²In diesem Fall wird der auf die Forderung entfallende Anteil bei der Verteilung zurückbehalten. ³Sind die Voraussetzungen des Absatzes 1 bei der Schlußverteilung nicht erfüllt, so wird der zurückbehaltene Anteil für die Schlußverteilung frei.

(3) ¹Ist nur der Verwalter zur Verwertung des Gegenstands berechtigt, an dem das Absonderungsrecht besteht, so sind die Absätze 1 und 2 nicht anzuwenden. ²Bei einer Abschlagsverteilung hat der Verwalter, wenn er den Gegenstand noch nicht verwertet hat, den Ausfall des Gläubigers zu schätzen und den auf die Forderung entfallenden Anteil zurückzubehalten.

Literatur: s Lit. zu § 187.

I. Entstehungsgeschichte und Normzweck

1. Entstehungsgeschichte

Abs 1 entspricht weitgehend dem Regelungsinhalt von § 153 Abs 1 KO. Entsprechendes gilt für Abs 2 S 1 und § 153 Abs 2 KO. Abs 2 S 2 geht zurück auf § 168 Nr 3 KO. Abs 2 S 3 übernimmt die Regelung aus § 156 KO entsprechend. Schließlich enthält Abs 3 eine aufgrund von §§ 165 und 166 erforderlich werdende Klarstellung.

2. Normzweck

Die Vorschrift berücksichtigt, dass absonderungsberechtigte Gläubiger nach § 52 S 2 nur insoweit an der Verteilung teilnehmen, als sie auf eine abgesonderte Befriedigung verzichten oder bei ihr ausgefallen sind. Das Gesetz geht von einer vollständigen Befriedigung der Absonderungsgläubiger aus und legt diesen daher die Darlegungslast des Betreibens der Verwertung sowie eines möglichen zu schätzenden Ausfalles auf.

II. Regelungsinhalt

1. Absonderungsgläubiger

a) Allgemeines. Berechtigt zur abgesonderten Befriedigung sind die in §§ 49 bis 51 aufgeführten Gläubiger. Wegen der Einzelheiten ist auf die dortige Kommentierung zu verweisen.

b) Verwertungsrecht. Die Vorschrift betrifft nur solche Absonderungsgläubiger, welche in Abweichung von §§ 165 und 166 ihr Verwer-

§ 190   5. Teil. Befriedigung der Insolvenzgläubiger

tungsrecht an dem Absonderungsgut behalten haben. Grundsätzlich steht dem Verw die Verwertung von solchen Gegenständen zu, welche sich in seinem Besitz befinden und welche er nicht nachträglich zur Verwertung durch den Gläubiger nach § 170 Abs 2 freigegeben hat. Nach Abs 3 der Norm sind daher solche Absonderungsgläubiger von der Darlegungslast befreit, welche eine Verwertung nicht selbst durchführen (können).

2. Nachzuweisende Tatsachen

5   a) **Allgemeines.** Die Vorschrift differenziert zwischen den Abschlagsverteilungen auf der einen und der Schluss- bzw Nachtragsverteilung auf der anderen Seite. Spätestens bei der Schlussverteilung muss der Absonderungsgläubiger seine zu erbringenden Nachweise vollständig führen können. Bei den Abschlagsverteilungen gestattet die Norm gewisse Erleichterungen.

6   b) **Schlussverteilung.** Nach Abs 1 S 1 muss der Absonderungsgläubiger zum Zeitpunkt der (Schluss-) Verteilung darlegen und nachweisen, dass, ob und in welcher Höhe er bei der Verwertung des Absonderungsgutes ausgefallen ist oder ob er auf sein Absonderungsrecht gänzlich verzichtet hat. Wegen Form und Frist des Nachweises s. o. § 189 Rn 5 f. Wegen der Rechtsfolgen des nicht geführten Nachweises s. o. § 189 Rn 7.

7   c) **Abschlagsverteilung.** Zum Zeitpunkt der Abschlagsverteilung wird der in Abs 1 beschriebene Nachweis häufig noch nicht zu führen sein, da eine begonnene Verwertung noch nicht beendet worden ist. Aus diesem Grund räumt Abs 2 dem Absonderungsgläubiger gewisse Erleichterungen ein.

8   aa) **Nachweis der Verwertung.** Dem Gläubiger obliegt es, bis spätestens zum Ablauf der 2-Wochen-Frist des § 189 Abs 1 mit der Verwertung des Absonderungsgegenstands begonnen zu haben. Der nicht geführte Nachweis zum Zeitpunkt der Abschlagsverteilungen präkludiert den Absonderungsgläubiger jedoch nicht; insofern reicht eine abschließende Verwertung bis zum Ablauf der 2-Wochen-Frist nach öffentlicher Bekanntmachung der Schlussverteilung aus (vgl § 192).

9   bb) **Mutmaßlicher Ausfall.** Insb bei zeitlich aufwendigen Verwertungen (Immobilien) steht bei der Abschlagsverteilung der Ausfall des Absonderungsgläubigers häufig noch nicht fest. Hier ist nach Abs 2 S 2 der Gläubiger zur Wahrung seiner Rechte verpflichtet, dem Verw (a) nachzuweisen, dass die Verwertung betrieben wird und (b) den mutmaßlichen Ausfall glaubhaft zu machen. Erfüllt der Absonderungsgläubiger die vorbeschriebenen Voraussetzungen, so erfolgt allerdings noch keine Abschlagsverteilung; der Verw hält lediglich die Quote für den mutmaßlichen Ausfall bis zum endgültigen Nachweis zurück.

§ 191 Berücksichtigung aufschiebend bedingter Forderungen

(1) ¹Eine aufschiebend bedingte Forderung wird bei einer Abschlagsverteilung mit ihrem vollen Betrag berücksichtigt. ²Der auf die Forderung entfallende Anteil wird bei der Verteilung zurückbehalten.

(2) ¹Bei der Schlußverteilung wird eine aufschiebend bedingte Forderung nicht berücksichtigt, wenn die Möglichkeit des Eintritts der Bedingung so fernliegt, daß die Forderung zur Zeit der Verteilung keinen Vermögenswert hat. ²In diesem Fall wird ein gemäß Absatz 1 Satz 2 zurückbehaltener Anteil für die Schlußverteilung frei.

Literatur: *Bitter*, NZI 2000, 399 ff.

1. Allgemeines

Die Vorschrift geht zurück auf die §§ 154, 156 u. 168 Nr 2 KO (BegrRegE, *Kübler/Prütting* S 419). Eine inhaltliche Änderung erfolgt nicht. In der InsO werden aufschiebend bedingte Forderungen grundsätzlich bis zum Eintritt der Bedingung wie unbedingte Forderungen berücksichtigt; in § 49 RegE war dies noch ausdrücklich geregelt, die InsO hat jedoch schließlich auf eine entsprechende Regelung verzichtet (N/R-*Andres*, § 42 Rn 5; MK-InsO/*Füchsl/Weishäuptl*, § 191 Rn 1). 1

2. Aufschiebende Bedingung

Der Grundsatz, dass aufschiebend bedingte Forderungen bis zum Eintritt der Bedingung voll berücksichtigt werden, führt dazu, dass sie auch schon bei der Abschlagsverteilung mit dem vollen Betrag berücksichtigt werden. Da der Eintritt der Bedingung noch erfolgen kann, erfolgt eine Ausschüttung des Betrages nach Abs 1 S 2 jedoch nicht. Bei der Schlussverteilung muss der Verw feststellen, wie wahrscheinlich der Eintritt der Bedingung ist. Ist die Möglichkeit des Eintritts der Bedingung so fernliegend, dass die Forderung zur Zeit der Verteilung keinen Vermögenswert hat, steht der nach Abs 1 zurückbehaltende Anteil für die übrigen Gläubiger zur Verfügung. Erscheint der Bedingungseintritt jedoch noch hinreichend wahrscheinlich, so wird der nach Abs 1 zurückbehaltene Betrag nach § 198 hinterlegt (vgl Kommentierung dort). 2

3. Auflösende Bedingung

Auflösende Bedingungen werden nach § 42 wie unbedingte Forderungen behandelt, so lange die auflösende Bedingung noch nicht eingetreten ist. Auf solche Forderungen erfolgt daher eine Ausschüttung gem § 187 (FK-*Schulz*, § 191 Rn 4). Eine Sicherheitsleistung des Gläubigers verlangt 3 das Gesetz – anders als § 168 Nr 4 KO – nicht (MK-InsO/*Füchsl/Weishäuptl*, § 191 Rn 1; N/R-*Westphal*, § 191 Rn 14).

§ 192 Nachträgliche Berücksichtigung

Gläubiger, die bei einer Abschlagsverteilung nicht berücksichtigt worden sind und die Voraussetzungen der §§ 189, 190 nachträglich erfüllen, erhalten bei der folgenden Verteilung aus der restlichen Insolvenzmasse vorab einen Betrag, der sie mit den übrigen Gläubigern gleichstellt.

Literatur: *Delhaes*, KTS 1963, 240 ff; s auch Lit. zu § 187.

Die Vorschrift entspricht im Wesentlichen § 155 KO (BegrRegE, *Kübler/Prütting* S 420). Sie weicht von der alten Rechtslage jedoch insoweit ab, als eine Berücksichtigung der zunächst nicht berücksichtigten Gläubiger erst bei der nächsten (Abschlags-) Verteilung erfolgt. Die Vorschrift bezweckt, dass einerseits zunächst nicht berücksichtigte Gläubiger zu einem späteren Zeitpunkt – wenn der Grund für die Nichtberücksichtigung weggefallen ist – zu den übrigen Gläubigern „aufrücken". Zum anderen erfolgt eine Berücksichtigung – aus Vereinfachungs- und Kostengründen – nicht sofort bei Vorliegen der Berücksichtigungsvoraussetzungen, sondern erst bei der nächsten in Betracht kommenden Verteilung.

§ 193 Änderung des Verteilungsverzeichnisses

Der Insolvenzverwalter hat die Änderungen des Verzeichnisses, die auf Grund der §§ 189 bis 192 erforderlich werden, binnen drei Tagen nach Ablauf der in § 189 Abs. 1 vorgesehenen Ausschlußfrist vorzunehmen.

Literatur: s Lit. zu § 192

Die Vorschrift entspricht vollinhaltlich § 157 KO. Die Übernahme der kurzen 3-Tages-Frist wird kritisch gesehen von *Irschlinger* (HK § 193 Rn 1). Die kurze Frist ist jedoch geboten, um den Gläubigern die Möglichkeit zu geben, die Wochenfrist nach § 194 Abs 1 (s dort, Rn 3) zu wahren (MK-InsO/*Füchsl/Weishäuptl*, § 193 Rn 2; N/R-*Westphal*, § 193 Rn 9). Die Vorschrift bezieht sich auf die Änderungen nach § 189 bis 192, so dass auf die dortige Kommentierung verwiesen werden kann.

§ 194 Einwendungen gegen das Verteilungsverzeichnis

(1) Bei einer Abschlagsverteilung sind Einwendungen eines Gläubigers gegen das Verzeichnis bis zum Ablauf einer Woche

nach dem Ende der in § 189 Abs. 1 vorgesehenen Ausschlußfrist bei dem Insolvenzgericht zu erheben.

(2) ¹Eine Entscheidung des Gerichts, durch die Einwendungen zurückgewiesen werden, ist dem Gläubiger und dem Insolvenzverwalter zuzustellen. ²Dem Gläubiger steht gegen den Beschluß die sofortige Beschwerde zu.

(3) ¹Eine Entscheidung des Gerichts, durch die eine Berichtigung des Verzeichnisses angeordnet wird, ist dem Gläubiger und dem Verwalter zuzustellen und in der Geschäftsstelle zur Einsicht der Beteiligten niederzulegen. ²Dem Verwalter und den Insolvenzgläubigern steht gegen den Beschluß die sofortige Beschwerde zu. ³Die Beschwerdefrist beginnt mit dem Tag, an dem die Entscheidung niedergelegt worden ist.

Literatur: s Lit. zu § 192.

I. Entstehungsgeschichte und Normzweck

Die Vorschrift übernimmt den Regelungsinhalt von § 158 KO sinngemäß (BegrRegE, *Kübler/Prütting* S 421). Sie enthält weiter gehende Regelungen zur Zustellung und zu Rechtsmittelfragen. Während § 189 Abs 1 materielle Einwendungen gegen das Verteilungsverzeichnis berücksichtigt, können Einwendungen nach § 194 nur zur Überprüfung der Frage, ob das Verteilungsverzeichnis vom Verw vollständig und richtig aufgestellt und fortgeführt wurde, erhoben werden (MK-InsO/*Füchsl/Weishäuptl*, § 194 Rn 4; Uhlenbruck/*Uhlenbruck*, § 194 Rn 5; N/R-*Westphal*, § 194 Rn 2). 1

II. Regelungsinhalt

1. Einwendungsberechtigte

Ein Rechtsschutzbedürfnis haben nur solche Gläubiger, welche ihre Forderung zur Tabelle angemeldet haben (MK-InsO/*Füchsl/Weishäuptl*, § 194 Rn 6; N/R-*Westphal*, § 194 Rn 4). Einwendungen können alle Gläubiger erheben, die behaupten, als Insolvenzgläubiger in Betracht zu kommen (FK-*Schulz*, § 194 Rn 4). Massegläubiger haben keine Einwendungsberechtigung (K/P-*Holzer*, § 194 Rn 7 mwN; *Füchsl/Weishäuptl* aaO Rn 6). 2

2. Einwendungsfrist

Die Einwendungsfrist läuft eine Woche nach der zweiwöchigen Ausschlussfrist des § 139 Abs 1 ab, also insgesamt drei Wochen nach der öffentlichen Bekanntmachung nach § 188 S 3. Nach Ablauf der Frist sind die Insolvenzgläubiger mit ihren Einwendungen präkludiert. Dies gilt jedoch nur für die jeweilige Abschlagsverteilung (N/R-*Westphal*, § 194 Rn 11). 3

§ 195 · 5. Teil. Befriedigung der Insolvenzgläubiger

3. Einwendung

4 Einwendungen sind an das Insolvenzgericht zu richten, sie können schriftlich oder zu Protokoll der Geschäftsstelle erfolgen (K/P-*Holzer*, § 194 Rn 10; MK-InsO/*Füchsl/Weishäuptl*, § 194 Rn 8; Uhlenbruck/*Uhlenbruck*, § 194 Rn 7).

5 **a) Zurückweisung der Einwendung.** Weist das Gericht die Einwendung des Insolvenzgläubigers gegen das Verteilungsverzeichnis zurück, so hat es die Entscheidung sowohl dem Antragsteller als auch dem Verw zuzustellen, (Abs 1 S 1). Der Gläubiger kann gegen die ablehnende Entscheidung die sofortige Beschwerde nach § 6 erheben. Beschwert ist bei Zurückweisung nur der antragstellende Gläubiger (*Holzer* aaO Rn 14; *Füchsl/Weishäuptl* aaO Rn 15).

6 **b) Berichtigende Entscheidung.** Entspricht das Gericht der Einwendung des Gläubigers, so hat es die Entscheidung **(a)** dem Gläubiger und **(b)** dem Verw zuzustellen sowie **(c)** die Entscheidung in der Geschäftsstelle zur Einsicht der Beteiligten niederzulegen. Letzteres ist erforderlich, weil nach Abs 3 S 2 allen Insolvenzgläubigern gegen die berichtigende Entscheidung die sofortige Beschwerde nach § 6 zusteht. Eine öffentliche Bekanntmachung der Entscheidung ist nicht erforderlich, dürfte jedoch bei nennenswerten Veränderungen der Abschlagsverteilungsquote zweckmäßig sein (K/P-*Holzer*, § 194 Rn 16 mwN). Die 2-Wochen-Frist (Notfrist nach § 577 Abs 2 ZPO) läuft ab dem Tag, an dem die Entscheidung niedergelegt worden ist (Abs 3 S 3). Wird die Entscheidung dem Verw erst nach der Niederlegung zugestellt, so dürfte für diesen die Beschwerdefrist erst mit der Zustellung beginnen.

§ 195 Festsetzung des Bruchteils

(1) ¹Für eine Abschlagsverteilung bestimmt der Gläubigerausschuß auf Vorschlag des Insolvenzverwalters den zu zahlenden Bruchteil. ²Ist kein Gläubigerausschuß bestellt, so bestimmt der Verwalter den Bruchteil.

(2) Der Verwalter hat den Bruchteil den berücksichtigten Gläubigern mitzuteilen.

Literatur: s Lit. zu § 192.

1. Allgemeines

1 Die Vorschrift übernimmt die Regelungen der § 159 KO sinngemäß (BegrRegE, *Kübler/Prütting* S 421). Änderungen zur alten Rechtslage ergeben sich nicht. Die Vorschrift korrespondiert mit § 187 Abs 3: Der

Gläubiger unterliegt sowohl bezüglich der Frage des „Ob" und des „Wie" der Kontrolle des Gläubigerausschusses.

2. Regelungsinhalt

Der Verw schlägt dem Gläubigerausschuss anhand des (zwischenzeitlich 2 rechtskräftig festgestellten) Verteilungsverzeichnisses vor, welcher Bruchteil im Rahmen der Abschlagsverteilung an die Gläubiger verteilt werden soll. Wurde kein Gläubigerausschuss einberufen, so entscheidet der Verw alleine über den auszuzahlenden Bruchteil. Eine Aufsicht des Gerichts nach § 58 kommt nur insoweit in Betracht, als der Verw die Quote der Abschlagsverteilung ohne Zustimmung eines bestehenden Gläubigerausschusses vornimmt (MK-InsO/*Füchsl/Weishäuptl*, § 195 Rn 2; Uhlenbruck/*Uhlenbruck*, § 195 Rn 3; K/P-*Holzer*, § 195 Rn 7 mwN). Die nach Abs 2 erforderliche Mitteilung an die zu berücksichtigenden Gläubiger kann formlos, also auch durch Mitteilung auf den Überweisungsträgern erfolgen (FK-*Schulz*, § 195 Rn 3).

§ 196 Schlußverteilung

(1) Die Schlußverteilung erfolgt, sobald die Verwertung der Insolvenzmasse mit Ausnahme eines laufenden Einkommens beendet ist.

(2) Die Schlußverteilung darf nur mit Zustimmung des Insolvenzgerichts vorgenommen werden.

Literatur: *Eckhardt*, Kölner Schrift, S 743 ff; *Uhlenbruck*, ZIP 1982, 125 ff.

1. Allgemeines

Die Vorschrift entspricht inhaltlich § 161 KO. Abs 2 unterscheidet sich 1 nur sprachlich von § 161 Abs 2 KO. Ebenso wie die Abschlagsverteilung soll auch die Schlussverteilung so zeitnah wie möglich erfolgen („sobald" bzw „sooft", § 187 Abs 2). Im Gegensatz zur Abschlagsverteilung nach § 187 Abs 3 ist für die Schlussverteilung die Zustimmung des Insolvenzgerichts dringend erforderlich.

2. Voraussetzung der Schlussverteilung

Die Schlussverteilung kann erst nach vollständiger Verwertung der In- 2 solvenzmasse erfolgen. Anhängige Prozesse hindern die Schlussverteilung hingegen nicht, da hieraus folgende Zuflüsse bei einer Nachtragsverteilung ausgeschüttet werden können (**hM**: MK-InsO/*Füchsl/Weishäuptl*, § 196 Rn 3; Uhlenbruck/*Uhlenbruck*, § 196 Rn 5; K/P-*Holzer*, § 196 Rn 6; **aA:** N/R-*Westphal*, § 196 Rn 10).

§ 197

3. Schlussrechnung

3 Zur Vorbereitung der Zustimmungsentscheidung durch das Insolvenzgericht bedarf es einer Schlussrechnung des Verw, welche aus einer Einnahmen-Ausgaben-Überschussrechnung, einem Schlussverzeichnis und einem Schlussbericht besteht (K/P-*Holzer*, § 196 Rn 10; MK-InsO/ *Füchsl/Weishäuptl*, § 196 Rn 4). Wegen den Einzelheiten kann auf die Kommentierung zu § 66 verwiesen werden. Eine Insolvenzschlussbilanz ist nicht zwingend vorgeschrieben (*Holzer* aaO Rn 13).

4. Gerichtliche Entscheidung

4 Das Gericht prüft von Amts wegen die formelle und materielle Richtigkeit der Schlussrechnung. Das Gericht entscheidet im Wege des Beschlusses, welcher dem Verw zuzustellen ist (HK-*Irschlinger*, § 196 Rn 7). Gegen eine Entscheidung des Richters ist die sofortige Beschwerde nicht gegeben (MK-InsO/*Füchsl/Weishäuptl*, § 196 Rn 11; Uhlenbruck/*Uhlenbruck*, § 196 Rn 14; N/R-*Westphal*, § 196 Rn 35). Die Entscheidung über die Zustimmung steht jedoch regelmäßig dem Rechtspfleger zu. Gegen eine solche Entscheidung dürfte die befristete Erinnerung nach § 11 Abs 1 S 2 RPflG zur Verfügung stehen (*Irschlinger* aaO Rn 8). Das Gericht kann nach seiner Entscheidung die Zustimmung im Wege einer Aufsichtshandlung nach § 58 widerrufen (*Füchsl/Weishäuptl* aaO Rn 4; K/P-*Holzer*, § 196 Rn 19; *Westphal* aaO § 196 Rn 34 mwN).

§ 197 Schlußtermin

(1) ¹Bei der Zustimmung zur Schlußverteilung bestimmt das Insolvenzgericht den Termin für eine abschließende Gläubigerversammlung. ²Dieser Termin dient
1. zur Erörterung der Schlußrechnung des Insolvenzverwalters,
2. zur Erhebung von Einwendungen gegen das Schlußverzeichnis und
3. zur Entscheidung der Gläubiger über die nicht verwertbaren Gegenstände der Insolvenzmasse.

(2) Zwischen der öffentlichen Bekanntmachung des Termins und dem Termin soll eine Frist von mindestens einem Monat und höchstens zwei Monaten liegen.

(3) Für die Entscheidung des Gerichts über Einwendungen eines Gläubigers gilt § 194 Abs. 2 und 3 entsprechend.

Literatur: *Uhlenbruck*, ZIP 1993, 241 ff.

Schlußtermin **§ 197**

I. Entstehungsgeschichte und Normzweck

Die Vorschrift übernimmt im Wesentlichen die Regelungen aus § 162 **1**
KO. Die Frist zur Anberaumung des Schlusstermins wurde auf einen Zeitraum von mindestens einem Monat bis höchstens zwei Monaten ausgedehnt (nach § 162 KO drei Wochen bis einem Monat). Der Schlusstermin stellt – vorbehaltlich einer Nachtragsverteilung – die letzte Gläubigerversammlung im Insolvenzverfahren dar. Hier werden die letzten noch offenstehenden Fragestellungen abschließend erörtert.

II. Regelungsinhalt

1. Terminierung durch das Gericht

Gleichzeitig mit der Zustimmung zur Schlussverteilung terminiert das **2**
Insolvenzgericht von Amts wegen die abschließende Gläubigerversammlung, Abs 2 S 1. Die Terminierung soll nach Abs 2 mindestens einen Monat und höchstens zwei Monate nach dessen öffentlicher Bekanntmachung liegen. Der Schlussbericht und die Schlussrechnung des Verw sollen wenigstens eine Woche vor dem Schlusstermin beim Insolvenzgericht zur Einsichtnahme für die Beteiligten ausgelegt werden (§ 66 Abs 2 S 3).

2. Inhalt des Schlusstermins

a) Erörterung der Schlussrechnung. Die Schlussrechnung nach **3**
§ 66 wird im Schlusstermin erörtert. Einwendungsberechtigt gegen die Schlussrechnung sind die Insolvenzgläubiger sowie der Schuldner (N/R-*Westphal*, § 197 Rn 6; MK-InsO/*Füchsl/Weishäuptl*, § 197 Rn 5; Uhlenbruck/*Uhlenbruck*, § 197 Rn 5). Die Gläubiger sind mit ihren Einwendungen nach dem Schlusstermin hingegen nicht präkludiert; eine endgültige Entlastung des Verw tritt erst mit Ablauf der Verjährungsfrist nach § 62 ein (*Westphal* aaO Rn 6).

b) Einwendung gegen das Schlußverzeichnis. Einwendungen ge- **4**
gen das Schlussverzeichnis sind nicht nach § 194 (vgl die Kommentierung dort), sondern nur im Schlusstermin selbst zu erheben. Versäumt der Insolvenzgläubiger die Erhebung einer Einwendung im Schlusstermin, ist eine Wiedereinsetzung in den vorherigen Stand nicht möglich (*Kuhn/Uhlenbruck*, § 162 KO Rn 4).

c) Entscheidung über nicht verwertbare Gegenstände der Masse. Schließlich haben die Gläubiger über das Schicksal der nicht verwert- **5**
baren Masse zu bestimmen. Wenn der Verw – was regelmäßig der Fall ist – nicht verwertbare Massegegenstände im Laufe des Insolvenzverfahrens freigegeben hat (s. o. § 35 Rn 8), so bleibt den Gläubigern zum Schlusstermin nur noch die Möglichkeit, die Freigabe zu billigen und den Verw

Leithaus

hierdurch zu entlasten (K/P-*Holzer*, § 197 Rn 13; MK-InsO/*Füchsl/Weishäuptl*, § 197 Rn 7; Uhlenbruck/*Uhlenbruck*, § 197 Rn 8).

3. Gerichtliche Entscheidung

6   Wegen der im Termin zu treffenden Entscheidungen verweist Abs 3 auf § 194 Abs 2 u. 3, so dass auf die dortige Kommentierung (Rn 6) zu verweisen ist. Eine Entscheidung des Gerichts ist im Termin mündlich zu verkünden; sie kann jedoch später schriftlich begründet werden (*Westphal* aaO § 197 Rn 16 mwN).

§ 198 Hinterlegung zurückbehaltener Beträge

Beträge, die bei der Schlussverteilung zurückzuhalten sind, hat der Insolvenzverwalter für Rechnung der Beteiligten bei einer geeigneten Stelle zu hinterlegen.

Literatur: *Bihler*, KTS 1963, 226 ff.

Die Vorschrift geht zurück auf § 169 KO, erfasst jedoch nur die Hinterlegung zurückbehaltener Beträge und nicht auch Beträge, welche bis zur Schlussverteilung noch nicht geltend gemacht worden sind. Wegen der nicht erhobenen Beträge gelten die allgemeinen Hinterlegungsvorschriften nach §§ 372 ff BGB (K/P-*Holzer*, § 198 Rn 1). Die Hinterlegung dient einerseits der Entlastung des Verw und andererseits der Sicherung der Insolvenzgläubiger bei (teilweise) zweifelhafter Berechtigung von Insolvenzforderungen. Die Kosten der Hinterlegung treffen den jeweiligen Gläubiger, sofern es sich um die Hinterlegung für die Schlussverteilung handelt. Ist für eine Abschlagsverteilung hinterlegt, trägt die Kosten der Hinterlegung die Insolvenzmasse, weil statt der Hinterlegung auch die Auskehr bei einer weiteren Abschlags- bzw der Schlussverteilung hätte erfolgen können, die Hinterlegung damit nicht notwendig war und die Kostentragung durch den Gläubiger unbillig erschiene. (Vgl oben § 189 Rn 8; zum Ganzen MK-InsO/*Füchsl/Weishäuptl*, § 198 Rn 2).

§ 199 Überschuß bei der Schlußverteilung

[1]**Können bei der Schlußverteilung die Forderungen aller Insolvenzgläubiger in voller Höhe berichtigt werden, so hat der Insolvenzverwalter einen verbleibenden Überschuß dem Schuldner herauszugeben.** [2]**Ist der Schuldner keine natürliche Person, so hat der Verwalter jeder am Schuldner beteiligten Person den Teil des Überschusses herauszugeben, der ihr bei einer Abwicklung außerhalb des Insolvenzverfahrens zustünde.**

Literatur: *Wittig,* NZI 2001, 169 ff.

Eine entsprechende Norm gab es in der KO nicht. Gleichwohl hat die Vorschrift lediglich klarstellenden Charakter (BegrRegE, *Kübler/Prütting,* S 423). 1

S 2 bestimmt in materieller Hinsicht, dass auch bei einer juristischen Person ein Überschuss an die Gesellschafter auszuschütten ist. Verfahrensrechtlich bestimmt die Norm, dass die Verteilung durch den Verw zu erfolgen hat. Dies verhindert, dass nach erfolgter Schlussverteilung eine zusätzliche Liquidation der Gesellschaft durchzuführen wäre (MK-InsO/ *Füchsl/Weißhäupl,* § 199 Rn 2; HK-*Irschlinger,* § 199 Rn 3). Aufgrund vertraglicher Vereinbarung können (nachrangige) Insolvenzgläubiger ihre Forderung in den Rang des § 199 S 2 stellen (*Wittig,* NZI 2001, 169, 173; s auch oben § 39 Rn 9). 2

§ 200 Aufhebung des Insolvenzverfahrens

(1) Sobald die Schlußverteilung vollzogen ist, beschließt das Insolvenzgericht die Aufhebung des Insolvenzverfahrens.

(2) ¹Der Beschluß und der Grund der Aufhebung sind öffentlich bekanntzumachen. ²Die Bekanntmachung ist, unbeschadet des § 9, auszugsweise im Bundesanzeiger zu veröffentlichen. ³Die §§ 31 bis 33 gelten entsprechend.

Literatur: *App,* DGVZ 2001, 1 ff; *Uhlenbruck,* ZIP 1993, 241 ff.

1. Allgemeines

Die Vorschrift entspricht inhaltlich § 163 KO. Sie regelt spiegelbildlich zu §§ 27 bis 34 die Schritte zur Aufhebung des Insolvenzverfahrens. Die §§ 31 bis 33 werden nach Abs 2 S 2 namentlich für entsprechend anwendbar erklärt. 1

2. Aufhebungsbeschluss

a) Allgemeines. Nach Vollziehung der Schlussverteilung (sowie nach einer etwaigen Verteilung eines Überschusses an die nach § 199 berechtigten Personen – MK-InsO/*Hintzen,* § 200 Rn 7; Uhlenbruck/*Uhlenbruck,* § 200 Rn 2) hat das Insolvenzgericht das Insolvenzverfahren durch Beschluss nach § 200 von Amts wegen aufzuheben. 2

b) Rechtsmittel. Während § 163 Abs 1 S 2 KO noch ausdrücklich normierte, dass eine Anfechtung des Beschlusses nicht stattfindet, ist dies nach § 6 Abs 1 InsO nicht mehr erforderlich. Sofern der Aufhebungsbeschluss – wie regelmäßig – vom Rechtspfleger getroffen wird, ist jedoch das Rechtsmittel der sofortigen Erinnerung nach § 11 Abs 2 S 1 RPflG 3 gegeben (MK-InsO/*Hintzen*, § 200 Rn 10 mwN; Uhlenbruck/*Uhlenbruck*, § 200 Rn 8). Hilft der Rechtspfleger nicht ab, so entscheidet der Richter nach § 11 Abs 2 S 3 RPflG abschließend (*Braun/Kießner*, § 200 Rn 15).

3. Bekanntmachung

4 Der Aufhebungsbeschluss ist unter Nennung des Grundes der Aufhebung („nach Vollzug der Schlußverteilung") nach Abs 2 S 1 öffentlich bekannt zu machen (MK-InsO/*Hintzen*, § 200 Rn 9; Uhlenbruck/*Uhlenbruck*, § 200 Rn 4; K/P-*Holzer*, § 200 Rn 16). Für die öffentliche Bekanntmachung gelten die Bestimmungen in § 9. Zusätzlich verlangt Abs 2 S 2, dass die Bekanntmachung auszugsweise im Bundesanzeiger zu erfolgen hat. Eine förmliche Zustellung an die Beteiligten ist nach § 9 Abs 3 entbehrlich (K/P-*Holzer*, § 200 Rn 14; MK-InsO/*Hintzen*, § 200 Rn 17).

4. Mitteilungen nach §§ 31 bis 33

5 Abs 2 S 2 verweist auf die Vorschriften der §§ 31 bis 33, wonach die Insolvenzeröffnung öffentlichen Registern (Handelsregister, Grundbuch sowie Register für Schiffe- und Luftfahrzeuge) mitzuteilen ist. In den jeweiligen Registern sind nach besagten Vorschriften entsprechende Vermerke in die öffentlichen Register einzutragen. Abs 2 S 3 stellt nunmehr den *actus contrarius* dar: Die erfolgten Eintragungen sind nunmehr nach Aufhebung des Insolvenzverfahrens zu löschen. Ist neben dem Insolvenzvermerk noch die Eintragung einer Verfügungsbeschränkung aus der Zeit vor Eröffnung des Insolvenzverfahrens nach §§ 23, 21 Abs 1 Nr 2 eingetragen, so kann diese auf formlose Anregung nach § 84 GBO gelöscht werden (K/P-*Holzer*, § 200 Rn 25; MK-InsO/*Hintzen*, § 200 Rn 27; Uhlenbruck/*Uhlenbruck*, § 200 Rn 7). Neben Abs 2 S 2 ergeben sich Benachrichtigungspflichten aus der Anordnung über Mitteilungen in Zivilsachen („MiZi"; MK-InsO/*Hintzen*, § 200 Rn 29 mwN).

§ 201 Rechte der Insolvenzgläubiger nach Verfahrensaufhebung

(1) Die Insolvenzgläubiger können nach der Aufhebung des Insolvenzverfahrens ihre restlichen Forderungen gegen den Schuldner unbeschränkt geltend machen.

(2) ¹Die Insolvenzgläubiger, deren Forderungen festgestellt und nicht vom Schuldner im Prüfungstermin bestritten worden sind, können aus der Eintragung in die Tabelle wie aus einem vollstreckbaren Urteil die Zwangsvollstreckung gegen den Schuldner betreiben. ²Einer nicht bestrittenen Forderung steht eine Forde-

rung gleich, bei der ein erhobener Widerspruch beseitigt ist. ³Der Antrag auf Erteilung einer vollstreckbaren Ausfertigung aus der Tabelle kann erst nach Aufhebung des Insolvenzverfahrens gestellt werden.

(3) Die Vorschriften über die Restschuldbefreiung bleiben unberührt.

Literatur: *Holzer*, NZI 1999, 44 ff; *Pape*, ZIP 1992, 747 ff; s auch Lit. zu § 200.

I. Entstehungsgeschichte und Normzweck

Abs 1 und 2 entsprechen inhaltlich den Regelungen in § 164 Abs 1 und 2 KO. Die Aufnahme von Abs 3 in die Norm war wegen der neu eingeführten Restschuldbefreiungsmöglichkeit nach §§ 286 ff erforderlich. Losgelöst von einer späteren Restschuldbefreiung (Abs 3) steht es den Insolvenzgläubigern nach Aufhebung des Insolvenzverfahrens wieder frei, ihre Rechte gegen den Schuldner geltend zu machen. Abs 2 bestimmt – wie schon nach altem Recht – dass die Eintragung eines Insolvenzgläubigers in die Insolvenztabelle dieselben Wirkungen wie ein rechtskräftiges Urteil gegen den Schuldner hat. 1

II. Regelungsinhalt

1. Unbeschränkte Geltendmachung

Sobald das Insolvenzverfahren aufgehoben worden ist (§ 200) und die Schutzwirkungen des Insolvenzverfahrens für das Schuldnervermögen (§§ 81, 89 ff) keine Gültigkeit mehr haben, haben die Insolvenzgläubiger wieder **unbeschränkten Zugriff auf das Schuldnervermögen** (Abs 1). Dies gilt unabhängig davon, ob die Gläubiger ihre Forderung zur Insolvenztabelle angemeldet haben oder nicht (MK-InsO/*Hintzen*, § 201 Rn 7; Uhlenbruck/*Uhlenbruck*, § 201 Rn 2), sowie für solche Gläubiger, welche nicht am Verfahren teilnehmen konnten (etwa nachrangige Gläubiger, welche aufgrund von § 174 Abs 3 ihre Forderungen nicht zur Insolvenztabelle anmelden konnten). Zur Frage, welches rechtliche Schicksal umgerechnete Forderungen iSv § 45 nach Aufhebung des Verfahrens haben, s dort Rn 4. 2

2. Vollstreckbarer Titel

a) Allgemeines. Bei in die Insolvenztabelle eingetragenen Gläubigern hat die Eintragung in die Insolvenztabelle regelmäßig dieselben Wirkungen wie ein vollstreckbares Urteil. Der Gläubiger kann nach Aufhebung des Verfahrens (Abs 2 S 3) eine vollstreckbare Ausfertigung eines Tabellenauszuges beantragen. Die Zuständigkeit hierfür ist in § 202 geregelt. 3

§ 202 5. Teil. Befriedigung der Insolvenzgläubiger

4 **b) Widerspruch gegen die Eintragung.** Selbst dann, wenn der Verw eine Forderung zur Tabelle anerkannt hat, hindert ein möglicherweise vom Schuldner nach § 187 Abs 1, S 2 erklärter Widerspruch die Vollstreckbarkeit des Tabellenauszuges (MK-InsO/*Hintzen*, § 201 Rn 21; Uhlenbruck/*Uhlenbruck*, § 201 Rn 6). Will der betroffene Gläubiger den Widerspruch des Schuldners beseitigen, so ist er auf den Rechtsweg nach § 184 verwiesen.

3. Vorbehalt der Restschuldbefreiung (Abs 3)

5 Die Restschuldbefreiung geht der Vollstreckbarkeit nach § 201 vor (Abs 3). Sie führt nicht zu einem materiell-rechtlichen Untergang der betroffenen Forderungen; eine Durchsetzung dieser Forderungen in der Zwangsvollstreckung ist jedoch nicht zulässig (K/P-*Holzer*, § 201 Rn 4).

§ 202 Zuständigkeit bei der Vollstreckung

(1) Im Falle des § 201 ist das Amtsgericht, bei dem das Insolvenzverfahren anhängig ist oder anhängig war, ausschließlich zuständig für Klagen:
1. **auf Erteilung der Vollstreckungsklausel;**
2. **durch die nach der Erteilung der Vollstreckungsklausel bestritten wird, daß die Voraussetzungen für die Erteilung eingetreten waren;**
3. **durch die Einwendungen geltend gemacht werden, die den Anspruch selbst betreffen.**

(2) Gehört der Streitgegenstand nicht zur Zuständigkeit der Amtsgerichte, so ist das Landgericht ausschließlich zuständig, zu dessen Bezirk das Insolvenzgericht gehört.

Literatur: s Lit. zu § 201.

1. Allgemeines

1 Die Vorschrift entspricht inhaltlich § 164 Abs 3 KO und lehnt sich an § 802 ZPO an (*Braun/Kießner*, § 202 Rn 1). Sie betrifft ausschließlich Klagen, welche sich auf den vollstreckbaren Tabellenauszug beziehen (MK-InsO/*Hintzen*, § 202 Rn 1).

2. Anwendungsbereich

2 In Abs 1 sind die Klagearten, auf welche sich die Zuständigkeitsregel des § 202 bezieht, abschließend aufgezählt. Es handelt sich um Klagen auf Erteilung der Vollstreckungsklausel (Nr 1), Klagen, welche gegen die Erteilung der Vollstreckungsklausel gerichtet sind (Nr 2) sowie Vollstreckungsgegenklagen (Nr 3).

3. Zuständigkeit

a) **Sachliche Zuständigkeit.** Die sachliche Zuständigkeit richtet sich 3
nach der Höhe des Streitwertes, §§ 23, 71, GVG.

b) **Örtliche Zuständigkeit.** Örtlich zuständig ist entweder das AG 4
am Ort des Insolvenzgerichts (Abs 1) oder – wenn aufgrund des Streitwertes eine Klage vor dem LG zu erheben ist – das LG, zu dessen Bezirk das Insolvenzgericht gehört, bei dem das Insolvenzverfahren anhängig war (Abs 2).

c) **Ausschließliche Zuständigkeit.** Die Zuständigkeiten in § 202 5
sind – wie die durch § 802 ZPO geregelten – ausschließliche Zuständigkeiten.

§ 203 Anordnung der Nachtragsverteilung

(1) **Auf Antrag des Insolvenzverwalters oder eines Insolvenzgläubigers oder von Amts wegen ordnet das Insolvenzgericht eine Nachtragsverteilung an, wenn nach dem Schlußtermin**
1. **zurückbehaltene Beträge für die Verteilung frei werden,**
2. **Beträge, die aus der Insolvenzmasse gezahlt sind, zurückfließen oder**
3. **Gegenstände der Masse ermittelt werden.**

(2) **Die Aufhebung des Verfahrens steht der Anordnung einer Nachtragsverteilung nicht entgegen.**

(3) [1]**Das Gericht kann von der Anordnung absehen und den zur Verfügung stehenden Betrag oder den ermittelten Gegenstand dem Schuldner überlassen, wenn dies mit Rücksicht auf die Geringfügigkeit des Betrags oder den geringen Wert des Gegenstands und die Kosten einer Nachtragsverteilung angemessen erscheint.** [2]**Es kann die Anordnung davon abhängig machen, daß ein Geldbetrag vorgeschossen wird, der die Kosten der Nachtragsverteilung deckt.**

Literatur: *Delhaes*, KTS 1963, 240 ff; *Uhlenbruck*, ZIP 1993, 241 ff.

I. Entstehungsgeschichte und Normzweck

1. Entstehungsgeschichte

Abs 1 entspricht inhaltlich § 366 KO. Abs 2 hat lediglich klarstellende 1
Bedeutung. Abs 3 hat in der KO keine Entsprechung; er wurde – entsprechend der Regelung im österreichischen Konkursrecht – aus praktischen Erwägungen in die InsO eingefügt (BegrRegE, *Kübler/Prütting*, S 624).

2. Normzweck

2 Die Vorschrift ermöglicht nach erfolgter Schlussverteilung und auch nach Aufhebung des Insolvenzverfahrens (Abs 2) eine nachträgliche Verteilung von Vermögensgegenständen, welche – aus rechtlichen oder tatsächlichen Gründen – später erst für eine Verteilung zur Verfügung stehen.

II. Regelungsinhalt

1. Voraussetzungen einer Nachtragsverteilung

3 **a) Allgemeines.** In Abs 1 sind die Voraussetzungen abschließend geregelt, unter denen eine Nachtragsverteilung angeordnet werden kann.

4 **b) Formelle Voraussetzungen.** Eine Nachtragsverteilung kann vom Gericht entweder auf Antrag des Verw oder eines Insolvenzgläubigers oder aber von Amts wegen angeordnet werden. Wird dem Gericht einer der in Abs 1 genannten Anordnungsgründe bekannt und liegt nicht die Ausnahme des Abs 3 vor, so ist das Gericht zur Anordnung verpflichtet (*Braun/Kießner*, § 203 Rn 15). Ein Ermessen steht dem Gericht nur im Rahmen des Abs 3 zu (HK-*Irschlinger*, § 203 Rn 7).

5 **c) Materielle Voraussetzung.** Nach Abs 1 Nr 1 bis 3 ist eine Nachtragsverteilung anzuordnen, wenn:

6 **aa) Zurückbehaltene Beträge für die Verteilung frei werden (Nr 1).** Unter den Voraussetzungen der §§ 189 Abs 1 und 191 hat der Verw Beträge zurückzubehalten und nach § 198 zu hinterlegen. Stellt sich nach dem Schlusstermin heraus, dass die Bedingung nach § 191 nicht eintritt oder ein Feststellungsstreitwert zugunsten der Masse entschieden wurde, so sind die dann frei werdenden Beträge im Wege der Nachtragsverteilung zurückzugewähren.

7 **bb) Beträge die aus der Insolvenzmasse gezahlt sind, zurückfließen (Nr 2).** Hierbei handelt es sich namentlich um eine nachträglich gekürzte Vergütung des Verw oder der Mitglieder des Gläubigerausschusses (*Braun/Kießner*, § 203 Rn 11). Daneben kommen Ansprüche der Insolvenzmasse gegen dritte Personen aus ungerechtfertigter Bereicherung in Betracht (N/R-*Westphal*, §§ 203, 204 Rn 7).

8 **cc) Gegenstände der Masse ermittelt werden (Nr 3).** Auch noch lange nach Aufhebung des Insolvenzverfahrens und ggf Löschung des Schuldners aus dem Handelsregister können Vermögensgegenstände auftauchen. Außerhalb der Insolvenz ist dies in der Nachtragsliquidation nach § 141a FGG geregelt. Unter der Vorschrift werden außerdem Schadensersatzansprüche gegen den Verw summiert (N/R-*Westphal*, §§ 203, 204 Rn 8; K/P-*Holzer*, § 203 Rn 13). Gleiches gilt für dem Verw zwar bekannte, aber wegen angeblicher Uneinbringlichkeit ausgebuchte Forderungen, welche sich nachträglich als werthaltig erweisen (*Holzer* aaO Rn 13). Erfolgt die Nachtragsverteilung nach Abs 1 Nr 3 erst nach Aufhebung des Verfahrens, so hat das Insolvenzgericht mit dem Anordnungsbeschluss eine Insolvenzbeschlagnahme des nachträglich aufgetauchten Vermögensgegenstandes anzuordnen (MK-InsO/*Hintzen*, § 203 Rn 21; Uhlenbruck/*Uhlenbruck*, § 203 Rn 8).

2. Absehen von Nachtragsverteilung wegen Geringfügigkeit

Nach Abs 3 S 1, hat das Insolvenzgericht die Möglichkeit, von der Anordnung einer Nachtragsverteilung abzusehen, wenn die nachträglich ermittelten oder frei gewordenen Vermögensgegenstände einen so geringen Wert aufweisen, dass angesichts der bei der Nachtragsverteilung entstehenden Kosten die Anordnung einer Nachtragsverteilung als unangemessen erscheint. Von einer Nachtragsverteilung wird dann abzusehen sein, wenn der Anteil, welche auf die einzelnen Insolvenzgläubiger entfällt, niedriger ist als die Kosten, die durch die Überweisung und banktechnische Buchungen entstehen (MK-InsO/*Hintzen*, § 203 Rn 25; Uhlenbruck/*Uhlenbruck*, § 203 Rn 14). Dies dürfte gerade bei großen Verfahren mit sehr vielen Insolvenzgläubigern dazu führen, dass eine Nachtragsverteilung häufig ausscheidet. Nach Abs 3 S 2 kann das Gericht die Anordnung einer Nachtragsverteilung davon abhängig machen, dass ein Kostenvorschuss für die Kosten der Nachtragsverteilung eingezahlt wird. Der Kostenvorschuss kann bei den antragstellenden Insolvenzgläubigern eingefordert werden (N/R-*Westphal*, §§ 203, 204 Rn 15; *Hintzen* aaO Rn 28). Der Kostenvorschuss ist aus einem etwaigen nachträglichen Erlös vorab zu befriedigen (*Hintzen* aaO Rn 28); eine analoge Anwendung des § 26 Abs 3 auf die Nachtragsverteilung scheidet hingegen aus (*Westphal* aaO Rn 16). 9

§ 204 Rechtsmittel

(1) ¹Der Beschluß, durch den der Antrag auf Nachtragsverteilung abgelehnt wird, ist dem Antragsteller zuzustellen. ²Gegen den Beschluß steht dem Antragsteller die sofortige Beschwerde zu.

(2) ¹Der Beschluß, durch den eine Nachtragsverteilung angeordnet wird, ist dem Insolvenzverwalter, dem Schuldner und, wenn ein Gläubiger die Verteilung beantragt hatte, diesem Gläubiger zuzustellen. ²Gegen den Beschluß steht dem Schuldner die sofortige Beschwerde zu.

Literatur: *Neuhof*, NJW 1995, 937 ff.

§ 205

Eine entsprechende Vorschrift war in der KO nicht enthalten; allerdings wurde zu § 166 KO allgemein vertreten, dass gegen die Versagung einer Nachtragsverteilung die sofortige Beschwerde zulässig ist (*Kuhn/Uhlenbruck*, § 166 KO Rn 9). Nach Abs 1 ist der ablehnende Beschluss dem jeweiligen Antragsteller – sofern ein solcher vorhanden ist – zuzustellen. Die Vorschrift eröffnet das Rechtsmittel der sofortigen Beschwerde nach § 6, der die Nachtragsverteilung anordnende Beschluss ist dem Verw, dem Schuldner und einem etwaigen beantragenden Gläubiger zuzustellen. Lediglich der Schuldner hat nach Abs 2 S 2 die Möglichkeit, gegen den anordnenden Beschluss sofortige Beschwerde nach § 6 zu erheben, da nur dieser durch die Anordnung der Nachlassverteilung beschwert ist (MK-InsO/*Hintzen*, § 204 Rn 5).

§ 205 Vollzug der Nachtragsverteilung

¹Nach der Anordnung der Nachtragsverteilung hat der Insolvenzverwalter den zur Verfügung stehenden Betrag oder den Erlös aus der Verwertung des ermittelten Gegenstands auf Grund des Schlußverzeichnisses zu verteilen. ²Er hat dem Insolvenzgericht Rechnung zu legen.

Literatur: s Lit zu § 203.

Der Regelungsinhalt des § 205 entspricht – ebenso wie § 204 – § 166 KO. Die Vorschrift überträgt die Verpflichtung zur Durchführung der Nachtragsverteilung und zur Verteilung des nachträglich erzielten Erlöses auf den Verw. Der Verw hat sich bei der Verteilung nach dem Schlussverzeichnis (§§ 181, 197 Abs 1 Nr 2) zu richten. Das Schlussverzeichnis ist für die Nachtragsverteilung maßgeblich (MK-InsO/*Hintzen*, § 205 Rn 3). Dem Verw steht für die Durchführung der Nachtragsverteilung eine gesonderte Vergütung zu. Der Verw hat nach S 2 dem Insolvenzgericht über die Nachtragsverteilung gesondert Rechnung zu legen. Hierbei hat er einen Bericht über die Ermittlung und Verwaltung der nachträglich zugeflossenen, bzw ermittelten Vermögensgegenstände zu erteilen (K/P-*Holzer*, § 205 Rn 9). Die Vorschrift des § 66 ist entsprechend heranzuziehen (MK-InsO/*Hintzen*, § 206 Rn 10; Uhlenbruck/*Uhlenbruck*, § 205 Rn 5).

§ 206 Ausschluß von Massegläubigern

Massegläubiger, deren Ansprüche dem Insolvenzverwalter
1. bei einer Abschlagsverteilung erst nach der Festsetzung des Bruchteils,

2. bei der Schlußverteilung erst nach der Beendigung des Schlußtermins oder

3. bei einer Nachtragsverteilung erst nach der öffentlichen Bekanntmachung

bekanntgeworden sind, können Befriedigung nur aus den Mitteln verlangen, die nach der Verteilung in der Insolvenzmasse verbleiben.

1. Allgemeines

Die Vorschrift entspricht § 172 KO. Sie fasst am Ende des zweiten Abschnittes über die Verteilung der Insolvenzmasse an die Gläubiger die Fälle zusammen, in denen Massegläubiger nicht, bzw nur eingeschränkt eine Befriedigung ihrer Ansprüche verlangen können und mit ihren Ansprüchen auf Mittel verwiesen werden, welche nach der Verteilung in der Insolvenzmasse verblieben sind.

2. Die einzelnen Präklusionstatbestände

a) Abschlagsverteilung. Wird ein Massegläubiger dem Verw bei einer Abschlagsverteilung nach §§ 194 Abs 1, 195 erst nach Festsetzung des auf die einzelnen Insolvenzgläubiger entfallenden Bruchteils bekannt, so kann der Massegläubiger eine Befriedigung seines (nach § 53 vorab zu befriedigenden) Anspruchs nur aus den Mitteln verlangen, welche nach der Abschlagsverteilung noch vorhanden sind.

b) Schlussverteilung. Eine Präklusion der dem Verw unbekannt gebliebenen Massegläubiger tritt bei der Schlussverteilung mit der Beendigung des Schlusstermins ein. Insb ist eine Wiedereröffnung der Verhandlung nur zum Zwecke der nachträglichen Zulassung von Massegläubigerforderungen unzulässig (N/R-*Westphal*, § 206 Rn 4; *Braun/Kießner*, § 206 Rn 7). Im Falle der Nr 2 sind die unbekannt gebliebenen Massegläubiger wegen ihrer Ansprüche auf solche Vermögensgegenstände beschränkt, welche nach § 203 Abs 1 die Anordnung einer Nachtragsverteilung rechtfertigen würden.

c) Nachtragsverteilung. Die Präklusion bei Massegläubigern, welche auch bis zur Nachtragsverteilung noch unbekannt geblieben sind, tritt ein mit der öffentlichen Bekanntmachung der Nachtragsverteilung nach § 9 Abs 1.

3. Haftung des Verwalters

Die Präklusion der Massegläubiger tritt ein, wenn diese Gläubiger dem Verw unbekannt geblieben sind. Fahrlässige Unkenntnis des Verw reicht nicht aus (*Braun/Kießner*, § 206 Rn 3; *K/P-Holzer*, § 206 Rn 2; MK-

§ 207   5. Teil. Befriedigung der Insolvenzgläubiger

InsO/*Hintzen*, § 206 Rn 7; Uhlenbruck/*Uhlenbruck*, § 206 Rn 3). Bei einer fahrlässigen Unkenntnis durch den Verw kommt eine Haftung desselben nach § 60 in Betracht (N/R-*Westphal*, § 206 Rn 7; *Kießner* aaO Rn 10; *Hintzen* aaO Rn 7). In Betracht kommt dann aber auch ein Ausschluss oder eine Einschränkung des Schadensersatzanspruchs wegen mitwirkenden Verschuldens des betroffenen Massegläubigers nach § 254 BGB (MK-InsO/*Brandes*, §§ 60, 61 Rn 95).

3. Abschnitt. Einstellung des Verfahrens

§ 207 Einstellung mangels Masse

(1) ¹Stellt sich nach der Eröffnung des Insolvenzverfahrens heraus, dass die Insolvenzmasse nicht ausreicht, um die Kosten des Verfahrens zu decken, so stellt das Insolvenzgericht das Verfahren ein. ²Die Einstellung unterbleibt, wenn ein ausreichender Geldbetrag vorgeschossen wird oder die Kosten nach § 4a gestundet werden; § 26 Abs. 3 gilt entsprechend.

(2) Vor der Einstellung sind die Gläubigerversammlung, der Insolvenzverwalter und die Massegläubiger zu hören.

(3) ¹Soweit Barmittel in der Masse vorhanden sind, hat der Verwalter vor der Einstellung die Kosten des Verfahrens, von diesen zuerst die Auslagen, nach dem Verhältnis ihrer Beträge zu berichtigen. ²Zur Verwertung von Massegegenständen ist er nicht mehr verpflichtet.

Literatur: *Henckel*, FS-100 Jahre KO, S 169 ff; *Pape*, Kölner Schrift, S 405 ff; *Schmidt*, NZI 1999, 442 ff; *Uhlenbruck*, NZI 2001, 408 ff; *Vallender*, KTS 2001, 519 ff.

I. Entstehungsgeschichte und Normzweck

1. Entstehungsgeschichte

1   Abs 1 geht zurück auf § 204 Abs 1 KO. Inhaltlich weicht die Norm jedoch erheblich vom alten Recht ab, da die Massekostendeckung der InsO grundlegend anders konzipiert ist als in der KO (s. o. § 26 Rn 1). Eine Abs 1 S 2 iVm § 26 Abs 3 entsprechende Vorschrift **war in der KO nicht enthalten** (s. o. § 26 Rn 1). Nach Abs 2 ist vor einer Einstellung des Verfahrens nicht mehr nur die Gläubigerversammlung, sondern zusätzlich noch der Verw sowie die Massegläubiger zu hören. Abs 3 wurde aus Gründen der **Klarstellung** neu in die InsO aufgenommen (BegrRegE, Kübler/Prütting, S 431).

Einstellung mangels Masse § 207

2. Normzweck

Ebenso wie § 26, welcher die Abweisung eines Insolvenzantrages mangels Masse im Vergleich zur KO erheblich einschränkt, zielen die §§ 207 ff auch bei massearmen Verfahren auf eine möglichst geordnete Abwicklung des Verfahrens. Wurde ein massearmes Verfahren einmal eröffnet, so kann es **nach § 207 auch nachträglich noch eingestellt** werden, wenn sich später herausstellt, dass noch nicht einmal die Kosten des Insolvenzverfahrens im engeren Sinne (§ 54) gedeckt sind. Sind zwar die Verfahrenskosten nach § 54, nicht jedoch die sonstigen Masseverbindlichkeiten gedeckt, so liegt ein Fall der Masseunzulänglichkeit nach § 208 vor (FK-*Schulz*, § 207 Rn 4).

II. Regelungsinhalt

1. Nachträgliche Einstellung mangels Masse

Nach Abs 2 hat das Insolvenzgericht ein Insolvenzverfahren nachträglich einzustellen, wenn sich im Laufe des Verfahrens herausstellt, dass die vorhandene Masse – entgegen der ursprünglichen Einschätzung – nicht ausreicht, um die Verfahrenskosten nach § 54 zu decken. Die **Einstellung erfolgt zwar von Amts wegen** (K/P-*Pape*, § 207 Rn 9). Es bedarf jedoch in der Praxis einer Anregung seitens des Verw bzw eines Antrages eines Gläubigers, um eine Einstellung des Verfahrens in Gang zu setzen (MK-InsO/*Hefermehl*, § 207 Rn 40). Wegen der zu deckenden Kosten vgl § 54 InsO.

2. Anhörung der Beteiligten

Nach Abs 2 hat das Gericht vor der Einstellung die Gläubigerversammlung, den Verw sowie die Massegläubiger zu hören. Umstritten ist, ob die Gläubigerversammlung auf ihr Anhörungsrecht verzichten kann (**dafür:** K/P-*Pape*, § 207 Rn 21; *Braun/Kießner*, § 207 Rn 16; **dagegen:** MK-InsO/*Hefermehl*, § 207 Rn 42, welcher die gesetzliche Regelung allerdings als kostenträchtig kritisiert; Uhlenbruck/*Uhlenbruck*, § 207 Rn 9). Das Gericht sollte vor einem Einstellungsbeschluss aufgrund der gesetzlichen Vorschrift zum Zwecke der Anhörung vorsorglich eine Gläubigerversammlung einberufen. Es liegt dann an den einzelnen Gläubigern, ob sie an der Versammlung teilnehmen wollen. Problematisch erscheint jedoch die **Anhörung der Massegläubiger**. Eine solche Anhörung kann erst erfolgen, wenn das Gericht vom Verw eine vollständige Massegläubigerliste erhält (*Hefermehl* aaO Rn 43). Eine Anhörung der Massegläubiger ist erforderlich, um diesen die Möglichkeit zu eröffnen, einen Massekostenvorschuss nach § 207 Abs 1 S 2 einzuzahlen (FK-*Schulz*, § 207 Rn 8).

§ 207 5. Teil. Befriedigung der Insolvenzgläubiger

3. Massekostenvorschuss

5 Ebenso wie nach § 26 Abs 1 S 2 kann nach § 207 Abs 1 S 2 die Einstellung mangels Masse durch Zahlung eines vom Gericht festzusetzenden Massekostenvorschusses verhindert werden. Wegen der Einzelheiten ist auf die Kommentierung oben zu § 26 (Rn 4) zu verweisen. Abs 2, 2. HS weist auf die **spezielle Haftungsnorm des § 26 Abs 3** hin, welche auch für einen Massekostenvorschuss zur Verhinderung der Einstellung mangels Masse Anwendung findet (vgl oben § 26 Rn 7).

4. Abwicklung des Verfahrens vor endgültiger Einstellung

6 a) **Allgemeines.** Aufgrund der allgemeinen Zielsetzung der InsO, auch massearme Verfahren soweit wie möglich abzuwickeln, bestimmt Abs 3, dass auch vor einer Einstellung mangels Masse ein einmal begonnenes Verfahren soweit wie möglich abgewickelt wird. Der Verw hat einen Restbestand an Pflichten (*Braun/Kießner*, § 207 Rn 26).

7 b) **Verteilung vorhandener Barmittel.** Nach Abs 3 S 1 hat der Verw vorhandene Barmittel in der dort erwähnten Reihenfolge zu verteilen. Die **Auslagen des Verw und des Gerichts sind dabei vorrangig** zu befriedigen; erst danach – und zwar anteilig – sind die Verwaltervergütung sowie die Gerichtskosten zu begleichen.

8 c) **Verwertung von Massegegenständen.** Nach Abs 3 S 2 besteht eine Verpflichtung zur Verwertung von noch vorhandenen materiellen Gegenständen nach Eintritt der Masselosigkeit (MK-InsO/*Hefermehl*, § 207 Rn 62; Uhlenbruck/*Uhlenbruck*, § 207 Rn 13) nicht mehr. Solange das Verfahren noch nicht eingestellt ist, bleibt der Verw jedoch weiterhin berechtigt, **Verwertungsmaßnahmen** durchzuführen (*Hefermehl* aaO Rn 63).

9 d) **Rechnungslegungspflicht.** Vor Einstellung des Verfahrens ist der Verw verpflichtet, seinen Schlussbericht gem § 66 vorzulegen (K/P-*Pape*, § 207 Rn 20; MK-InsO/*Hefermehl*, § 207 Rn 44f; Uhlenbruck/*Uhlenbruck*, § 207 Rn 9).

5. Auswirkung der Einstellung mangels Masse auf eine mögliche Restschuldbefreiung

10 Prinzipiell ist eine Restschuldbefreiung nur dann möglich, wenn zuvor ein Insolvenzverfahren durchlaufen wurde. Daher kann der Schuldner keine Restschuldbefreiung erlangen, wenn das Verfahren mangels Masse eingestellt werden musste (MK-InsO/*Hefermehl*, § 207 Rn 74; Uhlenbruck/*Uhlenbruck*, § 207 Rn 16; *Braun/Kießner*, § 207 Rn 34f; ausführlich zur Problematik vor In-Kraft-Treten der §§ 4a ff: K/P-*Pape*, 1. Lfg. 8/98, § 207 Rn 46ff). Durch die jetzt möglich gewordene **Verfahrenskosten-**

stundung nach § 4a hat sich die Problematik der fehlenden Verfahrenskosten bei einem Insolvenzverfahren über das Vermögen einer natürlichen Person weitgehend entschärft; allerdings bedarf es zur Restschuldbefreiungserteilung sowie zur Verfahrenskostenstundung eines **gesonderten Antrags** des Schuldners (*Kießner* aaO Rn 35).

6. Nachtragsverteilung

Umstritten ist, ob eine Nachtragsverteilung nach § 211 Abs 3 auch für den Fall möglich ist, dass nach einer Einstellung mangels Masse nachträglich noch Massegegenstände entdeckt werden (Nachweise für den Meinungsstreit: MK-InsO/*Hefermehl*, § 207 Rn 87 sowie K/P-*Pape*, § 207 Rn 39). Es kann dahinstehen, ob eine **Nachtragsverteilung nach § 211 Abs 3 S 2 iVm. §§ 203 Abs 3, 204, 205** möglich ist. Dasselbe Ergebnis kann über die erneute Stellung eines Insolvenzantrages über das Vermögen des Schuldners oder – wenn der Schuldner bereits im Handelsregister gelöscht ist – über eine Nachtragsliquidation nach § 141a FGG erzielt werden. Je kürzer der Zeitpunkt des Einstellungsbeschlusses nach § 207 zurückliegt, desto eher bietet sich allerdings eine kostengünstige Nachtragsverteilung entsprechend §§ 203 ff an.

11

7. Besonderheiten bei der Genossenschaft

Nach § 105 Abs 1 GenG können von den Genossen Nachschüsse ausdrücklich auch zur Abdeckung der Ansprüche der Massegläubiger geltend gemacht werden (MK-InsO/*Hefermehl*, § 207 Rn 51; Uhlenbruck/*Uhlenbruck*, § 207 Rn 19; N/R-*Westphal*, § 207 Rn 29). **Sofern die Genossenschaft nicht von der Möglichkeit des § 6 Nr 3 GenG Gebrauch** gemacht und eine entsprechende Nachschusspflicht ausgeschlossen hat, ist eine Einstellung mangels Masse bei Genossenschaften nur bei der Insolvenz aller beteiligten Genossen vorstellbar.

12

§ 208 Anzeige der Masseunzulänglichkeit

(1) ¹**Sind die Kosten des Insolvenzverfahrens gedeckt, reicht die Insolvenzmasse jedoch nicht aus, um die fälligen sonstigen Masseverbindlichkeiten zu erfüllen, so hat der Insolvenzverwalter dem Insolvenzgericht anzuzeigen, daß Masseunzulänglichkeit vorliegt.** ²**Gleiches gilt, wenn die Masse voraussichtlich nicht ausreichen wird, um die bestehenden sonstigen Masseverbindlichkeiten im Zeitpunkt der Fälligkeit zu erfüllen.**

(2) ¹**Das Gericht hat die Anzeige der Masseunzulänglichkeit öffentlich bekanntzumachen.** ²**Den Massegläubigern ist sie besonders zuzustellen.**

§ 208

(3) Die Pflicht des Verwalters zur Verwaltung und zur Verwertung der Masse besteht auch nach der Anzeige der Masseunzulänglichkeit fort.

Literatur: s Lit. zu § 207.

I. Entstehungsgeschichte und Normzweck

1 Zwar war zur KO bereits vertreten worden, dass eine Abwicklung bei Masseinsuffizienz entsprechend den jetzigen Vorschriften der §§ 108 ff vorzunehmen sei; diese Vorgehensweise war jedoch von der Rechtsprechung missbilligt worden (BGHZ 90, 845; BegrRegE, *Kübler/Prütting*, S 432). Die InsO enthält jetzt in den §§ 208 ff diverse Vorschriften zur Regelung der Masseinsuffizienz.

II. Regelungsinhalt

1. Voraussetzung der Masseunzulänglichkeit

2 Masseunzulänglichkeit (im Gegensatz zu Masselosigkeit nach § 207) liegt nach Abs 1 vor, wenn zwar die Kosten des Verfahrens (§ 54) gedeckt sind, die Masse jedoch nicht ausreicht, um auch die übrigen Masseverbindlichkeiten nach § 55 vollständig zu erfüllen. Nach Abs 1 S 2 ist für eine Masseunzulänglichkeit auch ausreichend, wenn die Masse **voraussichtlich nicht ausreichen wird, später entstehende bzw fällig werdende Masseverbindlichkeiten im Zeitpunkt der Fälligkeit zu erfüllen** (sog. **drohende Masseunzulänglichkeit**, MK-InsO/ *Hefermehl*, § 208 Rn 21 f; Uhlenbruck/*Uhlenbruck*, § 208 Rn 7). Abs 1 setzt nicht voraus, dass die Masseverbindlichkeiten insgesamt nicht vollständig erfüllt werden können; Abs 1 S 2 stellt lediglich auf den Zeitpunkt der Fälligkeit ab. Daher kann auch bei einer voraussichtlich nur **vorübergehenden Masseunzulänglichkeit** eine Anzeige nach § 208 Abs 1 erfolgen (*Hefermehl* aaO Rn 25 f; *Braun/Kießner*, § 208 Rn 24). Auch ist es möglich, bei einer Beseitigung einer vorübergehenden Liquiditätsunterdeckung in das normale Insolvenzverfahren zurückzukehren (*Kießner* aaO Rn 20 ff).

2. Einzelne Verfahrensschritte

3 **a) Ständige Prüfungspflicht des Verw.** Aufgrund der prinzipiell bestehenden persönlichen Haftung des Verw für die Nichterfüllung von Masseverbindlichkeiten nach § 61 ist dieser – aus eigenem Interesse – gehalten, die Liquidität der Insolvenzmasse zu überprüfen. Den Verw trifft insoweit die alleinige Feststellungskompetenz (MK-InsO/*Hefermehl*, § 208 Rn 34 ff).

b) Anzeige der Masseunzulänglichkeit. Sind die Voraussetzungen 4
des Abs 1 erfüllt, so ist der Verw verpflichtet, die Masseunzulänglichkeit
dem Gericht gegenüber anzuzeigen. Der für die Rangordnung nach
§ 209 maßgebliche Zeitpunkt ist der Eingang der Masseunzulänglichkeitsanzeige beim Insolvenzgericht (N/R-*Westphal*, § 208 Rn 23; MK-InsO/
Hefermehl, § 208 Rn 37). Die Masseunzulänglichkeitsanzeige kann **bereits
unmittelbar mit der Einreichung des Insolvenzgutachtens** nach
§ 22 Abs 1 Nr 3 bzw in diesem Gutachten erfolgen (s. o. § 22 Rn 9). Dies
empfiehlt sich, wenn der Gutachter/vorl Verw die Masseunzulänglichkeit
schon vor Eröffnung des Verfahrens absehen kann.

c) Öffentliche Bekanntmachung. Nach Abs 2 hat das Gericht die 5
Anzeige der Masseunzulänglichkeit öffentlich bekannt zu machen (§ 9
Abs 1). Nach Abs 2 S 2 ist die Anzeige den Massegläubigern gesondert zuzustellen. Hierbei empfiehlt es sich, den Verw selbst nach § 8 Abs 3 mit
der Zustellung zu beauftragen (K/P-*Pape*, § 208 Rn 8; *Braun/Kießner*,
§ 208 Rn 27).

d) Zur Möglichkeit der Rückkehr in das Insolvenzverfahren s 6
MK-InsO/*Hefermehl*, § 208 Rn 53 ff.

3. Fortbestehen der Verpflichtungen des Verw

Im Gegensatz zu der Einstellung mangels Masse nach § 207 Abs 3 S 3 7
hat die Anzeige der Masseunzulänglichkeit und die öffentliche Bekanntmachung derselben keinen Einfluss auf die Verwaltungs- und Verwertungsbefugnis des Verw. Abs 3 trägt dem **Verw die Verpflichtung zur**
vollständigen, aber möglichst zügigen (*Braun/Kießner*, § 208 Rn 29) **Liquidation** auf (BegrRegE, *Kübler/Prütting*, S 105 f; N/R-*Westphal*, § 208
Rn 24).

§ 209 Befriedigung der Massegläubiger

**(1) Der Insolvenzverwalter hat die Masseverbindlichkeiten nach
folgender Rangordnung zu berichtigen, bei gleichem Rang nach
dem Verhältnis ihrer Beträge:**
1. **die Kosten des Insolvenzverfahrens;**
2. **die Masseverbindlichkeiten, die nach der Anzeige der Masseunzulänglichkeit begründet worden sind, ohne zu den Kosten
des Verfahrens zu gehören;**
3. **die übrigen Masseverbindlichkeiten, unter diesen zuletzt der
nach den §§ 100, 101 Abs. 1 Satz 3 bewilligte Unterhalt.**

**(2) Als Masseverbindlichkeiten im Sinne des Absatzes 1 Nr. 2
gelten auch die Verbindlichkeiten**

§ 209 5. Teil. Befriedigung der Insolvenzgläubiger

1. aus einem gegenseitigen Vertrag, dessen Erfüllung der Verwalter gewählt hat, nachdem er die Masseunzulänglichkeit angezeigt hatte;
2. aus einem Dauerschuldverhältnis für die Zeit nach dem ersten Termin, zu dem der Verwalter nach der Anzeige der Masseunzulänglichkeit kündigen konnte;
3. aus einem Dauerschuldverhältnis, soweit der Verwalter nach der Anzeige der Masseunzulänglichkeit für die Insolvenzmasse die Gegenleistung in Anspruch genommen hat.

Literatur: *Dienstühler*, ZIP 1998, 1697 ff; s auch Lit. zu § 207

I. Entstehungsgeschichte und Normzweck

1. Entstehungsgeschichte

1 Die Vorschrift wurde entwickelt aus § 60 Abs 1 KO, enthält jedoch im Vergleich zu dieser eine ausführlichere und teilweise abweichende Regelung der Rangfolge der Masseverbindlichkeiten bei Masseunzulänglichkeit.

2. Normzweck

2 Die Vorschrift normiert die **Rangfolge der Gläubiger beim „Konkurs im Konkurs"**, also dann, wenn schon nicht alle Masseverbindlichkeiten vollständig befriedigt werden können. Die Rangfolge orientiert sich nach der in der Literatur zum alten Recht bereits vertretenen Ansicht, welche sich jedoch in der Rechtsprechung des BGH nicht durchgesetzt hat: Neue Masseverbindlichkeiten, also solche Verbindlichkeiten, welche nach Anzeige der Massearmut entstanden sind, gehen den davor begründeten im Range vor.

II. Regelungsinhalt

1. Allgemeines

3 Das Gesetz spricht sich in § 209 – ebenso wie nach altem Recht – ausdrücklich für eine Rangfolge der Massegläubiger bei einer Masseinsuffizienz aus. Es unterscheidet zwischen Masseverbindlichkeiten, welche vorrangig befriedigt werden, und solchen, welche im Nachrang anteilig oder überhaupt nicht befriedigt werden. **Innerhalb des jeweiligen Ranges** sind die Verbindlichkeiten **anteilig** zu befriedigen. Die in der Vorschrift genannte Rangfolge der Masseverbindlichkeiten hat grundsätzlich keine Bedeutung für eine mögliche **Haftung des Verw nach § 61**. Die Haftung des Verw für Masseverbindlichkeiten besteht nicht unabhängig von einer (rechtzeitigen) Anzeige der Masseinsuffizienz, sondern richtet sich

Befriedigung der Massegläubiger § 209

allein danach, ob der Verw bei der Gründung der Verbindlichkeit erkennen konnte, ob er die Verbindlichkeit würde erfüllen können (s. o. § 61 Rn 28). Daher muss der **Verw nach Anzeige der Masseunzulänglichkeit um so genauer prüfen**, ob er die jeweils begründete (Neu-)Masseverbindlichkeit erfüllen kann.

2. Kosten des Verfahrens (Abs 1 Nr 1)

Entsprechend der Grundkonzeption der InsO (vgl §§ 26, 54, 207) gehen die Kosten des Verfahrens den übrigen Masseverbindlichkeiten im Rang vor. Dementsprechend hat der Gutachter/vorl Verw vor Eröffnung sowie der Verw nach Insolvenzeröffnung festzustellen, dass die Kosten des Verfahrens stets gedeckt sind. Andernfalls ist der Insolvenzeröffnungsantrag mangels Masse abzuweisen oder das Verfahren nach § 207 später mangels Masse einzustellen. Die Kosten des Insolvenzverfahrens sind lt Abs 1 Nr 1 mit den Verfahrenskosten nach § 54 gleichzusetzen (K/P-*Pape*, § 209 Rn 7; MK-InsO/*Hefermehl*, § 209 Rn 15; Uhlenbruck/*Uhlenbruck*, § 209 Rn 8). Innerhalb der erstrangigen Massegläubiger wird – anders als in § 54 – keine Unterscheidung vorgenommen. Daher sind auch die **Kosten des Verfahrens anteilig zu befriedigen**, wenn sich zu einem späteren Zeitpunkt herausstellt, dass die Insolvenzmasse schon die Gläubiger im ersten Rang nicht vollständig abdeckt. 4

3. Neu-Masseverbindlichkeiten (Abs 1 Nr 2, Abs 2)

Nach Abs 1 Nr 2 sind im zweiten Rang zu befriedigen die Masseverbindlichkeiten, welche nach Anzeige der Masseunzulänglichkeit (s. o. § 208 Rn 4) begründet worden sind. Diese sog. Neu-Masseverbindlichkeiten werden in Abs 2 näher konkretisiert. 5

a) Erfüllungswahl des Verw. Bis zur Entscheidung NZI 2002, 375 vertrat der BGH die Auffassung, dass die Verpflichtungen aus einem beiderseitig nicht erfüllten Vertrag bei Insolvenzeröffnung automatisch untergehen (**"Erlöschenstheorie", BGHZ 89, 189**). Jetzt soll die Insolvenzeröffnung hingegen nicht mehr zu einem Erlöschen, sondern nur noch zu einer mangelnden Durchsetzbarkeit der wechselseitigen Erfüllungsansprüche führen (s ausf. oben § 103 Rn 2). Danach wären Verbindlichkeiten aus einem gegenseitigen Vertrag, dessen Erfüllung der Verw gewählt hat, bereits vor Insolvenzeröffnung und damit vor Anzeige der Masseunzulänglichkeit begründet worden. Abs 1 Nr 2 stellt jedoch klar, dass es bezüglich der Begründung der Masseverbindlichkeit nach § 103 **auf den Zeitpunkt der Ausübung des Wahlrechts** ankommt. Erfolgt die Erfüllungswahl vor Anzeige der Masseunzulänglichkeit, so sind die Ansprüche des Vertragspartners Alt-Masseverbindlichkeiten nach Abs 1 6

Nr 3 (MK-InsO/*Hefermehl*, § 209 Rn 28; Uhlenbruck/*Uhlenbruck*, § 209 Rn 12; K/P-*Pape* Rn 10).

7   b) Dauerschuldverhältnisse. aa) Erste Kündigungsmöglichkeit.
Bei Dauerschuldverhältnissen kommt es für die Einordnung der Ansprüche in Nr 2 oder Nr 3 des Abs 1 darauf an, wann der Verw nach Anzeige der Masseunzulänglichkeit **erstmalig hätte kündigen können**. Die Kündigungsmöglichkeiten ergeben sich aus den Vorschriften der §§ 103 ff (zB § 109 Abs 1, § 113 Abs 1 S 2). Unterlässt der Verw nach Anzeige der Masseunzulänglichkeit eine sich ihm bietende Kündigungsmöglichkeit, so erstarken die Ansprüche aus dem jeweiligen Dauerschuldverhältnis nach Ablauf der ordentlichen (gegebenenfalls in der InsO spezialgesetzlich modifizierten) Kündigungsfrist zu Neu-Masseverbindlichkeiten iSv Abs 2.

8   bb) Inanspruchnahme der Gegenleistung. Trotz rechtzeitiger Kündigung bzw vor Eintritt der ersten Kündigungsmöglichkeit können **Ansprüche aus einem Dauerschuldverhältnis zu Neu-Masseverbindlichkeiten werden, wenn der Verw die vertragliche Leistung in Anspruch nimmt** (Abs 2 Nr 3). Dies ist etwa der Fall, wenn der Verw ein Mietobjekt (zB Leasingfahrzeug) vor Ablauf der erstmöglichen Kündigungsfrist nutzt oder einen Arbeitnehmer fortbeschäftigt bzw nicht freistellt. Versäumt der Verw eine sonst mögliche Kündigung, so werden nach Ablauf der Kündigungsfrist die Ansprüche aus dem betreffenden Dauerschuldverhältnis auch dann zu neuen Masseverbindlichkeiten, wenn der Verw die Leistung nicht in Anspruch nimmt (K/P-*Pape*, § 209 Rn 16; MK-InsO/*Hefermehl*, § 209 Rn 33; Uhlenbruck/*Uhlenbruck*, § 209 Rn 15).

4. Alt-Masseverbindlichkeiten

9   a) Allgemeines. Soweit Verbindlichkeiten aus beiderseits nicht erfüllten Verträgen (s. o. Rn 6) oder aus Dauerschuldverhältnissen (s. o. Rn 7) nicht als Neu-Masseverbindlichkeiten anzusehen sind, werden diese nachrangig nach Abs 1 Nr 3 als Alt-Masseverbindlichkeiten befriedigt.

10   b) Sozialplanansprüche. § 123 Abs 2 enthält eine – mittelbare – Sonderregelung für die Rangordnung von Ansprüchen aus einem Sozialplan (vgl oben § 123 Rn 6). Zwar handelt es sich bei Sozialplanansprüchen um Masseverbindlichkeiten; zur Befriedigung der Sozialplanansprüche darf jedoch **nur „ein Drittel der Masse verwendet werden**, die ohne einen Sozialplan für die Verteilung an die Insolvenzgläubiger zur Verfügung stünde". **Im Falle des § 209 kann daher auf die Sozialplanansprüche nichts** entfallen (*Braun/Kießner*, § 209 Rn 33; BegrRegE, Kübler/Prütting, S 435).

11   c) Unterhaltsansprüche des Schuldners und seine Familie. (§§ 100, 101 Abs 1 S 3). Innerhalb des Ranges nach Abs 1 Nr 3 sind wiederum nachrangig der für den Schuldner bzw Organmitglieder des Schuldners und dessen Familie gewährte Unterhalt. Da die Unterhaltsgewährung einer Ermessensentscheidung der Gläubigerversammlung bedarf (MK-InsO/*Passauer*, § 100 Rn 20f), dürfte dies bei Masseinsuffizienz praktisch ohnehin ausscheiden. Solche Ansprüche dürfen jedenfalls dann erst befriedigt werden, wenn sämtliche anderen (also auch die vorrangigen Alt-Masseverbindlichkeiten) voll beglichen werden konnten (MK-InsO/ *Hefermehl*, § 209 Rn 36; Uhlenbruck/*Uhlenbruck*, § 209 Rn 18; N/R-*Westphal*, § 209 Rn 13).

§ 210 Vollstreckungsverbot

Sobald der Insolvenzverwalter die Masseunzulänglichkeit angezeigt hat, ist die Vollstreckung wegen einer Masseverbindlichkeit im Sinne des § 209 Abs. 1 Nr. 3 unzulässig.

Literatur: s Lit. zu § 209.

1. Allgemeines

Die Vorschrift gewährleistet, dass nach Anzeige der Masseunzulänglichkeit der Bestand der Masse zur Sicherung der vorrangigen Massegläubiger nach § 209 Abs 1 Nr 1, 2 erhalten bleibt. Eine vergleichbare Vorschrift war in der KO nicht enthalten. Die hM zur KO ging sogar von einer Unzulässigkeit der Zwangsvollstreckung bei Verfahren mit Masseunzulänglichkeit insgesamt aus (MK-InsO/*Hefermehl*, § 210 Rn 2). **1**

2. Vollstreckungsverbot

Das Vollstreckungsverbot beginnt (erst) mit Eingang der Anzeige der Masseunzulänglichkeit bei Gericht (FK-*Schulz*, § 210 Rn 4). Für das Vollstreckungsverbot gilt § 777 Abs 1 ZPO. Die Vorschrift ist vom Amts wegen zu beachten (K/P-*Pape*, § 210 Rn 4). Als **Rechtsbehelf** gegen die Vollstreckung kommt die **Vollstreckungserinnerung nach § 766 ZPO** in Betracht. Eine Klageerhebung gegen den Verw wird durch die Vorschrift nicht ausgeschlossen. Eine Leistungsklage eines Gläubigers iSv § 209 Abs 1 Nr 3 dürfte jedoch wegen des fehlenden Rechtsschutzbedürfnisses unzulässig sein (*Pape* aaO Rn 7). Vollstreckungsmaßnahmen und Klageerhebungen jeder Art seitens Massegläubigern iSv § 209 Abs 1 Nr 1, 2 werden von § 210 nicht beschränkt. **2**

3. Aufrechnung

Die Vorschriften der §§ 94 bis 96 sind analog anzuwenden (K/P-*Pape*, § 210 Rn 11). Eine Aufrechnungslage, welche vor Anzeige der Masseinsuffizienz bestanden hatte, **bleibt daher analog § 94 durchsetzbar**. Die **3**

§ 211   5. Teil. Befriedigung der Insolvenzgläubiger

von Alt-Massegläubigern entgegen der Rangordnung des § 209 erklärte Aufrechnung ist hingegen unzulässig (*Braun/Kießner*, § 210 Rn 9).

§ 211 Einstellung nach Anzeige der Masseunzulänglichkeit

(1) Sobald der Insolvenzverwalter die Insolvenzmasse nach Maßgabe des § 209 verteilt hat, stellt das Insolvenzgericht das Insolvenzverfahren ein.
(2) Der Verwalter hat für seine Tätigkeit nach der Anzeige der Masseunzulänglichkeit gesondert Rechnung zu legen.
(3) ¹Werden nach der Einstellung des Verfahrens Gegenstände der Insolvenzmasse ermittelt, so ordnet das Gericht auf Antrag des Verwalters oder eines Massegläubigers oder von Amts wegen eine Nachtragsverteilung an. ²§ 203 Abs. 3 und die §§ 204 und 205 gelten entsprechend.

Literatur: s Lit. zu § 209.

1. Allgemeines

1   Die Vorschrift hat keine Entsprechung im alten Recht. Sie eröffnet dem Insolvenzgericht die Möglichkeit ein massearmes Verfahren ohne weiteres einzustellen, wenn die Insolvenzmasse unter Beachtung des § 209 verteilt worden ist.

2. Beschränkte Pflichten des Verw nach Anzeige der Masseinsuffizienz

2   Der Verw kann sich nach Anzeige der Masseunzulänglichkeit darauf beschränken, die Massegläubiger nach § 209 (gegebenenfalls anteilig) zu befriedigen. Umstritten ist, ob vor Einstellung des Verfahrens bezüglich der Insolvenzgläubiger noch ein Prüfungstermin durchzuführen ist (**dafür**: *Braun/Kießner*, § 211 Rn 8; **dagegen**: *Uhlenbruck*, NZI 2001, 408, 410). Jedenfalls dann, wenn der Schuldner eine natürliche Peron ist und eine Restschuldbefreiung in Betracht kommt, muss ein Schlussverzeichnis erstellt werden (*Kießner* aaO Rn 8; HK-*Landfermann*, § 211 Rn 4). Nach Abs 2 hat der Verw für seine Tätigkeit nach Anzeige der Masseunzulänglichkeit gesondert Rechnung zu legen; für die Zeit vor Anzeige der Masseunzulänglichkeit gilt die allgemeine Regelung des § 66 (*Landfermann* aaO Rn 3).

3. Möglichkeit der Nachtragsverteilung

3   Abs 3 eröffnet die Möglichkeit einer Nachtragsverteilung, wenn nach Einstellung Gegenstände der Insolvenzmasse ermittelt werden. Abs 3 S 2

ordnet an, dass §§ 203 Abs 3, 204 und 205 entsprechende Anwendung finden. Auf die dortigen Ausführungen wird verwiesen.

4. Rechtsmittel

Gegen den einstellenden Beschluss nach § 211 steht den Beteiligten kein Beschwerderecht nach § 216 (s dort Rn 4) zu. **4**

§ 212 Einstellung wegen Wegfalls des Eröffnungsgrunds

¹Das Insolvenzverfahren ist auf Antrag des Schuldners einzustellen, wenn gewährleistet ist, daß nach der Einstellung beim Schuldner weder Zahlungsunfähigkeit noch drohende Zahlungsunfähigkeit noch, soweit die Überschuldung Grund für die Eröffnung des Insolvenzverfahrens ist, Überschuldung vorliegt. ²Der Antrag ist nur zulässig, wenn das Fehlen der Eröffnungsgründe glaubhaft gemacht wird.

1. Allgemeines

Eine entsprechende Regelung war in der KO nicht enthalten. Allerdings kannte § 19 Abs 1 Nr 4 GesO eine Einstellung des Gesamtvollstreckungsverfahrens wegen Beseitigung des Eröffnungsgrundes. Die Vorschrift ermöglicht es einem Schuldner, die Wirkungen eines Insolvenzantrages auch nach Insolvenzeröffnung rückgängig zu machen: Nach Insolvenzeröffnung kann ein Eröffnungsantrag nach § 13 Abs 2 InsO nicht mehr zurückgenommen werden. **1**

2. Regelungsinhalt

a) Antragsbefugnis des Schuldners. Die Vorschrift gewährt (nur) dem Schuldner die Möglichkeit, einen Antrag auf Einstellung des Verfahrens wegen Wegfall des Eröffnungsgrundes zu stellen. **2**

b) Wegfall des Eröffnungsgrundes. aa) Allgemeines. Ausreichend ist, dass der Eröffnungsgrund von Anfang an fehlte und nur irrtümlich angenommen wurde (*Braun/Kießner*, § 212 Rn 4), nicht jedoch, dass die Insolvenzgründe beseitigt wurden, bei denen der Schuldner nach entsprechenden spezialgesetzlichen Vorschriften zur Insolvenzantragstellung verpflichtet gewesen wäre (Überschuldung und Zahlungsunfähigkeit nach § 64 Abs 1 GmbHG sowie nach § 93 Abs 2 AktG.). **3**

bb) Drohende Zahlungsunfähigkeit. Auch eine drohende Zahlungsunfähigkeit nach § 18 darf nicht mehr vorliegen. Letzteres dürfte in der Praxis zu erheblichen Schwierigkeiten führen, da der Schuldner darlegen und glaubhaft machen muss (S 2), dass auch später fällig werdende Verbindlichkeiten vollständig erfüllt werden können und **4**

§ 213 5. Teil. Befriedigung der Insolvenzgläubiger

keine erneute Zahlungsunfähigkeit droht (K/P-*Pape*, § 212 Rn 5). Gelingt es dem Schuldner nicht, den Wegfall einer drohenden Zahlungsunfähigkeit glaubhaft zu machen, **kommt eine Einstellung nach § 213 in Betracht.**

5   c) **Verfahren; Rechtsmittel.** Das Verfahren richtet sich nach § 214 f; Rechtsmittel richten sich nach § 216.

§ 213 Einstellung mit Zustimmung der Gläubiger

(1) ¹Das Insolvenzverfahren ist auf Antrag des Schuldners einzustellen, wenn er nach Ablauf der Anmeldefrist die Zustimmung aller Insolvenzgläubiger beibringt, die Forderungen angemeldet haben. ²Bei Gläubigern, deren Forderungen vom Schuldner oder vom Insolvenzverwalter bestritten werden, und bei absonderungsberechtigten Gläubigern entscheidet das Insolvenzgericht nach freiem Ermessen, inwieweit es einer Zustimmung dieser Gläubiger oder einer Sicherheitsleistung gegenüber ihnen bedarf.

(2) Das Verfahren kann auf Antrag des Schuldners vor dem Ablauf der Anmeldefrist eingestellt werden, wenn außer den Gläubigern, deren Zustimmung der Schuldner beibringt, andere Gläubiger nicht bekannt sind.

1. Entstehungsgeschichte und Normzweck

1   Die Vorschrift geht zurück auf § 202 KO sowie auf § 19 Abs 1 Nr 4 GesO, welche ebenfalls die Möglichkeit der Einstellung des Verfahrens mit Zustimmung sämtlicher Gläubiger beinhalten. Sie stellt sicher, dass das Insolvenzverfahren nicht „Selbstzweck" ist.

2. Regelungsinhalt

2   a) **Antragsberechtigung.** Antragsberechtigt ist wiederum (nur) der Schuldner. Der Antrag ist bei einer juristischen Person von allen gesetzlichen Vertretern zu stellen (*Braun/Kießner*, § 213 Rn 5; N/R-*Westphal*, § 213 Rn 28; MK-InsO/*Hefermehl*, § 213 Rn 5; Uhlenbruck/*Uhlenbruck*, § 213 Rn 3). Er kann form- und fristlos gestellt werden.

3   b) **Materielle Einstellungsvoraussetzungen.** Das Gesetz unterscheidet wegen der Einstellungsvoraussetzungen bei einem vom Schuldner gestellten Einstellungsantrag danach, ob der Antrag zeitlich vor oder nach der vom Insolvenzgericht nach § 28 gesetzten Frist zur Forderungsanmeldung gestellt wurde.

4   aa) **Nach Ablauf der Anmeldefrist (Abs 1).** Nach Ablauf der Anmeldefrist sieht das Gesetz eine vereinfachte Möglichkeit der Einstellung

des Verfahren vor: Es reicht aus, dass eine **Zustimmungserklärung sämtlicher angemeldeter Gläubiger** vorgelegt wird. Bei der Zustimmungserklärung handelt es sich um eine Prozesshandlung (MK-InsO/*Hefermehl*, § 213 Rn 8). Soweit angemeldete Forderungen vom Schuldner oder vom Verw bestritten worden sind, sieht Abs 1 S 2 eine **Ermessensentscheidung** vor. Das Gericht hat darüber zu befinden, ob die Gläubiger der Einstellung zustimmen müssen und/oder ob eine Sicherheitsleistung zu ihren Gunsten erforderlich ist. Im Umkehrschluss zu Abs 1 S 1 dürfte eine Sicherheitsleistung bei nicht bestrittenen Forderungen von Gläubigern, welche der Einstellung nicht zugestimmt haben, nicht ausreichend sein.

bb) Antrag vor Ablauf der Anmeldefrist. Ein Einstellungsantrag kann auch vor Ablauf der Anmeldefrist gestellt werden. Da bis zu diesem Zeitpunkt noch die Gefahr besteht, dass noch nicht bekannte Gläubiger eine Forderung zur Insolvenztabelle anmelden, bedarf es zusätzlich zu der **Zustimmungserklärung der bekannten Gläubiger** einer Feststellung, dass **weitere Gläubiger nicht bekannt** sind. Wie die Feststellung erfolgen soll, lässt der Gesetzgeber allerdings offen. Sofern der Verw bereits ein Gläubiger- oder Vermögensverzeichnis nach §§ 152, 153 aufgestellt hat, kann eine Prüfung anhand dieses Verzeichnisses erfolgen (MK-InsO/*Hefermehl*, § 213 Rn 17; Uhlenbruck/*Uhlenbruck*, § 213 Rn 11; K/P-*Pape*, § 213 Rn 8).

c) Verfahren; Rechtsmittel. Das Verfahren richtet sich nach § 214 f; Rechtsmittel richten sich nach § 216.

§ 214 Verfahren bei der Einstellung

(1) ¹**Der Antrag auf Einstellung des Insolvenzverfahrens nach § 212 oder § 213 ist öffentlich bekanntzumachen.** ²**Er ist in der Geschäftsstelle zur Einsicht der Beteiligten niederzulegen; im Falle des § 213 sind die zustimmenden Erklärungen der Gläubiger beizufügen.** ³**Die Insolvenzgläubiger können binnen einer Woche nach der öffentlichen Bekanntmachung schriftlich oder zu Protokoll der Geschäftsstelle Widerspruch gegen den Antrag erheben.**

(2) ¹**Das Insolvenzgericht beschließt über die Einstellung nach Anhörung des Antragstellers, des Insolvenzverwalters und des Gläubigerausschusses, wenn ein solcher bestellt ist.** ²**Im Falle eines Widerspruchs ist auch der widersprechende Gläubiger zu hören.**

(3) Vor der Einstellung hat der Verwalter die unstreitigen Masseansprüche zu berichtigen und für die streitigen Sicherheit zu leisten.

§ 214

I. Entstehungsgeschichte und Normzweck

1   Die Verfahrensvorschriften waren bisher in § 203 KO geregelt. Diese wurden im Wesentlichen in die InsO übernommen. Im Gegensatz zum alten Recht besteht kein Widerspruchsrecht der Insolvenzgläubiger (BegrRegE, *Kübler/Prütting*, S 446). Die Vorschrift stellt einheitliche Verfahrensregeln für eine Einstellung des Insolvenzverfahrens auf Antrag des Schuldners nach Eröffnung zur Verfügung.

II. Regelungsinhalt

1. Zulässigkeitsvoraussetzungen

2   Zur Zulässigkeit des Einstellungsantrages ist auf §§ 212, 213 sowie die dortige Kommentierung zur verweisen.

2. Anhörung und Entscheidung des Insolvenzgerichts

3   **a) Allgemeines.** Nach Abs 2 S 1 ist bereits der Antrag nach § 212 oder § 213 **öffentlich bekannt zu machen (§ 9)**. Zusätzlich ist der Antrag in der Geschäftsstelle des Gerichts zur Einsicht aller Beteiligten niederzulegen (Abs 1 S 2 HS 1). Zusätzlich sind bei Einstellungsanträgen vor dem Ablauf der Anmeldefrist (§ 213) die **Zustimmungserklärungen der Gläubiger beizufügen** (Abs 2 S 2 HS 2). Im Falle des Einstellungsantrages nach § 212 ist dies nicht erforderlich. Bereits vor der Entscheidung durch das Insolvenzgericht über eine Einstellung des Verfahrens können die **Insolvenzgläubiger einen Widerspruch** gegen den Einstellungsantrag erheben. Es handelt sich neben der sofortigen Beschwerde nach § 216 um einen zusätzlichen Rechtsbehelf, kein Rechtsmittel (MK-InsO/*Hefermehl*, § 214 Rn 5). Der Widerspruch kann innerhalb von einer Woche nach Wirksamwerden der öffentlichen Bekanntmachung eingelegt werden. Ein verspätet eingelegter Widerspruch ist jedoch nicht unbeachtlich (N/R-*Westphal*, § 214 Rn 9 mwN), da das Insolvenzgericht das **Vorliegen der Einstellungsgründe ohnehin von Amts wegen zu prüfen** hat.

4   **b) Anhörung der Beteiligten.** Nach Abs 2 hat das Insolvenzgericht den Antragsteller, den Verw und den Gläubigerausschuss sowie – im Falle eines Widerspruchs – auch den widersprechenden Gläubiger zu hören. Eine Anhörung des antragstellenden Schuldners dürfte bei einer dem Antrag entsprechenden Entscheidung entbehrlich sein.

5   **c) Entscheidung durch das Insolvenzgericht.** Bei Vorliegen der Voraussetzungen des § 212 oder § 213 muss das Insolvenzgericht einen Einstellungsbeschluss erlassen (MK-InsO/*Hefermehl*, § 214 Rn 13; N/R-*Westphal*, § 214 Rn 12). **Nur im Falle des § 213 Abs 1 S 2** steht dem In-

solvenzgericht ein **Ermessen** bezüglich des Zustimmungserfordernisses der bestreitenden Gläubiger zu. Dies führt mittelbar zu einem Ermessen in Bezug auf die Einstellung.

3. Rechtsmittel

Die Rechtsmittel gegen einen Beschluss nach § 214 richten sich § 216. 6

§ 215 Bekanntmachung und Wirkungen der Einstellung

(1) ¹**Der Beschluß, durch den das Insolvenzverfahren nach § 207, 211, 212 oder 213 eingestellt wird, und der Grund der Einstellung sind öffentlich bekanntzumachen.** ²**Der Schuldner, der Insolvenzverwalter und die Mitglieder des Gläubigerausschusses sind vorab über den Zeitpunkt des Wirksamwerdens der Einstellung (§ 9 Abs. 1 Satz 3) zu unterrichten.** ³**§ 200 Abs. 2 Satz 2 und 3 gilt entsprechend.**

(2) ¹**Mit der Einstellung des Insolvenzverfahrens erhält der Schuldner das Recht zurück, über die Insolvenzmasse frei zu verfügen.** ²**Die §§ 201, 202 gelten entsprechend.**

Literatur: *Richert*, Die verfahrensrechtliche Beendigung des Konkurses, NJW 1961, 646.

I. Entstehungsgeschichte und Normzweck

Die Vorschrift geht zurück auf §§ 205, 206 KO. Neu ist die Vorabmitteilung an die Beteiligten nach Abs 1 S 2 (BegrRegE, *Kübler/Prütting*, S 447). Da die Einstellung des Verfahrens die spiegelbildlichen Auswirkungen der Eröffnung des Verfahrens hat, ist eine Veröffentlichung des Einstellungsbeschlusses erforderlich. Die öffentliche Bekanntmachung sowie die Vorabmitteilung dient der Unterrichtung der Beteiligten sowie der Ermöglichung der Einlegung eines Rechtsmittels nach § 216 Abs 2 enthält lediglich klarstellende Regelungen. 1

II. Regelungsinhalt

1. Vorabinformation

Nach Abs 1 S 2 sind der antragstellende Schuldner, der Verw sowie die Mitglieder des Gläubigerausschusses (sofern ein solcher bestellt wurde) vorab über den Zeitpunkt des Wirksamwerdens der Einstellung zu unterrichten. Die **Vorschrift verweist ausdrücklich auf § 9 Abs 1 S 3.** Eine Rechtsfolge für eine unterlassene Vorabmitteilung bestimmt das Gesetz nicht. Sie dürfte jedenfalls nicht zur Unwirksamkeit des Einstellungsbeschlusses führen. 2

2. Öffentliche Bekanntmachung

3 Die Form der öffentlichen Bekanntmachung richtet sich nach § 9 (s dort Rn 3 f). Mit Wirksamwerden der öffentlichen Bekanntmachung läuft die Frist zur Einlegung einer sofortigen Beschwerde nach § 216 (MK-InsO/*Hefermehl*, § 215 Rn 4; Uhlenbruck/*Uhlenbruck*, § 216 Rn 3).

3. Wirkungen des Einstellungsbeschlusses

4 Abs 2 S 1 bestimmt, dass der Schuldner mit der Einstellung des Verfahrens die Verfügungsbefugnis über die Insolvenzmasse zurückerhält. Das **Verwaltungs- und Verfügungsrecht des Verw nach § 80 erlischt** (FK-*Schulz*, § 215 Rn 4). Allerdings werden Verfügungen des Schuldners, die während des Insolvenzverfahrens nach § 81 InsO unwirksam waren, mit der Verfahrenseinstellung nicht rückwirkend wirksam (N/R-*Westphal*, § 215 Rn 19; MK-InsO/*Hefermehl*, § 15 Rn 10). Abs 2 S 2 enthält einen Generalverweis auf §§ 201, 202. Diesbezüglich ist auf die dortige Kommentierung zu verweisen.

§ 216 Rechtsmittel

(1) Wird das Insolvenzverfahren nach § 207, 212 oder 213 eingestellt, so steht jedem Insolvenzgläubiger und, wenn die Einstellung nach § 207 erfolgt, dem Schuldner die sofortige Beschwerde zu.

(2) Wird ein Antrag nach § 212 oder § 213 abgelehnt, so steht dem Schuldner die sofortige Beschwerde zu.

Literatur: *Pape/Pape*, ZIP 2000, 1553 ff.

I. Entstehungsgeschichte und Normzweck

1 Eine entsprechende Vorschrift war in der KO nicht enthalten, da dort wegen § 73 Abs 3 KO eine Anordnung der Zulässigkeit einer sofortigen Beschwerde entbehrlich war. Eine sofortige Beschwerde steht den Beteiligten in nahezu allen Fällen einer Entscheidung über eine Einstellung oder Nichteinstellung des Insolvenzverfahrens zu. Lediglich im Fall des § 211 wird eine Beschwerdemöglichkeit nicht angeordnet (BegrRegE, *Kübler/Prütting*, S 444).

II. Regelungsinhalt

1. Einstellungsbeschluss

2 **a) Beschwerdebefugnis des Schuldners.** Dem Schuldner steht nach § 1 nur im Falle der Einstellung mangels Masse nach § 207 das Recht auf sofortige Beschwerde (§ 6) zu.

b) Insolvenzgläubiger. Jedem Insolvenzgläubiger (also auch nach- 3
rangigen iSv § 39) steht das Recht auf **sofortige Beschwerde gegen einen Einstellungsbeschluss nach § 207** (Einstellung mangels Masse),
§ 212 (Einstellung wegen Wegfalls des Eröffnungsgrundes) und **§ 213**
(Einstellung mit Zustimmung der Gläubiger) zu. Ein nach § 213 Abs 1 zustimmender Gläubiger wird für eine sofortige Beschwerde nach **§ 216 nur
dann** ein Rechtsschutzbedürfnis haben, wenn in Bezug auf die Zustimmungserklärung ein **Willensmangel** vorgelegen hat (MK-InsO/*Hefermehl*, § 213 Rn 8).

c) Massegläubiger; Verw. Den Massegläubigern steht eine Be- 4
schwerdemöglichkeit nicht zu (N/R-*Westphal*, § 216 Rn 6). Gleiches gilt
für den Verw (MK-InsO/*Hefermehl*, § 216 Rn 9; Uhlenbruck/*Uhlenbruck*,
§ 216 Rn 2).

2. Ablehnende Entscheidung

Abs 2 ordnet nur für den Fall einer ablehnenden Entscheidung gegen 5
einen Schuldnerantrag nach §§ 212 oder 213 ein Recht des Schuldners
zur Einlegung der sofortigen Beschwerde an.

3. Rechtmittel

Neben der in § 216 ausdrücklich angeordneten sofortigen Beschwerde 6
(§ 6) haben die Beteiligten das Rechtsmittel der Rechtspflegererinnerung
nach § 11 Abs 1 RPflG. (MK-InsO/*Hefermehl*, § 216 Rn 4 ff), da für die
Entscheidung im Insolvenzverfahren in aller Regel der Rechtspfleger zuständig ist (§ 18 RPflG).

6. Teil. Insolvenzplan

Vorbemerkung vor §§ 217–269

1. Normzweck

1 Der InsPlan ist eine wesentliche Neuerung der InsO. Ziel ist es, die Verfahrensabwicklung der Autonomie der an der Insolvenz Beteiligten zu überlassen. Dies bewirkt eine Privatisierung des InsVerfahren (MK-InsO/*Eidenmüller*, Vor §§ 217–269 Rn 1), was zum einen die Bereitschaft des InsSchu fördert, an der Schuldenbereinigung aktiv mitzuarbeiten, aber auch die Bereitschaft der InsGl auf die Durchsetzung ihrer Rechte teilweise zu verzichten. Durch die Stärkung der Autonomie der Beteiligten und der Deregulierung des Verfahrens wird eine flexible Handlungsform eröffnet, die sich den Gegebenheiten der Marktsituation und den Besonderheiten des Einzelfalls anpassen kann. Dies dient letztendlich dem Ziel des § 1 Abs 1, der bestmöglichen Befriedigung der InsGl.

Die Verfahrensziele sind gleichsam erweitert. So ermöglicht der InsPlan insbes die Sanierung des Unternehmens durch Fortführung des Unternehmens auf Grundlage des InsPlan, die übertragende Sanierung ist damit nicht mehr der einzige Weg der Sanierung.

2. Verhältnis zu anderen Vorschriften der InsO

2 **a) Anwendungsbereich. aa) Kleininsolvenzverfahren.** Dem InsPlan entspricht im Kleininsolvenzverfahren der Schuldenbereinigungsplan nach §§ 305 ff, die Vorschriften über den InsPlan sind nach § 312 Abs 3 nicht abwendbar. Vgl zum InsPlan bei Freiberuflern und Handwerkern: *Graf/Wunsch* ZIP 2001, 1029 ff.

3 **bb) Masseunzulänglichkeit.** Problematisch ist die Durchführung eines InsPlan im Fall der Masseunzulänglichkeit, jedoch wird von der hM die Möglichkeit des InsPlan im Hinblick auf die Haftungsverwirklichung zugunsten der Massegläubiger bejaht (MK-InsO/*Eidenmüller*, Vor §§ 217–269 Rn 33 mwN).

4 **cc) Konzerninsolvenzplan.** Ein Konzerninsolvenzplan ist ebenso wenig wie ein Konzernregelinsolvenzverfahren möglich (MK-InsO/*Eidenmüller*, Vor §§ 217–269 Rn 34; **aA:** *Uhlenbruck* NZI 1999, 41 ff).

5 **b) Anwendbare Vorschriften. aa) Allgemeines.** Der InsPlan kann indisponible Vorschriften der InsO, insbes die der ersten drei Teile, nicht modifizieren (*Braun/Braun*, Vor § 217 Rn 8; HK-*Flessner*, Vor §§ 217 ff Rn 5).

Vorbemerkung **vor § 217**

bb) Zuständigkeit. Diese entspricht der des InsVerfahren. 6

cc) Verfahrensregeln. Zur Geltung des Untersuchungsgrundsatzes, 7
§ 5 Abs 1: MK-InsO/*Eidenmüller*, Vor §§ 217–269 Rn 41 ff.

3. Bisherige „Planverfahren"

a) Zwangsvergleich der KO. Die KO sah in den §§ 173–201 die 8
Möglichkeit eines Zwangsvergleichs vor. Dieser betraf allerdings nur den
Bereich der Verwertung des schuldnerischen Vermögens.

b) Vergleich nach der Vergleichsordnung. Ein Vergleich war nach 9
der Vergleichsordnung im Vorfeld eines Konkursverfahrens möglich, wobei
dann bei Scheitern des Vergleichsverfahrens ein Anschlusskonkurs möglich
war.

c) Vergleich mit dem InsPlan. Der InsPlan ermöglicht es in einem 10
einheitlichen Verfahren den Ablauf der Insolvenz durch eine multipolare
Vereinbarung auszugestalten und geht damit über die Möglichkeiten der
VglO und der KO hinaus. Vom Vergleich der VglO unterscheidet der Ins-
Plan sich dadurch, dass er gerade der Befriedigung der InsGl und damit
der **Verwirklichung der Haftung** des InsSchu dient, wohingegen der
Vergleich auf eine zumindest teilweise Beseitigung der Haftung abzielte.
Dazu enthielt die VglO Regelungen über eine Mindestbefriedigungsquo-
te, da nur bei deren Einhaltung der Verzicht gerechtfertigt werden konnte.
Zudem ist nach dem InsPlan gerade die Möglichkeit der Weiterhaftung
für die Verbindlichkeiten möglich, wenn auch nicht die Regel; vgl § 227
Abs 1 und § 1 Abs 1. Ein weiterer Unterschied ist, dass der InsPlan nicht
wie der Vergleich und Zwangsvergleich auf Initiative des InsSchu eingeleitet wird, sondern auch der InsVerw einen Plan einreichen kann. Hierzu
kann er von der Gl-Versammlung beauftragt werden, vgl § 157 Satz 2.
Schließlich gibt es in der InsO auch keine Regelungen mehr zur Ver-
gleichswürdigkeit.

4. Exkurs: Sanierungsgewinne

a) Allgemeines. aa) Begriff. Die bei der Sanierung eintretende Ver- 11
mögensmehrung kann zu einer Steuerverpflichtung der Masse bzw des
InsSchu führen. Dies wird beim InsPlan darin deutlich, dass mit Bestätigung des InsPlan die planbetroffenen Forderungen im festgelegten Umfang erlassen werden und dieser Verzicht auf einen Teil der Forderung für
den InsSchu einen Ertrag, den **Sanierungsgewinn**, bedeutet.

bb) Steuerpflichtigkeit. Der Sanierungsgewinn war bis Ende 1997 12
nach § 3 Nr 66 EStG aF steuerfrei, nunmehr unterliegt er aber als **steuerpflichtige Betriebseinnahme** der allg Besteuerung. Dies ist im InsPlan-
Verfahren besonders misslich, da eine weitere Belastung der Masse eintritt

und so die Aussichten einer Planfinanzierung weiter geschmälert werden, führt aber auch im Restschuldbefreiungsverfahren (bei selbständiger Tätigkeit des InsSchu) zu einer steuerlichen Belastung (zur Kritik an der Abschaffung des § 3 Nr 66 EStG, insbes zum Bericht der Bund-Länder-Kommission „Insolvenzrecht": *Graf-Schlicker* ZIP 2002, 1166, 1176 f; auch: *Maus* ZIP 2002, 589 ff mwN; die Abschaffung begrüßend: *Groh* DB 1996, 1890 ff). Die Steuerpflicht entsteht bei sog. **Gewinneinkünften** nach § 2 Abs 2 Nr 1 EStG (Einkünfte aus Land- und Forstwirtschaft, Gewerbebetrieb und selbständiger Arbeit), dagegen nicht bei sog. Überschusseinkünften iSd § 2 Abs 2 Nr 2 EStG (*Maus* ZIP 2002, 589, 591).

13   **cc) Entstehungszeitpunkt. (1)** Beim **InsPlanVerfahren** entsteht der Sanierungsgewinn mit der Bestätigung des InsPlan nach § 248, da der Verzicht in diesem Zeitpunkt als sog. Buchgewinn wirksam wird (ausf. *Maus* ZIP 2002, 589, 592; FK-*Jaffé*, § 217 Rn 202; *Graf/Wunsch* ZIP 2001, 1029, 1040; **aA:** *Georg* ZIP 2000, 93, 95).

(2) Im **Restschuldbefreiungsverfahren** entsteht er dagegen mit Auflösung der zwar nicht erloschenen aber wegen der mangelnden Durchsetzbarkeit (§ 301 Rn 10) nicht mehr zu bilanzierenden Verbindlichkeiten (vgl *Maus* ZIP 2002, 589, 592).

(3) Bei Durchführung des **Verbraucherinsolvenzverfahrens** entsteht der Sanierungsgewinn bei Annahme des Schuldenbereinigungsplans nach § 308 Abs 1 bzw bei Zustandekommen des außergerichtlichen Schuldenbereinigungsplans (*Maus* ZIP 2002, 589, 592).

14   **dd) Rang.** Bei der Bestimmung des Rangs ist der steuerrechtliche Entstehungszeitpunkt irrelevant, entscheidend ist der Bezug auf die Insolvenzmasse vor Eröffnung (dann § 38) oder die Entstehung durch eine Handlung des InsVerw bzw einer Maßnahme der Verwaltung, Verwertung oder Verteilung (dann § 55 Abs 1 Nr 1) (*Maus* ZIP 2002, 589, 592). Demnach ist die Steuerforderung beim Sanierungsgewinn eines **InsPlan** wegen der Bestätigung durch das InsGericht eine **Masseforderung nach § 55 Abs 1 Nr 1 2. Alt** (*Vögeli* ZInsO 2000, 144, 145). In den sonstigen Fällen besteht keine Masse, so dass sie in einem späteren InsVerfahren eine InsForderung darstellt.

15   **b) Folgen. aa) Für das InsPlanVerfahren.** Die durch den Sanierungsgewinn entstehende Steuerschuld ist als Masseforderung nach § 258 Abs 2 vor Aufhebung des InsVerfahren zu befriedigen. Dies ist problematisch, da zu diesem Zeitpunkt die Forderungshöhe noch nicht feststeht (vgl *Maus* ZIP 2002, 589, 593). Weiter ist die Steuerforderung in der Finanzplanung des InsPlan zu berücksichtigen, so dass eine Zurückweisung wegen offensichtlicher Unerfüllbarkeit nach § 231 Abs 1 Nr 3 droht (siehe § 231 Rn 9).

bb) Haftung. (1) des InsVerw. Eine Haftung des InsVerw nach § 61 16 droht im Fall des InsPlan nicht, da die Steuerforderung nicht durch seine Handlungen, sondern durch die Bestätigung durch das InsGericht als Verwaltungsmaßnahme entsteht (*Maus* ZIP 2002, 589, 593; **aA:** *Vögeli* ZInsO 2000, 144, 145 bei Planvorlage durch den InsVerw), so dass „nur" eine Haftung aus § 60 bei Nichterfüllung der Steuerschuld trotz vorhandener Masse droht.

(2) des InsGerichts. Eine Haftung des InsGerichts kann entstehen, wenn es entgegen § 231 Abs 1 Nr 3 den InsPlan nicht zurückweist oder entgegen § 250 Nr 1 iVm § 231 Abs 1 Nr 3 bestätigt.

c) Lösung: Stundung und Erlass der Steuer. Das Problem der Sa- 17 nierungsgewinne ist durch das Schreiben des Bundesministerium der Finanzen vom 27. März 2003 (IV A 6 – S 2140 – 8/03) praktisch gelöst (vgl schon LG Bielefeld ZIP 2002, 951 ff): Die Sanierungsgewinne werden durch **Steuerstundung und Steuererlass aus sachlichen Billigkeitsgründen** praktisch steuerfrei. Voraussetzung für diese Handhabung sind ein entsprechender Antrag des Steuerpflichtigen und die vorrangige Verrechnung der Verluste und negativen Einkünfte unbeschadet von Ausgleichs- und Verrechnungsbeschränkungen mit dem Sanierungsgewinn. Diese Verrechnung führt zum Aufbrauchen der Verluste bzw negativen Erträge, so dass diese nicht mehr in den nach § 10d Abs 2 EStG festzustellenden Verlustvortrag eingestellt werden und auch nicht in den nach § 15a Abs 4 und 5 EStG verrechenbaren Verlust einfließen. Diese Verrechnung ist dahingehend abgesichert, dass der Stundungs- und Erlassantrag des Steuerschuldners als zurückgenommen gilt, falls er sich gegen die Verrechnung wendet. Weiter ist die Stundung zur Überwachung der Verrechnung und der Ausnutzung des Verlustrücktrags bis zur nächsten Veranlagung auszusprechen, jedenfalls zu befristen. An diese Stundung schließt sich nach abschließender Prüfung der Erlass der Steuer gemäß § 227 AO an, wobei eine Ermessensreduktion auf Null vorliegt. Dieser erfasst auch uU aufgelaufene Stundungszinsen. – Vgl zum Stundungs- und Erlassmodell und zu anderen Lösungen: MK-InsO/*Kling*, →Insolvenzsteuerrecht Rn 244; *Maus* ZIP 2002, 589 ff; *Vögeli* ZInsO 2000, 144, 145 f; *Graf/Wunsch* ZIP 2001, 1029, 1039 f; FK-*Jaffé*, § 217 Rn 203 ff; *Take/Schmidt-Sperber* ZInsO 2000; 374,376.

1. Abschnitt. Aufstellung des Plans

§ 217 Grundsatz

Die Befriedigung der absonderungsberechtigten Gläubiger und der Insolvenzgläubiger, die Verwertung der Insolvenzmasse und deren Verteilung an die Beteiligten sowie die Haftung des Schuldners nach der Beendigung des Insolvenzverfahrens können in einem Insolvenzplan abweichend von den Vorschriften dieses Gesetzes geregelt werden.

1. Normzweck

1 § 217 bestimmt als Eingangsnorm der Regelungen über den InsPlan den Rahmen der durch einen InsPlan regelbaren Inhalte und den erfassten Personenkreis. Zugleich werden indirekt die nicht dispositiven Normen der InsO bestimmt.

2. Erfasster Personenkreis

2 Durch den InsPlan können die Rechtspositionen der **InsGl** (unter Einbeziehung der nachrangigen InsGl, vgl aber § 225), der **absonderungsberechtigten InsGl** (vgl 223) und des **InsSchu** gestaltet werden. Ist der InsSchu keine natürliche Person, so sind die an ihm beteiligten Personen erfasst (*Hess/Weis* InVo 1996, 169). – Keine Beteiligten sind die Aussonderungsberechtigten nach § 47, diejenigen, die einen durch Vormerkung gesicherten Anspruch auf Übereignung einer unbeweglichen Sache haben, § 106 Abs 1 (FK-*Jaffé*, § 217 Rn 118–122; K/P-*Otte*, § 217 Rn 57) und die Massegläubiger (K/P-*Otte*, § 217 Rn 58).

3. Regelungsinhalt

3 **a) Mögliche Inhalte. aa) Grundsatz.** In einem InsPlan können grundsätzlich alle Regelungen getroffen werden, die auf dem Gebiet des Privatrechts rechtsgeschäftlich vereinbart werden können und zulässig sind (HK-*Flessner*, Vor §§ 217 ff Rn 7, § 217 Rn 17).

4 **bb) Befriedigung der InsGl und der absonderungsberechtigten InsGl.** Im InsPlan kann zunächst die in den §§ 166 ff geregelte Befriedigung der absonderungsberechtigten InsGl abweichend geregelt werden, wobei **§ 223** gilt. Wenn das Gesetz daneben auch allg die Befriedigung der InsGl nennt, geht es über die Bereiche der Verwertung, Verteilung und Haftung (sogleich Rn 5–7) hinaus und nimmt Bezug auf die quotenmäßige Befriedigung der InsGl. Dieser Hinweis ist zu weit geraten, so dass bei den einzelnen Vorschrift geprüft werden muss, ob sie disponibel sind (HK-*Flessner*, § 217 Rn 4).

Vorbemerkung **vor § 217**

cc) Verwertung. Die in den §§ 156–173 geregelte Verwertung der 5
Masse kann modifiziert und sogar ausgeschlossen werden, so wenn der
InsPlan nicht die Liquidation zum Ziel hat, sondern die Sanierung des
schuldnerischen Unternehmens. Allerdings wird ein wirksamer InsPlan
vorausgesetzt, der erst im Berichtstermin gefasst werden kann, so dass die
§§ 156–158 indisponibel sind (HK-*Flessner*, § 217 Rn 5).

dd) Verteilung. Die in den §§ 187–206 normierte Verteilung ist in- 6
soweit zwingend, als Rechte von Personen betroffen sind, die nicht vom
InsPlan erfasst werden, vgl §§ 189, 190, oder die Regelung der Nachtragsverteilung
(§§ 203, 205, 206) bzw wesentlicher Verfahrensgarantien
(§ 194) erfasst wird (so HK-*Flessner*, § 217 Rn 6).

ee) Haftung des InsSchu. Nach § 201 Abs 1 gilt das Recht der un- 7
beschränkten Nachhaftung. Dieses kann im InsPlan abweichend geregelt
und ausgeschlossen werden, wobei dies nach § 227 Abs 1 bei einer fehlenden
Regelung vermutet wird (vgl § 227 Rn 2). Daneben können auch die
Regelungen des Restschuldbefreiungsverfahrens modifiziert werden, jedoch
nur hinsichtlich ihrer Zulässigkeit und Wirkungen (insbes die
§§ 286, 301, 302), aber nicht hinsichtlich der Verfahrensregelung (HK-*Flessner*,
§ 217 Rn 7).

b) Grenzen. aa) Allgemeines. Die planfesten Vorschriften der InsO 8
sind: §§ 1–147. Daneben aber auch alle Vorschriften, die das Verfahren vor
dem Wirksamwerden des InsPlan regeln (HK-*Flessner*, § 217 Rn 8).

bb) Massegläubiger. Der InsPlan kann die Rechtsstellung der Masse- 9
gläubiger nicht berühren, diese haben nach § 53 eine privilegierte Stellung.
Dies gilt wegen der vom Gesetz gewollten Privilegierung auch für
Ansprüche aus Sozialplänen nach § 123 (HK-*Flessner*, § 217 Rn 9; **aA:**
N/R-*Braun*, § 217 Rn 30 ff). Zum InsPlan bei Masseunzulänglichkeit
siehe Vor §§ 217–269 Rn 3.

cc) Gesellschafterrechte. Ein Eingriff in Gesellschafterrechte durch 10
einen InsPlan ist nicht zulässig (N/R-*Braun*, § 217 Rn 35–44; *Braun/
Braun*, § 217 Rn 9 f; *Hess/Weis* InVo 1996, 169; FK-*Jaffé*, § 217 Rn 156).
Es ist somit ein Einvernehmen mit den Gesellschaftern herbeizuführen.
Da für eine erfolgreiche Verfahrensdurchführung idR eine Umgestaltung
der rechtlichen Verhältnisse notwendig sein wird (zB Einbringung des
schuldnerischen Unternehmens in eine neu zu gründende Auffanggesellschaft),
ermöglicht es § 228 hierfür nach der Übereinkunft erforderliche
Willenserklärungen in den gestaltenden Teil des InsPlan aufzunehmen
und so eine Verknüpfung beider Vorgänge herzustellen (*Hess/Weis* InVo
1996, 169, 170).

vor § 217   6. Teil. Insolvenzplan

11   **c) Planarten.** Diese Einteilung ist nicht abschließend; Mischformen sind möglich. – *Burger/Schellberg* DB 1994, 1833.

12   **aa) Liquidationsplan.** Ein Liquidationsplan liegt vor, wenn die Verwertung abweichend von den §§ 159 ff geregelt wird, insbes der InsVerw die Masse nicht unverzüglich, sondern über einen längeren Zeitraum hinweg verwertet. Er ist auf die Zerschlagung des schuldnerischen Unternehmens gerichtet.

13   **bb) Sanierungs-, Fortführungsplan.** Der Sanierungsplan regelt die Sanierung im Wege der (nicht nur vorübergehenden) Betriebsfortführung. Ohne einen InsPlan ist der InsVerw hierzu grundsätzlich nicht berechtigt.

14   **cc) Übertragungsplan.** Der Übertragungsplan regelt die übertragende Sanierung, also die Übertragung des Unternehmens durch Übertragung einzelner Vermögenswerte (Singularsukzession) auf einen schon bestehenden oder noch zu gründenden Unternehmensträger (vgl FK-*Jaffé*, § 217 Rn 146 ff).

15   **d)** Die **Rechtsnatur** des InsPlan ist str, am nächsten liegt die Annahme einer vertraglichen Vereinbarung der Beteiligten, wobei diese aber durch hoheitliche Elemente (Mehrheitsentscheidung; Obstruktionsverbot, § 245; Kontrolle des InsGericht) modifiziert ist (vgl FK-*Jaffé*, § 217 Rn 74–101; K/P-*Otte*, § 217 Rn 62–80).

§ 218 Vorlage des Insolvenzplans

(1) [1]Zur Vorlage eines Insolvenzplans an das Insolvenzgericht sind der Insolvenzverwalter und der Schuldner berechtigt. [2]Die Vorlage durch den Schuldner kann mit dem Antrag auf Eröffnung des Insolvenzverfahrens verbunden werden. [3]Ein Plan, der erst nach dem Schlußtermin beim Gericht eingeht, wird nicht berücksichtigt.

(2) Hat die Gläubigerversammlung den Verwalter beauftragt, einen Insolvenzplan auszuarbeiten, so hat der Verwalter den Plan binnen angemessener Frist dem Gericht vorzulegen.

(3) Bei der Aufstellung des Plans durch den Verwalter wirken der Gläubigerausschuß, wenn ein solcher bestellt ist, der Betriebsrat, der Sprecherausschuß der leitenden Angestellten und der Schuldner beratend mit.

1. Normzweck

1   § 218 regelt die Vorlagevoraussetzungen und das Vorlageverfahren, daneben aber auch teilweise das Aufstellungsverfahren. Bei der Planaufstellung ist nun in Abs 3 entgegen dem Vergleichsverfahren nach der KO/ VglO eine Beteiligung von Arbeitnehmervertretern vorgesehen. Gleichfalls geändert wurde das Recht zur Vorlage eines Plans, dass früher nur dem Gemeinschuldner zustand. Nun kann der InsVerw mit der Ausarbeitung und Vorlage eines InsPlan beauftragt werden. In Abs 1 S 2 ist nun auf den nach US-amerikanischem Vorbild genannten „pre-packaged-plan" Bezug genommen.

2. Aufstellung des InsPlan, Verfahren

a) Durch InsSchu. Ein InsPlan kann vom InsSchu aufgestellt werden. 2 Dies kann auch schon vor Stellung des InsAntrag erfolgen, was eine zügige Verfahrensdurchführung ermöglicht („pre-packaged-plan"). Einen Anspruch auf Ersatz der Kosten für die Planaufstellung hat der InsSchu (auch aus Geschäftsführung ohne Auftrag) nicht (FK-*Jaffé*, § 218 Rn 37 f; K/P-*Otte*, § 218 Rn 10).

b) Durch InsVerw. aa) Eigeninitiative – „originärer InsVerw- 3 **Plan".** Str ist, ob der InsVerw auch auf eigene Initiative einen Plan aufstellen kann (so: MK-InsO/*Eidenmüller*, § 218 Rn 26 f; K/P-*Otte*, § 218 Rn 11; N/R-*Braun*, § 218 Rn 25 ff; FK-*Jaffé*, § 218 Rn 55 ff: bis zum Berichtstermin; **aA:** *Schiessler*, InsPlan, 98 ff).

bb) Beauftragung nach § 157 S 2 – „derivativer InsVerw-Plan". 4 **(1) Frist zur Ausarbeitung, Abs 2.** Der InsVerw hat bei Beauftragung durch die Gl-Versammlung den Plan in **angemessener Frist** dem Gericht vorzulegen. Bei der Eigenverwaltung können der Sachwalter oder der InsSchu nach § 284 Abs 1 zur Ausarbeitung eines InsPlan beauftragt werden. Die Angemessenheit der Frist kann nur im Einzelfall bestimmt werden und richtet sich einerseits nach der Komplexität des aufzustellenden InsPlan und andererseits nach der wirtschaftlichen Situation und der daraus folgenden Eilbedürftigkeit.

(2) Verpflichtung. Die Beauftragung bedeutet eine Verpflichtung, den Plan aufzustellen, so dass uU Aufsichtmaßnahmen des InsGericht oder eine Haftung nach § 60 in Betracht kommen können, falls der InsVerw dem Auftrag nicht nachkommt (HK-*Flessner*, § 218 Rn 11).

(3) Inhalt. Der InsVerw ist bei der Aufstellung des InsPlan an die Zielvorgabe der Gl-Versammlung (§ 157 S 2) gebunden. Hält er diese für nicht zweckmäßig, so kann er eine erneute Beschlussfassung oder nach § 78 die Aufhebung des Beschlusses der Gl-Versammlung herbeiführen. Er ist aber nicht berechtigt, die Zielvorgabe eigenmächtig zu ändern oder einen Alternativplan vorzulegen (MK-InsO/*Eidenmüller*, § 218 Rn 28; HK-*Flessner*, § 218 Rn 12; FK-*Jaffé*, § 218 Rn 72 ff; *Paulus* DZWiR 1999, 53, 58 f; **aA:** *Warrikoff* KTS 1997, 527, 530 f; H/W/W-*Hess*, § 218 Rn 48;

N/R-*Braun*, § 218 Rn 32 ff). Er ist gleichfalls an der Ausarbeitung eines InsPlan gehindert, wenn die Gl-Versammlung beschließt, dass kein InsPlan ausgearbeitet werden soll, sog. Negativbeschluss (MK-InsO/*Eidenmüller*, § 218 Rn 30).

5 **cc) Zur Planvorlage durch den vorl InsVerw**: MK-InsO/*Eidenmüller*, § 218 Rn 31 ff.

6 **c) Zusätzliche Beteiligte, Abs 3. aa) Anwendungsbereich.** Abs 3 ist auf die Planaufstellung durch den InsVerw (nicht vorl InsVerw) beschränkt (MK-InsO/*Eidenmüller*, § 218 Rn 37 ff).

7 **bb) Personenkreis.** Bei der Aufstellung des InsPlan sind zwingend der InsSchu und die Vertretungsorgane der InsGl, dh Gl-Ausschuss und Gl-Versammlung, und Vertreter der Angestellten (Betriebsrat / Sprecherausschuss) zu beteiligen. Dieses Beteiligungsrecht tritt neben andere Beteilungsrechte und verdrängt diese nicht (HK-*Flessner*, § 218 Rn 13). – Daneben wird der InsVerw aber auch andere Personen hinzuziehen, um eine möglichst wirklichkeitsnahe Tatsachengrundlage bzw Prognose für seine Planung zu erhalten.

8 **cc) Art der Beteiligung.** Unter der **beratenden Mitwirkung** ist eine über eine bloße Anhörung hinausgehende Beteiligung zu verstehen, die nicht nur punktuell, sondern entsprechend des Planungsfortschritts dauernd zu erfolgen hat. Dabei hat der InsVerw die Beteiligten hinreichend zu informieren, diese sind dann zur substantiierten Stellungnahme verpflichtet, die wiederum der InsVerw zu berücksichtigen hat (ausf. MK-InsO/*Eidenmüller*, § 218 Rn 50 ff; **aA:** HK-*Flessner*, § 218 Rn 15: keine Verpflichtung zur Mitwirkung). Die Beteiligten erhalten hierfür keine gesonderte Vergütung (K/P-*Otte*, § 218 Rn 62; HK-*Flessner*, § 218 Rn 15; MK-InsO/*Eidenmüller*, § 218 Rn 63). Der InsSchu kann nach § 97 zur Mitwirkung verpflichtet sein (*Braun/Braun*, § 218 Rn 6).

9 **dd) Verletzung von Mitwirkungsrechten.** Verletzt der InsVerw die Mitwirkungsrechte, so hat das InsGericht den InsPlan nach § 231 Abs 1 Nr 1 grundsätzlich (Ausnahme: Behebung des Mangels) zurückzuweisen (MK-InsO/*Eidenmüller*, § 218 Rn 54 f; **aA zT:** N/R-*Braun*, § 218 Rn 61 f: bei mehrheitlicher Zustimmung der InsGl ist ein Verstoß geheilt, so dass kein Verstoß nach § 250 Nr 1 vorliegt und das InsGericht den Plan bestätigt). Daneben kann der Fehler nach § 250 erheblich sein (vgl dort und MK-InsO/*Eidenmüller*, § 218 Rn 57 ff).

3. Vorlageverfahren

10 **a) Vorlageberechtigung. aa) InsVerw.** Die Kompetenz der Gl-Versammlung zur Beauftragung des InsVerw nach § 157 S 2 schließt ein

Vorbemerkung **vor § 217**

eigenes originäres Vorlagerecht des InsVerw aus (N/R-*Balthasar*, § 157 Rn 12; *Grub* ZIP 1993, 393, 397; *Schiessler*, Der InsPlan, S 98, 277; **aA:** K/P-*Otte*, § 218 Rn 11 ff; *Landfermann* BB 1995, 1649, 165; MK-InsO/ *Görg*, § 157 Rn 16; H/W/W-*Hess*, § 157 Rn 6; HK-*Flessner*, § 218 Rn 7; *Warrikoff* KTS 1997, 527, 530 f). Die Regelung in § 218 bedeutet nur, dass der InsVerw zur Vorlage eines Plans berechtigt ist, den er infolge der Beauftragung ausgearbeitet hat.

bb) InsSchu. Der InsSchu ist gleichfalls zur Vorlage eines Plans berechtigt. Ist der InsSchu eine **juristische Person** oder **Gesellschaft ohne Rechtspersönlichkeit**, so liegt die Vorlageberechtigung beim vertretungsberechtigten Organ, § 18 Abs 3 analog; § 15 ist unanwendbar (MK-InsO/*Eidenmüller*, § 218 Rn 72; N/R-*Braun*, § 218 Rn 8 ff; K/P-*Otte*, § 218 Rn 26; HK-*Flessner*, § 218 Rn 6). Bei der Auflösung der Gesellschaft durch die Verfahrenseröffnung (vgl §§ 145 Abs 1 HGB, 730 Abs 1 2. HS BGB) sind nur noch die Gesellschafter gemeinschaftlich berechtigt, den InsPlan vorzulegen (HK-*Flessner*, § 218 Rn 6). – Zur Nachlassinsolvenz / Insolvenz einer Gütergemeinschaft ausf: MK-InsO/*Eidenmüller*, § 218 Rn 79 ff). 11

b) „Pre-packaged-plan", Abs 1 S 2. Durch Vorlage eines vorgefertigten Plans mit Stellung des InsAntrag kann eine beschleunigte Sanierung erreicht werden. 12

c) Zeitliche Grenze, Abs 1 S 3. Ein InsPlan kann nur dann berücksichtigt werden, wenn er spätestens im Schlusstermin vorgelegt wird (N/ R-*Braun*, § 218 Rn 53). 13

d) Adressat. Der InsPlan ist nach Abs 1 S 1 beim InsGericht vorzulegen. Die funktionelle Zuständigkeit zur Entgegennahme und für das weitere Verfahren, insbes der Vorprüfung nach § 231, unterliegt keinen Besonderheiten, so dass ab Eröffnung des InsVerfahrens der Rechtspfleger zuständig ist, falls kein Richtervorbehalt besteht. 14

e) Planinhalt und -form. Der zulässige Inhalt ist in §§ 219–230 geregelt. Der InsPlan ist schriftlich einzureichen (MK-InsO/*Eidenmüller*, § 218 Rn 133). 15

f) Weiteres Verfahren. Nach Vorlage des InsPlan geht das Verfahren in das Prüfungsverfahren nach § 231 und anschließend in das Beratungsverfahren nach §§ 232 ff über. Um die Plandurchführung zu sichern kann das InsGericht nach § 233 die Verwertung des schuldnerischen Vermögens einstweilig untersagen. 16

§ 219 Gliederung des Plans

¹Der Insolvenzplan besteht aus dem darstellenden Teil und dem gestaltenden Teil. ²Ihm sind die in den §§ 229 und 230 genannten Anlagen beizufügen.

§ 220 Darstellender Teil

(1) Im darstellenden Teil des Insolvenzplans wird beschrieben, welche Maßnahmen nach der Eröffnung des Insolvenzverfahrens getroffen worden sind oder noch getroffen werden sollen, um die Grundlagen für die geplante Gestaltung der Rechte der Beteiligten zu schaffen.

(2) Der darstellende Teil soll alle sonstigen Angaben zu den Grundlagen und den Auswirkungen des Plans enthalten, die für die Entscheidung der Gläubiger über die Zustimmung zum Plan und für dessen gerichtliche Bestätigung erheblich sind.

§ 221 Gestaltender Teil

Im gestaltenden Teil des Insolvenzplans wird festgelegt, wie die Rechtsstellung der Beteiligten durch den Plan geändert werden soll.

1. Normzweck

1   Die InsO enthält nur eine grobe Regelung des Inhalts des InsPlan. Er ist in einen darstellenden Teil, § 220, und einen gestaltenden Teil, § 221, zu gliedern und hat daneben die in § 230 genannten Anlagen zu enthalten. Dies ist eine bloße Mindestanforderung, die ein Mindestmaß an Übersichtlichkeit garantieren soll. Zudem kann nur der gestaltende Teil Rechte begründen oder aufheben und ist somit schon aus diesem Grund vom darstellenden Teil zu trennen. – Mustergliederung: Entwurf IDW Standard (IDW ES 2) ZIP 1999, 500 ff; – Musterpläne: *Braun/Uhlenbruck*, Muster eines Insolvenzplans, Düsseldorf, 1998; *Lauscher/Weßling/Bange* ZInsO 1999, 5 ff.

2. Darstellender Teil, § 220

2   a) Der darstellende Teil soll zusammen mit den nach § 230 beizufügenden Anlagen eine umfassende Information der Beteiligten sicherstellen. Nur dann können sie die im gestaltenden Teil dargestellten Änderungen beurteilen und über den InsPlan entscheiden. Damit sind die erforderlichen Angaben unterschiedlich, je nach dem, ob ein Liquidations-, Übertragungs- oder Sanierungsplan vorliegt.

Gliederung und Inhalt des Plans **§§ 219–221**

b) Allgemeine Angaben. Es sind jedenfalls folgende Informationen 3
notwendig:
– Darstellung der derzeitigen wirtschaftlichen Lage des InsSchu
– Angaben zu den Ursachen der Insolvenz
– laufende Strafverfahren bzw frühere Verurteilungen (MK-InsO/*Eilenberger*, § 220 Rn 9)
– daneben die Angaben aus dem allg Verfahren: §§ 151–153, 156 (vgl *Warrikoff* KTS 1997, 527, 533)
– Angaben zu rechtlichen Verhältnissen des InsSchu, wie Rechtsform, Gesellschaftsverträge (MK-InsO/*Eilenberger*, § 220 Rn 10)
– das Vorliegen anfechtungsrelevanter Vorgänge (*Smid/Smid/Rattunde*, § 220 Rn 7)
– Maßnahmen des InsVerw nach der Verfahrenseröffnung (*Warrikoff* KTS 1997, 527, 533; MK-InsO/*Eilenberger*, § 220 Rn 12).

c) Angaben hinsichtlich der Gestaltung der Rechtslage. Da der 4
darstellende Teil Grundlage für den gestaltenden Teil ist, hat er die geplanten Rechtsänderungen zu erklären und dabei insbes die wirtschaftlichen Folgen für die Beteiligten darzulegen. Hierbei sind Information notwendig über: die Gruppenbildung, § 222; Eingriffe in Absonderungsrechte, § 223 Abs 2; Modifikationen der Rechte der InsGl, § 224; die Umwandlung von Forderungen in langfristige Darlehen oder Beteiligungskapital (K/P-*Otte*, § 220 Rn 11); Änderungen der Rechte der nachrangigen InsGl, § 225; das Verfahren nach Annahme des InsPlan und der Aufhebung des InsVerfahren, wie die Überwachung der Planerfüllung, §§ 259 Abs 2, 260 Abs 1 (vgl *Smid/Smid/Rattunde*, § 221 Rn 33) oder die Aufstellung eines Kreditrahmens nach § 264.

d) Angaben hinsichtlich unternehmensbezogener Maßnahmen. 5
aa) Weiter sind die **geplanten Maßnahmen** aufzuführen (Orientierung an den vom Rechtsausschuss gestrichenen Vorschriften, vgl K/P-*Otte*, § 220 Rn 12): Änderung des Unternehmenszwecks, Betriebsänderungen, bestehende Sozialplanforderungen und geplante Sozialpläne, Aufnahme von Darlehen, Vergleichsrechnung der zu erwartenden Befriedigung, erforderliche behördliche Genehmigungen bzw Mitwirkungshandlungen Dritter.

bb) Bei **Sanierungsplänen** sind weiter Angaben erforderlich zur Sanie- 6
rungsfähigkeit, zum Sanierungskonzept und zu möglichen Alternativen.

3. Gestaltender Teil, § 221

a) Inhalt. aa) Notwendige Regelungen. Der gestaltende Teil ent- 7
hält **alle geplanten Rechtsänderungen**, sofern sie im InsPlan regelbar sind.

§§ 219–221

(1) Gesellschaftsrechtliche Änderungen. Von den Wirkungen des InsPlan ausgenommen sind gesellschaftsrechtliche Änderungen. Diese sind vielmehr zusätzlich in den Plan aufzunehmen und nur möglich, wenn die an der Gesellschaft Beteiligten hiermit einverstanden sind. Vgl MK-InsO/*Eidenmüller*, § 221 Rn 77 ff und ausf. *Müller* KTS 2002, 209 ff.

(2) Dingliche Rechtslage. Diese kann ebenfalls nicht unmittelbar durch den InsPlan gestaltet werden, sondern es bedarf gesonderter Willenserklärungen, die freilich bei Zustimmung der Beteiligten in den Ins-Plan aufgenommen werden können, vgl § 228 Rn 2 ff und MK-InsO/*Eidenmüller*, § 221 Rn 91 ff.

(3) Eingriffe in Rechte Absonderungsberechtigter. Siehe hierzu § 223.

(4) Modifikation der Rechte der InsGl. Siehe hierzu § 224.

(5) Modifikation der Rechte der nachrangigen InsGl. Siehe hierzu § 225.

(6) Gruppenbildung. Diese gestaltet die Rechtslage in verfahrensrechtlicher Hinsicht und hat Bedeutung für das Gewicht der Stimmrechte und das Obstruktionsverbot. Siehe § 222.

(7) Klauseln. Der gestaltende Teil sollte Minderheitenschutzklauseln (Gleichstellungsklauseln) enthalten (*Braun/Braun*, §§ 219–221 Rn 6; MK-InsO/*Eidenmüller*, § 221 Rn 41 ff). Weiterhin kann eine Wiederauflebensklausel nach § 255 vorgesehen werden (MK-InsO/*Eilenberger*, § 219 Rn 9).

(8) Planvollzug. Der gestaltende Teil kann auch Regelungen für den Planvollzug enthalten, so hinsichtlich der Planüberwachung (§ 260 Abs 1), etwaiger Zustimmungsvorbehalte (§ 263) und der Einräumung eines Kreditrahmens (§ 264) (MK-InsO/*Eilenberger*, § 219 Rn 8).

8 **bb) Willenserklärungen.** In den InsPlan sind zweckmäßiger Weise schon alle notwendigen Willenserklärungen (Änderungen der Gesellschafterrechte und der dinglichen Rechtslage) aufzunehmen, da dann eine zusätzliche Beurkundung entbehrlich ist, vgl § 925 Abs 1 S 3 BGB.

9 **b) Gestaltungswirkung.** Mit Feststellung des InsPlan wird der gestaltende Teil Titel nach § 257 und erhält unmittelbar rechtsgestaltende Wirkung (Gestaltungswirkung), § 254 Abs 1 S 1 (MK-InsO/*Eilenberger*, § 219 Rn 8; HK-*Flessner*, § 219 Rn 3). Zu den von der Gestaltungswirkung erfassten Personen: § 217 Rn 2.

10 **c) Form.** Wegen der rechtsgestaltenden Wirkung ist eine Trennung vom darstellenden Teil schon aus Gründen der Rechtssicherheit zwingend

notwendig (HK-*Flessner*, § 219 Rn 4). Weiterhin ist wegen der Titelfunktion das **vollstreckungsrechtliche Bestimmtheitsgebot** zu beachten (MK-InsO/*Eidenmüller*, § 221 Rn 13 ff).

§ 222 Bildung von Gruppen

(1) ¹Bei der Festlegung der Rechte der Beteiligten im Insolvenzplan sind Gruppen zu bilden, soweit Gläubiger mit unterschiedlicher Rechtsstellung betroffen sind. ²Es ist zu unterscheiden zwischen
1. den absonderungsberechtigten Gläubigern, wenn durch den Plan in deren Rechte eingegriffen wird;
2. den nicht nachrangigen Insolvenzgläubigern;
3. den einzelnen Rangklassen der nachrangigen Insolvenzgläubiger, soweit deren Forderungen nicht nach § 225 als erlassen gelten sollen.

(2) ¹Aus den Gläubigern mit gleicher Rechtsstellung können Gruppen gebildet werden, in denen Gläubiger mit gleichartigen wirtschaftlichen Interessen zusammengefaßt werden. ²Die Gruppen müssen sachgerecht voneinander abgegrenzt werden. ³Die Kriterien für die Abgrenzung sind im Plan anzugeben.

(3) ¹Die Arbeitnehmer sollen eine besondere Gruppe bilden, wenn sie als Insolvenzgläubiger mit nicht unerheblichen Forderungen beteiligt sind. ²Für Kleingläubiger können besondere Gruppen gebildet werden.

1. Normzweck

Die Gruppenbildung ist ein Gestaltungsmittel, dass es dem Planverfasser ermöglicht, durch eine taktisch kluge Einteilung der Gruppen die Mehrheitsbildung zu beeinflussen. Die zwingende Gruppenbildung nach Abs 1 trägt den unterschiedlichen rechtlichen Stellungen der InsGl Rechnung. Die fakultative Gruppenbildung nach Abs 2 ermöglicht es, die unterschiedlichen wirtschaftlichen Interessen zu berücksichtigen. 1

2. Zwingende Gruppenbildung, Abs 1

a) Eine Gruppenbildung hat nach **S 1** zwingend zu erfolgen, wenn die InsGl **unterschiedliche Rechtsstellungen** haben, dh hinsichtlich ihres **Befriedigungsrechts** unterschiedlichen **Rangklassen** angehören (MK-InsO/*Eidenmüller*, § 222 Rn 46). Dies ist bei den in **S 2** genannten InsGl der Fall. Innerhalb dieser drei Gruppen kann eine weitere Differenzierung nach Abs 2 erfolgen, zwingend ist dies aber nicht. Eine weitere Differenzierung ist im Hinblick auf das Gleichbehandlungsgebot des § 226 sinnvoll, da die grobe Aufteilung in drei Gruppen dazu führt, dass innerhalb 2 einer Gruppe erhebliche Unterschiede hinsichtlich der rechtlichen Stellung und den wirtschaftlichen Interessen bestehen (HK-*Flessner*, § 222 Rn 6). Wichtig ist hierbei, dass alle Gruppen gleichrangig sind, also keine Einteilung in Haupt- und Untergruppen erfolgt (N/R-*Braun*, § 222 Rn 9). Zudem dürfen innerhalb einer Gruppe nicht InsGl mit rechtlich unterschiedlichen Forderungen aufgenommen werden, Verbot der „Mischgruppen"-Bildung (LG Berlin NZI 2005, 335).

3 **b) Einteilung. aa) Absonderungsberechtigte, S 2 Nr 1.** Die absonderungsberechtigten InsGl sind diejenigen nach §§ 49–51. Sie sind in einer Gruppe zusammenzufassen, wenn in ihre Rechte eingegriffen wird. Dies ist der Fall, wenn das Absonderungsrecht beschränkt wird (zB nachteilige Abweichung von §§ 170, 171, 173), aber auch dann, wenn zwar ihre dingliche Sicherung nicht unmittelbar, aber mittelbar durch Veränderung der persönlichen Forderung beeinflusst wird, zB über den Sicherungsvertrag oder gesetzliche Regelungen (HK-*Flessner*, § 220 Rn 7; MK-InsO/*Eidenmüller*, § 222 Rn 50). – Besitzt der absonderungsberechtigte InsGl auch eine **persönliche Forderung**, so ist er in deren voller Höhe auch in die Gruppe der nicht nachrangigen InsGl einzustellen, die Höhe der Ausfallforderung ist dann entscheidend für den Umfang des Stimmrechts (MK-InsO/*Eidenmüller*, § 222 Rn 54; **aA:** N/R-*Braun*, § 222 Rn 101 ff; *Lauscher/Weßling/Bange* ZInsO 1999, 5, 7; *Kaltmeyer* ZInsO 1999, 255, 259).

4 **bb) Nicht nachrangige InsGl, S 2 Nr 2.** Dies sind die InsGl nach § 38.

5 **cc) Nachrangige InsGl, S 2 Nr 3.** Dies sind die InsGl, die von § 39 erfasst werden. Eine weitere Unterteilung ist notwendig, falls entgegen § 225 einzelne Forderungen nicht erlöschen sollen (HK-*Flessner*, § 222 Rn 9), § 225 Abs 3 bleibt dabei außer Betracht (vgl MK-InsO/*Eidenmüller*, § 22 Rn 58).

3. Fakultative Gruppenbildung, Abs 2

6 **a)** Eine fakultative Gruppenbildung ist möglich, wenn hierdurch InsGl zusammengefasst werden, die **gleichartige wirtschaftliche Interessen** haben und sich hierdurch von anderen Gruppenmitgliedern unterscheiden (HK-*Flessner*, § 222 Rn 10 MK-InsO/*Eidenmüller*, § 222 Rn 71). Die Einteilung anhand der unterschiedlichen wirtschaftlichen Interessen muss nach **S 2 sachgerecht** sein, was nach **S 3** auch im Plan **zu begründen** ist. Hierdurch wird die Prüfung der Sachgerechtigkeit der Einteilung durch das InsGericht vereinfacht. Das Kriterium der Sachgerechtigkeit ist dabei auf den Planinhalt (Sanierungsplan ↔ Liquidationsplan) bezogen (BegrRegE, RWS-Doku, 453; HK-*Flessner*, § 222 Rn 12). – Zu möglichen

Differenzierungskriterien: MK-InsO/*Eidenmüller*, § 222 Rn 78–86; zu taktischen Überlegungen: *Kaltmeyer* ZInsO 1999, 255, 264 ff.

b) Bsp: aa) zu Abs 1 Nr 1. Absonderungsberechtigte InsGl können zB unterteilt werden in: InsGl mit Rechten am Warenlager, an den Produktionsmitteln, an Forderungen bzw grundpfandrechtlich gesicherte InsGl. 7

bb) zu Abs 1 Nr 2. Die nicht nachrangigen InsGl können zB unterteilt werden in: gesicherte/ungesicherte InsGl, Kreditgeber, Lieferanten, öffentlichrechtliche Gläubiger (Finanzamt, Bundesanstalt für Arbeit), Versorgungsunternehmen, den Pensionssicherungsverein. 8

c) Größe. Eine Gruppe kann auch aus nur einem einzelnen Gläubiger bestehen (HK-*Flessner*, § 222 Rn 11; MK-InsO/*Eidenmüller*, § 222 Rn 29; H/W/W-*Hess*, § 222 Rn 16; **aA:** *Smid/Smid/Rattunde*, § 222 Rn 26: grundsätzlich nur bei Abs 1 Nr 1 oder 3 zulässig; vgl *Smid* ZInsO 1998, 347, 350 ff). Dies ist für den **Pensionssicherungsverein** in **§ 9 Abs 4 S 1 BetrAVG** ausdrücklich bestimmt. 9

d) Kleingläubiger. Das Gesetz enthält in Abs 3 S 2 die Höhe der Forderung als weiteres taugliches Abgrenzungskriterium. 10

e) Sonderregelung. Besonderheiten bestehen nach § 116 Nr 3 GenG für den InsPlan bei einer eingetragenen Genossenschaft (MK-InsO/*Eidenmüller*, § 222 Rn 130 ff; *Scheibner* DZWiR 1999, 8 ff). 11

4. Arbeitnehmer, Abs 3 S 1

Eine besondere Gruppe ist für die Arbeitnehmer zu bilden, wenn sie als InsGl am Verfahren beteiligt sind und (kumulativ) **erhebliche Forderungen** haben. IdR werden sie jedoch Masseforderungen (§§ 55 Abs 1 Nr 2, 123 Abs 2 S 1) haben oder über das InsGeld abgedeckt sein (vgl HK-*Flessner*, § 222 Rn 13). 12

5. Verfahren

a) Die Gruppenbildung erfolgt durch den **Planverfasser**, also den InsSchu oder InsVerw. 13

b) Anhörung. Die Beteiligten sind im Erörterungstermin (§ 235) zu hören, eine frühzeitige Beteiligung ist jedoch sinnvoll, um eine breite Zustimmung zu erreichen. 14

c) Eine **Überprüfung** der Gruppenbildung erfolgt nach § 231 bei der Vorprüfung und bei der Bestätigung des InsPlan nach § 250. Durch die rechtskräftige Bestätigung werden etwaige Verfahrensverstöße geheilt (MK-InsO/*Eidenmüller*, § 222 Rn 145). 15

6. Rechtsfolgen

16 a) Das **Gleichbehandlungsgebot** nach § 226 Abs 1 braucht nur innerhalb einer Gruppe beachtet zu werden.

17 b) Die Abstimmung erfolgt nach § 243 getrennt nach Gruppen.

18 c) **Obstruktionsverbot.** Die Verweigerung der Zustimmung durch eine Gruppe kann nach § 245 unerheblich sein. Im Hinblick auf § 245 Abs 1 Nr 3 ist eine ungerade Anzahl von Gruppen von Vorteil (*Braun/Braun*, § 222 Rn 13).

§ 223 Rechte der Absonderungsberechtigten

(1) ¹Ist im Insolvenzplan nichts anderes bestimmt, so wird das Recht der absonderungsberechtigten Gläubiger zur Befriedigung aus den Gegenständen, an denen Absonderungsrechte bestehen, vom Plan nicht berührt. ²Eine abweichende Bestimmung ist hinsichtlich der Finanzsicherheiten im Sinne von § 1 Abs. 17 des Kreditwesengesetzes sowie der Sicherheiten ausgeschlossen, die
1. dem Teilnehmer eines nach § 1 Abs. 16 des Kreditwesengesetzes zur Sicherung seiner Ansprüche aus dem System oder
2. der Zentralbank eines Mitgliedstaats der Europäischen Union oder der Europäischen Zentralbank
gestellt wurden.

(2) Soweit im Plan eine abweichende Regelung getroffen wird, ist im gestaltenden Teil für die absonderungsberechtigten Gläubiger anzugeben, um welchen Bruchteil die Rechte gekürzt, für welchen Zeitraum sie gestundet oder welchen sonstigen Regelungen sie unterworfen werden sollen.

1. Normzweck

1 In den InsPlan können entgegen der Regelung zum Vergleichsverfahren nach altem Recht nun auch die absonderungsberechtigten InsGl einbezogen werden. Hierbei ist jedoch zu berücksichtigen, dass eine Beschränkung der Rechte der Absonderungsberechtigten nur in seltenen Fällen möglich sein wird, da diese dem InsPlan nach § 251 wegen einer Schlechterstellung widersprechen können. Eine wirkliche Beschränkung der Absonderungsrechte wird nur durch freiwillige Absprachen möglich sein.

2. Zweifelsregelung, Abs 1 S 1

2 a) **Ausdrückliche Regelung.** Die Rechte der absonderungsberechtigten InsGl werden nach S 1 nur geändert, wenn dies ausdrücklich im

Rechte der Insolvenzgläubiger **§ 224**

InsPlan bestimmt ist. Dies ist zwar an sich selbstverständlich, jedoch wegen der entgegengesetzten Auslegungsregelung für ungesicherte Forderungen (§ 227 Abs 1) ausdrücklich geregelt worden.

b) Eingriff. aa) in das Sicherungsrecht. Ein Eingriff in das Recht 3 zur abgesonderten Befriedigung kann darin liegen, dass in das Sicherungsrecht selbst eingegriffen wird, dieses zB gekürzt oder der Sicherungsgegenstand freigegeben wird.

bb) in das Befriedigungsrecht. Weiter kann das Verwertungsrecht 4 nach §§ 165 ff abweichend geregelt werden, indem zB der Kostenbeitrag höher als der gesetzliche Betrag bestimmt wird oder ein Verwertungsrecht nach § 173 auf den InsVerw übertragen bzw ausgeschlossen wird.

cc) in die persönliche Forderung. Schließlich kann die zugrunde- 5 liegende persönliche Forderung geändert werden, so dass das Absonderungsrecht aufgrund der sachenrechtlichen Akzessorietät bzw der Sicherungsabrede verkürzt wird (HK-*Flessner*, § 223 Rn 4).

3. Änderungsverbot, Abs 1 S 2

Ein Eingriff in die in S 2 genannten Sicherheiten ist wie bei der Ver- 6 wertung nicht zulässig, vgl § 166 Abs 2 S 2.

4. Bestimmtheitsgebot, Abs 2

Falls durch den InsPlan in die Absonderungsrechte eingegriffen wird, 7 ist dies im gestaltenden Teil, der den Umfang der Gestaltungswirkung bestimmt, genau anzugeben. Abs 2 nimmt damit Bezug auf das vollstreckungsrechtliche Bestimmtheitsgebot (vgl §§ 219–221 Rn 10) und auf das sachenrechtliche Bestimmtheitsgebot (MK-InsO/*Breuer*, § 223 Rn 36).

§ 224 Rechte der Insolvenzgläubiger

Für die nicht nachrangigen Gläubiger ist im gestaltenden Teil des Insolvenzplans anzugeben, um welchen Bruchteil die Forderung gekürzt, für welchen Zeitraum sie gestundet, wie sie gesichert oder welchen sonstigen Regelungen sie unterworfen werden sollen.

1. Bestimmtheitsgebot

a) Forderungseingriff. Eingriffe in die Rechte der InsGl unterliegen 1 dem vollstreckungsrechtlichen Bestimmtheitsgebot (N/R-*Braun*, § 224 Rn 4 f). Demgemäss sind die Auswirkungen auf die Rechte genau im gestaltenden Teil des InsPlan anzugeben. § 224 enthält hierbei nur eine bei-

§ 225   6. Teil. Insolvenzplan

spielhafte Aufzählung und ist nicht abschließend. Als Eingriffe kommen insbes in Betracht die quotale Kürzung bis hin zum Erlass und die Stundung.

2   **b) Erfüllung.** Eine ausdrückliche Angabe im gestaltenden Teil ist auch erforderlich, wenn die Forderung nach dem InsPlan vollständig erfüllt werden soll (HK-*Flessner*, § 224 Rn 3).

3   **c) Sonstige Regelungen.** Daneben können alle sonstigen rechtsgeschäftlichen Vereinbarungen getroffen werden. Soweit sich diese nicht auf den Individualanspruch beziehen gilt das vollstreckungsrechtliche Bestimmtheitsgebot nicht.

2. Sicherung der Forderung

4   § 224 erwähnt ausdrücklich die Sicherung der Forderung. Dabei kann die Sicherung schuldrechtlich versprochen werden (§ 230 Abs 3, 257 Abs 2), dies als Bedingung vorgesehen werden (§ 249) oder das Sicherungsgeschäft unter Aufnahme der entsprechenden Willenserklärungen (§ 228) schon im Plan vereinbart werden (HK-*Flessner*, § 224 Rn 4).

§ 225 Rechte der nachrangigen Insolvenzgläubiger

(1) Die Forderungen nachrangiger Insolvenzgläubiger gelten, wenn im Insolvenzplan nichts anderes bestimmt ist, als erlassen.

(2) Soweit im Plan eine abweichende Regelung getroffen wird, sind im gestaltenden Teil für jede Gruppe der nachrangigen Gläubiger die in § 224 vorgeschriebenen Angaben zu machen.

(3) Die Haftung des Schuldners nach der Beendigung des Insolvenzverfahrens für Geldstrafen und die diesen im § 39 Abs. 1 Nr. 3 gleichgestellten Verbindlichkeiten kann durch einen Plan weder ausgeschlossen noch eingeschränkt werden.

1. Normwveck

1   Die nachrangigen InsGl erhalten wegen der nicht vollständigen Befriedigung der InsGl im InsVerfahren idR nichts. Eine Besserstellung birgt daher die Gefahr, dass die InsGl nach § 251 Nr 2 dem InsPlan widersprechen, so dass die nachrangigen InsGl idR im Vergleich zum Regelinsolvenzverfahren nicht bevorzugt werden. Dementsprechend enthält § 225 eine Auslegungsregel, so dass besondere Ausführungen im InsPlan entbehrlich sind.

2. Erlassfiktion, Abs 1

2   Fehlen anderweitige Bestimmungen im InsPlan, gelten die Forderungen der nachrangigen InsGl als erlassen. Infolge dieser Erlassfiktion kann die Zustimmung der nachrangigen InsGl zum InsPlan nach § 246 Nr 1 fingiert sein (vgl dort).

3. Ausdrückliche Regelung, Abs 2

Falls im InsPlan eine Regelung der Rechte der nachrangigen InsGl erfolgt, ist hierbei das zu § 224 Gesagte zu beachten. In diesem Fall nehmen aber nur die Forderungen am Verfahren teil, die nach Aufforderung durch das InsGericht gemäß § 174 Abs 2 von den nachrangigen InsGl angemeldet wurden (HK-*Flessner*, § 225 Rn 3; MK-InsO/*Breuer*, § 225 Rn 17). 3

4. Insolvenzplanfeste Forderungen, Abs 3

Die Forderungen nach § 39 Abs 1 Nr 3 (**Geldstrafen** uä) sind durch Abs 3 der Disposition der InsGl entzogen. Dies ist eine Ausnahme von Abs 1 und § 227 (HK-*Flessner*, § 225 Rn 4). 4

§ 226 Gleichbehandlung der Beteiligten

(1) Innerhalb jeder Gruppe sind allen Beteiligten gleiche Rechte anzubieten.
(2) ¹Eine unterschiedliche Behandlung der Beteiligten einer Gruppe ist nur mit Zustimmung aller betroffenen Beteiligten zulässig. ²In diesem Fall ist dem Insolvenzplan die zustimmende Erklärung eines jeden betroffenen Beteiligten beizufügen.
(3) Jedes Abkommen des Insolvenzverwalters, des Schuldners oder anderer Personen mit einzelnen Beteiligten, durch das diesen für ihr Verhalten bei Abstimmungen oder sonst im Zusammenhang mit dem Insolvenzverfahren ein nicht im Plan vorgesehener Vorteil gewährt wird, ist nichtig.

1. Normzweck

§ 226 konkretisiert das insolvenzrechtliche Gleichbehandlungsgebot (vgl § 1 S 1 1. HS) und schränkt es auf eine Gleichbehandlung innerhalb der Gruppe ein. Die Gleichbehandlung der Gruppen untereinander wird allein durch die Möglichkeit, dem InsPlan nach § 251 zu widersprechen, im Rahmen des Minderheitenschutzes gewährleistet. Die Gruppenbildung soll gerade die Möglichkeit einer Ungleichbehandlung unter Berücksichtigung der Besonderheiten der Gruppenangehörigen ermöglichen. 1

2. Gruppeninterne Gleichbehandlung

a) Gleichbehandlungsgebot, Abs 1. Die Regelungen des InsPlan sind nur zulässig, wenn sie innerhalb der nach § 222 gebildeten Gruppen die InsGl gleichbehandeln. Dabei ist eine **rechtliche Gleichbehandlung** geboten, da eine wirtschaftliche Gleichbehandlung vom InsGericht und 2

§ 227

den über den InsPlan abstimmenden InsGl nur schwerlich beurteilt werden kann und so zu Rechtsunsicherheiten führen würde (HK-*Flessner*, § 226 Rn 2; FK-*Jaffé*, § 226 Rn 10a; **aA:** MK-InsO/*Breuer*, § 226 Rn 8; H/W/W-*Hess*, § 226 Rn 10, N/R-*Braun*, § 226 Rn 5; K/P-*Otte*, § 226 Rn 3). Eine Ungleichbehandlung ist bei **Wahloptionen** (zB Barabfindung des Liquidationswertes oder Planregelung) ausgeschlossen, da jeder InsGl frei entscheiden kann (N/R-*Braun*, § 226 Rn 10; MK-InsO/*Breuer*, § 226 Rn 3, 12).

3 **b) Ausnahmen, Abs 2.** Das Gleichbehandlungsgebot schließt eine Ungleichbehandlung nicht zwingend aus. Sieht der InsPlan eine Ungleichbehandlung vor, so ist aber die **Zustimmung aller betroffenen Beteiligten**, dh den schlechter gestellten InsGl (*Braun/Braun*, § 226 Rn 7; N/R-*Braun*, § 226 Rn 4; HK-*Flessner*, § 226 Rn 3; FK-*Jaffé*, § 226 Rn 17a), erforderlich, wobei deren Zustimmungen nach S 2 dem InsPlan beizufügen sind.

4 **c) Verstoß.** Der InsPlan ist bereits im Vorprüfungsverfahren nach § 231 und bei der Bestätigung nach § 250 auf die Einhaltung des § 226 zu prüfen.

3. Sonderabkommen, Abs 3

5 Absprachen, die außerhalb des InsPlan zustande kommen und das Abstimmungsverhalten oder die Gewährung eines Vorteils zum Inhalt haben, sind nichtig. Der Begriff des Abkommens ist weit auszulegen und erfasst auch einseitige Rechtshandlungen (FK-*Jaffé*, § 226 Rn 20; MK-InsO/ *Breuer*, § 226 Rn 15). Der InsGl muss hierdurch einen Vorteil erlangen, der ihm aufgrund des InsPlan nicht zustände. Das Sonderabkommen muss weiter auf das InsVerfahren bezogen sein (FK-*Jaffé*, § 226 Rn 24). In subjektiver Hinsicht ist die Bevorzugungsabsicht der an dem Abkommen Beteiligten erforderlich (MK-InsO/*Breuer*, § 226 Rn 18). Der BGH (NZI 2005, 325) sieht einen Verstoß gegen die Vorschrift auch in dem Fall als gegeben an, wenn ein InsGl oder ein Dritter einzelnen anderen InsGl Ihre Forderungen zu einem Preis abkauft, der die in einem vorgelegten InsPlan enthaltene Quote übersteigt, wenn mit der so erlangten Abstimmungsmehrheit die Annahme des InsPlans bewirkt werden soll. Das InsGericht darf den Plan bereits dann nicht bestätigen, wenn dessen Annahme auf dem Forderungskauf beruhen kann.

§ 227 Haftung des Schuldners

(1) Ist im Insolvenzplan nichts anderes bestimmt, so wird der Schuldner mit der im gestaltenden Teil vorgesehenen Befriedigung der Insolvenzgläubiger von seinen restlichen Verbindlichkeiten gegenüber diesen Gläubigern befreit.

(2) Ist der Schuldner eine Gesellschaft ohne Rechtspersönlichkeit oder eine Kommanditgesellschaft auf Aktien, so gilt Absatz 1 entsprechend für die persönliche Haftung der Gesellschafter.

1. Normzweck

Der InsSchu hat, wenn er eine natürliche Person ist, nach Durchführung des InsVerfahren idR die Möglichkeit, das Restschuldbefreiungsverfahren zu durchlaufen, auch ist es der Sinn von Vergleichen zumindest einen Teilerlass der Schulden zu bewirken, dies soll auch im InsPlanVerfahren gelten (vgl HK-*Flessner*, § 227 Rn 1). § 227 enthält daher eine Zweifelsregelung, so dass dies nicht zwingend im InsPlan behandelt werden muss. – § 334 Abs 2 verweist auf § 227 für die Haftung beim InsVerfahren über das gemeinschaftlich verwaltete Gesamtgut einer Gütergemeinschaft. 1

2. Zweifelsregelung

a) Voraussetzungen. aa) Fehlen einer abweichenden Bestimmung. Die Zweifelsregelung greift ein, wenn der InsPlan keine ausdrückliche Regelung zur Schuldenbefreiung enthält. Der InsPlan kann auch die Weiterhaftung des InsSchu vorsehen (HK-*Flessner*, § 227 Rn 5; **aA:** FK-*Jaffé*, § 227 Rn 12), jedoch wird dann der Widerspruch des InsSchu gegen den InsPlan nach §§ 247, 248 (Schlechterstellungsverbot) wahrscheinlich, da er (als natürliche Person) die Möglichkeit durch das Restschuldbefreiungsverfahren die Befreiung von seinen Verbindlichkeiten zu erreichen, verlöre. 2

bb) Befriedigung der InsGl. Weitere Voraussetzung ist, dass der InsPlan die Befriedigung der InsGl (bis hin zum Ausschluss) regelt. Hierbei ist kein Teilerlass erforderlich, die Befreiung tritt auch ein, wenn der InsPlan andere Regelungen zu den betroffenen Verbindlichkeiten (zB Ersetzung durch Forderungen gegen Dritte) enthält (HK-*Flessner*, § 227 Rn 4; H/W-*Hess*, § 227 Rn 8; FK-*Jaffé*, § 227 Rn 16 d). Eine Regelung liegt auch vor, wenn die Zweifelsregelung des § 225 Abs 1 eingreift. – Da der InsPlan Masseverbindlichkeiten nicht erfasst, kommt auch keine Entschuldung nach § 227 in Betracht (HK-*Flessner*, § 227 Rn 2). 3

b) Rechtsfolge. Die Befreiung von den restlichen Verbindlichkeiten erfolgt mit der Rechtskraft des Bestätigungsbeschlusses nach § 254 Abs 1 S 1 (HK-*Flessner*, § 227 Rn 3; FK-*Jaffé*, § 227 Rn 16b; *Braun/Braun*, § 227 Rn 4; **aA:** K/P-*Otte*, § 227 Rn 6). Die Schuldbefreiung kann allerdings wieder entfallen, wenn die Voraussetzungen des § 255 (Wiederauflebensklausel) vorliegen (HK-*Flessner*, § 227 Rn 3; *Braun/Braun*, § 227 Rn 4; MK-InsO/*Breuer*, § 227 Rn 8). 4

§ 228 6. Teil. Insolvenzplan

5 c) **Gesellschafterhaftung, Abs 2.** Die Befreiungswirkung wird bei den **Gesellschaften ohne Rechtspersönlichkeit (§ 11 Abs 2 Nr 1)** und der **KGaA** auf die persönlich haftenden Gesellschafter erstreckt. Nicht erfasst ist jedoch eine Mithaftung, die auf einem besonderen Rechtsgrund beruht, zB Bürgschaft, Schuldmitübernahme (HK-*Flessner*, § 227 Rn 6). Die Weiterhaftung bereits ausgeschiedener Gesellschafter wird ebenfalls nicht erfasst (HK-*Flessner*, § 227 Rn 6; MK-InsO/*Breuer*, § 227 Rn 13). Ein nach § 176 HGB persönlich haftender Kommanditist fällt dagegen unter § 227 Abs 2 (H/W/W-*Hess*, § 227 Rn 15; MK-InsO/ *Breuer*, § 227 Rn 13).

§ 228 Änderung sachenrechtlicher Verhältnisse

¹Sollen Rechte an Gegenständen begründet, geändert, übertragen oder aufgehoben werden, so können die erforderlichen Willenserklärungen der Beteiligten in den gestaltenden Teil des Insolvenzplans aufgenommen werden. ²Sind im Grundbuch eingetragene Rechte an einem Grundstück oder an eingetragenen Rechten betroffen, so sind diese Rechte unter Beachtung des § 28 der Grundbuchordnung genau zu bezeichnen. ³Für Rechte, die im Schiffsregister, im Schiffsbauregister oder im Register für Pfandrechte an Luftfahrzeugen eingetragen sind, gilt Satz 2 entsprechend.

1. Normzweck

1 Der InsPlan enthält zunächst nur schuldrechtliche Regelungen. § 228 ermöglicht die Verknüpfung des InsPlan mit Verfügungen über Rechte bzw mit Verfahrenshandlungen. Diese Verknüpfung bedeutet eine Erleichterung, indem zB besondere Formen der Willenserklärung ersetzt werden. Daneben werden eine Absicherung der Beteiligten, da Plan und Willenserklärung hinsichtlich ihrer Wirksamkeit voneinander abhängig gemacht werden, und eine Kostenersparnis erreicht (zB durch entfallende Beurkundungskosten, da der gestaltende Teil Beurkundungsfunktion hat).

2. Willenserklärungen

2 **a) Anwendungsbereich. aa) Rechtlich.** Die nach S 1 erfassten Willenserklärungen sind zunächst solche, die Verfügungen über Sachen, Rechte an Sachen, Forderungen und Rechte an Forderungen (dingliche Rechtsgeschäfte) oder über Immaterialgüterrechte darstellen. Weiter erfasst werden aber auch verfahrensrechtliche Erklärungen, zB die Eintragungsbewilligung nach § 19 GBO oder der Eintragungsantrag nach § 13 GBO (zu § 13 GBO str., bejahend: HK-*Flessner*, § 228 Rn 6; H/W/W-

Änderung sachenrechtlicher Verhältnisse §228

Hess, § 228 Rn 4; FK-*Jaffé*, § 228 Rn 19; **aA:** *Braun/Braun*, § 228 Rn 5; N/R-*Braun*, § 228 Rn 7 f; *Schiessler*, InsPlan, S 112).

bb) Gegenständlich. Erfasst sind sowohl Rechtsänderungen an Massegegenständen als auch an Gegenständen Dritter (MK-InsO/*Breuer*, § 228 Rn 4). 3

b) Voraussetzung. aa) Vertretungsmacht. Wird die entsprechende Willenserklärung in den Plan aufgenommen, so ist dies eine Willenserklärung des Planverfassers. Ist diese auf Rechte Dritter, dh nicht des InsSchu, bezogen, so wird diese wirksam, wenn eine entsprechende Vertretungsmacht (Vollmacht, gesetzliche Vertretung) bzw ein nachträgliches Einverständnis des Inhabers des Rechts vorliegt (HK-*Flessner*, § 228 Rn 8 f; MK-InsO/*Breuer*, § 228 Rn 6). Ist sie auf die Masse bezogen, so folgt die Vertretungsmacht aus der Verfügungsbefugnis des InsVerw, dessen Willenserklärung in den InsPlan aufzunehmen ist (HK-*Flessner*, § 228 Rn 5; MK-InsO/*Breuer*, § 228 Rn 5). Vgl auch FK-*Jaffé*, § 228 Rn 27. 4

bb) Bestimmtheit, S 2 und 3. Die Willenserklärung muss entsprechend dem sachenrechtlichen Bestimmtheitsgrundsatz hinreichend bestimmt sein. Es ist insbes das grundbuchrechtliche Bestimmtheitsgebot des § 28 GBO zu beachten (FK-*Jaffé*, § 228 Rn 22) 5

3. Rechtsfolge

a) Wirksamkeit. Die Aufnahme in den InsPlan bewirkt, dass die materiell- bzw verfahrensrechtlichen Willenserklärungen nur dann wirksam werden, wenn auch der InsPlan infolge der gerichtlichen Bestätigung nach § 254 Abs 1 S 2 1. HS wirksam wird (**aufschiebende Bedingung nach § 158 BGB**). 6

b) Planbestätigung. Daneben darf das InsGericht den InsPlan erst bestätigen, wenn die Vertretungsmacht des Planverfassers zur Abgabe der Willenserklärung nachgewiesen ist. 7

c) Ersetzung der sonst nötigen Form. Die Auflassung kann nach § 925 Abs 1 S 3 BGB auch im InsPlan erklärt werden. Vgl iÜ § 254 Abs 1 S 2. 8

d) Tatsächliche Handlungen. Weitere zur Rechtsänderung notwendige Akte (Übergabe der Sache, Eintragung ins Grundbuch) werden selbstverständlich nicht ersetzt, sondern sind nach rechtskräftiger Bestätigung des InsPlan auszuführen (*Smid/Smid/Rattunde*, § 228 Rn 4). 9

§ 229 Vermögensübersicht. Ergebnis- und Finanzplan

¹Sollen die Gläubiger aus den Erträgen des vom Schuldner oder von einem Dritten fortgeführten Unternehmens befriedigt werden, so ist dem Insolvenzplan eine Vermögensübersicht beizufügen, in der die Vermögensgegenstände und die Verbindlichkeiten, die sich bei einem Wirksamwerden des Plans gegenüberstünden, mit ihren Werten aufgeführt werden. ²Ergänzend ist darzustellen, welche Aufwendungen und Erträge für den Zeitraum, während dessen die Gläubiger befriedigt werden sollen, zu erwarten sind und durch welche Abfolge von Einnahmen und Ausgaben die Zahlungsfähigkeit des Unternehmens während dieses Zeitraums gewährleistet werden soll.

1. Normzweck

1   Im Fall der Fortführung des Unternehmens sind in den InsPlan zwingend weitere Angaben aufzunehmen, damit die InsGl für die Abstimmung über den InsPlan eine ausreichende Entscheidungsgrundlage, besonders Kenntnis der betriebswirtschaftlichen Daten haben. § 229 ist somit eine Ergänzungsregelung zu § 220. Den InsGl wird insbes der Vergleich zwischen Liquidations- und Fortführungswerten möglich. Die Angaben sind bei einem Übertragungs- bzw Liquidationsplan nicht erforderlich.

2. Erforderlichkeit der Angaben

2   **a) Fortführung des Unternehmens.** Erfasst ist sowohl die Fortführung durch den InsSchu als auch die durch einen Dritten. Erfasst ist auch die nur teilweise Fortführung des Unternehmens (HK-*Flessner*, § 229 Rn 2).

3   **b) Befriedigung aus den Erträgen.** Diese liegt vor, wenn das Unternehmen nicht nur kurzfristig im Rahmen der Ausproduktion fortgeführt wird, sondern die Befriedigung gerade nicht aus einer (wenn auch hinausgeschobenen) Verwertung, sondern aus den zu erwirtschaftenden Gewinnen erfolgen soll.

3. Inhalt und Umfang der Angaben

4   **a) Vermögensübersicht, S 1.** Die Vermögensübersicht entspricht grundsätzlich der Eröffnungsbilanz nach § 153, sie ist jedoch dahingehend modifiziert, dass sie auf den **Zeitpunkt der Bestätigung des InsPlan** und auf die **Fortführungswerte** abstellt (HK-*Flessner*, § 229 Rn 3; *Braun/Braun*, § 229 Rn 2). Diese Vermögensübersicht tritt neben die Aufstellung der Liquidationswerte nach § 220, die jedoch wiederum auf den

Zeitpunkt der Planbestätigung abstellen sollen (MK-InsO/*Eilenberger*, § 229 Rn 9; HK-*Flessner*, § 229 Rn 3). Gerade die Gegenüberstellung von Fortführungs- und Liquidationswerten ermöglicht es den InsGl, die Planaussichten zu beurteilen.

b) Aufwands- und Ertragsrechnung, S 2 1. Var. Diese erfolgt in 5 Form einer **Gewinn- und Verlustrechnung**. Sie muss den gesamten Zeitraum der Fortführung erfassen, wobei eine Gliederung nach Jahren sinnvoll ist (K/P-*Otte*, § 229 Rn 15; MK-InsO/*Eilenberger*, § 229 Rn 11).

c) Liquiditätsrechnung, S 2 2. Var. Die Liquidationsrechnung (Fi- 6 nanzplan) enthält die Aufstellung aller liquiditätswirksamen Aus- und Einzahlungen (K/P-*Otte*, § 229 Rn 20). Sie hat zumindest einen Zeitraum von 12 Monaten darzustellen. Zu berücksichtigen ist hierbei auch der Liquiditätsabfluss infolge der Besteuerung des Sanierungsgewinns, vgl Vor §§ 217–269 Rn 11 ff.

§ 230 Weitere Anlagen

(1) [1]**Ist im Insolvenzplan vorgesehen, daß der Schuldner sein Unternehmen fortführt, und ist der Schuldner eine natürliche Person, so ist dem Plan die Erklärung des Schuldners beizufügen, daß er zur Fortführung des Unternehmens auf der Grundlage des Plans bereit ist.** [2]**Ist der Schuldner eine Gesellschaft ohne Rechtspersönlichkeit oder eine Kommanditgesellschaft auf Aktien, so ist dem Plan eine entsprechende Erklärung der persönlich haftenden Gesellschafter beizufügen.** [3]**Die Erklärung des Schuldners nach Satz 1 ist nicht erforderlich, wenn dieser selbst den Plan vorlegt.**
(2) Sollen Gläubiger Anteils- oder Mitgliedschaftsrechte oder Beteiligungen an einer juristischen Person, einem nicht rechtsfähigen Verein oder einer Gesellschaft ohne Rechtspersönlichkeit übernehmen, so ist dem Plan die zustimmende Erklärung eines jeden dieser Gläubiger beizufügen.
(3) Hat ein Dritter für den Fall der Bestätigung des Plans Verpflichtungen gegenüber den Gläubigern übernommen, so ist dem Plan die Erklärung des Dritten beizufügen.

1. Normzweck

Der InsPlan hat nach § 230 ggf Erklärungen zur Fortführungsbereit- 1 schaft des InsSchu (Abs 1), zur Übernahme von Anteilen und Mitgliedschaftsrechten (Abs 2) und zu Verpflichtungen Dritter (Abs 3) zu enthalten. Dies dient der Absicherung der Beteiligten und der raschen Abwicklung des Verfahrens. – UU sind dem Plan daneben auch die Erklärungen nach § 226 Abs 2 beizufügen.

§ 230

2. Fortführungs- bzw Haftungserklärung, Abs 1

2 Dies meint die Erklärung, dass der InsSchu zur Fortführung des Unternehmens aufgrund des InsPlan bereit ist.

3 **a) Fortführung.** Die Erklärung ist nur erforderlich, wenn der InsPlan die zumindest teilweise Fortführung des Unternehmens durch den InsSchu vorsieht. Dies ist auch dann gegeben, wenn der InsSchu an einer (geplanten) Gesellschaft beteiligt ist (wird), durch die die Fortführung erfolgen soll (MK-InsO/*Eidenmüller*, § 230 Rn 6).

4 **b) Person des InsSchu. aa) Natürliche Person, S 1.** Eine Fortführungserklärung ist erforderlich, wenn der InsSchu eine **natürliche Person** ist. Sie ist für den InsSchu verbindlich (MK-InsO/*Eidenmüller*, § 230 Rn 10). Ausf zur Wirksamkeit und zum Fehlen einer Erklärung: MK-InsO/*Eidenmüller*, § 230 Rn 12–19.

5 **bb) Gesellschaft ohne Rechtspersönlichkeit (§ 11 Abs 2 Nr 1), KGaA.** In diesem Fall ist eine entsprechende **Erklärung der persönlich haftenden Gesellschafter** nötig. Dies ist dahingehend ungenau, dass die Fortführung nur durch das zuständige Organ beschlossen werden kann, und S 2 daher die Bestätigung der persönlich haftenden Gesellschafter meint, dass sie die Verpflichtungen aus der Fortführung im Rahmen der persönlichen Haftung übernehmen (HK-*Flessner*, § 230 Rn 3; *Braun/ Braun*, § 230 Rn 6). Sie ist daher eine **Haftungserklärung** (aA: MK-InsO/*Eidenmüller*, § 230 Rn 28 ff: schuldrechtliche Stimmbindung).

6 **cc) Übrige juristische Personen.** Eine Erklärung ist entbehrlich, wenn der InsSchu ein **rechtfähiger Verein**, eine **Gesellschaft** oder eine **Genossenschaft** ist (HK-*Flessner*, § 230 Rn 2). Die Fortführung ist in diesen Fällen erst nach der Beschlussfassung der zuständigen Organe bzw der Gesellschafter (vgl §§ 42, 728 BGB, §§ 131 Nr 3, 144 Abs 1 HGB, §§ 262 Abs 1 Nr 3, 274 Abs 1 und 2 Nr 1 AktG, § 60 Abs 1 Nr 4 GmbHG) zulässig, wobei die Planbestätigung dann von einem entsprechenden Beschluss abhängt, § 249 (K/P-*Otte*, § 230 Rn 2). Durch diesen Fortführungsbeschluss erübrigt sich eine gesonderte Erklärung der Fortführungsbereitschaft.

7 **c) InsVerwPlan, S 3.** Die Fortführungserklärung nach S 1 ist entbehrlich, wenn Planverfasser der InsSchu selbst ist, da er dann seinen Fortführungswillen durch die Planvorlage dokumentiert. S 3 erfasst dagegen nicht die Erklärung nach S 2 (FK-*Jaffé*, § 230 Rn 15; **aA** diff MK-InsO/ *Eidenmüller*, § 230 Rn 26).

3. Anteilsübernahme, Abs 2

Der InsPlan kann vorsehen, dass den InsGl Anteile oder Mitgliedschaftsrechte als Abfindung zugewandt werden. Da sich die InsGl hiermit nicht zufrieden geben müssen und eine Trennung des Insolvenz- vom Gesellschaftsrecht vorgesehen ist, ist die Zuwendung der Rechte nur mit ihrer Zustimmung zulässig, die entsprechenden Erklärungen sind dem InsPlan beizufügen. Nach **aA** ist analog Abs 2 eine Zustimmungserklärung immer dann erforderlich, wenn keine Bar-Abfindung erfolgt (N/R-*Braun*, § 230 Rn 12 ff; *Braun/Braun*, § 230 Rn 9; *Smid/Smid/Rattunde*, § 230 Rn 5; krit MK-InsO/*Eidenmüller*, § 230 Rn 43 f).

4. Verpflichtungen Dritter, Abs 3

Sieht der InsPlan Verpflichtungen Dritter vor, so sind die entsprechenden Erklärungen des Dritten dem InsPlan beizufügen, sofern sie bereits erteilt sind (vgl MK-InsO/*Eidenmüller*, § 230 Rn 68). Dies bewirkt zumindest eine **schuldrechtliche Sicherung** der Planbeteiligten (Vgl zur dinglichen Sicherung, § 228). Eine **nachträgliche Verpflichtung** wie auch ein **bedingter Plan**, bei dem die Planbestätigung von der Verpflichtung des Dritten (nach Planannahme durch die InsGl) abhängig ist, wird durch Abs 3 **nicht ausgeschlossen** (N/R-*Braun*, § 230 Rn 17 f; vgl MK-InsO/*Eidenmüller*, § Rn 76 ff).

§ 231 Zurückweisung des Plans

(1) **Das Insolvenzgericht weist den Insolvenzplan von Amts wegen zurück,**
1. **wenn die Vorschriften über das Recht zur Vorlage und den Inhalt des Plans nicht beachtet sind und der Vorlegende den Mangel nicht beheben kann oder innerhalb einer angemessenen, vom Gericht gesetzten Frist nicht behebt,**
2. **wenn ein vom Schuldner vorgelegter Plan offensichtlich keine Aussicht auf Annahme durch die Gläubiger oder auf Bestätigung durch das Gericht hat oder**
3. **wenn die Ansprüche, die den Beteiligten nach dem gestaltenden Teil eines vom Schuldner vorgelegten Plans zustehen, offensichtlich nicht erfüllt werden können.**

(2) Hatte der Schuldner in dem Insolvenzverfahren bereits einen Plan vorgelegt, der von den Gläubigern abgelehnt, vom Gericht nicht bestätigt oder vom Schuldner nach der öffentlichen Bekanntmachung des Erörterungstermins zurückgezogen worden ist, so hat das Gericht einen neuen Plan des Schuldners zurückzuweisen, wenn der Insolvenzverwalter mit Zustimmung

§ 231

des Gläubigerausschusses, wenn ein solcher bestellt ist, die Zurückweisung beantragt.

(3) Gegen den Beschluß, durch den der Plan zurückgewiesen wird, steht dem Vorlegenden die sofortige Beschwerde zu.

1. Normzweck

1 Bevor das InsGericht das Abstimmungsverfahren nach § 235 einleitet, hat es den InsPlan im Vorprüfungsverfahren auf grobe Fehler zu untersuchen. Es soll vermieden werden, dass eine aufwendige Abstimmung durchgeführt wird und trotz der Annahme des InsPlan durch die InsGl dieser nicht nach § 250 bestätigt werden kann. Dies dient letztlich der Verfahrensbeschleunigung.

2. Zurückweisung im Vorprüfungsverfahren, Abs 1

2 **a) Verfahrensfehler, Nr 1. aa) Verstoß gegen die §§ 219–230.** Das InsGericht prüft insb, ob die Regelung zum Planinitiativ-/Vorlagerecht, § 218, eingehalten wurde, ob eine zulässige, an sachgerechten Gesichtspunkten orientierte Gruppenbildung erfolgt ist (insbes wegen der Möglichkeit des Planverfassers hierdurch die Mehrheitsverhältnisse nach §§ 243, 244 festzulegen, HK-*Flessner*, § 231 Rn 4 f; FK-*Jaffé*, § 231 Rn 16 a) oder ob der InsPlan hinreichend bestimmt gefasst ist (HK-*Flessner*, § 231 Rn 3).

3 **bb) Prüfungsumfang, -dichte.** Die Einhaltung des Verfahrens wird im Detail überprüft, er erfolgt keine bloße Evidenzkontrolle wie bei Nr 2 und Nr 3 (FK-*Jaffé*, § 231 Rn 4).

4 **cc) Nachbesserungsrecht.** Der Planverfasser hat bei Behebbarkeit der Mängel (insbes bei formellen Mängeln, K/P-*Otte*, § 231 Rn 9) Änderungen am InsPlan vorzunehmen. Hierzu ist eine Nachfristsetzung durch das Gericht möglich. Als angemessene Frist können 2–4 Wochen, je nach Komplexität des Plans, angenommen werden (FK-*Jaffé*, § 231 Rn 20). In der Nachfristsetzung hat das InsGericht die Mängel aufzulisten und auf Lösungswege hinzuweisen (*Evers/Möhlmann* ZInsO 1999, 21, 22; *Braun/Braun*, § 231 Rn 4).

5 **b) Aussichtslosigkeit des Zustandekommens, Nr 2. aa) Vom InsSchu vorgelegter InsPlan.** Eine Überprüfung des InsGericht findet nur bei einem vom InsSchu vorgelegten InsPlan statt (vgl OLG Dresden NZI 2000, 436, 437).

6 **bb) Erfolgsaussichten fehlen** zB wenn ein entgegenstehender Wille bereits von der Gl-Versammlung geäußert wurde (BegrRegE, RWS-Doku, S 465; FK-*Jaffé*, § 231 Rn 27; *Burger/Schellberg* DB 1994, 1833, 1835; **aA:** HK-*Flessner*, § 231 Rn 8; MK-InsO/*Breuer*, § 231 Rn 18), die Plan-

durchführung aufgrund einer geänderten Sachlage (rechtlich oder wirtschaftlich) nicht mehr möglich (FK-*Jaffé*, § 231 Rn 29) oder noch nicht einmal die Deckung der Masse-/Verfahrenskosten gewährleistet ist (LG Neubrandenburg ZInsO 2002, 296; LG München I, ZInsO 2001, 1018f; K/P-*Otte*, § 231 Rn 20; *Smid/Smid/Rattunde*, § 231 Rn 46; **aA:** MK-InsO/*Breuer*, § 231 Rn 22).

cc) Offensichtlichkeit. Das InsGericht ist nicht zu eigenen Nachforschungen berechtigt und nimmt nur eine Evidenzkontrolle vor (HK-*Flessner*, § 231 Rn 12; FK-*Jaffé*, § 231 Rn 22a; MK-InsO/*Breuer*, § 231 Rn 5); eine Anhörung der Beteiligten unterbleibt. Bei der Prüfung hat das InsGericht die Abstimmungshoheit der InsGl zu berücksichtigen und darf das Abstimmungsergebnis nicht vorwegnehmen (FK-*Jaffé*, § 231 Rn 25f). Bei Zweifeln ist eine Entscheidung durch die Gl-Versammlung zu ermöglichen (FK-*Jaffé*, § 231 Rn 32). Eine Zurückweisung kann so nur in eindeutigen Fällen erfolgen (*Braun/Braun*, § 231 Rn 5).

c) Offensichtliche Unerfüllbarkeit, Nr 3. aa) Vom InsSchu vorgelegter InsPlan. Ein InsVerwPlan ist wiederum nicht erfasst.

bb) Unerfüllbare Ansprüche. Sieht der InsPlan unerfüllbare Ansprüche vor, ist er gleichsam zurückzuweisen. Dies ist anhand einer Prognose aufgrund der Angaben im darstellenden Teil und anhand der nach § 230 vorzulegenden Aufstellungen zu beurteilen. Unerfüllbarkeit liegt vor, wenn dem InsSchu weniger als das Existenzminimum verbleibt (BegrRegE RWS-Doku, S 465) oder die Fortführung wegen einer Gewerbeuntersagung unmöglich wird (AG Siegen NZI 2000, 236f). Die Nichtberücksichtigung der Steuerlast wegen prognostizierter Sanierungsgewinne steht dem InsPlan nicht entgegen, wenn das Finanzamt einen Erlass in Aussicht stellt (so zumindest LG Bielefeld ZIP 2002, 951ff hierzu *Maus* ZIP 2002, 589). Diese Frage ist bislang nicht abschließend geklärt, vgl Vor §§ 217–269 Rn 11ff.

cc) Offensichtlichkeit. Vgl oben. Die Unerfüllbarkeit muss dem Plan praktisch auf die Stirn geschrieben stehen (Uhlenbruck/*Lüer* § 231 Rn 33). Die Einschaltung eines Sachverständigen ist nicht zulässig (HK-*Flessner*, § 231 Rn 9; **aA:** H/W/W-*Hess*, § 231 Rn 16).

3. Zurückweisung auf Antrag, Abs 2

a) Voraussetzungen. aa) Erneute Vorlage eines InsPlan. Der InsSchu ist auch, wenn ein von ihm bereits vorgelegter InsPlan nicht zustande gekommen ist, nicht an einer erneuten Planvorlage gehindert. Diese kann uU aber eine Verzögerung der Verfahrensdurchführung bedeuten, die über Abs 2 verhindert werden kann. Abs 2 gilt aber nur wenn der InsPlan nicht schon im Vorprüfungsverfahren gescheitert ist oder der

InsSchu sachliche Gründe für die Zurücknahme hatte (*Braun/Braun*, § 231 Rn 7; N/R-*Braun*, § 231 Rn 32).

12 bb) **Antrag.** Die Zurückweisung erfolgt nur auf **Antrag des InsVerw**, die Zurückweisung von Amts wegen ist nicht möglich.

13 cc) **Beschluss des Gl-Ausschusses.** Zusätzlich zum Antrag des InsVerw ist ein zustimmender Beschluss des Gl-Ausschusses, falls ein solcher besteht, notwendig.

14 b) **Entscheidung.** Das InsGericht nimmt keine inhaltliche Prüfung vor, sondern weist den InsPlan ohne weiteres zurück (FK-*Jaffé*, § 231 Rn 39; HK-*Flessner*, § 231 Rn 10).

4. Entscheidung des InsGericht, Rechtsmittel

15 a) **Entscheidung des Gerichts.** Das InsGericht entscheidet durch Beschluss. Die funktionelle Zuständigkeit liegt beim Rechtspfleger, falls kein Richtervorbehalt besteht. Sind keine Zurückweisungsgründe gegeben, so wird das Verfahren unmittelbar fortgeführt, eine Zulassungsentscheidung ergeht nicht.

16 b) **Beschwerde.** Gegen die Zurückweisung des InsPlan ist das Rechtsmittel der **sofortigen Beschwerde** gegeben.

§ 232 Stellungnahmen zum Plan

(1) Wird der Insolvenzplan nicht zurückgewiesen, so leitet das Insolvenzgericht ihn zur Stellungnahme zu:
1. dem Gläubigerausschuß, wenn ein solcher bestellt ist, dem Betriebsrat und dem Sprecherausschuß der leitenden Angestellten;
2. dem Schuldner, wenn der Insolvenzverwalter den Plan vorgelegt hat;
3. dem Verwalter, wenn der Schuldner den Plan vorgelegt hat.

(2) Das Gericht kann auch der für den Schuldner zuständigen amtlichen Berufsvertretung der Industrie, des Handels, des Handwerks oder der Landwirtschaft oder anderen sachkundigen Stellen Gelegenheit zur Äußerung geben.

(3) Das Gericht bestimmt eine Frist für die Abgabe der Stellungnahmen.

1 1. Wird der InsPlan nicht zurückgewiesen, ist er verschiedenen Stellen zur Stellungnahme zuzuleiten (§ 232) und zur Einsicht niederzulegen (§ 234).

2. Weiterleitung, Abs 1 und 2

a) Zwingende Weiterleitung. Der InsPlan ist zwingend an die in 2
Abs 1 Genannten weiterzuleiten. Aus dieser Bestimmung wird auch gefolgert, dass wegen der Pflicht zur Zuleitung an den InsVerw eine Zulassung des InsPlan erst nach Eröffnung des InsVerfahren und Bestellung des InsVerw zulässig ist (HK-*Flessner*, § 232 Rn 2).

b) Fakultative Weiterleitung, Abs 2. Das InsGericht kann den Ins- 3
Plan auch den berufsständischen Vertretung des InsSchu zuleiten oder andere **fachkundige Stellen** beteiligen. Dies liegt im Ermessen des InsGericht. – Im Fall der Insolvenz einer Genossenschaft ist nach § 116 Nr 4 GenG der Prüfungsverband anzuhören, wobei dies eine wesentliche Vorschrift iSd § 250 Nr 1 ist (*Scheibner* DZWiR 1999, 8, 9; *Beuthien* § 116 Rn 6; HK-*Flessner*, § 232 Rn 3).

c) Form. Weiterzuleiten ist der InsPlan nebst den Planunterlagen 4
(MK-InsO/*Breuer*, § 232 Rn 5).

3. Stellungnahme, Abs 3

a) Fristsetzung. Das InsGericht hat bei der Zuleitung eine Frist zur 5
Abgabe von Stellungnahmen zu setzen. Dabei ist zwischen der Einräumung einer ausreichenden Zeit zur Stellungnahme und dem Interesse der zügigen Verfahrensfortführung abzuwägen. Bei einer Frist von 3 Wochen kann die Weiterleitung mit der Ladung zum Erörterungstermin verbunden und gleichwohl die Frist des § 235 Abs 1 S 2 eingehalten werden (K/P-*Otte*, § 232 Rn 2). – Verstößt das InsGericht gegen die Pflicht zur Einholung der Stellungnahmen, darf keine Bestätigung nach § 250 Nr 1 erfolgen, diese ist sonst nach § 253 anfechtbar (Uhlenbruck/*Lüer* § 232 Rn 7; HK-*Flessner*, § 232 Rn 4; FK-*Jaffé*, § 232 Rn 12; **aA**: *Braun/Braun*, § 232 Rn 2).

b) Eine **Verpflichtung zur Abgabe einer Stellungnahme** besteht 6
nicht. Wie aus § 234 („eingegangene Stellungnahmen") folgt, sind fehlende oder verspätete Stellungnahmen ohne Einfluss auf das weitere Verfahren (FK-*Jaffé*, § 232 Rn 14 ff).

§ 233 Aussetzung von Verwertung und Verteilung

¹Soweit die Durchführung eines vorgelegten Insolvenzplans durch die Fortsetzung der Verwertung und Verteilung der Insolvenzmasse gefährdet würde, ordnet das Insolvenzgericht auf Antrag des Schuldners oder des Insolvenzverwalters die Aussetzung der Verwertung und Verteilung an. ²Das Gericht sieht von der Aussetzung ab oder hebt sie auf, soweit mit ihr die Gefahr erheblicher Nachteile für die Masse verbunden ist oder soweit der

§ 233

Verwalter mit Zustimmung des Gläubigerausschusses oder der Gläubigerversammlung die Fortsetzung der Verwertung und Verteilung beantragt.

1. Normzweck

1   Da das Zustandekommen eines InsPlan einen erheblichen Zeitraum in Anspruch nehmen kann, besteht die Gefahr, dass durch die Vornahme von Verwertungshandlungen die Grundlage für die Durchführung des InsPlan entfällt. Das InsGericht kann daher die Fortführung der Verwertung untersagen.

2. Voraussetzungen

2   **a) Vorlegung eines InsPlan.** Die Anordnung nach § 233 kann erst ab dem Zeitpunkt der Vorlegung eines InsPlan ergehen. Weitere ungeschriebene Voraussetzung ist, dass der InsPlan nicht im Vorprüfungsverfahren nach § 231 zurückgewiesen wurde (HK-*Flessner*, § 233 Rn 8; MK-InsO/*Breuer*, § 233 Rn 4). Die bloße Ankündigung, einen InsPlan vorlegen zu wollen, genügt als Äußerung einer bloßen Planabsicht nicht, es ist die tatsächliche Planvorlegung erforderlich (FK-*Jaffé*, § 233 Rn 18). – Nach einer Ansicht ist ein Antrag nach § 233 auch schon im Eröffnungsverfahren zulässig, da schon dort die Gefahr besteht, dass der InsVerw mit Verwertungshandlungen den InsPlan beeinträchtigt (*Braun/Braun*, § 233 Rn 4; H/W/W-*Hess*, § 233 Rn 10).

3   **b) Gefährdung der Plandurchführung.** Ob der InsPlan in seiner Durchführung gefährdet ist, hängt von der Art des InsPlan (Liquidations-, Sanierungs-, Übertragungsplan) ab. Eine Gefährdung liegt auch dann vor, wenn durch die Verwertung die Annahme des InsPlan, zB wegen des Interessenwegfalls einzelner InsGl, gefährdet wird (HK-*Flessner*, § 233 Rn 5; *Braun/Braun*, § 233 Rn 5).

4   **c) Bevorstehende Verwertung.** Es genügt schon, dass eine Verwertungshandlung bevorsteht; der Gesetzeswortlaut, der von einer Fortsetzung der Verwertung spricht, ist zu eng (HK-*Flessner*, § 233 Rn 7; *Braun/Braun*, § 233 Rn 6).

5   **d) Antrag.** Die Anordnung ergeht nur auf Antrag.

6   **e) Ausschlussgründe, S 2.** Trotz der Gefährdung der Plandurchführung kann nach S 2 von einer Anordnung abgesehen werden.

7   **aa) Massegefährdung, 1. Alt.** Von der Anordnung ist abzusehen, wenn mit ihr erhebliche Nachteile für die Befriedigung der InsGl zu erwarten sind. Hierbei ist eine **Abwägung** vorzunehmen, bei der allerdings die bloße Verzögerung der Verwertung noch nicht für eine Massegefähr-

dung ausreicht (HK-*Flessner*, § 233 Rn 11; N/R-*Braun*, § 233 Rn 13). Ein Gegenantrag ist nicht erforderlich.

bb) Fortsetzungsantrag, 2. Alt. Falls der InsVerw dies beantragt und er sich hierbei auf die Zustimmung des Gl-Ausschuss oder der Gl-Versammlung stützen kann, ist der Antrag auf Aussetzung der Verwertung **ohne Sachprüfung** zurückzuweisen. Eine Begründung muss der Gegenantrag nicht enthalten (HK-*Flessner*, § 233 Rn 13). 8

3. Entscheidung des Gerichts

a) Anordnung. aa) Form. Die Aussetzungsanordnung ergeht durch Beschluss. 9

bb) Umfang. Sie kann auch nur Teile der Masse betreffen, wenn der InsPlan nur Teile des schuldnerischen Vermögens erfasst (HK-*Flessner*, § 233 Rn 6; *Braun/Braun*, § 233 Rn 3). 10

cc) Wirkung. Der InsVerw ist nicht mehr zur Verwertung befugt. Dies bedeutet aber nicht, dass die nach § 166 auf den InsVerw übergegangene Verwertungsbefugnis beim InsGl wieder auflebt, denn dies würde wiederum die Durchführung des InsPlan gefährden, die Verwertung ist vielmehr für alle Beteiligten ausgeschlossen (*Smid/Smid/Rattunde*, § 233 Rn 18). 11

b) Eine **Korrektur** der Entscheidung des Gerichts ist über die Regelung des S 2, insbes über einen Fortsetzungsantrag, möglich. 12

c) Rechtsmittel. Ein Rechtsmittel ist nicht vorgesehen, so dass lediglich die befristete Erinnerung nach § 11 Abs 2 RPflG statthaft ist, falls der Rechtspfleger gehandelt hat. 13

§ 234 Niederlegung des Plans

Der Insolvenzplan ist mit seinen Anlagen und den eingegangenen Stellungnahmen in der Geschäftsstelle zur Einsicht der Beteiligten niederzulegen.

1. Niederlegung

Die Information der Verfahrensbeteiligten erfolgt dergestalt, dass der InsPlan auf der Geschäftsstelle zusammen mit eventuell eingegangenen Stellungnahmen zur Einsicht niedergelegt wird. Hierauf ist nach § 235 Abs 2 S 2 bei der öffentlichen Bekanntmachung des Erörterungs- und Abstimmungstermins hinzuweisen. 1

a) Zeitpunkt. Die Niederlegung hat nach Ablauf der Frist zur Stellungnahme nach § 232 Abs 3 zu erfolgen (Uhlenbruck/*Lüer* § 234 Rn 3; 2

HK-*Flessner*, § 234 Rn 4; *Braun/Braun*, § 234 Rn 3; **aA:** MK-InsO/*Breuer*, § 234 Rn 4: ab Weiterleitung nach § 232).

3   **b) Beteiligte.** Ein Recht zur Einsichtnahme besteht nur für die **Planbeteiligten** (**Abstimmungsberechtigten** – *Smid/Smid/Rattunde*, § 234 Rn 2), dh für die **InsGl**, die **Absonderungsberechtigten** (falls sie vom InsPlan betroffen sind, *Braun/Braun*, § 234 Rn 4), den **InsSchu** und den **InsVerw**. Die Aussonderungsberechtigten sind Beteiligte, wenn sie dem InsPlan beitreten (H/W/W-*Hess*, § 234 Rn 4). Nach **aA** ist der Personenkreis des § 235 Abs 3 maßgeblich (MK-InsO/*Breuer*, § 234 Rn 6). Zur **Akteneinsicht** Dritter: § 4 Rn 11.

2. Zustellung

4   Neben der Niederlegung ist der InsPlan bzw eine Zusammenfassung den InsGl, die Forderungen angemeldet haben, den Absonderungsberechtigten und dem InsSchu mit der Ladung zum Erörterungs- und Abstimmungstermin zuzustellen.

2. Abschnitt. Annahme und Bestätigung des Plans

§ 235 Erörterung- und Abstimmungstermin

(1) ¹**Das Insolvenzgericht bestimmt einen Termin, in dem der Insolvenzplan und das Stimmrecht der Gläubiger erörtert werden und anschließend über den Plan abgestimmt wird (Erörterung- und Abstimmungstermin).** ²**Der Termin soll nicht über einen Monat hinaus angesetzt werden.**

(2) ¹**Der Erörterungs- und Abstimmungstermin ist öffentlich bekanntzumachen.** ²**Dabei ist darauf hinzuweisen, daß der Plan und die eingegangenen Stellungnahmen in der Geschäftsstelle eingesehen werden können.** ³**§ 74 Abs. 2 Satz 2 gilt entsprechend.**

(3) ¹**Die Insolvenzgläubiger, die Forderungen angemeldet haben, die absonderungsberechtigten Gläubiger, der Insolvenzverwalter, der Schuldner, der Betriebsrat und der Sprecherausschuß der leitenden Angestellten sind besonders zu laden.** ²**Mit der Ladung ist ein Abdruck des Plans oder eine Zusammenfassung seines wesentlichen Inhalts, die der Vorlegende auf Aufforderung einzureichen hat, zu übersenden.**

1. Normzweck

1   Die §§ 235–247 regeln die Erörterung und Beschlussfassung über den InsPlan. Als Eingangsnorm regelt § 235 den grundsätzlichen Ablauf und die Anberaumung des Termins.

2. Allgemeines

IdR wird ein einziger Termin zur Erörterung und Abstimmung anberaumt, nach § 241 können die Termine aber auch getrennt voneinander durchgeführt werden. Im Erläuterungsteil des Termins wird der InsPlan vom Planverfasser dargestellt, im Anschluss das Stimmrecht der Beteiligten erläutert (vgl §§ 236–239). Im Abstimmungsteil wird, ggf auch nach einer Abänderung des InsPlan (§ 240), nach Gruppen abgestimmt (§§ 241–246).

3. Terminsbestimmung, Abs 1

a) Die Terminsbestimmung erfolgt durch das **InsGericht**, das dabei auch über eine mögliche Trennung des Termins (§ 241) zu entscheiden hat.

b) Der Termin soll nach **S 2** spätestens **einen Monat** nach Wirksamwerden der Bekanntmachung (Abs 2) stattfinden werden. Diese Frist rechnet aber frühestens ab der Niederlegung des InsPlan (HK-*Flessner*, § 235 Rn 6; *Braun/Braun*, § 235 Rn 3). Die Festsetzung des Termins (und damit die Bekanntmachung) hat im Interesse der zügigen Verfahrensdurchführung bei der Weiterleitung des InsPlan (§ 232) zu erfolgen, kann aber noch bis zur Auslegung des Plans verschoben werden (HK-*Flessner*, § 235 Rn 6; *Braun/Braun*, § 235 Rn 2; **aA:** K/P-*Otte*, § 235 Rn 3: schon mit Verfahrenseröffnung – dies wird aber nur bei einem pre-packaged-plan möglich sein).

c) Der Termin darf erst **nach dem Prüfungstermin** stattfinden und kann mit diesem verbunden werden (vgl § 236).

4. Öffentliche Bekanntmachung. Abs 2

Die öffentliche Bekanntmachung richtet sich nach § 9. Dabei ist nach **S 2** auf die Möglichkeit hinzuweisen, den niedergelegten Plan und die Stellungnahmen einzusehen. Sie kann nach **S 3** iVm § 74 Abs 2 S 2 bei Vertagung des Termins unterbleiben.

5. Ladung, Abs 3

a) Die Ladung hat **zusätzlich zur öffentlichen Bekanntmachung** zu erfolgen. Sie erfolgt nach § 8, so dass die Durchführung nach § 8 Abs 3 dem InsVerw übertragen werden kann. Bei unterbliebener Ladung darf der InsPlan nicht nach § 250 bestätigt werden (H/W/W-*Hess*, § 235 Rn 15; LG Hanau 8 T 212/00 nv, zitiert von *Gareis* NZI 2001, 238; **aA:** *Braun/Braun*, § 235 Rn 6: nur falls Mangel unstreitig, sonst gelte § 9 Abs 3).

b) Personen. Das InsGericht hat die in **S 1** genannten Personen zu laden. Nach *Scheibner* (DZWiR 1999, 8, 9) ist auch der Prüfungsverband bei einer Genossenschaftsinsolvenz zwingend zu laden.

9 c) **Anlage.** Der Ladung ist nach **S 2** entweder eine **vollständige Abschrift des InsPlan** beizufügen (vgl OLG Dresden ZIP 2000, 1303, 1304: Fehlen einer einzelnen Seite ist nicht zwingend ein Verfahrensmangel; **aA:** *Smid/Smid/Rattunde*, § 235 Rn 10; FK-*Jaffé*, § 236 Rn 81) oder eine **Zusammenfassung des wesentlichen Inhalts**. Die Zusammenfassung ist nach Aufforderung vom Planvorlegenden einzureichen (krit *Smid/Smid/Rattunde*, § 235 Rn 11 ff: notwendige Prüfung einer vom InsSchu erstellten Zusammenfassung durch den InsVerw gegen zusätzliche Vergütung nach ZSEG, die vom InsSchu zu tragen und keine Masseverbindlichkeit sei).

6. Verfahren

10 Es gelten die allg Vorschriften über die Gl-Versammlung; so erfolgt die Leitung des Termins durch das InsGericht (§ 76 Abs 1) und dieser ist nicht öffentlich (§ 74 Abs 1 S 2). Teilnahmeberechtigte sind die in § 74 Abs 1 S 2 und zusätzlich die in § 235 Abs 3 S 1 genannten Personen. Das InsGericht kann weitere Personen nach § 175 Abs 2 GVG zulassen.

§ 236 Verbindung mit dem Prüfungstermin

¹Der Erörterungs- und Abstimmungstermin darf nicht vor dem Prüfungstermin stattfinden. ²Beide Termine können jedoch verbunden werden.

1 Durch die Prüfung der angemeldeten Forderung wird die Feststellung der Stimmrechte erleichtert. Daneben können sich die Beteiligten ein Bild darüber machen, inwieweit die angemeldeten Forderungen der übrigen Beteiligten berechtigt sind und die vorgesehenen Planregelungen realistisch sind.

2 Der Prüfungstermin hat gem §§ 28 Abs 1 S 2, 29 Abs 1 Nr 2 2. HS im Zeitraum von 3 Wochen bis 5 Monate nach Verfahrenseröffnung stattzufinden, so dass nach S 1 ein entsprechender Zeitrahmen auch für den Erörterungs- und Abstimmungstermin gilt. Wegen der sonst eintretenden Verzögerung ist der Erörterungs- und Abstimmungstermin bei nachträglichen Forderungsanmeldungen jedoch nicht zu verlegen (*Braun/Braun*, § 236 Rn 4 f; HK-*Flessner*, § 236 Rn 3).

3 Der Prüfungstermin kann nach S 2 mit dem Erörterungs- und Abstimmungstermin verbunden werden; die Reihenfolge des S 1 ist einzuhalten. Auch ist nach § 29 Abs 2 eine Verbindung der Termine mit dem Berichtstermin möglich (HK-*Flessner*, § 236 Rn 4).

§ 237 Stimmrecht der Insolvenzgläubiger

(1) ¹Für das Stimmrecht der Insolvenzgläubiger bei der Abstimmung über den Insolvenzplan gilt § 77 Abs. 1 Satz 1, Abs. 2 und 3 Nr. 1 entsprechend. ²Absonderungsberechtigte Gläubiger sind nur insoweit zur Abstimmung als Insolvenzgläubiger berechtigt, als ihnen der Schuldner auch persönlich haftet und sie auf die abgesonderte Befriedigung verzichten oder bei ihr ausfallen; solange der Ausfall nicht feststeht, sind sie mit dem mutmaßlichen Ausfall zu berücksichtigen.

(2) Gläubiger, deren Forderungen durch den Plan nicht beeinträchtigt werden, haben kein Stimmrecht.

§ 238 Stimmrecht der absonderungsberechtigten Gläubiger

(1) ¹Soweit im Insolvenzplan auch die Rechtsstellung absonderungsberechtigter Gläubiger geregelt wird, sind im Termin die Rechte dieser Gläubiger einzeln zu erörtern. ²Ein Stimmrecht gewähren die Absonderungsrechte, die weder vom Insolvenzverwalter noch von einem absonderungsberechtigten Gläubiger noch von einem Insolvenzgläubiger bestritten werden. ³Für das Stimmrecht bei streitigen, aufschiebend bedingten oder nicht fälligen Rechten gelten die §§ 41, 77 Abs. 2, 3 Nr. 1 entsprechend.

(2) § 237 Abs. 2 gilt entsprechend.

§ 239 Stimmliste

Der Urkundsbeamte der Geschäftsstelle hält in einem Verzeichnis fest, welche Stimmrechte den Gläubigern nach dem Ergebnis der Erörterung im Termin zustehen.

I. Normzweck

Die Regelung der Stimmberechtigung ist an der für die „normale" Gl-Versammlung in § 77 orientiert, aber wegen der Einbeziehung der absonderungsberechtigten Gläubiger, der Gruppenbildung und der Besonderheiten bei nachrangigen InsGl modifiziert. Die Erörterung der Stimmrechte und deren Feststellung ist Teil des Erörterungstermins bzw des Erörterungsteils eines Erörterungs- und Abstimmungstermins. Die Beurteilung der Stimmrechte basiert auf den Ergebnissen des zuvor durchgeführten Prüfungstermins (§ 236).

II. InsGl, § 237

1. Personenkreis

2 Von § 237 werden sowohl die **InsGl (§ 38)** als auch die **nachrangigen InsGl (§ 39)** erfasst; eine § 77 Abs 1 S 2 entsprechende Regelung besteht nicht (HK-*Flessner*, § 237 Rn 4). Für die nachrangigen InsGl besteht die Besonderheit, dass ihre Zustimmung uU nach § 246 fingiert wird, ein Stimmrecht dann ausgeschlossen ist; gleiches gilt, wenn keine Gruppe nachrangiger InsGl gebildet wird (*Braun/Braun*, § 237 Rn 8; N/R-*Braun*, § 237 Rn 34).

2. Forderungen

3 **a) Unstreitige Forderungen.** InsGl haben nach § 237 Abs 1 S 1 iVm § 77 Abs 1 zunächst nur ein Stimmrecht, wenn sie ihre Forderung angemeldet haben (§§ 174 ff) und diese nicht vom InsVerw oder einem stimmberechtigten InsGl bestritten wurde. – Ein Bestreiten des InsSchu ist nach §§ 77 Abs 1 S 1, 178 Abs 1 S 2 unerheblich (HK-*Flessner*, § 237 Rn 3; vgl N/R-*Braun*, § 237 Rn 28).

4 **b) Streitige Forderungen.** Entsprechend § 77 Abs 2 S 1 ist zunächst zu versuchen, eine Vereinbarung über das Stimmrecht zu treffen. Kommt eine solche nicht zustande, so kann das InsGericht das Stimmrecht entsprechend § 77 Abs 2 S 2 zusprechen.

5 **c) Gesicherte InsGl.** Siehe Rn 12.

6 **d) Aufschiebend bedingte Forderungen** geben ein Stimmrecht nach §§ 237 Abs 1 S 1, 77 Abs 3 Nr 1.

III. Absonderungsberechtigte Gläubiger, § 238

1. Erörterung, Abs 1 S 1

7 Die Rechte der absonderungsberechtigten Gläubiger sind im Erörterungsteil, falls der Plan die Absonderungsrechte überhaupt berührt, **einzeln** zu erörtern. Dies bedeutet, dass keine allg Erörterung der Gruppe der Absonderungsberechtigten genügt. Dies ist notwendig, da es für die Absonderungsberechtigten keine der Forderungsanmeldung entsprechende Regelung gibt und die Beteiligten auf die Erkenntnisse des Ins-Verw angewiesen sind (vgl FK-*Jaffé*, § 238 Rn 4–12).

2. Absonderungsberechtigte

8 Ob dem Gl ein Absonderungsrecht zusteht, richtet sich nach §§ 49–51. Die Absonderungsberechtigten nehmen nur dann an der Abstimmung teil, wenn sie durch den InsPlan beeinträchtigt werden (vgl unten Rn 15) und daher für sie nach § 222 Abs 1 eine Gruppe zu bilden ist.

3. Stimmrecht, Abs 1 S 2 und 3

a) Spaltung. Das Stimmrecht der absonderungsberechtigten Gläubiger 9
kann gespalten sein, wenn dem Gläubiger auch eine persönliche Forderung gegen den InsSchu zusteht. Diese Spaltung beruht darauf, dass dann der Gläubiger in zwei Gruppen vertreten ist, die getrennt voneinander abstimmen. Die Stimmberechtigung ist dann für beide Gruppen getrennt zu prüfen und ggf festzustellen, in der Höhe aber von einander abhängig und insofern einheitlich (MK-InsO/*Hintzen*, §§ 237, 238 Rn 15).

b) In der Gruppe der Absonderungsberechtigten. aa) Wertbestimmung. Die Bestimmung der Größe des Stimmrechts setzt voraus, 10
dass der Wert des Absonderungsrechts bestimmt wird. Dies ist wegen der Stimmrechtsspaltung in Abweichung zu § 76 Abs 2 2. HS auch bei den Absonderungsberechtigten nötig, die eine persönliche Forderung gegen den InsSchu haben. Der voraussichtliche Ausfall ist gerade für die Größe des Stimmrechts entscheidend. Ein weiterer Grund ist, das bei mehreren Absonderungsberechtigten in einer Gruppe die Verhältnisse der Stimmrechte geklärt werden müssen. Die Bestimmung des Wertes hat dabei die Planbestimmung hinsichtlich des konkreten Gegenstands (Veräußerung ↔ Nutzung bei der Fortführung) zu berücksichtigen (HK-*Flessner*, § 238 Rn 7).

bb) Unklarheiten, Streitigkeiten. (1) Streitige Rechte. Ist das 11
Absonderungsrecht vom InsVerw, einem anderen Absonderungsberechtigten oder InsGl bestritten, so gewährt es zunächst kein Stimmrecht. Hinsichtlich des Bestreitens durch einen Absonderungsberechtigten gilt dies aber nur, wenn er derselben Gruppe angehört oder selbst den Gegenstand, an dem das Absonderungsrecht besteht, für sich beansprucht (HK-*Flessner*, § 238 Rn 8). Nach **S 3** gilt aber die **Regelung des § 77 Abs 2 entsprechend**, so dass eine Übereinkunft über die Höhe des Stimmrechts anzustreben ist und beim Nichtzustandekommen einer Vereinbarung das InsGericht die Höhe bestimmt (ausf. zum Feststellungsverfahren: N/R-*Braun*, § 237 Rn 8–37).

(2) Bedingte Rechte. Dies gilt nach § 77 Abs 3 Nr 1 iVm § 238 Abs 1 S 3 auch für bedingte Rechte.

(3) Nicht fällige Rechte. Es gilt § 41 iVm § 238 Abs 1 S 3.

c) In der Gruppe der InsGl. Ein Stimmrecht kommt hier von vornherein nur in Frage, wenn der InsSchu dem Gläubiger auch **persönlich haftet**, vgl § 52. 12

Andres

§§ 237–239

13 **aa) Verzicht.** Ein Absonderungsberechtigter hat in der Gruppe der InsGl (dh derjenigen Gruppe, der er zugeordnet ist, falls mehrere bestehen) nach § 237 Abs 1 S 2 ein Stimmrecht, wenn und soweit er auf das Absonderungsrecht verzichtet und so die persönliche Forderung maßgebend wird. Das Stimmrecht ergibt sich dann aus diesem Teil.

14 **bb) Ausfall.** Ein Stimmrecht besteht nach § 237 Abs 1 Satz 2 in Höhe des Ausfalls. Dieser ist nach 2. HS möglichst zu bestimmen bzw nachzuweisen. Ist dies aber noch nicht möglich, so ist der mutmaßliche Ausfall für die Höhe des Stimmrechts entscheidend, § 237 Abs 1 S 1 2. HS.

IV. Beeinträchtigung

15 Nach §§ 237 Abs 2, 238 Abs 2 besteht ein Stimmrecht nur, wenn die Forderung bzw das Absonderungsrecht durch den InsPlan beeinträchtigt sind. Dabei liegt eine Beeinträchtigung nicht nur bei der Kürzung oder dem Entfall der Forderung, sondern auch bei anderen Modifikationen vor, soweit diese eine Verschlechterung/Verminderung bedeuten (zB Stundung, Verzinsung etc). Dabei liegt eine **Beeinträchtigung** auch dann vor, wenn der Gläubiger eine wirtschaftlich gleichwertige Forderung erhält, diese aber **anderen rechtlichen Bedingungen** unterliegt (HK-*Flessner*, § 237 Rn 7, § 238 Rn 4; *Braun/Braun*, § 237 Rn 9). Ob die geänderten rechtlichen Bedingungen eine Schlechterstellung sind, entscheiden die InsGl selbst. Eine Beeinträchtigung ist auch dann gegeben, wenn der Eingriff kraft Gesetzes (zB § 225 Abs 1) eintritt (HK-*Flessner*, § 237 Rn 8). **Keine** Beeinträchtigung liegt aber bei der **bloßen Verzögerung der Verwertung** vor (HK-*Flessner*, § 237 Rn 9; *Braun/Braun*, § 237 Rn 10; N/R-*Braun*, § 237 Rn 36).

V. Verfahrensfragen

1. Rechtsmittel

16 Gegen die Bestimmung des Stimmrechts nach §§ 237 Abs 1 S 1, 238 Abs 1 S 3, 77 Abs 2 S 3 ist kein Rechtsmittel gegeben. Auch eine befristete Erinnerung nach § 11 Abs 2 RPflG ist nach § 11 Abs 3 S 2 RPflG nicht statthaft, lediglich eine Neufestsetzung des Stimmrechts durch den Richter ist nach § 18 Abs 3 S 2 RPflG möglich, falls (wie regelmäßig) der Rechtspfleger gehandelt hat (siehe § 77 Rn 7).

2. Stimmliste, § 239

17 Nach der Erörterung und Bestimmung der Stimmrechte bzw deren Festsetzung ist eine Stimmliste anzufertigen, die als Grundlage für die nachfolgende Abstimmung dient. In ihr ist zu protokollieren, ob die Forderung unbestritten blieb, eine Einigung über das Stimmrecht erfolgte oder (bei Feststellung durch das InsGericht) auf welcher Grundlage (Widerspruch, vorgetragene Gründe) das InsGericht entschieden hat (MK-InsO/*Hintzen*, § 239 Rn 1).

§ 240 Änderung des Plans

¹**Der Vorlegende ist berechtigt einzelne Regelungen des Insolvenzplans auf Grund der Erörterung im Termin inhaltlich zu ändern.** ²**Über den geänderten Plan kann noch in demselben Termin abgestimmt werden.**

1. Normzweck

Die Norm ermöglicht es dem Planverfasser zur zügigen Plandurchführung den InsPlan noch im Erörterungs- und Abstimmungstermin zu ändern und den Ergebnissen der Erörterung anzupassen. Dabei ist jedoch die Möglichkeit, Änderungen vorzunehmen beschränkt, weil sonst die Gläubiger keine ausreichende Möglichkeit haben, den „neuen" InsPlan zu bewerten, und sie auch nicht durch das Vorprüfungsverfahren (§§ 231, 232) geschützt sind. 1

2. Änderungen

a) **Gegenstand.** Eine Änderung iSd § 240 liegt nur vor, wenn **Regelungen des InsPlan**, der **gestaltende Teil** des InsPlan geändert wird (HK-*Flessner*, § 240 Rn 5). 2

b) **Umfang.** Lediglich die Änderung **einzelner Regelungen** ist zulässig. Maßstab hierfür ist die Beeinträchtigung der verfahrensrechtlichen Stellung der Beteiligten. Es ist entscheidend, inwieweit es diesen trotz der Änderung möglich ist, den InsPlan verständig zu würdigen (HK-*Flessner*, § 240 Rn 6), die Auswirkungen auf die eigene wirtschaftliche und rechtliche Situation einzuschätzen (MK-InsO/*Hintzen*, § 240 Rn 8). – Zulässig ist die Änderung der Gruppenbildung (HK-*Flessner*, § 240 Rn 6; MK-InsO/*Hintzen*, § 240 Rn 9; H/W/W-*Hess*, § 240 Rn 2; **aA:** FK-*Jaffé*, § 240 Rn 22a). Unzulässig ist dagegen die Änderung der Zielrichtung des Plans, zB Liquidations-, statt Sanierungsplan (MK-InsO/*Hintzen*, § 240 Rn 9; K/P-*Otte*, § 240 Rn 3). Die Einbeziehung bisher nicht betroffener in den InsPlan ist möglich, wenn sie zu einem neuen Termin geladen werden, da sie uU wegen der bisher fehlenden Planbetroffenheit nicht am Termin teilnehmen (HK-*Flessner*, § 240 Rn 7; vgl FK-*Jaffé*, § 240 Rn 22d, e). Die Auslegung dieser Norm sollte im übrigen in der Praxis großzügig gehandhabt werden um eine rasche und effektive Planabwicklung zu gewährleisten (so auch Uhlenbruck/*Lüer* § 240 Rn 5). 3

§ 241

6. Teil. Insolvenzplan

4 **c) Form.** Die Änderungen sind schriftlich vorzulegen (HK-*Flessner*, § 240 Rn 9).

3. Verfahren

5 **a) Einwilligung.** Voraussetzung ist, dass die Beteiligten in die Änderungen einwilligen (HK-*Flessner*, § 240 Rn 8; **aA:** *Braun/Braun*, § 240 Rn 5: nur Prüfung durch das InsGericht).

6 **b) Entscheidung.** Bei einem Widerspruch entscheidet das InsGericht über die Zulässigkeit der Änderung (HK-*Flessner*, § 240 Rn 8).

7 **c) Rechtsmittel** gegen die Zulassung des geänderten InsPlans sind nicht gegeben; wenn der Rechtspfleger gehandelt hat, ist nur die Erinnerung nach § 11 Abs 2 RPflG möglich; iÜ ist nur eine unselbständige Rüge bei Anfechtung der Planbestätigung (§ 253) möglich (HK-*Flessner*, § 240 Rn 10; FK-*Jaffé*, § 240 Rn 26).

8 **d) Erörterung.** Der geänderte InsPlan ist erneut zu erörtern.

9 **e) Abstimmung.** Nach S 2 ist eine Abstimmung über den InsPlan noch in demselben Termin möglich.

10 **f) Rücknahme.** Die Rücknahme des InsPlan ist bis zum Beginn der Abstimmung zulässig (HK-*Flessner*, § 240 Rn 13).

11 **g) Vertagung.** Eine Vertagung ist notwendig, wenn zB neue Planbetroffene geladen werden müssen (**aA:** MK-InsO/*Hintzen*, § 240 Rn 14) oder eine schriftliche Vorlage des geänderten InsPlan im Termin nicht mehr möglich ist (HK-*Flessner*, § 240 Rn 9).

§ 241 Gesonderter Abstimmungstermin

(1) ¹**Das Insolvenzgericht kann einen gesonderten Termin zur Abstimmung über den Insolvenzplan bestimmen.** ²**In diesem Fall soll der Zeitraum zwischen dem Erörterungstermin und dem Abstimmungstermin nicht mehr als einen Monat betragen.**
(2) ¹**Zum Abstimmungstermin sind die stimmberechtigten Gläubiger und der Schuldner zu laden.** ²**Im Falle einer Änderung des Plans ist auf die Änderung besonders hinzuweisen.**

1. Normzweck

1 Die Abstimmung über den InsPlan muss nicht zwingend nach § 235 Abs 1 S 1 direkt der Erörterung nachfolgen. Die Bestimmung eines gesonderten Abstimmungstermins ist sinnvoll, wenn ein komplexer InsPlan vorliegt oder sich bei der Erörterung zeigt, dass weitere Informationen nötig sind oder noch keine Mehrheit gegeben ist. Regelfall bleibt aber der einheitliche Erörterungs- und Abstimmungstermin.

2. Gesonderter Abstimmungstermin, Abs 1 S 1

a) Keine Vertagung, keine Unterbrechung. Ein gesonderter Abstimmungstermin nach § 241 liegt nicht vor, wenn der Erörterungs- und Abstimmungstermin vertagt wurde, zB wegen Änderungen nach § 240 (HK-*Flessner*, § 241 Rn 3), oder wenn der Termin unterbrochen wurde (MK-InsO/*Hintzen*, § 241 Rn 4f).

b) Bestimmung. Ob ein gesonderter Abstimmungstermin festgesetzt wird, kann bereits bei der Bestimmung des Erörterungstermins erfolgen, aber auch noch nach dessen Durchführung (HK-*Flessner*, § 241 Rn 4; **aA**: K/P-*Otte*, § 241 Rn 4: frühestens im Erörterungstermin). Die Entscheidung liegt im Ermessen des InsGerichts; bei der Verlegung des Termins nach dem Erörterungstermin ist § 227 ZPO zu beachten. – Ein Rechtsmittel gegen die Entscheidung ist nicht gegeben; nur die Erinnerung nach § 11 Abs 2 RPflG möglich (HK-*Flessner*, § 241 Rn 6; *Braun/ Braun*, § 241 Rn 7; **aA**: LG Göttingen ZIP 2000, 1945f; MK-InsO/*Hintzen*, § 241 Rn 9).

c) Frist, Abs 1 S 2. Der Abstimmungstermin soll nicht später als einen Monat nach dem Erörterungstermin stattfinden; dies ist lediglich eine Sollvorschrift.

d) Verfahren. aa) Ladung. Nach Abs 2 S 1 sind die stimmberechtigten InsGl und der InsSchu zu laden, letzterer wegen seines Widerspruchsrechts nach § 247 (HK-*Flessner*, § 241 Rn 7; MK-InsO/*Hintzen*, § 241 Rn 11). Der Kreis der zu ladenden Personen ist damit im Vergleich zur Ladung zum Erörterungstermin reduziert.

bb) Hinweis. Bei Änderung des InsPlans ist in der Ladung auf diese nach Abs 2 S 2 hinzuweisen. Dies gilt auch, wenn nicht zu einem gesonderten Abstimmungs-, sondern zu einem neuen Erörterungs- und Abstimmungstermin geladen wird (HK-*Flessner*, § 241 Rn 8).

§ 242 Schriftliche Abstimmung

(1) Ist ein gesonderter Abstimmungstermin bestimmt, so kann das Stimmrecht schriftlich ausgeübt werden.
(2) [1]**Das Insolvenzgericht übersendet den stimmberechtigten Gläubigern nach dem Erörterungstermin den Stimmzettel und teilt ihnen dabei ihr Stimmrecht mit.** [2]**Die schriftliche Stimmabgabe wird nur berücksichtigt, wenn sie dem Gericht spätestens**

§ 242

am Tag vor dem Abstimmungstermin zugegangen ist; darauf ist bei der Übersendung des Stimmzettels hinzuweisen.

1. Zulässigkeit

1   Die schriftliche Ausübung des Stimmrechts ist nur ausnahmsweise zulässig, wenn ein gesonderter Abstimmungstermin nach § 241 bestimmt wurde.

2. Verfahren

2   **a) Übersendung der Stimmzettel.** Nach **Abs 2 S 1** hat das InsGericht bei der Bestimmung eines gesonderten Abstimmungstermin den stimmberechtigten InsGl nach Durchführung des Erörterungstermins den Stimmzettel zu übersenden. Dieses Verfahren ist zwingend und steht nicht im Ermessen des InsGericht (HK-*Flessner*, § 242 Rn 1; FK-*Jaffé*, § 242 Rn 4). Das InsGericht hat den Stimmberechtigten ihr **Stimmrecht mitzuteilen** und nach S 2 2. HS darüber **zu informieren**, dass die Stimmabgabe nur berücksichtigt werden kann, wenn der Stimmzettel spätestens einen Tag vor der Abstimmung beim InsGericht eingeht. Unterbleibt die Information, so sind noch diejenigen Stimmabgaben zu berücksichtigen, die bis zum Ende des Abstimmungstermins eingehen. Sonst stellt die unterbliebene Information einen Verfahrensverstoß nach § 250 Nr 1 dar, der einer Bestätigung des InsPlan entgegensteht, falls er nicht mehr beseitigt werden kann. Eine Beseitigung des Verfahrensmangels ist aber nicht erforderlich, wenn sich der Mangel nicht auf das Ergebnis ausgewirkt hat (MK-InsO/*Hintzen*, § 242 Rn 8; FK-*Jaffé*, § 242 Rn 4 c).

3   **b) Stimmabgabe.** Die Stimmabgabe ist nach **S 2 1. HS** nur gültig, wenn der Stimmzettel spätestens einen Tag vor dem Abstimmungstermin beim InsGericht eingeht. Dem Stimmberechtigten steht es frei, ob er seine Stimme schriftlich oder mündlich im Termin abgibt; eine verspätete schriftliche Stimmabgabe kann durch mündliche Stimmabgabe geheilt werden. Ein Widerruf der schriftlichen Stimmabgabe ist bis zur Abstimmung möglich und kann durch die mündliche Abgabe der Stimme im Termin erfolgen (MK-InsO/*Hintzen*, § 242 Rn 7). Der Widerruf ist aber ausgeschlossen, wenn die schriftlich abgegebene Stimme durch Verlesen wirksam geworden ist (HK-*Flessner*, § 243 Rn 5; FK-*Jaffé*, § 243 Rn 15). Die Ungültigkeit der Stimmen bei schriftlicher Abstimmung soll sich nach AG Duisburg (NZI 2003, 447) nach den Grundsätzen staatsrechtlicher Wahlen (§ 39 BWahlG) richten.

§ 243 Abstimmung in Gruppen

Jede Gruppe der stimmberechtigten Gläubiger stimmt gesondert über den Insolvenzplan ab.

Die Abstimmung über den InsPlan erfolgt getrennt nach Gruppen. Die Gruppenbildung des § 222 bestimmt damit die für die Annahme des Ins-Plan erforderlichen Mehrheiten. 1

Bei jeder Gruppe sind die einzelnen stimmberechtigten Gläubiger aufzurufen, woraufhin diese ihre Stimmabgabe bzw ihre Enthaltung erklären. Werden zT auch schriftlich Stimmen abgegeben (nur nach § 242 zulässig), so sind die schriftlichen Stimmabgaben vorzulesen. Das Ergebnis der Abstimmung wird getrennt nach Gruppen festgestellt. Das Ergebnis wird zusammen mit der Stimmabgabe im Protokoll vermerkt. 2

Ein Widerruf bzw eine Abänderung der mündlichen Stimmabgabe sind nicht möglich (HK-*Flessner*, § 243 Rn 5; FK-*Jaffé*, § 243 Rn 15; MK-InsO/*Hintzen*, § 243 Rn 6; **aA:** Uhlenbruck/*Lüer* § 243 Rn 6; *Smid/Smid/Rattunde*, § 243 Rn 4: bis zum Ende der Abstimmung). – Zur schriftlichen Stimmabgabe § 242 Rn 3. 3

§ 244 Erforderliche Mehrheiten

(1) Zur Annahme des Insolvenzplans durch die Gläubiger ist erforderlich, daß in jeder Gruppe
1. die Mehrheit der abstimmenden Gläubiger dem Plan zustimmt und
2. die Summe der Ansprüche der zustimmenden Gläubiger mehr als die Hälfte der Summe der Ansprüche der abstimmenden Gläubiger beträgt.
(2) ¹Gläubiger, denen ein Recht gemeinschaftlich zusteht oder deren Rechte bis zum Eintritt des Eröffnungsgrunds ein einheitliches Recht gebildet haben, werden bei der Abstimmung als ein Gläubiger gerechnet. ²Entsprechendes gilt, wenn an einem Recht ein Pfandrecht oder ein Nießbrauch besteht.

1. Normzweck

§ 244 regelt die notwendigen Mehrheiten bei der Abstimmung abweichend von § 76. Diese Mehrheiten gelten jeweils **für die Gruppe in der abgestimmt** wird, bei Fehlen einer Gruppenbildung für die gesamte Abstimmung. – Abs 1 enthält die Anforderungen an die Mehrheitsbildung, Abs 2 Besonderheiten für die Berechnung der Kopfmehrheit. 1

§ 244

2. Doppelte Mehrheit, Abs 1

2 Erforderlich ist eine **Kopf- (Nr 1) und Summenmehrheit (Nr 2)**. Kopfmehrheit bedeutet, dass die Mehrzahl der Abstimmenden für die Annahme stimmen, Summenmehrheit ist gegeben, wenn der Betrag der Forderungen der Zustimmenden mindestens 50% der Summe der Forderungen der Abstimmenden beträgt. Beide Mehrheiten sind auf die **anwesenden und abstimmenden InsGl** bezogen, damit ist nicht mehr die Zahl der in der Gruppe grundsätzlich Stimmberechtigten oder der insgesamt Erschienenen maßgeblich; eine Enthaltung gilt dabei nicht als Teilnahme an der Abstimmung (HK-*Flessner*, § 244 Rn 6; K/P-*Otte*, § 244 Rn 4; *Gottwald/Braun*, InsHdb, § 68 Rn 46; vgl *Wegener* ZInsO 2002, 1157 ff). Bei der Kopfmehrheit ist es unerheblich, ob der abstimmende InsGl mehrere Forderungen hat, er zählt nur einmal (OLG Köln ZInsO 2001, 85, 86). Gehört der Abstimmende mehreren Gruppen an, so kann er in jeder Gruppe unterschiedlich abstimmen, eine Bindung seines Stimmrechts erfolgt nicht (N/R-*Braun*, § 244 Rn 7 ff; MK-InsO/ *Hintzen*, § 244 Rn 10). – Bei einer Pattsituation ist der InsPlan abgelehnt (MK-InsO/*Hintzen*, § 244 Rn 12).

3. Gemeinschaftliche Berechtigung, Abs 2

3 Bei der Bestimmung der **Kopfmehrheit** werden Gläubiger, denen ein Recht gemeinschaftlich zusteht (zB Gesamtgläubiger, § 428 BGB; Gesamthandsgläubiger, § 432 BGB; GbR-Gesellschafter, §§ 718, 719 BGB; Miterben, § 2032 BGB), nach **S 1 1. Alt** als nur ein InsGl behandelt. Dem gleichgestellt ist nach **Abs S 1 2. Alt** der Fall, dass ein bis zum Eintritt des Eröffnungsgrundes einheitliches Recht danach in mehrere Rechte aufgeteilt wurde, zB Forderungsteilung durch Teilabtretung (K/ P-*Otte*, § 244 Rn 5; FK-*Jaffé*, § 244 Rn 34, 39 a). Weiter gleichgestellt sind nach **Abs 2 S 2** Rechte, an denen ein Pfandrecht oder Nießbrauch bestellt wurde, da dann nach §§ 1071, 1070, 1276, 1281 BGB ein einheitliches materielles Handeln der Berechtigten erforderlich ist. Ein Fall des Abs 2 liegt auch vor, wenn mehrere Absonderungsberechtigte einen **Pool** bilden und ihre Forderungen in eine BGB-Gesellschaft einbringen (*Braun/Braun*, § 244 Rn 9; N/R-*Braun*, § 244 Rn 16; *Smid/Smid/Rattunde*, § 244 Rn 8; FK-*Jaffé*, § 244 Rn 38 a). Hiervon zu unterscheiden ist aber die Wahrnehmung des Stimmrechts durch einen **Bevollmächtigten**, der so viele Stimmen hat, wie er InsGl vertritt (MK-InsO/*Hintzen*, § 244 Rn 20). – Von dieser Anordnung für die Berechnung der Mehrheiten ist die Frage zu trennen, ob das Stimmrecht mehrerer Berechtigter wirksam (zB durch einen von ihnen) ausgeübt wurde, dies richtet sich nach dem materiellen Recht.

4. Weiteres Verfahren

Falls nicht alle oder die Mehrheit der Gruppen gegen den InsPlan gestimmt haben und er damit abgelehnt wurde, richtet sich das weitere Verfahren nach §§ 245, 247, 248.

§ 245 Obstruktionsverbot

(1) Auch wenn die erforderlichen Mehrheiten nicht erreicht worden sind, gilt die Zustimmung einer Abstimmungsgruppe als erteilt, wenn
1. **die Gläubiger dieser Gruppe durch den Insolvenzplan voraussichtlich nicht schlechter gestellt werden, als sie ohne einen Plan stünden,**
2. **die Gläubiger dieser Gruppe angemessen an dem wirtschaftlichen Wert beteiligt werden, der auf der Grundlage des Plans den Beteiligten zufließen soll, und**
3. **die Mehrheit der abstimmenden Gruppen dem Plan mit den erforderlichen Mehrheiten zugestimmt hat.**

(2) Eine angemessene Beteiligung der Gläubiger einer Gruppe im Sinne des Absatzes 1 Nr. 2 liegt vor, wenn nach dem Plan
1. kein anderer Gläubiger wirtschaftliche Werte erhält, die den vollen Betrag seines Anspruchs übersteigen,
2. weder ein Gläubiger, der ohne einen Plan mit Nachrang gegenüber den Gläubigern der Gruppe zu befriedigen wäre, noch der Schuldner oder eine an ihm beteiligte Person einen wirtschaftlichen Wert erhält und
3. kein Gläubiger, der ohne einen Plan gleichrangig mit den Gläubigern der Gruppe zu befriedigen wäre, besser gestellt wird als diese Gläubiger.

1. Normzweck

Zur Annahme des InsPlan ist grundsätzlich nach § 244 Einstimmigkeit der Gruppen erforderlich. Das ablehnende Votum einer Gruppe ist nur unter engen Voraussetzungen unbeachtlich; es ist insbes erforderlich, dass eine Mehrheit der Gruppen zugestimmt hat. § 245 bewirkt einen gruppenbezogenen Minderheitenschutz.

2. Voraussetzungen, Abs 1

Die Zustimmung einer den InsPlan ablehnenden Gruppe wird unter den Voraussetzungen des Abs 1 fingiert. Die Voraussetzungen müssen kumulativ erfüllt sein (OLG Köln NZI 2001, 660, 661 f; K/P-*Otte*, § 245 Rn 5; *Smid/Smid/Rattunde*, § 245 Rn 9).

§ 245

3   **a) Schlechterstellungsverbot, Nr 1.** Die Zustimmungsfiktion greift nur ein, wenn der InsPlan für die nicht zustimmenden Gläubiger keine Schlechterstellung im Vergleich zur Regelabwicklung enthält. Damit wird auf den Erlös bei unverzüglicher Verwertung und Verteilung nach §§ 156 ff und 187 ff abgestellt und so dem InsGl zumindest der **Liquidationswert** garantiert (K/P-*Otte*, § 245 Rn 7). Daneben kann aber auch eine übertragende Sanierung als Vergleichsmaßstab dienen, dann müssen für diese Möglichkeit aber hinreichende Anhaltspunkte bestehen (HK-*Flessner*, § 245 Rn 9). Die Vergleichsrechnung ist unter Berücksichtigung der **Prognose** der weiteren Entwicklung anzustellen, wie sich aus der Wendung „voraussichtlich" ergibt. Bei dieser Vergleichsbetrachtung hat das InsGericht von den im InsPlan angegebenen Werten auszugehen und die üblichen betriebswirtschaftlichen Bewertungsmethoden anzuwenden, um eine Vergleichbarkeit der Erlöse zu erreichen. UU kann das InsGericht eigene Ermittlungen anstellen (§ 5 Abs 1 S 1) und ggf auch einen Sachverständigen mit der Bewertung der Tatsachen beauftragen (HK-*Flessner*, § 245 Rn 15; vgl *Eidenmüller* NJW 1999, 1837, 1838). – Die Beweislast für eine fehlende Schlechterstellung liegt beim Planverfasser. – Zur Möglichkeit salvatorischer Klauseln: *Eidenmüller* NJW 1999, 1837, 1838 f und N/R-*Braun*, § 245 Rn 17.

4   **b) Angemessene Beteiligung, Nr 2.** Weitere Voraussetzung ist, dass die InsGl der widersprechenden Gruppe an dem durch den InsPlan **zu erwirtschaftenden Mehrwert** angemessen beteiligt werden. Nr 2 geht damit über die Garantie des Liquidationswertes nach Nr 1 hinaus. Eine **angemessene Beteiligung** liegt nach **Abs 2** vor, wenn **(1)** kein InsGl mehr erhält, als seine Forderung dem Betrag nach wert ist (Nr 1), **(2)** weder der InsSchu noch nachrangige InsGl etwas erhalten (Nr 2) und **(3)** kein dem Gläubiger ohne den InsPlan gleichgestellter Gläubiger bevorzugt wird (Nr 3). Abs 2 enthält dabei eine abschließende Regelung (HK-*Flessner*, § 245 Rn 19).

5   **aa) Nr 1** begrenzt die Befriedigung auf den Betrag der Forderung (**Nominalwert**) und verhindert so, dass der InsGl mehr erhält, als ihm ohne der Insolvenz zustünde. Hierbei ist jedoch eine Verzinsung zu berücksichtigen, um dem Umstand Rechnung zu tragen, dass der InsGl bei der Regelabwicklung schneller befriedigt werden würde (N/R-*Braun*, § 245 Rn 19).

6   **bb) Nr 2** ist uU dann nicht erfüllt, wenn das Unternehmen vom InsSchu weitergeführt wird, da der InsSchu dann die Anteile am Unternehmen behält. Dieser Vorteil kann aber durch die persönliche Haftung kompensiert sein (vgl HK-*Flessner*, § 245 Rn 22; *Wittig* ZInsO 1999, 373, 375 ff). Nr 2 ist auch dann nicht erfüllt, wenn kein potentieller Erwerber

gegeben ist und so nach dem InsPlan der InsSchu das Unternehmen fortführen soll (LG Traunstein ZInsO 1999, 577, 581f; H/W/W-*Hess*, § 245 Rn 26; vgl *Braun* NZI 1999, 471, 477). Die absolute Vorrangregel der Nr 2 bedeutet, dass der InsSchu und nachrangige InsGl nur dann etwas erhalten dürfen, wenn die vorrangigen InsGl voll befriedigt werden oder mit der Regelung einverstanden sind.

cc) Nr 3. Eine Bevorzugung nach Nr 3 ist gegeben, wenn eine 7 Gruppe höher befriedigt wird, als die anderen Gruppen. Entscheidend ist eine wirtschaftliche Vergleichsbetrachtung.

c) Mehrheitsentscheidung, Nr 3. Schließlich muss eine Mehrheit 8 der **abstimmenden Gruppen** dem InsPlan zugestimmt haben. § 245 findet somit nur Anwendung, wenn der InsPlan mindestens drei Gruppen enthält (AG Duisburg NZI 2002, 605f). Die absolute Anzahl der Gruppen ist unerheblich, genauso wie die bloße Teilnahme an der Versammlung, die Gruppen müssen tatsächlich abgestimmt haben (vgl *Wegener* ZInsO 2002, 1157, 1161). Zu den ablehnenden Gruppen zählen nicht die Gruppen, deren Zustimmung nach § 246 fingiert wird (HK-*Flessner*, § 245 Rn 6), die fingierte Zustimmung zählt aber auch nicht als Zustimmung iSv § 245 (*Braun/Braun*, § 245 Rn 17; H/W/W-*Hess*, § 245 Rn 4).

3. Verfahren

Liegen die Voraussetzungen vor, so gilt die Zustimmung als erteilt. Dies 9 wird vom InsGericht festgestellt und ins Protokoll aufgenommen. Die **Feststellung** durch das InsGericht kann nicht selbständig angefochten werden (HK-*Flessner*, § 245 Rn 25; *Braun/Braun*, § 245 Rn 22; H/W/W-*Hess*, § 245 Rn 30).

§ 246 Zustimmung nachrangiger Insolvenzgläubiger

Für die Annahme des Insolvenzplans durch die nachrangigen Insolvenzgläubiger gelten ergänzend folgende Bestimmungen:
1. **Die Zustimmung der Gruppen mit dem Rang des § 39 Abs. 1 Nr. 1 oder 2 gilt als erteilt, wenn die entsprechenden Zins- oder Kostenforderungen im Plan erlassen werden oder nach § 225 Abs. 1 als erlassen gelten und wenn schon die Hauptforderungen der Insolvenzgläubiger nach dem Plan nicht voll berichtigt werden.**
2. **Die Zustimmung der Gruppen mit einem Rang hinter § 39 Abs. 1 Nr. 3 gilt als erteilt, wenn kein Insolvenzgläubiger durch den Plan besser gestellt wird als die Gläubiger dieser Gruppen.**
3. **Beteiligt sich kein Gläubiger einer Gruppe an der Abstimmung, so gilt die Zustimmung der Gruppe als erteilt.**

1. Normzweck

1 Den nachrangigen InsGl wird eine nur geringe Bedeutung für den Ins-Plan zugemessen, da sie zwar am Verfahren teilnehmen, ihre Forderungen aber idR nicht erfüllt werden. Dementsprechend soll die Abstimmung erleichtert werden, indem ihre Zustimmung unter den Voraussetzungen der Nr 1 bis 3 fingiert wird.

2. Einzelheiten

2 **a) Nr 1.** Die Regelung der Nr 1 greift nur ein, wenn für die InsGl des § 39 Abs 1 Nr 1 und 2 eine eigene fakultative Gruppe gebildet wird (HK-*Flessner*, § 246 Rn 2; *Braun/Braun*, § 246 Rn 2). Nach §§ 222 Abs 1 S 2 Nr 3, 225 ist keine Gruppe zu bilden, wenn die Forderungen als erlassen gelten. Wird eine fakultative Gruppe gebildet, so wird die Zustimmung fingiert, wenn schon die Kapitalforderung nicht voll erfüllt wird.

3 **b) Nr 2.** Forderungen aus Geldstrafen etc. (§ 39 Abs 1 Nr 3) werden nach § 225 Abs 3 vom InsPlan nicht berührt, so dass diesen InsGl auch kein Stimmrecht zusteht (HK-*Flessner*, § 246 Rn 3; *Braun/Braun*, § 246 Rn 5). Die Regelung der Nr 2 betrifft daher nur die diesen nachrangigen InsGl des § 39 Abs 1 Nr 4, 5 und Abs 2, falls für diese eine eigene fakultative Gruppe gebildet wird. Deren Zustimmung gilt nur als erteilt, wenn sie mit den vollrangigen InsGl gleichbehandelt werden, dh die gleiche Quote erhalten.

4 **c) Nr 3.** Nimmt in einer Gruppe nachrangiger (FK-*Jaffé*, § 246 Rn 31) InsGl kein InsGl an der Abstimmung teil, so gilt die Zustimmung der Gruppe als erteilt.

3. Rechtsfolge

5 Die Zustimmung gilt als erteilt, bei Nr 1 und 2 auch wenn sich die Gruppe an der Abstimmung beteiligt und mehrheitlich gegen den InsPlan gestimmt hat (HK-*Flessner*, § 246 Rn 6).

§ 247 Zustimmung des Schuldners

(1) Die Zustimmung des Schuldners zum Plan gilt als erteilt, wenn der Schuldner dem Plan nicht spätestens im Abstimmungstermin schriftlich oder zu Protokoll der Geschäftsstelle widerspricht.

(2) Ein Widerspruch ist im Rahmen des Absatzes 1 unbeachtlich, wenn
1. der Schuldner durch den Plan voraussichtlich nicht schlechter gestellt wird, als er ohne einen Plan stünde, und

§ 247

2. **kein Gläubiger einen wirtschaftlichen Wert erhält, der den vollen Betrag seines Anspruchs übersteigt.**

1. Normzweck

Ein InsPlan kann nicht nur vom InsSchu vorgelegt werden, sondern auch vom InsVerw. Dann ist die Zustimmung des InsSchu erforderlich, damit dieser nicht gegen seinen Willen im Vergleich zur Regelabwicklung schlechter gestellt wird.

2. Zustimmungsfiktion, Abs 1

Die Zustimmung des InsSchu wird fingiert, wenn er dem InsPlan nicht **schriftlich oder zu Protokoll der Geschäftsstelle** widerspricht. Dies muss **spätestens im Abstimmungstermin** erfolgen. Das Widerspruchsrecht ist ausgeschlossen, wenn der InsPlan vom InsSchu selbst eingebracht wurde und unverändert angenommen wurde (*Smid/Smid/Rattunde*, § 247 Rn 11; FK-*Jaffé*, § 247 Rn 25 a; MK-InsO/*Sinz*, § 247 Rn 25).

3. Unbeachtlichkeit, Abs 2

Der Widerspruch des InsSchu gegen den InsPlan ist in Anlehnung an § 245 unbeachtlich, wenn der InsPlan **keine Schlechterstellung zum Regelverfahren** bedeutet (**Nr 1**) und kein InsGl mehr als den **Nominalwert** seiner Forderung erhält (**Nr 2**). Der Vergleich mit dem Regelverfahren ist abweichend von § 245 nicht auf die wirtschaftliche, sondern auf die **rechtliche Stellung des InsSchu** bezogen (*Smid/Smid/Rattunde*, § 247 Rn 5 f; *Braun/Braun*, § 247 Rn 2; **aA:** FK-*Jaffé*, § 247 Rn 13; H/W/W-*Hess*, § 247 Rn 4). Eine Benachteiligung liegt zB vor, wenn zu Lasten des InsSchu (als natürliche Person) von den Regelungen der Restschuldbefreiung abgewichen wird, ein Übererlös entgegen § 199 nicht an ihn ausgezahlt werden soll oder sein insolvenzfreies Vermögen einbezogen wird (*Braun/Braun*, § 247 Rn 2; *Smid/Smid/Rattunde*, § 247 Rn 7; MK-InsO/*Sinz*, § 247 Rn 27 ff). Wie bei § 245 ist wegen der Wendung „voraussichtlich" eine **Prognose** anzustellen.

4. Verfahren

Die Feststellung des InsGericht, dass der Widerspruch des InsSchu nach Abs 2 unbeachtlich ist, muss in das Protokoll aufgenommen werden. Sie ist nicht selbständig anfechtbar, sondern nur im Rahmen einer Anfechtung der Planbestätigung (§ 253).

§ 248 Gerichtliche Bestätigung

(1) Nach der Annahme des Insolvenzplans durch die Gläubiger (§§ 244 bis 246) und der Zustimmung des Schuldners bedarf der Plan der Bestätigung durch das Insolvenzgericht.

(2) Das Gericht soll vor der Entscheidung über die Bestätigung den Insolvenzverwalter, den Gläubigerausschuß, wenn ein solcher bestellt ist, und den Schuldner hören.

1. Normzweck

1 Der InsPlan wird erst mit der Bestätigung durch das InsGericht wirksam. Die Voraussetzungen, unter denen das InsGericht den InsPlan bestätigen darf, sind in den §§ 248–251 geregelt.

2. Annahme des InsPlan, Abs 1

2 Voraussetzungen für die Bestätigung sind die Annahme des InsPlan durch die InsGl (§§ 244–246) und die Zustimmung des InsSchu (§ 247). Die Verweisung verdeutlicht, dass auch fingierte Zustimmungen unter § 248 fallen (HK-*Flessner*, § 248 Rn 2). Lagen zwei Pläne vor und wurden beide angenommen, so liegt keine Annahme iSv von § 248 vor, da zwingend nur ein InsPlan bestätigt werden kann; es ist dann eine Entscheidung zwischen den Plänen herbeizuführen (vgl HK-*Flessner*, § 248 Rn 4 f; **aA:** *Braun/Braun*, § 248 Rn 7: Bestätigung des InsPlan, der die größere Mehrheit, insbes die größere Summenmehrheit gefunden hat).

3. Anhörung, Abs 2

3 Vor der Entscheidung des InsGericht sollen der InsVerw, der InsSchu und ggf der Gläubigerausschuss angehört werden. Daneben sind die Beteiligten anzuhören, was bereits aus ihrer Beteiligtenstellung folgt. Da die Anhörung idR schon im Abstimmungstermin erfolgt, ist eine zusätzliche nur erforderlich, wenn die Entscheidung erst nach Einholung eines Gutachtens zur Zustimmungsersetzung nach §§ 245, 247 erfolgt, da sie dann zu den Ergebnissen des Gutachtens zu erfolgen hat (MK-InsO/*Sinz*, § 248 Rn 10).

4. Entscheidung

4 **a) Verfahren.** Das InsGericht hat den InsPlan bei Vorliegen der **Voraussetzungen der §§ 248–251** zu bestätigen, ein Ermessen besteht nicht. Die Bestätigung ist durch **Beschluss** auszusprechen, der nach § 252 bekannt zu machen und nach § 253 anfechtbar ist. Auch wenn das Gesetz dies nicht regelt, ist aus Gründen der Rechtssicherheit ggf die **Versagung der Bestätigung** auszusprechen (HK-*Flessner*, § 248 Rn 3; *Braun/Braun*, § 248 Rn 6).

§ 249 Bedingter Plan

b) Wirkung. Mit dem Bestätigungsbeschluss wird der InsPlan wirksam, siehe § 254. Wird der Beschluss rechtskräftig, so sind Verfahrensmängel geheilt (*Braun/Braun*, § 248 Rn 5).

5. Überblick über die Bestätigungsvoraussetzungen (K/P-*Otte*, § 248 Rn 8):

- Durchführung eines materiell und formell fehlerfreien Planverfahrens (§ 250 Nr 1),
- keine unlautere Herbeiführung der Planannahme, § 250 Nr 2,
- Vorliegen der erforderlichen Mehrheiten bei der Abstimmung, ggf Ersetzung der Zustimmung, §§ 244, 245, 246
- Zustimmung des InsSchu, ggf mit deren Ersetzung, § 247
- korrekte Gruppenbildung, § 222
- Beachtung des Gleichbehandlungsgrundsatzes, § 226
- Wahrung der Minderheitenrechte, § 251
- Eintritt vorgesehener Bedingungen, § 249
- Durchführung der Anhörung nach Abs 2.

§ 249 Bedingter Plan

¹**Ist im Insolvenzplan vorgesehen, daß vor der Bestätigung bestimmte Leistungen erbracht oder andere Maßnahmen verwirklicht werden sollen, so darf der Plan nur bestätigt werden, wenn diese Voraussetzungen erfüllt sind.** ²**Die Bestätigung ist von Amts wegen zu versagen, wenn die Voraussetzungen auch nach Ablauf einer angemessenen, vom Insolvenzgericht gesetzten Frist nicht erfüllt sind.**

1. Normzweck

Im InsPlan können Regelungen getroffen werden, wonach der InsPlan erst nach Vornahme bestimmter Handlungen bestätigt werden darf oder die Wirksamkeit von einer Bedingung abhängig ist. Entgegen der amtlichen Überschrift erfasst § 249 nur den ersten Fall. § 249 ist vor dem Hintergrund zu sehen, dass aufgrund des InsPlan nicht in Rechte Dritter eingegriffen werden kann, aber oft gesellschaftsrechtliche Änderungen (zB Kapitalherabsetzungen, -erhöhungen) erforderlich sind und so Dritte in die Planregelung eingebunden werden müssen. Dabei wird eine bloße schuldrechtliche Verpflichtung dem Sicherungsinteresse der Beteiligten oftmals nicht gerecht. § 249 ermöglicht daher eine Abwicklung Zug-um-Zug.

2. Bedingung iSv § 249

a) Regelungsgegenstand, S 1. § 249 ermöglicht Gestaltungen, nach denen Dritte oder Planbeteiligte Handlungen (Leistungen und andere

Maßnahmen) erst vornehmen brauchen, wenn sicher ist, dass die InsGl dem InsPlan zugestimmt haben, andererseits die InsGl aber abgesichert sind, indem der Plan erst nach der Vornahme der Handlung vom Ins-Gericht bestätigt wird. Zu diesen Handlungen zählen Leistungen, zB die Bestellung neuer Sicherheiten oder die Bereitstellung neuer Kredite (MK-InsO/*Sinz*, § 249 Rn 8f), und andere Maßnahmen, wie zB gesellschaftsrechtliche Regelungen, die Gründung einer Auffanggesellschaft oder arbeitsvertragliche Regelungen (MK-InsO/*Sinz*, § 249 Rn 12ff). § 249 setzt dabei eine **ausdrückliche Regelung** im InsPlan voraus, da die Regelung nur dann hinreichend für das InsGericht erkennbar ist. Im InsPlan muss bestimmt sein, dass die vorzunehmende **Handlung vor der Bestätigung des InsPlan erfolgen muss** (HK-*Flessner*, § 249 Rn 4).

3   **b) Fristsetzung durch das InsGericht, S 2.** Das InsGericht hat eine angemessene Frist zur Vornahme der Handlung zu setzen. Nach fruchtlosem Fristablauf hat es die Bestätigung ohne weiteres von Amts wegen zu versagen, ein Ermessen besteht nicht, auch brauchen andere Versagungsgründe nicht vorzuliegen (MK-InsO/*Sinz*, § 249 Rn 29). Die Frist hat sich am zeitlichen Rahmen des § 252 und der Art der Handlung zu orientieren (HK-*Flessner*, § 249 Rn 6). Ein Rechtsmittel gegen die Fristsetzung ist nicht gegeben, bei Handeln des Rechtspflegers ist § 11 Abs 2 RPflG anwendbar.

3. Ähnliche Regelungen

4   **a) Verhältnis zu § 228.** Der InsPlan kann **Willenserklärungen** enthalten, die mit Bestätigung des InsPlan automatisch wirksam werden. Sind für Rechtsänderungen zusätzlich tatsächliche Handlungen (**Realakte**) notwendig (zB die Übergabe einer Sache), so können diese nach § 249 oder über Regelungen nach b) und c) mit dem InsPlan verknüpft werden.

5   **b) Echte Bedingung, § 158 BGB.** Der InsPlan kann auch unter eine Bedingung gestellt werden. Dann steht im Zeitpunkt der Bestätigung nicht fest, dass der InsPlan wirksam wird oder bleibt. Durch die Bestätigung ist dann nur gesichert, dass das gerichtliche Verfahren ordnungsgemäß durchgeführt wurde und der InsPlan nur noch vom Eintritt bzw dem Ausbleiben der Bedingung abhängt. Zur auflösenden Bedingung vgl § 255.

6   **c) Verpflichtung.** Der InsPlan kann die bloße schuldrechtliche Verpflichtung zur Vornahme einer Handlung vorsehen, vgl **§ 230 Abs 3**. Dies ist gleichfalls kein Fall des § 249, da es an der zeitlichen Verknüpfung der Vornahme der Handlung mit der Bestätigung des InsPlan fehlt. Der

InsPlan wird vielmehr mit der Bestätigung wirksam, mit der Folge, dass die Handlung erzwingbar wird, vgl § 257.

§ 250 Verstoß gegen Verfahrensvorschriften

Die Bestätigung ist von Amts wegen zu versagen,
1. **wenn die Vorschriften über den Inhalt und die verfahrensmäßige Behandlung des Insolvenzplans sowie über die Annahme durch die Gläubiger und die Zustimmung des Schuldners in einem wesentlichen Punkt nicht beachtet worden sind und der Mangel nicht behoben werden kann oder**
2. **wenn die Annahme des Plans unlauter, insbesondere durch Begünstigung eines Gläubigers, herbeigeführt worden ist.**

1. Normzweck

§ 250 enthält zwingende Versagungsgründe. 1

2. Verstöße, Nr 1

Die Bestätigung des InsPlan ist von Amts wegen zu versagen, wenn der 2 InsPlan verfahrensfehlerhaft zustande gekommen ist.

a) Einzelne Verstöße. aa) Planinhalt. In Bezug auf den Planinhalt 3 sind die §§ 219–230 zu beachten. Auch wenn der InsPlan die Vorprüfung nach § 231 bestanden hat, so ist eine erneute Prüfung wegen einer möglicher Planänderungen (§ 240), den Ergebnissen des Erörterungstermins (§ 235) oder den eingegangenen Stellungnahmen (§ 232, 248 Abs 2) erforderlich (HK-*Flessner*, § 250 Rn 2; *Braun/Braun*, § 250 Rn 4); eine Bindung an die Vorprüfung nach § 231 besteht nicht (*Smid/Smid/Rattunde*, § 250 Rn 2; N/R-*Braun*, § 250 Rn 2).

bb) Verfahrensvorschriften. Dies sind die §§ 218, 231, 232, 4 234–236, 239–243 (HK-*Flessner*, § 250 Rn 3).

cc) Annahme. Schließlich sind die §§ 244–247 zu beachten, aus- 5 genommen ist die Überprüfung der Feststellung der Stimmrechte, da diese nur über § 18 Abs 3 RPflG anfechtbar sind (AG Duisburg ZInsO 2002, 737, 738; HK-*Flessner*, § 250 Rn 4; FK-*Jaffé*, § 250 Rn 15 b; **aA:** *Smid/Smid/Rattunde*, § 250 Rn 3).

b) Wesentlichkeit. Ein Verstoß rechtfertigt nur dann die Versagung, 6 wenn er wesentlich ist, dh wenn er Auswirkungen auf das Zustandekommen des InsPlan hatte (FK-*Jaffé*, § 250 Rn 15; LG Berlin ZInsO 2002, 1191, 1192), zu einer Beeinflussung der Abstimmung geführt hat (HK-*Flessner*, § 250 Rn 5; vgl *Kilger/Schmidt*, § 79 VglO Anm 2b), insbes bei einem Verstoß gegen §§ 222, 226 Abs 1 (*Braun/Braun*, § 250 Rn 3).

§ 251

7 **c) Behebbarkeit.** Die Bestätigung ist nicht zu versagen, wenn der Mangel noch behoben werden kann. Dies ist der Fall, wenn eine Heilung ohne Wiedereröffnung des vorangegangenen Verfahrensabschnitts möglich ist (HK-*Flessner*, § 250 Rn 5; MK-InsO/*Sinz*, § 250 Rn 17; vgl *Kilger/Schmidt*, § 79 VglO Anm 2b), dann hat das InsGericht eine Frist zur Behebung des Mangels zu setzen. Behebbarkeit scheidet aber aus, wenn der Mangel für die Entscheidung eines Beteiligten ursächlich geworden ist (MK-InsO/*Sinz*, § 250 Rn 19).

3. Unlauteres Zustandekommen, Nr 2

8 Die Bestätigung ist weiter zu versagen, wenn der InsPlan unlauter, dh unter Verstoß gegen den **Grundsatz von Treu und Glauben** zustande gekommen ist. So zB wenn die Zustimmung zum InsPlan dadurch erkauft wurde, dass ein InsGl im Vergleich zu den anderen InsGl ungerechtfertigt begünstigt wurde, und dieser **Stimmenkauf** nicht offengelegt wurde (vgl MK-InsO/*Sinz*, § 250 Rn 26). Daneben ist eine Nichtigkeit auch dann gegeben, wenn ein InsGl oder ein Dritter anderen InsGl deren Forderungen zu einem Preis abkauft, die die in dem vorgelegten Plan vorgesehene Quote übersteigt, um mit der so erlangten Abstimmungsmehrheit die Annahme des Insolvenzplans zu bewirken (BGH NZI 2005, 325). Das InsGer darf den Plan dann nicht bestätigen, wenn die Annahme auf dem Forderungskauf beruhen kann. Der Verstoß muss also kausal geworden sein für das Zustandekommen des InsPlans (N/R-*Braun*, § 250 Rn 11). **Kausalität** scheidet damit aus, wenn zB gekaufte Stimmen nicht für das Abstimmungsergebnis erheblich wurden (FK-*Jaffé*, § 250 Rn 23).

§ 251 Minderheitenschutz

(1) Auf Antrag eines Gläubigers ist die Bestätigung des Insolvenzplans zu versagen, wenn der Gläubiger
1. **dem Plan spätestens im Abstimmungstermin schriftlich oder zu Protokoll der Geschäftsstelle widersprochen hat und**
2. **durch den Plan voraussichtlich schlechter gestellt wird, als er ohne einen Plan stünde.**

(2) Der Antrag ist nur zulässig, wenn der Gläubiger glaubhaft macht, daß er durch den Plan schlechter gestellt wird.

1. Normzweck

1 Das Widerspruchsrecht verwirklicht den individuellen Minderheitenschutz im Vergleich zum gruppenbezogenen Minderheitenschutz des § 245. Von § 245 Abs 1 Nr 1 unterscheidet sich § 251 u. a. dadurch, dass der Schutz auch dann besteht, wenn der InsGl nicht abgestimmt hat oder kein Stimmrecht hatte (HK-*Flessner*, § 251 Rn 3). Der einzelne InsGl ist selbst dann geschützt, wenn die Mehrheit seiner Gruppe dem InsPlan zugestimmt hat.

2. Versagungsvoraussetzungen

a) Formelle. aa) Antrag, Abs 1 Nr 1. (1) Die Bestätigung des InsPlan wird nur auf Antrag versagt.

(2) Antragsberechtigt ist der einzelne InsGl, unabhängig davon, ob er an der Abstimmung teilgenommen hat oder überhaupt stimmberechtigt war (MK-InsO/*Sinz*, § 251 Rn 5; **aA:** FK-*Jaffé*, § 251 Rn 11: nur stimmberechtigte InsGl). Auch ein InsGl, der für den InsPlan gestimmt hatte, kann den Antrag nach § 251 stellen (FK-*Jaffé*, § 251 Rn 12; **aA:** MK-InsO/*Sinz*, § 251 Rn 5).

(3) Zeitpunkt. Der Antrag kann bis zur rechtskräftigen Bestätigung gestellt werden (*Braun/Braun*, § 251 Rn 5; H/W/W-*Hess*, § 251 Rn 6; vgl MK-InsO/*Sinz*, § 251 Rn 6; **aA:** HK-*Flessner*, § 251 Rn 4: bis zur Verkündung der Bestätigungsentscheidung); wegen der Bindung des InsGericht an seine eigene Entscheidung (§ 318 ZPO) kann der Antrag ab der Verkündung der Bestätigung nur erfolgreich sein, wenn zugleich die Bestätigung nach § 253 angefochten wird.

(4) Form. Der Antrag kann **schriftlich** oder zu **Protokoll der Geschäftsstelle** gestellt werden (MK-InsO/*Sinz*, § 251 Rn 8).

bb) Widerspruch, Abs 1 Nr 1. Der Antrag setzt weiter voraus, dass der InsGl zuvor dem InsPlan spätestens im Abstimmungstermin widersprochen hat. Dies kann schriftlich oder zu Protokoll der Geschäftsstelle erfolgen. Das bloße Votum gegen den InsPlan ist kein Widerspruch iSd Abs 1 Nr 1 (LG Neubrandenburg ZInsO 2000, 628).

cc) Glaubhaftmachung, Abs 2. Die behauptete Schlechterstellung ist glaubhaft zu machen, § 4 iVm § 294 ZPO. Das InsGericht hat erst dann von Amts wegen zu untersuchen, wenn die Schlechterstellung nach dem Vortrag des InsGl überwiegend wahrscheinlich ist (LG Berlin ZInsO 2002, 1191, 1192; HK-*Flessner*, § 251 Rn 5), bloße Prognoseüberlegungen genügen nicht, es sind vielmehr Tatsachen vorzutragen, die die vom Antragsteller aufgestellte negative Prognose stützen (vgl OLG Dresden ZIP 2000, 1303, 1305). Durch das Erfordernis der Glaubhaftmachung wird verhindert, dass durch unbegründete Anträge eine Verzögerung der Planbestätigung erreicht werden kann.

b) Schlechterstellung, Abs 1 Nr 2. Die Versagung setzt voraus, dass der InsGl durch die Planregelung schlechter gestellt wird, als er ohne den InsPlan stünde. Durch das Verbot der Schlechterstellung wird dem InsGl der **Liquidationswert** garantiert; auf den **Fortführungswert** im Fall

§ 252

der übertragenden Sanierung ist nur bei hinreichenden Anhaltspunkten abzustellen (K/P-*Otte*, § 251 Rn 9). Entscheidend ist damit der Vergleich mit der Regelverwertung, wobei eine **wirtschaftliche Betrachtungsweise** entscheidend und eine entsprechende **Prognose** („voraussichtlich") aufzustellen ist. – Die Darlegungs- und Beweislast liegt beim InsGl (HK-*Flessner*, § 251 Rn 6; *Braun/Braun*, § 251 Rn 6; N/R-*Braun*, § 251 Rn 8). – Zur Möglichkeit salvatorischer Klauseln: HK-*Flessner*, § 251 Rn 11.

3. Entscheidung des InsGericht

6   a) **Form.** Das InsGericht entscheidet über den Antrag unselbständig im Bestätigungs- bzw Versagungsbeschluss (FK-*Jaffé*, § 251 Rn 23; MK-InsO/*Sinz*, § 251 Rn 34). Im Fall der Schlechterstellung ist die Bestätigung zu versagen. Eine Ermöglichung der Behebung des Mangels scheidet aus, da dann eine erneute Erörterung und Abstimmung notwendig wäre (HK-*Flessner*, § 251 Rn 9; FK-*Jaffé*, § 251 Rn 10a)

7   b) **Rechtsmittel.** Der Beschluss ist im Rahmen der Anfechtung des Bestätigungs- bzw Versagungsbeschlusses nach § 253 anfechtbar, indem geltend gemacht wird, dass der Antrag nach § 251 zu Unrecht abgelehnt bzw ihm zu Unrecht stattgegeben wurde (MK-InsO/*Sinz*, § 251 Rn 35).

§ 252 Bekanntgabe der Entscheidung

(1) ¹Der Beschluß, durch den der Insolvenzplan bestätigt oder seine Bestätigung versagt wird, ist im Abstimmungstermin oder in einem alsbald zu bestimmenden besonderen Termin zu verkünden. ²§ 74 Abs. 2 Satz 2 gilt entsprechend.

(2) Wird der Plan bestätigt, so ist den Insolvenzgläubigern, die Forderungen angemeldet haben, und den absonderungsberechtigten Gläubigern unter Hinweis auf die Bestätigung ein Abdruck des Plans oder eine Zusammenfassung seines wesentlichen Inhalts zu übersenden.

1. Bekanntgabe

1   Der Beschluss, durch den der InsPlan bestätigt bzw dessen Bestätigung versagt wird, ist im Abstimmungstermin oder einem gesonderten Verkündungstermin bekannt zu geben. Eine Bekanntgabe im Abstimmungstermin liegt auch dann vor, wenn nach Abs 1 S 2 iVm § 74 Abs 2 S 2 vertagt wird. Wird ein besonderer Verkündungstermin bestellt, so ist dieser alsbald zu bestimmen und nach § 74 Abs 2 S 1 analog öffentlich bekannt zu geben (HK-*Flessner*, § 252 Rn 2; *Braun/Braun*, § 252 Rn 3). Eine Ladung der Stimmberechtigten ist entbehrlich; die Verkündung des Verkündungs-

termins im Abstimmungstermin genügt (MK-InsO/*Sinz*, § 252 Rn 12; **aA:** *Braun/Braun*, § 252 Rn 3; *Smid/Smid/Rattunde*, § 252 Rn 2: § 241 Abs 2 analog). – Die Bekanntgabe des Beschlusses im Termin ist eine **Verkündung** nach § 4 iVm **§ 329 ZPO**.

2. Planübersendung, Abs 2

Den InsGl, die eine Forderung angemeldet haben, und den Absonderungsberechtigten ist eine Abschrift des Plans bzw eine Zusammenfassung des InsPlan zu übersenden. Dies ist nötig, da der Beschluss nur den InsPlan bestätigt, ihn aber nicht im Wortlaut enthält, sondern nur auf ihn Bezug nimmt. Unterbleibt die Planübersendung, so ist dies ohne Einfluss auf die Rechtskraft des Beschlusses (MK-InsO/*Sinz*, § 252 Rn 29).

§ 253 Rechtsmittel

Gegen den Beschluß, durch den der Insolvenzplan bestätigt oder die Bestätigung versagt wird, steht den Gläubigern und dem Schuldner die sofortige Beschwerde zu.

1. Zulässigkeit der Beschwerde

a) Statthaftigkeit. Nach § 253 ist sowohl gegen die Bestätigung als auch die Versagung der Bestätigung die sofortige Beschwerde nach § 6 statthaft.

b) Beschwerdeberechtigung. Beschwerdeberechtigt sind die InsGl, die Absonderungsberechtigten, falls ihre Rechtstellung betroffen ist, und der InsSchu. Der InsVerw ist nicht beschwerdebefugt.

c) Beschwer. Der Beschwerdeführer muss geltend machen, durch die Entscheidung des InsGericht beschwert zu sein. Dies ist der Fall wenn durch die Entscheidung in die Rechtsstellung des Beschwerdeführers eingegriffen wird.

aa) Bestätigung. (1) Formelle Beschwer. Formell beschwert sind diejenigen, die dem InsPlan nach §§ 246, 247 widersprochen haben.

(2) Materielle Beschwer. Eine materielle Beschwer ist bei Bestätigung des InsPlan gegeben, wenn die Rechtsstellung durch den InsPlan verkürzt wird, auch wenn dies wie bei § 226 kraft Gesetzes erfolgt. Eine Beschwer scheidet damit dann aus, wenn der Beschwerdeführer trotz des InsPlan voll befriedigt wird und diese durch den InsPlan nur unwesentlich verzögert wird; er steht dann nicht schlechter als bei der Regelverwertung.

§ 253

bb) Versagung der Bestätigung. (1) Formelle Beschwer.

5 Formell beschwert ist der InsSchu, wenn er den InsPlan vorgelegt hat.

(2) Materielle Beschwer. Materiell beschwert sind diejenigen, denen durch den InsPlan eine Rechtsposition eingeräumt würde, da sich dann ihre Befriedigungsaussichten mit der Versagung verschlechtern. Beim InsSchu begründet zB der Verlust der Restschuldbefreiung nach § 227 Abs 1 eine materielle Beschwer (HK-*Flessner*, § 253 Rn 7; MK-InsO/*Sinz*, § 253 Rn 22).

6 **d) Beschwerdefrist.** Die Beschwerdefrist beginnt mit der Verkündung der Entscheidung nach § 252 iVm § 6 Abs 2 1. HS. Dies gilt auch bei einer falschen Belehrung durch das Gericht (BGH NZI 2004, 85).

7 **e) Verfahren.** Siehe § 6.

2. Begründetheit

8 Die Beschwerde ist begründet, wenn ein Beschwerdegrund vorliegt. Dieser liegt in der Verletzung der §§ 248–251, die die Voraussetzungen für die Bestätigung des InsPlan enthalten. Daneben kann die Stimmrechtsfestsetzung durch das InsGericht überprüft werden (HK-*Flessner*, § 253 Rn 6).

3. Entscheidung

9 Ist die Beschwerde begründet, so wird die Entscheidung des InsGericht aufgehoben. Es ist dann erneut nach §§ 248–251 über den InsPlan zu entscheiden (HK-*Flessner*, § 251 Rn 11). Nach **aA** ist bei der Aufhebung einer Planbestätigung die Annahme des InsPlan hinfällig, so dass erneut eine Erörterung und Abstimmung durchzuführen sind (MK-InsO/*Sinz*, § 253 Rn 33; K/P-*Otte*, § 253 Rn 11).

4. Aufschiebende Wirkung, Rechtskraft

10 **a)** Die Beschwerde hat aufschiebende Wirkung, so dass der InsPlan erst mit Rechtskraft der Bestätigungsentscheidung seine **Gestaltungswirkung** entfaltet (FK-*Jaffé*, § 253 Rn 1 d), **§ 254 Abs 1 S 1**. Diese Regelung verdrängt § 6 Abs 3, so dass das InsGericht die sofortige Wirksamkeit des Bestätigungsbeschlusses nicht anordnen kann (MK-InsO/*Huber*, § 254 Rn 16). Rechtskraft tritt ein, wenn die zweiwöchige Beschwerdefrist (§ 569 Abs 2 ZPO iVm § 253, 6, 4) abgelaufen ist oder rechtskräftig über die Beschwerde, ggf durch die Rechtsbeschwerdeentscheidung entschieden ist (MK-InsO/*Huber*, § 254 Rn 16).

11 **b)** Mit Eintritt der Rechtskraft werden etwaige **Verfahrensmängel geheilt** (MK-InsO/*Sinz*, § 253 Rn 39; FK-*Jaffé*, § 253 Rn 10).

3. Abschnitt. Wirkungen des bestätigten Plans. Überwachung der Planerfüllung

§ 254 Allgemeine Wirkungen des Plans

(1) ¹Mit der Rechtskraft der Bestätigung des Insolvenzplans treten die im gestaltenden Teil festgelegten Wirkungen für und gegen alle Beteiligten ein. ²Soweit Rechte an Gegenständen begründet, geändert, übertragen oder aufgehoben oder Geschäftsanteile einer Gesellschaft mit beschränkter Haftung abgetreten werden sollen, gelten die in den Plan aufgenommenen Willenserklärungen der Beteiligten als in der vorgeschriebenen Form abgegeben; entsprechendes gilt für die in den Plan aufgenommenen Verpflichtungserklärungen, die einer Begründung, Änderung, Übertragung oder Aufhebung von Rechten an Gegenständen oder einer Abtretung von Geschäftsanteilen zugrunde liegen. ³Die Sätze 1 und 2 gelten auch für Insolvenzgläubiger, die ihre Forderung nicht angemeldet haben, und auch für Beteiligte, die dem Plan widersprochen haben.

(2) ¹Die Rechte der Insolvenzgläubiger gegen Mitschuldner und Bürgen des Schuldners sowie die Rechte dieser Gläubiger an Gegenständen, die nicht zur Insolvenzmasse gehören, oder aus einer Vormerkung, die sich auf solche Gegenstände bezieht, werden durch den Plan nicht berührt. ²Der Schuldner wird jedoch durch den Plan gegenüber dem Mitschuldner, dem Bürgen oder anderen Rückgriffsberechtigten in gleicher Weise befreit wie gegenüber dem Gläubiger.

(3) Ist ein Gläubiger weitergehend befriedigt worden, als er nach dem Plan zu beanspruchen hat, so begründet dies keine Pflicht zur Rückgewähr des Erlangten.

1. Normzweck – Systematik

Durch die Bestätigung des InsPlan wird die materielle Rechtslage umgestaltet. Im Vergleich zur KO/VglO ist es nun möglich, auch Dritte in die Planregelung einzubeziehen (vgl insbes § 228), sowie in die Rechtsposition der Absonderungsberechtigten einzugreifen. – Die Regelung wird von § 255 hinsichtlich des Wiederauflebens von Ansprüchen und von § 256 hinsichtlich der Erfüllung streitiger Forderungen bzw Ausfallforderungen ergänzt. Die vollstreckungsrechtlichen Folgen des InsPlan behandelt § 257, die Folgen der Aufhebung des InsVerfahrens sind in den §§ 258, 259 geregelt.

1

§ 254

2. Gestaltungswirkung, Abs 1 S 1 und 3

2 **a) Zeitpunkt.** Die Regelungen des gestaltenden Teils des InsPlan werden mit der **rechtskräftigen Bestätigung** wirksam, siehe § 253 Rn 10.

3 **b) Umfang.** Wirksam werden **alle Regelungen des gestaltenden Teils** des InsPlans, § 221. Von der Gestaltungswirkung werden dagegen **nicht erfasst:** Masseforderungen, falls nichts abweichendes vereinbart ist; nach Abs 2 persönliche und dingliche Sicherungsrechte, wenn sie gegen Dritte gerichtet sind, ebenso die Wirkungen einer Vormerkung. Aus §§ 225 Abs 3 ergibt sich, dass auch Geldstrafen und gleichgestellte Forderungen vom InsPlan nicht berührt werden. Nach der Auslegungsregel des § 223 Abs 1 sind Absonderungsrechte nur insofern betroffen, als der InsPlan diese ausdrücklich regelt.

4 **c) Erfasster Personenkreis. aa) „Verfahrensbeteiligte".** Erfasst sind die Rechtsbeziehungen zu den am InsPlan beteiligten: die InsGl, die Absonderungsberechtigten (falls ihre Rechte modifiziert werden), die nachrangigen InsGl, der InsSchu bzw an ihm beteiligte Personen (*Smid/Smid/Rattunde*, § 254 Rn 5). Der Eintritt der Rechtswirkungen ist dabei unabhängig davon, ob diese für oder gegen den InsPlan gestimmt oder ihm widersprochen haben. Nach S 3 erfasst die Gestaltungswirkung auch diejenigen InsGl, die es unterlassen haben, ihre Forderung anzumelden, sei es aus Unkenntnis, sei es in der Absicht, nicht am InsVerfahren teilzunehmen. Es ist damit nicht möglich, sich durch Nichtteilnahme am InsVerfahren den Wirkungen des InsPlan zu entziehen (*Braun/Braun*, § 254 Rn 7).

5 **bb) Dritte.** Die Gestaltungswirkung erfasst aber auch Dritte, wenn sie sich durch entsprechende Willenserklärungen im InsPlan gebunden haben (MK-InsO/*Huber*, § 254 Rn 14: „Plangaranten"; N/R-*Braun*, § 254 Rn 6). Vgl unten Rn 8.

6 **cc) Nachmeldungen im Planverfahren** Ein Problem im Rahmen des Planverfahrens stellt die Behandlung von Gläubigern da, die ihre Forderung gar nicht angemeldet haben. Bei Insolvenzplänen, die eine bestimmte Quote an die InsGl vorsehen ergibt sich grundsätzlich das Risiko, dass sich nach der Annahme und Bestätigung des Plans bislang unbekannte InsGl melden und in der Phase der Abwicklung des Plans Leistungen aus dem Plan verlangen. Hierdurch kann die Verwirklichung des gesamten Plans gefährdet werden. Der Plan sollte also eine Ausschlussregelung für solche Gl enthalten. Zur Frage der Zulässigkeit solcher Regelungen sowie dem gesamten Problemkomplex vgl *Otte/Wiester* NZI 2005, 70.

Allgemeine Wirkungen des Plans § 254

d) Gegenstand. Die Wirkung ist grundsätzlich **endgültig**. Eine spätere Änderung ist nur nach **§§ 255, 256** oder durch eine Individualvereinbarung möglich (MK-InsO/*Huber*, § 254 Rn 13). Sie bedeutet keine Novation, die Ansprüche werden lediglich modifiziert (MK-InsO/*Huber*, § 254 Rn 12). 7

3. Zusätzliche Rechtsgeschäfte, Abs 1 S 2

a) Formwahrung. aa) Verfügungen. Nach § 228 können Willenserklärungen Dritter bzw Beteiligter mit in den InsPlan aufgenommen werden, wenn diese zur Umsetzung des InsPlan, für **dingliche Rechtsänderungen** nötig sind. Durch die rechtskräftige Bestätigung wird die sonst nötige Form für die Abgabe dieser Willenserklärungen gewahrt; vgl § 925 Abs 1 S 3 BGB – Eigentumsübertragung; § 1154 Abs 1 S 2 BGB – Übertragung einer hypothekarisch gesicherten Forderung; § 15 Abs 3 GmbHG – Abtretung von GmbH-Anteilen. Sind jedoch für den Eintritt der Rechtsänderung noch **Publizitätsakte** notwendig, zB Übergabe einer Sache (§§ 929, 1205 BGB), Eintragung in das Grundbuch (§ 873 BGB), Eintragungen in Register (zB § 54 GmbHG), so werden diese durch die Bestätigung **nicht ersetzt** (K/P-*Otte*, § 254 Rn 7, 9). Es ist jedoch möglich, die hierfür erforderlichen Erklärungen ebenfalls in den InsPlan aufzunehmen, zB die Eintragungsbewilligung nach § 39 (*Braun/Braun*, § 254 Rn 5; vgl § 228 Rn 2). Die Vorschrift erfasst auch die Abtretung von GmbH-Anteilen und bestimmt so mittelbar, dass diese von § 228 erfasst sind (HK-*Flessner*, § 254 Rn 5). 8

bb) Verpflichtungsgeschäfte. Weiter erfasst sind die zugrundeliegenden Verpflichtungsgeschäfte. Die für diese nötigen Willenserklärungen sind nach **§ 230 Abs 3** dem InsPlan beizufügen. Eine für diese Willenserklärungen nötige Form wird ebenfalls durch die rechtskräftige Bestätigung ersetzt (zB Abtretung von GmbH-Anteilen: § 15 Abs 4 GmbHG; Grundstücksübertragung: § 311b Abs 1 BGB). 9

cc) Fehlende Willenserklärungen. § 254 ermöglicht es dagegen nicht, eine fehlende Willenserklärung zu ersetzen (HK-*Flessner*, § 254 Rn 4; N/R-*Braun*, § 254 Rn 3; **aA:** *Smid/Smid/Rattunde*, § 254 Rn 7; H/W/W-*Hess*, § 254 Rn 2; K/P-*Otte*, § 254 Rn 7; FK-*Jaffé*, § 254 Rn 14). 10

b) Bedingungseintritt. Mit der rechtskräftigen Bestätigung tritt auch die aufschiebende Bedingung, unter der die Willenserklärung abgegeben und in die Planregelung aufgenommen wurde, ein. 11

4. Forderungen gegen Dritte, Abs 2

a) Mithaftung. Die Umgestaltung der Rechtslage führt zu einer Durchbrechung der Akzessorietät, so dass Mithaftende (Mitschuldner, 12

Bürgen) auch weiterhin, jetzt ohne bestehende Hauptforderung, haften (HK-*Flessner*, § 254 Rn 7). Der gesicherte InsGl kann auch weiterhin aus seiner **persönlichen oder dinglichen Forderung gegen den Sicherungsgeber** vorgehen; dies gilt auch für die Rechte die durch eine **Vormerkung** gesichert sind. Ausgenommen von der Regelung sind allerdings die im Falle der Insolvenz der Gesellschaft persönlich haftenden Gesellschafter, da § 227 Abs 2 insofern eine vorrangige Regelung enthält (HK-*Flessner*, § 254 Rn 7).

13 **b) Rückgriffsansprüche.** Durch S 2 gilt die Umgestaltung der materiellen Rechtslage auch für die Rückgriffsansprüche gegen den InsSchu, so dass diese auch in entsprechender Höhe entfallen. Insofern bleibt es bei der Akzessorietät des Sicherungsrechtes und der Regelung des § 44 (vgl MK-InsO/*Huber*, § 254 Rn 32).

5. Mehrbefriedigung, Abs 3

14 Wird ein InsGl durch den InsVerw oder nach Aufhebung des InsVerfahrens weitergehend befriedigt, als er dies nach den Regelungen des InsPlan verlangen könnte, so ist ein Rückforderungsrecht aus § 812 BGB ausgeschlossen. Seine Forderung gegen den InsSchu bleibt als Naturalobligation bestehen, auch wenn der InsPlan eine Kürzung vorsieht (*Smid/Smid/Rattunde*, § 254 Rn 11). Damit ist aber eine Befriedigung, die über die ursprüngliche Forderung hinausgeht, rückforderbar; Abs 3 ist insofern teleologisch zu reduzieren (K/P-*Otte*, § 254 Rn 17; H/W/W-*Hess*, § 254 Rn 32).

§ 255 Wiederauflebensklausel

(1) ¹Sind auf Grund des gestaltenden Teils des Insolvenzplans Forderungen von Insolvenzgläubigern gestundet oder teilweise erlassen worden, so wird die Stundung oder der Erlaß für den Gläubiger hinfällig, gegenüber dem der Schuldner mit der Erfüllung des Plans erheblich in Rückstand gerät. ²Ein erheblicher Rückstand ist erst anzunehmen, wenn der Schuldner eine fällige Verbindlichkeit nicht bezahlt hat, obwohl der Gläubiger ihn schriftlich gemahnt und ihm dabei eine mindestens zweiwöchige Nachfrist gesetzt hat.

(2) Wird vor vollständiger Erfüllung des Plans über das Vermögen des Schuldners ein neues Insolvenzverfahren eröffnet, so ist die Stundung oder der Erlaß für alle Insolvenzgläubiger hinfällig.

(3) ¹Im Plan kann etwas anderes vorgesehen werden. ²Jedoch kann von Absatz 1 nicht zum Nachteil des Schuldners abgewichen werden.

1. Normzweck

Die Wirksamkeit des InsPlan ist grundsätzlich endgültig, jedoch ist eine 1
Stundung bzw ein Erlass nicht mehr gerechtfertigt, wenn der InsSchu die
Verpflichtungen aus dem InsPlan nicht erfüllt. Nach § 255 gilt daher vorbehaltlich einer anderen Regelung das gleiche, als wenn eine Wiederauflebensklausel im InsPlan vorgesehen worden wäre.

2. Wiederaufleben der Forderungen, Abs 1 und 2

a) Nichterfüllung der Verbindlichkeiten, Abs 1.
aa) Anwendungsbereich. Das Wiederaufleben der Verpflichtungen des 2
InsSchu ist auf **Forderungen** begrenzt, die **gestundet oder teilweise
erlassen** wurden. Andere Planregelungen (zB dingliche Rechtsgeschäfte;
Eingriffe in Absonderungsrechte) werden dagegen nicht rückgängig gemacht. Ein vollständiger Forderungserlass bleibt ebenfalls bestehen (K/P-*Otte*, § 255 Rn 14; HK-*Flessner*, § 255 Rn 3; *Braun/Braun*, § 255 Rn 5).
Das Wiederaufleben gilt nur für Forderungen der **InsGl, § 38** (MK-InsO/*Huber*, § 255 Rn 14; HK-*Flessner*, § 255 Rn 4). Ein Wiederaufleben
von Ausfallforderungen der absonderungsberechtigten InsGl erfolgt nicht
(HK-*Flessner*, § 255 Rn 4; **aA:** *Smid/Smid/Rattunde*, § 255 Rn 6; MK-InsO/*Huber*, § 255 Rn 15).

bb) Rückstand. Der InsSchu muss mit der Erfüllung der InsForde- 3
rung erheblich im Rückstand sein (ausführlich hierzu Uhlenbruck/*Lüer*
§ 255 Rn 15 ff; HK-*Flessner*, § 255 Rn 5; MK-InsO/*Huber*, § 255 Rn 17f;
aA: H/W/W-*Hess*, § 255 Rn 11; *Smid/Smid/Rattunde*, § 255 Rn 3: auch
beim Verstoß gegen sonstige Verpflichtungen des InsSchu aus dem InsPlan; vgl FK-*Jaffé*, § 255 Rn 13 f). Nach **S 2** liegt ein erheblicher Rückstand nur dann vor, wenn **(1)** der InsSchu die **fällige InsForderung** nicht
bezahlt hat, **(2)** er vom betroffenen InsGl **schriftlich gemahnt** wurde
und **(3)** eine ihm dabei gesetzte **Nachfrist von mindestens zwei Wochen** fruchtlos verstrichen ist. Ein Verschulden des InsSchu ist im Gegensatz zum Verzug (§ 286 Abs 4 BGB) nicht erforderlich (HK-*Flessner*, § 255
Rn 5). Wird eine zu kurze Frist gesetzt, so wird nicht automatisch die
Zwei-Wochen-Frist in Gang gesetzt (H/W/W-*Hess*, § 255 Rn 14; K/P-*Otte*, § 255 Rn 18 mwN). – Die Voraussetzungen (1)-(3) sind hinreichend, eine weitergehende Erheblichkeit des Rückstandes (in zeitlicher
oder betragsmäßiger Hinsicht) ist nicht erforderlich (HK-*Flessner*, § 255
Rn 6; MK-InsO/*Huber*, § 255 Rn 17aE; **aA:** FK-*Jaffé*, § 255 Rn 22 ff:
Planregelung nötig).

b) Rechtsfolgen.
Der Begriff „Wiederauflebensklausel" ist ungenau, 4
da auch ein Wegfall der Stundungswirkung eintritt und die Regelung
kraft Gesetzes gilt, also unabhängig von einer Klausel des InsPlan ist (HK-

§ 256

Flessner, § 255 Rn 8). Die Rechtsfolgen treten **automatisch nach fruchtlosem Ablauf der Nachfrist** ein, eine weitere Erklärung des InsGl ist nicht erforderlich (K/P-*Otte*, § 255 Rn 5; HK-*Flessner*, § 255 Rn 8). Der Wegfall der Stundung und des Teilerlasses gilt nur für diejenigen Forderungen, die nicht vom InsSchu bedient wurden, dh nur für dieses Rechtsverhältnis; der InsPlan bleibt im übrigen wirksam. Zur Vollstreckung vgl § 257 Abs 3. – Neben dem „Wiederaufleben" können andere Rechte (zB Anspruch auf Ersatz des Verzugschadens) gegeben sein (MK-InsO/*Huber*, § 255 Rn 26; HK-*Flessner*, § 255 Rn 2).

3. Neuerliches InsVerfahren, Abs 2

5   **a) Voraussetzungen.** Ein „Wiederaufleben" erfolgt auch dann, wenn ein neues InsVerfahren über das Vermögen des InsSchu eröffnet wird, bevor die InsForderung erfüllt sind. Abs 2 gilt nicht, wenn das neue InsVerfahren zu einem Zeitpunkt eröffnet wird, an dem zwar die InsForderung planmäßig erfüllt wurden, aber der InsPlan iÜ noch nicht abgewickelt ist (HK-*Flessner*, § 255 Rn 11; MK-InsO/*Huber*, § 255 Rn 34; **aA:** *Smid/Smid/Rattunde*, § 255 Rn 9: Erfüllung aller titulierten Leistungspflichten des InsSchu nötig).

6   **b) Rechtsfolge.** Mit der Eröffnung des InsVerfahrens entfallen wie bei Abs 1 die Wirkungen einer Stundung oder eines Teilerlasses und zwar für alle Forderungen, die noch nicht vollständig befriedigt wurden. Hierdurch wird es den InsGl ermöglicht mit dem vollen **Restbetrag** am neuen InsVerfahren teilzunehmen.

7   **c)** Zum Wiederaufleben der Forderungen des **PSV** siehe § 9 Abs 4 S 2 BetrAVG.

4. Abweichende Regelung

8   Im InsPlan kann eine andere Regelung vorgesehen werden. Nach S 2 kann dabei jedoch nicht von Abs 1 zum Nachteil des InsSchu abgewichen werden, so dass ein erleichtertes „Wiederaufleben" nicht vorgesehen werden kann. Eine Abweichung von Abs 2 ist dagegen unbeschränkt möglich, so dass im InsPlan vorgesehen werden kann, dass der gesamte InsPlan mit Eröffnung des neuen InsVerfahren entfällt. Dies gilt freilich nicht für bedingungsfeindliche Rechtsgeschäfte, § 925 Abs 2 BGB (HK-*Flessner*, § 255 Rn 14).

§ 256 Streitige Forderungen. Ausfallforderungen

(1) ¹**Ist eine Forderung im Prüfungstermin bestritten worden oder steht die Höhe der Ausfallforderung eines absonderungsberechtigten Gläubigers noch nicht fest, so ist ein Rückstand mit**

der Erfüllung des Insolvenzplans im Sinne des § 255 Abs. 1 nicht anzunehmen, wenn der Schuldner die Forderung bis zur endgültigen Feststellung ihrer Höhe in dem Ausmaß berücksichtigt, das der Entscheidung des Insolvenzgerichts über das Stimmrecht des Gläubigers bei der Abstimmung über den Plan entspricht. ²Ist keine Entscheidung über das Stimmrecht getroffen worden, so hat das Gericht auf Antrag des Schuldners oder des Gläubigers nachträglich festzustellen, in welchem Ausmaß der Schuldner vorläufig die Forderung zu berücksichtigen hat.

(2) ¹Ergibt die endgültige Feststellung, daß der Schuldner zuwenig gezahlt hat, so hat er das Fehlende nachzuzahlen. ²Ein erheblicher Rückstand mit der Erfüllung des Plans ist erst anzunehmen, wenn der Schuldner das Fehlende nicht nachzahlt, obwohl der Gläubiger ihn schriftlich gemahnt und ihm dabei eine mindestens zweiwöchige Nachfrist gesetzt hat.

(3) Ergibt die endgültige Feststellung, daß der Schuldner zuviel gezahlt hat, so kann er den Mehrbetrag nur insoweit zurückfordern, als dieser auch den nicht fälligen Teil der Forderung übersteigt, die dem Gläubiger nach dem Insolvenzplan zusteht.

1. Normzweck

§ 256 ergänzt § 255 für den Fall, dass die Verbindlichkeit des InsSchu noch nicht endgültig feststeht und so Ungewissheit über die vom InsSchu zu leistenden Beträge besteht. 1

2. Rückstand iSv § 255, Abs 1

a) Vorl Berücksichtigung, S 1. aa) Ungewisse Forderung. § 256 2 erfasst die Fälle, in denen eine vom InsGl angemeldete Forderung im Prüfungstermin (vgl § 236) bestritten wurde und so Ungewissheit darüber besteht, ob der InsSchu überhaupt oder in welcher Höhe er Zahlungen zu erbringen hat. Dem gleichgestellt ist der Fall, dass die Ausfallforderung eines Absonderungsberechtigten noch ungewiss ist (zB weil die Verwertung noch nicht erfolgt ist und diese nach dem InsPlan unterbleiben soll). Erfasst ist auch eine Forderung, die verspätet angemeldet und der widersprochen, die aber noch nicht abschließend festgestellt wurde (MK-InsO/*Huber*, § 256 Rn 7; vgl HK-*Flessner*, § 256 Rn 2). Die §§ 189, 190 sind nicht anwendbar (*Braun/Braun*, § 256 Rn 3; **aA:** K/P-*Otte*, § 256 Rn 3f).

bb) Vorl Zahlung. Der InsSchu hat vorl Zahlungen zu erbringen, die 3 auf Grundlage der bei der Stimmrechtsfeststellung (§ 237 Abs 1) festgelegten Höhe der Forderung zu berechnen ist. Dies gilt aber nur dann, wenn die Stimmrechtsfeststellung durch den Richter erfolgt ist, § 18 Abs 3 S 1

RPflG (Uhlenbruck/*Lüer* § 256 Rn 6; K/P-*Otte*, § 256 Rn 9; MK-InsO/ *Huber*, § 256 Rn 12 f; HK-*Flessner*, § 256 Rn 4 mVa *Schiessler* S 199; FK-*Jaffé*, § 256 Rn 6 a; *Braun/Braun*, § 256 Rn 5; **aA:** *Smid/Smid/Rattunde*, § 256 Rn 4; H/W/W-*Hess*, § 256 Rn 3). S 1 gilt auch für den Fall, dass eine Einigung über die Höhe des Stimmrechts (§§ 237 Abs 1 iVm 77 Abs 2 S 1) getroffen wurde (HK-*Flessner*, § 255 Rn 4; H/W/W-*Hess*, § 256 Rn 3; **aA:** MK-InsO/*Huber*, § 256 Rn 11; K/P-*Otte*, § 256 Rn 6; *Braun/Braun*, § 256 Rn 5). Beide Angaben sind aus dem Protokoll des Erörterungs- und Abstimmungstermins ersichtlich.

4   b) Feststellung durch das InsGericht, S 2. aa) Ungewisse Forderung. Siehe Rn 2.

5   bb) Gerichtliche Feststellung. Liegt keine Stimmrechtsfeststellung oder Einigung über das Stimmrecht vor, so kann vom InsSchu oder InsGl eine Entscheidung über die vorl zu erbringenden Zahlungen beantragt werden. Für die Feststellung gilt § 18 Abs 3 S 1 RPflG, so dass der Richter funktionell zuständig ist (HK-*Flessner*, § 256 Rn 7; MK-InsO/*Huber*, § 256 Rn 20). Die Entscheidung ergeht durch Beschluss gegen den kein Rechtsmittel gegeben ist (FK-*Jaffé*, § 256 Rn 12). Der Antrag des InsSchu muss vor Ablauf der vom InsGl gesetzten Nachfrist erfolgen, wenn er den Folgen des § 255 entgehen will; ein Antrag des InsGl auf Feststellung ist keine Voraussetzung für den Verfall nach § 255 (K/P-*Otte*, § 256 Rn 7; MK-InsO/*Huber*, § 256 Rn 17; **aA:** *Smid/Smid/Rattunde*, § 256 Rn 5).

6   c) Rechtsfolge. Erbringt der InsSchu die nach S 1 oder 2 fälligen Zahlungen, so ist die Anwendung des § 255 Abs 1 zunächst gesperrt.

3. Nachzahlung, Abs 2

7   Die nach Abs 1 zu zahlenden Beträge sind nicht endgültig, vielmehr hat der InsSchu ausstehende Beträge nachzuzahlen, wenn die Forderungshöhe nachträglich festgestellt wird. Kommt der InsSchu dann seiner Zahlungsverpflichtung nicht nach, so kann der InsGl nach S 2 iVm § 255 Abs 1 S 1 vorgehen.

4. Rückzahlung, Abs 3

8   Hat der InsSchu zuviel an den InsGl gezahlt, so kann er die Rückerstattung des überschüssigen Betrags verlangen. Maßgebend ist dabei der nach dem InsPlan zu zahlende Betrag, nicht die absolute Forderungshöhe. Das Rückforderungsrecht besteht daher auch, wenn die Forderung in Höhe des nicht vom InsPlan erfassten Betrags als sog. Naturalobligation bestehen bleibt und nach § 254 Abs 3 nicht zurückgefordert werden könnte.

§ 257 Vollstreckung aus dem Plan

(1) ¹Aus dem rechtskräftig bestätigten Insolvenzplan in Verbindung mit der Eintragung in die Tabelle können die Insolvenzgläubiger, deren Forderungen festgestellt und nicht vom Schuldner im Prüfungstermin bestritten worden sind, wie aus einem vollstreckbaren Urteil die Zwangsvollstreckung gegen den Schuldner betreiben. ²Einer nicht bestrittenen Forderung steht eine Forderung gleich, bei der ein erhobener Widerspruch beseitigt ist. ³§ 202 gilt entsprechend.
(2) Gleiches gilt für die Zwangsvollstreckung gegen einen Dritten, der durch eine dem Insolvenzgericht eingereichte schriftliche Erklärung für die Erfüllung des Plans neben dem Schuldner ohne Vorbehalt der Einrede der Vorausklage Verpflichtungen übernommen hat.
(3) Macht ein Gläubiger die Rechte geltend, die ihm im Falle eines erheblichen Rückstands des Schuldners mit der Erfüllung des Plans zustehen, so hat er zur Erteilung der Vollstreckungsklausel für diese Rechte und zur Durchführung der Vollstreckung die Mahnung und den Ablauf der Nachfrist glaubhaft zu machen, jedoch keinen weiteren Beweis für den Rückstand des Schuldners zu führen.

1. Normzweck

Aus dem InsPlan kann unter den Voraussetzungen des § 257 vollstreckt werden. Abs 1 regelt dabei das Verhältnis zwischen dem InsSchu und dem InsGl. Abs 2 betrifft die Vollstreckung gegen sog. Plangaranten. Nach Abs 3 ist die Vollstreckung gegen den InsGl in den Fällen der §§ 255, 256 erleichtert.

2. Zwangsvollstreckung durch InsGl, Abs 1

a) Berechtigte. Nur die **InsGl** können wegen den im InsPlan festgestellten oder nunmehr (vgl S 2) unstreitigen Forderungen in Verbindung mit dem Tabelleneintrag vollstrecken. Hierzu zählen auch die Absonderungsberechtigten, soweit sie die **Ausfallforderung** geltend machen, da sie insofern InsGl sind, **§ 52 S 2** (MK-InsO/*Huber*, § 257 Rn 14).

b) Festgestellte Forderung. Eine Forderung ist festgestellt iSd Abs 1, wenn die angemeldete Forderung weder vom InsSchu, noch vom InsVerw oder InsGl (§ 178 Abs 1) bestritten wurde. Ist sie bestritten worden, so ist sie nach **S 2** dennoch festgestellt, wenn der **Widerspruch beseitigt**

§ 257

ist, sei es durch Rücknahme oder durch ein rechtskräftiges Urteil, das die Forderung bestätigt (§§ 179 ff, 184).

4 c) **Titel.** Der Titel aus dem vollstreckt wird, besteht aus **drei Teilen:** (1) dem **Bestätigungsbeschluss** des InsGericht nach § 248 nebst des **Rechtskraftvermerks** (vgl das Notfristzeugnis nach § 706 Abs 2 ZPO), (2) dem **gestaltenden Teil** des InsPlan und (3) dem **Tabellenauszug**, §§ 175, 178 Abs 2 und 3, 183 Abs 2 (HK-*Flessner*, § 257 Rn 2; MK-InsO/*Huber*, § 257 Rn 22; Uhlenbruck/*Lüer* § 257 Rn 5; *Braun/Braun*, § 257 Rn 3; K/P-*Otte*, § 257 Rn 6; **aA:** N/R-*Braun*, § 257 Rn 2; FK-*Jaffé*, § 257 Rn 2, 17; *Kilger/Schmidt* § 194 KO Anm 1 a, § 85 VglO Anm 1; *Hess/Obermüller* InsPlan Rn 341: nur Tabellenauszug).

5 d) **Verfahren. aa) Anwendung der ZPO.** Nach **Abs 1 S 1** erfolgt die Vollstreckung wie aus einem **vollstreckbaren Urteil**, so dass die **§§ 704 ff ZPO** Anwendung finden. Die nach § 724 ZPO nötige vollstreckbare Ausfertigung muss die drei Teile (oben c) enthalten. Ein Sonderfall ist der, dass der Widerspruch des InsSchu durch ein rechtskräftiges Urteil hinfällig geworden ist. Das Gesetz sieht dann keine Berichtigung der Tabelle vor, sondern es ist eine zusätzliche Ausfertigung des Feststellungsurteils nebst Rechtskraftzeugnis vorzulegen.

6 **bb) Klauselerteilung.** Die Erteilung der **Vollstreckungsklausel** richtet sich nach den **§§ 724 ff ZPO**. Die Klausel ist auf den Tabellenauszug zu setzen, wobei in ihr darauf hinzuweisen ist, dass die Vollstreckung nur unter den Einschränkungen, die im gestaltenden Teil des InsPlan vorgesehen sind, zulässig ist (HK-*Flessner*, § 257 Rn 7; *Braun/Braun*, § 257 Rn 4; ausf. MK-InsO/*Huber*, § 257 Rn 27–37).

7 **cc) Zuständigkeit.** Zuständig für die Klauselerteilung ist das InsGericht, §§ 706, 724 Abs 2 ZPO, ebenso für Klagen im Zusammenhang mit der Vollstreckung, **Abs 1 S 3 iVm § 202** (HK-*Flessner*, § 257 Rn 8); diese örtliche und sachliche Zuständigkeit ist ausschließlich (*Braun/Braun*, § 257 Rn 2). Die funktionelle Zuständigkeit richtet sich danach, ob eine einfache (Urkundsbeamter, § 724 Abs 2 ZPO) oder qualifizierte (Rechtspfleger, § 20 Nr 12 RPflG) Klausel erteilt werden muss (vgl MK-InsO/*Huber*, § 257 Rn 32, 35).

3. Zwangsvollstreckung gegen Dritte („Plangaranten"), Abs 2

8 Eine Vollstreckung gegen Dritte ist möglich, wenn diese im InsPlan Verpflichtungen übernommen haben (vgl § 230 Abs 3) und dabei auf die Einrede der Vorausklage (§ 771 BGB) verzichtet haben. Ohne diesen Verzicht muss erst ein rechtskräftiger Titel gegen den Dritten erstritten werden. Hat der Dritte die Haftung für eine Forderung gegen den InsSchu übernommen, so müssen zunächst die Voraussetzungen des Abs 1 gegeben

4. Fall des § 255, Abs 3

Verfällt eine Stundung bzw ein Teilerlass nach § 255 (ggf iVm § 256) so 9
kann der InsGl bzw der Absonderungsberechtigte aus dem InsPlan wegen
der fälligen Forderung die Zwangsvollstreckung gegen den InsSchu betreiben. Die hierfür nötige Vollstreckungsklausel erhält er, wenn er die
Mahnung und den **Ablauf der Nachfrist glaubhaft macht** (§ 294
ZPO). Einen weiteren Beweis für den Rückstand des InsSchu hat er nicht
zu erbringen, dies wird ihm idR auch nicht möglich sein. Kann der InsGl
die Voraussetzungen nicht glaubhaft machen, so hat er die Klauselklage
nach § 731 ZPO zu erheben. Wird die Klausel erteilt und will der InsSchu
die fehlende Vollsteckbarkeit geltend machen, so muss er mit der Klauselerinnerung (§ 732 ZPO) oder mit der Klauselgegenklage (§ 768 ZPO)
vorgehen.

§ 258 Aufhebung des Insolvenzverfahrens

(1) Sobald die Bestätigung des Insolvenzplans rechtskräftig ist, beschließt das Insolvenzgericht die Aufhebung des Insolvenzverfahrens.

(2) Vor der Aufhebung hat der Verwalter die unstreitigen Masseansprüche zu berichtigen und für die streitigen Sicherheit zu leisten.

(3) ¹Der Beschluß und der Grund der Aufhebung sind öffentlich bekanntzumachen. ²Der Schuldner, der Insolvenzverwalter und die Mitglieder des Gläubigerausschusses sind vorab über den Zeitpunkt des Wirksamwerdens der Aufhebung (§ 9 Abs. 1 Satz 3) zu unterrichten. ³§ 200 Abs. 2 Satz 2 und 3 gilt entsprechend.

1. Normzweck

Mit dem Wirksamwerden des InsPlan ist das Planaufstellungsverfahren 1
beendet und die weitere Durchführung des InsVerfahren hinfällig, so dass
dieses beendet wird. Im Rahmen der Beendigung müssen noch verschiedene Maßnahmen vorgenommen werden (Rn 9). Die eigentliche Plandurchführung erfolgt außerhalb des InsVerfahren, auch wenn im InsPlan
die Planüberwachung nach §§ 260 ff angeordnet ist. Die Erfüllung des
InsPlan, insbes die Befriedigung der InsGl erfolgt erst in diesem Verfahrensabschnitt, wobei die InsGl ihre Befriedigung selbst verfolgen müssen,
uU mittels Vollstreckung nach § 257. – § 258 regelt den formalen Ablauf
der Verfahrensbeendigung, die Wirkungen regelt § 259.

§ 258

2. Aufhebung des InsVerfahren

2 a) Zeitpunkt. Die Aufhebung des InsVerfahrens erfolgt, wenn der Ins-Plan nach § 248 bestätigt wird und der **Bestätigungsbeschluss rechtskräftig** wird (vgl § 253). Dabei sind aber zuerst die bei der Beendigung nötigen restlichen Aufgaben zu erledigen (Rn 9). Damit ist in Abs 1 nur der Zeitpunkt bestimmt, vor dem eine Aufhebung nicht erfolgen darf.

3 b) Beschluss des InsGericht. Das InsGericht hebt das InsVerfahren durch Beschluss auf, Abs 1.

4 aa) Zuständigkeit. Funktionell zuständig ist der Rechtspfleger, falls kein Richtervorbehalt nach § 18 Abs 2 RPflG besteht.

5 bb) Bekanntmachung. Der Beschluss ist nach Abs 3 S 1 iVm § 9 öffentlich bekannt zu machen. Nach Abs 3 S 2 sind der InsSchu, der Ins-Verw und die Mitglieder des Gläubigerausschusses über den Zeitpunkt des Wirksamwerdens des Aufhebungsbeschlusses zu informieren (**Vorabbenachrichtigung**). Dieser Zeitpunkt bestimmt sich nach § 9 Abs 1 S 3. Weiter ist der Beschluss nach Abs 3 S 3 iVm § 200 Abs 2 S 2 im **Bundesanzeiger** bekannt zu machen (Uhlenbruck/*Lüer* § 258 Rn 13; K/P-*Otte*, § 258 Rn 7; MK-InsO/*Huber*, § 258 Rn 17; **aA:** *Smid/Smid/Rattunde*, § 258 Rn 6).

6 cc) Registereintragungen. Das InsGericht hat nach Abs 3 S 3 iVm §§ 200 Abs 2 S 3, 31–33 die nötigen Registereintragungen zu veranlassen.

7 dd) Rechtsmittel gegen den Beschluss sind nicht gegeben; falls der Rechtspfleger gehandelt hat, ist lediglich die befristete Erinnerung nach § 11 Abs 2 RPflG gegeben.

8 ee) Wirkungen. Siehe § 259.

3. Restliche Aufgaben

9 a) Befriedigung der Massegläubiger. Nach § 258 Abs 2 sind vor der Aufhebung des Verfahrens die unstreitigen Masseforderungen zu befriedigen oder, falls noch streitige Masseforderungen bestehen, Sicherheit für diese streitigen Forderungen seitens des InsVerw zu leisten. Zu den streitigen Forderungen iSd Abs 2 zählen auch aufschiebend bedingte und betagte Forderungen, da auch für sie ein Sicherungsbedürfnis besteht (K/P-*Otte*, § 258 Rn 11). Eine Ausnahme besteht aber dann, wenn die Massegläubiger mit den Mitteln, die bei der Plandurchführung erwirtschaftet werden, befriedigt werden sollen, Abs 2 steht dann einem Abschluss des Verfahrens nicht entgegen (HK-*Flessner*, § 258 Rn 4; *Braun/Braun*, § 258 Rn 5; **aA:** MK-InsO/*Huber*, § 258 Rn 11). Die Sicherheitsleistung hat nach §§ 232 ff BGB zu erfolgen und zwar getrennt für jede Forderung, damit die Gläubiger ihre Forderung getrennt durchsetzen können (K/P-*Otte*, § 258 Rn 13).

b) Schlussrechnung. Der InsVerw hat bei Beendigung seines Amtes nach § 66 eine Schlussrechnung zu erteilten (vgl dort).

c) Die **Vergütung** des InsVerw ist bei Verfahrensbeendigung nach § 64 festzusetzen, die des Gl-Ausschuss nach §§ 73, 64.

d) Verwertung, Schlussverteilung. Sieht der InsPlan die Verwertung und Verteilung der Masse vor (**Liquidationsplan**), so ist diese vor Verfahrensbeendigung zu verwerten. Bei der Schlussverteilung (§ 196) ist insbes der **Schlusstermin (§ 197)** durchzuführen.

§ 259 Wirkungen der Aufhebung

(1) ¹**Mit der Aufhebung des Insolvenzverfahrens erlöschen die Ämter des Insolvenzverwalters und der Mitglieder des Gläubigerausschusses.** ²**Der Schuldner erhält das Recht zurück, über die Insolvenzmasse frei zu verfügen.**
(2) **Die Vorschriften über die Überwachung der Planerfüllung bleiben unberührt.**
(3) ¹**Einen anhängigen Rechtsstreit, der die Insolvenzanfechtung zum Gegenstand hat, kann der Verwalter auch nach der Aufhebung des Verfahrens fortführen, wenn dies im gestaltenden Teil des Plans vorgesehen ist.** ²**In diesem Fall wird der Rechtsstreit für Rechung des Schuldners geführt, wenn im Plan keine abweichende Regelung getroffen wird.**

1. Ämter, Abs 1 S 1

Die Ämter des InsVerw und der Mitglieder des Gl-Ausschuss erlöschen mit dem Wirksamwerden des Aufhebungsbeschlusses (MK-InsO/*Huber*, § 259 Rn 9; HK-*Flessner*, § 259 Rn 2; **aA:** *Smid/Smid/Rattunde*, § 259 Rn 2: mit Verkündung der Bestätigung), falls nicht im InsPlan die Überwachung des InsPlan angeordnet ist, § 261 Abs 1 S 2; diese Anordnung ist nach Abs 2 vorrangig.

2. Vermögensrechtliche Auswirkungen

a) Verfügungsbefugnis, Abs 1 S 2. Mit der Aufhebung des InsVerfahren erhält der InsSchu nach Abs 1 S 2 die Verwaltungs- und Verfügungsbefugnis über sein Vermögen, die nach § 80 Abs 1 auf den InsVerw übergegangen war, ex nunc zurück. Der InsPlan kann jedoch nach § 263 für den Fall der Planüberwachung einen **Zustimmungsvorbehalt** vorsehen (N/R-*Braun*, § 259 Rn 6; K/P-*Otte*, § 259 Rn 2, 4; FK-*Jaffé*,

§ 259 Rn 16 c). – Erhält der InsSchu die Verfügungsmacht zurück, kann er Rechtsgeschäfte, die er während der Zeit des InsVerfahrens vorgenommen hat und die deshalb nach § 81 Abs 1 S 1 absolut unwirksam sind, genehmigen (FK-*Jaffé*, § 259 Rn 15; **aA:** K/P-*Otte*, § 259 Rn 9; *Braun/Braun*, § 259 Rn 4). Verfügungen, die während des InsVerfahren vom nicht verfügungsberechtigten InsSchu getroffen wurden, werden nach § 185 Abs 2 BGB analog wirksam (N/R-*Braun*, § 259 Rn 3; MK-BGB/*Schramm*, § 185 Rn 66 mVa RGZ 149, 19, 22; MK-InsO/*Ott*, § 81 Rn 18; **aA:** K/P-*Otte*, § 259 Rn 9). – Der InsSchu kann vom InsVerw die Herausgabe der Massegegenstände verlangen, unabhängig von der Anordnung eines Zustimmungsvorbehalts nach § 263 (K/P-*Otte*, § 259 Rn 5).

3 **b) Insolvenzforderungen** können nach der Aufhebung wieder unbeschränkt gegen den InsSchu geltend gemacht werden, § 201 Abs 1, falls der InsPlan keine abweichende Regelung enthält.

4 **c) Neugläubiger.** Auch steht die Masse nun dem Zugriff der NeuGl offen (HK-*Flessner*, § 259 Rn 2; FK-*Jaffé*, § 259 Rn 16 b).

5 **d) Gesellschaftsrecht.** Ist durch die Eröffnung des InsVerfahrens über eine Gesellschaft oder Genossenschaft ein Liquidationsverfahren eingeleitet worden (vgl §§ 144 Abs 1, 161 Abs 2 HGB; § 274 Abs 2 Nr 1, 278 Abs 3 AktG; § 60 Abs 1 Nr 4 GmbHG; § 117 GenG), so verbleibt es hierbei, falls der InsPlan nicht die Fortsetzung vorsieht (HK-*Flessner*, § 259 Rn 3; K/P-*Otte*, § 259 Rn 7; H/W/W-*Hess*, § 259 Rn 7; FK-*Jaffé*, § 259 Rn 16 a; MK-InsO/*Huber*, § 259 Rn 16; **aA:** *Braun/Braun*, § 259 Rn 4 Fn 5) und die Gesellschafter dies beschließen.

3. Planüberwachung

6 Im InsPlan kann die Planüberwachung angeordnet werden, es gelten dann die §§ 260 ff.

4. Anfechtungsprozesse, Abs 3

7 Der InsPlan kann nach **S 1** im gestaltenden Teil vorsehen, dass im Zeitpunkt der Aufhebung anhängige Anfechtungsprozesse auch nach Aufhebung des InsVerfahren vom InsVerw fortgeführt werden. Es genügt dabei eine Klausel, dass § 259 Abs 3 Anwendung findet (OLG Jena ZIP 2002, 538 ff mit zust Anm *Michels* EWIR 2002, 293 f). Die Angabe der Höhe der Forderung, die Gegenstand des Anfechtungsprozesses ist, ist nicht erforderlich, so dass eine Falschbezeichnung im darstellenden Teil der Aktivlegitimation des InsVerw nicht entgegensteht (LG Wuppertal ZInsO 2002, 337, 338). Besteht keine abweichende Regelung im InsPlan, so erfolgt die Prozessführung nach **S 2** auf Rechnung des InsSchu, so dass eine mögliche Kostenlast von ihm zu tragen ist. Als Ausgleich stehen ihm auch die Vorteile eines Prozessgewinns zu, der InsPlan kann aber wiederum etwas anderes vorsehen.

§ 260 Überwachung der Planerfüllung

(1) Im gestaltenden Teil des Insolvenzplans kann vorgesehen werden, daß die Erfüllung des Plans überwacht wird.

(2) Im Falle des Absatzes 1 wird nach der Aufhebung des Insolvenzverfahrens überwacht, ob die Ansprüche erfüllt werden, die den Gläubigern nach dem gestaltenden Teil gegen den Schuldner zustehen.

(3) Wenn dies im gestaltenden Teil vorgesehen ist, erstreckt sich die Überwachung auf die Erfüllung der Ansprüche, die den Gläubigern nach dem gestaltenden Teil gegen eine juristische Person oder Gesellschaft ohne Rechtspersönlichkeit zustehen, die nach der Eröffnung des Insolvenzverfahrens gegründet worden ist, um das Unternehmen oder einen Betrieb des Schuldners zu übernehmen und weiterzuführen (Übernahmegesellschaft).

1. Normzweck – Systematik

Durch die Anordnung der Überwachung der Planerfüllung im InsPlan 1 kann eine gewisse Sicherung der InsGl erreicht werden. Diese werden dann idR eher bereit sein, dem InsPlan zuzustimmen. – Art und Umfang der Überwachung regeln die §§ 261, 262. Nach § 263 kann ein Zustimmungsvorbehalt vorgesehen werden. Die Modalitäten einer Kreditaufnahme können nach §§ 264–266 im InsPlan geregelt werden. Weitere formale Regelungen enthalten die §§ 267–269.

2. Überwachung des InsPlan

a) Nach **Abs 1** erfolgt eine Überwachung der Erfüllung des InsPlan 2 nur, wenn dies im **gestaltenden Teil des InsPlan** vorgesehen ist.

b) **Gegenstand** der Überwachung ist nach **Abs 2** die **Erfüllung der** 3 **Forderungen** der Gläubiger durch den InsSchu. Damit wird die Erfüllung der InsForderung und sonstigen Forderungen Dritter erfasst. Nicht erfasst ist dagegen die Erfüllung von Ansprüchen gegen Dritte, die im InsPlan eine Verpflichtung übernommen haben (sog. Plangaranten); Ausnahme ist nur die Überwachung einer Übernahmegesellschaft nach Abs 3 (HK-*Flessner*, § 260 Rn 3).

c) **Beginn.** Die Überwachung beginnt nach Abs 2 mit der Aufhebung 4 des InsVerfahren (HK-*Flessner*, § 260 Rn 2). Ein gesonderter Überwachungsbeschluss ist nicht erforderlich (HK-*Flessner*, § 260 Rn 2; *Braun/Braun*, § 260 Rn 4).

3. Übernahmegesellschaft, Abs 3

5 Wenn dies im InsPlan vorgesehen ist, kann die Überwachung auch auf eine Übernahmegesellschaft, die die Ansprüche der InsGl anstelle des InsSchu befriedigt, erweitert werden. Eine Übernahmegesellschaft iSd Abs 3 liegt vor, wenn **nach Eröffnung** eine Gesellschaft gegründet wurde, um gemäß der Planregelung den **Betrieb des InsSchu weiterzuführen**. Erfolgt die Weiterführung durch eine Gesellschaft, die schon vor Verfahrenseröffnung gegründet war, so ist eine Überwachung nicht möglich (MK-InsO/*Stephan*, § 260 Rn 17f; N/R-*Braun*, § 260 Rn 4; HK-*Flessner*, § 260 Rn 6; *Smid/Smid/Rattunde*, § 260 Rn 6; **aA**: H/W/W-*Hess*, § 260 Rn 7; K/P-*Otte*, § 260 Rn 16); eine Überwachung muss dann zusätzlich vereinbart und in den InsPlan aufgenommen werden (FK-*Jaffé*, § 260 Rn 26). – Die Überwachung einer Übernahmegesellschaft ist nach § 267 Abs 2 Nr 1 InsO öffentlich bekannt zu machen.

§ 261 Aufgaben und Befugnisse des Insolvenzverwalters

(1) ¹**Die Überwachung ist Aufgabe des Insolvenzverwalters.** ²**Die Ämter des Verwalters und der Mitglieder des Gläubigerausschusses und die Aufsicht des Insolvenzgerichts bestehen insoweit fort.** ³§ 22 Abs. 3 gilt entsprechend.

(2) ¹**Während der Zeit der Überwachung hat der Verwalter dem Gläubigerausschuß, wenn ein solcher bestellt ist, und dem Gericht jährlich über den jeweiligen Stand und die weiteren Aussichten der Erfüllung des Insolvenzplans zu berichten.** ²**Unberührt bleibt das Recht des Gläubigerausschusses und des Gerichts, jederzeit einzelne Auskünfte oder einen Zwischenbericht zu verlangen.**

1. Normzweck

1 § 261 regelt die Modalitäten der Überwachung der Planerfüllung.

2. Zuständigkeit

2 Die Überwachung erfolgt nach **Abs 1 S 1** durch den **InsVerw**. Dies ist nicht zwingend, die Überwachung kann auch einem anderen übertragen werden, jedoch sind dann die §§ 260 ff nicht anwendbar, so dass Art und Umfang der Überwachung privatautonom vereinbart werden müssen (K/P-*Otte*, § 261 Rn 4, 6; *Braun/Braun*, § 261 Rn 1).

3. Weiterbestehen der Ämter, Abs 1 S 2

3 Die Ämter des InsVerw und der Mitglieder des Gl-Ausschuss, falls ein solcher bestellt ist, bestehen insoweit fort, als die Planüberwachung an-

dauert. Es ist aber auch möglich einen Gl-Ausschuss extra für die Planüberwachung einzusetzen (K/P-*Otte*, § 261 Rn 13).

4. Befugnisse

Der InsVerw hat bei der Überwachung nach **Abs 1 S 3 iVm § 22** 4
Abs 3 die Befugnisse, die ein vorl InsVerw hat (dazu § 22 Rn 16). Daneben hat er das Zustimmungsrecht nach § 263 und das Bestätigungsrecht nach § 264 Abs 2, falls dies im InsPlan vorgesehen ist; mangels abweichender Regelung auch nach § 259 Abs 3 das Recht einen Anfechtungsprozess weiterzuführen.

5. Berichtspflicht, Abs 2

a) Regelmäßige Berichterstattung, S 1. Der InsVerw hat dem Ins- 5
Gericht bzw Gl-Ausschuss jährlich Bericht zu erstatten. Er hat über jetzigen Stand der Erfüllung zu berichten und eine Prognose über die weitere Planerfüllung anzustellen.

b) Auskunftsrecht, S 2. Zusätzlich zur jährlichen Berichterstattung 6
können einzelne Auskünfte eingeholt werden oder ein Zwischenbericht verlangt werden.

6. Vergütung

Der InsVerw und die Mitglieder des Gl-Ausschuss haben einen An- 7
spruch auf Vergütung, die vom InsSchu bzw der Übernahmegesellschaft zu tragen ist, falls der InsPlan nichts abweichendes regelt (K/P-*Otte*, § 261 Rn 12; H/W/W-*Hess*, § 261 Rn 9). Dies ist nach § 6 Abs 2 InsVV eine gesonderte, nach billigem Ermessen festzusetzende Vergütung.

7. Aufgaben des InsGericht

Das InsGericht hat die Aufgabe den InsVerw zu überwachen und dabei 8
die Befugnisse nach §§ 58, 59; daneben ist es zuständig für die Aufhebung der Planüberwachung nach § 268 und für Zwangsmaßnahmen aufgrund der Verweisung in § 22 Abs 3 (K/P-*Otte*, § 261 Rn 16 f).

§ 262 Anzeigepflicht des Insolvenzverwalters

¹**Stellt der Insolvenzverwalter fest, daß Ansprüche, deren Erfüllung überwacht wird, nicht erfüllt werden oder nicht erfüllt werden können, so hat er dies unverzüglich dem Gläubigerausschuß und dem Insolvenzgericht anzuzeigen.** ²**Ist ein Gläubigerausschuß nicht bestellt, so hat der Verwalter an dessen Stelle alle Gläubiger zu unterrichten, denen nach dem gestaltenden Teil des**

§ 263

Insolvenzplans Ansprüche gegen den Schuldner oder die Übernahmegesellschaft zustehen.

1. Normzweck

1 Die Anzeigepflicht dient dazu, dass die Nichterfüllung der Forderungen bzw deren Gefährdung schnell bekannt wird, so dass die Plangläubiger sich hierauf einstellen können.

2. Anzeigepflicht

2 **a) Voraussetzungen.** Der InsVerw ist zur Anzeige verpflichtet, wenn er bei der Überwachung feststellt, dass die Erfüllung einer InsForderung eines InsGl nicht erfolgt oder deren Erfüllung gefährdet ist. Andere Unregelmäßigkeiten der Planerfüllung sind nicht anzuzeigen (K/P-*Otte*, § 262 Rn 4). Nichterfüllung liegt vor, wenn der InsSchu die Forderung trotz Fälligkeit nicht erfüllt; eine Mahnung oder Verschulden sind nicht erforderlich (MK-InsO/*Stephan*, § 262 Rn 3). Wegen der voraussichtlichen Unmöglichkeit der Erfüllung hat der InsVerw eine Prognose aufzustellen.

3 **b) Zeitpunkt.** Die Anzeige hat unverzüglich, dh ohne schuldhaftes Zögern, nach Kenntniserlangung zu erfolgen.

4 **c) Adressaten.** Der InsVerw hat nach S 1 die Anzeige gegenüber dem **Gl-Ausschuss** und dem **InsGericht** anzuzeigen. Falls kein Gl-Ausschuss besteht, hat der InsVerw nach S 2 alle InsGl die nach dem gestaltenden Teil Ansprüche gegen den InsSchu bzw die Übernahmegesellschaft haben, zu informieren, also nicht nur die InsGl, deren Ansprüche konkret gefährdet sind.

3. Folgen

5 Das Gesetz sieht keine Folgen der Anzeige vor, so dass es den InsGl überlassen bleibt, ihre Ansprüche nach § 257 zwangsweise durchzusetzen, nach § 255 vorzugehen oder einen Antrag auf ein erneutes InsVerfahren zu stellen (HK-*Flessner*, § 262 Rn 2). Die Überwachung des Planerfüllung dauert auch nach der Anzeige fort.

§ 263 Zustimmungsbedürftige Geschäfte

¹Im gestaltenden Teil des Insolvenzplans kann vorgesehen werden, daß bestimmte Rechtsgeschäfte des Schuldners oder der Übernahmegesellschaft während der Zeit der Überwachung nur wirksam sind, wenn der Insolvenzverwalter ihnen zustimmt. ²§ 81 Abs. 1 und § 82 gelten entsprechend.

1. Normzweck

Die InsGl und der InsVerw können nur sehr beschränkt Einfluss auf die 1
Erfüllung des InsPlan nehmen, da der InsSchu mit Beendigung des Ins-
Verfahren nach § 259 Abs 1 S 2 wieder die Verwaltungs- und Verfügungsbefugnis über sein Vermögen erhält. Die wiedererlangte Rechtsmacht
kann aber durch Anordnung eines Zustimmungsvorbehalts begrenzt werden. Hierdurch kann insbes die wirtschaftliche Grundlage des InsPlan gesichert werden.

2. Zustimmungsvorbehalt

a) Planregelung. Der Vorbehalt muss im gestaltenden Teil des InsPlan 2
angeordnet werden.

b) Person. Er kann für den InsSchu und eine Übernahmegesellschaft 3
vorgesehen werden.

c) Gegenstand. Der Zustimmungsvorbehalt kann Verpflichtungs- 4
und Verfügungsgeschäfte erfassen (HK-*Flessner*, § 263 Rn 3).

d) Umfang. Ein Zustimmungsvorbehalt erfasst alle Rechtsgeschäfte 5
für die er bestimmt ist. Er kann für einzelne Rechtsgeschäfte (zB Verkauf
des Betriebsgrundstücks) oder für einen Kreis von Rechtsgeschäften gelten. Die Regelung muss dabei so konkret gefasst sein, so dass Dritte klar
erkennen können, welche Rechtsgeschäfte zustimmungsbedürftig sind.
Die Möglichkeit der Anordnung ist aber dadurch begrenzt, dass der Zustimmungsvorbehalt nur **bedeutsame Rechtsgeschäfte** erfasst; der Vorbehalt kann nicht für alle Rechtsgeschäfte des InsSchu angeordnet werden
(HK-*Flessner*, § 263 Rn 2; *Braun/Braun*, § 263 Rn 3; FK-*Jaffé*, § 263
Rn 11; **aA:** B/B/G/*Breutigam* § 263 Rn 3).

e) Bekanntmachung. Die Anordnung des Zustimmungsvorbehalts 6
ist nach § 267 Abs 2 Nr 2 bekannt zu machen.

3. Rechtsgeschäfte des InsSchu

a) Wirksamkeit. Die Wirksamkeit von Rechtsgeschäften, die in den 7
im InsPlan vorgesehenen Bereich fallen, hängt nach § 182 BGB iVm dem
InsPlan von der **Zustimmung**, dh der **Einwilligung** (§§ 183, 185 Abs 1)
bzw **Genehmigung des InsVerw** ab nach §§ 184, 185 Abs 2 S 1 1. Var
BGB ab (**aA zT** *Braun/Braun*, § 263 Rn 6; MK-InsO/*Stephan*, § 263
Rn 7; FK-*Jaffé*, § 263 Rn 20: § 185 nur in analoger Anwendung). Bei fehlender Zustimmung ist das Rechtsgeschäft nach **S 1 iVm § 81 Abs 1 S 1**
absolut unwirksam. – Ein Rechtserwerb im Wege der Zwangsvollstreckung wird nicht erfasst (*Smid/Smid/Rattunde*, § 263 Rn 2).

8 **b) Zustimmungskompetenz.** Wird ein Sachwalter durch eine privatautonome Vereinbarung mit der Planüberwachung beauftragt, so ist § 263 nicht anwendbar (MK-InsO/*Stephan*, § 263 Rn 9; *Braun/Braun*, § 263 Rn 4).

9 **c) Gutglaubensschutz.** Ein beim Geschäftsgegner gegebener guter Glaube kann nur nach S 2 iVm §§ 81 Abs 1 S 2, 82 zur Wirksamkeit des Rechtsgeschäfts führen (HK-*Flessner*, § 263 Rn 4).

§ 264 Kreditrahmen

(1) ¹Im gestaltenden Teil des Insolvenzplans kann vorgesehen werden, daß die Insolvenzgläubiger nachrangig sind gegenüber Gläubigern mit Forderungen aus Darlehen und sonstigen Krediten, die der Schuldner oder die Übernahmegesellschaft während der Zeit der Überwachung aufnimmt oder die ein Massegläubiger in die Zeit der Überwachung hinein stehen läßt. ²In diesem Fall ist zugleich ein Gesamtbetrag für derartige Kredite festzulegen (Kreditrahmen). ³Dieser darf den Wert der Vermögensgegenstände nicht übersteigen, die in der Vermögensübersicht des Plans (§ 229 Satz 1) aufgeführt sind.

(2) Der Nachrang der Insolvenzgläubiger gemäß Absatz 1 besteht nur gegenüber Gläubigern, mit denen vereinbart wird, daß und in welcher Höhe der von ihnen gewährte Kredit nach Hauptforderung, Zinsen und Kosten innerhalb des Kreditrahmens liegt, und gegenüber denen der Insolvenzverwalter diese Vereinbarung schriftlich bestätigt.

(3) § 39 Abs. 1 Nr. 5 bleibt unberührt.

§ 265 Nachrang von Neugläubigern

¹Gegenüber den Gläubigern mit Forderungen aus Krediten, die nach Maßgabe des § 264 aufgenommen oder stehen gelassen werden, sind nachrangig auch die Gläubiger mit sonstigen vertraglichen Ansprüchen, die während der Zeit der Überwachung begründet werden. ²Als solche Ansprüche gelten auch die Ansprüche aus einem vor der Überwachung vertraglich begründeten Dauerschuldverhältnis für die Zeit nach dem ersten Termin, zu dem der Gläubiger nach Beginn der Überwachung kündigen konnte.

§ 266 Berücksichtigung des Nachrangs

(1) **Der Nachrang der Insolvenzgläubiger und der in § 265 bezeichneten Gläubiger wird nur in einem Insolvenzverfahren berücksichtigt, das vor der Aufhebung der Überwachung eröffnet wird.**
(2) **In diesem neuen Insolvenzverfahren gehen diese Gläubiger den übrigen nachrangigen Gläubigern im Range vor.**

I. Normzweck – Systematik

Die Durchführung eines InsPlan, insbes eines Sanierungsplans hängt entscheidend von der Zuführung neuen Kapitals ab. Hierzu enthalten die §§ 264–266 eine besondere Rangordnung für den Fall, dass während der höchstens dreijährigen Überwachungszeit (§ 268 Abs 1 Nr 2) ein erneutes InsVerfahren beantragt wird. Für diesen Fall kann für Kreditgeber eine Bevorzugung der Kreditgeber gegenüber den Planbgläubigern innerhalb eines bestimmten Kreditrahmens vorgesehen werden. Ohne diese Bevorzugung wären die Kreditgeber kaum bereit, dem InsSchu bzw der Übernahmegesellschaft Kredit zu gewähren, da sie bei einer erneuten Insolvenz normale InsGl nach § 38 wären. Ergänzend bestimmt § 265 den Nachrang bestimmter NeuGl, da sonst die Bevorzugung der Kreditgläubiger relativiert werden könnte. – § 264 regelt die Kreditaufnahme, § 265 das Verhältnis der NeuGl zu den übrigen Gläubigern und § 266 die Berücksichtigung der Rangordnung in einem neuerlichen InsVerfahren. 1

II. Vorrang der Kreditgläubiger – Kreditrahmen, § 264

1. Voraussetzungen

Eine vorrangige Berücksichtigung der Kreditforderungen ist nur unter besonderen Voraussetzungen möglich und gerechtfertigt: 2

a) **Planregelung, Abs 1 S 1. aa)** Der Vorrang für Neukredite ist nur dann möglich, wenn der InsPlan im gestaltenden Teil eine **ausdrückliche Regelung** dahingehend trifft, dass die Plangläubiger im Fall der Kreditgewährung den Kredit- bzw Massegläubigern gegenüber nachrangig sind (**aA:** *Braun/Braun*, § 264 Rn 6: Erklärung der InsGl hinsichtlich des Rangrücktritts für den Fall der Kreditaufnahme nötig). 3

bb) **Kreditrahmen, Abs 1 S 2 und 3.** Die Regelung muss dabei auch einen **Gesamtbetrag** für die vorrangigen Forderungen enthalten, der nach S 3 begrenzt ist und den Betrag der in der Vermögensübersicht nach § 229 S 1 aufgeführten Vermögensgegenstände nicht überschreiten darf. Das InsGericht hat dies bei seiner Planprüfung (§§ 231 Abs 1 Nr 1, 250 Nr 1) zu 4 beachten (HK-*Flessner*, § 264 Rn 6). Der Kreditrahmen ist nach § 267 Abs 2 Nr 3 bekannt zu machen.

5 **cc) InsGl.** Der Nachrang kann nicht nur für InsGl nach § 38, sondern für alle Gläubiger, denen nach dem InsPlan Forderungen zustehen, vorgesehen werden. Dies ist nötig, da eine Übernahmegesellschaft, die nach § 260 Abs 3 erst nach Insolvenzeröffnung gegründet wird, keine InsGl hat, sondern nur für die im InsPlan bestimmten Forderungen haftet (HK-*Flessner*, § 264 Rn 4).

6 **dd) Kreditgläubiger, Massegläubiger. (1) Kreditgläubiger** iSd S 1 sind alle Gläubiger die dem InsSchu bzw der Übernahmegesellschaft **während der Überwachung** Kredit gewähren (Uhlenbruck/*Lüer* § 264 Rn 10; N/R-*Braun*, § 264 Rn 1; FK-*Jaffé*, § 266 Rn 4; **aA:** *Smid/Smid/Rattunde*, § 264 Rn 8: nur bei Kreditaufnahme noch im InsVerfahren). Damit scheiden diejenigen Gläubiger aus, die noch während des InsVerfahren Kredit gewährt haben, diese sind Massegläubiger.

(2) Massegläubiger werden vom Vorrang erfasst, wenn sie im Zeitpunkt der Aufhebung des InsVerfahren einen Anspruch gegen die Masse hatten, diesen aber stehen gelassen haben (**Stundung**) und so dem InsSchu bzw der Übernahmegesellschaft faktisch Kredit gegeben haben.

7 **c) Vereinbarung, Abs 2 1. HS.** Der Vorrang gilt nur dann, wenn dies bei der Kreditgewährung bzw beim Stehen lassen der Forderung zwischen Kreditgeber und -nehmer vereinbart wird. Dabei ist festzulegen, inwieweit der Kredit in den bevorrechtigten Kreditrahmen fällt (HK-*Flessner*, § 264 Rn 7). Nach **aA** ist eine solche Vereinbarung nur vor Aufhebung des InsVerfahren im Hinblick auf die Aufhebung des Verfahrens möglich (*Smid/Smid/Rattunde*, § 264 Rn 8).

8 **d) Bestätigung durch den InsVerw, Abs 2 2. HS.** Der Vorrang besteht nur dann, wenn der InsVerw als Planüberwacher dies schriftlich bestätigt, uU auch noch nach der Kreditaufnahme (FK-*Jaffé*, § 264 Rn 36). Damit greift § 264 nicht ein, wenn die Planüberwachung durch einen privatautonom eingesetzten Sachwalter erfolgt. Die Bestätigung hat nur den Inhalt, dass der Kreditrahmen noch nicht ausgeschöpft ist bzw durch den Kredit überschritten wird (HK-*Flessner*, § 264 Rn 7; vgl *Braun/Braun*, § 264 Rn 9: auch Eindeutigkeit der Vereinbarung zu prüfen). Eine Zweckmäßigkeitsprüfung erfolgt nicht (FK-*Jaffé*, § 264 Rn 41); nur, wenn der Zustimmungsvorbehalt nach § 263 auch für Kreditaufnahmen angeordnet ist, kann der InsVerw durch Zustimmungsverweigerung bei unzweckmäßigen Kreditaufnahmen eingreifen (HK-*Flessner*, § 264 Rn 7).

2. Rechtsfolgen

a) Rangwirkung. Die Kreditforderung ist vorrangig zu den übrigen 9
im InsPlan vorgesehenen Forderungen. Dies wird jedoch erst im Fall eines
erneuten InsVerfahren aktuell, siehe unten Rn 16.

b) Ausnahme. Von der Bevorzugung sind nach § 264 Abs 3 iVm 10
§ 39 Abs 1 Nr 5 **kapitalersetzende** oder gleichgestellte **Forderungen**
ausgenommen, so dass der nach § 39 Abs 1 Nr 5 bestehende Nachrang
weiter gilt. Hierbei ist jedoch § 32a Abs 3 S 3 GmbHG zu beachten, wonach Sanierungskredite uU nicht kapitalersetzend sind (vgl *Hirte* ZInsO
1998, 147, 150f; *Braun/Braun*, § 264 Rn 5; *Müller* KTS 2002, 209, 243 ff;
vgl auch *Bieder* NZI 2000, 514 ff).

c) Überschreiten des Kreditrahmens. Wird der Kreditrahmen 11
überschritten, so nimmt der Kredit gleichwohl an der Privilegierung teil
(K/P-*Otte*, § 264 Rn 10; **aA:** N/R-*Braun*, § 264 Rn 8; MK-InsO/*Stephan*, § 264 Rn 7: Aufspaltung in privilegierten und nichtprivilegierten
Teil, iÜ Prioritätsprinzip). Es bestehen dann aber uU Schadensersatzansprüche gegen den InsVerw, falls dieser trotz erkennbarer Überschreitung die Bestätigung nach Abs 2 2. HS erteilt.

3. Verhältnis zur Anfechtung

Im Fall der Kreditgewährung während der Überwachungsphase sind 12
idR die Voraussetzungen einer Anfechtung nach §§ 129 ff gegeben. Diese
ist aber durch § 264 ausgeschlossen, da die Einräumung eines Vorrangs
sonst sinnlos wäre (*Braun/Braun*, § 264 Rn 11; *Smid/Smid/Rattunde*,
§ 264 Rn 10).

III. Neugläubiger, § 265

1. Kredit-, Masseforderungen

Nach **§ 265 S 1** sind die durch § 264 bevorrechtigten Forderungen 13
auch vorrangig gegenüber den **vertraglichen Forderungen der NeuGl**.
Ohne diesen Vorrang wäre der Vorrang des § 264 sinnlos, da es sonst dem
InsSchu bzw der Übernahmegesellschaft möglich wäre, die „Sicherung"
des Kreditgebers durch Begründung weiterer ranggleicher Verbindlichkeiten faktisch zu entwerten (*Smid/Smid/Rattunde*, § 264 Rn 4). Der Vorrang ist für die NeuGl erkennbar, da die Überwachung und der Kreditrahmen öffentlich bekannt gemacht werden und nach § 267 Abs 3 eine
Eintragung in das Handelsregister erfolgt.

2. Dauerschuldverhältnisse, S 2

14 Der Nachrang gilt auch für Forderungen aus Dauerschuldverhältnissen, soweit diese nach dem Zeitpunkt entstanden sind, zu dem erstmalig eine Kündigung durch den Gläubiger nach Beginn der Überwachungsphase möglich war; erfasst sind ordentliche und außerordentliche Kündigung (FK-*Jaffé*, § 265 Rn 17). Der Gläubiger hat die Möglichkeit, durch Kündigung den Nachrang zu verhindern, so dass dieser nicht unzumutbar ist.

3. Gesetzliche Schuldverhältnisse

15 Der Nachrang gilt nicht für Forderungen aus gesetzlichen Schuldverhältnissen, diese sind gleichrangig mit den Forderungen des § 264 (HK-*Flessner*, § 265 Rn 1; FK-*Jaffé*, § 265 Rn 11; vgl aber MK-InsO/*Wittig*, § 265 Rn 20–35).

IV. Erneutes InsVerfahren, § 266

1. Zeitlicher Anwendungsbereich

16 Der Vorrang der §§ 264, 265 gilt nach § 266 S 1 nur, falls vor Ablauf der Überwachungsphase (vgl § 268) ein **erneutes InsVerfahren eröffnet wird**. Im Fall der Übernahmegesellschaft wäre dieses das erste InsVerfahren. Zwar genügen die bloße Antragstellung oder die Anordnung von Sicherungsmaßnahmen (§ 21) nicht, um den Vorrang auszulösen (FK-*Jaffé*, § 266 Rn 6), jedoch wird die Überwachung nach § 268 Abs 1 Nr 2 nur aufgehoben wenn kein erneuter Eröffnungsantrag gestellt wurde, so dass dann die Eröffnung in die Überwachungsphase fällt (MK-InsO/*Wittig*, § 266 Rn 8). – Durch die Begrenzung des § 266 ergibt sich nach § 268 Abs 1 Nr 2 eine **maximale Dauer des Rangrücktritts von drei Jahren**.

2. Sonstiger Nachrang

17 Nach **S 2** bleiben die nach den allg Reglungen nachrangigen InsGl (§ 39) auch gegen den zurückgesetzten AltGl und NeuGl nachrangig. Es bestehen dann **drei Rangstufen**: Den ersten Rang haben die nach §§ 264, 265 privilegierten Forderungen, den zweiten Rang die übrigen Forderungen der NeuGl und Plangläubiger und schließlich den dritten Rang die im Regelverfahren nach § 39 nachrangigen InsGl; letztere werden im erneuten InsVerfahren jedoch nur dann berücksichtigt, wenn sie ihre Forderung nicht im ersten InsVerfahren nach § 225 Abs 1 verloren haben (HK-*Flessner*, § 266 Rn 3). – Vgl abweichend zum Rangverhältnis: MK-InsO/*Wittig*, § 266 Rn 15ff.

§ 267 Bekanntmachung der Überwachung

(1) Wird die Erfüllung des Insolvenzplans überwacht, so ist dies zusammen mit dem Beschluß über die Aufhebung des Insolvenzverfahrens öffentlich bekanntzumachen.

(2) Ebenso ist bekanntzumachen:
1. im Falle des § 260 Abs. 3 die Erstreckung der Überwachung auf die Übernahmegesellschaft;
2. im Falle des § 263, welche Rechtsgeschäfte an die Zustimmung des Insolvenzverwalters gebunden werden;
3. im Falle des § 264, in welcher Höhe ein Kreditrahmen vorgesehen ist.

(3) ¹§ 31 gilt entsprechend. ²Soweit im Falle des § 263 das Recht zur Verfügung über ein Grundstück, ein eingetragenes Schiff, Schiffsbauwerk oder Luftfahrzeug, ein Recht an einem solchen Gegenstand oder ein Recht an einem solchen Recht beschränkt wird, gelten die §§ 32 und 33 entsprechend.

1. Normzweck

Es soll gewährleistet werden, dass die Gläubiger Kenntnis von der Anordnung der Überwachung und den Anordnungen des Abs 2 erlangen können. Im Fall der Registereintragungen ist dies erforderlich, da durch die Eintragungen ein uU bestehender guter Glaube beseitigt wird und der Zustimmungsvorbehalt dann nicht überwunden werden kann (vgl MK-InsO/*Stephan*, § 267 Rn 5, 11). 1

2. Bekanntmachungen

a) Abs 1. Die **Überwachung der Planerfüllung** ist zusammen mit der Aufhebung des InsPlan öffentlich bekannt zu machen; dies erfolgt nach § 9. Wegen der Anordnung in § 258 Abs 2 S 3 iVm § 200 Abs 2 S 2 ist die Überwachung auch im Bundesanzeiger bekannt zu machen (MK-InsO/*Stephan*, § 267 Rn 8; HK-*Flessner*, § 267 Rn 3; **aA:** *Smid/Smid/Rattunde*, § 267 Rn 2). 2

b) Abs 2. Weiter sind nach Abs 2 die Überwachung einer **Übernahmegesellschaft** nach § 260 Abs 3 (**Nr 1**), die Anordnung eines **Zustimmungsvorbehalts** nach § 263, nebst des genauen Inhalts, (**Nr 2**) und die Bestimmung eines **Kreditrahmens** nach § 264, insbes dessen Höhe, (**Nr 3**) bekannt zu machen. 3

3. Registereintragungen, Abs 3

Das InsGericht hat nach **S 1 iVm § 31** die zuständigen Register über die Anordnung der Überwachung zu informieren. Bei Anordnung eines 4

Zustimmungsvorbehalts sind die Verfügungsbeschränkungen nach **S 2 iVm §§ 32, 33** in das Grundbuch und die Register für Schiffe, Schiffbauten und Pfandrechte an Luftfahrzeugen einzutragen. Ausf FK-*Jaffé*, § 267 Rn 9–22.

§ 268 Aufhebung der Überwachung

(1) Das Insolvenzgericht beschließt die Aufhebung der Überwachung,
1. **wenn die Ansprüche, deren Erfüllung überwacht wird, erfüllt sind oder die Erfüllung dieser Ansprüche gewährleistet ist oder**
2. **wenn seit der Aufhebung des Insolvenzverfahrens drei Jahre verstrichen sind und kein Antrag auf Eröffnung eines neuen Insolvenzverfahrens vorliegt.**

(2) ¹**Der Beschluß ist öffentlich bekanntzumachen.** ²**§ 267 Abs. 3 gilt entsprechend.**

1. Aufhebung der Überwachung

1   **a) Voraussetzung, Abs 2. aa)** Die Aufhebung ist nach **Nr 1** dann zu beschließen, wenn die zu überwachenden **Ansprüche erfüllt** sind oder deren **Erfüllung gewährleistet** ist. In diesen Fällen ist eine Überwachung nicht mehr erforderlich. Eine Gewährleistung der Erfüllung iSd Nr 1 liegt nur vor, wenn für die Ansprüche Sicherheit geleistet wird (MK-InsO/*Stephan*, § 268 Rn 6), zB durch Bürgschaft oder Hinterlegung. Die Modalitäten der Sicherheitsleistung sollten im InsPlan festgelegt werden (FK-*Jaffé*, § 268 Rn 5; *Braun/Braun*, § 268 Rn 5).

2   **bb)** Nach **Nr 2** endet die Überwachung idR nach **drei Jahren**, jedoch wird die Überwachung vorerst fortgesetzt, wenn ein **Antrag auf Eröffnung eines InsVerfahren** gestellt wurde. Die Überwachung wird dann bei Eröffnung eines erneuten InsVerfahren mit der Eröffnung, bei der Abweisung des Eröffnungsantrags im Anschluss an diese aufgehoben. Das InsGericht prüft nicht, ob der Eröffnungsantrag begründet ist, allein das formale Vorliegen hindert die Aufhebung der Überwachung (Uhlenbruck/*Lüer* § 268 Rn 4; *Braun/Braun*, § 268 Rn 6; **aA:** *Haarmeyer/Wutzke/Förster* Handb Kap 9 Rn 60).

3   **cc)** Die Aufhebung ist nicht an die Begleichung der Verfahrenskosten nach § 269 geknüpft (*Braun/Braun*, § 268 Rn 7; **aA:** *Haarmeyer/Wutzke/Förster* Handb Kap 9 Rn 63).

4   **dd)** Eine **abweichende Regelung** ist nur zulässig, wenn der **Überwachungszeitraum verkürzt** wird; die Aufhebung erfolgt dann gleich-

wohl durch Beschluss, für den auch Abs 2 gilt (MK-InsO/*Stephan*, § 268 Rn 16; HK-*Flessner*, § 268 Rn 2).

b) Entscheidung. Das InsGericht entscheidet durch Beschluss. Zuständig ist der Rechtspfleger, falls kein Richtervorbehalt nach § 18 Abs 2 RPflG besteht.

c) Rechtsfolgen. Mit der Aufhebung der Überwachung enden ein Zustimmungsvorbehalt nach § 263 und der Vorrang nach §§ 264, 265. Ebenfalls entfallen die Überwachungsbefugnisse des InsVerw.

d) Rechtsmittel sind nicht gegeben; entscheidet der Rechtspfleger, so ist die befristete Erinnerung nach § 11 Abs 2 RPflG statthaft.

2. Bekanntmachung, Registereintragungen, Abs 2

a) Der Beschluss ist nach **S 1** öffentlich bekannt zu machen. Dies hat auch im **Bundesanzeiger** zu erfolgen, da die Überwachungsanordnung dort ebenfalls bekannt gemacht wurde (HK-*Flessner*, § 268 Rn 1; **aA:** *Braun/Braun*, § 268 Rn 9: zweckmäßig aber nicht zwingend).

b) Nach **S 2** iVm § 267 Abs 3 sind die nötigen **Registereintragungen** vorzunehmen (siehe § 267 Rn 4).

§ 269 Kosten der Überwachung

¹Die Kosten der Überwachung trägt der Schuldner. ²Im Falle des § 260 Abs. 3 trägt die Übernahmegesellschaft die durch ihre Überwachung entstehenden Kosten.

1. Die Kosten der Überwachung sind vom InsSchu bzw der Übernahmegesellschaft (§ 260 Abs 3) zu tragen. Zu den Kosten zählen die **Vergütung** und die **Auslagen** des InsVerw bzw den Mitgliedern des Gl-Ausschusses, die vom InsGericht nach §§ 64, 74 iVm § 6 Abs 2 InsVV festzusetzen sind. Ferner zählen zu den Kosten der Überwachung die **Veröffentlichungskosten** (FK-*Jaffé*, § 269 Rn 4). – Eine von § 269 abweichende Regelung kann im InsPlan getroffen werden (MK-InsO/*Stephan*, § 269 Rn 10; FK-*Jaffé*, § 269 Rn 2). – Der Festsetzungsbeschluss ist Vollstreckungstitel nach § 794 Abs 1 Nr 2 (HK-*Flessner*, § 269 Rn 1; FK-*Jaffé*, § 269 Rn 2b; **aA:** MK-InsO/*Stephan*, § 269 Rn 12).

2. Wird mit der Planüberwachung ein **Sachwalter** beauftragt, so ist mit diesem eine Kostenvereinbarung zu treffen; § 269 gilt nicht.

7. Teil. Eigenverwaltung

Vorbemerkung vor §§ 270–285

I. Entstehungsgeschichte – Allgemeines

1   Die Eigenverwaltung als Abwicklungsform des InsVerfahrens gab es so in der KO nicht. Ein Vorläufer der heutigen Regelung war jedoch die Möglichkeit, im Vergleichsverfahren nach der VerglO die Verwaltungs- und Verfügungsbefugnis beim Schuldner zu belassen. Dort nahm dann der Vergleichsverwalter wie der Sachwalter in der Eigenverwaltung lediglich Überwachungsaufgaben wahr.

2   Die praktische Bedeutung der Eigenverwaltung ist gering. Abgesehen von den prominenten Fällen der Eigenverwaltung in den Verfahren Kirch und Babcock, sehen sowohl die Gläubiger als auch die Insolvenzgerichte regelmäßig davon ab, von dieser neuen Verfahrensform Gebrauch zu machen. Dies dürfte im Wesentlichen darauf zurückzuführen sein, dass der bisherigen Geschäftsführung vor dem Hintergrund der eingetretenen Insolvenz nicht zugetraut wird, das Unternehmen mit einem zumindest ausgeglichenen Ergebnis weiterzuführen. So zeichnen sich die prominenten Fälle der Eigenverwaltung dadurch aus, dass die Geschäftsführung parallel zur Beantragung der Eigenverwaltung ausgetauscht wurde. Dieser Austausch bringt jedoch mit sich, dass der Hauptvorteil der Eigenverwaltung, die Tatsache, dass die vorhandene Geschäftsführung die Materie genau kennt und so eine Einarbeitung des InsVerw entfällt, nicht zum Tragen kommt. Die Eigenverwaltung wird daher zu Recht kritisch gesehen (vgl KP-*Pape*, § 270 Rn 31 f).

3   Gleichwohl sind als Vorteile aufzuführen: (1) Das Wissen der Geschäftsführung kann weiter genutzt werden, (2) die bei der Fremdverwaltung erforderliche Einarbeitung entfällt, (3) der Aufwand und die Kosten sind geringer und (4) der Insolvenzantrag wird uU früher gestellt, da der Geschäftsführer nicht befürchten muss, mit der Eröffnung des InsVerfahren seine Stellung zu verlieren (so MK-InsO/*Wittig*, Vor §§ 270 Rn 6; *Uhlenbruck* NZI 1998, 1, 7).

II. Anwendungsbereich – Verhältnis zu den übrigen Verfahrensformen – Regelungstechnik

4   Die Eigenverwaltung kann im **Regelinsolvenzverfahren**, im **Insolvenzplanverfahren** und den **Sonderformen der §§ 314 bis 334**, insbes des Nachlassinsolvenzverfahrens erfolgen. Sie ist dagegen nicht im Rahmen des Verbraucherinsolvenzverfahrens (§ 312 Abs 3) und des Rest-

Vorbemerkung **vor § 270**

schuldbefreiungsverfahrens möglich (ausf. zum Anwendungsbereich: MK-InsO/*Wittig*, Vor §§ 270 Rn 19–27). Letzteres kann sich aber an ein in Eigenverwaltung durchgeführtes Regelinsolvenzverfahren anschließen, zB bei Freiberuflern. Nach einem in Eigenverwaltung durchgeführten Insolvenzplanverfahren ist ein Restschuldbefreiungsverfahren dagegen wegen der nach § 227 regelmäßig eintretenden Restschuldbefreiung untypisch (MK-InsO/*Wittig*, Vor § 270ff Rn 79).

Die Eigenverwaltung ist nur in ihren Abweichungen geregelt. Es gelten 5 damit die allg Regelungen, soweit diese nicht in den §§ 270ff modifiziert werden. Die §§ 270–273 regeln die Voraussetzungen der Anordnung der Eigenverwaltung, die §§ 274–285 die Abweichungen vom Regelinsolvenzverfahren.

III. Auswirkungen bzw Modifikationen

1. Insolvenzeröffnungsverfahren

Wird mit dem Eröffnungsantrag die Eigenverwaltung beantragt, so ist 6 str, ob das InsGericht die selben **Sicherungsmaßnahmen** anordnen kann, wie bei Beantragung des Regelinsolvenzverfahrens. Nach einer Ansicht sind die Sicherungsmaßnahmen begrenzt, so dass dem Schuldner kein allg Verfügungsverbot auferlegt wird und nur ein schwacher vorläufiger InsVerw bestellt werden soll (MK-InsO/*Wittig*, Vor § 270ff Rn 38f; HK-*Landfermann*, § 270 Rn 10). Als Begründung wird ausgeführt, dass bei Anordnung einer starken vorl Insolvenzverwaltung eine Eigenverwaltung verhindert würde, indem die Geschäftsführung durch den Verlust der Verfügungsbefugnis an der Umsetzung des Sanierungskonzepts gehindert werde und die Geschäftsführung keinen Einblick mehr in das Unternehmen hätte, mit der Folge, dass diese sich erneut einarbeiten müsste. Dabei wird jedoch übersehen, dass auch ein starker vorl InsVerw den Geschäftsbetrieb unter Hinzuziehung der bisherigen Geschäftsführung fortführt. Auch wird der InsVerw ein schon ausgearbeitetes Sanierungskonzept idR berücksichtigen und von diesem nur abweichen, wenn es zur Sicherung der Gläubiger unzureichend ist. Gerade im Hinblick auf den Sicherungscharakter des Insolvenzeröffnungsverfahrens ist erforderlich, dass das InsGericht alle zur Verfügung stehenden Sicherungsmittel ausnützen kann. Eine Beschränkung der Sicherungsmittel indem ein Antrag auf Eigenverwaltung gestellt wird, ist nicht sinnvoll, zumal gerade im Rahmen des Insolvenzeröffnungsverfahrens die Aussichten einer Eigenverwaltung geprüft werden können (vgl N/R-*Riggert*, § 270 Rn 5, K/P-*Pape*, § 270 Rn 14f).

vor § 270 7. Teil. Eigenverwaltung

2. Regelinsolvenzverfahren

7 **a) Allgemeines.** Im Eigenverwaltungsverfahren sind wesentliche Aufgaben, die sonst vom InsVerw wahrgenommen werden, dem Schuldner übertragen. Ein Teil der Aufgaben, insbes Überwachungsfunktionen, verbleichen beim sog. Sachwalter.

8 **b) Aufgaben des Schuldners.** Die **Verwaltungs- und Verfügungsbefugnis** verbleibt entgegen § 80 beim InsSchu. Er hat das **Wahlrecht nach § 103** auszuüben, § 279. Weiter obliegt ihm die **Befriedigung der InsGl**, § 283. In verfahrensrechtlicher Hinsicht hat der Schuldner den **Bericht zur Gl-Versammlung** zu erstatten, der Sachwalter hat hierzu lediglich Stellung zu nehmen.

9 **c) Besonderheiten. aa)** Die **Verwertung der Masse** obliegt auch dem InsSchu, allerdings hat er diese im Einvernehmen mit dem Sachwalter durchzuführen. Die Beteiligungsrechte des Gl-Ausschuss bzw der Gl-Versammlung bei der Verwertung richten sich nach den allg Regeln, vgl § 276 (ausf. MK-InsO/*Witte*, Vor §§ 270 ff Rn 64–74). Hinsichtlich der Kostenbeteiligung der Masse ist zu berücksichtigen, dass die Feststellungskostenpauschale von 4% nicht erhoben wird und die Sicherungsgläubiger nur die tatsächlich angefallenen Verwertungskosten der Masse erstatten müssen (MK-InsO/*Wittig*, Vor §§ 270 Rn 53 f), § 282.

10 **bb)** Die **Anfechtung** erfolgt durch den Sachwalter, § 280.

3. Insolvenzplanverfahren

11 Es gilt § 284; die Überwachungsaufgaben des InsVerw werden vom Sachwalter wahrgenommen (N/R-*Riggert*, § 270 Rn 11).

§ 270 Voraussetzungen

(1) ¹**Der Schuldner ist berechtigt, unter der Aufsicht eines Sachwalters die Insolvenzmasse zu verwalten und über sie zu verfügen, wenn das Insolvenzgericht in dem Beschluß über die Eröffnung des Insolvenzverfahrens die Eigenverwaltung anordnet.** ²**Für das Verfahren gelten die allgemeinen Vorschriften, soweit in diesem Teil nichts anderes bestimmt ist.**

(2) **Die Anordnung setzt voraus,**
1. **daß sie vom Schuldner beantragt worden ist,**
2. **wenn der Eröffnungsantrag von einem Gläubiger gestellt worden ist, daß der Gläubiger dem Antrag des Schuldners zugestimmt hat und**
3. **daß nach den Umständen zu erwarten ist, daß die Anordnung**

nicht zu einer Verzögerung des Verfahrens oder zu sonstigen Nachteilen für die Gläubiger führen wird.

(3) ¹Im Falle des Absatzes 1 wird anstelle des Insolvenzverwalters ein Sachwalter bestellt. ²Die Forderungen der Insolvenzgläubiger sind beim Sachwalter anzumelden. ³Die §§ 32 und 33 sind nicht anzuwenden.

1. Normzweck

§ 270 regelt zum einen die Voraussetzungen der Anordnung der Eigenverwaltung und grenzt sie so zu den anderen Verfahren ab, zum anderen enthält die Norm die Regelung hinsichtlich der Verwaltungs- und Verfügungsbefugnis, sowie die Verweisung auf die allg Vorschriften. 1

2. Anordnungsvoraussetzungen

a) Anwendbarkeit. Die Eigenverwaltung kann nach § 312 Abs 3 nur erfolgen, wenn nicht das vereinfachte Insolvenzverfahren nach §§ 304 ff anwendbar ist (MK-InsO/*Wittig*, § 270 Rn 9 f). 2

b) Formelle Voraussetzungen. aa) Die Anordnung setzt zwingend einen entsprechenden **Antrag des InsSchu** voraus, das InsGericht kann die Eigenverwaltung nicht ohne entsprechenden Antrag anordnen (N/R-*Riggert*, § 270 Rn 18). 3

(1) Nach **Abs 2 Nr 1** kann ein entsprechender Antrag vom InsSchu selbst gestellt werden. Dieser kann mit dem Insolvenzantrag erfolgen, jedoch auch noch während des Insolvenzeröffnungsverfahrens bis zur Verfahrenseröffnung. Danach ist ein Antrag nicht mehr zulässig, ein Wechsel in das Eigenverwaltungsverfahren nur durch entsprechenden Beschluss der Gläubigerversammlung möglich, § 271. Der Antrag des InsSchu ist bis zur Anordnung der Eigenverwaltung frei widerruflich (*Braun/Riggert*, § 270 Rn 3).

(2) Nach **Abs 2 Nr 2** ist bei einem Eröffnungsantrag eines InsGl auf einen Antrag des InsSchu nur dann die Eigenverwaltung anzuordnen, wenn der antragstellende InsGl, auf dessen Antrag das Verfahren eröffnet werden soll (N/R-*Riggert*, § 270 Rn 21; MK-InsO/*Wittig*, § 270 Rn 23; *Braun/Riggert*, § 270 Rn 4 **aA:** FK-*Foltis*, § 270 Rn 22: Eröffnung immer nur auf Antrag des InsSchu), dem uneingeschränkt (HK-*Landfermann*, § 270 Rn 3; K/P-*Pape*, § 270 Rn 10; MK-InsO/*Wittig*, § 270 Rn 25 f; **aA:** *Gottwald/Haas*, § 87 Rn 12 f; HWF 10/6; Vallender WM 1998, 2129, 2131; vgl FK-*Foltis*, § 270 Rn 32 f: bei mehreren Gl-Anträgen ist die Zustimmung aller InsGl notwendig) zustimmt. Diese Zustimmung muss schriftlich oder zu Protokoll der Geschäftsstelle erfolgen, § 4 iVm § 496 ZPO (so MK-InsO/*Wittig*, § 270 Rn 24). Sie ist bis zur Entscheidung des

vor § 270

InsGericht über den Antrag widerruflich (*Braun/Riggert*, § 270 Rn 5; FK-*Foltis*, § 270 Rn 34). – Zum Antrag des InsSchu kann es insbes deshalb kommen, weil das InsGericht dem InsSchu bei einem Drittantrag nach § 14 Abs 2 die Möglichkeit zur Stellungnahme zu geben hat.

4   **bb) Antragsbefugnis.** Diese folgt bei natürlichen Personen aus § 13 Abs 2, bei Handelsgesellschaften und juristischen Personen sind nur die vertretungsbefugten Organe antragsbefugt (ausf. MK-InsO/*Wittig*, § 270 Rn 14 ff).

5   **cc)** Die **Anordnungskompetenz** liegt nach **Abs 1 S 1** allein beim InsGericht.

6   **c) Materiell** setzt die Anordnung nach **Abs 2 Nr 3** voraus, dass **weder eine Verzögerung des Verfahrens noch sonstige Nachteile für die InsGl** zu erwarten sind. Das InsGericht hat dabei eine Prognoseentscheidung zu treffen, ein Ermessen steht ihm nicht zu (N/R-*Riggert*, § 270 Rn 22). Entscheidend ist, der voraussichtliche Verlauf des Verfahrens mit und ohne Anordnung der Eigenverwaltung (AG Köln ZIP 1999, 1646). Im Zweifel ist die Eigenverwaltung nicht anzuordnen (HK-*Landfermann*, § 270 Rn 5; AG Darmstadt ZIP 1999, 1494, 1495). Nicht erforderlich ist, dass das InsGericht positiv zu dem Ergebnis kommt, dass die Eigenverwaltung vorteilhafter ist (N/R-*Riggert*, § 270 Rn 26; Uhlenbruck/*Uhlenbruck*, § 270 Rn 14; **aA:** *Bork* Rn 402, HWF 10 / 7). Das InsGericht ist nicht gehalten, eigene Ermittlungen anzustellen (*Braun/Riggert*, § 270 Rn 6; AG Darmstadt, ZIP 1999, 1494, 1496; AG Potsdam DZWiR 2000, 343; *Bichlmeier* DZWiR 2000, 63; **aA:** *Huntemann/Dietrich*, ZInsO 2001, 13, 15 f mwN; zust Uhlenbruck/*Uhlenbruck*, § 270 Rn 14; HK-*Landfermann*, § 270 Rn 5: Feststellung von Amts wegen), die Darlegungslast für das Fehlen von Nachteilen liegt beim Antragsteller (N/R-*Riggert*, § 270 Rn 23 ff; MK-InsO/*Wittig*, § 270 Rn 33 ff; vgl K/P-*Pape*, § 270 Rn 13: Beauftragung des Gutachters, hierzu Stellung zu nehmen). Das InsGericht hat wegen des Grundsatzes der Gläubigerautonomie auch ablehnende oder zustimmende Stellungnahmen der InsGl zu berücksichtigen (MK-InsO/*Wittig*, § 270 Rn 36).

7   **aa)** Auf die **Gefahr der Verzögerung** kann geschlossen werden, wenn der InsSchu wirtschaftlich unerfahren ist (HWF 10 / 7), der Eröffnungsantrag verspätet gestellt wurde (K/P-*Pape*, § 270 Rn 12), der InsSchu nicht kooperativ ist (N/R-*Riggert*, § 270 Rn 23) oder Vermögensgegenstände vor der Insolvenz beiseite geschafft hat (MK-InsO/*Wittig*, § 279 Rn 41). Aus diesem Verhalten vor der Eröffnung kann dann mit entsprechender Sicherheit auf das weitere Verhalten geschlossen werden. Auf der anderen Seite ist zu berücksichtigen, dass ein InsVerw Zeit benötigt, um sich einzuarbeiten.

Vorbemerkung **vor § 270**

bb) Sonstige Nachteile sind zu befürchten, wenn der InsSchu Vor- 8
strafen wegen Vermögensdelikten hat oder sonstige Pflichtverletzungen
bekannt sind. Unerheblich ist jedoch, ob der InsSchu eine bloße Verwertung statt einer Fortführung anstrebt oder im Insolvenzeröffnungsverfahren ein starker vorl InsVerw eingesetzt war (N/R-*Riggert*, § 270 Rn 24).
Ein sonstiger Nachteil ist insbes dann zu befürchten, wenn bei der Insolvenzabwicklung eine Interessenkollision besteht, zB der Geschäftsführer
einer GmbH Ansprüche aus Kapitalersatz oder nach § 64 Abs 2 GmbHG
gegen die Mitgesellschafter oder sich selbst durchzusetzen hätte, wobei
aber im Rahmen der Prognoseentscheidung auch die Regelung des
§ 280 zu beachten ist (AG Köln, ZIP 1999, 1646; MK-InsO/*Wittig*,
§ 270 Rn 44; FK-*Foltis*, § 270 Rn 40). Als positives Indiz wird angeführt,
dass der InsSchu einen Antrag wegen drohender Zahlungsunfähigkeit
nach § 18 stellt oder einen InsPlan vorlegt, da in diesen Fällen ein ernsthafter Wille zur Sanierung zum Ausdruck kommt (MK-InsO/*Wittig*,
§ 270 Rn 47).

3. Entscheidung

a) Das InsGericht hat über die Anordnung **im Eröffnungsbeschluss** 9
zu entscheiden. Zusammen mit der Anordnung der Eigenverwaltung ist
nach **Abs 3 S 1 ein Sachwalter (§ 274) einzusetzen**. Hierfür gelten die
zu § 56 entwickelten Grundsätze. Hinsichtlich der Verfahrenseröffnung
unterbleibt die Aufforderung nach § 28 Abs 3, da diese den Übergang des
Verfügungsrechts nach § 80 voraussetzt (K/P-Pape, § 270 Rn 18).

b) Funktionell zuständig ist der Richter. 10

c) Rechtsmittel. Die Entscheidung kann nur im Rahmen der Be- 11
schwerde gegen die Nicht-/Eröffnung des Insolvenzverfahrens nach § 34
iVm § 6 Abs 1 erfolgen, eine isolierte Anfechtung der Anordnung der Eigenverwaltung ist ausgeschlossen (MK-InsO/*Wittig*, § 270 Rn 117; HK-*Landfermann*, § 270 Rn 8; FK-*Foltis*, § 270 Rn 15; **aA**: *Smid* WM 1998,
2489, 2509f; **vgl**: K/P-*Pape*, § 270 Rn 22 u Uhlenbruck/*Uhlenbruck*,
§ 270 Rn 20: auch keine Anfechtung iRd § 34). Eine Abänderung der
Entscheidung ist nach § 271 durch die erste Gläubigerversammlung bzw
nach § 272 durch das InsGericht möglich. Wegen dieser Aufhebungsmöglichkeit hat die Anordnung der Eigenverwaltung „vorläufigen" Charakter
(FK-*Foltis*, § 270 Rn 14).

4. Folgen der Eröffnung

a) Die **Verwaltungs- und Verfügungsbefugnis** verbleibt nach **Abs 1** 12
S 1 abweichend von § 80 beim Schuldner, wenn das InsGericht im Eröffnungsbeschluss die Eigenverwaltung anordnet. Die **Arbeitgeberbefug-**

vor § 270

nis verbleibt beim InsSchu, iÜ gilt § 279 (*Lakies* BB 1999, 1759, 1761; MK-InsO/*Wittig*, § 270 Rn 74 ff).

13   **b) Verweisung.** Hinsichtlich der übrigen Folgen, verweist Abs 1 S 2 auf die allg Vorschriften, soweit die §§ 270–285 keine Sonderregeln enthalten (ausf. N/R-*Riggert*, § 270 Rn 4–11). – Für die **Anmeldung von Forderungen** bestimmt **Abs 3 S 2**, dass diese beim Sachwalter anzumelden sind, so dass nach § 28 Abs 1 hierauf hinzuweisen ist, iÜ gelten die §§ 174 ff dann entsprechend. – Für **Registereintragungen** gelten nach **Abs 3 S 3** die §§ 32, 33 nicht, so dass die Insolvenzeröffnung nicht in das Grundbuch und das Schiffs-, Schiffsbauregister bzw das Register für Pfandrechte an Luftfahrzeugen einzutragen ist. Dagegen ist die Anordnung der Eigenverwaltung aber in die Register des § 31 (Handels-, Genossenschafts-, Partnerschafts- und Vereinsregister) einzutragen (K/P-*Pape*, § 270 Rn 21a).

§ 271 Nachträgliche Anordnung

¹Hatte das Insolvenzgericht den Antrag des Schuldners auf Eigenverwaltung abgelehnt, beantragt die erste Gläubigerversammlung jedoch die Eigenverwaltung, so ordnet das Gericht diese an. ²Zum Sachwalter kann der bisherige Insolvenzverwalter bestellt werden.

1. Normzweck

1   Die Vorschrift verwirklicht die Gläubigerautonomie im eröffneten Verfahren, indem die Gläubigerversammlung vergleichbar zur Verwalterbestellung (§ 56) die Entscheidung des Gerichts korrigieren kann.

2. Voraussetzungen

2   **a) Antrag.** Auch die nachträgliche Anordnung der Eigenverwaltung ist nur möglich, wenn diese vom InsSchu beantragt worden war (*Braun/Riggert*, § 271 Rn 5; HK-*Landfermann*, § 270 Rn 2) und dieser den Antrag auch nach Verfahrenseröffnung nicht zurückgenommen hat (FK-*Foltis*, § 271 Rn 6; ausf. MK-InsO/*Wittig*, § 271 Rn 4 ff mVa § 272 Abs 1 Nr 3; dort auch ausf. zur Beantragung *nach* Verfahrenseröffnung).

3   **b)** Erforderlich ist weiter ein entsprechender Beschluss der **ersten Gl-Versammlung**, danach ist ein Wechsel der Verfahrensart ausgeschlossen (N/R-*Riggert*, § 271 Rn 3; FK-*Foltis*, § 271 Rn 9). Für die erforderliche Mehrheit gilt § 76 Abs 2 (s dort), für die Anfechtbarkeit des Beschlusses der Gl-Versammlung § 78 (zum Entscheidungsmaßstab: MK-InsO/*Wittig*, § 271 Rn 33).

3. Entscheidung

a) Nach S 1 ist die Eigenverwaltung **zwingend anzuordnen**, ein Ermessen des InsGericht besteht nicht. Funktionell zuständig ist der RPfl (K/P-*Pape*, § 271 Rn 3; MK-InsO/*Wittig*, § 271 Rn 21). Die Anordnung erfolgt durch Beschluss, der nicht anfechtbar ist (Uhlenbruck/*Uhlenbruck*, § 271 Rn 7); eine Korrektur ist nur nach § 272 möglich. Wird der Beschluss der Gl-Versammlung nach § 78 angefochten, so ist erst dann nach § 271 zu entscheiden, wenn dieses Verfahren rechtskräftig abgeschlossen ist (K/P-*Pape*, § 271 Rn 8; MK-InsO/*Wittig*, § 271 Rn 34).

b) Zugleich ist der **Sachwalter zu bestellen**, der von der Gl-Versammlung benannt werden kann, § 270 iVm § 57. Ist der Benannte nicht geeignet, so hat das InsGericht dessen Bestellung nach § 57 zu versagen (vgl Uhlenbruck/*Uhlenbruck*, § 271 Rn 8). Bestimmt die Gl-Versammlung keinen Sachwalter, so muss das InsGericht einen geeigneten bestellen (N/R-*Riggert*, § 271 Rn 3f; MK-InsO/*Wittig*, § 271 Rn 17; **aA:** FK-Foltis, § 271 Rn 8: Sachwalter ist im Antrag der Gl-Versammlung zwingend zu benennen) und **kann** nach S 2 den **InsVerw bestellen**, zumal dieser bereits das Verfahren kennt. Der vom InsGericht bestimmte Sachwalter kann im Interesse der Verfahrenskontinuität nicht mehr nach § 57 S 1 in der nächsten Gl-Versammlung abgewählt werden (K/P-*Pape*, § 271 Rn 10; MK-InsO/*Wittig*, § 271 Rn 25).

c) Infolge der nachträglichen Anordnung ist diese öffentlich bekannt zu machen, sowie die Aufforderung nach § 28 Abs 3 zurückzunehmen und Eintragungen nach §§ 32, 33 zu berichtigen.

§ 272 Aufhebung der Anordnung

(1) Das Insolvenzgericht hebt die Anordnung der Eigenverwaltung auf,
1. wenn dies von der Gläubigerversammlung beantragt wird;
2. wenn dies von einem absonderungsberechtigten Gläubiger oder von einem Insolvenzgläubiger beantragt wird und die Voraussetzungen des § 270 Abs. 2 Nr. 3 weggefallen ist;
3. wenn dies vom Schuldner beantragt wird.

(2) [1]Der Antrag eines Gläubigers ist nur zulässig, wenn der Wegfall der Voraussetzungen glaubhaft gemacht wird. [2]Vor der Entscheidung über den Antrag ist der Schuldner zu hören. [3]Gegen die Entscheidung steht dem Gläubiger und dem Schuldner die sofortige Beschwerde zu.

(3) Zum Insolvenzverwalter kann der bisherige Sachwalter bestellt werden.

vor § 270

1. Normzweck

1 Neben dem Fall des § 271, der die nachträgliche Anordnung der Eigenverwaltung regelt, ist nach § 272 eine nachträgliche, vorzeitige Aufhebung der Eigenverwaltung möglich. Die Aufhebungsmöglichkeit besteht aus Gründen der **Gläubigerautonomie** (Abs 1 Nr 1), aus Gründen des Gläubigerschutzes (Abs 1 Nr 2) bzw dem Selbstbestimmungsrecht des InsSchu (Abs 1 Nr 3). Eine Aufhebung von Amts wegen ist damit ebenso ausgeschlossen, wie ein Ermessen im Fall eines zulässigen Aufhebungsantrags (**aA** vgl FK-*Foltis*, § 270 Rn 4).

2. Aufhebungsvoraussetzungen

2 **a) Antrag der Gläubigerversammlung, Abs 1 Nr 1.** Im Fall eines Antrags der Gläubigerversammlung ist die ursprünglich nach § 270 oder die nachträglich nach § 271 angeordnete Eigenverwaltung wieder aufzuheben (N/R-*Riggert*, § 272 Rn 2; MK-InsO/*Wittig*, § 272 Rn 6). Für den Antrag ist ein Beschluss der Mehrheit der Gläubigerversammlung nötig, vgl §§ 76 Abs 2, dieser kann nach § 78 überprüft werden (HK-*Landfermann*, § 272 Rn 3; FK-*Foltis*, § 272 Rn 6; **aA** zT K/P-*Pape*, § 272 Rn 3: Aufhebung nach § 78 ausgeschlossen; zust MK-InsO/*Wittig*, § 272 Rn 9). Eine Anhörung wie in Abs 2 S 2 ist nicht vorgesehen, da sich der InsSchu durch die Teilnahme an der Gl-Versammlung ausreichend Gehör verschaffen kann (K/P-*Pape*, § 272 Rn 5; MK-InsO/*Wittig*, § 272 Rn 10). Der Beschluss zur Aufhebung kann im Gegensatz zu § 271 in jeder Gl-Versammlung getroffen werden (FK-*Foltis*, § 272 Rn 2).

3 **b) Gläubigerantrag, Abs 1 Nr 2. aa) Formelle Voraussetzungen** sind **(1)** ein **Gläubigerantrag**, **(2)** die **Glaubhaftmachung** (§ 4 iVm § 294 ZPO) des Wegfalls der Anordnungsvoraussetzungen durch den Antragsteller nach Abs 2 S 1 und **(3)** die **Anhörung** des InsSchu nach Abs 2 S 2 iVm § 10.

4 **bb) Materiell** erfordert die Aufhebung den **Wegfall der materiellen Voraussetzungen** für die Anordnung der Eigenverwaltung des § 270 Abs 2 Nr 3 (s dort). Der Antragsteller trägt hierfür die Darlegungslast. Eine Benachteiligung gerade des antragstellenden Gläubigers ist nicht erforderlich (MK-InsO/*Wittig*, § 272 Rn 18). Nach § 272 Abs 1 Nr 3 analog ist die Aufhebung zu beurteilen, wenn die Anordnungsvoraussetzungen nicht weggefallen, sondern schon im Zeitpunkt der Anordnung nicht bestanden (N/R-*Riggert*, § 272 Rn 3; MK-InsO/*Wittig*, § 272 Rn 17).

5 **cc) Konkurrenzen.** Der Antrag kann auch dann gestellt werden, wenn zur Aufhebung der Eigenverwaltung alternativ eine Gl-Versammlung einberufen werden könnte (HK-*Landfermann*, § 272 Rn 5a;

Vorbemerkung **vor § 270**

aA: FK-*Foltis*, § 272 Rn 9). Der Antrag kann auch alternativ zur Anfechtung der Entscheidung der Gl-Versammlung nach § 271 iVm § 78 erfolgen (*Braun/Riggert*, § 271 Rn 7).

c) **Schuldnerantrag, Abs 1 Nr 3.** Die Aufhebung auf bloßen Antrag 6
des InsSchu ist erforderlich, da sonst eine Eigenverwaltung gegen den Willen des InsSchu als „Verwalter" möglich wäre. Das InsGericht hat daher im Fall des Schuldnerantrags die Eigenverwaltung ohne weiteres aufzuheben (FK-*Foltis*, § 272 Rn 13). Bei den Gesellschaften ohne Rechtspersönlichkeit und juristischen Personen ist der Aufhebungsantrag von den vertretungsberechtigten Organen zu stellen (MK-InsO/*Wittig*, § 272 Rn 29; Uhlenbruck/*Uhlenbruck*, § 272 Rn 5; vgl diff FK-*Foltis*, § 272 Rn 14).

3. Entscheidung

a) Das InsGericht entscheidet durch **Beschluss**, der im Fall der Auf- 7
hebung aufgrund eines Gläubigerantrags entsprechend der materiellen Prüfungspflicht und der Beschwerdemöglichkeit zu begründen ist. In den Fällen der Nr 1 und 3 ist eine Begründung mangels Entscheidungsspielraums entbehrlich. Die funktionelle Zuständigkeit liegt mangels Richtervorbehalts in § 18 RPflG beim Rechtspfleger (K/P-*Pape*, § 272 Rn 11).

b) Mit der Aufhebung sind die **weiteren Anordnungen** nach § 27 8
Abs 3 und §§ 31–33, die zunächst im Hinblick auf die Eigenverwaltung unterblieben sind, nachzuholen (K/P-*Pape*, § 272 Rn 11). Die Aufhebung ist wegen des Übergangs der Verfügungsbefugnis auf den InsVerw nach § 30 Abs 2 dem InsSchu **zuzustellen** (K/P-*Pape*, § 272 Rn 11). Wird die Aufhebung im Fall des Gläubigerantrags (Abs 1 Nr 2) abgelehnt, so ist diese Entscheidung wegen der Anfechtbarkeit dem antragstellenden InsGl zuzustellen (MK-InsO/*Wittig*, § 272 Rn 39).

c) **Rechtsmittel.** Gegen den Beschluss ist nur im Fall des Abs 1 Nr 2 9
nach **Abs 2 S 3** die sofortige Beschwerde statthaft, sonst ist der Beschluss unanfechtbar, § 6 Abs 1 (MK-InsO/*Wittig*, § 272 Rn 40 f; **aA:** FK-*Foltis*, § 272 Rn 4; 16).

4. Rechtsfolgen

a) Bei Aufhebung der Eigenverwaltung ist zwingend ein InsVerw zu 10
bestimmen, da es kein Verfahren ohne Verwalter geben darf. Als InsVerw kann nach Abs 3 insbes der bisherige Sachwalter bestellt werden, was wegen dessen Sachkenntnis idR sinnvoll sein wird. Da der InsVerw nach § 57 wieder abgewählt werden kann, sollte die Gl-Versammlung, wenn sie einen Antrag nach Abs 1 Nr 1 stellt, auch erklären, ob sie den Sachwalter als InsVerw akzeptiert (so K/P-*Pape*, § 272 Rn 12).

vor § 270 7. Teil. Eigenverwaltung

11 b) Mit der Aufhebung geht die **Verwaltungs- und Verfügungsbefugnis** nach § 80 auf den **InsVerw** über. Der InsVerw tritt in anhängige Prozesse nach § 239 ZPO ein, eine uU nochmalige Unterbrechung nach § 240 ZPO ist ausgeschlossen (MK-InsO/*Wittig*, § 272 Rn 49 mVa *Smid* WM 1998, 2489, 2511).

12 c) Eine Rückkehr in das Eigenverwaltungsverfahren ist idR nicht möglich, da das Antragsrecht des § 271 nur der ersten Gl-Versammlung zusteht (MK-InsO/*Wittig*, § 272 Rn 44).

§ 273 Öffentliche Bekanntmachung

Der Beschluß des Insolvenzgericht, durch den nach der Eröffnung des Insolvenzverfahrens die Eigenverwaltung angeordnet oder die Anordnung aufgehoben wird, ist öffentliche bekanntzumachen.

1 Bei der anfänglichen Anordnung der Eigenverwaltung erfolgt die öffentliche Bekanntmachung bereits nach § 30 Abs 1 S 1 mit der Bekanntmachung des Eröffnungsbeschlusses. Wird die Eigenverwaltung nach § 271 nachträglich angeordnet oder nach § 272 nachträglich aufgehoben, so sind diese Beschlüsse nach § 273 öffentlich bekannt zu machen, wobei auch die weitergehenden Anordnungen, insbes die Bestellung des InsVerw im Fall der Aufhebung, bekannt zu machen sind. Die öffentliche Bekanntmachung erfolgt nach § 9.

2 Die Beschlüsse sind nach § 8 zuzustellen, soweit dies vom InsGericht für zweckmäßig erachtet wird, insbes im Hinblick auf den Übergang der Verwaltungs- und Verfügungsbefugnis.

3 Die Beschlüsse werden analog den Regeln für den Eröffnungsbeschluss sofort mit Erlass rechtswirksam (K/P-*Pape*, § 273 Rn 4). Sie sind daher auch dann bekannt zu machen, wenn sie angefochten wurden (HK-*Landfermann*, § 273 Rn 1; FK-*Foltis*, § 273 Rn 1).

§ 274 Rechtsstellung des Sachwalters

(1) Für die Bestellung des Sachwalters, für die Aufsicht des Insolvenzgerichts sowie für die Haftung und die Vergütung des Sachwalters gelten § 54 Nr. 2 und die §§ 56 bis 60, 62 bis 65 entsprechend.

(2) [1]Der Sachwalter hat die wirtschaftliche Lage des Schuldners zu prüfen und die Geschäftsführung sowie die Ausgaben für die Lebensführung zu überwachen. [2]§ 22 Abs. 3 gilt entsprechend.

(3) [1]Stellt der Sachwalter Umstände fest, die erwarten lassen, daß die Fortsetzung der Eigenverwaltung zu Nachteilen für die

Vorbemerkung **vor § 270**

Gläubiger führen wird, so hat er dies unverzüglich dem Gläubigerausschuß und dem Insolvenzgericht anzuzeigen. ²Ist ein Gläubigerausschuß nicht bestellt, so hat der Sachwalter an dessen Stelle die Insolvenzgläubiger, die Forderungen angemeldet haben, und die absonderungsberechtigten Insolvenzgläubiger zu unterrichten.

1. Normzweck

Die Rechtsstellung des Sachwalters ist in § 274 allg geregelt, die speziellen Befugnisse ergeben sich aus den Regelungen der §§ 275, 277, 279–285. Eine pauschale Verweisung auf die Befugnisse des InsVerw war nicht möglich, da die Rechtsstellung zugunsten des InsSchu abgeschwächt ist. 1

2. Allgemeine Rechtsstellung

Der Sachwalter hat den InsSchu zu Überwachen und dessen Handlungen zu prüfen. Er hat weiter Mitwirkungsrechte und einzelne eigene originäre Rechte. 2

3. Status

Hinsichtlich der Bestellung, Aufsicht des InsGericht, Haftung und Vergütung verweist Abs 1 auf die Regelungen, die für den InsVerw gelten, die so entsprechend anzuwenden sind. 3

Hinsichtlich der Vergütung ist § 12 InsVV zu beachten, durch die Tätigkeit des Sachwalters entstehen Massekosten iSd § 54 Abs 2 (vgl ausf. zur Vergütung: MK-InsO/*Wittig*, § 274 Rn 48–53). 4

Das InsGericht hat den Sachwalter ebenso wie den InsVerw zu überwachen und ggf aufsichtsrechtliche Maßnahmen zu ergreifen. 5

Hinsichtlich der Ernennung gilt § 56. Problematisch ist insb, wenn ein Berater des InsSchu aus der Zeit vor der Insolvenz zum Sachwalter bestellt wird (vgl LG Cottbus ZIP 2001, 2188 mit Anm *Lüke*; HK-*Landfermann*, § 274 Rn 3; *Buchalik* NZI 2000, 294, 297). 6

Aufgrund des Verweises auf § 57 kann die Gl-Versammlung in ihrer ersten Versammlung den Sachwalter abwählen und einen neuen Sachwalter wählen. 7

Hinsichtlich der Haftung ist zu beachten, dass Maßstab die Sorgfalt eines ordentlichen und gewissenhaften Sachwalters ist und nur für die Erfüllung der insolvenzspezifischen Pflichten gehaftet wird. Zu den insolvenzspezifischen Pflichten zählen insbes die Prüfungs-, Überwachungs- und Informationspflichten der Abs 2 und 3 (MK-InsO/*Wittig*, § 274 Rn 42). Eine Haftung nach § 61 besteht nur, wenn der Sachwalter der Begründung von Masseverbindlichkeiten nach § 277 Abs 1 S 3 zustimmt (K/P- 8

vor § 270 7. Teil. Eigenverwaltung

Pape, § 274 Rn 3; MK-InsO/*Wittig,* § 274 Rn 47; HK-*Landfermann,* § 274 Rn 5).

4. Aufgaben

9 Ausf Uhlenbruck/*Uhlenbruck,* § 274 Rn 10 f.

10 **a) Prüfung.** Der Sachwalter hat nach Abs 2 S 1 1. Alt die wirtschaftliche Lage des InsSchu zu überprüfen. Sie dient der Überprüfung der Rechnungslegung des InsSchu nach § 282 und der Wahrnehmung der Aufgaben des Sachwalters nach § 281 (K/P-Pape, § 274 Rn 7). Weiter dient sie dazu, eine Insolvenzanfechtung, die nach § 280 dem Sachwalter obliegt, zu ermöglichen (N/R-Riggert, § 274 Rn 5).

11 **b) Überwachung.** Der Sachwalter hat nach Abs 2 S 1 2. Alt die Geschäftsführung und die Ausgaben für die Lebensführung (vgl § 278) zu überwachen. Hierdurch soll verhindert werden, dass der InsSchu Vermögenswerte beiseite schafft oder einzelne Gläubiger entgegen dem Grundsatz der Gläubigergleichbehandlung bevorzugt (N/R-*Riggert,* § 274 Rn 6). Auch soll die Lebensführung angemessen sein, so dass kein Vermögen verschleudert wird (N/R-*Riggert,* § 274 Rn 7). Erfasst sind weiter alle dem InsSchu gegenüber den Beteiligten bestehenden Pflichten, insbes die Unterrichtung nach § 281.

12 **c) Informationsrechte.** Dem Sachwalter stehen nach Abs 2 S 2 die Informationsrechte eines vorl InsVerw zu. Er hat insbes das Recht, die Geschäftsräume des InsSchu zu betreten und dort Einsicht in die Geschäftsunterlagen zu nehmen. Diese Informationsrechte können nach § 22 Abs 3 S 3 iVm §§ 97 ff erzwungen werden.

13 **d) Informationspflichten.** Nach **Abs 3** hat der Sachwalter den Gläubigerausschuss bzw die InsGl sowie das InsGericht über Umstände zu unterrichten, die bei Fortsetzung der Eigenverwaltung Nachteile für die InsGl befürchten lassen, vgl § 271 Abs 2 Nr 2. Durch diese Informationsverpflichtung soll es den InsGl und den Absonderungsberechtigten ermöglicht werden, bei drohenden Nachteilen die Aufhebung der Eigenverwaltung nach § 272 zu prüfen und ggf zu beantragen (K/P-*Pape,* § 274 Rn 13) oder einen Zustimmungsvorbehalt nach § 277 zu beantragen (MK-InsO/*Wittig,* § 274 Rn 37). Besteht ein Gl-Ausschuss, so hat dieser die angezeigten Umstände zu prüfen und ggf die Gl-Versammlung einzuberufen, damit diese abschließend über zu ergreifende Maßnahmen, insbes die Antragstellung nach §§ 272, 277 entscheiden kann (MK-InsO/*Wittig,* § 274 Rn 38). Dem Sachwalter steht wegen des Grundsatzes der Gläubigerautonomie kein Ermessen dahingehend zu, auf den InsSchu einzuwirken und/oder die InsGl zu informieren (MK-InsO/*Wittig,* § 274 Rn 36).

Vorbemerkung vor § 270

§ 275 Mitwirkung des Sachwalters

(1) ¹Verbindlichkeiten, die nicht zum gewöhnlichen Geschäftsbetrieb gehören, soll der Schuldner nur mit Zustimmung des Sachwalters eingehen. ²Auch Verbindlichkeiten, die zum gewöhnlichen Geschäftsbetrieb gehören, soll er nicht eingehen, wenn der Sachwalter widerspricht.

(2) Der Sachwalter kann vom Schuldner verlangen, daß alle eingehenden Gelder nur vom Sachwalter entgegengenommen und Zahlungen nur vom Sachwalter geleistet werden.

1. Normzweck

Dem Sachwalter sind Einwirkungs- und Eingriffsrechte übertragen. 1

2. Überwachung, Abs 1

a) Zustimmungserfordernis, S 1. aa) Voraussetzungen. Die Obliegenheit, die Zustimmung des Sachwalters einzuholen erfasst nur solche Verbindlichkeiten, die der **Geschäftstätigkeit** des InsSchu zuzuordnen sind (N/R-*Riggert*, § 275 Rn 2; MK-InsO/*Wittig*, § 275 Rn 4). Zustimmungsbedürftig sind alle **rechtsgeschäftlich begründeten Verbindlichkeiten** (N/R-*Riggert*, § 275 Rn 2; MK-InsO/*Wittig*, § 275 Rn 5). Die Beurteilung der **Üblichkeit des Geschäfts** beurteilt sich danach, ob es nach Art und Umfang gemessen an der bisherigen Geschäftstätigkeit des InsSchu gewöhnlich ist (N/R-*Riggert*, § 275 Rn 3; MK-InsO/*Wittig*, § 275 Rn 7). Ungewöhnlich sind idR die Veräußerung oder die Belastung von Grundstücken, die Aufnahme von Darlehen oder die Erklärung von Verzichten (so N/R-*Riggert*, § 275 Rn 3; MK-InsO/*Wittig*, § 275 Rn 7). Gewöhnlich sind dagegen idR Rechtsgeschäfte, die den Unternehmensgegenstand verwirklichen (MK-InsO/*Wittig*, § 275 Rn 7). 2

bb) Rechtsfolge. Die Eingehung der Verbindlichkeit bedarf nach Sinn und Zweck der Vorschrift der **vorherigen Zustimmung durch den Sachwalter** (N/R-*Riggert*, § 275 Rn 3; MK-InsO/*Wittig*, § 275 Rn 11: Einwilligung nach § 183 BGB). Der Verstoß des InsSchu gegen die Sollvorschriften führt nicht zur Unwirksamkeit der Rechtshandlungen des InsSchu (N/R-*Riggert*, § 275 Rn 7). Ausnahme ist nur der Fall, dass der InsSchu und der Dritte arglistig zum Nachteil der InsGl zusammenwirkten, da die eingegangene Verpflichtung dann nach § 138 Abs 1 BGB wegen Sittenwidrigkeit unwirksam ist (FK-*Foltis*, § 275 Rn 15; HK-*Landfermann*, § 275 Rn 2; MK-InsO/*Wittig*, § 275 Rn 12). Ein Verstoß ist nur dadurch sanktioniert, dass der Sachwalter das Verhalten des InsSchu nach § 274 Abs 3 anzeigt und dann die Aufhebung der Eigenverwaltung droht (N/R-*Riggert*, § 275 Rn 8). 3

4 b) Widerspruchsmöglichkeit, S 2. Nimmt der InsSchu die Rechtshandlung im Rahmen des **gewöhnlichen Geschäftsbetriebs** vor, so kann der Sachwalter der Vornahme widersprechen, wenn er gegen das konkrete Geschäft Bedenken hat. Der InsSchu ist aber nicht verpflichtet, den Sachwalter über die einzelnen, beabsichtigten Rechtshandlungen zu informieren, der Sachwalter muss dagegen von sich aus die beabsichtigten Geschäfte überwachen (N/R-*Riggert*, § 275 Rn 4). Aus diesem Grunde ist die Widerspruchsmöglichkeit auch kein effektives Mittel, um eine Schädigung der InsGl zu verhindern. – Der Sachwalter kann schon im Vorhinein bestimmten Geschäften bzw einer bestimmten Art von Geschäften widersprechen (MK-InsO/*Wittig*, § 275 Rn 8). Ein Verstoß gegen einen erfolgten Widerspruch des Sachwalters hat wie bei S 1 keine Außenwirkung. Zu unterscheiden sind die Fälle nach § 277, bei denen die Zustimmung des Sachwalters Wirksamkeitsvoraussetzung ist.

3. Kassenführung, Abs 2

5   Die Übernahme der Kassenführung bietet sich an, wenn Masseunzulänglichkeit oder der InsSchu zu viele Mittel zur Lebensführung entnimmt, § 278 (HK-*Landfermann*, § 275 Rn 3). Die Übernahme steht im Ermessen des Sachwalters (N/R-*Riggert*, § 275 Rn 5). Eine Außenwirkung ist hiermit nur insoweit verbunden, dass der Sachwalter Zahlungen als **gesetzlicher Vertreter des InsSchu** entgegen- und vornimmt (MK-InsO/*Wittig*, § 275 Rn 16), im Übrigen aber Handlungen des InsSchu wirksam sind (HK-*Landfermann*, § 275 Rn 3). Der Sachwalter ist befugt, Hilfsgeschäfte (zB Mahnungen) vorzunehmen, nicht aber Prozesse für den InsSchu zu führen (Uhlenbruck/*Uhlenbruck*, § 275 Rn 8).

§ 276 Mitwirkung des Gläubigerausschusses

[1]**Der Schuldner hat die Zustimmung des Gläubigerausschusses einzuholen, wenn er Rechtshandlungen vornehmen will, die für das Insolvenzverfahren von besonderer Bedeutung sind.** [2]**§ 160 Abs. 1 Satz 2, Abs. 2, § 161 Satz 2 und § 164 gelten entsprechend.**

1. Normzweck

1   § 276 dient der Gläubigerautonomie. Wie bei § 160 sind gewichtige Entscheidungen hinsichtlich der Masse den Gläubigern übertragen. Die Rechte des Gl-Ausschusses entsprechen damit in der Eigenverwaltung denen im Regelinsolvenzverfahren.

Vorbemerkung **vor § 270**

2. Einzelheiten

a) Rechtshandlung. Der Begriff der Rechtshandlung in § 276 ist 2 weit gefasst und erfasst alle Willensbetätigungen des InsSchu, an die rechtliche Folgen geknüpft sind (N/R-*Riggert*, § 276 Rn 3).

b) Besondere Bedeutung. Dieser Begriff entspricht dem des § 160 (s 3 dort). Diese ist nicht schon automatisch dann gegeben, wenn ein Geschäft vorliegt, das nicht der gewöhnlichen Geschäftstätigkeit (§ 275 Abs 1 S 1) entspricht (N/R-*Riggert*, § 276 Rn 4; Uhlenbruck/*Uhlenbruck,* § 276 Rn 2). Es gelten nach S 2 insbes die Regelbeispiele des § 160 Abs 2 (MK-InsO/*Wittig,* § 276 Rn 6).

c) Rechtsfolge. Der InsSchu hat in diesen Fällen die Zustimmung 4 einzuholen, diese Aufgabe obliegt nicht dem Sachwalter (HK-*Landfermann*, § 276 Rn 2). Erforderlich ist weiter die vorherige Zustimmung des Gl-Ausschusses (MK-InsO/*Wittig,* § 276 Rn 8; aA: H/W/W-Weis, § 276 Rn 5; FK-InsO/Foltis, § 276 Rn 7). Besteht kein Gl-Ausschuss, so ist die Zustimmung der Gl-Versammlung nach §§ 276 S 2, 61 Abs 1 S 2 erforderlich (MK-InsO/*Wittig,* § 276 Rn 10). Das Zustimmungserfordernis wird nicht durch das Zustimmungserfordernis des § 275 Abs 1 S 1 verdrängt (FK-InsO/Foltis, § 276 Rn 3; MK-InsO/*Wittig,* § 276 Rn 9)

3. Verstoß

Ein Verstoß führt nach S 2 iVm § 164 nicht zu Unwirksamkeit der 5 Rechtshandlung (HK-*Landfermann,* § 276 Rn 4; MK-InsO/*Wittig,* § 276 Rn 12). Das Geschäft kann jedoch nach S 2 iVm §§ 161 S 2, 75 Abs 1 Nr 3 vorläufig untersagt werden (N/R-*Riggert*, § 276 Rn 5; MK-InsO/*Wittig,* § 276 Rn 14 ff).

§ 277 Anordnung der Zustimmungsbedürftigkeit

(1) ¹Auf Antrag der Gläubigerversammlung ordnet das Insolvenzgericht an, daß bestimmte Rechtsgeschäfte des Schuldners nur wirksam sind, wenn der Sachwalter ihnen zustimmt. ²§ 81 Abs. 1 Satz 2 und 3 und § 82 gelten entsprechend. ³Stimmt der Sachwalter der Begründung einer Masseverbindlichkeit zu, so gilt § 61 entsprechend.

(2) ¹Die Anordnung kann auch auf den Antrag eines absonderungsberechtigten Gläubigers oder eines Insolvenzgläubigers ergehen, wenn sie unaufschiebbar erforderlich ist, um Nachteile für die Gläubiger zu vermeiden. ²Der Antrag ist nur zulässig, wenn diese Voraussetzungen der Anordnung glaubhaft gemacht wird.

(3) ¹Die Anordnung ist öffentlich bekanntzumachen. ²§ 31 gilt entsprechend. ³Soweit das Recht zur Verfügung über ein Grundstück, ein eingetragenes Schiff, Schiffsbauwerk oder Luftfahrzeug, ein Recht an einem solchen Gegenstand oder ein Recht an einem solchen Recht beschränkt wird, gelten die §§ 32 und 33 entsprechend.

1. Normzweck

1   Der Zustimmungsvorbehalt des § 277 ermöglicht es, die grundsätzlich beim InsSchu weiter bestehende Verfügungsmacht für bestimmte Geschäfte zu beschränken. Dies dient der Sicherung der InsGl, indem bestimmte Geschäfte auch mit Wirkung gegenüber Dritten im Wege der Zustimmung des Sachwalters der Überwachung unterworfen werden.

2. Zustimmungsvorbehalt

2   **a) Auf Antrag der Gl-Versammlung, Abs 1. aa)** Der Zustimmungsvorbehalt kann auf **Antrag** der Gl-Versammlung erfolgen. Nötig ist hierzu ein entsprechender Beschluss der Gl-Versammlung, dessen Zustandekommen sich nach den allg Regeln richtet (vgl §§ 76, 77).

3   **bb) Bestimmtheit.** Die Rechtsgeschäfte, für die der Vorbehalt beantragt wird, müssen im Antrag hinreichend bestimmt bezeichnet werden. So genügt nicht die Bezeichnung „Verfügungsgeschäfte", andererseits muss aber nicht dem sachenrechtlichen Bestimmtheitsgrundsatz genügt werden (N/R-*Riggert*, § 277 Rn 2; Uhlenbruck/*Uhlenbruck,* § 277 Rn 2; **aA:** FK-InsO/*Foltis*, § 277 Rn 3).

4   **cc) Umfang.** Der Zustimmungsvorbehalt kann nur für einzelne Rechtsgeschäfte beantragt werden, er soll die Ausnahme bleiben. Damit kann über § 277 im Wege einer umfassenden Aufzählung aller in Frage kommenden Geschäfte nicht die Rechtsfolge des § 80 herbeigeführt werden. Schwierig ist die Grenzziehung, jedoch geben die §§ 160ff eine Orientierung für die Grenze des Zustimmungsvorbehalts (vgl N/R-*Riggert*, § 277 Rn 2 und MK-InsO/*Wittig*, § 277 Rn 15; vgl aber K/P-*Pape*, § 277 Rn 3: Vorbehalt für bestimmte Arten von Geschäften zulässig und Rn 5).

5   **b) Auf Antrag einzelner Gläubiger, Abs 2. aa)** Ein **Antrag** kann auch durch einen (oder mehrere) absonderungsberechtigte Gläubiger bzw InsGl gestellt werden.

6   **bb) Anordnungserfordernis.** Dem Antrag ist nach **S 1** nur stattzugeben, wenn **(1)** ohne die Anordnung **Nachteile für die Gläubiger drohen und (2)** die Anordnung **unaufschiebbar erforderlich** ist. Nachteile drohen, wenn durch die Rechtshandlung die Verkürzung der

Masse droht (N/R-*Riggert*, § 277 Rn 6). Die Anordnung ist unaufschiebbar erforderlich, wenn die Rechtshandlung unmittelbar bevorsteht (N/R-*Riggert*, § 277 Rn 6) und die Einberufung einer Gl-Versammlung nicht mehr zeitgerecht möglich ist (MK-InsO/*Wittig*, § 277 Rn 13). Die Erforderlichkeit ist auch im Hinblick auf die Einflussmöglichkeiten nach §§ 274, 275 zu prüfen (N/R-*Riggert*, § 277 Rn 6; MK-InsO/*Wittig*, § 277 Rn 13). Ist die Anordnung nicht erforderlich, so hat das InsGericht lediglich den Sachwalter über die bevorstehende Rechtshandlung zu informieren.

cc) Glaubhaftmachung, S 2. Diese Voraussetzung ist glaubhaft zu machen, es gelten § 4 iVm § 294 ZPO.

dd) Zu **Bestimmtheit** und **Umfang** s unter a) cc) und dd).

c) Eine Anordnung **von Amts wegen** ist **nicht zulässig** (MK-InsO/*Wittig*, § 277 Rn 7).

3. Anordnung

Liegen die Voraussetzungen des Abs 1 oder 2 vor, so hat das InsGericht den Zustimmungsvorbehalt anzuordnen, ein Ermessen besteht nicht (N/R-*Riggert*, § 277 Rn 4). Der InsSchu ist nur dann zuvor anzuhören, wenn hierdurch nicht die Gefahr besteht, dass der InsSchu die Handlung vornimmt und der Anordnung zuvor kommt (MK-InsO/*Wittig*, § 277 Rn 19). – Rechtsmittel gegen die Entscheidung sind nicht gegeben (MK-InsO/*Wittig*, § 277 Rn 24).

4. Rechtsfolge ist, dass die vom InsSchu vorgenommenen und vom Vorbehalt erfassten Rechtsgeschäfte nur mit Zustimmung des Sachwalters wirksam werden, ohne Zustimmung sind sie **absolut unwirksam** (HK-*Landfermann*, § 277 Rn 6; N/R-*Riggert*, § 277 Rn 8). Der **Gutglaubensschutz** wird über den Verweis des Abs 1 S 2 auf die §§ 81 Abs 1 S 2 und 3, 82 verwirklicht (s dort; vgl Uhlenbruck/*Uhlenbruck*, § 277 Rn 5). Damit ist grundsätzlich die **vorherige Zustimmung** (Einwilligung, § 183 BGB) erforderlich, jedoch kann auch eine Genehmigung erfolgen, wenn die vorherige Zustimmung nicht eingeholt werden konnte, das Rechtsgeschäft jedoch dringend war (N/R-*Riggert*, § 277 Rn 3; weiter: HK-*Landfermann*, § 277 Rn 6 und MK-InsO/*Wittig*, § 277 Rn 36: Genehmigung generell möglich). Die **Un-/Wirksamkeit** des Rechtsgeschäfts gilt auch und gerade **im Verhältnis zu Dritten** (N/R-*Riggert*, § 277 Rn 8). – Der Sachwalter haftet nach Abs 1 S 3 iVm § 61, wenn er Rechtsgeschäften zustimmt, die nicht voll aus der Masse befriedigt werden können (s § 61; vgl Uhlenbruck/*Uhlenbruck*, § 277 Rn 5).

Die Anordnung ist nach Abs 3 S 1 öffentlich bekannt zu machen, es gilt § 9, eine Zustellung an den InsSchu ist nicht zwingend, aber sinnvoll (K/

P-*Pape*, § 277 Rn 9). Eine Mitteilung der Anordnung hat nach Abs 3 S 2 iVm § 31 zu erfolgen (s dort). Die Anordnung ist nach Abs 3 S 3 iVm § 32, 33 in öffentliche Register einzutragen, insbes ins Grundbuch.

§ 278 Mittel zur Lebensführung des Schuldners

(1) Der Schuldner ist berechtigt, für sich und die in § 100 Abs. 2 Satz 2 genannten Familienangehörigen aus der Insolvenzmasse die Mittel zu entnehmen, die unter Berücksichtigung der bisherigen Lebensverhältnisse des Schuldners eine bescheidene Lebensführung gestatten.

(2) Ist der Schuldner keine natürliche Person, so gilt Absatz 1 entsprechend für die vertretungsberechtigten persönlich haftenden Gesellschafter des Schuldners.

1. Normen

1   Da die Verfügungsbefugnis bei der Eigenverwaltung abweichend von § 80 beim InsSchu verbleibt, ist eine Regelung darüber, welche Mittel der InsSchu für sich und seine Familie aus der Masse entnehmen darf, notwendig. Ein Ermessen der InsGl zur Gewährung von Unterhalt wie bei § 100 besteht bei § 278 nicht, jedoch können die InsGl dem InsSchu einen höheren Unterhalt zugestehen, als ihm nach § 278 zustände (MK-InsO/*Wittig*, § 278 Rn 13).

2. Entnahmerecht

2   **a) Begünstigte.** Eine Entnahme von Mitteln ist zunächst für den InsSchu selbst zulässig. Weiter verweist Abs 1 auf § 100 Abs 2 S 2, so dass auch eine Entnahme für minderjährige unverheiratete Kinder des InsSchu, für seinen (früheren) Ehegatten und für den anderen Elternteil seines Kindes im Rahmen der §§ 1615 l, 1615 n BGB zulässig ist.

3   **b) Umfang.** Die Entnahme ist nur insofern zulässig, als hierdurch eine **bescheidene Lebensführung** gesichert wird, wobei diese an der bisherigen Lebensführung zu messen ist. Der InsSchu erhält dabei zumindest den zur Lebensführung notwendigen Unterhalt bzw den Unterhalt des Sozialhilferecht (N/R-*Riggert*, § 278 Rn 3; K/P-*Pape*, § 278 Rn 5; KS-*Pape*, 920 Rn 44; **aA:** HK-*Landfermann*, § 278 Rn 2 und FK-*Foltis*, § 278 Rn 1: deutlich über dieser Grenze).

4   **c) Masse.** Eine Entnahme ist aus der gesamten Masse zulässig, eine Beschränkung besteht nicht (N/R-*Riggert*, § 278 Rn 3; FK-*Foltis*, § 278 Rn 8; MK-InsO/*Wittig*, § 278 Rn 7 f; **aA:** K/P-*Pape*, § 278 Rn 6: nur aus im Verfahren erwirtschafteten Mitteln). Zunächst sind jedoch die un-

pfändbaren Einkünfte des InsSchu für den Unterhalt zu verwenden (MK-InsO/*Wittig*, § 278 Rn 6, 10; HK-*Landfermann*, § 278 Rn 3).

d) Berechtigter. Zur Entnahme ist allein der InsSchu berechtigt. 5

3. Verstoß

Entnimmt der InsSchu mehr Mittel, als er zulässiger Weise durfte, so ist 6
diese Entnahme gleichwohl wirksam, jedoch hat der Sachwalter dies dem Gl-Ausschuss bzw den InsGl und dem InsGericht nach § 274 Abs 3 mitzuteilen. Der Sachwalter kann in solch einem Fall die Kassenführung nach § 275 Abs 2 übernehmen, auch sind Zustimmungsvorbehalte nach § 277 möglich (zB für Bankgeschäfte, MK-InsO/*Wittig*, § 278 Rn 24). Schließlich kann der Umstand der übermäßigen Entnahme, da die Verteilungsmasse geschmälert wird, die Aufhebung der Eigenverwaltung nach § 272 rechtfertigen (N/R-*Riggert*, § 278 Rn 4).

4. Gesellschaften, Abs 2

Das Entnahmerecht des Abs 1 steht auch den vertretungsberechtigten 7
persönlich haftenden Gesellschaftern einer Gesellschaft zu, eine Erweiterung (Analogie) auf andere an der Gesellschaft Beteiligte ist nicht möglich (N/R-*Riggert*, § 278 Rn 5; K/P-*Pape*, § 278 Rn 9).

§ 279 Gegenseitige Verträge

¹**Die Vorschriften über die Erfüllung der Rechtsgeschäfte und die Mitwirkung des Betriebsrats (§§ 103 bis 128) gelten mit der Maßgabe, daß an die Stelle des Insolvenzverwalters der Schuldner tritt.** ²**Der Schuldner soll seine Rechts nach diesen Vorschriften im Einvernehmen mit dem Sachwalter ausüben.** ³**Die Rechte nach den §§ 120, 122 und 126 kann er wirksam nur mit Zustimmung des Sachwalters ausüben.**

1. Normzweck

Der § 279 verweist auf die §§ 103 bis 128, die, da die Verwaltungs- und 1
Verfügungsbefugnis nicht auf den Sachwalter übergeht, sondern beim InsSchu verbleibt, nicht direkt anwendbar sind. Indes besteht auch bei der Eigenverwaltung das Bedürfnis, die vereinfachte Lösung von gegenseitigen Verträgen zu ermöglichen.

2. Verweisung

a) Umfang. Nach der Verweisung sind zum einen die **Vorschriften** 2
über die gegenseitigen Verträge anwendbar, zum anderen auch die **Vorschriften über die Beteiligung des Betriebsrats**. Hinsichtlich der

vor § 270

Ausübung der Rechte wird auf die dortige Kommentierung verwiesen. Maßstab für die Ausübung der Rechte ist wie dort die optimale Befriedigung der InsGl, diesen hat auch der InsSchu zu beachten (K/P-*Pape*, § 279 Rn 4).

3 **b) Aufgabe des InsSchu.** Die dem InsVerw nach diesen Vorschriften zugewiesenen Rechte hat der InsSchu nach **S 2** im **Einvernehmen mit dem Sachwalter** auszuüben. Eine Ausübung ohne ein Einvernehmen mit dem Sachwalter hergestellt zu haben, hat aber grundsätzlich keine Auswirkungen auf das Außenverhältnis, die Ausübung der Rechte ist auch dann wirksam (N/R-*Riggert*, § 279 Rn 3; K/P-*Pape*, § 279 Rn 1). Ausnahme ist zum einen nach **S 3** die Ausübung der Rechte aus **§§ 120, 122 und 126**, die **nur wirksam mit der Zustimmung des Sachwalters** ausgeübt werden können (vgl Uhlenbruck/*Uhlenbruck,* § 279 Rn 4). Zum anderen der Fall, dass ein Zustimmungsvorbehalt nach § 277 angeordnet ist.

4 **c) Einvernehmen.** Aus dem Sinn der Vorschrift und den fehlenden Auswirkungen auf das Außenverhältnis ergibt sich, dass das Einvernehmen vor der Ausübung der Rechte herzustellen ist. Bei einem Verstoß hat der Sachwalter diesen dem Gl-Ausschuss bzw den InsGl und dem InsGericht anzuzeigen (§ 274 Abs 3). Diese können dann ggf einen Antrag auf Anordnung eines Zustimmungsvorbehalts (§ 277; vgl MK-InsO/*Wittig*, § 279 Rn 10) oder auf Aufhebung der Anordnung der Eigenverwaltung stellen (§ 272).

§ 280 Haftung. Insolvenzanfechtung

Nur der Sachwalter kann die Haftung nach den §§ 92 und 93 für die Insolvenzmasse geltend machen und die Rechtshandlungen nach den §§ 129 bis 147 anfechten.

1 Durch § 280 sind besondere Aufgaben, bei denen eine sachgerechte Ausübung durch den InsSchu wegen einer **offensichtlichen Interessenkollision** unwahrscheinlich ist, von vornherein dem Sachwalter übertragen. Dies sind: **(1)** Das Recht nach **§ 92** einen **Gesamtschaden** gegenüber dem InsVerw, hier dem InsSchu, geltend zu machen. Bei Geltendmachung eines Gesamtschadens gegenüber dem Sachwalter ist nach § 92 S 2 ein neuer Sachwalter zu ernennen (HK-*Landfermann*, § 280 Rn 2). **(2)** Die Durchsetzung von **Ansprüchen auf persönliche Haftung von Gesellschaftern** nach **§ 93**. **(3)** Die **Insolvenzanfechtung** nach **§§ 129–147**.

2 Wird der Sachwalter im Rahmen dieser Befugnisse tätig, so haftet er nach §§ 60–62 unmittelbar und nicht über die Verweisung in § 274 Abs 1 (Uhlenbruck/*Uhlenbruck*, § 280 Rn 6).

§ 281 Unterrichtung der Gläubiger

(1) ¹Das Verzeichnis der Massegegenstände, das Gläubigerverzeichnis und die Vermögensübersicht (§§ 151 bis 153) hat der Schuldner zu erstellen. ²Der Sachwalter hat die Verzeichnisse und die Vermögensübersicht zu prüfen und jeweils schriftlich zu erklären, ob nach dem Ergebnis seiner Prüfung Einwendungen zu erheben sind.

(2) ¹Im Berichtstermin hat der Schuldner den Bericht zu erstatten. ²Der Sachwalter hat zu dem Bericht Stellung zu nehmen.

(3) ¹Zur Rechnungslegung (§§ 66, 155) ist der Schuldner verpflichtet. ²Für die Schlußrechnung des Schuldners gilt Absatz 1 Satz 2 entsprechend.

1. Normzweck

Die Aufgaben hinsichtlich der Unterrichtung der InsGl sind in der Eigenverwaltung entsprechend der Verwaltungsbefugnis dem InsSchu übertragen. Dies ist wegen dessen Sachnähe sinnvoll, birgt aber die Gefahr der Fehlinformation, so dass als Korrektiv die Überwachung durch den Sachwalter angeordnet ist.

2. Einzelheiten

a) Der InsSchu hat nach **Abs 1 S 1** das **Verzeichnis der Massegegenstände** (§ 151), das **Gläubigerverzeichnis** (§ 152) und die **Vermögensübersicht** (§ 153) zu erstellen. Dem Sachwalter ist nach **S 2** die Überprüfung zugewiesen, wobei er das Ergebnis schriftlich zu erklären hat. Im Verzeichnis der Massegegenstände hat der InsSchu sowohl die Zerschlagungs- als auch die Fortführungswerte anzugeben, da die InsGl auch die Informationen, die für eine Stilllegung oder Fortführung und eine ggf zu beschließende Aufhebung der Eigenverwaltung nötig sind, erhalten müssen (K/P-*Pape*, § 281 Rn 8).

Die Verzeichnisse und der Prüfbericht des Sachwalters sind in der Geschäftsstelle des InsGerichts nach § 154 mindestens eine Woche vor dem Berichtstermin niederzulegen (K/P-*Pape*, § 281 Rn 5; HK-*Landfermann*, § 281 Rn 2).

Die InsGl und/oder der Sachwalter können beantragen, dass der InsSchu die Angaben eidesstattlich zu versichern hat, § 153 (HK-*Landfermann*, § 281 Rn 2; *Braun/Riggert*, § 281 Rn 3).

b) Der InsSchu hat nach Abs 2 S 1 den **Gläubigerbericht** zu erstatten. Der Sachwalter hat hierzu nach S 2 Stellung zu nehmen, woraus folgt, dass er am Berichtstermin teilzunehmen hat. Die Stellungnahme erfolgt auch insbes auf den Prüfbericht nach Abs 1.

6 c) Die **Pflicht zur Rechnungslegung** obliegt nach Abs 3 S 1 ebenfalls dem InsSchu. Dabei können die InsGl nach § 66 Abs 3 vom InsSchu auch Zwischenberichte fordern (N/R-*Riggert*, § 281 Rn 2).

7 Der Sachwalter hat die Schlussrechnung nach **S 2** iVm **Abs 1 S 2** zu prüfen hat und das Ergebnis schriftlich mitzuteilen, die ggf erstellten Zwischenrechnungen hat er nicht zu prüfen (MK-InsO/*Wittig*, § 281 Rn 30).

§ 282 Verwertung von Sicherungsgut

(1) ¹**Das Recht des Insolvenzverwalters zur Verwertung von Gegenständen, an denen Absonderungsrechte bestehen, steht dem Schuldner zu. Kosten der Feststellung der Gegenstände und der Rechte an diesen werden jedoch nicht erhoben.** ²**Als Kosten der Verwertung können nur die tatsächlich entstandenen, für der Verwertung erforderlichen Kosten und der Umsatzsteuerbetrag angesetzt werden.**
(2) Der Schuldner soll sein Verwertungsrecht im Einvernehmen mit dem Sachwalter ausüben.

1. Normzweck

1 Die Verwertung der Gegenstände, an denen Absonderungsrechte bestehen, ist wie im Regelinsolvenzfahren den InsGl entzogen. Dies soll gewährleisten, dass der Masse nicht Sachmittel entzogen werden, die für eine ordnungsgemäße Abwicklung des Insolvenzverfahrens erforderlich sind (K/P-*Pape*, § 282 Rn 6). – Die Regelungen hinsichtlich der Aussonderungsrechte gelten auch im Eigenverwaltungsverfahren (MK-InsO/*Wittig*, § 282 Rn 9).

2. Verwertungsrecht

2 a) **Umfang.** Das Verwertungsrecht ist durch § 282 in den Fällen, in denen der InsVerw nach §§ 165 ff zu Verwertung berechtigt ist, dem InsSchu zugewiesen. Damit ist der InsSchu befugt, nach § 166 die beweglichen Gegenstände zu verwerten, an denen Absonderungsrechte bestehen (s § 166 Rn 2 u. 3), dies gilt auch für die Verwertungsbefugnis analog § 166 (s § 166 Rn 14). Die Verweisung erfasst auch § 165, sowie das Recht, die Einstellung der Zwangsversteigerung bzw -verwaltung nach §§ 30d, 153b ZVG zu beantragen (HK-*Landfermann*, § 282 Rn 1, 2b; MK-InsO/*Wittig*, § 282 Rn 17).

3 b) **Rechte der Absonderungsberechtigten.** Die Verweisung auf das Verwertungsrecht führt auch dazu, dass die Vorschriften über Ansprüche der InsGl bei verzögerter Verwertung und das Selbsteintrittsrecht Anwendung finden (MK-InsO/*Wittig*, § 282 Rn 16).

c) Ausübung. Der InsGl hat sein Verwertungsrecht nach Abs 3 im 4
Einvernehmen mit dem Sachwalter auszuüben. Dies bedeutet, dass er die
Verwertung vor deren Durchführung mit dem Sachwalter abzustimmen
hat. Ein Verstoß hiergegen hat jedoch keine Auswirkung, sondern löst
die Mitteilungspflicht des Sachwalters nach § 274 Abs 3 aus (N/R-*Riggert*,
§ 282 Rn 6) oder gibt Anlass, die Befugnisse des InsSchu nach § 277 zu
begrenzen bzw nach § 272 die Aufhebung der Eigenverwaltung zu beantragen (K/P-*Pape*, § 282 Rn 1).

3. Sonderregelungen

§ 282 enthält eine Sonderregelung zu der **Kostenverteilung**. Nach 5
Abs 1 S 2 kann der InsSchu von den InsGl **keine Feststellungskosten**,
auch nicht die Feststellungskostenpauschale des § 171 Abs 1 verlangen.
Dies beruht darauf, dass der InsSchu nach der generalisierenden Betrachtung des Gesetzgebers seine eigenen Verhältnisse kennt und ihm so kein
großer Aufwand entsteht, zudem wird er in eigener Sache tätig. Dagegen
sind die Verwertungskosten nach Abs 1 S 2 vom absonderungsberechtigten InsGl zu tragen, jedoch können nur die **tatsächlich angefallenen,
erforderlichen Verwertungskosten** in Ansatz gebracht werden, die
Verwertungskostenpauschale des § 171 Abs 2 kann der InsSchu nicht verlangen. Die Beschränkung auf die erforderlichen Kosten begrenzt die
Kostentragungspflicht auf die Kosten, die bei sachgerechter Verwertung
und somit unvermeidbar entstanden wären (N/R-*Riggert*, § 282 Rn 5;
MK-InsO/*Wittig*, § 282 Rn 24). – Für die Umsatzsteuer gelten nach
Abs 1 S 3 keine Besonderheiten, vgl § 171 Abs 2 S 3 (s dort Rn 17 f; vgl
MK-InsO/*Wittig*, § 282 Rn 25).

§ 283 Befriedigung der Insolvenzgläubiger

(1) ¹**Bei der Prüfung der Forderungen können außer den Insolvenzgläubigern der Schuldner und der Sachwalter angemeldete
Forderungen bestreiten.** ²**Eine Forderung, die ein Insolvenzgläubiger, der Schuldner oder der Sachwalter bestritten hat, gilt nicht
als festgestellt.**
(2) ¹**Die Verteilungen werden vom Schuldner vorgenommen.**
²**Der Sachwalter hat die Verteilungsverzeichnisse zu prüfen und
jeweils schriftlich zu erklären, ob nach dem Ergebnis der Prüfung
Einwendungen zu erheben sind.**

1. Normzweck

Hinsichtlich der Prüfung und der Befriedigung der Forderungen der 1
InsGl ist eine Aufgabenteilung zwischen dem InsSchu und dem Sachwalter vorgesehen, damit eine ordnungsgemäße Abwicklung gewährleistet

ist. Der InsSchu stellt die Verteilungsverzeichnisse auf und nimmt die Verteilung vor, er wird hierbei jedoch vom Sachwalter überwacht.

2. Forderungsprüfung, Abs 1

2 **a) Die Insolvenztabelle wird vom Sachwalter geführt**, was aus § 270 Abs 3 S 2 folgt; es gelten die §§ 174 ff (MK-InsO/*Wittig*, § 283 Rn 5 f).

3 **b) Feststellung.** Das Recht, eine angemeldete Forderung zu bestreiten, steht dem InsSchu, den InsGl und dem Sachwalter zu. Der InsSchu ist abweichend von § 178 Abs 1 S 2 befugt, die Forderung zu bestreiten, da er insofern an die Stelle des InsVerw des Regelverfahrens tritt (vgl *Braun/Riggert*, § 283 Rn 1). Infolge des Bestreitens der Forderung gilt diese nach S 2 als nicht festgestellt. In diesem Fall gelten die Regelungen des Regelinsolvenzverfahrens hinsichtlich des Feststellungsverfahrens, §§ 179 ff, insbes die Klagemöglichkeit des anmeldenden InsGl (N/R-*Riggert*, § 283 Rn 3). § 184 findet aber keine Anwendung, da das Bestreiten des InsSchu dem des InsVerw gleichgestellt ist (K/P-*Pape*, § 283 Rn 14; MK-InsO/*Wittig*, § 283 Rn 15; vgl HK-*Landfermann*, § 283 Rn 2). Hinsichtlich des Stimmrechts gilt § 77 Abs 1 S 1 so dass auch eine vom InsSchu bestrittene Forderung kein Stimmrecht begründet (vgl MK-InsO/*Wittig*, § 283 Rn 12; N/R-*Riggert*, § 283 Rn 3).

3. Verteilung, Abs 2

4 Nach S 1 erfolgt die Verteilung der Erlöse nach Maßgabe der §§ 187 ff durch den InsSchu. Das nach § 188 zu erstellende Verteilungsverzeichnis ist nach S 2 vom Sachwalter zu prüfen und mit einem Prüfvermerk zu versehen, in dem etwaige Einwendungen aufzuführen sind. Die im Prüfvermerk aufgeführten Einwendungen haben aber nicht die Wirkung des § 194, auch ist der Sachwalter nicht befugt analog § 194 Einwendungen geltend zu machen (MK-InsO/*Wittig*, § 283 Rn 23).

§ 284 Insolvenzplan

(1) ¹**Ein Auftrag der Gläubigerversammlung zur Ausarbeitung eines Insolvenzplans ist an den Sachwalter oder an den Schuldner zu richten.** ²**Wird der Auftrag an den Schuldner gerichtet, so wirkt der Sachwalter beratend mit.**

(2) **Eine Überwachung der Planerfüllung ist Aufgabe des Sachwalters.**

Vorbemerkung **vor § 270**

1. Normzweck

Die Durchführung eines InsPlanVerfahrens ist auch in Eigenverwaltung **1** möglich, dann wiederum unter Aufteilung der Befugnisse auf den InsSchu und den Sachwalter. In der Praxis dürfte dies die häufigste Form der Eigenverwaltung darstellen.

2. Planaufstellung, Abs 1

a) Ausarbeitung. Mit der Ausarbeitung eines InsPlans können nach **2** S 1 sowohl der InsSchu als auch der Sachwalter beauftragt werden. Wird der InsSchu beauftragt, so hat der Sachwalter nach S 2 das Recht und die Pflicht beratend an der Ausarbeitung mitzuwirken.

b) Vorlagerecht. Das Recht, einen InsPlan vorzulegen besteht beim **3** InsSchu und nur im Fall der Beauftragung des Sachwalters auch bei diesem, ein originäres Planvorlagerecht des Sachwalters besteht wie bei § 218 nicht (N/R-*Riggert*, § 284 Rn 2; HK-*Landfermann*, § 284 Rn 2; FK-*Foltis*, § 284 Rn 5; **aA:** *Warrikoff* KTS 1997, 532).

3. Plandurchführung, Abs 2

Diese erfolgt nach den §§ 218ff mit der Maßgabe, dass die Befugnisse **4** des InsVerw dem InsSchu zustehen. Eine Überwachung findet nach Abs 2 nur dann statt, wenn dies im InsPlan nach § 260 Abs 1 im gestaltenden Teil des InsPlans so vorgesehen ist (N/R-*Riggert*, § 284 Rn 6; K/P-Pape, § 284 Rn 7; *Huntemann/Dietrich* ZInsO 2001, 13).

§ 285 Masseunzulänglichkeit

Masseunzulänglichkeit ist vom Sachwalter dem Insolvenzgericht anzuzeigen.

1. Anzeige

a) Masseunzulänglichkeit, § 208. § 285 enthält nur die Regelung **1** dahingehend, dass bei der Anzeige der Masseunzulänglichkeit nach § 208 Abs 1 S 1 an die Stelle des InsVerw der Sachwalter tritt (HK-*Landfermann*, § 285 Rn 1; *Braun/Riggert*, § 285 Rn 1; MK-InsO/*Wittig*, § 285 Rn 8; **aA:** FK-*Foltis*, § 285 Rn 1: Anzeigeberechtigung auch beim InsSchu), die Vorschrift ist jedoch dahingehend auszulegen, dass auch die Anzeige nach § 208 Abs 1 S 2 (drohende Masseunzulänglichkeit) durch den Sachwalter zu erfolgen hat (N/R-*Riggert*, § 285 Rn 1; HK-*Landfermann*, § 285 Rn 1a; MK-InsO/*Wittig*, § 285 Rn 5). Der Sachwalter haftet für die Anzeige der Masseunzulänglichkeit (insolvenzspezifische Pflicht) nach § 60 (MK-InsO/*Wittig*, § 285 Rn 6f).

2 **b) Fehlende Kostendeckung, § 207.** Bei mangelnder Kostendeckung ist nach § 207 zu verfahren; der InsSchu ist verpflichtet, die fehlende Kostendeckung dem InsGericht mitzuteilen (ausf. K/P-*Pape*, § 285 Rn 6f und MK-InsO/*Wittig*, § 285 Rn 19 ff).

2. Rechtsfolge

3 Die Anzeige der Masseunzulänglichkeit führt in erster Linie nach **§ 209** zur **Trennung von Alt- und Neumasseverbindlichkeiten** (s iÜ dort; vgl MK-InsO/*Wittig*, § 285 Rn 15 ff). Die §§ 207 bis 216 sind weiter im Umkehrschluss mit der Maßgabe anzuwenden, dass an die Stelle des InsVerw der Schuldner und nicht der Sachwalter tritt (K/P-*Pape*, § 285 Rn 5, 8; N/R-*Riggert*, § 285 Rn 1). Damit erfolgt die Abwicklung nur dann durch einen InsVerw, wenn die Eigenverwaltung infolge der Masseunzulänglichkeit gemäß einem Antrag nach § 272 aufgehoben wird (HK-*Landfermann*, § 285 Rn 3), sie wird nicht automatisch durch die Anzeige aufgehoben (ausf. MK-InsO/*Wittig*, § 285 Rn 11 ff).

4 Die **Aufhebung des Eigenverwaltungsverfahrens** bewirkt eine unbeschränkte Nachhaftung des InsSchu für die von ihm selbst begründeten Masseverbindlichkeiten (K/P-*Pape*, § 285 Rn 10). Weiter sind die §§ 201, 202 über § 215 Abs 2 S 2 anwendbar (K/P-*Pape*, § 285 Rn 11; MK-InsO/*Wittig*, § 285 Rn 24).

8. Teil. Restschuldbefreiung

Vorbemerkung vor §§ 286–303

Literatur: Zur Einführung des Restschuldbefreiung und den Regelungen in ausländischen Rechtsordnungen siehe: *Gottwald/Schmidt-Räntsch*, InsHdb, § 76, und ausf. N/R-*Römermann*, vor § 286.

1. Regelungsgegenstand – Systematik

In den §§ 286–303 ist das sog. Restschuldbefreiungsverfahren geregelt, durch das der InsSchu Schuldenfreiheit erlangen kann. Es ist ein selbständiges, auf natürliche Personen beschränktes Verfahren, das im Anschluss an das Regelinsolvenz oder das vereinfachte InsVerfahren (§§ 304–314) auf Antrag des InsSchu durchgeführt wird (FK-*Ahrens*, § 286 Rn 18). Wird kein Antrag gestellt, bleibt es nach Beendigung des InsVerfahren beim unbeschränkten Nachforderungsrecht, § 201 Abs 1.

Das Verfahren ist **zweistufig** ausgestaltet. In der **ersten Stufe** wird die Zulässigkeit des Verfahrens, insbes Versagungsgründe geprüft (§ 290). Diese sind zum einen zeitliche Sperren, zum anderen ein Verhalten des InsSchu, durch das er die Erlangung von Restschuldbefreiung verwirkt hat, wobei die Versagung zwingend von einem InsGl beantragt werden muss (*Gottwald/Schmidt-Räntsch*, InsHdb., § 76 Rn 24). Kann kein Versagungsgrund geltend gemacht werden, so wird die Restschuldbefreiung angekündigt, § 291.

In der sich anschließenden **zweiten Stufe** muss der InsSchu zur Erlangung der Restschuldbefreiung innerhalb der **Wohlverhaltensphase** (auch Treuhandphase) sein pfändbares Einkommen zur Verfügung stellen; er ist dabei verpflichtet, einer Erwerbstätigkeit nachzugehen, um zumindest einen Teil seiner Schulden abzutragen (HK-*Landfermann*, Vor §§ 286 ff Rn 7). Der InsSchu hat dazu sein pfändbares Nettoeinkommen nach § 287 Abs 2 S 1 im Voraus abzutreten. Vor der Änderung durch das InsOÄndG war der Zeitraum der Abtretung identisch mit der Wohlverhaltensperiode; jetzt erfasst die Abtretung jedoch auch das Einkommen ab Eröffnung des InsVerfahren (vgl § 287 Rn 25). Vgl hinsichtlich der Fristdauer den Sonderfall des § 107 EGInsO (s § 287 Rn 30). Die Restschuldbefreiung wird vom InsGericht für den Ablauf dieser Frist angekündigt. Gleichzeitig wird ein Treuhänder bestellt, der das Verfahren überwacht. Bei einem Verstoß gegen Obliegenheiten kann die Befreiung, auch nach Fristablauf, versagt werden oder sogar nach festgestellter Befreiung widerrufen werden.

Die Restschuldbefreiung bedeutet für die InsGl den **Verlust ihrer Forderungen**, unabhängig davon, ob die Forderungen im InsVerfahren angemeldet waren oder den InsGl die Durchführung des Restschuldbefreiungsverfahrens bekannt war, s § 301 Abs 1.

5 Das Restschuldbefreiungsverfahren ist subsidiär zu einer einvernehmlichen Schuldenbereinigung. Diese kann im Regelinsolvenzverfahren im InsPlan (§§ 217–253) stattfinden; für Verbraucher hat im Rahmen des außergerichtlichen und gerichtlichen Schuldenbereinigungsverfahrens der Versuch einer einvernehmlichen Lösung zu erfolgen (§§ 304–310; s Überblick vor §§ 304 ff). Abgesehen von einer Einigung mit den InsGl im Rahmen dieser Verfahren ist ein Verzicht des InsSchu auf das Recht, das Restschuldbefreiungsverfahren durchzuführen (zB als pauschaler Verzicht bei einem Vertragsschluss), nicht möglich und wäre als Verstoß gegen § 134 BGB nichtig (*Gottwald/Schmidt-Räntsch*, InsHdb, § 77 Rn 6).

6 Ergänzt wird das Rechtsinstitut der Restschuldbefreiung durch die Einbeziehung des Neuerwerbs bereits während des InsVerfahrens; auch ist die Wirksamkeit von Lohnpfändungen und -abtretungen eingeschränkt (HK-*Landfermann*, Vor §§ 286 ff Rn 10 f).

2. Kosten

7 Der Streit über die Gewährung von Prozesskostenhilfe für ein Restschuldbefreiungsverfahren ist infolge des InsOÄndG vom 26. Oktober 2001 mit der Möglichkeit, die Verfahrenskosten nach § 4 a–d zu stunden, aufgelöst worden (vgl FK-*Ahrens*, § 286 Rn 19 aE). – Hinsichtlich der Kosten: N/R-*Römermann*, Vor § 286 Rn 49–61.

3. Entstehungsgeschichte – alte Rechtslage

8 Die Restschuldbefreiung ist ein im deutschen Recht neues Rechtsinstitut, das in der KO keine Entsprechung hatte. Nach altem Recht konnte der Gemeinschuldner lediglich versuchen, im Rahmen eines Vergleiches einen Schuldenerlass zu erreichen, der aber nur zustande kam, wenn eine Mehrheit der Konkursgläubiger zustimmte (HK-*Landfermann*, Vor §§ 286 ff Rn 1). Andernfalls bestand nach Abschluss des Konkursverfahrens das freie Nachforderungsrecht der nicht befriedigten Konkursgläubiger nach § 164 Abs 1 KO (vgl *Kilger/K. Schmidt*, KO, § 164 Anm 1). Die Restschuldbefreiung ist nun nach § 1 ein Ziel des InsVerfahrens.

§ 286 Grundsatz

Ist der Schuldner eine natürliche Person, so wird er nach Maßgabe der §§ 287 bis 303 von den im Insolvenzverfahren nicht erfüllten Verbindlichkeiten gegenüber den Insolvenzgläubigern befreit.

1. Persönlicher Anwendungsbereich

a) Die Erlangung der Restschuldbefreiung ist auf **natürliche Personen** beschränkt; juristische Personen erlöschen bei Eröffnung des InsVerfahren. Gleiches gilt für die in § 11 Abs 2 für insolvenzfähig erklärten Vermögensmassen (HK-*Landfermann*, § 286 Rn 2). Erfasst sind dabei **alle** natürlichen Personen, eine Differenzierung erfolgt nur im InsVerfahren als Zugang zur Restschuldbefreiung (für Verbraucher- und Kleininsolvenzverfahren: §§ 304 ff) (N/R-*Römermann*, § 286 Rn 6; FK-*Kohte*, § 286 Rn 30). Bei der persönlichen Haftung eines Gesellschafters ist die Restschuldbefreiung unabhängig vom InsVerfahren über die Gesellschaft, so dass der persönlich haftende Gesellschafter dieses selbst durchlaufen muss. Dies gilt auch im Verhältnis zum Ehe-/Lebenspartner.

b) Beim **Tod des InsSchu** ist während der ersten Verfahrensstufe das InsVerfahren in ein Nachlassinsolvenzverfahren überzuleiten und der Antrag auf Restschuldbefreiung hinfällig (H/W/W-*Hess*, § 286 Rn 38; FK-*Ahrens*, § 286 Rn 37; *Siegmann* ZEV 2000, 345, 348; **aA:** HK-*Marotzke*, Vor §§ 315 ff Rn 4). Die Restschuldbefreiung hat ihren Sinn, einen Neuanfang zu ermöglichen, verloren. In der zweiten Verfahrensstufe ab Ankündigung der Restschuldbefreiung ist das Verfahren einzustellen, da die Erlangung der Restschuldbefreiung als höchstpersönliche Chance des InsSchu nicht auf die Erben übergeht (*Siegmann* ZEV 2000, 345, 348; HK-*Landfermann*, § 299 Rn 2; N/R-*Römermann*, § 299 Rn 11; *Döbereiner*, S 219, 220; *Braun/Buck*, § 299 Rn 3; K/P-*Wenzel*, § 299 Rn 3; **aA:** FK-*Ahrens*, § 286 Rn 34 ff, 41; *Smid/Haarmeyer*, § 299 Rn 2; HK-*Marotzke*, Vor §§ 315 ff Rn 4).

2. Sachlicher Anwendungsbereich

a) Erfasste Forderungen. Die Restschuldbefreiung gilt zunächst für Forderungen, die Gegenstand eines vorangegangenen InsVerfahren waren, also im Regelinsolvenzverfahren angemeldet oder im Kleininsolvenzverfahren Gegenstand des Schuldenbereinigungsverfahrens (Forderungsverzeichnis) waren; die Durchführung eines InsVerfahren ist somit zwingend. Weiterhin erfasst § 301 auch die Forderungen, die Gegenstand des InsVerfahren sein konnten, aber zB nicht angemeldet wurden (*Smid/Haarmeyer*, § 286 Rn 4; HK-*Landfermann*, § 301 Rn 1). Damit werden nicht erfasst: Forderungen, die erst nach Verfahrenseröffnung entstanden sind (HK-*Landfermann*, § 286 Rn 3), Masseforderungen, Forderungen bevorrechtigter InsGl und Forderungen der Staatskasse, § 302 (FK-*Ahrens*, § 286 Rn 54 a). Zudem sind Forderungen, für die ein Recht zur abgesonderten Befriedigung besteht, nach § 301 Abs 2 nicht erfasst (N/R-*Römermann*, § 286 Rn 12).

§ 287
7. Teil. Eigenverwaltung

4   Das Problem der Einstellung mangels Masse nach § 207 I, wodurch der InsSchu die Möglichkeit der Befreiung verlieren konnte, ist durch Einführung der Stundungsmöglichkeit nach § 4 a–d im Zuge des InsOÄndG nahezu beseitigt worden. Bei Masseunzulänglichkeit kann trotz der Einstellung nach § 211 Abs 1 ein Restschuldverfahren erfolgen, da das bis dahin durchgeführte InsVerfahren nach § 289 Abs 3 eine hinreichende Grundlage für die Befreiung ist (N/R-*Römermann*, § 286 Rn 10). Ein nach § 212 oder § 213 eingestelltes Verfahren reicht nach § 289 Abs 3, der ein eingestelltes InsVerfahren nur unter den dort genannten Voraussetzungen ausreichen lässt, dagegen nicht aus (K/P-*Wenzel*, § 286 Rn 74; *Smid/Haarmeyer*, § 286 Rn 26; *Gottwald/Schmidt-Räntsch*, InsHdb, § 77 Rn 4; *Wittig* WM 1998, 209, 210; **aA:** H/W/W-*Hess*, § 286 Rn 44). Bei § 212 ist ein Restschuldbefreiungsverfahren unnötig.

5   **b) Personenkreis.** Die Restschuldbefreiung wirkt nur gegenüber den InsGl.

3. Rechtsfolge

6   Bei Vorliegen der Voraussetzungen ist der persönliche Anwendungsbereich eröffnet. Zur Schuldenbefreiung siehe § 301. Zur dogmatischen Konstruktion: FK-*Ahrens*, § 286 Rn 25 ff.

4. Verfahren

7   Die Zuständigkeitsverteilung zwischen Richter und Rechtspfleger richtet sich nach § 18 RPflG. Str ist allein die Entscheidung über die Zurückweisung eines Antrags auf Restschuldbefreiung als unzulässig. Nach überwiegender Ansicht trifft diese nach dem Wortlaut des § 18 Abs 1 Nr 2 RPflG der Rechtspfleger (OLG Köln ZIP 2001, 252, 254 zust *Pape* EWiR 2001, 127 f; LG Göttingen ZInsO 2001, 90, 91; LG Rostock ZIP 2001, 660 dazu *Wenzel* EWiR 2001, 383 f; AG Düsseldorf NZI 2000, 553; K/P-*Wenzel*, § 286 Rn 101; **aA:** LG Münster NZI 2000, 551, 552 dazu *Sabel* EWiR 2000, 449, 450: analoge Anwendung)

§ 287 Antrag des Schuldners

(1) [1]Die Restschuldbefreiung setzt einen Antrag des Schuldners voraus, der mit seinem Antrag auf Eröffnung des Insolvenzverfahrens verbunden werden soll. [2]Wird er nicht mit diesem verbunden, so ist er innerhalb von zwei Wochen nach dem Hinweis gemäß § 20 Abs. 2 zu stellen.

(2) [1]Dem Antrag ist die Erklärung beizufügen, daß der Schuldner seine pfändbaren Forderungen auf Bezüge aus einem Dienstverhältnis oder an deren Stelle tretende laufende Bezüge für die

Zeit von sechs Jahren nach der Eröffnung des Insolvenzverfahrens an einen vom Gericht zu bestimmenden Treuhänder abtritt. ²Hatte der Schuldner diese Forderungen bereits vorher an einen Dritten abgetreten oder verpfändet, so ist in der Erklärung darauf hinzuweisen.

(3) Vereinbarungen, die eine Abtretung der Forderungen des Schuldners auf Bezüge aus einem Dienstverhältnis oder an deren Stelle tretende laufende Bezüge ausschließen, von einer Bedingung abhängig machen oder sonst einschränken, sind insoweit unwirksam, als sie die Abtretungserklärung nach Absatz 2 Satz 1 vereiteln oder beeinträchtigen würden.

I. Normzweck

§ 287 normiert die verfahrensrechtlichen Voraussetzungen für das Restschuldbefreiungsverfahren: Es wird **(1)** ausschließlich auf **Antrag** des InsSchu durchgeführt, der InsSchu muss **(2)** die **Abtretung** des pfändbaren Teiles seines Einkommens für den Zeitraum von sechs Jahren ab Eröffnung des InsVerfahren zur Befriedigung der InsGl **erklären** und **(3)** auf eventuelle vorherige Abtretungen **hinweisen**. Durch die bereits bei Antragstellung zu erklärende Abtretung soll der InsSchu gewarnt werden und ein Neuerwerb zur Masse gezogen werden (vgl FK-*Ahrens*, § 287 Rn 3, 4).

II. Antrag, Abs 1

1. Antragstellung

a) **Antrag. aa)** Der Antrag auf Restschuldbefreiung soll zusammen 2 mit dem **Eröffnungsantrag des InsSchu** gestellt werden. Falls dies nicht erfolgt, kann der Antrag innerhalb von zwei Wochen nach Hinweis des InsGericht auf die Möglichkeit der Restschuldbefreiung (§ 20 Abs 2) nachgeholt werden. Im Verbraucherinsolvenzverfahren kann der Antrag innerhalb der Monatsfrist bzw Drei-Monats-Frist (§ 305 Abs 3 S 2 bzw S 3) nach Aufforderung des InsGericht nach S 1 nachgeholt werden; diese Regelung ist spezieller (HK-*Landfermann*, § 287 Rn 3; FK-*Ahrens*, § 287 Rn 11; **aA:** *Hess* K-InsOÄndG, § 287 Rn 9). Sonst ist der Antrag als unzulässig zurückzuweisen (OLG Köln NJW-RR 2000, 1578f; NJW-RR 2001, 416, 417; K/P-*Wenzel*, § 287 Rn 2a; *Vallender* NZI 2002, 561, 566; **aA:** LG Münster NZI 2000, 551: erst Entscheidung im Schlusstermin).

bb) **Belehrung.** Im Fall eines **Gläubigerantrags** ist der InsSchu beim 3 Regelinsolvenzverfahren über die Möglichkeit einer eigenen Antragstel-

§ 287

lung nach § 20 Abs 2 (hinsichtlich der Restschuldbefreiung) bzw nach §§ 5, 4 iVm § 139 Abs 1 S 1 ZPO (hinsichtlich des InsAntrag) zu belehren und ihm eine Frist hierfür zu setzen; die zwei Wochen Frist nach Abs 1 S 2 für den Restschuldbefreiungsantrag läuft erst ab Stellung eines Eigenantrags (BGH NZI 2004, 593; FK-*Ahrens*, § 287 Rn 11 a). Beim Verbraucherinsolvenzverfahren ist nach § 306 Abs 3 vorzugehen und zugleich nach § 20 Abs 2 hinzuweisen; es gilt die Drei-Monats-Frist des § 305 Abs 3 S 2 (siehe § 306 Rn 6). – Die Belehrung kann mündlich erfolgen (OLG Köln ZInsO 2000, 608, 610).

4 **b) Verhältnis zum Eigenantrag.** Aus § 287 Abs 1 folgt trotz des Wortlauts „soll", dass ein Eigenantrag zwingend erforderlich ist (FK-*Ahrens*, § 287 Rn 2 a; *Vallender* NZI 2001, 561, 566; Hess K-InsOÄndG, § 287 Rn 7; **aA:** AG Hamburg ZInsO 2003, 41 f; *Heyer* ZInsO 2002, 59 ff; *Pape* NZI 2002, 186 f; AG Bielefeld ZIP 1999, 1180 f zur aF). Sofern das InsGericht den erforderlichen Hinweis gem § 20 Abs 2 fehlerhaft, unvollständig oder verspätet erteilt und das InsVerf bereits auf einen Gl-Antrag hin eröffnet wurde bevor der Schu einen Eigenantrag stellen konnte, genügt ein Antrag auf Restschuldbefreiung, um dem Schu die dahin gehende Aussicht zu erhalten. Ein Eigenantrag kann dann nicht mehr gestellt werden (BGH NJW 2005, 1433).

5 **c) Form.** Wegen der engen Verknüpfung mit dem Eröffnungsantrag gelten für beide Anträge die Anforderungen des § 13. Im Regelinsolvenzverfahren kann der Antrag nach § 4 iVm § 496 ZPO schriftlich oder zu Protokoll der Geschäftsstelle erklärt werden (N/R-*Mönning*, § 13 Rn 22), dagegen ist im Verbraucherinsolvenzverfahren der Antrag wie der Eröffnungsantrag nach § 305 Abs 1 schriftlich zu stellen (FK-*Ahrens*, § 287 Rn 7; *Braun/Buck*, § 287 Rn 3; **aA:** *Smid/Haarmeyer*, § 287 Rn 4). Die elektronische Form ist nach § 130a ZPO zulässig (FK-*Ahrens*, § 287 Rn 8).

2. Rechtsschutzbedürfnis

6 Dieses ist auch dann gegeben, wenn der InsSchu über kein pfändbares Einkommen verfügt. Sein Anspruch auf Restschuldbefreiung ergibt sich aus seinem Persönlichkeitsrecht, auch wenn zunächst ein Schutz über die ZPO-Pfändungsfreigrenzen gegeben ist (AG Dortmund ZInsO 1999, 118, 119; AG Hamburg ZInsO 1999, 236, 237; FK-*Ahrens*, § 287 Rn 14, 19; *Braun/Buck* § 287 Rn 13; vgl OLG Köln ZIP, 1999, 1929, 1932; **aA:** K/P-*Wenzel*, § 286 Rn 78 f). Auch fordert der Gesetzeswortlaut keine tatsächliche Zahlung (N/R-*Römermann*, § 287 Rn 36); dies ist durch die Einführung der Stundungsregelung in § 4 a–d bestätigt.

3. Antragsrücknahme

Die Rücknahme des Antrags ist grundsätzlich auch noch nach Ankündigung der Restschuldbefreiung während der Wohlverhaltensperiode möglich, jedoch nicht, wenn ein InsGl einen Antrag auf Versagung der Restschuldbefreiung gestellt hat und der InsSchu mit seiner Rücknahme die Sperre des § 290 Abs 1 Nr 3 umgehen will (HK-*Landfermann*, § 287 Rn 2d; FK-*Ahrens*, § 287 Rn 16). Vgl Rücknahmefiktion des § 308 Abs 2. **7**

III. Abtretung, Abs 2

1. Erklärung, S 1

a) Die Abtretung ist zusammen mit dem Antrag zu erklären. **8**

b) Inhalt. Sie muss alle laufenden Bezüge für den Zeitraum von sechs Jahren ab Eröffnung des InsVerfahren erfassen (str, vgl Überblick vor §§ 286–303). Durch sie wird das künftige pfändbare Einkommen auf einen Treuhänder übertragen, der vom InsGericht noch zu benennen ist. Die Anforderungen der Rspr an Abtretungen gelten nicht, so dass eine Erklärung, die sich am Wortlaut des Abs 2 S 1 orientiert, genügt (K/P-*Wenzel*, § 287 Rn 12). Die Abtretung ist auch von einem selbständig Tätigen zu erklären, da ungewiss ist, ob dieser künftig eine abhängige Beschäftigung eingehen wird (K/P-*Wenzel*, § 287 Rn 4). **9**

c) Belehrung. Fehlt die Abtretungserklärung, so ist der InsSchu nach §§ 5, 4 iVm § 139 Abs 1 S 1 ZPO (FK-*Ahrens*, § 287 Rn 10a) bzw analog § 287 Abs 1 Satz 2 iVm § 20 Abs 2 (K/P-*Wenzel*, § 287 Rn 7b) hierauf hinzuweisen und bei unterbliebener Nachreichung der Antrag als unzulässig zu verwerfen (OLG Köln ZInsO 2000, 608, 609; LG Duisburg NZI 2000, 184; AG Bielefeld ZIP 1999, 1180, 1182; FK-*Ahrens*, § 287 Rn 5, § 289 Rn 6, 6a), wobei einer Ansicht nach für die Nachreichung wiederum die Zwei-Wochen-Frist des § 287 Abs 1 S 2 analog gilt (K/P-*Wenzel*, § 287 Rn 7b). Eine Fristbestimmung im Ermessen des InsGericht liegt jedoch näher. **10**

2. Hinweis, Abs 2 S 2

Der InsSchu hat auf eine vorher erfolgte Abtretung in seinem Antrag hinzuweisen, da diese nach dem **Prioritätsgrundsatz** grundsätzlich vorgehen und in ihrem Umfang die Abtretung nach Abs 2 S 1 ins Leere gehen lassen würde. Gleichwohl wirkt die jetzige Abtretung nach Ablauf der Zwei-Jahres-Frist des § 114 Abs 1, wonach die Vorausabtretungen mit Fristablauf unwirksam werden und die Abtretung nach § 287 Abs 2 als aufschiebend bedingte Abtretung wirksam wird (*Smid/Haarmeyer*, § 287 **11**

Rn 12). Die Zwei-Jahres-Frist wird vom Ende des Kalendermonats in dem der Eröffnungsbeschluss erfolgte gerechnet (H/W/W-*Hess*, § 287 Rn 53). Die Regelung in § 114 Abs 1 bedeutet eine Einschränkung des Grundsatzes, dass das InsVerfahren Absonderungsrechte unberührt lässt und erfasst Bezüge nichtselbständiger InsSchu (str, vgl § 114 Rn 2). Vgl zu Ansprüchen von Unterhalts- und Deliktsgläubigern: §§ 114 Abs 3 S 3, 89 Abs 2 S 2.

12 Der Hinweis ist wichtig, um die Beteiligten über Vorausabtretungen aufzuklären (HK-*Landfermann*, § 287 Rn 7). Der Treuhänder hat die Pflicht, die Angaben zu überprüfen, und Forderungen ggf streitig zu stellen (*Smid/Haarmeyer*, § 287 Rn 12).

3. Erfasste Forderungen

13 a) **Art.** Aufgrund der Verweisung in §§ 292 Abs 1 S 3, 36 Abs 1 S 2 sind die Regelungen in §§ **850, 850 a, c, e, f Abs 1, g–i ZPO** anwendbar, so dass **Arbeitseinkommen** (und dessen Surrogate) im vollstreckungsrechtlichen Sinn erfasst sind (ausf. FK-*Ahrens*, § 287 Rn 39 ff). Damit sind erfasst:

14 aa) **Arbeitseinkommen** aus unselbständiger Tätigkeit wie Lohn, Gehalt, Versorgungsbezüge der Beamten, Dienstbezüge der Soldaten, Bezüge der Zivildienstleistenden (K/P-*Wenzel*, § 287 Rn 8), wobei sich die Höhe nach § 805 c ZPO richtet (*Fuchs/Vallender* ZInsO 2001, 681, 685); Lohnfortzahlung im Krankheitsfall, Mehrarbeitsvergütung und Weihnachtsgratifikationen, soweit diese nach § 850 a ZPO pfändbar sind (H/W/W-*Hess*, § 287 Rn 20); auch Lohnfortzahlung an Feiertagen; Urlaubsentgelt (vgl ErfK/*Dörner*, § 11 BUrlG Rn 18; vgl BAG NZA 1993, 750); Arbeitsentgelt nach dem Altersteilzeitgesetz; Provisionen (vgl BAG ZIP 1980, 666; vgl BSG EzInsR § 183 SGB III Nr. 15); Deputate (ArbG Düsseldorf KTS 1970, 319); Honorare und Tantiemen; Eigengeld der Strafgefangenen (BVerfG NJW 1982, 1583); Sozialplanabfindungen (BAG ZIP 1992, 494 f); dazu zählen auch Ansprüche, die erst nach dem Ende des Dienstverhältnisses entstehen, wie Ruhegelder und Hinterbliebenenbezüge nach § 850 Abs 2 ZPO; Karenzzahlungen anlässlich des Ausgleichs von Wettbewerbsbeschränkungen (vgl ErfK/*Schaub* § 74 b HGB Rn 8); Versorgungsrenten einer Lebens- oder Unfallversicherung, die dem Versicherungsnehmer oder seinen Angehörigen zugute kommen sollen (zB Tagegelder einer privaten Krankenversicherung); Leistungen einer betrieblichen Altersversorgung, eines Versorgungswerkes für Freiberufler, Rente der Versorgungsanstalt des Bundes und der Länder; Geldleistungen von Sozialversicherungsträgern und der BA im Falle des Ruhestands, der Erwerbsunfähigkeit oder der Arbeitslosigkeit (N/R-*Römermann*, § 287 Rn 32). Zum Arbeitseinkommen zählen auch Lohn- und Einkommenssteuererstattungsansprüche (AG Gifhorn ZInsO 2001, 630; LAG Hamm NZA 1989, 529, 539; LAG Frankfurt/Main BB 1989, 295, 296; Uhlenbruck/*Vallender* § 287 Rn 31; *Smid/Haarmeyer,* § 287 Rn 14; **aA:** LG Koblenz ZInsO 2000, 507, 508; LG Braunschweig NJW 1972, 2315; AG Dortmund ZVI 2002, 294f; AG Göttingen NZI 2004, 332; FK-*Ahrens*, § 287 Rn 44).

Kein Arbeitseinkommen sind dagegen: Arbeitnehmersparzulage und vermögenswirksame Leistungen (B/L/A/H, § 704 ZPO, Rn 64, 111); Aufwendungsersatzansprüche (H/W/W-*Hess*, § 287 Rn 22); zusätzliches Urlaubsgeld iSv § 850a Nr 2 ZPO (BAG NJW 1966, 222; FK-*Ahrens*, § 287 Rn 42); Kindergeld; Arbeitskampfunterstützung durch die Gewerkschaft (H/W/W-Hess, § 287 Rn 22; **aA:** MünchHdbArbR/*Hanau*, § 74 Rn 144); Trinkgelder (vgl BAG NJW 1996, 1012, **aA:** *Helmich* Pf von Arbeitseink, S 28); Ansprüche gegen die Lebensversicherungsgesellschaft aufgrund von Beiträgen aus einer Gehaltsumwandlung (BAG BB 1998, 1009, 1010); weiterhin: Gefahren- und Schmutzzulage, Studienbeihilfen, Gnadenbezüge, Blindenzulagen (H/W/W-*Hess*, § 287 Rn 24). 15

Teilweise pfändbar und damit teilweise **Arbeitseinkommen** iSv § 287 Abs 2 S 1 sind: die Mehrarbeitsvergütung, die nach § 850a Nr 1 ZPO nur zur Hälfte pfändbar ist; die Weihnachtsvergütung nach Maßgabe des § 850a Nr 4 ZPO. 16

Bedingt pfändbar und damit nur in diesem Rahmen abtretbar sind nach § 850b ZPO: Verletztenrente (BGH NJW 1988, 819f), Berufsunfähigkeitsrente (BGHZ 70, 206, 212), Unterhaltsforderungen und Renten aufgrund gesetzlicher Vorschriften, Taschengeldanspruch (OLG Köln Rpfleger 1995, 76, **aA:** LG Mönchengladbach Rpfleger 1996, 77), Alters- und Witwenrente (H/W/W-*Hess*, § 287 Rn 26). 17

Sonstige Vermögenszuwächse, die nicht mit einer Arbeitstätigkeit zusammenhängen, wie Erbschaften oder ein Lottogewinn (H/W/W-*Hess*, § 287 Rn 21) sind ebenfalls nicht erfasst. 18

Der Pfändungsschutz des § 850f ZPO gilt auch im Restschuldbefreiungsverfahren (K/P-*Wenzel*, § 287 Rn 16). 19

Eine einmalige Vergütung für Arbeits- bzw Dienstleistungen ist im Rahmen des § 850i ZPO erfasst; zB Sozialplan-, Kündigungs- (§§ 9, 10 KSchG) oder Nachteilsabfindungen (§§ 112, 113 BetrVG) (H/W/W-*Hess*, § 287 Rn 36f; BAG ZIP 1992, 494, 495). 20

Nicht pfändbare **Sozialleistungen** sind: Sterbe-, Mutterschaft-, Pflege-, Erziehungs-, Kinder-, Wohngeld und die Sozialhilfe (H/W/W-*Hess*, § 287 Rn 40 mwN). 21

§ 850h ZPO ist subsidiär zu § 295 Abs 1 Nr 1 und damit trotz der Verweisung unanwendbar (K/P-*Wenzel*, § 287 Rn 16). 22

§ 287

23 **bb)** Forderungen aus einer **selbständigen Tätigkeit** sind nicht von der Abtretung erfasst. Dies ergibt sich aus einem Vergleich mit dem Gesetzeswortlaut des § 850, der von „sonstigen Vergütungen" spricht (*Trendelenburg* ZInsO 2000, 437, 438; K/P-*Wenzel*, § 287 Rn 9a). Auch sieht § 295 Abs 2 eigenständige Zahlungen an den Treuhänder vor und setzt somit voraus, dass die Einkünfte nicht von der Abtretung erfasst sind. Nach **aA** sollen auch Einkünfte aus selbständiger Tätigkeit erfasst sein, da dies dem Gleichlauf mit den pfändungsrechtlichen Vorschriften und dem gesamtvollstreckungsrechtlichen Beschlag entspreche (FK-*Ahrens*, § 287 Rn 50).

24 **cc)** Eine Entscheidung für den Fall eines Streits über die Pfändbarkeit trifft nach §§ 292 Abs 1 S 3, 36 Abs 4 S 1 das InsGericht. Gegen diese Entscheidung ist nach § 11 Abs 2 RPflG, 793, 567 ff ZPO die sofortige Beschwerde gegeben (FK-*Ahrens*, § 287 Rn 67a; *Vallender* NZI 2001, 561, 562).

25 **b) Zeitlich. aa)** Für die Dauer des InsVerfahren tritt die Abtretung an die Stelle der Einbeziehung des Neuerwerbs nach § 35 (**aA:** Uhlenbruck/ *Vallender* § 287 Rn 44; *Vallender* NZI 2002, 561, 566: Abtretung ist für den Zeitraum des InsVerfahren „suspendiert", da der InsSchu während des laufenden InsVerfahren keine Verfügungsmacht hat, eine solche Abtretung zu erklären). § 35 erfasst damit nur die Einkünfte, die kein Arbeitseinkommen oder kein Surrogat nach § 287 Abs 2 S 1 sind. Dies ergibt sich aus dem Wortlaut des § 287 Abs 2 S 1, der auf die Eröffnung des InsVerfahren abstellt. Eine Kollision mit § 35 InsO, den Neuerwerb während des InsVerfahren zur Masse zieht, besteht nicht; auch bestehen keine praktischen Probleme (vgl FK-*Ahrens*, § 287 Rn 89k; **aA:** K/P-*Wenzel*, § 287 Rn 7a: es sei nicht anzunehmen, dass der Gesetzgeber mit der Änderung des § 287 Abs 2 S 1 den Anwendungsbereich des § 35 einschränken wollte, so dass die Abtretung erst ab Beendigung des InsVerfahren wirke). Bei selbständig Tätigen ist, wenn man die Ansicht vertritt, dass die Abtretung deren Einkünfte erfasst, die Nettotheorie (vgl § 35) auch im Rahmen des § 287 Abs 2 S 1 anzuwenden. Die Abtretung erfasst dann nur das pfändbare Einkommen des selbständigen InsSchu.

26 **bb)** Die Fristberechnung erfolgt nach § 4 iVm §§ 222 Abs 1 ZPO, 187 Abs 1, 188 Abs 2 BGB (N/R-*Römermann*, § 287 Rn 40).

27 **4.** Zur rechtlichen Konstruktion der Abtretung vgl HK-*Landfermann*, § 287 Rn 6 und FK-*Ahrens*, § 287 Rn 22 ff.

IV. Abtretungsverbot, Abs 3

1. Die Abtretung nach Abs 2 wird durch die Regelung in Abs 3 abge- 28
sichert: Sie kann nicht dadurch zunichte gemacht werden, dass der Ins-
Schu mit dem zur Zahlung Verpflichteten ein Abtretungsverbot vereinbart. § 287 Abs 3 überlagert damit die Regelung in § 399 Alt 2 BGB.
Erfasst sind auch tarifvertragliche Abtretungsverbote (N/R-*Römermann*,
§ 287 Rn 58; FK-*Ahrens*, § 287 Rn 94f; HK-*Landfermann*, § 287 Rn 8).
Neben reinen Abtretungsverboten sind auch beschränkende Vereinbarungen, wie ein Zustimmungsvorbehalt oder eine aufschiebende Bedingung
unwirksam (N/R-*Römermann*, § 287 Rn 59f). Die Unwirksamkeit des
Abtretungsverbots ist eine relative nach §§ 134, 136 BGB, so dass sie nur
gegenüber dem Treuhänder nicht wirkt, wohl aber gegenüber den nach
§ 114 Abs 1 privilegierten InsGl (FK-*Ahrens*, § 287 Rn 95), so dass diese
bei Vereinbarung eines Abtretungsverbots die Forderung nicht erhalten,
sondern der Treuhänder die Forderung einziehen kann. Das Abtretungsverbot ist durch § 81 Abs 2 ergänzt, der ein Abtretungsverbot während
des InsVerfahrens für künftige Bezüge enthält, wobei eine Ausnahme zugunsten der Abtretung an den Treuhänder besteht (K/P-*Wenzel*, § 287
Rn 19).

2. Die Aufrechung des Arbeitgebers mit Ansprüchen gegen den Ar- 29
beitnehmer (= InsSchu) ist unter den Voraussetzungen des § 144 Abs 2
möglich (vgl dort; *Smid/Haarmeyer*, § 287 Rn 14; K/P-*Wenzel*, § 287
Rn 25f).

V. Sonderfall des Art 107 EGInsO

1. Nach Art 107 EGInsO verkürzt sich die Frist des Abs 2 S 1 auf fünf 30
Jahre, wenn der InsSchu vor dem 01. 01. 1997 zahlungsunfähig war und
dies bis zum 01. 01. 1999 blieb (K/P-*Wenzel*, § 287 Rn 23; **aA:** FK-*Ahrens*, § 287 Rn 87). Er muss dies hinreichend dokumentieren, zB durch
Vorlage einer in dieser Zeit abgegebenen eidesstattlichen Versicherung
(vgl K/P-*Wenzel*, § 287 Rn 21f). Eine im genannten Zeitraum erfolgte
Stundungs- oder Ratenzahlungsvereinbarung infolge derer die Zahlungsfähigkeit vorübergehend wiederhergestellt war, ist unerheblich (LG Göttingen ZInsO 2001, 379, 380; *Smid/Haarmeyer*, § 287 Rn 23; K/P-*Wenzel*, § 287 Rn 23).

2. Eine Verkürzung der Wohlverhaltensphase auf fünf Jahre kommt je- 31
doch nur für vor dem 01. 12. 2001 eröffnete Insolvenzverfahren in Betracht. Für nach diesem Zeitpunkt eröffnete Insolvenzverfahren gilt die in
der Neuregelung angegebene Frist von sechs Jahren (BGH NZI 2004,
452). Die vormals in der Rechtsprechung zu diesem Bereich divergieren-

§ 288

7. Teil. Eigenverwaltung

den Auffassungen bezüglich der Anwendung des Art 107 EGInsO sind obsolet.

32 3. Über das Eingreifen des Art 107 EGInsO hatte das InsGericht von Amts wegen (FK-*Ahrens*, § 287 Rn 88; HK-*Landfermann*, Art 107 EGInsO Rn 5; **aA:** K/P-*Wenzel*, § 287 Rn 21; *Smid/Haarmeyer*, § 287 Rn 24; N/R-*Römermann*, § 287 Rn 45; *Vallender* ZIP 1996, 2058, 2060; H/W/W-*Hess*, Art 107 EGInsO Rn 5) bei der Ankündigung der Restschuldbefreiung zu entscheiden (HK-*Landfermann*, Art 107 EGInsO Rn 4; FK-*Ahrens*, § 287 Rn 89).

§ 288 Vorschlagsrecht

Der Schuldner und die Gläubiger können dem Insolvenzgericht als Treuhänder eine für den jeweiligen Einzelfall geeignete natürliche Person vorschlagen.

1 Durch das Vorschlagsrecht wird die Chance erhöht, einen Treuhänder zu finden, der das Amt unentgeltlich übernimmt, so dass Verfahrenskosten eingespart werden können (HK-*Landfermann*, § 288 Rn 1). Zudem ist es für das Verfahren förderlich, wenn der InsSchu dem Treuhänder vertraut (N/R-*Römermann*, § 288 Rn 3). Das InsGericht kann den Vorschlag zurückweisen, wenn es die vorgeschlagene Person nicht für geeignet hält, hat dies jedoch im Fall eines übereinstimmenden Vorschlags von InsSchu und InsGl zu begründen (N/R-*Römermann*, § 288 Rn 9; vgl FK-*Ahrens*, § 291 Rn 9). Zu den Anforderungen an die Person vgl § 313 II 3 und § 56.

2 Der Vorschlag soll inhaltlich so ausführlich sein, dass dem InsGericht die Prüfung der **Geeignetheit** ermöglicht wird (N/R-*Römermann*, § 288 Rn 6 ff). Ausweislich des Wortlauts der Norm und der Verweisung in § 313 Abs 1 S 3 auf § 56 kann zum Treuhänder nur eine natürliche Person bestellt werden (Uhlenbruck/*Vallender* § 288 Rn 7; *Gottwald/Schmidt-Räntsch*, InsHdb, § 78 Rn 30; N/R-*Römermann*, § 288 Rn 10 ff; FK-*Grote*, § 288 Rn 6; **aA:** K/P-*Wenzel*, § 288 Rn 2; H/W/W-*Hess*, § 288 Rn 2, § 291 Rn 6, § 292 Rn 5; *Döbereiner*, 355).

§ 289 Entscheidung des Insolvenzgerichts

(1) ¹Die Insolvenzgläubiger und der Insolvenzschuldner sind im Schlusstermin zu dem Antrag des Schuldners zu hören. ²Das Insolvenzgericht entscheidet über den Antrag des Schuldners durch Beschluss.

(2) ¹Gegen den Beschluß steht dem Schuldner und jedem Insolvenzgläubiger, der im Schlußtermin die Versagung der Rest-

schuldbefreiung beantragt hat, die sofortige Beschwerde zu. ²Das Insolvenzverfahren wird erst nach Rechtskraft des Beschlusses aufgehoben. ³Der rechtskräftige Beschluß ist zusammen mit dem Beschluß über die Aufhebung des Insolvenzverfahrens öffentlich bekanntzumachen.

(3) ¹Im Falle der Einstellung des Insolvenzverfahrens kann Restschuldbefreiung nur erteilt werden, wenn nach Anzeige der Masseunzulänglichkeit die Insolvenzmasse nach § 209 verteilt worden ist und die Einstellung nach § 211 erfolgt. ²Absatz 2 gilt mit der Maßgabe, dass an die Stelle der Aufhebung des Verfahrens die Einstellung tritt.

1. Normzweck

Das InsGericht hat parallel zum InsVerfahren im Schlusstermin hinsichtlich der Zulassung und Ankündigung der Restschuldbefreiung zu entscheiden. Das InsVerfahren wird dabei erst mit rechtskräftiger Entscheidung über den Restschuldbefreiungsantrag beendet. Sonderfall: § 314 Abs 3 S 1.

2. Verfahrensregelungen, Abs 1 und 2

a) Im **Schlusstermin** (§ 197) sind die InsGl und der InsVerw bzw Treuhänder anzuhören. Der InsSchu ist im Rahmen des **rechtlichen Gehörs** wegen Art 103 Abs 1 GG zu hören (N/R-*Römermann*, § 289 Rn 6). Zweckmäßigerweise ist der InsSchu zum Termin zu laden, so dass er nach § 97 Abs 1 S 1, Abs 3 zu erscheinen hat und entsprechend seinen Auskunftspflichten befragt werden kann (HK-*Landfermann*, § 289 Rn 4). Dies kann erforderlich sein, um aufzuklären, ob der InsSchu während des Ins-Verfahren seinen Obliegenheiten nachgekommen ist. – Die Anhörung des InsSchu kann nach § 10 Abs 1, die der InsGl in analoger Anwendung des § 10 Abs 1 unterbleiben (N/R-*Römermann*, § 289 Rn 13f).

b) Die **Entscheidung** über den Antrag auf Durchführung des Restschuldbefreiungsverfahrens erfolgt durch **Beschluss**. Das InsGericht spricht entweder die Versagung der Restschuldbefreiung aus oder kündigt sie gemäß § 291 an und bestellt dabei nach § 291 Abs 2 den Treuhänder für die Wohlverhaltensperiode. Der Beschluss wird iFd Zulassung vom Rechtspfleger erlassen; im Fall eines Versagungsantrags vom Richter (§ 18 Abs 1 Nr 2 RPflG) (AG Düsseldorf NZI 2000, 553f; N/R-*Römermann*, § 289 Rn 15; HK-*Landfermann*, § 289 Rn 5; FK-*Ahrens*, § 289 Rn 10; **aA**: H/W/W-*Hess*, § 289 Rn 5; K/P-*Wenzel*, § 289 Rn 2: immer der Richter). Der Beschluss erfolgt idR im Schlusstermin, kann aber auch schon früher erfolgen, wenn der Antrag unzulässig ist (vgl § 287 Rn 10;

§ 289

FK-*Ahrens*, § 289 Rn 6 a), zuständig ist dann der Rechtspfleger (siehe § 286 Rn 7).

c) Rechtsmittel

4 Gegen den Beschluss des Abs 1 S 2 ist nach Abs 2 S 1 die sofortige Beschwerde statthaft. Bei der Eröffnung des Verfahrens steht sie nur dem InsGl zu, der die Versagung beantragt hatte (H/W/W-*Hess*, § 289 Rn 8), (vgl § 291 Rn 2 zum fehlenden Rechtsmittel bei der Treuhänderbestimmung).

d) Präklusion

5 Nach Rechtskraft des Ankündigungsbeschlusses ist die Geltendmachung von Versagungsgründen, die im Zeitpunkt der Entscheidung vorlagen, präkludiert, auch wenn diese erst später bekannt werden; entscheidend ist danach nur noch die Erfüllung der Obliegenheiten durch den InsSchu während der Wohlverhaltensperiode (FK-*Ahrens*, § 289 Rn 2; HK-*Landfermann*, § 289 Rn 7). Bei verborgenem Vermögen kommt aber eine Nachtragsverteilung gemäß § 203 in Betracht (HK-*Landfermann*, § 289 Rn 7).

6 **e)** Das **InsVerfahren** wird nach Abs 2 S 2 erst mit Rechtskraft der Entscheidung des Beschlusses über die Restschuldbefreiung ebenfalls durch Beschluss des InsGericht **beendet**. Folge ist, dass der InsSchu mit dessen Rechtskraft wieder die Verfügungs- und Verwaltungsgewalt über sein Vermögen (Neuerwerb) erlangt, die er nach § 80 I verloren hatte (H/W/W-*Hess*, § 289 Rn 12). Bei Versagung der Restschuldbefreiung gilt nach § 201 Abs 1 das freie Nachforderungsrecht des InsGl, wobei Titel die Tabelle nach § 201 Abs 2 ist (FK-*Ahrens*, § 289 Rn 8).

7 **f) Bekanntmachung.** Beide Beschlüsse sind nach Abs 2 S 3 iVm § 9 öffentlich bekannt zu machen.

8 **g) Kosten.** S FK-*Ahrens*, § 289 Rn 19.

9 **h) Vorzeitige Erteilung.** Eine vorzeitige Erteilung der Restschuldbefreiung kommt in Betracht, wenn keine Anmeldungen zur Insolvenztabelle vorliegen und keine unbefriedigten Masseverbindlichkeiten vorhanden sind (BGH ZInsO 2005, 597 mit Anm *Pape*). In diesem Fall müssen jedoch unmittelbar die gesamten Kosten des Verfahrens vom Schuldner aufgebracht werden. Dies gilt auch für Kosten, die an sich aufgrund der Verkürzung nicht mehr anfallen.

3. Masseunzulänglichkeit, Abs 3

10 Der Fall der Masseunzulänglichkeit ist die Ausnahme, bei der ohne vollständige Durchführung des InsVerfahren ein Restschuldbefreiungsverfahren durchgeführt werden kann (str, siehe § 286 III 1.). Die Einstellung bei Masseunzulänglichkeit (§ 211 Abs 1) tritt dann an Stelle der Aufhebung des InsVerfahren.

§ 290 Versagung der Restschuldbefreiung

(1) In dem Beschluß ist die Restschuldbefreiung zu versagen, wenn dies im Schlußtermin von einem Insolvenzgläubiger beantragt worden ist und wenn
1. der Schuldner wegen einer Straftat nach den §§ 283 bis 283c des Strafgesetzbuches rechtskräftig verurteilt worden ist,
2. der Schuldner in den letzten drei Jahren vor dem Antrag auf Eröffnung des Insolvenzverfahrens oder nach diesem Antrag vorsätzlich oder grob fahrlässig schriftlich unrichtige oder unvollständige Angaben über seine wirtschaftlichen Verhältnisse gemacht hat, um einen Kredit zu erhalten, Leistungen aus öffentlichen Mitteln zu beziehen oder Leistungen an öffentliche Kassen zu vermeiden,
3. in den letzten zehn Jahren vor dem Antrag auf Eröffnung des Insolvenzverfahrens oder nach diesem Antrag dem Schuldner Restschuldbefreiung erteilt oder nach § 296 oder § 297 versagt worden ist,
4. der Schuldner im letzten Jahr vor dem Antrag auf Eröffnung des Insolvenzverfahrens oder nach diesem Antrag vorsätzlich oder grob fahrlässig die Befriedigung der Insolvenzgläubiger dadurch beeinträchtigt hat, dass er unangemessene Verbindlichkeiten begründet oder Vermögen verschwendet oder ohne Aussicht auf eine Besserung seiner wirtschaftlichen Lage die Eröffnung des Insolvenzverfahrens verzögert hat,
5. der Schuldner während des Insolvenzverfahrens Auskunfts- oder Mitwirkungspflichten nach diesem Gesetz vorsätzlich oder grob fahrlässig verletzt hat oder
6. der Schuldner in den nach § 305 Abs. 1 Nr. 1 vorzulegenden Verzeichnissen seines Vermögens und seines Einkommens, seiner Gläubiger und der gegen ihn gerichteten Forderungen vorsätzlich oder grob fahrlässig unrichtige oder unvollständige Angaben gemacht hat.

(2) Der Antrag des Gläubigers ist nur zulässig, wenn ein Versagungsgrund glaubhaft gemacht wird.

§ 290

I. Normzweck

1 Die Erlangung der Restschuldbefreiung wird auf redliche InsSchu beschränkt. Dabei ist die Aufzählung der **Versagungsgründe grundsätzlich abschließend** (FK-*Ahrens*, § 290 Rn 5; ausf *Braun/Buck*, § 290 Rn 2 ff), so dass eine Versagung nicht mit § 227 AO begründet werden kann (OLG Köln ZIP 2001, 466, 468). § 314 Abs 1 S 2, Abs 3 S 2 stellt jedoch einen zusätzlichen Versagungsgrund dar (FK-*Ahrens*, § 290 Rn 5; *Gottwald/Schmidt-Räntsch*, InsHdb., § 77 Rn 16 aE). Auch ein Vorziehen der Versagungsgründe der §§ 295, 296 soll möglich sein (LG Hannover ZInsO 2002, 449, 450; vgl AG Göttingen NZI 2003, 217 ff mit abl Anm *Ahrens*), da ein Abwarten der Ankündigung der Restschuldbefreiung mit anschließender Versagung nach §§ 295, 296 bloße Förmelei wäre.

2 Die Versagungsgründe des § 290 sind **zeitliche Sperren** und das **Verhalten des InsSchu** vor Antragstellung und im Zulassungsverfahren. Sie sind unteilbar in dem Sinn, dass sich ein InsGl auch auf ein Verhalten des InsSchu berufen kann, durch das nicht er, sondern ein anderer InsGl betroffen war (K/P-*Wenzel*, § 290 Rn 5; N/R-*Römermann*, § 290 Rn 17; HK-*Landfermann*, § 290 Rn 16; *Smid/Haarmeyer* § 290 Rn 3; **aA:** FK-*Ahrens*, § 290 Rn 57; AG Mönchengladbach ZInsO 2001, 674 (LS)). Eine Prüfung erfolgt nur, wenn ein InsGl dies beantragt und die Voraussetzungen des Versagungsgrundes glaubhaft macht. Geprüft wird nur der geltend gemachte Versagungsgrund; weitere Versagungsgründe werden nicht von Amts wegen ermittelt (OLG Celle NZI 2001, 596, 597).

II. Verfahren

1. Antrag

3 Zwingende Voraussetzung ist nach Abs 1 ein Antrag eines InsGl (OLG Celle NZI 2001, 596, 597). Die InsGl können damit einem unredlichen InsSchu die Durchführung des Restschuldbefreiungsverfahren ermöglichen, indem sie auf den Versagungsantrag verzichten. Dies kommt dann in Betracht, wenn sich die InsGl hiervon eine höhere Motivation des InsSchu, seine Schulden zu tilgen, versprechen (K/P-*Wenzel*, § 290 Rn 3). – Der Antrag muss **im Schlusstermin** gestellt werden. Eine Form ist nicht vorgeschrieben (N/R-*Römermann*, § 290 Rn 18).

2. Glaubhaftmachung

4 Nach Abs 2 hat der InsGl die Voraussetzungen des Versagungsgrundes glaubhaft zu machen, und zwar im Zeitpunkt der Antragstellung (FK-*Ahrens*, § 290 Rn 61; K/P-*Wenzel*, § 290 Rn 4c). Dies ist eine Glaubhaftmachung im technischen Sinn nach § 4 iVm § 294 ZPO. Gelingt diese, ist das InsGericht nach § 5 Abs 1 verpflichtet, von Amts wegen zu ermitteln,

Versagung der Restschuldbefreiung § 290

ob der Versagungsgrund tatsächlich gegeben ist (BGH NZI 2003, 662; N/R-*Römermann*, § 290 Rn 106; *Smid/Haarmeyer*, § 290 Rn 5; **aA:** FK-*Ahrens*, § 290 Rn 57 a). Die Glaubhaftmachung dient damit dazu, dem InsGericht eine gezielte Nachforschung zu ermöglichen (K/P-*Wenzel*, § 290 Rn 4 f). Gleichwohl trifft den InsGl die Feststellungslast, da er eine für ihn günstige Rechtsfolge begehrt (N/R-*Römermann*, § 290 Rn 107). – Als präsentes Beweismittel kommt regelmäßig die Zeugenaussage des InsVerw bzw Treuhänders in Betracht, der im Schlusstermin befragt werden kann (N/R-*Römermann*, § 290 Rn 23).

3. Entscheidung

a) Das InsGericht versagt die Eröffnung des Restschuldbefreiungsverfahrens bei Vorliegen eines Versagungsgrundes; ein Ermessen besteht nicht (*Smid/Haarmeyer*, § 290 Rn 5; AG Oldenburg NZI 2002, 327). Nach Eröffnung des eigentlichen Restschuldbefreiungsverfahrens mit der Ankündigung der Restschuldbefreiung sind die Versagungsgründe des § 290 (Ausnahme: § 297) **präkludiert** (AG Oldenburg NZI 2002, 327; AG Mönchengladbach ZInsO 2002, 45; LG München I ZInsO 2000, 767, 519). 5

b) Für die Versagung der Restschuldbefreiung wegen Vorliegens eines Versagungsgrundes ist der **Richter** funktionell zuständig (*Braun/Buck*, § 290 Rn 36). 6

c) Zu den **Rechtsmitteln** gegen den Beschluss siehe: § 289 Rn 4. 7

III. Einzelne Versagungsgründe

1. Zeitliche Sperre, Abs 1 Nr 3

Eine Sperre in Form einer **Zehn-Jahres-Frist** besteht für den Fall, dass der InsSchu bereits einmal Restschuldbefreiung erlangt hatte oder ihm diese nach §§ 296, 297 versagt worden war. Es soll eine rechtsmissbräuchliche Inanspruchnahme des Restschuldbefreiungsverfahrens vermieden werden. Die Fristberechnung erfolgt nach § 4 iVm §§ 222 ZPO, 187 Abs 1, 188 Abs 2 BGB ab Rechtskraft des Beschlusses nach § 296, 297 oder 300. – Im Fall des Widerrufs nach § 303 gilt die Sperre nicht, da aufgrund der klaren Gesetzesfassung keine Analogie möglich ist (N/R-*Römermann*, § 290 Rn 68; *Smid/Haarmeyer*, § 290 Rn 14; FK-*Ahrens*, § 290 Rn 31; **aA:** Uhlenbruck/*Vallender* § 290 Rn 44; H/W/W-*Hess*, § 290 Rn 24; HK-*Landfermann*, § 290 Rn 9: dem Widerruf sei eine Erteilung vorausgegangen und er entspreche einer Versagung). Eine restriktive Auslegung iFd § 296 dahingehend, dass eine Sperre nicht erfolgt, falls den InsSchu kein Verschulden trifft, ist wegen den praktischen Schwierigkeiten der Beweisbarkeit nicht möglich (FK-*Ahrens*, § 290 Rn 30; H/W/W-*Hess*, § 290 Rn 23; **aA:** HK-*Landfermann*, § 290 Rn 8). 8

§ 290

2. Verhalten vor Antragsstellung, Abs 1 Nr 1, 2 und 4

9 a) **Nr 1, Insolvenzstraftat.** Ist der InsSchu wegen einer Straftat nach **§§ 283 bis 283 c StGB** verurteilt worden, scheidet eine Restschuldbefreiung aus. Das Urteil muss spätestens im Zulassungsverfahren **rechtskräftig** werden, denn dem InsGericht soll eine eigene Ermittlung abgenommen werden (FK-*Ahrens*, § 290 Rn 12). Ein laufendes Verfahren bleibt somit unberücksichtigt, jedoch kann im Fall einer späteren Verurteilung die Erteilung des Restschuldbefreiung dann nach § 297 versagt werden (HK-*Landfermann*, § 290 Rn 3).

10 Eine Straftat liegt bereits dann vor, wenn der InsSchu wegen des Versuchs einer der genannten Tatbestände verurteilt wurde (*Braun/Buck*, § 290 Rn 5; N/R-*Römermann*, § 290 Rn 29).

11 Das Strafurteil ist vom InsGericht **nicht** im Hinblick darauf zu prüfen, ob die Verurteilung im **Zusammenhang mit dem laufenden InsVerfahren** steht, da der Gesetzeswortlaut die genannten Straftaten allg erfasst (BGH ZinsO 2003, 125 ff; OLG Celle NZI 2001, 314, 315; BayObLG ZVI 2002, 28; N/R-*Römermann*, § 290 Rn 36; K/P-*Wenzel*, § 290 Rn 8 a; **aA:** AG Göttingen NZI 2002, 446 f; *Smid/Haarmeyer*, § 290 Rn 9; H/W/W-*Hess*, § 290 Rn 15; FK-*Ahrens*, § 290 Rn 13). Sonst müsste sich das InsGericht mit dem Strafurteil auseinandersetzen, was aber durch das Abstellen auf eine rechtskräftige Verurteilung gerade vermieden werden sollte (BGH ZinsO 2003, 125 ff; OLG Celle NZI 2001, 314, 315).

12 Eine im Strafregister bereits getilgte Verurteilung findet keine Berücksichtigung. Zwar sprechen der strikte Gesetzeswortlaut und das Ausmaß der Rücksichtslosigkeit der Delikte für eine Berücksichtigung (K/P-*Wenzel*, § 290 Rn 8), jedoch enthält § 51 I BZRG ein absolutes Verwertungsverbot (BGH ZinsO 2003, 125 ff; OLG Celle NZI 2001, 314, 316 = EWiR 2001, 735 f mit zust Anm *Fuchs*; LG Düsseldorf NZI 2002, 674; HK-*Landfermann*, § 290 Rn 4; *Braun/Buck*, § 290 Rn 9; N/R-*Römermann*, § 290 Rn 34; *Häsemeyer*, Rn 26.19). Im Fall einer Gesamtstrafe ist allein auf die Tilgungsfrist des § 46 I BZRG hinsichtlich des Teils, der auf die Insolvenzstraftat entfällt, abzustellen (BGH ZInsO 2003, 125 ff; OLG Celle NZI 2001, 314, 316; LG Düsseldorf NZI 2002, 674; **aA:** AG Duisburg ZInsO 2001, 1020, 1021). *Ahrens* (FK-InsO, § 290 Rn 13, 15; zust *Smid/Haarmeyer*, § 290 Rn 11) leitet zu Recht aus einem systematischen Vergleich zu Nr 3, der hinsichtlich der §§ 296, 297 auf die Zehn-Jahres-Frist abstellt, eine absolute Sperre von Zehn Jahren her.

13 b) **Nr 2, unrichtige und unvollständige Angaben. aa) Angaben. (1)** Unter einer **unrichtigen** Angabe versteht man eine Angabe, die nicht mit der Wirklichkeit übereinstimmt. Bei Angaben, die eine Prognose enthalten, liegt eine unrichtige Angabe nur bei einer nicht mehr vertretbaren

Angabe vor (N/R-*Römermann*, § 290 Rn 50 mVa die strafrechtliche Literatur). Eine **unvollständige** Angabe liegt vor, wenn sie ein falsches Gesamtbild des Sachverhaltes vermittelt, indem wesentliche Tatsachen eines einheitlichen Lebenssachverhaltes weggelassen wurden (N/R-*Römermann*, § 290 Rn 51; OLG Köln ZIP 2001, 466, 467f). Notwendig ist, dass der InsSchu pflichtwidrig gegen materielle Erklärungspflichten verstößt, so dass er sich ungefragt nur erklären muss, wenn ihn eine Offenbarungspflicht trifft (AG Oldenburg ZInsO 2001, 1170, 1171; FK-*Ahrens*, § 290 Rn 18). Diese Erklärungspflicht ergibt sich aus dem bürgerlichen oder öffentlichen Recht (insbes SGB; vgl FK-*Ahrens*, § 290 Rn 18).

(2) Die Angabe muss sich als einschränkendes Tatbestandsmerkmal auf die **wirtschaftlichen Verhältnisse** des InsSchu beziehen (N/R-Römermann, § 290 Rn 42; FK-*Ahrens*, § 290 Rn 20). Zudem muss sie auf den **InsSchu** selbst bezogen sein, so dass Angaben über einen Bürgen nicht ausreichen (N/R-Römermann, § 290 Rn 43).

(3) Erfasst sind nur **schriftliche Erklärungen** (HK-*Landfermann*, § 290 Rn 5), wobei nicht die Schriftform des § 126 BGB erforderlich ist, sondern eine schriftliche Erklärung ohne Unterschrift genügen kann (N/R-*Römermann*, § 290 Rn 45 ff; vgl LG Göttingen ZVI 2002, 219–220); der InsSchu muss sich bei Erklärungen Dritter diese ausdrücklich zu eigen gemacht haben (*Smid/Haarmeyer* § 290 Rn 12). Das Erfordernis der Schriftlichkeit ist sowohl auf die unrichtige als auch die unvollständige Erklärung bezogen; fehlt diese ganz, so greift Nr 2 nicht ein (OLG Köln ZIP 2001, 466, 467f; Uhlenbruck/*Vallender* § 290 Rn 33; **aA:** LG Traunstein ZVI 2002, 473f: Nichtabgabe einer Steuererklärung Fall der Nr 2). Bsp: unrichtig ausgefüllte Formulare für einen Bankkredit, unvollständige Steuererklärungen (HK-*Landfermann*, § 290 Rn 5).

bb) Der **Zweck** der Falschangabe muss die Erlangung eines Kredits, das Beziehen von Leistungen aus öffentlichen Mitteln oder das Vermeiden von Leistungen an öffentliche Kassen sein (FK-*Ahrens*, § 290 Rn 24; *Smid/Haarmeyer* § 290 Rn 12). Zudem soll nach einer einschränkenden Auslegung ein **Ursachenzusammenhang** notwendig sein, da die Norm keinen strafrechtlichen Charakter hat (LG Stuttgart ZInsO 2001, 134f; H/W/W-*Hess*, § 290 Rn 20; FK-*Ahrens*, § 290 Rn 21, 24). Es muss daher zu einer Gewährung der Mittel gekommen sein oder der Erklärungsempfänger muss zumindest die fehlerhafte Angabe erkannt haben (FK-*Ahrens*, § 290 Rn 24). Nach **aA** muss dagegen das Ziel nicht notwendig eingetreten sein (N/R-*Römermann*, § 290 Rn 54) und auch eine Kenntnis des Erklärungsempfängers von der Unrichtigkeit der Angaben ist nicht erforderlich (HK-*Landfermann*, § 290 Rn 5a; K/P-*Wenzel*, § 290 Rn 13). – Der Begriff des **„Kredits"** ist weit zu verstehen, umfasst sind Darlehen, Zahlungsaufschübe, Finanzierungshilfen (HK-*Landfermann*, § 290 Rn 5; K/P-*Wenzel*, § 290 Rn 13). – Unter **Leistungen aus öffentlichen Mitteln** werden alle Mittel verstanden, die aus öffentlichen Haushalten stammen (FK-*Ahrens*, § 290 Rn 22). – „**Öffentliche Kassen**" sind nicht nur die staatlichen Einrichtungen wie Sozial-, Finanz- oder Arbeitsämter, sondern auch mittelbare staatliche Einrichtungen wie Kranken- oder Ersatzkassen (FK-*Ahrens*, § 290 Rn 22).

15 cc) **Frist. Beginn** ist **drei Jahre** vor Einreichung des Antrags des Ins-Schu auf Erteilung der Restschuldbefreiung (HK-*Landfermann*, § 290 Rn 6). Die Fristberechnung erfolgt nach § 4 iVm §§ 222 Abs 1 ZPO, 187 Abs 1, 188 Abs 2 BGB, wobei der Zeitpunkt der Zugänglichmachung der Angabe entscheidend ist (N/R-*Römermann*, § 290 Rn 58). **Ende** ist erst der Schlusstermin, so dass Nr 2 auch bei Angaben im InsVerfahren anwendbar ist (FK-*Ahrens*, § 290 Rn 25; K/P-*Wenzel*, § 290 Rn 13a; **aA**: HK-*Landfermann*, § 290 Rn 6; *Smid/Haarmeyer* § 290 Rn 12: Unkorrekte Angaben gegenüber Dritten während des Verfahrens sind unerheblich und nur im Rahmen der Nr 5 oder 6 relevant).

16 dd) **Verschulden.** Erforderlich ist Vorsatz oder grobe Fahrlässigkeit des InsSchu (siehe Palandt/*Heinrichs*, § 277 BGB Rn 2; MK-BGB/*Grundmann*, § 276 BGB Rn 83ff). Ein Fehlverhalten seines Verfahrensbevollmächtigten muss sich der InsSchu zurechnen lassen (AG Göttingen ZInsO 2002, 544, 545).

17 c) **Nr 4, Beeinträchtigung der Befriedigung der InsGl. aa) Modalitäten.** Eine unangemessene Begründung von Verbindlichkeiten bzw Verschwendung von Vermögen liegt vor, wenn der InsSchu auf einem Niveau über seinem üblichen Lebenszuschnitt, dh nicht mehr „angemessen" lebt und **Luxusaufwendungen** tätigt (HK-*Landfermann*, § 290 Rn 11, H/W/W-*Hess*, § 290 Rn 27; **aA**: FK-*Ahrens*, § 290 Rn 35: subjektive Sichtweise). Auch die Fortsetzung eines der Situation des Schuldners unangemessenen Lebensstils stellt eine Vermögensverschwendung iS der Vorschrift dar (BGH NZI 2005, 293). Dies kann bspw bei der Fortsetzung eines unangemessen teuren Mietverhältnisses der Fall sein. Eine **Verzögerung** der Verfahrenseröffnung liegt nicht schon bei einer Verzögerung der eigenen Antragstellung vor, sondern erst, wenn die InsGl über die Verhältnisse getäuscht werden und so von einer Antragstellung zeitweise abgehalten wurden (HK-*Landfermann*, § 290 Rn 12). Nr 4 bedeutet keine Antragspflicht des InsSchu (FK-*Ahrens*, § 290 Rn 37).

18 bb) **Gläubigerbeeinträchtigung.** Durch die erfüllten Modalitäten muss es kausal zu einer tatsächlichen Beeinträchtigung der Befriedigung der InsGl (Verringerung der Quote) gekommen sein (N/R-*Römermann*, § 290 Rn 77f). Die bloße Anfechtbarkeit der Rechtshandlung schließt dabei eine Beeinträchtigung nicht aus, da die tatsächliche Realisierung des Rückgewähranspruchs aus § 143 Abs 1 S 1 ungewiss ist (N/R-*Römermann*, § 290 Rn 78).

cc) Frist. Ein Jahr vor Antragstellung bis zur Eröffnung des InsVerfahren. Zur Berechnung vgl oben. 19

dd) Verschulden. Vgl oben. 20

3. Verhalten im Zulassungsverfahren, Abs 1 Nr 5 und 6

a) Nr 5, Verletzung von Mitwirkungspflichten. Mitwirkungspflichten in diesem Sinn sind nur die, die sich aus der InsO ergeben, insbes die der §§ 97, 98 (FK-*Ahrens*, § 290 Rn 43 f). Hierbei sind nicht nur Verstöße während des Insolvenz-, sondern auch des Eröffnungsverfahrens oder bei der Erklärung nach § 287 Abs 2 erfasst (AG Hamburg ZInsO 2001, 330, 332; HK-*Landfermann*, § 290 Rn 14a; *Braun/Buck*, § 290 Rn 23; K/P-*Wenzel*, § 290 Rn 20; FK-*Ahrens*, § 290 Rn 43f); zB Nichtangabe eines eingetragenen Gebrauchsmusters, AG Leipzig ZVI 2002, 427. Ein kausal verursachter Schaden des InsGl wird nicht vorausgesetzt (AG Oldenburg, ZInsO 2001, 1170, 1171). Erfasst sind nur wesentliche Verstöße (LG Saarbrücken NZI 2000, 380, 38: Beeinträchtigung der InsGl nötig; N/R-*Römermann*, § 290, Rn 97; FK-*Ahrens*, § 290 Rn 47; *Braun/Buck*, § 290 Rn 24; *Smid/Haarmeyer*, § 290 Rn 19). Zu Vorsatz/grober Fahrlässigkeit siehe oben. 21

b) Nr 6, Fehlerhafte Verzeichnisse bei Verbraucher- und Kleininsolvenzen. Durch die Vorlage fehlerhafter Verzeichnisse verletzt der InsSchu seine Aufklärungspflicht. Zu den Anforderungen an die Verzeichnisse siehe §§ 305, 305a Rn 3ff. Zum Erfordernis der Richtigkeit und Vollständig, zum Vorsatz und zur groben Fahrlässigkeit vgl oben. An das Erfordernis der groben Fahrlässigkeit ist kein großzügiger Maßstab anzulegen (LG Göttingen NZI 2002, 564; K/P-*Wenzel*, § 290 Rn 22; **aA:** FK-*Ahrens*, § 290 Rn 55; N/R-*Römermann*, § 290 Rn 105; AG Hamburg NZI 2001, 46, 47: bei Nebenbestimmungen zu Schuldvereinbarungen, anders bei Angaben auf Nachfrage des InsGericht). 22

IV. Gläubigerbeeinträchtigung

Eine die Befriedigung der InsGl beeinträchtigende Wirkung der falschen oder unvollständigen Angaben muss grds nicht eingetreten sein (BGH NZI 2004, 633).In der Literatur und Instanzrspr ist dies umstritten. ZT wird dies befürwortet, da § 290 keine Bestrafung des InsSchu bezwecke (FK-*Ahrens*, § 290 Rn 7; AG Rosenheim ZVI 2003, 43, 44; AG Münster NZI 2000, 555, 556 und LG Saarbrücken NZI 2000, 380, 381 beide zu Nr 6; *Smid/Haarmeyer* § 290 Rn 2). Hiergegen spricht jedoch, 23

§ 291

dass der Gesetzgeber in § 290 eine Typisierung vorgenommen hat, bei der er idR eine Gläubigerbeeinträchtigung annimmt (*Gottwald/Schmidt-Räntsch*, InsHdb, § 290 Rn 16 Fn 17 zu Nr 6). Nach weiterer Ansicht sollen unwesentliche Verstöße nicht erfasst sein (*Buck/Braun*, § 290 Rn 6), jedoch bedeutet dies eine weitere Unsicherheit.

§ 291 Ankündigung der Restschuldbefreiung

(1) Sind die Voraussetzungen des § 290 nicht gegeben, so stellt das Gericht in dem Beschluß fest, daß der Schuldner Restschuldbefreiung erlangt, wenn er den Obliegenheiten nach § 295 nachkommt und die Voraussetzungen für eine Versagung nach § 297 oder § 298 nicht vorliegen.

(2) Im gleichen Beschluß bestimmt das Gericht den Treuhänder, auf den die pfändbaren Bezüge des Schuldners nach Maßgabe der Abtretungserklärung (§ 287 Abs. 2) übergehen.

1. Ankündigung der Restschuldbefreiung

1   Durch die Ankündigung der Restschuldbefreiung wird die erste Verfahrensstufe des Zulassungsverfahrens beendet und das Verfahren in die Wohlverhaltensperiode übergeleitet. Dies stellt dabei den gesetzlichen Regelfall dar; ein Ermessen des InsGericht besteht nicht, es kündigt die Restschuldbefreiung nur dann nicht an, wenn ein zulässiger und begründeter Versagungsantrag nach § 290 gestellt wurde (*Braun/Buck*, § 290 Rn 1; *H/W/W-Hess*, § 290 Rn 2 f). Das InsGericht entscheidet dabei nach § 289 Abs 1, Abs 2 S 1 in einem einheitlichen Beschluss (AG Mönchengladbach ZInsO 2001, 631), so dass entgegen *Ahrens* FK-InsO, § 291 Rn 4 ff keine rechtskräftige Abweisung des Antrags auf Versagung der Restschuldbefreiung notwendig ist, um die Restschuldbefreiung anzukündigen. Dies ist gegenüber einem gestuften Verfahren wegen der entbehrlichen Rechtskraftüberwachung einfacher. Bei Unklarheiten über die Dauer der Wohlverhaltensperiode bei einem möglichen Eingreifen des Art 107 entscheidet das InsGericht zweckmäßigerweise auch hierüber (*Braun/Buck*, § 291 Rn 3; FK-*Ahrens*, § 291 Rn 7). Der Beschluss ergeht gerichtskostenfrei (*Braun/Buck*, § 291 Rn 4; N/R-*Römermann*, § 291 Rn 10).

2. Bestellung des Treuhänders

2   Zusammen mit der Ankündigung der Restschuldbefreiung wird der Treuhänder bestimmt. Bei einem vorangegangenem vereinfachten InsVerfahren muss der Treuhänder nicht übernommen werden, jedoch kann dies zweckmäßig sein (FK-*Ahrens*, § 291 Rn 10; **aA:** K/P-*Wenzel*, § 291 Rn 3; *Gottwald/Schmidt-Räntsch*, InsHdb., § 78 Rn 28 f: Bestimmung

schon bei Verfahrenseröffnung nach § 313 Abs 1; *Fuchs*/Kölner Schrift, 1629 Rn 127, 186). Zur Auswahl des Treuhänders siehe § 288. Ein isoliertes Rechtsmittel gegen die Bestellung des Treuhänders ist nicht gegeben (§ 6), so dass die Ankündigung der Restschuldbefreiung insgesamt angefochten werden muss (siehe § 289 unter II. 3.; HK-*Landfermann*, § 291 Rn 6). Zusätzlich zur Bestellung bedarf es einer Annahme des Amtes durch den Treuhänder (N/R-*Römermann*, § 291 Rn 8, § 292 Rn 16; FK-*Ahrens*, § 291 Rn 10; Uhlenbruck/*Vallender* § 291 Rn 13; H/W/W-*Hess*, § 291 Rn 10; aA: K/P-*Wenzel*, § 291 Rn 2: auch kein Rechtsmittel des Treuhänders gegen seine Bestellung möglich). – Im Beschluss hat das Ins-Gericht nach § 16 InsVV, wenn es dem Treuhänder auch die Überwachung der Obliegenheiten nach § 292 Abs 2 überträgt, einen Stundensatz für seine Vergütung festzulegen (H/W/W-*Hess*, § 16 InsVV Rn 1; FK-*Ahrens*, § 291 Rn 11). – Die Aufgaben des Treuhänders sind in § 292 geregelt.

3. Übergang der Bezüge

Die vom InsSchu nach § 287 Abs 2 S 1 mit Beantragung der Rest- 3 schuldbefreiung abzutretenden Bezüge gehen mit Ernennung des Treuhänders auf diesen über.

§ 292 Rechtsstellung des Treuhänders

(1) ¹Der Treuhänder hat den zur Zahlung der Bezüge Verpflichteten über die Abtretung zu unterrichten. ²Er hat die Beträge, die er durch die Abtretung erlangt, und sonstige Leistungen des Schuldners oder Dritter von seinem Vermögen getrennt zu halten und einmal jährlich auf Grund des Schlußverzeichnisses an die Insolvenzgläubiger zu verteilen; sofern die nach § 4a gestundeten Verfahrenskosten abzüglich der Kosten für die Beiordnung eines Rechtsanwalts berichtigt sind. ³§ 36 Abs. 1 Satz 2, Abs. 4 gilt entsprechend. ⁴Von den Beträgen, die er durch die Abtretung erlangt, und den sonstigen Leistungen hat er an den Schuldner nach Ablauf von vier Jahren seit der Aufhebung des Insolvenzverfahrens vom Hundert und nach Ablauf von fünf Jahren seit der Aufhebung fünfzehn vom Hundert abzuführen. ⁵Sind die nach § 4a gestundeten Verfahrenskosten noch nicht berichtigt, werden die Gelder an den Schuldner nur abgeführt, sofern sein Einkommen nicht den sich nach § 115 Abs. 1 der Zivilprozessordnung errechnenden Betrag übersteigt.

(2) ¹Die Gläubigerversammlung kann dem Treuhänder zusätzlich die Aufgabe übertragen, die Erfüllung der Obliegenheiten des Schuldners zu überwachen. ²In diesem Fall hat der Treuhänder

§ 292

die Gläubiger unverzüglich zu benachrichtigen, wenn er einen Verstoß gegen diese Obliegenheiten feststellt. ³Der Treuhänder ist nur zur Überwachung verpflichtet, soweit die ihm dafür zustehende zusätzliche Vergütung gedeckt ist oder vorgeschossen wird.

(3) ¹Der Treuhänder hat bei der Beendigung seines Amtes dem Insolvenzgericht Rechnung zu legen. ²Die §§ 58 und 59 gelten entsprechend, § 59 jedoch mit der Maßgabe, dass die Entlassung von jedem Insolvenzgläubiger beantragt werden kann und dass die sofortige Beschwerde jedem Insolvenzgläubiger zusteht.

1. Verwaltung und Verteilung, Befriedigung der Insolvenzgläubiger

1 **a)** Der Treuhänder hat zunächst den **Drittschuldner,** gegen den der InsSchu einen Zahlungsanspruch hatte, über die Abtretung nach § 287 Abs 2 S 1 zu **informieren,** damit dieser die Leistungen nur noch an den Treuhänder erbringt. Dies erfolgt idR durch Vorlage der Abtretungserklärung zusammen mit einem mit Rechtskraftvermerk versehenen Beschlusses des InsGericht hinsichtlich der Ankündigung der Restschuldbefreiung (*Smid/Haarmeyer*, § 292 Rn 4). Dabei ist insbes der Arbeitgeber des InsSchu zu unterrichten, jedoch werden innerhalb der ersten zwei Jahre idR wirksame Lohnabtretungen vorgehen (vgl § 114). Bei öffentlichen Bediensteten muss die Abtretungserklärung nach § 411 BGB amtlich oder öffentlich beglaubigt sein (N/R-*Römermann*, § 292 Rn 35).

2 Infolge der Mitteilung ist eine Befreiung des Drittschuldners von seiner Leistungspflicht bei Leistungserbringung an den InsSchu nach § 407 BGB ausgeschlossen. Nach *Römermann* (N/R § 292 Rn 34) ist die Mitteilung aber keine nach § 409 BGB, da sie durch den Treuhänder und nicht den InsSchu erfolgt, so dass die Rechtsfolgen des § 409 BGB nicht eintreten können.

3 **b) Forderungseinzug.** Die beim Treuhänder aufgrund der Abtretung eingehenden Beträge sind auf ein **Treuhandkonto** zu buchen, um sie vom Eigenvermögen des Treuhänder getrennt zu halten. Der Treuhänder hat ausbleibende Zahlungen ggf gerichtlich beizutreiben (K/P-*Wenzel*, § 292 Rn 2; HK-*Landfermann*, § 292 Rn 3).

4 **c) Verteilung.** Von diesem Sonderkonto sind nach S 2 mindestens einmal **jährlich** die aufgelaufenen Beträge gemäß dem Schlussverzeichnis auf die InsGl zu verteilen. Nach dem infolge des InsOÄndG neu eingefügten 2. HS sind jedoch zuvor die nach § 4a gestundeten Verfahrenskosten zu begleichen, wobei etwaige Kosten eines beigeordneten Rechtsanwaltes unberücksichtigt bleiben. Im **Schlussverzeichnis nach § 197**

Abs 1 S 2 sind nur diejenigen InsGl aufgeführt, deren Forderung angemeldet und im Prüfungstermin anerkannt wurde, so dass auch nur diese Zahlungen erhalten. Eine Berücksichtigung von InsGl, die nicht im Schlussverzeichnis aufgeführt wurden, ist bei der Verteilung der eingegangen Beträge auch dann nicht möglich, wenn der InsSchu den InsGl vorsätzlich nicht aufgeführt hat.

Vor der Verteilung ist nach §§ 293, 298 die **Vergütung des Treuhänders** abzurechnen (K/P-*Wenzel*, § 292 Rn 9). 5

Bei der Verteilung der Beträge ist § 114 zu berücksichtigen, der den Umfang der Abtretung einschränkt (siehe § 287 Rn 11). Ein infolge des § 114 gesicherter InsGl nimmt an der Verteilung nur teil, wenn er für den ungedeckten Teil auf die Sicherung verzichtet und sich ins Schlussverzeichnis aufnehmen lässt. Dies ist ein Verzicht auf die abgesonderte Befriedigung nach § 189 Abs 1, obwohl die nach Beendigung des InsVerfahren entstehenden Forderungen eigentlich nicht in die Insolvenzmasse fallen (HK-Landfermann § 292 Rn 6; ausf. FK-*Grote*, § 292 Rn 11–13). Dabei kann der Anteil mit dem dieser ausfällt idR erst nach Ablauf der Zwei-Jahres-Frist des § 114 festgestellt werden, so dass dieser Anteil vom InsGl zu schätzen ist. Er kann dann bei der Verteilung berücksichtigt werden. Ist eine Schätzung unmöglich, ist die Forderung zunächst in ganzer Höhe aufzunehmen (K/P-*Wenzel*, § 292 Rn 9b). 6

d) Verweis auf § 36. Abs 1 S 3 enthält eine Verweisung auf § 36 Abs 1 S 2 und Abs 4 und ordnet eine entsprechende Anwendung an. Damit sind die Regelungen der **§§ 850 ff ZPO** über die Pfändbarkeit in der Einzelzwangsvollstreckung auch im InsVerfahren anwendbar (vgl K/P-*Wenzel*, § 292 Rn 9c). Über einen Streit hinsichtlich der Pfändbarkeit und damit dem Umfang der Abtretung entscheidet infolge der Verweisung nun das InsGericht. 7

e) Zahlungen an den Insolvenzschuldner. Nach der Regelung in S 4 erhält der InsSchu nach Ablauf von vier Jahren 10% bzw von fünf Jahren 15% der eingehenden Zahlungen (sog. **Eigenbehalt**). Durch diese Regelung soll seine Motivation, seinen Obliegenheiten nachzukommen, gestärkt werden. Str ist, ob hierbei die Vergütung des Treuhänders bei der Berechnung unberücksichtigt bleibt (so HK-*Landfermann*, § 292 Rn 7a; FK-*Grote*, § 292 Rn 16; **aA:** K/P-*Wenzel*, § 292 Rn 9f: erst Begleichung der Treuhändervergütung). Erfasst sind dabei alle Leistungen, die der Treuhänder erhält (H/W/W-*Hess*, § 292 Rn 29; K/P-*Wenzel*, § 292 Rn 9g; FK-*Grote*, § 292 Rn 15). Bei Verfahren in denen die Restschuldbefreiung vor dem 01.12.2001 angeordnet wurde, verbleibt es nach Art 103a EGInsO bei der Staffelung der aF, wonach der InsSchu im siebten Jahr nach Verfahrenseröffnung 20% erhält. – Der Eigenbehalt ist beschränkt durch Abs 1 S 5, wenn die gestundeten Verfahrenskosten noch 8

§ 292

nicht beglichen sind. Dann erhält der InsSchu nur das, was er bei einer Ratenzahlung nach § 115 ZPO erhielte (K/P-*Wenzel*, § 292 Rn 9h). – Der Anspruch auf den Eigenbehalt ist für Neugläubiger pfändbar, jedoch nicht für InsGl (§ 294 Abs 1; vgl K/P-*Wenzel*, § 292 Rn 9g). – Ausf zum Eigenbehalt FK-*Grote*, § 292 Rn 15–16).

2. Überwachung des Insolvenzschuldners, Abs 2

9   Dem Treuhänder kann von der Gl-Versammlung zusätzlich die Überwachung der Obliegenheiten des InsSchu übertragen werden. Er hat dann die InsGl unverzüglich über Obliegenheitsverletzungen zu berichten (K/P-*Wenzel*, § 292 Rn 10), so dass diese einen Versagungsantrag stellen können. Der Treuhänder ist nach S 3 nur dann zur Übernahme der Überwachung verpflichtet, wenn er hierfür die **zusätzliche Vergütung** erhält (N/R-*Römermann*, § 292 Rn 56; FK-*Grote*, § 292 Rn 18). In der Wohlverhaltensperiode kann eine Gl-Versammlung, die die Übertragung der Überwachung beschließen könnte, nicht mehr einberufen werden (H/W/W-*Hess*, § 292 Rn 2; FK-*Grote*, § 292 Rn 17; HK-*Landfermann*, § 292 Rn 10; K/P-*Wenzel*, § 292 Rn 12; **aA:** N/R-*Römermann*, § 292 Rn 55). Ein Rechtsmittel des InsSchu gegen die Übertragung der Überwachung auf den Treuhänder ist nicht gegeben (H/W/W-*Hess*, § 292 Rn 3; FK-*Grote*, § 292 Rn 36).

3. Rechnungslegung und gerichtliche Aufsicht, Abs 3

10   **a) Rechnungslegung durch den Treuhänder, S 1.** Bei Beendigung des Amtes hat der Treuhänder dem InsGericht gegenüber Rechnung zu legen. Dies erfolgt durch Erstellung einer **Einnahmenüberschussrechnung** (ausf. *Smid/Haarmeyer*, § 292 Rn 3).

11   **b) Überwachung, S 2.** Der Treuhänder wird gemäß S 2 iVm § 58 durch das InsGericht überwacht. Bei Vorliegen eines wichtigen Grundes (Krankheit, schuldhafte wesentliche Pflichtverletzungen) kann er nach S 2 iVm § 59 Abs 1 S 1 entlassen werden (ausf. H/W/W-*Hess*, § 292 Rn 8ff). Eine Abwahl ist aber wegen des fehlenden Verweises auf § 57 nicht möglich (FK-*Grote*, § 292 Rn 27). Die Entlassung des Treuhänders kann von einem InsGl beantragt werden, wobei gegen eine ablehnende Entscheidung des InsGerichts die sofortige Beschwerde statthaft ist (FK-*Grote*, § 292 Rn 37).

4. Haftung des Treuhänders

12   Eine Haftung ergibt sich nach einer Ansicht aus entsprechender Anwendung des § 60 Abs 1 (HK-*Landfermann*, § 292 Rn 14; *Müller* ZInsO 1999, 335, 339; *Maier/Kraft* BB 1997, 2173, 2178). Hiergegen spricht jedoch, dass in S 2 gerade nicht auf § 60 verwiesen wird, so dass nach zutref-

fender Ansicht eine Haftung nur entsprechend den allg zivilrechtliche Grundsätzen gegeben ist (K/P-*Wenzel*, § 292 Rn 16; *Gottwald/Schmidt-Räntsch*, InsHdb, § 78 Rn 30; H/W/W-*Hess*, § 292 Rn 15: Anwendung der Grundsätze über die uneigennützige doppelseitig Treuhand). Eine Haftungsmilderung nach §§ 521, 599 BGB ist nicht möglich (K/P-*Wenzel*, § 292 Rn 17; N/R-*Römermann*, § 292 Rn 65; **aA:** FK-*Grote*, § 292 Rn 33; *Döbereiner*, S 349). – Ausf zur Haftung FK-*Grote*, § 292 Rn 29–35.

§ 293 Vergütung des Treuhänders

(1) ¹**Der Treuhänder hat Anspruch auf Vergütung für seine Tätigkeit und auf Erstattung angemessener Auslagen.** ²**Dabei ist dem Zeitaufwand des Treuhänders und dem Umfang seiner Tätigkeit Rechnung zu tragen.**

(2) **§ 63 Abs. 2 sowie die §§ 64 und 65 gelten entsprechend.**

1. Vergütung

a) **Regelvergütung.** Der Treuhänder erhält für seine Tätigkeit eine Vergütung nach **§§ 14–16 InsVV**, falls er sich nicht zu einer unentgeltlichen Tätigkeit bereiterklärt hat. Die Vergütung bemisst sich gestaffelt nach den infolge der Abtretung eingegangenen Beträgen: 5% von den ersten 25.000 €, 3% vom Mehrbetrag bis 50.000 € und 1% der darüber hinausgehenden Beträgen. Eine Berücksichtigung des tatsächlichen Aufwands ist wegen dieser Staffelung trotz der Regelung in Abs 1 S 2 nicht möglich (MK-InsO/*Nowak*, § 14 InsVV Rn 8; N/R-*Römermann*, § 293 Rn 7). 1

b) **Zusatzvergütung.** Der Treuhänder erhält, wenn ihm nach § 292 Abs 2 S 1 die **Überwachung der Obliegenheiten** des InsSchu übertragen wurden, nach § 15 InsVV eine regelmäßige Vergütung von 15 € pro Stunde. Diese **zusätzliche Vergütung** soll die des § 14 InsVV nicht übersteigen und ist hierdurch begrenzt. Die Begrenzung kann nach § 15 Abs 2 Satz 2 von der Gl-Versammlung aufgehoben werden (*Smid/Haarmeyer*, § 293 Rn 4; N/R-*Römermann*, § 293 Rn 11), was sinnvoll ist, wenn die Vergütung außer Verhältnis zum tatsächlichen Aufwand steht (zB bei arbeitslosem InsSchu) (FK-*Grote*, § 293 Rn 13; MK-InsO/*Nowak*, § 15 InsVV Rn 5). 2

c) **Mindestvergütung.** Nach § 14 Abs 3 InsVV besteht eine **Mindestvergütung** von 100 € pro Jahr, so dass eine Vergütung auch bei massearmen Verfahren gegeben ist. Sie ist nicht auf ein Kalenderjahr bezogen (K/P-*Wenzel*, § 293 Rn 3; N/R-*Römermann*, § 293 Rn 6); bei angefangen Jahren ist sie für jedes angefangene Jahr zu zahlen (FK-*Grote*, § 293 Rn 10; MK-InsO/*Nowak*, § 14 InsVV Rn 9; **aA:** N/R-*Römermann*, § 293 Rn 6: nur anteilig). 3

4 **d) Sekundäranspruch.** Der Verweis in Abs 2 auf § 63 Abs 2 bezieht die Treuhändervergütung in die **Stundung der Verfahrenskosten** ein (FK-*Grote*, § 293 Rn 5 a). Der Treuhänder erhält einen Sekundäranspruch gegen die Staatskasse, so dass die Vergütung des Treuhänders auch bei nur geringen Abtretungsbeträgen sichergestellt ist (FK-*Grote* § 293 Rn 20). Diese Beträge können dann beim InsSchu geltend gemacht werden (K/P-*Wenzel*, § 293 Rn 6).

2. Auslagenersatz

5 Zusätzlich zu dieser Vergütung erhält der Treuhänder **Ersatz** für die angemessen **Auslagen**. Hierzu gehören auch Prozesskosten, die bei der Verwaltung bzw Beitreibung der Gelder entstanden sind (FK-*Grote*, § 293 Rn 16; HK-*Landfermann*, § 293 Rn 4). Gleichfalls ist eine vom Treuhänder zu zahlende Umsatzsteuer nach § 16 Abs 1 S 4 iVm § 7 InsVV zu erstatten (N/R-*Römermann*, § 293 Rn 17).

3. Festsetzung

6 Die **Kostenfestsetzung** erfolgt nach § 293 iVm 64 Abs 1 durch das InsGericht (Rechtspfleger), wobei die Vergütung und die Auslagen erst nach Beendigung des Amtes bestimmt werden. Der Treuhänder ist jedoch schon davor berechtigt, Vorschüsse aus der Treuhandmasse zu entnehmen, wobei sich dies nach § 16 Abs 2 InsVV nicht auf die Auslagen erstreckt (FK-*Grote*, § 293 Rn 18 und 19; HK-*Landfermann*, § 293 Rn 5). Die Vergütung errechnet sich dabei von den Gesamtbeträgen, die der Treuhänder in der Wohlverhaltensphase erlangt hat (FK-*Grote*, § 293 Rn 8; MK-InsO/*Nowak*, § 14 InsVV Rn 7). – Für die öffentliche Bekanntmachung der Vergütungsfestsetzung und die Rechtsmittel gilt § 64 Abs 2 und 3 entsprechend (**sofortige Beschwerde** falls Gegenstandswert über 100 €, § 567 Abs 2 S 1 ZPO; *Braun/Buck*, § 293 Rn 3). – Zur Vergütung des Treuhänders während des vereinfachten InsVerfahren siehe § 313 Rn 7.

§ 294 Gleichbehandlung der Gläubiger

(1) Zwangsvollstreckungen für einzelne Insolvenzgläubiger in das Vermögen des Schuldners sind während der Laufzeit der Abtretungserklärungen nicht zulässig.

(2) Jedes Abkommen des Schuldners oder anderer Personen mit einzelnen Insolvenzgläubigern, durch das diesen ein Sondervorteil verschafft wird, ist nichtig.

(3) Gegen die Forderung auf die Bezüge, die von der Abtretungserklärung erfasst werden, kann der Verpflichtete eine Forderung gegen den Schuldner nur aufrechnen, soweit er bei einer

Gleichbehandlung der Gläubiger **§ 294**

Fortdauer des Insolvenzverfahrens nach § 114 Abs. 2 zur Aufrechnung berechtigt wäre.

1. Vollstreckungsverbot, Abs 1

a) Umfang. Das Vollstreckungsverbot erfasst **alle Maßnahmen der** 1
Einzelzwangsvollstreckung seitens der InsGl. InsGl sind dabei alle
Gläubiger, die an dem vorangegangenen InsVerfahren teilgenommen haben oder hätten teilnehmen können (HK-*Landfermann*, § 294 Rn 3; FK-*Ahrens*, § 294 Rn 6). Ebenfalls ist eine Vollstreckung der Nachranggläubiger (§ 39) unzulässig (H/W/W-*Hess*, § 294 Rn 6). Erfasst sind nach §§ 404, 412 BGB auch die rechtsgeschäftlichen oder gesetzlichen Rechtsnachfolger der InsGl (FK-*Ahrens*, § 294 Rn 6). **Unterhalts- und Deliktsgläubiger** sind daher durch § 294 an einer Vollstreckung gehindert, obwohl das allg Vollstreckungsverbot nach § 89 Abs 2 nicht eingreift (H/W/W-*Hess*, § 294 Rn 6; N/R-*Römermann*, § 294 Rn 7; **aA:** FK-*Ahrens*, § 294 Rn 8; HK-*Landfermann*, § 294 Rn 5: Vollstreckung in den für andere InsGl nicht pfändbaren Teil der Bezüge nach §§ 850d, 850f Abs 2 ZPO und § 89 Abs 2 aufgrund einer teleologischer Reduktion möglich).
– **Dagegen** ist eine Einzelzwangsvollstreckung **möglich durch**: Neugläubiger, Massegläubiger, Aussonderungsberechtigte und Absonderungsberechtigte iFd Immobiliarsicherung (vgl H/W/W-*Hess*, § 294 Rn 6–10). Hinsichtlich der Absonderungsberechtigten iFd Mobiliarsicherung ist dies str (Vollstreckung zulässig: K/P-*Wenzel*, § 294 Rn 3; **aA:** H/W/W-*Hess*, § 294 Rn 11; FK-*Ahrens*, § 294 Rn 15). Das Vollstreckungsverbot bewirkt damit, dass InsGl nur auf die von der Abtretung nach § 287 Abs 2 erfassten Beträge zurückgreifen können, aber nicht auf den sonstigen Neuerwerb (N/R-*Römermann*, § 294 Rn 5). Die Regelung in § 295 Abs 1 Nr 2 bedeutet nicht, dass die InsGl durch Zwangsvollstreckung auf die abzuführenden Beträge zugreifen können (FK-*Ahrens*, § 294 Rn 13). Für Altvermögen, dass nicht im vorangegangenen InsVerfahren verteilt wurde, kann eine Nachtragsverteilung nach § 203 erfolgen, die nicht durch § 294 ausgeschlossen ist (N/R-*Römermann*, § 294 Rn 10).

b) Dauer. Das Abtretungsverbot gilt **ab** der **Eröffnung des InsVer-** 2
fahren und führt das während des InsVerfahren nach § 89 bestehende
Aufrechnungsverbot fort. Das Vollstreckungsverbot soll auch für die Zeit
nach Ablauf der Wohlverhaltensperiode **bis** zur **Beendigung** des Verfahrens durch die **rechtskräftigen Entscheidung** über die Erteilung der Restschuldbefreiung gelten, da es dem Sinn des § 294 widerspräche, wenn in diesem Zeitraum eine Einzelzwangsvollstreckung möglich wäre (K/P-*Wenzel*, § 294 Rn 2; HK-*Landfermann*, § 294 Rn 3a; FK-*Ahrens*, § 294 Rn 17; *Smid/Haarmeyer*, § 294 Rn 2). Es endet bei vorzeitiger Be-

§ 294

endigung des Restschuldbefreiungsverfahrens nach § 299 (*Braun/Buck*, § 294 Rn 5).

3   **c) Wirkung.** Werden Einzelzwangsvollstreckungsmaßnahmen beantragt, so hat das Vollstreckungsorgan das Verbot des Abs 1 von Amts wegen zu berücksichtigen, so dass dem InsSchu und dem Treuhänder ggf die Erinnerung nach § 766 ZPO zusteht, über die das Vollstreckungsgericht entscheidet (HK-*Landfermann*, § 294 Rn 4; **aA:** Smid/Haarmeyer, § 294 Rn 2; H/W/W-*Hess*, § 294 Rn 15).

2. Gewährung eines Sondervorteils, Abs 2

4   Der InsSchu ist gehindert, durch Sondervereinbarungen mit einzelnen InsGl eine Bevorzugung bei der Befriedigung zu bewirken. Hierdurch wird der **Gleichbehandlungsgrundsatz** verwirklicht. Ein **Sondervorteil** ist dann gegeben, wenn zulasten der Masse von den Verteilungsregelungen abgewichen wird (H/W/W-*Hess*, § 294 Rn 20; FK-*Ahrens*, § 294 Rn 31f), der InsSchu dem InsGl etwas gewährt, was er nach § 295 an den Treuhänder abführen müsste (K/P-*Wenzel*, § 294 Rn 5) und somit eine wirtschaftliche Besserstellung im Vergleich zu den anderen InsGl herbeiführt (*Smid/Haarmeyer*, § 294 Rn 4). Sondervereinbarungen sind auch einseitige Rechtsgeschäfte, zB Ermächtigungen (Smid/Haarmeyer § 294 Rn 4; K/P-*Wenzel*, § 294 Rn 5; H/W/W-*Hess*, § 294 Rn 18; **aA:** FK-*Ahrens*, § 294 Rn 26). Die **Wirkung** des Verbots ist die unheilbare **Nichtigkeit** des Verpflichtungs- und des Erfüllungsgeschäfts (H/W/W-*Hess*, § 294 Rn 22; **aA:** heilbar, *Smid/Haarmeyer*, § 294 Rn 6). Str ist, ob eine Rückforderung nach § 817 BGB ausgeschlossen ist (so H/W/W-*Hess*, § 294 Rn 22; **aA:** FK-*Ahrens*, § 294 Rn 34). – Die Vereinbarung eines Sondervorteils stellt auch eine **Obliegenheitsverletzung nach § 295 Abs 1 Nr 4** dar und kann zur Versagung der Restschuldbefreiung führen (*Smid/Haarmeyer*, § 294 Rn 4).

3. Aufrechnungsverbot, Abs 3

5   Das Aufrechnungsverbot bezieht sich auf die **Drittschuldner**, die infolge der Abtretung nach **§ 287 Abs 2** ihre Leistung nicht mehr an den InsSchu, sondern an den **Treuhänder** zu erbringen haben. Dies ist idR der Arbeitgeber des InsSchu. Eine Aufrechnung ist dann nur iFd § 114 Abs 2 für die Dauer von zwei Jahren ab Ende des Kalendermonats in dem die Eröffnung des InsVerfahren erfolgte, zulässig. Gleichwohl besteht dann in den Fällen des § 96 Nr 2–4 oder wenn die Bezüge unpfändbar sind ein Aufrechnungsverbot (H/W/W-*Hess*, § 294 Rn 26). Da sich der Verweis in § 114 Abs 2 nicht auf § 96 Nr 1 bezieht, besteht kein allg Aufrechnungsverbot (K/P-*Wenzel*, § 294 Rn 7). – Eine Aufrechnung mit Steuererstattungsansprüchen gegen den InsSchu ist zwar nicht nach Abs 3 unwirksam,

da sich Abs 3 nur auf das Verhältnis zwischen Treuhänder und Drittschuldner bezieht, jedoch verstößt eine Aufrechnung gegen die Gleichbehandlung der InsGl (AG Neuwied, NZI 2000, 334, 335).

§ 295 Obliegenheiten des Schuldners

(1) Dem Schuldner obliegt es, während der Laufzeit der Abtretungserklärung
1. eine angemessene Erwerbstätigkeit auszuüben und, wenn er ohne Beschäftigung ist, sich um eine solche zu bemühen und keine zumutbare Tätigkeit abzulehnen;
2. Vermögen, das er von Todes wegen oder mit Rücksicht auf ein künftiges Erbrecht erwirbt, zur Hälfte des Wertes an den Treuhänder herauszugeben;
3. jeden Wechsel des Wohnsitzes oder der Beschäftigungsstelle unverzüglich dem Insolvenzgericht und dem Treuhänder anzuzeigen, keine von der Abtretungserklärung erfaßten Bezüge und kein von Nummer 2 erfaßtes Vermögen zu verheimlichen und dem Gericht und dem Treuhänder auf Verlangen Auskunft über seine Erwerbstätigkeit oder seine Bemühungen um eine solche sowie über seine Bezüge und sein Vermögen zu erteilen;
4. Zahlungen zur Befriedigung der Insolvenzgläubiger nur an den Treuhänder zu leisten und keinem Insolvenzgläubiger einen Sondervorteil zu verschaffen.

(2) Soweit der Schuldner eine selbständige Tätigkeit ausübt, obliegt es ihm, die Insolvenzgläubiger durch Zahlungen an den Treuhänder so zu stellen, wie wenn er ein angemessenes Dienstverhältnis eingegangen wäre.

1. Normzweck

Die Erlangung der Restschuldbefreiung ist nur dann gerechtfertigt, wenn der InsSchu während der Wohlverhaltensperiode versucht, die InsGl bestmöglichst zu befriedigen. Um dies zu gewährleisten bestehen verschiedene Obliegenheiten. Diese sind wie bei § 290 abschließend aufgeführt und es ist auch kein Ermessen des InsGericht eröffnet (*Braun/Buck*, § 295 Rn 2). 1

2. Einzelne Obliegenheiten

a) **Erwerbsobliegenheit.** Nach Abs 1 **Nr 1** ist der InsSchu verpflichtet, einer Erwerbstätigkeit nachzugehen oder zu versuchen, eine Arbeit zu finden. Hierdurch soll gewährleistet werden, dass infolge der Abtretung nach § 287 Abs 2 der Verteilungsmasse tatsächlich Beträge zufließen. 2

§ 295

3 aa) Übt der InsSchu bereits eine **Erwerbstätigkeit** aus, so muss diese **angemessen** sein. Dies wird **vermutet**, so dass die Darlegungs- und Beweislast bei dem die Versagung beantragenden InsGl liegt (*Braun/Buck*, § 295 Rn 5; FK-*Ahrens*, § 295 Rn 14). Hinsichtlich der Angemessenheit gelten die zu § 1574 Abs 2 BGB entwickelten Grundsätze (*Braun/Buck*, § 295 Rn 5; H/W/W-*Hess*, § 295 Rn 17; ausf. FK-*Ahrens*, § 295 Rn 12–14; vgl Palandt/*Brudermüller*, § 1574 Rn 3–5). **Str** ist, ob eine langjährige Strafhaft der Restschuldbefreiung entgegensteht, da der InsSchu dann seiner Erwerbsobliegenheit auf Dauer nicht nachkommen kann (so LG Hannover ZInsO 2002, 449, 450; **aA:** *Kohte* EWiR 2002, 491 f; FK-*Ahrens*, § 295 Rn 12). Gegen die Annahme der Unredlichkeit spricht aber die Systematik zu § 297 (vgl *Wilhelm V,* Anm in ZInsO, 2002, 450, 451) und §§ 290, 295 (*Kohte* EWiR 2002, 491 f). Die Erwerbsobliegenheit ist nicht verletzt, wenn der verheiratete InsSchu nicht in die günstigere Steuerklasse III wechselt (AG Duisburg ZInsO 2002, 383, 385). Auch die Aufnahme eines Studiums stellt keinen Verstoß dar, solange das Studium im üblichen zeitlichen Rahmen bleibt (AG Göttingen ZInsO 2002, 385, 386).

4 bb) Ist der InsSchu dagegen **arbeitslos**, so trifft ihn die Verpflichtung, sich um eine angemessene Arbeit zu bemühen, so dass er sich **aktiv** auf Stellen bewerben muss (LG Kiel ZVI 2002, 474 f; H/W/W-*Hess*, § 295 Rn 20; *Smid/Haarmeyer*, § 295 Rn 3). Hierzu gehört, dass er sich auf Inserate bewirbt, selbst inseriert (wenn die Kosten zumutbar sind) oder Initiativbewerbungen vornimmt. Entsprechende Unterlagen sollte er zum Nachweis aufheben. Daneben darf er keine **zumutbare Arbeit** ablehnen. Die Zumutbarkeit ist wegen des Ziels der Gläubigerbefriedigung eng auszulegen (*Smid/Haarmeyer*, § 295 Rn 3). Damit ist auch eine Arbeit zumutbar, die nicht dem erlernten Beruf entspricht oder geringer vergütet wird; auch kann eine Aushilfs- oder Nebentätigkeiten verlangt werden (*Braun/Buck*, § 295 Rn 8). Für eine Anwendung der Kriterien des § 121 SGB III: *Smid/Haarmeyer*, § 295 Rn 4; zust H/W/W-*Hess*, § 295 Rn 22 mwN. Ein InsSchu, der trotz aller Bemühungen keine Beschäftigung findet, kann Restschuldbefreiung erlangen, da er durch seine Bemühungen die Obliegenheit erfüllt hat (HK-*Landfermann*, § 295 Rn 3; N/R-*Römermann*, § 295 Rn 10).

5 b) **Erbrechtlicher Vermögenszuwachs.** Nach Abs 1 **Nr 2** ist der InsSchu verpflichtet, die Hälfte des Vermögens, das er ererbt oder im Hinblick auf ein künftiges Erbrecht erlangt, an den Treuhänder zwecks Befriedigung der InsGl abzuführen. Erfasst ist dabei nur eine Erbschaft, die während der Wohlverhaltensperiode anfällt; eine analoge Anwendung auf eine zuvor angefallene Erbschaft ist nicht möglich (AG Mönchengladbach ZVI 2002, 86). Eine Erbschaft iSd Nr 2 liegt auch beim befreiten Vorerben vor, beim nichtbefreiten **Vorerben** aber nur, soweit er zur endgültigen Verfügung über den Nachlass befugt ist (N/R-*Römermann*, § 295 Rn 22 mVa *Döbereiner*, S 162ff). Nr 2 erfasst auch **Vermächtnis-** und **Pflichtteilsansprüche**, §§ 2174, 2302 BGB (H/W/W-*Hess*, § 295 Rn 32; einschr N/R-*Römermann*, § 295 Rn 24). Ist der InsSchu **Miterbe** kann analog § 84 Abs 2 S 2 die Erbauseinandersetzung auch dann verlangt werden, wenn der Erblasser die Auseinandersetzung ausgeschlossen hat (*Braun/Buck*, § 295 Rn 13; H/W/W-*Hess*, § 295 Rn 30). Doch bleibt es bei der Befugnis des InsSchu, die Erbschaft auszuschlagen oder auf sie zu verzichten, vgl § 83 Abs 1 S 1 (H/W/W-*Hess*, § 295 Rn 27; N/R-*Römermann*, § 295 Rn 26f), wenngleich diese Rechtslage unbefriedigend ist. – **Nicht erfasst** ist ein Anspruch auf **Zugewinnausgleich** (FK-*Ahrens*, § 295 Rn 40; *Smid/Haarmeyer*, § 295 Rn 11; *Fuchs*-Kölner Schrift, S 1742 Rn 183; **aA:** *Leipold* FS Gaul, 367, 374); auch **Schenkungen** und **Lotteriegewinne** brauchen nicht abgeführt werden (*Braun/Buck*, § 295 Rn 911; H/W/W-*Hess*, § 295 Rn 34). Dies gilt bei Schenkungen auch, wenn sie von Todes wegen erfolgten (*Braun/Buck*, § 295 Rn 11; FK-*Ahrens*, § 295 Rn 38).

c) **Auskunfts- und Aufklärungspflichten.** Nach Abs 1 Nr 3 ist der 6 InsSchu verpflichtet: **(1)** einen **Wohnsitzwechsel** anzuzeigen, **(2)** einen Wechsel der **Beschäftigungsstelle** mitzuteilen, **(3)** Bezüge und Vermögen, die dem Treuhänder zustehen anzugeben und **(4) Auskunft** hinsichtlich der Erwerbsobliegenheit zu geben. Die Angaben zu (1) und (2) sind unverzüglich, also ohne schuldhaftes Zögern (§ 121 Abs 1 S 1 BGB) zu machen. Ein Auskunftsverlangen des Treuhänders nach (4) braucht von diesem nicht begründet zu werden (H/W/W-*Hess*, § 295 Rn 36). – Aus Nr 3 wird auch die Pflicht abgeleitet, Bezüge, die trotz der Abtretung an den InsSchu selbst gezahlt werden, sofort an den Treuhänder abzuführen (H/W/W-*Hess*, § 295 Rn 11).

d) **Befriedigung der InsGl.** Der InsSchu ist nach Abs 1 **Nr 4** ver- 7 pflichtet, Zahlungen nur an den Treuhänder zu leisten. Daneben darf er einem InsGl keinen Sondervorteil gewähren. Während § 292 Abs 2 die rechtsgeschäftliche Unwirksamkeit anordnet, betrifft § 295 Abs 1 Nr 4 die tatsächliche Leistungserbringung und erfordert, dass durch Eintritt des Leistungserfolgs die Befriedigung der InsGl beeinträchtigt wurde (*Smid/Haarmeyer*, § 295 Rn 14).

3. Selbständige Tätigkeit

Ein selbständig tätiger InsSchu ist verpflichtet, von seinen Einkünften 8 einen **Betrag an den Treuhänder abzuführen**, der dem entspricht, der bei einer abhängigen Beschäftigung der Verteilungsmasse zufließen würde (N/R-*Römermann*, § 295 Rn 48; H/W/W-*Hess*, § 295 Rn 25; HK-*Land-*

§ 296

fermann, § 295 Rn 4; **aA:** K/P-*Wenzel*, § 295 Rn 15 der InsSchu hat den Betrag herauszugeben, der bei der konkret ausgeübten Tätigkeit der Verteilungsmasse zufließen würde). Einen Überschuss hat der InsSchu nicht herauszugeben (N/R-*Römermann*, § 295 Rn 50; Uhlenbruck/*Vallender* § 295 Rn 76; HK-*Landfermann*, § 295 Rn 4a; *Trendelenburg* ZInsO 2000, 437, 439) Damit ist der abzuführende Betrag nicht vom wirtschaftlichen Erfolg des InsSchu abhängig, jedoch bestimmt dieser den Zeitpunkt zu dem der InsSchu die Leistung an den Treuhänder erbringt (*Braun*/*Buck*, § 295 Rn 18). UU kann daher die Zahlung auch erst am Ende der Wohlverhaltensperiode erfolgen, muss dann aber den ganzen Betrag darstellen (FK-*Ahrens*, § 295 Rn 64 mit Hinweis auf die dabei drohenden Gefahren, insbes der Nichtbefriedigung der InsGl). – Falls der selbständig tätige InsSchu nur ein geringes Einkommen erwirtschaftet, kann es ihm zumutbar sein, einer **abhängigen Beschäftigung** nachzugehen (*Smid*/*Haarmeyer*, § 295 Rn 10). IÜ liegt es aber in seiner Autonomie, sich für eine abhängige oder selbständige Tätigkeit zu entscheiden (FK-*Ahrens*, § 295 Rn 62; *Trendelenburg* ZInsO 2000, 437, 440). Die Abgrenzung der Tätigkeiten erfolgt in Anlehnung an § 84 Abs 1 S 2 HGB (FK-*Ahrens*, § 295 Rn 63).

9 Die Regelungen des **Abs 1 Nr 2–4** und des Abs 2 bestehen nicht alternativ (FK-*Ahrens*, § 295 Rn 6), sondern gelten auch für selbständige InsSchu (HK-*Landfermann*, § 295 Rn 1).

4. Wirkung

10 Bei einem Verstoß gegen die Obliegenheiten des § 295 kann unter den zusätzlichen Voraussetzungen des § 296 die Restschuldbefreiung versagt werden.

§ 296 Verstoß gegen Obliegenheiten

(1) ¹**Das Insolvenzgericht versagt die Restschuldbefreiung auf Antrag eines Insolvenzgläubigers, wenn der Schuldner während der Laufzeit der Abtretungserklärung eine seiner Obliegenheiten verletzt und dadurch die Befriedigung der Insolvenzgläubiger beeinträchtigt; dies gilt nicht, wenn den Schuldner kein Verschulden trifft.** ²**Der Antrag kann nur binnen eines Jahres nach dem Zeitpunkt gestellt werden, in dem die Obliegenheitsverletzung dem Gläubiger bekanntgeworden ist.** ³**Er ist nur zulässig, wenn die Voraussetzungen der Sätze 1 und 2 glaubhaft gemacht werden.**

(2) ¹**Vor der Entscheidung über den Antrag sind der Treuhänder, der Schuldner und die Insolvenzgläubiger zu hören.** ²**Der Schuldner hat über die Erfüllung seiner Obliegenheiten Auskunft zu erteilen und, wenn es der Gläubiger beantragt, die Richtigkeit**

dieser Auskunft an Eides Statt zu versichern. ³Gibt er die Auskunft oder die eidesstattliche Versicherung ohne hinreichende Entschuldigung nicht innerhalb der ihm gesetzten Frist ab oder erscheint er trotz ordnungsgemäßer Ladung ohne hinreichende Entschuldigung nicht zu einem Termin, den das Gericht für die Erteilung der Auskunft oder die eidesstattliche Versicherung anberaumt hat, so ist die Restschuldbefreiung zu versagen.

(3) ¹Gegen die Entscheidung steht dem Antragsteller und dem Schuldner die sofortige Beschwerde zu. ²Die Versagung der Restschuldbefreiung ist öffentlich bekanntzumachen.

1. Voraussetzungen der Versagung

a) Obliegenheitsverletzung. Das Restschuldbefreiungsverfahren 1
kann vorzeitig beendet werden, wenn der InSchu eine seiner aus § 295 folgenden Obliegenheiten verletzt. Dies muss von den InsGl bewiesen werden, da diese insofern die Feststellungslast trifft (N/R-*Römermann*, § 296 Rn 9).

b) Beeinträchtigung. Die Obliegenheitsverletzung kann nur dann 2
einen Versagungsgrund darstellen, wenn durch sie eine **tatsächliche Beeinträchtigung der Befriedigung der InsGl** herbeigeführt wurde (*Smid/Haarmeyer*, § 296 Rn 4). Ein besonderer Grad der Beeinträchtigung muss im Gegensatz zu § 303 nicht erreicht sein, jedoch sind geringfügige Beeinträchtigungen in Anwendung der Grundsätze von Treu und Glauben (Verbot des Rechtsmissbrauchs), § 242 BGB, nicht geeignet, eine Versagung herbeizuführen (N/R-*Römermann*, § 296 Rn 12; HK-*Landfermann*, § 296 Rn 5). Auf die Schwere der Obliegenheitsverletzung ist dagegen nicht abzustellen (N/R-*Römermann*, § 296 Rn 8, 12). Die Beeinträchtigung ist nach **wirtschaftlichen Gesichtspunkten** zu bewerten, so dass zwischen der ordnungsgemäßen Erfüllung und der tatsächlichen zu vergleichen ist (K/P-*Wenzel*, § 296 Rn 5). Eine Nachentrichtung mit der Folge, dass die Beeinträchtigung entfiele, ist nicht möglich (K/P-*Wenzel*, § 296 Rn 5; Uhlenbruck/*Vallender* § 296 Rn 20; **aA:** H/W/W-*Hess*, § 296 Rn 21; **vgl:** HK-*Landfermann*, § 296 Rn 3; FK-*Ahrens*, § 296 Rn 14: gemäß § 331 AO nur vor dem Verteilungszeitpunkt nach § 292 Abs 1 S 2 und falls noch kein Versagungsantrag gestellt wurde). Das Erfordernis der Beeinträchtigung hat zur Folge, dass der Antrag nur von InsGl gestellt werden kann, die eine festgestellte Forderung haben, da sonst eine Beeinträchtigung ausscheidet (AG Frankfurt ZVI 2002, 35 f mit zust Anm *Lessing* EWiR 2001, 1101; **aA:** AG Köln ZVI 2002, 223, 224).

c) Kausalität. Die Obliegenheitsverletzung muss kausal zur Beein- 3
trächtigung der InsGl geführt haben.

§ 296 7. Teil. Eigenverwaltung

4   **d) Verschulden.** Die Versagung ist nur dann gerechtfertigt, wenn den InsSchu ein Verschulden trifft. Es gilt **§ 276 BGB** (*Maier/Krafft*, BB 1997, 2173, 2179; N/R-*Römermann*, § 296 Rn 16) und damit ein objektiver Sorgfaltsmaßstab (K/P-*Wenzel*, § 296 Rn 4; **aA:** FK-*Ahrens*, § 296 Rn 8; H/W/W-*Hess*, § 296 Rn 11; *Braun/Buck*, § 296 Rn 4: Maßstab des Verschuldens gegen sich selbst, § 254 Abs 1 BGB). Aufgrund der negativen Formulierung des **S 1 2. HS** trifft den InsSchu die Feststellungslast, so dass bei der Unerweislichkeit des Verschuldens die Restschuldbefreiung zu versagen ist (N/R-*Römermann*, § 296 Rn 18; *Smid/Haarmeyer*, § 296 Rn 2, 6; vgl K/P-*Wenzel*, § 296 Rn 3f; ausf. FK-*Ahrens*, § 296 Rn 9).

2. Verfahren

5   **a) Antrag. aa)** Das Versagungsverfahren setzt zwingend einen Antrag einer der InsGl voraus. Hierfür ist keine Form vorgeschrieben. Der Treuhänder kann dagegen die Versagung nicht beantragen.

6   **bb)** Inhaltlich muss der Antrag die Darlegung der Obliegenheitsverletzung und des Zeitpunktes der Kenntniserlangung enthalten. Beide Angaben sind **glaubhaft zu machen**; hierfür gilt § 4 iVm § 294 ZPO (N/R-*Römermann*, § 296 Rn 21f). Nach **aA** hat der InsGl zusätzlich noch das Verschulden glaubhaft zu machen, jedoch spricht hiergegen die eindeutige Zuweisung der Darlegungslast durch Abs 1 S 3 (FK-*Ahrens*, § 296 Rn 26; H/W/W-*Hess*, § 296 Rn 23; *Braun/Buck*, § 296 Rn 7). Sind die Voraussetzungen glaubhaft gemacht, so hat das InsGericht von Amts wegen zu ermitteln (HK-*Landfermann*, § 296 Rn 5).

7   **cc)** Das Recht, die Versagung der Restschuldbefreiung zu beantragen, ist ausgeschlossen, wenn ab der **Kenntniserlangung** von der Obliegenheitsverletzung mehr als ein Jahr vergangen ist, wobei die Kenntnis auf die, den § 295 ausfüllenden Tatsachen bezogen ist. Hierbei ist positive Kenntnis erforderlich, wobei keine **Wissenszusammenrechnung** erfolgt (K/P-*Wenzel*, § 296 Rn 2). Dem ungeachtet wird die Kenntnis eines **Wissensvertreters** zugerechnet (FK-*Ahrens*, § 296 Rn 21; allg MK-BGB/*Schramm* § 166 Rn 23 ff). Ein Antrag ist wegen Rechtsmissbrauchs unzulässig, wenn ein InsGl nach Fristablauf den Versagungsgrund einem anderen InsGl mitteilt, damit dieser einen entsprechenden Antrag stellen kann und um so die Ausschlussfrist zu umgehen (*Smid/Haarmeyer*, § 296 Rn 5; FK-*Ahrens*, § 296 Rn 22; *Braun/Buck*, § 296 Rn 5).

8   **dd)** Die Fristberechnung erfolgt nach § 4 iVm §§ 222 ZPO, 187 Abs 1, 188 Abs 2 BGB (N/R-*Römermann*, § 296 Rn 25). Nach Fristablauf ist der Antrag unzulässig (N/R-*Römermann*, § 296 Rn 28). Die Feststellungslast für den Zeitpunkt der Kenntniserlangung liegt bei den InsGl (N/R-*Römermann*, § 296 Rn 29).

b) Anhörung, Abs 2. Vom InsGericht anzuhören sind der InsSchu, die InsGl und der Treuhänder. Unter den Voraussetzungen des § 10 kann hiervon ggf abgesehen werden. Das Anhörungsverfahren kann auch schriftlich erfolgen (vgl *Smid/Haarmeyer*, § 296 Rn 8).

c) Auskunft. Das InsGericht kann nach **S 2** Auskünfte vom InsSchu einholen. Kommt dieser der Aufforderung nicht innerhalb einer angemessenen, vom InsGericht gesetzten Frist nach, so hat das InsGericht nach **S 3** die Restschuldbefreiung von Amts wegen zu versagen. Ein Hinweis auf diese Rechtsfolge ist zweckmäßig, aber nicht zwingend erforderlich (*Braun/Buck*, § 296 Rn 10). – Seine Auskünfte hat der InsSchu auf Antrag eines InsGl **eidesstattlich** zu **versichern**, wobei für diesen Antrag keine zusätzlichen Anforderungen gestellt werden (N/R-*Römermann*, § 296 Rn 32). Das Verfahren der eidesstattlichen Versicherung richtet sich nach § 98 (FK-*Ahrens*, § 296 Rn 34). Die Nichterfüllung dieser Verpflichtung stellt ebenfalls eine Obliegenheitsverletzung und dadurch einen Versagungsgrund dar.

d) Ladung. Der vierte Versagungsgrund des § 296 ist nach Abs 2 S 3 das Nichterscheinen des InsSchu zu einem Termin, zu dem er geladen wurde. Das Nichterscheinen kann nur unter den Voraussetzungen des § 381 ZPO entschuldigt werden.

3. Entscheidung des InsGericht

a) Beschluss. Das InsGericht entscheidet durch Beschluss, zuständig ist der Richter (LG Münster DZWiR 1999, 474, 475; **aA** zT: HK-*Landfermann*, § 296 Rn 10; H/W/W-*Hess*, § 296 Rn 29; *Braun/Buck*, § 296 Rn 12: bei Abweisung von Amts wegen der Rechtspfleger). Der Beschluss ist nach § 296 Abs 3 S 2 öffentlich bekannt zu machen; gegen ihn ist nach Abs 3 S 2 die **sofortige Beschwerde** zulässig.

b) Versagungsgrund. Die Restschuldbefreiung kann aus einem anderen Grund als dem im Antrag angegebenen versagt werden (K/P-*Wenzel*, § 296 Rn 7; **aA**: FK-*Ahrens*, § 296 Rn 17).

c) Kosten. Den die Versagung beantragenden InsGl trifft nach KV 2350 eine Gebühr von 30 €; im Beschwerdeverfahren 50 € nach KV 2361. Ein RA erhält nach VV 3321 eine halbe Gebühr, die nach der Hälfte des Werts der in der Tabelle angegebenen Höhe bestimmt wird (vgl LG Bochum ZInsO 2001, 564, 566).

§ 297 Insolvenzstraftaten

(1) Das Insolvenzgericht versagt die Restschuldbefreiung auf Antrag eines Insolvenzgläubigers, wenn der Schuldner in dem

§ 297

Zeitraum zwischen Schlußtermin und Aufhebung des Insolvenzverfahrens oder während der Laufzeit der Abtretungserklärung wegen einer Straftat nach den §§ 283 bis 283 c des Strafgesetzbuchs rechtskräftig verurteilt wird.
(2) § 296 Abs. 1 Satz 2 und 3, Abs. 3 gilt entsprechend.

1. Verfahren

1   a) Wie in § 290 wird zwingend ein **Antrag eines InsGl** vorausgesetzt. (Vgl § 290 Rn 3). Abweichend von § 290 ist eine Antragstellung nach Abs 2 iVm § 296 Abs 1 S 2 nur innerhalb eines Jahres ab Kenntniserlangung des InsGl möglich. Zudem sind die Verurteilung und der Zeitpunkt der Kenntniserlangung nach Abs 2 iVm § 296 Abs 1 S 3 glaubhaft zu machen. Vgl zu beidem § 296. **Str** ist hierbei, ob der Strafrichter das InsGericht von Amts wegen unterrichten muss (*Maier/Krafft* BB 1997, 2173, 2179; **aA:** HK-*Landfermann*, § 297 Rn 3; *Braun/Buck* § 297 Rn 3).

2   b) Das InsGericht darf trotz eines fehlenden Verweises auf § 296 Abs 2 nur nach vorheriger **Anhörung** des InsSchu entscheiden, da es sonst gegen Art 103 Abs 1 GG verstieße (N/R-*Römermann*, § 297 Rn 8; *Smid/Haarmeyer*, § 297 Rn 3; wohl auch Uhlenbruck/*Vallender* § 297 Rn 13; **aA:** *Braun/Buck*, § 297 Rn 4; H/W/W-*Hess*, § 297 Rn 2; K/P-*Wenzel*, § 297 Rn 2).

2. Versagungsvoraussetzungen

3   Durch **§ 297** wird die Regelung des **§ 290 Abs 1 Nr 1** fortgeführt. Die **Rechtskraft** der Verurteilung nach §§ 283–283 c muss daher zwischen dem Schlusstermin und dem Ende der Wohlverhaltensperiode eintreten (vgl zur missverständlichen Gesetzesfassung FK-*Ahrens*, § 297 Rn 3a, b). Tritt sie erst danach ein, ist dies für das Restschuldbefreiungsverfahren irrelevant (N/R-*Römermann*, § 297 Rn 4) und rechtfertigt auch keinen Widerruf nach § 303 (*Smid/Haarmeyer*, § 297 Rn 2). Wie bei § 290 ist ein Sachzusammenhang zwischen dem laufenden Verfahren und der Verurteilung nicht erforderlich (vgl § 290 III. 2. a), **aA:** *Smid/Haarmeyer* § 297 Rn 2; HK-*Landfermann*, § 297 Rn 2; FK-*Ahrens*, § 297 Rn 5). Eine zusätzliche Beeinträchtigung der InsGl ist ebenfalls nicht erforderlich (H/W/W-*Hess*, § 297 Rn 2; K/P-*Wenzel*, § 297 Rn 2).

3. Entscheidung des InsGericht. Wirkungen

4   a) Die Entscheidung ergeht durch **Beschluss**, der nach Abs 2 iVm § 296 Abs 3 öffentlich bekannt zu machen ist; **Rechtsmittel** ist nach Abs 2 iVm § 296 Abs 3 die sofortige Beschwerde.

5   b) Die **Wirkung** der Versagung bestimmt sich nach **§ 299**.

§ 298 Deckung der Mindestvergütung des Treuhänders

(1) ¹Das Insolvenzgericht versagt die Restschuldbefreiung auf Antrag des Treuhänders, wenn die an diesen abgeführten Beträge für das vorangegangene Jahr seiner Tätigkeit die Mindestvergütung nicht decken und der Schuldner den fehlenden Betrag nicht einzahlt, obwohl ihn der Treuhänder schriftlich zur Zahlung binnen einer Frist von mindestens zwei Wochen aufgefordert und ihn dabei auf die Möglichkeit der Versagung der Restschuldbefreiung hingewiesen hat. ²Dies gilt nicht, wenn die Kosten des Insolvenzverfahrens nach § 4a gestundet wurden.
(2) ¹Vor der Entscheidung ist der Schuldner zu hören. ²Die Versagung unterbleibt, wenn der Schuldner binnen zwei Wochen nach Aufforderung durch das Gericht den fehlenden Betrag einzahlt oder ihm dieser entsprechend § 4a gestundet wird.
(3) § 296 Abs. 3 gilt entsprechend.

1. Versagungsvoraussetzungen

a) Der Versagungsantrag setzt voraus, dass die **Mindestvergütung des Treuhänders** für das dem Antrag vorausgehende Jahr **nicht entrichtet und** auch **nicht gestundet** wurde. Hierbei ist nicht das Kalenderjahr entscheidend, sondern ab Amtsantritt des Treuhänders zu rechnen (K/P-*Wenzel*, § 298 Rn 1). Durch eine Stundung der Verfahrenskosten nach § 4a–d, die nach §§ 293 Abs 2, 63 Abs 2 auch die Vergütung des Treuhänders umfasst, wird dieser Versagungsgrund ausgeschlossen, Abs 1 S 2. Die Stundung kann nach Abs 2 S 2 auch noch in der Wohlverhaltensperiode erfolgen (K/P-*Wenzel*, § 298 Rn 4; *Braun/Buck*, § 298 Rn 6). – Eine Versagung ist auch dann möglich, wenn der InSchu kein Einkommen, das über die Pfändungsfreigrenzen hinausgeht, erzielt. Zwar wird der Treuhänder dann nicht tätig, jedoch soll er nach § 14 Abs 3 auch und gerade in diesem Fall die Mindestvergütung erhalten (*Smid/Haarmeyer*, § 298 Rn 3; **aA**: K/P-*Wenzel*, § 298 Rn 1a). UU kann aber dann eine Versagung unverhältnismäßig sein (*Smid/Haarmeyer*, § 298 Rn 3; FK-*Grote*, § 298 Rn 12), so wenn nur ein geringfügiger Teil aussteht. – Die **Mindestvergütung** beträgt nach § 14 Abs 3 InsVV **100 €**.

b) Ein **Antrag** des Treuhänders ist zwingend vorausgesetzt.

c) Fristsetzung. aa) Durch den Treuhänder, Abs 1 S 1. Die Versagung setzt eine schriftliche Fristsetzung durch den Treuhänder voraus. Dabei ist der InSchu auf die Möglichkeit der Versagung der Restschuldbefreiung infolge der Nichtzahlung hinzuweisen. Auch ist, obwohl dies nicht in § 298 erwähnt ist, auf die Möglichkeit der Stundung hinzuweisen (*Smid/Haarmeyer*, § 298 Rn 6, FK-*Grote*, § 298 Rn 11). Fehlen die Hinweise, ist die Versagung ausgeschlossen (*Smid/Haarmeyer*, § 298 Rn 6; N/R-*Römermann*, § 298 Rn 16). Die Frist muss mindestens **zwei Wochen** betragen.

4   **bb) Durch das InsGericht, Abs 2.** Nach Eingang des Antrags hat das InsGericht den InsSchu anzuhören und nochmals eine Frist zu setzen. Bei fruchtlosem Fristablauf ist die Restschuldbefreiung zu versagen; ein Ermessen besteht nicht (N/R-*Römermann*, § 298 Rn 28). Die Frist beträgt **zwei Wochen** (*Braun/Buck*, § 298 Rn 4; *Gottwald/Schmidt-Räntsch*, InsHdb, § 78 Rn 34; **aA**: entgegen Wortlaut: *Smid/Haarmeyer*, § 298 Rn 6 mindestens zwei Wochen). Die Frist kann nach § 4 iVm § 224 Abs 2 ZPO nicht verlängert werden.

5   **cc)** Diese doppelte Fristsetzung ist wegen den einschneidenden Folgen für den InsSchu geboten. Durch das Erfordernis der gerichtlichen Anhörung wird gewährleistet, dass sich der InsSchu über die Folgen der Nichtzahlung im Klaren ist.

2. Entscheidung des InsGericht

6   Das InsGericht entscheidet durch Beschluss des Rechtspflegers (*Braun/Buck*, § 298 Rn 7; *Smid/Haarmeyer*, § 298 Rn 8). Der Beschluss ist öffentlich bekannt zu machen; gegen ihn ist die sofortige Beschwerde statthaft (§§ 298 Abs 3, 296 Abs 3).

§ 299 Vorzeitige Beendigung

Wird die Restschuldbefreiung nach § 296, 297 oder 298 versagt, so enden die Laufzeit der Abtretungserklärung, das Amt des Treuhänders und die Beschränkung der Rechte der Gläubiger mit der Rechtskraft der Entscheidung.

1. Vorzeitige Versagung

1   **a)** Die **vorzeitige Versagung** der Restschuldbefreiung hat folgende **Wirkungen:**

2   **aa) Unwirksamkeit der Abtretung** nach § 287 Abs 2.

3   **bb) Beendigung des Amtes des Treuhänders.** Er hat aber noch nach § 292 Abs 3 S 1 Rechnung zu legen und den Anspruch auf Festsetzung der Vergütung bzw Auslagen nach § 293 (HK-*Landfermann*, § 299 Rn 1).

4   **cc) Ende der Beschränkung der Rechte der InsGl.** Die InsGl können ihre Forderungen ohne die Beschränkungen des Restschuldbefreiungsverfahrens geltend machen und die Einzelzwangsvollstreckung be-

treiben (*Smid/Haarmeyer*, § 299 Rn 1). Das unbeschränkte Nachforderungsrecht nach § 201 Abs 1 lebt wieder auf (FK-*Grote*, § 299 Rn 13). Als Ausnahme bleiben die nach § 114 Abs 3 unwirksam gewordenen Abtretungserklärungen unwirksam (*Smid/Haarmeyer*, § 299 Rn 1; N/R-*Römermann*, § 299 Rn 7; K/P-*Wenzel*, § 299 Rn 2); ebenso unwirksame Vollstreckungsmaßnahmen oder Sicherungsrechte (*Smid/Haarmeyer*, § 299 Rn 1; H/W/W-*Hess*, § 299 Rn 11; K/P-*Wenzel*, § 299 Rn 2).

b) Diese Wirkungen treten mit der **Rechtskraft der Entscheidung** 5 über die Versagung nach §§ 296, 297, 298 ein.

c) Hinsichtlich der Kosten siehe § 296 Rn 14. 6

2. Weitere Beendigungsgründe

a) Neben die Beendigung nach § 299 treten weitere Beendigungsgründe. Diese sind: 7

(1) Bei **vorzeitiger vollständiger Befriedigung** der InsGl erfolgt eine Erteilung der Restschuldbefreiung (H/W/W-*Hess*, § 299 Rn 5; vgl N/R-*Römermann*, § 299 Rn 9; *Lohmann* ZInsO 2000, 445 zu AG Düsseldorf Az 505 IK 9/99; vgl AG Rosenheim ZInsO 2001, 48; einschr AG Köln ZVI 2002, 223, 224: nicht bei Tilgung aufgrund einer Kreditaufnahme). Hiergegen spricht nicht, dass den InsGl, die ihre Forderung nicht angemeldet haben, die Möglichkeit genommen wird, einen Versagungsantrag zu stellen, und dass diese dann einen Verlust ihrer Forderungen nach § 301 Abs 1 S 2 nicht mehr verhindern können. Denn diese InsGl können keine Beeinträchtigung nach § 296 geltend machen und auch § 301 Abs 2 S 2 enthält die Voraussetzung der Anmeldung.

(2) Die Erteilung erfolgt auch, falls keine Forderungen angemeldet wurden (Pape NZI 2004, 1; AG Frankfurt ZVI 2002, 35 f mit zust Anm *Lessing* EWiR 2001, 1101; **aA** LG Oldenburg NZI 2004, 44). In diesem Fall müssen nach BGH (ZInsO 2005, 597) jedoch die Kosten des gesamten Verfahrens zuvor von dem InsSchu aufgebracht werden. Vgl § 289 Rn 9.

(3) Bei einem außergerichtlicher **Vergleich** mit den InsGl,

(4) der **Rücknahme** des Antrags (*Smid/Haarmeyer*, § 299 Rn 2) und

(5) dem **Tod** des Schuldners (str, siehe § 286 Rn 2) ist das Verfahren einzustellen.

b) Den Eintritt dieser Beendigungsgründe sollte das InsGericht zur 8 Rechtsklarheit durch **Beschluss** aussprechen, der dann freilich kein Versagungsbeschluss ist (HK-*Landfermann*, § 299 Rn 2; **aA:** N/R-*Römer-*

mann, § 299 Rn 10, 12: Beschluss überflüssig; **aA:** FK-*Grote*, § 299 Rn 10: Wirkungen nur bei gerichtlicher Feststellung).

§ 300 Entscheidung über die Restschuldbefreiung

(1) Ist die Laufzeit der Abtretungserklärung ohne eine vorzeitige Beendigung verstrichen, so entscheidet das Insolvenzgericht nach Anhörung der Insolvenzgläubiger, des Treuhänders und des Schuldners durch Beschluss über die Erteilung der Restschuldbefreiung.

(2) Das Insolvenzgericht versagt die Restschuldbefreiung auf Antrag eines Insolvenzgläubigers, wenn die Voraussetzungen des § 296 Abs. 1 oder 2 Satz 3 oder des § 297 vorliegen, oder auf Antrag des Treuhänders, wenn die Voraussetzungen des § 298 vorliegen.

(3) ¹**Der Beschluss ist öffentlich bekanntzumachen.** ²**Gegen den Beschluss steht dem Schuldner und jedem Insolvenzgläubiger, der bei der Anhörung nach Absatz 1 die Versagung der Restschuldbefreiung beantragt hat, die sofortige Beschwerde zu.**

1. Beendigung des Restschuldbefreiungsverfahrens

1   Mit Ablauf von sechs Jahren nach Eröffnung des InsVerfahren endet die Wohlverhaltensperiode und das InsGericht entscheidet über die Erteilung der Restschuldbefreiung. Bei dieser Entscheidung besteht die letzte Möglichkeit, die **Versagung** zu beantragen (vgl aber den Widerruf nach § 303). Hierzu muss das Vorliegen eines Versagungsgrundes nach §§ 296–298 glaubhaft gemacht werden. Ein zusätzlicher Versagungsgrund stellt die Nichterfüllung der Pflichten aus § 296 Abs 2 S 3 im Rahmen der Anhörung dar, der jedoch von Amts wegen berücksichtigt wird.

2   Ist die Restschuld nicht zu versagen, so entscheidet das InsGericht abschließend über den Restschuldbefreiungsantrag des InsSchu. Die **Rechtsfolgen der Erteilung** sind in § 301 geregelt.

2. Entscheidung des InsGericht

3   **a) Zuständig** ist der Richter, falls ein Versagungsantrag seitens der InsGl gestellt wurde, sonst der Rechtspfleger (*Braun/Buck*, § 300 Rn 8; HK-*Landfermann*, § 300 Rn 3 f; H/W/W-*Hess*, § 300 Rn 13; **aA:** Smid/ Haarmeyer, § 300 Rn 5: immer Richter).

4   **b) Anhörung.** Der InsSchu, die InsGl und der Treuhänder sind, uU schriftlich, anzuhören (K/P-*Wenzel*, § 300 Rn 1; N/R-*Römermann*, § 300 Rn 6). Hiervon kann nach § 10 abgesehen werden (vgl § 289 Rn 2; N/ R-*Römermann*, § 300 Rn 6).

c) Der Beschluss ist nach Abs 3 S 1 öffentlich bekannt zu machen (vgl § 9).

d) **Rechtsmittel.** Gegen den Beschluss ist nach Maßgabe des Abs 3 S 2 die **sofortige Beschwerde** statthaft. Damit ist er unanfechtbar, wenn kein Versagungsantrag gestellt wurde und die Restschuldbefreiung erteilt wurde (H/W/W-*Hess*, § 300 Rn 9). Der Treuhänder kann nach § 11 Abs 2 RPflG gegen die seinen Antrag ablehnende Entscheidung Erinnerung einlegen (*Braun/Buck*, § 300 Rn 9; FK-*Ahrens*, § 300 Rn 16; **aA:** K/P-*Wenzel*, § 300 Rn 1 aE).

e) **Kosten.** Siehe § 296 Rn 14.

§ 301 Wirkung der Restschuldbefreiung

(1) ¹Wird die Restschuldbefreiung erteilt, so wirkt sie gegen alle Insolvenzgläubiger. ²Dies gilt auch für Gläubiger, die ihre Forderung nicht angemeldet haben.

(2) ¹Die Rechte der Insolvenzgläubiger gegen Mitschuldner und Bürgen des Schuldners sowie die Rechte dieser Gläubiger aus einer zu ihrer Sicherung eingetragenen Vormerkung oder aus einem Recht, das im Insolvenzverfahren zur abgesonderten Befriedigung berechtigt, werden durch die Restschuldbefreiung nicht berührt. ²Der Schuldner wird jedoch gegenüber dem Mitschuldner, dem Bürgen oder anderen Rückgriffsberechtigten in gleicher Weise befreit, wie gegenüber den Insolvenzgläubigern.

(3) Wird ein Gläubiger befriedigt, obwohl er auf Grund der Restschuldbefreiung keine Befriedigung zu beanspruchen hat, so begründet dies keine Pflicht zur Rückgewähr des Erlangten.

§ 302 Ausgenommene Forderungen

Von der Erteilung der Restschuldbefreiung werden nicht berührt:
1. Verbindlichkeiten des Schuldners aus einer vorsätzlich begangenen unerlaubten Handlung, sofern der Gläubiger die entsprechende Forderung unter Angabe dieses Rechtsgrundes nach § 174 Abs. 2 angemeldet hatte;
2. Geldstrafen und die diesen in § 39 Abs. 1 Nr. 3 gleichgestellten Verbindlichkeiten des Schuldners;
3. Verbindlichkeiten aus zinslosen Darlehen, die dem Schuldner zur Begleichung der Kosten des Insolvenzverfahrens gewährt wurden.

§§ 301, 302

1. Erfasste Forderungen

1 a) Art. aa) Erfasst sind Forderungen, die im **Zeitpunkt der Verfahrenseröffnung** entstanden waren. Der Haftungstatbestand muss vor der Verfahrenseröffnung verwirklicht sein (H/W/W-*Hess*, § 301 Rn 5). Erfasst sind auch betagte oder aufschiebend bedingte Forderungen, so dass auch eine Bürgschaft des InsSchu nicht mehr durchsetzbar ist (FK-*Ahrens*, § 301 Rn 3).

2 bb) Bei **Unterhaltsforderungen** besteht die Besonderheit, dass sie falls sie während des InsVerfahren entstanden sind nur unter den Voraussetzungen des § 40 erlöschen (K/P-*Wenzel*, § 301 Rn 3). Damit gilt § 301 für diejenigen, die schon bei Verfahrenseröffnung bestanden (H/W/W-*Hess*, § 301 Rn 5), auch wenn sie zwischenzeitlich auf Dritte übergegangen sind (*Smid/Haarmeyer*, § 302 Rn 3 aE).

3 cc) Für während der Wohlverhaltensperiode aufgelaufene **Zinsen** gilt § 39 Abs 1 Nr 1 analog, so dass auch diese nach § 301 erlöschen (allg Ansicht, H/W/W-*Hess*, § 301 Rn 7 mwN).

4 b) Die **Anmeldung** ist **unerheblich.** Wie § 301 Abs 1 S 2 klarstellt, gilt die Restschuldbefreiung auch für InsGl, die ihre Forderung nicht angemeldet haben. Ausnahmen bestehen nur nach **§ 302** (unten Rn 5 ff). Es gilt **§ 38**, so dass alle Gläubiger erfasst sind, die zur Zeit der Eröffnung des InsVerfahren einen begründeten Vermögensanspruch gegen den InsSchu hatten. Ferner verhindert auch eine zureichende Entschuldigung des InsGl hinsichtlich der Nichtgeltendmachung den Forderungsverlust nicht (HK-*Landfermann*, § 301 Rn 5; N/R-*Römermann*, § 301 Rn 14; K/P-*Wenzel*, § 301 Rn 2; FK-*Ahrens*, § 301 Rn 4; **aA:** *Döbereiner*, S 242). Auch fehlende Kenntnis ist unerheblich (*Smid/Haarmeyer*, § 310 Rn 3).

2. Nicht erfasste Forderungen

5 a) Forderungen der **Neugläubiger** sind durch das Abstellen auf den Zeitpunkt der Verfahrenseröffnung in § 38 **nicht erfasst** (FK-*Ahrens*, § 301 Rn 7 aE; K/P-*Wenzel*, § 302 Rn 3).

6 b) § 302. aa) Nach **Nr 1** erlöschen Forderung aus **vorsätzlichen unerlaubten Handlungen** nur dann nicht, wenn sie unter Angabe des Rechtsgrundes nach § 174 Abs 2 angemeldet wurden. Der Schuldgrund muss wegen der Titelfunktion in der Tabelle eingetragen sein. Bei Nichteintragung ist der InsGl auf die titelergänzende Feststellungsklage angewiesen (H/W/W-*Hess*, § 302 Rn 6). Eine Forderung aus unerlaubter Handlung ist insbes der Anspruch aus § 823 Abs 2 BGB iVm § 266a StGB. Erfasst ist auch ein Anspruch wegen Steuerhinterziehung aus § 370 AO (AG Siegen NZI 2003, 43, 44). Vgl allg *Mäusezahl* ZInsO 2002, 462 und *Riedel* NZI 2002, 414ff. Für den Nachweis, dass eine Forderung aus einer vorsätzlichen unerlaubten Handlung resultiert genügt nicht die dementsprechende Angabe in einem Vollstreckungsbescheid (vgl BGH ZInsO 2005, 538 zu der Parallelvorschrift des § 850f Abs 2 ZPO in der Einzelzwangsvollstreckung).

bb) Weiterhin erlöschen nach **Nr 2** Geldstrafen und ähnliche Forderungen (§ 39 Abs 1 S 3) nicht. Letztere sind zB Nebenforderungen aus einer Straftat, aber nicht Säumniszuschläge nach § 240 AO, Steueransprüche aus § 14 UStG oder Säumniszuschläge nach § 24 SGB IV (vgl FK-*Ahrens*, § 302 Rn 7, 16).

cc) Schließlich sind nach **Nr 3** zinslose Darlehen, die zur Deckung der Verfahrenskosten aufgenommen wurden, weiterhin durchsetzbar.

c) Den nach § 302 privilegierten InsGl steht das unbeschränkte Nachforderungsrecht des § 201 Abs 1 zu. Eine Vollstreckung ist jedoch erst nach rechtskräftiger Entscheidung über die Restschuldbefreiung zulässig; zuvor greift das Verbot des § 294 Abs 1 (analog) ein (FK-*Ahrens*, § 302 Rn 18; K/P-*Wenzel*, § 302 Rn 4).

3. Wirkung

Durch die Erteilung der Restschuldbefreiung wandeln sich die Forderungen, die auf Geld oder eine geldwerte Leistung gerichtet sind, nach § 301 Abs 1 in eine **unvollkommene Verbindlichkeit** um (N/R-*Römermann*, § 301 Rn 6). Die Forderung bleibt zwar nach § 301 Abs 3 bestehen, jedoch kann sie nicht mehr durchgesetzt werden. Anders als bei der Verjährung bedeutet dies aber nicht das Bestehen einer Einrede, da die Restschuldbefreiung von Amts wegen berücksichtigt wird (K/P-*Wenzel*, § 301 Rn 1). Wird gleichwohl vollstreckt kann der InsSchu die mangelnde Durchsetzbarkeit mit der Vollstreckungsgegenklage (§ 767 ZPO) geltend machen (N/R-*Römermann*, § 301 Rn 16f; *Braun/Buck*, § 301 Rn 5).

Str ist, ob eine Neubegründung der von der Restschuldbefreiung erfassten Forderung nach Erteilung der Restschuldbefreiung möglich ist oder ob diese wegen eines Verstoßes gegen §§ 134, 138, 307 Abs 1 und 2 BGB unwirksam ist (so *Döbereiner*, S 237f; **aA:** N/R-*Römermann*, § 301 Rn 18; FK-*Ahrens*, § 301 Rn 11; vgl *Braun/Buck*, § 301 Rn 10).

4. Sicherungsrechte und Mitverpflichtungen

Nach **§ 301 Abs 2** bleiben Sicherheiten und Forderungen gegen **Bürgen und Mitschuldner** bestehen. Die Restschuldbefreiung wirkt sich in diesen Fällen aber nach S 2 so aus, dass der Innenregress ausgeschlossen wird. Der InsSchu hätte sonst keinen Vorteil durch die Restschuldbefreiung. Erfasst sind aber nur Regressforderungen, die nach Erteilung der Restschuldbefreiung entstehen (*Braun/Buck*, § 301 Rn 8; **aA:** N/R-*Römermann*, § 301 Rn 22). – Bei **Gehalts- und Lohnpfändungen** besteht die Besonderheit, dass diese nach § 114 Abs 3 erlöschen (K/P-*Wenzel*, § 301 Rn 6). **Dingliche Sicherheiten** bestehen fort; **aussonderungsberechtigte** InsGl werden, da sie keine InsGl sind, nicht von § 301 betroffen (FK-*Ahrens*, § 301 Rn 17 f.).

5. Rückforderungsrecht

13 Ein Rückforderungsrecht bei Befriedigung der Forderung trotz Erlangung der Restschuldbefreiung ist durch **Abs 3** ausgeschlossen. Die unvollkommene Forderung stellt den Rechtsgrund für das Behaltendürfen dar (vgl § 814 BGB).

6. Steuerliche Aspekte

14 Zur Frage inwieweit die Restschuldbefreiung eine steuerpflichtige Betriebseinnahme darstellt vgl *Kroschel/Wellisch* DStR 1998, 1661; Uhlenbruck/*Vallender* § 301 Rn 35. Sofern diese Einnahme nicht durch Verlustvorträge gedeckt ist, ist aus Billigkeitsgründen vergleichbar der Vorgehensweise bei einem Sanierungsgewinn im Insolvenzplanverfahren eine Stundung und ein Erlass zu gewähren (vgl vor §§ 217–269 Rn 17).

§ 303 Widerruf der Restschuldbefreiung

(1) **Auf Antrag eines Insolvenzgläubigers widerruft das Insolvenzgericht die Erteilung der Restschuldbefreiung, wenn sich nachträglich herausstellt, daß der Schuldner eine seiner Obliegenheiten vorsätzlich verletzt und dadurch die Befriedigung der Insolvenzgläubiger erheblich beeinträchtigt hat.**

(2) **Der Antrag des Gläubigers ist nur zulässig, wenn er innerhalb eines Jahres nach der Rechtskraft der Entscheidung über die Restschuldbefreiung gestellt wird und wenn glaubhaft gemacht wird, daß die Voraussetzungen des Absatzes 1 vorliegen und daß der Gläubiger bis zur Rechtskraft der Entscheidung keine Kenntnis von ihnen hatte.**

(3) [1]**Vor der Entscheidung sind der Schuldner und der Treuhänder zu hören.** [2]**Gegen die Entscheidung steht dem Antragsteller und dem Schuldner die sofortige Beschwerde zu.** [3]**Die Entscheidung, durch welche die Restschuldbefreiung widerrufen wird, ist öffentlich bekanntzumachen.**

1. Widerrufsvoraussetzungen

Unter den Voraussetzungen des § 303 kann die Rechtskraft des Beschlusses, der die Erteilung der Restschuldbefreiung ausspricht, durchbrochen werden. Nach dem Tod des InsSchu soll ein Widerruf gegenüber den Erben möglich sein (FK-*Ahrens*, § 303 Rn 4).

a) Obliegenheitsverletzung. Ein Widerruf kann nur auf eine Obliegenheitsverletzung nach § 295 gestützt werden. Andere Versagungsgründe nach §§ 290, 296–298 genügen nicht (H/W/W-*Hess*, § 303 Rn 3; FK-*Ahrens*, § 303 Rn 8; K/P-*Wenzel*, § 303 Rn 1 a). Erfasst werden nur Obliegenheitsverletzungen ab Ankündigung der Restschuldbefreiung (*Smid/Haarmeyer*, § 303 Rn 3). Die Befriedigung einzelner InsGl nach Erteilung der Restschuldbefreiung stellt keinen Widerrufsgrund dar, da § 301 Abs 3 eine wirksame Erfüllung zulässt (*Braun/Buck*, § 301 Rn 9).

b) Vorsatz. Es genügt bedingter Vorsatz, der sich nicht auf die Beeinträchtigung der InsGl beziehen braucht (N/R-*Römermann*, § 303 Rn 4; *Braun/Buck*, § 303 Rn 3).

c) Erhebliche Beeinträchtigung. Eine Beeinträchtigung liegt vor, wenn die wirtschaftlichen Befriedigungsmöglichkeiten der InsGl **kausal** verschlechtert wurden. Hierbei ist die Situation, die nach der Obliegenheitsverletzung besteht mit der, die ohne diese bestünde, zu vergleichen (FK-*Ahrens*, § 303 Rn 10). **Str** ist, wann eine **erhebliche Beeinträchtigung** vorliegt, ein Abstellen auf feste Quoten ist nicht möglich (H/W/W-*Hess*, § 303 Rn 7; FK-*Ahrens*, § 303 Rn 10; **aA:** *Haarmeyer/Wutzke/Förster*, Rn 10/85; *Döbereiner*, S 259 ff: falls Befriedigungsquoten wegen der Obliegenheitsverletzung um 5% vermindert; *Smid/Haarmeyer*, § 303 Rn 4; N/R-*Römermann*, § 303 Rn 5: 10%).

d) Antrag. aa) Der Widerruf erfolgt **nur auf Antrag** eines InsGl.

bb) Ausschlussfrist. Er kann nur innerhalb eines Jahres ab Rechtskraft der Entscheidung über die Restschuldbefreiung gestellt werden. Die Frist richtet sich nach § 4 iVm §§ 222 ZPO, 187 Abs 1, 188 Abs 2 BGB (N/R-*Römermann*, § 303 Rn 11). Ein Nachschieben von Widerrufsgründen in einem bereits laufenden Verfahren ist unzulässig (FK-*Ahrens*, § 303 Rn 15).

cc) Kenntnis. Der Antrag ist unzulässig, wenn der antragstellende InsGl (*Braun/Buck*, § 303 Rn 7), schon bei der Entscheidung über die Restschuldbefreiung Kenntnis von der Obliegenheitsverletzung hatte (vgl § 296 Rn 7).

dd) Glaubhaftmachung. Der InsGl hat die Widerrufsvoraussetzungen und die fehlende Kenntnis glaubhaft zu machen. Die Feststellungslast

§ 303

liegt bei ihnen, so dass bei Unerweislichkeit der Widerruf unterbleibt (*Smid/Haarmeyer*, § 303 Rn 3).

2. Verfahren, Abs 3

9 Das Entscheidungsverfahren ist **zweistufig** ausgestaltet (FK-*Ahrens*, § 303 Rn 13), so dass das InsGericht zunächst die Zulässigkeitsvoraussetzungen und dann das Vorliegen der erheblichen Beeinträchtigung prüft. Dabei hat es sich auf die geltend gemachte Obliegenheitsverletzung zu beschränken (FK-*Ahrens*, § 303 Rn 14). Funktionell zuständig ist nach § 18 Abs 1 Nr 2 RPflG der **Richter** (FK-*Ahrens*, § 303 Rn 18). Der InsSchu und der Treuhänder sind anzuhören, wovon nur nach § 10 abgesehen werden kann (N/R-*Römermann*, § 303 Rn 12ff). Gegen den nach S 3 öffentlich bekannt zu machenden **Beschluss** ist die **sofortige Beschwerde** statthaft. – **Str** ist, ob schon durch den Widerruf die Versagung der Restschuldbefreiung feststeht (HK-*Landfermann*, § 303 Rn 3) oder ob diese noch gesondert festgestellt werden muss (FK-*Ahrens*, § 303 Rn 13, 21; *Smid/Haarmeyer*, § 303 Rn 5; *Braun/Buck*, § 303 Rn 10: Verbindung beider Beschlüsse). – Hinsichtlich der Kosten s § 296 Rn 14.

3. Wirkung

10 Der Widerruf der Restschuldbefreiung führt dazu, dass die unvollkommene Verbindlichkeit wieder voll durchsetzbar wird und das freie Nachforderungsrecht der InsGl aus § 201 greift (HK-*Landfermann*, § 303 Rn 3; N/R-*Römermann*, § 303 Rn 18). Nach § 114 unwirksam gewordene Sicherungsrechte bleiben unwirksam (H/W/W-*Hess*, § 303 Rn 6).

4. Sonstige Rechte der InsGl

11 Ist der Widerruf der Restschuldbefreiung nicht möglich, bleibt die Möglichkeit einer Nachtragsverteilung nach § 203, falls der InsSchu Vermögen verborgen hatte (H/W/W-*Hess*, § 303 Rn 18; K/P-*Wenzel*, § 303 Rn 3). Eine Einzelzwangsvollstreckung ist zwar auch wieder möglich (vgl § 294), jedoch kann der InsSchu sich hiergegen erfolgreich mit einer Vollstreckungsgegenklage wehren. Der Einwand des Rechtsmissbrauchs (§ 242 BGB) kann nicht erhoben werden. Neben der Möglichkeit der Nachtragsverteilung bleibt somit nur ein Anspruch nach § 826 BGB aus vorsätzlicher sittenwidriger Schädigung (FK-*Ahrens*, § 303 Rn 27; **aA**: HK-*Landfermann*, § 303 Rn 4).

9. Teil. Verbraucherinsolvenzverfahren und sonstige Kleinverfahren

Vorbemerkung vor §§ 304–314

1. Regelungsziel

Die §§ 304–314 enthalten Sonderregeln für die von der InsO neu eingeführten Verbraucherinsolvenz- und sonstige Kleinverfahren (ausf. *Gottwald/Schmidt-Räntsch*, InsHdb, § 81). Die Abweichungen vom Regelinsolvenzverfahren sollen eine effektive und kostengünstige Abwicklung der Kleinverfahren sicherstellen. Das InsOÄndG vom 26. 10. 2001 (BGBl I S 2710) hat für nach dem 30. 11. 2001 eröffnete Verfahren erneut zT erhebliche Änderungen vorgenommen; insbes begrenzt es den Anwendungsbereich der Kleinverfahren nun konsequent auf den Verbraucher, der aktuell keine selbständige wirtschaftliche Tätigkeit ausübt (§ 304 nF); die frühere Gleichstellung bestimmter Kleinunternehmer ist aufgehoben.

2. Ablauf des Verfahrens

Das Verbraucherinsolvenzverfahren ist **dreistufig** bzw vierstufig, falls die Restschuldbefreiung beantragt wird, ausgestaltet. Diese Reihenfolge ist strikt einzuhalten (H/W/W-*Hess*, § 304 Rn 3, 11). Dem eigentlichen InsVerfahren gehen ein **außergerichtlicher Einigungsversuch** und ein **gerichtliches Schuldenbereinigungsverfahren** voraus (§§ 305–310). Letzteres kann nach der Neuregelung des § 306 bei fehlender Erfolgsaussicht unterbleiben. Wird es durchgeführt, so wird das InsGericht tätig, indem es einen Schuldenbereinigungsplan, der vom InsSchu mit Beantragung des Kleininsolvenzverfahrens einzureichen ist, zustellt, die InsGl zur Stellungnahme auffordert und uU ausbleibende Zustimmungen seitens der InsGl ersetzt (§ 309). Erst wenn diese beiden Einigungsversuche gescheitert sind, kommt ein gegenüber dem Regelinsolvenzverfahren **vereinfachtes InsVerfahren** als dritte Verfahrensstufe zum Zuge. Dieses kann in nur einem Termin oder schriftlich durchgeführt werden; der Treuhänder mit beschränktem Aufgabenbereich ersetzt den InsVerw (§§ 311–314). Auf Antrag des InsSchu kann sich als vierte Stufe eine Wohlverhaltensperiode und Restschuldbefreiung (§§ 286 ff) anschließen. – Sind die Voraussetzungen der §§ 304 ff gegeben, ist das Regelinsolvenzverfahren ausgeschlossen; ein Wahlrecht besteht nicht (OLG Rostock, NZI 2001, 213, 214; FK-*Kohte*, § 304 Rn 2).

1. Abschnitt. Anwendungsbereich

§ 304 Grundsatz

(1) ¹Ist der Schuldner eine natürliche Person, die keine selbständige wirtschaftliche Tätigkeit ausübt oder ausgeübt hat, so gelten für das Verfahren die allgemeinen Vorschriften, soweit in diesem Teil nichts anderes bestimmt ist. ²Hat der Schuldner eine selbständige wirtschaftliche Tätigkeit ausgeübt, so findet Satz 1 Anwendung, wenn seine Vermögensverhältnisse überschaubar sind und gegen ihn keine Forderungen aus Arbeitsverhältnissen bestehen.

(2) Überschaubar sind die Vermögensverhältnisse im Sinne von Absatz 1 Satz 2 nur, wenn der Schuldner zu dem Zeitpunkt, zu dem der Antrag auf Eröffnung des Insolvenzverfahrens gestellt wird, weniger als 20 Gläubiger hat.

I. Normzweck

1   § 304 bestimmt den persönlichen Anwendungsbereich der §§ 305 ff und grenzt damit das Kleininsolvenz- gegenüber dem Regelinsolvenzverfahren ab. Die Norm wurde durch das Insolvenzrechtsänderungsgesetz vom 26. 10. 2001 zum 01. 12. 2001 neugefasst. Grund hierfür war, dass unter der aF Streitigkeiten hinsichtlich der Auslegung und Abgrenzung zum Regelinsolvenzverfahren bestanden. Die neue Regelung stellt einen eigenen Verbraucherbegriff auf. Zur aF: *Braun/Buck*, 1. Aufl § 304 Rn 2 ff; ausf. K/P-*Wenzel*, § 304 Rn 21 ff.

II. Anwendungsbereich des Kleininsolvenzverfahrens

1. Insolvenzschuldner

2   **a)** Das Kleininsolvenzverfahren findet nur Anwendung auf **natürliche Personen**; Geschäftsfähigkeit ist nicht erforderlich (zur Anordnung einer Vermögensbetreuung nach § 1896 BGB für überschuldete Personen: FK-*Kohte*, § 304 Rn 5). Gesellschaften, auch die GbR sind ausgeschlossen (HK-*Landfermann*, § 304 Rn 3; N/R-*Römermann*, § 304 Rn 21). Für die GbR folgt dies aus § 11 Abs 2 Nr 1, der die Gesellschaften ohne Rechtspersönlichkeit in den Anwendungsbereich des Regelinsolvenzverfahrens einbezieht (FK-*Kohte*, § 304 Rn 14).

3   **b)** Bei **Tod des InsSchu** wird im Eröffnungsverfahren (und damit auch während des Ruhens des Verfahrens nach § 306) das beantragte vereinfachte InsVerfahren unzulässig (FK-*Ahrens*, § 286 Rn 36; *Gounalakis*

Grundsatz **§ 304**

BB 1999, 224, 225), jedoch kann es nach Antragsänderung durch die Erben als Nachlassinsolvenzverfahren (§§ 315 ff) fortgeführt werden (*Siegmann* ZEV 2000, 345, 347; vgl N/R-*Becker*, § 1 Rn 11). Nach Eröffnung des vereinfachten InsVerfahrens kann dieses gleichsam als Nachlassinsolvenzverfahren fortgeführt werden (FK-*Ahrens*, § 286 Rn 36), wobei die Regelungen der §§ 311 ff durch §§ 315 ff ergänzt werden (N/R-*Becker*, § 1 Rn 11; **aA:** *Siegmann* ZEV 2000, 345, 347). **Str** ist aber, ob diese Fortführung von Amts wegen erfolgt (FK-*Ahrens*, § 286 Rn 36) oder eine Antragsänderung durch die Erben nötig ist (*Siegmann* ZEV 2000, 345, 347).

2. Die §§ 304 ff sind nur anwendbar auf **Verbraucher**, Abs 1 S 1, **oder ehemals Kleingewerbetreibende**, Abs 1 S 2. 4

a) Ein **Verbraucher** iSd Abs 1 S 1 ist derjenige InsSchu, der keine 5 selbständige wirtschaftliche Tätigkeit ausübt oder ausgeübt hat. Dies sind Arbeitnehmer und sonstige unselbständig Beschäftigte, zB Kirchenbedienstete und Beamte, sowie nicht Berufstätige, zB Rentner, Hausfrauen/-männer, Arbeitslose, Sozialhilfeempfänger.

aa) Eine **selbständige Tätigkeit** ist von der abhängen Beschäftigung 6 abzugrenzen und liegt bei einem **Handeln in eigenem Namen und für eigene Rechnung** vor (*Kohte* ZInsO 2002, 53, 55). Entscheidend ist dabei eine allein insolvenzrechtliche Sicht, da der Gesetzgeber eine Typisierung vorgenommen hat, bei der er die Verfahren nach der Komplexität des Abwicklungsverhältnisses abgrenzt. Die §§ 304 ff sollen demgemäss nur dann Anwendung finden, wenn die Vermögens- und Verschuldensstruktur des InsSchu der eines Verbrauchers entspricht. Ein Abstellen auf eine arbeitsrechtliche Sicht ist nicht möglich; eine Anwendung von § 13 BGB scheidet aus, da diese Norm eine Abgrenzung in Bezug auf das konkret vorgenommene Geschäft vornimmt, die Abgrenzung des § 304 aber auf eine generelle Eigenschaft der Person abstellt (N/R-*Römermann*, § 304 Rn 18; FK-*Kohte*, § 304 Rn 7). – **Einzelheiten:** – Eine selbständige Tätigkeit scheidet nicht schon bei einer bloßen selbständigen **Nebentätigkeit** aus, was bereits aus dem Wortlaut „keine Tätigkeit" folgt (AG Hamburg NZI 2004, 675; Uhlenbruck/Vallender § 304 Rn 9; **aA** K/P-*Wenzel*, § 304 Rn 14; *Braun/ Buck*, § 304 Rn 13). Die als Nebentätigkeit ausgeübte Tätigkeit muss jedoch die Merkmale einer selbständigen Tätigkeit erfüllen. Hierzu gehören das Tätigwerden in eigenem Namen, auf eigene Rechnung und in eigener Verantwortung. Zudem sollte die Neuregelung gerade Abgrenzungsschwierigkeiten vermeiden. – **Freie Mitarbeiter** sind als arbeitnehmerähnliche Personen Verbraucher, da das Produkt ihrer Arbeit von dem Unternehmen, das die Leistung einkauft, in eigenem Namen und auf eigenes Risiko verwertet wird (FK-*Kohte*, § 304 Rn 9). Es besteht dann typischerweise keine Gläubigervielfalt. Dagegen treten **Franchisenehmer, Ein-**

§ 304 9. Teil. Verbraucherinsolvenzverfahren und Kleinverfahren

Firmen-Handelsvertreter uä Personen in eigenem Namen unmittelbar am Markt auf und tragen das wirtschaftliche Risiko ihrer Tätigkeit selbst. Dies rechtfertigt es, sie trotz der Beschränkung ihrer unternehmerischen Freiheit durch vertragliche Bindungen zu Franchisegeber bzw vertretenem Unternehmen dem Regelverfahren zu unterstellen (FK-*Kohte*, § 304 Rn 9). – Die Unternehmereigenschaft der **persönlich haftenden Gesellschafter** und nach § 176 HGB haftenden Kommanditisten einer **Personenhandelsgesellschaft** wird wegen deren unmittelbarer Haftung für die Gesellschaftsschulden allg bejaht (FK-*Kohte*, § 304 Rn 17 mwN), wobei zur Begründung auf § 227 Abs 2 verwiesen wird (*Kohte* ZInsO 2002, 53, 55; HK/*Landfermann*, § 304 Rn 5). Beim Betreiben einer **GbR** entspricht die Verschuldensstruktur nicht der einer Verbraucherinsolvenz, so dass auch der persönlich haftende Gesellschafter einer GbR dem Regelinsolvenzverfahren unterliegt (AG Köln NZI 2002, 265 266; *Fuchs* ZInsO 2002, 298, 299 und NZI 2002, 239, 240; Uhlenbruck/*Vallender* § 304 Rn 12; FK-*Kohte*, § 304 Rn 17; **aA**: H/W/W-*Hess*, § 304, Rn 28). Der geschäftsführende Alleingesellschafter einer GmbH übt nach BGH (NZI 2005, 676) eine selbstständige wirtschaftliche Tätigkeit aus und unterliegt damit dem Regelinsolvenzverfahren. Eine Zurechnung ist beim Gesellschafter einer **Kapitalgesellschaft** möglich, wenn dieser einen Anteil von über 10 % hält oder zugleich Geschäftsführer ist. Dies ergibt sich aus einer entsprechenden Anwendung der Regeln zu den kapitalersetzenden Maßnahmen (§ 32a Abs 3 S 2 GmbHG). Nach **aA** soll dagegen eine selbständige Tätigkeit nur vorliegen, wenn der Gesellschafter Alleingesellschafter oder dominierend ist und sich selbst zum Geschäftsführer oder Vorstand bestellt (K/P-*Wenzel*, § 304 Rn 25) oder er eine Beteiligung von 50% hat (Uhlenbruck/*Vallender* § 304 Rn 13; FK-*Kohte*, § 304 Rn 21 und ZInsO 2002, 53, 55f; H/W/W-*Hess*, § 304 Rn 28; vgl *Smid/Haarmeyer* § 304 Rn 12). Weiterhin werden die Ansichten vertreten, dass der organschaftliche Vertreter stets dem Regelinsolvenzverfahren unterfalle (B/B/G/*Goetsch*, § 304 Rn 12) bzw nach steuerrechtlichen Grundsätzen abzugrenzen sei (*Schmittmann*, ZInsO 2002, 742, 744). Gegen eine Zurechnung wird angeführt, dass es sich um Fälle der bloßen Mitverpflichtung handele und damit die Verschuldensstruktur der eines Verbrauchers gleiche (*Fuchs* ZInsO 2002, 298, 299), so dass das Regelinsolvenzverfahren nur anzuwenden sei, wenn sich das Halten der Geschäftsanteile als eigene wirtschaftliche Tätigkeit darstelle (*Fuchs* NZI 2002, 239, 240; vgl LG Göttingen ZVI 2002, 205, 206). – Die Tätigkeit eines **Fremdgeschäftsführers** stellt auch bei einer Haftung für Schulden der Gesellschaft (zB Bürgschaft) keine selbständige Tätigkeit dar; eine Zurechnung erfolgt nicht.

7 **bb)** Das Vorliegen einer **wirtschaftlichen Tätigkeit** ist nicht handelsrechtlich zu beurteilen und somit nicht auf den Gewerbebegriff be-

zogen, so dass auch Freiberufler eine wirtschaftliche Tätigkeit iSd § 304 ausüben.

b) Ein **Kleinunternehmer iSd Abs 1 S 2** ist derjenige, der früher eine 8 selbständige wirtschaftliche Tätigkeit ausgeübt hat, aber dessen Vermögensverhältnisse überschaubar sind und gegen den keine Forderungen aus Arbeitsverhältnissen bestehen. Diese Voraussetzungen müssen kumulativ gegeben sein. – Eine Anwendung des Kleininsolvenzverfahrens ist ausgeschlossen, wenn die selbständige wirtschaftliche Tätigkeit derzeit noch aktiv (dh schon oder noch) ausgeübt wird, unabhängig davon, ob die konkrete Verschuldungssituation überschaubar ist (BGH NZI 2003, 105; FK-*Kohte*, § 304 Rn 10). Abzustellen ist dabei auf den **Zeitpunkt der Antragstellung** (BGH NZI 2003, 105). Der Beginn der Ausübung soll noch nicht bei bloßen Vorbereitungshandlungen, wie dem Anmieten von Räumen oder dem Abschluss von Arbeitsverträgen, gegeben sein (FK-*Kohte*, § 304 Rn 11). Sie dauert solange an, als sich das Unternehmen noch im Liquidationsstadium befindet, so dass die unternehmerische Tätigkeit für die Anwendung der §§ 304 ff vollständig beendet sein muss (*Kohte* ZInsO 2002, 53, 56).

aa) Eine **Überschaubarkeit der Vermögensverhältnisse** ist nach 9 **Abs 2** nur dann gegeben, wenn der ehemalige Kleinunternehmer weniger als **20 InsGl** hat. Der Wortlaut ergibt, dass diese Voraussetzung zwingend ist. Auch die Ratio der Norm, klare Abgrenzungskriterien zu schaffen, lässt keine Abweichung zu. Der gleichwohl vorgeschlagene Weg der teleologischen Reduktion, bei einer schon länger zurückliegenden selbständigen wirtschaftlichen Tätigkeit und einer durch Verbrauchergeschäfte dominierten Verschuldungssituation das Verbraucherinsolvenzverfahren anzuwenden (*Kohte* ZInsO 2002, 53, 57 und FK-InsO, § 304 Rn 36), ist abzulehnen (*Pape* ZVI 2002, 225, 229). Auch eine Differenzierung nach der Herkunft der Forderungen ist unpraktikabel (*Fuchs* NZI 2002, 239, 241), so dass die Auslegung, die Anzahl der InsGl iSd Abs 2 allein auf die Forderungen aus der ehemaligen Erwerbstätigkeit zu beziehen, ausscheidet. – Für die Bestimmung der **Anzahl der InsGl** ist nach dem Wortlaut auf den **Zeitpunkt der Antragstellung** abzustellen. – Zum Problem der **Inkassobüros/Poolbildung**, bei der durch einen InsGl mehrere Forderungen verschiedener Gläubiger geltend gemacht werden und so die Ermittlung der Anzahl der InsGl str ist: *Smid/Haarmeyer*, § 304 Rn 16. Dieselbe Problematik tritt auf, wenn vom InsVerw in der Insolvenz der Gesellschaft die persönliche Haftung der Kommanditisten geltend gemacht wird. – Ist das Erfordernis des Absatzes 2 erfüllt, beurteilt sich die Überschaubarkeit anhand einer **Gesamtbetrachtung**, wobei die Chancen einer einvernehmlichen Lösung im Rahmen eines Schuldenbereinigungsplans maßgebend sind (K/P-*Wenzel*, § 304 Rn 18). Das Ins-

Gericht kann damit, auch wenn weniger als 20 InsGl vorhanden sind, das Regelinsolvenzverfahren eröffnen, wenn die Vermögens- und Verschuldensstruktur nicht der eines typischen Verbrauchers entspricht (LG Göttingen ZVI 2002, 205, 206).

10 **bb)** Die Einschränkung, dass keine **Forderungen aus Arbeitsverhältnissen** vorliegen dürfen, ist weit auszulegen, so dass auch Forderungen erfasst werden, die mit dem Arbeitsverhältnis bloß im Zusammenhang stehen (so nun auch BGH, NZI 2005, 675, 677). Dies ergibt sich aus der Begründung des Regierungsentwurfs, so dass auch Ansprüche eines Sozialversicherungsträgers (AG Köln NZI 2002, 265 266 Uhlenbruck/*Vallender* § 304 Rn 23), des Finanzamtes (Lohnsteuer; **aA:** *Becker* ZVI 2003, 100, 101f; MK-InsO/*Kling*, Insolvenzsteuerrecht Rn 246: bei Bruttolohnvereinbarungen) oder einer Berufsgenossenschaft (**aA:** LG Düsseldorf ZVI 2002, 325f mit zust Anm *Kohte*) erfasst sind (K/P-*Wenzel*, § 304 Rn 16; *Hess* K-InsOÄndG, Art 1 § 304 Rn 7; *Smid/Haarmeyer*, § 304 Rn 16; vgl *Pape* ZVI 2002, 225, 229f, *Schmerbach* ZVI 2002, 38, 40), aber nicht die Rückforderung eines Eingliederungszuschusses für Schwerbehinderte, da dieser kein Teil des Lohns ist (AG Essen ZVI 2002, 274). Nach **aA** sind dagegen nur privatrechtliche Forderungen aus Arbeitsverhältnissen, die zwischen Arbeitgebern und Arbeitnehmern bestehen, erfasst (LG Köln NZI 2002, 505, 506; *Kohte* ZInsO 2002, 53, 57f und FK-InsO, § 304, Rn 43 ff; N/R-*Römermann*, § 304 Rn 30). – Bei der Beurteilung des Vorliegens von Forderungen aus Arbeitsverhältnissen ist nicht auf die Antragstellung, sondern auf den **Zeitpunkt der Verfahrenseröffnung** abzustellen. Der Gesetzeswortlaut nennt für dieses Kriterium keinen Zeitpunkt, so dass auf den praktikablen Zeitpunkt der Entscheidung des InsGericht abzustellen ist (vgl *Fuchs* NZI 2002, 239, 242f; **aA:** Zeitpunkt der Antragstellung: FK-*Kohte*, § 304 Rn 39; *Hess* K-InsOÄndG, § 304 Rn 10; K/P-*Wenzel*, § 304 Rn 19; *Pape* ZVI 2002, 225, 230; N/R-*Römermann*, § 304 Rn 31).

III. Entscheidung – Verfahrensrechtliches

11 Hinsichtlich der Entscheidung des InsGericht ist zu differenzieren, ob der InsSchu konkret das Verbraucher- oder das Regelinsolvenzverfahren beantragt oder einen unspezifischen Antrag gestellt hat.

1. Unspezifischer Antrag

12 a) Ein Antrag **ohne Bezeichnung der Verfahrensart** ist zulässig (LG Frankfurt/Oder ZIP 2000, 1067; LG Halle ZInsO 2000, 227; **aA:** AG Köln NZI 1999, 241), da § 13 keine Differenzierung zwischen den Verfahren vorsieht (K/P-*Wenzel*, § 304 Rn 5). Das InsGericht legt diesen Antrag dann iSd einschlägigen Verfahrensart aus (LG Halle ZInsO 2000, 227,

228; MK-InsO/*Schmahl*, § 13 Rn 81). Es kann idR vom Regelinsolvenzverfahren ausgehen und hat nur bei besonderen Anhaltspunkten den Sachverhalt von Amts wegen weiter aufzuklären (K/P-*Wenzel*, § 304 Rn 20; *Hess* K-InsOÄndG, Art 1 § 304 Rn 11).

b) Die Entscheidung des InsGericht kann nach § 17a GVG analog angefochten werden (FK-*Kohte*, § 304 Rn 52 ff; N/R-*Römermann*, § 304 Rn 38 f; **aA:** *Bork* ZIP 1999, 301, 303: § 34 analog, **aA:** K/P-*Wenzel*, § 304 Rn 8; HK-*Landfermann*, § 304 Rn 6).

2. Konkreter Antrag

a) Weiterhin kann der Antrag ausdrücklich oder konkludent **auf eine Verfahrensform beschränkt** werden (entgegen MK-InsO/*Schmahl*, § 13 Rn 81 nicht schon durch Beifügung einer Bescheinigung nach § 305 Abs 1 S 1). Bei Unzulässigkeit der beantragten Verfahrensart ist der Antrag zurückzuweisen, falls der Antragsteller ihn nicht innerhalb einer vom InsGericht gesetzten Frist umstellt (HK/*Landfermann*, § 304 Rn 6; LG Frankfurt/Oder ZIP 2000, 1067; AG Köln NZI 1999, 241, 242; *Vallender/Fuchs/Rey* NZI 1999, 218, 219; hierzu auch: N/R-*Römermann*, § 304 Rn 37), denn das InsGericht ist an die Antragstellung gebunden (OLG Schleswig NZI 2000, 164; K/P-*Wenzel*, § 304 Rn 7). Nach **aA** ist der Antrag immer nach dem einschlägigen Verfahren zu behandeln, so dass der Wechsel ins andere Verfahren von Amts wegen erfolge (*Bork* ZIP 1999, 301, 303), eine Bindung des InsGericht also nicht gegeben ist. Der Übergang ins andere Verfahren von Amts wegen folge aus einer analogen Anwendung des § 17a GVG (N/R-*Römermann*, § 304 Rn 38 f). Jedenfalls kann das InsGericht auf Antrag, der auch hilfsweise gestellt werden kann, über die Zulässigkeit entscheiden und in das andere Verfahren analog § 17a GVG abgeben (FK-*Kohte*, § 304 Rn 52; H/W/W-*Hess*, § 305 Rn 32).

b) Bei dieser Fallgruppe wird bei Zurückweisung des Antrags nach allg Ansicht die Anfechtung für zulässig erachtet (HK/*Landfermann*, § 304 Rn 6). Streit besteht nur über die Rechtsgrundlage: § 34 in direkter (OLG Celle ZIP 2000, 802, 803; LG Frankfurt/Oder ZIP 2000, 1067; K/P-*Wenzel*, § 303 Rn 8) bzw analoger Anwendung (OLG Schleswig NZI 2000, 164; *Bork* ZIP 1999, 301, 303), § 17a Abs 4 S 3 GVG analog oder allg Grundsätze (*Vallender/Fuchs/Rey* NZI 1999, 218, 219).

IV. Übergangsfälle

Infolge der Neuregelung wird das Verfahren von Amts wegen als Regelinsolvenzverfahren geführt, wenn der InsSchu nicht mehr den §§ 304 ff unterfällt (vgl OLG Celle NZI 2002, 268 ff). Befindet sich das Verfahren noch im außergerichtlichen Schuldenbereinigungsverfahren, erfolgt der Übergang durch Stellung eines InsAntrag seitens des InsSchu (vgl K/P-*Wenzel*, § 304 Rn 29 ff).

V. Rechtsfolge

17 Rechtsfolge ist die Anwendung der §§ 304 ff, falls der InsSchu ein Verbraucher oder Kleinunternehmer im Sinne der Vorschrift ist. Für alle anderen InsSchu gilt das Regelinsolvenzverfahren. Zur missverständlichen Gesetzesfassung vgl *Braun/Buck*, § 304 Rn 3 ff.

2. Abschnitt Schuldenbereinigungsplan

§ 305 Eröffnungsantrag des Schuldners

(1) **Mit dem schriftlich einzureichenden Antrag auf Eröffnung des Insolvenzverfahrens (§ 311) oder unverzüglich nach diesem Antrag hat der Schuldner vorzulegen:**
1. **eine Bescheinigung, die von einer geeigneten Person oder Stelle ausgestellt ist und aus der sich ergibt, daß eine außergerichtliche Einigung mit den Gläubigern über die Schuldenbereinigung auf der Grundlage eines Plans innerhalb der letzten sechs Monate vor dem Eröffnungsantrag erfolglos versucht worden ist, der Plan ist beizufügen und die wesentlichen Gründe für sein Scheitern sind darzulegen; die Länder können bestimmen, welche Personen oder Stellen als geeignet anzusehen sind;**
2. **den Antrag auf Erteilung der Restschuldbefreiung (§ 287) oder die Erklärung, daß Restschuldbefreiung nicht beantragt werden soll;**
3. **ein Verzeichnis des vorhandenen Vermögens und des Einkommens (Vermögensverzeichnis), eine Zusammenfassung des wesentlichen Inhalts dieses Verzeichnisses (Vermögensübersicht), ein Verzeichnis der Gläubiger und ein Verzeichnis der gegen ihn gerichteten Forderungen; den Verzeichnissen und der Vermögensübersicht ist die Erklärung beizufügen, dass die enthaltenen Angaben richtig und vollständig sind;**
4. **einen Schuldenbereinigungsplan; dieser kann alle Regelungen enthalten, die unter Berücksichtigung der Gläubigerinteressen sowie der Vermögens-, Einkommens- und Familienverhältnisse des Schuldners geeignet sind, zu einer angemessenen Schuldenbereinigung zu führen; in den Plan ist aufzunehmen, ob und inwieweit Bürgschaften, Pfandrechte und andere Sicherheiten der Gläubiger vom Plan berührt werden sollen.**

(2) ¹In dem Verzeichnis der Forderungen nach Absatz 1 Nr. 3 kann auch auf beigefügte Forderungsaufstellungen der Gläubiger Bezug genommen werden. ²Auf Aufforderung des Schuldners sind die Gläubiger verpflichtet, auf ihre Kosten dem Schuldner zur Vorbereitung des Forderungsverzeichnisses eine schriftliche Aufstellung ihrer gegen diesen gerichteten Forderungen zu erteilen; insbesondere haben sie ihm die Höhe ihrer Forderungen und deren Aufgliederung in Hauptforderung, Zinsen und Kosten anzugeben. ³Die Aufforderung des Schuldners muß einen Hinweis auf einen bereits bei Gericht eingereichten oder in naher Zukunft beabsichtigten Antrag auf Eröffnung eines Insolvenzverfahrens enthalten.

(3) ¹Hat der Schuldner die in Absatz 1 genannten Erklärungen und Unterlagen nicht vollständig abgegeben, so fordert ihn das Insolvenzgericht auf, das Fehlende unverzüglich zu ergänzen. ²Kommt der Schuldner dieser Aufforderung nicht binnen eines Monats nach, so gilt sein Antrag auf Eröffnung des Insolvenzverfahrens als zurückgenommen. ³Im Falle des § 306 Abs. 3 Satz 3 beträgt die Frist drei Monate.

(4) ¹Der Schuldner kann sich im Verfahren nach diesem Abschnitt vor dem Insolvenzgericht von einer geeigneten Person oder einem Angehörigen einer als geeignet anerkannten Stelle im Sinne des Absatzes 1 Nr. 1 vertreten lassen. ²§ 157 Abs. 1 der Zivilprozeßordnung findet keine Anwendung.

(5) ¹Das Bundesministerium der Justiz wird ermächtigt, durch Rechtsverordnung mit Zustimmung des Bundesrates zur Vereinfachung des Verbraucherinsolvenzverfahrens für die Beteiligten Formulare für die nach Absatz 1 Nr. 1 bis 4 vorzulegenden Bescheinigungen, Anträge, Verzeichnisse und Pläne einzuführen. ²Soweit nach Satz 1 Formulare eingeführt sind, muß sich der Schuldner ihrer bedienen. ³Für Verfahren bei Gerichten, die die Verfahren maschinell bearbeiten, und für Verfahren bei Gerichten, die die Verfahren nicht maschinell bearbeiten, können unterschiedliche Formulare eingeführt werden.

§ 305a Scheitern der außergerichtlichen Schuldenbereinigung

Der Versuch, eine außergerichtliche Einigung mit den Gläubigern über die Schuldenbereinigung herbeizuführen, gilt als gescheitert, wenn ein Gläubiger die Zwangsvollstreckung betreibt, nachdem die Verhandlungen über die außergerichtliche Schuldenbereinigung aufgenommen wurden.

§§ 305, 305a 9. Teil. Verbraucherinsolvenz- und Kleinverfahren

I. Normzweck

1 § 305 enthält die Anforderungen an Form und Inhalt des Antrags des InsSchu auf Eröffnung des vereinfachten InsVerfahren nach § 311. Für einen Antrag eines InsGl gilt § 306 Abs 3. In Abs 1 Nr 1 ist das Erfordernis der Dokumentation des außergerichtlichen Einigungsversuchs und damit eine mittelbare Regelung dieser ersten Verfahrensstufe enthalten. Weiterhin sind der Schuldenbereinigungsplan, die Vertretung des InsSchu vor Gericht und die Möglichkeit der Einführung einheitlicher Formulare geregelt.

2 § 305a enthält eine Fiktion hinsichtlich des Scheiterns der außergerichtlichen Schuldenbereinigung (vgl K/P-*Wenzel*, § 305a Rn 4ff), die in Verbindung mit §§ 312 Abs 1 S 3, 88 den Schutz vor Einzelzwangsvollstreckungen erweitert (Rückschlagsperre; vgl § 312 Rn 3). Sie greift ab der Übermittlung des Plans an die InsGl (*Hess* K-InsOÄndG, Art 1 § 305a Rn 7; FK-*Grote*, § 305a Rn 3).

II. Notwendiger Inhalt des Eröffnungsantrags, Abs 1

3 Der InsSchu hat verschiedene Unterlagen dem Antrag auf Eröffnung des InsVerfahren beizufügen bzw diese innerhalb der Frist des Abs 3 nachzureichen.

1. Bescheinigung und Angaben nach § 305 Abs 1 Nr 1

4 Notwendig ist zunächst die Bescheinigung nach Abs 1 Nr 1 über das außergerichtliche Einigungsverfahren, sowie weitere Angaben über das Verfahren. Die Vorlage der Bescheinigung ist Zulässigkeitsvoraussetzung (K/P-*Wenzel*, § 305 Rn 3).

5 **a)** Verfahren hinsichtlich der **Bescheinigung über den Versuch der außergerichtlichen Einigung:**

6 **aa)** Die Bescheinigung ist durch eine nach § 305 Abs 1 Nr 1 geeignete Person oder Stelle auszustellen. Dies sind: Rechtsanwälte, Steuerberater, Notare und Wirtschaftsprüfer (N/R-*Römermann*, § 305 Rn 16), weiterhin Gerichtsvollzieher (*Braun/Buck*, § 305 Rn 4 mwN) und insbes Schuldnerberatungsstellen. Bei Hinzuziehung eines Rechtsanwalts besteht ein Anspruch auf Beratungshilfe nach dem Beratungshilfegesetz (*Braun/Buck*, § 305 Rn 6). – Aufgrund der Verordnungsermächtigung sind Landesregelungen erlassen worden, die geeignete Stellen bestimmen und eine Beschränkung auf förmlich anerkannte Stellen vornehmen. Es besteht dann eine Bindung des InsGericht (K/P-*Wenzel*, § 305 Rn 5; *Smid* DZWiR 1999, 298, 299 (Tatbestandswirkung des Zulassungsverwaltungsakts); *Klass* ZInsO, 1999, 620, 621).

bb) Außergerichtliche Einigung: Die Verhandlungen im außergerichtlichen Einigungsverfahren können vom InsSchu selbst geführt werden (OLG Schleswig ZInsO 2000, 170; N/R-*Römermann*, § 305 Rn 20; *Smid/Haarmeyer*, § 305 Rn 27; K/P-*Wenzel*, § 305 Rn 7; **aA:** H/W/W-*Hess*, § 305 Rn 95; HK-*Landfermann*, § 305 Rn 17), jedoch ist dies nur zweckmäßig, wenn er die hierfür nötige Sachkunde besitzt. Auch kann, wenn die Person/Stelle nach Abs 1 Nr 1 die Verhandlungen geführt hat, die Bescheinigung einfacher ausgestellt werden. Diese muss sonst genau prüfen, ob die Verhandlungen auch ernsthaft geführt wurden (K/P-*Wenzel*, § 305 Rn 7). Die Bescheinigung der geeigneten Stelle ist zwingende Voraussetzung für den Fortgang des Verfahrens (Uhlenbruck/*Vallender* § 305 Rn 33).

b) Zwingender **Inhalt der Bescheinigung** sind:

aa) die Bestätigung des Versuchs einer außergerichtlichen Einigung innerhalb von sechs Monaten vor dem Eröffnungsantrag, wobei maßgebend der Zeitpunkt der letzten Ablehnung durch einen InsGl ist (K/P-*Wenzel*, § 305 Rn 6),

bb) die Person des InsSchu und

cc) der Aussteller, nebst dessen Nachweis der Eignung, was jetzt durch die Bescheinigung aufgrund der Landesverordnung möglich ist.

c) Prüfungskompetenz des InsGericht. Das InsGericht hat unstreitig kein inhaltliches Prüfungsrecht dahingehend, ob der Plan inhaltlich zur Schuldenbereinigung geeignet war (OLG Köln ZInsO 2001, 230, 231 und ZIP 1999, 1929, 1930; OLG Schleswig NZI 2000, 165, 166; BayObLG NJW 2000, 220, 221; OLG Karlsruhe NZI 2000, 163; K/P-*Wenzel*, § 305 Rn 11; FK-*Grote*, § 305 Rn 4 ff, 9). Die Überzeugung des InsGericht von der materiellen Wahrheit der Bescheinigung ist nicht nötig. Eine Prüfung der Ernsthaftigkeit des Einigungsversuchs erfolgt nur durch die Person bzw Stelle des Abs 1 Nr 1, was wegen der Entlastung der Gerichte geboten ist (AG Duisburg ZIP 1999, 1399, 1401; FK-*Grote*, § 305 Rn 13, 38; N/R-*Römermann*, § 305 Rn 29 f). Nach **aA** soll eine Prüfung dahingehend erfolgen, ob der Antrag den gesetzlichen Anforderungen entspreche, wozu gehöre, dass ein ernsthafter Einigungsversuch erfolgte (BayObLG NJW 2000, 220, 221 f und ZIP 1999, 1767, 1768), was anhand des vorgelegten Plans und den Gründen des Scheiterns beurteilt werden könne (K/P-*Wenzel*, § 305 Rn 11).

d) Weiterhin hat der Antrag folgende **Angaben** zu enthalten:

aa) Die Angabe der **wesentlichen Gründe** für das Scheitern des außergerichtlichen Schuldenbereinigungsverfahrens, § 305 Abs 1 Nr 1, wodurch die Prognoseentscheidung des InsGericht gemäß § 306 Abs 1 S 3 ermöglicht werden soll (*Hess* K-InsOÄndG, Art 1 § 305 Rn 2; FK-*Grote*, § 305 Rn 13 a; *Vallender* NZI 2002, 561, 563). Diese Gründe sind zweckmäßigerweise von der Stelle anzugeben, damit eine objektive Sachdarstellung gewährleistet ist (K/P-*Wenzel*, § 305 Rn 9). Im Fall des § 305 a ist der Zwangsvollstreckungsversuch anzuführen (K/P-*Wenzel*, § 305 a Rn 5).

15   bb) Die Angabe, welcher InsGl dem außergerichtlichen Schuldenbereinigungsplan zugestimmt hat und welcher diesen abgelehnt hat.

16   cc) Die Gründe der Ablehnung (K/P-*Wenzel*, § 305 Rn 10).

17   dd) Nach § 305 Abs 1 Nr 1 ist der außergerichtliche Schuldenbereinigungsplan ebenfalls beizufügen (zu den inhaltlichen Anforderungen vgl die Ausführungen zum Schuldenbereinigungsplan nach § 303 Abs 1 Nr 4 unter Rn 21 ff).

18   e) Die Bescheinigung ist, auch wenn die **Fiktion des § 305 a** eingreift, nicht entbehrlich, da dann lediglich die Fortführung von Verhandlungen entbehrlich ist (vgl zur alten Rechtslage vor dem 01. 12. 2001 K/P-*Wenzel*, § 305 Rn 20 f). Die Bescheinigung ist auch dann erforderlich, wenn ein InsGl eindeutig äußert, zur außergerichtlichen Schuldenbereinigung nicht bereit zu sein und dies dem InsGericht schriftlich mitgeteilt werden kann (Uhlenbruck/*Vallender* § 305 Rn 33; N/R-*Römermann*, § 305 Rn 34), da dann die Angaben insbes zum Grund des Scheiterns immer noch für die gerichtliche Prognoseentscheidung sinnvoll sind. Dies kann auch aus § 305 a gefolgert werden, der die Vorlage sogar beim Betreiben der Zwangsvollstreckung fordert. Nach **aA** sei die Vorlage entbehrlich, da die Fortführung der Verhandlungen eine bloße Förmelei sei (AG Hamburg NZI 1999, 419, 420; K/P-*Wenzel*, § 305 Rn 20; *Pape* ZIP 1999, 2037, 2040).

2. Erklärung über die Restschuldbefreiung

19   Es ist nach **§ 305 Abs 1 Nr 2** anzugeben, ob die Restschuldbefreiung nach § 287 beantragt wird oder nicht. Dies Angabe ist nötig, um die Erfolgsaussichten des Schuldenbereinigungsplanes und die Möglichkeit einer Zustimmungsersetzung nach § 309 prüfen zu können. Dies ist keine bloße Ordnungsvorschrift (K/P-*Wenzel*, § 305 Rn 23). **Str** ist, ob eine Bindung des InsSchu an diese Angabe besteht oder er die Möglichkeit hat, seinen Antrag auf Durchführung des Restschuldbefreiungsverfahrens nachzuholen (s § 306 Rn 7).

3. Vermögensverzeichnis, -übersicht; § 305 Abs 1 Nr 3

20   Dem Antrag ist ferner beizufügen: **(1)** ein **Vermögensverzeichnis**, dass eine vollständige Aufstellung der Vermögensverhältnisse enthalten soll, **(2)** eine **Vermögensübersicht**, die lediglich eine Zusammenfassung des Vermögensverzeichnisses darstellt – Sinn der Regelung ist es, dass nur diese Zusammenfassung den InsGl zuzustellen ist; inhaltlich ist nur ein knapper Überblick zu geben, wobei nicht durch detaillierte Angaben eine Einzelzwangsvollstreckung provoziert werden darf (FK-*Grote*, § 305 Rn 23, 24 a) –, **(3)** ein **Gläubigerverzeichnis**, das wegen der vorzunehmenden Zustellung der Unterlagen nach § 307 Abs 1 S 1 auch die ladungsfähigen Anschriften enthalten muss (N/R-*Römermann*, § 305 Rn 43; vgl K/P-*Wenzel*, § 305 Rn 26 und § 307 Rn 6), **(4)** ein detailliertes **Forderungsverzeichnis**, wobei der InsSchu die gegen ihn bestehenden Forderungen nur in der Höhe anzugeben braucht, in der er sie für gerechtfertigt hält (FK-*Grote*, § 305 Rn 24) und nach Abs 2 S 1 auf die Forderungsaufstellungen der InsGl verweisen kann (Rn 28), und **(5)** die **Erklärung des InsSchu**, dass die Angaben in den Aufstellungen und Verzeichnissen richtig und vollständig sind. – Im Fall vorsätzlicher oder grob fahrlässiger Angaben kann diese Erklärung als eine Verletzung von Auskunftspflichten nach § 290 Abs 1 Nr 6 zu einer Versagung der Restschuldbefreiung führen. Jedoch werden die Angaben vom InsGericht nur auf ihre Plausibilität geprüft und bei unvollständigen Angaben der InsSchu zur Nachreichung aufgefordert (Rn 31); eine Überprüfung der Richtigkeit des Vermögensverzeichnisses erfolgt zu diesem Zeitpunkt noch nicht (FK-*Grote*, § 305 Rn 23).

4. Schuldenbereinigungsplan nach § 305 Abs 1 Nr 4

Dieser ist formell vom außergerichtlichen Schuldenbereinigungsplan 21 zu unterscheiden, wird aber inhaltlich regelmäßig mit diesem identisch sein. – Inhaltlich kann der Schuldenbereinigungsplan, da er der **Privatautonomie** unterliegt, alle Regelungen enthalten, die für eine vergleichsweise Bereinigung der Schulden nötig sind (*Braun/Buck*, § 305 Rn 13; N/R-*Römermann*, § 305 Rn 49 ff). Zweckmäßigerweise ist er jedoch am möglichen Ergebnis des gerichtlichen Schuldenbereinigungsverfahrens auszurichten, da sonst eine Zustimmungsersetzung nach § 309 fraglich ist (FK-*Grote*, § 305 Rn 28). Dies gilt auch für den außergerichtlichen Schuldenbereinigungsplan, da sonst keine Zustimmung durch die InsGl zu erwarten ist.

a) In **formeller** Hinsicht ist wegen der **Titel**funktion zu beachten, dass 22 die Leistungspflichten des InsSchu hinreichend bestimmt sein müssen (K/P-*Wenzel*, § 305 Rn 35; vgl LG Traunstein ZInsO 2001, 525, 526; **aA:** *Braun/Buck*, § 305 Rn 13). Der gerichtliche Schuldenbereinigungsplan wird mit seiner Feststellung durch das InsGericht nach § 308 Abs 1 S 2 iVm § 794 Abs 1 Nr 1 ZPO zum Vollstreckungstitel (*Braun/Buck*, § 305 Rn 20). Dagegen stellt der außergerichtliche Schuldenbereinigungsplan

§§ 305, 305a 9. Teil. Verbraucherinsolvenz- und Kleinverfahren

einen zivilrechtlichen Vergleich nach § 779 Abs 2 BGB dar, der nur durch eine notarielle Beurkundung mit einer Unterwerfungsklausel nach § 794 Abs 1 Nr 5 ZPO zu einem Titel wird (H/W/W-*Hess*, § 304 Rn 96). Sog „flexible" Nullpläne, die auf einen Prozentsatz des nach §§ 850c, 850d, 850f ZPO pfändbaren Einkommens bezogen sind und daher vollstreckungsrechtlich problematisch sind, stellen hierbei eine Ausnahme dar, da ein praktisches Bedürfnis für sie besteht (*Klass* ZInsO 1999, 620, 623). – Weiterhin sind nach § 305 Abs 1 **Nr 4 aE** die bestehenden **Sicherungsmittel** anzugeben. Für die InsGl ist wichtig, dass eine Beschränkung ihrer gesicherten Forderungen Auswirkungen auf die Sicherungsmittel dahingehend hat, dass ein Verzicht auf die Sicherung durchschlägt. Der Schutz der **§§ 301 Abs 2, 254 Abs 2** greift **nicht** ein, eine analoge Anwendung ist ebenfalls nicht möglich (N/R-*Römermann*, § 305 Rn 64 und § 308 Rn 12). Daher erlischt zB eine Bürgschaft, soweit die zugrundeliegende Forderung im Wege des Schuldenbereinigungsplans verglichen wird. Die Angabe soll daher verhindern, dass der InsGl eines Irrtums hierüber unterliegt (FK-*Grote*, § 305 Rn 29a). – Schließlich bietet es sich an, in den Schuldenbereinigungsplan **Verfall-** oder **Wiederauflebensklauseln** aufzunehmen. Eine analoge Anwendung des § 255 ist str, so dass sich die Aufnahme einer Wiederauflebensklausel anbietet (vgl K/P-*Wenzel*, § 305 Rn 41 aE; gegen analoge Anwendung *Braun/Buck*, § 305 Rn 14 und HK-*Landfermann*, § 308 Rn 7: Anlehnung an den Prozessvergleich).

23   b) In **materieller** Hinsicht hat der Plan einen Ausgleich der widerstreitenden Gläubiger- und Schuldnerinteressen vorzunehmen, wobei insbes die Vermögens- und Familienverhältnisse des InsSchu zu berücksichtigen sind (*Braun/Buck*, § 305 Rn 10).

24   c) Umstritten ist die Zulässigkeit **sog. „Null-Pläne"** (hierzu ausf: N/R-*Römermann*, § 305 Rn 56ff und K/P-*Wenzel*, § 286 Rn 78ff mwN). Dies sind Schuldenbereinigungspläne, bei denen die InsGl **keine** oder nur eine minimale **Befriedigung** erhalten.

25   (1) Diese sind **grundsätzlich zulässig** (OLG Celle ZIP 2001, 340, 342; OLG Köln ZIP 2001, 754, 755 und ZIP 1999, 1929, 1930; AG Köln, ZIP 1999, 147, 151; AG Duisburg, ZIP 1999, 1399, 1401; OLG Karlsruhe NZI 2000, 162, 163; Uhlenbruck/*Vallender* § 305 Rn 122;). Im Fall des Fehlens jeglichen Vermögens und fehlenden Einkommens ist es dem InsSchu nicht zumutbar, eine Verpflichtung einzugehen, die er ohnehin nicht erfüllen kann (*Gottwald/Schmidt-Räntsch*, InsHdb, § 83 Rn 25), zudem fordert das Gesetz auch keine Mindestquote (*Braun/Buck*, § 305 Rn 13; *Klass* ZInsO 1999, 620, 625; AG Duisburg ZIP 1999, 1399, 1401; H/W/W-*Hess*, § 304 Rn 75). Die Zulässigkeit ergibt sich auch aus der fehlenden inhaltlichen Überprüfung des Plans durch das InsGericht

(OLG Karlsruhe NZI 2000, 162, 163; N/R-*Römermann*, § 305 Rn 60ff; FK-*Grote*, § 305 Rn 29) und der Gestaltungsfreiheit nach § 305 Abs 1 Nr 4 (AG Köln ZIP 1999, 147, 151).

(2) Nach **aA** soll ein „Null-Plan" dagegen unzulässig sein, da er keine angemessene Berücksichtigung der Gläubigerinteressen enthalte (K/P-*Wenzel*, § 286 Rn 78f; HK-*Landfermann*, § 305 Rn 12; MK-InsO/*Ott* § 305 Rn 63ff; LG Lüneburg ZIP 1999, 372, 373; AG Essen ZInsO 1999, 239; AG Baden-Baden NZI 1999, 125, 126; AG Würzburg ZIP 1999, 319 und ZIP 1999, 454 und 454f).

(3) Nach einer dritten, vermittelnden Ansicht sei nur ein sog. **„flexibler Nullplan"** zulässig, bei dem zwar gegenwärtig keine Zahlungen angeboten würden, jedoch das eventuelle künftige pfändbare Einkommen in Anlehnung an das Restschuldbefreiungsverfahren abgetreten werde (HK-*Landfermann*, § 305 Rn 12; *Grote* ZInsO 1998, 107, 109f).

III. Mitwirkungspflichten hinsichtlich des Forderungsverzeichnisses, Abs 2

Im Verbraucherinsolvenzverfahren treffen nicht nur den InsSchu gesteigerte Mitwirkungspflichten, sondern auch die InsGl. Diese sind nach Abs 2 S 2 auf Aufforderung des InsSchu verpflichtet, ihm eine schriftliche Forderungsaufstellung zu erteilen. Die hierzu notwendigen Kosten haben sie selbst zu tragen. Ein Schutz vor ungerechtfertigter Inanspruchnahme ist durch die Pflicht des InsSchu gemäß Abs 2 S 3 gegeben, wonach der InsSchu in seiner Aufforderung einen Hinweis auf einen bereits bei Gericht eingereichten oder beabsichtigten Antrag auf Eröffnung des InsVerfahrens zu geben. Aufgrund der angeordneten Kostenfreiheit kann für die Forderungsaufstellung ein eventuell später zu erstattendes Entgelt nicht verlangt werden, zumal die InsGl durch ein Weigerungsrecht im Falle einer rechtsmissbräuchlichen Inanspruchnahme hinreichend geschützt sind (N/R-*Römermann*, § 305 Rn 67f; FK-*Grote*, § 305 Rn 34f; H/W/W-*Hess*, § 305 Rn 128; **aA:** K/P-*Wenzel*, § 305 Rn 33). – Die Aufstellung hat die Höhe der Forderungen und eine Unterscheidung hinsichtlich Hauptforderung, Zinsen und Kosten zu enthalten. Sie soll so detailliert sein, dass der Verschuldensverlauf mit etwaigen Verrechnungen und Pfändungen erkennbar ist (FK-*Grote*, § 305 Rn 32). Dieser Anspruch ist einklagbar (LG Düsseldorf ZInsO 2000, 519; K/P-*Wenzel*, § 305 Rn 31); ein Rechtsverlust oder Schadensersatzansprüche sind aber nicht möglich (H/W/W-*Hess*, § 305 Rn 129; *Braun/Buck*, § 350 Rn 22).

§§ 305, 305a 9. Teil. Verbraucherinsolvenz- und Kleinverfahren

IV. Verfahrensrechtliches

1. Form

29 **a) Schriftform, Abs 1.** Nach § 305 Abs 1 ist der Antrag schriftlich zu stellen (HK-*Landfermann*, § 305 Rn 15; N/R-*Römermann*, § 305 Rn 7; FK-*Grote*, § 305 Rn 10). Eine Antragstellung mittels **elektronischer Form** ist nach § 130a ZPO aufgrund der Verweisungsnorm des § 4 zulässig (vgl FK-*Ahrens*, § 287 Rn 8 und *Zöller/Greger*, § 130a Rn 3; aA vgl H/W/W-*Hess*, § 305 Rn 91: Grundsätze des § 126 BGB). – Die erforderlichen Abschriften des Antrags und der Unterlagen des Abs 1 können nachgereicht werden, § 306 Abs 2 S 2, 3.

30 **b) Verordnungsermächtigung und Vordruckzwang, Abs 5.** Das Bundesministerium der Justiz hat zum 1. 3. 2002 durch die Verbraucherinsolvenzvordrucksverordnung (VbrInsVV) einheitliche **Vordrucke** eingeführt (BGBl I 2002, 703ff; vgl *Schmerbach* NZI 2002, 197ff). Seit dem Justizkommunikationsgesetz vom 22. 3. 2005 werden sie in Abs 5 als „Formulare" bezeichnet. Diese sind unter www.bmj.de abrufbar; unter www.nzi.beck.de – „Neue Göttinger Vordrucke zum Verbraucherinsolvenzverfahren" sind Ergänzungen zum amtlichen Vordruck abrufbar. Die **Benutzung** des amtlichen Formulars ist nach **Abs 5 S 2 zwingend** (vgl N/R-*Römermann*, § 305 Rn 6, 81ff, auch wenn in der Verordnung von Mustern die Rede ist, denn diese können nach dem Wortsinn durchaus zwingend sein (**aA:** *Mäusezahl* ZVI 2002, 201). Zudem bestimmt § 2 VbrInsVV ausdrücklich Ausnahmen. Zweifelhaft ist, ob die Benutzung eines Formulars, dass bis auf einen zusätzlichen Hinweis auf das Computerprogramm mittels dessen das Formular generiert wurde zu 100% mit dem amtlichen Formular übereinstimmt, unzulässig ist (so aber: AG Köln NZI 2002, 679, 680 da dem InsGericht eine Prüfung der inhaltlichen Übereinstimmung erspart werden sollte; vgl LG Kleve, ZVI 2002, 200f).

2. Rücknahmefiktion, Abs 3

31 Ein unvollständiger Antrag ist nach Maßgabe des Abs 3 nach **Aufforderung durch das InsGericht** zu ergänzen, um der Rücknahmefiktion zu entgehen. Die Rücknahme des Antrags wird fingiert, falls die Ergänzung nicht innerhalb eines Monats bzw im Fall des § 306 Abs 3 S 3 innerhalb einer Frist von drei Monaten erfolgt. In der Ergänzungsaufforderung ist auf die Gefahr der Rücknahmefiktion hinzuweisen (FK-*Grote*, § 305 Rn 40; **aA:** N/R-*Römermann*, § 305 Rn 71: bloß zweckmäßig). – Die Aufforderung ist wegen der möglichen Rücknahmefiktion eine Verfügung und Entscheidung nach § 6 Abs 1, gegen die eine Beschwerde aber nicht möglich ist, da die Entscheidung keine förmliche Nichteröffnungsentscheidung iSd § 34 Abs 1 ist (OLG Braunschweig DZWiR 2001,

467, 468; BayObLG ZIP 1999, 1767, 1768; vgl K/P-*Wenzel*, § 305 Rn 29; **aA:** OLG Celle ZIP 2000, 802; FK-*Schmerbach*, § 6 Rn 10c). Die bloße Mitteilung des Eintritts der Fiktion ist gleichsam nicht anfechtbar (LG Potsdam ZVI 2002, 279). – Demgegenüber kann die Feststellung der Rücknahmefiktion angefochten werden, wobei str ist, ob dies analog § 34 (K/P-*Pape*, § 34 Rn 13b; OLG Celle EWiR 2001, 539f mit Anm *Fuchs*; *Ahrens* NZI 2000, 201, 205f: erweiternde Auslegung), in direkter Anwendung des § 34 (BayObLG ZIP 2000, 320, 322) bzw analog § 263 Abs 3 S 5 ZPO erfolgt (OLG Karlsruhe NZI 2000, 163; **aA:** MK-InsO/ *Schmahl*, § 34 Rn 31: § 269 Abs 3 S 5 wird von § 305 Abs 3 S 2 verdrängt) oder nach § 269 Abs 3 S 5 ZPO direkt (LG Potsdam ZVI 2002, 279). Nach **aA** ist dagegen die Feststellung unanfechtbar (OLG Köln ZVI 2002, 464, 465f; vgl K/P-*Prütting* § 6 Rn 16c).

3. Zuständigkeit

Für die Zuständigkeit des InsGerichts gelten die allg Vorschriften (§§ 2, 3). Nach § 18 Abs 1 Nr 1 RPflG ist die funktionelle Zuständigkeit des Richters gegeben. 32

4. Vertretung

Die Möglichkeit der Vertretung des InsSchu ist durch die Regelung in Abs 4 erweitert worden, so dass eine Vertretung durch geeignete Schuldnerberater (Abs 1 Nr 1) in der mündlichen Verhandlung nun entgegen der allg Regel in § 157 ZPO möglich ist. Diese Regelung betrifft nur den Zweiten Abschnitt (§§ 305–310). Eine Vertretung des Schu im vereinfachten InsVerf durch eine als geeignet angesehene Person oder Stelle ist nicht zulässig (BGH NZI 2004, 510; K/P-*Wenzel*, § 305 Rn 44 aE). 33

§ 306 Ruhen des Verfahrens

(1) [1]Das Verfahren über den Antrag auf Eröffnung des Insolvenzverfahrens ruht bis zur Entscheidung über den Schuldenbereinigungsplan. [2]Dieser Zeitraum soll drei Monate nicht überschreiten. [3]Das Gericht ordnet nach Anhörung des Schuldners die Fortsetzung des Verfahrens über den Eröffnungsantrag an, wenn nach seiner freien Überzeugung der Schuldenbereinigungsplan voraussichtlich nicht angenommen wird.

(2) [1]Absatz 1 steht der Anordnung von Sicherungsmaßnahmen nicht entgegen. [2]Ruht das Verfahren, so hat der Schuldner in der für die Zustellung erforderlichen Zahl Abschriften des Schuldenbereinigungsplans und der Vermögensübersicht innerhalb von zwei Wochen nach Aufforderung durch das Gericht nachzureichen. [3]§ 305 Abs. 3 Satz 2 gilt entsprechend.

§ 306   9. Teil. Verbraucherinsolvenzverfahren und Kleinverfahren

(3) ¹Beantragt ein Gläubiger die Eröffnung des Verfahrens, so hat das Insolvenzgericht vor der Entscheidung über die Eröffnung dem Schuldner Gelegenheit zu geben, ebenfalls einen Antrag zu stellen. ²Stellt der Schuldner einen Antrag, so gilt Absatz 1 auch für den Antrag des Gläubigers. ³In diesem Fall hat der Schuldner zunächst eine außergerichtliche Einigung nach § 305 I Nr. 1 zu versuchen.

1. Ruhen des Verfahrens, Abs 1

1   a) Das Verfahren über die Eröffnung des vereinfachten InsVerfahrens nach §§ 311 ff ruht, bis das nach § 305 vorgesehene gerichtliche Schuldenbereinigungsverfahren beendet ist oder das InsGericht gemäß § 306 Abs 1 S 3 entscheidet, dass dessen Durchführung entbehrlich ist. Das Ruhen tritt kraft Gesetzes ein, § 251 ZPO gilt nicht (*FK-Grote*, § 306 Rn 4). Es soll nach S 2 maximal drei Monate andauern, jedoch ist dies eine bloße Ordnungsvorschrift, deren Verletzung ohne Folgen ist (N/R-*Römermann*, § 306 Rn 6).

2   b) aa) **Prognoseentscheidung des InsGerichts.** § 306 wurde durch das InsOÄndG geändert; nunmehr ist das gerichtliche Schuldenbereinigungsverfahren nicht mehr zwingend durchzuführen (*Hess K-InsO-ÄndG*, Art 1 § 306, Rn 1; *Braun/Buck*, § 306 Rn 6). Das InsGericht trifft nun nach S 3 eine Prognoseentscheidung, bei der die Wahrscheinlichkeit des Erfolgs des gerichtlichen Schuldenbereinigungsverfahrens zu beurteilen ist. Aus der gesetzlichen Systematik ergibt sich, dass die Durchführung des Einigungsverfahrens die Regel darstellen soll (K/P-*Wenzel*, § 306 Rn 3). Das Verfahren ist nur dann entbehrlich, wenn das Scheitern wahrscheinlicher ist, als eine Zustimmung der InsGl bzw eine Zustimmungsersetzung nach § 309 (K/P-*Wenzel*, § 306 Rn 3). Zu den Erwägungen des InsGericht vgl K/P-*Wenzel*, § 306 Rn 5 f und FK-*Grote*, § 306 Rn 7 a–d.

3   bb) **Verfahren, Einzelheiten.** Das InsGericht muss nicht vom Vorliegen eines Insolvenzgrundes überzeugt sein, es prüft dies in Übereinstimmung mit § 16 erst bei der eigentlichen Verfahrenseröffnung (N/R-*Römermann*, § 306 Rn 4 f, Uhlenbruck/*Vallender* § 306 Rn 15), bzw nur im Fall einer Zustimmungsersetzung nach § 309 (AG Göttingen ZIP 1999, 1365, **aA:** K/P-*Wenzel*, § 306 Rn 13) – Der **InsSchu** ist bei der Entscheidung des InsGericht, dass Verfahren ohne Durchführung des gerichtlichen Schuldenbereinigungsverfahrens fortzusetzen, nach **S 3 zwingend anzuhören**. – Die Entscheidung des InsGericht ist nicht mit der Beschwerde angreifbar (*Grote* NJW 2001, 3665, 3666 und FK-*Grote*, § 306 Rn 7 g). – Während des Ruhens des Verfahrens ist eine Einstellung

mangels Masse nach § 26 Abs 1 nicht möglich (K/P-*Wenzel*, § 306 Rn 12).

2. Sicherungsmaßnahmen, Abs 2 S 1

Das InsGericht kann auch während des Ruhen des Verfahrens Grundsätzlich alle Sicherungsmaßnahmen nach § 21 anordnen, die es für erforderlich hält, um eine nachteilige Veränderung der Vermögenslage zu verhindern (FK-*Grote*, § 306 Rn 8). Ausnahme ist die Einsetzung eines InsVerw nach § 21 Abs 2 Nr 1. Diesen kann das InsGericht nicht einsetzen, da die Befugnisse eines Treuhänders hinter denen eines vorl InsVerw zurückbleiben; es besteht aber die Möglichkeit, einen **vorl Treuhänder** einzusetzen (N/R-*Römermann*, § 306 Rn 16; FK-*Grote*, § 306 Rn 13). Dessen Befugnisse sind mangels gesetzlicher Regelung einzeln vom InsGericht anzuordnen (K/P-*Wenzel*, § 306 Rn 10). – Ein **Verfügungsverbot** nach § 21 Abs 2 Nr 2 kann ebenfalls erlassen werden, da der InsSchu dadurch nicht in seinem Verhandlungsspielraum eingeschränkt ist (N/R-*Römermann*, § 306 Rn 17; H/W/W-*Hess*, § 306 Rn 7, 9 f), denn das Verfügungsverbot wäre mit Annahme des Schuldenbereinigungsplans hinfällig und aufzuheben. – Die **Untersagung oder Einstellung von Zwangsvollstreckungsmaßnahmen** ist möglich, um das Vollstreckungsverbot nach § 89, welches erst mit Verfahrenseröffnung eintritt, vorzuziehen (N/R-*Römermann*, § 306 Rn 18). Hierdurch wird verhindert, dass einzelne InsGl ungerechtfertigte Sondervorteile erlangen. Zudem wird die Plandurchführung ermöglicht, wenn zB ein Sparbuch, dessen Mittel für den Schuldenbereinigungsplan vorgesehen sind, der Pfändung entzogen wird. Vgl hierzu die Rückschlagsperre nach §§ 88, 312 Abs 1 S 3 iVm § 305 a InsO (s § 312 Rn 3). – Gegen die vom InsGericht angeordneten Sicherungsmaßnahmen ist nach § 21 Abs 1 S 2 die sofortige Beschwerde statthaft (FK-*Grote*, § 306 Rn 14a).

3. Pflichten des InsSchu, Abs 2 S 2 und 3

Der InsSchu ist nach Aufforderung des InsGerichts verpflichtet, innerhalb von zwei Wochen die Abschriften des Schuldenbereinigungsplans und der Vermögensübersicht, die für die Zustellung an die InsGl nach § 307 Abs 1 S 1 erforderlich sind, nachzureichen. Damit hat der InsSchu diese nur dann einzureichen, wenn das InsGericht entschieden hat, nicht von der Durchführung des gerichtlichen Schuldenbereinigungsverfahrens nach § 305 abzusehen, wodurch unnötige Kosten für den InsSchu vermieden werden. Als Sanktion für eine nicht rechtzeitige Einreichung ist durch den Verweis auf § 305 Abs 3 S 2 vorgesehen, dass der Antrag auf Eröffnung des InsVerfahren als zurückgenommen gilt (Rücknahmefiktion). Gegen einen solchen Beschluß steht dem Schuldner kein Rechtsmittel zu (LG Düsseldorf NZI 2003, 505).

4. Gläubigerantrag, Abs 3

6 Im Falle eines Gläubigerantrags gelten zunächst die allg Regelungen, jedoch hat das InsGericht die Voraussetzungen des § 304 zu prüfen (*FK-Grote*, § 306 Rn 18). Das InsGericht hat, wenn es das Kleininsolvenzverfahren nach § 304 für einschlägig hält, den InsSchu aufzufordern sich über eine eigene Antragstellung zu erklären (N/R-*Römermann*, § 306 Rn 22), um dem InsSchu die Möglichkeit zu geben, selbst das Kleininsolvenzverfahren zu beantragen und so Restschuldbefreiung zu erlangen oder eine Regelung im Rahmen eines Schuldenbereinigungsplans zu erreichen (K/P-*Wenzel*, § 306 Rn 16). Stellt dieser ebenfalls einen Antrag, so ruht das Verfahren wie bei einem alleinigen Antrag des InsSchu, solange der InsSchu die außergerichtliche Einigung nach § 305 Abs 1 Nr 1 versucht. Dieser Versuch ist in § 306 S 3 zwingend vorgeschrieben; für die Durchführung hat der InsSchu noch drei Monate Zeit. – Stellt der InsSchu keinen Antrag, so verfährt das InsGericht nach §§ 311 ff und entscheidet über den Eröffnungsantrag (*Gottwald/Schmidt-Räntsch*, InsHdb, § 83 Rn 9); das außergerichtliche und das gerichtliche Schuldenbereinigungsverfahren sind dann nicht mehr durchzuführen. Str ist, wie das InsGericht zu verfahren hat, falls es das Kleininsolvenzverfahren nicht für einschlägig hält (s § 304 Rn 11 ff).

7 Der InsSchu kann die **Restschuldbefreiung** nur im Fall eines **eigenen InsAntrag** beantragen, was sich aus § 305 Abs 1 Nr 3, der den Eröffnungsantrag mit dem Antrag auf Restschuldbefreiung bzw dem Verzicht auf diesen verbindet, ergibt (LG Rostock ZIP 2001, 660, 661 mit Anm *Wenzel* EWiR 2001, 383 f; AG Köln NZI 2000, 331, 333; AG Düsseldorf ZInsO 2000, 111, 112; AG Oldenburg ZInsO 2000, 411; N/R-*Römermann*, § 346 Rn 26). Die Regelungen in den §§ 304 ff verdrängen als speziellere Normen die §§ 286 ff, zudem ist nach § 287 Abs 1 S 2 der Restschuldbefreiungsantrag auf den Berichtstermin beschränkt, den es im Verbraucherinsolvenzverfahren nicht gibt (OLG Köln ZInsO, 2000, 334, 335). Hierfür spricht weiter, dass die Erlangung der Restschuldbefreiung nach dem Willen des Gesetzes vom Versuch der außergerichtlichen Einigung abhängt; dies ist auch unabhängig von der nun fakultativ ausgestalten Durchführung des gerichtlichen Einigungsversuchs (K/P-*Wenzel*, § 306 Rn 19; *Pape* ZInsO 1998, 353, 355). Dies wird auch dadurch gestützt, dass in § 306 Abs 3 S 3 nun ausdrücklich normiert ist, dass die außergerichtliche Einigung auch im Falle eines Gläubigerantrages versucht werden muss (*Pape* NZI 2002, 186; FK-*Grote*, § 306 Rn 1, 3b, 23, anders noch ZInsO 2000, 146, 147). Die **aA** bejaht die Möglichkeit der Restschuldbefreiung ohne eigenen InsAntrag, da § 305 Abs 1 Nr 2 keine Spezialvorschrift im Verhältnis zu § 287 Abs 1 S 2 sei (AG Bielefeld ZIP 1999, 1180, 1181; *Delhaes* ZInsO 2000, 358, 361; H/W/W-*Hess*, § 305, Rn 30 und § 306 Rn 18; vgl *Kirchhof* ZInsO 1998, Seite 54ff; *Wittig* WM 1998, 157, 163).

Gegen die Ablehnung des Antrags des InsGl ist die Beschwerde nach § 34 zulässig; bei Eröffnung des Verbraucherinsolvenzverfahrens, steht dem InsGl die Beschwerde mit dem Argument, dass § 304 nicht eingreife, zu (FK-*Grote*, § 307 Rn 24). 8

§ 307 Zustellung an die Gläubiger

(1) ¹Das Insolvenzgericht stellt den vom Schuldner genannten Gläubigern den Schuldenbereinigungsplan sowie die Vermögensübersicht zu und fordert die Gläubiger zugleich auf, binnen einer Notfrist von einem Monat zu den in § 305 Abs. 1 Nr. 3 genannten Verzeichnissen und zu dem Schuldenbereinigungsplan Stellung zu nehmen; die Gläubiger sind darauf hinzuweisen, dass die Verzeichnisse beim Insolvenzgericht zur Einsicht niedergelegt sind. ²Zugleich ist jedem Gläubiger mit ausdrücklichem Hinweis auf die Rechtsfolgen des § 308 Abs. 3 Satz 2 Gelegenheit zu geben, binnen der Frist nach Satz 1 die Angaben über seine Forderungen in dem beim Insolvenzgericht zur Einsicht niedergelegten Forderungsverzeichnis zu überprüfen und erforderlichenfalls zu ergänzen. ³Auf die Zustellung nach Satz 1 ist § 8 Abs. 1 Satz 2, 3, Abs. 2 und 3 nicht anzuwenden.

(2) ¹Geht binnen der Frist nach Absatz 1 Satz 1 bei Gericht die Stellungnahme eines Gläubigers nicht ein, so gilt dies als Einverständnis mit dem Schuldenbereinigungsplan. ²Darauf ist in der Aufforderung hinzuweisen.

(3) ¹Nach Ablauf der Frist nach Absatz 1 Satz 1 ist dem Schuldner Gelegenheit zu geben, den Schuldenbereinigungsplan binnen einer vom Gericht zu bestimmenden Frist zu ändern oder zu ergänzen, wenn dies auf Grund der Stellungnahme eines Gläubigers erforderlich oder zur Förderung einer einverständlichen Schuldenbereinigung sinnvoll erscheint. ²Die Änderungen oder Ergänzungen sind den Gläubigern zuzustellen, soweit dies erforderlich ist. ³Absatz 1 Satz 1, 3 und Absatz 2 gelten entsprechend.

1. Zustellung und Äußerungsaufforderung, Abs 1

a) Das InsGericht hat, nachdem es die Entscheidung, das gerichtliche Schuldenbereinigungsverfahren durchzuführen (vgl § 306 Abs 1 S 3), getroffen hat, den Schuldenbereinigungsplan und das Vermögensverzeichnis den benannten InsGl zuzustellen. Dabei fordert es **(1)** die InsGl auf, sich innerhalb einer Notfrist von einem Monat ab Zustellung zur Vermögensübersicht, dem Vermögensverzeichnis, der Forderungsaufstellung und 1

§ 307 9. Teil. Verbraucherinsolvenzverfahren und Kleinverfahren

dem Schuldenbereinigungsplan zu äußern und ggf das Forderungsverzeichnis zu ergänzen. Da den InsGl nur der Schuldenbereinigungsplan und das Vermögensverzeichnis zugestellt werden, sind sie **(2)** hierbei darauf hinzuweisen, dass die anderen Verzeichnisse beim InsGericht zur Einsichtnahme ausliegen. Weiterhin soll **(3)** ein Hinweis auf die Gefahr des Forderungsverlustes nach § 308 Abs 3 S 2 erfolgen und den InsGl die Gelegenheit der Berichtigung der Angaben hinsichtlich ihrer Forderungen gegeben werden. Schließlich sind sie **(4)** auf die Zustimmungsfiktion des Abs 2 im Fall ihres Schweigens hinzuweisen.

2 **b) Äußerungsfrist.** Einwendungen, die nicht innerhalb der **Monatsfrist** vorgebracht wurden, sind präkludiert (LG Münster ZVI 2002, 267, 269f: Ausschlussfrist). Durch die Bestimmung als Notfrist ist bei einer Fristversäumung die Wiedereinsetzung in den vorigen Stand (§§ 233ff ZPO) möglich (HK-*Landfermann*, § 307 Rn 7).

3 **c) Zustellung, Verfahren.** Die zuzustellenden Schriftstücke sind entweder vom InsSchu zu unterschreiben oder vom InsGericht zu beglaubigen (HK-*Landfermann*, § 307 Rn 5). Die Zustellung selbst erfolgt nach § 4 iVm §§ 166ff ZPO. Die Erleichterungen des § 8 gelten nach § 307 Abs 1 S 3 nicht (ausf. H/W/W-*Hess*, § 307 Rn 8), was wegen des möglichen Rechtsverlustes der InsGl nötig ist (HK-*Landfermann*, § 307 Rn 5).

2. Zustimmungsfiktion, Abs 2

4 Die Zustimmung zum Schuldenbereinigungsplan gilt als erteilt, wenn der InsGl nicht innerhalb der einmonatigen Notfrist des Abs 1 S 1 gegenüber dem InsGericht Stellung zum Schuldenbereinigungsplan genommen hat. Eine Stellungnahme gegenüber dem InsSchu genügt nicht (N/R-*Römermann*, § 307 Rn 13). Die Fiktion führt dazu, dass der InsGl seine Forderung soweit verliert, als sie nicht im Schuldenbereinigungsplan berücksichtigt ist. – Bei fehlender Geschäftsfähigkeit oder bei Willensmängeln gelten die allg Regeln (FK-*Grote*, § 307 Rn 9 mwN).

3. Planänderung, Abs 3

5 Eine Planänderung durch den InsSchu ist möglich, wenn das InsGericht aufgrund der Stellungnahmen der InsGl der Auffassung ist, dass ein modifizierter Plan Aussicht auf Erfolg hat, wobei eine mögliche, teilweise Zustimmungsersetzung nach § 309 zu berücksichtigen ist (N/R-*Römermann*, § 307 Rn 16). Bei dieser **Ermessensentscheidung** hat das InsGericht die Wahrscheinlichkeit einer Einigung mit der Pflicht zur zügigen Durchführung des Verfahrens abzuwägen (FK-*Grote*, § 307 Rn 16). Sie ändert jedoch nichts daran, dass das Planinitiativrecht beim InsSchu verbleibt, denn das InsGericht beurteilt nur ob dem InsSchu eine Nachbesserungsmöglichkeit, die er nicht wahrzunehmen braucht, einzuräumen

ist (FK-*Grote*, § 307 Rn 11). Sie ist unanfechtbar (OLG Köln NZI 2001, 593, 594; LG Duisburg NZI 2001, 102).

Falls der InsSchu innerhalb der ihm vom InsGericht gesetzten Frist einen neuen Plan einreicht, ist dieser wiederum nach obigen Regeln zuzustellen, jedoch nur, soweit dies erforderlich ist. Die Erforderlichkeit ist zu verneinen, wenn zB ein InsGl schon im Vorhinein der Änderung zugestimmt hat (HK-*Landfermann*, § 307 Rn 8a). Ein Schweigen des InsGl auf die zugestellte Planänderung hat auch bei dieser zweiten Zustellung die Folge des Einverständnisses nach Abs 2 (H/W/W-*Hess*, § 307 Rn 23). Bei erneuter Ablehnung des geänderten Plans scheidet eine weitere Nachbesserung nach der Fassung des Abs 3 aus (*Braun/Buck*, § 307 Rn 18; **aA**: Uhlenbruck/*Vallender* § 307 Rn 72; N/R-*Römermann*, § 307 Rn 23; FK-*Grote*, § 307 Rn 20; **vgl**: HK-*Landfermann*, § 307 Rn 10: idR wird wegen der Verfahrensverzögerung über den Eröffnungsantrag zu entscheiden sein; LG Hannover, EWiR 2001, 773f mit Anm *Weil*: dritter Versuch falls Einigung absehbar). 6

Legt der InsSchu dagegen innerhalb der Frist keinen geänderten Plan vor, so hat das InsGericht nach § 311 analog das Verfahren mittels Beschluss wiederaufzunehmen (AG Halle-Saalkreis ZInsO 2001, 185; K/P-*Wenzel*, § 307 Rn 13ff, § 311 Rn 1). Nach **aA** wird über den Eröffnungsantrag ohne weiteres nach § 308 bzw § 311 entschieden (OLG Köln NZI 2001, 593, 594; N/R-*Römermann*, § 307 Rn 19; FK-*Grote*, § 307 Rn 20). 7

§ 308 Annahme des Schuldenbereinigungsplans

(1) ¹**Hat kein Gläubiger Einwendungen gegen den Schuldenbereinigungsplan erhoben oder wird die Zustimmung nach § 309 ersetzt, so gilt der Schuldenbereinigungsplan als angenommen; das Insolvenzgericht stellt dies durch Beschluß fest.** ²**Der Schuldenbereinigungsplan hat die Wirkung eines Vergleichs im Sinne des § 794 Abs. 1 Nr. 1 der Zivilprozeßordnung.** ³**Den Gläubigern und dem Schuldner ist eine Ausfertigung des Schuldenbereinigungsplans und des Beschlusses nach Satz 1 zuzustellen.**

(2) Die Anträge auf Eröffnung des Insolvenzverfahrens und auf Erteilung von Restschuldbefreiung gelten als zurückgenommen.

(3) ¹**Soweit Forderungen in dem Verzeichnis des Schuldners nicht enthalten sind und auch nicht nachträglich bei dem Zustandekommen des Schuldenbereinigungsplans berücksichtigt worden sind, können die Gläubiger von dem Schuldner Erfüllung verlangen.** ²**Dies gilt nicht, soweit ein Gläubiger die Angaben über seine Forderung in dem beim Insolvenzgericht zur Einsicht niedergelegten Forderungsverzeichnis nicht innerhalb der gesetzten Frist ergänzt hat, obwohl ihm der Schuldenbereinigungsplan**

übersandt wurde und die Forderung vor dem Ablauf der Frist entstanden war; insoweit erlischt die Forderung.

1. Zustandekommen des Plans und Wirkungen, Abs 1

1   **a)** Der Schuldenbereinigungsplan kommt zustande, wenn keiner der InsGl Einwendungen gegen den Plan erhoben hat oder die Einwendungen nach § 309 ersetzt wurden. Die dritte Möglichkeit der ausdrückliche Zustimmung wird vom Gesetz stillschweigend vorausgesetzt. Das Zustandekommen ist im Wege einer Fiktion geregelt, so dass es nicht auf den möglicherweise abweichenden Willen der InsGl ankommt (N/R-*Römermann*, § 308 Rn 4). Hier wirkt sich auch § 307 Abs 2 mit der darin enthaltenen Fiktion aus. – Die **Feststellung des InsGericht** über das Zustandekommen erfolgt durch Beschluss. Das InsGericht prüft in formaler Hinsicht vorliegende Einwendungen bzw deren Ersetzung (N/R-*Römermann*, § 308 Rn 6); eine inhaltliche Prüfung erfolgt nicht (*FK-Grote*, § 305 Rn 8). Das Zustandekommen darf aber nicht festgestellt werden, wenn das InsGericht erkannt hat, dass der Plan sittenwidrige Regelungen enthält, da sich das InsGericht nicht am Zustandekommen sittenwidriger Vereinbarungen beteiligen darf (H/W/W-*Hess*, § 308 Rn 5).

2   **b)** Der Schuldenbereinigungsplan hat nach S 2 die Wirkung eines **Prozessvergleichs** nach § 794 Abs 1 Nr 1 ZPO. **Titel** ist der Feststellungsbeschluss des InsGerichts iVm mit einem Auszug aus dem Schuldenbereinigungsplan (N/R-*Römermann*, § 308 Rn 10). Die Vollstreckungsklausel hierzu erteilt der Urkundsbeamte der Geschäftsstelle (H/W/W-*Hess*, § 308 Rn 16). – Ist hinsichtlich einer Forderung nur die teilweise Befriedigung vorgesehen, so kann der InsGl auch nur in dieser Höhe aus **Sicherheiten** vorgehen; §§ 301 Abs 2, 254 Abs 2 gelten nicht analog (LG Hamburg NZI 2002, 114). – Hinsichtlich einer Anfechtung oder Abänderung des Plans gelten die für den Prozessvergleich bestehenden allg Grundsätze (s *Thomas/Putzo*, § 794 Rn 2); insolvenzrechtliche Besonderheiten bestehen nicht. Die Vollstreckbarkeit richtet sich gleichfalls nach den allg Regeln, so dass die Forderungen insbes hinreichend bestimmt sein müssen (N/R-*Römermann*, § 308 Rn 14; H/W/W-*Hess*, § 308 Rn 17). Die Bestimmtheit ist vom Gericht zu prüfen (LG Traunstein ZInsO 2001, 525, 526). Bei Einwendungen gegen den Plan sind diese mit der Feststellungsklage oder der Vollstreckungsgegenklage nach § 767 ZPO zu klären (N/R-*Römermann*, § 308 Rn 17).

3   **c)** Nach S 3 sind dem InsSchu und den InsGl Ausfertigungen des Plans und des Beschlusses **zuzustellen**. Hierfür gilt § 8, ohne die Erschwerungen des § 307 Abs 1 S 3 (*Braun/Buck*, § 308 Rn 4).

d) Eine **Beschwerde** gegen den Feststellungsbeschluss ist nicht statthaft 4
(BayObLG ZIP 2001, 204, 206). Es kommt aber eine Umdeutung in einen Antrag auf Wiedereinsetzung in die Frist zur Erhebung von Einwendungen in Betracht (AG Hamburg NZI 2000, 446; *Braun/Buck*, § 308 Rn 16).

2. Eröffnungsantrag, Abs 2

Mit der Feststellung der Annahme des Plans greift die Fiktion ein, dass 5
die Anträge auf Eröffnung des InsVerfahren und auf Restschuldbefreiung als zurückgenommen gelten. Damit ist über diese nicht mehr zu entscheiden. Eventuell erlassene Sicherungsmaßnahmen sind aufzuheben, wobei die Aufhebung entsprechend bekannt zu machen ist (*Braun/Buck*, § 308 Rn 9).

3. Weitere Wirkungen des Plans, Abs 3

a) Die Regelung in **S 1** sieht vor, dass Forderungen der InsGl, die nicht 6
vom Plan erfasst werden oder nicht nach S 2 erloschen sind, weiterhin gegen den InsSchu geltend gemacht werden können.

b) Forderungen, die erst nach der Möglichkeit der Stellungnahme ent- 7
standen sind, sind vom Plan nicht erfasst (HK-*Landfermann*, § 308 Rn 11). Dies gilt auch für die Forderungen der InsGl, die nicht im Plan aufgeführt wurden, da diese keine Möglichkeit hatten den drohenden Rechtsverlust abzuwenden; eine Wirkung wie bei der Restschuldbefreiung (§ 301 Abs 1 S 2) besteht nicht (*Vallender* ZInsO 1999, 1288).

c) Dagegen **erlöschen Forderungen** nach **S 2**, die zwar im Forde- 8
rungsverzeichnis enthalten, dort jedoch in falscher Höhe aufgeführt waren, aber vom InsGl trotz der Aufforderung des InsGericht zur Überprüfung der Angaben nicht korrigiert wurden (vgl § 307 Abs 1 S 2). Dies ist die Sanktion für das zu vertretende Unterlassen der aktiven Mitwirkung an der Schuldenbereinigung (LG Göttingen NZI 2002, 674; N/R-*Römermann*, § 308 Rn 24). Diese Wirkung gilt auch für gesicherte Forderungen (HK-*Landfermann*, § 308 Rn 10; H/W/W-*Hess*, § 308 Rn 9f) und für Forderungen, die bis zum Ablauf der Frist des § 307 Abs 1 S 1 entstanden sind, aber gleichwohl nicht geltend gemacht wurden (OLG Köln ZIP 2000, 2312, 2315; K/P-*Wenzel*, § 308 Rn 9).

d) Die Erlöschensfiktion gilt, wie sich aus der Systematik des § 308 er- 9
gibt, nur, wenn die Annahme des Schuldenbereinigungsplans festgestellt wurde (ausf. K/P-*Wenzel*, § 308 Rn 10).

§ 309 Ersetzung der Zustimmung

(1) ¹Hat dem Schuldenbereinigungsplan mehr als die Hälfte der benannten Gläubiger zugestimmt und beträgt die Summe der Ansprüche der zustimmenden Gläubiger mehr als die Hälfte der Summe der Ansprüche der benannten Gläubiger, so ersetzt das Insolvenzgericht auf Antrag eines Gläubigers oder des Schuldners die Einwendungen eines Gläubigers gegen den Schuldenbereinigungsplan durch eine Zustimmung. ²Dies gilt nicht, wenn
1. der Gläubiger, der Einwendungen erhoben hat, im Verhältnis zu den übrigen Gläubigern nicht angemessen beteiligt wird, oder
2. dieser Gläubiger durch den Schuldenbereinigungsplan voraussichtlich wirtschaftlich schlechter gestellt wird, als er bei Durchführung des Verfahrens über die Anträge auf Eröffnung des Insolvenzverfahrens und Erteilung von Restschuldbefreiung stünde; hierbei ist im Zweifel zugrunde zu legen, dass die Einkommens-, Vermögens- und Familienverhältnisse des Schuldners zum Zeitpunkt des Antrags nach Satz 1 während der gesamten Dauer des Verfahrens maßgeblich bleiben.

(2) ¹Vor der Entscheidung ist der Gläubiger zu hören. ²Die Gründe, die gemäß Absatz 1 Satz 2 einer Ersetzung seiner Einwendungen durch eine Zustimmung entgegenstehen, hat er glaubhaft zu machen. ³Gegen den Beschluß steht dem Antragsteller und dem Gläubiger, dessen Zustimmung ersetzt wird, die sofortige Beschwerde zu. ⁴§ 4a Abs. 2 gilt entsprechend.

(3) Macht ein Gläubiger Tatsachen glaubhaft, aus denen sich ernsthafte Zweifel ergeben, ob eine vom Schuldner angegebene Forderung besteht oder sich auf einen höheren oder niedrigeren Betrag richtet als angegeben, und hängt vom Ausgang des Streits ab, ob der Gläubiger im Verhältnis zu den übrigen Gläubigern angemessen beteiligt wird (Absatz 1 Satz 2 Nr. 1), so kann die Zustimmung dieses Gläubigers nicht ersetzt werden.

I. Normzweck

1 Die Ersetzung einzelner Zustimmungen zum Schuldenbereinigungsplan ist möglich, jedoch an bestimmte Voraussetzungen geknüpft. Ohne diese würde die Zustimmungsersetzung eine ungerechtfertigte Enteignung der InsGl bedeuten. Dabei ist die Ersetzung als Spezialregelung ausgestaltet, so dass die Begrenzungen der §§ 227 AO, 76 SGB IV nicht eingreifen (FK-*Kohte*, Vor §§ 304ff Rn 14). Zur Übergangsregelung infolge des InsOÄndG: FK-*Kohte*, § 309 Rn 40a.

II. Zustimmungsersetzung und Ersetzungsverbot, Abs 1 und 3

1. Ersetzung

a) Voraussetzungen. Die verweigerte Zustimmung zum Schuldenbereinigungsplan kann unter der Voraussetzung der **Kopf- und Summenmehrheit** ersetzt werden: Es müssen **(1)** mehr als die Hälfte der InsGl zugestimmt haben und diese müssen **(2)** mehr als die Hälfte der Gesamtsumme des Schuldenbereinigungsplans repräsentieren. Nach dem Wortlaut scheidet bei einer Pattsituation die Ersetzung aus (OLG Köln ZIP 2000, 2312, 2314).

b) Einzelheiten. aa) Unter den Begriff „zustimmender InsGl" fällt auch der InsGl, der sich trotz Aufforderung nicht zum Schuldenbereinigungsplan äußert und dessen Zustimmung daher nach § 307 Abs 2 S 1 fingiert wird.

bb) Bei der **Berechnung der Mehrheiten** sind auch die gesicherten InsGl und gesicherte Forderungen mit einzubeziehen, auch wenn die Sicherung gegenüber Dritten besteht (HK-*Landfermann*, § 309 Rn 3a; *Braun/Buck*, § 309 Rn 6). Hierbei ist allein von den Angaben des InsSchu im Schuldenbereinigungsplan auszugehen (AG Köln ZIP 2000, 83, 85); dies ergibt sich aus der Systematik zu § 309 Abs 3. Widersprüchliche Angaben werden erst bei der Angemessenheitsprüfung relevant und nicht schon bei der Prüfung, ob eine Mehrheit gegeben ist, die eine Zustimmungsersetzung rechtfertigt (vgl H/W/W-*Hess*, § 309 Rn 8; **aA:** N/R-*Römermann*, § 309 Rn 17: es sind auch die Angaben der InsGl zu berücksichtigen, so dass das InsGericht sich eine eigene Überzeugung zu bilden hat). Bei Vorliegen eines **Verzichts eines InsGl** ist zu **differenzieren:** Verzichtet der InsGl im außergerichtlichen Schuldenbereinigungsverfahren ohne Vorbehalt, so ist seine Forderung nicht zu berücksichtigen (OLG Karlsruhe NZI 2000, 375, 376; OLG Braunschweig ZInsO 2001, 227; LG München II ZInsO 2001, 720). Dagegen ist er zu berücksichtigen, wenn er lediglich auf die Teilnahme am InsVerfahren verzichtet hat, so dass er sich auf diesem Weg nicht der Gefahr einer Zustimmungsersetzung entziehen kann (OLG Köln, ZIP 2000, 2312, 2315). Hat der Gläubiger bereits im Vorfeld des Schuldenbereinigungsverfahrens auf seine Forderung verzichtet, nimmt er am Schuldenbereinigungsverfahren nicht teil. Dies gilt auch, wenn der Schu ihn im Plan aufgeführt hat (OLG Karlsruhe NZI 2000, 375; Uhlenbruck/*Vallender* § 309 Rn 14 mwN).

c) Die Ersetzung setzt einen **Antrag** eines InsGl oder des InsSchu voraus, der schon mit Einreichung des Schuldenbereinigungsplans stellen kann (N/R-*Römermann*, § 309, Rn 12f; HK-*Landfermann*, § 309 Rn 14).

2. Ersetzungsverbot nach Abs 1 S 2

6 Die Ersetzung ist ausgeschlossen, wenn der InsGl, dessen Forderung betroffen ist nicht angemessen beteiligt ist oder wenn der InsGl voraussichtlich wirtschaftlich schlechter gestellt würde als bei Durchführung des vereinfachten InsVerfahrens mit anschließender Restschuldbefreiung.

7 **a) Angemessene Berücksichtigung. aa)** Eine angemessene Berücksichtigung scheidet aus, wenn **(1)** ein InsGl mehr erhält, als seine Forderung wert ist, wenn **(2)** gesicherte und ungesicherte InsGl gleichbehandelt werden oder **(3)** InsGl mit gleichwertigen Forderungen unterschiedlich behandelt werden. Dabei steht dem InsGericht aber ein Beurteilungsspielraum zu, so dass keine mathematische Gleichheit vorliegen muss (N/R-*Römermann*, § 309 Rn 20; *Braun/Buck*, § 309 Rn 11). Es geht hierbei letztlich um eine Gleichbehandlung der InsGl (OLG Celle ZIP 2001, 847, 849 mit Anm *Römermann* EWiR 2001, 1013, 1014).

8 **bb) Einzelheiten. (1)** Eine Ungleichbehandlung von Forderungen nach ihrem Rechtsgrund scheidet aus, da sich hierzu keine Anhaltspunkte im Gesetz finden (HK-*Landfermann*, § 309 Rn 9; K/P-*Wenzel*, § 309 Rn 3; **aA:** FK-*Grote*, § 309 Rn 12 ff: Differenzierung nach Haupt- und Nebenforderungen, Zins- oder Kostenforderungen möglich). So können auch Forderungen des Finanzamtes nicht bevorzugt berücksichtigt werden (LG Bonn ZInsO 2000, 341 f; K/P-*Wenzel*, § 309 Rn 2; H/W/W-*Hess*, § 309 Rn 3).

(2) Eine Ungleichbehandlung kann sich zB daraus ergeben, dass die InsGl über unterschiedliche oder gar keine **Sicherungen** verfügen, da dies insbes für die Vergleichsbetrachtung nach § 309 Abs 1 S 2 Nr 2 (Vergleich mit der weiteren Durchführung des Verfahrens) wichtig ist (*Braun/Buck*, § 309 Rn 17).

(3) Str ist, ob eine **Gruppenbildung** möglich ist. Nach einer Ansicht ist dies unter Hinweis auf § 222 möglich (N/R-*Römermann*, § 309 Rn 22; FK-*Grote*, § 309 Rn 12), aber nicht zwingend (OLG Celle ZIP 2001, 847, 849). Nach **aA** verbietet sich eine Gruppenbildung, vielmehr sei eine Entscheidung unter Berücksichtigung der Einzelfallgerechtigkeit zu treffen (AG Köln ZIP 2000, 83, 87; vgl K/P-*Wenzel*, § 309 Rn 3).

(4) Eine Überprüfung der Angemessenheit durch das InsGericht erfolgt nur hinsichtlich der InsGl, deren Zustimmung ersetzt werden soll und die Einwendungen geltend gemacht haben (OLG Köln ZInsO 2001, 230, 231; OLG Dresden ZInsO 2001, 805, 806; OLG Celle ZInsO 2001, 468; BayObLG ZInsO 2001, 170, 171; OLG Zweibrücken ZInsO 2001, 970, 971).

Ersetzung der Zustimmung § 309

(5) Teilzahlungen, die an einzelne InsGl während des vorgerichtlichen Verfahrens erbracht wurden, sind bei der Angemessenheitsprüfung nicht zu berücksichtigen (OLG Köln NZI 2002, 58, 59).

(6) Die volle Befriedigung von Kleingläubigern und die demgegenüber nur teilweise Befriedigung von Großgläubigern ist bei Offenlegung der Kleingläubiger nicht grundsätzlich unzulässig (OLG Frankfurt, NZI 2002, 266, 267).

b) Wirtschaftliche Vergleichsbetrachtung. aa) Der InsGl soll bei 9 Durchführung des Schuldenbereinigungsverfahrens wirtschaftlich nicht schlechter gestellt werden, als wenn das vereinfachte InsVerfahren mit anschließender Restschuldbefreiung durchgeführt werden würde. Bei der hierbei zu treffenden **Prognose** ist nach der Zweifelsregelung im 2. HS von einer gleichbleibenden wirtschaftlichen Situation des InsGl auszugehen. Dies gilt nicht, wenn Anhaltspunkte bestehen, dass sich die wirtschaftlichen Verhältnisse weiter verschlechtern oder, zB infolge einer künftigen Erwerbstätigkeit, verbessern werden (HK-*Landfermann*, § 309 Rn 10). Bei dieser Vergleichsbetrachtung soll es sowohl auf die **wirtschaftlichen**, als auch die **rechtlichen Aspekte** ankommen (AG Göttingen VuR 2000, 71 f; K/P-*Wenzel*, § 309 Rn 6).

bb) Das InsGericht darf das Vorliegen eines **Insolvenzgrundes** erst bei 10 der Entscheidung über den Eröffnungsantrag nach § 311 berücksichtigen, so dass das Fehlen eines Insolvenzgrundes einer Zustimmungsersetzung nicht entgegensteht (N/R-*Römermann*, § 309 Rn 23; H/W/W-*Hess*, § 309 Rn 23; **aA:** AG Göttingen ZIP 1999, 1365 mVa *Pape* WM 1998, 2125, 2128 f; *Braun/Buck*, § 309 Rn 11; H/W/W-*Hess*, § 309 Rn 4; vgl HK-*Landfermann*, § 309 Rn 26: Berücksichtigung im Rahmen der Vergleichsbetrachtung).

cc) Der Streit über eine Ersetzung bei voraussichtlichem Scheitern der 11 Restschuldbefreiung wegen **§ 26 Abs 1** (so: K/P-*Wenzel*, § 309 Rn 6) ist nach Einführung des § 4a erledigt (FK-*Grote*, § 309 Rn 29).

dd) Die Gründe, die eine **Versagung der Restschuldbefreiung** nach 12 § 290 rechtfertigen würden, sind dagegen nach überwiegender Meinung zu berücksichtigen (OLG Köln ZInsO 2001, 807, 809; OLG Celle ZInsO 2000, 456, 457; LG Göttingen ZInsO 2001, 379, 380; LG Saarbrücken NZI 2000, 380, 381; AG Mönchengladbach ZInsO 2001, 186 und 674, 675; FK-*Grote*, § 309 Rn 31 (strenge Ansprüche an die Glaubhaftmachung des Versagungsgrundes); *Kirchhof* ZInsO 1998, 54, 59; vgl N/R-*Römermann*, § 309 Rn 23: nur Berücksichtigung falls der Antrag des InsGl zu erwarten ist). Argument ist, dass das Gesetz zwar eine einfache Mög-

§309 9. Teil. Verbraucherinsolvenzverfahren und Kleinverfahren

lichkeit zur Schuldenbereinigung schaffen wollte, jedoch unredliche InsSchu nicht bevorzugen wollte (H/W/W-*Hess*, § 309 Rn 23).

13 **ee)** Eine Zustimmungsersetzung ist auch bei einem **sog. Nullplan** möglich, da das Gesetz keine Vorgaben hinsichtlich einer Mindestquote enthält (OLG Frankfurt NZI 2000, 473, 474; BayObLG ZIP 1999, 1926, 1928; LG Würzburg ZInsO 1999, 583, 584; N/R-*Römermann*, § 309 Rn 30; *Gottwald/Schmidt-Räntsch*, InsHdb, § 83 Rn 36; FK-*Grote*, § 309 Rn 36; *Bork* ZIP 1998, 1209, 1212f; *Wittig* WM 1998, 157, 158; *Hess/Obermüller* RZ 837; *Haarmeyer/Wutzke/Förster*, Handb Rn 10/34, 10/40). Nach **aA** ist bei einem Nullplan im Vergleich zur Restschuldbefreiung, die eine Erwerbsobliegenheit enthält, stets eine Benachteiligung gegeben, so dass eine Zustimmungsersetzung nicht möglich sei (AG Hamburg ZIP 2000, 32, 33; *Pape*, Rpfleger 1997, 237, 242; K/P-*Wenzel*, § 309 Rn 7a, H/W/W-*Hess*, § 309 Rn 26, Rn 27: jedenfalls „flexibler" Nullplan ersetzungsfähig).

14 **ff)** Weiterhin ist eine Zustimmungsersetzung nur möglich, wenn der Schuldenbereinigungsplan eine Verfall- bzw Wiederauflebensklausel enthält, da sonst die mögliche Versagung der Restschuldbefreiung wegen Obliegenheitsverstößen unberücksichtigt bliebe (LG Köln NZI 2003, 559; LG Lübeck ZVI 2002, 10; **aA** AG Bremen NZI 2004, 277); stattdessen genügt aber auch eine Kündigungsklausel im Fall des Zahlungsverzugs (AG Köln NZI 2002, 116).

15 **gg)** Bei Glaubhaftmachung einer Forderung aus unerlaubter Handlung scheidet wegen deren Bevorzugung durch §§ 114, 302 eine Zustimmungsersetzung ebenfalls aus (LG München II, ZVI 2002, 10, 11).

3. Ersetzungsverbot nach Abs 3

16 Dieses betrifft **streitige Forderungen** und soll verhindern, dass der InsGl eine Forderung verliert, ohne dass über sie Einigkeit besteht. Zudem soll der Streit über die Forderung nicht vor dem Insolvenz-, sondern vor dem Prozessgericht ausgetragen werden (*Braun/Buck*, § 309 Rn 38; H/W/W-*Hess*, § 309 Rn 12). Das Ersetzungsverbot kann jedoch „umgangen" werden, indem der unterschiedliche Ausgang des Streits über die Forderung im Plan berücksichtigt wird (*Braun/Buck*, § 309 Rn 40). Die Tatsachen, aus denen sich die Zweifel ergeben sind glaubhaft zu machen (Rn 18). – Das Ersetzungsverbot gilt analog wenn Streit über die Sicherung der Forderung besteht (LG München I NZI 2000, 382, 383; FK-*Grote*, § 309 Rn 14; H/W/W-*Hess*, § 309 Rn 7), aber nicht für den Fall, dass eine Forderung des InsSchu gegen Dritte zu niedrig angegeben ist, da dies keine Ungleichbehandlung des einzelnen InsGl bewirkt (N/R-

Römermann, § 309 Rn 44; H/W/W-*Hess*, § 309 Rn 18; **aA:** K/P-*Wenzel*, § 309 Rn 5 a).

III. Verfahren, Abs 2

1. Anhörung

Zur verfahrensrechtlichen Absicherung ist zunächst ein ausdrückliches **Anhörungsgebot** für den InsGl normiert. Der InsSchu ist aus dem Aspekt der Gewährung rechtlichen Gehörs anzuhören (N/R-*Römermann*, § 309 Rn 34).

17

2. Glaubhaftmachung

a) Der InsGl, dessen Zustimmung ersetzt werden soll, hat die Tatsachen nach § 4 iVm § 294 ZPO glaubhaft zu machen, die einen Grund für den Ausschluss der Ersetzung darstellen (*Braun/Buck*, § 309 Rn 32).

18

b) Bei erfolgreicher Glaubhaftmachung kann die Zustimmung nicht mehr ersetzt werden (LG Aschaffenburg, ZInsO 1999, 482; N/R-*Römermann*, § 309 Rn 37; *Braun/Buck*, § 309 Rn 38; *Gottwald/Schmidt-Räntsch*, InsHdb, § 83 Rn 34). Nach **aA** hat das InsGericht dagegen das Bestehen der Forderung von Amts wegen anhand der vom InsGl glaubhaft gemachten Einwendungen zu prüfen (K/P-*Wenzel*, § 309 Rn 10; HK-*Landfermann*, § 309 Rn 16; OLG Köln ZInsO 2001, 230, 231; FK-*Grote*, § 309 Rn 37; LG Berlin ZInsO 2000, 404; vgl LG Memmingen NZI 2000, 233, 235). Nach vermittelnder Ansicht scheidet eine Zustimmungsersetzung bei erfolgreicher Glaubhaftmachung aus, jedoch hat das InsGericht bei präsenten Beweismitteln des InsSchu zu prüfen, welche Behauptung eher wahrscheinlich ist. Bei ernsthaften Zweifeln sei der Streit vor dem Prozessgericht zu führen (H/W/W-*Hess*, § 309 Rn 19 f).

19

c) Hinsichtlich der Ausschlussgründe des Abs 1 S 2 besteht aufgrund der negativen Formulierung eine **Vermutung** für das Fehlen der Gründe, so dass eine Ersetzung möglich ist, wenn dem InsGl die Glaubhaftmachung nicht gelingt (HK-*Landfermann*, § 309 Rn 16).

20

3. Beschwerde

Gegen den Beschluss ist die Beschwerde des InsGl, dessen Zustimmung ersetzt wird, statthaft; im Fall der Ablehnung der Ersetzung steht dieses Recht dem Antragsteller zu (*Braun/Buck*, § 309 Rn 41). Es ist dann das korrekte Vorgehen des InsGerichts zu prüfen, jedoch nicht, ob eine streitige Forderung besteht oder nicht (H/W/W-*Hess*, § 309 Rn 36). Dem InsSchu kann nach § 309 Abs 2 S 4 iVm § 4a Abs 2 ein Rechtsanwalt beigeordnet werden (vgl *Braun/Buck*, § 309 Rn 43).

21

§ 310 Kosten

Die Gläubiger haben gegen den Schuldner keinen Anspruch auf Erstattung der Kosten, die ihnen im Zusammenhang mit dem Schuldenbereinigungsplan entstehen.

Ziel der Regelung ist, die Einigungsbereitschaft der InsGl zu erhöhen und den ohnehin nicht leistungsfähigen InsSchu zu schonen, ihn insbes vor überhöhten Kostenforderungen zu schützen (FK-*Kohte*, § 310 Rn 1). Durch den umfassenden Ausschluss sind sowohl eine prozess-, als auch eine materiellrechtliche Kostenerstattung ausgeschlossen (FK-*Kohte*, § 310 Rn 3); vgl § 305 Abs 2 S 2. Die Verfahrenskosten sind auch nicht im Rahmen des Verzugsschadens ersatzfähig (FK-*Kohte*, § 310 Rn 4). Kosten, die vor Stellen des Eröffnungsantrags bzw vor Beginn der außergerichtlichen Schuldenbereinigung entstanden sind und somit nicht mit dem InsVerfahren zusammenhängen, bleiben ersatzfähig (H/W/W-*Hess*, § 310 Rn 7; N/R-*Römermann*, § 310 Rn 3). – Vertragliche Regelungen, die im Ergebnis zu einer Kostentragungspflicht des InsSchu führen würden, sind als Umgehung nach § 134 BGB unwirksam (N/R-*Römermann*, § 310 Rn 5; FK-*Kohte*, § 310 Rn 6; *Braun/Buck*, § 310 Rn 2). – Zum Kostenrecht: FK-*Kohte*, § 310 Rn 7 ff.

3. Abschnitt. Vereinfachtes Insolvenzverfahren

§ 311 Aufnahme des Verfahrens über den Eröffnungsantrag

Werden Einwendungen gegen den Schuldenbereinigungsplan erhoben, die nicht gemäß § 309 durch gerichtliche Zustimmung ersetzt werden, so wird das Verfahren über den Eröffnungsantrag von Amts wegen wieder aufgenommen.

1. Normzweck

1   Wenn es nicht zu einer Einigung über den Schuldenbereinigungsplan kommt und die Einwendungen der InsGl auch nicht nach § 309 ersetzt werden können (Scheitern des Schuldenbereinigungsplans), wird das Antragsverfahren wieder aufgenommen und das vereinfachte InsVerfahren eröffnet. Beides erfolgt von Amts wegen. § 311 ist zusammen mit § 308 zu sehen: Das InsGericht stellt entweder die Annahme des Schuldenbereinigungsplanes aufgrund der Zustimmung oder teilweisen Zustimmungsersetzung fest oder entscheidet nach § 311. Zuvor ruht das Verfahren nach § 306 Abs 1 S 1. Falls nur ein Gläubigerantrag nach § 306 Abs 3 gestellt wurde und der InsSchu keinen Anschlussantrag gestellt hat, ist sogleich nach § 311 zu entscheiden (*Braun/Buck*, § 311 Rn 1).

2. Entscheidung des InsGerichts

a) Das InsGericht kann nach § 311 das vereinfachte InsVerfahren eröffnen oder den Antrag abweisen. Es hat zuvor rechtliches Gehör zu gewähren. Die Entscheidung ergeht durch **Beschluss**. Eine **Abweisung** erfolgt bei fehlender Kostendeckung nach § 26 Abs 1 (BGH ZIP 2000, 755, 756; OLG Köln ZIP 2000, 548 549f mit Anm *Wenzel* EWiR 2000, 501) oder beim Fehlen eines Insolvenzgrundes nach §§ 17, 18.

aa) Hinsichtlich der **Kostendeckung** ist § 4a zu berücksichtigen, so dass die Verfahrenseröffnung im Hinblick auf die Kosten nur dann scheitert, wenn ein Hinderungsgrund nach § 290 Abs 1 Nr 1, Nr 3 iVm § 4a Abs 1 S 3 und 4 besteht. Zu den Kosten des vereinfachten InsVerfahren gehören die Gerichtskosten und die Vergütung nebst Auslagen des Treuhänders (*Braun/Buck*, § 311 Rn 8).

bb) In diesem Verfahrensabschnitt erfolgt zum ersten mal eine **Prüfung** hinsichtlich des **Insolvenzgrundes** (H/W/W-*Hess*, § 311 Rn 6). Insolvenzgrund ist die drohende oder bereits eingetretene Zahlungsunfähigkeit nach **§§ 17, 18** (ausf. H/W/W-*Hess*, § 311 Rn 7ff). Dagegen ist die Überschuldung nach § 19 nur bei juristischen Personen ein Insolvenzgrund, so dass dieser im Verbraucherinsolvenzverfahren ausscheidet. Soll das Verfahren auf Antrag eines InsGl eröffnet werden, so ist das Vorliegen eines Insolvenzgrundes intensiv zu prüfen, um zu vermeiden, dass insolvenzfremde Zwecke verfolgt werden und das InsVerfahren zum Nachteil des InsSchu missbraucht wird (hierzu FK-*Kohte*, § 312 Rn 16f).

b) Im vereinfachten InsVerfahren ist dann ggf auch über die Ankündigung oder die Versagung der Restschuldbefreiung zu entscheiden; jedoch nicht im Fall der Abweisung, da § 286 ein durchgeführtes InsVerfahren voraussetzt.

c) Zur Darlegungslast s § 14.

d) Das Verfahren ist analog § 311 wieder aufzunehmen, wenn der InsSchu trotz Aufforderung des InsGericht den Schuldenbereinigungsplan nicht rechtzeitig nachbessert (§ 307 Abs 3; siehe dort Rn 7).

e) Zusammen mit der Eröffnung des Verfahrens ernennt das InsGericht nach § 313 Abs 1 S 2 den Treuhänder.

3. Wirkungen

Mit Eröffnung des vereinfachten InsVerfahren verliert der InsSchu nach § 80 die Verwaltungs- und Verfügungsbefugnis über das vom Insolvenzbeschlag erfasste Vermögen. Maßnahmen im Rahmen der Einzelzwangsvollstreckung werden nach § 89 unzulässig (sog. Vollstreckungssperre). Si-

§ 312　9. Teil. Verbraucherinsolvenzverfahren und Kleinverfahren

cherungen, die ein InsGl innerhalb der letzten drei Monate (§§ 312 Abs 1 S 3, 88) erlangt hat, werden unwirksam (sog. Rückschlagsperre). Zum Umfang der Masse s § 36 und vgl FK-*Kohte*, § 312 Rn 18–66.

4. Rechtsmittel

10　Das Rechtsmittel gegen die Nichteröffnung ist die sofortige Beschwerde nach § 34 Abs 2 (OLG Frankfurt NZI 2000, 536, 537). Hinsichtlich der Beschwerdeberechtigung ist zu differenzieren: Bei Ablehnung eines Antrags ist diese stets gegeben. Dagegen kann der InsSchu bei einer Abweisung mangels Masse auch, wenn er keinen Antrag gestellt hat, Beschwerde erheben; dies gilt auch für die Eröffnung des Verfahrens infolge eines Gläubigerantrags (FK-*Kohte*, § 312, Rn 77). Gegen die Anforderung des Kostenvorschusses ist nach § 34 analog die Beschwerde gegeben (FK-*Kohte*, § 311 Rn 34 ff).

§ 312 Allgemeine Verfahrensvereinfachungen

(1) ¹**Öffentliche Bekanntmachungen erfolgen auszugsweise; § 9 Abs. 2 ist nicht anzuwenden.** ²**Bei der Eröffnung des Insolvenzverfahrens wird abweichend von § 29 nur der Prüfungstermin bestimmt.** ³**Wird das Verfahren auf Antrag des Schuldners eröffnet, so beträgt die in § 88 genannte Frist drei Monate.**

(2) ¹**Sind die Vermögensverhältnisse des Schuldners überschaubar und die Zahl der Gläubiger oder die Höhe der Verbindlichkeiten gering, so kann das Insolvenzgericht anordnen, daß das Verfahren oder einzelne seiner Teile schriftlich durchgeführt werden.** ²**Es kann diese Anordnungen jederzeit aufheben oder abändern.**

(3) Die Vorschriften über den Insolvenzplan (§§ 217 bis 269) und die Eigenverwaltung (§§ 270 bis 285) sind nicht anzuwenden.

1　1. Ein **Prüfungstermin** nach § 29 Abs 1 Nr 1 findet auch im vereinfachten Verfahren statt, ein Berichtstermin dagegen nicht. Ist die Durchführung eines schriftlichen Verfahrens nach Abs 2 angeordnet, entfällt auch der Prüfungstermin. Das **schriftliche Verfahren** muss ausdrücklich angeordnet werden, was im Eröffnungsbeschluss erfolgen kann (HK-*Landfermann*, § 312 Rn 7). Die Anordnung ist nicht mit der Beschwerde angreifbar, aber vom InsGericht jederzeit abänderbar (*N/R-Römermann*, § 312 Rn 20; HK-*Landfermann*, § 312 Rn 7 f).

2　2. Die **Publizität** ist im Vergleich zur Regelinsolvenz eingeschränkt. Eine Veröffentlichung erfolgt nach Abs 1 S 1 nur auszugsweise. Es erfolgt ein Hinweis auf das Verfahren, aber keine umfassende Information hinsichtlich aller Einzelheiten (FK-*Kohte*, § 312 Rn 76). Eine weitere und wiederholte Veröffentlichung (§ 9 Abs 2) unterbleibt nach Abs 1 S 1 2. HS.

3. Durch Abs 1 S 2 wird die **Rückschlagsperre** des § 88 auf einen Zeitraum von **drei Monaten** ausgedehnt, falls der InsSchu, ggf als Anschlussantrag nach einem Gläubigerantrag (§ 306 Abs 3), einen eigenen Antrag stellt. Hierdurch sollen Störungen des außergerichtlichen Einigungsverfahrens vermieden werden (K/P-*Wenzel*, § 312 Rn 1b). In diesem Zusammenhang bewirkt § 305a eine weitere Vorverlegung des Schutzes.

4. Nach **Abs 2** kann das Verfahren auch nur **schriftlich** erfolgen. Dies steht im Ermessen des InsGericht, wobei es sich an einer schnellen und effektiven Verfahrensabwicklung zu orientieren hat (*Gottwald/Schmidt-Räntsch*, InsHdb, § 84 Rn 3). Erfasst wird dabei auch das Verfahren über die Restschuldbefreiung (K/P-*Wenzel*, § 312 Rn 2; *Gottwald/Schmidt-Räntsch*, InsHdb, § 84 Rn 3).

5. Nach Abs 3 sind die Vorschriften über den **Insolvenzplan** (§§ 217–269) und über die **Eigenverwaltung** (§§ 270–285) nicht anzuwenden. Beide Verfahrensvarianten sind im Verbraucherinsolvenzverfahren nicht sinnvoll (vgl *Gottwald/Schmidt-Räntsch*, InsHdb, § 84 Rn 4f; K/P-*Wenzel*, § 312 Rn 3).

§ 313 Treuhänder

(1) ¹Die Aufgaben des Insolvenzverwalters werden von dem Treuhänder (§ 292) wahrgenommen. ²Dieser wird abweichend von § 291 Abs. 2 bereits bei der Eröffnung des Insolvenzverfahrens bestimmt. ³Die §§ 56 bis 66 gelten entsprechend.
(2) ¹Zur Anfechtung von Rechtshandlungen nach den §§ 129 bis 147 ist nicht der Treuhänder, sondern jeder Insolvenzgläubiger berechtigt. ²Aus dem Erlangten sind dem Gläubiger die ihm entstanden Kosten vorweg zu erstatten. ³Die Gläubigerversammlung kann den Treuhänder oder einen Gläubiger mit der Anfechtung beauftragen. ⁴Hat die Gläubigerversammlung einen Gläubiger mit der Anfechtung beauftragt, so sind diesem die entstanden Kosten, soweit sie nicht aus dem Erlangten gedeckt werden können, aus der Insolvenzmasse zu erstatten.
(3) ¹Der Treuhänder ist nicht zur Verwertung von Gegenständen berechtigt, an denen Pfandrechte oder andere Absonderungsrechte bestehen. ²Das Verwertungsrecht steht dem Gläubiger zu. ³§ 173 Abs. 2 gilt entsprechend.

§ 313

1. Treuhänder, Abs 1

1 **a) Bestellung.** Die Aufgaben, die im Regelinsolvenzverfahren dem InsVerw zugewiesen sind, übernimmt im vereinfachten InsVerfahren zT der Treuhänder. Die Bestellung erfolgt bei Verfahrenseröffnung (S 2) durch den Richter (HK-*Landfermann*, § 313 Rn 2; *Braun/Buck*, § 313 Rn 2). Die Gl-Versammlung kann nach §§ 313 Abs 1 S 3, 57 auch einen anderen Treuhänder wählen, jedoch muss das InsGericht dieser Wahl bei Bedenken nicht folgen (FK-*Kohte*, § 313 Rn 9). Die Bestellung ist nicht anfechtbar (LG Münster NZI 2002, 445; H/W/W-*Hess*, § 313 Rn 8).

2 **b) Beendigung.** Das Amt des Treuhänders endet mit Verfahrensbeendigung. Eine Ausnahme besteht, wenn sich an das InsVerfahren eine Restschuldbefreiung anschließt und das InsGericht nach § 291 Abs 2 ihn auch als Treuhänder für die Dauer der Wohlverhaltensperiode bestellt (HK-*Landfermann*, § 313 Rn 2).

3 **c) Auswahl.** Nach § 313 Abs 1 S 3 iVm § 56 Abs 1 gelten die selben Kriterien wie bei der Auswahl des InsVerw: Geschäftskunde und Unabhängigkeit (HK-*Landfermann*, § 313 Rn 3). Die an den Treuhänder zu stellenden Anforderung im Hinblick auf dessen Sachkunde sind geringer als beim InsVerw, da sein Aufgabenkreis eingeschränkt ist (HK-*Landfermann*, § 313 Rn 3). Obwohl in § 313 ein Verweis auf § 288 fehlt, stehen InsSchu und InsGl ein Vorschlagsrecht zu (FK-*Kohte*, § 313 Rn 5; HK-*Landfermann*, § 313 Rn 3).

4 **d) Aufgaben.** Aufgabe des Treuhänders ist neben der Inbesitznahme der Masse nach § 148 Abs 1 die Verwertung, jedoch mit den Besonderheiten der Abs 2 und 3 (FK-*Kohte*, § 313 Rn 10 und ausf. zu den Aufgaben in Rn 10–20, zu der Verwertung in Rn 21–43).

5 **e)** Die **Haftung** ist wie beim InsVerw ausgestaltet, §§ 60–62, 66.

6 **f)** Die Bestellung eines **vorl Treuhänders** ist im Wege einer Rechtsfortbildung durch die Rspr zulässig (§ 306 Rn 4).

7 **g) Vergütung.** Der Treuhänder erhält eine geringere Vergütung als der InsVerw. Nach § 13 InsVV erhält er in der Regel 15% der Masse, mindestens aber 600 €, wenn in dem Verfahren nicht mehr als fünf Gl Forderungen angemeldet haben. Von sechs bis zu 15 Gl erhöht sich die Vergütung je fünf angefangene Gl um 150 Euro. Ab 16 Gl erhöht sich die Vergütung je angefangene fünf Gl um 100 Euro. Ein Zurückbleiben hinter dem Regelsatz ist gem § 13 Abs 1 S 2 InsVV möglich. Dies kommt bei Verfahren von besonders kurzer Dauer oder sehr geringem Umfang und Schwierigkeit in Betracht.

2. Anfechtung, Abs 2, und Verwertung von Sicherheiten, Abs 3

a) Anfechtung. aa) Die Aufgabe der Anfechtung von Rechtsgeschäf- 8
ten ist nicht dem Treuhänder zugewiesen, sondern den **InsGl**. Aufgrund
der Verweisung in Abs 2 S 1 gelten die §§ 129–147. Die Informationen
hierzu sind dem InsGl vom Treuhänder zur Verfügung zu stellen (HK-
Landfermann, § 313 Rn 7). Der InsGl macht bei der Anfechtung ein
Recht der Masse geltend, so dass er bei Vergleichen oder anderen Verfügungen über das Recht die Zustimmung des Treuhänders braucht (N/
R-*Römermann*, § 313 Rn 11; HK-*Landfermann*, § 313 Rn 8; **aA:** *Wagner*
ZIP 1999, 689, 698, 701: Beschluss der Gl-Versammlung nötig). Es liegt
eine Prozessstandschaft vor (FK-*Kohte*, § 313 Rn 85). Einen Kostenerstat-
tungsanspruch aus der Masse hat der InsGl nur bei einer Beauftragung
durch die Gl-Versammlung, § 313 Abs 2 S 4, so dass der InsGl wegen des
Kostenrisikos idR nur dann die Anfechtung übernehmen wird (K/P-
Wenzel, § 313 Rn 2; HK-*Landfermann*, § 313 Rn 9). Mit der Anfechtung
kann aber auch der Treuhänder beauftragt werden (FK-*Kohte*, § 313
Rn 86).

bb) Zuständig für die Anfechtungsklage ist das **Prozessgericht** und 9
nicht das Vollstreckungs- oder InsGericht (FK-*Kohte*, § 313 Rn 88).

cc) Eine erfolgreiche Anfechtung führt dazu dass der Gegenstand der 10
Anfechtung wieder der Masse zusteht und damit allen InsGl zugute
kommt (H/W/W-*Hess*, § 313 Rn 41).

dd) Diese Ausgestaltung der Anfechtung führt in der Praxis dazu, dass 11
weniger Anfechtungen erfolgen und die Ziele der Verfahrensbeschleunigung und -vereinfachung verfehlt werden.

3. Verwertung, Abs 3

a) Nach S 1 ist der Treuhänder nicht zur Verwertung von Gegenstän- 12
den, die mit **Pfand-** oder **Absonderungsrechten** belastet sind, berechtigt, so dass nach S 2 die Verwertung dem InsGl obliegt. Damit kann der
Treuhänder zB kein Grundstück im Rahmen der Zwangsvollstreckung
verwerten (HK-*Landfermann*, § 313, Rn 11). Weitere **Einzelheiten** sind
str:

aa) Nach einer Ansicht scheidet eine „**freihändige**" **Verwertung** 13
durch den **Treuhänder** aufgrund der Gesetzesfassung aus (AG Potsdam
ZInsO 2000, 234, 235; HK-*Landfermann*, § 313 Rn 10; N/R-*Becker*,
§ 173 Rn 19; H/W/W-*Hess*, § 313 Rn 26). Nach **aA** sei § 313 Abs 3 dagegen einschränkend auszulegen, so dass eine solche „freihändige" Verwertung durch den Treuhänder möglich sei, wenn dadurch ein Erlös für
die Masse erreicht werden könne (FK-*Kohte*, § 313 Rn 66 d); *Pape* ZInsO

§ 313 9. Teil. Verbraucherinsolvenzverfahren und Kleinverfahren

2000, 268, 269). Nach Einführung des Verweises in S 3 auf § 173 ist der ersten Ansicht zuzustimmen, da dem Treuhänder ein Druckmittel zur Hand gegeben ist und eine einschränkende Auslegung daher nicht mehr geboten ist.

14 **bb)** Der **absonderungsberechtigte InsGl** kann eine „freihändige" Verwertung nicht durchführen, da eine Übertragung des Verfügungsrechts auf den absonderungsberechtigten InsGl durch § 313 Abs 3 nicht erfolgt und er damit auf die Mitwirkung des Treuhänders angewiesen ist (*Marotzke* KTS 2001, 67, 72; vgl *Vallender* NZI 2001, 561, 565; **aA:** LG Hamburg NZI 1999, 504). Dies folgt aus einer einschränkenden Auslegung (*Braun/Buck*, § 313 Rn 28; K/P-*Wenzel*, § 313 Rn 3). Eine „freihändige" Verwertung ist daher nur unter den engen Voraussetzungen der §§ 1235 Abs 2, 1221 BGB möglich (H/W/W-*Hess*, § 313 Rn 27).

15 **b)** Nach **S 3** kann das InsGericht auf Antrag des Treuhänders dem InsGl in entsprechender Anwendung des § 173 Abs 2 eine **Frist zur Verwertung** setzen. Nach deren Ablauf ist der Treuhänder selbst zur Verwertung berechtigt (*Hess* K-InsOÄndG, Art 1 § 313 Rn 6; K/P-*Wenzel*, § 313 Rn 3a), wobei **str** ist, ob er dann ausschließlich (*Vallender* NZI 2001, 561, 566; HK-*Landfermann*, § 173 Rn 6; N/R-*Becker*, § 173 Rn 36) oder neben dem InsGl berechtigt ist (FK-*Wegener*, § 173 Rn 4). Bei dieser Verwertung ist der Treuhänder dann sowohl zur Verwertung im Rahmen der Zwangsvollstreckung als auch zur „freihändigen" Verwertung berechtigt (FK-*Kohte*, § 313 Rn 66d; vgl *Vallender* NZI 2001, 562, 565). Die §§ 170, 171 finden dann Anwendung (Uhlenbruck/*Vallender* § 313 Rn 116). Die Verweisung auf § 173 Abs 2 ist so zu verstehen, dass das Recht zur Fristsetzung (ggf mit anschließender Verwertung durch den Treuhänder) auch die **Immobilienverwertung** erfasst (N/R-*Römermann*, § 313 Rn 16; *Hess* K-InsOÄndG, Art 1 § 313 Rn 7; *Vallender* NZI 2001 561, 565). Durch die Anwendung auch auf Sicherungsrechte an Immobilien sind praktisch sinnvolle Ergebnisse zu erzielen; zudem geht der Regierungsentwurf hiervon aus (RegE InsOÄndG bei K/P, Anh III zu § 313). Nach *Wenzel* (K/P, § 313 Rn 3a) betrifft die Verweisung dagegen allein die Verwertung von Mobilien, da § 173 nur diesen Bereich regle.

4. Korrektur von Zwangsvollstreckungsmaßnahmen

16 Der Treuhänder ist ausschließlich befugt, die Unwirksamkeit von Sicherungen im Wege des § 766 ZPO infolge der Rückschlagsperre nach §§ 312 Abs 1 S 3, 88 geltend zu machen; dagegen kann die Anfechtungsklage auch von den InsGl erhoben werden, die nur hilfsweise die Unwirksamkeit geltend machen können (FK-*Kohte*, § 313 Rn 87).

§ 314 Vereinfachte Verteilung

(1) ¹Auf Antrag des Treuhänders ordnet das Insolvenzgericht an, daß von einer Verwertung der Insolvenzmasse ganz oder teilweise abgesehen wird. ²In diesem Fall hat es dem Schuldner zusätzlich aufzugeben, binnen einer vom Gericht festgesetzten Frist an den Treuhänder einen Betrag zu zahlen, der dem Wert der Masse entspricht, die an die Insolvenzgläubiger zu verteilen wäre. ³Von der Anordnung soll abgesehen werden, wenn die Verwertung der Insolvenzmasse insbesondere im Interesse der Gläubiger geboten erscheint.
(2) Vor der Entscheidung sind die Insolvenzgläubiger zu hören.
(3) ¹Die Entscheidung über einen Antrag des Schuldners auf Erteilung von Restschuldbefreiung (§§ 289 bis 291) ist erst nach Ablauf der nach Absatz 1 Satz 2 festgesetzten Frist zu treffen. ²Das Gericht versagt die Restschuldbefreiung auf Antrag eines Insolvenzgläubigers, wenn der nach Absatz 1 Satz 2 zu zahlende Betrag auch nach Ablauf einer weiteren Frist von zwei Wochen, die das Gericht unter Hinweis auf die Möglichkeit der Versagung der Restschuldbefreiung gesetzt hat, nicht gezahlt ist. ³Vor der Entscheidung ist der Schuldner zu hören.

1. Normzweck

Das Verfahren kann weiter vereinfacht werden, indem von einer Verwertung abgesehen werden kann und stattdessen der InsSchu als Ausgleich dazu verpflichtet wird, einen Geldbetrag zu zahlen. Auch besteht die Möglichkeit, im Rahmen einer vertraglichen Freigabeklausel eine Ablösung von Massegegenständen zu vereinbaren (*Braun/Buck*, § 314, Rn 7; FK-*Kohte*, § 314 Rn 4 und ausf. zu den vertraglichen Freigabeklauseln in Rn 6–13).

2. Absehen von der Verwertung

a) **Gegen Ausgleichszahlung.** Die Entscheidung, von der Verwertung abzusehen und dem InsSchu eine Geldzahlungspflicht aufzuerlegen, hat sich nach **S 3** insbes an den **Gläubigerinteressen** auszurichten. Hierbei kann insgesamt oder auch nur teilweise von der Verwertung abgesehen werden. Erfasst sind nur die Gegenstände, die der Verwertung durch den Treuhänder unterliegen, also nicht solche, an denen Absonderungsrechte bestehen (H/W/W-*Hess*, § 313 Rn 28, § 314 Rn 8). Der Betrag soll dabei dem Wert, der bei Verwertung in die Masse fließen würde, entsprechen (K/P-*Wenzel*, § 314 Rn 1). Im Interesse der InsGl wird das Absehen von der Verwertung nur dann sein, wenn der InsSchu überhaupt in der Lage ist, den Geldbetrag zu zahlen und dies auch als sicher erscheint (HK-*Land-*

fermann, § 314 Rn 2). Sonst würde der InsSchu wegen des drohenden Verlustes der Restschuldbefreiung aber auch ungerechtfertigt belastet werden (FK-*Kohte*, § 314 Rn 14f). Das **Schuldnerinteresse** ist somit auch zu berücksichtigen, so dass eine Entscheidung, die lediglich zu einer Verlagerung der Verwertung auf den InsSchu bewirkt, nicht erfolgen darf; dieser trüge sonst das Verwertungsrisiko (K/P-*Wenzel*, § 314 Rn 3).

3   **b) Ohne Ausgleichszahlung.** Nach **Abs 1 S 3** kann von der Verwertung **ohne Ausgleichszahlung** des InsSchu abgesehen werden. Die Massegegenstände sind dann **freizugeben** und der Treuhänder ist nicht mehr zur Verwaltung und Verwertung befugt (*Braun/Buck*, § 314 Rn 12). Es erfolgt lediglich eine Verteilung der Barmittel auf die Verfahrenskosten nach § 207 (H/W/W-*Hess*, § 314 Rn 16).

4   **c) Verfahren. aa)** Die Anordnung des InsGericht ergeht nach Abs 1 S 1 nur auf **Antrag des Treuhänders**, wobei nach Abs 2 zuvor die InsGl anzuhören sind. Nach allg Ansicht ist auch der InsSchu anzuhören, um abzuklären, ob dieser überhaupt den Geldbetrag aufbringen kann (*Braun/Buck*, § 314 Rn 3).

5   **bb)** Die Entscheidung kann sowohl vom **Rechtspfleger** als auch vom **Richter** getroffen werden (HK-*Landfermann*, § 314 Rn 5).

6   **cc)** Gegen die Entscheidung des Rechtspflegers ist nach § 11 Abs 2 RPflG das Rechtsmittel der Erinnerung gegeben; gegen die des Richters besteht kein Rechtsmittel (H/W/W-*Hess*, § 314 Rn 3; *Braun/Buck*, § 314 Rn 11).

3. Nichtbefolgung durch den InsSchu

7   Kommt der InsSchu der Verpflichtung innerhalb der ihm nach Abs 1 S 2 festgesetzten Frist nicht nach, so kann ihm auf Antrag eines InsGl nach Abs 3 S 2 die Restschuldbefreiung versagt werden. Wegen dieser einschneidenden Folge ist dem InsSchu zuvor Gelegenheit zur Stellungnahme zu geben und eine weitere Frist von zwei Wochen zu setzen. Zudem soll die Möglichkeit bestehen, dass das InsGericht die Entscheidung über das Absehen von der Verwertung aufhebt und der Treuhänder dann wieder die Verwertung vornimmt (HK-*Landfermann*, § 314 Rn 8; *Braun/Buck*, § 314 Rn 10). Zum Schutz der InsGl dürfen die Massegegenstände aber erst nach Sicherstellung der Zahlung oder gegen Zahlung Zug-um-Zug freigegeben werden (K/P-*Wenzel*, § 314 Rn 2a; H/W/W-*Hess*, § 314 Rn 6).

4. Schlussverfahren

8   **a) Beendigung. aa)** Das Verfahren ist zu beenden, wenn außer dem laufenden pfändbaren Einkommen des InsSchu der Masse keine Mittel

mehr zufließen. Es käme sonst zu einem ewigen InsVerfahren, was aber der Systematik hinsichtlich der Restschuldbefreiung widerspräche (FK-*Kohte*, § 314 Rn 17; vgl BGH ZInsO 2001, 1009, 1011 mit Anm *Vallender*). Das Verfahren ist nach § 196 zu beenden.

bb) Hat der InsSchu einen **Antrag auf Restschuldbefreiung** gestellt und ist dieser nicht nach § 290 zu versagen, wird im Schlusstermin nach § 289 Abs 2 S 3 die Ankündigung der Restschuldbefreiung beschlossen (FK-*Kohte*, § 314 Rn 33) und das InsVerfahren nach S 2 durch Beschluss aufgehoben (FK-*Ahrens*, § 286 Rn 20). Beide Beschlüsse sind zusammen bekannt zu machen. – Falls kein Antrag auf Restschuldbefreiung gestellt wurde oder dieser rechtskräftig zurückgewiesen wurde, wird das Verfahren nach der Verteilung gemäß § 200 aufgehoben. Reicht die Masse nicht zur Deckung der Verfahrenskosten aus, so werden vorhandene Barmittel auf die Verfahrenskosten verteilt und dann das Verfahren nach § 207 eingestellt (H/W/W-*Hess*, § 314 Rn 16).

b) Erneute Einleitung. Eine erneute Einleitung eines Verbraucherinsolvenzverfahrens ist auch direkt nach der Beendigung des Verfahrens zulässig; die Wartefrist des § 290 Abs 1 Nr 3 gilt nur für das Restschuldbefreiungsverfahren (H/W/W-*Hess*, § 314 Rn 23).

10. Teil. Besondere Arten des Insolvenzverfahrens

Vorbemerkung vor §§ 315–331

1. Regelungsziel

1 Die §§ 315–331 enthalten Sonderregeln für das Nachlassinsolvenzverfahren; die allg Regelungen gelten ergänzend. Zusätzlich enthält das BGB in §§ 1975–1980, 1988–1992, 2000, 2013, 2060 Vorschriften für die Nachlassinsolvenz.

2 Das Nachlassinsolvenzverfahren ist in erster Linie ein Mittel zur **Haftungsbeschränkung des Erben**, da dieser sonst wegen der erbrechtlichen Universalsukzession für die Schulden des Erblassers mit seinem eigenen Vermögen haften würde (§ 1967 BGB). Daneben dient das Verfahren wie das Regelinsolvenzverfahren der gleichmäßigen Befriedigung der Nachlassgläubiger.

3 Die Insolvenzfähigkeit des Nachlasses ergibt sich aus § 11 Abs 2 Nr 2. InsSchu ist hierbei der Erbe (bzw die Erbengemeinschaft), denn er ist Träger der zum Nachlass gehörenden Rechte und Pflichten (*Braun/Bauch*, § 315 Rn 3 f mwN). Die Nachlassinsolvenz führt zu einer **rückwirkenden Trennung der Vermögensmassen (§ 1975 BGB)** des Erben und zwar in den Nachlass, der nur den Nachlassgläubigern als Vollstreckungsmasse offen steht (§ 325), und das Eigenvermögen, das grundsätzlich den Eigengläubigern des Erben zusteht (*Brox* ErbR Rn 679; Palandt/*Edenhofer*, § 1975 Rn 1; vgl *Gottwald/Döbereiner*, InsHdb, § 111 Rn 2).

2. Andere Möglichkeiten der Haftungsbeschränkung

4 **a) Nachlassverwaltung, -pflegschaft. aa)** Die **Nachlassverwaltung** ist in §§ 1975–1979, 1981–1988 BGB geregelt und bewirkt ebenfalls eine **Trennung der Vermögensmassen** (vgl oben). Sie ist geboten, wenn der Nachlass zwar zur Befriedigung der Nachlassgläubiger ausreicht, jedoch zu befürchten ist, dass der Nachlass von dem/den Erben nicht ordnungsgemäß verwaltet wird, oder die Größe des Nachlasses unbekannt ist (*Gottwald/Döbereiner*, InsHdb, § 109 Rn 10). Die Nachlassinsolvenz geht ihr vor, so dass die Nachlassverwaltung mit Eröffnung des Nachlassinsolvenzverfahrens nach § 1988 Abs 1 BGB endet.

5 **bb)** Die **Nachlasspflegschaft** nach § 1960 BGB bewirkt dagegen keine Trennung der Vermögensmassen und keine Beschränkung der Erbenhaftung. Sie ist eine Pflegschaft nach §§ 1909 ff BGB, bei der die Regelungen des Vormundschaftsrechts nach § 1915 BGB entsprechend an-

Vorbemerkung vor § 315

wendbar sind (*Brox* ErbR Rn 636). Sie ist ein Mittel zur **Sicherung des Nachlasses** für die Zeit, in der die Erben noch unbekannt sind, die Erbschaft noch nicht angenommen ist oder hierüber Ungewissheit besteht, § 1960 Abs 1 BGB (Palandt/*Edenhofer* § 1960 Rn 11). Der Nachlass soll für diese Zeit nicht ohne Verwalter sein.

b) Dürftigkeitseinrede. Die Einrede der Dürftigkeit kann der Erbe 6 nach §§ 1990 Abs 1 S 1 BGB erheben, wenn der Nachlass für die Befriedigung unzureichend ist (Palandt/*Edenhofer*, § 1990 Rn 1). Die Erhebung bewirkt **keine Trennung der Vermögensmassen**, sondern nur, dass eine Vollstreckung der Nachlassgläubiger in das Eigenvermögen des Erben unmöglich wird, so dass die Eigengläubiger weiterhin in den Nachlass vollstrecken können (*Brox* ErbR Rn 707, 713; Palandt/*Edenhofer*, §§ 1990, 1991 Rn 9). Sie greift insbes ein, wenn der Antrag auf Eröffnung des Nachlassinsolvenzverfahrens mangels Masse nach § 26 abgewiesen wird oder das Verfahren wegen Masseunzulänglichkeit nach § 207 eingestellt wird (N/R-*Riering*, § 315 Rn 9). Der Einstellungsbeschluss entfaltet Tatbestandswirkung, so dass der Erbe, wenn er sich auf die Einrede beruft nichts weiter vortragen braucht (B/R-*Lohmann*, § 1990 Rn 4), dies gilt auch für die Abweisung mangels Masse (BGH NJW-RR 1990, 1226, 1227; BayObLG NJW-RR 2000, 306, 307; **aA:** OLG Düsseldorf NJW-FER 2000, 95: bloße Beweiserleichterung).

c) Unzulänglichkeitseinrede. Sie ist ein Unterfall der Dürftigkeits- 7 einrede und liegt vor, wenn der Nachlass außerdem überschuldet ist (Palandt/*Edenhofer*, § 1990 Rn 1; HK-BGB § 1990 Rn 8).

d) Erschöpfungseinrede. Diese kann nach § 1989 BGB erhoben 8 werden, wenn keine Nachlassgegenstände mehr vorhanden sind und so eine weitere Verteilung unmöglich ist.

e) Überschwerungseinrede. Nach § 1992 kann der Erbe die Befrie- 9 digung verweigern, wenn die Überschuldung aufgrund von Auflagen und Vermächtnissen eintritt.

3. Verhältnis zur Erben- oder Gesamtvermögensinsolvenz

a) Erbeninsolvenz. Neben der Nachlassinsolvenz kann ein InsVer- 10 fahren über das Vermögen des Erben (ausgenommen des Teils, den er durch die Erbschaft erlangt hat) durchgeführt werden. Hinsichtlich der Befriedigung der Nachlassgläubiger bestehen nach § 331 Besonderheiten (siehe dort). Die Erbengemeinschaft als solche ist jedoch nicht insolvenzfähig (AG Duisburg NZI 2004, 97).

b) Gesamtvermögensinsolvenz. Diese betrifft das gesamte Ver- 11 mögen des Erben ohne, dass zwischen dem Nachlass und dem Eigenver-

vor § 315   10. Teil. Besondere Arten des Insolvenzverfahrens

mögen getrennt wird. Wird daneben ein Nachlassinsolvenzverfahren beantragt, so werden die Verfahren getrennt und nebeneinander durchgeführt (soeben 1.). Der Antrag auf Eröffnung des Nachlassinsolvenzverfahrens kann nach Eröffnung des Gesamtvermögensinsolvenzverfahrens nur noch vom InsVerw gestellt werden (*Gottwald/Döbereiner*, InsHdb, § 117 Rn 5).

12   **c) Miterbeninsolvenz.** Ein InsVerfahren über das Vermögen eines Miterben ist unabhängig von einem Nachlassinsolvenzverfahren. Die §§ 35, 36 iVm § 859 Abs 2 ZPO, die anordnen, dass der Miterbenanteil zum Eigenvermögen des Miterben zählt, stehen dem nicht entgegen (*Gottwald/Döbereiner*, InsHdb, § 117 Rn 6).

4. Verhältnis zu anderen Verfahrensformen

13   **a) Eigenverwaltung.** Diese endet mit dem Tod des InsSchu, kann aber ggf neu angeordnet werden (HK-*Marotzke*, Vor §§ 315 ff Rn 3; *Siegmann* ZEV 2000, 345, 347).

14   **b) InsPlan.** Dieser ist auch im Nachlassinsolvenzverfahren möglich (vgl § 1989 BGB; *Siegmann* ZEV 2000, 345, 347).

15   **c) Restschuldbefreiungsverfahren.** Im Zulassungsverfahren ist dieses in ein Nachlassinsolvenzverfahren überzuleiten, ab Ankündigung der Restschuldbefreiung einzustellen (str, s § 286 Rn 2).

16   **d) Kleininsolvenzverfahren.** Die §§ 304–314 gelten, soweit die Vorschriften und die Ratio des Nachlassinsolvenzverfahrens nicht entgegenstehen (HK-*Marotzke*, Vor §§ 315 ff Rn 3; **aA:** *Siegmann* ZEV 2000, 345, 347).

5. Sonstiges

17   **a)** Zu den Auswirkungen des Todes eines **Gesellschafters** siehe K/P-*Kemper* § 315 Rn 13 ff.

18   **b)** Zum Umfang der **Masse** siehe § 324 Rn 2 ff.

19   **c) Verschollener.** Taucht ein Verschollener wieder auf, so bleibt das Nachlassinsolvenzverfahren hiervon zunächst unberührt, jedoch kann dieser die Verfahrenseröffnung ohne die Beschränkung durch die abgelaufene Frist des § 34 iVm 569 ZPO unter den Voraussetzungen der §§ 579, 586 ZPO anfechten (K/P-*Kemper*, § 315 Rn 32; N/R-*Riering*, § 316 Rn 10).

1. Abschnitt. Nachlaßinsolvenzverfahren

§ 315 Örtliche Zuständigkeit

¹Für das Insolvenzverfahren über einen Nachlaß ist ausschließlich das Insolvenzgericht örtlich zuständig, in dessen Bezirk der Erblasser zur Zeit seines Todes seinen allgemeinen Gerichtsstand hatte. ²Lag der Mittelpunkt einer selbständigen wirtschaftlichen Tätigkeit des Erblassers an einem anderen Ort, so ist ausschließlich das Insolvenzgericht zuständig, in dessen Bezirk dieser Ort liegt.

1. Sachliche und funktionelle Zuständigkeit

Siehe § 2. 1

2. Örtliche Zuständigkeit

a) Nach S 1 ist das InsGericht zuständig in dessen Bezirk der **Erblasser** 2 bei seinem Tode seinen allg Gerichtsstand (§§ 12 ff ZPO) hatte; dies entspricht § 27 ZPO. Der Gerichtsstand des Erben ist dagegen irrelevant.

b) **Selbständige wirtschaftliche Tätigkeit, S 2.** Hat der Erblasser 3 im Zeitpunkt seines Todes eine selbständige wirtschaftliche Tätigkeit ausgeübt (s § 3 Rn 4), ist dagegen das InsGericht zuständig in dessen Bezirk diese Tätigkeit ausgeübt wurde. Diese Zuständigkeit verdrängt S 1 als **speziellere Regelung**, bei ihr ist der **Schwerpunkt der unternehmerischen Tätigkeit** entscheidend. Lag zwar nicht im Zeitpunkt des Todes, aber unmittelbar davor eine selbständige wirtschaftliche Tätigkeit vor, so soll S 2 ebenfalls greifen (*Gottwald/Döbereiner*, InsHdb, § 111 Rn 22; HK-*Marotzke*, § 315 Rn 3; *Vallender/Fuchs/Rey* NZI 1999, 355).

c) § 315 führt zu einem Auseinanderfallen von Nachlassinsolvenz- und 4 Nachlassgericht; vgl § 73 FGG (*Gottwald/Döbereiner*, InsHdb, § 109 Rn 22). Dementsprechend gibt es keine § 229 KO entsprechende Vorschrift mehr (vgl FK-*Schallenberg/Rafiqpoor*, § 315 Rn 39 f).

d) Die Zuständigkeiten von S 1 und 2 sind **ausschließlich** (FK- 5 *Schallenberg/Rafiqpoor*, § 315 Rn 35).

e) Bei einer Konkurrenz mehrerer Zuständigkeiten (aber nicht zwi- 6 schen S 1 und S 2) gilt **§ 3 Abs 2**, so dass das Gericht zuständig ist bei dem zuerst ein Antrag gestellt wurde (**Prioritätsprinzip**).

3. Kein Zuständigkeitswechsel

7 Stirbt der InsSchu während des eröffneten Regelinsolvenzverfahrens, wird es als Nachlassinsolvenzverfahren ohne Verweisung fortgeführt (*Gottwald/Döbereiner*, InsHdb, § 111 Rn 21; H/W/W-*Hess*, § 315 Rn 37; N/R-*Riering*, § 315 Rn 54; FK-*Schallenberg/Rafiqpoor*, § 315 Rn 30).

4. Verweisung

8 Bei Unzuständigkeit des Gerichts kann der Antragsteller einen Verweisungsantrag nach § 4 iVm § 281 ZPO stellen; eine Verweisung von Amts wegen ist dagegen nicht möglich (FK-*Schallenberg/Rafiqpoor*, § 315 Rn 33).

5. Auslandsberührung

9 Der Ort des belegenen Vermögens ist nach Art 102 Abs 3 EGInsO entscheidend, wenn der Erblasser keinen allg Gerichtsstand im Inland hatte (K/P-*Kemper*, § 315 Rn 27).

§ 316 Zulässigkeit der Eröffnung

(1) **Die Eröffnung des Insolvenzverfahrens wird nicht dadurch ausgeschlossen, daß der Erbe die Erbschaft noch nicht angenommen hat oder daß er für die Nachlaßverbindlichkeit unbeschränkt haftet.**

(2) **Sind mehrere Erben vorhanden, so ist die Eröffnung des Verfahrens auch nach der Teilung des Nachlasses zulässig.**

(3) **Über einen Erbteil findet ein Insolvenzverfahren nicht statt.**

1. Zulässigkeit der Eröffnung

1 a) **Vorläufiger Erbe.** Die Eröffnung des Nachlassinsolvenzverfahrens ist nach **Abs 1 1. Alt** auch dann zulässig, wenn die Person des Erben und damit die Person des InsSchu wegen fehlender Annahme der Erbschaft noch nicht endgültig feststeht. Ein Antrag des vorl Erben bedeutet noch keine Annahme der Erbschaft (N/R-*Riering*, § 316 Rn 2; K/P-*Kemper*, § 316 Rn 5). Damit kann zur Sicherung des Nachlasses auch in der durch den Vonselbsterwerb (Palandt/*Edenhofer*, § 1942 Rn 1) bedingten Schwebezeit ein Verfahren mit dem vorl Erben als InsSchu bestehen (Ausnahme zu § 1958 BGB; *Gottwald/Döbereiner*, InsHdb, § 111 Rn 1).

2 b) **Unbeschränkte Erbenhaftung.** Gleichsam steht nach **Abs 1 2. Alt** eine unbeschränkte Haftung des Erben der Eröffnung nicht entgegen. Jedoch kann durch das Nachlassinsolvenzverfahren dann wegen § 2013 Abs 1 BGB keine Haftungsbeschränkung (§ 1975 BGB) mehr herbeigeführt werden. Sinn des Nachlassinsolvenzverfahrens ist es dann, den

Zugriff der Eigengläubiger auf den Nachlass zu verhindern (FK-*Schallenberg/Rafiqpoor*, § 316 Rn 5).

c) Nachlassteilung. Die Eröffnung wird durch die Teilung des Nachlasses nach §§ 2042 ff BGB nicht berührt, **Abs 2**. Nach Eröffnung hat der InsVerw die Nachlassgegenstände zurückzufordern (HK-*Marotzke*, § 316 Rn 2). Haben Dritte wirksam Eigentum an diesen erlangt, kommt nur noch eine Anfechtung nach §§ 129 ff in Betracht (K/P-*Kemper*, § 316 Rn 13).

d) Erbteil. Nach **Abs 3** erfasst das Nachlassinsolvenzverfahren stets den gesamten Nachlass, es kann nicht auf einen Erbteil isoliert bezogen sein. Die Erben sind InsSchu in ihrer gesamthänderischen Gebundenheit. Es kann nur das Regelinsolvenzverfahren über das Vermögen eines Erben, dass dann auch den ihm gehörenden Erbteil erfasst, eröffnet werden.

2. Haftung des vorläufigen Erben

Vor Annahme der Erbschaft haftet der vorl Erbe wie ein Geschäftsführer ohne Auftrag nach §§ 678, 1978 Abs 1 S 2 BGB (*Brox* ErbR Rn 682), danach nach Auftragsrecht, §§ 666 ff, 1978 Abs 1 S 1 BGB (*Brox* ErbR Rn 683).

§ 317 Antragsberechtigte

(1) **Zum Antrag auf Eröffnung des Insolvenzverfahrens über einen Nachlaß ist jeder Erbe, der Nachlaßverwalter sowie ein anderer Nachlaßpfleger, ein Testamentsvollstrecker, dem die Verwaltung des Nachlasses zusteht, und jeder Nachlaßgläubiger berechtigt.**
(2) [1]**Wird der Antrag nicht von allen Erben gestellt, so ist er zulässig, wenn der Eröffnungsgrund glaubhaft gemacht wird.** [2]**Das Insolvenzgericht hat die übrigen Erben zu hören.**
(3) **Steht die Verwaltung des Nachlasses einem Testamentsvollstrecker zu, so ist, wenn der Erbe die Eröffnung beantragt, der Testamentsvollstrecker, wenn der Testamentsvollstrecker den Antrag stellt, der Erbe zu hören.**

§ 318 Antragsrecht beim Gesamtgut

(1) [1]**Gehört der Nachlaß zum Gesamtgut einer Gütergemeinschaft, so kann sowohl der Ehegatte, der Erbe ist, als auch der Ehegatte, der nicht Erbe ist, aber das Gesamtgut allein oder mit seinem Ehegatten gemeinschaftliche verwaltet, die Eröffnung des Insolvenzverfahrens über den Nachlaß beantragen.** [2]**Die Zustimmung**

des anderen Ehegatten ist nicht erforderlich. ³Die Ehegatten behalten das Antragsrecht, wenn die Gütergemeinschaft endet.

(2) ¹Wird der Antrag nicht von beiden Ehegatten gestellt, so ist er zulässig, wenn der Eröffnungsgrund glaubhaft gemacht wird. ²Das Insolvenzgericht hat den anderen Ehegatten zu hören.

(3) Die Absätze 1 und 2 gelten für Lebenspartner entsprechend.

§ 319 Antragsfrist

Der Antrag eines Nachlaßgläubigers auf Eröffnung des Insolvenzverfahrens ist unzulässig, wenn seit der Annahme der Erbschaft zwei Jahre verstrichen sind.

1. Normzweck

1   Das Nachlassinsolvenzverfahren wird nur auf Antrag eingeleitet. § 317 enthält dazu eine enumerative Aufzählung der Antragsberechtigten (FK-*Schallenberg/Rafiqpoor*, § 317 Rn 6). Vorgängernorm war § 217 KO, jedoch ohne die Beschränkungen des § 219 KO. § 318 betrifft die Gütergemeinschaft; vormals § 218 KO. § 319 betrifft den Nachlassgläubigerantrag und entspricht § 220 KO.

2. Antragsberechtigung, §§ 317 Abs 1, 318 Abs 1

2   **a) Allein-, Miterben. aa)** Das Antragsrecht steht **jedem Allein-** und **Miterben** zu. Stellt ein Miterbe den Antrag jedoch allein, so hat er nach § 317 Abs 2 S 1 den Eröffnungsgrund glaubhaft zu machen. Das Antragsrecht besteht **nicht** mehr **ab Ausschlagung** der Erbschaft (FK-*Schallenberg/Rafiqpoor*, § 317 Rn 9; K/P-*Kemper*, § 317 Rn 4) und im Fall des Verkaufs der Erbschaft, § 330 Abs 1 (*Braun/Bauch*, § 317 Rn 3; HK-*Marotzke*, § 317 Rn 10). Beim **Erbschaftskauf** wird der Käufer mit formgültigem Erwerb des Nachlasses antragsbefugt, § 330 Abs 1 (OLG Köln ZIP 2000, 627, 628; *Gottwald/Döbereiner*, InsHdb, § 111 Rn 5). Im Fall der **Vor- und Nacherbschaft** steht das Antragsrecht zunächst dem Vorerben und ab dem Eintritt des Nacherbfalls dem Nacherben zu (FK-*Schallenberg/Rafiqpoor*, § 317 Rn 12 ff; HK-*Marotzke*, § 317 Rn 4; *Braun/Bauch*, § 317 Rn 3; H/W/W-*Hess*, § 317 Rn 13; **aA:** Antragsrecht des Vorerben, solange dieser den Nachlassbesitz hat: N/R-*Riering*, § 317 Rn 2; *Smid/Fehl*, § 317 Rn 4; *Vallender* MDR 1999, 280, 284). – Ein Antrag auf Feststellung der Erledigung bei Wegfall des Antragsrechts ist nicht möglich, da ein eröffnetes Verfahren fortgeführt wird (FK-*Schallenberg/Rafiqpoor*, § 317 Rn 10).

3   **bb) Sonderfall der Gütergemeinschaft.** Nach **§ 318** steht das Antragsrecht, wenn der Nachlass zum **Gesamtgut** einer Gütergemeinschaft gehört, nicht nur dem Ehegatten zu, der selbst Erbe geworden ist, sondern

auch dem Ehegatten, dem ein **Allein- oder Mitverwaltungsrecht** am Gesamtgut zusteht. Nach § 318 Abs 1 S 3 gilt dies auch bei Beendigung der Gütergemeinschaft, da der Ehegatte dann gleichwohl schutzbedürftig bleibt. Das Antragsrecht des verwaltungsbefugten Ehegatten, der selbst Erbe wird, folgt schon aus § 317 (FK-*Schallenberg/Rafiqpoor*, § 318 Rn 3; *Braun/Bauch*, § 318 Rn 1). Wird der Antrag nicht von beiden Ehegatten gestellt, so ist der Eröffnungsgrund nach § 318 Abs 2 S 1 glaubhaft zu machen.

b) Nachlassverwalter, -pfleger. Deren Antragsrecht besteht unabhängig vom Antragsrecht des/der Erben (HK-*Marotzke*, § 317 Rn 9; *Braun/Bauch*, § 317 Rn 5). Bei mehreren Nachlassverwaltern, -pflegern haben diese den Antrag mangels Anwendbarkeit von Abs 2 gemeinschaftlich zu stellen (H/W/W-*Hess*, § 317 Rn 18 f; *Braun/Bauch*, § 317 Rn 6). Bei Meinungsverschiedenheiten hat das InsGericht nach § 2224 Abs 1 S 1 BGB zu entscheiden (N/R-*Riering*, § 317 Rn 7; *Gottwald/Döbereiner*, InsHdb, § 111 Rn 5). 4

c) Testamentsvollstrecker. Diesem steht ein Antragsrecht zu, wenn er befugt ist, den Nachlass zu verwalten. Diese Befugnis ergibt sich aus § 2205 BGB (K/P-*Kemper*, § 317 Rn 11), wobei das Antragsrecht ihm nur bei einem unbeschränkten Verwaltungsrecht (vgl § 2208 BGB) zusteht; eine Verwaltungsbefugnis nach § 2209 BGB reicht aus (FK-*Schallenberg/Rafiqpoor*, § 317 Rn 21; *Braun/Bauch*, § 317 Rn 8; H/W/W-*Hess*, § 317 Rn 22). Abs 2 ist nicht anwendbar (FK-*Schallenberg/Rafiqpoor*, § 317 Rn 22); bei Meinungsverschiedenheiten gilt § 2224 Abs 1 S 1 BGB. 5

d) Nachlassgläubiger. aa) Nach § 14 muss ein (idR vorliegendes) rechtliches Interesse des Nachlassgläubigers bestehen (*Gottwald/Döbereiner*, InsHdb, § 111 Rn 15). 6

bb) Nach **§ 319** ist der Antrag unzulässig, wenn seit Annahme der Erbschaft **zwei Jahre** verstrichen sind. Dies ist eine von Amts wegen zu berücksichtigende **Ausschlussfrist** (*Gottwald/Döbereiner*, InsHdb, § 111 Rn 10). Die Frist beginnt bei mehreren Erben erst, wenn sämtliche Erben die Erbschaft angenommen haben; bei der Nacherbschaft ist deren Anfall bzw deren Annahme, je nach dem was später erfolgt, entscheidend (HK-*Marotzke*, § 319 Rn 2; *Gottwald/Döbereiner*, InsHdb, § 111 Rn 10). Bei Testamentsvollstreckung soll dagegen die Frist entgegen dem Wortlaut erst ab deren Beendigung beginnen (str, HK-*Marotzke*, § 319 Rn 3; *Smid/Fehl*, § 319; H/W/W-*Hess*, § 319 Rn 9). 7

3. Antragspflichten

Ein allg Pflicht zur Antragsstellung folgt aus § 317 nicht. Der Erbe ist aber nach **§ 1980 BGB**, der Nachlassverwalter nach §§ 1985 Abs 2 S 2, 1980 BGB zur Antragstellung verpflichtet. Für den Nachlasspfleger und den Tes- 8

§ 320　　　10. Teil. Besondere Arten des Insolvenzverfahrens

tamentsvollstrecker besteht dagegen diese Pflicht nur im Verhältnis zu den Erben (BGH NZI 2005, 162; FK-*Schallenberg/Rafiqpoor*, § 317 Rn 19, 22; *Braun/Bauch*, § 317 Rn 2). Bei Verstoß gegen die Antragspflichten bestehen nach § 1980 Abs 1 S 2 Schadensersatzansprüche, die vom InsVerw als Masseansprüche geltend zu machen sind (N/R-*Riering*, § 317 Rn 3). Ein Antrag ist auch bei fehlender Kostendeckung notwendig (N/R-*Riering*, § 317 Rn 6; **aA**: *Gottwald/Döbereiner*, InsHdb, § 111 Rn 12). Eine schuldhaft verspätete Antragstellung des Nachlasspflegers ist dem Erben nicht gemäß §§ 166 Abs 1, 278 BGB zuzurechnen (BGH NZI 2005, 162).

4. Anhörungspflichten

9　**a) § 317.** Anhörungspflichten bestehen nach Abs 2 S 2 bei einem Antrag eines Miterben für die anderen Miterben und nach Abs 3 jeweils für den Testamentsvollstrecker und den/die Erben. Abs 3 ist analog auf den Nachlassverwalter anzuwenden (HK-*Marotzke*, § 317 Rn 9, 11). Von der Anhörung kann nach § 10 abgesehen werden (N/R-*Riering*, § 317 Rn 15), jedoch soll dann ein Vertreter oder Angehöriger des Miterben gehört werden (K/P-*Kemper*, § 317 Rn 15).

10　**b) § 318.** Nach Abs 2 S 2 ist der nicht antragstellende Ehegatte zu hören. Wiederum kann nach § 10 von der Anhörung abgesehen werden (K/P-*Kemper*, § 318 Rn 6).

5. Lebenspartner

11　Durch Gesetz vom 15. 12. 2004 hat der Gesetzgeber im Abs 3 klargestellt, dass auch Lebenspartner nach dem Lebenspartnerschaftsgesetz antragsberechtigt sind.

§ 320 Eröffnungsgründe

[1]Gründe für die Eröffnung des Insolvenzverfahrens über einen Nachlaß sind die Zahlungsunfähigkeit und die Überschuldung. [2]Beantragt der Erbe, der Nachlaßverwalter oder ein anderer Nachlaßpfleger oder ein Testamentsvollstrecker die Eröffnung des Verfahrens, so ist auch die drohende Zahlungsunfähigkeit Eröffnungsgrund.

1. Normzweck

1　§ 320 überträgt die allg Regelung der §§ 17 ff auf das Nachlassinsolvenzverfahren, wodurch ein Gleichlauf mit dem Regelinsolvenzverfahren erreicht ist, so dass ein Übergang im Fall des Todes des InsSchu unproblematisch wird (HK-*Marotzke*, § 320 Rn 8; FK-*Schallenberg/Rafiqpoor*, § 320 Rn 12 f).

2. Eröffnungsgründe

Die Eröffnungsgründe der Zahlungsunfähigkeit und Überschuldung gelten für alle Antragsberechtigten, wohingegen die drohende Zahlungsunfähigkeit nicht von den Nachlassgläubigern geltend gemacht werden kann.

a) Zahlungsunfähigkeit, § 17. Hinsichtlich der Zahlungsunfähigkeit gilt die Vermutung des § 17 Abs 2 S 2 (Zahlungseinstellung) auch im Nachlassinsolvenzverfahren (ausf. FK-*Schallenberg/Rafiqpoor*, § 320 Rn 9).

b) Drohende Zahlungsunfähigkeit, § 18. Der Ausschluss der drohenden Zahlungsfähigkeit für Nachlassgläubiger soll verhindern, dass Druckanträge gestellt werden; die drohende Zahlungsunfähigkeit wird dementsprechend auch nicht von § 1980 BGB erfasst (K/P-*Kemper*, § 320 Rn 7f).

c) Überschuldung, § 19. Enthält der Nachlass ein Unternehmen, so erfolgt eine Prognose nach § 19 Abs 2 S 2 (HK-*Marotzke*, § 320 Rn 3; H/W/W-*Hess*, § 320 Rn 16; **aA:** BayObLG NJW-RR 1999, 590, 591; *Smid/Fehl*, § 320 Rn 5; Uhlenbruck/*Lüer* § 320 Rn 3).

3. Bezugsgröße für die Eröffnungsgründe ist der Nachlass (HK-*Marotzke*, § 320 Rn 2; vgl K/P-*Kemper*, § 320 Rn 3ff), auch wenn InsSchu der Erbe bleibt (FK-*Schallenberg/Rafiqpoor*, § 320 Rn 3, 7). Entscheidender Zeitpunkt ist derjenige der **Verfahrenseröffnung** (FK-*Schallenberg/Rafiqpoor*, § 320 Rn 28; N/R-*Riering*, § 320 Rn 3).

§ 321 Zwangsvollstreckung nach Erbfall

Maßnahmen der Zwangsvollstreckung in den Nachlaß, die nach dem Eintritt des Erbfalls erfolgt sind, gewähren kein Recht zur abgesonderten Befriedigung.

1. Normzweck

Die Zwangsvollstreckung nach Eintritt des Erbfalls wird dahingehend beschränkt, dass aus erlangten Sicherungsrechten keine abgesonderte Befriedigung mehr erlangt werden kann. Damit wird der Zustand des Nachlass vom Zeitpunkt des Erbfalls bis zur Verfahrenseröffnung erhalten. Dies dient der gleichmäßigen Befriedigung der InsGl, da sonst das Prioritätsprinzip der Einzelzwangsvollstreckung gelten würde. Vorgängernorm war § 221 KO.

2. Voraussetzung

a) Als Maßnahmen der Zwangsvollstreckung werden erfasst: Pfändungen, die Anordnung der Zwangsversteigerung- oder -verwaltung, Eintragung einer Zwangs- oder Arresthypothek (FK-*Schallenberg/Rafiqpoor*, § 321 Rn 2), sowie die Eintragung einer Vormerkung (HK-*Marotzke*, § 321 Rn 4; *Siegmann* ZEV 2000, 221) und Sicherungen aufgrund der AO (*Smid/Fehl*, § 321 Rn 2, 5). Dagegen werden rechtsgeschäftliche und gesetzliche Sicherungsrechte, wie das Vermieterpfandrecht nicht erfasst (N/R-*Riering*, § 321 Rn 9; FK-*Schallenberg/Rafiqpoor*, § 321 Rn 6; *Smid/Fehl*, § 321 Rn 2). § 321 kann auch nicht durch eine Vorpfändung nach § 845 ZPO umgangen werden, wenn der Pfändungsbeschluss erst nach dem Erbfall zugestellt wird (*Smid/Fehl*, § 321 Rn 2; FK-*Schallenberg/Rafiqpoor*, § 321 Rn 7).

3 **b) Ausnahme.** Bei vollständiger Befriedigung bleibt diese von § 321 unberührt, es ist lediglich uU eine Anfechtung nach §§ 129 ff möglich (FK-*Schallenberg/Rafiqpoor*, § 321 Rn 4 f; *Smid/Fehl*, § 321 Rn 3; K/P-*Kemper*, § 321 Rn 8). Bei der Vollstreckung eines Eigengläubigers entsteht jedoch ein Bereicherungsanspruch zugunsten der Masse (N/R-*Riering*, § 321 Rn 7; *Smid/Fehl*, § 321 Rn 3; FK-*Schallenberg/Rafiqpoor*, § 321 Rn 8; vgl HK-*Marotzke*, § 321 Rn 8; **aA:** K/P-*Kemper*, § 321 Rn 8 wegen § 778 Abs 2 ZPO).

4 **3. Rechtsfolge** ist die **Unwirksamkeit** der Maßnahme für die **Dauer des Verfahrens** und im Fall der Verwertung auch darüber hinaus; nach Abschluss des Verfahrens wird das Sicherungsrecht wieder wirksam, falls sich der Gegenstand dann noch in der Masse befindet (N/R-*Riering*, § 321 Rn 6; *Smid/Fehl*, § 321 Rn 4).

5 **a)** Die Unwirksamkeit der Zwangsvollstreckung kann vom **Verwalter** mit der Erinnerung nach **§ 766 ZPO** geltend gemacht werden. Hinsichtlich einer Zwangssicherungshypothek steht dem InsVerw der Berichtigungsanspruch des § 22 GBO zu (*Braun/Bauch*, § 321 Rn 13; vgl BayObLG NZI 2000, 427 f zu § 88).

6 **b)** Der InsGl kann, wenn der Sicherungsgegenstand nicht vom InsVerw verwertet wurde, bei Löschung einer Hypothek deren Wiedereintragung nach § 894 BGB verlangen (FK-*Schallenberg/Rafiqpoor*, § 321 Rn 16) bzw die Pfändung fortsetzen (K/P-*Kemper*, § 321 Rn 15).

§ 322 Anfechtbare Rechtshandlungen des Erben

Hat der Erbe vor der Eröffnung des Insolvenzverfahrens aus dem Nachlaß Pflichtteilsansprüche, Vermächtnisse oder Auflagen erfüllt, so ist diese Rechtshandlung in gleicher Weise anfechtbar wie eine unentgeltliche Leistung des Erben.

1. Normzweck

§ 322 erweitert die Anfechtungsmöglichkeiten der §§ 129 ff und ist im Zusammenhang mit § 327 Abs 1 und § 1991 Abs 4 BGB zu sehen, wonach Pflichtteilsansprüche, Vermächtnisse und Auflagen nachrangig zu befriedigen sind. Diese Rangordnung soll nicht durch eine Befriedigung durch den Erben vor Eröffnung des Nachlassinsolvenzverfahrens beeinträchtigt werden. § 322 entspricht § 222 KO.

2. Voraussetzungen

a) Erfasst sind **Pflichtteilsansprüche, Vermächtnisse und Auflagen**, allerdings nicht, wenn diese ererbt sind (*Gottwald/Döbereiner*, InsHdb, § 112 Rn 36).

b) Erfüllung bedeutet das tatsächliche Bewirken der Leistung nach § 362 BGB. Gleichgestellt sind die Erfüllungssurrogate sowie Sicherungen (K/P-*Kemper*, § 322 Rn 2; H/W/W-*Hess*, § 322 Rn 6).

c) Die Erfüllung muss durch den **Erben** erfolgt sein, jedoch gilt dies nach der Ratio der Norm auch für den Nachlassverwalter, -pfleger oder Testamentsvollstrecker (K/P-*Kemper*, § 322 Rn 2; vgl N/R-*Riering*, § 322 Rn 4).

d) § 322 gilt für die Zeit **zwischen Erbfall und Verfahrenseröffnung**. Eine Grenze besteht aber nach § 134, wonach die Leistung nicht früher als vier Jahre vor Eröffnung erfolgt sein darf (*Gottwald/Döbereiner*, InsHdb, § 112 Rn 38; K/P-*Kemper*, § 322 Rn 5).

e) Die Erfüllung muss **mit Mitteln des Nachlasses** erfolgt sein, was auch dann vorliegt, wenn der Erbe im Glauben, dass der Nachlass ausreicht und er noch nicht unbeschränkt haftet, den Anspruch mit Eigenmitteln erfüllt (N/R-*Riering*, § 322 Rn 4; *Gottwald/Döbereiner*, InsHdb, § 112 Rn 36; K/P-*Kemper*, § 322 Rn 4), denn dann hat der Erbe einen Ausgleichsanspruch als Masseforderung nach (§ 324 Abs 1 Nr 1 iVm §§ 1978, 1979 BGB), der die Masse genauso belastet wie der erfüllte Anspruch (vgl HK-*Marotzke*, § 322 Rn 3). Eine Erfüllung iSd § 322 liegt aber nicht vor, wenn der unbeschränkt haftende Erbe mit Eigenmitteln erfüllt (K/P-*Kemper*, § 322 Rn 4; *Gottwald/Döbereiner*, InsHdb, § 112 Rn 36; **aA:** H/W/W-*Hess*, § 322 Rn 5; vgl FK-*Schallenberg/Rafiqpoor*, § 322 Rn 3).

3. Rechtsfolge

Die Erfüllung ist hinsichtlich der Anfechtbarkeit einer unentgeltlichen Leistung des Erben gleichgestellt, so dass eine Anfechtung nach § 134 mit der Rechtsfolge des § 143 möglich ist.

4. Gläubigerbenachteiligung

8   Liegt ein Ersatzanspruch gegen den Erben nach § 1978 BGB vor, wird teilweise eine Gläubigerbenachteiligung verneint, wenn nicht der Erbe zahlungsunfähig oder unvermögend ist (N/R-*Riering*, § 322 Rn 5; FK-*Schallenberg/Rafiqpoor*, § 322 Rn 4; vgl *Braun/Bauch*, § 322 Rn 4).

§ 323 Aufwendungen des Erben

Dem Erben steht wegen der Aufwendungen, die ihm nach den §§ 1978, 1979 des Bürgerlichen Gesetzbuchs aus dem Nachlaß zu ersetzen sind, ein Zurückbehaltungsrecht nicht zu.

Ein Ersatzanspruch des Erben (§§ 1978 Abs 3, 1979 iVm 670 bzw 683 BGB) ist nach § 324 Abs 1 S 1 Masseverbindlichkeit. Ein Zurückbehaltungsrecht des Erben bzw des Nachlassverwalters, -pflegers oder Testamentsvollstreckers (N/R-*Riering*, § 323 Rn 2; *Smid/Fehl*, § 323 Rn 2) ist daher nicht erforderlich und durch § 323 ausgeschlossen. Zurückbehaltungsrechte wegen Ansprüchen aus anderen Rechtsgründen sind hiervon nicht erfasst (*Smid/Fehl*, § 323 Rn 2; H/W/W-*Hess*, § 323 Rn 5 f), für sie gilt § 52 Nr 2 (K/P-*Kemper*, § 323 Rn 4). § 323 erfasst nicht die Aufrechnung, für diese gelten die allg Vorschriften der §§ 94–96 (FK-*Schallenberg/Rafiqpoor*, § 323 Rn 5; *Gottwald/Döbereiner*, InsHdb, § 112 Rn 49; *Smid/Fehl*, § 323 Rn 2; K/P-*Kemper*, § 323 Rn 5).

§ 324 Masseverbindlichkeiten

(1) Masseverbindlichkeiten sind außer den in den §§ 54, 55 bezeichneten Verbindlichkeiten:
1. **die Aufwendungen, die dem Erben nach den §§ 1978, 1979 des Bürgerlichen Gesetzbuches aus dem Nachlaß zu ersetzen sind;**
2. **die Kosten der Beerdigung des Erblassers;**
3. **die im Falle der Todeserklärung des Erblassers dem Nachlaß zur Last fallenden Kosten des Verfahrens;**
4. **die Kosten der Eröffnung einer Verfügung des Erblassers von Todes wegen, der gerichtlichen Sicherung des Nachlasses, einer Nachlaßpflegschaft, des Aufgebots der Nachlaßgläubiger und der Inventarerrichtung;**
5. **die Verbindlichkeit aus den von einem Nachlaßpfleger oder einem Testamentsvollstrecker vorgenommenen Rechtsgeschäften;**
6. **die Verbindlichkeiten, die für den Erben gegenüber einem Nachlaßpfleger, einem Testamentsvollstrecker oder einem Er-**

**ben, der die Erbschaft ausgeschlagen hat, aus der Geschäftsführung dieser Personen entstanden sind, soweit die Nachlaßgläubiger verpflichtet wären, wenn die bezeichneten Personen die Geschäfte für sie zu besorgen gehabt hätten.
(2) Im Falle der Masseunzulänglichkeit haben die in Absatz 1 bezeichneten Verbindlichkeiten den Rang des § 209 Abs. 1 Nr. 3.**

1. Normzweck

Der Umfang der Masseverbindlichkeiten ist durch § 324 den Besonderheiten der Nachlassinsolvenz angepasst und erweitert. Es soll ähnlich wie bei § 321 möglichst der Zustand, der bei Eintritt der Erbschaft bestand, erhalten werden (K/P-*Kemper*, § 324 Rn 1). § 324 entspricht im wesentlichen § 224 KO, wobei die Rangordnung an die des § 209 angepasst ist (N/R-*Riering*, § 324 Rn 1). 1

2. Umfang der Nachlassinsolvenzmasse, Abs 1

Der Umfang der Masse wird zunächst durch §§ **54, 55** bestimmt. Nach 2
§ **123 Abs 2** sind auch Forderungen aus einem nach Eröffnung des Nachlassinsolvenzverfahrens geschlossenen Sozialplan Masseforderungen (HK-*Marotzke*, § 324 Rn 4; *Siegmann* ZEV 2000, 221, 222). Zudem wird die Masse nach **Abs 1** erweitert:

a) Ersatzansprüche, Nr 1. Ersatzansprüche des/der Erben nach 3
§§ 1978, 1979 BGB erhalten den Rang von Masseverbindlichkeiten. Ersatzansprüche bestehen nicht, wenn der Erbe bereits unbeschränkt haftet, § 2013 BGB (K/P-*Kemper*, § 324 Rn 4). – Voraussetzung für Nr 1 ist, dass eine **Nachlass- und keine Eigenverbindlichkeit** begründet wurde, was allein anhand der **ordnungsgemäßen Verwaltung** und nicht nach § 164 Abs 2 BGB beurteilt wird (FK-*Schallenberg/Rafiqpoor*, § 324 Rn 5 ff). – Dem Erben steht uU ein Befreiungsanspruch aus § 257 BGB zu (FK-*Schallenberg/Rafiqpoor*, § 324 Rn 10).

b) Beerdigungskosten, Nr 2. Die nach § 1968 BGB vom Erben zu 4
tragenden Beerdigungskosten umfassen die Kosten einer standesgemäßen Beerdigung (hierzu Palandt/*Edenhofer*, § 1968 Rn 3 ff). Dies gilt trotz der Abweichung des Wortlauts von § 224 KO auch für die InsO (H/W/W-*Hess*, § 324 Rn 7 ff; K/P-*Kemper*, § 324 Rn 5).

c) Todeserklärung, Nr 3. Für die Todeserklärung nach dem Ver- 5
schollenheitsgesetz entsteht die Gebühr nach § 128 Abs 1 a KostO, die gemäß § 34 Abs 2 VerschollenenG vom Nachlass zu tragen ist (K/P-*Kemper*, § 324 Rn 6).

§ 325   10. Teil. Besondere Arten des Insolvenzverfahrens

6 **d) Kosten notwendiger Verwaltungsmaßnahmen, Nr 4.** Die aufgeführten Kosten sind regelmäßig notwendige Verwaltungskosten. Die Aufzählung ist abschließend (K/P-*Kemper*, § 324 Rn 7).

7 **e) Nachlassverwaltungsverbindlichkeiten, Nr 5.** Dies sind Verbindlichkeiten aus der **Verwaltung** des Nachlasses durch den Nachlassverwalter, -pfleger oder Testamentsvollstrecker. Der Begriff des **Rechtsgeschäfts** ist weit auszulegen und geht über den des BGB hinaus. Umfasst sind auch die unmittelbaren Folgen rechtsgeschäftlichen Handelns, wie Steuerschulden, Kosten eines Rechtsstreits (K/P-*Kemper*, § 324 Rn 9; *Gottwald/Döbereiner*, InsHdb, § 113 Rn 2) oder auch das, was der Nachlass durch ein unberechtigtes Einfordern des Nachlasspflegers erlangt hat und so als ungerechtfertigte Bereicherung herauszugeben ist (H/W/W-*Hess*, § 324 Rn 13). Erfasst sind auch die Kosten der Stellung eines Ins-Antrag. Eine Beschränkung auf die Ansprüche aus ordnungsgemäßer Verwaltung, die im Interesse der Nachlassgläubiger liegen, ergibt sich nicht aus dem Wortlaut und ist abzulehnen (FK-*Schallenberg/Rafiqpoor*, § 324 Rn 20 f; *Braun/Bauch*, § 324 Rn 7).

8 **f) Sonstige Verbindlichkeiten, Nr 6.** Ansprüche der genannten Personen gegen den Erben können nur dann als Masseverbindlichkeit geltend gemacht werden, wenn die **Geschäftsbesorgung** anlässlich derer die Ansprüche entstanden sind, dem **objektiven Interesse der Nachlassgläubiger** und ihrem **mutmaßlichen Willen** entsprachen (H/W/W-*Hess*, § 324 Rn 14; K/P-*Kemper*, § 324 Rn 10; vgl §§ 670, 677 BGB). Dies kann dazu führen das Forderungen nur insoweit erfasst sind, als sie angemessen sind (H/W/W-*Hess*, § 324 Rn 15), was bei der Vergütung des Testamentsvollstreckers dazu führen kann, dass der Rest als Vermächtnis nach § 327 Abs 1 Nr 2 zu befriedigen ist (*Gottwald/Döbereiner*, InsHdb, § 113 Rn 2).

3. Modifikation der Rangordnung

9 Die Masseverbindlichkeiten des Abs 1 haben bei Masseunzulänglichkeit den Rang von Altmasseverbindlichkeiten nach § 209 Abs 1 Nr 3 und werden zuletzt befriedigt (K/P-*Kemper*, § 324 Rn 4).

§ 325 Nachlaßverbindlichkeiten

Im Insolvenzverfahren über einen Nachlaß können nur die Nachlaßverbindlichkeiten geltend gemacht werden.

1. Regelungsinhalt

1 Im Nachlassinsolvenzverfahren kann **jede**, aber auch **nur** eine **Nachlassverbindlichkeit (§ 1967 Abs 2 BGB)** geltend gemacht werden.

Umfasst sind Masseverbindlichkeiten nach §§ 55, 123 Abs 2, 324, die normalen Insolvenzforderungen nach § 38 und die nachrangigen Forderungen nach §§ 39, 327 (HK-*Marotzke*, § 325 Rn 2).

2. Nachlassverbindlichkeiten

a) Erblasserschulden. Dies sind die Schulden des Erblasser, die im Wege der Universalsukzession nach § 1922 BGB auf den/die Erben übergehen.

b) Die **Erbfallschulden** sind die Schulden, die anlässlich des Erbfalls entstehen. Bei diesen kann, falls der Erbe unbeschränkt haftet, auch während des Nachlassinsolvenzverfahrens in das Eigenvermögen des Erben vollstreckt werden (N/R-*Riering*, § 325 Rn 3, 7). Hierzu gehören: Ansprüche, die bei der Verwaltung des Nachlasses entstehen (FK-*Schallenberg/Rafiqpoor*, § 325 Rn 7), die von § 324 Abs 1 Nr 2–6 erfassten Ansprüche (*Braun/Bauch*, § 325 Rn 4), die Erbschaftssteuerschuld (*Smid/Fehl*, § 325 Rn 3).

c) Schließlich sind die **Nachlasserbenschulden** erfasst, bei denen der Nachlass verpflichtet und berechtigt wird. Sie entstehen zB bei Fortführung eines Unternehmens durch den Erben (*Smid/Fehl*, § 325 Rn 4). Für diese haftet der Erbe neben dem Nachlass persönlich, weil er die Haftung mit seinem Privatvermögen nicht ausgeschlossen hat (Palandt/*Edenhofer*, § 1967 Rn 8). – Vgl *Brox*, ErbR Rn 654 ff.

3. Ein Sonderfall sind die **Erbteilsverbindlichkeiten**, die nur auf einem Teil von mehreren Erbteilen lasten, zB Vermächtnisse oder Auflagen, die nur einem Miterben auferlegt sind oder Ansprüche aus §§ 2305, 2326 BGB (vgl MK-BGB/*Dütz* § 2058 Rn 18; Palandt/*Edenhofer* § 2058 Rn 1). Im Fall ihrer Geltendmachung sind Sondermassen zu bilden (HK-*Marotzke*, § 325 Rn 4; Staudinger/*Marotzke*, § 2058 Rn 14).

4. Eigengläubiger des Erben können Forderungen gegen dessen Eigenvermögen unberührt vom Nachlassinsolvenzverfahren geltend machen (FK-*Schallenberg/Rafiqpoor*, § 325 Rn 11); eine Vollstreckung in den Nachlass ist aber nach §§ 88, 89 Abs 1 bzw 321 unzulässig (*Braun/Bauch*, § 325 Rn 3). Zu den Eigenforderungen gehören insbes die Ersatzansprüche der Nachlassgläubiger aus §§ 1978, 1979 BGB.

§ 326 Ansprüche des Erben

(1) Der Erbe kann die ihm gegen den Erblasser zustehenden Ansprüche geltend machen.
(2) Hat der Erbe eine Nachlaßverbindlichkeit erfüllt, so tritt er, soweit nicht die Erfüllung nach § 1979 des Bürgerlichen Gesetz-

§ 326

10. Teil. Besondere Arten des Insolvenzverfahrens

buches als für Rechnung des Nachlasses erfolgt gilt, an die Stelle des Gläubigers, es sei denn, daß er für die Nachlaßverbindlichkeit unbeschränkt haftet.

(3) Haftet der Erbe einem einzelnen Gläubiger gegenüber unbeschränkt, so kann er dessen Forderung für den Fall geltend machen, daß der Gläubiger sie nicht geltend macht.

1. Normzweck

1 Der Erbfall führt grundsätzlich zu einer Verbindung der Vermögensmassen. Durch die Eröffnung des Nachlassinsolvenzverfahrens wird nach § 1976 BGB und § 326 Abs 1 eine rückwirkende **Trennung der Vermögensmassen** bewirkt. Der Erbe kann dann die Forderungen, die er gegen den Erblasser hatte, gegen den Nachlass geltend machen. Dies gilt sowohl bei beschränkter, als auch bei unbeschränkter Erbenhaftung (HK-*Marotzke*, § 326 Rn 2).

2. Entfall der Konfusion, Abs 1

2 Durch diese Regelung wird der Erbe den übrigen Nachlassgläubigern gleichgestellt. Abs 1 ändert nichts am Rang der Forderung, der Erbe kann auch Massegläubiger sein (*Smid/Fehl*, § 326 Rn 2).

3. Forderungsübergang, Abs 2

3 **a) § 1979 BGB.** Erfüllt der Erbe Nachlassverbindlichkeiten, so gilt diese Erfüllung unter den Voraussetzungen des § 1979 BGB als für Rechnung des Nachlasses erfolgt. Dies bedeutet, dass der Erbe keinen Ersatzansprüchen aus § 1978 Abs 1 BGB ausgesetzt ist und auch keinen Ersatz für aus dem Nachlass entnommene Mittel leisten muss (*Braun/Bauch*, § 326 Rn 5). Ein Forderungsübergang auf ihn erfolgt nicht.

4 **b) Regress. aa) Voraussetzungen.** Ein Forderungsübergang nach Abs 2 (Legalzession) erfolgt nur, wenn **(1)** § 1979 BGB nicht vorliegt, sonst gilt Abs 1, **(2)** nach Abs 2 2. HS der Erbe nicht nach § 2013 BGB unbeschränkt haftet (FK-*Schallenberg/Rafiqpoor*, § 326 Rn 11) und **(3)** der Erbe die Nachlassverbindlichkeit mit Eigenmitteln erfüllt hat oder das dem Nachlassvermögen Entnommene erstattet wurde (HK-*Marotzke*, § 326 Rn 4; *Braun/Bauch*, § 326 Rn 7).

5 **bb) Rechtsfolgen.** Die erfüllte Forderung kann der Erbe nun gegen den Nachlass geltend machen. Mit der Forderung gehen nach §§ 412, 401 BGB analog auch die dinglichen Sicherungsrechte an den Nachlassgegenständen über und der Erbe ist nach §§ 412, 404 BGB den Einwendungen seitens des Nachlasses ausgesetzt (HK-*Marotzke*, § 326 Rn 5; FK-*Schallenberg/Rafiqpoor*, § 326 Rn 6; *Braun/Bauch*, § 326 Rn 6). Die Aufrechnung eines Nachlassgläubigers gegen eine Eigenforderung des Erben bzw eines Eigengläubigers gegen eine Nachlassforderung führt gleichfalls zur Regressmöglichkeit, §§ 1977, 2013 BGB (*Smid/Fehl*, § 326 Rn 3; FK-*Schallenberg/Rafiqpoor*, § 326 Rn 5).

4. Nach **Abs 3** kann der Erbe, wenn er nur einzelnen Nachlassgläubigern gegenüber unbeschränkt haftet, die Forderung anstelle des Nachlassgläubigers geltend machen. Sonst würde der Erbe ohne Regressmöglichkeit anstelle des Nachlasses haften, was eine ungerechtfertigte Besserstellung der übrigen Nachlassgläubiger auf Kosten des Erben bedeuten würde (N/R-*Riering*, § 326 Rn 6). Voraussetzung ist, dass der Nachlassgläubiger die Forderung nicht im Nachlassinsolvenzverfahren geltend macht (*Braun/Bauch*, § 326 Rn 10). Der Erbe ist den Einreden aus der Person des Gläubigers ausgesetzt, da er die Forderung als fremde geltend macht (FK-InsO/*Schallenberg/Rafiqpoor*, § 326 Rn 12).

§ 327 Nachrangige Verbindlichkeiten

(1) Im Rang nach den in § 39 bezeichneten Verbindlichkeiten und in folgender Rangfolge, bei gleichem Rang nach dem Verhältnis ihrer Beträge, werden erfüllt:
1. die Verbindlichkeiten gegenüber Pflichtteilsberechtigten;
2. die Verbindlichkeiten aus den vom Erblasser angeordneten Vermächtnissen und Auflagen;
3. *(aufgehoben)*

(2) ¹Ein Vermächtnis, durch welches das Recht des Bedachten auf den Pflichtteil nach § 2307 des Bürgerlichen Gesetzbuchs ausgeschlossen wird, steht, soweit es den Pflichtteil nicht übersteigt, im Rang den Pflichtteilsrechten gleich. ²Hat der Erblasser durch Verfügung von Todes wegen angeordnet, daß ein Vermächtnis oder eine Auflage vor einem anderen Vermächtnis oder einer anderen Auflage erfüllt werden soll, so hat das Vermächtnis oder die Auflage den Vorrang.

(3) ¹Eine Verbindlichkeit, deren Gläubiger im Wege des Aufgebotsverfahrens ausgeschlossen ist oder nach § 1974 des Bürgerlichen Gesetzbuchs einem ausgeschlossenen Gläubiger gleichsteht, wird erst nach den in § 39 bezeichneten Verbindlichkeiten und, soweit sie zu den in Absatz 1 bezeichneten Verbindlichkeiten gehört, erst nach den Verbindlichkeiten erfüllt, mit denen sie ohne die Beschränkung gleichen Rang gehabt hätte. ²Im übrigen wird durch die Beschränkung an der Rangordnung nichts geändert.

§ 327

1 **1.** § 327 ergänzt die für die Verteilung geltende Rangordnung. Die Verbindlichkeiten aus **Pflichtteilsrechten, Vermächtnissen und Auflagen** gehen allen anderen Forderungen des § 39, auch denen aus Abs 2 (FK-*Schallenberg/Rafiqpoor*, § 327 Rn 3), im Rang nach. Dies entspricht der erbrechtlichen Rangverteilung (*Gottwald/Döbereiner*, InsHdb, § 113 Rn 20). – **Einzelheiten:**

2 **a)** Die **Pflichtteilsrechte** nach Abs 1 (§ 2303 ff BGB) umfassen auch den Pflichtteilsergänzungsanspruch nach § 2325 BGB (K/P-*Kemper*, § 327 Rn 5; *Gottwald/Döbereiner*, InsHdb, § 113 Rn 18). Die Pflichtteilsrechte haben bei der Befriedigung nach Abs 1 **Vorrang** gegenüber den Vermächtnissen und Auflagen.

3 **b)** Zu den **Vermächtnissen** zählen auch Voraus und Dreißigster (§§ 1932, 1969 BGB) als gesetzlichen Vermächtnisse (*Braun/Bauch*, § 327 Rn 8; K/P-*Kemper*, § 327 Rn 6). Das Vorausvermächtnis an den Erben (§ 2150 BGB) ist wie ein Vermächtnis an Dritte zu behandeln (*Gottwald/Döbereiner*, InsHdb, § 118 Rn 19).

4 **c)** Bei gleichrangigen Ansprüchen erfolgt eine **anteilsmäßige Befriedigung**; vgl aber Abs 2 S 2. Nach **§ 39 Abs 3** stehen die Zins- und Kostenforderungen der Hauptforderung gleich.

5 **d)** Nr 3 enthielt eine Regelung zu den **Erbersatzansprüchen** und wies diesen die dritte Rangstelle im Rahmen des Abs 1 zu. Dies gilt trotz der Aufhebung der Nr 3 für vorher schon entstandene Ansprüche fort (ausf. HK-*Marotzke*, § 327 Rn 12 f; *Gottwald/Döbereiner*, InsHdb, § 113 Rn 22).

6 **2.** Abs 2 S 1 stellt das Vermächtnis bis zur Höhe des Pflichtteils hinsichtlich des Rangs dem Pflichtteilsanspruch gleich, denn der Vermächtnisnehmer hätte die Möglichkeit nach § 2307 BGB das Vermächtnis auszuschlagen und den Pflichtteil zu verlangen (*Braun/Bauch*, § 327 Rn 7). Für den Betrag, der über den Pflichtteil hinausgeht gilt Abs 1.

3. Abs 2 S 2

7 Eine vom Erblasser angeordnete Rangfolge für die Erfüllung von Vermächtnissen und Auflagen behält ihre Gültigkeit.

8 **4. Abs 3 S 1** überträgt die Regelung in Abs 1 auf Verbindlichkeiten, die im Wege den Aufgebotsverfahrens ausgeschlossen oder nach § 1974 BGB diesen gleichstehen. Der Ausschluss führt dazu, dass die Forderung ihren ursprünglichen Rang verliert und nach den Verbindlichkeiten des § 39, aber vor denjenigen des Abs 1 befriedigt wird (*Braun/Bauch*, § 327 Rn 13; K/P-*Kemper*, § 327 Rn 10). Nach **S 2** gehen die nach § 1974 BGB einer ausgeschlossenen Forderung gleichgestellten Forderungen selbst den nach Abs 1 nachrangigen Forderungen nach, wenn sie Pflichtteilansprüche, Vermächtnisse oder Auflagen sind (*Braun/Bauch*, § 327 Rn 13). Dies entspricht der Wertung des § 1974 BGB, der die ohnehin nachrangigen Forderungen mit einem nochmaligen Nachrang belastet (*Gottwald/Döbereiner*, InsHdb, § 113 Rn 23 ff).

§ 328 Zurückgewährte Gegenstände

(1) Was infolge der Anfechtung einer vom Erblasser oder ihm gegenüber vorgenommenen Rechtshandlung zur Insolvenzmasse zurückgewährt wird, darf nicht zur Erfüllung der in § 327 Abs. 1 bezeichneten Verbindlichkeiten verwendet werden.

(2) Was der Erbe auf Grund der §§ 1978 bis 1980 des Bürgerlichen Gesetzbuchs zur Masse zu ersetzen hat, kann von den Gläubigern, die im Wege des Aufgebotsverfahrens ausgeschlossen sind oder nach § 1974 des Bürgerlichen Gesetzbuches einem ausgeschlossenen Gläubiger gleichstehen, nur insoweit beansprucht werden, als der Erbe auch nach den Vorschriften über die Herausgabe einer ungerechtfertigten Bereicherung ersatzpflichtig wäre.

Für die Befriedigung der InsGl gelten zwei Besonderheiten: 1

1. Nach **Abs 1** steht das, was der Nachlass aufgrund einer Anfechtung 2 nach §§ 129 ff zurückerlangt hat, nicht für die nachrangigen Gläubiger des § 327 Abs 1 Nr 1 ff zu Verfügung (HK-*Marotzke*, § 328 Rn 3). Dies gilt nur für Rechtshandlungen, die vom Erblasser oder diesem gegenüber vorgenommen wurden. Es werden nur die einfachen InsGl, die schon zum Zeitpunkt des Erbfalls Gläubiger des Erblasser waren, berücksichtigt, denn nur diese wurden durch die zu Lebzeiten des Erblassers vorgenommene und nun angefochtene Rechtshandlung benachteiligt (K/P-*Kemper*, § 328 Rn 1). Nicht erfasst sind die bürgerlichrechtliche Anfechtung und die Anfechtung nach § 322 (HK-*Marotzke*, § 328 Rn 2). – Sind diese Nachlassgläubiger vollständig befriedigt, so ist der Rest an den Anfechtungsgegner herauszugeben, denn es fehlt dann insofern an einer Benachteiligung durch die angefochtene Rechtshandlung (*Gottwald/Döbereiner*, InsHdb., § 113 Rn 32; H/W/W-*Hess*, § 328 Rn 5). Eine Auskehr an die nachrangigen Gläubiger ist durch Abs 1 ausgeschlossen.

2. Durch **Abs 2** wird die Wertung des § 1973 Abs 2 BGB auf die Be- 3 friedigung der InsGl übertragen. Der Erbe haftet demnach, wenn er nicht unbeschränkt nach § 2013 BGB haftet (FK-*Schallenberg/Rafiqpoor*, § 328 Rn 9; K/P-*Kemper*, § 328 Rn 3), für die Ansprüche aus §§ 1979–1980 BGB nur im Rahmen der ungerechtfertigten Bereicherung; er würde

sonst im Rahmen der Insolvenz stärker haften als nach bürgerlichem Recht (N/R-*Riering*, § 328 Rn 5).

§ 329 Nacherbfolge

Die §§ 323, 324 Abs. 1 Nr. 1 und § 326 Abs. 2, 3 gelten für den Vorerben auch nach dem Eintritt der Nacherbfolge.

1   1. Die in den genannten Vorschriften enthaltenen Sonderregeln für den Erben im Hinblick auf dessen Ansprüche aus der Verwaltung des Nachlasses werden auf die Zeit nach Eintritt des Nacherbfalls ausgedehnt; dies gilt auch für den Ausschluss des Zurückbehaltungsrecht in § 323. Dies ist notwendig, da der Vorerbe mit Eintritt des Nacherbfalls nach § 2139 BGB seine Erbenstellung verliert und die genannten Vorschriften an sich nicht anwendbar wären. – § 329 gilt nicht, wenn der Nacherbfall schon vor Eröffnung des Nachlassinsolvenzverfahrens eintritt (*Braun/Bauch*, § 329 Rn 3; K/P-*Kemper*, § 328 Rn 3; FK-*Schallenberg/Rafiqpoor*, § 329 Rn 8; N/R-*Riering*, § 326 Rn 4; **aA:** *Smid/Fehl*, § 329 Rn 3). Schuldner des Nachlassinsolvenzverfahrens ist dann der Nacherbe.

2   2. **Rechtskräftige Urteile** gelten nach § 326 ZPO nach Abs 1 immer für den Nacherben und nur insoweit gegen ihn, als der Vorerbe nach §§ 2112 ff BGB zur Verfügung befugt war (N/R-*Riering*, § 326 Rn 5). **§ 326 Abs 1 ZPO** gilt für die Nacherbfolge **analog**, so dass ein unterlassener Schuldnerwiderspruch trotz der Feststellung des angemeldeten Anspruchs keine nachteiligen Folgen für den Nacherben hat (*Gottwald/Döbereiner*, InsHdb, § 116 Rn 2; FK-*Schallenberg/Rafiqpoor*, § 329 Rn 5).

3   3. **§ 2143 BGB**, der eine eingetretene **Konfusion** beseitigt, führt dazu, dass der Vorerbe sein Recht wie ein Nachlassgläubiger geltend machen kann (FK-*Schallenberg/Rafiqpoor*, § 329 Rn 7).

§ 330 Erbschaftskauf

(1) Hat der Erbe die Erbschaft verkauft, so tritt für das Insolvenzverfahren der Käufer an seine Stelle.
(2) ¹Der Erbe ist wegen einer Nachlaßverbindlichkeit, die im Verhältnis zwischen ihm und dem Käufer diesem zur Last fällt, wie ein Nachlaßgläubiger zum Antrag auf Eröffnung des Verfahrens berechtigt. ²Das gleiche Recht steht ihm auch wegen einer anderen Nachlaßverbindlichkeit zu, es sei denn, daß er unbeschränkt haftet oder daß eine Nachlaßverwaltung angeordnet ist. ³Die §§ 323, 324 Abs. 1 Nr. 1 und § 326 gelten für den Erben auch nach dem Verkauf der Erbschaft.

(3) Die Absätze 1 und 2 gelten entsprechend für den Fall, daß jemand eine durch Vertrag erworbene Erbschaft verkauft oder sich in sonstiger Weise zur Veräußerung einer ihm angefallenen oder anderweitig von ihm erworbenen Erbschaft verpflichtet hat.

1. Mit Abschluss des Erbschaftskaufvertrags tritt der Käufer nach § 2382 BGB in die Schuldnerstellung des Erben ein, ohne aber selbst Erbe zu werden; er haftet ab diesem Zeitpunkt gesamtschuldnerisch mit dem Erben (*Gottwald/Döbereiner*, InsHdb, § 116 Rn 10). Dementsprechend bestimmt **Abs 1** den **Eintritt in die verfahrensrechtliche Stellung des Erben**. Der Erbschaftskäufer ist sodann befugt, den Antrag auf Eröffnung des Nachlassinsolvenzverfahrens zu stellen (siehe hierzu § 317 Rn 2), das Antragsrecht des Erben nach § 317 Abs 1 und die Antragspflicht des § 1980 BGB entfallen (H/W/W-*Hess*, § 330 Rn 6).

2. Zur Absicherung des Erben kann dieser nach **Abs 2 S 1** auch wenn er unbeschränkt haftet noch einen Antrag auf Eröffnung des Nachlassinsolvenzverfahrens stellen, soweit der Käufer die Nachlassforderung zu befriedigen hat. Dies ist der Fall, wenn und soweit der Käufer nach §§ 2376, 2378 BGB im Innenverhältnis haftet (H/W/W-*Hess*, § 330 Rn 7ff; K/P-*Kemper*, § 330 Rn 6). Der Erbe hat hierbei wegen der Gleichstellung mit einem Nachlassgläubiger die Antragsvoraussetzungen nach § 14 Abs 1 glaubhaft zu machen (*Smid/Fehl*, § 329 Rn 3). – Für andere Nachlassforderungen, dh der der Erbe selbst zu erfüllen hat, gewährt **Abs 2 S 2** dem Erben ebenfalls ein **Antragsrecht**, falls er nicht unbeschränkt haftet oder Nachlassverwaltung angeordnet ist. Grund hierfür ist, dass der Erbe neben dem Käufer gesamtschuldnerisch haftet, aber die Haftung nach § 2383 Abs 1 iVm 1975 BGB noch beschränken kann (FK-*Schallenberg/Rafiqpoor*, § 330 Rn 9).

3. **Abs 2 S 3** bestimmt die Fortgeltung der genannten Normen, da der Erbe dem Nachlass gegenüber ab dem Verkauf der Erbschaft die Stellung eines originären Nachlassgläubigers hat (vgl § 329; K/P-*Kemper*, § 330 Rn 7).

4. **Abs 3** bestimmt in Übereinstimmung mit **§ 2385 BGB** die Geltung der Abs 1 und 2 für verwandte Verträge.

§ 331 Gleichzeitige Insolvenz des Erben

(1) Im Insolvenzverfahren über das Vermögen des Erben gelten, wenn auch über den Nachlaß das Insolvenzverfahren eröffnet oder wenn einen Nachlaßverwaltung angeordnet ist, die §§ 52,

§ 331

190, 192, 198, 237 Abs. 1 Satz 2 entsprechend für **Nachlaßgläubiger, denen gegenüber der Erbe unbeschränkt haftet.**

(2) Gleiches gilt, wenn ein Ehegatte der Erbe ist und der Nachlaß zum Gesamtgut gehört, das vom anderen Ehegatten allein verwaltet wird, auch im Insolvenzverfahren über das Vermögen des anderen Ehegatten und, wenn das Gesamtgut von beiden Ehegatten gemeinschaftlich verwaltet wird, auch im Insolvenzverfahren über das Gesamtgut und im Insolvenzverfahren über das sonstige Vermögen des Ehegatten, der nicht Erbe ist.

1. Verhältnis von Nachlass- und Eigeninsolvenz

1   Die Nachlassgläubiger können ihre Forderungen sowohl im Nachlassinsolvenzverfahren als auch im InsVerfahren über das Vermögen des Erben geltend machen, falls der Erbe unbeschränkt haftet. Dagegen können die Eigengläubiger des Erben ihre Forderungen nach § 325 nicht im Nachlassinsolvenzverfahren geltend machen. Dies beruht auf der Trennung der Vermögensmassen durch die Eröffnung des Nachlassinsolvenzverfahrens. – § 331 gilt nur für den Fall der **Doppelinsolvenz** über den Nachlass und das Eigenvermögen, jedoch nicht für den Fall, dass eine Trennung der Vermögensmassen mangels einer **Gesamtinsolvenz** nicht erfolgt (FK-*Schallenberg/Rafiqpoor*, § 331 Rn 4). – Bei beschränkter Erbenhaftung sind die Nachlassgläubiger im Eigeninsolvenzverfahren generell ausgeschlossen (H/W/W-*Hess*, § 331 Rn 8).

2. Einschränkungen des Nachlassgläubigers in der Eigeninsolvenz

2   **a)** Nach **Abs 1** gelten für die Nachlassgläubiger, wenn sie am InsVerfahren über das Vermögen des Erben teilnehmen wollen, die genannten Vorschriften. Damit unterliegen sie den gleichen Beschränkungen **wie absonderungsberechtigte InsGl**, die nur den Betrag, mit dem sie ausgefallen sind oder für den sie auf abgesonderte Befriedigung verzichtet haben, aus der Masse beanspruchen können. Sonst wären die Nachlassgläubiger gegenüber den Eigengläubigern ungerechtfertigt bevorzugt. Die Nachlassgläubiger können so ihre Forderung zunächst in beiden Verfahren anmelden und ggf später auf die Befriedigung im Nachlassinsolvenzverfahren verzichten, um bei der Eigeninsolvenz voll berücksichtigt zu werden. Sie haben dann nach § 190 Abs 1 ihren Ausfall bzw Verzicht darzulegen und zu beweisen (K/P-*Kemper*, § 331 Rn 6).

3   **b)** Die Verweisung bezieht sich nicht auf das **Stimmrecht** in der Gl-Versammlung, so dass die Nachlassgläubiger in der Insolvenz des Erben entsprechend ihrer Ausfallforderung mitbestimmen können (HK-*Marotzke*, § 331 Rn 5).

c) Abs 1 gilt nur für **Nachlassverbindlichkeiten** und nicht für Nach- 4
lasserbenschulden (vgl § 325 Rn 4), denn für letztere haftet der Erbe sowohl als Träger des Nachlasses als auch mit seinem Eigenvermögen (HK-*Marotzke*, § 331 Rn 6). Gleiches gilt wenn der Erbe für die Nachlassverbindlichkeit zusätzlich selbst (zB aufgrund Bürgschaft) haftet (FK-*Schallenberg/Rafiqpoor*, § 331 Rn 10f; *Gottwald/Döbereiner*, InsHdb, § 117 Rn 13).

3. Gesamtgutzugehörigkeit, Abs 2

Gehört der Nachlass zum Gesamtgut, so sind die Grundsätze des Abs 1 5
nach Abs 2 auch für das Verhältnis der Nachlassinsolvenz zur Insolvenz über das Gesamtgut bzw des Vorbehalts-/Sonderguts anwendbar (*Gottwald/Döbereiner*, InsHdb, § 117 Rn 15ff).

a) Abs 2 1. HS betrifft den Fall dass das Gesamtgut vom nicht erben- 6
den Ehegatten verwaltet wird (H/W/W-*Hess*, § 331 Rn 10). Abs 1 gilt dann im InsVerfahren über das sonstige Vermögen des Ehegatten, der nicht Erbe ist.

b) Wird das Gesamtgut vom Ehegatten verwaltet, der selbst Erbe ist, so 7
ist Abs 1 direkt anwendbar (*Smid/Fehl*, § 331 Rn 3).

c) Bei **gemeinschaftlicher Verwaltung** ist ebenfalls je nachdem, wel- 8
cher Ehegatte Erbe geworden ist, Abs 1 oder Abs 1 iVm **Abs 2 2. HS 1. Alt** anzuwenden (*Smid/Fehl*, § 331 Rn 4). – Abs 1 iVm **Abs 2 2. HS 2. Alt** ist auch im InsVerfahren über das sonstige Vermögen des nicht erbenden Ehegatten anwendbar, da dieser wegen der gemeinschaftlichen Verwaltung persönlich haftet (*Braun/Bauch*, § 331 Rn 9).

d) Beim InsVerfahren über das Eigenvermögen des erbenden Ehegatten 9
ist Abs 1 unmittelbar anwendbar (*Gottwald/Döbereiner*, InsHdb, § 117 Rn 16).

4. § 331 gilt auch beim Zusammentreffen einer Insolvenz des Erben 10
mit einer **Nachlassverwaltung** (K/P-*Kemper*, § 331 Rn 6; *Gottwald/Döbereiner*, InsHdb, § 117 Rn 14).

2. Abschnitt. Insolvenzverfahren über das Gesamtgut einer fortgesetzten Gütergemeinschaft

§ 332 Verweisung auf das Nachlaßinsolvenzverfahren

(1) Im Falle der fortgesetzten Gütergemeinschaft gelten die §§ 315 bis 331 entsprechend für das Insolvenzverfahren über das Gesamtgut.

§ 332

(2) **Insolvenzgläubiger sind nur die Gläubiger, deren Forderungen schon zur Zeit des Eintritts der fortgesetzten Gütergemeinschaft als Gesamtgutsverbindlichkeiten bestanden.**
(3) [1]**Die anteilsberechtigten Abkömmlinge sind nicht berechtigt, die Eröffnung des Verfahrens zu beantragen.** [2]**Sie sind jedoch vom Insolvenzgericht zu einem Eröffnungsantrag zu hören.**

1. Normzweck

1   Die Insolvenz der Gütergemeinschaft bedurfte einer Sonderregelung, da bei der Gütergemeinschaft fünf Vermögensmassen unterschieden werden müssen und zwar das Gesamtgut und das Vorbehalts-, sowie Sondergut der beiden Ehegatten (vgl MK-BGB/*Kanzleiter*, Vor §§ 1415 ff Rn 1; Palandt/*Brudermüller*, Grundzüge § 1415 Rn 1). Die Haftung orientiert sich an der Verwaltungsbefugnis, so dass je nach der Verteilung der Verwaltungsbefugnis unterschiedliche Vermögensmassen haften. Die Wirkungen der Verfahrenseröffnung auf das Gesamtgut regelt § 37; hinsichtlich des Vorbehalts- und Sonderguts bedurfte es keiner Regelung, da hier die allg Regeln gelten. § 332 regelt das InsVerfahren über das Gesamtgut bei fortgesetzter Gütergemeinschaft. Der Verweis auf das Nachlassinsolvenzverfahren rechtfertigt sich dadurch, dass in beiden Fällen die Insolvenz eine Sondervermögensmasse betrifft (FK-*Schallenberg/Rafiqpoor*, § 332 Rn 33).

2. Verweis auf das Nachlassinsolvenzverfahren

2   **a) Fortgesetzte Gütergemeinschaft.** Diese liegt bei Fortsetzung der Gütergemeinschaft zwischen dem überlebenden Ehegatten und den Abkömmlingen vor, was möglich ist, wenn dies so nach § 1483 Abs 1 BGB im Ehevertrag bestimmt wurde. Mit Eintritt der fortgesetzten Gütergemeinschaft entsteht nach § 1489 Abs 1 BGB eine persönliche Haftung des überlebenden Ehegatten. Damit wird die bei bestehender Gütergemeinschaft bestehende Verknüpfung von persönlichen Haftung mit der Verwaltungsbefugnis weitergeführt (*Braun/Bauch*, § 332 Rn 3). Die Rechtsfolge der persönlichen Haftung ist mit der Universalsukzession nach § 1967 BGB vergleichbar. Daher bestimmt § 1489 Abs 2 BGB eine entsprechende Anwendung der §§ 1975 ff BGB mit der Möglichkeit der Haftungsbeschränkung.

3   **b) Insolvenzfähigkeit.** Die Insolvenzfähigkeit der Gütergemeinschaft folgt aus § 11 Abs 2 Nr 2.

4   **c) Verweis, Abs 1.** Die Regelungen des Nachlassinsolvenzverfahrens geltend entsprechend, so dass ebenfalls eine **Trennung der Vermögensmassen** erreicht wird. Die persönlichen Haftung kann daher wie in der

Verweisung auf das Nachlassinsolvenzverfahren § 332

Nachlassinsolvenz durch das InsVerfahren über das Gesamtgut beschränkt werden (*Braun/Bauch*, § 332 Rn 2). Dabei ist die Eröffnung des InsVerfahren über die fortgesetzte Gütergemeinschaft wegen des Verweises auf § 316 Abs 2 auch noch nach deren Auseinandersetzung möglich (*Smid/Fehl*, § 332 Rn 9; FK-*Schallenberg/Rafiqpoor*, § 332 Rn 55).

d) Verhältnis zu anderen Verfahren. aa) Nachlassinsolvenzverfahren. Die Durchführung eines Nachlassinsolvenzverfahrens über das Gesamtgut ist nicht möglich, da das Gesamtgut nach § 1483 Abs 1 S 3 BGB nicht in den Nachlass fällt (*Braun/Bauch*, § 332 Rn 3). Dagegen kann dieses über das Vorbehalts- und Sondervermögen des verstorbenen Ehegatten eröffnet werden (FK-*Schallenberg/Rafiqpoor*, § 332 Rn 4, 58). 5

bb) Bei Durchführung eines **Gesamtinsolvenzverfahrens** über das Vermögen des überlebenden Ehegatten tritt keine Vermögenstrennung ein; § 332 ist unanwendbar (FK-*Schallenberg/Rafiqpoor*, § 332 Rn 4, 57). 6

cc) Ein InsVerfahren über das Vermögen eines Abkömmlings berührt das Verfahren nach § 332 nicht (FK-*Schallenberg/Rafiqpoor*, § 332 Rn 4, 59). 7

dd) Bei **bestehender Gütergemeinschaft** gilt § 333. 8

3. Sonderregeln, Abweichungen

a) InsGl, Abs 2. InsGl sind die Gläubiger, die im Zeitpunkt des Eintritts der fortgesetzten Gütergemeinschaft bereits einen Anspruch gegen das Gesamtgut hatten (**Gesamtgutsverbindlichkeit**). Entscheidend ist somit nicht (wie sonst) der Zeitpunkt der Verfahrenseröffnung. Keine InsGl sind damit diejenigen Gläubiger, die erst mit dem Eintritt der fortgesetzten Gütergemeinschaft Ansprüche erworben haben (zB Pflichtteils-, Vermächtnisansprüche oder Auflagen) und damit Gläubiger von Erbfallschulden sind (K/P-*Kemper*, § 332 Rn 4; FK-*Schallenberg/Rafiqpoor*, § 332 Rn 47). 9

b) InsSchu. Schuldner des InsVerfahrens ist allein der überlebende Ehegatte, da die Abkömmlinge nach § 1489 Abs 3 BGB nicht persönlich haften (K/P-*Kemper*, § 332 Rn 3; *Braun/Bauch*, § 332 Rn 6). Ihn treffen alle hieraus folgenden Rechte und Pflichten (FK-*Schallenberg/Rafiqpoor*, § 332 Rn 36). 10

c) Umfang der Masse. Masse ist das Gesamtgut zum **Zeitpunkt des Eintritts der fortgesetzten Gütergemeinschaft**, also bei Tod eines Ehegatten; vgl § 1489 Abs 2 2. HS BGB. Dies ist eine Abweichung von § 35 wonach eigentlich der Zeitpunkt der Verfahrenseröffnung entscheidend ist (FK-*Schallenberg/Rafiqpoor*, § 332 Rn 40). Weiterhin erfasst sind der Zuwachs des Gesamtguts (§ 1485 Abs 1 BGB), Ersatzansprüche zB ge- 11 gen den überlebenden Ehegatten aus der Verwaltung (§ 1489 Abs 2 1. HS BGB) oder Ansprüche aus anfechtbaren Rechtshandlungen (*Braun/Bauch*, § 332 Rn 9; K/P-*Kemper*, § 332 Rn 5; *Smid/Fehl*, § 332 Rn 5). Wegen der Neuregelung des **§ 35** ist auch der **Neuerwerb** erfasst (*Braun/Bauch*, § 332 Rn 9; K/P-*Kemper*, § 332 Rn 5; H/W/W-*Hess*, § 332 Rn 13, Nr 10; **aA:** FK-*Schallenberg/Rafiqpoor*, § 332 Rn 41, *Kilger/Schmidt* § 236 Rn 2).

12 d) **Antragsberechtigung.** Hierzu: § 317. Antragsbefugt sind **alle InsGl**; es besteht auch ein Antragsrecht desjenigen Gläubigers, der schon bei Eintritt der Gütergemeinschaft einen persönlichen Anspruch gegen den überlebenden Ehegatten hatte (anders noch § 236 S 3 KO; *Braun/Bauch*, § 332 Rn 8; K/P-*Kemper*, § 332 Rn 6). – Eine Antragsberechtigung der an der fortgesetzten Gütergemeinschaft beteiligten Abkömmlinge besteht nach **Abs 3** nicht. Da sie nicht InsSchu sind und nicht haften, fehlt ihnen ein rechtliches Interesse an der Verfahrenseröffnung (K/P-*Kemper*, § 332 Rn 6; H/W/W-*Hess*, § 332 Rn 4; *Smid/Fehl*, § 332 Rn 8).

13 e) **Eröffnungsgründe.** Es gelten die Eröffnungsgründe nach § 320, wobei der **Zeitpunkt der Verfahrenseröffnung** entscheidend ist und nicht, wie bei der Bestimmung des Umfangs der Masse, der Eintritt der fortgesetzten Gütergemeinschaft (H/W/W-*Hess*, § 332 Rn 7; HK-*Marotzke*, § 332 Rn 3).

14 f) **Anhörung.** Nach Abs 2 S 2 sind die Abkömmlinge anzuhören.

3. Abschnitt. Insolvenzverfahren über das gemeinschaftlich verwaltete Gesamtgut einer Gütergemeinschaft

§ 333 Antragsrecht. Eröffnungsgründe

(1) Zum Antrag auf Eröffnung des Insolvenzverfahrens über das Gesamtgut einer Gütergemeinschaft, das von den Ehegatten gemeinschaftlich verwaltet wird, ist jeder Gläubiger berechtigt, der die Erfüllung einer Verbindlichkeit aus dem Gesamtgut verlangen kann.

(2) [1]Antragsberechtigt ist auch jeder Ehegatte. [2]Wird der Antrag nicht von beiden Ehegatten gestellt, so ist er zulässig, wenn die Zahlungsunfähigkeit des Gesamtgutes glaubhaft gemacht wird; das Insolvenzgericht hat den anderen Ehegatten zu hören. [3]Wird der Antrag von beiden Ehegatten gestellt, so ist auch die drohende Zahlungsunfähigkeit Eröffnungsgrund.

1. Normzweck

In Ergänzung der §§ 37, 332 regelt § 333 das InsVerfahren über eine noch bestehende Gütergemeinschaft. Auch hier ist ein InsVerfahren über eine Sondervermögensmasse zulässig (FK-*Schallenberg/Rafiqpoor*, § 333 Rn 2). Unberührt bleibt das InsVerfahren über das Eigenvermögen eines Ehegatten; vgl § 37 Abs 2 (FK-*Schallenberg/Rafiqpoor*, § 333 Rn 4).

2. Einzelheiten

a) Zuständigkeit. Diese folgt aus §§ 2, 3. Hinsichtlich der örtlichen Zuständigkeit besteht ein Wahlrecht des Antragstellers, falls die Ehegatten unterschiedliche allg Gerichtsstände haben (FK-*Schallenberg/Rafiqpoor*, § 333 Rn 9).

b) Insolvenzfähigkeit. Die Insolvenzfähigkeit des gemeinschaftlich verwalteten Gesamtguts folgt aus § 11 Abs 2 Nr 2.

c) InsGl. Der Kreis der InsGl ist durch Abs 1 bestimmt und erfasst die Gesamtgutsgläubiger nach § 1459 ff BGB (FK-*Schallenberg/Rafiqpoor*, § 333 Rn 22), was wegen des Vorbehalts- und Sonderguts auch ein Ehegatte sein kann (N/R-*Riering*, § 333 Rn 4; FK-*Schallenberg/Rafiqpoor*, § 333 Rn 16; *Smid/Fehl*, § 333 Rn 6; K/P-*Kemper*, § 333 Rn 9).

d) InsSchu sind die Ehegatten als Träger des Gesamtguts.

e) Umfang der Masse. Entscheidend für die Bestimmung der Masse ist der Zeitpunkt der Eröffnung des InsVerfahren über das Gesamtgut. Erfasst ist auch der Neuerwerb, § 35.

f) Antragsberechtigung. Antragsberechtigt ist nach **Abs 1** jeder Gläubiger, dem ein Anspruch gegen das Gesamtgut zusteht. Daneben ist nach **Abs 2 S 1** auch jeder Ehegatte antragsbefugt. Wird ein Antrag jedoch nur von einem Ehegatten gestellt, so hat dieser die Zahlungsunfähigkeit glaubhaft zu machen, **Abs 2 S 2**.

g) Zusätzlicher Eröffnungsgrund. Neben der **Zahlungsunfähigkeit (Abs 2 S 2)** ist nach **Abs 3** bei Antragstellung durch beide Ehegatten auch die **drohende Zahlungsunfähigkeit** ein Eröffnungsgrund. Abzustellen ist dabei allein auf das Gesamtgut; Vorbehalts- und Sondergut bleiben unberücksichtigt (FK-*Schallenberg/Rafiqpoor*, § 333 Rn 26; *Braun/Bauch*, § 333 Rn 5; **aA:** K/P-*Kemper*, § 333 Rn 6; H/W/W-*Hess*, § 333 Rn 7; *Smid/Fehl*, § 333 Rn 3: Zahlungsunfähigkeit beider Ehegatten notwendig).

h) Anhörung. Stellt nur ein Ehegatte den Eröffnungsantrag, so ist der andere Ehegatte nach Abs 2 S 2 2. HS zu hören.

10 **i) Beendigung der Gütergemeinschaft.** Auch nach Beendigung der Gütergemeinschaft ist ein InsVerfahren über das Gesamtgut zulässig; es gilt § 333 analog (FK-*Schallenberg/Rafiqpoor*, § 333 Rn 30 f; *Braun/ Bauch*, § 333 Rn 9; K/P-*Kemper*, § 333 Rn 12). Ein bereits laufendes InsVerfahren wird durch die Aufhebung der Gütergemeinschaft nicht berührt (*Braun/Bauch*, § 333 Rn 10).

§ 334 Persönliche Haftung der Ehegatten

(1) Die persönliche Haftung der Ehegatten für die Verbindlichkeiten, deren Erfüllung aus dem Gesamtgut verlangt werden kann, kann während der Dauer des Insolvenzverfahrens nur vom Insolvenzverwalter oder vom Sachwalter geltend gemacht werden.

(2) Im Falle eines Insolvenzplans gilt für die persönliche Haftung des Ehegatten § 227 Abs. 1 entsprechend.

1 Die Geltendmachung der persönlichen Haftung der Ehegatten nach **§ 1459 Abs 2 BGB** erfolgt nach **Abs 1** im InsVerfahren durch den **InsVerw** oder **Sachwalter**; die Geltendmachung durch die Gläubiger ist solange suspendiert. Dies entspricht § 93 hinsichtlich der persönlichen Haftung der Gesellschafter. Aus der Stellung im 3. Abschnitt hinter § 333 folgt, dass nur die Haftung aus dem gemeinschaftlich verwalteten Gesamtgut geregelt wird (FK-*Schallenberg/Rafiqpoor*, § 334 Rn 2). – Zahlt ein Ehegatte obwohl der InsGl wegen des InsVerfahren nicht mehr zur Geltendmachung befugt ist, so tritt entgegen § 362 BGB keine Erfüllungswirkung ein; der InsVerw kann die Rückgewähr nach **§ 812 BGB** verlangen (K/P-*Kemper*, § 334 Rn 4). Das Verbot der Geltendmachung von Forderungen durch den InsGl betrifft auch die Aufrechnung; § 334 verdrängt § 94 (K/P-*Kemper*, § 334 Rn 4). – Die Geltendmachung durch den InsVerw bzw Sachwalter ist ein Fall der **Prozessstandschaft** (K/P-*Kemper*, § 334 Rn 5 f; *Braun/Bauch*, § 334 Rn 4).

2 **Abs 2** verweist auf die Befreiung von den Verbindlichkeiten nach § 227 Abs 1, falls ein InsPlan durchgeführt wird.

11. Teil. Internationales Insolvenzrecht

Vorbemerkung vor §§ 335–358

I. Allgemeines

1. Regelungsgegenstand

Das internationale Insolvenzrecht regelt die Rechtsfragen, die sich in 1
Insolvenzverfahren mit Auslandsberührung stellen (zu den verschiedenen Fallgestaltungen siehe MK-InsO/*Reinhart,* vor Art 102 EGInsO Rn 2 ff). Die Insolvenzordnung enthält ebenso wie die Insolvenzgesetze ausländischer Staaten sowohl verfahrensrechtliche als auch materiell-rechtliche Vorschriften. Folgerichtig sind auch in den Bestimmungen zum internationalen Insolvenzrecht internationalverfahrensrechtliche und internationalprivatrechtliche Bestimmungen zusammengefasst (*Wenner* in Mohrbutter/Ringstmeier, § 20 Rn 1).

2. Universalität und Territorialität

Lange Zeit umstritten war die Frage, ob das Insolvenzverfahren universale oder nur territoriale Wirkungen hat, ob sich also die Rechtswirkungen eines inländischen Insolvenzverfahrens auf das Ausland und umgekehrt die eines ausländischen Insolvenzverfahrens auf das Inland erstrecken (*Universalitätsprinzip*), oder ob die Rechtsfolgen der Eröffnung eines Insolvenzverfahrens nur auf das Gebiet des Staates der Verfahrenseröffnung mit der Folge beschränkt bleiben, dass gegebenenfalls in jedem Staat ein eigenes Insolvenzverfahren über das gleiche Rechtssubjekt durchgeführt werden muss (*Territorialitätsprinzip*).

Der BGH hat mit seiner Grundsatzentscheidung vom 11. 7. 1985 3 (BGHZ 95, 256 = NJW 1985, 2897 = ZIP 1985, 944) die Wende zum Universalitätsprinzip auch für den Auslandskonkurs vollzogen und einem im Ausland eröffneten Konkursverfahren Wirkungen im Inland zuerkannt (zur Rechtsprechungsentwicklung vgl *Wenner* in Mohrbutter/Ringstmeier, § 20 Rn 27 ff). Schranken setzt der BGH dabei dahingehend, dass die Anerkennung in das Gesamtgefüge der deutschen konkursrechtlichen Vorschriften und Rechtsgrundsätze eingebettet sein muss. Im Anschluss an die Rechtsprechung des BGH enthält bereits die Gesamtvollstreckungsordnung (GesO) ein Bekenntnis zum Universalitätsprinzip. Nach § 22 Abs 1 GesO erfasst ein ausländisches Insolvenzverfahren auch das Inlandsvermögen des Schuldners, wenn das ausländische Gericht international zuständig ist und kein Verstoß gegen den *ordre public* vorliegt. Freilich schließt die Anerkennung eines ausländischen Verfahrens nach § 22 Abs 2

vor § 335   11. Teil. Internationales Insolvenzrecht

GesO die Eröffnung eines gesonderten Gesamtvollstreckungsverfahrens über das Inlandsvermögen nicht aus.

4   Auch die §§ 335–358 InsO folgen dem Grundsatz, dass nicht nur inländischen Insolvenzverfahren universelle Wirkungen zukommen, sondern in gleicher Weise auch ausländischen Verfahren. Das Gesetz gesteht den ausländischen Verfahren damit grundsätzlich die gleichen internationalen Wirkungen zu, die im Falle eines Inlandsverfahrens (vgl etwa § 35 InsO) für dieses beansprucht werden. Gleichwohl werden die insolvenzrechtlichen Wirkungen von Auslandsverfahren nicht schrankenlos anerkannt. Es gilt das Modell der eingeschränkten Universalität (HK-*Stephan*, Vor §§ 335 ff Rn 8; Uhlenbruck/*Lüer*, Art 102 EGInsO Rn 63; K/P-*Kemper*, Art 102 EGInsO Rn 12; kritisch *Wenner* in Mohrbutter/Ringstmeier, § 20 Rn 34 ff). So können von vorneherein nur solche ausländische Verfahren anerkannt werden, die kollisionsrechtlich als Insolvenzverfahren zu qualifizieren sind. Ausgeschlossen ist die Anerkennung eines ausländischen Verfahrens im allgemeinen dann, wenn und soweit sie zu einem Ergebnis führen würde, dass mit dem deutschen *ordre public*, insbesondere mit den Grundrechten unvereinbar ist (§ 343 Abs 1 Nr 2 InsO). Schließlich werden die Wirkungen eines im Inland anerkannten ausländischen Verfahrens insoweit eingeschränkt, als über das im Inland belegene Vermögen des Schuldners ein inländisches Partikularinsolvenzverfahren (§§ 354 ff. InsO) als Parallelinsolvenzverfahren durchgeführt werden kann.

3. Anwendbares Recht

5   Mittlerweile ist anerkannt, dass das internationale Insolvenzrecht Bestandteil des internationalen Zivilverfahrensrechts und des internationalen Privatrechts ist. Das internationale Verfahrensrecht behandelt die sich aus der Internationalität eines Sachverhaltes ergebenden verfahrensrechtlichen Fragen (zB der internationalen Zuständigkeit inländischer Gerichte oder der Anerkennung und Vollstreckung im Ausland ergangener Entscheidungen) während das internationale Privatrecht mittels einer Vielzahl von Kollisionsnormen die Frage regelt, welches Recht auf das betreffende Rechtsverhältnis anzuwenden ist (MK-InsO/*Reinhart*, vor Art 102 EGInsO Rn 24). Für die Beurteilung international insolvenzrechtlicher Fragestellungen ist daher zunächst entscheidend, ob die zu klärende Rechtsfrage verfahrensrechtlicher oder materiell-rechtlicher Natur ist (dazu MK-InsO/*Reinhart*, vor Art 102 EGInsO Rn 31 ff).

6   Ist die Rechtsfrage als verfahrensrechtlich einzuordnen, so gilt das *lex fori* Prinzip (dazu FK-*Wimmer*, Art 102 EGInsO, Rn 8) wonach deutsche Gerichte hinsichtlich des Verfahrens ausschließlich die inländischen Vorschriften anwenden (MK-InsO/*Reinhart*, vor Art 102 EGInsO Rn 34), so dass sich ein vor einem deutschen Gericht durchgeführtes Insolvenzverfahren in verfahrensrechtlicher Hinsicht ausschließlich nach den Vorschrif-

ten der InsO bzw über § 4 InsO nach der ZPO richtet (BGH NJW 1985, 552, 553).

Die Kollisionsnormen des internationalen Privatrechts bedienen sich zur Bestimmung des anwendbaren Rechts sogenannter Anknüpfungspunkte, die auf eine staatliche Rechtsordnung hinweisen, nach der sich das fragliche Rechtsverhältnis richten soll (zu den Einzelheiten siehe MK-InsO/*Reinhart,* vor Art 102 EGInsO Rn 44 ff). Die grundsätzliche kollisionsrechtliche Anknüpfung im internationalen Insolvenzrecht ist die *lex fori concursus,* dh das Recht des Staates, in dem das Insolvenzverfahren eröffnet wird. Sie liegt gleichermaßen dem autonomen deutschen internationalen Insolvenzrecht (§ 335 InsO) als auch der europäischen Insolvenzverordnung zugrunde (Art 4 EuInsVO). Von dieser Anknüpfung an das Recht des Eröffnungsstaates gibt es Ausnahmen. Zu nennen ist die *lex rei sitae,* also das Recht des Staates, in dem ein Vermögensgegenstand belegen ist und die *lex contractus,* die das auf Vertragsverhältnisse anwendbare Recht regelt. Sowohl das autonome deutsche internationale Insolvenzrecht (zB §§ 336, 337 InsO) als auch die EuInsVO (zB Art 5, 7, 8, 11, 14) kennen solche von der *lex fori concursus* abweichende Sonderanknüpfungen. Zu nennen sind schließlich allseitige und einseitige Kollisionsnormen. Allseitige Kollisionsnormen regeln, wann eigenes und wann fremdes Recht anzuwenden ist; einseitige Kollisionsnormen regeln demgegenüber lediglich den räumlichen Anwendungsbereich des eigenen Rechts (MK-InsO/*Reinhart,* vor Art 102 EGInsO Rn 54 mwN). Auch solche Normen finden sich in den §§ 335–358 InsO und der EuInsVO.

II. Rechtsquellen

1. Das autonome deutsche Internationale Insolvenzrecht

Die §§ 335–358 InsO sind mit dem Gesetz zur Neuordnung des internationalen Insolvenzrechts vom 14. 3. 2003 in die Insolvenzordnung eingefügt worden und am 20. 3. 2003 in Kraft getreten. Sie beinhalten erstmals eine umfassende Kodifizierung des deutschen Internationalen Insolvenzrechts.

Bis dahin war das autonome deutsche internationale Insolvenzrecht nur sehr lückenhaft geregelt. Die KO enthielt mit den §§ 237, 238 nur zwei sich mit dem internationalen Insolvenzrecht befassenden Vorschriften. Im Rahmen der Insolvenzrechtsreform sollte zunächst auch eine umfassende Kodifizierung des deutschen internationalen Insolvenzrechts erfolgen. Dies sah auch der 1992 dem Bundestag vorgelegte Gesetzesentwurf des Bundesregierung vor, der in den §§ 379 bis 399 detaillierte Regelungen enthielt (BT-Drucks. 12/2443, S 233 ff). In der – im Ergebnis verfehlten – Erwartung einer baldigen Verabschiedung eines Europäischen Insolvenzübereinkommens (EuInsÜ) beschloss der Rechtsausschuss des Deutschen

Bundestages aber die Streichung dieser im wesentlichen bereits den §§ 335–358 InsO entsprechenden Vorschriften (BT-Drucks. 12/7302, S 143). Stattdessen enthielt der zeitgleich mit der InsO am 1. 1. 1999 in Kraft getretene Art 102 EGInsO aF lediglich eine sehr lückenhafte Regelung des autonomen deutschen Insolvenzrechts. Um den wenig aussagekräftigen Gesetzestext des Art 102 EGInsO aF für die Praxis nutzbar zu machen, musste einerseits auf die umfassende Auslegung durch Rechtsprechung und Lehre, andererseits auf die §§ 379ff. des Regierungsentwurfes zurückgegriffen werden (vgl hierzu MK-InsO/*Reinhart,* Art 102 EGInsO; Uhlenbruck/*Lüer,* Art 102 EGInsO; K/P-*Kemper,* Art 102 EGInsO; FK-*Wimmer,* Art 102 EGInsO).

2. Die europäische Insolvenzverordnung

10 Die VO (EG) Nr 1346/2000 des Rates vom 29. 5. 2000 über Insolvenzverfahren trat gemäß Art 47 EuInsVO am 31. 5. 2002 in Kraft. Sie findet im Verhältnis der Mitgliedstaaten der EU untereinander Anwendung (*Wenner* in Mohrbutter/Ringstmeier, § 20 Rn 3 ff). Einzige Ausnahme ist Dänemark, dass sich gemäß Erwägungsrund 33 an der Annahme dieser Verordnung nicht beteiligt und die deshalb diesen Mitgliedstaat nicht bindet und auf ihn keine Anwendung findet. Die EuInsVO enthält eine umfassende Kodifizierung des internationalen Insolvenzrechts für die Mitgliedstaaten der EU. Die §§ 335–358 InsO weisen an vielen Stellen der EuInsVO ähnliche Regelungen auf.

3. Zeitlicher und räumlicher Anwendungsbereich

11 Die EuInsVO gilt gemäß Art 43 EuInsVO für Insolvenzverfahren, die nach dem Inkrafttreten der VO am 31. 5. 2002 eröffnet wurden (*Wenner* in Mohrbutter/Ringstmeier, § 20 Rn 9). Sie gilt daher seit diesem Datum uneingeschränkt für alle Mitgliedstaaten der EU (mit Ausnahme Dänemarks) und hat insoweit auch Vorrang vor dem deutschen Recht (§§ 335–358 InsO). Die EuInsVO wird ergänzt durch die in Art 102 §§ 1–11 EGInsO enthaltenen Ausführungsbestimmungen. Enthält die EuInsVO zu einem Regelungsgegenstand keine kollisionsrechtliche Bestimmung und handelt es sich dabei um eine bewusste Regelungslücke, kann auch das autonome deutsche internationale Insolvenzrecht entsprechend herangezogen werden (*Wenner* in Mohrbutter/Ringstmeier, § 20 Rn 13; *Braun/Liersch,* vor §§ 335–358 Rn 24; HK-*Stephan,* vor §§ 335 ff. Rn 20).

12 Auf Rechtsbeziehungen zwischen Deutschland und Drittstaaten (= Nichtmitgliedstaaten der EU) oder Dänemark findet seit seinem Inkrafttreten am 20. 3. 2003 ausschließlich das in den §§ 335–358 InsO kodifizierte autonome deutsche internationale Insolvenzrecht Anwendung (*Wenner* in Mohrbutter/Ringstmeier, § 20 Rn 7). Die §§ 335–358 InsO lösen Art 102 EGInsO aF ab. Da sich der Gesetzgeber bei der Schaffung des autonomen deutschen internationalen Insolvenzrechts stark an der EuInsVO orientiert hat, kann diese jedoch als Hilfe bei der Auslegung des deutschen Internationalen Insolvenzrechts herangezogen werden (*Braun/Liersch,* vor §§ 335–358 Rn 23).

Für bis zum Inkrafttreten der EuInsVO am 31. 5. 2002 eröffnete in- und ausländische Insolvenzverfahren gilt grundsätzlich ausschließlich Art 102 EGInsO aF (zu den Ausnahmen siehe unten III) während für zwischen dem Inkrafttreten der EuInsVO am 31. 5. 2002 und dem Inkrafttreten der §§ 335–358 InsO am 20. 3. 2003 eröffnete Insolvenzverfahren EuInsVO (für alle EU-Mitgliedstaaten außer Dänemark) und Art 102 EGInsO aF (für alle Drittstaaten und Dänemark) nebeneinander gelten.

III. Sonstige Kodifikationen

1. Bilaterale Verträge

Für Deutschland sind nur wenige völkerrechtliche Verträge verbindlich, die Bestimmungen zum Internationalen Insolvenzrecht enthalten (ausführlich hierzu MK-InsO/*Reinhart,* vor Art 102 EGInsO, Rn 72 ff). Die früheren Königreiche Bayern (Übereinkunft mit den Schweizer Kantonen mit Ausnahme von Schwyz und Appenzell-Innerrhoden vom 11. 5./27. 6. 1834) und Württemberg (Übereinkunft mit den Kantonen der schweizerischen Eidgenossenschaft mit Ausnahme der Kantone Neuenburg und Schwyz vom 12. 12. 1825/13. 5. 1826) haben mit schweizerischen Kantonen konkursrechtliche Verträge abgeschlossen, die als regional fortgeltend betrachtet werden (*Braun/Liersch,* vor §§ 335–358, Rn 26 mwN; *Wenner* in Mohrbutter/Ringstmeier, § 20 Rn 19; aA MK-InsO/*Reinhart,* vor Art 102 EGInsO, Rn 75). Ob der Vertrag mit Sachsen vom 18. 2./26. 4. 1837 wieder Gütigkeit besitzt, ist streitig (*Braun/Liersch,* vor §§ 335–358 Rn 26; *Wenner* in Mohrbutter/Ringstmeier, § 20 Rn 19).

Der deutsch-niederländische Anerkennungs- und Vollstreckungsvertrag vom 30. 8. 1962 (BGBl. 1965 II S 26) enthält in Art 16 Abs 1 Vorschriften über die Vollstreckung aus Konkurstabellen und bestätigten Vergleichen. Der Vertrag wird nach Art 44 Abs 1 Buchst. h) EuInsVO durch die EuInsVO in ihrem sachlichen Anwendungsbereich ersetzt (*Wenner* in Mohrbutter/Ringstmeier, § 20 Rn 21).

Eine umfassende Regelung des Internationalen Insolvenzrechts findet sich schließlich im Deutsch-österreichischen Vertrag auf dem Gebiet des Konkurs- und Vergleichs-(Ausgleichs-)rechts vom 25. 5. 1979 (BGBl. 1985 II S 410). Auch dieser Vertrag ist mit Inkrafttreten der EuInsVO gemäß Art 44 Abs 1 Buchst. d) EuInsVO hinter diese zurückgetreten (*Wenner* in Mohrbutter/Ringstmeier, § 20 Rn 20).

2. Istanbuler Übereinkommen

17 Das vom Europarat erarbeitete Europäische Übereinkommen über bestimmte internationale Aspekte des Konkurses (Istanbuler Übereinkommen) wurde am 5. 6. 1990 in Istanbul unterzeichnet und tritt ebenfalls – wie Art 44 Abs 1 Buchst. k) bestimmt – im Anwendungsbereich der EuInsVO hinter diese zurück.

3. UNCITRAL-Modellgesetz

18 Das von der United Nations Commission on International Trade Law beschlossene Modellgesetz über grenzüberschreitende Insolvenzen wurde von der UN-Vollversammlung am 17. 12. 1997 gebilligt (abgedruckt in ZIP 1997, 2224; siehe hierzu auch *Wimmer,* ZIP 1997, 2220 und *Benning/Wehling,* EuZW 1997, 618). Es soll den nationalen Gesetzgebern als Muster bei der Schaffung eines Internationalen Insolvenzrechts dienen. Das Modellgesetz konzentriert sich auf Kernbereiche der Anerkennung ausländischer Insolvenzverfahren sowie des Zugangs ausländischer Insolvenzverwalter zu den inländischen Gerichten und der Zusammenarbeit von Insolvenzgerichten in verschiedenen Ländern. Als erster Staat hat Mexiko das Modellgesetz in das nationale Recht aufgenommen. Auch die zum 17. 10. 2005 in Kraft getretene Reform des U.S.-amerikanischen Internationalen Insolvenzrechts hat das Modellgesetz ohne relevante Änderungen in das U.S. Bankruptcy Code übernommen. Die mittel- und langfristige Bedeutung des Modellgesetzes ist schwer einzuschätzen. Zwar ist wegen der im Bereich des Internationalen Insolvenzrechts in vielen Ländern der Erde bestehenden Gesetzgebungsdefizite nicht ausgeschlossen, dass sich das UNCITRAL-Modellgesetz in zahlreichen Ländern der Welt durchsetzen wird (Uhlenbruck/*Lüer,* Art 102 EGInsO Rn 27). Andererseits bleibt das Modellgesetz sowohl inhaltlich als auch systematisch weit hinter dem zurück, was in Deutschland durch Rechtsprechung und Lehre zugunsten einer anerkennungsfreundlichen Haltung erarbeitet worden ist und was die EuInsVO festschreibt (dazu: MK-InsO/*Reinhart,* vor Art 102 EGInsO Rn 88 f; K/P-*Kemper,* Art 102 EGInsO Rn 46 ff). Schließlich spricht der Umstand, dass seit 1997 lediglich Mexiko das Modellgesetz in das nationale Recht aufgenommen hat, für sich. Es bleibt daher abzuwarten, ob sich das Modellgesetz tatsächlich international durchzusetzen vermag (MK-InsO/*Reinhart,* vor Art 102 EGInsO Rn 89).

4. Richtlinien über Sanierung und Liquidation von Kreditinstituten und Versicherungsunternehmen

19 Die EuInsVO gilt gemäß Art 1 Abs 2 EuInsVO nicht für Insolvenzverfahren über das Vermögen von Versicherungsunternehmen oder Kreditinstituten. Sonderregelungen hierfür enthalten die Richtlinie 2001/24/

EG des Europäischen Parlaments und des Rates vom 4. 4. 2001 über die Sanierung und Liquidation von Kreditinstituten (Abl. EG L 125/15) und die Richtlinie 2001/17/EG des Europäischen Parlaments und des Rates vom 19. 3. 2001 über die Sanierung und Liquidation von Versicherungsunternehmen (Abl. EG L 110/28) (siehe hierzu: Uhlenbruck/*Lüer,* Art 102 EGInsO Rn 28f; *Wimmer,* ZInsO 2002, 897). Beide Richtlinien zielen darauf ab, bei Insolvenzen von Banken und Versicherungen das Prinzip der Universalität voll durchzusetzen und dementsprechend Sekundärinsolvenzverfahren auszuschließen. Es darf mit Recht bezweifelt werden, dass die Richtlinien – wie der Gesetzgeber offenbar meint – durch die Schaffung des in den §§ 335–358 InsO enthaltenen autonomen deutschen Internationalen Insolvenzrechts in ausreichender Form umgesetzt worden sind (*Braun/Liersch,* vor §§ 335–358, Rn 30)

1. Abschnitt. Allgemeine Vorschriften

§ 335 Grundsatz

Das Insolvenzverfahren und seine Wirkungen unterliegen, soweit nichts anderes bestimmt ist, dem Recht des Staats, in dem das Verfahren eröffnet worden ist.

I. Normzweck

Die Vorschrift enthält die Grundnorm des deutschen Internationalen Insolvenzrechts und legt fest, welches Recht bei grenzüberschreitenden Insolvenzen auf das Insolvenzverfahren Anwendung findet (K/P-*Kemper,* § 335 Rn 1; BK-InsO/*Pannen,* § 335 Rn 1). Als allseitige Kollisionsnorm regelt sie sowohl, dass bei Eröffnung eines Insolvenzverfahrens im Inland deutsches Recht auch im Ausland zur Anwendung gelangt, als auch, dass gleichermaßen bei Eröffnung eines Insolvenzverfahrens im Ausland das ausländische Recht auch im Inland anerkannt wird (HK-*Stephan,* § 335 Rn 6; *Braun/Liersch,* § 335 Rn 1). Sowohl für das Verfahrensrecht der Insolvenzabwicklung als auch für die materiell-rechtlichen Wirkungen des Insolvenzverfahrens gilt demnach grundsätzlich das Recht des Staates, in dem das Verfahren eröffnet wird (FK-*Wimmer,* § 335 Rn 2). Ausnahmen von diesem Grundsatz finden sich in den folgenden Vorschriften. 1

Die Vorschrift ähnelt Art 4 EuInsVO. Die dort genannten Beispiele dafür, welche Regelungsbereiche insbesondere dem Recht des Staates der Verfahrenseröffnung unterliegen, können als Interpretationshilfe herangezogen werden (HK-*Stephan,* § 335 Rn 1; *Smid,* InsO, § 335 Rn 2). Im Sinne der Rechtsklarheit hat der Bundesgesetzgeber indes auf einen solchen Beispielkatalog verzichtet (BT-Drucks. 15/16, S 18; BK-InsO/*Pannen,* § 335 Rn 1). 2

II. Insolvenzverfahren

3   Um dem nationalen Recht universale Wirkung zu verleihen, muss der Sachverhalt als insolvenzrechtlich anzusehen sein (HK-*Stephan*, § 335 Rn 11). Welche ausländischen Verfahren als Insolvenzverfahren zu qualifizieren sind, wird nicht näher festgelegt. Ob es sich bei dem ausländischen Verfahren um ein Insolvenzverfahren handelt, ist daher im Wege der Qualifikation zu prüfen (K/P-*Kemper*, vor §§ 335–338 Rn 3 ff; siehe dazu unter bei § 343). Es muss sich um ein Verfahren handeln, das im Wesentlichen den gleichen Zielen dient wie ein deutsches Insolvenzverfahren (§ 1 InsO; K/P-*Kemper*, § 335 Rn 3; HK-*Stephan*, § 335 Rn 12; *Braun/Liersch*, § 335 Rn 3). Dies sind staatliche Verfahren, die auf eine schwere wirtschaftliche Krise Bezug nehmen und dabei auf eine möglichst gleichmäßige Gläubigerbefriedigung aus dem schuldnerischen Vermögen unter Berücksichtigung der Interessen anderer Verfahrensbeteiligter zielen (BK-InsO/*Pannen*, § 335 Rn 22; weitergehend *Wenner* in Mohrbutter/Ringstmeier, § 20 Rn 175). Zur näheren Konkretisierung sind die Anhänge A und B der EuInsVO heranzuziehen (*Smid*, InsO, § 335 Rn 3; BK-InsO/ *Pannen*, § 335 Rn 23). Neben den Hauptverfahren sind dies auch Partikularinsolvenzverfahren im Sinne der §§ 354, 356 (*Braun/Liersch*, § 335 Rn 5; HK-*Stephan*, § 335 Rn 7). Für eine Wirkungserstreckung gem § 335 ist erforderlich, dass diese Verfahren die universelle Wirkung für sich in Anspruch nehmen, sich also nicht – wie Partikularverfahren – auf das Vermögen des Schuldners im Eröffnungsstaat beschränken (K/P-*Kemper*, § 335 Rn 2). Beschränkungen auf den persönlichen Anwendungsbereich bestehen indes nicht (K/P-*Kemper*, § 335 Rn 4).

III. Lex fori concursus

4   § 335 entspricht dem Modell der eingeschränkten Universalität und ordnet die weltweite Geltung des Rechts des Eröffnungsstaats (Lex fori concursus) an „soweit nichts anderes bestimmt ist" (siehe dazu oben Vor § 335 Rn 2 ff). Es handelt sich also um die Grundregel des Internationalen Insolvenzrechts (K/P-*Kemper*, § 335 Rn 5; HK-*Stephan*, § 335 Rn 5; *Braun/Liersch*, § 335 Rn 1). So soll die größte Nähe zum Schuldner und die mit ihm in Zusammenhang stehende Rechtsfragen erzielt werden (HK-*Stephan*, § 335 Rn 8; *Braun/Liersch*, § 335 Rn 2). Einschränkungen ergeben sich neben verschiedenen Sonderanknüpfungen durch die Möglichkeit von Partikular- bzw Sekundärinsolvenzverfahren, die in einzelnen Staaten über das dort befindliche schuldnerische Vermögen eröffnet werden können und das Hauptverfahren dort seiner Wirksamkeit entheben (K/P-*Kemper*, § 335 Rn 13; BK-InsO/*Pannen*, § 335 Rn 5; HK-*Stephan*, § 335 Rn 4, 13).

Diese Durchbrechungen sind kritisch zu betrachten. Ihr Grund mag 5
zunächst ein Misstrauen gegenüber ausländischem Insolvenzrecht sein
(*Wenner* in Mohrbutter/Ringstmeier, § 20 Rn 36; **aA** FK-*Wimmer*, § 335
Rn 3). Auf eine solche Misstrauenslage angemessen zu reagieren sollte
aber nicht primär Regulierungsaufgabe des Gesetzgebers sein, sondern
obliegt dem international agierenden Gläubiger. Hier ist insbesondere auf
dessen Möglichkeit hinzuweisen, das Vertragsstatut zu wählen (*Wenner* in
Mohrbutter/Ringstmeier, § 20 Rn 34). Das oft vorgetragene Schutzinteresse der international handelnden – und daher auch gewarnten oder gar
beratenen – Gläubiger besteht daher tatsächlich nicht (so auch *Wenner* in
Mohrbutter/Ringstmeier, § 20 Rn 36, 38). Als ausschlaggebend für die
zahlreichen Durchbrechungen des Universalitätsgrundsatzes dürfte vielmehr das rechtspolitisch fragwürdige Bemühen sein, inländische Gläubiger zu privilegieren (*Wenner* in Mohrbutter/Ringstmeier, § 20 Rn 36).
Wenn aber das sachlich genehme und nicht das sachlich beste Recht den
Vorzug erhält, werden damit die seit *Savigny* entwickelten Erkenntnisse,
die das internationale Privatrecht seit 150 Jahren prägen, missachtet (*Wenner* in Mohrbutter/Ringstmeier, § 20 Rn 32).

Die lex fori concursus gilt für das Insolvenzverfahren und dessen verfah- 6
rensrechtliche wie auch materiellrechtliche Wirkungen (K/P-*Kemper*,
§ 335 Rn 7f; BK-InsO/*Pannen*, § 335 Rn 5; HK-*Stephan*, § 335 Rn 9;
Braun/Liersch, § 335 Rn 6). Hierzu gehören neben dem Insolvenzantragsverfahren die Eröffnung (Antragsbefugnis und Insolvenzgrund), die
Durchführung, also insbesondere die Verfahrensorganisation, Art und
Umfang des Vermögensbeschlages, Verwertungs- und Prozessführungs-
und sonstige Rechte des Verwalters sowie Teilhaberechte der Gläubiger.
Schließlich unterliegt auch die Beendigung eines Insolvenzverfahrens der
lex fori concursus (K/P-*Kemper*, § 335 Rn 8; *Wenner* in Mohrbutter/
Ringstmeier, § 20 Rn 219f).

IV. Verfahrensrechtliche Wirkung im Inland eröffneter Verfahren

1. Verfahrenseröffnung

Ist ein Insolvenzverfahren in Deutschland eröffnet worden, so findet 7
deutsches Insolvenzrecht Anwendung. Allerdings kann sich die Einordnung als insolvenzrechtliche Norm schwierig gestalten (vgl BK-InsO/
Pannen, § 335 Rn 6ff; *Braun/Liersch*, § 335 Rn 8). Handelt es sich nicht
um eine insolvenzrechtliche Bestimmung, so gilt allgemeines Kollisionsrecht (*Braun/Liersch*, § 335 Rn 7). Hinsichtlich des Eröffnungsgrundes der
Zahlungsunfähigkeit oder Überschuldung ist – sofern ein Hauptinsolvenzverfahren eröffnet werden soll – auf Tatbestandsebene die Vermögenssituation des Schuldners weltweit zu berücksichtigen (K/P-*Kemper*, § 335 Rn 29). Eine eventuelle Anhörung des Schuldners ist aber gem

§ 10 Abs 1 S 1 verzichtbar, wenn dieser sich im Ausland aufhält. Die Zustellung von Beschlüssen des Insolvenzgerichts unterliegt dies dem Haager Zustellungsübereinkommen (BGBl. II 1977, 1452) sowie bilateralen Zusatzvereinbarungen (K/P-*Kemper*, § 335 Rn 30).

2. Insolvenzverwalter

8   Der Insolvenzverwalter ist auch vor ausländischen Gerichten bei Aktiv- und Passivprozessen prozessführungsbefugt. Die ihm gegenüber bestehende Auskunftspflicht des Schuldners gem § 97 Abs 1 bezieht sich auf in- und ausländische Vermögensbestandteile. Gleiches gilt hinsichtlich der Pflicht, den Insolvenzverwalter zu unterstützen, beispielsweise durch Erteilung einer Vollmacht für das Ausland. Diese Pflichten können auch zwangsweise – zB durch Haft – durchgesetzt werden, wobei die Durchsetzungskraft einer so erzielter Vollmachten im Ausland skeptisch zu beurteilen ist (K/P-*Kemper*, § 335 Rn 37). Umstritten – aber doch anzunehmen – ist, ob der inländische Insolvenzverwalter Gläubiger, die im Ausland ungeachtet des im Inland eröffneten Insolvenzverfahrens Befriedigung suchen, gerichtlich auf **Unterlassung** im Inland in Anspruch nehmen kann (*Wenner* in Mohrbutter/Ringstmeier, § 20 Rn 116).

3. Insolvenzgläubiger

9   Die Definition des Insolvenzgläubigers gem § 38 InsO differenziert nicht danach, ob es sich um einen in- oder ausländischen Gläubiger handelt. Beide unterliegen gleichermaßen der Insolvenzordnung, die auch dann keinerlei Privilegien gewährt, wenn sie den Forderungen nach dem Recht eines anderen Staates zukämen (K/P-*Kemper*, § 335 Rn 33). Von der Teilnahme am Insolvenzverfahren ausgeschlossen sind allerdings ausländische öffentliche Körperschaften, die öffentlich-rechtliche Verbindlichkeiten beitreiben wollen. Ein anderes gilt nur, wenn entsprechende vollstreckungsrechtliche Abkommen zwischen der Bundesrepublik und dem anderen Staat bestehen.

4. Zuständigkeit

10   Hinsichtlich der Verfahrenswirkungen kann auch eine Zuständigkeitskonzentration angeordnet sein. Die bedeutet, dass in Hinblick auf Klagen, die das Insolvenzverfahren berühren, das Gericht zuständig ist, das auch für die Insolvenzeröffnung zuständig ist (vis attractiva concursus, K/P-*Kemper*, § 335 Rn 9). Eine solche Regelung enthält das deutsche Insolvenzrecht indes nicht, es bleibt daher im Inland bei der Zuständigkeit des Prozessgerichtes. Während gegenüber Staaten außerhalb der EU eine derartige Regelung fehlt, soll für Mitgliedstaaten die Zuständigkeitskonzentration durch Art 3 Abs 1 EuInsVO angeordnet sein (K/P-*Kemper*, § 335 Rn 9). Für die Anordnung einer Zuständigkeitskonzentration *de lege fe-*

renda spräche, dass inländische Gläubiger den Verlust eines inländischen Gerichtsstandes nicht zwingend befürchten müssten, sondern die Zuständigkeit durch Betreibung eines Sekundärinsolvenzverfahrens ins Inland ziehen könnten. Allerdings sind die Zuständigkeitsgerechtigkeit (*Flessner*, IPRax 1991, 162, 167) und Justizgrundrechte (*Habscheid*, NZI 2003, 238, 240) gefährdet, wenn mit Drittstaaten keine Staatsverträge zum Insolvenzrecht bestehen (K/P-*Kemper*, § 335 Rn 10).

V. Materielle Wirkungen der Lex fori concursus

Die lex fori concursus regelt neben dem Verfahrensrecht auch die **materiellrechtlichen Wirkungen** (K/P-*Kemper*, § 335 Rn 11). Die Verfahrenseröffnung belegt in- und ausländisches Vermögen sowie den Neuerwerb mit Insolvenzbeschlag, der Schuldner verliert seine Verfügungsmacht, und zwar soweit die Vermögensteile zum Eröffnungszeitpunkt bereits vorhanden waren und soweit solche seit dem neu erworben wurde. Weitere Voraussetzung des Insolvenzbeschlages ist die Pfändbarkeit des Vermögensgegenstandes. Dies ist indessen nach dem jeweiligen Vollstreckungsstatut des Belegenheitsstaates zu beurteilen (BGHZ 118, 151, 159 = ZIP 1992, 781; K/P-*Kemper*, § 335 Rn 31). Ebenfalls unterliegen eventuelle im Ausland vorzunehmende Sicherungsmaßnahmen dem dortigen Recht (K/P-*Kemper*, § 335 Rn 32). Ferner kommt auch dem Verbot von Einzelzwangsvollstreckungsmaßnahmen eine internationale Wirkung zu, die weder im Hinblick auf den betroffenen Vermögensgegenstand noch im Hinblick auf den die Vollstreckung betreibenden Gläubiger beschränkt ist. Es kommt nicht darauf an, ob das Vorbot der Einzelzwangsvollstreckung jeweils im Ausland anerkannt wird (K/P-*Kemper*, § 335 Rn 41).

1. Schuldverhältnisse

Schuldverhältnisse sind nach §§ 103–118 zu behandeln. Allerdings sind hier die Sonderregelungen bezüglich der Verträge über dingliche Rechte sowie Miet- und Pachtverhältnisse (§ 336), Arbeitsverhältnisse (§ 337) sowie Verträge über Rechte in organisierten Märkten und Pensionsgeschäfte (§ 340) zu beachten (K/P-*Kemper*, § 335 Rn 42; HK-*Stephan*, § 335 Rn 15). Das Insolvenzrecht des Eröffnungsstaates entscheidet auch über schwebende Rechtsgeschäfte (*Wenner* in Mohrbutter/Ringstmeier, § 20 Rn 313f).

2. Aufrechnung

Das Recht zur Aufrechnung unterliegt den Voraussetzungen der §§ 94–96, denen grundsätzlichen universale Wirkung zukommt. Im internationalen Kontext ist § 338 zu berücksichtigen, der dem Insolvenzgläubiger das Aufrechnungsrecht dann erhält, wenn nach dem die Forderung bestimmenden Recht die Aufrechnung möglich war (K/P-*Kemper*, § 335 Rn 43; HK-*Stephan*, § 335 Rn 16). § 339 schützt den **Anfechtungsgegner**, indem er diesem gegen den Verwalter die Einrede ermöglicht, dass die angefochtene Rechtshandlung nach einer anderen, maßgebenden Rechtsordnung in keiner Weise angreifbar ist (K/P-*Kemper*, § 335 Rn 46).

3. Aussonderung

14 Das Aussonderungsrecht besteht ebenfalls unabhängig davon, ob die in Rede stehende Sache sich im In- oder Ausland befindet. Allerdings trifft § 47 keine Regelung über die materielle Berechtigung, sondern beschreibt allein die Auswirkung des Insolvenzverfahrens auf dieses Recht. Das Bestehen einer Rechtsposition bestimmt sich aber nach dem Sachstatut, also bei körperlichen Gegenständen nach dem Lageortrecht (Lex rei sitae), bei Rechten nach der lex causae (K/P-*Kemper*, § 335 Rn 44). Gleiches gilt für **Absonderungsrechte** (K/P-*Kemper*, § 335 Rn 45).

4. Insolvenzplanverfahren

15 Wird im Rahmen eines Insolvenzplanverfahrens in Gläubigerpositionen eingegriffen, so kommt auch diesem Eingriff universale Wirkung zu. Auch die Gebundenheit des Gläubigers an den Insolvenzplan richtet sich dann nach der lex fori concursus. Voraussetzung dieser Wirkungserstreckung ist allein, dass der Gläubiger an dem Planverfahren teilnehmen konnte, es kommt nicht darauf an, welchem Recht die betroffene Forderung unterliegt und ob dieses Recht derlei Eingriff vorsieht (K/P-*Kemper*, § 335 Rn 47). Gleiches gilt für die **Restschuldbefreiung** (K/P-*Kemper*, § 335 Rn 49).

VI. Anerkennung

16 Die Vorschriften der §§ 335 ff. und der ihnen zugrunde liegende Grundsatz der Universalität gilt für Auslandswirkungen eines inländischen Verfahrens wie für die Wirkungen eines ausländischen Verfahrens im Inland gleichermaßen (K/P-*Kemper*, § 335 Rn 14). Bezüglich etwaigen Auslandsvermögens im Falle eines deutschen Hauptverfahrens gilt, dass das gesamte Vermögen des Schuldners erfasst und nicht nach dessen Belegenheit differenziert wird. Dabei ist es zunächst unerheblich, ob das ausländische Insolvenzstatut dies anerkennt (BGHZ 118, 151, 159; *Wenner* in Mohrbutter/Ringstmeier, § 20 Rn 80; **aA** wohl K/P-*Kemper*, § 335 Rn 15). Daraus ergibt sich die Pflicht des Insolvenzverwalters gem § 148 InsO, auch ausländische Vermögensteile zur Masse zu ziehen und zu verwerten (BGH NZI 2004, 21; *Wenner* in Mohrbutter/Ringstmeier, § 20 Rn 82; *Braun/Liersch,* § 335 Rn 23). Hilfreich ist es, wenn der Eröffnungs-

beschluss dies deutlich macht. Der Insolvenzverwalter hat bei seiner Tätigkeit im Ausland das Recht des jeweiligen Staates zu beachten (K/P-*Kemper,* § 335 Rn 35). Wird der im Inland bestellte Insolvenzverwalter im Ausland tätig – und ist die EuInsVO nicht anwendbar – so ist es dennoch in der Praxis entscheidend, ob er und das Verfahren im Ausland anerkannt wird (K/P-*Kemper,* § 335 Rn 15, 38).

1. Anerkennungsvoraussetzungen

Eine Anerkennung kommt zunächst nur dann in Betracht, wenn das inländische Eröffnungsgericht auch international zuständig ist. Dies ist in jeder Lage von Amts wegen zu prüfen (K/P-*Kemper,* § 335 Rn 19). Die internationale Zuständigkeit wird durch die InsO nicht ausdrücklich geregelt, sondern verhält sich nach hM entsprechend dem internationalen Zivilprozessrecht. Sie richtet sich also – soweit nicht ausdrücklich ein anderes geregelt ist – nach der örtlichen Zuständigkeit, in Ermangelung derer nach dem allgemeinen Gerichtsstand des Schuldners (*Braun/Liersch,* § 335 Rn 10). Letztere Regelung hat somit lediglich eine Auffangfunktion, die die internationale Zuständigkeit nicht zu begründen vermag, wenn der Mittelpunkt der wirtschaftlichen Interessen im Ausland liegt. Anderenfalls würden Doppelzuständigkeiten die Vorhersehbarkeit des Insolvenzstatuts einschränken (*Wenner* in Mohrbutter/Ringstmeier, § 20 Rn 58 ff). Kommt es dennoch zu Doppelzuständigkeiten, so wird herrschend das Prioritätsprinzip gem § 3 Abs 2 InsO analog angewendet (Uhlenbruck/*Lüer,* InsO, 12. Aufl, Art 102 EGInsO Rn 66). Maßgeblich ist dabei der Zeitpunkt der Verfahrenseröffnung (K/P-*Kemper,* § 335 Rn 18). Sonderregelungen bestehen indes für Kreditinstitute und Versicherungsunternehmen (§ 46 a Abs 1 KWG, § 88 Abs 1 a VAG; *Wenner* in Mohrbutter/Ringstmeier, § 20 Rn 62). Eine Eröffnung eines Hauptverfahrens in Deutschland setzt daher voraus, dass der Schuldner hier den Mittelpunkt seiner selbständigen wirtschaftlichen Tätigkeit oder seinen allgemeinen Gerichtsstand hat. Anderenfalls ist im Inland nur die Eröffnung eines Partikularverfahrens möglich (K/P-*Kemper,* § 335 Rn 17). Die Anerkennung einer deutschen Verfahrenseröffnung wird weiter voraussetzen, dass diese mit dem Ordre public des Anerkennungsstaates vereinbar ist (K/P-*Kemper,* § 335 Rn 20).

2. Anerkennungsverhalten verschiedener Staaten

Unter Berücksichtigung ihres Anerkennungsverhaltens lassen sich verschiedene Staatengruppen bilden. Auszunehmen sind dabei EU-Mitgliedsstaaten, für die sich die automatische Anerkennung aus der EuInsVO ergibt (K/P-*Kemper,* § 335 Rn 22). Weitgehend unkompliziert – weil nur die internationale Zuständigkeit und rechtsstaatliche Grundsätze voraussetzend – gestaltet sich die Anerkennung eines deutschen Eröffnungsbeschlusses in **Kanada** und **Australien**, wenn auch dort belegenes unbewegliches Vermögen von der lex fori concursus ausgenommen ist (*Gottwald/Gottwald*, InsHdb, § 128 Rn 114 f). Auch in der **Türkei** ist lediglich eine Vollstreckbarkeitserklärung (Exequartur) der deutschen Eröffnungsentscheidung und Verwalterbestellung erforderlich, wobei die Rechte der dortigen Gläubiger gewährleistet sein müssen (*Gottwald/Gottwald*, InsHdb, § 128 Rn 117). Besonderheiten ergeben sich hinsichtlich der **Schweiz** und **USA**. Die Schweiz kennt keine automatische Anerkennung, sondern führt diese im Wege eines gerichtlichen Verfahrens herbei. Dies ist durchzuführen, wenn die Eröffnungsentscheidung am Wohnsitz des Schuldners ergangen und im diesem Staat vollstreckbar ist. Selbstredend besteht auch hier der Ordre public-Vorbehalt. Die so erzielte Anerkennung bedeutet indes nicht eine Wirkungserstreckung, sondern führt ein schweizerisches Insolvenzverfahren herbei, an dem privilegierte Gläubiger (dh solche mit Besitzpfandrechten, Lohnansprüchen, Sozialversicherungsforderungen und bestimmte Spareinlagen) teilnahmeberechtigt sind. Andere Gläubiger sind auf das ausländische Hauptinsolvenzverfahren verwiesen. Wurden dort schweizerische Gläubiger angemessen berücksichtigt, kann eine Auskehrung eines in der Schweiz angefallenen Vermögensüberschusses an den deutschen Verwalter in einem weiteren gerichtlichen Verfahren angeordnet werden (*Gottwald/Gottwald*, InsHdb, § 128 Rn 121; *K/P-Kemper*, § 335 Rn 25). Ähnlich kann in den **USA** ein ausländisches Hauptinsolvenzverfahren von einem ancillary proceeding begleitet werden (§ 304 Bankruptcy Code; vgl dazu Bankrptcy Court San Antonio, NZI 2005, 125). Durch dieses von dem ausländischen Verwalter initiierte Hilfsverfahren wird das in den USA belegene Vermögen vor dem Zugriff dortiger Gläubiger geschützt. Alternativ kann der Verwalter ein allgemeines Insolvenzverfahren parallel betreiben. Dies erfordert die Anerkennung des deutschen Verfahrens unter den Voraussetzungen der internationalen Zuständigkeit, der Ordre pubic-Konformität sowie der Gleichbehandlung von US-Gläubigern (*Gottwald/Gottwald*, InsHdb, § 128 Rn 127 f; *K/P-Kemper*, § 335 Rn 26). **Dänemark**, auf das die EuInsVO keine Anwendung findet, **Norwegen** und **Japan** folgen dem Universalitätsprinzip nicht, sodass die Eröffnung eines Insolvenzverfahrens in Deutschland dort wirkungslos bleibt (*K/P-Kemper*, § 335 Rn 27). Ähnlich gewährt **Lichtenstein** eine Anerkennung nur unter Verbürgung der Gegenseitigkeit. Diese hat es aber in noch keinem Fall erkannt, sodass im Ergebnis auch hier das Territorialprinzip herrscht (*K/P-Kemper*, § 335 Rn 28).

3. Fehlende Anerkennung

19 Erkennt das Ausland die Eröffnung eines inländischen Insolvenzverfahrens nicht an, so besteht schließlich auch die Möglichkeit einer Zusammenarbeit mit kooperationswilligen Gläubigern, die in das im Ausland

belegene Vermögen vollstrecken oder an einem dortigen Partikularverfahren teilnehmen können (*Wenner* in Mohrbutter/Ringstmeier, § 20 Rn 107). Der Insolvenzverwalter kann mit dem Gläubiger vereinbaren, dass er insoweit erzielte Erlös nach Abzug der Aufwendungen in „seine" Masse abgeführt wird. Andernfalls ist, wenn im Ausland ein Partikularverfahren durchgeführt wird, die daraus erlangte Befriedigung im Inland dem Gläubiger anzurechnen, vgl § 342. Bei der Tätigkeit des inländischen Insolvenzverwalters **im Inland** ergeben sich keine Besonderheiten, wenn er beispielsweise die Herausgabe von im Ausland belegenen Gegenständen durchsetzen will. Er sollte jedoch die Anerkennungsfähigkeit solcher inländischen Urteile im Ausland vorab prüfen (*Wenner* in Mohrbutter/Ringstmeier, § 20 Rn 85). Unabhängig davon wird er sich in aller Regel jedoch ohnehin einer örtlichen Hilfe bedienen müssen (*Wenner* in Mohrbutter/Ringstmeier, § 20 Rn 86). Ohne die Anerkennung ist Eile geboten, denn die unveränderte Verfügungsmacht des Gemeinschuldners wird einzelne Gläubiger veranlassen, außerhalb eines Insolvenzverfahrens Befriedigung zu suchen. Der Insolvenzverwalter hat dessen ungeachtet auch dann im Ausland belegene Vermögensgegenstände zur Masse zu ziehen und alle sich ihm dabei bietenden Möglichkeiten zu nutzen (*Wenner* in Mohrbutter/Ringstmeier, § 20 Rn 99). Er kann dabei die Mithilfe des Schuldners gem § 97 Abs 3 InsO einfordern (*Wenner* in Mohrbutter/Ringstmeier, § 20 Rn 101) oder von ihm eine Auslandsvollmacht verlangen (*Wenner* in Mohrbutter/Ringstmeier, § 20 Rn 102). Diese kann – entgegen der vorgetragenen Bedenken (*Leipold*, FS-Waseda Universität, 787, 791) – auch bereits mit der Eröffnung des Verfahrens durch das Insolvenzgericht angeordnet werden (*Wenner* in Mohrbutter/Ringstmeier, § 20 Rn 102), ferner bietet sich die Anwendung von Zwangsmitteln oder eine Schadensersatzpflicht des Schuldners an (OLG Köln, ZIP 1998, 113; *Wenner* in Mohrbutter/Ringstmeier, § 20 Rn 106).

Mit der verweigerten Anerkennung des inländischen Verfahrens im Ausland bleibt für die Gläubiger die Option, Befriedigung im Wege der **Einzelvollstreckung** zu verfolgen (*Wenner* in Mohrbutter/Ringstmeier, § 20 Rn 108). Es besteht dann eine Herausgabepflicht des vollstreckenden Gläubigers, vgl § 342. Außerdem könnte an einen Schadensersatzanspruch wegen einer sittenwidrigen Schädigung der Gläubigergemeinschaft gem § 826 BGB oder § 823 Abs 2 iVm §§ 88, 89 InsO gedacht werden. Ein solches Vorgehen kann dann unter der Anwendung inländischen Rechts als rechtswidrig angesehen werden (*Wenner* in Mohrbutter/Ringstmeier, § 20 Rn 113f).

§ 336 Vertrag über einen unbeweglichen Gegenstand

¹Die Wirkungen des Insolvenzverfahrens auf einen Vertrag, der ein dingliches Recht an einem unbeweglichen Gegenstand oder ein Recht zur Nutzung eines unbeweglichen Gegenstandes betrifft, unterliegen dem Recht des Staats, in dem der Gegenstand belegen ist. ²Bei einem im Schiffsregister, Schiffsbauregister oder Register für Pfandrechte an Luftfahrzeugen eingetragenen Gegenstand ist das Recht des Staats maßgebend, unter dessen Aufsicht das Register geführt wird.

I. Normzweck

1 Die Art 8 EuInsVO entsprechende Vorschrift des § 336 stellt eine erste Abweichung von der lex fori concursus dar. Die Sonderanknüpfung gilt ausschließlich für vertragliche Rechtsbeziehungen, die vor Eröffnung des Insolvenzverfahrens wirksam begründet wurden (K/P-*Kemper*, § 336 Rn 7). Nur die Gläubiger derartiger – zum Eröffnungszeitpunkt bestehender – Rechtsbeziehungen sollen durch die Vorschrift geschützt werden, die Rechtssicherheit über die Frage bezweckt, welche Rechtsordnung im Falle der Insolvenz für die Vertragsbeziehung maßgeblich sein wird (K/P-*Kemper*, § 336 Rn 1). § 336 gilt daher nicht für Verträge, die erst im Laufe des Insolvenzverfahrens vom Insolvenzverwalter begründet werden. Die lex rei sitae weist die engste Verknüpfung zu dem unbeweglichen Gegenstand auf, an dem ein dingliches Recht vertraglich geregelt wird (K/P-*Kemper*, § 336 Rn 2). In Hinblick auf vertragliche Regelungen über die Nutzung eines unbeweglichen Gegenstandes dient die Vorschrift ferner dem sozialen Schutz von Mietern und Pächtern (Begründung RegE IIRNeuRG BT-Drucks 15/16 S 18 zu § 336). Die Schutzfunktion des Mietrechts bleibt somit auch gegenüber dem Insolvenzrecht erhalten und zwingt den Mieter nicht zum Wohnungswechsel und den damit verbundenen Kosten (K/P-*Kemper*, § 336 Rn 2). Weiterhin soll der Mieter nicht mit den schwer zu übersehenden Konsequenzen eines Insolvenzverfahrens konfrontiert werden, dass einer ausländischen Rechtsordnung unterliegt (HK-*Stephan*, § 336 Rn 7). Der bezweckte Schutz wird also nicht durch die Anordnung des dem Vertragspartner günstigeren Insolvenzstatuts verfolgt, sondern durch die Anordnung des ihm bekannteren (HK-*Stephan*, § 336 Rn 9, daher kritisch *Braun/Liersch*, § 336 Rn 6).

2 Für Schiffe und Luftfahrzeuge ist die Sonderanknüpfung erforderlich, da diese nicht ortsgebunden sind und es somit häufig zu einer Veränderung des anzuwendenden Insolvenzstatuts käme (K/P-*Kemper*, § 336 Rn 10; HK-*Stephan*, § 336 Rn 10). Es ist daher an den Ort des Register anzuknüpfen und das dortige Recht anwendbar.

Vertrag über einen unbeweglichen Gegenstand **§ 336**

Bei § 336 handelt es sich um eine allseitige Kollisionsnorm, mithin gilt 3
die lex rei sitae unabhängig davon, ob das Verfahren im In- oder Ausland
eröffnet wurde (*Wenner* in Mohrbutter/Ringstmeier, § 20 Rn 328; K/P-
Kemper, § 336 Rn 3).

Anders als noch der Regierungsentwurf aus dem Jahr 1992 wird die lex 4
rei sitae unmittelbar angeordnet und nicht auf das internationale Vertragsrecht verwiesen. Dies ist fragwürdig, da eine Vereinbarung über die anzuwendende Rechtsordnungen somit wirkungslos und die Vertragsfreiheit
beschnitten ist (*Braun/Liersch*, § 336 Rn 4).

II. Verträge betreffend dinglicher Rechte oder Nutzungen an unbeweglichen Gegenständen (S 1)

1. Unbewegliche Gegenstände

Gem. § 49 InsO sind unbewegliche Gegenstände solche, die der 5
Zwangsvollstreckung in das unbewegliche Vermögen unterliegen. Der
Zwangsvollstreckung in das unbewegliche Vermögen unterliegen gem
§ 864 Abs 1 ZPO außer den Grundstücken die Berechtigungen, für welche die sich auf Grundstücke beziehenden Vorschriften gelten (zB das
Erbbaurecht gem § 11 ErbbauVO, K/P-*Kemper*, § 336 Rn 4), die im
Schiffsregister eingetragenen Schiffe und die Schiffsbauwerke, die im
Schiffsbauregister eingetragen sind oder in dieses Register eingetragen
werden können. Auch das Wohnungseigentum unterliegt dieser Form
der Zwangsvollstreckung (*Zöller/Stöber*, ZPO, 24. Aufl, § 864 Rn 1) und
ist daher erfasst. Es ist dabei unerheblich, ob der Schuldner Eigentümer
des unbeweglichen Gegenstandes ist (HK-*Stephan*, § 336 Rn 4; BK-
InsO/*Pannen*, § 336 Rn 7).

2. Betreffend eines dinglichen Rechts

Die Formulierung ist so zu verstehen, dass ein schuldrechtlicher Vertrag 6
die sachenrechtlichen Verhältnisse an einem unbeweglichen Gegenstand
zu ändern bezweckt (K/P-*Kemper*, § 336 Rn 5). Dinglich wirkende Verfügungen des Schuldners über den Gegenstand sind daher nicht erfasst.

3. Betreffend eines Nutzungsrechts

Die lex rei sitae gilt auch für Verträge, die ein Recht zur Nutzung eines 7
unbeweglichen Gegenstandes betreffen. Ausdrücklich bezieht sich die Begründung des Regierungsentwurfs (IIRNeuRG BT-Drucks 15/16 S 18
zu § 336) auf den Mietvertrag, um der Schutzfunktion des Mietrechts unbeschadet durch die Insolvenz Fortgeltung zu verschaffen. Dabei ist weder
nach der Nutzungsart, noch nach dem verfolgten Zweck (gewerblich/
nicht gewerblich) zu differenzieren (K/P-*Kemper*, § 336 Rn 6; BK-InsO/
Pannen, § 336 Rn 6). Letzteres scheint fragwürdig, da das Schutzbedürfnis

§ 336

bei einer gewerblich motivieren Anmietung nicht größer sein dürfte als bei anderen vertraglichen Regelungen über bewegliche Sachen (*Liersch*, NZI 2003, 302, 304; *Braun/Liersch*, § 336 Rn 1). Beispielhaft sei an dieser Stelle der Leasingvertrag genannt.

4. Vertrag

8   § 336 schützt Vertragpartner, die im Vertrauen auf die Anwendbarkeit einer bestimmten Rechtsordnung in die vertraglichen Rechte und Pflichten eingetreten sind. Diesem Zweck zufolge muss die Norm um das ungeschriebene Tatbestandsmerkmal ergänzt werden, dass der Vertrag zum Zeitpunkt der Eröffnung des Insolvenzverfahrens bereits bestand (K/P-*Kemper*, § 336 Rn 7; HK-*Stephan*, § 336 Rn 5). Dies stützt auch die Entstehungsgeschichte der Norm (*Braun/Liersch*, § 336 Rn 11). Anderenfalls ist das jeweilige Insolvenzstatut maßgeblich.

9   Die Frage, ob ein Vertrag wirksam zustande gekommen ist, ist nach dem bürgerlichen Recht, bei Auslandsbezug unter Anwendung des Internationalen Privatrechts zu beantworten (K/P-Kemper, § 336 Rn 8). Der Gläubigerschutz würde vervollständigt, wenn auch der Leistungskondiktionsanspruch dem Insolvenzstatut derjenigen nationalen Rechtsordnung unterworfen wird, die auch das unwirksame Vertragsverhältnis regeln sollte (vgl Art 38 Abs 1 EGBGB). Denkbar scheint jedoch, diesen Schutz nur dann zu gewähren, wenn die Unwirksamkeit des Vertrages dem Vertragspartner bis zum Zeitpunkt der Verfahrenseröffnung nicht bewusst gewesen ist.

5. Anwendbaren Recht

10   Die Anordnung der lex rei sitae betrifft das Insolvenzrecht wie auch das materielle Recht gleichermaßen, sie ist ferner abschließende Sonderregelung (K/P-*Kemper*, § 336 Rn 9).

III. Bewegliche, registrierte Gegenstände (S 2)

11   Satz 2 macht bei bestimmten registrierten Gegenständen die Bestimmung der anzuwendenden Rechtsordnung davon abhängig, wo diese in das Schiffsregister, das Schiffsbauregister oder das Register für Pfandrechte an Luftfahrzeugen eingetragen sind. Der Registerbegriff ist weit auszulegen, das Register muss unabhängig, zwar nicht staatlich geführt, aber doch staatlich beaufsichtigt sein (K/P-*Kemper*, § 336 Rn 10, vor §§ 335–358 Rn 3).

§ 337 Arbeitsverhältnis

Die Wirkungen des Insolvenzverfahrens auf ein Arbeitsverhältnis unterliegen dem Recht, das nach dem Einführungsgesetz zum Bürgerlichen Gesetzbuche für das Arbeitsverhältnis maßgebend ist.

I. Normzweck

Das Arbeitsverhältnis ist regelmäßig für jeden Arbeitnehmer von existenzieller Bedeutung. Für diesen soll überschaubar sein, wie sich eine Insolvenz auf sein Arbeitsverhältnis auswirkt (Begründung RegE IIRNeuRG BT-Drucks 15/16 S 18 zu § 337). Zugleich soll dem Schutzgedanken des Arbeitsrechts Geltung verschafft werden (HK-*Stephan*, § 337 Rn 2). § 337 enthält daher eine von der lex fori concursus abweichende Sonderanknüpfung des Inhalts, dass sich das Recht des Arbeitsverhältnisses nach den üblichen Regeln der Art 27 Abs 1 iVm Art 30 Abs 1 EGBGB richtet.

§ 337 entspricht Art 10 EuInsVO. Die Vorschrift ist als allseitige Kollisionsnorm ausgestaltet und findet unabhängig davon Anwendung, ob das Hauptinsolvenzverfahren im In- oder Ausland eröffnet wurde und ob die Insolvenz des Arbeitgebers oder Arbeitsnehmers in Rede steht (K/P-*Kemper*, § 337 Rn 2; HK-*Stephan*, § 337 Rn 4; *Braun/Liersch*, § 337 Rn 6).

II. Arbeitsverhältnis

Ein Arbeitsverhältnis ist das Rechtsverhältnis zwischen dem einzelnen Arbeitnehmer und Arbeitgeber, das aufgrund des Arbeitsvertrages entsteht. Durch den Arbeitsvertrag verpflichtet sich der Arbeitnehmer zur Leistung fremdbestimmter, abhängiger oder unselbständiger Arbeit unter der Leitung und nach Weisung des Arbeitgebers. Dieser verpflichtet sich zur Leistung des vereinbarten Entgelds (*Schaub*, ArbR-Hdb, § 29 Rn 1, 9; FK-*Wimmer*, § 337 Rn 4). Gleichermaßen erfüllen aber auch faktische Arbeitsverhältnisse und nichtige, im Vollzug gesetzte Arbeitsverträge den Tatbestand der Norm (K/P-*Kemper*, § 337 Rn 3). Ferner sind Auszubildende, Teil- und Vollzeitbeschäftigte sowie Scheinselbständige als Arbeitnehmer anzusehen (BK-InsO/*Pannen*, § 337 Rn 7; HK-*Stephan*, § 337 Rn 5)

Schutzbedürftig sind nur diejenigen Arbeitsverhältnisse, die bereits zum Zeitpunkt der Eröffnung des Insolvenzverfahrens bestanden haben. Auf diese Fälle ist der Anwendungsbereich des § 337 teleologisch zu begrenzen (K/P-*Kemper*, § 337 Rn 4).

III. Anwendbares Recht

Wie auch für das Zustandekommen des Arbeitsverhältnisses sind Art 27, 30 EGBGB auch für die Wirkungen eines Insolvenzverfahrens auf dieses

§ 338   11. Teil. Internationales Insolvenzrecht

maßgeblich (K/P-*Kemper*, § 337 Rn 6). Ausgehend vom Grundsatz der freien Rechtswahl (Art 27 EGBGB) gilt hilfsweise das Recht des Staates, in dem der Arbeitnehmer gewöhnlich seine Arbeit verrichtet (Art 30 Abs 2 EGBGB), es sei denn, dass das Arbeitsverhältnis eine engere Verbindung zu einem anderen Staat aufweist (Art 30 Abs 3 EGBGB). Dabei darf die Rechtswahl nicht die Rechtsstellung des Arbeitnehmers verschlechtern und zwingende Bestimmungen zu seinem Schutz suspendieren; insofern gilt das Günstigkeitsprinzip (BK-InsO/*Pannen*, § 337 Rn 2; HK-*Stephan*, § 337 Rn 7; *Wenner* in Mohrbutter/Ringstmeier, § 20 Rn 319).

6   Es ist ferner danach zu unterscheiden, ob das Arbeitsrecht in der so gewählten nationalen Rechtsordnung oder das Insolvenzrecht nach dem Recht des Eröffnungsstaates anzuwenden ist. Das Insolvenzstatut findet Anwendung auf sämtliche insolvenzrechtlich zu qualifizierende Sachverhalte, die nicht unmittelbar mit den Wirkungen der Verfahrenseröffnung auf die Arbeitsverhältnisse zusammenhängen (HK-*Stephan*, § 338 Rn 11). Hierunter fallen insbesondere die vor Insolvenzeröffnung entstandenen Forderungen inklusive deren insolvenzrechtliche Einordnung und Geltendmachung im Insolvenzverfahren (K/P-*Kemper*, § 337 Rn 8). Dem Arbeitsvertragsstatut unterliegen demgegenüber die Auswirkungen der Insolvenzeröffnung, die das materielle Arbeitsverhältnis berühren. Es handelt sich dabei um Fragen der Kündigung, der Reduzierung des Lohns und Änderung der Zusatzleistungen sowie des Betriebsübergangs (§ 613a BGB) und der -änderung (K/P-*Kemper*, § 337 Rn 7). Die Einordnung betrieblicher Altersvorsorgeansprüche hängt davon ob, an welche Einrichtung die Beiträge vom Arbeitgeber zu leisten waren und ob über diesen ein deutschen Insolvenzverfahren eröffnet werden konnte (BK-InsO/*Pannen*, § 337 Rn 3; HK-*Stephan*, § 338 Rn 10; FK-*Wimmer*, § 337 Rn 7). Unabhängig vom jeweils einschlägigen Arbeitsvertrags- und Insolvenzstatut begründet § 183 Abs 1 S 2 SGB III einen Anspruch auf Insolvenzgeld, wenn nur der Arbeitnehmer im Inland beschäftigt war (K/P-*Kemper*, § 337 Rn 9; FK-*Wimmer*, § 337 Rn 8 f). Dies entspricht auch der Rechtsprechung des EuGH (EuGH Rs C 198/98, Everson/Barras/Bell Lines Ltd, Slg 1999, I-8903; vgl *Braun/Liersch*, § 337 Rn 10; zum Abweichen von der Richtlinie 80/987/EWG bzgl. des maßgeblichen Zeitpunkt vgl *Andres/Motz*, NZI 2003, 396).

§ 338 Aufrechnung

Das Recht eines Insolvenzgläubigers zur Aufrechnung wird von der Eröffnung des Insolvenzverfahrens nicht berührt, wenn er nach dem für die Forderung des Schuldners maßgebenden Recht zur Zeit der Eröffnung des Insolvenzverfahrens zur Aufrechnung berechtigt ist.

I. Normzweck

Grundsätzlich unterliegt das Recht zur Aufrechnung der lex fori concursus, das regelmäßig einen angemessenen Ausgleich zwischen dem Recht des aufrechnenden Gläubigers auf eine faktisch vorrangige Befriedigung und dem diese Aufrechnungsbefugnis im Insolvenzverfahren einschränkenden Grundsatz der Gleichbehandlung aller Gläubiger herbeiführt (Begründung RegE IIRNeuRG BT-Drucks 15/16 S 18 zu § 338). Gleichwohl soll die einschränkungslose Anwendung des Insolvenzstatuts ausnahmsweise zu unvorhergesehenen Härten führen können, etwa dann, wenn der betreffende Gläubiger auf die Zulässigkeit der Aufrechnung auch in der Insolvenz vertraut hat. Dem trägt die Vorschrift des § 338 dadurch Rechnung, dass sie erlaubt, die Zulässigkeit einer Aufrechnung und ihre Wirkungen unter den Bedingungen einer Insolvenz im voraus beurteilen zu können (Begründung RegE IIRNeuRG BT-Drucks 15/16 S 19 zu § 338).

Im Unterschied zu den §§ 336, 337 stellt § 338 keine Sonderanknüpfung dar, sondern enthält eine eigenständige Sachregelung (K/P-*Kemper*, § 338 Rn 2). Diese unterstellt die Zulässigkeit einer Aufrechnung nicht ausschließlich, aber doch primär der lex fori concursus (*Wenner* in Mohrbutter/Ringstmeier, § 20 Rn 335). Nur wenn das Insolvenzstatut eine Aufrechnung nicht erlauben sollte, ermöglicht § 338 diese doch unter den Voraussetzungen des für die Forderung maßgeblichen Rechts (BK-InsO/*Pannen*, § 338 Rn 5). Auf diese Weise soll das Vertrauen des Gläubigers in sein Aufrechnungsrecht geschützt werden (K/P-*Kemper*, § 338 Rn 1; HK-*Stephan*, § 338 Rn 2) und den Sicherungscharakter der Aufrechnung wahren (BK-InsO/*Pannen*, § 338 Rn 1). Nicht zu verkennen ist jedoch, dass damit einseitig der Gläubiger belohnt wird, der sich am Vertragsstatut anstatt des Insolvenzstatuts orientiert. Außerdem schafft die Vorschrift Manipulationsmöglichkeiten, weil das auf das Statut der Hauptforderung anwendbare Recht von den Parteien gewählt werden kann (*Wenner* in Mohrbutter/Ringstmeier, § 20 Rn 336; kritisch auch *Braun/Liersch*, § 338 Rn 5f).

§ 338 ist unabhängig davon anwendbar, ob ein Hauptverfahren im Ausland oder im Inland eröffnet wurde. Eine § 338 ähnliche Regelung enthält Art 6 Abs 1 EuInsVO.

II. Aufrechnungslage

Der Insolvenzgläubiger muss zur Zeit der Eröffnung des Insolvenzverfahrens zur Aufrechnung berechtigt gewesen sein. Die Frage nach einer Aufrechnungslage ist nach den Regeln der Rechtsordnung zu beurteilen, die nach dem Internationalen Privatrecht (insbesondere Art 32 Abs 1 Nr 4 EGBGB) heranzuziehen ist (HK-*Stephan*, § 338 Rn 5; *Braun/Liersch*, § 338

Rn 2; BK-InsO/*Pannen*, § 338 Rn 7; FK-*Wimmer*, § 338 Rn 2). Soweit deutsches Recht für die Forderung des Insolvenzgläubigers maßgeblich ist, setzt dies somit a) die Gegenseitigkeit und Gleichartigkeit von Haupt- und Gegenforderung (des Insolvenzgläubigers) voraus, b) dass diese Gegenforderung vollwirksam und fällig sowie c) die Hauptforderung erfüllbar ist (Palandt/*Heinrichs*, BGB, § 387 Rn 3). Dabei unterliegt die Entstehung von Haupt- und Gegenforderung dem Recht, das für das sie begründende Schuldverhältnis maßgeblich ist (K/P-*Kemper*, § 338 Rn 4).

5 Die Aufrechnungslage muss bereits zum Zeitpunkt der Eröffnung des Hauptinsolvenzverfahrens bestanden haben (K/P-*Kemper*, § 338 Rn 3). Aufgrund der automatischen Anerkennung gem § 343 Abs 1 kann auch nicht auf den Zeitpunkt der Anerkennung des ausländischen Eröffnungsentscheidung durch das nationale Insolvenzgericht abgestellt werden. Der Zeitpunkt des Entstehens der Aufrechnungslage bestimmt sich ebenfalls nach den allgemeinen kollisionsrechtlichen Norm des Internationalen Privatrechts (BK-InsO/*Pannen*, § 338 Rn 8; HK-*Stephan*, § 338 Rn 6). Entsteht die Aufrechnungslage erst nachdem ein Insolvenzverfahren bereits eröffnet ist, kann § 338 keine Anwendung finden und die Zulässigkeit der Aufrechnung ist nach der lex fori concursus zu beurteilen (K/P-*Kemper*, § 338 Rn 4; BK-InsO/*Pannen*, § 338 Rn 9).

III. Unzulässigkeit der Aufrechnung gem Insolvenzstatut

6 § 338 findet nur in den Fällen Anwendung, wenn das anzuwendende Insolvenzstatut die Aufrechnung trotz bestehender Aufrechnungslage nicht zulässt (HK-*Stephan*, § 338 Rn 4; *Braun/Liersch*, § 338 Rn 4). Handelt es sich um ein im Inland eröffnetes Verfahren, so ist die Aufrechnung unter den Voraussetzungen der §§ 94 ff. zulässig, wenn also die Aufrechnungslage zum Zeitpunkt der Verfahrenseröffnung bereits bestand und nicht in unzulässiger Weise herbeigeführt wurde (K/P-*Kemper*, § 338 Rn 5). § 338 stellt demnach also nur auf die Frage der Zulässigkeit der Aufrechnung in der Insolvenz ab, unerheblich ist hingegen die Frage nach den materiellrechtlichen Voraussetzungen und Wirkungen der Aufrechnung (K/P-*Kemper*, § 338 Rn 6).

IV. Recht zu Aufrechnung

7 Ist die Aufrechnung nach der lex fori concursus unzulässig, kann sich ein anderes gem § 338 doch daraus ergeben, dass das Recht der Hauptforderung dies zulässt und damit eine Aufrechung an geringere Voraussetzungen knüpft. Daher gilt stets die weiteste Aufrechnungsmöglichkeit (K/P-*Kemper*, § 338 Rn 7; *Smid*, InsO, § 338 Rn 4). Die Aufrechnungsmöglichkeit wird durch das materielle Recht und das Insolvenzrecht des Staates der Hauptforderung bestimmt (K/P-*Kemper*, § 338 Rn 7). Nach

dieser Rechtsordnung muss die Aufrechnung sowohl zivilrechtlich als auch in der Insolvenz zulässig sein (*Braun/Liersch*, § 338 Rn 5 mwN; ders. NZI 2003, 302, 305)

§ 339 Insolvenzanfechtung

Eine Rechtshandlung kann angefochten werden, wenn die Voraussetzungen der Insolvenzanfechtung nach dem Recht des Staats der Verfahrenseröffnung erfüllt sind, es sei denn, der Anfechtungsgegner weist nach, dass für die Rechtshandlung das Recht eines anderen Staats maßgebend und die Rechtshandlung nach diesem Recht in keiner Weise angreifbar ist.

I. Normzweck

Nach der grundsätzlich auch unter § 339 fortgeltenden Regel der Anwendbarkeit der lex fori concursus unterliegt eine Rechtshandlung auch dann der Anfechtung nach dem Insolvenzrecht des Staates, in dem das Verfahren eröffnet worden ist, wenn die Rechtshandlung selbst materiellrechtlich nicht nach dem Recht des Eröffnungsstaates zu beurteilen ist. Hierdurch soll das Vertrauen des Anfechtungsgegners auf die auch im Rahmen der Anfechtung fortgeltende Anwendbarkeit der seinerseits gewählten oder akzeptieren Rechtsordnung geschützt werden (*Braun/Liersch*, § 339 Rn 1; HK-*Stephan*, § 339 Rn 4). Die Art 13 EuInsVO entsprechende Vorschrift des § 339 enthält daher zugunsten des Anfechtungsgegners eine Sonderregelung, die zwar den Grundsatz der par conditio creditorum stört, aber Rechtssicherheit gewährt und letzterer somit den Vorzug gibt (K/P-*Kemper*, § 339 Rn 1). Wie der Verordnungsgeber der EuInsVO hat sich auch der deutsche Gesetzgeber der InsO hinsichtlich der Anfechtbarkeit von Rechtshandlungen für eine Kumulationslösung entschieden (FK-*Wimmer*, § 339 Rn 11 ff; *Braun/Liersch*, § 339 Rn 1; *Wenner* in Mohrbutter/Ringstmeier, § 20 Rn 340; **aA** K/P-*Kemper*, § 339 Rn 8). Dies mag mit Blick auf eine möglichst weitgehende Harmonisierung nationaler und europarechtlicher Vorschriften geboten gewesen sein, bleibt aber gleichwohl rechtspolitisch verfehlt, gelten Kumulationslösungen im Internationalen Anfechtungsrecht doch als schlechteste aller Lösungen (*Wenner* in Mohrbutter/Ringstmeier, § 20 Rn 340 mwN). In der Praxis werden hiermit Manipulationsmöglichkeiten Tür und Tor geöffnet, vor welchen das Anfechtungsrecht im Interesse der Masse doch gerade schützen soll (*Wenner* in Mohrbutter/Ringstmeier, § 20 Rn 340). So wird man potentiellen Anfechtungsgegnern bei Rechtshandlungen in der Krise dazu raten müssen, darauf zu drängen, durch Rechtswahl eine lex causae zur Anwendung zu bringen, die ein möglichst „schwaches" Insol-

1

venzanfechtungsrecht kennt (*Braun/Liersch*, § 339 Rn 21). Ob die in der Norm enthaltene Beweislastumkehr in der Praxis tatsächlich zu der damit beabsichtigten erheblichen Erleichterung für den Insolvenzverwalter bei der Durchsetzung anfechtungsrechtlicher Ansprüche in grenzüberschreitenden Sachverhalten führt (so etwa K/P-*Kemper*, § 339 Rn 9), darf mit Blick darauf, dass das Prozessgericht regelmäßig Schwierigkeiten bei der Anwendung der jeweils ausländischen Rechtsordnung haben dürfte, mit Recht bezweifelt werden (*Braun/Liersch*, § 339 Rn 22).

2   Als rechtspolitisch verfehlte Ausnahmevorschrift ist § 339 ebenso wie Art 13 EuInsVO nicht analogiefähig. Im Insolvenzstatut enthaltene Rückschlagsperren, wie etwa § 88 im deutschen Recht, sind daher einschränkungslos zu beachten (ebenso: *Wenner* in Mohrbutter/Ringstmeier, § 20 Rn 352; aA *Braun/Liersch*, § 339 Rn 5).

3   Bei § 339 handelt es sich um eine allseitige Sachnorm. Sie ist unabhängig davon anwendbar, ob ein Insolvenzverfahren im Ausland mit Wirkungen auf das Inland oder in umgekehrter Konstellation eröffnet wurde (K/P-*Kemper*, § 339 Rn 2).

II. Vor Verfahrenseröffnung vorgenommene Rechtshandlung

4   Die Norm kommt nur dann zum Tragen, wenn eine Rechtshandlung Gegenstand der Anfechtung ist, die vor der Eröffnung des Insolvenzverfahrens vorgenommen wurde. Ohnehin werden aber Rechtshandlungen des Schuldners nach der Verfahrenseröffnung unwirksam sein, da dieser nach diesem Zeitpunkt der Verfügungsbefugnis entbehrt (K/P-*Kemper*, § 339 Rn 5).

5   Unter einer Rechtshandlung ist jede Handlung oder Unterlassung zu verstehen, der eine rechtliche Wirkung zukommt, unabhängig davon, ob diese Wirkung seitens des Handelnden gewollt ist oder nicht (K/P-*Kemper*, § 339 Rn 4).

III. Anfechtbarkeit nach der lex fori concursus

6   Gem. § 335 unterliegen das Insolvenzverfahren und seine Wirkungen, soweit nichts anderes bestimmt ist, dem Recht des Staates, in dem das Verfahren eröffnet worden ist. Diese grundsätzliche Regelung gilt auch für das Anfechtungsrecht und wird durch § 339 nicht aufgehoben. Die Anfechtbarkeit von Rechtshandlungen ist daher zunächst nach dem Insolvenzstatut des Eröffnungsstaates zu beurteilen (K/P-*Kemper*, § 339 Rn 5). Dies gilt für die Voraussetzungen der Anfechtung, ferner auch hinsichtlich der Geltendmachung des Anfechtungsanspruchs, der Anfechtungsfrist, der Verjährung sowie der Wirkungen einer Anfechtung (HK-*Stephan*, § 339 Rn 3; K/P-*Kemper*, § 339 Rn 3; *Braun/Liersch*, § 339 Rn 7). Liegen die Voraussetzungen einer Anfechtung nach dem Recht des Staates der Ver-

fahrenseröffnung vor, so kann die Rechtshandlung grundsätzlich auch angefochten werden. Das Vorliegen dieser Voraussetzungen hat der Insolvenzverwalter zu beweisen (BK-InsO/*Pannen*, § 339 Rn 4).

IV. Ausnahme von der Anfechtbarkeit

Eine Ausnahme von diesem Grundsatz ordnet § 339 indes für den Fall an, 7 dass der Anfechtungsgegner nachweist, dass für die Rechtshandlung eine andere Rechtsordnung maßgebend und die Rechtshandlung nach dieser in keiner Weise angreifbar ist. Nur wenn das die Rechtshandlung bestimmende Recht (lex causae) und die lex fori concursus divergieren, kommt die Einrede des § 339 überhaupt in Betracht (*Braun/Liersch*, § 339 Rn 9).

1. Andere Rechtsordnung maßgebend

Das für die Rechtshandlung maßgebliche Recht ist das Schuldstatut 8 (*Wenner* in Mohrbutter/Ringstmeier, § 20 Rn 347). Die Maßgeblichkeit einer anderen Rechtsordnung (lex causae) als der des Eröffnungsstaates bestimmt sich auf Grundlage des Internationalen Privatrechts (*Braun/Liersch*, § 339 Rn 9). Zu nennen sind etwa die Fälle, in denen die Parteien eine Rechtswahl getroffen und vereinbart haben. In Hinblick auf schuldrechtliche Verträge ist dies nach deutschem IPR gem Art 27 Abs 1 S 1 EGBGB zulässig (K/P-*Kemper*, § 339 Rn 6). Weiterhin kann sich die Geltung einer dem Eröffnungsstaat fremden Rechtsordnung aus Art 28 Abs 3 EGBGB ergeben. Danach wird vermutet, dass ein Vertrag, der ein dingliches Recht an einem Grundstück oder ein Recht zur Nutzung eines Grundstücks zum Gegenstand hat, der Rechtsordnung des Staates unterliegt, in der die unbewegliche Sache belegen ist. Zu Recht wird jedoch darauf hingewiesen, dass sowohl § 339 als auch Art 13 EuInsVO offen lassen, ob es sich um eine Kollisionsregel der lex fori processus oder der lex fori concursus handelt (*Wenner* in Mohrbutter/Ringstmeier, § 20 Rn 347). Solange das Kollisionsrecht nicht vereinheitlicht ist, bleibt die Frage von Bedeutung, weil allgemeinen Regeln zufolge jeder Staat sein eigenes Internationales Privatrecht anwendet. Bei einem Anfechtungsprozess des Insolvenzverwalters würde hiernach die lex fori processus gelten (*Wenner* in Mohrbutter/Ringstmeier, § 20 Rn 347). Demgegenüber findet sich in der Literatur – freilich ohne nähere Begründung – die Aussage, das Kollisionsrecht des Insolvenzeröffnungsstaats sei maßgeblich (*Duursma-Kepplinger* in D-K/D/Ch, EuInsVO, Art 13 Rn 16).

2. Unangreifbarkeit der Rechtshandlung

Eine Rechtshandlung ist dann nicht anfechtbar, wenn sie nach der 9 maßgebenden, von der des Eröffnungsstaates abweichenden und auf die lex causae anzuwendenden Rechtsordnung in keiner Weise angreifbar ist.

§ 339 11. Teil. Internationales Insolvenzrecht

Unerheblich ist dabei, ob die Voraussetzungen für eine Eröffnung eines Insolvenzverfahrens auch unter der für die lex causae maßgeblichen Rechtsordnung gegeben sind (*Braun/Liersch*, § 339 Rn 12). Unangreifbarkeit ist nach dem Regierungsentwurf dann gegeben, wenn die Rechtshandlung nicht anfechtbar, nichtig oder sonst unwirksam ist (Begründung RegE IIRNeuRG BT-Drucks 15/16 S 19 zu § 339). Um Eigenarten und Begrifflichkeit unterschiedlichster Rechtsordnungen vollständig erfassen zu können, ist als Angriffsmittel iSd § 339 jede Möglichkeit zu sehen, die die Rechtshandlung nachträglich in Frage stellt (*K/P-Kemper*, § 339 Rn 7). Angriffsmöglichkeiten können sich dabei nicht nur im Rahmen der Insolvenzanfechtung, sondern auch auf andere Weise bieten. Auch materielle Anfechtungsmöglichkeiten – beispielsweise wegen Sittenwidrigkeit oder einem Willensmangel – schließen die Einrede des Anfechtungsgegners nach § 339 aus (*K/P-Kemper*, § 339 Rn 7; *Kemper*, ZIP 2001, 1609, 1618; *Braun/Liersch*, § 339 Rn 10; *Wenner* in Mohrbutter/Ringstmeier, § 20 Rn 348). Ohne Bedeutung ist hingegen die aus dem Angriffsmittel resultierende Rechtsfolge; eine Kumulation findet nur auf Ebene der Tatbestandsmerkmale statt (BK-InsO/*Pannen*, § 339 Rn 6; *Wenner* in Mohrbutter/Ringstmeier, § 20 Rn 348).

3. Darlegungs- und Beweislast

10 Es handelt sich um eine Einrede des Anfechtungsgegners, die diese begründenden Tatsachen sind daher nicht schon von Amts wegen zu beachten (BK-InsO/*Pannen*, § 339 Rn 2; HK-*Stephan*, § 339 Rn 4). Es kommt daher nicht zu einer kumulierten Prüfung der Voraussetzungen einer Anfechtung unter beiden Rechtsordnung durch das Gericht (*Kemper*, § 339 Rn 8). Vielmehr prüft das Gericht zunächst nur, ob eine Anfechtbarkeit nach dem Insolvenzstatut gegeben ist. Erst im Falle der Geltendmachung der Einrede hat das zuständige Gericht dann die Voraussetzungen für das Eingreifen dieses Rechts zu prüfen (*K/P-Kemper*, § 339 Rn 8).

11 Schon nach dem Wortlaut des § 339 hat der Anfechtungsgegner darzulegen und zu beweisen, dass die Rechthandlung anhand einer anderen Rechtsordnung zu beurteilen und danach in keiner Weise anfechtbar ist. Um die Einrede substantiiert vortragen zu können, muss der Anfechtungsgegner nicht nur die ihr zugrundeliegenden Tatsachen behaupten und ggf. beweisen. Gleiches obliegt ihm auch in Hinblick auf die Anwendbarkeit einer fremden Rechtsordnung und ihrer Rechtsfolgen für die Rechtshandlung (*K/P-Kemper*, § 339 Rn 9; *Wenner* in Mohrbutter/Ringstmeier, § 20 Rn 349).

§ 340 Organisierte Märkte. Pensionsgeschäfte.

(1) **Die Wirkungen des Insolvenzverfahrens auf die Rechte und Pflichten der Teilnehmer an einem organisierten Markt nach § 2 Abs 5 des Wertpapierhandelsgesetzes unterliegen dem Recht des Staats, das für diesen Markt gilt.**
(2) **Die Wirkungen des Insolvenzverfahrens auf Pensionsgeschäfte im Sinne des § 340b des Handelsgesetzbuchs sowie auf Schuldumwandlungsverträge und Aufrechnungsvereinbarungen unterliegen dem Recht des Staats, das für diese Verträge maßgebend ist.**
(3) **Für die Teilnehmer an einem System im Sinne von § 1 Abs 16 des Kreditwesengesetzes gilt Absatz 1 entsprechend.**

I. Normzweck

§ 340 soll den Nutzern verschiedener Finanzleistungen Sicherheit über die anzuwendende Rechtsordnung gewähren (K/P-*Kemper*, § 340 Rn 1). Dazu werden für drei bestimmte Finanzinstrumente in den einzelnen, voneinander unabhängigen (BK-InsO/*Pannen*, § 340 Rn 2) Absätzen Sonderanknüpfungen getroffen. Die Verwendung dieser Finanzinstrumente unterliegt in der Insolvenz daher nicht zwingend der lex fori concursus. Auf diese Weise sollen Störungen des komplexen und durch das Insolvenzereignis gestörten jeweiligen Systems kalkulierbar werden (K/P-*Kemper*, § 340 Rn 6). Die gilt insbesondere im Falle der Insolvenz von Kreditinstituten und Versicherungsunternehmen (*Braun/Liersch*, § 340 Rn 1). 1

Die Norm ist als allseitige Kollisionsnorm unabhängig davon anwendbar, ob es sich um eine Auslandsinsolvenz mit Auswirkung auf Deutschland oder um ein in Deutschland eröffnetes Hauptverfahren mit Auslandwirkung handelt (K/P-*Kemper*, § 340 Rn 2). Eine ähnliche Vorschrift findet sich in Art 9 EuInsVO. 2

II. Wirkungen auf organisierte Märkte (Abs 1)

1. Organisierte Märkte

Die Norm verweist zur Auslegung des Begriffs der organisierten Märkte auf § 2 Abs 5 WpHG. Organisierter Markt ist demnach ein Markt, der von staatlich anerkannten Stellen geregelt und überwacht wird, regelmäßig stattfindet und für das Publikum unmittelbar oder mittelbar zugänglich ist. Insofern erfasst die Vorschrift nicht nur die organisierten Märkte in den Mitgliedstaaten der EU, sondern auch in Drittstaaten (K/P-*Kemper*, § 340 Rn 3). In der Bundesrepublik sind dies insbesondere der 3

§ 340   11. Teil. Internationales Insolvenzrecht

geregelte und amtliche Markt und die Terminbörse Eurex, nicht hingegen der nur privatrechtlich organisierte Freiverkehr (BK-InsO/*Pannen*, § 340 Rn 7).

2. Maßgeblicher Zeitpunkt

4   Der organisierte Markt muss zum Zeitpunkt der Eröffnung des Insolvenzverfahrens bereits bestehen (K/P-*Kemper*, § 340 Rn 3).

3. Teilnehmer

5   Die Wirkungen des § 340 richten sich nicht an den Markt, sondern an die Marktteilnehmer. Insofern muss das Insolvenzverfahren über das Vermögen eines Marktteilnehmers eröffnet worden sein (K/P-*Kemper*, § 340 Rn 5). In diesem Fall können sich nachteilige Auswirkungen oder Störungen auf das System ergeben, die durch die Sonderanknüpfung dadurch vermieden werden sollen, dass beispielsweise der Praxis des Marktes immanente gegenseitige Verträge, Aufrechnungen und Verrechnung dem Recht des Staates unterliegen, das für den Markt gilt (K/P-*Kemper*, § 340 Rn 6; *Braun/Liersch*, § 340 Rn 2; BK-InsO/*Pannen*, § 340 Rn 3; HK-*Stephan*, § 340 Rn 3).

III. Pensionsgeschäfte, Schuldumwandlungsverträge und Aufrechnungsvereinbarungen (Abs 2)

1. Pensionsgeschäfte

6   Auch im Falle von Pensionsgeschäften, Schuldumwandlungsverträgen und Aufrechnungsvereinbarungen erfordert das zugrunde liegende Verrechnungssystem Rechtssicherheit für den Fall der Insolvenz eines der Beteiligten (K/P-*Kemper*, § 340 Rn 11). Unter Pensionsgeschäften sind gem § 340b HGB Verträge zu verstehen, durch die ein Kreditinstitut oder der Kunde eines Kreditinstituts (Pensionsgeber) ihm gehörende Vermögensgegenstände einem anderen Kreditinstitut oder einem seiner Kunden (Pensionsnehmer) gegen Zahlung eines Betrags überträgt und in denen gleichzeitig vereinbart wird, dass die Vermögensgegenstände später gegen Entrichtung des empfangenen oder eines im voraus vereinbarten anderen Betrags an den Pensionsgeber zurück übertragen werden müssen oder können. Es handelt sich also vereinfacht um einen Verkauf mit gleichzeitiger Rückkaufvereinbarung (BK-InsO/*Pannen*, § 340 Rn 10).

7   Aufrechnungen sind nicht im Sinne der §§ 387 ff. BGB zu verstehen, Sie umfassen die finanzmarkttypische Verrechnungsform der Nettings, das die Saldierung verschiedener Zahlungsansprüche beschreibt (HK-*Stephan*, § 340 Rn 5; *Braun/Liersch*, § 340 Rn 3). In Hinblick auf eine Aufrechnung ieS, die Teil von Netting-Vereinbarungen sein kann, ist ergän-

zend § 338 beachtlich (BK-InsO/*Pannen*, § 340 Rn 12; *Braun/Liersch*, § 340 Rn 3).

2. Zeitpunkt

Auch hier folgt aus dem Schutzcharakter der Norm, dass das Pensionsgeschäft, der Schuldumwandlungsvertrag und die Aufrechnungsvereinbarung bereits zum Zeitpunkt der Insolvenzverfahrenseröffnung zustande gekommen sein muss (K/P-*Kemper*, § 340 Rn 10). 8

3. Anwendbares Recht

Wenn Abs 2 das Recht für anwendbar erklärt, das auch für die genannten Verträge maßgeblich ist, so ist damit materielles wie auch Insolvenzrecht gemeint (K/P-*Kemper*, § 340 Rn 12). Das materielle Recht unterliegt dabei der freien Rechtswahl (BK-InsO/*Pannen*, § 340 Rn 11). Bei Anwendbarkeit deutschen Rechts ist insbesondere § 104 Abs 2 InsO beachtlich (*Braun/Liersch*, § 340 Rn 3). Die lex fori concursus bleibt hingegen unbeachtlich, um so – wie auch im Falle des Abs 1 – Systemwidersprüche zu vermeiden (kritisch bzgl. Pensionsgeschäften *Braun/Liersch*, § 340 Rn 3). 9

IV. Systeme iSd § 1 Abs 16 KWG (Abs 3)

§ 340 Abs 3 erweist auf Systeme iSd § 1 Abs 16 KWG, dieser seinerseits auf schriftliche Vereinbarungen nach Artikel 2 lit. a der RL 98/26/EG über die Wirksamkeit von Abrechnungen in Zahlungs- sowie Wertpapierliefer- und -abrechnungssystemen einschließlich der Vereinbarung zwischen einem Teilnehmer und einem indirekt teilnehmenden Kreditinstitut, soweit sie von der Deutschen Bundesbank der EU-Kommission gemeldet wurde. § 340 Abs 3 setzt mithin die RL 98/26/EG um (BK-InsO/*Pannen*, § 340 Rn 13) und sichert die grenzüberschreitende Insolvenzfestigkeit der Verrechnung von Ansprüchen und Leistungen in solcherlei Systemen (*Braun/Liersch*, § 340 Rn 5). Zu nennen sind hier Zahlungs-, Abrechnungs- und Wertpapierlieferungssysteme (BK-InsO/*Pannen*, § 340 Rn 14), insbesondere Netting-Vereinbarungen, die allerdings sämtlich aufgrund der beschränkten Teilnehmerzahl im Unterschied zu Abs 2 ein geschlossenes System darstellen (K/P-*Kemper*, § 340 Rn 13). Beispielhaft sind hier das Gironetz der Sparkassenorganisationen sowie die Einrichtungen der Deutschen Börse Clearing AG zu nennen (K/P-*Kemper*, § 340 Rn 13). Doch auch auf Systeme, die nicht in einem EU-Mitgliedsstaat angesiedelt sind, ist die Norm anwendbar, soweit diese im Wesentlichen mit den von der umgesetzten Richtlinie vergleichbar sind (HK-*Stephan*, § 340 Rn 6) 10

Abs 3 setzt voraus, dass das System bereits vor der Eröffnung des Insolvenzverfahrens über das Vermögen eines der Systemteilnehmer bestand 11

§ 341

11. Teil. Internationales Insolvenzrecht

(K/P-*Kemper*, § 340 Rn 14). Unter diesen Voraussetzungen findet die Rechtsfolge gem Abs 1 Anwendung, sodass also die Wirkungen des Insolvenzverfahrens durch das Recht desjenigen Staates bestimmt werden, denen das System unterliegt. Die lex fori concursus ist insoweit verdrängt (BK-InsO/*Pannen*, § 340 Rn 15). Damit ist auch im Anwendungsbereich des Abs 3 sowohl das materielle als auch das Insolvenzrecht gemeint (K/P-*Kemper*, § 340 Rn 15).

§ 341 Ausübung von Gläubigerrechten

(1) Jeder Gläubiger kann seine Forderungen im Hauptinsolvenzverfahren und in jedem Sekundärinsolvenzverfahren anmelden.

(2) ¹Der Insolvenzverwalter ist berechtigt, eine in dem Verfahren, für das er bestellt ist, angemeldete Forderung in einem anderen Insolvenzverfahren über das Vermögen des Schuldners anzumelden. ²Das Recht des Gläubigers, die Anmeldung abzulehnen oder zurückzunehmen, bleibt unberührt.

(3) Der Verwalter gilt als bevollmächtigt, das Stimmrecht aus einer Forderung, die in dem Verfahren, für das er bestellt ist, angemeldet worden ist, in einem anderen Insolvenzverfahren über das Vermögen des Schuldners auszuüben, sofern der Gläubiger keine anderweitige Bestimmung trifft.

I. Normzweck

1 § 341 ist eine Sachnorm (K/P-*Kemper*, § 341 Rn 2) und regelt verschiedene Fragen der Ausübung von Gläubigerrechten in die Gemeinschaftsgrenzen überschreitenden Insolvenzverfahren. Die Norm ist anwendbar auf eröffnete in- und ausländische Haupt- und Partikularverfahren (K/P-*Kemper*, § 341 Rn 2). Die Vorschrift entspricht teilweise Art 32 EuInsVO. Abs 3 enthält eine eigenständige Regelung hinsichtlich der Ausübung des Stimmrechts. Da die EuInsVO die diesbezügliche Ausgestaltung den Mitgliedstaaten überlassen hat und dazu selbst keine Regelung trifft, findet Abs 3 auch auf innereuropäische Sachverhalte Anwendung (K/P-*Kemper*, § 341 Rn 2).

II. Anmelderecht des Gläubigers (Abs 1)

2 Dem Insolvenzgläubiger steht gem Abs 1 das Recht zu, seine Forderung in jedem Verfahren über das Vermögen des Schuldners anzumelden, gleichgültig, ob es sich um ein Hauptverfahren mit universellen Wirkungen oder um ein Partikularverfahren handelt, dessen Wirkungen auf den Eröffnungsstaat begrenzt sind. Die Anordnungen der lex fori concursus

über das Teilnahmerecht werden somit durch § 341 verdrängt (K/P-*Kemper*, § 341 Rn 3). Hinsichtlich deutscher Verfahren ergibt sich das Teilnahmerecht – und damit auch das Anmelderecht – ausländischer Gläubiger bereits aus dem Grundsatz der par conditio creditorum sowie im Hauptinsolvenzverfahren aus dessen universellen Wirkung (K/P- *Kemper*, § 341 Rn 4; HK-*Stephan*, § 341 Rn 4). § 341 Abs 1 kommt insofern nur eine deklaratorische Funktion zu (FK-*Wimmer*, § 341 Rn 3).

Jeder Insolvenzgläubiger hat die Option, seine Forderung in mehreren 3 Verfahren, sei es im Inland oder im Ausland und handele es sich um Hauptinsolvenzverfahren oder gegebenenfalls daneben noch bestehender Sekundärinsolvenzverfahren – auch nebeneinander – anzumelden, ihm steht die freie Auswahl zu (K/P-*Kemper*, § 341 Rn 5, HK-*Stephan*, § 341 Rn 3).

III. Anmelderecht des Insolvenzverwalters (Abs 2 S 1)

Der Insolvenzverwalter ist berechtigt, die in dem Verfahren, für das er 4 bestellt ist, angemeldeten Forderungen auch in einem anderen Verfahren über das Vermögen des selben Schuldners anzumelden. Soweit die lex fori consursus das Teilnahmerecht abschließend regelt, wird sie hierdurch verdrängt (K/P-*Kemper*, § 341 Rn 6).

1. Insolvenzverwalter

Im Falle eines inländischen Verfahrens steht das Anmelderecht jeden- 5 falls dem (inländischen) Insolvenzverwalter zu. Ob eine ausländische Person als Insolvenzverwalter anzusehen ist, wird durch eine Qualifikation geprüft (dazu: K/P-*Kemper*, Vor §§ 335–358 Rn 3). Dies ist der Fall, wenn ihre Aufgaben und Befugnisse denen eines inländischen Insolvenzverwalters entsprechen. Als Auslegungshilfe kann auch Art 2 Buchst. b iVm Anhang C EuInsVO herangezogen werden, dort sind die in den Mitgliedstaaten anerkannten Verwalter aufgeführt. Die Bestellung zum Verwalter ist in Deutschland entsprechend des § 347 nachzuweisen, im übrigen gilt das Insolvenzstatut des Eröffnungsstaates (K/P-*Kemper*, § 341 Rn 7).

2. Forderung

Der Insolvenzverwalter kann nur diejenigen Forderungen in einem 6 ausländischen Insolvenzverfahren anmelden, die bereits in dem Verfahren angemeldet sind, für das er bestellt ist. Seine Anmeldung erfolgt nach dem Insolvenzstatut des Eröffnungsstaates, beispielsweise im Inland gem § 174 Abs 1 (*Braun/Liersch*, § 341 Rn 7). Auch der Nachweis der Forderung ist nach der lex fori concursus zu erbringen, gleiches gilt für die Umfang, Form und Anmeldefrist sowie für die Folgen einer Verfristung (BK-

§ 341 11. Teil. Internationales Insolvenzrecht

InsO/*Pannen*, § 341 Rn 4; HK-*Stephan*, § 341 Rn 3). Für die Anmeldung bereits im Ausland proklamierter Forderungen im Inland wird in der Regel ein beglaubigter Auszug aus der Insolvenztabelle oder eine Bescheinigung der zuständigen Stelle über die Anmeldung der in Rede stehenden Forderung ausreichen, evtl. ist eine Übersetzung gem § 184 GVG zu verlangen (K/P-*Kemper*, § 341 Rn 8).

3. Berechtigung

7 Gemäß dem Wortlaut ist der Insolvenzverwalter berechtigt, bei ihm angemeldete Forderungen auch in einem anderen Insolvenzverfahren anzumelden. Hieraus wird teilweise gefolgert, der Verwalter sei in diesem Fall lediglich ermächtigt, für die Gläubiger tätig zu werden, eine derartige Verpflichtung treffe ihn aber nicht, so dass ihm ein Wahlrecht zustehe (*Braun/Liersch*, § 341 Rn 4; HK-*Stephan*, § 341 Rn 5). Man wird den Verwalter aber zunächst für verpflichtet halten müssen, die Möglichkeit der Forderungsanmeldung unter dem Ziel der bestmöglichen Gläubigerbefriedigung zu prüfen und dies gegen die Kosten der Anmeldung abzuwägen (K/P-*Kemper*, § 341 Rn 10; ebenso: *Liersch*, NZI 2003, 302, 309; *Braun/Liersch*, § 341 Rn 5). Dabei muss nicht jede Forderung individuell, sondern die Gesamtheit aller Forderungen oder die Forderungen einzelner Gläubigergruppen als Prüfungsgegenstand berücksichtigt werden (BK-InsO/*Pannen*, § 341 Rn 7). Evtl. hat der Insolvenzverwalter auch eine Auswahl über die zur Anmeldung in Betracht kommenden fremden Verfahren unter Berücksichtigung des jeweils geltenden Insolvenzstatuts zu treffen, wobei, etwa dann, wenn mehrere Sekundärinsolvenzverfahren in verschiedenen Staaten eröffnet worden sind, auch die Anmeldung in mehreren Verfahren möglich ist. Soweit diese Prüfungen aber insgesamt ergeben, dass eine weitere Anmeldung dem Interesse optimaler Gläubigerbefriedigung dient, so ist er dazu unter Vermeidung einer Schadensersatzpflicht (§ 60) auch verpflichtet (K/P-*Kemper*, § 341 Rn 19; *Wenner* in Mohrbutter/Ringstmeier, § 20 Rn 132). Nicht zuletzt mit Blick darauf sollte der Verwalter jedenfalls die Gläubiger über die Eröffnung weiterer Insolvenzverfahren und von der Möglichkeit einer weiteren Forderungsanmeldung und deren Zweckmäßigkeit informieren (K/P-*Kemper*, § 341 Rn 10). Dies gilt insbesondere auch dann, wenn das jeweilige Insolvenzstatut eine Rücknahme nicht vorsieht und der Insolvenzverwalter für den Schaden aus einer vorschnellen Forderungsanmeldung aufzukommen hätte (K/P-*Kemper*, § 341 Rn 15). Schließlich wird man den Insolvenzverwalter auch für berechtigt halten müssen, die Forderung gerichtlich feststellen zu lassen (aA BK-InsO/*Pannen*, § 341 Rn 9; HK-*Stephan*, § 341 Rn 6).

IV. Ablehnung und Zurücknahme durch den Gläubiger (Abs 2 S 2)

Abs 2 S 2 macht deutlich, dass letztlich der Gläubiger entscheiden soll, ob seine Forderung auch in einem weiteren Insolvenzverfahren – außerhalb des ursprünglichen Staates – angemeldet wird. Mangels näherer Bestimmung, welches Recht auf die Ablehnung oder Rücknahme angewendet werden soll, ist für die Voraussetzungen der Geltendmachung dieser Rechte das Recht anzuwenden, dass für ihren Bestand maßgeblich ist. Dabei ist für Ablehnung und Rücknahme der Anmeldung zu differenzieren (vgl dazu: K/P-*Kemper*, § 341 Rn 12 ff).

1. Ablehnungsrecht

Das Recht des Gläubigers, die Anmeldung in einem weiteren Verfahren abzulehnen, unterliegt der Rechtsordnung, unter der die Forderung primär angemeldet wurde, mithin der lex fori concursus. Wird der Gläubiger über die Möglichkeit einer weiteren Anmeldung informiert, so kann er sich das Recht zur Ablehnung auch zunächst vorbehalten und von der weiteren Entwicklung der Erfolgsaussichten abhängig machen.

2. Rücknahmerecht

Wurde die Forderung bereits in einem weiteren Verfahren angemeldet, so steht dem Gläubiger ferner das Recht zu, diese Anmeldung zurückzunehmen. Die Anmeldung unterliegt dabei aber dem Insolvenzstatut des Staates, in dem der Verwalter die Forderung des Gläubigers angemeldet hat und welches auch das weitere dortige Insolvenzverfahren regelt. Insofern ist die Rücknahme nach diesem – dem Gläubiger unter Umständen fremden – Recht zu behandeln.

V. Stimmrecht in weiteren Verfahren (Abs 3)

Nach Abs 3 übt grundsätzlich der Insolvenzverwalter das Stimmrecht für die in seinem Insolvenzverfahren angemeldeten Forderungen in einem anderen über das Vermögen des Schuldners eröffneten Insolvenzverfahrens aus, er ist dabei jedoch durch anderweitige Bestimmungen des Gläubigers der jeweils angemeldeten Forderung beschränkt. Das Recht der Stimmrechtsausübung umfasst auch das Recht zur Teilnahme an den Gläubigerversammlungen (*Braun/Liersch*, § 341 Rn 13; BK-InsO/*Pannen*, § 341 Rn 13). Aus dogmatischen Gründen handelt es sich hierbei weder um eine Fiktion der Berechtigung zur Stimmrechtsausübung (K/P-*Kemper*, § 341 Rn 16; aA *Braun/Liersch*, § 341 Rn 10; HK-*Stephan*, § 341 Rn 8), noch um eine widerlegliche Vermutung, die der Gläubiger entkräften müsste (K/P-*Kemper*, § 341 Rn 17). Der Gläubiger kann die

Stimmrechtsausübung untersagen, an sich ziehen, einen Dritten hiermit betrauen und auch inhaltlich verbindliche Vorgaben machen (K/P-*Kemper*, § 341 Rn 18).

12 Der Verwalter ist zur Ausübung des Stimmrechts nur berechtigt, wenn die Forderung in dem Verfahren angemeldet ist, für das er zum Verwalter bestellt ist (K/P-*Kemper*, § 341 Rn 19). Dies ist nach dem für dieses Verfahren maßgeblichen Insolvenzstatut festzustellen. Für die Berechtigung zur Stimmrechtsausübung ist es aber unbeachtlich, ob die Forderung von dem Insolvenzverwalter nach Abs 2 oder von dem Gläubiger selbst in einem weiteren Verfahren angemeldet wurde (K/P-*Kemper*, § 341 Rn 20, aA *Braun/Liersch*, § 341 Rn 11, der in der unmittelbaren Forderungsanmeldung durch einen Gläubiger in dem anderen Insolvenzverfahren eine konkludente Bestimmung dahingehend sieht, dass der Gläubiger keine Bevollmächtigung durch den Insolvenzverwalter wünscht.) Im übrigen ist er dabei den auch für andere Gläubiger üblichen Bestimmungen unterworfen (Begründung RegE IIRNeuRG BT-Drucks 15/16 S 20f zu § 341; HK-*Stephan*, § 341 Rn 8).

§ 342 Herausgabepflicht. Anrechnung

(1) ¹Erlangt ein Insolvenzgläubiger durch Zwangsvollstreckung, durch eine Leistung des Schuldners oder in sonstiger Weise etwas auf Kosten der Insolvenzmasse aus dem Vermögen, das nicht im Staat der Verfahrenseröffnung belegen ist, so hat er das Erlangte dem Insolvenzverwalter herauszugeben. ²Die Vorschriften über die Rechtsfolgen einer ungerechtfertigten Bereicherung gelten entsprechend.

(2) ¹Der Insolvenzgläubiger darf behalten, was er in einem Insolvenzverfahren erlangt hat, das in einem anderen Staat eröffnet worden ist. ²Er wird jedoch bei den Verteilungen erst berücksichtigt, wenn die übrigen Gläubiger mit ihm gleichgestellt sind.

(3) Der Insolvenzgläubiger hat auf Verlangen des Insolvenzverwalters Auskunft über das Erlangte zu geben.

I. Normzweck

1 § 342 ist eine Sachnorm, die in Teilen Art 20 EuInsVO entspricht und dem Universalitätsprinzip Rechnung tragen soll. Abs 1 findet im in- wie auch ausländischen Hauptinsolvenzverfahren, die Abs 2 und 3 im in- und ausländischen Haupt- und Partikularinsolvenzverfahren Anwendung (K/P-*Kemper*, § 342 Rn 2).

2 Erlangt ein Insolvenzgläubiger durch Zwangsvollstreckung, durch eine Leistung des Schuldners oder in sonstiger Weise etwas auf Kosten der In-

solvenzmasse, verschafft Abs 1 durch einen Herausgabeanspruch der Gläubigergleichbehandlung auch in Hinblick auf die universellen, über die Grenzen des Eröffnungsstaates hinausgehende Wirkungen eines Hauptverfahrens Geltung (BK-InsO/*Pannen*, § 342 Rn 6). Was im Rahmen eines Insolvenzverfahrens erlangt wurde, ist gem Abs 2 anzurechnen, sodass auch insofern dem Grundsatz der par conditio creditorum Rechnung getragen wird (K/P-*Kemper*, § 342 Rn 1). Die Durchsetzung dieser Ansprüche wird durch die Formulierung eines Auskunftsanspruchs in Abs 3 ermöglicht.

II. Herausgabepflicht (Abs 1)

Ein Herausgabepflicht kommt nur in Betracht hinsichtlich solcher Vermögensgegenstände, die nicht im Staat der Verfahrenseröffnung belegen sind (BK-InsO/*Pannen*, § 342 Rn 9; *Braun/Liersch*, § 342 Rn 5). Es ist unerheblich, ob die lex fori concursus eine solche Herausgabepflicht vorsieht (BK-InsO/*Pannen*, § 342 Rn 5). Die die Vermögensverschiebung initiierende Rechtshandlung darf erst nach der Eröffnung des Insolvenzverfahrens vorgenommen worden sein, andernfalls kann sie allenfalls der Anfechtung unterliegen (K/P-*Kemper*, § 342 Rn 5). Auch unterliegen nur solche Vermögensverschiebungen der Norm, die eine vollständige oder teilweise Befriedigung einer Forderung des Gläubigers bewirkt haben (K/P-*Kemper*, § 342 Rn 5; *Braun/Liersch*, § 342 Rn 4).

1. Einzelzwangsvollstreckung

Wenn auch die Einzelzwangsvollstreckung zulässig durchgeführt worden ist, so rechtfertigt dies noch nicht den Eingriff in die insolvenzbefangene Vermögensmasse. Indem der Gläubiger die Vermögensverschiebung veranlasst hat, hat er sich auch über die universelle Beschlagnahme der Verfahrenseröffnung hinweggesetzt (K/P-*Kemper*, § 342 Rn 6; vgl dazu bereits BGHZ 88, 147, 154 = ZIP 1983, 961).

2. Leistung des Schuldners

Ebenfalls aufgrund der universellen Wirkung des eröffneten Insolvenzverfahrens verliert der Schuldner die Verfügungsbefugnis über sein Vermögen, gleichgültig wo es belegen ist. Seine Leistungen entbehren daher eines Rechtsgrundes, auch wenn die Rechtsordnung des Belegenheitsstaates eine solche Leistung als wirksam anerkennt (K/P-*Kemper*, § 342 Rn 7; FK-*Wimmer*, § 342 Rn 5).

3. In sonstiger Weise

Herauszugeben ist ferner alles, was in sonstiger Weise auf Kosten der Insolvenzmasse aus dieser entfernt wurde. Somit sind diejenigen Ver-

§ 342

mögensverschiebungen erfasst, die den Grundsatz der Gläubigergleichbehandlung missachten, also Nutzungen, Verbindung und Vermischung oder die Verarbeitung von Gegenständen der Insolvenzmasse (K/P-*Kemper*, § 342 Rn 8; FK-*Wimmer*, § 342 Rn 7).

7   Der Herausgabepflicht unterliegen dabei nur solche Vermögensverschiebungen, die durch Rechtshandlungen bewirkt wurden, die außerhalb des insolvenzrechtlich zulässigen liegen. Insbesondere sind Forderungsbefriedigungen im Wege der Verwertung durch aus- und absonderungsberechtigte Gläubiger nicht erfasst (K/P-*Kemper*, § 342 Rn 9; *Braun/Liersch*, § 342 Rn 8). Was aber zur Insolvenzmasse gehört und daher auf deren Kosten erlangt werden kann, bestimmt sich nach der lex fori concursus (BK-InsO/*Pannen*, § 342 Rn 7, 11; HK-*Stephan*, § 342 Rn 6). Auch die Verwertungserlöse, die im Rahmen eines parallelen Insolvenzverfahrens generiert werden, bleiben unberücksichtigt, vgl aber Abs 2 (K/P-*Kemper*, § 342 Rn 9). Soweit Befriedigung im Einvernehmen mit dem Insolvenzverwalter erlangt wurde, der für die geschädigte Insolvenzmasse bestellt wurde, ist eine Herausgabepflicht gleichermaßen ausgeschlossen (K/P-*Kemper*, § 342 Rn 10).

4. Herausgabepflicht (S 2)

8   Abs 1 S 2 enthält eine Rechtsfolgenverweisung auf das Recht der ungerechtfertigten Bereicherung. Gem. § 818 Abs 3 BGB kann sich der Bereicherungsschuldner/Insolvenzgläubiger auch auf eine Entreicherung berufen (*Braun/Liersch*, § 342 Rn 9). Andererseits führt die Kenntnis von der Eröffnung des Insolvenzverfahrens zu der verschärften Haftung gem §§ 819, 292, 988, 989 BGB (K/P-*Kemper*, § 342 Rn 11), weshalb von der Möglichkeit einer öffentlichen Bekanntmachung im Ausland Gebrauch gemacht werden sollte.

III. Anrechnung (Abs 2)

1. Behaltendürfen des Erlangten (Satz 1)

9   § 342 Abs 2 erkennt die Quote an, die ein Gläubiger bereits in einem parallel stattfinden Insolvenzverfahren erlangt hat, denn der Gläubiger hat sich diesem Insolvenzverfahren auch unterworfen (*Braun/Liersch*, § 342 Rn 10). Diesbezüglich ist er nicht zur Rückzahlung verpflichtet. Das Ziel der Gleichbehandlung aller Gläubiger gebietet es jedoch, diese Quote im Rahmen der proportionalen Befriedigung aller Gläubiger zu berücksichtigen, sog. konsolidierte Quotenberücksichtigung (*Braun/Liersch*, § 342 Rn 14). Auf diese Weise führt die grundsätzlich gegebene Möglichkeit der Mehrfachanmeldung von Forderungen eines Gläubigers in verschiedenen Verfahren nicht zu einer Bevorzugung besonders flexibler Gläubiger und ein Insolvenztourismus wird vermieden (HK-*Stephan*, § 342

Rn 3; K/P-*Kemper*, § 342 Rn 12). Ausgeschlossen ist eine Anrechnung aber in Hinblick auf dasjenige, was vom Gläubiger im Rahmen eines anderen isolierten Partikularinsolvenzverfahrens erlangt wurde, das zum Zeitpunkt der aktuellen Verfahrenseröffnung bereits aufgehoben war (K/P-*Kemper*, § 342 Rn 13).

2. Anrechnungsregel auf die Quote (Satz 2)

Der Erhalt eine Quote führt mithin nicht zum Verbrauch des Anspruchs, dieser kann vielmehr auch in weiteren Verfahren bis zu vollständigen Befriedigung weiter verfolgt werden (BK-InsO/*Pannen*, § 342 Rn 2). Die weitere Befriedigung nach einem Quotenerhalt setzt jedoch voraus, dass auch die anderen Gläubiger ihm gleichgestellt sind. Dies ist der Fall, wenn diese – unter Berücksichtigung der vollen Anspruchshöhe (K/P-*Kemper*, § 342 Rn 16) – quotal gleichermaßen befriedigt sind. Insofern richtet sich die Norm an die für die Verteilung zuständige Stelle (K/P-*Kemper*, § 342 Rn 15). Die Anrechnungsregel des § 342 Abs 2 setzt voraus, dass die Forderungen stets in voller Höhe in mehreren Verfahren angemeldet werden und nicht etwa nur die berichtigte Restforderung, da anderenfalls die Quotenanrechnung leer laufen würde (*Wenner* in Mohrbutter/Ringstmeier, § 20 Rn 135; K/P-*Kemper*, § 342 Rn 16).

Vergleichsgruppe für den quotal befriedigten Gläubiger sind nach Satz 2 die übrigen Gläubiger des weiteren Insolvenzverfahrens. Hierbei müssen nicht zwingend alle Gläubiger des Insolvenzverfahrens dem Betroffenen quotal gleichgestellt werden, da das Insolvenzstatut in der Regel verschiedene Gläubigergruppen kennt, die abhängig vom Rechtsgrund ihrer Forderung durchaus unterschiedlich behandelt werden können (K/P-*Kemper*, § 342 Rn 17). Die sinnvolle Praxis einer solchen Einteilung will § 342 nicht nivellieren. Die Norm ist vielmehr so zu verstehen, dass eine Gleichbehandlung im Vergleich zu solchen Gläubigern gewährleistet werden soll, die insolvenzrechtlich die gleiche Stellung einnehmen wie der teilbefriedigte Gläubiger selbst, vorausgesetzt, das Insolvenzrecht dieses Verfahrensstaats kennt eine entsprechende Einteilung (K/P-*Kemper*, § 342 Rn 17; *Wenner* in Mohrbutter/Ringstmeier, § 20 Rn 135). Der Rang oder die Kategorie des Gläubigers bestimmt sich dabei nach der lex fori consursus des Staats, in dem die weitere Verteilung ansteht (*Wenner* in Mohrbutter/Ringstmeier, § 20 Rn 135; *Braun/Liersch*, § 342 Rn 16; BK-InsO/*Pannen*, § 342 Rn 16; HK-*Stephan*, § 342 Rn 12). Bei der Anrechnung ist also im Rahmen der Vergleichsbetrachtung die prozentuale Befriedigungsquote des Gläubigers im ersten Verfahren in Beziehung zur Quote ihm gleichgestellter Gläubiger im nachfolgenden Verfahren zu setzen (K/P-*Kemper*, § 342 Rn 18). Ist dann allerdings die Ausschüttungsquote bei nachgehenden Verfahren geringer als beim vorangegangenen, so muss der bereits teilweise befriedigte Gläubiger unberücksichtigt blei-

§ 343 11. Teil. Internationales Insolvenzrecht

ben (K/P-*Kemper*, § 342 Rn 18; *Wenner* in Mohrbutter/Ringstmeier, § 20 Rn 135). War seine Quote im ersten Verfahren dagegen geringer, als sie im zweiten Verfahren für ihm gleichgestellte Gläubiger ausgekehrt wird, erhält er im zweiten Verfahren die Differenz zwischen seiner Quote aus dem ersten Verfahren und der an die gleichgestellten Gläubiger ausgezahlten Quote des zweiten Verfahrens (K/P-*Kemper*, § 342 Rn 18; *Wenner* in Mohrbutter/Ringstmeier, § 20 Rn 135).

IV. Auskunftsanspruch (Abs 3)

12 Ein Auskunftsanspruch gemäß Abs 3 steht dem Insolvenzverwalter des Hauptinsolvenzverfahrens bzgl. des Herausgabeanspruchs gem Abs 1 sowie dem Insolvenzverwalter eines Haupt- und Sekundärinsolvenzverfahrens bzgl. einer Anrechnung zu, um die in Abs 1, 2 eröffneten Möglichkeiten nutzen zu können (BK-InsO/*Pannen*, § 342 Rn 17). Anspruchsgegner des Auskunftsanspruchs ist stets der Insolvenzgläubiger, der über das für Abs 1 oder 2 maßgebliche Erlangte Auskunft zu erteilen hat (K/P-*Kemper*, § 342 Rn 19). Zum Auskunftsanspruch gegenüber einem anderen Insolvenzverwalter vgl § 357 Abs 1.

2. Abschnitt. Ausländisches Insolvenzverfahren

§ 343 Anerkennung

¹**Die Eröffnung eines ausländischen Insolvenzverfahrens wird anerkannt.** ²**Dies gilt nicht,**
wenn die Gerichte des Staats der Verfahrenseröffnung nach deutschem Recht nicht zuständig sind,
soweit die Anerkennung zu einem Ergebnis führt, das mit wesentlichen Grundsätzen des deutschen Rechts unvereinbar ist, insbesondere soweit sie mit den Grundrechten unvereinbar ist.
(2) Absatz 1 gilt entsprechend für Sicherungsmaßnahmen, die nach dem Antrag auf Eröffnung des Insolvenzverfahrens getroffen werden, sowie für Entscheidungen, die zur Durchführung oder Beendigung des anerkannten Insolvenzverfahrens ergangen sind.

I. Normzweck

1. Vorbemerkung

1 Der zweite Abschnitt des autonomen deutschen Internationalen Insolvenzrechts enthält Regelungen darüber, welche Wirkungen ein im Ausland eröffnetes Insolvenzverfahren im Inland entfaltet. Die Vorschriften

des zweiten Abschnitts werden durch die im ersten Abschnitt enthaltenen Vorschriften ergänzt.

Nach dem Universalprinzip betrifft ein Insolvenzverfahren das weltweite Vermögen des Gemeinschuldners. Zur Umsetzung dessen regelt § 343 die automatische Anerkennung ausländischer Insolvenzverfahren, soweit sie Wirkungen im Inland hervorrufen können (*Braun/Liersch*, § 343 Rn 1). Die Vorschrift übernimmt damit die seit der Grundsatzentscheidung des BGH vom 11. 7. 1985 (BGHZ 95, 256 = NJW 1985, 2897 = ZIP 1985, 944) geltende Rechtsprechung (*Wenner* in Mohrbutter/Ringstmeier, § 20 Rn 161). Der Inhalt der Norm ähnelt Art 16 EuInsVO, der ebenfalls eine automatische Anerkennung zwischen den Mitgliedstaaten konstituiert (K/P-*Kemper*, § 343 Rn 2; HK-*Stephan*, § 343 Rn 3). § 343 ist auf Haupt- wie auf Partikularverfahren anwendbar (*Wenner* in Mohrbutter/Ringstmeier, § 20 Rn 189). 2

2. Verbürgung der Gegenseitigkeit

Die Gegenseitigkeit der Anerkennung einer ausländischen Verfahrenseröffnung ist nicht erforderlich, die Anerkennungsvoraussetzungen sind vielmehr in Abs 1 abschließend geregelt (BGHZ 122, 373, 375; BGH NJW 1997, 657, 658; *Leipold*, FS-Henckel S 537; K/P-*Kemper*, § 343 Rn 21; HK-*Stephan*, § 343 Rn 5; FK-*Wimmer*, § 343 Rn 14). Jedoch wurde die Bundesregierung seitens des Bundesrates gebeten sicherzustellen, dass bei der Fortentwicklung des Internationalen Insolvenzrechts das Prinzip der Gegenseitigkeit berücksichtigt wird (BT-Drucks 12/2443, S 260). 3

3. Anerkennungsverfahren

Ein gesondertes Verfahren zur Anerkennung ausländischer Verfahrenseröffnungen wird nicht durchgeführt, die Voraussetzungen der Anerkennung sind nur inzident vom inländischen Gericht zu prüfen (*Liersch*, NZI 2003, 302, 306; K/P-*Kemper*, § 343 Rn 22; HK-*Stephan*, § 343 Rn 12 f; *Wenner* in Mohrbutter/Ringstmeier, § 20 Rn 164). Vgl aber § 353. 4

II. Bezugspunkt der Anerkennung (Abs 1 Satz 1)

1. Insolvenzverfahren

Die Norm bezieht sich ausschließlich auf Insolvenzverfahren, ohne diese zu definieren. Die Frage, ob es sich um ein Insolvenzverfahren handelt ist – wie auch die Frage, ob die ausländischen Abweichungen von der lex fori concursus insolvenzrechtliche sind – im Wege der Qualifikation zu beantworten (*Wenner* in Mohrbutter/Ringstmeier, § 20 Rn 171 und 259). Nach der Begründung des RegE (BT-Drucks 12/2443, S 236, 241) handelt es sich nicht um jegliche Verfahren, die an den Sachverhalt der Insolvenz anknüpfen. Ein Insolvenzverfahren ist vielmehr dann anzuerkennen, 5

§ 343   11. Teil. Internationales Insolvenzrecht

wenn es im Wesentlichen den gleichen Zwecken dient wie ein Insolvenzverfahren nach deutschem Recht gem § 1 InsO (*Braun/Liersch*, § 343 Rn 3). Entscheidend ist daher, ob ein insolvenzrechtlicher Tatbestand, also eine Insuffizienz des Vermögens des Schuldners, mit dem primären Ziel der bestmöglichen gemeinschaftlichen Befriedigung der Gläubiger geregelt wird (HK-*Stephan*, § 343 Rn 6). Die Begrenzung auf das Verfahrensziel der Gläubigerbefriedigung wird teilweise als zu eng empfunden, da ein Insolvenzverfahren daneben noch andere Ziele, wie etwa den Erhalt des Unternehmens oder die Schuldbefreiung, verfolgen könne. Für die Anerkennung eines Insolvenzverfahrens soll es danach bereits genügen, dass es sich um ein staatlich veranlasstes Verfahren handelt, welches ein zur vollen Befriedigung der Gläubiger voraussichtlich nicht ausreichendes Vermögen in der Sphäre des Privatrechts mit dem Ziel verwaltet, einen Ausgleich zwischen Gläubiger-, Schuldner- und staatlichen Interessen herbeizuführen (*Wenner* in Mohrbutter/Ringstmeier, § 20 Rn 175). Ferner muss mit dem Verfahren ein Vermögensbeschlag gegen den Schuldner und die Bestellung eines Insolvenzverwalters verbunden sein (*Wenner* in Mohrbutter/Ringstmeier, § 20 Rn 172). Auch Vergleichs-, Sanierungs- und Reorganisationsverfahren sind einzubeziehen (*Wenner* in Mohrbutter/Ringstmeier, § 20 Rn 176). Hilfsweise können für die Qualifikation auch die Kriterien des Art 1 Abs 1 EuInsVO oder die Auflistung der Insolvenzverfahren in den Anhängen A und B der EuInsVO herangezogen werden (vgl K/P-*Kemper*, § 343 Rn 4). Zur Behandlung von Verfahren, die nicht als Insolvenzverfahren qualifiziert werden können, vgl *Wenner* in Mohrbutter/Ringstmeier, § 20 Rn 178.

2. Ausländisch

6   Die Norm ist nur anwendbar auf Verfahren, die außerhalb der Europäischen Union durchgeführt werden. Steht die Anerkennung eines Verfahrens in einem Mitgliedstaat der Europäischen Union in Rede, so ergibt sich die Anerkennung bereits aus Art 16 EuInsVO (K/P-*Kemper*, § 343 Rn 3), § 343 findet keine Anwendung. Darüber hinaus gilt innerhalb der Europäischen Union der Grundsatz des Gemeinschaftsvertrauens, sodass insoweit die Anerkennung europäisch-ausländischer Entscheidungen weit großzügiger zu handhaben ist (*Braun/Liersch*, § 343 Rn 15).

3. Eröffnung

7   Gegenstand der Anerkennung ist die Eröffnung eines Insolvenzverfahrens als Einzelentscheidung (*Wenner* in Mohrbutter/Ringstmeier, § 20 Rn 162 und 192). Der Verfahrenseröffnungsakt muss nach dem Recht des Eröffnungsstaats wirksam sein (BGHZ 95, 256, 270; *Braun/Liersch*, § 343 Rn 4; K/P-*Kemper*, § 343 Rn 7; *Smid*, InsO, § 343 Rn 3; HK-*Stephan*, § 343 Rn 5). Da das Insolvenzverfahren die Beschlagnahme des ge-

Anerkennung **§ 343**

samten Schuldnervermögens bezweckt und dazu ein Zeitverzug zu vermeiden ist, bedarf die Anerkennung der Eröffnung nicht der formellen Rechtskraft (Begründung RegE BT-Drucks 12/2443, S 241 zu § 384), soweit die Eröffnung nicht nichtig oder später wieder aufgehoben worden ist (K/P-*Kemper*, § 343 Rn 7; *Wenner* in Mohrbutter/Ringstmeier, § 20 Rn 192). Die Anerkennung bezieht sich allerdings nicht auf die der Eröffnung vorgelagerten Maßnahmen ausländischer Gerichte. Der RegE (BT-Drucks 12/2443, S 241 zu § 384) überlässt es allerdings der Rechtsprechung, Ausnahmen auf im Rahmen eines ausgebildeten Vorverfahrens ergangene Maßnahmen zuzulassen.

Fehlt es an einer der Anerkennungsvoraussetzungen, so ist die ausländi- 8
schen Entscheidung nicht per se die Anerkennung zu verweigern. Der Ausschluss einer automatischen Anerkennung bedeutet vielmehr, dass die Anerkennung am Maßstab des ordre public zu prüfen ist (*Wenner* in Mohrbutter/Ringstmeier, § 20 Rn 178).

III. Ausnahmen (Abs 1 Satz 2)

Die Anerkennungsvoraussetzungen sind negativ formuliert, sodass 9
grundsätzlich von einer Anerkennung ausländischer Insolvenzverfahren auszugehen ist. Die in § 343 Abs 1 Satz 2 enthaltenen Ausschlussgründe sind aber von Amts wegen zu prüfen (K/P-*Kemper*, § 343 Rn 9 und 15).

1. Internationale Zuständigkeit (Abs 1 S 2 Nr 1)

Eine Anerkennung ist zum einen dann ausgeschlossen, wenn dem 10
eröffnenden Gericht die internationale Zuständigkeit fehlt, ohne dass diese durch § 343 eigens geregelt würde (K/P-*Kemper*, § 343 Rn 9). Die internationale Zuständigkeit betrifft die Frage, ob die Gerichte eines bestimmten Staates für ein konkretes Insolvenzverfahren zuständig sind (*Leipold*, FS-Baumgärtel, S 291).

a) Das Verfahren muss also durch ein **Gericht** eröffnet worden sein. 11
Diese Voraussetzung ist weit auszulegen, wie sie auch von Art 2 lit. d EuInsVO verstanden wird (*Duursma-Kepplinger* in D-K/D/Ch, EuInsVO, Art 2 Rn 11; K/P-*Kemper*, § 343 Rn 10). Demnach ist als Gericht jedes Justizorgan oder zuständige Stelle anzusehen, die befugt ist, ein Insolvenzverfahren zu eröffnen oder im Laufe des Verfahrens Entscheidungen zu treffen. Ausdrücklich nennt die Begründung des RegE das Beispiel der Schweiz, in der die Verfahrenseröffnung einer besonderen Vollstreckungsbehörde obliegt (BT-Drucks 12/2443, S 241).

b) Nach herrschender Auffassung ist das Gericht **international zu-** 12
ständig, wenn unter Anwendung des § 3 Abs 1 S 2 der Mittelpunkt einer selbständigen wirtschaftlichen Tätigkeit des Schuldners im Zuständig-

§ 343 11. Teil. Internationales Insolvenzrecht

keitsbereich des eröffnenden Gerichts im Ausland liegt (BGHZ 122, 373, 375; K/P-*Kemper*, § 343 Rn 11; *Smid*, InsO, § 343 Rn 2; Uhlenbruck/ Lüer, Art 102 Rn 135; **aA** *Wenner* in Mohrbutter/Ringstmeier, § 20 Rn 187 ff). Danach folgt die internationale Zuständigkeit mittelbar aus der örtlichen (BGHZ 120, 334, 337 mwN). Insofern hat § 3 Abs 1 S 2 eine Doppelfunktion (Spiegelbildprinzip). Unterstellt man seine Anwendbarkeit in dem ausländischen Staat, so dient er auch dort zur Überprüfung der Zuständigkeit (BGHZ 120, 334, 337; K/P-*Kemper*, § 343 Rn 11; *Braun/Liersch*, § 343 Rn 8). Der Mittelpunkt der wirtschaftlichen Interessen sollte entsprechend der EuInsVO verstanden werden. Gem. ihrem Erwägungsgrund 13 ist das der Ort, an dem der Schuldner gewöhnlich seinen Interessen nachgeht und damit für Dritte feststellbar ist. Dies verdeutlicht, dass es maßgebend auf die Erkennbarkeit des Interessenmittelpunkts und damit auf die Kalkulierbarkeit des Kreditrisikos ankommt (*Eidenmüller*, NJW 2004, 3455, 3456). Einem ausufernden Verständnis des Mittelpunkts – der High Court of Justice Leeds (*„Daisytek/Supplies Team . . ."*, NZI 2004, 219 ff; ZIP 2003, 1362; ebenso *Wehdeking*, DZWir 2003, 133, 136) stellt auf übergeordnete Konzernstrukturen ab – ist daher entgegenzutreten (*Sabel*, NZI 2004, 126; *Wenner* in Mohrbutter/Ringstmeier, § 20 Rn 188). Hilfsweise ist unter entsprechender Anwendung der InsO der allgemeine Gerichtsstand des Schuldner (§ 3 Abs 1 S 1), also der Wohnsitz (§ 4 iVm § 13 ZPO) bzw der satzungsmäßige Sitz (§ 4 iVm § 17 ZPO) maßgebend (*Leipold*, FS-Henckel, S 537; HK-*Stephan*, § 343 Rn 8). Aufgrund dieser Hilfsfunktion wird die internationale Zuständigkeit eines ausländischen Gerichts abgelehnt, wenn der Schuldner in einem dritten Staat den Mittelpunkt seines wirtschaftlichen Interesses hat (*Wenner* in Mohrbutter/Ringstmeier, § 20 Rn 187).

13 c) Für die Zuständigkeit maßgebend ist der **Zeitpunkt** des Eröffnungsantrags. Das somit festgelegte Verfahrensrecht entscheidet dann auch über eine Zuständigkeitsänderung bei anschließender Verlegung des Gerichtsstandes (K/P-*Kemper*, § 343 Rn 12). Eine Wohnsitzverlegung von Deutschland ins Ausland ist daher unschädlich (perpetuatio fori, HK-*Stephan*, § 343 Rn 10).

14 d) Sind **mehrere Gerichte** zuständig, so findet das Prioritätsprinzip gem § 3 Abs 2 Anwendung. Dies gilt grundsätzlich auch für eine Konkurrenz eines inländischen mit einem ausländischen Gericht, wobei allerdings aus Gründen der Erkennbarkeit nicht auf den Zeitpunkt der Antragstellung, sondern den der Verfahrenseröffnung abgestellt werden sollte (K/P-*Kemper*, § 343 Rn 14; *Leipold*, FS-Henckel, S 537). Um im Eilfall Unsicherheiten zu umgehen, sollte es dabei genügen, dass sich die internationale Zuständigkeit des ausländischen Gerichts nach Regeln bestimmt, die grundsätzlich auch die Zuständigkeit nach deutschem Recht begründen könnten (*Braun/Liersch*, § 343 Rn 9).

Gemäß § 88 Abs 1 a S 1 VAG sind allein die jeweiligen Behörden des **15** Herkunftsstaats eines Versicherungsunternehmens im Europäischen Wirtschaftsraum berechtigt, über das Vermögen eines solchen Unternehmens ein Insolvenzverfahren zu eröffnen. Ein solches Insolvenzverfahren wird im Inland nach § 88 Abs 1 a S 2 VAG ohne Rücksicht auf § 343 Abs 1 anerkannt. Entsprechendes gilt gemäß § 46 e Abs 1 KWG für Insolvenzverfahren über das Vermögen von Kreditinstituten in anderen Mitglieds- und Vertragsstaaten des Europäischen Wirtschaftsraums (BT-Drucks. 15/1653, S 33).

2. Kein Verstoß gegen den deutschen Ordre public (Abs 1 S 2 Nr 2)

a) Zweck. Der Ordre-public-Vorbehalt betrifft nicht die Frage der **16** Zuständigkeit und kann daher ein Ergebnis nach Abs 1 S 2 Nr 1 auch nicht korrigieren (K/P-*Kemper*, § 343 Rn 13; *Eidenmüller*, NJW 2004, 3455, 3457). Gem. Nr 2 darf die Anerkennung dann versagt werden, wenn das ausländische Insolvenzverfahren mit wesentlichen Grundsätzen des deutschen Rechts, insbesondere mit den Grundrechten, offensichtlich unvereinbar ist. Dabei ist nicht die Anerkennung als solche, sondern ihr Ergebnis und ihre Auswirkungen im Inland maßgebend (FK-*Wimmer*, § 343 Rn 10). Der Ordre-public-Vorbehalt gilt sowohl für verfahrensrechtliche Fragen also auch für materiellrechtlichen Folgen. Auf diese Weise soll grundsätzlich einer inländischen Wertvorstellung zum Durchbruch verholfen werden (K/P-*Kemper*, § 343 Rn 15). Die Formulierung „soweit" in Abs 1 S 2 Nr 2 verdeutlicht, dass trotz Verstößen gegen den deutschen Ordre public eine Teilanerkennung der nicht zu beanstandenden Entscheidungswirkungen möglich ist (K/P-*Kemper*, § 343 Rn 20; FK-*Wimmer*, § 343 Rn 11; *Wenner* in Mohrbutter/Ringstmeier, § 20 Rn 193). Maßgeblich für die Feststellung des Verstoßes ist der Zeitpunkt der Anerkennung der Entscheidung im Inland (BGHZ 30, 89, 97; K/P-*Kemper*, § 343 Rn 15).

b) Der deutsche Ordre public kann nur bei hinreichendem **Inlands- 17 bezug** berücksichtigt werden (K/P-*Kemper*, § 343 Rn 19; *Wenner* in Mohrbutter/Ringstmeier, § 20 Rn 197). Ein solcher besteht nicht bereits bei einfachen Rechtswirkungen im Inland, vielmehr müssen inländische geschützte Interessen berührt werden (K/P-*Kemper*, § 343 Rn 19).

c) Maßstab. Ein Verstoß gegen den deutschen Ordre public ist dann **18** anzunehmen, wenn das Ergebnis der Anwendung ausländischen Rechts zu den Grundgedanken der deutschen Regelung und der in ihnen enthaltenen Gerechtigkeitsvorstellungen in so starkem Widerspruch steht, dass es nach inländischen Vorstellungen untragbar erscheint (BGHZ 50, 370, 376; BGH ZIP 1992, 1256, 1264). **Verfahrensrechtlich** ist ein Minimum an Vorkehrungen zur richtigen Entscheidungsfindung zu wahren, unabhängig davon, dass dies entscheidungserheblich ist. Ausdrücklich sind in Abs 1 S 2 Nr 2 die Grundrechte genannt, was auch die Verfahrensgrundrechte einschließt. Die Anerkennung einer ausländischen Verfahreneröffnung ist daher dann zu versagen, wenn das Grundrecht auf rechtliches Gehör (Art 103 Abs 1 GG) verletzt und etwa dem Schuldner keine Gelegenheit zur Stellungnahme gegeben wurde (K/P-*Kemper*, § 343 Rn 17). Unterschiedliche Ausgestaltungen und Reichweiten dieses Verfahrensgrundrechts sind jedoch hinzunehmen (BGH NJW 1997, 1114, 1115). **Materiell** finden ebenfalls Grundrechte besondere Beachtung, insbesondere hinsichtlich einer Diskriminierung ausländischer Gläubiger gegenüber inländischen, Art 3 GG. Eine Grundrechtsverletzung kann sich hier beispielsweise durch den Eingriff in das Eigentum oder die Diskriminierung von Gläubigern im Verfahren ergeben (K/P-*Kemper*, § 343 Rn 18), insbesondere, wenn das ausländische Verfahren allein konfiskatorischen Zwecken dient (*Wehdeking*, DZWir 2003, 133, 140). Ein von der nationalen InsO abweichender Umfang des ausländischen Eingriffs in Eigentumspositionen oder eine andere Rangordnung bei der Vermögensverteilung durch das ausländische Verfahren stellen aber noch keinen Verstoß gegen den deutschen Ordre public dar (*Braun/Liersch*, § 343 Rn 10). Die Anerkennung kann auch nicht versagt werden, weil der Schuldner durch eine Verurteilung mit Strafcharakter (*punative damages*) in die Insolvenz getrieben wurde (so aber *Habscheid*, NZI 2003, 238, 241). Lediglich die Eröffnungsentscheidung und das Verfahren sind am Maßstab des Ordre public zu prüfen, nicht aber die Historie des Falles. Wo sollte anderenfalls die Grenze – zB in Hinblick auf eine erhöhte Steuerbelastung des ausländischen Schuldners – liegen. Weitere Beispiele finden sich bei (*Wenner* in Mohrbutter/Ringstmeier, § 20 Rn 199.

19 d) Der Verstoß muss **offensichtlich** sein. Dies ist der Fall, wenn er so deutlich ist, dass er sich einem verständigen Anwender unmittelbar erschließt (K/P-*Kemper*, § 343 Rn 16). Der Ordre public-Vorbehalt ist also äußerst zurückhaltend zu handhaben (*Wenner* in Mohrbutter/Ringstmeier, § 20 Rn 194).

20 e) Liegt ein Verstoß gegen den Ordre public vor, so muss der in Rede stehenden Wirkung die Anerkennung im Inland versagt sein, ein Ermessensspielraum besteht nicht (*Wenner* in Mohrbutter/Ringstmeier, § 20 Rn 200).

3. Auslandswirkung

Das anzuerkennende ausländische Verfahren muss schließlich eine Aus- 21
landswirkung – mithin eine Wirkung im Inland – für sich beanspruchen.
Dies ist spezifisch für die in Rede stehende Rechtsfolge und muss notfalls
durch Auslegung des Insolvenzstatuts beantwortet werden (*Wenner* in
Mohrbutter/Ringstmeier, § 20 Rn 203 ff).

IV. Sonstige Anerkennungsgegenstände (Abs 2)

Auch die weiteren, in Abs 2 geregelten Anerkennungsgegenstände setz- 22
ten wie die Anerkennung der ausländischen Insolvenzverfahrenseröffnung
nicht die Rechtskraft der Entscheidung voraus. Dies würde dem Vermögenssicherungszweck der Vorschrift widersprechen. Die Anerkennung
erfolgt inzident, ein Anerkennungsverfahren findet nicht statt. Die Anerkennung der in Abs 2 genannten Maßnahmen stehen unter dem Vorbehalt des Abs 1 S 2 (K/P-*Kemper*, § 343 Rn 23).

1. Sicherungsmaßnahmen (Alt 1)

Automatisch anerkannt werden Anordnungen von Sicherungsmaßnah- 23
men, die nach dem Eröffnungsantrag getroffen werden (K/P-*Kemper*,
§ 343 Rn 23; HK-*Stephan*, § 343 Rn 14). Bezugspunkt der Anerkennung
ist also erneut die (hoheitliche) Anordnung der Maßnahme, nicht jedoch
das ausländische Insolvenzantragverfahren (K/P-*Kemper*, § 343 Rn 23; aA
Liersch, NZI 2003, 302, 306). Als Sicherungsmaßnahmen sind nicht nur
Maßnahmen anzusehen, die auch das deutsche Recht vorsieht (*Braun/
Liersch*, § 343 Rn 12; *Wenner* in Mohrbutter/Ringstmeier, § 20 Rn 213).
Auch sind als anerkennungsfähige Sicherungsmaßnahmen nicht nur solche anzusehen, die einen den deutschen Sicherungsmaßnahmen im Wesentlichen gleichen Zweck verfolgen (*Wenner* in Mohrbutter/Ringstmeier, § 20 Rn 213; **aA** K/P-*Kemper*, § 343 Rn 23). § 343 Abs 2 findet auch
auf Sicherungsmaßnahmen Anwendung, die die ausländische Stelle nach
Eröffnung des Insolvenzverfahrens trifft (*Wenner* in Mohrbutter/Ringstmeier, § 20 Rn 214).

2. Andere Entscheidungen (Alt. 2)

Anerkannt werden gem Abs 2, 2. Alt auch Entscheidungen, die zur 24
Durchführung oder Beendigung des anerkannten Insolvenzverfahrens
ergangen sind. Es wird zwischen Entscheidungen zur Regelung eines
fortlaufenden Insolvenzverfahren (Durchführungsentscheidungen) und
Entscheidungen, die dem Abschluss eines Insolvenzverfahrens dienen (Beendigungsentscheidungen), unterschieden (*Braun/Liersch*, § 343 Rn 14).
Dies hat auf die auch hier geltende automatische Anerkennung aber keine
praktischen Auswirkungen. In Hinblick auf die Durchsetzung dieser Ent-

scheidungen ist aber das Erfordernis eines Vollstreckungsurteils gem § 353 beachtlich (FK-*Wimmer*, § 343 Rn 51; *Wenner* in Mohrbutter/Ringstmeier, § 20 Rn 207).

3. Annexentscheidungen

25 Es handelt sich hierbei um Entscheidungen, die zwar in Zusammenhang mit einem Insolvenzverfahren stehen und mithin insolvenzrechtlich geprägt sind, aber außerhalb von Eröffnung, Durchführung und Beendigung des Insolvenzverfahrens liegen (*Haubold*, IPRax 2002, 157, 162). Beispielhaft seinen hier Streitigkeiten hinsichtlich der Massezugehörigkeit von Gegenständen (§ 36 InsO), der Verwalterhaftung (§ 60 InsO) und die Insolvenzanfechtung (§ 129 ff. InsO) genannt (K/P-*Kemper*, § 343 Rn 26). Diesbezügliche Verfahren haben im Internationalen Insolvenzrecht keine eigene Anerkennungsvorschrift gefunden. Die Anerkennung derlei ausländischer Entscheidungen muss sich daher nach dem Zivilprozessrecht, insbesondere § 328 ZPO richten (K/P-*Kemper*, § 343 Rn 26).

§ 344 Sicherungsmaßnahmen

(1) Wurde im Ausland vor Eröffnung eines Hauptinsolvenzverfahrens ein vorläufiger Verwalter bestellt, so kann auf seinen Antrag das zuständige Insolvenzgericht die Maßnahmen nach § 21 anordnen, die zur Sicherung des von einem inländischen Sekundärinsolvenzverfahren erfassten Vermögens erforderlich erscheinen.

(2) Gegen den Beschluss steht auch dem vorläufigen Verwalter die sofortige Beschwerde zu.

I. Normzweck und Anwendungsbereich

1. Normzweck

1 Die Norm dient der Sicherung der Insolvenzmasse bei einem im Ausland beantragten, aber noch nicht eröffneten Insolvenzverfahrens. Durch § 343 Abs 2 ist bereits gewährleistet, dass Sicherungsmaßnahmen, die in einem ausländischen Insolvenzantragsverfahren angeordnet werden, auch im Inland anerkannt werden. Es handelt sich dabei jedoch um Maßnahmen nach dem jeweiligen ausländischen Recht. Diese Sicherungsmöglichkeiten werden durch § 344 erweitert. Die Vorschrift gibt einem ausländischen vorläufigen Insolvenzverwalter die Möglichkeit, bei dem zuständigen Insolvenzgericht im Inland Maßnahmen nach § 21 zu beantragen. Im Einzelfall kann § 344 für den ausländischen vorläufigen Verwalter die vorteilhaftere Vorgehensweise bieten. Während für die Vollstreckung der durch das Eröffnungsgericht angeordneten Sicherungsmaß-

nahmen nach § 353 ein immer auf die Reichweite des im Ausland erlassenen Vollstreckungstitels begrenzter Vollstreckungstitel erforderlich ist, kann ein Antrag auf Sicherungsmaßnahmen nach § 344 iVm § 21 unter Umständen eine schnellere Sicherung des schuldnerischen Vermögens bewirken (K/P-*Kemper*, § 344 Rn 1; HK-*Stephan*, § 344 Rn 5). Von Vorteil kann ein entsprechender Antrag daneben auch dann sein, wenn die Sicherungsmaßnahmen nach § 21 weiter reichen als die Sicherungsmaßnahmen, die nach dem Recht des Eröffnungsstaats zulässig sind (K/P-*Kemper*, § 344 Rn 1; HK-*Stephan*, § 344 Rn 5). Es bedarf eines dahingehenden Antrags sowie einer Anordnung des zuständigen inländischen Insolvenzgerichts (K/P-*Kemper*, § 344 Rn 2). Im Falle der Anordnung von Sicherungsmaßnahmen findet die deutsche Insolvenzordnung Anwendung, nach der sich auch das weitere Verfahren regelt (K/P-*Kemper*, § 344 Rn 9; HK-*Stephan*, § 344 Rn 6).

2. Anwendungsbereich

Eine ähnliche Regelung enthält Art 38 EuInsVO (*Braun/Liersch*, § 344 Rn 17 ff; HK-*Stephan*, § 344 Rn 1), der bei in einem Mitgliedstaat der EU beantragten Insolvenzverfahren allein anzuwenden ist. 2

II. Voraussetzungen (Abs 1)

1. Anwendungszeitraum

§ 344 ist anwendbar, sobald bei einem zuständigen ausländischen Gericht (vgl § 343 Abs 1 Satz 2) die Eröffnung eines Hauptinsolvenzverfahrens beantragt worden ist, und dieses das gesamte Vermögen des Schuldners im Inland wie in allen anderen Drittstaaten erfasst (K/P-*Kemper*, § 344 Rn 3). Ab dem Zeitpunkt der Verfahrenseröffnung im Ausland ist § 344 mit der Folge nicht mehr anwendbar, dass bereits im Inland getroffene Anordnungen aufzuheben sind (*Braun/Liersch*, § 344 Rn 3). § 344 stellt zwar weder auf die Anerkennung eines Eröffnungsverfahrens noch des zu eröffnenden Verfahrens ab, verleiht dem im Ausland bestellten Verwalter im Inland aber Zwangsbefugnisse. Daher sind an das ausländische Insolvenzverfahren die Anforderungen des § 343 zu richten, insbesondere sind also die internationale Zuständigkeit und die Vereinbarkeit mit dem deutschen Ordre public festzustellen (K/P-*Kemper*, § 344 Rn 3). 3

2. Vorläufiger Insolvenzverwalter

Die Anforderungen an die Person und Bestellung des vorläufigen Verwalters richten sich nach dem ausländischen Recht der Verfahrenseröffnung (HK-*Stephan*, § 344 Rn 8). Der Begriff des vorläufigen Insolvenzverwalters ist im Rahmen der Anerkennung weit zu verstehen. Auf eine Vergleichbarkeit mit dem deutschen Recht kommt es nicht an. Entschei- 4

§ 344 11. Teil. Internationales Insolvenzrecht

dend ist, ob die Maßnahme zur Sicherung des schuldnerischen Vermögens dient und in deren Rahmen eine dritte Person mit der Wahrnehmung dieser Aufgaben betraut wird (*Braun/Liersch*, § 344 Rn 2). Der Nachweis seiner Bestellung ist analog § 347 zu erbringen (K/P-*Kemper*, § 344 Rn 5).

3. Antrag an das zuständige Gericht

5   **a)** Das Antragsrecht des vorläufigen Verwalters korrespondiert mit dem Recht des ausländischen Insolvenzverwalters, nach § 356 Abs 2 ein Sekundärinsolvenzverfahren beantragen zu können. Während die Möglichkeit, im Inland ein Sekundärinsolvenzverfahren zu beantragen, gem § 356 Abs 2 aber nur dem endgültigen Insolvenzverwalter zusteht, gibt § 344 auch dem ausländischen vorläufigen Verwalter das Recht, Sicherungsmaßnahmen zu beantragen (*Braun/Liersch*, § 344 Rn 6). Ein Antrag durch das ausländische Gericht von Amts wegen ist nicht zulässig, der vorläufige Insolvenzverwalter soll über die Erfordernisse und zu beantragenden Maßnahmen frei entscheiden können (*Braun/Liersch*, § 344 Rn 4). Der Antrag ist an das Gericht zu richten, das gem § 348 zuständig ist (*Braun/Liersch*, § 344 Rn 11 ff; K/P-*Kemper*, § 344 Rn 6; HK-*Stephan*, § 344 Rn 10). Die Entscheidung über den Antrag ist dem Richter vorbehalten, § 18 Abs 1 Nr 3 RPflG.

6   **b)** Das Vorliegen der Anordnungsvoraussetzungen ist **von Amts wegen** zu prüfen (HK-*Stephan*, § 344 Rn 11). Bei Fehlen dieser **Voraussetzungen** ist der Antrag abzuweisen. Das Antragsrecht besteht nur, wenn dem vorläufigen ausländischen Hauptinsolvenzverfahren universale Wirkungen zukommen. Ohne diese Auslandswirkung, etwa wenn es sich um ein vorläufiges Partikularverfahren handelt, das auch nach Eröffnung keine Wirkung im Inland beansprucht, besteht kein Recht, die Sicherungsmaßnahmen nach §§ 344, 21 zu beantragen (*Braun/Liersch*, § 344 Rn 7).

4. Erfasstes Vermögen

7   Die Sicherungsmaßnahmen dürfen lediglich das von einem inländischen Sekundärinsolvenzverfahren erfasste Vermögen betreffen. Ein solches kann aufgrund seiner Abhängigkeit aber vor der Eröffnung des ausländischen Hauptinsolvenzverfahrens überhaupt nicht durchgeführt werden. Zu prüfen ist daher, ob über das zu sichernde inländische Vermögen des Schuldners ein Sekundärinsolvenzverfahren eröffnet werden könnte, sobald im Ausland das Hauptinsolvenzverfahren eröffnet ist (K/P-*Kemper*, § 344 Rn 7; HK-*Stephan*, § 344 Rn 9; aA *Wenner* in Mohrbutter/Ringstmeier, § 20 Rn 214). Insofern sind also das Vorliegen der Voraussetzungen des § 354 ff. – abgesehen vom Antragserfordernis hinsichtlich des Sekundärinsolvenzverfahrens – maßgebend. Der Antrag setzt

gem § 354 Abs 1 daher zumindest voraus, dass im Inland eine Niederlassung oder nur Vermögen des Schuldners besteht. Da Vermögen im Inland ausreicht, wird grundsätzlich immer ein Sekundärverfahren möglich sein (*Braun/Liersch*, § 344 Rn 8; **aA** K/P-*Kemper*, § 344 Rn 7, nach deren Ansicht der Schuldner im Inland eine Niederlassung haben muss). Bestünde im Inland kein Vermögen, gäbe es auch kein Interesse des ausländischen Insolvenzverwalters zur Antragstellung nach § 344 (*Braun/Liersch*, § 344 Rn 8). Schließlich erübrigen sich Sicherungsmaßnahmen dann, wenn bereits im Inland ein Insolvenzverfahren über das inländische Vermögen eröffnet wurde oder ein vorläufiges Sekundärinsolvenzverfahren angeordnet ist (*Braun/Liersch*, § 344 Rn 10). Der Antrag ist dann abzuweisen.

5. Maßnahmen gem § 21

Die Sicherungsmaßnahmen gem § 21 Abs 2 werde eigenständig durch das Gericht angeordnet (HK-*Stephan*, § 344 Rn 6; MK-InsO/*Reinhart*, Art 102 EGInsO Rn 289). Welche Maßnahmen seitens des inländischen Insolvenzgerichts angeordnet werden, liegt im Ermessen des Gerichts und ist daher nicht vom Antrag des Insolvenzverwalters abhängig (K/P-*Kemper*, § 344 Rn 8). Es sind die erforderlichen Maßnahmen anzuordnen (*Braun/Liersch*, § 344 Rn 14), deren Auswahl hängt von den Vermögensgegenständen im Einzelfall ab. Nahe liegend erscheint dabei die Auferlegung eines Verfügungsverbots (§ 21 Abs 2 Nr 2) sowie die Untersagung von Zwangsvollstreckungsmaßnahmen (§ 21 Abs 2 Nr 3). Unterhält der Gemeinschuldner im Inland eine Niederlassung, kann auch die Anordnung einer Postsperre gem § 21 Abs 2 Nr 4 zweckmäßig sein. Ferner kann ein vorläufiger Insolvenzverwalter für das im Inland belegene Vermögen bestellt werden (*Braun/Liersch*, § 344 Rn 15). Die Bestellung gerade des ausländischen vorläufigen Insolvenzverwalters als vorläufigen Insolvenzverwalter im Inland hängt vom Einzelfall ab, entscheidend ist dessen Geschäftskundigkeit iSd § 56 Abs 1 (*Braun/Liersch*, § 344 Rn 15; K/P-*Kemper*, § 344 Rn 8; HK-*Stephan*, § 344 Rn 14). 8

III. Rechtsmittel (Abs 2)

Gegen den Beschluss des Insolvenzgerichts besteht auch für den vorläufigen ausländischen Insolvenzverwalter die Möglichkeit der sofortigen Beschwerde (HK-*Stephan*, § 344 Rn 16; *Braun/Liersch*, § 344 Rn 16). Die Beschwerde kann sich dabei sowohl gegen die Anordnung einer Sicherungsmaßnahme als auch gegen die Ablehnung einer beantragten Maßnahme richten (K/P-*Kemper*, § 344 Rn 10). Die Beschwerdemöglichkeit des Schuldners bleibt indes auf die Anordnung von Sicherungsmaßnahmen gemäß § 21 Abs 1 S 2 beschränkt; insofern ist die in § 344 Abs 2 enthaltene Formulierung „auch" irreführend (K/P-*Kemper*, § 344 Rn 11). 9

§ 345 Öffentliche Bekanntmachung

(1) ¹Sind die Voraussetzungen für die Anerkennung der Verfahrenseröffnung gegeben, so hat das Insolvenzgericht auf Antrag des ausländischen Insolvenzverwalters den wesentlichen Inhalt der Entscheidung über die Verfahrenseröffnung und der Entscheidung über die Bestellung des Insolvenzverwalters im Inland bekannt zu machen. ²§ 9 Abs 1 und 2 und § 30 Abs 1 gelten entsprechend. ³Ist die Eröffnung des Insolvenzverfahrens bekannt gemacht worden, so ist die Beendigung in gleicher Weise bekannt zu machen.

(2) ¹Hat der Schuldner im Inland eine Niederlassung, so erfolgt die öffentliche Bekanntmachung von Amts wegen. ²Der Insolvenzverwalter oder ein ständiger Vertreter nach § 13 e Abs 2 Satz 4 Nr 3 des Handelsgesetzbuchs unterrichtet das nach § 348 Abs 1 zuständige Insolvenzgericht.

(3) ¹Der Antrag ist nur zulässig, wenn glaubhaft gemacht wird, dass die tatsächlichen Voraussetzungen für die Anerkennung der Verfahrenseröffnung vorliegen. ²Dem Verwalter ist eine Ausfertigung des Beschlusses, durch den die Bekanntmachung angeordnet wird, zu erteilen. ³Gegen die Entscheidung des Insolvenzgerichts, mit der die öffentliche Bekanntmachung abgelehnt wird, steht dem ausländischen Verwalter die sofortige Beschwerde zu.

I. Normzweck

1 Das Universalitätsprinzip billigt einem ausländischen Verfahren Rechtswirkungen auch im Inland zu. Durch eine öffentliche Bekanntmachung gem § 345 soll sichergestellt werden, dass die Verfahrensbeteiligten ihre Mitwirkungsrechte wahrnehmen und so auf die Rechtslage einwirken können, weil sie über Vorliegen und Ausmaß einer ausländischen Eröffnungsentscheidung informiert werden. Von Amts wegen wird dieses Informationsbedürfnis indes nur befriedigt, wenn eine inländische Niederlassung unterhalten wird (Abs 2), andernfalls liegt dies allein im Ermessen des antragsberechtigten ausländischen Insolvenzverwalters (K/P-*Kemper*, § 345 Rn 1). Die Anerkennung des ausländischen Verfahrens (Begründung RegE IIRNeuRG BT-Drucks 15/16 S 22 zu § 345) sowie die Befugnisse des ausländischen Verwalters hängen von einer Veröffentlichung nicht ab (HK-*Stephan*, § 345 Rn 4), allerdings wird dieser ein eigenes Interesse an einer öffentlichen Bekanntmachung haben, da so ein guter Glaube bei Drittschuldnern zerstört wird und deren Leistungen an den Gemeinschuldner eine befreiende Wirkung versagt bleibt, § 350 S 2 (K/P-*Kemper*, § 345 Rn 2; HK-*Stephan*, § 345 Rn 4; *Braun/Liersch*, § 345

Rn 1). § 345 ähnliche Regelungen finden sich in Art 21 EuInsVO und Art 102 § 5 EGInsO.

II. Öffentliche Bekanntgabe auf Antrag (Abs 1)

1. Verfahrenseröffnung

§ 345 findet nur Anwendung, wenn das Insolvenzverfahren im Ausland 2
eröffnet worden ist (K/P-*Kemper*, § 345 Rn 4; *Braun/Liersch*, § 345 Rn 2).

2. Antrag des Verwalters (Abs 1 S 1)

a) Der Antrag ist an das nach § 348 zuständige inländische Gericht zu 3
richten, also das Gericht, in dessen Bezirk die Niederlassung oder das Vermögen des Schuldners belegen ist (HK-*Stephan*, § 345 Rn 8).

b) Der ausländische Insolvenzverwalter kann nach **eigenem Ermes-** 4
sen über die Antragstellung zur Bekanntmachung der Verfahrenseröffnung entscheiden (*Braun/Liersch*, § 345 Rn 3; K/P-*Kemper*, § 345 Rn 5). Er wird dabei abzuwägen haben zwischen den idR von der Masse zu tragenden Kosten, die mit der öffentlichen Bekanntmachung verbunden sind, und dem für die Insolvenzmasse zu erwartenden Nutzen, der durch eine Vernichtung des guten Glaubens bei Drittschuldnern gem § 350 S 2 ermöglicht wird (*Liersch*, NZI 2003, 302, 306; HK-*Stephan*, § 345 Rn 7). Seine Entscheidung wird daher maßgebend von dem im Land der Bekanntmachung belegenen Vermögen und der Anzahl der dortigen Gläubiger oder Schuldner abhängen (K/P-*Kemper*, § 345 Rn 5).

c) Der **wesentliche Inhalt der Eröffnungsentscheidung** ist bekannt 5
zu machen, wobei der Umfang der Bekanntmachung im Ermessen des Gerichts liegt. Sachlich zuständig ist der Richter gem § 18 Abs 1 Nr 3 RPflG (K/P-*Kemper*, § 345 Rn 7). Richtungweisend sind dabei die für den Eröffnungsbeschluss eines deutsche Insolvenzverfahren in §§ 27, 28 genannten Informationen, also der Name und Anschrift von Gemeinschuldner und Insolvenzverwalter, der Eröffnungszeitpunkt sowie die Aufforderung zur fristwahrenden Forderungsanmeldung (K/P-*Kemper*, § 345 Rn 6).

d) Die ebenfalls zu veröffentlichende **Bestellung des Insolvenzver-** 6
walters wird in Abs 1 S 1 gesondert genannt, weil diese nicht zwingend im Eröffnungsbeschluss vorgenommen wird (K/P-*Kemper*, § 345 Rn 6).

e) Keine Regelung trifft § 345 in Hinblick auf **Sicherungsmaßnah-** 7
men, die von einem ausländischen Insolvenzgericht angeordnet werden und gem § 343 Abs 2 gleichermaßen anerkennungsfähig sind. Auch hier besteht indes ein Bedürfnis, deren Anordnung zu veröffentlichen und so den Zweck der Massesicherung zu verfolgen. Es handelt sich mithin um

eine planwidrige Regelungslücke, die durch eine analoge Anwendung des Abs 1 zu berichtigen ist (K/P-*Kemper*, § 350 Rn 10; *Braun/Liersch*, § 345 Rn 5). Die Anordnung von Sicherungsmaßnahmen im Ausland sind daher auf Antrag des dortigen Insolvenzverwalters ebenso öffentlich bekannt zu machen, wenn deren Anerkennungsfähigkeit gem Abs 3 S 1 glaubhaft gemacht ist.

3. Anerkennungsfähigkeit

8   Dem Antrag auf Bekanntmachung kann nur entsprochen werden, wenn die Voraussetzungen für die Anerkennung der Verfahrenseröffnung gegeben sind. Dies ist gem § 343 von Amts wegen zu prüfen (K/P-*Kemper*, § 345 Rn 8). Auch ausländische Partikularverfahren oder Sekundärinsolvenzverfahren sind bekanntmachungsfähig (HK-*Stephan*, § 345 Rn 6; K/P-*Kemper*, § 345 Rn 3). Der ausländische Insolvenzverwalter hat dazu glaubhaft zu machen, dass die Voraussetzungen des § 343 vorliegen, Abs 3 S 1. Maßgebend sind hier die Verfahrenseröffnung sowie die Begründung der internationalen Zuständigkeit (HK-*Stephan*, § 345 Rn 9). Dies kann gem § 4 iVm § 294 Abs 1 ZPO auch durch eine Versicherung an Eides statt geschehen und ist gelungen, wenn das Gericht zu der Überzeugung gekommen ist, dass das Vorliegen der Anerkennungsvoraussetzungen überwiegend wahrscheinlich ist (K/P-*Kemper*, § 345 Rn 9).

4. Bekanntmachung der Verfahrenseröffnung und Beendigung (Abs 1 S 2 und 3)

9   **a)** Die ausländische **Eröffnungsentscheidung** wird gem § 9, also nach deutschem Recht (*Braun/Liersch*, § 345 Rn 6) bekannt gemacht, Unterschiede zu inländischen Verfahrenseröffnungen bestehen nicht. Mindestinhalt der Bekanntmachung sind die Bezeichnung des Schuldners (Name, Anschrift), das Gericht der Verfahrenseröffnung (mit Anschrift) sowie wesentliche Entscheidungsinhalte (HK-*Stephan*, § 345 Rn 10). Auch kann die Veröffentlichung gem § 9 Abs 2 nach dem Ermessen des Gerichts – ohne entsprechenden Antrag – wiederholt werden, wenn es sich dazu veranlasst sieht (K/P-*Kemper*, § 345 Rn 11).

10   **b)** Soweit die Eröffnung des Verfahrens bekannt gemacht worden ist, ist auch die **Beendigung** in gleicher Weise bekannt zu machen (HK-*Stephan*, § 345 Rn 12). Ein Antrag des Insolvenzverwalters ist nicht erforderlich, der Insolvenzverwalter hat das Gericht aber zu informieren, § 347 Abs 2. Es obliegt dem Gericht nicht, Ermittlungen über den Verfahrensfortschritt aufzunehmen (K/P-*Kemper*, § 345 Rn 12), es darf sich darauf verlassen, dass der ausländische Verwalter seinen in § 347 Abs 2 normierten Informationspflichten nachkommt (K/P-*Kemper*, § 345 Rn 12).

Öffentliche Bekanntmachung **§ 345**

II. Bekanntmachung von Amts wegen (Abs 2)

Eine Veröffentlichung von Amts wegen erfolgt, wenn der Gemeinschuldner im Inland eine Niederlassung unterhält. Es handelt sich um eine Ausnahme von Abs 1 (*Braun/Liersch*, § 345 Rn 4). Grund dafür ist, dass in diesem Fall zahlreiche geschäftliche Kontakte zu im Inland ansässigen Personen bestehen (Begründung RegE IIRNeuRG BT-Drucks 15/16 S 22 zu § 345). Diese inländische Niederlassung muss bei Eröffnung des Insolvenzverfahrens im Ausland bereits bestanden haben (K/P-*Kemper*, § 345 Rn 15). Der Niederlassungsbegriff entspricht dem des § 354, der wiederum Art 2 lit. h EuInsVO entlehnt ist. Gemeint ist also jeder für Dritte erkennbare Tätigkeitsort, an dem der Schuldner einer wirtschaftlichen Aktivität nachgeht, die den Einsatz von Personal und Vermögenswerten verlangt (K/P-*Kemper*, § 345 Rn 14, § 354 Rn 6). 11

Zuständig ist gem § 348 Abs 1 das Gericht, in dessen Bezirk sich die Niederlassung befindet. Die Gerichte sind jedoch nicht verpflichtet nachzuprüfen, ob die in ihrem Bezirk angesiedelten Niederlassungen von einem im Ausland eröffneten Insolvenzverfahren erfasst werden (K/P-*Kemper*, § 345 Rn 16). Vielmehr haben der ausländische Insolvenzverwalter oder der ständige Vertreter gem § 13e Abs 2 S 4 HGB das Insolvenzgericht von der Eröffnung eines ausländischen Insolvenzverfahrens zu informieren, Abs 2 S 2. 12

III. Verfahren der Bekanntmachung und Rechtsmittel (Abs 3)

1. Bescheinigung

Dem Verwalter ist eine Ausfertigung des die Bekanntmachung anordnenden Beschlusses zu erteilen (Abs 3 S 2). Dies gilt sowohl im Falle der antragsgemäßen Bekanntgabe gem Abs 1, als auch bei Bekanntgabe von Amts wegen gem Abs 2 (K/P-*Kemper*, § 345 Rn 17). 13

2. Rechtsmittel

Gegen die Ablehnung des Antrags auf öffentliche Bekanntmachung steht dem ausländischen Insolvenzverwalter die sofortige Beschwerde zu (Abs 3 S 3). Die Beschwerde kann sich allerdings nicht darauf stützen, dass die Anerkennung mit anderem Inhalt als beantragt veröffentlich wird; denn der Inhalt der Bekanntmachung liegt im Ermessen des Gericht (s. o.; K/P-*Kemper*, § 345 Rn 18; *Braun/Liersch*, § 345 Rn 13). 14

3. Kosten

Die Kosten des Verfahrens über den Antrag auf öffentliche Bekanntmachung ausländischer Entscheidungen in Insolvenzverfahren oder vergleichbaren Verfahren schuldet, wer das Verfahren beantragt hat, § 24 15

GKG. Im Falle des Abs 1 ist dies der ausländische Insolvenzverwalter, der gem § 17 Abs 1 GKG auch Vorschuss zu leisten hat. Gleichfalls kann das Gericht bei einer Bekanntmachung nach Abs 2 gem § 17 Abs 3 GKG einen Vorschuss verlangen (HK-*Stephan*, § 345 Rn 15). Die Kosten der Bekanntmachung trägt in jedem Falle der ausländische Insolvenzverwalter (K/P-*Kemper*, § 345 Rn 19).

§ 346 Grundbuch

(1) Wird durch die Verfahrenseröffnung oder durch Anordnung von Sicherungsmaßnahmen nach § 343 Abs. 2 oder § 344 Abs. 1 die Verfügungsbefugnis des Schuldners eingeschränkt, so hat das Insolvenzgericht auf Antrag des ausländischen Insolvenzverwalters das Grundbuchamt zu ersuchen, die Eröffnung des Insolvenzverfahrens und die Art der Einschränkung der Verfügungsbefugnis des Schuldners in das Grundbuch einzutragen:
bei Grundstücken, als deren Eigentümer der Schuldner eingetragen ist;
bei den für den Schuldner eingetragenen Rechten an Grundstücken und an eingetragenen Rechten, wenn nach der Art des Rechts und den Umständen zu befürchten ist, dass ohne die Eintragung die Insolvenzgläubiger benachteiligt würden.
(2) [1]Der Antrag nach Absatz 1 ist nur zulässig, wenn glaubhaft gemacht wird, dass die tatsächlichen Voraussetzungen für die Anerkennung der Verfahrenseröffnung vorliegen. [2]Gegen die Entscheidung des Insolvenzgerichts steht dem ausländischen Verwalter die sofortige Beschwerde zu. [3]Für die Löschung der Eintragung gilt § 32 Abs. 3 Satz 1 entsprechend.
(3) Für die Eintragung der Verfahrenseröffnung in das Schiffsregister, das Schiffsbauregister und das Register für Pfandrechte an Luftfahrzeugen gelten die Absätze 1 und 2 entsprechend.

I. Normzweck

1   Gem. § 349 kann – als Ausnahme von dem Grundsatz des § 335 (HK-*Stephan*, § 346 Rn 6) – die Verfügungsbeschränkung des Gesamtschuldners überwunden und Gegenstände der Insolvenzmasse, die im Grundbuch, Schiffregister etc. eingetragen sind, gutgläubig erworben werden. Um einen guten Glauben zu zerstören und einen solchen gutgläubigen Erwerb zu verhindern ist die Eintragung der Verfügungsbeschränkung in das Grundbuch erforderlich. Da es die Grundbuchämter überfordern würde, die Anerkennung eines ausländischen Insolvenzverfahrens und insbesondere die Auswirkung dieses Verfahrens auf die Verfügungsbefugnis des Schuldners festzustellen, soll die Eintragung der Verfügungsbeschränkung

gem § 346 Abs 1 nur auf Ersuchen des inländischen Insolvenzgerichts vorgenommen werden, dem somit diese Prüfung zufällt (Begründung RegE IIRNeuRG BT-Drucks 15/16 S 22 zu § 346). Insofern ergänzt § 346 die öffentliche Bekanntmachung gem § 345 (K/P-*Kemper*, § 346 Rn 1). § 346 Abs 1, 1. Alt setzt ein wirksam eröffnetes ausländisches Hauptverfahren voraus, anders als in § 345 (vgl dort Rn 8) genügt ein ausländisches Partikularverfahren nicht, weil sich dieses nicht auf Vermögensgegenstände außerhalb des Staates der Verfahrenseröffnung erstreckt (K/P-*Kemper*, § 346 Rn 3). Sicherungsmaßnahmen vor Verfahrenseröffnung gem §§ 343 Abs 2, 344 Abs 1 werden ebenfalls berücksichtigt, Abs 1, 2. Alt (*Braun/Liersch*, § 346 Rn 2). Der Sachnorm des § 346 ähnliche Vorschriften finden sich in Art 22 EuInsVO und Art 102 § 6 EGInsO.

II. Gerichtliches Ersuchen auf Antrag des ausländischen Verwalters

Das Ersuchen des Grundbuchamtes durch das Insolvenzgericht erfolgt nur auf Antrag, ein Vorgehen von Amts wegen – wie es § 345 Abs 2 vorsieht – kommt nicht in Betracht (*Braun/Liersch*, § 346 Rn 4). 2

1. Allgemeine Zulässigkeitsvoraussetzungen des Antrags

a) Es muss ein ausländischen **Hauptinsolvenzverfahren bereits eröffnet** und der Antragsteller als Insolvenzverwalter bestellt sein (K/P-*Kemper*, § 346 Rn 4). Erneut (vgl § 344 Rn 4) ist für die Insolvenzverwalterbestellung das ausländische Recht maßgebend (K/P-*Kemper*, § 346 Rn 4). Sollen Sicherungsmaßnahmen vor Verfahrenseröffnung eingetragen werden, muss ein vorläufiger Insolvenzverwalter im ausländischen Eröffnungsverfahren bestellt worden sein (K/P-*Kemper*, § 346 Rn 4). 3

b) Antragsbefugt ist der vorläufige oder der endgültige ausländische Insolvenzverwalter; ob eine Verfügungsbeschränkung eingetragen werden soll, liegt in dessen Ermessen (K/P-*Kemper*, § 346 Rn 5). Aufgrund der Insolvenzfestigkeit einer Vormerkung gem § 349 Abs 2 ist ihm jedoch eine zügige Antragstellung anzuraten, um einen gutgläubigen Erwerb zu verhindern (*Braun/Liersch*, § 346 Rn 1; HK-*Stephan*, § 346 Rn 6). 4

c) Adressat des Antrags ist das zuständige Insolvenzgericht, nicht das Grundbuchamt (K/P-*Kemper*, § 346 Rn 6). Dieser Unterschied zum inländischen Insolvenzverwalter (§ 32 Abs 2 S 2) ergibt sich aus dem Zweck der Norm, hinsichtlich der Anerkennung ausländischer Entscheidungen die Prüfungskompetenz in die Hände eines Richters zu legen und die Grundbuchämter so zu entlasten (K/P-*Kemper*, § 346 Rn 6; HK-*Stephan*, § 346 Rn 4). Welches Gericht zuständig ist, regelt § 348 (HK-*Stephan*, § 346 Rn 4; *Braun/Liersch*, § 346 Rn 10). Funktionell ist der Richter zu- 5

§ 346

ständig, § 18 Abs 1 Nr 3 RPflG (HK-*Stephan*, § 346 Rn 16; *Braun/Liersch*, § 346 Rn 11).

6   **d)** Die **Anerkennungsfähigkeit** des ausländischen Verfahrens richtet sich nach § 343 (K/P-*Kemper*, § 346 Rn 7). Die dies begründenden Tatsachen hat der Insolvenzverwalter gem Abs 2 S 1 glaubhaft zu machen (K/P-*Kemper*, § 346 Rn 8). Wenn die Begründung die Vorlage des Eröffnungsbeschlusses des ausländischen Insolvenzverfahrens als öffentliche Urkunde in Hinblick auf die Regelung des § 29 Abs 1 S 2 GBO auch nur empfiehlt (Begründung RegE IIRNeuRG BT-Drucks 15/16 S 22 zu § 346; so auch K/P-*Kemper*, § 346 Rn 9), so ordnet § 29 Abs 1 S 2 GBO dies doch zwingend an (HK-*Stephan*, § 346 Rn 5).

2. Einschränkung der Verfügungsbefugnis

7   Einzutragen ist sowohl die Eröffnung des ausländischen Insolvenzverfahrens als auch die Art der Einschränkung der Verfügungsbefugnis. Insofern wird die ausländische Entscheidung grundsätzlich nicht in deutsches Recht umgesetzt, sondern originär eingetragen, wie sie aus dem Insolvenzstatut des Eröffnungsstaates vorgesehen sind (K/P-*Kemper*, § 346 Rn 11; HK-*Stephan*, § 346 Rn 10). Eintragungsfähig sind aber allein solche Verfügungsbeschränkungen, die auch im deutschen Recht bekannt sind. Dies ergibt sich bereits aus dem Numerus clausus des Sachenrechts (K/P-*Kemper*, § 346 Rn 11).

8   **a)** Zunächst ist daher zu prüfen, ob die von einem ausländischen Gericht angeordnete Art der Maßnahme den gleichen Zwecken dient wie die inländische Verfügungsbeschränkung nach § 80 Abs 1, also der Erhaltung der Insolvenzmasse und der optimalen Umsetzung der Ziele des Insolvenzverfahrens. Geringfügige Zielabweichungen sind dabei hinzunehmen (K/P-*Kemper*, § 346 Rn 11).

9   **b)** Ist dies nicht der Fall, muss nach Möglichkeit das ausländische Verbots ihrem deutschen Äquivalent **angepasst** und auf dessen Regelungsreichweite reduziert werden (K/P-*Kemper*, § 346 Rn 11; HK-*Stephan*, § 346 Rn 9). Eine Erweiterung des Umfangs des ausländischen Verfügungsverbots ist indes nicht möglich (K/P-*Kemper*, § 346 Rn 12). Dies ist insbesondere dann relevant, wenn die ausländische Rechtsordnung ein grundbuchähnliches Registerwesen nicht vorsieht. Eine Publikation der Verfügungsbeschränkung über das Grundbuch kommt dann nicht in Betracht (HK-*Stephan*, § 346 Rn 8).

3. Stellung des Schuldners

10   Eintragungsvoraussetzung ist weiter, dass der Schuldner Eigentümer des jeweiligen Grundstücks ist (Abs 1 Nr 1) oder dass für den Schuldner

Rechte an einem fremden Grundstück eingetragen sind (Abs 1 Nr 2). Letzteres erfordert darüber hinaus, dass nach Art des Rechts und den Umständen zu befürchten ist, dass ohne die Eintragung eine Benachteiligung der Insolvenzgläubiger eintreten würde. Eine solche Gläubigerbenachteiligung entstünde bereits, wenn durch eine Verfügung über die eingetragenen Rechte eine Verringerung der Insolvenzmasse herbeigeführt werden würde (K/P-*Kemper*, § 346 Rn 13). Diesbezüglich steht dem Insolvenzgericht ein Ermessen zu, aus Sicherungszwecken sollte mit Blick auf die meist kurzfristig zu treffende Entscheidung im Zweifel eine Eintragung erfolgen (*Braun/Liersch*, § 346 Rn 6).

4. Eintragungsverfahren

Das Grundbuchamt hat sowohl die ausländische Verfahrenseröffnung 11 als auch die Verfügungsbefugnis in Abteilung II des Grundbuchs einzutragen (K/P-*Kemper*, § 346 Rn 14). Dabei hat das Insolvenzgericht die ausländische Verfügungsbeschränkung gesondert zu bestimmen, ohne dass dies durch das Grundbuchamt erneut geprüft wird (K/P-*Kemper*, § 346 Rn 15; HK-*Stephan*, § 346 Rn 7). Daneben finden auch in diesem Falle des Eintragungsersuchens durch ein Insolvenzgericht die registerrechtlichen Formvorschriften Anwendung (K/P-*Kemper*, § 346 Rn 15), die gem § 29 Abs 1 S 2 GBO erforderlichen öffentlichen Urkunden sind dem Ersuchen beizufügen. Insbesondere sind gem **Abs 3** die registerrechtlichen Formvorschriften bei Eintragungen in das Schiffsregister und das Register für Luftfahrzeuge (§§ 45, 37 Abs 3 SchRegO und §§ 18, 86 Abs 1 LuftfzRG) beachtlich (K/P-*Kemper*, § 346 Rn 19). Einzutragen ist insoweit in das inländische See- und Binnenschifffahrts- oder Schiffsbauregister bzw das deutsche Register für Pfandrechte an Luftfahrzeugen, in der das Schiff oder Schiffsbauwerk bzw das Luftfahrzeug selbst eingetragen ist (HK-*Stephan*, § 346 Rn 17).

III. Rechtsmittel (Abs 2 S 2)

Der ausländische Insolvenzverwalter hat die Möglichkeit zur sofortigen 12 Beschwerde. Dies kommt einerseits in Betracht, wenn sein Antrag auf Eintragung der Verfügungsbeschränkung abschlägig beschieden wird (HK-*Stephan*, § 346 Rn 14), andererseits auch in Hinblick auf die vom Gericht gewählte Art der Umsetzung (K/P-*Kemper*, § 346 Rn 17). Die sofortige Beschwerde setzt voraus, dass der Insolvenzverwalter nach dem Recht des Eröffnungsstaates prozessführungsbefugt ist (K/P-*Kemper*, § 346 Rn 17).

Hält das Grundbuchamt die Verfügungsbeschränkung nicht für eintra- 13 gungsfähig, so steht dem Insolvenzverwalter darüber hinaus auch die Beschwerde nach § 71 GBO zu (K/P-*Kemper*, § 346 Rn 18).

IV. Löschung der Eintragung (Abs 2 S 3)

14 Gem. Abs 2 S 3 gilt § 32 Abs 3 S 1 entsprechend. Demnach hat im Falle der Freigabe oder Veräußerung das Insolvenzgericht das Grundbuchamt um Löschung der Eintragung zu ersuchen. Es wird dabei nur auf Antrag tätig (HK-*Stephan*, § 346 Rn 15). Antragsbefugt ist dabei der ausländische Insolvenzverwalter, der Schuldner oder ein anderer an der Freigabe oder Veräußerung Beteiligter (K/P-*Kemper*, § 346 Rn 16).

§ 347 Nachweis der Verwalterbestellung. Unterrichtung des Gerichts

(1) ¹Der ausländische Insolvenzverwalter weist seine Bestellung durch eine beglaubigte Abschrift der Entscheidung, durch die er bestellt worden ist, oder durch eine andere von der zuständigen Stelle ausgestellte Bescheinigung nach. ²Das Insolvenzgericht kann eine Übersetzung verlangen, die von einer hierzu im Staat der Verfahrenseröffnung befugten Person zu beglaubigen ist.

(2) Der ausländische Insolvenzverwalter, der einen Antrag nach den §§ 344 bis 346 gestellt hat, unterrichtet das Insolvenzgericht über alle wesentlichen Änderungen in dem ausländischen Verfahren und über alle ihm bekannten weiteren ausländischen Insolvenzverfahren über das Vermögen des Schuldners.

I. Nachweis der Verwalterbestellung (Abs 1)

1. Nachweis

1 Die Norm entspricht Art 19 EuInsVO (*Braun/Liersch*, § 347 Rn 8). Grundsätzlich stehen dem ausländischen Insolvenzverwalter alle Befugnisse nach dem Recht des Eröffnungsstaates zu (HK-Stephan, § 347 Rn 3). Maßgebend ist unmittelbar der (anerkannte) ausländische Eröffnungsbeschluss, unabhängig von einer öffentlichen Bekanntmachung (HK-*Stephan*, § 347 Rn 4). Um im Inland diese Befugnisse effektiv umsetzen zu können, kann der ausländische Insolvenzverwalter seine Bestellung durch eine beglaubigte Abschrift nachweisen, ist dazu jedoch nicht verpflichtet (K/P-*Kemper*, § 347 Rn 3). Darüber hinausgehende Förmlichkeiten – zB die Legalisation gem § 13 KonsG oder die gerichtliche Prüfung gem § 438 ZPO – sind mithin nicht zu beachten (K/P-*Kemper*, § 347 Rn 4; HK-*Stephan*, § 347 Rn 5), Abs 1 ist abschließend (*Braun/Liersch*, § 347 Rn 1). Gegenstand der Beglaubigung kann neben der Bestellung auch die Eröffnungsentscheidung sein, soweit darin auch der Verwalter bestellt wird (K/P-*Kemper*, § 347 Rn 3). Die mit der Bestellung übertragenen Befugnisse sind nicht spezifisch nachzuweisen (K/P-*Kemper*, § 347 Rn 5; HK-*Stephan*,

§ 347 Rn 6). Entsprechende Anwendung findet § 347 auf Anordnungen des ausländischen Insolvenzgerichts bei Bestellung eines ausländischen vorläufigen Insolvenzverwalters (*Liersch*, NZI 2003, 302, 307; *Braun/Liersch*, § 347 Rn 3). Wenn auch nur ausländische Hauptverfahren im Inland Rechtswirkungen zeitigen, so kann die Norm entsprechende Anwendungen ebenfalls finden, wenn ausnahmsweise ein entsprechendes Bedürfnis im Partikularverfahren besteht (HK-*Stephan*, § 347 Rn 7).

2. Übersetzung

Das Insolvenzgericht kann gem Abs 1 S 2 eine beglaubigte Übersetzung 2 der Bestellung verlangen, die grundsätzlich nicht erforderlich ist (*Braun/Liersch*, § 347 Rn 3). Die Übersetzung ist von einer im Staat der Verfahrenseröffnung befugten Person zu beglaubigen (*Braun/Liersch*, § 347 Rn 4). Ebenso wie für Beglaubigung richtet gilt für die Tragung der Übersetzungskosten als Verfahrenskosten die lex fori concursus des Eröffnungsstaats (*Braun/Liersch*, § 347 Rn 5). Zwar kann eine Übersetzung auch gegenüber Dritten zweckmäßig sein, doch begrenzt der eindeutige Wortlaut der Regelung diese Berechtigung auf das Insolvenzgericht (*Liersch*, NZI 2003, 302, 307; HK-*Stephan*, § 47 Rn 8; **aA** K/P-*Kemper*, § 347 Rn 6). Der Praxis wird empfohlen, einen Fundus der regelmäßig standardisierten Übersetzungen bereitzuhalten, um Kosten zu senken und das Verfahren zu beschleunigen (*Braun/Liersch*, § 347 Rn 9).

II. Informationspflicht des Verwalters (Abs 2)

Die Regelung ist Art 18 der UNCITRAL-Modellbestimmung über 3 grenzüberschreitende Insolvenzverfahren nachgebildet (HK-*Stephan*, § 347 Rn 1). Der Insolvenzverwalter hat das Insolvenzgericht gem Abs 2 über alle wesentlichen Änderungen in dem ausländischen Verfahren und über alle ihm bekannten weiteren ausländischen Insolvenzverfahren zu unterrichten. Allerdings greift die Informationspflicht nur, wenn der Verwalter Anträge nach §§ 344–346 gestellt hat.

Wesentlich sind alle erheblichen Veränderungen, die für das Insolvenzgericht von Bedeutung sei können (K/P-*Kemper*, § 347 Rn 9; FK-*Wimmer*, 4 § 348 Rn 6). Ausdrücklich nennt der RegE die Beendigung des ausländischen Verfahrens oder dessen Umwandlung von einem Reorganisations- in ein Liquidationsverfahren, sowie eine Änderung der Rechtsstellung des Verwalters (Begründung RegE IIRNeuRG BT-Drucks 15/16 S 23 zu § 347). Damit könnten Auswirkungen auf die gerichtlich angeordneten Sicherungsmaßnahmen verbunden sein (*Braun/Liersch*, § 347 Rn 2; HK-*Stephan*, § 347 Rn 10). Weiter ist in Hinblick auf den Fortbestand gem § 344 eingeleiteter Sicherungsmaßnahmen die Verfahrenseröffnung mitzuteilen (K/P-*Kemper*, § 347 Rn 9).

§ 348 Zuständiges Insolvenzgericht

(1) ¹Für die Entscheidungen nach den §§ 344 bis 346 ist ausschließlich das Insolvenzgericht zuständig, in dessen Bezirk die Niederlassung oder, wenn eine Niederlassung fehlt, Vermögen des Schuldners belegen ist. ²§ 3 Abs 2 gilt entsprechend.

(2) ¹Die Landesregierungen werden ermächtigt, zur sachdienlichen Förderung oder schnelleren Erledigung der Verfahren durch Rechtsverordnung die Entscheidungen nach den §§ 344 bis 346 für die Bezirke mehrerer Insolvenzgerichte einem von diesen zuzuweisen. ²Die Landesregierungen können die Ermächtigungen auf die Landesjustizverwaltungen übertragen.

(3) ¹Die Länder können vereinbaren, dass die Entscheidungen nach den §§ 344 bis 346 für mehrere Länder den Gerichten eines Landes zugewiesen werden. ²Geht ein Antrag nach den §§ 344 bis 346 bei einem unzuständigen Gericht ein, so leitet dieses den Antrag unverzüglich an das zuständige Gericht weiter und unterrichtet hierüber den Antragsteller.

I. Normzweck

1   Die Frage nach der Zuständigkeit eines Gerichts stellt sich, soweit im Inland kein Insolvenzverfahren eröffnet wurde (K/P-*Kemper*, § 348 Rn 1) und Maßnahmen nach §§ 344–346 (Sicherungsmaßnahmen, öffentliche Bekanntmachung, Grundbuch- und Registereintragungen) vorzunehmen sind. Für diesem Fall regelt Abs 1 die örtliche Zuständigkeit, funktionell ist das Insolvenzgericht zuständig (K/P-*Kemper*, § 348 Rn 2). Je nach Sitz des demnach zuständigen Insolvenzgerichts sind konzentrierende, abweichende Regelungen möglich, zu denen die Länder intern (Abs 2) und untereinander (Abs 3) ermächtigt sind.

II. Örtliche Zuständigkeit (Abs 1)

1. Allgemeine Grundsätze

2   Die örtliche Zuständigkeitsregelung des Abs 1 stellt auf den Ort einer Niederlassung oder die Belegenheit des Vermögens (K/P-*Kemper*, § 348 Rn 4) ab. Niederlassung oder Vermögen müssen sich bereits zum Zeitpunkt der Antragstellung im Inland befunden haben. Es handelt sich um eine ausschließliche Zuständigkeit, die nicht abweichend vereinbart werden kann (K/P-*Kemper*, § 348 Rn 4). Aus der Natur der Sache kann es aber zu einer konkurrierenden Zuständigkeit mehrerer Gerichte kommen. Der Verweis des Abs 1 S 2 löst diesen Fall durch das Prioritätsprinzip, zuständig ist das Gericht, bei dem der erste Antrag gem §§ 344–346 ein-

gegangen ist (K/P-*Kemper*, § 348 Rn 5; HK-*Stephan*, § 348 Rn 7). Unbeachtlich ist die Größe des jeweils belegenen Vermögens (*Braun/Liersch*, § 348 Rn 3). Dieses mehrstufige Regelungssystem löst die Befürchtung aus, dass gerade ausländische Verwalter bei der Frage der Zuständigkeit verunsichert sein könnten (*Braun/Liersch*, § 348 Rn 10).

2. Niederlassung

Primär ist das Gericht örtlich zuständig, in dessen Bezirk der Schuldner 3 eine Niederlassung iSd § 354 unterhält (K/P-*Kemper*, § 348 Rn 3). Der Begriff der Niederlassung bestimmt sich nach Art 2 lit. h EuInsVO, nicht nach Art 5 Nr 5 EuGVVO; er ist weit auszulegen, eine Registrierung im Handelsregister oder ein Geschäftslokal ist nicht Voraussetzung (HK-*Stephan*, § 348 Rn 4). Gemeint ist also jeder für Dritte erkennbare Tätigkeitsort, an dem der Schuldner einer wirtschaftlichen Aktivität nachgeht, die den Einsatz von Personal und Vermögenswerten verlangt (K/P-*Kemper*, § 345 Rn 14, § 354 Rn 6). Vom Schuldner unabhängige Personen, etwa Alleinvertriebshändler, Handelsvertreter oder selbständige Handelsmakler stellen hingegen keine Niederlassung dar (HK-*Stephan*, § 348 Rn 4).

3. Vermögen

Unterhält der Schuldner im Inland keine Niederlassung, so wird hilfs- 4 weise der Ort herangezogen, in dem das Vermögen des Schuldners belegen ist (K/P-*Kemper*, § 348 Rn 4; HK-*Stephan*, § 348 Rn 6). Der Vermögensbegriff bestimmt sich nach § 23 ZPO, gemeint ist daher jeder Gegenstand mit einem wenn auch geringen Geldwert (K/P-*Kemper*, § 348 Rn 4). Bei Forderungen ist der Wohnsitz des Schuldners bzw die Belegenheit der diese Forderung sichernden Gegenstände maßgebend, § 23 S 2 ZPO.

4. Unzuständigkeit des Gerichts (Abs 3 S 2)

Gem. Abs 3 S 2 sind unzuständige Gerichte verpflichtet, bei ihnen 5 fälschlich eingegangene Anträge an das zuständige Gericht weiterzuleiten, eine Abweisung ist mithin ausgeschlossen. Dies soll die Arbeit ausländischer Insolvenzverwalter erleichtern (Begründung RegE IIRNeuRG BT-Drucks 15/16 S 23 zu § 348). Der ausländische Insolvenzverwalter ist von der Weiterleitung formlos zu unterrichten (K/P-*Kemper*, § 348 Rn 6; HK-*Stephan*, § 348 Rn 10). Die Unzuständigkeit kann sich aus jeglichen, nicht nur örtlichen Gründen ergeben (K/P-*Kemper*, § 348 Rn 6).

II. Zuständigkeitskonzentration (Abs 2 und 3)

Abs 2 ermächtigt die Länder, in Abweichung von der örtlichen Zustän- 6 digkeit nach Abs 1, Verfahren mehrerer Insolvenzgerichte einem dieser

Gerichte zuzuweisen und somit zu konzentrieren. Diese Ermächtigung dient den Zwecken, einerseits die Verfahrensabwicklung zu beschleunigen, andererseits Fachkompetenz zu bündeln (K/P-*Kemper*, § 348 Rn 7; HK-*Stephan*, § 348 Rn 9). Gem. Abs 2 S 2 besteht dabei ein Entscheidungsermessen der Landesjustizverwaltungen. Nach Abs 3 kann eine solche abweichende Regelung auch zwischen den Ländern vereinbart werden. Inwieweit von diesen Ermächtigungen Gebrauch gemacht werden wird, ist noch nicht ersichtlich (*Braun/Liersch*, § 348 Rn 5).

§ 349 Verfügungen über unbewegliche Gegenstände

(1) Hat der Schuldner über einen Gegenstand der Insolvenzmasse, der im Inland im Grundbuch, Schiffsregister, Schiffsbauregister oder Register für Pfandrechte an Luftfahrzeugen eingetragen ist, oder über ein Recht an einem solchen Gegenstand verfügt, so sind die §§ 878, 892, 893 des Bürgerlichen Gesetzbuchs, § 3 Abs 3, §§ 16, 17 des Gesetzes über Rechte an eingetragenen Schiffen und Schiffsbauwerken und § 5 Abs 3, §§ 16, 17 des Gesetzes über Rechte an Luftfahrzeugen anzuwenden.

(2) Ist zur Sicherung eines Anspruchs im Inland eine Vormerkung im Grundbuch, Schiffsregister, Schiffsbauregister oder Register für Pfandrechte an Luftfahrzeugen eingetragen, so bleibt § 106 unberührt.

I. Normzweck

1   Die Vorschrift ähnelt Art 14 EuInsVO. Sie ermöglicht einen gutgläubigen Erwerb unbeweglicher Gegenstände. Grund hierfür ist, dass diese wesentlich vom Recht des Lagerortes geprägt sind (Begründung RegE IIR-NeuRG BT-Drucks 15/16 S 23 zu § 349) und die sich daraus ergebenden Erwartungen des Rechtsverkehr schützenswert scheinen (K/P-*Kemper*, § 348 Rn 1). Der Schutz ist erforderlich, da die Eintragung einer Verfahrenseröffnung gem § 346 grundsätzlich nur auf Antrag des ausländischen Insolvenzverwalters und nicht von Amts wegen vorgenommen wird (K/P-*Kemper*, § 349 Rn 11). Die Norm stellt daher eine von Grundsatz des § 335 abweichende Sonderanknüpfung dar (*Braun/Liersch*, § 349 Rn 2) und vermag die Wirkungen eines ausländischen Hauptinsolvenzverfahrens, wie sie sich aus dem Insolvenzstatut des Eröffnungsstaates ergeben, einzuschränken. Hinsichtlich Partikularverfahren, die nur das im Eröffnungsstaat belegene Vermögen erfassen, ist § 349 gegenstandslos.

2   Wenn auch § 349 zu Verfügungen während eines Eröffnungsverfahrens keine Aussagen trifft, so scheint das Vertrauen des Rechtsverkehrs in dieser Phase erst recht schutzwürdig. Ihn hier zu versagen mutet systemwidrig

an, diese – wohl planwidrige – Schutzlücke ist daher im Wege einer analogen Anwendung der Norm zu schließen (K/P-*Kemper*, § 349 Rn 15; aA FK-*Wimmer*, § 349 Rn 3). Ein dahingehendes Bedürfnis besteht indes nur, wenn im Eröffnungsverfahren bereits Verfügungsbeschränkungen wirken, dies richtet sich nach dem Recht des Eröffnungsstaates.

Bei Verfügungen über bewegliche Gegenstände entscheidet die lex fori 3 concursus, ob und inwieweit der gute Glaube des Erwerbers geschützt wird (*Wenner* in Mohrbutter/Ringstmeier, § 20 Rn 290).

II. Verfügungen über unbewegliche Gegenstände (Abs 1)

1. Unbewegliche Gegenstände

Neben Grundstücken werden auch unberechtigte Verfügungen über 4 registrierte Schiffe, Schiffswerke, Rechte an diesen oder für Pfandrechte an Luftfahrzeugen erfasst. Ausgenommen bleiben indes Luftfahrzeuge selbst, diese werden als bewegliche Gegenstände behandelt (K/P-*Kemper*, § 349 Rn 3). Die Verfügungen muss aufgrund eines insolvenzrechtlichen Verfügungsverbotes unberechtigt sein, betrifft also nur solche Gegenstände, die zur Insolvenzmasse gehören (K/P-*Kemper*, § 349 Rn 4). Die Zugehörigkeit zur Insolvenzmasse richtet sich nach der lex fori concursus, die auch die Verstrickung schuldnerfremden Vermögens anordnen kann (K/P-*Kemper*, § 348 Rn 4).

2. Verfügung des Schuldners

a) Zeitpunkt. Unter Berücksichtigung des Normzwecks, dass das 5 Verfügungsverbot zugunsten gutgläubiger Dritter verdrängt werden soll, werden nur Verfügungen erfasst, die nach Verfahrenseröffnung wirksam werden. Die Norm bewirkt auch den Schutz von vor Insolvenzeröffnung vorgenommenen Verfügungen, wenn der Rechtserwerb erst nach Verfahrenseröffnung vollendet wird (K/P-*Kemper*, § 349 Rn 6). Entscheidend ist dabei der Zeitpunkt des Eingangs des Eintragungsantrags beim Grundbuchamt (K/P-*Kemper*, § 349 Rn 10; HK-*Stephan*, § 349 Rn 5). Somit wird der durch die Verfügung Begünstigte trotz der oft unkalkulierbaren Dauer der Registereintragungsverfahren geschützt und Rechtssicherheit hergestellt.

b) Der **Begriff** der Verfügung richtet sich nach dem Recht des Lageortes 6 (K/P-*Kemper*, § 349 Rn 5), im Inland ist § 81 heranzuziehen (*Braun/Liersch*, § 349 Rn 3). Unter eine Verfügung ist nach deutschem Recht ein Rechtsgeschäft zu verstehen, durch das der Verfügende auf ein Recht unmittelbar einwirkt, es also entweder auf einen Dritten überträgt oder mit einem Recht belastet oder das Recht aufhebt oder es sonst wie in seinem Inhalt verändert (BGHZ 75, 221, 226; 101, 24, 26; vgl § 873 Abs 1 BGB).

3. Schutzwirkung

7 Unter welchen Voraussetzungen eine Verfügung unter den Schutz der Norm fällt, hängt davon ab, ob der Antrag auf Eintragung der Rechtsänderung vor oder nach dem Antrag auf Eintragung der Verfügungsbeschränkung gem § 346 bei der jeweiligen Registerstelle eingeht.

8 **a)** Eine **objektive Schutzwirkung** entfaltet § 878 BGB, § 3 Abs 3 SchiffsRG, § 5 Abs 2 LuftfzG. Eine Verfügung ist danach unter den beschriebenen Voraussetzungen trotz Verfügungsbeschränkung wirksam, wenn die darauf gerichtete Erklärung des Gemeinschuldners zum Eintrittszeitpunkt der Verfügungsbeschränkung für diesen bindend geworden ist und ein Eintragungsantrag vor Eröffnung des ausländischen Insolvenzverfahrens bereits gestellt wurde, der Antrag gem § 346 dem auf Rechtsänderung also zeitlich nachfolgt. § 878 BGB findet also nur Anwendung, nachdem der Antrag auf Eintragung gestellt wurde (Palandt/*Bassenge*, § 878 Rn 3). In diesen Fällen ist für den Schutz des Dritten allein die Grundbuchlage maßgebend, sonstige Kenntnis ist nicht relevant (HK-*Stephan*, § 349 Rn 5).

9 **b)** Tritt aber die Verfügungsbeschränkung vor der Antragstellung ein, so können § 892 BGB, § 16 Abs 3 SchiffsRG, § 16 Abs 3 LuftfzG einen (nur) **subjektiven Schutz** des Dritten bieten. Dieser wirkt nur, wenn der Antrag auf Eintragung der Verfügungsbeschränkung in das Grundbuch noch nicht gestellt wurde und der Dritte auch sonst keine positive Kenntnis von ihr hatte (HK-*Stephan*, § 349 Rn 6). Eine solche positive Kenntnis hat des ausländische Insolvenzverwalter zu beweisen, es genügt aber die Kenntnis von der Eröffnung eines Insolvenzverfahrens (HK-*Stephan*, § 349 Rn 6). Diesen subjektiven Schutz bewirken § 893 BGB, § 17 SchiffsRG, § 17 LuftfzG auch im Falle von Leistungen an den Schuldner (HK-*Stephan*, § 349 Rn 7; K/P-*Kemper*, § 349 Rn 9). Im letzten Fall ist die Norm lex specialis zu § 350 (K/P-*Kemper*, § 350 Rn 3).

4. Anfechtung

10 Der nach § 349 mögliche Gutglaubenserwerb kann dennoch im Wege der Insolvenzanfechtung vernichtet werden. Für das deutsche Recht gilt insoweit § 147. Die Insolvenzanfechtung erfolgt dann nach dem jeweiligen ausländischen Recht (K/P-*Kemper*, § 349 Rn 12; kritisch *Habscheid*, NZI 2003, 238, 241). Zwar steht die Anfechtung unter dem Vorbehalt, dass der Anfechtungsgegner die Einwendung des § 339 erhebt (*Wenner* in Mohrbutter/Ringstmeier, § 20 Rn 289). Dieses Recht ist aber nicht die lex rei sitae, sondern das Vertragsstatut (*Wenner* in Mohrbutter/Ringstmeier, § 20 Rn 289). Enthält das ausländische Recht eine § 147 vergleichbare Regelung nicht, kann es zu einem Fall der Normenmangels kommen, wenn man den inländischen Gutglaubensschutz eingreifen lässt; dieser ist durch Angleichung zu lösen, indem die Anfechtungsregeln dennoch anwendet (*Wenner* in Mohrbutter/Ringstmeier, § 20 Rn 289).

II. Wirkungen einer Vormerkung (Abs 2)

Durch den Verweis auf § 106 werden registerrechtlich geschützte Vormerkungen insolvenzfest (HK-*Stephan*, § 349 Rn 11; *Braun/Liersch*, § 349 Rn 6), soweit die Vormerkung vor der Verfahrenseröffnung eingetragen wurde (K/P-*Kemper*, § 349 Rn 13). Die durch eine solche Vormerkung gesicherten Ansprüche erfahren in ausländischen Verfahren den gleichen Schutz wie § 106 ihn für inländische Insolvenzen bestimmt. Ihre Erfüllung kann durch den ausländischen Insolvenzverwalter nicht verweigert werden (K/P-*Kemper*, § 349 Rn 14; HK-*Stephan*, § 349 Rn 9). Beruht die Vormerkung auf einer Bewilligung, so muss der Eintragungsantrag vor Eröffnung des ausländischen Insolvenzverfahrens gestellt worden sein (HK-*Stephan* § 349 Rn 10).

11

§ 350 Leistung an den Schuldner

¹Ist im Inland zur Erfüllung einer Verbindlichkeit an den Schuldner geleistet worden, obwohl die Verbindlichkeit zur Insolvenzmasse des ausländischen Insolvenzverfahrens zu erfüllen war, so wird der Leistende befreit, wenn er zur Zeit der Leistung die Eröffnung des Verfahrens nicht kannte. ²Hat er vor der öffentlichen Bekanntmachung nach § 345 geleistet, so wird vermutet, dass er die Eröffnung nicht kannte.

I. Normzweck

Durch § 350 wird die universelle Wirkung ausländischer Insolvenzverfahren gem § 335 aufgehoben. Unabhängig vom Insolvenzstatut des Eröffnungsstaates wird ein Drittschuldner durch eine Leistung an den Gemeinschuldner befreit, wenn er gutgläubig geleistet hat. In seinem Regelungsgehalt entspricht § 350 insofern dem § 82 (*Braun/Liersch*, § 350 Rn 2). Warum das Insolvenzstatut nicht angewendet werden soll, wenn es einen geringeren als den in § 82 festgeschriebenen Gutglaubensschutz beinhaltet, ist nicht ohne weiteres ersichtlich. So sind Vorschriften, die den guten Glauben desjenigen schützen wollen, der in Unkenntnis der Verfahrenseröffnung an den Schuldner geleistet hat, insolvenzrechtlich zu qualifizieren (*Wenner* in Mohrbutter/Ringstmeier, § 20 Rn 280 mwN). Da auch nicht jede im ausländischen Recht vorgesehene nachteilige Abweichung von § 82 als unerträglich angesehen werden dürfte, gehört der

1

darin festgeschriebene Gutglaubensschutz auch nicht zum deutschen ordre public (*Wenner* in Mohrbutter/Ringstmeier, § 20 Rn 289).

2   Die Vorschrift ähnelt Art 24 EuInsVO, der allerdings zur Entkräftung der Vermutung den Gegenteilsbeweis fordert.

II. Schuldbefreiende Leistung (S 1)

1. Leistung

3   **a)** Der Drittschuldner muss zur **Erfüllung einer Verbindlichkeit** geleistet haben. Eine befreiende Leistung kommt also hinsichtlich jeglicher schuldrechtlicher Ansprüche in Betracht. Art und Umfang der Verbindlichkeit bestimmen sich nach dem zwischen den Parteien geschlossenen Vertrag.

4   **b)** Die Leistung muss **im Inland** erfolgt sein, insofern ist der Leistungsort iSd § 269 BGB maßgebend (K/P-*Kemper*, § 350 Rn 5; HK-*Stephan*, § 350 Rn 6). Die Leistungshandlung des Drittschuldners muss also im Inland vorgenommen sein, dies wird regelmäßig bei Hol- und Schickschulden anzunehmen sein. Unerheblich ist der Ort, an dem der Leistungserfolg eintritt (Begründung RegE BT-Drucks 12/2443, S 243 zu § 389). Wurde die Leistung im Ausland bewirkt, so entscheidet die lex fori concursus über deren schuldbefreiende Wirkung (*Wenner* in Mohrbutter/Ringstmeier, § 20 Rn 283; HK-*Stephan*, § 350 Rn 7).

5   **c)** Weiter ist erforderlich, dass der Drittschuldner auch **dort – im Inland – zur Leistung berechtigt** war. Andernfalls bleibt die befreiende Wirkung versagt (K/P-*Kemper*, § 350 Rn 5, 10). Der Leistungsort kann frei vereinbart werden. Ist dies nicht geschehen, so richtet sich der Leistungsort nach dem Recht des Staates, mit dem der Vertrag die engsten Verbindungen aufweist, hilfsweise in dem diejenige Partei ihren gewöhnlichen Aufenthalt bzw ihre Hauptverwaltung hat, der die charakteristische Leistung obliegt, Artt 32 Abs 1 Nr 2, 27, 28 Abs 1, 2 EGBGB.

6   **d) Ausgenommen** von § 350 sind die spezialgesetzlich geregelten Leistungen auf ein eingetragenen Recht, denen unter den Voraussetzungen des § 349 Abs 1 iVm §§ 892, 893 BGB, § 17 SchiffsRG, § 17 LuftfzG befreiende Wirkung zukommt. § 350 betrifft also allein die Leistungen auf schuldrechtliche Ansprüche (K/P-*Kemper*, § 350 Rn 3).

2. Zeitpunkt

7   Die Anwendbarkeit des § 350 setzt weiterhin voraus, dass die Leistung nach Eröffnung eines nach § 343 anerkennungsfähigen ausländischen Insolvenzverfahrens erbracht wurde (K/P-*Kemper*, § 350 Rn 7; *Braun*/

Liersch, § 350 Rn 5). Anderenfalls besteht kein Bedürfnis nach einer solchen Regelung. Nicht zwingend erforderlich ist indes, dass die Verbindlichkeit bereits im Eröffnungszeitpunkt bestanden hat, auch im Verfahren begründeten Verbindlichkeiten können dann, wenn der Neuerwerb des Schuldners während des laufenden Insolvenzverfahrens nach der lex fori concursus in die Insolvenzmasse fällt, unter den weiteren Voraussetzungen nach § 350 befreiend erfüllt werden (K/P-*Kemper*, § 350 Rn 7).

3. Guter Glaube

Der Leistung kommt eine befreiende Wirkung nur zu, wenn der Leistende die Verfahrenseröffnung nicht kannte. Der gute Glaube bezieht sich dabei ausschließlich auf die Verfahrenseröffnung. Es schadet nur die positive Kenntnis (HK-*Stephan*, § 350 Rn 4). Die Kenntnis von einer Krise oder dem Antrag auf Verfahrenseröffnung reicht demgegenüber nicht aus (K/P-*Kemper*, § 350 Rn 9). Ob die Verfahrenseröffnung öffentlich bekannt gemacht wurde, ist zunächst ohne Belang (siehe dazu unten Rn 9f). Maßgeblich im Hinblick auf die Gutgläubigkeit ist nicht der Zeitpunkt der Leistungshandlung, sondern der Zeitpunkt, bis zu dem der Drittschuldner den Eintritt des Leistungserfolgs verhindern konnte (HK-*Stephan* § 350 Rn 5).

III. Vermutung des guten Glaubens (S 2)

Zugunsten des vor der öffentlichen Bekanntmachung leistenden Drittschuldners wird der gute Glaube vermutet (S 2). Allerdings ist diese Vermutung widerleglich und kann durch den ausländischen Insolvenzverwalter entkräftet werden (K/P-*Kemper*, § 350 Rn 9; HK-*Stephan*, § 350, Rn 8). Insofern ist der Drittschuldner, der vor der öffentlichen Bekanntmachung geleistet hat, von der grundsätzlich ihm obliegenden Last, seinen guten Glauben zu beweisen, gem § 286 ZPO befreit (K/P-*Kemper*, § 350 Rn 9).

Leistet der Drittschuldner dagegen nach der öffentlichen Bekanntmachung der Verfahrenseröffnung, so hat er zu beweisen, dass er zum Zeitpunkt der Leistung guten Glaubens war (K/P-*Kemper*, § 350 Rn 10). Die Beweislast kehrt sich um (HK-*Stephan*, § 350 Rn 9). Da es sich um eine negative Tatsache handelt, wird der Beweis vom Drittschuldner regelmäßig nur schwer zu führen sein (K/P-*Kemper*, § 350 Rn 10). Die Beweislastumkehr kann nur durch eine öffentliche Bekanntmachung im Inland nach § 345 bewirkt werden. Wird die Verfahrenseröffnung lediglich im Ausland öffentlich bekannt gemacht, bleibt es bei der Vermutung der Gutgläubigkeit des leistenden Drittschuldners (*Braun/Liersch*, § 350 Rn 8; HK-*Stephan*, § 350 Rn 10).

IV. Anwendung vor Verfahrenseröffnung

11 Nach der lex fori concursus bestimmt sich, ob der Schuldner bereits in einem evtl. Eröffnungsverfahren Beschränkungen dergestalt unterliegt, dass an ihn nicht mehr befreiend geleistet werden kann. Auf diese Phase nimmt § 350 indes nicht Bezug. Ob die Vorschrift daher auch in diesem Fall die universelle Wirkung eines ausländischen Verfahrens durchbricht, ist daher fraglich. Eine solchen Sonderanknüpfung ist zunächst entgegenzuhalten, dass eine solche Verfügungsbeschränkung gem § 343 Abs 2 grundsätzlich anerkennungsfähig ist (K/P-*Kemper*, § 350 Rn 11). Eine nach §§ 344 Abs 1, 21 Abs 2 Nr 2 vom ausländischen Insolvenzverwalter veranlasste und vom inländischen Insolvenzgericht angeordnete Verfügungsbeschränkung kann zwar ebenfalls öffentlich bekannt gemacht werden. Jedoch verweist das deutsche internationale Insolvenzrecht nicht auf § 24, der den Regelungsgehalt des § 82 auch auf vorläufige Sicherungsmaßnahmen erstreckt. Gleichwohl wird dies als planwidrige Lücke angesehen, die im Wege der Analogie dahingehend geschlossen werden soll, dass § 350 auch im Eröffnungsverfahren mit der Folge angewendet wird, dass der leistende Drittschuldner dann befreit wird, wenn er zum Zeitpunkt der Leistung die Verfügungsbeschränkung des Schuldners nicht kannte (K/P-*Kemper*, § 350 Rn 11). Dies ist aus den bereits unter I. erörterten Gründen abzulehnen, so dass es bei der Anwendbarkeit der lex fori concursus bleibt.

§ 351 Dingliche Rechte

(1) Das Recht eines Dritten an einem Gegenstand der Insolvenzmasse, der zur Zeit der Eröffnung des ausländischen Insolvenzverfahrens im Inland belegen war, und das nach inländischem Recht einen Anspruch auf Aussonderung oder auf abgesonderte Befriedigung gewährt, wird von der Eröffnung des ausländischen Insolvenzverfahrens nicht berührt.

(2) Die Wirkungen des ausländischen Insolvenzverfahrens auf Rechte des Schuldners an unbeweglichen Gegenständen, die im Inland belegen sind, bestimmen sich, unbeschadet des § 336 Satz 2, nach deutschem Recht.

I. Normzweck

1 Wenn es auch bei einer grundsätzlichen Fortgeltung der lex fori concursus bleibt, so wird durch § 351 die universelle Wirkung eines ausländischen Insolvenzverfahrens – wie bereits durch §§ 349, 350 – eingeschränkt (*Braun/Liersch*, § 351 Rn 6; K/P-*Kemper*, § 351 Rn 1). Ihr

§ 351

Dingliche Rechte

sachlicher Regelungsgehalt erstreckt sich dabei allein auf ausländische Insolvenzverfahren, sie findet auf im Ausland belegene dingliche Sicherungsrecht im inländischen Verfahren keine Anwendung (K/P-*Kemper*, § 350 Rn 2). Eine andere Auslegung sollte schon aus grundsätzlichen Bedenken in Hinblick auf die Aushöhlung des Universalitätsprinzips abgelehnt werden (*Wenner* in Mohrbutter/Ringstmeier, § 20 Rn 257). Durch die Norm erfahren die nach inländischem Recht bestehenden Aussonderungs- und Absonderungsrechte an im Inland belegenen Gegenständen einen Mindestschutz, der dem des deutschen Insolvenzrechts entspricht. So bleibt wirtschaftlicher Wert erhalten (K/P-*Kemper*, § 350 Rn 1), und das Sicherungsrecht erfüllt das Vertrauen der inländischen Wirtschaft in der Situation, für die es bestimmt ist (Begründung RegE IIRNeuRG BT-Drucks 15/16 S 23f zu § 351). Diese Begründung ist kritisch zu hinterfragen, denn wer im Rechtsverkehr vernünftig handelt, würde den internationalen Hintergrund einer Besicherung nicht ausblenden, sondern die Besicherung dementsprechend gestalten (*Wenner* in Mohrbutter/Ringstmeier, § 20 Rn 294).

Da die dingliche Kreditsicherung vielfältige Gestaltungsmöglichkeiten 2 kennt, deren Anpassung an das Recht des Eröffnungsstaates schwer fallen würde, soll die Norm auch der Vereinfachung der Insolvenzabwicklung dienen (HK-*Stephan*, § 351 Rn 5). Dies vermag aber kaum darüber hinwegzutrösten, dass die Vorschrift Sanierungsbemühungen des Verwalters praktisch unmöglich macht (dazu unten).

Es handelt sich um eine einseitige Regelung. Eine ähnliche Vorschrift 3 findet sich in Art 5 EuInsVO. Eine entsprechende Anwendung als allseitige Regelung, die auch ausländische Sicherungsrechte vor den Wirkungen eines inländischen Verfahrens abschirmt, ist abzulehnen (*Wenner* in Mohrbutter/Ringstmeier, § 20 Rn 305).

II. Schutz der Rechte Dritter (Abs 1)

1. Eröffnung eines ausländischen Insolvenzverfahrens

Die Schutzwirkung des § 351 setzt die Eröffnung eines ausländischen 4 Hauptinsolvenzverfahrens voraus (K/P-*Kemper*, § 351 Rn 3). Ausländische Partikularverfahren entbehren ohnehin der Wirkungen auf im Inland belegene Gegenstände. Da § 351 ausdrücklich auf den Zeitpunkt der Verfahrenseröffnung abstellt, ist die Norm im ausländischen Eröffnungsverfahren nicht anwendbar.

2. Rechte eines Dritten

a) Es werden durch Abs 1 nur die Rechte **Dritter** geschützt, die 5 Rechte des Schuldners werden im Wege des Verweises auf § 336 S 2 durch

§ 351

Abs 2 geregelt. Dritter ist dabei jeder Gläubiger (K/P-*Kemper*, § 351 Rn 4; FK-*Wimmer*, § 351 Rn 3).

6   b) Anders als in Abs 2 werden durch Abs 1 sowohl die dinglichen Rechte an beweglichen als auch die an unbeweglichen Gegenständen geschützt. Voraussetzung ist jedoch, dass an diesen ein Aussonderungsrecht gem § 47 oder ein Absonderungsrecht nach §§ 49 ff. besteht (*Wenner* in Mohrbutter/Ringstmeier, § 20 Rn 297). Insofern findet die inländische InsO Anwendung (K/P-*Kemper*, § 351 Rn 4).

7   c) Dieses Recht des Dritten muss an einem **Gegenstand der Insolvenzmasse** bestehen. Die Schutzwirkung ist also nicht auf Sachen beschränkt, sondern gilt auch für Forderungen und Rechte (K/P-*Kemper*, § 351 Rn 5). Allerdings bestimmt sich der Umfang der Insolvenzmasse wie auch die dingliche Zuordnung des Gegenstandes zu dem Gemeinschuldner nach dem Insolvenzstatut des Eröffnungsstaates (K/P-*Kemper*, § 351 Rn 6; aA *Braun/Liersch*, § 351 Rn 8, der stets auf § 35 abstellt). Bei auf Herausgabe gerichteten Rechten an einem Gegenstand ist dies insofern problematisch, als grundsätzlich Drittrechte nicht Teil der Insolvenzmasse sind, sodass der Schutz des Aussonderungsrechtes gem § 351 entfiele. Dies wird als Redaktionsversehen betrachtet und dahingehend ausgelegt, dass ein Gegenstand, auf den sich ein Herausgaberecht bezieht, nicht dem Schuldner gehören muss (K/P-*Kemper*, § 351 Rn 6).

8   d) Der Gegenstand muss zum **Zeitpunkt** der Verfahrenseröffnung entstanden und **im Inland belegen** sein (HK-*Stephan*, § 351 Rn 7). Dies richtet sich nach dem Lageortrecht, bei Forderungen nach § 23 S 2 ZPO (K/P-*Kemper*, § 351 Rn 7).

3. Rechtsfolge

9   Die Rechte Dritter an Gegenständen der Insolvenzmasse werden durch ein ausländisches Verfahren nicht berührt. Dies bedeutet, dass der Dritte auch nach der Eröffnung einer Insolvenz im Ausland seine Rechte ausüben darf, als gäbe es dieses nicht (*Braun/Liersch*, § 351 Rn 10). Dies schließt auch Einschränkungen nach den Normen des deutschen Insolvenzrechts (speziell §§ 166 ff) aus, weil sie die Verwertung von Gegenständen, denen Aussonderungs- und Absonderungsrechten anhaftet, dem Dritten entziehen und auf den Verwalter übertragen (*Braun/Liersch*, § 351 Rn 10; K/P-*Kemper*, § 351 Rn 9; HK-*Stephan*, § 351 Rn 6; zustimmend *Wenner* in Mohrbutter/Ringstmeier, § 20 Rn 300). Der Dritte ist daher bei bestehenden Absonderungsrechten berechtigt, sein Sicherungsgut zu verwerten. Erlöst er dabei einen Überschuss, hat er diesen an den ausländischen Insolvenzverwalter abzuführen (K/P-*Kemper*, § 351 Rn 10; *Braun/Liersch*, § 350 Rn 11). Da somit auch der Zweck der Sanierungsförderung, den ebenso §§ 166 ff. verfolgen, verfehlt wird, sieht sich § 351 starker Kritik ausgesetzt (vgl *Liersch*, NZI 2003, 302, 307 mwN). Die geschlossene Verwertung wirtschaftlich sinnvoller Allokationen ist aufgrund der Norm nicht mehr gewährleistet (*Braun/Liersch*, § 351 Rn 11; *Liersch*, NZI 2002, 15, 17). Es wäre besser gewesen, das insolvenzrechtliche Schicksal der Sicherungsrechte dem Insolvenzstatut zu unterwerfen (*Wenner* in Mohrbutter/Ringstmeier, § 20 Rn 295).

Dem Verwalter bleiben wenige Gestaltungsmöglichkeiten. Um den 10 Gegenstand im Rahmen einer Fortführung nutzen zu können, kann er den Dritten ablösen oder insbesondere die Eröffnung eines Sekundärinsolvenzverfahrens nach § 356 beantragen (*Braun/Liersch*, § 351 Rn 12, 13; Balz, ZIP 1996, 948, 950; K/P-*Kemper*, § 351 Rn 11; HK-*Stephan*, § 351 Rn 4).

III. Rechte des Schuldners an unbeweglichen Gegenständen (Abs 2)

Nach dem Universalitätsprinzip erstrecken sich die Wirkungen eines 11 ausländischen Insolvenzverfahrens auf das gesamte Vermögen des Gemeinschuldners, unabhängig von dessen Belegenheit. Eine Ausnahme von diesem Prinzip enthält Abs 2, der unbewegliche Gegenstände den Wirkungen einer ausländischen Insolvenzeröffnung entzieht, soweit es im Inland belegen ist (K/P-*Kemper*, § 351 Rn 12, 14). Ob solche Rechte vorliegen, bestimmt sich nach deutschem Recht (*Braun/Liersch*, § 351 Rn 14). Nach der Legaldefinition des § 49 sind Gegenstände unbeweglich, wenn sie der Zwangsvollstreckung in das unbewegliche Vermögen unterliegen. Der Zwangsvollstreckung in das unbewegliche Vermögen unterliegen außer den Grundstücken die Berechtigungen, für welche die sich auf Grundstücke beziehenden Vorschriften gelten, die im Schiffsregister eingetragenen Schiffe und die Schiffsbauwerke, die im Schiffsbauregister eingetragen sind oder in dieses Register eingetragen werden können, § 864 ZPO. Unter den genannten Berechtigungen sind beispielsweise Erbbaurechte zu verstehen. Die dinglichen Rechte an diesen Gegenständen können sowohl auf Herausgabe als auch auf dingliche Befriedigung gerichtet sein (K/P-*Kemper*, § 351 Rn 13).

Nach Abs 2 bestimmen sich die Wirkungen eines ausländischen Insol- 12 venzverfahrens nach deutschem Recht. Wirkungen sind alle Auswirkungen des ausländischen Verfahrens, die unmittelbar oder mittelbar auf das dingliche Recht einwirken (K/P-*Kemper*, § 351 Rn 15). Aufgrund dieser inländischen Rechtgrundlage werden Maßnahmen, die über das in der InsO vorgesehene hinausgehen, unterbunden (Begründung RegE IIR-NeuRG BT-Drucks 15/16 S 24 zu § 351; kritisch *Wenner* in Mohrbutter/Ringstmeier, § 20 Rn 308). Generalhypotheken und Superprivilegien sind ausgeschlossen, der Numerus clausus des deutschen Sachenrechts wird gewahrt (HK-*Stephan*, § 351 Rn 9). Neben der InsO können aber auch andere Gesetze, die Regelungen für den Fall der Insolvenz treffen, Anwendung finden, zB § 11 Abs 2 WEG (HK-*Stephan*, § 351 Rn 9; K/P-*Kemper*, § 351 Rn 16).

§ 352 Unterbrechung und Aufnahme eines Rechtsstreits

(1) ¹Durch die Eröffnung des ausländischen Insolvenzverfahrens wird ein Rechtsstreit unterbrochen, der zur Zeit der Eröffnung anhängig ist und die Insolvenzmasse betrifft. ²Die Unterbrechung dauert an, bis der Rechtsstreit von einer Person aufgenommen wird, die nach dem Recht des Staats der Verfahrenseröffnung zur Fortführung des Rechtsstreits berechtigt ist, oder bis das Insolvenzverfahren beendet ist.

(2) Absatz 1 gilt entsprechend, wenn die Verwaltungs- und Verfügungsbefugnis über das Vermögen des Schuldners durch die Anordnung von Sicherungsmaßnahmen nach § 343 Abs 2 auf einen vorläufigen Insolvenzverwalter übergeht.

I. Normzweck

1   Die für das inländische Insolvenzverfahren einschlägige Regelung des § 240 ZPO gilt gem § 352 auch für ausländische Insolvenzverfahren (HK-*Stephan*, § 352 Rn 3) und ordnet einerseits die Unterbrechung, andererseits die Wiederaufnahme durch eine prozessführungsbefugte Person an. Die lex fori concursus wird somit verdrängt (*Braun/Liersch*, § 352 Rn 1; HK-*Stephan*, § 352 Rn 4). So soll sichergestellt werden, dass ein Titel gegen den Gemeinschuldner nur unter Beteiligung des zuständigen Insolvenzorgans möglich ist (K/P-*Kemper*, § 352 Rn 1). Dessen Einarbeitung und Vorbereitung wie auch die Gelegenheit, sich auf die neue wirtschaftlich Lage einzustellen, soll durch die Unterbrechung sichergestellt werden (HK-*Stephan*, § 352 Rn 5).

2   Aufgrund der begrenzten Wirkung entfaltet die Norm bei Eröffnung eines ausländischen Partikularverfahrens keine Wirkung (*Braun/Liersch*, § 352 Rn 3; K/P-*Kemper*, § 352 Rn 2). Einige Besonderheiten ergeben sich im Vergleich zu Art 15 EuInsVO (*Braun/Liersch*, § 352 Rn 9f).

II. Unterbrechung und Aufnahme (Abs 1)

1. Unterbrechung

3   **a)** Von der Unterbrechung werden inländische anhängige Aktiv- und Passivprozesse erfasst (K/P-*Kemper*, § 352 Rn 4; HK-*Stephan*, § 352

Rn 7), soweit sie die Insolvenzmasse betreffen. Der Begriff der Insolvenzmasse richtet sich dabei nach Insolvenzstatut der Verfahrenseröffnung (K/P-*Kemper*, § 352 Rn 5; HK-*Stephan*, § 352 Rn 8). Sollte der Streitgegenstand daher nur partiell zur Insolvenzmasse zählen, ist die Vorschrift dennoch anwendbar (K/P-*Kemper*, § 352 Rn 5), ebenso, wenn gerade die Massezugehörigkeit im Streit steht (HK-*Stephan*, § 352 Rn 8). Klagen nicht vermögensrechtlicher Art werden nicht erfasst, jedoch jegliche sonstigen Streitigkeiten unabhängig vom Rechtsweg, ferner das Mahnverfahren, sofern der Mahnbescheid vor Eröffnung des Insolvenzverfahrens zugestellt wurde (HK-*Stephan*, § 352 Rn 6). Die Unterbrechung eines Schiedsverfahrens tritt zwar nicht zwingend ein, ist jedoch angebracht, um das rechtliche Gehör sicherzustellen (HK-*Stephan*, § 352 Rn 7). Die Unterbrechungswirkung soll mit Blick auf einen störungsfreien Ablauf des Insolvenzverfahrens unabhängig davon eintreten, ob der Schuldner die Verfügungs- und Prozessführungsbefugnis verloren hat (HK-*Stephan*, § 352 Rn 5). Es besteht aber kein Anlass, den Prozess zu unterbrechen, wenn der Schuldner seine Prozessführungsbefugnis nach der lex fori concursus behält (*Wenner* in Mohrbutter/Ringstmeier, § 20 Rn 238).

b) Die Rechtfolge der Verfahrensunterbrechung richtet sich nach der 4 für den Streit geltenden Rechtsordnung. Anträge oder auch die Kenntnis von der Eröffnung eines ausländischen Insolvenzverfahrens sind für die Verfahrensunterbrechung nicht erforderlich, ebenso ist ein Beschluss verzichtbar (HK-*Stephan*, § 352 Rn 9). Die Wirkungen der Unterbrechung bestimmen sich nach § 249 ZPO (K/P-*Kemper*, § 352 Rn 6).

2. Aufnahme

Nach S 2 dauert die Unterbrechung an, bis der Rechtsstreit von einer 5 berechtigten Person wieder aufgenommen wird oder das Insolvenzverfahren beendet ist. Berechtigt ist die Person, die nach dem Insolvenzstatut des Eröffnungsstaates prozessführungsbefugt ist (K/P-*Kemper*, § 352 Rn 7; *Braun/Liersch*, § 352 Rn 7). Die Wirkungen der Aufnahme bestimmen sich indes nach dem deutschen Prozessrecht (*Braun/Liersch*, § 352 Rn 8).

III. Unterbrechung und Aufnahme im Eröffnungsverfahren (Abs 2)

Ein im Inland anhängiger Rechtsstreit wird bereits dann unterbrochen, 6 wenn ein Antrag auf Eröffnung eines Insolvenzverfahrens im Ausland gestellt wurde und das zuständige Gericht die Verwaltungs- und Verfügungsbefugnis durch die Anordnung von Sicherungsmaßnahmen nach § 343 Abs 2 auf einen vorläufigen Insolvenzverwalter übertragen hat (FK-*Wimmer*, § 352 Rn 9). Dies legt § 352 Abs 2 ausdrücklich fest.

7 Eine Unterbrechung tritt indes nicht ein, wenn lediglich auf Antrag des vorläufigen Insolvenzverwalters Sicherungsnahmen nach § 344 Abs 1 getroffen wurden (K/P-*Kemper*, § 352 Rn 10). Dies erstaunt insbesondere im Fall des § 344 Abs 1 iVm § 21 Abs 2 Nr 2, wenn also auf diesem Wege der Schuldner seiner Verwaltungs- und Verfügungsbefugnis enthoben wird, er mithin gleichfalls seine Prozessführungsbefugnis verliert. Es bietet sich an, den Regelungsgehalt des Abs 2 durch analoge Anwendung auch auf Verwaltungs- und Verfügungsbeschränkungen nach § 344 Abs 1 iVm § 21 Abs 2 Nr 2 zu erstrecken (K/P-*Kemper*, § 352 Rn 10).

§ 353 Vollstreckbarkeit ausländischer Entscheidungen

(1) ¹**Aus einer Entscheidung, die in dem ausländischen Insolvenzverfahren ergeht, findet die Zwangsvollstreckung nur statt, wenn ihre Zulässigkeit durch ein Vollstreckungsurteil ausgesprochen ist.** ²**§ 722 Abs 2 und § 723 Abs 1 der Zivilprozessordnung gelten entsprechend.**
(2) Für die in § 343 Abs. 2 genannten Sicherungsmaßnahmen gilt Absatz 1 entsprechend.

I. Normzweck

1 Die Zwangsvollstreckung setzt einen deutschen Vollstreckungstitel voraus. Daher bedürfen ausländische Entscheidungen eines inländischen Titels, den das Vollstreckungsurteil darstellt. Dessen Voraussetzungen regelt § 353. Anders als Entscheidungen aus einem Mitgliedstaat des Europäischen Union genießen EU-ausländische Urteile – auf die Artt 16 f, 25 EuInsVO nicht anwendbar ist – keine automatische Anerkennung (K/P-*Kemper*, § 353 Rn 2).

II. Vollstreckung von Entscheidungen aus einem eröffneten Verfahren (Abs 1)

1. Formelle Voraussetzungen

2 Die Vollstreckbarerklärung wird durch Klage erstrebt (K/P-*Kemper*, § 353 Rn 3), zuständig ist das Amts- oder das Landgericht (K/P-*Kemper*, § 353 Rn 4; HK-*Stephan*, § 353 Rn 6). Örtlich zuständig ist gem § 722 Abs 2 ZPO, das Gericht bei dem der Schuldner seinen allgemeinen Gerichtsstand hat, und sonst das Amtsgericht oder Landgericht zuständig, bei dem nach § 23 ZPO gegen den Schuldner Klage erhoben werden kann, wo sich also sein Vermögen befindet. Regelmäßig wird § 23 ZPO Anwendung, da ein Wohnsitz oft fehlen dürfte (K/P-*Kemper*, § 353 Rn 4; FK-*Wimmer*, § 353 Rn 6).

2. Materielle Voraussetzungen

Die Entscheidung, die vollstreckbar erklärt werden soll, muss in einem ausländischen Insolvenzverfahren ergangen sein. Zunächst ist daher die Eröffnung eines ausländischen Hauptinsolvenzverfahrens erforderlich (K/P-*Kemper*, § 353 Rn 5).

a) Vollstreckbar erklärt werden können aber nicht nur Urteile im engen Sinne, sondern jede Entscheidung, die von einem nach dem Insolvenzstatut des ausländischen Staates zuständigen Organ getroffen wurde (K/P-*Kemper*, § 353 Rn 5). Dies sind insbesondere solche, die nach dem Recht des Eröffnungsstaates einen vollstreckbaren Titel darstellen (HK-*Stephan*, § 353 Rn 4). Inhaltlich werden nur solche Entscheidungen erfasst, die einen unmittelbar materiell wirkenden Inhalt haben, die daher also einer Vollstreckung bedürfen (K/P-*Kemper*, § 353 Rn 6). Daher schließt die unmittelbare Wirkung im Wege der automatischen Anerkennung gem § 343 eine Vollstreckbarerklärung aus.

b) Die Entscheidung braucht auch noch nicht rechtskräftig zu sein, die Norm verweist gerade nicht auf § 723 Abs 2 ZPO. Grund hierfür ist das Interesse an einer zügigen Durchführung des Insolvenzverfahrens (HK-*Stephan*, § 353 Rn 6a; K/P-*Kemper*, § 353 Rn 7) und einem raschen Zugriff auf die massestärkenden Vermögenswerte.

c) Die Entscheidungen müssen weiterhin anerkennungsfähig iSd § 343 sein, dies ist inzident vom Gericht zu prüfen (K/P-*Kemper*, § 353 Rn 8). Eine tiefere Prüfung der Gesetzmäßigkeit findet indes gem § 723 Abs 1 ZPO nicht statt, weder das Zustandekommen der Entscheidung durch ein ordnungsgemäßes Verfahren noch die Richtigkeit der Rechtsanwendung durch die ausländische Stelle wird geprüft (K/P-*Kemper*, § 353 Rn 10; HK-*Stephan*, § 353 Rn 6a). Unter Heranziehung des § 343 Abs 1 muss aber verlangt werden, dass die ausländische Entscheidung nicht gegen den deutschen Ordre public verstößt (HK-*Stephan*, § 353 Rn 8).

II. Vollstreckung von Entscheidungen aus einem Eröffnungsverfahren (Abs 2)

Gem. Abs 2 können und müssen Entscheidungen aus einem Eröffnungsverfahren zur vorläufigen Sicherung im Wege der Klage ebenso vollstreckbar erklärt werden. Abs 2 ist lediglich anwendbar in dem Zeitraum zwischen der Antragstellung auf Verfahrenseröffnung und der Verfahrenseröffnung (K/P-*Kemper*, § 353 Rn 11). Für diese Klage gilt das zu Abs 1 gesagte.

3. Abschnitt. Partikularverfahren über das Inlandsvermögen

§ 354 Voraussetzungen des Partikularverfahrens

(1) Ist die Zuständigkeit eines deutschen Gerichts zur Eröffnung eines Insolvenzverfahrens über das gesamte Vermögen des Schuldners nicht gegeben, hat der Schuldner jedoch im Inland eine Niederlassung oder sonstiges Vermögen, so ist auf Antrag eines Gläubigers ein besonderes Insolvenzverfahren über das inländische Vermögen des Schuldners (Partikularverfahren) zulässig.

(2) ¹Hat der Schuldner im Inland keine Niederlassung, so ist der Antrag eines Gläubigers auf Eröffnung eines Partikularverfahrens nur zulässig, wenn dieser ein besonderes Interesse an der Eröffnung des Verfahrens hat, insbesondere, wenn er in einem ausländischen Verfahren voraussichtlich erheblich schlechter stehen wird als in einem inländischen Verfahren. ²Das besondere Interesse ist vom Antragsteller glaubhaft zu machen.

(3) ¹Für das Verfahren ist ausschließlich das Insolvenzgericht zuständig, in dessen Bezirk die Niederlassung oder, wenn eine Niederlassung fehlt, Vermögen des Schuldners belegen ist. ²§ 3 Abs 2 gilt entsprechend.

I. Normzweck

1   Die sich an Art 3 Abs 2 EuInsVO orientierende Vorschrift des § 354 ermöglicht die Eröffnung eines Partikularverfahrens im Inland (kritisch zur Erforderlichkeit: *Wenner* in Mohrbutter/Ringstmeier, § 20 Rn 38). Dies ist indes nicht möglich bei Insolvenzverfahren über das Vermögen von Versicherungsunternehmen und Kreditinstituten (§§ 88 Abs 1b VAG, 46e Abs 2 KWG), die im europäischen Wirtschaftsraum ausschließlich in ihrem Herkunftsstaat eröffnet werden (*Wenner* in Mohrbutter/Ringstmeier, § 20 Rn 35). Ein Partikularverfahren stellt ein auf das in seinem Eröffnungsland belegene Vermögen territorial begrenztes Insolvenzverfahren dar, eine universale Wirkung kommt ihm daher nicht zu. Es kann einem ausländischen Hauptverfahren zeitlich vorausgehen oder zu diesem parallel stattfinden (HK-*Stephan*, § 354 Rn 9; K/P-*Kemper*, § 354 Rn 1; *Braun/ Liersch*, § 354 Rn 1). Im letzteren Fall (sog. Sekundärinsolvenzverfahren) wird durch die Zulässigkeit von Partikularverfahren der Universalitätsgrundsatz durchbrochen. Dies soll dann gerechtfertigt sein, wenn der Zweck des Universalitätsgrundsatzes, eine einheitliche Vermögensverwertung sicherzustellen, dem Schutzbedürfnis einzelner Gläubiger, dem nur durch ein Partikularverfahren Rechnung zu tragen ist, unterzuordnen ist

(K/P-*Kemper*, § 354 Rn 1). Dies gilt nach der Begründung des Regierungsentwurfs zur Insolvenzordnung namentlich in Bereichen des Arbeitsrechts – insbesondere bei der Durchsetzung von Ansprüchen aus einem Sozialplan zugunsten der Arbeitnehmer einer Niederlassung –, des Kreditsicherungsrechts und des Gesellschaftsrechts, die durch starke Abweichungen zwischen den Rechtsordnungen geprägt sind, sodass sich ein Einheitsverfahren verbieten soll. Dabei wird zwar nicht verkannt, dass die Durchführung paralleler Insolvenzverfahren auch Komplikationen hervorruft, diese werden aber mit Blick auf den Schutz inländischer Interessen in Kauf genommen (Begründung RegE BT-Drucks 12/2443, S 237). Partikularverfahren verhindern nicht nur die einheitliche Abwicklung der Insolvenz (*Wenner* in Mohrbutter/Ringstmeier, § 20 Rn 63), sie verursachen auch erhöhte Transaktionskosten und die beiderseitigen Informationsbedürfnisse mindern die Effizienz der Verfahrensabwicklung (*Paulus*, DStR 2005, 334, 335). Daneben dürfte eine Sanierung in einem isolierten Partikularverfahren kaum möglich sein. Das Partikularinsolvenzverfahren wird daher zu Recht kritisch betrachtet (*Braun/Liersch*, § 354 Rn 2; *Wenner* in Mohrbutter/Ringstmeier, § 20 Rn 38). Es führt zu einer Zerfaserung des Insolvenzstatuts und ist rechtspolitisch verfehlt (*Wenner* in Mohrbutter/Ringstmeier, § 20 Rn 46, 63).

Auf das Partikularverfahren ist die deutsche InsO anzuwenden, soweit sich ihre Regelungen auf das Inland erstrecken (K/P-*Kemper*, § 354 Rn 23; HK-*Stephan*, § 354 Rn 18). 2

II. Eröffnungsvoraussetzungen (Abs 1)

Der Antrag auf Eröffnung eines Partikularverfahrens ist abzuweisen, 3 wenn im Inland keine die Verfahrenskosten deckende Masse vorhanden ist (K/P-*Kemper*, § 354 Rn 23; HK-*Stephan*, § 354 Rn 13, 18). Aufgrund seiner territorialen Begrenzung sind dabei nur die inländischen Vermögenswerte heranzuziehen (*Braun/Liersch*, § 354 Rn 19). Die weiteren Voraussetzungen der Eröffnung eines Partikularverfahrens sind in Abs 1 abschließend geregelt (K/P-*Kemper*, § 354 Rn 3) und nach deutschem Recht zu qualifizieren (*Wenner* in Mohrbutter/Ringstmeier, § 20 Rn 72).

1. Keine internationale Zuständigkeit

Die Eröffnung eines Partikularverfahrens kommt dann nicht in Betracht, wenn ein deutsches Gericht auch für die Eröffnung eines Hauptinsolvenzverfahrens international zuständig ist. Um dies zu beurteilen sind – wie auch im Rahmen des § 343 (vgl dort Rn 12) – die Vorschriften über die örtliche Zuständigkeit spiegelbildlich anzuwenden (K/P-*Kemper*, § 354 Rn 4). Gem. § 3 Abs 1 ist ausschließlich das Insolvenzgericht örtlich zuständig, in dessen Bezirk der Schuldner seinen allgemeinen Gerichts- 4 stand (also den Wohnsitz, § 4 iVm § 13 ZPO) hat; liegt der Mittelpunkt einer selbständigen wirtschaftlichen Tätigkeit des Schuldners an einem anderen Ort, so ist ausschließlich das Insolvenzgericht zuständig, in dessen Bezirk dieser Ort liegt. Ein Partikularverfahren kann demnach nur dann eröffnet werden, wenn weder der Wohnsitz, noch der Mittelpunkt der wirtschaftlichen Tätigkeit der Schuldners im Inland liegt (HK-*Stephan*, § 354 Rn 10). Umgekehrt kann ein inländisches Partikularverfahren aber bereits dann eröffnet werden, wenn nur Vermögen des Schuldners im Inland belegen ist. Unter Vermeidung von Zuständigkeitslücken muss die Eröffnung eines Hauptinsolvenzverfahrens aber auch dann möglich sein, wenn es einen inländischen Wohnsitz gibt und am ausländischen Mittelpunkt der wirtschaftlichen Tätigkeit die Eröffnung eines solchen Verfahrens nicht möglich ist (*Braun/Liersch*, § 354 Rn 4).

2. Inländischer Anknüpfungspunkt

5   Ein Partikularverfahren setzt weiter voraus, dass der Schuldner unterhalb der Schwelle zur internationalen Zuständigkeit einen inländischen Anknüpfungspunkt hat. Dies kann eine Niederlassung oder sonstiges Vermögen sein.

6   **a) Niederlassung.** Der Begriff einer Niederlassung setzt nicht zwingend eine gewerbliche Tätigkeit an diesem Ort voraus (K/P-*Kemper*, § 354 Rn 5). Überlegungen, eine Definition der Niederlassung dem § 21 ZPO oder Art 5 Nr 5 EUGVVO zu entnehmen (so noch *Kemper*, ZIP 2001, 1609, 1612f; *Braun/Liersch*, § 354 Rn 5) sind daher als überwunden anzusehen, vielmehr ist Art 2 lit. h EuInsVO als Auslegungshilfe heranzuziehen. Demnach ist jeder Tätigkeitsort eine Niederlassung, an dem der Schuldner einer wirtschaftlichen Aktivität von nicht vorübergehender Art nachgeht, die den Einsatz von Personal und Vermögenswerten voraussetzt. Wie auch im europäischen Recht ist der Begriff der Niederlassung weit auszulegen (K/P-*Kemper*, § 354 Rn 5). Hintergrund dessen ist zwar, dass die in der EuInsVO fehlende Eröffnungsoption bei bloßer Vermögensbelegenheit durch einen offenen Vermögensbegriff kompensiert werden soll (*Duursma-Kepplinger* in D-K/D/Ch, EuInsVO, Art 2 Rn 22). Dieses weite Verständnis ist aber im Sinne einer einheitlichen Handhabung in der Praxis beizubehalten, wenn auch eine solche Kompensation im deutschen internationalen Insolvenzrecht nicht erforderlich ist. Tätigkeitsort ist dabei jeder Ort, an dem jedwede nach außen gerichtete wirtschaftlich Aktivität entfaltet wird (*Duursma-Kepplinger* in D-K/D/Ch, EuInsVO, Art 2 Rn 25). Eine solche wirtschaftliche Aktivität kann jede erlaubte Tätigkeit sein, der unter Einsatz von wirtschaftlichen Mitteln auf den Markt gerichtet nachgegangen wird (K/P-*Kemper*, § 354 Rn 6). Ausdrücklich muss die Tätigkeit nicht gewerblicher Art sein, sodass auch die

freien Berufe und Landwirte erfasst sind (Begründung RegE BT-Drucks 12/2443, S 245 zu § 393) Unerheblich ist auch, ob der Schuldner mit der Aktivität gerade auch den Zweck der Marktpräsenz verfolgt. Sie darf lediglich nicht von nur vorübergehender Art sein. Erforderlich ist daher eine gewisse Dauerhaftigkeit, ohne dass zeitliche Mindestvoraussetzungen formuliert werden. (*Duursma-Kepplinger* in D-K/D/Ch, EuInsVO, Art 2 Rn 26). Eine nur gelegentliche Tätigkeit an diesem Ort genügt indes nicht (HK-*Stephan*, § 354 Rn 12). Schließlich verlangt der Niederlassungsbegriff den Einsatz von Personal und Vermögenswerten. Diese Ressourcen müssen also kumulativ erforderlich sein (HK-*Stephan*, § 354 Rn 12). Dies setzt stets ein Mindestmaß an Organisation voraus, das ebenfalls notwendiges Merkmal einer Niederlassung ist (*Duursma-Kepplinger* in D-K/D/Ch, EuInsVO, Art 2 Rn 26). Insofern ist der Niederlassungsbegriff von der schlichten Vermögensbelegenheit abzugrenzen (K/P-*Kemper*, § 354 Rn 6). Der Niederlassungsbegriff ist nach oben hin durch die juristische Selbständigkeit begrenzt. Anderes gilt auch dann nicht, wenn die Niederlassung als (juristisch selbständige) Tochtergesellschaft mehrheitlich oder gar zu 100% vom Schuldner beherrscht wird (*Duursma-Kepplinger* in D-K/D/Ch, EuInsVO, Art 2 Rn 29), da die EuInsVO gerade keine konzernrechtlichen Verflechtungen berücksichtigen wollte (*Duursma-Kepplinger* in D-K/D/Ch, EuInsVO, Art 1 Rn 8).

b) Sonstiges Vermögen. Anders als die EuInsVO sieht § 354 auch 7 die inländische Vermögensbelegenheit als Anknüpfungspunkt für die Durchführung eines inländischen Partikularverfahrens an, soweit die Voraussetzungen des Abs 2 vorliegen (*Paulus*, DStR 2005, 334, 339; daher kritisch *Wenner* in Mohrbutter/Ringstmeier, § 20 Rn 71). Das Vermögen bilden sämtliche Gegenstände des Schuldners, die einen wirtschaftlichen Wert haben; hierbei ist eine Mindestgrenze zwar nicht vorgesehen, wenigstens aber müssen die Verfahrenskosten gedeckt sein (K/P-*Kemper*, § 354 Rn 9; HK-*Stephan*, § 354 Rn 13). Anderer Auffassung nach muss der Schuldner erhebliche Vermögenswerte im Inland besitzen (*Wenner* in Mohrbutter/Ringstmeier, § 20 Rn 72). Mit Blick auf die Vermögenssicherungsfunktion und der Erhaltung von Sanierungsmöglichkeiten ist es unerheblich, ob das Vermögen durch Rechte Dritter teilweise oder vollständig belastet ist (*Braun/Liersch*, § 354 Rn 7; **aA** *Wenner* in Mohrbutter/Ringstmeier, § 20 Rn 72). Das Vermögen muss im Inland belegen sein. Dies ist nach dem Lageortrecht zu beurteilen (K/P-*Kemper*, § 354 Rn 10; *Wenner* in Mohrbutter/Ringstmeier, § 20 Rn 72). In Hinblick auf nicht körperliche Gegenstände ist daher gem § 4 iVm § 23 S 2 ZPO der Wohnsitz des Schuldners und, wenn für die Forderungen eine Sache zur Sicherheit haftet, auch der Ort, wo die Sache sich befindet, maßgebend (HK-*Stephan*, § 354 Rn 13).

III. Antragsbefugnis (Abs 1 und 2)

1. Gläubiger

8 **a) Allgemeine Voraussetzungen (Abs 1).** Gem. Abs 1 ist der Gläubiger befugt, den Antrag auf Eröffnung eines Partikularverfahrens zu stellen. Abs 1 enthält keine weiteren persönlichen Einschränkungen dahingehend, dass nur inländische Gläubiger antragsbefugt wären (K/P-*Kemper*, § 354 Rn 11). Insofern ergibt sich ein Unterschied zu Art 3 Abs 4 lit. b EuInsVO, wonach die Antragsbefugnis nur solchen Gläubigern zusteht, die ihren Wohnsitz, gewöhnlichen Aufenthalt oder Sitz in dem Staat der eröffnungsbegründenden Niederlassung haben oder die eine Forderung aus dem Betrieb dieser Niederlassung selbst haben. Es bleibt daher bei dem allgemeinen Erfordernis eines rechtlichen Interesses an der Verfahrenseröffnung gem § 14 Abs 1. Gem. § 8 ist den in- wie ausländischen Gläubigern die Verfahrenseröffnung zuzustellen (K/P-*Kemper*, § 354 Rn 23; kritisch HK-*Stephan*, § 354 Rn 21).

9 **b) Besondere Voraussetzungen (Abs 2).** Unterhält der Schuldner keine Niederlassung, sondern nur sonstiges Vermögen im Inland, so ist ein Antrag seitens des Gläubigers gem Abs 2 nur zulässig, wenn der Gläubiger ein besonderes Interesse an der Eröffnung des Verfahrens hat. Die Schwelle des besonderen Interesses soll für den Fall, das der Schuldner keine Niederlassung im Inland hat, einen Kompromiss zwischen dem Gläubigerschutz und dem Grundgedanken der Universalität herstellen (Begründung RegE IIRNeuRG BT-Drucks 15/16 S 25 zu § 354). Ein besonderes Interesse besteht ausdrücklich dann, wenn der Gläubiger in einem ausländischen Verfahren voraussichtlich erheblich schlechter stehen wird als in einem inländischen Verfahren. Was damit gemeint sein soll, ist unklar (*Braun/Liersch*, § 354 Rn 8). Das Interesse muss über das wirtschaftliche Interesse iSd Abs 1 iVm § 14 Abs 1 hinaus gehen. Ausschließlich wirtschaftliche Nachteile, wie sie mit der Beteiligung an einem ausländischen Verfahren typischerweise einhergehen (Reise-, Übersetzungskosten etc.) sollen dieser Voraussetzung also nicht genügen (K/P-*Kemper*, § 354 Rn 12). Ein besonderes Interesse an der Eröffnung eines Partikularverfahrens im Inland hat der Gläubiger aber dann, wenn er anderenfalls erhebliche materielle oder prozessuale Beeinträchtigungen im Vergleich zu einem inländischen Verfahren erleiden würde (K/P-*Kemper*, § 354 Rn 13). Diese Nachteile müssen evident sein (*Wenner* in Mohrbutter/Ringstmeier, § 20 Rn 130; *Braun/Liersch*, § 354 Rn 8). Materielle Beeinträchtigungen können insbesondere in dem Entzug von Rechtspositionen liegen, wenn etwa Aus- und Absonderungsrechte im ausländischen Verfahren keine Berücksichtigung fänden (K/P-*Kemper*, § 354 Rn 13) oder in der Versagung von Privilegien, die anderen Gläubigern zustehen (HK-*Stephan*, § 356

Rn 3). Ein besonderes Interesse rechtfertigt aber nicht jede von der deutschen Rechtsordnung abweichende Rangordnung (*Braun/Liersch*, § 354 Rn 8). Ob es schon in dem Vertrauen begründet sein kann, dass der Gläubiger aufgrund der Tätigkeit des Schuldners im Inland auf die Anwendbarkeit der inländischen Rechtsordnung entwickelt hat (so: HK-*Stephan*, § 354 Rn 14), ist zumindest zweifelhaft. Ein besonderes Interesse ist jedenfalls dann anzunehmen, wenn das ausländische Verfahren gegen den deutschen Ordre public verstößt (ähnlich *Braun/Liersch*, § 354 Rn 8). Dieses besondere Interesse ist gem Abs 2 S 2 durch den antragstellenden Gläubiger glaubhaft zu machen. Insofern wird auch die Prüfung durch das Gericht erleichtert (HK-*Stephan*, § 354 Rn 15).

2. Schuldner

§ 354 sieht eine Antragsbefugnis des Schuldners nicht vor. Es ist eine 10 Sonderregelung zu § 13 Abs 1 und als solche abschließend (K/P-*Kemper*, § 354 Rn 15; *Braun/Liersch*, § 354 Rn 10). Insofern besteht ein Unterschied zur EuInsVO (*Braun/Liersch*, § 354 Rn 23; aA *Eidenmüller*, NJW 2004, 3455, 3458). Es soll verhindert werden, dass der Schuldner sein in abgelegeneren Staaten vorhandenes Vermögen liquidieren lässt und somit die Gläubigerinteressen schädigt, bevor er ein Hauptinsolvenzverfahren beantragt (Begründung RegE IIRNeuRG BT-Drucks 15/16 S 25 zu § 354). Er ist daher auf die Möglichkeit verwiesen, am Mittelpunkt seiner wirtschaftlichen Tätigkeit ein Hauptinsolvenzverfahren zu beantragen (HK-*Stephan*, § 354 Rn 16; K/P-*Kemper*, § 354 Rn 15).

IV. Zuständigkeit (Abs 3)

Abs 3 regelt die örtliche Zuständigkeit für die Eröffnung eines inländi- 11 schen Partikularverfahrens. Zuständig ist das Gericht, in dessen Bezirk sich die Niederlassung befindet, hilfsweise das der Belegenheit seines Vermögens. Diese Zuständigkeitsregelung ist ausschließlich und kann nicht abweichend geregelt werden (K/P-*Kemper*, § 354 Rn 16; HK-*Stephan*, § 354 Rn 22; *Braun/Liersch*, § 354 Rn 22). Im Falle der Zuständigkeit mehrerer Gericht verweist die Norm auf § 3 Abs 2, sodass das Prioritätsprinzip zur Anwendung kommt (FK-*Wimmer*, § 354 Rn 14).

V. Eröffnungsgründe und Rechtsfolgen

Zur Eröffnung eines Partikularverfahrens muss ein von der lex fori con- 12 cursus anerkannte Eröffnungsgrund vorliegen (*Wenner* in Mohrbutter/Ringstmeier, § 20 Rn 136). Aufgrund der Anwendbarkeit des nationalen Insolvenzrechts muss auch zur Eröffnung eines Partikularverfahrens einer der Eröffnungsgründe gem § 17 (Zahlungsunfähigkeit) oder § 19 (Überschuldung) vorliegen. Die drohende Zahlungsunfähigkeit kann nur durch den Schuldner als Eröffnungsgrund vorgetragen werden und kommt mangels ihm zustehender Antragsbefugnis als Eröffnungsgrund für das Partikularverfahren nicht in Betracht (*Braun/Liersch*, § 354 Rn 16; vgl bei § 18). Die Prüfung der Eröffnungsgründe erübrigt sich, falls ein Sekundärinsolvenzverfahrens beantragt worden ist, § 356 Abs 3. Dann wurde nämlich die Feststellung eines Eröffnungsgrundes bereits vollzogen (HK-*Stephan*, § 354 Rn 20).

1. Zahlungsunfähigkeit

13   In Hinblick auf die Zahlungsunfähigkeit ist grundsätzlich auf das Zahlungsverhalten des Schuldners weltweit abzustellen, nicht nur in Hinblick auf inländische Gläubiger (BGH ZIP 1991, 1014; *Braun/Liersch*, § 354 Rn 18, Uhlenbruck/*Lüer*, Art 102 EGInsO Rn 205). Maßgebend ist staatenübergreifend das gesamte schuldnerische Vermögens zu berücksichtigen, da die Insolvenz einer inländischen Niederlassung regelmäßig nur dann vorliegt, wenn Zahlungen aus im Ausland belegenen Vermögensmassen des Schuldners ausgeschlossen sind (HK-*Stephan*, § 354 Rn 19; *Wimmer*, ZIP 1998, 982, 986). Nur in diesem Fall ist auch Einzelvollstreckung in das ausländische schuldnerische Vermögen ausgeschlossen (*Mankowski*, ZIP 1995, 1650, 1659). Abzulehnen ist daher die Auffassung, die mit Blick darauf, dass von der Eröffnung eines Partikularverfahrens allein das im Staat der Verfahrenseröffnung belegene Vermögen erfasst wird, nur auf das Zahlungsverhalten des Schuldners im Inland abstellen will und eine Verfahrenseröffnung bereits dann für geboten hält, wenn Zahlungsunfähigkeit bezogen auf inländische Vermögen vorliegt (K/P-*Kemper*, § 354 Rn 21; FK-*Wimmer*, § 354 Rn 9).

2. Überschuldung

14   Auch dem zur Feststellung der Überschuldung erforderliche Vergleich der Aktiva und Passiva müssten die weltweiten Vermögenspositionen zugrunde gelegt werden (*Wenner* in Mohrbutter/Ringstmeier, § 20 Rn 137; *Braun/Liersch*, § 354 Rn 17; Uhlenbruck/*Lüer*, Art 102 EGInsO Rn 204; *Mankowski*, ZIP 1995, 1650, 1659). Eine Beschränkung auf das Inland – wie es hinsichtlich der Zahlungsunfähigkeit vertreten wird – scheint hier zusätzlich problematisch, da die Niederlassungen niemals eigenständiger Rechtsträger, sondern untergeordnete Einheiten eines solchen sind. Die Insolvenz kann aber stets nur einheitlich für den gesamten Rechtsträger festgestellt werden (K/P-*Kemper*, § 354 Rn 22), denn es muss international tätigen Unternehmen möglich sein, ihre Aktiva in einem Staat zu bündeln. Die Überschuldung ist folglich am internationalen Maßstab zu prüfen (FK-*Wimmer*, § 354 Rn 10; kritisch K/P-*Kemper*, § 354 Rn 22).

3. Rechtfolge für die Aktivmasse

Die Eröffnung eines inländischen Partikularinsolvenzverfahrens bewirkt den Insolvenzbeschlag des im Inland belegenen Vermögens des Schuldner. Insofern ist die Insolvenzmasse gem § 35 auf das Inland beschränkt. Weitere Unterschiede ergeben sich aufgrund der lex fori concursus nicht (*Braun/Liersch*, § 354 Rn 13). Ein parallel im Ausland stattfindendes Hauptinsolvenzverfahren hat indes keine Auswirkungen auf durch das Partikularverfahren erfassten Vermögenswerte (*Braun/Liersch*, § 354 Rn 20).

4. Rechtsfolge für die Passivmasse

Hinsichtlich der Passiva des Schuldners besteht indes keine Beschränkung, im Partikularinsolvenzverfahren können in- wie ausländische Gläubiger ihre Forderungen geltend machen und sich an diesem beteiligen (vgl oben III 1; *Braun/Liersch*, § 354 Rn 15).

§ 355 Restschuldbefreiung. Insolvenzplan

(1) Im Partikularverfahren sind die Vorschriften über die Restschuldbefreiung nicht anzuwenden.

(2) Ein Insolvenzplan, in dem eine Stundung, ein Erlass oder sonstige Einschränkungen der Rechte der Gläubiger vorgesehen sind, kann in diesem Verfahren nur bestätigt werden, wenn alle betroffenen Gläubiger dem Plan zugestimmt haben.

I. Keine Restschuldbefreiung im Partikularverfahren (Abs 1)

Die Restschuldbefreiung gem §§ 286–303 ist einem Gläubiger nur zuzumuten, wenn das gesamte in- und ausländische Vermögen des Schuldners verwertet worden ist (Begründung RegE IIRNeuRG BT-Drucks 15/16 S 25 zu § 355). Das Partikularverfahren erfasst nur das inländische Vermögen. Daher bleiben Vermögensteile dem Zugriff des Verfahrens entzogen und stehen zur Befriedigung der Gläubiger nicht zur Verfügung. Aus diesem kann ein Gläubiger jedoch im Rahmen eines ausländischen Hauptinsolvenzverfahrens bedient werden. Es bestünde daher ein Widerspruch zum Grundsatz der par conditio creditorum, wenn seine Rechte im Rahmen des inländischen Partikularverfahrens verkürzt würden (K/P-*Kemper*, § 355 Rn 1). Die Restschuldbefreiung findet daher gem Abs 1 im inländischen Partikularverfahren nicht statt, der darauf gerichtete Antrag des Schuldner gem § 287 ist unzulässig. Die verbleibenden Forderungen können vom Schuldner bei Eröffnung eines ausländischen Partikular- oder Hauptinsolvenzverfahrens angemeldet werden (K/P-*Kemper*, § 355 Rn 3). Um eine Restschuldbefreiung zu erreichen, ist der Schuldner auf den Antrag auf Eröffnung eines Hauptinsolvenzverfahrens verwiesen (*Braun/Liersch*, § 355 Rn 4 f).

II. Zustimmungserfordernis im Partikularverfahren (Abs 2)

18   Abs 2 begrenzt die Anwendung der Vorschriften über die mehrheitlich Abstimmung (§ 244) sowie die Ersetzung der Zustimmung zu (§ 245) einem Insolvenzplan. Ein generelles Verbot – wie hinsichtlich der Restschuldbefreiung – ist nicht angeordnet (*Braun/Liersch*, § 355 Rn 1). Grundsätzlich kann in einem inländischen Partikularverfahren ein Insolvenzplan zustande kommen. Ebenso wie dem Abs 1 liegt auch Abs 2 der Vorschrift der Gedanke zugrunde, dass eine nicht einvernehmliche Verkürzung von Gläubigerrechten dann unstatthaft ist, wenn der Gläubiger diese noch durch den Rückgriff auf im Ausland belegene Vermögenswerte befriedigen könnte (Begründung RegE BT-Drucks 12/2443, S 245 zu § 394). Jegliche Einschränkungen, die der darstellende Teil eines Insolvenzplanes typischerweise regelt, ausdrücklich die Stundung oder der Erlass von Forderungen, bedürfen daher der Zustimmung des beeinträchtigten Gläubigers. Eine Fiktion der Zustimmung gem § 245 muss in Konsequenz daraus gleichermaßen ausgeschlossen sein. Auch kann die Zustimmung der Gläubiger dem klaren Wortlaut nach nicht durch die Bestätigung anderer Insolvenzpläne, die im Rahmen parallel stattfindender Haupt- oder Partikularinsolvenzverfahren vereinbart worden sind, ersetzt werden (K/P-*Kemper*, § 355 Rn 5; HK-*Stephan*, § 355 Rn 5; so aber *Braun/Liersch*, § 355 Rn 17). Ohne diese Zustimmung kann die Bestätigung des Insolvenzplanes gem § 248 nicht ergehen, er kommt daher nicht zustande. In der Praxis wird daher in einem Partikularverfahren kaum jemals ein Insolvenzplan zustande kommen K/P-*Kemper*, § 355 Rn 6; HK-*Stephan*, § 355 Rn 5; FK-*Wimmer*, § 355 Rn 6).

19   Nicht geregelt ist der Abschluss eines Gesamtplans über ein ausländisches Hauptinsolvenzverfahren und das parallel stattfindende inländische Partikularverfahren (Sekundärverfahren). Diese Verfahren sind zwar getrennt voneinander zu beenden, die Wirkungen und der Sanierungszweck eines Insolvenzplanes kann aber durch eine Koordination der Gläubigerinteressen aus beiden Verfahren erreicht werden (*Braun/Liersch*, § 355 Rn 8; K/P-*Kemper*, § 355 Rn 7).

20   Ebenfalls enthält § 355 keine Regelung über den gerichtliche Schuldenbereinigungsplan im Sinne der §§ 305–310. Systematisch ist dieser dem Insolvenzplan vergleichbar. Abs 2 ist daher analog anzuwenden, der gerichtliche Schuldenbereinigungsplan findet unter den Einschränkungen des Abs 2 auch im Partikularverfahren Anwendung (*Braun/Liersch*, § 355 Rn 6).

§ 356 Sekundärinsolvenzverfahren

(1) ¹Die Anerkennung eines ausländischen Hauptinsolvenzverfahrens schließt ein Sekundärinsolvenzverfahren über das inländische Vermögen nicht aus. ²Für das Sekundärinsolvenzverfahren gelten ergänzend die §§ 357 und 358.

(2) Zum Antrag auf Eröffnung des Sekundärinsolvenzverfahrens ist auch der ausländische Insolvenzverwalter berechtigt.

(3) Das Verfahren wird eröffnet, ohne dass ein Eröffnungsgrund festgestellt werden muss.

I. Normzweck und Einführung

Wurde bereits im Ausland ein Hauptinsolvenzverfahren eröffnet, so kann dennoch im Inland ein auf das im Inland belegene Vermögen beschränktes Insolvenzverfahren durchgeführt werden. Ein solches Partikularverfahren, das parallel zu einem ausländischen Hauptinsolvenzverfahren stattfindet, wird als Sekundärinsolvenzverfahren bezeichnet. Dieses kann sowohl die Liquidation des Schuldnervermögens als auch eine Sanierung zum Ziel haben (K/P-*Kemper*, § 356 Rn 14). Das Sekundärinsolvenzverfahren unterliegt dem deutschen Recht und begrenzt die Universalität des ausländischen Hauptverfahrens (K/P-*Kemper*, § 356 Rn 1). Durch ein Sekundärinsolvenzverfahren sollen zum einen lokale Gläubiger geschützt werden, zum anderen soll es als Instrument der Strukturierung unübersichtlicher Vermögensmassen durch den ausländischen Insolvenzverwalter dienen (Begründung RegE IIRNeuRG BT-Drucks 15/16 S 25 zu § 356; FK-*Wimmer*, § 356 Rn 2). Der ausländische Insolvenzverwalter wird von dieser Möglichkeit insbesondere dann Gebrauch machen, wenn er dingliche Sicherheiten einbeziehen will, die das ausländische Verfahren nicht erfasst (HK-*Stephan*, § 356 Rn 6). Durch das Sekundärinsolvenzverfahren werden dem ausländischen Verwalter daher Gestaltungsmöglichkeiten gewährt, indem er durch eine dahingehende Antragstellung einer anderen – der inländischen – Rechtordnung die Anwendung eröffnen kann (*Braun/Liersch*, § 356 Rn 15). 1

Die Eröffnung eines Sekundärinsolvenzverfahrens kann sich insofern auf das Hauptverfahren auswirken, als es wesentliche Vermögenswerte erfasst und der universellen Wirkung des Hauptverfahrens entzieht. Sind infolge dessen im Hauptverfahren entstandene Massekosten nicht mehr gedeckt, muss der Hauptinsolvenzverwalter diese im Sekundärinsolvenzverfahren geltend machen, sie sind dann im Range entsprechend zu bedienen (*Braun/Liersch*, § 356 Rn 6). 2

Der Sachnorm des § 356 ähnlich ist Art 27 EuInsVO.

§ 356   11. Teil. Internationales Insolvenzrecht

II. Eröffnung eines inländischen Sekundärinsolvenzverfahrens (Abs 1)

3   Abs 1 ermöglicht die Eröffnung eines inländischen Sekundärinsolvenzverfahrens, wenn und obwohl im Ausland ein Hauptinsolvenzverfahrens eröffnet. Wurde bislang nur ein Antrag auf Eröffnung eines Hauptverfahrens im Ausland gestellt, kann das Verfahren lediglich als Partikularverfahren eröffnet werden (vgl § 354), nach Eröffnung des Hauptverfahrens ist jedoch dessen Fortführung als Sekundärverfahren möglich (K/P-*Kemper*, § 356 Rn 4; *Braun/Liersch*, § 356 Rn 3). Voraussetzung ist dabei stets, dass einerseits das Hauptinsolvenzverfahren gem § 343 anerkennungsfähig ist (K/P-*Kemper*, § 356 Rn 5), andererseits auch die Voraussetzung zur Eröffnung eines inländischen Partikularverfahrens gem § 354 vorliegen, insbesondere also der Schuldner im Inland eine Niederlassung unterhält oder hier sonstiges Vermögen belegen ist (K/P-*Kemper*, § 356 Rn 6; HK-*Stephan*, § 356 Rn 3). Auch hinsichtlich der Zuständigkeit zur Eröffnung des Sekundärverfahrens ist § 354 Abs 3 heranzuziehen (K/P-*Kemper*, § 356 Rn 7), auf die diesbezüglichen Ausführungen sei verwiesen.

4   Wurde ein Antrag auf Eröffnung eines Sekundärinsolvenzverfahrens gestellt, so gelten die Sondervorschriften der §§ 356–358. Da das Sekundärinsolvenzverfahren aber auch Partikularverfahren ist, finden §§ 354, 355 gleichermaßen Anwendung (*Braun/Liersch*, § 356 Rn 1). Das Sekundärverfahren ist in seinen Wirkungen auf das im Inland belegene Vermögen beschränkt und entbehrt mithin einer universellen Wirkung (K/P-*Kemper*, § 356 Rn 3).

III. Antragsbefugnis (Abs 2)

1. Antragsbefugnis des ausländischen Insolvenzverwalters

5   Abs 2 eröffnet auch dem ausländischen Verwalter des dortigen Hauptinsolvenzverfahrens die Möglichkeit, den Antrag auf Eröffnung eines Sekundärinsolvenzverfahrens im Inland zu stellen. Dies setzt eine Befugnis dazu nach dem jeweiligen ausländischen Insolvenzstatut voraus, der Verwalter muss also danach im Ausland handeln dürfen (K/P-*Kemper*, § 356 Rn 8). Im Übrigen bestehen allein die allgemeinen Voraussetzungen der Eröffnung eines Partikularverfahrens im Inland gem § 354 Abs 1, der Schuldner muss also eine Niederlassung oder im Inland belegenes Vermögen haben. Weitere Voraussetzungen enthält die Norm nicht, insbesondere soll § 354 Abs 2 für den ausländischen Insolvenzverwalter keine Anwendung finden, so dass er auch dann, wenn ein Niederlassung im Inland nicht besteht, ein besonderes Interesse an der Verfahrenseröffnung gem § 354 Abs 2 nicht darzulegen braucht (K/P-*Kemper*, § 356 Rn 9; **aA** *Braun/Liersch*, § 356 Rn 9). So soll dem Verwalter die Möglichkeit eröffnet werden, das inländische Sekundärverfahren gezielt zur Abwicklung seines (Haupt-) Verfahrens einzusetzen (Begründung RegE IIRNeuRG BT-Drucks 15/16 S 25 zu § 356). In Hinblick auf die Gefahr, die universellen Wirkungen im Ausland anhängiger Hauptverfahrens durch inländischen Sekundärverfahren immer weiter einzuschränken, sieht sich die weite Antragsbefugnis des Verwalters zu Recht Kritik ausgesetzt. Wenn schon der Niederlassungsbegriff weit ausgelegt wird (vgl zu § 354 Rn 6), sollte der Antragsgrund der inländischen Vermögensbelegenheit auf die Fälle begrenzt werden, in denen das inländische Vermögen auch einen besonderen Inlandsbezug aufweist, denn nur dann ist – wenn überhaupt – ein Gläubigerschutz erforderlich (K/P-*Kemper*, § 356 Rn 10). Das bloße Bankkonto oder Grundstück des Schuldners im Inland kann dem nicht genügen.

2. Antragsbefugnis des Gläubigers

Nach dem Wortlaut des Abs 2 steht die Antragsbefugnis „auch" dem ausländischen Insolvenzverwalter zu. Die Zulässigkeit der Anträge von anderer Seite bleibt demnach durch die Vorschrift unberührt. Die Antragsbefugnis der Gläubiger unterliegt indes den Voraussetzungen des § 354 Abs 1 und 2, sodass der Gläubiger ein besonderes Interesse an der Verfahrenseröffnung darzulegen hat, wenn der Schuldner im Inland keine Niederlassung unterhält (K/P-*Kemper*, § 356 Rn 11; HK-*Stephan*, § 356 Rn 3). Auf dies diesbezüglichen Ausführungen sei daher hier verwiesen.

6

3. Antragsbefugnis des Schuldners

Wie auch hinsichtlich eines Partikularverfahrens (vgl oben § 354 Rn 10) ist der Schuldner ebenso nicht befugt, die Eröffnung eines Sekundärverfahrens im Inland zu beantragen (K/P-*Kemper*, § 356 Rn 12; HK-*Stephan*, § 356 Rn 4). Er ist daher auf die Möglichkeit verwiesen, auf die Eröffnung eines Hauptinsolvenzverfahrens am Mittelpunkt seiner wirtschaftlichen Tätigkeit hinzuwirken.

7

IV. Keine Feststellung eines Eröffnungsgrundes (Abs 3)

Entsprechend seinem Vorbild, § 238 KO, braucht ein Eröffnungsgrund bei Eröffnung eines Sekundärinsolvenzverfahrens im Inland nicht festgestellt zu werden (K/P-*Kemper*, § 356 Rn 13). Es wird daher nicht nur widerleglich vermutet, dass der Schuldner auch im Inland zahlungsunfähig oder überschuldet ist. Vielmehr genügt es zur Eröffnung eines inländischen Sekundärinsolvenzverfahrens, dass ein Hauptverfahren im Ausland eröffnet wurde, wenn es auch auf Eröffnungsgründen basiert, die das deutsche Insolvenzrecht nicht kennt (Begründung RegE IIRNeuRG BT-Drucks 15/16 S 25 zu § 356). So wird eine im in- und ausländischen

8

Insolvenzverfahren gegebenenfalls abweichende Beurteilung hinsichtlich der Insolvenzlage des Schuldners verhindert (*Braun/Liersch*, § 356 Rn 10). Durch die Voraussetzungen der Anerkennung eines ausländischen Hauptverfahrens gem § 343 wird die Grenze allerdings durch den deutschen Ordre public gezogen.

9 Auch hinsichtlich des Sekundärinsolvenzverfahrens muss gem § 26 zur Eröffnung eine die Verfahrenskosten deckende Masse vorhanden sein (K/P-*Kemper*, § 356 Rn 15), wobei der Massebegriff gemäß § 35 auf im Inland belegene Gegenstände beschränkt ist. Gleichwohl kann auch der Verwalter des ausländischen Hauptverfahrens die Kosten übernehmen (*Braun/Liersch*, § 356 Rn 11). Das Sekundärinsolvenzverfahren richtet sich nach der deutschen Insolvenzordnung, diese ist auch in Hinblick auf Zustellungen, öffentliche Bekanntmachung etc. anzuwenden (K/P-*Kemper*, § 356 Rn 14f).

§ 357 Zusammenarbeit der Insolvenzverwalter

(1) ¹Der Insolvenzverwalter hat dem ausländischen Verwalter unverzüglich alle Umstände mitzuteilen, die für die Durchführung des ausländischen Verfahrens Bedeutung haben können. ²Er hat dem ausländischen Verwalter Gelegenheit zu geben, Vorschläge für die Verwertung oder sonstige Verwendung des inländischen Vermögens zu unterbreiten.

(2) Der ausländische Verwalter ist berechtigt, an den Gläubigerversammlungen teilzunehmen.

(3) ¹Ein Insolvenzplan ist dem ausländischen Verwalter zur Stellungnahme zuzuleiten. ²Der ausländische Verwalter ist berechtigt, selbst einen Plan vorzulegen. ³§ 218 Abs 1 Satz 2 und 3 gilt entsprechend.

I. Normzweck

1 Die Aufteilung des Schuldnervermögens in zwei Insolvenzmassen, nämlich im Haupt- und im Sekundärverfahren, kann dem Verfahrensziel einer optimalen Befriedigung der Gläubiger abträglich sein (*Braun/Liersch*, § 357 Rn 1). Um dennoch eine optimale Verwertung des schuldnerischen Vermögens zu gewährleisten, müssen die Verwalter des Haupt- und des oder der Sekundärinsolvenzverfahren eng zusammenarbeiten (Begründung RegE IIRNeuRG BT-Drucks 15/16 S 26 zu § 357). Die Vorschrift dient der Koordinierung des inländischen Sekundärinsolvenzverfahrens mit einem ausländischen Hauptinsolvenzverfahren (Begründung RegE BT-Drucks 12/2443, S 246 zu § 398), die territoriale Trennung der Verfahren wird gemildert (HK-*Stephan*, § 357 Rn 5). Die in Abs 1 konstitu-

ierte Informationspflicht beschreibt daher auch nicht abschließend die denkbaren Maßnahmen der Abstimmung, sondern nur ihr Mindestmaß. Eine darüber hinaus gehende Kooperation ist ohne weiteres möglich und auch wünschenswert (K/P-*Kemper*, § 357 Rn 8). Dies gilt ebenso für eine Zusammenarbeit der beteiligten Insolvenzgerichte (HK-*Stephan*, § 357 Rn 4; kritisch hinsichtlich der diesbezüglichen Regelungslücke *Staak*, NZI 2004, 480, 483). So sollen die Effizienzverluste der parallelen Verfahrensdurchführung vermieden und das Ziel der Gläubigerbefriedigung gefördert werden. Naturgemäß ist die vorgesehene Kooperation weniger eng als nach der EuInsVO vorgesehen (*Wenner* in Mohrbutter/Ringstmeier, § 20 Rn 148).

Der ausländische Insolvenzverwalter wird durch die Norm nicht gebunden, erstrebenswert ist aber dennoch einen gegenseitige Zusammenarbeit (*Braun/Liersch*, § 357 Rn 1). Auf den umgekehrten Fall, in dem das Hauptverfahren im Inland mit einem Sekundärverfahren im Ausland abzustimmen ist, kann die Norm indes nicht analog angewendet werden (K/P-*Kemper*, § 357 Rn 2; **aA** HK-*Stephan*, § 357 Rn 3). Unter Beobachtung seiner Schutzzwecke ist ein Sekundärinsolvenzverfahren dem Hauptverfahren untergeordnet (K/P-*Kemper*, § 357 Rn 1). Eine analoge Anwendung des § 357 auf das Verhältnis zwischen einem inländischen Haupt- und einem ausländischen Sekundärinsolvenzverfahren würde dessen Balance stören. In diesem Falle bestimmt sich die Kooperationspflicht des ausländischen Insolvenzverwalters durch das Insolvenzstatut seines Eröffnungsstaates (K/P-*Kemper*, § 357 Rn 2). 2

Der Sachnorm des § 357 ähnliche Vorschriften enthalten Artt 31 und 32 Abs 3 EuInsVO. 3

II. Pflichten des inländischen Verwalters (Abs 1)

1. Informationspflicht

Gem. Abs 1 S 1 hat der inländische Sekundärinsolvenzverwalter dem ausländischen Verwalter unverzüglich alle Umstände mitzuteilen, die für die Durchführung des ausländischen Verfahrens Bedeutung haben können. Dieser Informationspflicht muss er eigeninitiativ nachkommen, ohne dass es einer Nachfrage des ausländischen Verwalters bedarf (K/P-*Kemper*, § 357 Rn 3). Um dem Zweck der Informationspflicht, die enge Kooperation sicher zu stellen, gerecht zu werden, ist der Begriff der Umstände weit zu verstehen. Dies sind alle Handlungen und Ereignisse mit Bezug oder Einfluss auf das Sekundärinsolvenzverfahren (K/P-*Kemper*, § 357 Rn 4). Bedeutungsvoll sind insbesondere solche Umstände, die für die Durchführung des ausländischen Verfahrens wesentlich sein können. Hierzu können grundlegende Kenntnisse der Sprache und des Insolvenzstatus des anderen beteiligten Staates erforderlich sein (*Staak*, NZI 2004, 4

§ 357 11. Teil. Internationales Insolvenzrecht

480, 481 bzgl. der EuInsVO). Auch hier streitet die Formulierung für eine weite Auslegung. Allerdings darf zum einen der ausländische Verwalter nicht durch einen Überfluss an Informationen erstickt werden, zum anderen muss die rechtliche Selbständigkeit der Verfahren gewahrt werden (*Wimmer*, ZIP 1998, 982, 987; HK-*Stephan*, § 357 Rn 6). Geringfügige Verwertungshandlung ohne Einfluss auf den Sanierungserfolg im Hauptverfahren sind daher nicht erfasst (*Braun/Liersch*, § 357 Rn 3). Auch sind Einschränkungen des Datenschutzes beachtlich (HK-*Stephan*, § 357 Rn 7). Beispielhaft nennt der Regierungsentwurf (Begründung RegE BT-Drucks 12/2443, S 246 zu § 398):
– die Eröffnung des Inlandsverfahrens,
– die Vermögensübersicht zu Begin des Verfahrens gem § 172,
– die Ergebnisse des allgemeinen Prüftermins,
– die Vornahme der Verteilung,
– den Eintritt der Masseunzulänglichkeit sowie
– die Aufhebung oder Einstellung des Verfahrens.

5 Von Bedeutung können weiterhin Angaben sein über (K/P-*Kemper*, § 357 Rn 4)
– den Umfang des schuldnerischen Vermögens,
– den Bestand der Insolvenzmasse,
– deren Verwertungsmöglichkeiten,
– die Anzahl und Struktur der Gläubiger sowie
– den Verfahrensstand.

6 Diese Informationen sind unverzüglich weiterzugeben. Dies ist iSd § 121 Abs 1 BGB zu verstehen (K/P-*Kemper*, § 357 Rn 5), es verbietet sich daher jedes schuldhafte Zögern. Verstößt der inländische Sekundärinsolvenzverwalter gegen diese Informationspflicht, so sieht schon der RegE (Begründung IIRNeuRG BT-Drucks 15/16 S 26 zu § 357) vor, dem ausländischen Hauptinsolvenzverwalter das Recht zu geben, Aufsichtsmaßnahmen gem § 58 anzuregen (**aA** HK-*Stephan*, § 357 Rn 18). Eine Verletzung der Informationspflicht kann darüber hinaus auch einen Haftungsanspruch gegen den Insolvenzverwalter gem § 60 begründen, wenn dessen Voraussetzungen vorliegen (K/P-*Kemper*, § 357 Rn 5; HK-*Stephan*, § 357 Rn 19).

2. Recht zu Verwertungsvorschlägen

7 Gem. Abs 1 S 2 hat der Verwalter des inländischen Sekundärinsolvenzverfahrens dem ausländischen Verwalter Gelegenheit zu geben, Vorschläge für die Verwertung oder sonstige Verwendung des inländischen Vermögens zu unterbreiten. Zumindest muss dem ausländischen Verwalter daher die Möglichkeit eingeräumt werden, zu den Verwertungsvorhaben seines inländischen Kollegen Stellung zu nehmen, eine nachträgliche Information reicht jedenfalls nicht (K/P-*Kemper*, § 357 Rn 6; HK-*Stephan*,

§ 357 Rn 9). Darüber hinaus muss aber wohl auch verlangt werden, dass die Information zu einem Zeitpunkt erfolgt, zu dem die Vorschläge des ausländischen Verwalters noch berücksichtigt werden können und nicht aufgrund des Fortschritts der Verwertungsverhandlungen zur Bedeutungslosigkeit verdammt sind (*Braun/Liersch*, § 357 Rn 4). Ein Verstoß gegen diese Pflicht begründet indessen nicht die Rechtswidrigkeit der getroffenen Verwertungsmaßnahme (K/P-*Kemper*, § 357 Rn 6). Das Vorschlagsrecht des ausländischen Insolvenzverwalters ist auch nicht dahingehend zu überdehnen, dass der inländischen Sekundärverwalter an die Vorschläge gebunden wäre (K/P-*Kemper*, § 357 Rn 7; HK-*Stephan*, § 357 Rn 9; *Braun/Liersch*, § 357 Rn 6; so aber wohl *Staak*, NZI 2004, 480, 484).

III. Teilnahmerecht bei Gläubigerversammlungen (Abs 2)

1. Recht auf Teilnahme

Gem. Abs 2 ist der Verwalter des ausländischen Hauptinsolvenzverfahrens berechtigt, an den Gläubigerversammlungen des inländischen Sekundärinsolvenzverfahrens teilzunehmen. Die sich daraus ergebende Pflicht, den ausländischen Verwalter über jegliche Termine der im Verfahren durchzuführenden Gläubigerversammlungen zu informieren, ergibt sich schon aus Abs 1 (K/P-*Kemper*, § 357 Rn 9). Darüber hinaus setzt die Begründung des RegE auch die Ladung des ausländischen Verwalters voraus (Begründung RegE IIRNeuRG BT-Drucks 15/16 S 26 zu § 357; HK-*Stephan*, § 357 Rn 12; *Braun/Liersch*, 3 357 Rn 7; FK-*Wimmer*, § 357 Rn 6; **aA** K/P-*Kemper*, § 357 Rn 9).

2. Rechte in der Gläubigerversammlung

In der Gläubigerversammlung steht dem ausländischen Insolvenzverwalter neben dem Recht auf Anwesenheit auch das Rederecht zu (K/P-*Kemper*, § 357 Rn 10). Er hat dadurch die Möglichkeit, seine Vorstellungen zur Verwertung den Gläubigern zu unterbreiten und diese davon zu überzeugen. Ein Stimmrecht kann der ausländische Verwalter im Rahmen des § 341 Abs 3 ausüben (K/P-*Kemper*, § 357 Rn 10; *Braun/Liersch*, § 357 Rn 7). Das Recht, über eigene Vorschläge abstimmen zu lassen, steht gem § 156 nicht dem ausländischen Insolvenzverwalter, sondern ausschließlich dem Insolvenzverwalter des zugrunde liegenden Verfahrens zu (K/P-*Kemper*, § 357 Rn 10; **aA** HK-*Stephan*, § 357 Rn 12; *Braun/Liersch*, § 357 Rn 7). Gleiches ergibt sich im Umkehrschluss auch aus Abs 3 Satz 2. Dort wird als Ausnahmetatbestand ein Planinitiativrecht des ausländischen Verwalters eigens angeordnet.

IV. Zusammenarbeit im Insolvenzplanverfahren (Abs 3)

10 Im Sekundärverfahren kann ein Insolvenzplan unter Maßgabe des § 355 Abs 2 vereinbart werden. Gem. Abs 3 S 1 muss der Plan dem ausländischen Insolvenzverwalter zur Stellungnahme zugeleitet werden. Er hat damit die Möglichkeit, die Auswirkungen des inländischen Sekundärverfahrens auf das von ihm verwaltete Hauptverfahren zu beurteilen. Auch ist der ausländische Verwalter am weiteren Verfahren zum Zustandekommen des Plans zu beteiligen und nach § 235 Abs 3 zum Erörterungs- und Abstimmungstermin zu laden (K/P-*Kemper*, § 357 Rn 11).

11 Der Verwalter des Hauptverfahrens hat darüber hinaus das Recht, einen eigenen Insolvenzplan aufzustellen und in das Sekundärinsolvenzverfahren einzubringen. Ihm wird damit die Möglichkeit gegeben, den Ablauf des Sekundärinsolvenzverfahrens im Interesse einer bestmöglichen Gläubigerbefriedigung zu beeinflussen (K/P-*Kemper*, § 357 Rn 12). Er hat dann die gleiche Rechtsstellung wie die Vorlageberechtigten nach § 218 Abs 1 S 1 (HK-*Stephan*, § 357 Rn 15). Gem. Abs 3 S 3 iVm § 218 Abs 1 S 2, 3 kann die Vorlage durch den ausländischen Verwalter mit dem Antrag auf Eröffnung des Sekundärinsolvenzverfahrens (§ 356 Abs 2) verbunden werden. Ein Plan, der erst nach dem Schlusstermin beim Gericht eingeht, wird nicht berücksichtigt.

§ 358 Überschuss bei der Schlussverteilung

Können bei der Schlussverteilung im Sekundärinsolvenzverfahren alle Forderungen in voller Höhe berichtigt werden, so hat der Insolvenzverwalter einen verbleibenden Überschuss dem ausländischen Verwalter des Hauptinsolvenzverfahrens herauszugeben.

1 Die Norm dokumentiert eine gewisse Unterordnung des Sekundärinsolvenzverfahrens unter das Hauptinsolvenzverfahren (K/P-*Kemper*, § 358 Rn 1; *Sabel*, NZI 2004, 126, 127; *Staak*, NZI 2004, 480, 481). Ein nach der Schlussverteilung verbleibender Überschuss wird nicht insolvenzfrei, sondern unterliegt der Beschlagnahmewirkung des ausländischen Hauptinsolvenzverfahrens. Der Begriff des Überschusses entspricht dem des § 199 (*Braun/Liersch*, § 358 Rn 3). Die Übertragung des Überschusses obliegt dem Verwalter des inländischen Sekundärinsolvenzverfahrens (HK-*Stephan*, § 358 Rn 8; *Braun/Liersch*, § 358 Rn 4).

2 Mit der Aufhebung des Sekundärverfahrens erstarkt die universelle Wirkung des Hauptinsolvenzverfahrens wieder uneingeschränkt (K/P-*Kemper*, § 358 Rn 2), insofern hat die Norm nur klarstellende Funktion (HK-*Stephan*, § 358 Rn 2). Infolge der Möglichkeit gleichzeitiger Forde-

Überschuss bei der Schlussverteilung **§ 358**

rungsanmeldung in parallelen Verfahren (§ 341 Abs 1) unter Anrechung des jeweils Erlangten (§ 342 Abs 2) wird die praktische Bedeutung der Norm indes gering sein (HK-*Stephan*, § 358 Rn 3).

Eine § 358 identische Regelung findet sich in Art 35 EuInsVO. 3

12. Teil. Inkrafttreten

§ 359 Verweisung auf das Einführungsgesetz

Dieses Gesetz tritt an dem Tage in Kraft, der durch das Einführungsgesetz zur Insolvenzordnung bestimmt wird.

Die InsO ist nach Art 110 Abs 1 EGInsO am 1. 1. 1999 in Kraft getreten. Teile sind bereits nach Art 110 Abs 2 und 3 EGInsO schon vorher in Kraft getreten.

Einführungsgesetz zur Insolvenzordnung (EGInsO)

Vom 5. Oktober 1994 (BGBl. I S. 2911)

Zuletzt geändert durch Art. 2 G zur Umsetzung der RL 2002/47/EG über Finanzsicherheiten und zur Änd. des HypothekenbankG und and. G vom 5. 4. 2004 (BGBl. I S. 502)

FNA 311-14-1

Artikel 102[1] Durchführung der Verordnung (EG) Nr. 1346/2000 über Insolvenzverfahren

Literatur: *Pannen/Riedemann*, NZI 2004, 301; *Paulus*, ZIP 2003, 1725; *Sabel*, NZI 2004, 126; *Wimmer*, FS-Kirchhof, 2003, S 521 ff.

Vorbemerkung

Die am 31. 5. 2002 in Kraft getretene Verordnung (EG) Nr 1346/2000 (EuInsVO) enthält Regelungen für grenzüberschreitende Insolvenzverfahren innerhalb der Mitgliedstaaten der Europäischen Union (mit Ausnahme Dänemarks). Art 249 Abs 2 Satz 2 EGV bestimmt, dass Verordnungen als Sekundärrechtsakt in den Mitgliedstaaten allgemein und unmittelbar gelten, ohne dass es einer gesonderten Umsetzung bedarf. Den Mitgliedstaaten steht aber das Recht zu, erforderliche und das nationale Recht betreffende Anpassungen vorzunehmen, die den in der VO enthaltenen Regelungen freilich nachgeordnet sind. Hiervon hat Deutschland mit dem Gesetz zur Neuregelung des Internationalen Insolvenzrechts vom 14. 3. 2003 (BGBl. I S 345) Gebrauch gemacht. Art 102 EGInsO enthält vor allem Regelungen hinsichtlich der öffentlichen Bekanntmachungen in Deutschland und zur Bestimmung des (örtlich) zuständigen Insolvenzgerichts bei europäischen Insolvenzverfahren. Als Durchführungsvorschrift findet Art 102 nur bei grenzüberschreitenden Insolvenzverfahren innerhalb des Anwendungsbereiches der EuInsVO Anwendung. Im Verhältnis zu Drittstaaten bleibt es dagegen bei der ausschließlichen Anwendbarkeit des in den §§ 335 ff InsO enthaltenen autonomen deutschen Internationalen Insolvenzrechts. Umgekehrt können die §§ 335 ff InsO auch bei dem Regelungsbereich der EuInsVO unterliegenden Insolvenzverfahren ergänzend zur Anwendung kommen, wenn weder die EuInsVO noch Art 102 Sondervorschriften enthalten. So regelt die EuInsVO zB nicht, wie das Mitwirkungsrecht des Verwalters in Art 32 Abs 3 EuInsVO für das Parallelverfahren ausgestaltet sein soll, weshalb § 341 InsO anwendbar ist (*Smid*, EGInsO Art 102 Rn 4; BK-*Pannen*, Vor Art 102 Rn 9; *Pannen/Riedemann*, NZI 2004, 301).

§ 1 Örtliche Zuständigkeit

(1) Kommt in einem Insolvenzverfahren den deutschen Gerichten nach Artikel 3 Abs. 1 der Verordnung (EG) Nr. 1346/2000 des Rates vom 29. Mai 2000 über Insolvenzverfahren (ABl. EG Nr. L 160 S. 1) die internationale Zuständigkeit zu, ohne dass nach § 3 der Insolvenzordnung ein inländischer Gerichtsstand begründet wäre, so ist das Insolvenzgericht ausschließlich zuständig, in dessen Bezirk der Schuldner den Mittelpunkt seiner hauptsächlichen Interessen hat.

(2) [1]Besteht eine Zuständigkeit der deutschen Gerichte nach Artikel 3 Abs. 2 der Verordnung (EG) Nr. 1346/2000, so ist ausschließlich das Insolvenzgericht zuständig, in dessen Bezirk die Niederlassung des Schuldners liegt. [2]§ 3 Abs. 2 der Insolvenzordnung gilt entsprechend.

(3) [1]Unbeschadet der Zuständigkeit nach den Absätzen 1 und 2 ist für Entscheidungen oder sonstige Maßnahmen nach der Verordnung (EG) Nr. 1346/2000 jedes inländische Insolvenzgericht zuständig, in dessen Bezirk Vermögen des Schuldners belegen ist. [2]Die Landesregierungen werden ermächtigt, zur sachdienlichen Förderung oder schnelleren Erledigung der Verfahren durch Rechtsverordnung die Entscheidungen oder Maßnahmen nach der Verordnung (EG) Nr. 1346/2000 für die Bezirke mehrerer Insolvenzgerichte einem von diesen zuzuweisen. [3]Die Landesregierungen können die Ermächtigung auf die Landesjustizverwaltungen übertragen.

I. Örtliche Zuständigkeit (Abs 1)

1   Das Insolvenzverfahren sollte regelmäßig in dem Mitgliedstaat eröffnet und durchgeführt werden, in dem aller Voraussicht nach sich die Masse des schuldnerischen Vermögens und der Großteil der Gläubiger befinden werden. Art 3 Abs 1 EuInsVO trägt dem insoweit Rechnung, als er für die Eröffnung des Hauptinsolvenzverfahrens die Gerichte des Mitgliedstaats zuständig erklärt, in dessen Gebiet der Schuldner den Mittelpunkt seiner hauptsächlichen Interessen hat. Hiermit wird jedoch nur die internationale Zuständigkeit festgelegt, während sich die

innerstaatliche Zuständigkeit nach dem Recht des betreffenden Mitgliedstaats richtet, in Deutschland also nach § 3 InsO. Nach dessen Abs 1 ist für die örtliche Zuständigkeit grundsätzlich der allgemeine Gerichtsstand des Schuldners maßgeblich; übt der Schuldner dagegen eine selbständige wirtschaftliche Tätigkeit aus, kommt es darauf an, wo diese ihren Mittelpunkt hat. Art 3 Abs 1 EuInsVO (internationale Zuständigkeit) und § 3 InsO (örtliche Zuständigkeit) weichen daher in ihren zentralen Anknüpfungskriterien voneinander ab. In Einzelfällen (Beispiele finden sich bei N/R-*Mincke*, Art 102 § 1 Rn 2; BK-*Pannen*, Art 102 § 1 Rn 4; *Pannen/Riedemann*, NZI 2004, 301; *Wimmer*, FS-Kirchhof, 2003, S 521, 524) kann es deshalb vorkommen, dass Deutschland nach Art 3 Abs 1 EuInsVO zwar international zuständig ist, eine örtliche Zuständigkeit gemäß § 3 Abs 1 InsO aber für kein Gericht gegeben ist. Da die EuInsVO selbst keine ausdrücklichen Regelungen über die Behandlung positiver oder negativer Kompetenzkonflikte enthält, andererseits aber eine Zuständigkeitslücke auftreten könnte (FK-*Wimmer*, Art. 102 § 1 Rn 2), erklärt Art 102 § 1 Abs 1 in Übereinstimmung mit Art 3 Abs 1 EuInsVO den Mittelpunkt der hauptsächlichen Interessen für maßgebend.

Die in Art 102 § 1 Abs 1 angeordnete Zuständigkeit ist eine ausschließliche und daher anderes lautenden Parteivereinbarungen nicht zugänglich (K/P-*Kemper*, Art 102 § 1 Rn 6). **2**

Art 102 § 1 Abs 1 regelt nur die Zuständigkeit der Insolvenzgerichte, nicht aber anderer Gerichte, selbst wenn deren Entscheidungen nach § 25 Abs 1 EuInsVO anzuerkennen sind, weil sie unmittelbar aufgrund eines Insolvenzverfahrens ergehen und in engem Zusammenhang damit stehen (BGH NZI 2003, 545 = ZIP 2003, 1419). **3**

II. Niederlassungszuständigkeit (Abs 2)

Neben einem Hauptinsolvenzverfahren mit universaler Wirkung kennt die EuInsVO auch Partikularverfahren, deren Wirkung auf das Gebiet eines Mitgliedstaats beschränkt ist und die nur das dort belegnen Vermögen des Schuldners erfassen. Nach Art 3 Abs 2 EuInsVO sind nur die Mitgliedstaaten zur Eröffnung eines Partikularverfahrens befugt, in deren Hoheitsbereich der Schuldner eine Niederlassung (Art 2 Buchst. h EuInsVO) hat. Daraus folgt, dass – anders als im autonomen deutschen Insolvenzrecht (§ 354 InsO) – die Belegenheit von Vermögen allein nicht zur Eröffnung eines Partikularverfahrens ausreicht (HK-*Stephan*, Art 102 § 1 Rn 5; K/P-*Kemper*, Art 102 § 1 Rn 7). Verfügt der Schuldner etwa im Inland über Grundstücke, die nicht am Ort der Niederlassung belegen sind, so kann an diesen Be- **4** legenheitsorten kein inländisches Partikularverfahren eröffnet werden. Art 102 § 1 bestimmt, dass die inländische Niederlassung, die nach Art 3 Abs 2 EuInsVO im Rahmen der internationalen Zuständigkeit zuständigkeitsbegründend wirkt, auch für die Bestimmung der örtlichen Zuständigkeit in diesem Verfahren maßgebend sein soll.

5 Betreibt ein ausländischer Schuldner im Inland mehrere in verschiedenen Gerichtsbezirken gelegene Niederlassungen, so ist nach § 3 Abs 2 InsO das Gericht zuständig, bei dem die Eröffnung des Insolvenzverfahrens zuerst beantragt worden ist. Anderes gilt, wenn es innerhalb der Niederlassungen eine Hierarchie gibt: dann ist das Insolvenzverfahren an einem Ort der Hauptniederlassung zu eröffnen (MK-*Ganter*, § 3 Rn 11; BK-*Pannen*, Art 102 § 1 Rn 9; *Pannen/Riedemann*, NZI 2004, 301, 302; *Wimmer*, FS-Kirchhof, 2003, S 521, 524).

6 Auch Art 102 Abs 2 regelt die örtliche Zuständigkeit als ausschließliche Zuständigkeit, die nicht durch abweichende Parteivereinbarung geändert werden kann (K/P-*Kemper*, Art 102 § 1 Rn 8).

III. Mitwirkungshandlungen (Abs 3)

7 Auch wenn im Inland kein Insolvenzverfahren eröffnet werden kann, können gleichwohl Mitwirkungshandlungen inländischer Insolvenzgerichte erforderlich sein, etwa bei der öffentlichen Bekanntmachung nach Art 21 EuInsVO oder der Eintragung in öffentliche Register nach Art 22 EuInsVO. Nach Art 102 § 1 Abs 3 Satz 1 ist für diese Handlungen jedes Insolvenzgericht zuständig, in dessen Bezirk Vermögen des Schuldners belegen ist.

8 Um die Bildung von Fachkompetenz an einzelnen Gerichten zu fördern, sieht Art 102 § 1 Abs 3 Satz 2 eine Konzentrationsermächtigung für die Länder vor.

§ 2 Begründung des Eröffnungsbeschlusses

Ist anzunehmen, dass sich Vermögen des Schuldners in einem anderen Mitgliedstaat der Europäischen Union befindet, sollen im Eröffnungsbeschluss die tatsächlichen Feststellungen und rechtlichen Erwägungen kurz dargestellt werden, aus denen sich eine Zuständigkeit nach Artikel 3 der Verordnung (EG) Nr. 1346/2000 für die deutschen Gerichte ergibt.

1 Ausgehend von dem Grundsatz gegenseitigen Vertrauens (Erwägungsgrund 22) überlässt es die EuInsVO jedem Mitgliedstaat, über seine Zuständigkeit zur Eröffnung eines Insolvenzverfahrens selbst zu befinden und enthält daher keine Bestimmungen darüber, wie ein

positiver Kompetenzkonflikt zwischen den Gerichten mehrerer Mitgliedstaaten gelöst werden soll. Die Eröffnung eines Insolvenzverfahrens nach Art 3 EuInsVO ist aber gemäß Art 16 EuInsVO in allen übrigen Mitgliedstaaten anzuerkennen. Daraus ergibt sich folgerichtig, dass der Konflikt nach dem Grundsatz der Priorität zu lösen ist (N/R-*Mincke*, Art 102 § 2 Rn 1; HK-*Stephan*, Art 102 § 2 Rn 4).

Um den Gerichten der anderen Mitgliedstaaten zu verdeutlichen, 2 welche Maßstäbe für das deutsche Insolvenzgericht maßgebend waren, soll dieses seine tatsächlichen und rechtlichen Erwägungen zur Kompetenzfrage im Eröffnungsbeschluss kurz darlegen, wenn sich abzeichnet, dass auch in einem anderen Mitgliedstaat möglicherweise zuständigkeitsbegründende Umstände vorliegen. Dies gilt bereits dann, wenn in einem anderen Mitgliedstaat Vermögen des Schuldners belegen ist. Da die Anknüpfungspunkte für ein Hauptinsolvenz- und ein Partikularverfahren unterschiedlich ausgestaltet sind, sind in den Eröffnungsbeschluss auch insofern entsprechende Ausführungen aufzunehmen (FK-*Wimmer*, Art. 102 § 2 Rn 4). Damit ergänzt und erweitert Art 102 § 2 die Vorschrift des Art 21 Abs 1 Satz 2 EuInsVO, nach welcher bei jeder Veröffentlichung der Eröffnungsentscheidung in einem anderen Mitgliedstaat anzugeben ist, ob es sich um Hauptverfahren nach Art 3 Abs 1 EuInsVO oder ein Partikularverfahren nach Art 3 Abs 2 EuInsVO handelt.

Erlässt das Insolvenzgericht den Eröffnungsbeschluss ohne Prüfung 3 und Begründung der internationalen Zuständigkeit, so ist er nicht nichtig (*Wimmer*, FS-Kirchhof, 2003, S 521, 525; K/P-*Kemper*, Art 102 § 2 Rn 5), gegebenenfalls bestehen aber Amtshaftungsansprüche wegen des gegen Art 102 § 2 verstoßenden Beschlusses, wenn das ausländische Insolvenzgericht das deutsche Verfahren als Partikularinsolvenzverfahren ansieht und aus diesem Grund im Ausland ein Hauptinsolvenzverfahren mit der Folge eröffnet wird, dass der deutsche Insolvenzverwalter auf das im Ausland belegene Vermögen nicht direkt Zugriff nehmen kann (BK-*Pannen*, Art 102 § 2 Rn 2; *Pannen/Riedemann*, NZI 2004, 301, 302).

Nicht zuletzt um den Insolvenzgerichten eine hinreichende Beur- 4 teilungsgrundlage zu liefern, erfordert die Vorschrift des Art 102 § 2, dass auch der deutsche Gutachter im Insolvenzeröffnungsverfahren zu der internationalen Zuständigkeit des deutschen Insolvenzgerichts Stellung nimmt, wenn der Schuldner in anderen Mitgliedstaaten der europäischen Union Vermögenswerte haben sollte (BK-*Pannen*, Art 102 § 2 Rn 5; *Pannen /Riedemann*, NZI 2004, 301, 302).

§ 3 Vermeidung von Kompetenzkonflikten

(1) ¹Hat das Gericht eines anderen Mitgliedstaats der Europäischen Union ein Hauptinsolvenzverfahren eröffnet, so ist, solange dieses Insolvenzverfahren anhängig ist, ein bei einem inländischen Insolvenzgericht gestellter Antrag auf Eröffnung eines solchen Verfahrens über das zur Insolvenzmasse gehörende Vermögen unzulässig. ²Ein entgegen Satz 1 eröffnetes Verfahren darf nicht fortgesetzt werden. ³Gegen die Eröffnung des inländischen Verfahrens ist auch der Verwalter des ausländischen Hauptinsolvenzverfahrens beschwerdebefugt.

(2) Hat das Gericht eines Mitgliedstaats der Europäischen Union die Eröffnung des Insolvenzverfahrens abgelehnt, weil nach Artikel 3 Abs. 1 der Verordnung (EG) Nr. 1346/2000 die deutschen Gerichte zuständig seien, so darf ein deutsches Insolvenzgericht die Eröffnung des Insolvenzverfahrens nicht ablehnen, weil die Gerichte des anderen Mitgliedstaats zuständig seien.

I. Positiver Kompetenzkonflikt (Abs 1)

1 Art 102 § 3 Abs 1 Satz 1 enthält die in der EuInsVO nicht ausdrücklich enthaltene Anordnung, dass ein Antrag auf Eröffnung eines Hauptinsolvenzverfahrens unzulässig ist, wenn, was vom inländischen Insolvenzgericht im Rahmen der Prüfung der Zulässigkeit der Antrags von Amts wegen festzustellen ist (AG Mönchengladbach, ZIP 2004, 1064, 1065), in einem anderen Mitgliedstaat bereits ein Hauptinsolvenzverfahren über das Vermögen des Schuldners eröffnet wurde (siehe hierzu die sog. ISA Entscheidungen: High Court of Leeds, ZIP 2003, 1362 – ISA I; AG Düsseldorf, ZIP 2003, 1363 – ISA II). Ein entsprechender Antrag ist daher von dem deutschen Insolvenzgericht wegen Unzulässigkeit zurückzuweisen (HK-*Stephan*, Art 102 § 3 Rn 3). Ein gleichwohl eröffnetes Insolvenzverfahren darf gemäß Art 102 § 3 Abs 1 Satz 2 nicht fortgesetzt werden und ist nach Art 102 § 4 von Amts wegen einzustellen (siehe etwa AG Düsseldorf, ZIP 2004, 866). Hiermit wird der in Erwägungsgrund 22 enthaltene Grundsatz des gemeinschaftlichen Vertrauens präzisiert, wonach der Eröffnungsbeschluss eines anderen Mitgliedstaats zu beachten ist (HK-*Stephan*, Art 102 § 3 Rn 1; K/P-*Kemper*, Art 102 § 3 Rn 5). Art 16 Abs 1 EuInsVO ordnet an, dass die Eröffnung eines Insolvenzverfahrens in allen übrigen Mitgliedstaaten automatisch anerkannt wird. Das zuerst eröffnete Verfahren ist daher entsprechend dem Prioritätsprinzip das Hauptinsolvenzverfahren, während das zeitlich spätere Verfahren bei Vorliegen der entsprechenden Voraussetzungen lediglich ein Sekundärinsolvenzverfahren sein kann (AG Düsseldorf,

NZI 2004, 269; AG Köln, NZI 2004, 151; *Pannen/Riedemann*, NZI 2004, 301, 302; *Paulus*, ZIP 2003, 1725, 1728). Die Anerkennung der Eröffnung des Hauptinsolvenzverfahrens in einem anderen EU-Mitgliedstaat kann nach Art 26 EuInsVO aber in eng begrenzten Ausnahmefällen wegen Verstoßes gegen den deutschen ordre public versagt werden (N/R-*Mincke*, Art 102 § 3 Rn 4; HK-*Stephan*, Art 102 § 3 Rn 2; K/P-*Kemper*, Art 102 § 3 Rn 4), etwa dann, wenn dem deutschen Schuldner kein rechtliches Gehör gewährt wurde (AG Düsseldorf, ZIP 2004, 866, 867; AG Düsseldorf, NZI 2004, 269, 270).

Zur Durchsetzung der Priorität „seines" Verfahrens wird dem ausländischen Insolvenzverwalter in Art 102 § 3 Abs 1 Satz 3 ein eigenständiges Beschwerderecht gegen die Eröffnung des inländischen Insolvenzverfahrens eingeräumt. 2

II. Negativer Kompetenzkonflikt (Abs 2)

Hält sich ein ausländisches Insolvenzgericht für international unzuständig, kann es das Verfahren nicht an ein Gericht eines anderen Mitgliedstaats verweisen. Es hat daher entweder auf die Rücknahme des Insolvenzantrags hinzuwirken oder den unzulässigen Antrag zurückzuweisen bzw. die Eröffnung des Insolvenzverfahrens abzulehnen. Soweit das ausländische Gericht damit eine Entscheidung über den Insolvenzantrag trifft, ergibt sich aus dem Grundsatz des gemeinschaftlichen Vertrauens, dass die Gerichte der übrigen Mitgliedstaaten diese Entscheidung ohne Überprüfung ihrer sachlichen Richtigkeit anzuerkennen haben. Art 102 § 3 Abs 2 soll daraus resultierende negative Kompetenzkonflikte vermeiden. Wird daher die Eröffnung des Insolvenzverfahrens in einem Mitgliedstaat mit der Begründung abgelehnt, dass den dortigen Gerichten die internationale Zuständigkeit fehle, ist es einem deutschen Insolvenzgericht verwehrt, seine Zuständigkeit mit der Begründung zu verneinen, die internationale Zuständigkeit liege doch bei den Gerichten des seine Zuständigkeit gerade ablehnenden Mitgliedstaats. Unbenommen bleibt es den deutschen Gerichten aber, die eigene Zuständigkeit unter Hinweis darauf abzulehnen, dass die Zuständigkeit eines dritten Mitgliedstaats gegeben sei. 3

§ 4 Einstellung des Insolvenzverfahrens zugunsten der Gerichte eines anderen Mitgliedstaats

(1) ¹Darf das Insolvenzgericht ein bereits eröffnetes Insolvenzverfahren nach § 3 Abs. 1 nicht fortsetzen, so stellt es von Amts wegen das Verfahren zugunsten der Gerichte des anderen Mit-

gliedstaats der Europäischen Union ein. ²Das Insolvenzgericht soll vor der Einstellung den Insolvenzverwalter, den Gläubigerausschuss, wenn ein solcher bestellt ist, und den Schuldner hören. ³Wird das Insolvenzverfahren eingestellt, so ist jeder Insolvenzgläubiger beschwerdebefugt.

(2) ¹Wirkungen des Insolvenzverfahrens, die vor dessen Einstellung bereits eingetreten und nicht auf die Dauer dieses Verfahrens beschränkt sind, bleiben auch dann bestehen, wenn sie Wirkungen eines in einem anderen Mitgliedstaat der Europäischen Union eröffneten Insolvenzverfahrens widersprechen, die sich nach der Verordnung (EG) Nr. 1346/2000 auf das Inland erstrecken. ²Dies gilt auch für Rechtshandlungen, die während des eingestellten Verfahrens vom Insolvenzverwalter oder ihm gegenüber in Ausübung seines Amtes vorgenommen worden sind.

(3) ¹Vor der Einstellung nach Absatz 1 hat das Insolvenzgericht das Gericht des anderen Mitgliedstaats der Europäischen Union, bei dem das Verfahren anhängig ist, über die bevorstehende Einstellung zu unterrichten; dabei soll angegeben werden, wie die Eröffnung des einzustellenden Verfahrens bekannt gemacht wurde, in welchen öffentlichen Büchern und Registern die Eröffnung eingetragen und wer Insolvenzverwalter ist. ²In dem Einstellungsbeschluss ist das Gericht des anderen Mitgliedstaats zu bezeichnen, zu dessen Gunsten das Verfahren eingestellt wird. ³Diesem Gericht ist eine Ausfertigung des Einstellungsbeschlusses zu übersenden. ⁴§ 215 Abs. 2 der Insolvenzordnung ist nicht anzuwenden.

I. Einstellung des Verfahrens (Abs 1)

1 Eröffnet ein deutsches Insolvenzgericht ein Hauptinsolvenzverfahren, obwohl in einem anderen Mitgliedstaat bereits zuvor eine solches Verfahren über das Vermögen des Schuldners eröffnet worden ist (siehe die Beispiele bei *Wimmer,* FS-Kirchhof, 2003, S 521, 526), so darf dieses Verfahren nach Art 102 § 3 Abs 1 Satz 2 nicht fortgesetzt werden, sondern ist – unabhängig von einer nach Art 102 § 3 Abs 1 Satz 3 zulässigen Beschwerde des in dem anderen Mitgliedstaat bestellten Insolvenzverwalters – nach Art 102 § 4 Abs 1 Satz 1 von Amts wegen durch gerichtlichen Beschluss einzustellen (siehe etwa AG Düsseldorf, ZIP 2004, 866). Zuvor soll das Insolvenzgericht den deutschen Insolvenzverwalter, den Schuldner und – gegebenenfalls – den Gläubigerausschuss anhören.

2 Auf die Einstellung findet § 215 InsO (mit Ausnahme von § 215 Abs 2, vgl. Art 102 § 4 Abs 3 Satz 4) entsprechende Anwendung (K/

P-*Kemper*, Art 102 § 4 Rn 5; BK-*Pannen*, Art 102 § 4 Rn 2; *Pannen/ Riedemann*, NZI 2004, 301, 303). Das Insolvenzgericht hat gemäß § 215 Abs 1 Satz 1 InsO iVm §§ 31–33 InsO die dort genannten Register zu informieren, so dass der Insolvenzvermerk gelöscht werden kann (BK-*Pannen*, Art 102 § 4 Rn 2; *Pannen/Riedemann*, NZI 2004, 301, 303; *Wimmer*, FS-Kirchhof, 2003, S 521, 526). Der deutsche Insolvenzverwalter muss überdies analog § 209 InsO die im Inland begründeten Masseverbindlichkeiten berichten, weil diese ihre Vorzugsstellung im (EU-)ausländischen Verfahren nach der dort geltenden lex fori concursus eventuell nicht geltend machen können (BK-*Pannen*, Art 102 § 4 Rn 3; *Pannen/Riedemann*, NZI 2004, 301, 303; *Wimmer*, FS-Kirchhof, 2003, S 521, 527).

Einen automatischen Übergang von dem zu Unrecht eröffneten Hauptinsolvenzverfahren in ein Sekundärinsolvenzverfahren gibt es nicht (*Sabel*, NZI 2004, 126, 127). Die Eröffnung eines Sekundärinsolvenzverfahrens muss daher nach Art 29 EuInsVO eigens beantragt werden. Ein solcher Antrag bietet sich insbesondere dann an, wenn das deutsche Verfahren schon weit fortgeschritten ist und in einem inländisches Partikularverfahren die bereits getroffenen Maßnahmen fortgeführt werden können (N/R-*Mincke*, Art 102 § 4 Rn 5). 3

Weil die Einstellung des deutschen Hauptinsolvenverfahrens gleichwohl die Rechte der Insolvenzgläubiger (§ 38 InsO) beeinträchtigen kann, wird ihnen gemäß Art 102 § 4 Abs 1 Satz 3 gegen die Einstellung die Beschwerdebefugnis eingeräumt. Entgegen § 6 InsO wird nicht geregelt, welches Rechtsmittel der Insolvenzgläubiger einlegen kann. Es bietet sich eine analoge Anwendung des § 216 InsO an, der die sofortige Beschwerde gegen die dort genannten Einstellungsentscheidungen zulässt (K/P-*Kemper*, Art 102 § 4 Rn 7). 4

II. Wirkungen einzustellender Verfahren (Abs 2)

Die Einstellung beendet das Verfahren nicht mit rückwirkender Kraft, so dass Wirkungen des deutschen Insolvenzverfahrens, die vor dessen Einstellung eingetreten und nicht auf die Dauer des Verfahrens beschränkt sind, auch bestehen bleiben, wenn diese den Wirkungen des in dem anderen Mitgliedstaat eröffneten Verfahrens widersprechen, die sich auf das Inland beziehen. Dies gilt auch für Rechtshandlungen des inländischen Insolvenzverwalters, die dieser bis zur Einstellung des Verfahrens vorgenommen hat. Hat er etwa einen zur Insolvenzmasse gehörenden Gegenstand veräußert oder belastet, so bleiben diese Verfügungen ebenso nach Einstellung des deutschen Insolvenzverfahrens wirksam wie Rechtshandlungen, die gegenüber dem Insolvenzverwalter vorgenommen wurden (RegE eines Gesetzes 5 zur Neuregelung des Internationalen Insolvenzrechts, BT-Drucks. 15/16, S 15, siehe auch die Aufzählung bei K/P-*Kemper*, Art 102 § 4 Rn 10).

6 Hierbei bleibt es gemäß § 34 Abs 3 Satz 3 InsO auch, wenn der (EU-) ausländische Insolvenzverwalter gleichzeitig gemäß § 102 § 3 Abs 1 Satz 3 sofortige Beschwerde gegen den deutschen Insolvenzeröffnungsbeschluss eingelegt hat und das Beschwerdegericht diesen daraufhin aufhebt.

III. Unterrichtung (Abs 3)

7 Mit dem in Art 102 § 4 Abs 3 Satz 4 enthaltene Verweis auf die Nichtanwendbarkeit des § 215 Abs 2 InsO wird ausdrücklich klargestellt, dass der Schuldner mit der Einstellung des inländischen Verfahrens nicht die Verwaltungs- und Verfügungsbefugnis über sein Vermögen wiedererlangt und dieses vielmehr dem Beschlag des (EU-) ausländischen Hauptinsolvenzverfahrens unterfällt. Der Insolvenzverwalter des in Deutschland einzustellenden Insolvenzverfahrens darf deshalb auch nicht dem Schuldner oder dessen Gläubigern Gegenstände des Inlandsvermögen aushändigen. Wenn überdies gefordert wird, dass der inländische Insolvenzverwalter die Gegenstände der Insolvenzmasse im Interesse des (EU-)ausländischen Hauptinsolvenzverfahrens zu sichern habe (RegE eines Gesetzes zur Neuregelung des Internationalen Insolvenzrechts, BT-Drucks. 15/16, S 15; ebenso HK-*Stephan*, Art 102 § 4 Rn 7; *Smid*, EGInsO Art 102 § 4 Rn 6; FK-*Wimmer*, Art. 102 § 4 Rn 12), kann dem nicht gefolgt werden. Diesem stehen keine Mittel aus der Insolvenzmasse für Sicherungsmaßnahmen zur Verfügung, die Sicherung muss daher Aufgabe des (EU-) ausländischen Insolvenzverwalters sein (ebenso: BK-*Pannen*, Art 102 § 4 Rn 13; *Pannen/Riedemann*, NZI 2004, 301, 303).

8 Art 102 § 4 Abs 3 Satz 1 bestimmt, dass das deutsche Insolvenzgericht das Gericht des anderen Mitgliedstaates, in welchem das Hauptinsolvenzverfahren eröffnet ist, über die bevorstehende inländische Verfahrenseinstellung zu unterrichten hat. Dabei soll angegeben werden, wie die Eröffnung des einzustellenden Verfahrens bekanntgegeben wurde, in welchen öffentlichen Büchern und Registern die Eröffnung eingetragen wurde und wer Insolvenzverwalter ist. Durch die Mitteilungspflicht wird sichergestellt, dass der (EU-)ausländische Insolvenzverwalter alle Maßnahmen ergreifen kann, die zur Sicherung des inländischen Schuldnervermögens notwendig sind. Dies gilt etwa für die öffentliche Bekanntmachung nach Art 21 EuInsVO oder die Eintragung in öffentliche Bücher und Register nach Art 22 EuInsVO. Die Mitteilung erfolgt formlos und in der Amtssprache des

Insolvenzgerichts, also auf Deutsch (K/P-*Kemper,* Art 102 § 4 Rn 14 f).

Der Einstellungsbeschluss des deutschen Insolvenzgerichts muss gemäß Art 102 § 4 Abs 3 Satz 2 dass Gericht des anderen Mitgliedstaats bezeichnen, zu dessen Gunsten das Verfahren eingestellt worden ist. Art 102 § 4 Abs 3 Satz 3 bestimmt zudem, das dem Gericht des (EU-)ausländischen Hauptinsolvenzverfahrens eine Ausfertigung des Einstellungsbeschlusses zu übersenden ist. 9

§ 5 Öffentliche Bekanntmachung

(1) ¹Der Antrag auf öffentliche Bekanntmachung des wesentlichen Inhalts der Entscheidungen nach Artikel 21 Abs. 1 der Verordnung (EG) Nr. 1346/2000 ist an das nach § 1 zuständige Gericht zu richten. ²Das Gericht kann eine Übersetzung verlangen, die von einer hierzu in einem der Mitgliedstaaten der Europäischen Union befugten Person zu beglaubigen ist. ³§ 9 Abs. 1 und 2 und § 30 Abs. 1 der Insolvenzordnung gelten entsprechend.

(2) ¹Besitzt der Schuldner im Inland eine Niederlassung, so erfolgt die öffentliche Bekanntmachung nach Absatz 1 von Amts wegen. ²Ist die Eröffnung des Insolvenzverfahrens bekannt gemacht worden, so ist die Beendigung in gleicher Weise bekannt zu machen.

I. Abs 1

Der öffentlichen Bekanntmachung des Beschlusses über die Eröffnung eines Insolvenzverfahrens kommt – wie sich aus Art 24 EuInsVO ergibt – im Hinblick auf die Möglichkeit gutgläubigen Erwerbs vom Schuldner oder einer Leistung an den Schuldner erhebliche Bedeutung zu (HK-*Stephan,* Art 102 § 5 Rn 2). 1

Nach § 21 Abs 1 EuInsVO ist auf Antrag des Verwalters der wesentliche Inhalt der Eröffnungsentscheidung und der Entscheidung über seine Bestellung mit der Angabe, ob es sich bei dem Verfahren um ein Haupt- oder ein Partikularinsolvenzverfahren handelt, in jedem anderen Mitgliedstaat entsprechend den dortigen Bestimmungen zu veröffentlichen. Die hierbei entstehenden Kosten sind Massekosten, Art 23 EuInsVO. Entsprechend der im autonomen deutschen Insolvenzrecht geltenden Regelung des § 345 InsO hat sich der in einem anderen Mitgliedstaat bestellte Verwalter an das nach Art 102 § 1 InsO zuständige Insolvenzgericht zu wenden. In der Annahme, dass sich bei diesem Gericht im Laufe der Zeit ein hinreichender Sachverstand betreffend grenzüberschreitender Insolvenzverfahren bildet, ist 2 dieses Gericht bestens geeignet, die Voraussetzungen der Veröffentlichungen im Inland zu überprüfen (RegE eines Gesetzes zur Neuregelung des Internationalen Insolvenzrechts, BT-Drucks. 15/16, S 16; zu den zu erwartenden Problemen für deutsche Insolvenzgerichte siehe N/R-*Mincke,* Art 102 § 5 Rn 7 und 8). Zur Arbeitserleichterung bestimmt Art 102 § 5 Abs 1 Satz 2 entsprechend Art 19 EuInsVO, dass das angerufene Gericht eine Übersetzung der Eröffnungsentscheidung verlangen kann, die in Anlehnung an Art 55 Abs 2 EuGVVO von einer dazu befugten Person zu beglaubigen ist (dazu K/P-*Kemper,* Art 102 § 5 Rn 5).

3   Für die Einzelheiten der Veröffentlichung verweist Art 102 § 5 Abs 1 Satz 3 auf die Anwendbarkeit der §§ 9 Abs 1 und 2, 30 Abs 1 InsO. Damit wird sichergestellt, dass das ausländische Verfahren wie ein inländisches veröffentlicht wird (HK-*Stephan,* Art 102 § 5 Rn 5 a; *Smid,* EGInsO, Art 102 § 5 Rn 3; BK-*Pannen,* Art 102 § 5 Rn 5; *Pannen/Riedemann,* NZI 2004, 301, 303).

4   Wird der Antrag nach Art 102 § 5 Abs 1 bei einem unzuständigen Gericht gestellt, so ist dieses gemäß Art 102 § 6 Abs 3 verpflichtet, den Antrag unverzüglich an das zuständige Gericht weiterzuleiten und den Antragsteller hierüber zu unterrichten.

II. Abs 2

5   Art 21 Abs 2 Satz 1 EuInsVO ermächtigt jeden Mitgliedstaat, in dem der Schuldner eine Niederlassung (Art 2 Buchst. h EuInsVO) besitzt, eine obligatorische Bekanntmachung vorzusehen. Von dieser Befugnis macht Deutschland mit der Regelung in Art 102 § 5 Abs 2 Satz 1 Gebrauch. Das Gericht oder der Verwalter des in einem anderen Mitgliedstaat eröffneten Hauptinsolvenzverfahrens werden somit, je nach der innerstaatlichen Zuständigkeitsverteilung, durch Art 21 Abs 2 Satz 2 EuInsVO verpflichtet, das zuständige deutsche Insolvenzgericht über die Eröffnung des Hauptinsolvenzverfahrens zu unterrichten, damit dieses die öffentliche Bekanntmachung von Amts wegen veranlassen kann. Das deutsche Gericht hat danach schon von sich aus tätig zu werden, wenn der Schuldner eine Niederlassung in Deutschland hat und es – etwa durch Dritte – Kenntnis von der Verfahrenseröffnung und der Bestellung eines Verwalters in einem der Mitgliedstaaten der EU erhält (N/R-*Mincke,* Art 102 § 5 Rn 9).

6   Trotz der in Deutschland bei Vorliegen einer deutschen Niederlassung vorgesehenen obligatorischen öffentlichen Bekanntmachung des in einem anderen Mitgliedstaat eröffneten Hauptinsolvenzverfahrens, ist diese keine Bedingung für die inländische Anerkennung des Verfahrens, da dies den in Art 16, 17 EuInsVO niedergelegten Grundsätzen

Durchführung der EuInsVO § 6 **Art. 102 EGInsO**

der automatischen Anerkennung des (EU-)ausländischen Insolvenzverfahrens widersprechen würde (BK-*Pannen,* Art 102 § 5 Rn 8; *Pannen/Riedemann,* NZI 2004, 301, 303). Gleichwohl ist eine Haftung des Verwalters, der es unterlassen hat, die für die Bekanntmachung erforderlichen Maßnahmen zu treffen, nicht ausgeschlossen (BK-*Pannen,* Art 102 § 5 Rn 8; MK-*Reinhart,* Art 21 EuInsVO 3).

Art 102 § 5 Abs 2 Satz 2 bestimmt im Interesse des Wirtschaftsverkehrs, das auch die Beendigung des Insolvenzverfahrens öffentlich bekannt zu machen ist, wenn zuvor die in einem anderen Mitgliedstaat erfolgte Verfahrenseröffnung bekannt gemacht wurde. Die Bekanntmachung der Beendigung des Insolvenzverfahrens hat hierbei – wie ein Blick auf die im autonomen deutschen internationalen Insolvenzrecht geltende Regelung des § 345 Abs 1 Satz 3 InsO zeigt – stets und nicht etwa – wie der Wortlaut des Art 102 § 5 Abs 2 nahelegen könnte – nur in den Fällen zu erfolgen, wenn der Schuldner eine Niederlassung in Deutschland hat (N/R-*Mincke,* Art 102 § 5 Rn 11; **aA** wohl BK-*Pannen,* Art 102 § 5 Rn 10). 7

§ 6 Eintragung in öffentliche Bücher und Register

(1) ¹**Der Antrag auf Eintragung nach Artikel 22 der Verordnung (EG) Nr. 1346/2000 ist an das nach § 1 zuständige Gericht zu richten.** ²**Dieses ersucht die registerführende Stelle um Eintragung, wenn nach dem Recht des Staats, in dem das Hauptinsolvenzverfahren eröffnet wurde, die Verfahrenseröffnung ebenfalls eingetragen wird.** ³**§ 32 Abs. 2 Satz 2 der Insolvenzordnung findet keine Anwendung.**

(2) ¹**Die Form und der Inhalt der Eintragung richten sich nach deutschem Recht.** ²**Kennt das Recht des Staats der Verfahrenseröffnung Eintragungen, die dem deutschen Recht unbekannt sind, so hat das Insolvenzgericht eine Eintragung zu wählen, die der des Staats der Verfahrenseröffnung am nächsten kommt.**

(3) **Geht der Antrag nach Absatz 1 oder nach § 5 Abs. 1 bei einem unzuständigen Gericht ein, so leitet dieses den Antrag unverzüglich an das zuständige Gericht weiter und unterrichtet hierüber den Antragsteller.**

I. Abs 1

Gemäß Art 22 Abs 1 EuInsVO ist die Eröffnung des Hauptinsolvenzverfahrens auf Antrag des Verwalters in das Grundbuch, das Handelsregister und alle sonstigen öffentlichen Register in den übrigen Mitgliedstaaten einzutragen. Gemeint sind hiermit – wie Art 102 § 5 1

Abs 1 Satz 2 klarstellt – die öffentlichen Bücher und Register, in die nach dem Recht des Eröffnungsstaats die Verfahrenseröffnung einzutragen ist (HK-*Stephan*, Art 102 § 6 Rn 5; N/R-*Mincke*, Art 102 § 5 Rn 5; K/P-*Kemper*, Art 102 § 6 Rn 4; BK-*Pannen*, Art 102 § 5 Rn 2; *Pannen/Riedemann*, NZI 2004, 310, 304; *Wimmer*, FS-Kirchhof, 2003, S 521, 528). Die Eintragung dient der Sicherheit des Rechtsverkehrs und ist keine Voraussetzung für die Anerkennung des in einem anderen Mitgliedstaat eröffneten Hauptinsolvenzverfahrens (BK-*Pannen*, Art 102 § 5 Rn 3; *Pannen/Riedemann*, NZI 2004, 301, 304).

2   Nach Art 102 § 6 Abs 1 Satz 1 ist der Antrag auf Eintragung in das Grundbuch, das Handelsregister und alle sonstigen öffentlichen Register an das gemäß Art 102 § 1 zuständige deutsche Insolvenzgericht zu richten. Dieses ersucht dann seinerseits die registerführende Stelle um Eintragung. Art 102 § 6 Abs 1 Satz 3 bestimmt darüber hinaus ausdrücklich, dass sich der Verwalter wegen der Eintragung entgegen § 32 Abs 2 Satz 2 InsO auch nicht unmittelbar an das Grundbuchamt wenden kann. Dem ist zu entnehmen, dass ein Antrag des (EU-)ausländischen Verwalters an die registerführende Stelle generell unzulässig ist (HK-*Stephan*, Art 102 § 6 Rn 3; N/R-*Mincke*, Art 102 § 6 Rn 7).

3   Das in Art 102 § 6 Abs 1 vorgesehene Verfahren soll die registerführenden Stellen davon entlasten, die Voraussetzungen der Anerkennung der in anderen Mitgliedstaaten eröffneten Verfahren und deren Auswirkungen auf die Verfügungsbefugnis des Schuldners zu prüfen. Gleichzeitig besteht für den Verwalter der Vorteil, sich in Deutschland nur an eine einzige Stelle wenden zu müssen, womit widersprüchliche Entscheidungen über die Eintragung vermieden werden (RegE eines Gesetzes zur Neuregelung des Internationalen Insolvenzrechts, BT-Drucks. 15/16, S 16; FK-*Wimmer*, Art. 102 § 6 Rn 3).

4   Art 22 Abs 2 EuInsVO ermächtigt die Mitgliedstaaten dazu, die obligatorische Eintragung in öffentliche Bücher und Register vorzusehen. Der deutsche Gesetzgeber hat hiervon abgesehen.

II. Abs 2

5   Art 102 § 6 Abs 2 Satz 1 bestimmt, dass für Form und Inhalt der Eintragung deutsches Recht und nicht etwa das Recht des Eröffnungsstaats maßgeblich ist. Das deutsche Gericht hat eine dem deutschen Recht unbekannte ausländische Eintragung nach Art 102 § 6 Abs 2 Satz 2 durch eine entsprechende inländische zu substituieren (siehe hierzu *Hanisch*, ZIP 1992, 1125, 1127). Nur wenn die fehlende Substituierbarkeit feststeht, kann das deutsche Gericht von einem Ersuchen der registerführenden Stelle absehen.

Die Vorschrift des Art 102 § 6 Abs 2 begegnet Bedenken. Art 22 **6** Abs 1 EuInsVO regelt die Eintragung von Hauptinsolvenzverfahren im Sinne des § 3 Abs 1 EuInsVO in öffentliche Bücher und Register. Die Anwendbarkeit deutschen Rechts mit der Möglichkeit der Substitution führt praktisch dazu, dass lediglich das deutsche Insolvenzverfahren, das als einziges den in den übrigen Mitgliedstaaten eröffneten Hauptverfahren vergleichbar ist, eingetragen werden kann (N/R-*Mincke,* Art 102 § 6 Rn 9). Es ist zudem zu befürchten, dass die vorgeschlagene Substitution eher zu Missverständnissen führen wird als der deutliche Hinweis auf ein im EU-Ausland eröffnetes Insolvenzverfahren (N/R-*Mincke,* Art 102 § 6 Rn 10). Vor dem Hintergrund eines nicht zuletzt auch rechtlich zusammenwachsenden Europas und auf Grundlage der gegenseitigen Anerkennung europäischer Insolvenzverfahren darf mit Recht bezweifelt werden, dass das Argument, die deutschen Register dürften nicht mit für deutsche Benutzer unverständlichen Eintragungen belastet werden, künftig haltbar sein wird (N/R-*Mincke,* Art 102 § 6 Rn 10).

III. Abs 3

Wird der Antrag, die öffentliche Bekanntmachung oder die Ein- **7** tragung in öffentliche Bücher oder Register zu veranlassen, bei einem sachlich oder örtlich unzuständigen Gericht gestellt, so darf dieser nicht abgelehnt werden, sondern ist vom angerufenen Gericht an das zuständige Insolvenzgericht weiterzuleiten. Gleichzeitig ist das angerufene Gericht verpflichtet, den Antragsteller hierüber zu unterrichten.

§ 7 Rechtsmittel

[1]Gegen die Entscheidung des Insolvenzgerichts nach § 5 oder § 6 findet die sofortige Beschwerde statt. [2]§ 7 der Insolvenzordnung gilt entsprechend.

Im Insolvenzverfahren kommt insbesondere für die Sicherung der **1** Insolvenzmasse sowohl der öffentlichen Bekanntmachung (Art 21 EuInsVO, Art 102 § 5) als auch der Eintragung in einem öffentlichen Buch oder Register (Art 22 EuInsVO, Art 102 § 6) hohe Bedeutung zu. So ist eine möglichst zügige Eintragung der Verfahrenseröffnung in die öffentlichen Register für den ausländischen Insolvenzverwalter vor dem Hintergrund des Art 14 EuInsVO bedeutsam, weil nach vollzogener Eintragung in die dort genannten Register ein gutgläubiger Erwerb ausgeschlossen ist (BK-*Pannen,* Art 102 § 7 Rn 2; *Pannen/Riede-*

mann, NZI 2004, 301, 304). Nach § 24 Abs 2 Satz 2 EuInsVO trägt der Dritte, der nach Verfahrenseröffnung an den Schuldner leistet, nach erfolgter öffentlicher Bekanntmachung die Beweislast für seinen guten Glauben (BK-*Pannen*, Art 102 § 7 Rn 2; *Pannen/Riedemann*, NZI 2004, 301, 304). Lehnt das Insolvenzgericht dahingehende Anträge ab, ist der Antragsteller berechtigt, hiergegen sofortige Beschwerde einzulegen. Art 102 § 7 Satz 2 stellt klar, dass gegen die Entscheidung über die sofortige Beschwerde gemäß § 7 InsO die Rechtsbeschwerde stattfindet.

2   Soll die Eintragung der Verfahrenseröffnung im Grundbuch erfolgen, so finden auf die mit Blick auf das Ersuchen des Insolvenzgerichts getroffene Entscheidung des Grundbuchamts zusätzlich die im Grundbuchverfahren geltenden Beschwerdevorschriften (§§ 71 ff GBO) Anwendung (HK-*Stephan*, Art 102 § 7 Rn 3; *Smid*, EGInsO, Art 102 § 7 Rn 2; K/P-*Kemper*, Art 102 § 7 Rn 6).

§ 8 Vollstreckung aus der Eröffnungsentscheidung

(1) ¹Ist der Verwalter eines Hauptinsolvenzverfahrens nach dem Recht des Staats der Verfahrenseröffnung befugt, auf Grund der Entscheidung über die Verfahrenseröffnung die Herausgabe der Sachen, die sich im Gewahrsam des Schuldners befinden, im Wege der Zwangsvollstreckung durchzusetzen, so gilt für die Vollstreckbarerklärung im Inland Art. 25 Abs. 1 Unterabs. 1 der Verordnung (EG) 1346/2000. ²Für die Verwertung von Gegenständen der Insolvenzmasse im Wege der Zwangsvollstreckung gilt Satz 1 entsprechend.

(2) § 6 Abs. 3 findet entsprechend Anwendung.

I. Abs 1

1   Der deutsche Insolvenzverwalter hat gemäß § 148 Abs 1 InsO nach Eröffnung des Insolvenzverfahrens regelmäßig das gesamte zur Insolvenzmasse gehörende Vermögen in Besitz und Verwaltung zu nehmen. Ist der Schuldner nicht freiwillig bereit, die betreffenden Gegenstände herauszugeben, kann der Insolvenzverwalter aufgrund einer vollstreckbaren Ausfertigung des Eröffnungsbeschlusses, der ein Herausgabetitel nach § 794 Abs 3 Nr 3 ZPO ist, gegen den Schuldner vorgehen. Mit der Wegnahme kann der Gerichtsvollzieher beauftragt werden (HK-*Stephan*, Art 102 § 8 Rn 2).

2   Nach Art 18 Abs 1 EuInsVO kann der Insolvenzverwalter im Gebiet eines anderen Mitgliedstaats alle Befugnisse ausüben, die ihm nach dem Recht des Staats der Verfahrenseröffnung zustehen. Art 102

§ 8 Abs 1 Satz 1 stellt klar, dass dann, wenn das Heimatrecht einem ausländischen Insolvenzverwalter entsprechend dem deutschen Recht die Befugnis gibt, aus dem Eröffnungsbeschluss gegen den Schuldner zu vollstrecken, das vereinfachte Exequaturverfahren nach Art 25 EuInsVO zur Anwendung gelangen soll (Einzelheiten dazu bei K/P-*Kemper*, Art 102 § 8 Rn 3 ff). Nach Art 102 § 8 Abs 1 Satz 2 soll das erleichterte Exequaturverfahren auch dann eingreifen, wenn der ausländische Insolvenzverwalter entsprechend § 165 InsO Bestandteile der Insolvenzmasse durch Zwangsvollstreckung verwerten will.

Art 25 Abs 1 EuInsVO verweist auf die entsprechenden Vorschriften des EuGVÜ, das am 1. 3. 2002 durch das EuGVVO abgelöst worden ist. Seither sind Verweisungen auf das EuGVÜ gemäß § 68 Abs 2 EuGVVO als Verweise auf die EuGVVO anzusehen. Im Ergebnis wird hiermit die in der EuGVVO vorgesehene einfache Regelung für die Vollstreckbarerklärung ausländischer Entscheidungen auf den Bereich des Insolvenzrechts übertragen (HK-*Stephan*, Art 102 § 8 Rn 3). 3

II. Abs 2

Geht der Antrag bei einem unzuständigen Gericht ein, darf er nicht zurückgewiesen werden, sondern ist gemäß Art 102 § 8 Abs 2 iVm Art 102 § 6 Abs 3 unverzüglich an das zuständige Gericht weiterzuleiten, worüber der Antragsteller zu unterrichten ist. 4

§ 9 Insolvenzplan

Sieht ein Insolvenzplan eine Stundung, einen Erlass oder sonstige Einschränkungen der Rechte der Gläubiger vor, so darf er vom Insolvenzgericht nur bestätigt werden, wenn alle betroffenen Gläubiger dem Plan zugestimmt haben.

Bei Art 102 § 9 handelt es sich um eine Ausführungsvorschrift für Insolvenzpläne in deutschen Sekundärinsolvenzverfahren (N/R-*Mincke*, Art 102 § 9 Rn 2; BK-*Pannen*, Art 102 § 9 Rn 1; *Pannen/Riedemann*, NZI 2004, 301, 304). 1

Nach Art 32 Abs 3 EuInsVO ist der ausländische Verwalter berechtigt, an einem inländischen Verfahren „wie ein Gläubiger" teilzunehmen, wobei die Einzelheiten durch das nationale Recht geregelt werden. Ergänzend schreibt Art 31 Abs 3 EuInsVO vor, der Verwalter eines Sekundärinsolvenzverfahrens habe dem in dem Hauptinsolvenzverwalter bestellten Verwalter Gelegenheit zu geben, Vorschläge für die Verwertung oder sonstige Verwendung der Masse zu unterbreiten. Für das Insolvenzplanverfahren bestimmt Art 34 Abs 1 EuInsVO, der 2

Verwalter des Hauptinsolvenzverfahrens könne im Sekundärinsolvenzverfahren einen Sanierungsplan vorschlagen. Da nach § 218 InsO lediglich der Insolvenzverwalter und der Schuldner zur Planvorlage berechtigt sind, wird das nationale Insolvenzrecht durch die EuInsVO insofern modifiziert.

3   Wird in einem Sekundärinsolvenzverfahren ein Insolvenzplan beschlossen, so sollen nach Art 34 Abs 2 EuInsVO die in dem Plan vorgesehenen Einschränkungen der Rechte der Insolvenzgläubiger nur dann Auswirkungen auf das nicht vom Sekundärinsolvenzverfahren betroffene Vermögen haben, wenn alle betroffenen Gläubiger der Maßnahme zustimmen. Ist diese Voraussetzung nicht erfüllt, so entfaltet die Maßnahme hinsichtlich des in einem anderen Mitgliedstaat belegenen Vermögens selbst gegenüber den Gläubigern keine Wirkung, die ihre Zustimmung erklärt haben. Andererseits bedeutet dies aber auch, dass die Zustimmung einzelner Gläubiger zu einem im Sekundärinsolvenzverfahren vorgeschlagenen Plan ersetzt werden kann, sofern nur das vom Partikularverfahren erfasste Vermögen betroffen ist. Zumindest die Gläubiger, die einem solchen Insolvenzplan nicht zugestimmt haben, könnten sich dann gleichwohl an dem Hauptinsolvenzverfahren beteiligen und dort ihre Forderungen anmelden.

4   Ein solches Verständnis würde im deutschen Recht aber zu einigen Friktionen führen, da nach § 254 Abs 1 InsO der Plan mit der Rechtskraft seiner Bestätigung rechtsgestaltende Wirkung gegenüber allen Beteiligten entfaltet. Sieht der Plan etwa vor, dass Ansprüche teilweise erlassen werden, so steht den Gläubigern allenfalls noch eine Naturalobligation (§ 254 Abs 3 InsO) zu die sie nicht im Hauptinsolvenzverfahren geltend machen können.

5   Um diese Schwierigkeiten zu vermeiden, wurde Art 34 Abs 2 EuInsVO bei seiner Anwendung im deutschen Recht im Sinne von § 355 Abs 2 InsO umgesetzt und eine Bestätigung des Plans nur zugelassen, wenn alle Gläubiger zugestimmt haben. Obwohl Art 34 Abs 2 EuInsVO lediglich den bereits bestätigten Plan anspricht und keine Bestätigungsvoraussetzung aufstellt, hat sich der Gesetzgeber für diese Lösung entschieden, um die EuInsVO möglichst widerspruchsfrei in das deutsche Recht anzupassen, ohne jedoch gegen den Geist der Verordnung zu verstoßen (RegE eines Gesetzes zur Neuregelung des Internationalen Insolvenzrechts, BT-Drucks. 15/16, S 17). Hiermit verbunden ist aber zweifellos eine Verschärfung der Voraussetzungen der Schuldenbeschränkung für in Deutschland durchzuführende Sekundärverfahren gegenüber dem nationalen deutschen Recht (N/R-*Mincke,* Art 102 § 9 Rn 7 aE).

§ 10 Aussetzung der Verwertung

Wird auf Antrag des Verwalters des Hauptinsolvenzverfahrens nach Artikel 33 der Verordnung (EG) Nr. 1346/2000 in einem inländischen Sekundärinsolvenzverfahren die Verwertung eines Gegenstandes ausgesetzt, an dem ein Absonderungsrecht besteht, so sind dem Gläubiger laufend die geschuldeten Zinsen aus der Insolvenzmasse zu zahlen.

Der Verwalter des Hauptinsolvenzverfahrens wird oftmals ein Interesse an der Sicherung von Gegenständen haben, die er für eine Sanierung oder einen Verkauf des schuldnerischen Unternehmens benötigt. Wegen des Vorrangs des Hauptinsolvenzverfahrens vor dem Sekundärinsolvenzverfahren setzt das Gericht, welches das Sekundärinsolvenzverfahren eröffnet hat, daher auf dessen Antrag gemäß Art 33 Abs 1 EuInsVO die Verwertung ganz oder teilweise aus. Der Antrag ist unabhängig davon zulässig, ob das Recht des Staates, in dem das Sekundärinsolvenzverfahren eröffnet worden ist, eine Aussetzung der Verwertung in einem Liquidationsverfahren vorsieht (HK-*Stephan*, Art 102 § 10 Rn 3) und kann nur abgelehnt werden, wenn die Verwertung offensichtlich für die Gläubiger des Hauptinsolvenzverfahrens nicht von Interesse ist, Art 33 Abs 2 EuInsVO.

Das Gericht ist in einem solchen Fall jedoch berechtigt, vom Verwalter des Hauptinsolvenzverfahrens alle angemessenen Maßnahmen zum Schutz der Interessen der Gläubiger des Sekundärinsolvenzverfahrens sowie einzelner Gruppen von Gläubigern zu verlangen. Als angemessen sind in jedem Fall die Schutzrechte anzusehen, die das in dem Sekundärinsolvenzverfahren anwendbare Recht generell für den Fall einer Aussetzung der Verwertung vorsieht (HK-*Stephan*, Art 102 § 10 Rn 4; K/P-*Kemper*, Art 102 § 10 Rn 2). Für die absonderungsberechtigten Gläubiger ordnet Art 102 § 10 als Mindestschutz bei einem inländisches Sekundärinsolvenzverfahren an, das die geschuldeten und zwischen Gläubiger und Schuldner entweder vertraglich vereinbarten oder aber gesetzlichen Zinsen laufend zu zahlen sind. Darunter ist eine regelmäßige Zahlung in kürzeren zeitlichen Abständen, etwa monatlich (HK-*Stephan*, Art 102 § 10 Rn 7; K/P-*Kemper*, Art 102 § 10 Rn 4) zu verstehen. Die Abstände kann das Insolvenzgericht festlegen, möglich ist aber auch eine Vereinbarung zwischen Insolvenzverwalter und Gläubiger (K/P-*Kemper*, Art 102 § 10 Rn 4). Damit wird den absonderungsberechtigten Gläubigern auch gegenüber dem in einem EU-Ausland eröffneten Verfahren eingesetzten Verwalter der durch § 169 InsO verwirklichte Schutz gewährt (*Smid*, EGInsO Art 102 § 10 Rn 2).

3 Die Pflicht zur Zinszahlung endet mit dem Ende der Aussetzung (Art 33 Abs 2 EuInsVO) oder dem Abschluss der Verwertung, dh mit der Ausschüttung des Verwertungserlöses an die Gläubiger (HK-*Stephan*, Art 102 § 10 Rn 8). Soweit nicht sichergestellt ist, dass die Entschädigungszahlungen an die gesicherten Gläubiger ausgeglichen werden können oder wenn laufende Verwertungsvorgänge im Sekundärinsolvenzverfahren durch die Aussetzung endgültig scheitern, weil der Käufer den Massegegenstand nicht erst nach Ende der Aussetzungszeit erhalten möchte, kann das Insolenzgericht des Sekundärinsolvenzverfahrens zu deren Gunsten vom Insolvenzverwalter des Hauptinsolvenzverfahrens eine entsprechende Sicherheitsleistung verlangen (HK-*Stephan*, Art 102 § 10 Rn 9; K/P-*Kemper*, Art 102 § 10 Rn 5; *Pannen/Riedemann*, NZI 2004, 301, 305). Hierbei soll die Form der Sicherheitsleistung im Ermessen des inländischen Gerichts liegen (HK-*Stephan*, Art 102 § 10 Rn 9).

4 Daneben kann das Gericht insbesondere zum Schutz der nicht gesicherten Gläubiger weitere Maßnahmen ergreifen, zB die Hinterlegung von Geldern in Höhe der mutmaßlichen Quote (BK-*Pannen*, Art 102 § 10 Rn 5).

§ 11 Unterrichtung der Gläubiger

¹Neben dem Eröffnungsbeschluss ist den Gläubigern, die in einem anderen Mitgliedstaat der Europäischen Union ihren gewöhnlichen Aufenthalt, Wohnsitz oder Sitz haben, ein Hinweis zuzustellen, mit dem sie über die Folgen einer nachträglichen Forderungsanmeldung nach § 177 der Insolvenzordnung unterrichtet werden. ²§ 8 der Insolvenzordnung gilt entsprechend.

1 Gegenüber Gläubigern, die in einem anderen Mitgliedstaat als dem Eröffnungsstaat ihren gewöhnlichen Aufenthalt, Wohnsitz oder Sitz haben, besteht ein besonderes Informationsbedürfnis, weil sie häufig weder mit der Sprache noch mit dem Recht des Eröffnungsstaats vertraut sowie räumlich weit vom Insolvenzgericht entfernt sind. Die dem nationalen Recht vorgehenden Art 40 und 42 EuInsVO enthalten detaillierte Regelungen darüber, über welche Umstände die „ausländischen Gläubiger" in welcher Form und Sprache zu unterrichten sind. So hat das Gericht oder ein vom diesem bestellter Verwalter die bekannten Gläubiger individuell über die Verfahrenseröffnung und die Möglichkeit der Forderungsanmeldung zu unterrichten. Hierbei bezieht sich die Unterrichtungspflicht nur auf Gläubiger aus anderen Mitgliedstaaten. Entscheidend ist ausschließlich deren Aufenthaltsort oder Sitz, nicht aber deren Nationalität (HK-*Stephan,* Art 102 § 11 Rn 2).

Nach § 30 Abs 2 InsO ist in Deutschland der Eröffnungsbeschluss 2 unter anderem den Gläubigern (auch den ausländischen) besonders zuzustellen. Vergleicht man den notwendigen Inhalt des Eröffnungsbeschlusses nach § 27 Abs 2 InsO mit den in der EuInsVO enthaltenen Anforderungen, stellt man fest, dass die Gläubiger durch dessen Übersendung nahezu alle in Art 42 Abs 2 EuInsVO genannten Informationen erhalten (*Wimmer,* FS-Kirchhof, 2003, S 521, 531). § 40 Abs 2 EuInsVO schreibt aber – insofern weitergehend als das deutsche Recht – vor, dass die Gläubiger über die „Versäumnisfolgen" zu unterrichten sind. Art 102 § 11 ordnet daher an, dass die Gläubiger auch über die Folgen einer nachträglichen Forderungsanmeldung nach § 177 InsO zu informieren sind. Neben dem Eröffnungsbeschluss ist zusätzlich noch das in Art 42 Abs 1 EuInsVO genannte Formblatt zu übersenden, mit dem in den Amtssprachen der EU zur Forderungsanmeldung aufgefordert wird. Das Bundesministerium der Justiz hat ein derartiges Formblatt entwickelt, welches in sämtliche Amtssprachen der Gemeinschaft übersetzt wurde. Das Formblatt enthält auch den erforderlichen Hinweis über die Folgen einer nachträglichen Forderungsanmeldung (vgl. FK-*Wimmer,* Art. 102 § 11 Rn 2).

Der in Art 102 § 11 Satz 2 enthaltene Verweis auf § 8 InsO stellt 3 klar, dass auch der Insolvenzverwalter mit der Zustellung von Eröffnungsbeschluss und Formblatt beauftragt werden kann.

Verordnung (EG) Nr. 1346/2000 des Rates vom 29. Mai 2000 über Insolvenzverfahren (ABl Nr L 160 S. 1)

Geändert durch EU-Beitrittsakte 2003 v. 16. 4. 2003 (ABl Nr. L 236 S. 33) und VO (EG) Nr. 603/205 des Rates vom 12. 4. 2005 (ABl Nr. L 100 S. 1)

DER RAT DER EUROPÄISCHEN UNION –

gestützt auf den Vertrag zur Gründung der Europäischen Gemeinschaft, insbesondere auf Artikel 61 Buchstabe c) und Artikel 67 Absatz 1,
auf Initiative der Bundesrepublik Deutschland und der Republik Finnland,
nach Stellungnahme des Europäischen Parlaments[1],
nach Stellungnahme des Wirtschafts- und Sozialausschusses[2],

in Erwägung nachstehender Gründe:

(1) Die Europäische Union hat sich die Schaffung eines Raums der Freiheit, der Sicherheit und des Rechts zum Ziel gesetzt.

(2) Für ein reibungsloses Funktionieren des Binnenmarktes sind effiziente und wirksame grenzüberschreitende Insolvenzverfahren erforderlich; die Annahme dieser Verordnung ist zur Verwirklichung dieses Ziels erforderlich, das in den Bereich der justitiellen Zusammenarbeit in Zivilsachen im Sinne des Artikels 65 des Vertrags fällt.

(3) Die Geschäftstätigkeit von Unternehmen greift mehr und mehr über die einzelstaatlichen Grenzen hinaus und unterliegt damit in zunehmendem Maß den Vorschriften des Gemeinschaftsrechts. Da die Insolvenz solcher Unternehmen auch nachteilige Auswirkungen auf das ordnungsgemäße Funktionieren des Binnenmarktes hat, bedarf es eines gemeinschaftlichen Rechtsakts, der eine Koordinierung der Maßnahmen in bezug auf das Vermögen eines zahlungsunfähigen Schuldners vorschreibt.

(4) Im Interesse eines ordnungsgemäßen Funktionierens des Binnenmarktes muß verhindert werden, daß es für die Parteien vorteil-

---

[1] Stellungnahme vom 2. März 2000 (noch nicht im Amtsblatt veröffentlicht).
[2] Stellungnahme vom 26. Januar 2000 (noch nicht im Amtsblatt veröffentlicht).

hafter ist, Vermögensgegenstände oder Rechtsstreitigkeiten von einem Mitgliedstaat in einen anderen zu verlagern, um auf diese Weise eine verbesserte Rechtsstellung anzustreben (sog. „forum shopping").

(5) Diese Ziele können auf einzelstaatlicher Ebene nicht in hinreichendem Maß verwirklicht werden, so daß eine Maßnahme auf Gemeinschaftsebene gerechtfertigt ist.

(6) Gemäß dem Verhältnismäßigkeitsgrundsatz sollte sich diese Verordnung auf Vorschriften beschränken, die die Zuständigkeit für die Eröffnung von Insolvenzverfahren und für Entscheidungen regeln, die unmittelbar aufgrund des Insolvenzverfahrens ergehen und in engem Zusammenhang damit stehen. Darüber hinaus sollte diese Verordnung Vorschriften hinsichtlich der Anerkennung solcher Entscheidungen und hinsichtlich des anwendbaren Rechts, die ebenfalls diesem Grundsatz genügen, enthalten.

(7) Konkurse, Vergleiche und ähnliche Verfahren sind vom Anwendungsbereich des Brüsseler Übereinkommens von 1968 über die gerichtliche Zuständigkeit und die Vollstreckung gerichtlicher Entscheidungen in Zivil- und Handelssachen[3] in der durch die Beitrittsübereinkommen zu diesem Übereinkommen[4] geänderten Fassung ausgenommen.

(8) Zur Verwirklichung des Ziels einer Verbesserung der Effizienz und Wirksamkeit der Insolvenzverfahren mit grenzüberschreitender Wirkung ist es notwendig und angemessen, die Bestimmungen über den Gerichtsstand, die Anerkennung und das anwendbare Recht in diesem Bereich in einem gemeinschaftlichen Rechtsakt zu bündeln, der in den Mitgliedstaaten verbindlich ist und unmittelbar gilt.

(9) Diese Verordnung sollte für alle Insolvenzverfahren gelten, unabhängig davon, ob es sich beim Schuldner um eine natürliche oder juristische Person, einen Kaufmann oder eine Privatperson handelt. Die Insolvenzverfahren, auf die diese Verordnung Anwendung findet, sind in den Anhängen aufgeführt. Insolvenzverfahren über das Vermögen von Versicherungsunternehmen, Kreditinstituten und Wertpapierfirmen, die Gelder oder Wertpapiere Dritter halten, sowie von Organismen für gemeinsame Anlagen sollten vom Geltungsbereich dieser Verordnung ausgenommen sein. Diese Unternehmen sollten von dieser Verordnung nicht erfaßt werden, da für sie besondere Vor-

---

[3] ABl. L 299 vom 31. 12. 1972, S. 32.
[4] ABl. L 204 vom 2. 8. 1975, S. 28.
ABl. L 304 vom 30. 10. 1978, S. 1.
ABl. L 338 vom 31. 12. 1982, S. 1.
ABl. L 285 vom 3. 10. 1989, S. 1.
ABl. C 15 vom 15. 1. 1997, S. 1.

schriften gelten und die nationalen Aufsichtsbehörden teilweise sehr weitgehende Eingriffsbefugnisse haben.

(10) Insolvenzverfahren sind nicht zwingend mit dem Eingreifen eines Gerichts verbunden. Der Ausdruck „Gericht" in dieser Verordnung sollte daher weit ausgelegt werden und jede Person oder Stelle bezeichnen, die nach einzelstaatlichem Recht befugt ist, ein Insolvenzverfahren zu eröffnen. Damit diese Verordnung Anwendung findet, muß es sich aber um ein Verfahren (mit den entsprechenden Rechtshandlungen und Formalitäten) handeln, das nicht nur im Einklang mit dieser Verordnung steht, sondern auch in dem Mitgliedstaat der Eröffnung des Insolvenzverfahrens offiziell anerkannt und rechtsgültig ist, wobei es sich ferner um ein Gesamtverfahren handeln muß, das den vollständigen oder teilweisen Vermögensbeschlag gegen den Schuldner sowie die Bestellung eines Verwalters zur Folge hat.

(11) Diese Verordnung geht von der Tatsache aus, daß aufgrund der großen Unterschiede im materiellen Recht ein einziges Insolvenzverfahren mit universaler Geltung für die gesamte Gemeinschaft nicht realisierbar ist. Die ausnahmslose Anwendung des Rechts des Staates der Verfahrenseröffnung würde vor diesem Hintergrund häufig zu Schwierigkeiten führen. Dies gilt etwa für die in der Gemeinschaft sehr unterschiedlich ausgeprägten Sicherungsrechte. Aber auch die Vorrechte einzelner Gläubiger im Insolvenzverfahren sind teilweise völlig verschieden ausgestaltet. Diese Verordnung sollte dem auf zweierlei Weise Rechnung tragen: Zum einen sollten Sonderanknüpfungen für besonders bedeutsame Rechte und Rechtsverhältnisse vorgesehen werden (z. B. dingliche Rechte und Arbeitsverträge). Zum anderen sollten neben einem Hauptinsolvenzverfahren mit universaler Geltung auch innerstaatliche Verfahren zugelassen werden, die lediglich das im Eröffnungsstaat belegene Vermögen erfassen.

(12) Diese Verordnung gestattet die Eröffnung des Hauptinsolvenzverfahrens in dem Mitgliedstaat, in dem der Schuldner den Mittelpunkt seiner hauptsächlichen Interessen hat. Dieses Verfahren hat universale Geltung mit dem Ziel, das gesamte Vermögen des Schuldners zu erfassen. Zum Schutz der unterschiedlichen Interessen gestattet diese Verordnung die Eröffnung von Sekundärinsolvenzverfahren parallel zum Hauptinsolvenzverfahren. Ein Sekundärinsolvenzverfahren kann in dem Mitgliedstaat eröffnet werden, in dem der Schuldner eine Niederlassung hat. Seine Wirkungen sind auf das in dem betreffenden Mitgliedstaat belegene Vermögen des Schuldners beschränkt. Zwingende Vorschriften für die Koordinierung mit dem Hauptinsolvenzverfahren tragen dem Gebot der Einheitlichkeit des Verfahrens in der Gemeinschaft Rechnung.

(13) Als Mittelpunkt der hauptsächlichen Interessen sollte der Ort

gelten, an dem der Schuldner gewöhnlich der Verwaltung seiner Interessen nachgeht und damit für Dritte feststellbar ist.

(14) Diese Verordnung gilt nur für Verfahren, bei denen der Mittelpunkt der hauptsächlichen Interessen des Schuldners in der Gemeinschaft liegt.

(15) Die Zuständigkeitsvorschriften dieser Verordnung legen nur die internationale Zuständigkeit fest, das heißt, sie geben den Mitgliedstaat an, dessen Gerichte Insolvenzverfahren eröffnen dürfen. Die innerstaatliche Zuständigkeit des betreffenden Mitgliedstaats muß nach dem Recht des betreffenden Staates bestimmt werden.

(16) Das für die Eröffnung des Hauptinsolvenzverfahrens zuständige Gericht sollte zur Anordnung einstweiliger Sicherungsmaßnahmen ab dem Zeitpunkt des Antrags auf Verfahrenseröffnung befugt sein. Sicherungsmaßnahmen sowohl vor als auch nach Beginn des Insolvenzverfahrens sind zur Gewährleistung der Wirksamkeit des Insolvenzverfahrens von großer Bedeutung. Diese Verordnung sollte hierfür verschiedene Möglichkeiten vorsehen. Zum einen sollte das für das Hauptinsolvenzverfahren zuständige Gericht vorläufige Sicherungsmaßnahmen auch über Vermögensgegenstände anordnen können, die im Hoheitsgebiet anderer Mitgliedstaaten belegen sind. Zum anderen sollte ein vor Eröffnung des Hauptinsolvenzverfahrens bestellter vorläufiger Insolvenzverwalter in den Mitgliedstaaten, in denen sich eine Niederlassung des Schuldners befindet, die nach dem Recht dieser Mitgliedstaaten möglichen Sicherungsmaßnahmen beantragen können.

(17) Das Recht, vor der Eröffnung des Hauptinsolvenzverfahrens die Eröffnung eines Insolvenzverfahrens in dem Mitgliedstaat, in dem der Schuldner eine Niederlassung hat, zu beantragen, sollte nur einheimischen Gläubigern oder Gläubigern der einheimischen Niederlassung zustehen beziehungsweise auf Fälle beschränkt sein, in denen das Recht des Mitgliedstaats, in dem der Schuldner den Mittelpunkt seiner hauptsächlichen Interessen hat, die Eröffnung eines Hauptinsolvenzverfahrens nicht zuläßt. Der Grund für diese Beschränkung ist, daß die Fälle, in denen die Eröffnung eines Partikularverfahrens vor dem Hauptinsolvenzverfahren beantragt wird, auf das unumgängliche Maß beschränkt werden sollen. Nach der Eröffnung des Hauptinsolvenzverfahrens wird das Partikularverfahren zum Sekundärverfahren.

(18) Das Recht, nach der Eröffnung des Hauptinsolvenzverfahrens die Eröffnung eines Insolvenzverfahrens in dem Mitgliedstaat, in dem der Schuldner eine Niederlassung hat, zu beantragen, wird durch diese Verordnung nicht beschränkt. Der Verwalter des Hauptverfahrens oder jede andere, nach dem Recht des betreffenden Mitglied-

staats dazu befugte Person sollte die Eröffnung eines Sekundärverfahrens beantragen können.

(19) Ein Sekundärinsolvenzverfahren kann neben dem Schutz der inländischen Interessen auch anderen Zwecken dienen. Dies kann der Fall sein, wenn das Vermögen des Schuldners zu verschachtelt ist, um als ganzes verwaltet zu werden, oder weil die Unterschiede in den betroffenen Rechtssystemen so groß sind, daß sich Schwierigkeiten ergeben können, wenn das Recht des Staates der Verfahrenseröffnung seine Wirkung in den anderen Staaten, in denen Vermögensgegenstände belegen sind, entfaltet. Aus diesem Grund kann der Verwalter des Hauptverfahrens die Eröffnung eines Sekundärverfahrens beantragen, wenn dies für die effiziente Verwaltung der Masse erforderlich ist.

(20) Hauptinsolvenzverfahren und Sekundärinsolvenzverfahren können jedoch nur dann zu einer effizienten Verwertung der Insolvenzmasse beitragen, wenn die parallel anhängigen Verfahren koordiniert werden. Wesentliche Voraussetzung ist hierzu eine enge Zusammenarbeit der verschiedenen Verwalter, die insbesondere einen hinreichenden Informationsaustausch beinhalten muß. Um die dominierende Rolle des Hauptinsolvenzverfahrens sicherzustellen, sollten dem Verwalter dieses Verfahrens mehrere Einwirkungsmöglichkeiten auf gleichzeitig anhängige Sekundärinsolvenzverfahren gegeben werden. Er sollte etwa einen Sanierungsplan oder Vergleich vorschlagen oder die Aussetzung der Verwertung der Masse im Sekundärinsolvenzverfahren beantragen können.

(21) Jeder Gläubiger, der seinen Wohnsitz, gewöhnlichen Aufenthalt oder Sitz in der Gemeinschaft hat, sollte das Recht haben, seine Forderungen in jedem in der Gemeinschaft anhängigen Insolvenzverfahren über das Vermögen des Schuldners anzumelden. Dies sollte auch für Steuerbehörden und Sozialversicherungsträger gelten. Im Interesse der Gläubigergleichbehandlung muß jedoch die Verteilung des Erlöses koordiniert werden. Jeder Gläubiger sollte zwar behalten dürfen, was er im Rahmen eines Insolvenzverfahrens erhalten hat, sollte aber an der Verteilung der Masse in einem anderen Verfahren erst dann teilnehmen können, wenn die Gläubiger gleichen Rangs die gleiche Quote auf ihre Forderung erlangt haben.

(22) In dieser Verordnung sollte die unmittelbare Anerkennung von Entscheidungen über die Eröffnung, die Abwicklung und die Beendigung der in ihren Geltungsbereich fallenden Insolvenzverfahren sowie von Entscheidungen, die in unmittelbarem Zusammenhang mit diesen Insolvenzverfahren ergehen, vorgesehen werden. Die automatische Anerkennung sollte somit zur Folge haben, daß die Wirkungen, die das Recht des Staates der Verfahrenseröffnung dem Verfahren beilegt, auf alle übrigen Mitgliedstaaten ausgedehnt werden. Die Aner-

kennung der Entscheidungen der Gerichte der Mitgliedstaaten sollte sich auf den Grundsatz des gegenseitigen Vertrauens stützen. Die zulässigen Gründe für eine Nichtanerkennung sollten daher auf das unbedingt notwendige Maß beschränkt sein. Nach diesem Grundsatz sollte auch der Konflikt gelöst werden, wenn sich die Gerichte zweier Mitgliedstaaten für zuständig halten, ein Hauptinsolvenzverfahren zu eröffnen. Die Entscheidung des zuerst eröffnenden Gerichts sollte in den anderen Mitgliedstaaten anerkannt werden; diese sollten die Entscheidung dieses Gerichts keiner Überprüfung unterziehen dürfen.

(23) Diese Verordnung sollte für den Insolvenzbereich einheitliche Kollisionsnormen formulieren, die die Vorschriften des internationalen Privatrechts der einzelnen Staaten ersetzen. Soweit nichts anderes bestimmt ist, sollte das Recht des Staates der Verfahrenseröffnung (lex concursus) Anwendung finden. Diese Kollisionsnorm sollte für Hauptinsolvenzverfahren und Partikularverfahren gleichermaßen gelten. Die lex concursus regelt alle verfahrensrechtlichen wie materiellen Wirkungen des Insolvenzverfahrens auf die davon betroffenen Personen und Rechtsverhältnisse; nach ihr bestimmen sich alle Voraussetzungen für die Eröffnung, Abwicklung und Beendigung des Insolvenzverfahrens.

(24) Die automatische Anerkennung eines Insolvenzverfahrens, auf das regelmäßig das Recht des Eröffnungsstaats Anwendung findet, kann mit den Vorschriften anderer Mitgliedstaaten für die Vornahme von Rechtshandlungen kollidieren. Um in den anderen Mitgliedstaaten als dem Staat der Verfahrenseröffnung Vertrauensschutz und Rechtssicherheit zu gewährleisten, sollten eine Reihe von Ausnahmen von der allgemeinen Vorschrift vorgesehen werden.

(25) Ein besonderes Bedürfnis für eine vom Recht des Eröffnungsstaats abweichende Sonderanknüpfung besteht bei dinglichen Rechten, da diese für die Gewährung von Krediten von erheblicher Bedeutung sind. Die Begründung, Gültigkeit und Tragweite eines solchen dinglichen Rechts sollten sich deshalb regelmäßig nach dem Recht des Belegenheitsorts bestimmen und von der Eröffnung des Insolvenzverfahrens nicht berührt werden. Der Inhaber des dinglichen Rechts sollte somit sein Recht zur Aus- bzw. Absonderung an dem Sicherungsgegenstand weiter geltend machen können. Falls an Vermögensgegenständen in einem Mitgliedstaat dingliche Rechte nach dem Recht des Belegenheitsstaats bestehen, das Hauptinsolvenzverfahren aber in einem anderen Mitgliedstaat stattfindet, sollte der Verwalter des Hauptinsolvenzverfahrens die Eröffnung eines Sekundärinsolvenzverfahrens in dem Zuständigkeitsgebiet, in dem die dinglichen Rechte bestehen, beantragen können, sofern der Schuldner dort eine Niederlassung hat. Wird kein Sekundärinsolvenzverfahren eröffnet, so ist der

überschießende Erlös aus der Veräußerung der Vermögensgegenstände, an denen dingliche Rechte bestanden, an den Verwalter des Hauptverfahrens abzuführen.

(26) Ist nach dem Recht des Eröffnungsstaats eine Aufrechnung nicht zulässig, so sollte ein Gläubiger gleichwohl zur Aufrechnung berechtigt sein, wenn diese nach dem für die Forderung des insolventen Schuldners maßgeblichen Recht möglich ist. Auf diese Weise würde die Aufrechnung eine Art Garantiefunktion aufgrund von Rechtsvorschriften erhalten, auf die sich der betreffende Gläubiger zum Zeitpunkt der Entstehung der Forderung verlassen kann.

(27) Ein besonderes Schutzbedürfnis besteht auch bei Zahlungssystemen und Finanzmärkten. Dies gilt etwa für die in diesen Systemen anzutreffenden Glattstellungsverträge und Nettingvereinbarungen sowie für die Veräußerung von Wertpapieren und die zur Absicherung dieser Transaktionen gestellten Sicherheiten, wie dies insbesondere in der Richtlinie 98/26/EG des Europäischen Parlaments und des Rates vom 19. Mai 1998 über die Wirksamkeit von Abrechnungen in Zahlungs- sowie Wertpapierliefer- und -abrechnungssystemen[5] geregelt ist. Für diese Transaktionen soll deshalb allein das Recht maßgebend sein, das auf das betreffende System bzw. den betreffenden Markt anwendbar ist. Mit dieser Vorschrift soll verhindert werden, daß im Fall der Insolvenz eines Geschäftspartners die in Zahlungs- oder Aufrechnungssystemen oder auf den geregelten Finanzmärkten der Mitgliedstaaten vorgesehenen Mechanismen zur Zahlung und Abwicklung von Transaktionen geändert werden können. Die Richtlinie 98/26/EG enthält Sondervorschriften, die den allgemeinen Regelungen dieser Verordnung vorgehen sollten.

(28) Zum Schutz der Arbeitnehmer und der Arbeitsverhältnisse müssen die Wirkungen der Insolvenzverfahren auf die Fortsetzung oder Beendigung von Arbeitsverhältnissen sowie auf die Rechte und Pflichten aller an einem solchen Arbeitsverhältnis beteiligten Parteien durch das gemäß den allgemeinen Kollisionsnormen für den Vertrag maßgebliche Recht bestimmt werden. Sonstige insolvenzrechtliche Fragen, wie etwa, ob die Forderungen der Arbeitnehmer durch ein Vorrecht geschützt sind und welchen Rang dieses Vorrecht gegebenenfalls erhalten soll, sollten sich nach dem Recht des Eröffnungsstaats bestimmen.

(29) Im Interesse des Geschäftsverkehrs sollte auf Antrag des Verwalters der wesentliche Inhalt der Entscheidung über die Verfahrenseröffnung in den anderen Mitgliedstaaten bekannt gemacht werden.

---

[5] ABl. L 166 vom 11. 6. 1998, S. 45.

Befindet sich in dem betreffenden Mitgliedstaat eine Niederlassung, so kann eine obligatorische Bekanntmachung vorgeschrieben werden. In beiden Fällen sollte die Bekanntmachung jedoch nicht Voraussetzung für die Anerkennung des ausländischen Verfahrens sein.

(30) Es kann der Fall eintreten, daß einige der betroffenen Personen tatsächlich keine Kenntnis von der Verfahrenseröffnung haben und gutgläubig im Widerspruch zu der neuen Sachlage handeln. Zum Schutz solcher Personen, die in Unkenntnis der ausländischen Verfahrenseröffnung eine Zahlung an den Schuldner leisten, obwohl diese an sich an den ausländischen Verwalter hätte geleistet werden müssen, sollte eine schuldbefreiende Wirkung der Leistung bzw. Zahlung vorgesehen werden.

(31) Diese Verordnung sollte Anhänge enthalten, die sich auf die Organisation der Insolvenzverfahren beziehen. Da diese Anhänge sich ausschließlich auf das Recht der Mitgliedstaaten beziehen, sprechen spezifische und begründete Umstände dafür, daß der Rat sich das Recht vorbehält, diese Anhänge zu ändern, um etwaigen Änderungen des innerstaatlichen Rechts der Mitgliedstaaten Rechnung tragen zu können.

(32) Entsprechend Artikel 3 des Protokolls über die Position des Vereinigten Königreichs und Irlands, das dem Vertrag über die Europäische Union und dem Vertrag zur Gründung der Europäischen Gemeinschaft beigefügt ist, haben das Vereinigte Königreich und Irland mitgeteilt, daß sie sich an der Annahme und Anwendung dieser Verordnung beteiligen möchten.

(33) Gemäß den Artikeln 1 und 2 des Protokolls über die Position Dänemarks, das dem Vertrag über die Europäische Union und dem Vertrag zur Gründung der Europäischen Gemeinschaft beigefügt ist, beteiligt sich Dänemark nicht an der Annahme dieser Verordnung, die diesen Mitgliedstaat somit nicht bindet und auf ihn keine Anwendung findet –

HAT FOLGENDE VERORDNUNG ERLASSEN:

KAPITEL I
ALLGEMEINE VORSCHRIFTEN

Artikel 1 Anwendungsbereich

(1) Diese Verordnung gilt für Gesamtverfahren, welche die Insolvenz des Schuldners voraussetzen und den vollständigen oder teilweisen Vermögensbeschlag gegen den Schuldner sowie die Bestellung eines Verwalters zur Folge haben.

(2) Diese Verordnung gilt nicht für Insolvenzverfahren über das Vermögen von Versicherungsunternehmen oder Kreditinstituten, von Wertpapierfirmen, die Dienstleistungen erbringen, welche die Haltung von Geldern oder Wertpapieren Dritter umfassen, sowie von Organismen für gemeinsame Anlagen.

Artikel 2 Definitionen

Für die Zwecke dieser Verordnung bedeutet
a) „Insolvenzverfahren" die in Artikel 1 Absatz 1 genannten Gesamtverfahren. Diese Verfahren sind in Anhang A aufgeführt;
b) „Verwalter" jede Person oder Stelle, deren Aufgabe es ist, die Masse zu verwalten oder zu verwerten oder die Geschäftstätigkeit des Schuldners zu überwachen. Diese Personen oder Stellen sind in Anhang C aufgeführt;
c) „Liquidationsverfahren" ein Insolvenzverfahren im Sinne von Buchstabe a), das zur Liquidation des Schuldnervermögens führt, und zwar auch dann, wenn dieses Verfahren durch einen Vergleich oder eine andere die Insolvenz des Schuldners beendende Maßnahme oder wegen unzureichender Masse beendet wird. Diese Verfahren sind in Anhang B aufgeführt;
d) „Gericht" das Justizorgan oder jede sonstige zuständige Stelle eines Mitgliedstaats, die befugt ist, ein Insolvenzverfahren zu eröffnen oder im Laufe des Verfahrens Entscheidungen zu treffen;
e) „Entscheidung", falls es sich um die Eröffnung eines Insolvenzverfahrens oder die Bestellung eines Verwalters handelt, die Entscheidung jedes Gerichts, das zur Eröffnung eines derartigen Verfahrens oder zur Bestellung eines Verwalters befugt ist;
f) „Zeitpunkt der Verfahrenseröffnung" den Zeitpunkt, in dem die Eröffnungsentscheidung wirksam wird, unabhängig davon, ob die Entscheidung endgültig ist;
g) „Mitgliedstat, in dem sich ein Vermögensgegenstand befindet", im Fall von
  – körperlichen Gegenständen den Mitgliedstaat, in dessen Gebiet der Gegenstand belegen ist,
  – Gegenständen oder Rechten, bei denen das Eigentum oder die Rechtsinhaberschaft in ein öffentliches Register einzutragen ist, den Mitgliedstaat, unter dessen Aufsicht das Register geführt wird,
  – Forderungen den Mitgliedstaat, in dessen Gebiet der zur Leistung verpflichtete Dritte den Mittelpunkt seiner hauptsächlichen Interessen im Sinne von Artikel 3 Absatz 1 hat;

h) „Niederlassung" jeden Tätigkeitsort, an dem der Schuldner einer wirtschaftlichen Aktivität von nicht vorübergehender Art nachgeht, die den Einsatz von Personal und Vermögenswerten voraussetzt.

Artikel 3 Internationale Zuständigkeit

(1) Für die Eröffnung des Insolvenzverfahrens sind die Gerichte des Mitgliedstaats zuständig, in dessen Gebiet der Schuldner den Mittelpunkt seiner hauptsächlichen Interessen hat. Bei Gesellschaften und juristischen Personen wird bis zum Beweis des Gegenteils vermutet, daß der Mittelpunkt ihrer hauptsächlichen Interessen der Ort des satzungsmäßigen Sitzes ist.

(2) Hat der Schuldner den Mittelpunkt seiner hauptsächlichen Interessen im Gebiet eines Mitgliedstaats, so sind die Gerichte eines anderen Mitgliedstaats nur dann zur Eröffnung eines Insolvenzverfahrens befugt, wenn der Schuldner eine Niederlassung im Gebiet dieses anderen Mitgliedstaats hat. Die Wirkungen dieses Verfahrens sind auf das im Gebiet dieses letzteren Mitgliedstaats belegene Vermögen des Schuldners beschränkt.

(3) Wird ein Insolvenzverfahren nach Absatz 1 eröffnet, so ist jedes zu einem späteren Zeitpunkt nach Absatz 2 eröffnete Insolvenzverfahren ein Sekundärinsolvenzverfahren. Bei diesem Verfahren muß es sich um ein Liquidationsverfahren handeln.

(4) Vor der Eröffnung eines Insolvenzverfahrens nach Absatz 1 kann ein Partikularverfahren nach Absatz 2 nur in den nachstehenden Fällen eröffnet werden:
a) falls die Eröffnung eines Insolvenzverfahrens nach Absatz 1 angesichts der Bedingungen, die in den Rechtsvorschriften des Mitgliedstaats vorgesehen sind, in dem der Schuldner den Mittelpunkt seiner hauptsächlichen Interessen hat, nicht möglich ist;
b) falls die Eröffnung des Partikularverfahrens von einem Gläubiger beantragt wird, der seinen Wohnsitz, gewöhnlichen Aufenthalt oder Sitz in dem Mitgliedstaat hat, in dem sich die betreffende Niederlassung befindet, oder dessen Forderung auf einer sich aus dem Betrieb dieser Niederlassung ergebenden Verbindlichkeit beruht.

Artikel 4 Anwendbares Recht

(1) Soweit diese Verordnung nichts anderes bestimmt, gilt für das Insolvenzverfahren und seine Wirkungen das Insolvenzrecht des Mit-

gliedstaats, in dem das Verfahren eröffnet wird, nachstehend „Staat der Verfahrenseröffnung" genannt.

(2) Das Recht des Staates der Verfahrenseröffnung regelt, unter welchen Voraussetzungen das Insolvenzverfahren eröffnet wird und wie es durchzuführen und zu beenden ist. Es regelt insbesondere:
a) bei welcher Art von Schuldnern ein Insolvenzverfahren zulässig ist;
b) welche Vermögenswerte zur Masse gehören und wie die nach der Verfahrenseröffnung vom Schuldner erworbenen Vermögenswerte zu behandeln sind;
c) die jeweiligen Befugnisse des Schuldners und des Verwalters;
d) die Voraussetzungen für die Wirksamkeit einer Aufrechnung;
e) wie sich das Insolvenzverfahren auf laufende Verträge des Schuldners auswirkt;
f) wie sich die Eröffnung eines Insolvenzverfahrens auf Rechtsverfolgungsmaßnahmen einzelner Gläubiger auswirkt; ausgenommen sind die Wirkungen auf anhängige Rechtsstreitigkeiten;
g) welche Forderungen als Insolvenzforderungen anzumelden sind und wie Forderungen zu behandeln sind, die nach der Eröffnung des Insolvenzverfahrens entstehen;
h) die Anmeldung, die Prüfung und die Feststellung der Forderungen;
i) die Verteilung des Erlöses aus der Verwertung des Vermögens, den Rang der Forderungen und die Rechte der Gläubiger, die nach der Eröffnung des Insolvenzverfahrens aufgrund eines dinglichen Rechts oder infolge einer Aufrechnung teilweise befriedigt wurden;
j) die Voraussetzungen und die Wirkungen der Beendigung des Insolvenzverfahrens, insbesondere durch Vergleich;
k) die Rechte der Gläubiger nach der Beendigung des Insolvenzverfahrens;
l) wer die Kosten des Insolvenzverfahrens einschließlich der Auslagen zu tragen hat;
m) welche Rechtshandlungen nichtig, anfechtbar oder relativ unwirksam sind, weil sie die Gesamtheit der Gläubiger benachteiligen.

Artikel 5 Dingliche Rechte *Dritte*[6]

(1) Das dingliche Recht eines Gläubigers oder eines Dritten an körperlichen oder unkörperlichen, beweglichen oder unbeweglichen

---

[6] Richtig wohl: „Dritter".

Gegenständen des Schuldners – sowohl an bestimmten Gegenständen als auch an einer Mehrheit von nicht bestimmten Gegenständen mit wechselnder Zusammensetzung –, die sich zum Zeitpunkt der Eröffnung des Insolvenzverfahrens im Gebiet eines anderen Mitgliedstaats befinden, wird von der Eröffnung des Verfahrens nicht berührt.

(2) Rechte im Sinne von Absatz 1 sind insbesondere

a) das Recht, den Gegenstand zu verwerten oder verwerten zu lassen und aus dem Erlös oder den Nutzungen dieses Gegenstands befriedigt zu werden, insbesondere aufgrund eines Pfandrechts oder einer Hypothek;

b) das ausschließliche Recht, eine Forderung einzuziehen, insbesondere aufgrund eines Pfandrechts an einer Forderung oder aufgrund einer Sicherheitsabtretung dieser Forderung;

c) das Recht, die Herausgabe des Gegenstands von jedermann zu verlangen, der diesen gegen den Willen des Berechtigten besitzt oder nutzt;

d) das dingliche Recht, die Früchte eines Gegenstands zu ziehen.

(3) Das in einem öffentlichen Register eingetragene und gegen jedermann wirksame Recht, ein dingliches Recht im Sinne von Absatz 1 zu erlangen, wird einem dinglichen Recht gleichgestellt.

(4) Absatz 1 steht der Nichtigkeit, Anfechtbarkeit oder relativen Unwirksamkeit einer Rechtshandlung nach Artikel 4 Absatz 2 Buchstabe m) nicht entgegen.

Artikel 6 Aufrechnung

(1) Die Befugnis eines Gläubigers, mit seiner Forderung gegen eine Forderung des Schuldners aufzurechnen, wird von der Eröffnung des Insolvenzverfahrens nicht berührt, wenn diese Aufrechnung nach dem für die Forderung des insolventen Schuldners maßgeblichen Recht zulässig ist.

(2) Absatz 1 steht der Nichtigkeit, Anfechtbarkeit oder relativen *Umwirksamkeit*[7] einer Rechtshandlung nach Artikel 4 Absatz 2 Buchstabe m) nicht entgegen.

Artikel 7 Eigentumsvorbehalt

(1) Die Eröffnung eines Insolvenzverfahrens gegen den Käufer einer Sache läßt die Rechte des Verkäufers aus einem Eigentumsvorbehalt unberührt, wenn sich diese Sache zum Zeitpunkt der Eröffnung

---

[7] Richtig wohl: „Unwirksamkeit".

des Verfahrens im Gebiet eines anderen Mitgliedstaats als dem der Verfahrenseröffnung befindet.

(2) Die Eröffnung eines Insolvenzverfahrens gegen den Verkäufer einer Sache nach deren Lieferung rechtfertigt nicht die Auflösung oder Beendigung des Kaufvertrags und steht dem Eigentumserwerb des Käufers nicht entgegen, wenn sich diese Sache zum Zeitpunkt der Verfahrenseröffnung im Gebiet eines anderen Mitgliedstaats als dem der Verfahrenseröffnung befindet.

(3) Die Absätze 1 und 2 stehen der Nichtigkeit, Anfechtbarkeit oder relativen Unwirksamkeit einer Rechtshandlung nach Artikel 4 Absatz 2 Buchstabe m) nicht entgegen.

Artikel 8 Vertrag über einen unbeweglichen Gegenstand

Für die Wirkungen des Insolvenzverfahrens auf einen Vertrag, der zum Erwerb oder zur Nutzung eines unbeweglichen Gegenstands berechtigt, ist ausschließlich das Recht des Mitgliedstaats maßgebend, in dessen Gebiet dieser Gegenstand belegen ist.

Artikel 9 Zahlungssysteme und Finanzmärkte

(1) Unbeschadet des Artikels 5 ist für die Wirkungen des Insolvenzverfahrens auf die Rechte und Pflichten der Mitglieder eines Zahlungs- oder Abwicklungssystems oder eines Finanzmarktes ausschließlich das Recht des Mitgliedstaats maßgebend, das für das betreffende System oder den betreffenden Markt gilt.

(2) Absatz 1 steht einer Nichtigkeit, Anfechtbarkeit oder relativen Unwirksamkeit der Zahlungen oder Transaktionen gemäß den für das betreffende Zahlungssystem oder den betreffenden Finanzmarkt geltenden Rechtsvorschriften nicht entgegen.

Artikel 10 Arbeitsvertrag

Für die Wirkungen des Insolvenzverfahrens auf einen Arbeitsvertrag und auf das Arbeitsverhältnis gilt ausschließlich das Recht des Mitgliedstaats, das auf den Arbeitsvertrag anzuwenden ist.

Artikel 11 Wirkung auf eintragungspflichtige Rechte

Für die Wirkungen des Insolvenzverfahrens auf Rechte des Schuldners an einem unbeweglichen Gegenstand, einem Schiff oder einem Luftfahrzeug, die der Eintragung in ein öffentliches Register unterliegen, ist das Recht des Mitgliedstaats maßgebend, unter dessen Aufsicht das Register geführt wird.

Artikel 12 Gemeinschaftspatente und -marken

Für die Zwecke dieser Verordnung kann ein Gemeinschaftspatent, eine Gemeinschaftsmarke oder jedes andere durch Gemeinschaftsvorschriften begründete ähnliche Recht nur in ein Verfahren nach Artikel 3 Absatz 1 miteinbezogen werden.

Artikel 13 Benachteiligende Handlungen

Artikel 4 Absatz 2 Buchstabe m) findet keine Anwendung, wenn die Person, die durch eine die Gesamtheit der Gläubiger benachteiligende Handlung begünstigt wurde, nachweist,
- daß für diese Handlung das Recht eines anderen Mitgliedstaats als des Staates der Verfahrenseröffnung maßgeblich ist und
- daß in diesem Fall diese Handlung in keiner Weise nach diesem Recht angreifbar ist.

Artikel 14 Schutz des Dritterwerbers

Verfügt der Schuldner durch eine nach Eröffnung des Insolvenzverfahrens vorgenommene Rechtshandlung gegen Entgelt
- über einen unbeweglichen Gegenstand,
- über ein Schiff oder ein Luftfahrzeug, das der Eintragung in ein öffentliches Register unterliegt, oder
- über Wertpapiere, deren Eintragung in ein gesetzlich vorgeschriebenes Register Voraussetzung für ihre Existenz ist,

so richtet sich die Wirksamkeit dieser Rechtshandlung dem Recht des Staates, in dessen Gebiet dieser unbewegliche Gegenstand belegen ist oder unter dessen Aufsicht das Register geführt wird.

Artikel 15 Wirkungen des Insolvenzverfahrens auf anhängige Rechtsstreitigkeiten

Für die Wirkungen des Insolvenzverfahrens auf einen anhängigen Rechtsstreit über einen Gegenstand oder ein Recht der Masse gilt ausschließlich das Recht des Mitgliedstaats, in dem der Rechtsstreit anhängig ist.

KAPITEL II
ANERKENNUNG DER INSOLVENZVERFAHREN

Artikel 16 Grundsatz

(1) Die Eröffnung eines Insolvenzverfahrens durch ein nach Artikel 3 zuständiges Gericht eines Mitgliedstaats wird in allen übrigen Mitgliedstaaten anerkannt, sobald die Entscheidung im Staat der Verfahrenseröffnung wirksam ist.
Dies gilt auch, wenn in den übrigen Mitgliedstaaten über das Vermögen des Schuldners wegen seiner Eigenschaft ein Insolvenzverfahren nicht eröffnet werden könnte.

(2) Die Anerkennung eines Verfahrens nach Artikel 3 Absatz 1 steht der Eröffnung eines Verfahrens nach Artikel 3 Absatz 2 durch ein Gericht eines anderen Mitgliedstaats nicht entgegen. In diesem Fall ist das Verfahren nach Artikel 3 Absatz 2 ein Sekundärinsolvenzverfahren im Sinne von Kapitel III.

Artikel 17 Wirkungen der Anerkennung

(1) Die Eröffnung eines Verfahrens nach Artikel 3 Absatz 1 entfaltet in jedem anderen Mitgliedstaat, ohne daß es hierfür irgendwelcher Förmlichkeiten bedürfte, die Wirkungen, die das Recht des Staates der Verfahrenseröffnung dem Verfahren beilegt, sofern diese Verordnung nichts anderes bestimmt und solange in diesem anderen Mitgliedstaat kein Verfahren nach Artikel 3 Absatz 2 eröffnet ist.

(2) Die Wirkungen eines Verfahrens nach Artikel 3 Absatz 2 dürfen in den anderen Mitgliedstaten nicht in Frage gestellt werden. Jegliche Beschränkung der Rechte der Gläubiger, insbesondere eine Stundung oder eine Schuldbefreiung infolge des Verfahrens, wirkt hinsichtlich des im Gebiet eines anderen Mitgliedstaats belegenen Vermögens nur gegenüber den Gläubigern, die ihre Zustimmung hierzu erteilt haben.

Artikel 18 Befugnisse des Verwalters

(1) Der Verwalter, der durch ein nach Artikel 3 Absatz 1 zuständiges Gericht bestellt worden ist, darf im Gebiet eines anderen Mitgliedstaats alle Befugnisse ausüben, die ihm nach dem Recht des Staates der Verfahrenseröffnung zustehen, solange in dem anderen Staat nicht ein weiteres Insolvenzverfahren eröffnet ist oder eine gegentei-

lige Sicherungsmaßnahme auf einen Antrag auf Eröffnung eines Insolvenzverfahrens hin ergriffen worden ist. Er kann insbesondere vorbehaltlich der Artikel 5 und 7 die zur Masse gehörenden Gegenstände aus dem Gebiet des Mitgliedstaats entfernen, in dem sich die Gegenstände befinden.

(2) Der Verwalter, der durch ein nach Artikel 3 Absatz 2 zuständiges Gericht bestellt worden ist, darf in jedem anderen Mitgliedstaat gerichtlich und außergerichtlich geltend machen, daß ein beweglicher Gegenstand nach der Eröffnung des Insolvenzverfahrens aus dem Gebiet des Staates der Verfahrenseröffnung in das Gebiet dieses anderen Mitgliedstaats verbracht worden ist. Des weiteren kann er eine den Interessen der Gläubiger dienende Anfechtungsklage erheben.

(3) Bei der Ausübung seiner Befugnisse hat der Verwalter das Recht des Mitgliedstaats, in dessen Gebiet er handeln will, zu beachten, insbesondere hinsichtlich der Art und Weise der Verwertung eines Gegenstands der Masse. Diese Befugnisse dürfen nicht die Anwendung von Zwangsmitteln oder das Recht umfassen, Rechtsstreitigkeiten oder andere Auseinandersetzungen zu entscheiden.

Artikel 19 Nachweis der Verwalterstellung

Die Bestellung zum Verwalter wird durch eine beglaubigte Abschrift der Entscheidung, durch die er bestellt worden ist, oder durch eine andere von dem zuständigen Gericht ausgestellte Bescheinigung nachgewiesen.

Es kann eine Übersetzung in die Amtssprache oder eine der Amtssprachen des Mitgliedstaats, in dessen Gebiet er handeln will, verlangt werden. Eine Legalisation oder eine entsprechende andere Förmlichkeit wird nicht verlangt.

Artikel 20 Herausgabepflicht und Anrechnung

(1) Ein Gläubiger, der nach der Eröffnung eines Insolvenzverfahrens nach Artikel 3 Absatz 1 auf irgendeine Weise, insbesondere durch Zwangsvollstreckung, vollständig oder teilweise aus einem Gegenstand der Masse befriedigt wird, der in einem anderen Mitgliedstaat belegen ist, hat vorbehaltlich der Artikel 5 und 7 das Erlangte an den Verwalter herauszugeben.

(2) Zur Wahrung der Gleichbehandlung der Gläubiger nimmt ein Gläubiger, der in einem Insolvenzverfahren eine Quote auf seine Forderung erlangt hat, an der Verteilung im Rahmen eines anderen Verfahrens erst dann teil, wenn die Gläubiger gleichen Ranges oder glei-

cher Gruppenzugehörigkeit in diesem anderen Verfahren die gleiche Quote erlangt haben.

Artikel 21 Öffentliche Bekanntmachung

(1) Auf Antrag des Verwalters ist in jedem anderen Mitgliedstaat der wesentliche Inhalt der Entscheidung über die Verfahrenseröffnung und gegebenenfalls der Entscheidung über eine Bestellung entsprechend den Bestimmungen des jeweiligen Staates für öffentliche Bekanntmachungen zu veröffentlichen. In der Bekanntmachung ist ferner anzugeben, welcher Verwalter bestellt wurde und ob sich die Zuständigkeit aus Artikel 3 Absatz 1 oder aus Artikel 3 Absatz 2 ergibt.

(2) Jeder Mitgliedstaat, in dessen Gebiet der Schuldner eine Niederlassung besitzt, kann jedoch die obligatorische Bekanntmachung vorsehen. In diesem Fall hat der Verwalter oder jede andere hierzu befugte Stelle des Mitgliedstaats, in dem das Verfahren nach Artikel 3 Absatz 1 eröffnet wurde, die für diese Bekanntmachung erforderlichen Maßnahmen zu treffen.

Artikel 22 Eintragung in öffentliche Register

(1) Auf Antrag des Verwalters ist die Eröffnung eines Verfahrens nach Artikel 3 Absatz 1 in das Grundbuch, das Handelsregister und alle sonstigen öffentlichen Register in den übrigen Mitgliedstaaten einzutragen.

(2) Jeder Mitgliedstaat kann jedoch die obligatorische Eintragung vorsehen. In diesem Fall hat der Verwalter oder[8] andere hierzu befugte Stelle des Mitgliedstaats, in dem das Verfahren nach Artikel 3 Absatz 1 eröffnet wurde, die für diese Eintragung erforderlichen Maßnahmen zu treffen.

Artikel 23 Kosten

Die Kosten der öffentlichen Bekanntmachung nach Artikel 21 und der Eintragung nach Artikel 22 gelten als Kosten und Aufwendungen des Verfahrens.

---

[8] Richtig wohl: „oder eine".

Artikel 24 Leistung an den Schuldner

(1) Wer in einem Mitgliedstaat an einen Schuldner leistet, über dessen Vermögen in einem anderen Mitgliedstaat ein Insolvenzverfahren eröffnet worden ist, obwohl er an den Verwalter des Insolvenzverfahrens hätte leisten müssen, wird befreit, wenn ihm die Eröffnung des Verfahrens nicht bekannt war.

(2) Erfolgt die Leistung vor der öffentlichen Bekanntmachung nach Artikel 21, so wird bis zum Beweis des Gegenteils vermutet, daß dem Leistenden die Eröffnung nicht bekannt war. Erfolgt die Leistung nach der Bekanntmachung gemäß Artikel 21, so wird bis zum Beweis des Gegenteils vermutet, daß dem Leistenden die Eröffnung bekannt war.

Artikel 25 Anerkennung und Vollstreckbarkeit sonstiger Entscheidungen

(1) Die zur Durchführung und Beendigung eines Insolvenzverfahrens ergangenen Entscheidungen eines Gerichts, dessen Eröffnungsentscheidung nach Artikel 16 anerkannt wird, sowie ein von einem solchen Gericht bestätigter Vergleich werden ebenfalls ohne weitere Förmlichkeiten anerkannt. Diese Entscheidungen werden nach den Artikeln 31 bis 51 (mit Ausnahme von Artikel 34 Absatz 2) des Brüsseler Übereinkommens über die gerichtliche Zuständigkeit und die Vollstreckung gerichtlicher Entscheidungen in Zivil- und Handelssachen in der durch die Beitrittsübereinkommen zu diesem Übereinkommen geänderten Fassung vollstreckt.

Unterabsatz 1 gilt auch für Entscheidungen, die unmittelbar aufgrund des Insolvenzverfahrens ergehen und in engem Zusammenhang damit stehen, auch wenn diese Entscheidungen von einem anderen Gericht getroffen werden.

Unterabsatz 1 gilt auch für Entscheidungen über Sicherungsmaßnahmen, die nach dem Antrag auf Eröffnung eines Insolvenzverfahrens getroffen werden.

(2) Die Anerkennung und Vollstreckung der anderen als der in Absatz 1 genannten Entscheidungen unterliegen dem Übereinkommen nach Absatz 1, soweit jenes Übereinkommen anwendbar ist.

(3) Die Mitgliedstaaten sind nicht verpflichtet, eine Entscheidung gemäß Absatz 1 anzuerkennen und zu vollstrecken, die eine Einschränkung der persönlichen Freiheit oder des Postgeheimnisses zur Folge hätte.

Artikel 26[9] Ordre Public

Jeder Mitgliedstaat kann sich weigern, ein in einem anderen Mitgliedstaat eröffnetes Insolvenzverfahren anzuerkennen oder eine in einem solchen Verfahren ergangene Entscheidung zu vollstrecken, soweit diese Anerkennung oder diese Vollstreckung zu einem Ergebnis führt, das offensichtlich mit seiner öffentlichen Ordnung, insbesondere mit den Grundprinzipien oder den verfassungsmäßig garantierten Rechten und Freiheiten des einzelnen, unvereinbar ist.

KAPITEL III
SEKUNDÄRINSOLVENZVERFAHREN

Artikel 27 Verfahrenseröffnung

Ist durch ein Gericht eines Mitgliedstaats ein Verfahren nach Artikel 3 Absatz 1 eröffnet worden, das in einem anderen Mitgliedstaat anerkannt ist (Hauptinsolvenzverfahren), so kann ein nach Artikel 3 Absatz 2 zuständiges Gericht dieses anderen Mitgliedstaats ein Sekundärinsolvenzverfahren eröffnen, ohne daß in diesem anderen Mitgliedstaat die Insolvenz des Schuldners geprüft wird. Bei diesem Verfahren muß es sich um eines der in Anhang B aufgeführten Verfahren handeln. Seine Wirkungen beschränken sich auf das im Gebiet dieses anderen Mitgliedstaats belegene Vermögen des Schuldners.

Artikel 28 Anwendbares Recht

Soweit diese Verordnung nichts anderes bestimmt, finden auf das Sekundärinsolvenzverfahren die Rechtsvorschriften des Mitgliedstaats Anwendung, in dessen Gebiet das Sekundärinsolvenzverfahren eröffnet worden ist.

Artikel 29 Antragsrecht

Die Eröffnung eines Sekundärinsolvenzverfahrens können beantragen:
a) der Verwalter des Hauptinsolvenzverfahrens,
b) jede andere Person oder Stelle, der das Antragsrecht nach dem

---

[9] Siehe die Erklärung Portugals zur Anwendung der Artikel 26 und 37 (ABl. C 183 vom 30. 6. 2000, S. 1).

Recht des Mitgliedstaats zusteht, in dessen Gebiet das Sekundärinsolvenzverfahren eröffnet werden soll.

Artikel 30 Kostenvorschuß

Verlangt das Recht des Mitgliedstaats, in dem ein Sekundärinsolvenzverfahren beantragt wird, daß die Kosten des Verfahrens einschließlich der Auslagen ganz oder teilweise durch die Masse gedeckt sind, so kann das Gericht, bei dem ein solcher Antrag gestellt wird, vom Antragsteller einen Kostenvorschuß oder eine angemessene Sicherheitsleistung verlangen.

Artikel 31 Kooperations- und Unterrichtungspflicht

(1) Vorbehaltlich der Vorschriften über die Einschränkung der Weitergabe von Informationen besteht für den Verwalter des Hauptinsolvenzverfahrens und für die Verwalter der Sekundärinsolvenzverfahren die Pflicht zur gegenseitigen Unterrichtung. Sie haben einander unverzüglich alle Informationen mitzuteilen, die für das jeweilige andere Verfahren von Bedeutung sein können, insbesondere den Stand der Anmeldung und der Prüfung der Forderungen sowie alle Maßnahmen zur Beendigung eines Insolvenzverfahrens.

(2) Vorbehaltlich der für die einzelnen Verfahren geltenden Vorschriften sind der Verwalter des Hauptinsolvenzverfahrens und die Verwalter der Sekundärinsolvenzverfahren zur Zusammenarbeit verpflichtet.

(3) Der Verwalter eines Sekundärinsolvenzverfahrens hat dem Verwalter des Hauptinsolvenzverfahrens zu gegebener Zeit Gelegenheit zu geben, Vorschläge für die Verwertung oder jede Art der Verwendung der Masse des Sekundärinsolvenzverfahrens zu unterbreiten.

Artikel 32 Ausübung von Gläubigerrechten

(1) Jeder Gläubiger kann seine Forderung im Hauptinsolvenzverfahren und in jedem Sekundärinsolvenzverfahren anmelden.

(2) Die Verwalter des Hauptinsolvenzverfahrens und der Sekundärinsolvenzverfahren melden in den anderen Verfahren die Forderungen an, die in dem Verfahren, für das sie bestellt sind, bereits angemeldet worden sind, soweit dies für die Gläubiger des letztgenannten Verfahrens zweckmäßig ist und vorbehaltlich des Rechts dieser Gläubiger, dies abzulehnen oder die Anmeldung zurückzunehmen, sofern ein solches Recht gesetzlich vorgesehen ist.

(3) Der Verwalter eines Haupt- oder eines Sekundärinsolvenzverfahrens ist berechtigt, wie ein Gläubiger an einem anderen Insolvenzverfahren mitzuwirken, insbesondere indem er an einer Gläubigerversammlung teilnimmt.

Artikel 33 Aussetzung der Verwertung

(1) Das Gericht, welches das Sekundärinsolvenzverfahren eröffnet hat, setzt auf Antrag des Verwalters des Hauptinsolvenzverfahrens die Verwertung ganz oder teilweise aus; dem zuständigen Gericht steht jedoch das Recht zu, in diesem Fall vom Verwalter des Hauptinsolvenzverfahrens alle angemessenen Maßnahmen zum Schutz der Interessen der Gläubiger des Sekundärinsolvenzverfahrens sowie einzelner Gruppen von Gläubigern zu verlangen. Der Antrag des Verwalters des Hauptinsolvenzverfahrens kann nur abgelehnt werden, wenn die Aussetzung offensichtlich für die Gläubiger des Hauptinsolvenzverfahrens nicht von Interesse ist. Die Aussetzung der Verwertung kann für höchstens drei Monate angeordnet werden. Sie kann für jeweils denselben Zeitraum verlängert oder erneuert werden.

(2) Das Gericht nach Absatz 1 hebt die Aussetzung der Verwertung in folgenden Fällen auf:
– auf Antrag des Verwalters des Hauptinsolvenzverfahrens,
– von Amts wegen, auf Antrag eines Gläubigers oder auf Antrag des Verwalters des Sekundärinsolvenzverfahrens, wenn sich herausstellt, daß diese Maßnahme insbesondere nicht mehr mit dem Interesse der Gläubiger des Haupt- oder des Sekundärinsolvenzverfahrens zu rechtfertigen ist.

Artikel 34 Verfahrensbeendende Maßnahmen

(1) Kann das Sekundärinsolvenzverfahren nach dem für dieses Verfahren maßgeblichen Recht ohne Liquidation durch einen Sanierungsplan, einen Vergleich oder eine andere vergleichbare Maßnahme beendet werden, so kann eine solche Maßnahme vom Verwalter des Hauptinsolvenzverfahrens vorgeschlagen werden.

Eine Beendigung des Sekundärinsolvenzverfahrens durch eine Maßnahme nach Unterabsatz 1 kann nur bestätigt werden, wenn der Verwalter des Hauptinsolvenzverfahrens zustimmt oder, falls dieser nicht zustimmt, wenn die finanziellen Interessen der Gläubiger des Hauptinsolvenzverfahrens durch die vorgeschlagene Maßnahme nicht beeinträchtigt werden.

(2) Jede Beschränkung der Rechte der Gläubiger, wie zum Beispiel eine Stundung oder eine Schuldbefreiung, die sich aus einer in

einem Sekundärinsolvenzverfahren vorgeschlagenen Maßnahme im Sinne von Absatz 1 ergibt, kann nur dann Auswirkungen auf das nicht von diesem Verfahren betroffene Vermögen des Schuldners haben, wenn alle betroffenen Gläubiger der Maßnahme zustimmen.

(3) Während einer nach Artikel 33 angeordneten Aussetzung der Verwertung kann nur der Verwalter des Hauptinsolvenzverfahrens oder der Schuldner mit dessen Zustimmung im Sekundärinsolvenzverfahren Maßnahmen im Sinne von Absatz 1 des vorliegenden Artikels vorschlagen; andere Vorschläge für eine solche Maßnahme dürfen weder zur Abstimmung gestellt noch bestätigt werden.

Artikel 35 Überschuß im Sekundärinsolvenzverfahren

Können bei der Verwertung der Masse des Sekundärinsolvenzverfahrens alle in diesem Verfahren festgestellten Forderungen befriedigt werden, so übergibt der in diesem Verfahren bestellte Verwalter den verbleibenden Überschuß unverzüglich dem Verwalter des Hauptinsolvenzverfahrens.

Artikel 36 Nachträgliche Eröffnung des Hauptinsolvenzverfahrens

Wird ein Verfahren nach Artikel 3 Absatz 1 eröffnet, nachdem in einem anderen Mitgliedstaat ein Verfahren nach Artikel 3 Absatz 2 eröffnet worden ist, so gelten die Artikel 31 bis 35 für das zuerst eröffnete Insolvenzverfahren, soweit dies nach dem Stand dieses Verfahrens möglich ist.

Artikel 37[10] Umwandlung des vorhergehenden Verfahrens

Der Verwalter des Hauptinsolvenzverfahrens kann beantragen, daß ein in Anhang A genanntes Verfahren, das zuvor in einem anderen Mitgliedstaat eröffnet wurde, in ein Liquidationsverfahren umgewandelt wird, wenn es sich erweist, daß diese Umwandlung im Interesse der Gläubiger des Hauptverfahrens liegt.

Das nach Artikel 3 Absatz 2 zuständige Gericht ordnet die Umwandlung in eines der in Anhang B aufgeführten Verfahren an.

---

[10] Siehe die Erklärung Portugals zur Anwendung der Artikel 26 und 37 (ABl. C 183 vom 30. 6. 2000, S. 1).

Artikel 38 Sicherungsmaßnahmen

Bestellt das nach Artikel 3 Absatz 1 zuständige Gericht eines Mitgliedstaats zur Sicherung des Schuldnervermögens einen vorläufigen Verwalter, so ist dieser berechtigt, zur Sicherung und Erhaltung des Schuldnervermögens, das sich in einem anderen Mitgliedstaat befindet, jede Maßnahme zu beantragen, die nach dem Recht dieses Staates für die Zeit zwischen dem Antrag auf Eröffnung eines Liquidationsverfahrens und dessen Eröffnung vorgesehen ist.

KAPITEL IV
UNTERRICHTUNG DER GLÄUBIGER UND ANMELDUNG IHRER FORDERUNGEN

Artikel 39 Recht auf Anmeldung von Forderungen

Jeder Gläubiger, der seinen gewöhnlichen Aufenthalt, Wohnsitz oder Sitz in einem anderen Mitgliedstaat als dem Staat der Verfahrenseröffnung hat, einschließlich der Steuerbehörden und der Sozialversicherungsträger der Mitgliedstaaten, kann seine Forderungen in dem Insolvenzverfahren schriftlich anmelden.

Artikel 40 Pflicht zur Unterrichtung der Gläubiger

(1) Sobald in einem Mitgliedstaat ein Insolvenzverfahren eröffnet wird, unterrichtet das zuständige Gericht dieses Staates oder der von diesem Gericht bestellte Verwalter unverzüglich die bekannten Gläubiger, die in den anderen Mitgliedstaaten ihren gewöhnlichen Aufenthalt, Wohnsitz oder Sitz haben.

(2) Die Unterrichtung erfolgt durch individuelle Übersendung eines Vermerks und gibt insbesondere an, welche Fristen einzuhalten sind, welches die Versäumnisfolgen sind, welche Stelle für die Entgegennahme der Anmeldungen zuständig ist und welche weiteren Maßnahmen vorgeschrieben sind. In dem Vermerk ist auch anzugeben, ob die bevorrechtigten oder dinglich gesicherten Gläubiger ihre Forderungen anmelden müssen.

Artikel 41 Inhalt einer Forderungsanmeldung

Der Gläubiger übersendet eine Kopie der gegebenenfalls vorhandenen Belege, teilt die Art, den Entstehungszeitpunkt und den Betrag der Forderung mit und gibt an, ob er für die Forderung ein Vorrecht, eine dingliche Sicherheit oder einen Eigentumsvorbehalt beansprucht und welche Vermögenswerte Gegenstand seiner Sicherheit sind.

Artikel 42 Sprachen

(1) Die Unterrichtung nach Artikel 40 erfolgt in der Amtssprache oder einer der Amtssprachen des Staates der Verfahrenseröffnung. Hierfür ist ein Formblatt zu verwenden, das in sämtlichen Amtssprachen der Organe der Europäischen Union mit den Worten „Aufforderung zur Anmeldung einer Forderung. Etwaige Fristen beachten!" überschrieben ist.

(2) Jeder Gläubiger, der seinen gewöhnlichen Aufenthalt, Wohnsitz oder Sitz in einem anderen Mitgliedstaat als dem Staat der Verfahrenseröffnung hat, kann seine Forderung auch in der Amtssprache oder einer der Amtssprachen dieses anderen Staates anmelden. In diesem Fall muß die Anmeldung jedoch mindestens die Überschrift „Anmeldung einer Forderung" in der Amtssprache oder einer der Amtssprachen des Staates der Verfahrenseröffnung tragen. Vom Gläubiger kann eine Übersetzung der Anmeldung in die Amtssprache oder eine der Amtssprachen des Staates der Verfahrenseröffnung verlangt werden.

KAPITEL V
ÜBERGANGS- UND SCHLUSSBESTIMMUNGEN

Artikel 43 Zeitlicher Geltungsbereich

Diese Verordnung ist nur auf solche Insolvenzverfahren anzuwenden, die nach ihrem Inkrafttreten eröffnet worden sind. Für Rechtshandlungen des Schuldners vor Inkrafttreten dieser Verordnung gilt weiterhin das Recht, das für diese Rechtshandlungen anwendbar war, als sie vorgenommen wurden.

Artikel 44 Verhältnis zu Übereinkünften

(1) Nach ihrem Inkrafttreten ersetzt diese Verordnung in ihrem sachlichen Anwendungsbereich hinsichtlich der Beziehungen der Mitgliedstaaten untereinander die zwischen zwei oder mehreren Mitgliedstaaten geschlossenen Übereinkünfte, insbesondere
a) das am 8. Juli 1899 in Paris unterzeichnete belgisch-französische Abkommen über die gerichtliche Zuständigkeit, die Anerkennung und die Vollstreckung von gerichtlichen Entscheidungen, Schiedssprüchen und öffentlichen Urkunden;

b) das am 16. Juli 1969 in Brüssel unterzeichnete belgisch-österreichische Abkommen über Konkurs, Ausgleich und Zahlungsaufschub (mit Zusatzprotokoll vom 13. Juni 1973);
c) das am 28. März 1925 in Brüssel unterzeichnete belgisch-niederländische Abkommen über die Zuständigkeit der Gerichte, den Konkurs sowie die Anerkennung und die Vollstreckung von gerichtlichen Entscheidungen, Schiedssprüchen und öffentlichen Urkunden;
d) den am 25. Mai 1979 in Wien unterzeichneten deutsch-österreichischen Vertrag auf dem Gebiet des Konkurs- und Vergleichs-(Ausgleichs-)rechts;
e) das am 27. Februar 1979 in Wien unterzeichnete französisch-österreichische Abkommen über die gerichtliche Zuständigkeit, die Anerkennung und die Vollstreckung von Entscheidungen auf dem Gebiet des Insolvenzrechts;
f) das am 3. Juni 1930 in Rom unterzeichnete französisch-italienische Abkommen über die Vollstreckung gerichtlicher Urteile in Zivil- und Handelssachen;
g) das am 12. Juli 1977 in Rom unterzeichnete italienisch-österreichische Abkommen über Konkurs und Ausgleich;
h) den am 30. August 1962 in Den Haag unterzeichneten deutsch-niederländischen Vertrag über die gegenseitige Anerkennung und Vollstreckung gerichtlicher Entscheidungen und anderer Schuldtitel in Zivil- und Handelssachen;
i) das am 2. Mai 1934 in Brüssel unterzeichnete britisch-belgische Abkommen zur gegenseitigen Vollstreckung gerichtlicher Entscheidungen in Zivil- und Handelssachen mit Protokoll;
j) das am 7. November 1993 in Kopenhagen zwischen Dänemark, Finnland, Norwegen, Schweden und Irland geschlossene Konkursübereinkommen;
k) das am 5. Juni 1990 in Istanbul unterzeichnete Europäische Übereinkommen über bestimmte internationale Aspekte des Konkurses.
l) das am 18. Juni 1959 in Athen unterzeichnete Abkommen zwischen der Föderativen Volksrepublik Jugoslawien und dem Königreich Griechenland über die gegenseitige Anerkennung und Vollstreckung gerichtlicher Entscheidungen;
m) das am 18. März 1960 in Belgrad unterzeichnete Abkommen zwischen der Föderativen Volksrepublik Jugoslawien und der Republik Österreich über die gegenseitige Anerkennung und die Vollstreckung von Schiedssprüchen und schiedsgerichtlichen Vergleichen in Handelssachen;
n) das am 3. Dezember 1960 in Rom unterzeichnete Abkommen

zwischen der Föderativen Volksrepublik Jugoslawien und der Republik Italien über die gegenseitige justizielle Zusammenarbeit in Zivil- und Handelssachen;

o) das am 24. September 1971 in Belgrad unterzeichnete Abkommen zwischen der Sozialistischen Föderativen Republik Jugoslawien und dem Königreich Belgien über die justizielle Zusammenarbeit in Zivil- und Handelssachen;

p) das am 18. Mai 1971 in Paris unterzeichnete Abkommen zwischen den Regierungen Jugoslawiens und Frankreichs über die Anerkennung und Vollstreckung gerichtlicher Entscheidungen in Zivil- und Handelssachen;

q) das am 22. Oktober 1980 in Athen unterzeichnete Abkommen zwischen der Tschechoslowakischen Sozialistischen Republik und der Hellenischen Republik über die Rechtshilfe in Zivil- und Strafsachen, der[11] zwischen der Tschechischen Republik und Griechenland noch in Kraft ist;

r) das am 23. April 1982 in Nikosia unterzeichnete Abkommen zwischen der Tschechoslowakischen Sozialistischen Republik und der Republik Zypern über die Rechtshilfe in Zivil- und Strafsachen, der[12] zwischen der Tschechischen Republik und Zypern noch in Kraft ist;

s) den am 10. Mai 1984 in Paris unterzeichneten Vertrag zwischen der Regierung der Tschechoslowakischen Sozialistischen Republik und der Regierung der Französischen Republik über die Rechtshilfe und die Anerkennung und Vollstreckung gerichtlicher Entscheidungen in Zivil-, Familien- und Handelssachen, der zwischen der Tschechischen Republik und Frankreich noch in Kraft ist;

t) den am 6. Dezember 1985 in Prag unterzeichneten Vertrag zwischen der Tschechoslowakischen Sozialistischen Republik und der Republik Italien über die Rechtshilfe in Zivil- und Strafsachen, der zwischen der Tschechischen Republik und Italien noch in Kraft ist;

u) das am 11. November 1992 in Tallinn unterzeichnete Abkommen zwischen der Republik Lettland, der Republik Estland und der Republik Litauen über Rechtshilfe und Rechtsbeziehungen;

v) das am 27. November 1998 in Tallinn unterzeichnete Abkommen zwischen Estland und Polen über Rechtshilfe und Rechtsbeziehungen in Zivil-, Arbeits- und Strafsachen;

w) das am 26. Januar 1993 in Warschau unterzeichnete Abkommen zwischen der Republik Litauen und der Republik Polen über

---

[11] Richtig wohl: „das".
[12] Richtig wohl: „das".

Rechtshilfe und Rechtsbeziehungen in Zivil-, Familien-, Arbeits- und Strafsachen.

(2) Die in Absatz 1 aufgeführten Übereinkünfte behalten ihre Wirksamkeit hinsichtlich der Verfahren, die vor Inkrafttreten dieser Verordnung eröffnet worden sind.

(3) Diese Verordnung gilt nicht
a) in einem Mitgliedstaat, soweit es in Konkurssachen mit den Verpflichtungen aus einer Übereinkunft unvereinbar ist, die dieser Staat mit einem oder mehreren Drittstaaten vor Inkrafttreten dieser Verordnung geschlossen hat;
b) im Vereinigten Königreich Großbritannien und Nordirland, soweit es in Konkurssachen mit den Verpflichtungen aus Vereinbarungen, die im Rahmen des Commonwealth geschlossen wurden und die zum Zeitpunkt des Inkrafttretens dieser Verordnung wirksam sind, unvereinbar ist.

Artikel 45 Änderung der Anhänge

Der Rat kann auf Initiative eines seiner Mitglieder oder auf Vorschlag der Kommission mit qualifizierter Mehrheit die Anhänge ändern.

Artikel 46 Bericht

Die Kommission legt dem Europäischen Parlament, dem Rat und dem Wirtschafts- und Sozialausschuß bis zum 1. Juni 2012 und danach alle fünf Jahre einen Bericht über die Anwendung dieser Verordnung vor. Der Bericht enthält gegebenenfalls einen Vorschlag zur Anpassung dieser Verordnung.

Artikel 47 Inkrafttreten

Diese Verordnung tritt am 31. Mai 2002 in Kraft.
Diese Verordnung ist in allen ihren Teilen verbindlich und gilt gemäß dem Vertrag zur Gründung der Europäischen Gemeinschaft unmittelbar in den Mitgliedstaaten.

ANHANG A

Insolvenzverfahren im Sinne des Artikels 2 Buchstabe a

BELGIË/BELGIQUE
- Het faillissement/La faillite
- Het gerechtelijk akkoord/Le concordat judiciaire
- De collectieve schuldenregeling/Le règlement collectif de dettes
- De vrijwillige vereffening/La liquidation volontaire
- De gerechtelijke vereffening/La liquidation judiciaire
- De voorlopige ontneming van beheer, bepaald in artikel 8 van de faillissementswet/Le dessaisissement provisoire, visé à l'article 8 de la loi sur les faillites

ČESKÁ REPUBLIKA
- Konkurs
- Nucené vyrovnání
- Vyrovnání

DEUTSCHLAND
- Das Konkursverfahren
- Das gerichtliche Vergleichsverfahren
- Das Gesamtvollstreckungsverfahren
- Das Insolvenzverfahren

EESTI
- Pankrotimenetlus

ΕΛΛΑΣ
- Η πτώχευση
- Η ειδική εκκαθάριση
- Η προσωρινή διαχείριση εταιρείας.Η διοίκηση και διαχείριση των πιστωτών
- Η υπαγωγή επιχείρησης υπό επίτροπο με σκοπό τη σύναψη συμβιβασμού με τους πιστωτές

ESPAÑA
- Concurso

FRANCE
- Liquidation judiciaire
- Redressement judiciaire avec nomination d'un administrateur

IRELAND
- Compulsory winding up by the court
- Bankruptcy
- The administration in bankruptcy of the estate of persons dying insolvent
- Winding-up in bankruptcy of partnerships
- Creditors' voluntary winding up (with confirmation of a Court)
- Arrangements under the control of the court which involve the vesting of all or part of the property of the debtor in the Official Assignee for realisation and distribution
- Company examinership

ITALIA
- Fallimento
- Concordato preventivo
- Liquidazione coatta amministrativa
- Amministrazione straordinaria

ΚΥΠΡΟΣ
- Υποχρεωτική εκκαθάριση από το Δικαστήριο
- Εκούσια εκκαθάριση από πιστωτές κατόπιν Δικαστικού Διατάγματος
- Εκούσια εκκαθάριση από μέλη
- Εκκαθάριση με την εποπτεία του Δικαστηρίου
- Πτώχευση κατόπιν Δικαστικού Διατάγματος
- Διαχείριση της περιουσίας προσώπων που απεβίωσαν αφερέγγυα

LATVIJA
- Bankrots
- Izlīgums
- Sanācija

LIETUVA
- įmonės restruktūrizavimo byla
- įmonės bankroto byla
- įmonės bankroto procesas ne teismo tvarka

LUXEMBOURG
- Faillite
- Gestion contrôlée
- Concordat préventif de faillite (par abandon d'actif)
- Régime spécial de liquidation du notariat

MAGYARORSZÁG
- Csődeljárás
- Felszámolási eljárás

MALTA
- Xoljiment
- Amministrazzjoni
- Stralċ volontarju mill-membri jew mill-kredituri
- Stralċ mill-Qorti
- Falliment f'każ ta' negozjant

NEDERLAND
- Het faillissement
- De surséance van betaling
- De schuldsaneringsregeling natuurlijke personen

ÖSTERREICH
- Das Konkursverfahren
- Das Ausgleichsverfahren

POLSKA
- Postępowanie upadłościowe
- Postępowanie układowe
- Upadłość obejmująca likwidację
- Upadłość z możliwością zawarcia układu

PORTUGAL
- O processo de insolvência
- O processo de falência
- Os processos especiais de recuperação de empresa, ou seja:
  - A concordata
  - A reconstituição empresarial
  - A reestruturação financeira
  - A gestão controlada

SLOVENIJA
- Stečajni postopek
- Skrajšani stečajni postopek
- Postopek prisilne poravnave
- Prisilna poravnava v stečaju

SLOVENSKO
- Konkurzné konanie

EuInsVO Anhang B   VO (EG) Nr. 1346/2000

– Vyrovnanie

SUOMI/FINLAND
– Konkurssi/konkurs
– Yrityssaneeraus/företagssanering

SVERIGE
– Konkurs
– Företagsrekonstruktion

UNITED KINGDOM
– Winding up by or subject to the supervision of the court
– Creditors' voluntary winding up (with confirmation by the court)
– Administration, including appointments made by filing prescribed documents with the court
– Voluntary arrangements under insolvency legislation
– Bankruptcy or sequestration

ANHANG B

Liquidationsverfahren im Sinne des Artikels 2 Buchstabe c

BELGIË/BELGIQUE
– Het faillissement/La faillite
– De vrijwillige vereffening/La liquidation volontaire
– De gerechtelijke vereffening/La liquidation judiciaire

ČESKÁ REPUBLIKA
– Konkurs
– Nucené vyrovnání

DEUTSCHLAND
– Das Konkursverfahren
– Das Gesamtvollstreckungsverfahren
– Das Insolvenzverfahren

EESTI
– Pankrotimenetlus

ΕΛΛΑΣ
– Η πτώχευση
– Η ειδική εκκαθάριση

ESPAÑA
– Concurso

FRANCE
– Liquidation judiciaire

IRELAND
– Compulsory winding up
– Bankruptcy
– The administration in bankruptcy of the estate of persons dying insolvent
– Winding-up in bankruptcy of partnerships
– Creditors' voluntary winding up (with confirmation of a court)
– Arrangements under the control of the court which involve the vesting of all or part of the property of the debtor in the Official Assignee for realisation and distribution

ITALIA
– Fallimento
– Liquidazione coatta amministrativa
– Concordato preventivo con cessione dei beni

ΚΥΠΡΟΣ
– Υποχρεωτική εκκαθάριση από το Δικαστήριο
– Εκκαθάριση με την εποπτεία του Δικαστηρίου
– Εκούσια εκκαθάριση από πιστωτές (με την επικύρωση του Δικαστηρίου)
– Πτώχευση
– Διαχείριση της περιουσίας προσώπων που απεβίωσαν αφερέγγυα

LATVIJA
– Bankrots

LIETUVA
– įmonės bankroto byla
– įmonės bankroto procesas ne teismo tvarka

LUXEMBOURG
– Faillite
– Régime spécial de liquidation du notariat

MAGYARORSZÁG
– Felszámolási eljárás

MALTA
- Stralċ volontarju
- Stralċ mill-Qorti
- Falliment inkluż il-ħruġ ta' mandat ta' qbid mill-Kuratur f'każ ta' negozjant fallut

NEDERLAND
- Het faillissement
- De schuldsaneringsregeling natuurlijke personen

ÖSTERREICH
- Das Konkursverfahren

POLSKA
- Postępowanie upadłościowe
- Upadłość obejmująca likwidację

PORTUGAL
- O processo de insolvência
- O processo de falência

SLOVENIJA
- Stečajni postopek
- Skrajšani stečajni postopek

SLOVENSKO
- Konkurzné konanie
- Vyrovnanie

SUOMI/FINLAND
- Konkurssi/konkurs

SVERIGE
- Konkurs

UNITED KINGDOM
- Winding up by or subject to the supervision of the court
- Winding up through administration, including appointments made by filing prescribed documents with the court
- Creditors' voluntary winding up (with confirmation by the court)
- Bankruptcy or sequestration

ANHANG C

Verwalter im Sinne des Artikels 2 Buchstabe b

BELGIË/BELGIQUE
- De curator/Le curateur
- De commissaris inzake opschorting/Le commissaire au sursis
- De schuldbemiddelaar/Le médiateur de dettes
- De vereffenaar/Le liquidateur
- De voorlopige bewindvoerder/L'administrateur provisoire

ČESKÁ REPUBLIKA
- Správce podstaty
- Předběžný správce
- Vyrovnací správce
- Zvláštní správce
- Zástupce správce

DEUTSCHLAND
- Konkursverwalter
- Vergleichsverwalter
- Sachwalter (nach der Vergleichsordnung)
- Verwalter
- Insolvenzverwalter
- Sachwalter (nach der Insolvenzordnung)
- Treuhänder
- Vorläufiger Insolvenzverwalter

EESTI
- Pankrotihaldur
- Ajutine pankrotihaldur
- Usaldusisik

ΕΛΛΑΣ
- Ο σύνδικος
- Ο προσωρινός διαχειριστής. Η διοικούσα επιτροπή των πιστωτών
- Ο ειδικός εκκαθαριστής
- Ο επίτροπος

ESPAÑA
- Administradores concursales

FRANCE
- Représentant des créanciers
- Mandataire liquidateur
- Administrateur judiciaire
- Commissaire à l'exécution de plan

IRELAND
- Liquidator
- Official Assignee
- Trustee in bankruptcy
- Provisional Liquidator
- Examiner

ITALIA
- Curatore
- Commissario
- Liquidatore giudiziale

ΚΥΠΡΟΣ
- Εκκαθαριστής και Προσωρινός Εκκαθαριστής
- Επίσημος Παραλήπτης
- Διαχειριστής της Πτώχευσης
- Εξεταστής

LATVIJA
- Maksātnespējas procesa administrators

LIETUVA
- Bankrutuojančių įmonių administratorius
- Restruktūrizuojamų įmonių administratorius

LUXEMBOURG
- Le curateur
- Le commissaire
- Le liquidateur
- Le conseil de gérance de la section d'assainissement du notariat

MAGYARORSZÁG
- Csődeljárás
- Felszámolási eljárás

MALTA
- Amministratur Proviżorju
- Riċevitur Uffiċjali

- Stralċjarju
- Manager Speċjali
- Kuraturi f'każ ta' proċeduri ta' falliment

NEDERLAND
- De curator in het faillissement
- De bewindvoerder in de surséance van betaling
- De bewindvoerder in de schuldsaneringsregeling natuurlijke personen

ÖSTERREICH
- Masseverwalter
- Ausgleichsverwalter
- Sachverwalter
- Treuhänder
- Besondere Verwalter
- Konkursgericht

POLSKA
- Syndyk
- Nadzorca sądowy
- Zarządca

PORTUGAL
- Administrador da insolvência
- Gestor judicial
- Liquidatário judicial
- Comissão de credores

SLOVENIJA
- Upravitelj prisilne poravnave
- Stečajni upravitelj
- Sodišče, pristojno za postopek prisilne poravnave
- Sodišče, pristojno za stečajni postopek

SLOVENSKO
- Správca
- Predbežný správca
- Nútený správca
- Likvidátor

SUOMI/FINLAND
- Pesänhoitaja/boförvaltare
- Selvittäjä/utredare

SVERIGE
- Förvaltare
- God man
- Rekonstruktör

UNITED KINGDOM
- Liquidator
- Supervisor of a voluntary arrangement
- Administrator
- Official Receiver
- Trustee
- Provisional Liquidator
- Judicial factor

Sachverzeichnis

Die fetten Zahlen bezeichnen die Paragraphen, die mageren Zahlen die Randnummern.

Abbedingungsverbot
- Abwicklungsvereinbarung **119** 2
- Gläubigergleichbehandlung **119** 1
- Insolvenzzweckwidrigkeit **119** 2
- Kündigungsrecht **119** 3
- Lösungsklauseln **119** 3
- Rangverbesserung **119** 2
- Rücktrittsrecht **119** 3
- Verfahrenseröffnung **119** 2
- Vertragsverletzungen **119** 3
- Verzug **119** 3
- Wahlrecht **119** 3

Abbuchungsauftrag 116 6

Abdingbarkeit
- Auftragsverhältnisse **115** 10
- Dauerschuldverhältnisse **108** 14
- Eigentumsvorbehalt **107** 14
- Erfüllungswahl **105** 7
- Geschäftsbesorgungsvertrag **115** 10; **116** 8
- Insolvenz des Vermieters/Verpächters **110** 6
- Kündigungsrecht **109** 18
- Kündigungssperre **112** 10
- Nichthaftungserklärung **109** 18
- Rückforderungsrecht **105** 12
- Rücktrittsrecht **109** 18
- Sonderkündigungsrecht **111** 10
- Vollmacht **117** 9
- Vormerkung **106** 8

Abfindungsanspruch
- Auseinandersetzung **84** 4

Ablehnung
- von Verfahrensbeteiligten **4** 6

Ablehnung des Eröffnungsantrags
- Beschwerdebefugnis **34** 3ff

Absatzvertrag 103 25

Abschlagsverteilung
- Aufsicht des Gerichts **195** 2
- Gläubigerausschuss **195** 2
- Kontrolle des Gläubigerausschusses **195** 1

Abschlußprüfer 155 6

absolutes Verfügungsverbot
- nach Insolvenzeröffnung **81** 3
- Verwertung beweglicher Gegenstände **166** 15

Absonderung
- § 444 BGB **51** 2
- Absonderungsrecht der öffentlichen Hand **51** 6
- Art und Weise der Verwertung **159** 14f
- Ausfall **52** 2
- berechtigte Gläubiger **52** 2
- Beschlagnahme **49** 3
- Bestandteile eines Grundstücks **49** 3
- Eigenverwaltung **282** 3
- Einziehungsrecht des Verwalters **51** 3
- Erbbaurecht **49** 2
- Erzeugnisse eines Grundstücks **49** 3
- geringstes Gebot **49** 4
- Gesellschafterinsolvenz **118** 8
- Gesellschaftsschuld **84** 6
- Grundschulden **49** 3
- Grundstücke **49** 2
- grundstücksgleiche Rechte **49** 2f
- Hypotheken **49** 3
- kaufmännisches Zurückbehaltungsrecht **51** 5
- Luftfahrzeuge **49** 2
- Mietforderungen **49** 3
- Miteigentümer **84** 6
- nützliche Verwendung **51** 4
- Pachtforderungen **49** 3
- Passivprozesse **86** 4
- Rangklassen **49** 4

Sachverzeichnis

- Rechte **49** 3
- Schiffe **49** 2
- Sicherungsabtretung **51** 3
- Sicherungsübereignung **51** 2
- übrige Gesellschafter **84** 6
- unbewegliche Gegenstände **49** 2
- versicherungsrechtliches Absonderungsrecht **51** 7
- Verwertung **159** 8, 14f
- Verwertung beweglicher Sachen **166** 3
- Verwertung unbeweglicher Gegenstände **165** 1, 6, 17, 20
- Verwertungsbefugnis des Verwalters **51** 2
- Verzicht **52** 2
- Zinszahlungspflicht
  - Ausgleichszahlungen **169** 11
  - Fälligkeit **169** 8
  - Masseschuld **169** 9
  - unterbleibende Verwertung **169** 3
  - Verzögerung der Verwertung **169** 4
  - werthaltige Sicherung **169** 6
  - Zinshöhe **169** 7
- Zinszahlungspflicht iRd Verwertung **169** 2
- Zubehör **49** 3
- Zurückbehaltungsrecht **51** 4
- ZVG **49** 1, 4
- Zwangsversteigerung **49** 4

absonderungsberechtigte Gläubiger
- vereinfachtes Insolvenzverfahren **313** 14

Absonderungsberechtigte
- Abschlagsverteilung **190** 7ff
- Änderungsverbot **223** 6
- Aufhebung von Gläubigerversammlungsbeschlüssen **78** 2
- Auskunftsrecht
  - Aufwandsersatzanspruch **167** 7
  - Auskunftsberechtigung **167** 2
  - Besichtigung der Sache **167** 5
  - Durchsetzung **167** 6
  - Einsichtnahme in die Geschäftsunterlagen **167** 5
  - Geschäftsgeheimnisse **167** 5
  - Umfang **167** 3
  - Wahlrecht **167** 5
  - Zurückbehaltungsrecht **167** 6
- Beschlüsse der Gläubigerversammlung **78** 3
- Bestimmtheitsgebot **223** 7
- festgestellte Forderung **178** 6
- Gläubigerverzeichnis **152** 4
- Hinweis des Insolvenzgläubigers
  - Beweislast **168** 11
  - günstigere Verwertungsmöglichkeit **168** 7, 11
  - Mehrerlös **168** 12
  - Rechtsfolgen **168** 10ff
  - Selbsteintritt **168** 8
- Insolvenzplan **221** 7; **222** 3; **239** 7ff
- Mitteilungspflicht
  - Erforderlichkeit **168** 2
  - Inhalt **168** 5
  - Zeitpunkt **168** 3
- nachzuweisende Tatsachen **190** 5ff
- Notverkäufe **168** 2
- persönliche Forderungen **223** 5
- Pflichten des Insolvenzverwalters **61** 9
- Rechtserwerb **91** 5
- Restschuldbefreiung **294** 1
- Rückschlagsperre **88** 6
- Schlussverteilung **190** 6
- Sicherungsrecht **223** 3
- Stimmrechtsfeststellung **77** 9
- Verwertungsrecht **190** 4

Absonderungsrecht
- Verwertung
  - bewegliche Sachen **166** 3
  - unbewegliche Gegenstände **165** 1, 6, 20
  - Zinszahlungspflicht **169** 2

Abtretung
- Insolvenz des Vermieters/Verpächters **110** 3

Abweisung mangels Masse
- Anspruch auf Erstattung des Massekostenvorschusses **26** 7
- Auslagen **26** 6

Sachverzeichnis

- Eintragung in das Schuldnerverzeichnis **26** 5
- GmbH **26** 5
- Handelsregister **26** 5
- Insolvenzordnungsänderungsgesetz **26** 1
- Kostenentscheidung **26** 6
- Massekostenvorschuss **26** 2, 4
- Schadensersatzanspruch **26** 4
- Verfahrenskosten **26** 6
- Verfahrenskostenstundung **26** 1, 4

Abwicklungsvereinbarung
- Abbedingungsverbot **119** 2
- Wahlrecht des Insolvenzverwalters **103** 37

Akteneinsicht
- Auskunft über den Verfahrensstand **4** 14
- Dritte **4** 11
- Gegenstand des Einsichtsrechts **4** 12
- Insolvenzgläubiger **4** 10
- Insolvenzgutachten **4** 12
- Insolvenzschuldner **4** 10
- Rechtsbehelfe **4** 13
- Verfahrensbeteiligte **4** 11

Akteneinsicht von Verwaltungsbehörden
- Entscheidung über die Akteneinsicht **4** 16
- funktionelle Zuständigkeit **4** 16
- Gegenstand des Einsichtsrechts **4** 12, 15 ff, 17

Aktivatausch
- Insolvenzanfechtung **142** 2

Aktivprozesse
- Ablehnung der Aufnahme **85** 4
- Aufnahme **85** 3
- bisherige Prozessführung **85** 3
- Erfüllungswahl **105** 4
- Freigabe **85** 4
- Haftung **85** 4f
- insolvenzfreies Vermögen **85** 2
- Überlegungsfrist **85** 5
- Unterbrechung **85** 1
- vermögensrechtliche Streitigkeiten **85** 2
- Verzögerung **85** 5

Alles-oder-Nichts-Prinzip
- Wahlrecht des Insolvenzverwalters **103** 30

Altersteilzeitverträge 113 46
- Arbeitsphase **113** 47
- Blockmodell **113** 46
- Entgeltansprüche **113** 48
- Freistellungsphase **113** 47
- Insolvenzsicherung **113** 49
- Kündigung **113** 47

Altlasten 61 8

Altmasseverbindlichkeiten
- Rang der Entgeltforderungen **113** 44

Amtsermittlung
- Amtspflicht **5** 5
- Auskünfte **5** 18
- Ermittlungsmöglichkeiten **5** 13 ff
- eröffnetes Verfahren **5** 9
- Eröffnungsverfahren **5** 7
- Insolvenzplanverfahren **5** 10
- Kosten **5** 19
- pflichtgemäßes Ermessen **5** 12
- Rechtsmittel **5** 20
- Sachverständige **5** 16
- Urkunden **5** 17
- Verbraucherinsolvenzverfahren **5** 8
- Vernehmung des Insolvenzschuldners **5** 15
- Zeugen **5** 14

Amtsniederlegung
- Entlassungsvoraussetzungen **59** 3

Amtstheorie
- Rechtsstellung des Insolvenzverwalters **80** 4

Änderungskündigung
- Kündigungsrecht **113** 19

Anfechtung
- Abfindungsregelung **84** 4
- Anfechtungsbefugnis **129** 14
- Arbeitsrecht **129** 7
- atypisch stille Gesellschaft **136** 7
- Auffangtatbestand **132** 1; **133** 2
- Auflagen **322** 2
- Ausgleichsanspruch **144** 1
  - Erstattungsanspruch **144** 5

943

Sachverzeichnis

- Gegenleistung **144** 4ff
- Insolvenzforderung **144** 6
- Sicherheiten **144** 3
- Wegfall der Bereicherung **144** 6
- Wiederaufleben **144** 3
- ausländische Insolvenzverfahren **343** 25; **349** 10
- Ausschlussfrist **146** 1
- Bargeschäft
  - Absichtsanfechtung **142** 7
  - Ausnahmen **142** 7ff
  - belastetes Grundstück **142** 6
  - Beratungshonorar **142** 6
  - entgeltliche Verträge mit nahestehenden Personen **142** 8
  - Gegenleistung **142** 3
  - gemischte Schenkung **142** 5
  - Gleichwertigkeit **142** 5
  - Gutschrift **142** 6
  - inkongruente Deckung **142** 9
  - Kontokorrentkonto **142** 6
  - Sanierungsberater **142** 6
  - Unmittelbarkeit **142** 4
- bedingte Rechtsgeschäfte **140** 12
- befristete Rechtsgeschäfte **140** 12
- Eigenverwaltung **280** 2
- Einlösung eines Schecks **140** 4
- Eintragungsantrag **140** 9
- Einzelrechtsnachfolge **145** 1
- Erfüllung **322** 3
- Erfüllung mit Eigenmitteln **322** 6
- Erfüllungssurrogate **322** 3
- Ersatzanspruch gegen den Erben **322** 8
- Forderungsverpfändung **140** 7
- Fristberechnung
  - Abweisung mangels Masse **139** 5
  - Insolvenzantrag **139** 3
  - mehrere Eröffnungsanträge **139** 4f
  - Rückschlagsperre **139** 2
- Genehmigung **140** 3, 5
- Gesamtrechtsnachfolge **145** 1
- Gläubigerbenachteiligung **322** 8
  - Befriedigungsmöglichkeiten **129** 8
  - mittelbare Benachteiligung **129** 11; **144** 2
  - Schenkung **129** 8
  - unmittelbare Benachteiligung **129** 10
  - wirtschaftliche Betrachtungsweise **129** 8
- Grundstück **140** 10
- gutgläubiger Erwerb
  - Rechtshandlungen nach Insolvenzeröffnung **147** 2
  - Registergüter **147** 2
  - Verjährung **147** 4
- inkongruente Deckung **131** 3ff
  - angekündigter Insolvenzantrag **131** 7
  - Antrag **131** 11
  - Bargeschäft **131** 15
  - Befriedigung **131** 8
  - Drittforderungen **131** 5
  - Drohung **131** 7
  - Druckzahlungen **131** 7
  - Erfüllungshandlung **131** 8
  - Eröffnung **131** 11
  - Kenntnis der Gläubigerbenachteiligung **131** 14
  - Kreditgeber **131** 4
  - Kundenscheck **131** 5
  - Leistungsverweigerungsrecht **131** 4
  - nicht durchsetzbarer Anspruch **131** 4
  - Prozesshandlungen **131** 9
  - Sicherung **131** 8
  - vor Fälligkeit **131** 6
  - Zahlungsunfähigkeit des Schuldners **131** 13
  - Zeitpunkt **131** 10ff
  - Zwangsvollstreckung **131** 7
- inkongruente Deckungshandlung **144** 2
- Insolvenzforderung **144** 2
- kapitalersetzende Darlehen
  - Befriedigung **135** 15
  - Eigenkapital **135** 13
  - Gesellschafterdarlehen **135** 12
  - gestundete Forderungen **135** 12

Sachverzeichnis

- kapitalersetzende Nutzungsüberlassung **135** 12
- Krise der Gesellschaft **135** 13
- Rückzahlung von kapitalersetzenden Darlehen **135** 15
- Sicherheitenstellung eines Drittdarlehens **135** 12
- Sicherung **135** 14
- kongruente Deckung **130** 3
  - Antragstellung **130** 10
  - drohende Zahlungsunfähigkeit **130** 7
  - Eröffnungsantrag **130** 6
  - Kenntnis **130** 4 ff
  - maßgeblicher Zeitpunkt **130** 10
  - nahestehende Personen **130** 9
  - Überschuldung **130** 7
  - Verfahrenseröffnung **130** 10
  - Zahlungsunfähigkeit **130** 5
- kongruente Deckungshandlung **144** 2
- mehraktige Rechtshandlungen **140** 3
- mit Mitteln des Nachlasses **322** 6
- nahestehende Personen
  - Beteiligung **138** 5
  - Ehegatte eines persönlich haftenden Gesellschafters **138** 7
  - Ehegatten **138** 3
  - Einfluss **138** 4
  - häusliche Gemeinschaft **138** 3
  - Lebenspartnerschaft **138** 1
  - Mitglieder des Aufsichtsorgans **138** 5
  - Mitglieder des Vertretungsorgans **138** 5
  - objektive Kriterien **138** 3
  - persönlich haftende Gesellschafter **138** 5
  - persönliche Nähe **138** 7
  - Schuldner als Gesellschaft ohne Rechtspersönlichkeit **138** 4 ff
  - Schuldner als juristische Person **138** 4 ff
  - Schuldner als natürliche Person **138** 3
  - unwiderlegliche Vermutung **138** 5
  - verbundene Unternehmen **138** 6
  - vergleichbare Verbindung **138** 6
- Pflichtteilsansprüche **322** 2
- prozessuale Handlungen **129** 4
- rechtsbegründende Tatbestände **140** 12
- Rechtsfolge **322** 7
  - Entreicherungseinwand **143** 5
  - quasidinglicher Charakter **143** 3
  - Rechtsfolgenverweisung **143** 4
  - Rechtsnatur des Rückgewähranspruchs **143** 3
  - Rückgewähr **143** 2
  - schuldrechtlicher Anspruch **143** 3
  - unentgeltliche Leistung **143** 5
  - Unmöglichkeit **143** 4
  - verschärfte Haftung **143** 5
- Rechtshandlungen **129** 3 ff
- Rechtsnachfolger
  - Ausnahmen **145** 4 ff
  - Einzelrechtsnachfolge **145** 1, 3 ff
  - Exkulpationsmöglichkeit **145** 7
  - Gesamtrechtsnachfolge **145** 1
  - nahestehende Personen **145** 7
- Registerrechte **140** 9 ff
- Schenkungsanfechtung
  - Bezugsberechtigung **134** 6
  - Gegenleistung **134** 4
  - Lebensversicherungsvertrag **134** 6
  - Leistung des Schuldners **134** 3
  - objektive Wertlosigkeit **134** 4
  - Sicherung **134** 5 f
  - Unentgeltlichkeit **134** 4
  - Unterlassungen **134** 3
  - unvollkommene Verbindlichkeit **134** 5
- Sicherungen **322** 3
- stille Gesellschaft

Sachverzeichnis

- anfechtbare Rechtshandlungen **136** 3f
- Anfechtungsfrist **136** 5
- Beweislast **136** 5f
- Rückzahlung der stillen Einlage **136** 3
- Verlusttragungspflicht **136** 4
- Übergangsregelung **EGInsO** **106** 1
- Überweisungs-, Zahlungs- und Übertragungsverträge
  - Anspruch auf Wertersatz **147** 3
  - Close-Out-Netting-Verträge **147** 3
  - internationaler Zahlungsverkehr **147** 3
  - Verjährung **147** 4
- unanfechtbares Verpflichtungsgeschäft **144** 2f
- unmittelbar nachteiliges Rechtsgeschäft **132** 2
  - Anfechtungsfristen **132** 4
  - einseitige Rechtsgeschäfte **132** 2
  - Kündigungen **132** 2
  - mittelbare Benachteiligung **132** 9
  - unmittelbare Benachteiligung **132** 3
  - Unterlassungen **132** 6
  - Verträge **132** 2
  - Zahlungsunfähigkeit **132** 5
- Verbraucherinsolvenzverfahren **129** 14
- vereinfachtes Insolvenzverfahren **313** 8ff
- Verjährung **146** 2
- Verjährung
  - Ausschlussfrist **146** 1
- Verjährung
  - Beginn **146** 3
  - Insolvenzeröffnung **146** 3
  - Leistungsverweigerungsrecht **146** 4
  - Übergangsregelung **EGInsO** **106** 2
- Vermächtnisse **322** 2
- Verwertung unbeweglicher Gegenstände **165** 20
- vollstreckbarer Schuldtitel **141**
- Vorausabtretung **140** 6
- Voraussetzungen **322** 2ff
- vorläufiger Insolvenzverwalter **129** 6
- Vormerkung **106** 3; **140** 11
- vorsätzliche Benachteiligung **133** 3ff, 6ff
  - Anfechtungszeitraum **133** 5
  - bedingter Vorsatz **133** 4
  - Benachteiligungsabsicht **133** 4, 7
  - drohende Zahlungsunfähigkeit **133** 4
  - entgeltliche Verträge **133** 6
  - inkongruente Deckung **133** 4
  - nahestehende Personen **133** 7
  - Rechtshandlungen **133** 3
  - unmittelbare Benachteiligung **133** 6
  - Vornahmezeitraum **133** 8
- Wechsel- und Scheckzahlung
  - Alternativhaftung **137** 7
  - Anfechtungsausschluss **137** 4
  - außenstehender Dritter **137** 7
  - Haftungsvoraussetzungen **137** 8
  - Indossant **137** 6
  - Kommissionswechsel **137** 7
  - Protest **137** 4
  - Rückgriffsmöglichkeit **137** 5ff
  - Rückgriffsverpflichteter **137** 4
  - Scheckzahlungen **137** 9
- Zeit zwischen Erbfall und Verfahrenseröffnung **322** 5
- Zeitpunkt der Rechtshandlung **129** 13
- Zeitpunkt der Vornahme der Rechtshandlung **140** 2ff
- Zugang **140** 2
- Zwangsvollstreckung **140** 8
- zweiseitiges Rechtsgeschäft **140** 3

Anhörung
- Auslandsaufenthalt **10** 5
- Entbehrlichkeit **10** 3
- Ermessensentscheidung **10** 5

Sachverzeichnis

- Insolvenzantrag **15** 2
- juristische Personen **10** 7
- unbekannter Aufenthalt **10** 6
- Verfahrensverzögerung **10** 1ff, 5

Antrag
- siehe Eröffnungsantrag

Antragsberechtigung
- Amtsniederlegung **15** 4
- Fehlen eines organschaftlichen Vertreters **15** 4
- fehlerhaftes Vertretungsorgan **15** 5
- GbR **15** 3
- Gegenglaubhaftmachung **15** 2
- Geschäftsführer **18** 8
- Gesellschaften ohne Rechtspersönlichkeiten **15** 3
- Gesellschafter **18** 8
- GmbH & Co. KG **15** 3
- Handelsregister **15** 5
- juristische Personen **15** 2
- KG **15** 3
- KGaA **15** 3
- Notgeschäftsführer **15** 4
- OHG **15** 3
- quasi-streitiges Verfahren **15** 2
- Vertretungsorgan **15** 2; **18** 8

Antragsgrundsatz **13** 2

Antragspflicht
- Gläubiger **13** 3
- Schuldner **13** 7

Antragsrücknahme **13** 9ff

Antragsverfahren nach § 126
- Antragsvoraussetzungen **127** 2f
- Beteiligte **127** 8
- Betriebsrat **127** 2
- Bezeichnung der Arbeitnehmer **127** 3
- Darlegungs- und Beweislast **127** 7
- geplante Betriebsänderung **127** 2
- Interessenausgleich **127** 2
- Kosten **127** 9
- Prüfungsumfang **127** 5
- Rechtsbeschwerde **127** 9
- Verfahren **127** 4ff

Anwaltsbeiordnung **4a** 31
- Ablehnung **4d** 3
- Entscheidung **4a** 29ff

- Erforderlichkeit **4a** 23
- Kostenstundung **4a** 22
- Vergütungsanspruch **4a** 28
- Voraussetzungen **4a** 21ff
- Wirkungen **4a** 28

Anwartschaftsrecht
- Eigentumsvorbehalt **107** 2, 4

Arbeitgeber
- Rechte des Insolvenzverwalters **80** 5

Arbeitgeberfunktion
- Kündigungsrecht **113** 12f

Arbeitnehmeransprüche
- rückständige Leistungen **108** 13

Arbeitnehmererfindungen
- Verwertung **159** 11

arbeitsgerichtliches Zustimmungsverfahren
- Begründetheit **122** 8ff
- Beteiligte **122** 6
- Betriebsänderung **122** 3, 5
- Betriebsrat **122** 5, 12
- Darlegungs- und Beweislast **122** 9
- Durchführungsrecht **122** 10
- Einigungsstellenverfahren **122** 10
- einstweiliges Verfügungsverfahren **122** 14
- Form **122** 7
- Fristablauf **122** 5
- Gebot der vertrauensvollen Zusammenarbeit **122** 5
- Informationspflicht **122** 5
- Interessenabwägung **122** 8
- Nachteilsausgleichsanspruch **122** 11
- Rechtsbeschwerde **122** 13
- Rechtsfolgen **122** 10ff
- Rechtsmittel **122** 13
- Unterlassungsanspruch **122** 12
- Verfahren **122** 5ff
- Zulässigkeit **122** 5
- Zustimmungsvoraussetzungen **122** 8ff

Arbeitsverhältnisse
- Kündigungsrecht **113** 4

arbeitsvertragliche Regelungen
- Betriebsvereinbarung **120** 14

Sachverzeichnis

Architektenvertrag 103 8
- Wahlrecht des Insolvenzverwalters 103 8

Aufforderung
- zu Wahlrechtsausübung 103 23 ff

Aufhebung des Eröffnungsbeschlusses
- Amtshaftungsansprüche 34 11
- Auswirkungen 34 10
- öffentliche Bekanntmachung 34 7
- Rechtsbeschwerde 34 9
- Sekundäransprüche 34 11
- Zustellung 34 8

Aufhebung des Insolvenzverfahrens
- Benachrichtigungspflichten 200 5

Auflassungsvormerkung 106 3

auflösend bedingte Forderungen
- Abschlagsverteilung 191 3
- Vollstreckungsgegenklage 42 1 ff, 2

Aufrechnung
- anfechtbare Handlung 96 7 ff
- Aufrechnungserklärung 94 7
- Aufrechnungslage 94 3 f
- Aufrechnungsverbot 94 5 f; 95 3; 96 4
- aufschiebend bedingte Forderungen 96 6
- bedingte Forderungen 95 4; 96 4
- betagte Forderungen 95 3; 96 4
- Dauerschuldverhältnisse 96 4
- Fälligkeit 95 3
- Gegenforderung 96 5 f
- Gläubigerverzeichnis 152 5
- Grundsatz der par conditio creditorum 96 2
- Insolvenz des Vermieters/Verpächters 110 5
- Insolvenzeröffnung 95 3
- insolvenzfreies Vermögen 96 10
- Insolvenzgläubiger 94 2
- internationale Abrechnungssysteme 96 2, 11
- kapitalersetzendes Darlehen 94 2
- Massegläubiger 94 2
- nachrangiger Insolvenzgläubiger 94 2
- Restschuldbefreiung 287 29
- Rückausnahmen 96 2
- Rückgriffsanspruch des Wechselindossanten 96 6
- Schuldnerstellung 96 3 f
- Sonderkündigungsrecht 111 8
- Verfahrenseröffnung 96 4
- Voraussetzung 94 4
- Wahlrecht des Insolvenzverwalters 103 14

Aufrechnungsverbote
- Insolvenz des Vermieters/Verpächters 110 5
- Vorausverfügung 94 5 f; 95 3; 114 6 ff

aufschiebend bedingte Forderungen
- Abschlagsverteilung 191 2
- Aufrechnung 96 6
- Restschuldbefreiung 42 3; 302 1
- Schlussverteilung 191 2

Aufsichtsrat
- Auskunftsverpflichtung 101 3

Auftrag
- Abdingbarkeit 115 10
- Aufwendungsersatz 115 6
- Aufwendungsersatzanspruch 115 9
- Erlöschen 117 1
- Erlöschenswirkung 115 5
- Fortsetzungsklausel 115 10
- Gefahrenlage 115 8
- Insolvenz des Auftraggebers 115 2
- Insolvenzforderung 115 6, 9
- Massebezug 115 3
- Masseschuld 115 8
- Notgeschäftsführung 115 8
- Rechtsfolgen 115 5 ff
- Schadensersatz 115 7
- starker vorläufiger Insolvenzverwalter 115 2
- Verfahrenseröffnung 115 5
- Wahlrecht des Insolvenzverwalters 103 8
- Wissenszurechnung 115 9
- Zurückbehaltungsrecht 115 6

Aufwendungsersatz
- Auftragsverhältnisse 115 6

Sachverzeichnis

Aufwendungsersatzanspruch
- Auftragsverhältnisse 115 9
- Geschäftsbesorgungsvertrag 116 3, 4
- Restschuldbefreiung 287 15

Ausbildungsverhältnisse
- Kündigungsrecht 113 5

Auseinandersetzung
- Abfindungsanspruch 84 4
- Aussonderungsrecht 84 3
- Bruchteilsgemeinschaft 84 3
- Gesellschaft ohne Rechtspersönlichkeit 84 4
- Gesellschaftsvertrag 84 4
- Insolvenzforderung 84 5
- Miteigentum 84 3
- Miteigentumsanteil 84 3
- stille Gesellschaft 84 5
- Vorrang des Gesellschaftsrechts 84 2

Ausgleichsanspruch
- Geschäftsbesorgungsvertrag 116 4

Auskunft
- Geschäftsbücher 58 25
- Urkunden 58 25
- zivilprozessuale Verpflichtung 58 25
- Zwangsmittel 58 25

Auskünfte des Schuldners
- Gläubigerverzeichnis 152 3

Auskunftsanspruch
- allgemeiner 58 23
- Aussonderungsberechtigter 47 15
- Eigentumsvorbehalt 107 12

Auskunftspflicht
- Angestellte 101 4
- Aufsichtsrat 101 3
- Berichtstermin 157 8
- Geschäftsführer 101 3
- Inhalt 20 3
- Insolvenzgericht 20 1
- des Insolvenzschuldners 20 1
  - Auskunftsberechtigte 97 4ff
  - Aussageverweigerungsrecht 97 8
  - Einkommen 97 7
  - Gläubigerversammlung 97 5
- Insolvenzantragspflicht 97 8
- insolvenzfreies Vermögen 97 7
- Insolvenzgläubiger 97 6
- organschaftliche Vertreter 97 3
- strafrechtlich relevante Tatsachen 97 8f
- Umfang 97 7ff
- Verwendungsverbot 97 9
- des Insolvenzverwalters 61 9
- organschaftliche Vertreter 101 3
- persönlich haftende Gesellschafter 101 3
- Vorstand 101 3

Auskunftsrechte 58 22f
- Dritte 58 22f
- Insolvenzgericht 58 21
- keine Amtshilfe 58 24
- Verfahrensbeteiligte 4 c 5; 58 21

Auskunftsverlangen
- Dritte 58 22f

Auslagen
- Haftung 61 34
- der Mitglieder des Gläubigerausschusses 54 7

Auslagenersatzanspruch 63 10

ausländisches Insolvenzverfahren
- Aktiv- und Passivprozesse 352 3
- allgemeiner Gerichtsstand 343 12
- andere Entscheidungen 343 24
- anerkennungsfähige Entscheidung 353 6
- Anerkennungsverfahren 343 4
- Anfechtung 343 25; 349 10
- Annexentscheidungen 343 25
- Anordnung von Sicherungsmaßnahmen 343 23
- Antrag des Verwalters 345 3ff
- Anwendungszeitraum 344 3
- Aufnahme eines anhängigen Rechtsstreits 352 5
- ausländischer Eröffnungsbeschluss 347 1
- ausländischer Insolvenzverwalter 345 4
- ausländisches Hauptverfahren 346 1

Sachverzeichnis

- ausländisches Partikularverfahren 346 1; 352 2
- Auslandswirkung 343 21
- ausschließliche Zuständigkeit 348 2
- Ausschlussgründe 343 9ff
- außerhalb der EU 343 6
- beglaubigte Übersetzung der Bestellung 347 2
- Bekanntmachung der Verfahrensbeendigung 345 10
- Bekanntmachung der Verfahrenseröffnung 345 9
- Bekanntmachung von Amts wegen 345 11f
- Belegenheitsort des Vermögens 348 2
- berechtigte Person 352 5
- Bestellung des Insolvenzverwalters 345 6
- bewegliche Gegenstände 351 6
- Bezugspunkt der Anerkennung 343 5ff
- dingliche Rechte 351 11
- Einschränkung der Verfügungsbefugnis 346 7ff
- Eintragung der Verfügungsbeschränkung 346 1
- Eintragungsverfahren 346 11
- Entscheidung im ausländischen Insolvenzverfahren 353 3
- erfasstes Vermögen 344 7
- Erhalt des Unternehmens 343 5
- Eröffnung 343 7f
- Eröffnung eines ausländischen Hauptverfahrens 351 4; 353 3
- Eröffnung im Ausland 345 2
- EU-ausländische Urteile 353 1
- formelle Vollstreckungsvoraussetzungen 353 2
- Freigabe 346 14
- Gegenstand der Insolvenzmasse 351 7
- Gläubigerbefriedigung 343 5
- Grundbuch 346 1ff
- Grundrechte 343 16, 18
- guter Glaube 350 8
- Gutglaubenserwerb 349 10
- gutgläubiger Erwerb unbeweglicher Gegenstände 349 1
- Gutgläubigkeit 345 1
- Hauptverfahren 344 7; 347 1
- hinreichender Inlandsbezug 343 17
- im Ausland bewirkte Leistung 350 4
- Informationspflicht des Verwalters 347 3f
- inländisches Gericht 345 3
- inländisches Sekundärinsolvenzverfahren 344 7
- insolvenzrechtliches Verfügungsverbot 349 4
- Insuffizienz des Vermögens 343 5
- internationale Zuständigkeit 343 10ff
- Klagen nicht vermögensrechtlicher Art 352 3
- konkurrierende Zuständigkeit mehrerer Gerichte 348 2
- Kosten des Verfahens 345 15
- Kreditinstitute 343 15
- Leistungsort 350 4
- Löschung der Eintragung 346 14
- Mahnverfahren 352 3
- Maßstab 343 18
- materielle Vollstreckungsvoraussetzungen 353 3ff
- materiellrechtliche Folgen 343 16
- Mittelpunkt der wirtschaftlichen Interessen 343 12
- Niederlassung 348 3
- Niederlassung im Inland 345 11
- objektive Schutzwirkung 349 8
- öffentliche Bekanntgabe 345 2ff
- ordre public 343 8, 16, 18
- Ort einer Niederlassung 348 2
- örtliche Zuständigkeit 343 12; 348 2ff
- Partikularverfahren 347 1; 349 1
- Pfandrechte an Luftfahrzeugen 349 4
- positive Kenntnis 349 9
- Postsperre 344 8
- Prüfung von Amts wegen 344 6

Sachverzeichnis

- Rechte des Insolvenzschuldners **351** 5
- Rechte des Schuldners an unbeweglichen Sachen **351** 11f
- Rechte Dritter **351** 5
- Rechtsfolge **351** 9f
- Rechtsfolge der Verfahrensunterbrechung **352** 4
- Rechtsmittel **345** 14; **346** 12f
- registerrechtliche Formvorschriften **346** 11
- registrierte Schiffe **349** 4
- sachlicher Regelungsgehalt **351** 1
- Schiedsverfahren **352** 3
- Schiffswerke **349** 4
- schuldbefreiende Leistung **350** 3ff
- Schuldbefreiung **343** 5
- schuldrechtliche Ansprüche **350** 3
- Schutzwirkung **349** 7ff
- Sicherungsmaßnahmen **344** 1, 8; **345** 7
- sofortige Beschwerde **344** 9; **345** 14; **346** 12
- sonstige Anerkennungsgegenstände **343** 22ff
- staatlich veranlasstes Verfahren **343** 5
- subjektive Schutzwirkung **349** 9
- Teilanerkennung **343** 16
- unbewegliche Gegenstände **349** 4; **351** 6
- Universalprinzip **343** 2
- Unterbrechung eines anhängigen Rechtsstreits **352** 3f
- Untersagung von Zwangsvollstreckungsmaßnahmen **344** 8
- unzuständige Gerichte **348** 5
- Veräußerung **346** 14
- Verfahren **343** 16
- Verfahrensgrundrechte **343** 18
- Verfügung des Schuldners **349** 5f
- Verfügung über bewegliche Gegenstände **349** 3
- Verfügungs- und Prozessführungsbefugnis des Schuldners **352** 3
- Verfügungsbegriff **349** 6
- Verfügungsbeschränkung nach Antragstellung **349** 8
- Verfügungsbeschränkung vor Antragstellung **349** 9
- Verfügungsverbot **344** 8
- Vermögensbegriff **348** 4
- Vermutung des guten Glaubens **350** 9f
- Versicherungsunternehmen **343** 15
- Verstrickung schuldnerfremden Vermögens **349** 4
- Verwalterhaftung **343** 25
- Vollstreckung von Entscheidungen aus einem eröffneten Verfahren **353** 2ff
- Vollstreckung von Entscheidungen aus einem Eröffnungsverfahren **353** 7
- vorläufiger Insolvenzverwalter **344** 4; **347** 1; **352** 6
- Wahrnehmung von Mitwirkungsrechten **345** 1
- Weiterleitung **348** 5
- Wirkungen einer Vormerkung **349** 11
- Zeitpunkt der Verfahrenseröffnung **343** 14
- Zeitpunkt des Eröffnungsantrags **343** 13
- Zuständigkeit **344** 5f; **345** 12; **353** 2
- Zuständigkeit mehrerer Insolvenzgerichte **343** 14
- Zuständigkeitskonzentration **348** 6

Auslandsaufenthalt 10 5

Auslandsberührung
- Verwertung **159** 19

Aussageverweigerungsrecht
- Auskunftspflicht des Insolvenzschuldners **97** 8

Ausschluss
- von Verfahrensbeteiligten **4** 6

außerordentliche Beschwerde 6 27

Sachverzeichnis

außerordentliche Kündigung
- Betriebsvereinbarung **113** 15; **120** 9

Aussonderung
- absonderungsberechtigte Gläubiger **47** 13
- Absonderungsrecht **47** 5
- Abtretungsverbot **47** 7
- AGB **47** 4
- Anderkonten **47** 12
- Anfechtung **47** 11
- Auseinandersetzung **84** 3
- Auskunftsanspruch des Aussonderungsberechtigten **47** 15
- Aussonderungsanspruch **47** 2
- aussonderungsberechtigte Gläubiger **47** 13
- Aussonderungspool **47** 13
- dingliche Rechte **47** 3ff
- Durchsetzung **47** 14
- echtes Factoring **47** 8
- eigennützige (Sicherungs-)Treuhand **47** 12
- Eigentum **47** 4
- Eigentumsvorbehalt **47** 4, 13; **107** 3, 12
  - einfacher **47** 4
  - erweiterter **47** 4
  - verlängerter **47** 4, 7
- einstweilige Verfügung **47** 14
- Factoring **47** 8
- Forderungsabtretung **47** 7
- Forderungskauf **47** 8
- Früchte **47** 6
- Globalzession **47** 7
- Herausgabeanspruch des Vermieters **47** 10
- Inbesitznahme der Massegegenstände **148** 3
- insolvenzfeste Fruchtziehung **47** 6
- Ist-Masse **47** 1
- Kosten **47** 14
- Kreditversicherer **47** 14
- obligatorische Aussonderungsansprüche **47** 9ff
- Passivprozesse **86** 3
- persönliche Rechte **47** 3
- Poolbildung **47** 13
- Rückgewähranspruch **47** 11
- schuldrechtlicher Anspruch **47** 3, 9ff
- Sicherungsabtretung **47** 7
- Sicherungsübereignung **47** 5
- Treuhandabrede **47** 12
- Treuhänder **47** 12
- Treuhandverhältnisse **47** 12
- unechtes Factoring **47** 8
- uneigennützige (Verwaltungs-)Treuhand **47** 12
- Vermischungen des Treugutes **47** 12
- Verwertung beweglicher Sachen **166** 3
- Verwertung von Forderungen **166** 11
- Vorausabtretung **47** 4
- Vorbehaltseigentum **47** 4
- Warenlager **47** 13

Aussonderungsberechtigte
- Beschlüsse der Gläubigerversammlung **78** 3
- Rechtserwerb **91** 5
- Restschuldbefreiung **294** 1; **302** 12
- Rückschlagsperre **88** 6
- Stimmrechtsfeststellung **77** 4

ausstehendes Arbeitsentgelt
- Insolvenzgeld **113** 29

bankrechtlicher Überweisungsverkehr 82 7
Bankvertrag
- Geschäftsbesorgungsvertrag **116** 6

bargeldloser Zahlungsverkehr 82 7
Bargeschäft
- inkongruente Deckung **131** 15

Baukostenvorschuss
- Insolvenz des Vermieters/Verpächters **110** 3

Bauleistungen
- Erfüllungswahl **105** 4

Bauträgervertrag 103 8
- Wahlrecht des Insolvenzverwalters **103** 8

Sachverzeichnis

Bauvertrag 103 8
- Wahlrecht des Insolvenzverwalters 103 8

bedingte Forderungen
- Aufrechnungslage 95 4
- Aufrechnungsverbot 96 4
- Stimmrechtsfeststellung 77 9

bedingte Rechtsgeschäfte
- Insolvenzanfechtung 140 12

Beendigungskündigung
- Kündigungsrecht 113 19

Befangenheit
- von Verfahrensbeteiligten 4 6

Befriedigung
- der Insolvenzgläubiger
  - Abschlagsverteilung 187 4ff
  - Durchführung 187 5f
  - Genossenschaft 187 8
  - nachrangige Insolvenzgläubiger 187 7
  - VVaG 187 8
  - Zustimmung des Gläubigerausschusses 187 6
- der Massegläubiger
  - Alt-Masseverbindlichkeiten 209 9ff
  - Dauerschuldverhältnisse 209 7f
  - Erfüllungswahl des Verwalters 209 6
  - Kosten des Verfahrens 209 4
  - Neu-Masseverbindlichkeiten 209 5ff
  - Sozialplanansprüche 209 10
  - Unterhaltsansprüche 209 11

befristete Erinnerung 6 26

befristete Rechtsgeschäfte
- Insolvenzanfechtung 140 12

Befristung
- Kündigungsrecht 113 9

Bekanntmachung 9 3ff
- Beweislastumkehr 30 2
- des Eröffnungsbeschlusses 30 3

Berichtstermin
- Ablauf 157 3ff
- Abstimmungsberechtigung 78 3
- Auskunftspflicht 157 8
- Bericht des Insolvenzverwalters 157 4ff
- besonders bedeutsame Rechtshandlungen 157 16
- drohende Masseunzulänglichkeit 157 16
- Eigentumsvorbehalt 107 3, 12
- Eigenverwaltung 157 4
- Einberufung 157 3
- Entscheidung 157 9ff
- Entwicklung der Vermögenssituation 157 5
- Eröffnungsbeschluss 157 3
- Fortführung 29 4; 157 12
- Gläubigerausschuss 157 14, 16
- Gläubigerversammlung 157 14
- Gläubigerverzeichnis 157 3
- Hinterlegung 157 16
- inhaltliche Anforderungen 157 5f
- Insolvenzgründe 157 5
- Insolvenzplan 157 6, 13
- Leitung 157 3
- Masseverzeichnis 157 3
- Neuwahl des Insolvenzverwalters 157 16
- Prüfungstermin 157 16
- Rechnungslegung 157 16
- Rechtswirkungen 29 4
- Sanierungsaussichten 157 6
- Schuldenbereinigung 157 10
- Stellungnahmemöglichkeiten 157 7
- Stilllegung 29 4; 157 11
- Stimmrechtsfeststellung 77 4
- Übertragung der Aufgaben 157 14
- Vermögenssituation 157 5
- Vermögensübersicht 157 3
- Verwertung 159 4f
- Vorbereitung 157 3
- Wahlrecht 29 4
- weitere Tagesordnungspunkte 157 16f
- wirtschaftliche Lage 157 5
- Zwangsversteigerung 29 4

Beschäftigungs- und Qualifizierungsgesellschaft
- Betriebsveräußerung 128 10
- Sozialplan 124 8

953

Sachverzeichnis

Beschwerdebefugnis
- bei Ablehnung des Eröffnungsantrags **34** 3ff
- Abweisung mangels Masse **34** 4
- Herbeiführung einer Abweisung mangels Masse **34** 5
- sofortige Beschwerde **34** 3

Besitzschutzansprüche
- Verwertung beweglicher Sachen **166** 4

Besitzübergang
- beiderseitiges Rücktrittsrecht **109** 14

besondere Zuständigkeiten
- arbeitsgerichtliches Verfahren **185** 2
- Feststellungsklage **185** 3
- Gerichtszweige **185** 2
- örtliche Zuständigkeit **185** 3
- Streitwertbestimmung **185** 4
- vorgeschaltetes Verwaltungsverfahren **185** 3

besonders bedeutsame Rechtshandlungen
- Berichtstermin **157** 16
- Einwilligung **160** 3
- generelle Zustimmung **160** 3
- Gläubigerausschuss **160** 2
- Gläubigerversammlung **160** 2
- Verfahren **160** 2f
- Zustimmungserfordernis **160** 5
  - Ablehnung der Aufnahme eines Prozesses **160** 9
  - Außenverhältnis **160** 10
  - Bedeutsamkeit **160** 6
  - Bezug wiederkehrender Einkünfte **160** 7
  - Darlegungs- und Beweislast **160** 12
  - Darlehen **160** 8
- Zustimmungserfordernis
  - Generalklausel **160** 4ff
- Zustimmungserfordernis
  - Gläubigerversammlung **160** 11
  - Haftung **160** 11
  - Haftung der Ausschussmitglieder **160** 11
  - Innenverhältnis **160** 10
- öffentliche Versteigerung **160** 7
- Prozesshandlungen **160** 5
- Rechtsfolgen **160** 10ff
- rechtsgeschäftliche Handlungen **160** 5
- Rechtsstreitigkeiten **160** 9
- Regelbeispiele **160** 7ff
- Schiedsvertrag **160** 9
- Unternehmensbeteiligung **160** 7
- Veräußerung aus freier Hand **160** 7
- Veräußerung des Unternehmens/Betriebs als Gesamtheit **160** 7
- Veräußerung des Warenlagers **160** 7
- Veräußerung von Massegegenständen **160** 7
- Vergleich **160** 9
- Zwangsvollstreckung **160** 7

Bestallungsurkunde
- Verwertung unbeweglicher Gegenstände **165** 10

Bestandteile
- Verwertung beweglicher Sachen **166** 5
- Verwertung unbeweglicher Gegenstände **165** 2

bestrittene Forderungen
- Abschlagsverteilung **189** 7
- Ausfall **190** 9
- betroffene Forderungen **189** 3
- Frist **189** 5
- Rechtsfolge **189** 7f
- Schlussverteilung **189** 7
- Sicherheitsleistung **189** 3
- titulierte Forderungen **189** 3
- verspäteter Nachweis **189** 7
- Wiedereinsetzung in den vorigen Stand **189** 9

betagte Forderungen
- Aufrechnungslage **95** 3
- Aufrechnungsverbot **96** 4

betriebliche Altersversorgung
- Betriebsveräußerung **128** 4
- Betriebsvereinbarung **120** 2

Sachverzeichnis

Betriebsänderung
- Betriebsrat **122** 2, 3
- Betriebsstillegung **122** 2
- fakultatives Vermittlungsverfahren **122** 3f
- Gläubigerautonomie **122** 2
- Sozialplan **124** 5
- Voraussetzung **122** 2

Betriebsfortführung
- Insolvenzeröffnungsverfahren **68** 2

betriebsorganisatorische Einheit
- Betriebsveräußerung **128** 10

Betriebsrat
- Antragsverfahren nach § 126 **127** 2
- arbeitsgerichtliches Zustimmungsverfahren **122** 5, 12
- Betriebsänderung **122** 2, 3
- Betriebsvereinbarung **120** 2
- Eigenverwaltung **279** 2
- Interessenausgleich mit Namensliste **125** 3
- Massenentlassungsanzeige **125** 22

Betriebsratsbeteiligung
- vorzeitige Stillegung **158** 18

Betriebsveräußerung
- betriebliche Altersversorgung **128** 4
- Betriebsänderung **128** 2
- Betriebsübergang **128** 8
- Betriebsveräußerung **128** 2
- Bindungswirkung **128** 7
- Darlegungs- und Beweislast **128** 8
- doppelte Vermutung **128** 8
- Erwerberkonzept **128** 6
- Feststellungswirkung **128** 9
- insolvenzrechtliche Besonderheiten **128** 4ff
- Kündigungsverbot **128** 1
- Kündigungsverbot des § 613a Abs 4 BGB **128** 5
- Lohnansprüche **128** 4
- übertragende Sanierung **128** 1
- Verfahren nach §§ 125–127 **128** 2ff
- Vermutungswirkung **128** 8

Betriebsveräußerung an besonders Interessierte
- erfasster Personenkreis **162** 3ff
- mittelbare Beteiligung **162** 5ff
- nahestehende Personen **162** 2
- Strohmanngeschäfte **162** 7
- Zustimmung der Gläubigerversammlung **162** 9
- zweistufiges Beteiligungsverhältnis **162** 6

Betriebsveräußerung unter Wert
- Entscheidung
  - Inhalt **163** 9
  - Kosten **163** 11
  - Rechtsmittel **163** 10
  - Zustimmung der Gläubigerversammlung **163** 9
- Übertragung der Zustimmungszuständigkeit
  - anderweitige Veräußerungsmöglichkeit **163** 6
  - Anhörung des Insolvenzverwalters **163** 3
  - formelle Voraussetzungen **163** 2ff
  - Glaubhaftmachung **163** 5ff
  - Liquidationswert **163** 8

Betriebsvereinbarung
- arbeitsvertragliche Regelungen **120** 14
- außerordentliche Kündigung **120** 9
- belastende **120** 6
- Beratungen über die Betriebsvereinbarung **120** 2ff
- Beratungsgebot **120** 5
- betriebliche Altersversorgung **120** 2
- Betriebsrat **120** 2
- Eigenverwaltung **120** 6
- erzwingbare **120** 12
- freiwillige **120** 11
- Günstigkeitsprinzip **120** 14
- Herabsetzung der Leistungen **120** 2
- Kündigung durch den Betriebsrat **120** 6
- Kündigungserklärung **120** 8

Sachverzeichnis

- Kündigungsfrist **120** 7
- Kündigungsrecht **120** 6
- Nachkündigungsrecht **120** 6
- Nachwirkung **120** 11
- Rechtsfolgen **120** 11 ff
- Rechtsweg **120** 15
- Regelungsabreden **120** 2, 3
- Sachwalter **120** 6
- Sozialpläne **120** 4
- teilmitbestimmte **120** 13
- vereinfachte Lösung **120** 1

bewegliche Gegenstände
- ausländische Insolvenzverfahren **351** 6

bewegliches Vermögen
- Art und Weise der Verwertung **159** 14

Beweislast
- Wahlrecht des Insolvenzverwalters **103** 36

Bezugsberechtigung
- Schenkungsanfechtung **134** 6

Bilanz
- Vermögensübersicht **153** 3

Bindungswirkung des § 127
- Kündigungsschutzverfahren **127** 10 ff

Blockmodell
- Altersteilzeitverträge **113** 46

Bruchteilsgemeinschaft 11 6

Bundesagentur für Arbeit
- rückständige Leistungen **108** 13

Bundesanzeiger
- Insolvenzeröffnung **82** 5

Bürgschaftsverpflichtungen
- Gesellschafter **93** 4

Clearing-Verfahren
- Aufrechnung **96** 11

close-out-netting
- Aufrechnung **96** 11
- Finanzleistungen **104** 5
- Insolvenzanfechtung **147** 3

Darlehen
- Veräußerung von Massegegenständen **160** 8
- verzinslich **103** 8

Dauerschuldverhältnisse
- Abdingbarkeit **108** 14
- Alles-oder-Nichts-Prinzip **vor §§ 108 ff** 1
- Arbeitnehmeransprüche **108** 13
- Aufrechnung **96** 4
- Befriedigung der Massegläubiger **209** 7 f
- Erfüllungswahl **105** 4
- Insolvenzeröffnungsverfahren **108** 10
- Insolvenzplan **266** 14
- Kaution **108** 12
- Räume **108** 4
- Rechte **vor §§ 108 ff** 1
- Refinanzierung **108** 8
- rückständige Leistungen **108** 10 ff
- Schadensersatzansprüche **108** 12
- schwacher vorläufiger Insolvenzverwalter **108** 11
- starker vorläufiger Insolvenzverwalter **108** 10
- unbewegliche Gegenstände **108** 4
- Vertragsfortdauer **108** 2 ff
- Rechtsfolgen **108** 9

derivative Finanzinstrumente 104 5

Dienstverhältnisse 108 5
- Kündigungsrecht **113** 3
- Vertragsfortdauer **108** 5
- Vollmacht **117** 5

Dienstvertrag
- Wahlrecht des Insolvenzverwalters **103** 8

dingliches Vorkaufsrecht
- Vormerkung **106** 3

Doppelausgebot
- Verwertung unbeweglicher Gegenstände **165** 12

Doppelstock-Finanzierung 108 8
- Vertragsfortdauer **108** 8

Doppeltreuhandvertrag 103 8
- Wahlrecht des Insolvenzverwalters **103** 8

Drittschuldner
- bargelloser Überweisungsverkehr **82** 7

Sachverzeichnis

- Inanspruchnahme **82** 6
- Rückschlagsperre **88** 7
- Schutz **82** 1

drohende Masseunzulänglichkeit
- Berichtstermin **157** 16

drohende Zahlungsunfähigkeit 18 1 ff

Druckantrag 4 26; **14** 9

Durchsuchungsanordnung
- Inbesitznahme der Massegegenstände **148** 4

echte Sanierung
- Pflichten des Insolvenzverwalters **80** 6

Eigentumsvorbehalt 107 3
- Abdingbarkeit **107** 14
- Anwartschaftsrecht **107** 2, 4
- Auskunftsanspruch **107** 12
- Aussonderungsrecht **107** 3, 12
- Berichtstermin **107** 3, 12
- Besitzerlangung **107** 11
- Besitzübertragung **107** 5
- Betriebsfortführung **107** 3
- einfacher **47** 4
- Ersatzaussonderung **48** 4
- erweiterter **47** 4
  - Verwertung beweglicher Sachen **166** 3
- Käuferinsolvenz **107** 3, 9 ff
- Kfz-Brief **107** 8
- Konsignationslager **107** 3
- Leasing **107** 6
- mittelbarer Besitz **107** 11
- Rechtsfolge **107** 7 f, 12 f
- Verkäuferinsolvenz **107** 2, 4 ff
- verlängerter **47** 4, 7
- Verwertung beweglicher Sachen **166** 3
- Vollrechtserwerb **107** 7
- Wahlrecht **107** 8
- Wahlrechtsausübung **107** 12

Eigenverwaltung
- Absonderungsrechte **282** 3
- Alt-Masseverbindlichkeiten **285** 3
- Anfechtung **vor §§ 270–285** 10
- Anhörung des Insolvenzschuldners **272** 3
- Anmeldung von Forderungen **270** 13
- Anordnungsaufhebung **272** 1 ff
- Arbeitgeberbefugnis **270** 12
- Aufgaben des Sachwalters **274** 9 ff
- Ausübung des Verwertungsrechts **282** 4
- besondere Bedeutung **276** 3
- Betriebsrat **279** 2
- Betriebsvereinbarung **120** 6
- Entnahmerecht **278** 2 ff
- Entnahmerecht bei Gesellschaften **278** 7
- Feststellungskosten **282** 5
- Forderungsprüfung **283** 2 f
- gegenseitige Verträge **279** 2 ff
- Gläubigerantrag **272** 3
- Gläubigerausschuss **276** 1 ff
- Gläubigerautonomie **271** 1; **272** 1; **276** 1
- Gläubigerbericht **281** 5
- Gläubigerschutz **272** 1
- Gläubigerversammlung **157** 4; **271** 3
- Gläubigerverzeichnis **281** 2
- Gutglaubensschutz **277** 11
- Haftung **280** 1
- Insolvenzanfechtung **280** 2, § *93*
- Insolvenzeröffnungsverfahren **vor §§ 270–285** 6
- Insolvenzplan **284** 1 ff
- Insolvenzplanverfahren **vor §§ 270–285** 11
- Insolvenztabelle **283** 2
- Kassenführung **275** 5
- Lebensunterhalt **278** 1
- Masseunzulänglichkeit **285** 1
- nachträgliche Anordnung **271** 1 ff
- Neu-Masseverbindlichkeiten **285** 3
- öffentliche Bekanntmachung **273** 1 ff
- Prüfvermerk **283** 4
- Rechnungslegung **281** 6
- Rechtshandlung **276** 2
- Rechtsstellung des Sachwalters **274** 2

957

Sachverzeichnis

- Regelinsolvenzverfahren **vor §§ 270–285** 7 ff
- Registereintragungen **270** 13
- Sachwalter
  - Haftung **274** 8
  - Informationspflichten **274** 13
  - Informationsrechte **274** 12
  - Vergütung **274** 3 f
  - Widerspruchsmöglichkeit **275** 4
- Schlussrechnung **281** 7
- Schuldnerantrag **272** 6
- Sicherungsmaßnahmen **vor §§ 270–285** 6
- Stimmrecht **283** 3
- Überwachung **274** 11
- Umsatzsteuer **282** 5
- vereinfachtes Insolvenzverfahren **312** 5
- Vermögensübersicht **281** 2
- Verteilungsverzeichnis **283** 4
- Verwaltungs- und Verfügungsbefugnis **270** 12
- Verwertung **159** 1
- Verwertungskosten **282** 5
- Verwertungsrecht **282** 2 ff
- Verzeichnis der Massegegenstände **281** 2
- Vollmacht **117** 8
- Voraussetzungen **270** 2 ff
- Zustimmungserfordernis **275** 2 f
- Zustimmungsvorbehalt **277** 2 ff
- Zwischenberichte **281** 6

einfache Insolvenzforderungen 108 10

Einigungsstellenverfahren
- arbeitsgerichtliches Zustimmungsverfahren **122** 10

Einkommen
- Auskunftspflicht des Insolvenzschuldners **97** 7

Einstellung des Verfahrens
- Antragsbefugnis des Schuldners **212** 2
- bei Anzeige der Masseunzulänglichkeit **211**
- Genossenschaft **207** 12
- Gläubigerversammlung **207** 4
- mangels Masse **207**
- Massegläubiger **207** 4
- Massekostenvorschuss **207** 5
- nachträgliche Einstellung **207** 3
- Nachtragsverteilung **207** 11; **211** 3
- Prüfungstermin **211** 2
- Rechnungslegungspflicht **207** 9
- Rechtsmittel **212** 5, *§ 216*
- Restschuldbefreiung **207** 10
- Schlussverzeichnis **211** 2
- Verfahren **212** 5, *§ 214f*
- Verfahrenskosten **207** 3
- Wegfall des Eröffnungsgrundes **212** 3 f
- Zustimmung der Gläubiger **213**

Einstellungsverfahren
- Einstellungsbeschluss **214** 5
- öffentliche Bekanntmachung **215** 3
- Verwaltungs- und Verfügungsbefugnis **215** 4
- Widerspruch **214** 3

einstweilige Verfügung
- Veräußerungsverbote **80** 9

Einzugsermächtigung
- Geschäftsbesorgungsvertrag **116** 6

Energielieferungsvertrag
- Wahlrecht des Insolvenzverwalters **103** 8, 25

entgangener Gewinn
- Sonderkündigungsrecht **109** 7

entgeltliche Verwahrung 103 8
- Wahlrecht des Insolvenzverwalters **103** 8

Entlassung
- Amtsniederlegung **59** 3
- Anhörung **59** 7
- Antrag **59** 6
- Beschluss **59** 9
- Beschwerde **59** 16
- Entlassungsgrund **59** 2
- Entscheidung **59** 9 ff
- Ermittlung **59** 8
- Gefahr im Verzug **59** 14
- Insolvenzeröffnungsverfahren **59** 13

Sachverzeichnis

- Insolvenzgericht **59** 4
- des Insolvenzverwalters **59** 15
- sofortige Beschwerde **59** 15
- Verfahren **59** 5ff
- Vergütungsansprüche **59** 12
- von Amts wegen **59** 5

Entlassungsgrund 59 2

Entschädigungsanspruch
- Sonderkündigungsrecht **109** 6

Entscheidung
- des Insolvenzgerichts **6** 4

Entscheidungen im Insolvenzverfahren 6 6

Erbschaft
- Annahme **83** 5
- Ausschlagung **83** 4
- Nacherbe **83** 8
- Nachlasskonkurs **83** 5
- Pflichtteilsanspruch **83** 4
- Restverfügungsbefugnis **83** 2
- Universalsukzession **83** 3
- Vermächtnis **83** 6
- Vorerbschaft **83** 1, 8

Erfüllung
- Wahlrecht des Insolvenzverwalters **103** 13

Erfüllungsablehnung
- Wahlrecht des Insolvenzverwalters **103** 30

Erfüllungsanspruch
- Wahlrecht des Insolvenzverwalters **103** 33

Erfüllungssurrogate
- Wahlrecht des Insolvenzverwalters **103** 14

Erfüllungswahl
- Abdingbarkeit **105** 7
- Aktivprozesse **105** 4
- Bauleistungen **105** 4
- Beweislast **105** 5
- Dauerschuldvertrag **105** 4
- Definition von Teilbarkeit **105** 3
- Insolvenzforderungen **105** 1, 6
- Kostenfestsetzungsverfahren **105** 4
- Prozesskosten **105** 4
- Rechtsfolgen **105** 6
- teilbare Leistungen **105** 1ff
- Teilbarkeit **105** 2ff
- Teilvorleistung des Vertragspartners **105** 5
- Umsatzsteuerforderungen **105** 4
- Verfahrenskosten **105** 4
- Werkleistungen **105** 4

Erlass
- Insolvenz des Vermieters/Verpächters **110** 3

Erledigung des Verfahrens 4 24ff

Erlöschenstheorie 103 2

Eröffnungsantrag
- Abweisungsbeschluss **13** 10
- Anhörung des Schuldners **14** 7
- Antragsgrundsatz **13** 2
- Antragspflicht **13** 7
- Auswirkungen **13** 8
- drohende Zahlungsunfähigkeit **13** 5, *s auch Eröffnungsgrund* **14** 4
- Druckantrag **14** 9
- Eigenantrag **13** 4, 5ff
- Erledigungserklärung **13** 12
- Eröffnungsgründe **13** 5; **14** 4
- Forderung des Gläubigers **14** 3
- Fremdantrag **13** 3f
- Gegenglaubhaftmachung **14** 8
- Glaubhaftmachung **14** 4ff
- Gläubigerantrag **13** 3
- Gutglaubensschutz **82** 3
- Kostentragungspflicht **13** 12
- missbräuchliche Insolvenzanträge **14** 9
- quasi-streitiges Verfahren **14** 8
- rechtliches Interesse **14** 9
- Regelinsolvenzverfahren **13** 5
- Rücknahme **13** 9ff
- Sachverständige **14** 7
- Schadensersatzanspruch **13** 7
- Sicherungsmaßnahmen **14** 7
- siehe Antragsberechtigung
- strafrechtliche Verantwortung **13** 7
- Titel **14** 6
- Überschuldung **13** 5, *s auch Eröffnungsgrund* **14** 4
- Verbraucherinsolvenzverfahren **13** 4, 6

Sachverzeichnis

- Versicherung an Eides statt **14** 6
- Zahlungsunfähigkeit **3** 9; **13** 5, s auch *Eröffnungsgrund* **14** 4

Eröffnungsbeschluss
- Bekanntmachung **30** 3
- Berichtstermin **157** 3
- Debitoren **30** 4
- formelle Vorgaben **27** 3
- Gläubiger **30** 4
- Insolvenzgeld **27** 1
- Insolvenzverwalter **27** 2
- Richter **27** 2
- Zeitpunkt der Eröffnung **27** 4
- Zustellung **30** 4

Eröffnungsgrund
- Antragsberechtigung **18** 8
- Bewertung der Liquiditätswerte **19** 4
- drohende Zahlungsunfähigkeit **18** 4f, 6f; **212** 4
- Eigenantrag **18** 3
- Eigenkapital ersetzende Gesellschafterdarlehen **19** 8
- Fortführungsgesichtspunkte **19** 4
- Fortführungsprognose **19** 5
- Fortführungswerte **19** 7
- Gefahr des Missbrauchs **18** 7
- Gesellschaften ohne Rechtspersönlichkeiten **19** 3
- Insolvenzantragspflicht **19** 2
- juristische Personen **19** 3
- Liquidationswerte **19** 6
- Liquidität **17** 2
- Liquiditätsplan **18** 6
- nachrangige Forderungen **19** 8
- Prognosezeitraum **18** 5
- Rangrücktrittserklärung **19** 8
- Sachverständige **18** 7
- Sanierung **18** 2
- Schuldnerantrag **18** 3
- Überschuldung **19** 4ff
- Überschuldungsbilanz **19** 5
- Unternehmenswert **19** 6ff
- Verbindlichkeiten **17** 2; **18** 4
- Wegfall **212**
- Zahlungseinstellung **17** 3
- Zahlungsstockung **17** 2
- Zahlungsunfähigkeit **17** 2

- Zerschlagungswerte **17** 2; **19** 6
- zweistufige Überschuldungsprüfung **19** 4

Eröffnungsverfahren
- Kündigungssperre **112** 7

Ersatzaussonderung
- Abtretungsanspruch **48** 5
- Abtretungsverbot **48** 7
- Aussonderungsrecht **48** 3
- Einziehung einer fremden Forderung **48** 8
- Entgeltlichkeit der Veräußerung **48** 7
- Ersatzabsonderung **48** 9
- Ersatzaussonderungsanspruch **48** 4
- gewöhnlicher Geschäftsgang **48** 4
- Haftung des Verwalters **48** 8
- Herausgabe der Gegenleistung **48** 8
- Inhalt **48** 5ff
- Kontokorrentkonto **48** 8
- Surrogation **48** 2, 7
- unberechtigte Veräußerung **48** 4
- Unterscheidbarkeit **48** 8
- Veräußerung **48** 6
- Veräußerung fremden Gutes **48** 8
- verlängerter Eigentumsvorbehalt **48** 4
- Voraussetzungen **48** 3f
- Vorbehalt **48** 4
- vorläufiger Insolvenzverwalter **48** 10
- Zwangsvollstreckung **48** 6

Erstattungsanspruch
- Verfahrenskostenhilfe **63** 17

Erwerberkonzept
- Betriebsveräußerung **128** 6

Erwerbsobliegenheit 4c 8

Erzeugnisse
- Verwertung beweglicher Sachen **166** 5
- Verwertung unbeweglicher Gegenstände **165** 2

EWIV 11 6

Sachverzeichnis

Factoring
- Wahlrecht des Insolvenzverwalters 103 8

fakultatives Vermittlungsverfahren
- Betriebsänderung 122 3f

Familienrecht
- Wahlrecht des Insolvenzverwalters 103 9

Fernmeldeordnung
- Abdingbarkeit 109 18

festgestellte Forderung
- eines absonderungsberechtigten Gläubigers 178 6
- Auszahlungsanspruch 178 8
- Eintragung 178 4ff
- Rang 178 5
- Rechtsmittel 178 8
- Vermerke auf Urkunden 178 7
- Widerspruch 178 3
- Wirkung der Eintragung 178 8

Feststellung
- in arbeitsrechtlichen Streitigkeiten 180 4
- in bereits anhängigen Verfahren 180 3
- örtliche Zuständigkeit 180 1ff
- Präklusion 181 2
- durch Prozessgericht 180 2
- sachliche Zuständigkeit 180 5
- durch Schiedsvertrag 180 4
- in Urkunds-, Wechsel- oder Scheckprozessen 180 4
- Wiedereinsetzung 181 3

Feststellungsentscheidung
- Berichtigung der Tabelle 183 3
- Kostenerstattung 183 4f
- Kostenerstattungsanspruch 183 5
- Prozessführung einzelner Gläubiger 183 5
- Reichweite der Rechtskraft 183 2

Feststellungskostenpauschale
- Insolvenzanfechtung 129 8

Feststellungspauschale
- Verwertung beweglicher Gegenstände 166 15

Finanz- und Warentermingeschäfte
- Differenzgeschäft 104 6
- Nichterfüllungsanspruch 104 6
- Rechtsfolgen 104 6
- Unabdingbarkeit 104 6

Finanzleistungen 104 5

Finanztermingeschäfte
- Wahlrecht des Insolvenzverwalters 104 1

Fix- und Finanztermingeschäfte 103 8
- Wahlrecht des Insolvenzverwalters 103 8

Fixgeschäfte
- absolute 104 3
- relative 104 3
- Warenlieferungsvertrag 104 2

flexibler Nullplan
- Schuldenbereinigungsplan 305a 22

Flucht
- Verpflichtungen des Insolvenzschuldners 98 6

Forderungsanmeldung
- Absonderungsrechte 28 3
- Anmeldefrist 28 2
- Bestreiten im Prüfungstermin 174 8
- Debitoren 28 4
- fehlerhafte Anmeldung 174 8
- formelle Voraussetzungen 174 4f
- Frist 174 6
- Inhalt 174 5
- nachrangige Forderungen 174 7
- rechtskräftiges Urteil 174 2
- Schadensersatzpflicht 28 3
- Schlüssigkeitsanforderungen 174 5
- Sicherungsrechte 28 3
- Tabelle 28 2
- Urkunden 174 4
- Vertretungsbefugnisse 174 4
- Zahlungsverbot an den Schuldner 28 4
- Zurückweisung 174 8
- Zuständigkeit 28 2; 174 3

Sachverzeichnis

Forderungsprüfung
- Fristversäumnis **186** 2

Fortführung
- Berichtstermin **157** 12

Fortführung eines Rechtsstreits **184** 4

Fortführungswerte
- Verzeichnis der Massegegenstände **151** 5

fortgesetzte Gütergemeinschaft
- Antragsberechtigung **332** 12
- bestehende Gütergemeinschaft **332** 8, *§ 333*
- Eröffnungsgründe **332** 13
- Gesamtinsolvenzverfahren **332** 6
- Haftungsbeschränkung **332** 2
- Insolvenzfähigkeit **332** 3
- Insolvenzgläubiger **332** 9
- Insolvenzschuldner **332** 10
- Nachlassinsolvenzverfahren **332** 5
- Neuerwerb **332** 11
- Umfang der Masse **332** 11
- Verweis **332** 4
- Zeitpunkt der Verfahrenseröffnung **83** 7; **332** 13

Fortsetzungsklausel
- Auftragsverhältnisse **115** 10

Frachtvertrag 103 8
- Wahlrecht des Insolvenzverwalters **103** 8

Franchisenehmer
- Wahlrecht des Insolvenzverwalters **103** 8

Freiberufler
- Verwertung **159** 12
- Vorausverfügung **114** 2

freie Spitzen 171 24

Freigabe 61 8
- Aktivprozesse **85** 4
- ausländische Insolvenzverfahren **346** 14
- echte
  - Verwertung unbeweglicher Gegenstände **165** 31
- Nichthaftungserklärung **109** 12
- Umsatzsteuer **165** 31 f; **171** 22
- Verwertung **159** 21

- Verwertung unbeweglicher Gegenstände **165** 31 ff

Freigabevereinbarung 109 1

freihändige Verwertung
- bewegliche Sachen **166** 6
- unbewegliche Gegenstände **165** 30
- Verwertung unbeweglicher Gegenstände **165** 25

Freistellung von Arbeitnehmern
- Anwendungsbereich **113** 37
- Arbeitslosengeld **113** 40
- Betriebsrat **113** 39
- Insolvenzverwalter **113** 37
- Voraussetzungen **113** 38 f
- vorläufiger Insolvenzverwalter **113** 35 ff

fremdfinanzierte Verträge vor §§ 108 ff 2

Gebrauchsüberlassungsverträge vor §§ 108 ff 1

Gebühren 6 24

Gefahrenabwehr
- Auflösung der Gesellschaft **118** 4

Gefahrenlage
- Auftragsverhältnisse **115** 8

gegenseitige Verträge
- Wahlrecht des Insolvenzverwalters **103** 2, 5 ff; **vor §§ 103 ff** 1

Geldstrafen
- nachrangige Forderungsarten **39** 6

Gerichtsstand
- Haftung **61** 24

Gerichtsvollzieher
- Rückschlagsperre **88** 5

Gesamt(hands)gläubiger
- Beschluss der Gläubigerversammlung **77** 13

Gesamtgut
- bei der Gütergemeinschaft **37** 1 ff
- fortgesetzte Gütergemeinschaft **37** 3
- gemeinschaftliche Verwaltung **37** 3
- Sonder- und Vorbehaltsgut **37** 2

Sachverzeichnis

- Vormerkung **106** 4
Gesamtschaden
- Ansprüche gegen den Insolvenzverwalter **92** 6
- Einzelschaden **92** 3
- Haftung **61** 23
- Neugläubiger **92** 4
- Prozessführungsbefugnis des Insolvenzverwalters **92** 5f
- Quotenschaden **92** 4
- Sonderverwalter **92** 3, 6
gesamtschuldnerische Haftung 61 25
Geschäftsbesorgung 108 5
Geschäftsbesorgungsvertrag
- Abbuchungsauftrag **116** 6
- Abdingbarkeit **116** 8, *§ 115 Rn 10*
- Aufwendungsersatzanspruch **116** 3f
- Ausgleichsanspruch **116** 4
- Bankvertrag **116** 6
- Einzugsermächtigung **116** 6
- Erlöschen **117** 1
- Girovertrag **116** 6
- Herausgabepflicht **116** 5
- Honorarforderung **116** 5
- Insolvenzforderung **116** 3f
- Kontokorrentverhältnis **116** 6
- Massebezug **116** 2
- Notgeschäftsführung **116** 3
- Provisionsanspruch **116** 4
- Rechtsfolgen **116** 3
- Steuerberater **116** 5
- Übertragungsvertrag **116** 7
- Überweisung **116** 6
- Verfahrenseröffnung **116** 3
- Vergütungsanspruch **116** 3
- Vertragsfortdauer **108** 5
- Vollmacht **116** 5
- Wahlrecht des Insolvenzverwalters **103** 8
- Wirtschaftsprüfer **116** 5
- Zahlungsvertrag **116** 7
- Zurückbehaltungsrecht **116** 5
Geschäftsbücher
- Verwertung **159** 10
Geschäftsführer
- Auskunftsverpflichtung **101** 3

- Kündigungsrecht **113** 3
Geschäftsgeheimnisse
- Auskunftsrecht Absonderungsberechtigter **167** 5
Gesellschaft bürgerlichen Rechts 11 6
- Auflösung **118** 3
Gesellschaften ohne Rechtspersönlichkeit 11 6
- Auflösung **118** 2
Gesellschafter
- akzessorische Haftung **93** 4
- Ausfallhaftung **93** 5
- Bürgschaftsverpflichtungen **93** 4
- Doppelberücksichtigung **93** 5
- Gesellschaft bürgerlichen Rechts **93** 2
- Gesellschaftsgläubiger **93** 3
- Komplementär bei der KG **93** 2
- offene Handelsgesellschaft **93** 2
- persönliche Haftung **93** 2
- Privatgläubiger **93** 3f
Gesellschafter einer GbR
- Unterhalt **101** 7
Gesellschafter einer oHG
- Unterhalt **101** 7
Gesellschafterinsolvenz
- Absonderungsrechte **118** 8
- Auflösung der Gesellschaft **118** 3
- Insolvenzforderung **118** 7
- Masseschulden **118** 5
- Rechtsfolge **118** 5f
- Sozialverbindlichkeiten **118** 5
- unverschuldete Unkenntnis **118** 7
Gesellschaftsgläubiger
- Gesellschafter **93** 3
Gesellschaftsvertrag
- Auseinandersetzung **84** 4
Gestaltungsrechte des Verwalters
- Abbedingungsverbot **119** 2
Gewährleistungsansprüche
- Wahlrecht des Insolvenzverwalters **103** 34
Gewerbesteuerpflicht
- Vergütungsanspruch **63** 8
Gewinnbeteiligung
- Insolvenzgeld **113** 31

963

Sachverzeichnis

gezielte Rangrücktrittsvereinbarungen 39 10
Girokonto
– Gutglaubensschutz **82** 7
Girovertrag
– Geschäftsbesorgungsvertrag **116** 6
– Gutglaubensschutz **82** 7
Gläubigerausschuss
– Abschlagsverteilung **195** 2
– Absetzung **68** 12
– Amtsannahme **68** 8
– Aufgaben **69** 2ff
  – Einsichtnahme in Geschäftsunterlagen **69** 6
  – Prüfung des Geldverkehrs und -bestandes **69** 6
  – Überwachung des Insolvenzverwalters **69** 5
  – Unterstützung des Insolvenzverwalters **69** 5
– Aufsichtsratsmitglieder **68** 7
– Auslagenersatz **54** 7; **73** 8
– Befriedigung der Insolvenzgläubiger **187** 6
– Berichtstermin **157** 14, 16
– Beschlüsse **68** 4; **72** 1
  – Abstimmung **72** 2
  – Beschlussfähigkeit **72** 2
  – fehlerhafte Beschlüsse **72** 4
  – Interessenkonflikt **72** 2
  – Kopfmehrheit **72** 2
  – Korrektur **72** 5
  – relative Mehrheit **72** 3
  – Stimmberechtigung **72** 2
  – Umlaufverfahren **72** 1
– Beschlüsse der Gläubigerversammlung **78** 3
– Besetzung **68** 6
– besonders bedeutsame Rechtshandlungen **160** 2
– Bestätigung **68** 12
– Eigenverwaltung **276** 1ff
– Einberufung **72** 1
– Einsetzungsverfahren **68** 4f
– Entlassungsantrag **59** 6
– Exekutivorgan **69** 8
– funktionelle Zuständigkeit **68** 5
– Geheimhaltung **69** 6
– Geschäftsordnung **72** 1
– Gläubigerautonomie **68** 1
– Gläubigerbeirat **68** 16
– Gläubigerversammlung **68** 10ff
– Grenze der Bestimmungsrechte **68** 14
– Haftung **61** 26; **160** 11
– Hinterlegung **149** 2
– Insolvenzgericht **68** 2ff
– Insolvenzplan **231** 13; **261** 3
– juristische Personen des öffentlichen Rechts **68** 7
– Kassenprüfung **79** 5
– Kollektivorgan **69** 2
– Kontrollbefugnis **69** 11
– Mitglieder **68** 7; **69** 2; **73** 1
– Neueinsetzung **68** 11
– Pflichten **69** 2
– Prinzip der Selbstorganschaft **69** 4
– privates Amt **69** 3
– Rechnungslegung **66** 9
– Rechtsmittel **68** 9, 15
– Status **69** 3
– Stellung **69** 7ff
– Umgestaltung **68** 13
– Unabhängigkeit **70** 1
– Unterhaltsgewährung **100** 5
– Vergütung **64** 1; **73** 1ff
  – Auslagenersatz **73** 8
  – Haftpflichtversicherung **73** 8
  – Umsatzsteuer **73** 8
– Vergütungsanspruch **73** 1ff
  – Angemessenheit **73** 1
  – berufliche Tätigkeit **73** 5
  – besondere Sachkunde **73** 2
  – Entstehung **73** 4
  – Fälligkeit **73** 4
  – Haftungsrisiken **73** 2
  – InsVV **73** 1
  – Pauschalvergütung **73** 1
  – Rang **73** 4
  – Stundensatz **73** 2
  – Verjährung **73** 4
  – Vertretung **73** 6
  – Verwaltervergütung **73** 3
  – Vorschuss **73** 7
– Verhältnis zum Insolvenzgericht **69** 12

Sachverzeichnis

- Verhältnis zum Insolvenzverwalter **69** 11
- Verhältnis zur Gläubigerversammlung **69** 8 ff
- Verzeichnis der Massegegenstände **151** 3
- vorläufiger **68** 2 ff
- Weisungsbefugnis der Gläubigerversammlung **69** 1
- Weisungsrecht **69** 11
- Zustimmung bei vorzeitiger Stilllegung **158** 5 f
- Zwang zur Entscheidung **68** 10

Gläubigerausschussmitglied
- Aufhebung von Gläubigerversammlungsbeschlüssen **78** 2
- Entlassung **70** 1 ff
  - befristete Erinnerung **70** 8
  - Entscheidung des Insolvenzgerichts **70** 6
  - funktionelle Zuständigkeit **70** 6
  - Rechtsfolge **70** 7
  - Rechtsmittel **70** 8
  - sofortige Beschwerde **70** 8
- Entlassungsverfahren **70** 3 ff
- Haftung
  - Absonderungsberechtigte **71** 2
  - Anspruchsberechtigte **71** 2
  - Anspruchsverpflichtete **71** 3
  - Aufrechnung **71** 14
  - Freistellung **71** 8
  - für Hilfspersonen **71** 12
  - Gesamtschuldverhältnis **71** 3
  - Haftpflicht **71** 15
  - Haftungsanordnung **71** 8
  - Haftungsmilderung **71** 8
  - individualisierter Verschuldensmaßstab **71** 9
  - Insolvenzgläubiger **71** 2
  - Kausalität **71** 11
  - Schaden **71** 10
  - Verjährung **71** 13
  - Verletzung insolvenzspezifischer Pflichten **71** 5
  - Verschulden **71** 6 ff
  - Voraussetzungen **71** 2 ff
- Pflichtverletzung **70** 2

Gläubigerautonomie
- Berichtstermin **157** 1
- Betriebsänderung **122** 2
- Verwertung **159** 1; **161** 1

Gläubigerbenachteiligung
- Insolvenzanfechtung **129** 8

Gläubigergleichbehandlung
- Insolvenzanfechtung **129** 2

Gläubigerversammlung
- absolute Mehrheit **77** 13
- Abstimmungsberechtigung **78** 3
- Abstimmungstermin **75** 3
- allgemeines Einsichtsrecht **79** 2
- Antrag auf Einberufung **75** 5 f
- Antragsberechtigung
  - der Absonderungsberechtigten **75** 6
  - der Insolvenzgläubiger **75** 6
  - des Gläubigerausschusses **75** 6
  - des Insolvenzschuldners **75** 6
- Berichtstermin **75** 3; **157** 1, 14
- Beschlüsse **77** 11
  - Absonderungsberechtigte **78** 2, 3
  - Anfechtung **77** 15
  - Antragsbefugnis **78** 3
  - Aufhebung **78** 2 ff
  - Aufhebungsantrag **78** 3
  - Aussonderungsberechtigte **78** 3
  - Bindungswirkung **77** 14
  - Entscheidung **78** 4
  - Erinnerung **78** 5
  - funktionelle Zuständigkeit **78** 4
  - Gläubigerausschuss **78** 3
  - Gläubigerausschussmitglied **78** 2
  - Insolvenzgericht **78** 4
  - Insolvenzverwalter **78** 3
  - Interessenwidrigkeit **78** 2
  - Massegläubiger **78** 3
  - nicht nachrangige Insolvenzgläubiger **78** 3
  - Rechtsmittel **78** 5 f
  - sofortige Beschwerde **78** 5, 6
  - Wahl eines neuen Insolvenzverwalters **78** 2
- Beschlussfähigkeit **77** 3

Sachverzeichnis

- Beschlussfassung **77** 2ff
- besonders bedeutsame Rechtshandlungen **160** 2, 11
- Betriebsveräußerung an besonders Interessierte **162** 9
- Betriebsveräußerung unter Wert **163** 9
- Eigenverwaltung **271** 3
- Einberufung **75** 2ff
- Einberufungsbeschluss **75** 7
  - befristete Erinnerung **75** 9
  - Rechtsmittel **75** 9
  - sofortige Beschwerde **75** 9
- Einstellung des Verfahrens **207** 4
- Entlassungsantrag **59** 6
- Erörterungstermin **75** 3
- Feststellungsklage **77** 15
- funktionelle Zuständigkeit **75** 2; **77** 1
- Gesamt(hands)gläubiger **77** 13
- Geschäftsführung **79** 3
- Gläubigerausschuss **68** 10ff; **79** 5
- Informationsrechte **79** 1ff
  - Durchsetzung **79** 6
  - gegenüber dem Insolvenzschuldner **79** 8
  - Zwangsmittel **79** 6
- Insolvenzgericht **77** 1
- Insolvenzverwalter **57** 2
- internationales Insolvenzrecht **341** 11
- Kassenprüfung **79** 5
- Mehrheit **77** 11ff
- öffentliche Bekanntmachung **75** 7
- Parteiöffentlichkeit **77** 1
- Prüfung des Geldverkehrs und -bestandes **79** 5
- Prüfungstermin **75** 3
- Rechnungslegung **66** 8
- Sachstand **79** 3
- Schlussrechnungstermin **75** 3
- Stimmrechtsausschluss **77** 10
- Stimmrechtsfeststellung **77** 4, 4ff
  - Abänderungsantrag **77** 7
  - Absonderungsberechtigte **77** 9
  - Aussonderungsberechtigte **77** 4
  - bedingte Forderungen **77** 9
  - gerichtlich **77** 7
- Massegläubiger **77** 4
- nachrangige Insolvenzgläubiger **77** 4
- nicht nachrangige Insolvenzgläubiger **77** 4
- Rechtsmittel **77** 7
- Selbstüberprüfung **77** 7
- vereinbartes Stimmrecht **77** 6
- Wirkungen **77** 8
- Stimmrechtsübertragung **77** 3
- Summenmehrheit **77** 12
- Tagesordnung **75** 5, 7
- Teilnahmeberechtigung **75** 8
- Unterhaltsgewährung **75** 6; **100** 2, 5
- Verfahren **75** 7ff
- Verfahrensleitung **77** 1
- Vertagung **75** 7
- Weisungsbefugnis **69** 1
- Zwang zur Entscheidung **68** 10

Gläubigerverzeichnis
- Absonderungsberechtigte **152** 4
- Aufrechnungslagen **152** 5
- Auskünfte des Schuldners **152** 3
- Berichtstermin **157** 3
- Bilanzen **152** 3
- Buchhaltungsunterlagen **152** 3
- einfache Insolvenzgläubiger **152** 4
- Form **152** 3ff
- Gliederung **152** 4
- Inhalt **152** 3ff
- Insolvenzschuldner **152** 2
- Insolvenzverwalter **152** 2
- Kreditoren **152** 3
- Masseverbindlichkeiten **152** 6
- nachrangige Insolvenzgläubiger **152** 4
- Schuldenbereinigungsplan **305a** 20
- Übersicht über die Vermögenssituation **152** 1

Globalzession
- Aussonderung **47** 7
- Gutglaubensschutz **82** 7

Gratifikationen
- Insolvenzgeld **113** 31

greifbare Gesetzeswidrigkeit **6** 27

Sachverzeichnis

Grundbuch
- Eigentumsrecht des Schuldners **32** 2
- Ermessen **32** 3
- Freigabe **32** 2
- Grundbuchsperre **32** 5
- Grundstücksrechte des Schuldners **32** 3
- Gutglaubensschutz **32** 5; **81** 6
- Insolvenzgericht **32** 3
- Insolvenzvermerk **32** 5
- Publizität der Verfahrenseröffnung **32** 1

Grunderwerbssteuer
- Verwertung unbeweglicher Gegenstände **165** 26, 30, 33

Grundgesetz 102

Grundpfandrecht
- Bestellung **106** 3

Grundsatz der par conditio creditorum
- Aufrechnungslage **96** 2

Grundsteuer
- Verwertung unbeweglicher Gegenstände **165** 34

Grundstück
- Zubehör **49** 3; **165** 25

Günstigkeitsprinzip
- Betriebsvereinbarung **120** 14

Gutachter
- Verpflichtungen des Insolvenzschuldners **97** 14

Gütergemeinschaft
- Anhörung **333** 9
- Antragsberechtigung **333** 7
- Beendigung **333** 10
- drohende Zahlungsunfähigkeit **333** 8
- Ehegatten **333** 5; **334** 1f
- gemeinschaftlich verwaltetes Gesamtgut **334** 1
- Gesamtgutsgläubiger **333** 4
- Insolvenzfähigkeit **333** 3
- Insolvenzplan **334** 2
- Nachlassinsolvenzverfahren **319** 3
- örtliche Zuständigkeit **333** 2
- Prozeßstandschaft **334** 1
- Umfang der Masse **333** 6
- Zahlungsunfähigkeit **333** 8
- Zuständigkeit **333** 2

Gutglaubensschutz
- bankrechtlicher Überweisungsverkehr **82** 7
- bargeldloser Zahlungsverkehr **82** 7
- debitorisches Konto **82** 7
- Drittschuldner **82** 7
- Eröffnungsantrag **82** 3
- Girokonto **82** 7
- Girovertrag **82** 7
- Globalzession **82** 7
- Kenntnis **82** 3
- Kontokorrentsaldo **82** 7
- Verfügungsbefugnis des Schuldners **81** 6

gutgläubiger Erwerb
- Verwertung beweglicher Gegenstände **166** 15
- Wahlrecht des Insolvenzverwalters **103** 13

Haft
- Verpflichtungen des Insolvenzschuldners **98** 8

Haftpflichtversicherung
- Absonderungsrecht Versicherungssumme **51** 7
- Gläubigerausschussmitglied **71** 15
- Haftung **61** 34
- Vergütung des Gläubigerausschusses **73** 8

Haftung
- Aktivprozesse **85** 4f
- aufgezwungene Forderungen **61** 29
- aufgezwungene Masseschulden **61** 21
- Aufversicherung **61** 34
- Auslagen **61** 34
- Ausschluss **61** 21, 29
- Auswahlverschulden **61** 22
- Beteiligte **61** 13
- Beweislast **61** 30
- für Dritte **61** 22
- Einarbeitungszeit **61** 16
- für Erfüllungsgehilfen **61** 22

967

Sachverzeichnis

- Freigabeklausel **61** 23
- Gerichtsstand **61** 24
- Gesamtschaden **61** 23
- gesamtschuldnerische Haftung **61** 25
- Gläubigerausschuss **61** 26
- Haftpflichtversicherung **61** 34
- Individualschaden **61** 23
- insolvenzspezifische Pflichten **61** 19
- des Insolvenzverwalters **61** 1ff
  - Gleichbehandlungsgebot **61** 6
  - insolvenzspezifische Pflichten **61** 4ff
  - Masseschmälerung **61** 5
  - Rechtsnatur **61** 2
  - sonstige Pflichten **61** 4
  - Versicherungspflicht **61** 5
  - Verwertungsvereinbarung **61** 5
  - Voraussetzungen **61** 4ff
- Kausalität **61** 15
- Konkurrenzen **61** 25f
- Kostenerstattungsanspruch **61** 19
- Massekosten **61** 27
- Masseverbindlichkeiten **61** 27, 28
- Masseverkürzung **61** 23
- Mitverschulden **61** 18, 23
- negatives Interesse **61** 31
- Neumassegläubiger **61** 27ff
- Neumasseverbindlichkeit **61** 20
- Prozessführung
  - Weiterführung von Prozessen **61** 8, 19
- Prozessgegner **61** 19
- Prozesskosten **61** 19
- Quotenschaden **61** 23
- Rechnungslegung **62** 5
- Rechtsirrtum **61** 17
- Rechtsstreit **61** 19
- Schuldnerverzug **61** 17
- Sonderfälle **61** 32f
- Sorgfaltsmaßstab **61** 16
- Sorgfaltspflichtverletzung **61** 14
- steuerlich **61** 2
- Stilllegung **61** 20
- Überwachung **61** 22
- Umfang **61** 23, 31
- Vergütung **61** 34
- Verjährungsfrist **62** 2
  - Fristbeginn **62** 3
  - Hemmung **62** 6
  - Höchstfrist **62** 4
  - Insolvenzplan **62** 5
  - Nachtragsverteilung **62** 5
  - Neubeginn **62** 6
  - Sonderfälle **62** 5
- Verschulden **61** 16ff, 30
- Verschuldensmaßstab **61** 16
- vorläufiger Insolvenzverwalter **61** 3, 32
- Zeitpunkt **61** 31
- Zustimmung der Gläubigerversammlung **61** 18
- Zustimmung des Gläubigerausschusses **61** 18

Haftung des Insolvenzschuldners
- Befriedigung der Insolvenzgläubiger **227** 3
- Gesellschafterhaftung **227** 5
- Massegläubiger **206** 5
- Schuldbefreiung **227** 4
- Zweifelsregelung **227** 2ff

Haftung mehrerer Personen
- Absonderungsrecht **43** 2
- Doppelberücksichtigung **43** 2
- Geltendmachungssperre **44** 5
- Gesamtschuld **43** 2
- harte Patronatserklärungen **43** 2
- Rechtsfolge **44** 4f
- Regressanspruch des Bürgen **44** 2
- Regressanspruch des Gesamtschuldners **44** 2
- selbstschuldnerische Bürgen **43** 2
- Verbot der Doppelberücksichtigung **44** 2
- Voraussetzungen des Regressanspruchs **44** 3
- Zusammenfall der Insolvenz von Nachlass und Erben **43** 4
- Zusammentreffen von Gesellschafter- und Gesellschaftsinsolvenz **43** 4

Haftungsanordnung
- Gläubigerausschussmitglied **71** 8

Sachverzeichnis

Haftungsverbund der Hypothek bzw. Grundschuld
- Verwertung beweglicher Sachen **166** 5

handels- und steuerrechtliche Rechnungslegung 155 4

Handelsvertreter
- Geschäftsbesorgungsvertrag **116** 4
- Verbraucher- und Kleininsolvenzverfahren **304** 6
- Wahlrecht des Insolvenzverwalters **103** 8

Handelsvertretervertrag 103 8; **116** 4
- Wahlrecht des Insolvenzverwalters **103** 8

Handlungsvollmacht
- Vollmacht **117** 5

Herausgabepflicht
- Geschäftsbesorgungsvertrag **116** 5

Herausgabepflichten
- Herausgabeklage **58** 16
- Insolvenzverwalter **58** 16
- nach Entlassung des Verwalters **58** 16

Hinterlegung
- Berichtstermin **157** 16
- Wahlrecht des Insolvenzverwalters **103** 14
- Wertgegenstände **149**

Hinterlegung zurückbehaltener Beträge
- Kosten **198**

Hinweispflicht
- Belehrung **20** 4
- Restschuldbefreiung **20** 2

höchstpersönliche Verbindlichkeiten
- Wahlrecht des Insolvenzverwalters **103** 11

Hoffmann'sche Methode 41 7
- Berechnung der Abzinsung **41** 7

Honorarforderung
- Geschäftsbesorgungsvertrag **116** 5

Immaterialgüterrechte
- Verwertung **166** 14

Immobilien vor §§ 108 ff 2
- Insolvenz des Vermieters/Verpächters **111** 1
- Kündigungssperre **112** 2
- Vorausverfügung **110** 2

Immobilienmiete 108 3
- Vertragsfortdauer **108** 3

Immobilienpacht 108 3
- Vertragsfortdauer **108** 3

Individualschaden
- Haftung **61** 23

inkongruente Deckung
- Benachteiligungsabsicht **133** 4
- Insolvenzanfechtung **131** 3 ff
- Rückschlagsperre **88** 7
- vollstreckbarer Schuldtitel **141**

Innengesellschaften 11 6

Insolvenz des Mieters/Pächters
- Sanierungs- und Verwertungschancen **112** 1
- Sonderkündigungsrecht **109** 1

Insolvenz des Vermieters/Verpächters
- Abdingbarkeit **110** 6
- Abtretung **110** 3
- Aufrechnung **110** 5
- Aufrechnungsverbot **110** 5
- Baukostenvorschuss **110** 3
- Erlass **110** 3
- Eröffnungsmonat **110** 4
- Immobilien **110** 2
- Mietvorauszahlungen **110** 3
- noch nicht vollzogene Verträge **110** 1
- Sonderkündigungsrecht **111** 1
- Stundung **110** 3
- Verpfändung **110** 3
- Verwertung **111** 1
- Vorausverfügung **110** 2 ff, 3
- Zeitraum **110** 4
- Zurückbehaltungsrecht **110** 5
- Zwangsversteigerung **111** 1

Insolvenz eines Mitgesellschafters
- Gesellschaften ohne Rechtspersönlichkeit **118** 2

Insolvenzanfechtung
- Betriebsvereinbarung **120** 10

Sachverzeichnis

- Rechte des Insolvenzverwalters **80** 5
- Rückschlagsperre **88** 4
- Veräußerungsverbote **80** 9
- Vormerkung **106** 5

Insolvenzantragspflicht
- Auskunftspflicht des Insolvenzschuldners **97** 8

Insolvenzarbeitsrecht vor §§ 103ff 1

Insolvenzbeschlag
- Verwertung **159** 21
- Verwertung unbeweglicher Gegenstände **165** 4

Insolvenzeröffnung
- absolutes Verfügungsverbot **81** 3
- Amtstheorie **80** 4
- Aufrechnungslage **95** 3
- Beweiserleichterung **81** 4
- Beweislast bzgl. der Kenntnis **82** 4, 5
- Bundesanzeiger **82** 5
- Grundbuch **81** 2
- Grundstücke **81** 5
- grundstücksgleiche Rechte **81** 5
- Gutglaubensschutz **81** 2, 6
- Insolvenzverwalter **80** 2
- mehraktige Verfügungen **81** 5
- Neuerwerb **80** 1
- öffentliche Bekanntmachung **82** 5
- Rechte des Insolvenzverwalters **80** 3ff
- Register **81** 2
- relative Veräußerungsverbote **80** 2
- Veräußerungsverbote **80** 9
  - einstweilige Verfügung **80** 9
  - Insolvenzanfechtung **80** 9
  - Pfändungspfandrecht **80** 9
  - Rückschlagsperre **80** 9
- Verjährung der Insolvenzanfechtung **146** 3
- Verwaltungs- und Verfügungsbefugnis **80** 2
- Zeitpunkt der Verfügung **81** 4f

Insolvenzeröffnungsverfahren
- Betriebsfortführung **68** 2
- rückständige Leistungen **108** 10

Insolvenzfähige Personen 11 3ff
Insolvenzfähigkeit 11 2
- von Gemeinden **12** 4
- juristische Personen des öffentlichen Rechts **12** 4
- kommunale Eigenbetriebe **12** 4
- des Staates **12** 3

Insolvenzforderung
- Anmeldekosten
  - nachrangige Forderungsarten **39** 5
- Auftragsverhältnisse **115** 6, 9
- Ausgleichsanspruch **144** 6
- Erfüllungswahl **105** 6
- Geschäftsbesorgungsvertrag **116** 3f
- Gesellschafterinsolvenz **118** 7
- Insolvenzanfechtung **144** 2
- insolvenznahe Sozialpläne **124** 16
- Kündigungsrecht **113** 22
- rückständige Leistungen **108** 10
- Sonderkündigungsrecht **109** 7; **111** 8
- stille Gesellschaft **84** 5

insolvenzfreie Verträge 103 11
insolvenzfreies Vermögen
- Aufrechnung **96** 10
- Auskunftspflicht des Insolvenzschuldners **97** 7
- Rechtserwerb **91** 3
- Rechtsstellung des Schuldners **80** 8

Insolvenzgeld
- Antrag **113** 32
- Ausschlussfrist **113** 32
- Gewinnbeteiligung **113** 31
- Gratifikationen **113** 31
- Insolvenzereignis **113** 30
- Insolvenzgeldvorfinanzierung **113** 32
- Nettoeinkommen **113** 31
- Pfändung **113** 34
- Regressansprüche der BfA **113** 33
- rückständige Leistungen **108** 13
- Umfang **113** 31
- Urlaubsabgeltung **113** 29, 31
- Urlaubsentgelt **113** 31
- Verfahren **113** 32

Sachverzeichnis

- Vorausabtretung **113** 34
- Vorschuss **12** 4; **113** 26ff, 32

Insolvenzgeldvorfinanzierung **113** 32

Insolvenzgericht
- Abnahme eidesstattlicher Versicherungen **2** 10
- allgemeiner Gerichtsstand **3** 6ff
- Amtsgerichte **2** 1
- Arbeitsgerichte **2** 14
- arbeitsrechtliche Klagen **2** 14
- Auskunftsverlangen **58** 21
- ausschließliche Gerichtsstände **3** 3
- ausschließliche Zuständigkeit **2** 16
- Befugnisse **vor §§ 2–10** 1
- Beschlüsse der Gläubigerversammlung **78** 4
- Besitzverhältnisse **2** 9
- Beurteilungszeitpunkt **3** 9
- funktionelle Zuständigkeit **2** 2
- Gesellschaften **3** 8
- Gesellschafter **3** 5
- gewerbsmäßige Firmenbestattung **3** 10
- Handelsregister **3** 8
- Hinterlegung **149** 2
- Inbesitznahme der Massegegenstände **148** 4
- Insolvenzbeschlag **2** 13
- insolvenzfreies Vermögen **2** 9
- internationale Zuständigkeit **3** 1
- Kompetenzkonflikte **3** 13f
- Konzernunternehmen **3** 5
- Landesregelungen **2** 15
- Mittelpunkt der selbständigen wirtschaftlichen Tätigkeit **3** 4
- Nachlassinsolvenz **3** 6
- Niederlassungen **3** 5
- örtliche Zuständigkeit **3** 1ff
- Passivprozesse **2** 7
- Prozessgericht **2** 4
- Rechnungslegung **66** 8
- Rechtsantragsstelle **2** 15
- Rechtspfleger **2** 2
- Richter **2** 2
- sachliche Zuständigkeit **2** 1
- Sitz der Gesellschaft **3** 8
- unzuständiges Gericht **2** 17; **3** 12
- Verfahren **vor §§ 2–10** 1
- Vermögensübersicht **153** 5
- Vermögensverzeichnis **154**
- Vollstreckungsentscheidungen **2** 11
- Vollstreckungserinnerung **2** 11
- Vollstreckungsgegenklage **2** 11
- Vollstreckungsgericht **2** 10
- Vollstreckungsmaßnahmen **2** 11
- Zuständigkeit anderer Gerichte **2** 3ff
- Zuständigkeit mehrerer Insolvenzgerichte **3** 13
- Zuständigkeitsbestimmung **3** 14
- Zuständigkeitserschleichung **3** 10

Insolvenzgläubiger 87 2
- Antrag auf Feststellung zur Tabelle **87** 4
- Aufnahme des Prozesses **87** 4
- Aufrechnung **94** 2
- Entstehungszeitpunkt **38** 3
- Feststellung zur Tabelle **87** 3
- Forderungsanmeldung **87** 3
- gesicherte Gläubiger **38** 2
- Gläubigerverzeichnis **152** 4
- Gläubigervorrechte **38** 1
- Insolvenzanfechtung **136** 2
- Insolvenzforderung **38** 4; **87** 3
- Insolvenzgeld **38** 4
- Kündigungsrecht **38** 4; **113** 24
- nachrangige Gläubiger
  - ausdrückliche Regelung **225** 3
  - Erlassfiktion **225** 2
  - insolvenzfeste Forderungen **225** 4
- persönliche Gläubiger **38** 2
- persönliche Haftung **38** 2
- Quotenausfall **38** 5
- Rechte **38** 5
- Schadensersatzansprüche **38** 4
- Umsatzsteuer **38** 4
- Verfahrensaufhebung
  - Restschuldbefreiung **201** 5
- Vollstreckungsverbot **89** 4
- Wahlrecht **38** 4
- Zahlungsklage **87** 3

Insolvenzmasse 35 2
- Abfindungsguthaben **35** 6

Sachverzeichnis

- Absonderungsrechte **35** 3
- Altlastengrundstück **35** 9
- Arbeitseinkommen **35** 11
- Auflösung der Gesellschaft **35** 6
- Aussonderung **35** 3
- Beseitigungskosten **35** 9
- Bestandteile **35** 3ff
- Beteiligungen **35** 6
- dingliche Rechte **35** 5
- Einziehungsrecht **35** 7
- Erbbaurechte **35** 5
- Forderungen des Schuldners **35** 7
- Freigabe **35** 8ff
- Gesellschafterrechte **35** 6
- Grunddienstbarkeiten **35** 5
- Grundschulden **35** 5
- Grundstücke **35** 5
- grundstücksgleiche Rechte **35** 5
- Immaterialgüterrecht **35** 7
- insolvenzfreies Vermögen **35** 12
- Ist-Masse **35** 2
- Luftfahrzeugrolle **35** 5
- Masseverbindlichkeiten **35** 9
- Neuerwerb **35** 11f
- Neugläubiger **35** 12
- Pfändungsfreigrenze **35** 11
- Schiffsregister **35** 5
- Sicherungsabtretungen **35** 7
- Soll-Masse **35** 2
- Übererlös **35** 10
- unbewegliche Gegenstände **35** 5
- Wohnungseigentum **35** 5
- Zwangsversteigerung **35** 5

insolvenznahe Sozialpläne
- Insolvenzforderung **124** 16
- Masseverbindlichkeit **124** 16
- Rechtsfolgen **124** 15f
- starker vorläufiger Insolvenzverwalter **124** 14
- Verfahrenseröffnung **124** 14
- Widerrufsrecht **124** 14

Insolvenzplan
- Absonderungsberechtigte **221** 7; **222** 3; **239** 7ff
- Abstimmung **242** 1
- Abstimmung in Gruppen **243**
- Abstimmungstermin **235** 2; **242** 2; **252** 1
- Akzessorietät **254** 12
- Anfechtbarkeit der Annahme **248** 4
- Anfechtung des Bestätigungs- bzw. Versagungsbeschluss **251** 7
- Anfechtungsprozesse **259** 7
- Anhörung vor Annahme **248** 3
- Annahme **248** 2
- Anteilsübernahme **230** 8
- Anzeigepflicht des Verwalters **262** 1ff
- Arbeitnehmer **222** 12
- Aufhebung **259** 1ff
- Aufhebung der Überwachung **268** 1ff
- Aufhebung des Insolvenzverfahrens **258** 2ff
- aufschiebend bedingte Forderungen **239** 6
- Aufstellungsberechtigung **218** 2ff
- Ausfall **239** 14
- Ausfallforderung **257** 10
- Ausschlussregelung **254** 6
- bedingte Rechte **239** 11
- Bedingung **249** 2f, 5
- Bedingungseintritt **254** 11
- Befriedigung der Gläubiger **217** 4
- Bekanntgabe des Beschlusses **252** 1
- Beratungsverfahren **218** 16
- Berichtstermin **157** 6, 13
- Beschwerdefrist **253** 6
- besonderer Verkündungstermin **252** 1
- Bestätigung **248** 1ff
- Bestätigungsbeschluss **258** 2
- Bestätigungsvoraussetzungen **248** 6
- Bestimmtheitsgebot **228** 5
- bevorstehende Verwertung **233** 4
- Beweislast bei der Schlechterstellung **245** 3
- darstellender Teil **221** 2ff
- Dauerschuldverhältnisse **266** 14
- dingliche Rechtslage **221** 7; **228** 1ff
- doppelte Mehrheit **244** 2

Sachverzeichnis

- einseitige Rechtshandlungen **226** 5
- Einteilung der Gruppen **222** 3ff
- Entbehrlichkeit der Fortführungserklärung **230** 7
- Enthaltung **244** 2
- Erinnerung **241** 3
- Erläuterungsteil des Termins **235** 2
- erneutes Insolvenzverfahren **266** 16
- Erörterungs- und Abstimmungstermin **235**
- Evidenzkontrolle **231** 7
- fakultative Gruppenbildung **222** 6ff
- fakultative Weiterleitung **232** 3
- festgestellte Forderung **257** 11
- Folgen **vor** §§ **217**–**269** 15f
- Forderungen aus Geldstrafen **246** 3
- Forderungen gegen Dritte **254** 12f
- Fortführungs- bzw. Haftungserklärung **230** 2ff
- Frist **218** 4; **241** 4
- Fristsetzung **249** 3
- Genossenschaft **222** 11; **230** 6
- Gesellschafterrechte **217** 10
- Gesellschaftsrechte **259** 5
- gesellschaftsrechtliche Änderungen **221** 7
- gesetzliche Schuldverhältnisse **266** 15
- gesicherte Insolvenzgläubiger **239** 5, *Rn 12*
- gestaltender Teil **221** 7ff
- Gestaltungswirkung **221** 4, 9; **254** 2ff
- Glaubhaftmachung der Schlechterstellung **251** 4
- Gläubigerausschuss **231** 13; **261** 3
- Gläubigerpool **244** 3
- Gleichbehandlungsgebot **222** 16
- Gruppenbildung **221** 7; **222** 2ff
- gruppeninterne Gleichbehandlung **226** 2ff
- Gutglaubensschutz **263** 9
- Haftung des Insolvenzschuldners **217** 7
- Insolvenzforderungen **259** 3
- Insolvenzgläubiger **221** 7; **222** 4
- juristische Personen **230** 6
- Klauselklage **257** 17
- Kopfmehrheit **244** 2, 3
- Kosten der Überwachung **269** 1f
- Kreditgläubiger **266** 6
- Kreditrahmen **266** 4
- Liquidationsplan **217** 12; **258** 12
- Masseforderung **258** 9; **vor** §§ **217**–**269** 15
- Massegläubiger **258** 9; **266** 6
- Mehrbefriedigung **254** 14
- Mehrheitsentscheidung **245** 8
- Minderheitenschutz **221** 7; **244** 1; **251** 1ff
- Mischgruppen **222** 2
- Mitgliedschaftsrechte **230** 8
- Mitteilung des Stimmrechts **242** 2
- Nachbesserungsrecht **231** 4
- Nachmeldungen **254** 6
- Nachrang **266** 17
- nachrangige Insolvenzgläubiger **221** 7; **222** 5
- nachträgliche Forderungsanmeldung **236** 2
- Nachzahlung **256** 7
- Negativbeschluss **218** 4
- Neugläubiger **259** 4
- nicht fällige Rechte **239** 11
- nicht nachrangige Gläubiger **222** 4
- Niederlegung **234** 1ff
- Obstruktionsverbot **222** 18; **245** 2ff
- Offensichtlichkeit **231** 10
- öffentliche Bekanntmachung **235** 6
- originärer Insolvenzverwalterplan **218** 3
- Pattsituation **244** 2
- persönliche Haftung des Insolvenzschuldners **239** 12
- Pflichten des Insolvenzverwalters **80** 6

973

Sachverzeichnis

- Plangaranten **260** 3
- Planübersendung **252** 2
- Planüberwachung **259** 2, 6
- Planvollzug **221** 7
- pre-packaged-plan **218** 12
- Prognose **247** 3
- Prüfungstermin **236** 2
- Prüfungsverfahren **218** 16
- PSV **255** 7
- Publizitätsakte **254** 8
- Rangrücktritt **266** 16
- Realakte **249** 4
- rechtliche Gleichbehandlung der Gruppen **226** 2
- Rechtsmittel **233** 13; **239** 16; **251** 7; **253** 1 ff
- Rechtsnatur **217** 15
- Regelung kraft Gesetzes **255** 4
- Registereintragung **267** 4
- Restschuldbefreiungsverfahren **vor §§ 217–269** 13
- Rückgriffsansprüche **254** 13
- Rückstand **255** 3
- Sachenrecht **228** 1 ff
- Sachwalter **263** 8
- Sanierungs-, Fortführungsplan **217** 13
- Sanierungsgewinn **231** 9; **vor §§ 217–269** 11 ff
- Schadensersatzansprüche **266** 11
- Schlechterstellung **251** 5
- Schlechterstellungsverbot **245** 3
- Schlussrechnung **258** 10
- Schlusstermin **258** 12
- schuldrechtliche Verpflichtung **249** 6
- Sicherheitsleistung **258** 9
- Sittenwidrigkeit **250** 8
- sofortige Beschwerde **231** 16; **253** 1 ff
- Sonderabkommen **226** 5
- Stellungnahme **232** 5 f
- Steuererlass **vor §§ 217–269** 17
- steuerpflichtige Betriebseinnahmen **vor §§ 217–269** 12
- Steuerstundung **vor §§ 217–269** 17
- Stimmabgabe **242** 3; **244** 3
- stimmberechtigte Personen **239** 2
- Stimmenkauf **250** 8
- Stimmliste **239** 17
- Stimmrecht **239** 9 ff
- Strafverfahren **221** 3
- streitige Forderungen **239** 4
- Stundung **255** 4; **257** 17
- Summenmehrheit **244** 2
- Teilerlass **257** 17
- Teilnahmeberechtigung **235** 10
- Terminsbestimmung **235** 3 ff
- Übernahmegesellschaft **260** 5
- Übersendung der Stimmzettel **242** 2
- Übertragungsplan **217** 14
- Überwachung der Planerfüllung **260** 2 ff
- Umfang der Gestaltungswirkung **254** 3
- Unbeachtlichkeit des Widerspruchs **247** 3
- ungewisse Forderungen **256** 2
- unlauteres Zustandekommen **250** 8
- unstreitige Forderungen **239** 3
- Unterbrechung **241** 2
- vereinfachtes Insolvenzverfahren **312** 5
- Verfahren **235** 10; **241** 5 f; **248** 4
- Verfahrensbeteiligte **254** 4
- Verfahrensfehler **231** 2
- Verfahrensmängel **248** 5
- Verfahrensmängel iRd Beschwerde **253** 11
- Verfahrensverstoß **242** 2
- Verfügungen **254** 8
- Vergleich **vor §§ 217–269** 9
- Vergleichsrechnung **245** 3
- Vergütung des Insolvenzverwalters **258** 11
- Vergütung für die Überwachung **63** 14
- Verhältnis zu anderen Vorschriften **vor §§ 217–269** 2 ff
- Verjährungsfrist **62** 5
- Verpflichtungen Dritter **230** 9
- Verpflichtungsgeschäfte **254** 9
- Versagungsgründe **250** 1

Sachverzeichnis

- Versagungsvoraussetzungen **251** 2ff
- Verstöße gegen den Planinhalt **250** 3
- Vertagung **241** 2
- Verteilung **217** 6; **233** 2ff
- Vertretungsmacht **228** 4
- Verwaltungs- und Verfügungsbefugnis **259** 2
- Verwertung **159** 6
- Verwertung der Masse **217** 5
- Verzicht **239** 13
- vollstreckungsfähiger Titel **257** 12
- Vollstreckungsklausel **257** 14, 17
- Vorlageverfahren **218** 10ff
- vorläufige Zahlungen **256** 3
- Vormerkung **254** 12
- Wesentlichkeit des Verstoßes **250** 6
- **Widerruf der schriftlichen Stimmabgabe 242** 3
- Widerspruch **251** 3
- Wiederaufleben der Forderungen **255** 2ff
- Wiederauflebensklauseln **221** 7
- Willenserklärungen **221** 8
- Wirkung der Annahme **248** 5
- Wirkungen des Aufhebungsbeschlusses **258** 8, *§ 259*
- wirtschaftliche Folgen **221** 4
- wirtschaftliche Gleichbehandlung **226** 2
- Zurückweisung auf Antrag **231** 11ff
- zusätzliche Rechtsgeschäfte **254** 8ff
- Zustellung **234** 4
- Zustimmung nachrangiger Insolvenzgläubiger **246** 1ff
- zustimmungsbedürftige Geschäfte **263** 1ff
- Zustimmungsfiktion **246** 5; **247** 2
- Zustimmungsvorbehalt **259** 2
- Zwangsvergleich **vor §§ 217– 269** 8
- Zwangsvollstreckung **257** 10ff
- Zwangsvollstreckung gegen Plangaranten **257** 16

Insolvenzplanänderungen
- Abstimmung **240** 9
- Erinnerung **240** 7
- Form **240** 4
- Gruppenbildung **240** 3
- Rücknahme **240** 10
- unselbständige Rüge **240** 7
- Vertagung **240** 11

Insolvenzrechtliche Vergütungsverordnung (InsVV) 65
- Vergütungsanspruch **63** 7

Insolvenzschuldner
- Benachrichtigung bei vorzeitige Stillegung **158** 7
- Gläubigerverzeichnis **152** 2
- Rechtsstellung
  - insolvenzfreies Vermögen **80** 8
  - Neuerwerb **80** 8
  - pfändungsfreies Vermögen **80** 8
  - Verfügungsbefugnis **80** 8

insolvenzspezifische Pflichten
- Haftung **61** 4ff, 6, 19

Insolvenztabelle
- Einsicht der Beteiligten **175** 3
- Niederlegung **175** 3

Insolvenzverfahren über das gemeinschaftlich verwaltete Gesamtgut einer Gütergemeinschaft 11 7

Insolvenzverfahren über das Gesamtgut einer fortgesetzten Gütergemeinschaft 11 7

Insolvenzverwalter
- Amtshaftungsansprüche **56** 9
- Amtstheorie **56** 14
- arbeitsgerichtliches Zustimmungsverfahren **122** 5
- Aufgaben **56** 16
- Aufsicht **58** 2ff
  - Gläubigerausschuss **58** 5
  - Intensität **58** 4
  - Kontrolldichte **58** 6
  - neuer Verwalter **58** 6
  - Rechnungslegung **58** 7
  - Rechtsaufsicht **58** 7
  - Sondervergütung **58** 7
  - Umfang **58** 7

Sachverzeichnis

- Zweckmäßigkeitsprüfung 58 7
- Aufsichtspflicht des Insolvenzgerichts 58 1
- Auswahlentscheidung 56 7ff
- Beendigung 56 13; 66 2
- Befangenheit 56 4
- Berufsrecht 56 15
- Beschluss 57 8
- Beschlüsse der Gläubigerversammlung 78 3
- Bestallungsurkunde 56 12
- Bestellung 56 2ff, 10; 57 9
- Entlassungsantrag 59 6
- Entlasung 59 15
- Ermessensentscheidung 56 7
- Freistellung 113 37
- funktionelle Zuständigkeit 56 10
- Geeignetheitsprüfung 57 7
- Gläubigerautonomie 57 1
- Gläubigerselbstverwaltung 57 1
- Gläubigerversammlung 57 1f
- Gläubigerverzeichnis 152 2
- Herausgabepflichten 58 16
- Insolvenzgericht 56 1, 7
- Insolvenzplan 56 16; 261 3
- Interessenkollisionen 56 4
- internationales Insolvenzrecht 341 11; 342 12
- Kopfmehrheit 57 4
- Kündigungsrecht 113 10
- Nachtragsverteilung 56 13
- natürliche Person 56 3
- Neuwahl
  - Berichtstermin 157 16
- ordnungswidriges Verhalten 58 4
- Organtheorie 56 14
- Partei kraft Amtes 56 14
- pflichtgemäße Ermessensausübung 56 7
- Planerfüllungsüberwachung 56 13
- Qualifikation 56 5
- qualifizierte Mehrheit 57 3ff
- Rechnungslegung 58 7
- Rechte 80 5
  - Arbeitgeber 80 5
- Auskunftsrechte 80 5
- gegenseitige nicht erfüllte Verträge 80 5
- Gestaltungsrechte 80 5
- Insolvenzanfechtung 80 5
- Kaufmannseigenschaft 80 5
- Mitwirkungsrechte 80 5
- Postsperre 99 8
- Rechtsbehelfe 58 17ff
  - des Insolvenzverwalters 58 18f
  - Dritter 58 17
  - sofortige Beschwerde 58 19
  - Verfahrensbeteiligter 58 17
  - Zwangsgeld 58 19
- Rechtshandlung
  - Vollstreckungsverbot 90 3
- Rechtsmittel 56 8
- Rechtspfleger 57 8
- Rechtsstellung 80 3ff
- Regionalprinzip 56 5
- Sachwalter 56 1
- Sicherung der Masse 56 16
- sofortige Beschwerde 57 10
- Sonderverwalter 56 6
- Sorgfalt
  - Haftung 61 16
- Standesrecht 58 26
- Status 56 14f
- Treuhänder 56 1
- Unabhängigkeit 56 4
- Unterhaltsgewährung 100 5
- Verfahren 57 6
- Vergütung 63 2ff
- Vertretungstheorie 56 14
- Verwalterpflichten
  - Verletzung 58 8
- Verwaltungs- und Verfügungsbefugnis 56 16
- Verwertung 159 13ff
- vorläufiger 56 1; 57 2; 58 1; 59 1; 63 1
- Wahlrecht 57 2ff
- Zustellung 57 8
- Zwangsgeld 58 8
- Zwangsmittel 58 8ff
  - Androhung 58 13
  - Anwendung 58 11

Sachverzeichnis

- Festsetzung **58** 14
- insolvenzrechtliche Pflichten **58** 9
- Vollstreckungstitel **58** 15
- Voraussetzungen **58** 8 ff
- Zuständigkeit **58** 12
- Zwangsverwalter **56** 4

Insolvenzzweckwidrigkeit
- Abbedingungsverbot **119** 2
- Wahlrecht des Insolvenzverwalters **103** 37

Interessenausgleich
- Antragsverfahren nach § 126 **127** 2

Interessenausgleich mit Namensliste
- abgestufte Beweislast **125** 17
- Altersstruktur **125** 16
- ausgewogene Personalstruktur **125** 16
- Auswahlkriterien **125** 14
- betriebsbedingte Kündigung **125** 11
- Betriebsrat **125** 3
- Beweis des Gegenteils **125** 11
- Darlegungs- und Beweislast **125** 17
- eröffnetes Insolvenzverfahren **125** 7
- Fehlen einer anderweitigen Beschäftigungsmöglichkeit **125** 12
- Massenentlassungen **125** 22
- Massenentlassungsanzeige
  - Betriebsrat **125** 22
- Prüfungsintensität **125** 15
- Rechtsfolge **125** 10 ff, 19 ff
- Sozialauswahl **125** 13 ff
- Urkunde **125** 5
- Vermutung **125** 11
- Voraussetzungen **125** 2 ff
- Wegfall der Geschäftsgrundlage **125** 18
- Wiedereinstellungsanspruch **125** 20

internationale Abrechnungssysteme
- Aufrechnung **96** 11
- Aufrechnungslage **96** 2

internationaler Zahlungsverkehr
- Insolvenzanfechtung **147** 3

internationales Insolvenzrecht
- Ablehnungsrecht **341** 9
- absonderungsberechtigte Gläubiger **102** 10
- Absonderungsrechte **335** 14
- Abweichung von der lex fori concursus **336** 1
- allgemeiner Gerichtsstand des Schuldners **102** 1
- allseitige Kollisionsnorm **335** 1; **336** 3; **337** 2; **340** 2
- amtlicher Markt **340** 5
- Amtshaftungsansprüche **102** 2
- Anerkennung **102** 6; **335** 16 ff
- Anerkennungsverhalten verschiedener Staaten **335** 18
- Anerkennungsvoraussetzungen **335** 17
- Anfechtbarkeit nach dem Insolvenzstatut **339** 10
- Anmelderecht **341** 2
- Anmelderecht des Insolvenzverwalters **341** 4 ff
- Anrechnung **342** 9 ff
- Anrechnungsregel **342** 10
- Anspruchsgegner **342** 12
- Antrag auf Aussetzung der Verwertung **102** 10
- Antrag auf Eintragung **102** 6
- Antrag des EU-ausländischen Verwalters **102** 6
- anwendbares Recht **336** 10; **340** 9
- Arbeitsverhältnis **337** 3 f
- Arbeitsvertragsstatut **337** 6
- Aufrechnung **335** 13; **340** 7
- Aufrechnungslage **338** 4 f
- Aufrechnungsvereinbarungen **340** 6
- Aushändigung inländischer Vermögensgegenstände **102** 4
- Auskunftsanspruch **342** 12
- ausländische öffentliche Körperschaften **335** 9
- ausländische Person **341** 5
- ausländischer Verwalter **102** 9

Sachverzeichnis

- ausschließliche Zuständigkeit **102** 1
- Ausschüttungsquote **342** 11
- Aussonderung **335** 14
- Auszubildende **337** 3
- Beendigung des Verfahrens **102** 5
- Befugnisse des Verwalters **102** 8
- Berechtigung **341** 7
- Beschwerdebefugnis der Insolvenzgläubiger **102** 4
- Beschwerdevorschriften des Grundbuchverfahrens **102** 7
- betriebliche Altersvorsorgeansprüche **337** 6
- bewegliche registrierte Gegenstände **336** 11
- bilaterale Verträge **vor § 335** 14ff
- Dänemark **335** 18
- deutscher Gutachter **102** 2
- deutsches Recht maßgeblich **102** 6
- dinglich wirkende Verfügungen **336** 6
- dingliches Recht **339** 8
- Doppelzuständigkeiten **335** 17
- Drittstaaten **vor § 335** 12
- Einrede des Anfechtungsgegners **339** 10
- Einstellung des Verfahrens **102** 4
- Einstellungsbeschluss **102** 4
- Einzelzwangsvollstreckung **335** 20; **342** 4
- Eröffnung eines Sekundärinsolvenzverfahrens **102** 4
- Ersetzung der Zustimmung einzelner Gläubiger **102** 9
- europäische Insolvenzverordnung **vor § 335** 10, 11
- faktische Arbeitsverhältnisse **337** 3
- Forderungen **341** 6
- Formblatt **102** 11
- geregelter Markt **340** 5
- gerichtlicher Beschluss **102** 4
- Gerichtsvollzieher **102** 8
- Gläubigergleichbehandlung **342** 6
- Gläubigerversammlung **341** 11
- Gleichbehandlung **342** 11
- Günstigkeitsprinzip **337** 5
- Haftung des Verwalters **102** 5
- Hauptverfahren **341** 1f
- Herausgabepflicht **342** 3ff
- Herausgabetitel **102** 8
- inländische Anerkennung **102** 5
- inländischer Insolvenzverwalter **341** 5
- innerstaatliche Zuständigkeit **102** 1
- Insolvenzgeld **337** 6
- Insolvenzgläubiger **335** 9
- Insolvenzplanverfahren **335** 15
- Insolvenzstatut **337** 6
- Insolvenzstatut des Eröffnungsstaates **339** 6; **341** 6
- Insolvenzverfahren **335** 3
- Insolvenzverfahren mit Auslandsberührung **vor § 335** 1
- Insolvenzverwalter **102** 11; **335** 8; **341** 11; **342** 12
- internationale Zuständigkeit **102** 1; **335** 17
- internationales Privatrecht **vor § 335** 5
- internationales Verfahrensrecht **vor § 335** 5
- internationalprivatrechtliche Bestimmungen **vor § 335** 1
- internationalverfahrensrechtliche Bestimmungen **vor § 335** 1
- isoliertes Partikularinsolvenzverfahren **342** 9
- Istanbuler Übereinkommen **vor § 335** 17
- konsolidierte Quotenberücksichtigung **342** 9
- Kreditinstitute **335** 17; **vor § 335** 19
- Kumulationslösung **339** 1
- Leistung des Schuldners **342** 5
- lex contractus **vor § 335** 7
- lex fori concursus **vor § 335** 7; **335** 4; **338** 1; **339** 1, 8; **341** 2, 4, 6, 9
- lex fori Prinzip **vor § 335** 6

Sachverzeichnis

- lex fori processus 339 8
- lex rei sitae 336 10; **vor § 335** 7
- Luftfahrzeuge 336 2
- Manipulationsmöglichkeiten 339 1
- Marktteilnehmer 340 5
- maßgeblicher Zeitpunkt 340 4
- materiellrechtliche Wirkungen 335 6, 11 ff
- mehrere Niederlassungen 102 1
- Mietvertrag 336 7
- Mittelpunkt der hauptsächlichen Interessen 102 1
- Mittelpunkt der selbständigen wirtschaftlichen Tätigkeit 102 1
- Mitwirkungshandlungen inländischer Insolvenzgerichte 102 1
- Nachweis der Forderung 341 6
- negativer Kompetenzkonflikt 102 3
- Netting-Vereinbarungen 340 10
- nichtige in Vollzug gesetzte Arbeitsverhältnisse 337 3
- Niederlassungszuständigkeit 102 1
- Nutzungsart 336 7
- obligatorische Bekanntmachung 102 5
- öffentliche Bekanntmachung 102 5
- ordre public 335 17
- organisierte Märkte 340 3
- Partikularinsolvenzverfahren 335 4
- Partikularverfahren 102 1; 341 1, 2
- Pensionsgeschäfte 340 6
- Pfändbarkeit des Vermögensgegenstandes 335 11
- Planvorschläge 102 9
- positiver Kompetenzkonflikt 102 2, 3
- Prioritätsprinzip 102 2, 3; 335 17
- Prozessgericht 335 10
- Rechtsbeschwerde 102 7
- Rechtshandlungen des inländischen Verwalters 102 4
- Rechtssicherheit 339 1
- Restschuldbefreiung 335 15
- Rücknahmerecht 341 10
- Scheinselbständige 337 3
- Schiffe 336 2
- Schuldumwandlungsverträge 340 6
- Schuldverhältnisse 335 12
- Schutzrechte 102 10
- Schweiz 335 18
- Sekundärinsolvenzverfahren 335 4
- Sicherheit des Rechtsverkehrs 102 6
- Sicherung 102 4
- Sicherungsmaßnahmen 335 11
- sofortige Beschwerde 102 4, 7
- sofortige Beschwerde gegen den deutschen Eröffnungsbeschluss 102 4
- Stimmrecht in weiteren Verfahren 341 11 f
- Substitution 102 6
- Systeme iSd § 1 XVI KWG 340 10 f
- Teilnahmerecht 341 2
- Teilzeitbeschäftigte 337 3
- Terminbörse Eurex 340 5
- Territorialitätsprinzip **vor § 335** 2
- Übersetzung der Eröffnungsentscheidung 102 5
- unbekannte ausländische Eintragung 102 6
- unbewegliche Gegenstände 336 5
- UNCITRAL-Modellgesetz **vor § 335** 18
- Universalitätsprinzip **vor § 335** 2, 3
- Unterrichtung 102 4, 11
- Unzulässigkeit der Aufrechnung 338 6
- unzuständiges Gericht 102 5, 6, 8
- USA 335 18
- Verbot von Einzelzwangsvollstreckungsmaßnahmen 335 11

Sachverzeichnis

- vereinfachtes Exequaturverfahren **102** 8
- Verfahrenseröffnung **335** 7
- verfahrensrechtliche Wirkungen **335** 6
- Vergleichsgruppe **342** 11
- Verkauf mit Rückkaufsvereinbarung **340** 6
- Vermögensverschiebung **342** 7
- Verpflichtung **341** 7
- Versicherungsunternehmen **335** 17; vor § **335** 19
- Verstoß gegen den deutschen ordre public **102** 3
- Vertrag **336** 8f
- Verwaltungs- und Verfügungsbefugnis **102** 4
- Vollstreckbarerklärung ausländischer Entscheidungen **102** 8
- Vollstreckungsstatut des Belegenheitsstaates **335** 11
- Vollzeitbeschäftigte **337** 3
- Vorschläge **102** 9
- Wertpapierabrechnungssysteme **340** 10
- Wertpapierliefersysteme **340** 10
- Wirkungen einzustellender Verfahren **102** 4
- Zahlungssysteme **340** 10
- Zeitpunkt **340** 8
- zuständiges deutsches Insolvenzgericht **102** 6
- Zuständigkeit **102** 1; **335** 10
- Zuständigkeitskonzentration **335** 10

Inventur
- Verzeichnis der Massegegenstände **151** 7

juristische Personen 11 5
- Antragsberechtigung **15** 2

Kapitalersatzrecht
- Insolvenzanfechtung **135** 3ff
kapitalersetzende Leistungen
- nachrangige Forderungsarten **39** 8

kapitalersetzendes Darlehen
- Aufrechnungsbefugnis **94** 2
- nachrangige Forderungsarten **39** 3

Kassenprüfung
- durch den Gläubigerausschuss **79** 5

Kauf
- Wahlrecht des Insolvenzverwalters **103** 8

Käuferinsolvenz
- Eigentumsvorbehalt **107** 3

Kaufmannseigenschaft
- Rechte des Insolvenzverwalters **80** 5

keine Amtshilfe
- Auskunftsverlangen **58** 24

Kfz-Brief
- Eigentumsvorbehalt **107** 8

KG 11 6
- Auflösung **118** 3

KGaA
- Auflösung **118** 2, 3

Kleinstverfahren
- Verwertung **159** 5
- Verzeichnis der Massegegenstände **151** 7

Kommanditgesellschaft 11 6

Kommission
- Wahlrecht des Insolvenzverwalters **103** 8

Komplementäre einer KG
- Unterhalt **101** 7

Komplementäre einer KGaA
- Unterhalt **101** 7

kongruente Deckung
- Insolvenzanfechtung **130** 3

konkursfreies Vermögen
- Aktivprozesse **85** 2

Konsignationslager
- Eigentumsvorbehalt **107** 3

Kontokorrent
- Wahlrecht des Insolvenzverwalters **103** 8

Kontokorrentkonto
- Ersatzaussonderung **48** 8

Kontokorrentverhältnis
- Geschäftsbesorgungsvertrag **116** 6

Sachverzeichnis

Kopfmehrheit
- Insolvenzverwalter **57** 4

Kosten
- nachrangige Forderungen **39** 12

Kosten der Rechtsverfolgung
- nachrangige Forderungsarten **39** 5

Kosten des Verfahrens
- Auslagen der Mitglieder des Gläubigerausschusses **54** 7
- Auslagen des Insolvenzverwalters **54** 5
- Gerichtskosten **54** 3
- GKG **54** 3
- insolvenzrechtliche Vergütungsverordnung (InsVV) **54** 4
- Masseverbindlichkeiten **26** 3
- Vergütung des Insolvenzverwalters **54** 4
- Vergütung des Sachwalters **54** 8
- Vergütung des Treuhänders **54** 8
- Vergütungen für Steuerberater **54** 5
- vorläufiger Insolvenzverwalter **26** 3; **54** 6

Kostenerstattungsanspruch
- Haftung **61** 19

Kostenfestsetzungsverfahren
- Erfüllungswahl **105** 4

Kostenpauschale
- Verwertung beweglicher Gegenstände **166** 15

Kostentragungspflicht
- Fälligkeit **171** 7
- für Feststellungskosten **171** 13f
- bei Gesamtverwertung **171** 4
- Höhe **171** 14, 16
- Kostenbeteiligung **171** 6
- bei mehreren Absonderungsrechten **171** 3
- Sondermasse **171** 2
- Verwertung **171** 11
- bei Verwertung durch den Insolvenzgläubiger **171** 5
- für Verwertungskosten **171** 15f
- Verwertungsübernahme **171** 5
- vorläufiger Insolvenzverwalter **171** 10

Kreditgeber
- Insolvenzanfechtung **131** 4

Kundenstamm
- Verwertung **159** 12

Kündigungsfrist
- Kündigungsrecht **113** 21

Kündigungsrecht
- Abbedingungsverbot **119** 3
- Abdingbarkeit **109** 18
  - Fernmeldeordnung **109** 18
  - Schadensersatzanspruch **109** 18
  - Sonderkündigungsrecht des Vermieters **109** 18
  - Verlängerungsoption **109** 18
  - Vertragsstrafeversprechen **109** 18
- Änderungskündigung **113** 19
- Anhörung **113** 18
- Anspruchshöhe **113** 23
- Anzeige **113** 18
- des Arbeitnehmers **113** 14
- Arbeitsverhältnisse **113** 4
- Ausbildungsverhältnisse **113** 5
- Beendigungskündigung **113** 19
- Befristung **113** 9
- Dienstverhältnisse **113** 3
- Erklärung **113** 16
- Fristverkürzung **113** 1
- Geschäftsführer **113** 3
- Höchstfrist **113** 21
- Insolvenzforderung **113** 22
- Insolvenzgläubiger **113** 24
- Insolvenzverwalter **113** 10
- Kündigungsfrist **113** 21
- Massenentlassungsverfahren **113** 18
- Nachkündigung **113** 12, 20
- Neueinstellungen **113** 8
- nicht in Vollzug gesetzte Dienstverhältnisse **113** 7
- ordentliche Kündigung **113** 9
- Organ einer juristischen Person **113** 3
- Schadensersatzanspruch **113** 22ff

Sachverzeichnis

- Schriftform **113** 17
- schwacher vorläufiger Insolvenzverwalter **113** 13
- Sonderkündigungsschutzrechte **113** 9
- starker vorläufiger Insolvenzverwalter **113** 12
- tarifvertragliche Vereinbarungen **113** 9
- Unkündbarkeitsklausel **113** 9
- vereinbarte Frist **113** 21
- Verfrühungsschaden **113** 22
- vorläufiger Insolvenzverwalter **113** 11
- Wehrdienstleistende **113** 6
- Zivildienstleistende **113** 6

Kündigungsschutzverfahren
- Bindungswirkung des § 127 **127** 10ff
  - Umfang **127** 12
  - Verfahren **127** 13
  - wesentliche Änderung der Sachlage **127** 11
  - Wiedereinstellungsanspruch **127** 11
  - Zugang der Kündigungserklärung **127** 11

Kündigungssperre
- Abdingbarkeit **112** 10
- analoge Anwendung **112** 5
- Anwendungsbereich **112** 2ff
- Immobilien **112** 2
- Leasingvertrag **112** 2
- Lösungsklausel **112** 10
- Mobilien **112** 2
- Rechte **112** 2
- Vermögensverschlechterung **112** 9
- vollzogene Verträge **112** 4
- Wohnung des Insolvenzschuldners **112** 2

Kündigungsverbot
- Betriebsveräußerung **128** 1
- Sanierungs- und Verwertungschancen **112** 1
- Verzug
  - Eröffnungsverfahren **112** 7
  - nach Antragstellung **112** 7
- Nutzung vor dem Antrag **112** 8
- starker Insolvenzverwalter **112** 7
- vor Antragstellung **112** 6ff

künftige Forderungen
- Rückschlagsperre **88** 5

Lastschriftverfahren **61** 8
Leasing **108** 2, 6ff
- Verwertung **166** 4
- Verwertung beweglicher Sachen **166** 4

Leasingvertrag **105** 4
- Eigentumsvorbehalt **107** 6
- Erfüllungswahl **105** 4
- Kündigungssperre **112** 2
- Sonderkündigungsrecht **111** 3
- Vertragsfortdauer **108** 2, 6ff
- Wahlrecht des Insolvenzverwalters **103** 8

Lebensversicherung
- Verwertung **166** 11

Lebensversicherungsvertrag
- Schenkungsanfechtung **134** 6

Liefervertrag **103** 25
Liquidation
- Pflichten des Insolvenzverwalters **80** 6

Liquidationswert
- Betriebsveräußerung unter Wert **163** 8

Lizenzvertrag **105** 4
- Erfüllungswahl **103** 8; **105** 4
- Wahlrecht des Insolvenzverwalters **103** 8

Lohnabtretung
- Vorausverfügung **114** 1

Lohnansprüche
- Betriebsveräußerung **128** 4

Lösungsklausel
- Kündigungssperre **112** 10

Luftfahrtrolle
- Gutglaubensschutz **81** 6

Luftfahrzeuge
- Vormerkung **106** 7

Sachverzeichnis

Maklervertrag 103 8
- Wahlrecht des Insolvenzverwalters **103** 8

Mandantenstamm
- Verwertung **159** 12

Marken
- Verwertung **166** 14

Massebeitrag
- Verwertung unbeweglicher Gegenstände **165** 25

Massebezug
- Vollmacht **117** 3

Masseforderung
- Insolvenzplan **258** 9; vor §§ 217–269 15

Massegegenstände
- Aussonderungsrecht **148** 3
- Durchsuchungsanordnung **148** 4
- Herausgabeverpflichtung **148** 4
- Hinterlegung
  - Gläubigerausschuss **149** 2
  - hinterlegungsfähige Gegenstände **149** 3
  - Insolvenzgericht **149** 2
  - Sparkassenbücher **149** 3
  - Wertgegenstände **149** 3
  - Wertpapiere **149** 3
  - Zuständigkeiten **149** 2
- Insolvenzgericht **148** 4
- Sicherung der Inbesitznahme
  - Entsiegelung **150** 3
  - Gerichtsvollzieher **150** 2
  - Siegelung **150** 3
  - Zuständigkeit **150** 2
- Titel **148** 4
- Versicherung **148** 3
- verspätete Inbesitznahme **148** 3

Massegläubiger
- Ansprüche aus dem Sozialplan **53** 5
- Aufrechnung **94** 2
- Ausschluss **206** 1ff
- Beschlüsse der Gläubigerversammlung **78** 3
- Einstellung des Verfahrens **207** 4
- fahrlässige Unkenntnis **206** 5
- Haftung des Verwalters **206** 5
- Insolvenzmasse **53** 2
- Massearmut **53** 4
- Massekosten **53** 1
- Masseschulden **53** 1
- Masseverbindlichkeiten **53** 1
- nachrangige Befriedigung **209** 3
- Präklusionstatbestände **206** 2ff
- Restschuldbefreiung **294** 1
- sonstige Masseverbindlichkeiten **53** 4
- Sozialplanverbindlichkeiten nach § 123 Abs 2 **53** 4
- Stimmrechtsfeststellung **77** 4
- Unterhaltskosten **53** 4
- Verfahrenskosten **53** 1, 3
- vorrangige Befriedigung **209** 3

Massekosten
- Haftung **61** 27

Massenentlassungsverfahren
- Kündigungsrecht **113** 18

Masseschuld
- Auftragsverhältnisse **115** 8
- Vormerkung **106** 5
- Zinszahlungspflicht iRd Verwertung **169** 9

Masseschuldbegründungskompetenz
- insolvenznahe Sozialpläne **124** 16
- Kündigungsrecht **113** 12

Masseschulden
- Gesellschafterinsolvenz **118** 5

Masseunzulänglichkeit
- Anzeige **208** 4
- drohende Masseunzulänglichkeit **208** 2
- öffentliche Bekanntmachung **208** 5
- Pflichten des Insolvenzverwalters **61** 11
- Rang der Entgeltforderungen **113** 44
- vorübergehende Masseunzulänglichkeit **208** 2,

Masseverbindlichkeiten 108 10
- allgemeines Verfügungsverbot **55** 11
- Auffangtatbestand **55** 3
- Ausnahme **55** 15

Sachverzeichnis

- Bereicherungsansprüche **55** 10
- Betriebsfortführung **55** 11
- Dauerschuldverhältnisse **55** 9, 14
- Einkommensteuer **55** 6
- Gläubigerverzeichnis **152** 6
- Handlungen des Insolvenzverwalters **55** 5
- InsOÄndG **55** 15
- Insolvenzeröffnungsverfahren **55** 11
- Insolvenzgeld **55** 15
- insolvenznahe Sozialpläne **124** 16
- Kosten einer Ersatzvornahme für Altlasten **55** 6
- Lohnsteuer **55** 6
- Nichtausgleich **61** 27
- oktroyierte **55** 2, 9
- Passivprozesse **86** 5, 8
- pflichtwidrig begründete Masseverbindlichkeiten **61** 28
- Prozessführungskosten **55** 5
- Rang der Entgeltforderungen **113** 42f
- rückständige Leistungen **108** 10
- Schadensersatz **55** 8
- Sozialplanansprüche **55** 17
- starker vorläufiger Insolvenzverwalter **55** 16
- Steuerverbindlichkeiten **55** 6
- Umsatzsteuer **55** 6
- unechte **55** 1
- unerlaubte Handlungen **55** 5
- Vollstreckungsverbot **90** 4
- vorläufiger Insolvenzverwalter **55** 13
- Wahlrecht **55** 8
- Wahlrecht des Insolvenzverwalters **103** 2

Masseverzeichnis
- Berichtstermin **157** 3

materieller Beteiligtenbegriff
- Haftung **61** 13

Mehrheit
- Beschluss der Gläubigerversammlung **77** 11ff

Mietausfall
- Sonderkündigungsrecht **109** 7

Miete 108 6ff

Mietforderungen
- Rückschlagsperre **88** 10

Mietvertrag 105 4
- Erfüllungswahl **105** 4
- Kündigungssperre **112** 2
- Kündigungssperre trotz Zahlungsrückstands **112** 2
- Vertragsfortdauer **108** 6ff
- Wahlrecht des Insolvenzverwalters **103** 8

Mietvorauszahlungen 110 3
- Insolvenz des Vermieters/Verpächters **110** 3

Missbrauch der Vertretungsmacht
- Zustimmungserfordernisse **164**

Miteigentum
- Auseinandersetzung **84** 3
- Verwertung **159** 9

Mitmieter
- beiderseitiges Rücktrittsrecht **109** 15
- Nichthaftungserklärung **109** 12
- Sonderkündigungsrecht **109** 6f

Mitteilungspflicht
- Auskunftsverlangen **4c** 5
- falsche Angabe **4c** 4, 4f
- des Insolvenzverwalters **61** 9

Mitverschulden
- Haftung **61** 18, 23

Mobilien vor §§ 108ff 1
- Kündigungssperre **112** 2

Nachkündigung
- Kündigungsrecht **113** 12, 20

Nachlassinsolvenz
- Vormerkung **106** 4

Nachlassinsolvenzverfahren 11 7
- Alleinerben **319** 2
- Anfechtung **322** 1ff
- Anfechtungsgegner **328** 2
- Anhörungspflichten **319** 9f
- Annahme der Erbschaft **316** 1
- Antragsberechtigung **319** 2ff
- Antragspflichten **319** 8
- Antragsrecht **330** 2
- Arresthypothek **321** 2
- Aufrechnung **323**; **326** 5

Sachverzeichnis

- Aufwendungen des Erben 323
- Auslandsberührung 315 9
- Ausnahme 321 3
- Ausschlagung der Erbschaft 319 2
- ausschließliche Zuständigkeit 315 5
- Ausschlussfrist 319 7
- Beerdigungskosten 324 4
- Berichtigungsanspruch 321 5
- beschränkte Erbenhaftung 331 1
- Bezugsgröße 320 6
- Doppelinsolvenz 331 1
- drohende Zahlungsunfähigkeit 320 4
- Dürftigkeitseinrede **vor §§ 315–331** 6
- Eigengläubiger 325 6; 331 1
- Eigeninsolvenz 331 1
- Eigenverwaltung **vor §§ 315–331** 13
- einfache Insolvenzgläubiger 328 2
- Erbeninsolvenz **vor §§ 315–331** 10
- Erbersatzansprüche 327 5
- Erbfallschulden 325 3
- Erblasserschulden 325 2
- Erbschaftskauf 319 2; 330 1ff
- Erbteil 316 4
- Erbteilverbindlichkeiten 325 5
- Erinnerung 321 5
- Ersatzansprüche 324 3; 326 3
- Erschöpfungseinrede **vor §§ 315–331** 8
- Forderungsübergang 326 3ff
- funktionelle Zuständigkeit 315 1
- gemeinschaftliche Verwaltung 331 8
- Gesamtgutzugehörigkeit 331 5ff
- Gesamtinsolvenz 331 1
- Gesamtvermögensinsolvenz **vor §§ 315–331** 11
- gleichrangige Ansprüche 327 4
- Gütergemeinschaft 319 3
- Haftung des vorläufigen Erben 316 5
- Haftungsbeschränkung der Erben **vor §§ 315–331** 2
- Insolvenzforderungen 325 1
- Insolvenzplan **vor §§ 315–331** 14
- Insolvenzverfahren über das Eigenvermögen 331 9
- Kleininsolvenzverfahren **vor §§ 315–331** 16
- Konfusion 326 2; 329 3
- Masseverbindlichkeiten 323; 324 1ff; 325 1
- Miterben 319 2
- Miterbeninsolvenz **vor §§ 315–331** 12
- Modifikation der Rangordnung 324 9
- nach Abschluss des Verfahrens 321 4
- Nacherbfall 329 1
- Nachlaßerbenschulden 325 4; 331 4
- Nachlassgläubiger 319 6f; 331 1
- Nachlasspflegschaft **vor §§ 315–331** 5
- Nachlassteilung 316 3
- Nachlassverbindlichkeiten 331 4
- Nachlassverwalter/-pfleger 319 4
- Nachlassverwaltung 331 10; **vor §§ 315–331** 4
- Nachlassverwaltungsverbindlichkeiten 324 7
- nachrangige Forderungen 325 1; 327 1ff
- nachrangige Insolvenzgläubiger 328 2
- nochmaliger Nachrang 327 8
- notwendige Verwaltungskosten 324 6
- örtliche Zuständigkeit 315 2ff
- Pfändung 321 2
- Pflichtteilsrechte 327 2
- Prioritätsprinzip 315 6
- Regress 326 4f
- Restschuldbefreiungsverfahren **vor §§ 315–331** 15
- sachliche Zuständigkeit 315 1
- selbständige wirtschaftliche Tätigkeit 315 3
- Sicherung des Nachlasses **vor §§ 315–331** 5

Sachverzeichnis

- Sicherungen aufgrund der AO 321 2
- sonstige Verbindlichkeiten 324 8
- Stimmrecht in der Gläubigerversammlung 331 3
- Testamentsvollstrecker 319 5
- Tod eines Gesellschafters **vor §§ 315–331** 17
- Todeserklärung 324 5
- Überschuldung 320 5
- Überschwerungseinrede **vor §§ 315–331** 9
- Umfang der Nachlassinsolvenzmasse 324 2ff
- unbeschränkte Erbenhaftung 316 2
- ungerechtfertigte Bereicherung 328 3
- Unwirksamkeit der Maßnahme 321 4
- Unzulänglichkeitseinrede **vor §§ 315–331** 7
- verfahrensrechtliche Stellung 330 1
- Vermächtnis bis zur Höhe des Pflichtteils 327 6
- Vermächtnisse 327 3
- Vermieterpfandrecht 321 2
- Vermögensmassen **vor §§ 315–331** 3
- Verschollener **vor §§ 315–331** 19
- verspätete Antragstellung 319 8
- Verstoß 319 8
- vollständige Befriedigung 321 3
- Vollstreckung 325 6
- vom Erblasser angeordnete Rangfolge 327 7
- Vor- und Nacherbschaft 319 2
- Voraussetzungen des Regressanspruchs 326 4
- Vormerkung 321 2
- Vorpfändung 321 2
- Zahlungsunfähigkeit 320 3
- Zulässigkeit der Eröffnung 316 1ff
- Zwangshypothek 321 2
- Zwangsversteigerung 321 2
- Zwangsverwaltung 321 2
- Zwangsvollstreckung 321 1ff

Nachlasskonkurs 83 5

Nachrang
- nachrangige Insolvenzgläubiger 39 3ff
- Nachrangvereinbarungen 39 9
- Rangrücktrittsvereinbarungen 39 9f
- Verzicht auf Sicherheiten 39 14
- Zwischenrang 39 10

nachrangige Forderungen
- Aufrechnungsbefugnis 94 2
- Befriedigung 187 7
- Forderungsanmeldung 174 7
- Geldstrafen 39 6
- Gläubigerverzeichnis 152 4
- Insolvenzplan 221 7; 222 5; 246 1ff
- kapitalersetzende Gesellschafterdarlehen 39 3
- kapitalersetzende Leistungen 39 8
- Kosten 39 12
- Kosten der Rechtsverfolgung 39 5
- Kosten für die Anmeldung der Insolvenzforderungen 39 5
- Nachrang 39 3ff
- nachträgliche Anmeldung 177 7
- Prüfungstermin 176 6
- Stimmrechtsfeststellung 77 4
- unentgeltliche Leistungen 39 3ff, 7
- Zinsen 39 4, 12

Nachrangvereinbarungen 39 9

nachträgliche Anmeldung
- Anmeldefrist 177 3
- gesonderter Prüfungstermin 177 5
- nachrangige Gläubiger 177 7
- nachträgliche Prüfung 177 3
- Prüfung im schriftlichen Verfahren 177 6
- Prüfung im Termin 177 4
- Widerspruch 177 3

Nachtragsverteilung
- Geringfügigkeit 203 9
- gesonderte Vergütung 63 13; 205
- Rechtsmittel 204

Sachverzeichnis

- Schlussverzeichnis **205**
- sofortige Beschwerde **204**
- Verjährungsfrist **62** 5
- Vollzug **203** 1 ff; **205**

Nachwirkung
- Betriebsvereinbarung **120** 11

nahestehende Personen
- Benachteiligungsabsicht **133** 7
- Betriebsveräußerung an besonders Interessierte **162** 2
- Rechtsnachfolger **145** 7
- Verwertung **159** 18

natürliche Personen 11 4

Nebenkostennachzahlung
- Nichthaftungserklärung **109** 12

Neuabschluss
- Wahlrecht des Insolvenzverwalters **103** 30

Neuerwerb
- Rechtsstellung des Schuldners **80** 8
- Restschuldbefreiung **287** 25; **294** 1; **vor §§ 286–303** 3, 6
- Vollmacht **117** 3
- Vollstreckungsverbot **89** 4
- Vorausverfügung **80** 1; **83** 1; **114** 1

Neumassegläubiger
- Haftung **61** 27

Neumasseverbindlichkeit
- Haftung **61** 20
- Rang der Entgeltforderungen **113** 44

nicht fällige Forderungen
- absonderungsberechtige Gläubiger **41** 4
- Abzinsungsanordnung **41** 5ff
- befristete Forderungen **41** 3
- Berechnung der Abzinsung **41** 7
- betagte Forderungen **41** 2
- Fälligkeitsanordnung **41** 2ff
- gesetzlicher Zinssatz **41** 6
- Gläubigergleichbehandlung **41** 1
- Handelsgeschäft **41** 6
- Hoffmann'sche Methode **41** 7

nicht rechtsfähige Vereine 11 5

Nichterfüllungsanspruch
- Teilleistungen **103** 35
- Verjährung **103** 34
- Vorleistung **103** 35
- Vormerkung **103** 35; **106** 6
- Wahlrecht des Insolvenzverwalters **103** 34
- Zessionar **103** 35

Nichthaftungserklärung
- Abdingbarkeit **109** 18
  - Fernmeldeordnung **109** 1, 18
  - Schadensersatzanspruch **109** 18
  - Sonderkündigungsrecht des Vermieters **109** 18
  - Verlängerungsoption **109** 18
  - Vertragsstrafeversprechen **109** 18

Nießbrauch 108 3
- Bestellung **106** 3
- Vertragsfortdauer **108** 3

Notaranderkonto
- Wahlrecht des Insolvenzverwalters **103** 14

Notgeschäfte
- Verwertung **159** 5

Notgeschäftsführung
- Auflösung **118** 4
- Geschäftsbesorgungsvertrag **116** 3
- Vollmacht **117** 6

Notverkauf
- Mitteilungspflicht Absonderungsberechtigter **168** 2

Nullplan
- Schuldenbereinigungsplan **305 a** 24; **309** 13

Nutzungsrecht 172 2ff
- Ausgleichszahlungen **172** 4
- Ausgleichungspflicht **172** 5
- Ausschluss der Ausgleichszahlungspflicht **172** 8
- Sicherungsabrede **172** 7
- Unterlassungsanspruch des Insolvenzgläubigers **172** 6
- Verwertungsrecht **172** 3

obligatorisches Vorkaufsrecht
- Vormerkung **106** 3

Sachverzeichnis

offene Handelsgesellschaft 11 6
- Auflösung 118 3

öffentliche Bekanntmachung
- ausländische Insolvenzverfahren 345 2 ff
- Eigenverwaltung 273 1 ff
- Einstellungsverfahren 215 3
- elektronische Medien 9 4
- Insolvenzbekanntmachungen 9 4
- Insolvenzeröffnung 82 4, 5
- Insolvenzplan 235 6
- klassische Bekanntmachung 9 3
- Masseunzulänglichkeit 208 5
- Prioritätsprinzip 9 10
- regelmäßige Bekanntmachung 9 3 ff
- Verhältnis zur Zustellung 9 8 ff
- Wahlrecht 9 5
- Wirksamkeit 9 6
- Zustellungswirkung 9 7 ff

öffentliche Versteigerung
- Veräußerung von Massegegenständen 160 7

öffentliche Verwaltung
- Insolvenzfähigkeit 12 2

öffentliches Register
- Gesellschaften ohne Rechtspersönlichkeit 31 2
- juristische Personen 31 2

oktroyierte Masseverbindlichkeiten
- Vollstreckungsverbot 90 4

Organ einer juristischen Person
- Kündigungsrecht 113 3

organschaftliche Vertreter
- Auskunftsverpflichtung 101 3

Pacht 108 6 ff
- Sonderkündigungsrecht 109 2 ff

Pachtvertrag 105 4
- Erfüllungswahl 105 4
- Kündigungssperre 112 2
- Pachtforderungen
  - Rückschlagsperre 88 10
- Vertragsfortdauer 108 6 ff
- Wahlrecht des Insolvenzverwalters 103 8

Partenreederei 11 6

Partikularverfahren 354 1
- Antragsbefugnis 354 8 ff
  - ausländischer Verwalter 356 5
  - Gläubiger 356 6
  - Insolvenzgläubiger 354 8 f
  - Insolvenzschuldner 354 10; 356 7
- Anwesenheit 357 9
- ausländischer Insolvenzverwalter 356 1
- ausländisches Insolvenzstatut 356 5
- besonderer Inlandsbezug 356 5
- besonderes Interesse an der Eröffnung 354 9; 356 6
- drohende Zahlungsunfähigkeit 354 12
- Eröffnung des Hauptverfahrens 356 3
- Eröffnungsgründe 354 12 ff; 356 8 f
- Eröffnungsvoraussetzungen 354 3 ff
- gerichtlicher Schuldenbereinigungsplan 355 20
- Gesamtplan 355 19
- Haftungsanspruch 357 6
- Hauptverfahren 354 15
- Informationspflicht 357 4 ff
- inländische Vermögenswerte 354 3; 356 5
  - Insolvenzbeschlag 354 15
- inländischer Anknüpfungspunkt 354 5 ff
- inländischer Belegenheitsort 354 7
- Insolvenzplan 355 18; 357 10 f
- internationale Zuständigkeit 354 4
- Kreditinstitute 354 1
- Liquidation des Schuldnervermögens 356 1
- Niederlassung 354 6; 356 5
- ordre public 354 9; 356 8
- Organisation 354 6
- örtliche Zuständigkeit 354 11
- Pflichten des inländischen Verwalters 357 4 ff

Sachverzeichnis

- Planinitiativrecht **357** 9
- Prioritätsprinzip **354** 11
- Recht zu Verwertungsvorschlägen **357** 7
- rechtliches Interesse an der Verfahrenseröffnung **354** 8
- Rechtsfolge für die Aktivmasse **354** 15
- Rechtsfolge für die Passivmasse **354** 16
- Rederecht **357** 9
- Restschuldbefreiung **355** 17
- Sanierung **356** 1
- Sekundärinsolvenzverfahren **354** 12; **356** 1, 3f
- sonstiges Vermögen **354** 7, 9
- Stimmrecht **357** 9
- Teilnahmerecht bei Gläubigerversammlungen **357** 8f
- Überschuldung **354** 14
- Überschuss **358** 1
- Universalitätsprinzip **354** 1
- Unterordnung des Sekundärinsolvenzverfahrens **358** 1
- Verfahrenskosten deckende Masse **356** 9
- Versicherungsunternehmen **354** 1
- widerlegliche Vermutung **356** 8
- wirtschaftliche Aktivität **354** 6
- wirtschaftlicher Wert **354** 7
- Zahlungsunfähigkeit **354** 13
- Zuständigkeit **356** 3
- Zustimmung der Gläubiger **355** 18

Partnerschaftsgesellschaft 11 6
- Auflösung **118** 3

Passivprozesse
- Absonderungsrecht **86** 4
- Aufnahme durch den Gegner **86** 7
- Aufnahme durch den Verwalter **86** 6
- Aufnahmerecht **86** 2
- Aussonderungsanspruch **86** 3
- Gegner **86** 2
- Kostentragungspflicht **86** 6
- Masseverbindlichkeiten **86** 5, 8
- Pflichten des Insolvenzverwalters **80** 7
- sofortiges Anerkenntnis **86** 6, 8

Patent
- Wahlrecht des Insolvenzverwalters **103** 8

Patente 103 8
- Verwertung **166** 14

Patientenstamm
- Verwertung **159** 12

Pauschalermächtigungen
- rückständige Leistungen **108** 11

persönlich haftende Gesellschafter
- Auskunftsverpflichtung **101** 3
- Insolvenzanfechtung **138** 5

Pfandrecht
- Besitz **50** 3
- an Forderungen **50** 3
- gesetzlich **50** 4ff
- handelsrechtlich **50** 4
- Pfändungspfandrecht **50** 6
- Rückschlagsperre **88** 5
- Vermieterpfandrecht **50** 4, 5
- des Verpächters **50** 4
- vertraglich **50** 3
- Verwertungsrecht des Insolvenzverwalters **50** 3

Pfändung
- Insolvenzgeld **113** 34
- Wahlrecht des Insolvenzverwalters **103** 31

pfändungsfreies Einkommen
- Unterhaltsgewährung **100** 8

pfändungsfreies Vermögen
- Rechtsstellung des Schuldners **80** 8

Pfändungspfandrecht
- Veräußerungsverbote **80** 9
- Verwertung beweglicher Sachen **166** 3
- Vollstreckungsverbot **89** 4

Pflichten
- des Insolvenzverwalters
  - Absonderungsberechtigte **61** 9
  - Altlasten **61** 8
  - Anfechtung **61** 8
  - Anmeldepflichten **61** 8
  - arbeitsrechtliche Verpflichtungen **61** 8

Sachverzeichnis

- Ausfallforderungen **61** 10
- Auskunftspflicht **61** 9
- Aussonderungsberechtigte **61** 9
- Begleitpflichten **61** 12
- Buchführung **61** 8
- Erlösverteilung **61** 9
- Forderungsanmeldung **61** 10
- Freigabe **61** 8, 8f
- Gläubigerbefriedigung **61** 10
- Informationspflichten **61** 8
- Interessenkollisionen **61** 12
- Klärung schwebender Rechtsverhältnisse **61** 8
- Kontrolle **80** 6
- Lastschriftverfahren **61** 8
- Liquidation **80** 6
- Masseerhaltungsmaßnahmen **61** 8
- Masseunzulänglichkeit **61** 11
- Mitteilungspflicht **61** 9
- Nachforschung **61** 9
- pflichtwidrige Verkürzung der Masse **61** 7
- Prozessführungsbefugnis **80** 7
- Sachverhaltsaufklärung **61** 9
- Sammlung der Masse **61** 7
- Sanierung **80** 6
- sozialrechtliche Verpflichtungen **61** 8
- steuerliche Pflichten **61** 8
- Umsatzsteuerrückforderungsansprüche **61** 7
- Unternehmensfortführung **61** 8
- Unternehmensveräußerung **61** 9
- Vergrößerung der Schuldenmasse **61** 7
- Verteilung der Masse **61** 10
- Verteilungsverzeichnis **61** 10
- Verwaltung der Masse **61** 8
- Verwertung **80** 6
- Verwertung der Masse **61** 9
- Vollstreckung aus vorläufig vollstreckbaren Urteilen **61** 8
- Vorwegbefriedigung der Masseforderungen **61** 10
- Weiterführung von Prozessen **61** 8
- Masseverwertung **61** 6

Pflichtteilsanspruch 83 4
Pflichtverstoß 59 2
Postsperre 99 3ff
- Anhörung **99** 4
- Anordnung **99** 5
- Aufhebung **99** 10
- Erinnerung **99** 9
- geschäftliche Korrespondenz **99** 8
- Kostentragungspflicht **99** 11
- private Korrespondenz **99** 8
- sofortige Beschwerde **99** 9
- Telefon **99** 6

Präklusionswirkung
- Rechnungslegung **66** 1

Praxis eines Freiberuflers
- Verwertung **159** 12

Privatgläubiger
- Gesellschafter **93** 3

Prokura
- Vollmacht **117** 5

Prokura Anmeldung
- Vertreter **174** 4

Provisionsanspruch
- Geschäftsbesorgungsvertrag **116** 4

Prozessfähigkeit 11 2
Prozessführung
- Haftung **61** 19

Prozessführungsbefugnis
- in Passivprozessen **24** 3
- Pflichten des Insolvenzverwalters **80** 7

Prozessgegner
- Haftung **61** 19

Prozessgericht
- Feststellung **180** 2

Prozesskosten
- Erfüllungswahl **105** 4
- Haftung **61** 19

Prozesskostenhilfe
- Antrag **4** 21
- Gläubiger **4** 20
- Leistungsbereitschaft **4** 21
- Nebenintervention **4** 21
- Partei kraft Amtes **4** 21

Sachverzeichnis

- Pflichten des Insolvenzverwalters **80** 7
- Rechtsbehelf **4** 23
- Schuldner **4** 19
- Vermögensmasse **4** 21
- Verwalter **4** 21
- wirtschaftliche Beteiligung **4** 21
- Zumutbarkeit **4** 21
- Zuständigkeit **4** 18 ff, 23

Prozeßstandschaft
- Vollmacht **117** 5

Prozessvollmacht 117 5

Prüfungstermin
- Anerkenntnis **176** 3
- Berichtstermin **157** 16
- Bestreiten **176** 4
- einzelne Erörterung **176** 4
- nachrangige Gläubiger **29** 5; **176** 6

Publizitätserfordernis 34 2

qualifizierte Mehrheit
- Insolvenzverwalter **57** 3 ff

Rang der Entgeltforderungen
- Altmasseverbindlichkeiten **113** 44
- eröffnetes Insolvenzverfahren **113** 43
- freigestellter Arbeitnehmer **113** 44
- Masseunzulänglichkeit **113** 44
- Masseverbindlichkeiten **113** 42, 43
- Neumasseverbindlichkeiten **113** 44
- Vollstreckung **113** 45

Rangrücktrittsvereinbarungen 39 9

Ratenzahlung 4a 31

Räumungsklage
- Nichthaftungserklärung **109** 12

Rechnungslegung
- Auslegung **66** 10
- Berichtstermin **157** 16
- Einstellung des Verfahrens **207** 9
- Einstellung wegen Masseunzulänglichkeit **66** 3
- Einwendungen **66** 11
- Eröffnungsbeschluss **66** 3
- Gläubigerausschuss **66** 9
- Gläubigerautonomie **66** 1
- Gläubigerversammlung **66** 3, 8; **157** 16
- Insolvenzgericht **66** 8
- Präklusion **66** 1, 11
- Prüfung **66** 8 ff
  - formell **66** 8
  - materiell **66** 8
  - Sachverständiger **66** 8
- Prüfvermerk **66** 8
- Rechnungslegungspflicht **66** 1 f
- Schadensersatz **66** 9, 11
- Schlussrechnung **66** 2 ff
- Treuhänder **66** 1
- Verzicht **66** 3
- vorläufiger Insolvenzverwalter **66** 1
- Zweckmäßigkeit des Verwalterhandelns **66** 9
- Zwischenbericht **66** 12
- Zwischenrechnung **66** 12

Rechnungslegung des Schuldners
- Bilanzierungspflicht **155** 3

Rechnungslegungspflicht
- allgemeine
  - Abschlussbilanz **155** 5
  - Abschlussprüfer **155** 6
  - Beendigung des Verfahrens **155** 5
  - Insolvenzverfahrenseröffnung **155** 5
  - neues Geschäftsjahr **155** 5
  - Rumpfgeschäftsjahr **155** 5

Rechte
- Kündigungssperre **112** 2

Rechtsanwaltsvertrag 116 5
- Geschäftsbesorgungsvertrag **116** 5

Rechtsbeschwerde 7 1 ff
- Anschlussrechtsbeschwerde **7** 13
- Anwaltszwang **7** 11
- arbeitsgerichtliches Zustimmungsverfahren **122** 13
- Bedeutung der Rechtssache **7** 4 ff
- Begründetheit **7** 15
- Beschwer **7** 14

991

Sachverzeichnis

- Divergenzfälle **7** 6
- Entscheidung **7** 18
- Erhebung **7** 9ff
- Notfrist **7** 8
- Übergangsrecht **7** 19f
- Verfahren **7** 16ff

Rechtserwerb
- Absonderungsberechtigte **91** 5
- Anwartschaftsrecht **91** 7
- Aussonderungsberechtigte **91** 5
- bedingter Rechtserwerb **91** 5
- Erwerbsverbot **91** 7
- Gegenstände der Insolvenzmasse **91** 2
- Gutglaubensschutz **91** 8
- insolvenzfreies Vermögen **91** 3
- Massegegenstände **91** 3
- durch mehraktige Rechtshandlungen **91** 4
- Poolvereinbarungen **91** 5
- Verarbeitungsklauseln **91** 7
- Vorbehaltskäufer **91** 7
- Vormerkung **91** 8
- Zeitpunkt **91** 6

Rechtsfähigkeit 11 2

Rechtsmittel
- gegen Ablehnung des Eröffnungsantrags **34** 3ff
- gegen Einstellungsbeschluss **216** 2ff
- gegen Eröffnungsbeschluss **34** 6ff

Rechtspfleger
- funktionelle Zuständigkeit
  - vorzeitige Stilllegung **158** 14
  - Wahl eines neuen Insolvenzverwalters **57** 8

Rechtsstreit
- Haftung des Insolvenzverwalters **61** 19
- Unterbrechung **21** 11; **80** 7

Rechtsstreitigkeiten
- Veräußerung von Massegegenständen **160** 9

Refinanzierung
- Vertragsfortdauer **108** 8

Regionalprinzip 56 5

Register für Schiffe und Luftfahrzeuge 33

Registerrechte
- Insolvenzanfechtung **140** 9ff

Regressansprüche der Bundesagentur
- Insolvenzgeld **113** 33

Reisevertrag 103 8
- Wahlrecht des Insolvenzverwalters **103** 8

Restschuldbefreiung
- Absonderungsrechte **294** 1
- Abtretung **287** 8ff
- Abtretungsverbot **287** 28; **294** 2
- abzuführender Betrag **295** 8
- Altvermögen **294** 1
- anderer Versagungsgrund **296** 13
- Anhörung **296** 9
- Ankündigung der Restschuldbefreiung **291** 1
- Antrag des Schuldners **287** 2ff
- Antrag eines Gläubigers **287** 4
- Antragsrücknahme **287** 7
- Arbeitnehmersparzulagen **287** 15
- Arbeitseinkommen **287** 14, 16
- Arbeitskampfunterstützung **287** 15
- arbeitsloser Insolvenzschuldner **295** 4
- Aufnahme eines Studiums **295** 3
- Aufrechnung **287** 29
- Aufrechnungsverbot **294** 5
- aufschiebend bedingte Forderungen **302** 1
- Aufwendungsersatzansprüche **287** 15
- Aushilfstätigkeit **295** 4
- Auskunfts- und Aufklärungspflichten **295** 6
- Auslagenersatz **293** 5
- Ausschlussfrist **296** 7
- außergerichtlicher Vergleich **299** 7
- Aussonderungsberechtigte **294** 1; **302** 12
- bedingte Pfändbarkeit **287** 17
- Beeinträchtigung der Gläubigerbefriedigung **296** 2
- Beendigung **299** 7f; **300** 1f

Sachverzeichnis

- Befriedigung der Insolvenzgläubiger **295** 7
- Belehrung **287** 3, 10
- betagte Forderungen **302** 1
- betriebliche Altersversorgung **287** 14
- Bewerbungspflicht **295** 4
- Blindenzulagen **287** 15
- Darlegungs- und Beweislast **295** 3
- Dauer der Verbote **294** 2
- Deliktsgläubiger **294** 1
- Deputate **287** 14
- dingliche Sicherheiten **302** 12
- doppelte Fristsetzung **298** 5
- Eigenbehalt **292** 8
- einmalige Vergütung von Arbeits- und Dienstleistungen **287** 20
- Einstellung des Verfahrens **207** 10
- Einstellung mangels Masse **286** 4
- Einzelzwangsvollstreckung **294** 1; **303** 11
- Erbschaft **287** 18; **295** 5
- erfasste Forderungen **302** 1 ff
- erhebliche Beeinträchtigung **303** 4
- Erwerbsobliegenheit **295** 2 ff
- Erwerbstätigkeit **295** 3
- Erziehungsgeld **287** 21
- Falschangabe **290** 14
- Forderungen aus selbständiger Tätigkeit **287** 23
- Forderungen der Neugläubiger **302** 5
- Forderungseinzug **292** 3
- Fristsetzung **298** 3 ff
- funktionelle Zuständigkeit **290** 6
- Gefahrenzulage **287** 15
- Gehalts- und Lohnpfändungen **302** 12
- Gehaltsumwandlung **287** 15
- Geldstrafen **302** 7
- Glaubhaftmachung der Versagungsgründe **290** 4
- Gläubigerbeeinträchtigung **290** 18, 23
- Gnadenbezüge **287** 15
- Haftung **292** 12
- Hinterbliebenenbezüge **287** 14
- Honorare **287** 14
- Innenregress **302** 12
- Insolvenzplan **vor §§ 217–269** 13
- Insolvenzstraftat **290** 9
- Karenzzahlungen **287** 14
- kein Arbeitseinkommen **287** 15
- keine angemeldeten Forderungen **299** 7
- Kenntnis von der Obliegenheitsverletzung **303** 7
- Kindergeld **287** 15, 21
- Kosten **296** 14
- Kostenfestsetzung **293** 6
- Lohn- und Einkommensteuererstattungsansprüche **287** 14
- Lotteriegewinne **287** 18; **295** 5
- Luxusaufwendungen **290** 17
- Massegläubiger **294** 1
- Masseunzulänglichkeit **289** 10
- Mehrarbeitsvergütung **287** 16
- Mindestvergütung **293** 3; **298** 1
- Miterbe **295** 5
- Mitverpflichtungen **302** 12
- Möglichkeit der Einzelzwangsvollstreckung **294** 1
- Mutterschaftsgeld **287** 21
- Nachentrichtung **296** 2
- Nachtragsverteilung **303** 11
- Nebentätigkeit **295** 4
- Neuerwerb **287** 25; **294** 1; **vor §§ 286–303** 3, 6
- Neugläubiger **294** 1
- nicht erfasste Forderungen **302** 5 ff
- Nichterscheinen zum Termin **296** 11
- Obliegenheitsverletzungen **292** 9; **294** 4; **296** 1; **303** 2
- Pflegegeld **287** 21
- Pflichtteilsansprüche **295** 5
- privilegierte Insolvenzgläubiger **302** 9
- Provisionen **287** 14
- Prozesskosten **293** 5
- Prozesskostenhilfe **vor §§ 286–303** 7
- Rechnungslegung **292** 10
- Rechte der Insolvenzgläubiger nach Verfahrensaufhebung **201** 5

Sachverzeichnis

- Rechtsmissbrauch **290** 8
- Rechtsmittel **290** 7
- Regelvergütung **293** 1
- Rückforderungsrecht **302** 13
- Rücknahme des Antrags **299** 7
- Ruhegelder **287** 14
- Säumniszuschläge **302** 7
- Schenkungen **295** 5
- Schmutzzulage **287** 15
- Sekundäranspruch gegen die Staatskasse **293** 4
- selbständige Tätigkeit **295** 8
- Sicherungsrecht **302** 12
- sofortige Beschwerde **296** 12; **298** 6; **300** 6; **303** 9
- Sondervereinbarungen **294** 4
- Sozialhilfe **287** 21
- Sozialleistungen **287** 21
- Sozialplanabfindungen **287** 14
- Sterbegeld **287** 21
- Steueransprüche **302** 7
- steuerliche Aspekte **302** 14
- Strafhaft **295** 3
- Straftat **290** 10
- Studienbeihilfe **287** 15
- Tagegelder **287** 14
- Tantiemen **287** 14
- Taschengeld **287** 17
- Tod des Insolvenzschuldners **286** 2; **299** 7; **303** 1
- Treuhänder **288** 1; **289** 3; **vor §§ 286–303** 3
- Trinkgelder **287** 15
- Überschuss **295** 8
- Überwachung **292** 11
- Umsatzsteuer **293** 5
- Unterhaltsforderungen **302** 2
- Unterhaltsgläubiger **294** 1
- unvollkommene Verbindlichkeit **302** 10
- unvollständige Angaben **290** 13
- Urlaubsgeld **287** 15
- Verbraucher **vor §§ 286–303** 5
- Verbraucherinsolvenzverfahren **287** 3
- vereinfachtes Insolvenzverfahren **313** 2
- Verfahrenskosten **vor §§ 286–303** 7
- Vergütung des Treuhänders **292** 8
- Vermächtnisansprüche **295** 5
- Vermögensverschwendung **290** 17
- vermögenswirksame Leistungen **287** 15
- Versagung **4c** 12; **290** 1, 8ff; **296** 1ff; **297** 1ff
- Verschulden **296** 4
- Versorgungsrenten **287** 14
- Verteilung **292** 4
- Verzeichnisse **290** 22
- Vollstreckung der Nachranggläubiger **294** 1
- Vollstreckungsgegenklage **302** 10; **303** 11
- Vollstreckungsverbot **294** 1ff
- Vorausabtretung **287** 11
- Vorausverfügung **114** 1, 5
- vorsätzliche sittenwidrige Schädigung **303** 11
- vorsätzliche unerlaubte Handlungen **302** 6
- vorzeitige Versagung **299** 1ff
- vorzeitige vollständige Befriedigung der Insolvenzgläubiger **299** 7
- Weihnachtsvergütung **287** 16
- Widerrufsvoraussetzungen **303** 1ff
- Widerspruch des Schuldners **184** 3
- Wohlverhaltensperiode **291** 1; **vor §§ 286–303** 3
- Wohngeld **287** 21
- Wohnsitzwechsel **295** 6
- Zinsen **302** 3
- zinslose Darlehen **302** 8
- Zugewinnausgleich **295** 5
- zumutbare Arbeit **295** 4
- Zusatzvergütung **293** 2

Restschuldbefreiungsverfahren
- Vollstreckungsverbot **89** 5

Restverfügungsbefugnis
- Insolvenzschuldner **83** 2

Sachverzeichnis

Rückabwicklungsverhältnisse
- Wahlrecht des Insolvenzverwalters **103** 10

Rückforderungsverbot
- Wahlrecht des Insolvenzverwalters **105** 8 ff

Rückgriffsanspruch des Wechselindossanten
- Aufrechnung **96** 6

Rückschlagsperre
- absolute Unwirksamkeit **88** 8
- Anfechtungsfristen **139** 2
- Arresthypothek **88** 5
- Befriedigung **88** 4
- Frist **88** 7
- Gerichtsvollzieher **88** 5
- inkongruente Deckung **88** 7
- Insolvenzanfechtung **88** 4
- Insolvenzgläubiger **88** 6
- künftige Forderungen **88** 5
- Mietforderungen **88** 10
- Pachtforderungen **88** 10
- Pfandrecht **88** 5
- Pfändungspfandrecht **88** 4
- Rechtsfolge **88** 8 f
- Sicherung **88** 4 f
- Veräußerungsverbote **80** 9
- vereinfachtes Insolvenzverfahren **312** 3
- Verwertung unbeweglicher Gegenstände **165** 20
- Vormerkung **106** 4
- Vorpfändung **88** 7
- Zwangshypothek **88** 5
- Zwangsvollstreckung **88** 3; **114** 13

Rücktrittsrecht
- Abbedingungsverbot **119** 3
- Abdingbarkeit **109** 18
  - Fernmeldeordnung **109** 18
  - Schadensersatzanspruch **109** 18
  - Sonderkündigungsrecht des Vermieters **109** 18
  - Verlängerungsoption **109** 18
  - Vertragsstrafeversprechen **109** 18
- beiderseitig **109** 14 ff
- Erlöschen **109** 16
- Schadensersatzanspruch **109** 17
- Besitzübergang **109** 14
- Mitmieter **109** 15

Sachverständiger
- Verzeichnis der Massegegenstände **151** 3

Sachwalter
- Aufsicht des Insolvenzgerichts **58** 1
- Austausch **57** 1
- Betriebsvereinbarung **120** 6
- Entlassung **59** 1
- Festsetzung der Vergütung **64** 1
- Haftung **61** 3
- Vergütung **63** 1

sale-and-lease-back 108 8
- Vertragsfortdauer **108** 8

Sanierungsaussichten
- Berichtstermin **157** 6

Sanierungsprivileg
- Insolvenzanfechtung **135** 9 f

Schadensersatzanspruch
- Abdingbarkeit **109** 18
- Kündigungsrecht **113** 22 ff
- Wahlrecht des Insolvenzverwalters **103** 28, 34

Schadenspauschalierung
- Wahlrecht des Insolvenzverwalters **103** 36

Scheck
- Wahlrecht des Insolvenzverwalters **103** 14

Schenkungsversprechen
- Vormerkung **106** 3

Schiedsverträge
- Wahlrecht des Insolvenzverwalters **103** 6

Schiffe
- Vormerkung **106** 7

Schiffsbauwerke
- Vormerkung **106** 7

Schiffsregister
- Gutglaubensschutz **81** 6

Schlussrechnung
- Einnahmen **66** 6

Sachverzeichnis

- Geschäftsführung **66** 5
- Inhalt **66** 4ff
- Rechnungslegung **66** 2ff
- Schlussbilanz **66** 6
- Schlussverzeichnis **66** 7
- Tätigkeitsbericht **66** 5
- Überschussrechnung **66** 6

Schlusstermin
- Einwendungen **197** 3
  - Schlußverzeichnis **197** 4
- gerichtliche Entscheidung **197** 6
- Schlussrechnung **197** 3
- Terminierung **197** 1ff, 2

Schlussverteilung
- Hinterlegung **198**
- Schlussrechnung **196** 3
- Überschuss **196** 1ff; **199**

Schönheitsreparaturen 108 12
- rückständige Leistungen **108** 12

Schuldenbereinigungsplan
- Anfechtung oder Abänderung des Plans **308** 2
- angemessene Berücksichtigung **309** 7f
- Anhörung **309** 17
- Annahme **308** 1ff
- Antrag auf Wiedereinsetzung **308** 4
- Antrag des Insolvenzschuldners **306** 6
- ausdrückliche Zustimmung **308** 1
- außergerichtlich **305 a** 21
- außergerichtliche Einigung **306** 7
- Äußerungsaufforderung **307** 1ff
- Berechnung der Mehrheiten **309** 4
- Bescheinigung **305 a** 4ff, 8ff
- Beschwerde **306** 8; **308** 4
- Beurteilungsspielraum **309** 7
- Einigungsverfahren **306** 2
- Einsetzung eines Insolvenzverwalters **306** 4
- Einsichtnahme **307** 1
- Einwendungen **308** 1
- erfolgreiche Glaubhaftmachung **309** 19
- Erklärung des Insolvenzschuldners **305 a** 20
- Eröffnungsantrag **308** 5
- Ersetzungsverbot **309** 6ff, 16
- Fiktion **305 a** 18; **308** 1, 5
- flexible Nullpläne **305 a** 22
- Forderungen aus unerlaubter Handlung **309** 15
- Forderungsaufstellung **305 a** 28
- Forderungsverlust **308** 8
- Forderungsverzeichnis **305 a** 20
- Fristversäumung **307** 2
- gerichtliches Schuldenbereinigungsverfahren **305 a** 21ff
- Glaubhaftmachung **309** 18ff
- Gläubigerantrag **306** 6
- Gläubigerverzeichnis **305 a** 20
- Gruppenbildung **309** 8
- Kopf- und Summenmehrheit **309** 2
- Kündigungsklausel **309** 14
- materiellrechtliche Kostenerstattung **310**
- Mitwirkungspflichten **305 a** 28
- Nullplan **305 a** 24; **309** 13
- Pattsituation **309** 2
- Pflichten des Insolvenzschuldners **306** 5
- Planänderung **307** 5
- Prognoseentscheidung **306** 2
- prozessrechtliche Kostenerstattung **310**
- Prozessvergleich **308** 2
- Restschuldbefreiung **306** 7
- Rücknahmefiktion **305 a** 31; **306** 5
- Ruhen des Verfahrens **306** 1ff
- Sicherungsmaßnahmen **306** 4
- Sicherungsmittel **305 a** 22
- sittenwidrige Regelung **308** 1
- streitige Forderungen **309** 16
- Teilzahlungen **309** 8
- Titelfunktion **305 a** 22
- Ungleichbehandlung **309** 8
- unvollständiger Antrag **305 a** 31
- Verfahren **307** 3; **309** 17ff
- Verfall-/Wiederauflebensklausel **305 a** 22; **309** 14
- Verfügungsverbot **306** 4
- Vermögensübersicht **305 a** 20

Sachverzeichnis

- Versagung der Restschuldbefreiung **309** 12
- vertragliche Regelungen **310**
- Vertretung **305a** 33
- Verzicht eines Insolvenzgläubigers **309** 4
- Vollstreckbarkeit des Plans **308** 2
- Vordruckzwang **305a** 30
- vorläufiger Treuhänder **306** 4
- weitere Wirkungen des Plans **308** 6ff
- Wiedereinsetzung in den vorigen Stand **307** 2
- wirtschaftliche Vergleichsbetrachtung **309** 9ff
- Zuständigkeit **305 a** 32
- Zustellung **307** 1ff, 3
- zustimmender Insolvenzgläubiger **309** 3
- Zustimmungsersetzung **309** 2ff
- Zustimmungsfiktion **307** 4
- Zwangsvollstreckungsmaßnahmen **306** 4

Sicherungsabtretung
- Absonderungsrecht **51** 3
- Verwertung von Forderungen **166** 9ff

Sicherungseigentum
- Verwertung beweglicher Sachen **166** 3

Sicherungsmaßnahmen
- absolutes Verfügungsverbot **21** 6
- allgemeines Verfügungsverbot **21** 6
- Anhörung **21** 12
- Aufhebung **25** 2
- Bekanntmachung der Aufhebung **25** 2
- Einstellung der Zwangsvollstreckung **21** 7
- Haft **21** 12
- Postsperre **21** 9
- prozessuale Wirkungen **21** 11
- Sequester **21** 1
- Sequestration **21** 1
- sofortige Beschwerde **21** 13
- unbewegliches Vermögen **21** 8
- Vollstreckungsverbot **21** 7
- vorläufige Postsperre **21** 9
- vorläufiger Insolvenzverwalter **21** 5
- Zwangsversteigerung **21** 8

Sicherungsübereignung
- Absonderungsrecht **51** 2

Siegelung
- Sicherung der Inbesitznahme **150** 3

sofortige Beschwerde
- Abhilfebefugnis **6** 18
- Anschlussbeschwerde **6** 14
- Beschwer **6** 16
- Beschwerdeberechtigung **6** 15
- Beschwerdeentscheidung **6** 22
- Einlegung **6** 10ff
- Entscheidung des Insolvenzgerichts **6** 4
- Enumerationsprinzip **6** 3
- Form **6** 12
- Frist **6** 8
- Gebühren **6** 24
- isolierte Anfechtung **6** 5
- Kosten **6** 23
- Notfrist **6** 9
- Rechtskraft **6** 17
- Zulässigkeit **6** 2ff

Software-Leasing 108 7
- Vertragsfortdauer **108** 7

Softwarelizenzen
- Kündigungssperre **112** 2

Sonderinsolvenzverwalter
- Gesamtschaden **56** 6; **92** 6
- Vergütungsanspruch **63** 18

Sonderkündigungsrecht
- Abdingbarkeit **111** 10
- Aufrechnung **111** 8
- Dauerwohnrecht **111** 9
- entgangener Gewinn **109** 7
- Entschädigungsanspruch **109** 6
- erster Kündigungstermin **111** 7
- Frist **109** 4
- Geschäftsraummiete **109** 2ff
- Insolvenz des Mieters/Pächters **109** 1
- Insolvenz des Vermieters/Verpächters **111** 1
- Insolvenzforderung **109** 7; **111** 8

Sachverzeichnis

- Kündigungsbeschränkungen **111** 6
- Kündigungsfrist **109** 4
- Kündigungsschutz **111** 6
- Leasingvertrag **111** 3
- Mietausfall **109** 7
- Mitmieter **109** 6, 7
- Pacht **109** 2ff; **111** 3
- Rechtsfolgen **109** 6f; **111** 5ff
- Schadensersatz **109** 7; **111** 8
- Veräußerung **111** 2
- Verfahrensbeendigung **109** 4
- Vermieterpfandrecht **109** 7
- des Vermieters **112** 1
- Vermietung **111** 3
- Vertragseintritt des Erwerbers **111** 4
- Vertragslaufzeit **111** 6
- Wahlrecht des Insolvenzverwalters **103** 30

Sonderkündigungsrecht des Vermieters
- Abdingbarkeit **109** 18

Sonderkündigungsschutzrecht
- Kündigungsrecht **113** 9

Sorgfaltspflichtverletzung
- Haftung **61** 14

Sozialhilfe
- Unterhaltsgewährung **100** 8

Sozialplan
- Abschlagszahlungen **124** 10
- absolute Begrenzung **124** 4
- absolutes Volumen **124** 12
- Anrechnung **124** 19
- Beschäftigungs- und Qualifizierungsgesellschaft **124** 8
- Betriebsänderung **124** 5
- gültiger Sozialplan **124** 9
- Monatsgehalt **124** 7
- Neuaufstellung **124** 17ff
- Rechtsfolgen **124** 9ff
- relative Begrenzung **124** 6f, 13
- Rückforderungsrecht **124** 18
- Verstoß **124** 12f
- Volumenbegrenzung **124** 3ff
- Zwangsvollstreckung **124** 11

Sozialpläne
- Betriebsvereinbarung **120** 4

Sozialverbindlichkeiten
- Gesellschafterinsolvenz **118** 5

Speditionsvertrag 103 8
- Wahlrecht des Insolvenzverwalters **103** 8

starker vorläufiger Insolvenzverwalter
- Auftragsverhältnisse **115** 2
- insolvenznahe Sozialpläne **124** 14
- Kündigungsrecht **113** 12
- Kündigungssperre **112** 7
- rückständige Leistungen **108** 10
- Vollmacht **117** 4

Steuerberater
- Geschäftsbesorgungsvertrag **116** 5

stille Gesellschaft 11 6

stiller Gesellschafter
- Insolvenzanfechtung **136** 2

Stillegung
- Berichtstermin **157** 11
- faktisch **61** 20
- Haftung **61** 20

Stimmrecht
- Insolvenzverwalter **57** 5

streitige Forderungen
- Benachrichtigung über die Feststellung **179** 7
- Feststellungsklage **179** 3
- Klagelast **179** 4f
- nicht titulierte Forderung **179** 4
- Steuerbescheide **179** 5
- Tabellenauszug **179** 6
- titulierte Forderung **179** 5
- widersprechende Personen **179** 3

Streitwert
- Schätzung **182**

Strohmanngeschäfte
- Betriebsveräußerung an besonders Interessierte **162** 7

Stundung
- Insolvenz des Vermieters/Verpächters **110** 3
- Kosten Wohlverhaltensphase **293** 4
- natürliche Insolvenzschuldner **vor §§ 4a–d** 1
- Restschuldbefreiung **vor §§ 4a–d** 1

Sachverzeichnis

- Verfahrenskostenhilfe **vor §§ 4 a–d** 1

Sukzessivlieferungsverträge 105 4
- Erfüllungswahl 105 4

Summenmehrheit
- Insolvenzverwalter 57 3

Tabelle
- Einsicht der Beteiligten 175 3
- Niederlegung 175 3

Tarifverträge
- Wahlrecht des Insolvenzverwalters 103 6

tarifvertragliche Vereinbarungen
- Kündigungsrecht 113 9

Tausch
- Wahlrecht des Insolvenzverwalters 103 8

teilbare Leistungen
- Erfüllungswahl 105 1 ff

Teilleistungen
- Wahlrecht des Insolvenzverwalters 103 12

Teilungsmasse
- Vergütungsanspruch 63 7

Teilungsversteigerung
- Sonderkündigungsrecht 111 2

Telekommunikationsvertrag 103 8
- Wahlrecht des Insolvenzverwalters 103 8

Terminbestimmungen 29 3f, 6, 7

Theorie vom Verlust der Durchsetzbarkeit der Erfüllungsansprüche
- Wahlrecht des Insolvenzverwalters 103 3

Titel
- Verwertung unbeweglicher Gegenstände 165 10

Titelumschreibung
- Verwertung unbeweglicher Gegenstände 165 18

Tod des Insolvenzschuldners
- Restschuldbefreiung 286 2; 299 7; 303 1

- Verbraucherinsolvenzverfahren und Kleinverfahren 304 3
- Zuständigkeit 315 7

Transfergesellschaft
- Betriebsveräußerung 128 10
- Risikogeschäft 128 10

Treuhänder
- Aufsicht des Insolvenzgerichts 58 1
- Austausch 57 1
- Entlassung 59 1
- Festsetzung der Vergütung 64 1
- Haftung 61 3
- Restschuldbefreiung 288 1; 289 3; **vor §§ 286–303** 3
- Vergütung 63 1; 292 8

Übererlös 173 5

Übergang des Verwertungsrechts 173 9
- Herausgabeanspruch 173 12
- Kostenbeteiligung 173 15
- Rechtsbehelf 173 11
- Wertersatz 173 16

Überschuldung 19 1 ff

übertragende Sanierung
- Betriebsveräußerung 128 1
- Pflichten des Insolvenzverwalters 80 6

Übertragungsvertrag
- Geschäftsbesorgungsvertrag 116 7

Überweisung
- Geschäftsbesorgungsvertrag 116 6

Umrechnung von Forderungen
- BetrAVG 45 3
- betriebliche Altersversorgung 45 3
- Forderungsanmeldung 45 1
- Fremdwährungsforderungen 45 4
- Gläubigergleichbehandlung 45 1
- nicht auf Geld gerichtete Forderungen 45 3
- PSV 45 3
- Versorgungsansprüche 45 3

Umsatzsteuer
- Doppelbesteuerungstheorie 171 20

Sachverzeichnis

- Eigenverwaltung **282** 5
- Einziehung von Forderungen **171** 20
- Erstattungsanspruch des Verwalters **63** 11
- bei Freigabe **165** 31 f; **171** 22
- für Kostenbeiträge **171** 21
- Optionsrecht **165** 28
- Restschuldbefreiung **293** 5
- Vergütung des Gläubigerausschusses **73** 8
- bei Verwertung **159** 20; **171** 20; **173** 4
- Verwertung unbeweglicher Gegenstände **165** 27 ff, 31 f
- Vorsteuerberichtigungsanspruch **165** 28

Umsatzsteuerforderungen
- Erfüllungswahl **105** 4

Unabdingbarkeit
- Finanz- und Warentermingeschäfte **104** 6

unbewegliche Gegenstände
- ausländische Insolvenzverfahren **349** 4; **351** 6
- Vertragsfortdauer **108** 4

unbewegliches Vermögen
- Art und Weise der Verwertung **159** 15
- Vollstreckungsverbot **89** 6

unechte Freigabe
- Verwertung unbeweglicher Gegenstände **165** 32

unentgeltliche Leistungen
- nachrangige Forderungsarten **39** 7

Unkündbarkeitsklausel
- Kündigungsrecht **113** 9

unmittelbar nachteiliges Rechtsgeschäft, *s auch Anfechtung*

unpfändbare Gegenstände
- Ausnahmen vom Pfändungsverbot **36** 4
- Austauschpfändung **36** 6
- Geschäftsbücher **36** 4
- Grundsatz **36** 2
- Hausrat **36** 6
- Kundenbücher **36** 4
- Kundenlisten **36** 4
- Pfändungsverbote der ZPO **36** 3

Unterbrechung
- von Aktivprozessen **85** 1

Unterhalt
- Gesellschafter einer GbR **101** 7
- Gesellschafter einer OHG **101** 7
- Komplementäre einer KG **101** 7
- Komplementäre einer KGaA **101** 7

Unterhaltsansprüche
- Höhe **40** 3
- Kapitalabfindungen **40** 2
- Restschuldbefreiung **40** 2
- Unterhaltsverpflichtungen **40** 2
- Zwangsvollstreckung in Bezüge **114** 15

Unterhaltsgewährung **100** 4, 8
- Antragsberechtigung des Insolvenzschuldners **75** 6
- Familie **100** 7
- gesetzliche Unterhaltsverpflichtungen **100** 6
- Gläubigerausschuss **100** 5
- Gläubigerversammlung **100** 2, 5
- Insolvenzverwalter **100** 5
- notwendiger Unterhalt **100** 3
- pfändungsfreies Einkommen **100** 8
- Pfändungsfreigrenzen **100** 1
- selbständig tätiger Schuldner **100** 1
- Sozialhilfe **100** 3, 8
- Umfang **100** 2 ff
- Unterhaltsberechtigte **100** 6 f

Unternehmensveräußerung
- vorzeitige Stillegung **158** 2, 17

Unterstützungspflicht des Insolvenzschuldners
- Einzelfälle **97** 11
- Sanktionen **97** 10 ff, 12

unverfallbare Anwartschaften
- Betriebsvereinbarung **120** 2

Urheberrechte
- Verwertung **166** 14

Urlaubsabgeltung
- Insolvenzgeld **113** 29, 31

Sachverzeichnis

Urlaubsanspruch
- Freistellung **113** 36

Urlaubsentgelt 113 41
- Insolvenzgeld **113** 31

Urlaubsgewährung
- Urlaubsabgeltungsanspruch **113** 41
- Urlaubsentgelt **113** 41

Veräußerung
- besonders bedeutsame Rechtshandlungen **160** 7
- freihändig **160** 7
- Rechtsstreitigkeiten **160** 9

Veräußerung von Unternehmens- oder Betriebsteilen
- Betriebsveräußerung an besonders Interessierte **162** 2

Veräußerungsverbote
- Insolvenzeröffnung **80** 9

Verbindung, Vermischung, Verarbeitung 172 9ff
- Verarbeitungsklausel **172** 11
- Verstoß des Insolvenzverwalters **172** 10

Verbrauch 172 13

Verbraucher- und Kleininsolvenzverfahren 11 4
- absonderungsberechtigte Gläubiger **313** 14
- Anfechtung **313** 8ff
- Antrag auf Restschuldbefreiung **314** 9
- Ausgleichszahlung **314** 2
- außergerichtlicher Einigungsversuch **vor §§ 304–314** 2
- Beendigung **313** 2; **314** 8f
- Berichtstermin **312** 1
- Beschwerdeberechtigung **311** 10
- Eigenverwaltung **312** 5
- Einzelzwangsvollstreckung **311** 9
- Erinnerung **314** 6
- erneute Einleitung **314** 10
- Forderungen aus Arbeitsverhältnissen **304** 10
- Franchisenehmer **304** 6
- freie Mitarbeiter **304** 6
- freihändige Verwertung **313** 13
- Fremdgeschäftsführer **304** 6
- Geldzahlungspflicht **314** 2
- gerichtliches Schuldenbereinigungsverfahren **vor §§ 304– 314** 2
- Gesellschafter einer Kapitalgesellschaft **304** 6
- Gläubigerinteressen **314** 2
- Handelsvertreter **304** 6
- Immobilienverwertung **313** 15
- Inkassobüro/Poolbildung **304** 9
- Insolvenzanfechtung **129** 14
- Insolvenzplan **312** 5
- Kleininsolvenzverfahren **304** 1, 2
- Kleinunternehmer **304** 8
- konkreter Antrag **304** 14
- Kostenerstattungsanspruch **313** 8
- natürliche Personen **304** 2
- persönlich haftende Gesellschafter **304** 6
- persönlicher Anwendungsbereich **304** 1
- Prozessgericht **313** 9
- Prozeßstandschaft **313** 8
- Prüfungstermin **312** 1
- Rechtsfolge **304** 17
- Restschuldbefreiung **313** 2
- Rückschlagsperre **312** 3
- Schlussverfahren **314** 8ff
- schriftliches Verfahren **312** 1
- selbständige Tätigkeit **304** 6
- Sicherungen **311** 9
- sofortige Beschwerde **311** 10
- Tod des Insolvenzschuldners **304** 3
- Treuhänder **311** 8; **313** 1ff
  - Aufgaben **313** 4
  - Auswahl **313** 3
  - Bestellung **313** 1
  - Haftung **313** 5
  - Vergütung **313** 7
  - vorläufiger **313** 6
  - Zustimmung **313** 8
- Übergangsfälle **304** 16
- Überschaubarkeit der Vermögensverhältnisse **304** 9
- Überschuldung **311** 4
- unspezifischer Antrag **304** 12

1001

Sachverzeichnis

- Verbraucher 304 4ff; **vor §§ 304–314** 1
- Verfahren 314 4ff
- Vermögens- und Verschuldensstruktur 304 9
- Veröffentlichung 312 2
- Verwaltungs- und Verfügungsbefugnis 311 9
- Verwertung 313 4, 12ff
- wirtschaftliche Tätigkeit 304 7
- Zwangsvollstreckungsmaßnahmen 313 16

verbundene Unternehmen
- Insolvenzanfechtung 138 6

Vereinsrecht
- Wahlrecht des Insolvenzverwalters 103 9

Verfahren der Betriebsänderung 122 1

Verfahrensaufhebung
- Aufhebungsbeschluss 200 2
- Benachrichtigungspflichten 200 5
- Eintragung in die Insolvenztabelle 201 3
- öffentliche Bekanntmachung 200 4
- Rechtsmittel 200 3
- Schuldnervermögen 201 2
- vollstreckbarer Titel 201 3f
- Widerspruch 201 4

Verfahrensbeteiligte
- Auskunftsverlangen 58 21

Verfahrenseröffnung vor §§ 103ff 1
- Abbedingungsverbot 119 2
- Aufrechnungsverbot 96 4
- Geschäftsbesorgungsvertrag 116 3
- insolvenznahe Sozialpläne 124 14
- Vollmacht 117 5

Verfahrenseröffnungsquote 1 6

Verfahrensgrundsätze
- Amtsermittlung 5 5ff
- Beibringungsgrundsatz 5 3
- Datenschutz 5 22
- Dispositionsgrundsatz 5 3
- elektronische Datenverarbeitung 5 22
- fakultative Mündlichkeit 5 1, 21

- Garantie des gesetzlichen Richters 5 4
- Geheimhaltung 5 3
- informationelle Selbstbestimmung 5 4
- maschinelle Bearbeitung 5 22
- Mündlichkeitsgrundsatz 5 3
- Öffentlichkeitsgrundsatz 5 3
- rechtliches Gehör 5 4
- Rechtsschutzgarantie 5 4
- Rechtsstaatsprinzip 5 4
- Unmittelbarkeitsgrundsatz 5 3
- Untersuchungsgrundsatz 5 1
- Verfahrensbeschleunigung 5 21
- Willkürverbot 5 4

Verfahrenskosten
- Erfüllungswahl 105 4
- Staatskasse 73 9

Verfahrenskostenhilfe
- Erstattungsanspruch 63 17
- Staatskasse 63 17
- Übergangsregelung **vor §§ 4a–d** 4

Verfahrenskostenstundung 4a 1ff
- Ablehnung und Aufhebung **4d** 2
- amtlicher Vordruck **4b** 14
- Änderung **4b** 11ff; **4c** 2
- Anpassungsentscheidung **4b** 17
- Antrag auf Restschuldbefreiung **4a** 6
- Antragsberechtigung **4a** 2
- Aufhebung **4c** 2
  - Gründe **4c** 3ff
  - Verfahren **4c** 13ff
- Begründetheit **4a** 7ff
- Begründung der Aufhebung **4c** 16
- Beiordnung **4c** 17
- Beschwerde der Staatskasse **4d** 4
- Dauer **4a** 15
- Entscheidung **4a** 29ff; **4b** 8
- Erinnerung **4d** 2
- eröffnetes Verfahren **4a** 18
- Eröffnungsverfahren **4a** 18
- Erwerbsobliegenheit **4c** 8
- familienrechtlicher Prozesskostenvorschuss **4a** 12

Sachverzeichnis

- Fehlen von Stundungsvoraussetzungen **4c** 6
- persönliche Voraussetzung **4a** 8
- Rechtsbehelf **4b** 19
- Rechtsbeschwerde **4d** 3
- Rechtsfolgen der Aufhebung **4c** 17
- Restschuldbefreiung **4a** 19
- Schuldenbereinigungsplanverfahren **4a** 17
- sofortige Beschwerde **4d** 2
- ultima ratio **4a** 12
- Verfahrensabschnitte **4a** 5, 16
- Verlängerung **4b** 2ff
- Versagung oder Widerruf **4c** 12
- Versagungsgründe **4a** 4, 13
- Vorwirkung **4a** 20
- Wirkungen **4a** 14ff
- wirtschaftliche Voraussetzung **4a** 9ff
- Zahlungsrückstand **4c** 7

Verfrühungsschaden
- Kündigungsrecht **113** 22

Verfügungsbefugnis
- Rechtsstellung des Schuldners **80** 8

Verfügungssperre
- Zwangsvollstreckung in Bezüge **114** 12

Verfügungsverbot
- absolut **24** 2
- Rechtserwerb **91** 2
- relativ **24** 2

Vergleich
- Wahlrecht des Insolvenzverwalters **103** 8

Vergütung
- Abschläge **63** 7
- Beauftragung Externer **63** 7
- Entlassung **59** 12
- Entstehung **63** 2
- Fälligkeit **63** 3
- funktionelle Zuständigkeit **63** 15
- Geschäftsbesorgungsvertrag **116** 3
- Gewerbesteuerpflicht **63** 8
- Höhe **63** 7
- des Insolvenzverwalters **63** 2ff
- InsVV **63** 7

- Masseverbindlichkeit **63** 5
- Nachtragsverteilung **63** 13
- Rang **63** 5
- Sonderinsolvenzverwalter **63** 18
- Staatskasse **63** 15
- Treuhänder **63** 16
- Überwachung eines Insolvenzplans **63** 14
- Vergütungsantrag **63** 7
- Vergütungsfestsetzung **63** 7
- Verjährung **63** 4
- vorläufiger Insolvenzverwalter **63** 15; **64** 1
- Vorschuss **63** 8
- Zinsen **63** 9
- Zusatzvergütung **8** 14; **63** 12
- Zuschläge **63** 7

Vergütung/Auslagen
- Gläubigerausschuss **26** 3
- Insolvenzverwalter **26** 3
- vorläufiger Insolvenzverwalter **26** 3

Vergütungsfestsetzung
- Anfechtungsfrist **64** 7
- Anhörung der Insolvenzgläubiger **64** 4
- Anhörung des Insolvenzschuldners **64** 4
- auf Antrag **64** 4
- Auslagen **64** 4
- Begründung des Beschlusses **64** 4
- Bekanntgabe **64** 7
- Beschluss **64** 2
- Beschwer **64** 10
- Beschwerdebefugnis **64** 9
- Datenschutz **64** 7
- Entnahme **64** 5
- Fälligkeit **64** 2
- funktionelle Zuständigkeit **64** 3
- öffentliche Bekanntmachung **64** 7
- Rechtsmittel **64** 8ff
- Regelvergütung **64** 4
- Schadensersatzansprüche **64** 6
- sofortige Beschwerde **64** 8ff
- Verfahren **64** 4
- Verjährungsfrist **64** 5
- weitere Beschwerde **64** 12
- Wirkung **64** 5

Sachverzeichnis

- Zuständigkeit **64** 3
- Zustellung **64** 7

Vergütungsvereinbarung
- massefremde Gegenstände **63** 6

Verjährung
- Haftung **62** 1ff
- des Vergütungsanspruchs **63** 4

Verkäuferinsolvenz
- Eigentumsvorbehalt **107** 2, 4ff

Verlagsvertrag 103 8
- Wahlrecht des Insolvenzverwalters **103** 8

verlängerter Eigentumsvorbehalt
- Verwertung beweglicher Sachen **166** 3
- Verwertung von Forderungen **166** 9

Verlängerungsoption
- Abdingbarkeit **109** 18

Vermächtnis 83 6

Vermieterpfandrecht 108 12
- rückständige Leistungen **108** 12
- Sonderkündigungsrecht **109** 7
- Verwertung beweglicher Sachen **166** 3

Vermietung
- Sonderkündigungsrecht **111** 3

Vermögensübersicht
- Berichtstermin **157** 3
- Bilanz **153** 3
- eidesstattliche Versicherung
  - Antrag des Insolvenzverwalters **153** 5
  - Insolvenzgericht **153** 5
- Fortführungswerte **153** 3
- Gliederung **153** 4
- Zerschlagungswerte **153** 3

Vermögensübersicht, Ergebnis- und Finanzplan
- Aufwands- und Ertragsrechnung **229** 5
- Fortführung des Unternehmens **229** 2
- Liquidationsrechnung/Finanzplan **229** 6
- Vermögensübersicht **229** 4

Vermögensverzeichnis
- Insolvenzgericht **154**

Verpächterpfandrecht 108 12
- rückständige Leistungen **108** 12

Verpachtung
- Sonderkündigungsrecht **111** 3

verpfändete Forderungen
- Verwertung von Forderungen **166** 10

Verpfändung
- Insolvenz des Vermieters/Verpächters **110** 3

Verpflichtungen des Insolvenzschuldners
- Behinderungsmaßnahmen **98** 7
- Beseitigungsmaßnahmen **98** 7
- Durchsetzung **98** 2
- eidesstattliche Versicherung **98** 3
- Flucht **98** 6
- Gutachter **97** 14
- Haft **98** 8
- Insolvenzeröffnungsverfahren **97** 14
- Verhältnismäßigkeitsgrundsatz **98** 5, 8
- Verweigerung von Auskünften **98** 5
- vorläufiger Insolvenzverwalter **97** 14
- zwangsweise Vorführung **98** 4

Verschulden
- Haftung **61** 16ff

Versicherungspflicht
- Haftung **61** 5

Versicherungsvertrag
- Verwertung von Forderungen **166** 11
- Wahlrecht des Insolvenzverwalters **103** 8

Versorgungsansprüche
- Betriebsvereinbarung **120** 2

Versteigerer
- Art und Weise der Verwertung **159** 18

Verteilungsverzeichnis
- Änderung **193**
- berichtigende Entscheidung **194** 6
- Einsichtnahmerecht der Beteiligten **188** 3

Sachverzeichnis

- Einwendungsberechtigte **194** 2
- Einwendungsfrist **194** 3
- Niederlegung **188** 3
- sofortige Beschwerde **194** 5f
- Veröffentlichung **188** 3
- Zurückweisung der Einwendung **194** 5

vertragliche Lösungsklauseln
- Abbedingungsverbot **119** 3
- Wahlrecht des Insolvenzverwalters **103** 36

Vertragseintritt des Erwerbers
- Sonderkündigungsrecht **111** 4

Vertragshändler 103 8
- Wahlrecht des Insolvenzverwalters **103** 8

Vertragsstrafeversprechen
- Abdingbarkeit **109** 18

Vertragsübernahmevertrag 103 8
- Wahlrecht des Insolvenzverwalters **103** 8

Vertriebsmittlervertrag 103 8
- Wahlrecht des Insolvenzverwalters **103** 8

Verwaltungs- und Verfügungsbefugnis
- Aufgaben des Verwalters **56** 16
- Nichthaftungserklärung **109** 12; **vor §§ 115–117**

Verwendungsverbot
- Auskunftspflicht des Insolvenzschuldners **97** 9

Verwertung
- Absonderungsrechte **159** 8, 14f
- Arbeitnehmererfindungen **159** 11
- Art und Weise **159** 13ff
- Ausgleichszahlungspflicht **172** 4
- Auslandsberührung **159** 19
- Berichtstermin **157** 10
- bewegliche Sachen
  - Absonderungsrecht **166** 2, 3
  - Aussonderungsrecht **166** 3
  - Besitz des Insolvenzverwalters **166** 4
  - Besitzschutzansprüche **166** 4
  - Bestandteile **166** 5
  - einfacher Eigentumsvorbehalt **166** 3
  - erweiterter Eigentumsvorbehalt **166** 3
  - Erzeugnisse **166** 5
  - freihändige Verwertung **166** 6
  - Haftungsverbund der Hypothek bzw. Grundschuld **166** 5
  - Leasing **166** 4
  - Pfändungspfandrecht **166** 3
  - Sicherungeigentum **166** 3
  - verlängerter Eigentumsvorbehalt **166** 3
  - Vermieterpfandrecht **166** 3
  - Verwertungsrecht **166** 6ff
  - vorläufiger Insolvenzverwalter **166** 8
  - Zubehör **166** 5
- bewegliches Vermögen **159** 14
- Einziehung **159** 2
- Ermessen des Insolvenzverwalters **159** 13
- von Forderungen
  - absolutes Verfügungsverbot **166** 15
  - Einziehung **166** 13
  - Feststellungpauschale **166** 15
  - Forderungsverkauf **166** 13
  - gutgläubiger Erwerb **166** 15
  - Immaterialgüterrechte **166** 14
  - Kostenpauschale **166** 15
  - Lebensversicherung **166** 11
  - Marken **166** 14
  - Patente **166** 14
  - Sicherungsabtretung **166** 9ff
  - Urheberrechte **166** 14
  - verlängerter Eigentumsvorbehalt **166** 9
  - verpfändete Forderungen **166** 10
  - Versicherungsverträge **166** 11
- Forderungsverkauf **159** 2
- Freigabe **159** 21; **165** 1
- freihändiger Verkauf **165** 1
- Geldforderungen **159** 2
- Geschäftsbücher **159** 10
- Gläubigerautonomie **161** 1
- Insolvenz des Vermieters/Verpächters **111** 1
- Insolvenzbeschlag **159** 21

Sachverzeichnis

- durch Insolvenzgläubiger **173** 2ff
- Insolvenzplan **159** 6
- Kleinverfahren **159** 5
- Kostentragung **171** 2
- Kundenstamm **159** 12
- Liquidationsplan **159** 6
- Mandantenstamm **159** 12
- von Massegegenständen **207** 8
- Miteigentum **159** 9
- nahestehende Personen **159** 18
- Notgeschäfte **159** 5
- Nutzung **159** 2
- Nutzungsrecht **172** 2ff
- Patientenstamm **159** 12
- Praxis eines Freiberuflers **159** 12
- Selbsteintritt **171** 5
- Übergang des Verwertungsrechts **173** 6ff
- Umfang **159** 7ff
- Umsatzsteuer **159** 20
- unbewegliche Gegenstände
  - Absonderungsrecht **165** 6
  - Absonderungsrecht **165** 17, 20
  - Absonderungsrechte **165** 1
  - Anfechtung **165** 20
  - Aufhebung **165** 21
  - Beschlagnahme **165** 11
  - Besitz des Insolvenzverwalters **165** 5
  - Bestallungsurkunde **165** 10
  - Bestandteile **165** 2
  - Bruchteile **165** 3
  - Doppelausgebot **165** 12
  - echte Freigabe **165** 31
  - Einstellung der Zwangsverwaltung **165** 22
  - Einstellung der Zwangsvollstreckung **165** 21
  - Erzeugnisse **165** 2
  - Freigabe **165** 31ff
  - freihändige Verwertung **165** 30
  - Grunderwerbssteuer **165** 26, 30, 33
  - Grundsteuer **165** 34
  - Insolvenzbeschlag **165** 4
  - Kostenanspruch **165** 12
  - laufendes Zwangsvollstreckungsverfahren **165** 16ff
  - Massezugehörigkeit **165** 4
  - Mehrfachausgebot **165** 12
  - Rückschlagsperre **165** 20
  - Steuern **165** 26ff
  - Titel **165** 10
  - Titelumschreibung **165** 18
  - Umsatzsteuer **165** 27ff, 31f
  - unechte Freigabe **165** 32
  - Verfahren **165** 7ff
  - Vollstreckungsgericht **165** 9
  - Vollstreckungsschutzanträge **165** 21
  - Vollstreckungsverbot **165** 19
  - Zubehör **165** 2
  - Zuständigkeit **165** 9
  - ZVG **165** 1
  - Zwangsversteigerung **165** 1, 2, 3, 11, 26ff
  - Zwangsverwaltung **165** 1, 2, 15
  - Zwangsvollstreckung **165** 2
- unbewegliches Vermögen **159** 15
- Unterrichtungspflicht **161** 2f
- Veräußerung **159** 2
- vereinfachtes Insolvenzverfahren **313** 4, 12ff
- Versteigerer **159** 18
- Verwaltung **159** 2
- Verwerter **159** 18
- Verwertungsabreden **171** 18
- Verwertungsbefugnis **159** 3ff
- Verwertungssperre **159** 5
- Vollmachtserteilung **159** 19
- vor dem Berichtstermin **159** 4f
- vorläufige Untersagung **161** 1
  - Außenverhältnis **161** 7
  - Entscheidung **161** 6
  - Innenverhältnis **161** 7
  - Rechtsfolgen **161** 7
  - Rechtsmittel **161** 8
- vorläufiger Insolvenzverwalter **159** 4
- Zeitpunkt **159** 16
- Zinszahlungspflicht
  - Absonderungsrecht **169** 2
  - Verwertungsbefugnis **169** 2
  - Voraussetzungen **169** 2ff
- Zustimmungserfordernisse **159** 3

Sachverzeichnis

Verwertungskosten
- Aufrechnung **171** 8
- eigenmächtige Verwertung **171** 9
- Umsatzsteuer **171** 17

Verwertungsrecht
- freihändige Verwertung **173** 13
- des Insolvenzverwalters **50** 3; **84** 6
- Verpfändung **173** 2
- vertragliches Pfandrecht **173** 2

Verwertungssperre
- Verwertung **158** 1; **159** 5

Verwertungsvereinbarung
- Haftung **61** 5

Verzeichnis der Massegegenstände
- Befreiung von der Aufzeichnungspflicht **151** 7
- Bewertungsfragen **151** 5f
- Forderungen **151** 4
- Fortführungswerte **151** 5
- Gegenstände der Ist-Masse **151** 4
- Gläubigerausschuss **151** 3
- Inhalt **151** 4
- Insolvenzverwalter **151** 3
- Inventur **151** 7
- Kleinstverfahren **151** 7
- Rechte **151** 4
- Sachverständiger **151** 3, 6
- Wertansatz **151** 5
- Zerschlagungswerte **151** 5
- Zuständigkeit **151** 3

verzinsliches Darlehen
- Wahlrecht des Insolvenzverwalters **103** 8

Verzögerung der Verwertung
- Zinszahlungspflicht **169** 4

Verzug
- Abbedingungsverbot **119** 3

Vollmacht
- Abdingbarkeit **117** 9
- Anscheinsvollmacht **117** 7
- Dienstverhältnis **117** 5
- Duldungsvollmacht **117** 7
- Eigenverwaltung **117** 8
- Erlöschen **117** 5
- Geschäftsbesorgungsvertrag **116** 5
- gesetzliche Vertretungsmacht **117** 2
- Handlungsvollmacht **117** 5
- Neuerwerb **117** 3
- Notgeschäftsführung **117** 6
- organschaftliche Vertretungsmacht **117** 2
- Prokura **117** 5
- Prozeßstandschaft **117** 5
- Prozessvollmacht **117** 5
- Rechtsfolge **117** 5ff
- rechtsgeschäftliche Vertretungsmacht **117** 2
- starker vorläufiger Insolvenzverwalter **117** 4
- Unkenntnis von der Verfahrenseröffnung **117** 7
- Verfahrenseröffnung **117** 5

Vollmachtserteilung
- Verwertung **159** 19

vollstreckbarer Schuldtitel
- Insolvenzanfechtung **141**

Vollstreckungserinnerung 6 28

Vollstreckungsgericht
- Verwertung unbeweglicher Gegenstände **165** 9
- Zwangsvollstreckung in Bezüge **114** 15

Vollstreckungsklausel
- Vollstreckungsverbot **89** 7; **202** 1ff

Vollstreckungsschutzanträge
- Verwertung unbeweglicher Gegenstände **165** 21

Vollstreckungsverbot
- Abgrenzung zur Rückschlagsperre **89** 3
- absolute Unwirksamkeit **89** 8
- Anzeige der Masseunzulänglichkeit **210** 2
- Aufrechnung **210** 3
- Dauer **89** 5
- Dauerschuldverhältnisse **90** 5
- dingliche Wirkung **89** 8
- Einzelzwangsvollstreckung **89** 4ff
- gutgläubiger Erwerb **89** 8
- Insolvenzgläubiger **89** 4
- Masseverbindlichkeiten **90** 4
- Neuerwerb **89** 4

Sachverzeichnis

- oktroyierte Masseverbindlichkeiten **90** 4
- Pfändungspfandrecht **89** 4
- Rechtserwerb **91** 2
- Rechtsfolge **89** 8; **90** 6
- Restschuldbefreiungsverfahren **89** 5
- unbewegliches Vermögen **89** 6
- Unterlassung des Insolvenzverwalters **90** 5
- Verwertung unbeweglicher Gegenstände **165** 19
- Vollstreckungserinnerung **90** 6; **210** 2
- Vollstreckungsklausel **89** 7
- vorbereitende Maßnahmen **89** 7

Vorausabtretung
- Insolvenzgeld **113** 34

Vorausverfügung
- Aufrechnungsverbot **114** 6
- Entstehungszeitpunkt **114** 3
- Freiberufler **114** 2
- Frist **114** 4
- Insolvenz des Vermieters/Verpächters **110** 2ff
- Lohnabtretung **114** 1
- Neuerwerb **114** 1
- pfändbare Forderungen **114** 2
- Rechtsfolge **114** 5
- Restschuldbefreiung **114** 1, 5
- Vorausabtretung **114** 1
- Vorausverpfändung **114** 1
- Zurückbehaltungsrecht **114** 11

Vorbehaltsware
- Eigentumsvorbehalt **107** 12

Vorerbschaft 83 8

Vorlagepflicht
- des Insolvenzverwalters **4** 7

vorläufiger Insolvenzverwalter
- allgemeines Verfügungsverbot **22** 4
- Arbeitgeberbefugnis **22** 14
- Arbeitsverhältnisse **22** 14
- Auskunftspflichten des Insolvenzschuldners **22** 16
- ausländische Insolvenzverfahren **344** 4; **347** 1; **352** 6
- Befugnisse **22** 13, 16
- Drittschuldner **23** 2
- Fortführung des Unternehmens **22** 10
- Fortführungspflicht **22** 8
- Fortführungsprognose **22** 9
- Freistellung **113** 37
- Gutachter **22** 12
- guter Glaube **23** 3
- Haftung **22** 8; **61** 32
- halbstarker vorläufiger Insolvenzverwalter **22** 11
- Insolvenzgeldansprüche **22** 8
- Kündigungen **22** 14
- Kündigungsrecht **113** 11
- Masseverbindlichkeiten **22** 8; **25** 3
- öffentliche Bekanntmachung **23** 2
- öffentliches Register **23** 3
- Pflichten **22** 9
- prozessuale Wirkungen **22** 15
- Rechtshandlungen **129** 6
- Sachverständiger **22** 9, 12
- schwacher vorläufiger Insolvenzverwalter **22** 3, 5
  - Kündigungsrecht **113** 13
- Sequester **22** 6
- Sequestrationsbeschluss **23** 1
- Sicherungsbefugnis und -verpflichtung **22** 6
- starker vorläufiger Insolvenzverwalter **22** 3, 4
- Stilllegung **22** 8
- Unterbrechung eines anhängigen Rechtsstreits **22** 15
- Unternehmen **22** 8
- Verbindlichkeiten **25** 3
- Verfügungsbeschränkung **23** 2
- Vergütung **64** 1
- Vergütungsanspruch **22** 12
- Verpflichtungen des Insolvenzschuldners **97** 14
- Verwaltungs- und Verfügungsbefugnis **22** 4
- Verwertung **159** 4; **166** 8
- Voraussetzungen **22** 4f
- Wirkung der Bekanntmachung **23** 3
- ZSEG **22** 12

Sachverzeichnis

vorläufiges Verfügungsverbot
- Vormerkung **106** 4

Vormerkung
- Abdingbarkeit **106** 8
- Anfechtung **106** 3
- Anspruch des Versprechensempfängers **106** 3
- Auflassungskosten **106** 5
- Auflassungsvormerkung **106** 3
- Bauhandwerkersicherungshypothek **106** 3
- Bestellung **106** 2ff
- dingliches Vorkaufsrecht **106** 3
- Eintragung vor Eröffnung **106** 4
- Gesamtgut der fortgesetzten Gütergemeinschaft **106** 4
- gesicherter Anspruch **106** 3
- Grundpfandrechtsbestellung **106** 3
- Insolvenzanfechtung **106** 5
- künftiger Anspruch **106** 3
- Luftfahrzeuge **106** 7
- Masseschuld **106** 5
- Nachlassinsolvenz **106** 4
- Nichterfüllungsanspruch **103** 35; **106** 6
- Nießbrauchsbestellung **106** 3
- obligatorisches Vorkaufsrecht **106** 3
- Rückschlagsperre **106** 4
- Schenkungsversprechen **106** 3
- Schiffe **106** 7
- Schiffsbauwerke **106** 7
- vorläufiges Verfügungsverbot **106** 4

Vorpfändung
- Rückschlagsperre **88** 7

vorsätzliche unerlaubte Handlung
- Restschuldbefreiung **302** 6
- Zwangsvollstreckung in Bezüge **114** 15

Vorstand
- Auskunftsverpflichtung **101** 3

Vorwegbefriedigung der Masseforderungen
- Pflichten des Insolvenzverwalters **61** 10

vorzeitige Stillegung
- aus wirtschaftlichen Gründen **158** 3
- Benachrichtigung des Insolvenzschuldners **158** 7
- Betriebsratsbeteiligung **158** 18
- Entscheidung des Insolvenzverwalters **158** 3
- Fortführung **158** 3
- Rechtspfleger **158** 14
- Stillegung des Unternehmens **158** 2
- Stillegungsgrund **158** 8
- Unternehmensveräußerung **158** 17
- Untersagung **158** 10ff
- Veräußerung des Unternehmens **158** 2
- Zeitpunkt **158** 4
- Zustimmung des Gläubigerausschusses **158** 5f

VVaG 187 8

Wahl
- neuer Insolvenzverwalter
  - Voraussetzungen **57** 2ff
  - Aufhebung **78** 2

Wahlrecht des Insolvenzverwalters
- Abdingbarkeit **103** 36f; **119** 2ff
- bei Abtretung **103** 16
- Abwicklungsvereinbarung **103** 37
- Aufforderung zur Ausübung **103** 23ff
- Ausübung **103** 17ff
  - Absatzvertrag **103** 25
  - Bedingungsfeindlichkeit **103** 22
  - Energielieferungsvertrag **103** 25
  - Frist **103** 25
  - Gestaltungserklärung **103** 20ff
  - Inhaber **103** 18
  - Liefervertrag **103** 25
  - Maßstab **103** 19
  - schlüssiges Verhalten **103** 21
  - Überlegungsfrist **103** 25
  - Unwiderruflichkeit **103** 22

Sachverzeichnis

- beiderseits nicht vollständige Erfüllung **103** 12 ff
  - Aufrechnung **103** 14
  - Erfüllungsbegriff **103** 13
  - Erfüllungssurrogate **103** 14
  - Erwerb in der Zwangsvollstreckung **103** 13
  - fremdfinanzierter Kauf **103** 13
  - gutgläubiger Erwerb **103** 13
  - Hingabe eines Schecks oder Wechsels **103** 14
  - Hinterlegung **103** 14
  - Versendungskauf **103** 13
- Beweislast **103** 36
- Eigentumsvorbehalt
  - Käuferinsolvenz **107** 1 ff
  - Verkäuferinsolvenz **107** 1 ff
- einseitig verpflichtende Verträge **103** 6
- Erlöschenstheorie **103** 2
- Finanztermingeschäfte **104** 1
- gegenseitiger Vertrag **103** 5 ff
  - Architektenvertrag **103** 8
  - Auftrag **103** 8
  - Bauträgervertrag **103** 8
  - Bauvertrag **103** 8
  - Dienstvertrag **103** 8
  - Doppeltreuhandvertrag **103** 8
  - Energielieferungsvertrag **103** 8
  - entgeltliche Verwahrung **103** 8
  - Factoring **103** 8
  - Familienrecht **103** 9
  - Fix- und Finanztermingeschäfte **103** 8
  - Frachtvertrag **103** 8
  - Franchisenehmer **103** 8
  - Geschäftsbesorgungsvertrag **103** 8
  - Handelsvertreter **103** 8
  - Kauf **103** 8
  - Kommission **103** 8
  - Kontokorrent **103** 8
  - Leasingvertrag **103** 8
  - Lizenzvertrag **103** 8
  - Maklervertrag **103** 8
  - Mietvertrag **103** 8
  - Pachtvertrag **103** 8
  - Patent **103** 8
  - Reisevertrag **103** 8
  - Rückabwicklungsverhältnisse **103** 10
  - Speditionsvertrag **103** 8
  - Tausch **103** 8
  - Telekommunikationsvertrag **103** 8
  - Vereinsrecht **103** 9
  - Vergleich **103** 8
  - Verlagsvertrag **103** 8
  - Versicherungsvertrag **103** 8
  - Vertragshändler **103** 8
  - Vertragsübernahmevertrag **103** 8
  - Vertriebsmittlervertrag **103** 8
  - verzinsliches Darlehen **103** 8
  - Werk- und Werklieferungsvertrag **103** 8
  - Wettbewerbsabreden und -verbote **103** 8
- höchstpersönliche Verbindlichkeiten **103** 11
- insolvenzfreie Verträge **103** 11
- Nichterfüllungsanspruch **103** 34
- Normzweck **103** 4
- bei Pfändung **103** 16
- Rechtsfolgen der Erfüllungsablehnung
  - Nichterfüllungsanspruch **103** 34
  - teilbare Leistungen **105** 8 ff
  - Verjährung **103** 34
- Rechtsfolgen der Erfüllungswahl **103** 26 ff
  - Alles-oder-Nichts-Prinzip **103** 30
  - Aufrechnung mit einer Insolvenzforderung **103** 32
  - Drittrechte **103** 31
  - Leistungspflicht **103** 28 f
  - teilbare Leistungen **105** 1 ff
- Rechtswirkung **103** 2 f
- Rückforderungsverbot bei teilbarer Leistung
  - Abdingbarkeit **105** 12
  - Rechtsfolge **105** 9
  - Voraussetzungen **105** 10 f

Sachverzeichnis

- Schadenspauschalierung **103** 36
- Schiedsverträge **103** 6
- Tarifverträge **103** 6
- Tatbestandsvoraussetzungen **103** 5ff
- teilbare Leistungen **105** 1ff
- Theorie vom Verlust der Durchsetzbarkeit der Erfüllungsansprüche **103** 3
- unvollkommen zweiseitige Verträge **103** 6
- unvollkommene Verbindlichkeiten **103** 6
- Unwirksamkeit wegen Insolvenzzweckwidrigkeit **103** 37
- vertragliche Lösungsklauseln **103** 36
- Warentermingeschäfte **104** 1

Warenlager
- Veräußerung von Massegegenständen **160** 7

Warenlieferungsvertrag
- Wahlrecht des Insolvenzverwalters **104** 2

Warentermingeschäfte
- Wahlrecht des Insolvenzverwalters **104** 1

Wechsel
- Wahlrecht des Insolvenzverwalters **103** 14

Wechsel- und Scheckrecht
- Insolvenzanfechtung **137** 1ff

Wegfall der Geschäftsgrundlage
- Betriebsvereinbarung **120** 10
- Interessenausgleich mit Namensliste **125** 18

Wehrdienstleistende
- Kündigungsrecht **113** 6

Werk- und Werklieferungsvertrag
- Wahlrecht des Insolvenzverwalters **103** 8

Werkleistungen
- Erfüllungswahl **105** 4

Werklieferungsvertrag 105 4
- Erfüllungswahl **105** 4

Wertgegenstände
- Hinterlegung **149** 3

Wettbewerbsabreden und -verbote 103 8
- Wahlrecht des Insolvenzverwalters **103** 8

Widerspruch des Schuldners
- Rechtsfolgen **184** 2
- Restschuldbefreiung **184** 3

Wiedereinsetzung in den vorigen Stand
- Versäumung des Prüfungstermins durch den Schuldner **186**

Wiedereinstellungsanspruch 128 5
- nach betriebsbedingter Kündigung **125** 20
- iRe Betriebsveräußerung **128** 5
- im Verfahren nach § 126 InsO **127** 11

wiederkehrende Leistungen
- Berechnung des Abfindungsbetrages **46** 3
- Sterbetafeln **46** 4
- ungewisser Forderungseintritt **46** 5
- versicherungsmathematische Gutachten **46** 4
- Versorgungsleistungen aus einer Betriebsrente **46** 4
- Wiederkehrschuldverhältnisse **46** 1ff, 2

Wirtschaftsprüfer
- Geschäftsbesorgungsvertrag **116** 5

Wohlverhaltensphase vor 286–303
- Dauer **287** 30ff

Wohnraummiete
- Nichthaftungserklärung **109** 9
  - Form **109** 11
  - Freigabe **109** 12
  - Frist **109** 10
  - Mietausfall **109** 13
  - Mischmietverhältnisse **109** 9
  - Mitmieter **109** 12
  - Nebenkostennachzahlung **109** 12
  - ordentliche Kündigung **109** 12
  - Räumungsklage **109** 12

Sachverzeichnis

- Schadensersatz **109** 13
- Verwaltungs- und Verfügungsbefugnis **109** 12
- Sonderkündigungsrecht **109** 2

Wohnrecht 108 3
- Sonderkündigungsrecht **111** 9
- Vertragsfortdauer **108** 3

Wohnung des Insolvenzschuldners
- Kündigungssperre **109** 1; **112** 2
- Nichthaftungserklärung **109** 9

Wohnungseigentum 35 5
Wohnungsverwaltungsgesellschaft 165 24

Zahlungseinstellung 17 3
Zahlungsrückstand
- Mietverhältnis **112** 6

Zahlungsstockung 17 2
Zahlungsunfähigkeit 17 1 ff
Zahlungsvertrag
- Geschäftsbesorgungsvertrag **116** 7

Zerschlagungswerte
- Verzeichnis der Massegegenstände **151** 5

Zession
- Nichterfüllungsanspruch **103** 35
- Wahlrecht des Insolvenzverwalters **103** 31

Zeugnis 113 25
Ziele des Insolvenzverfahrens
- Abwicklung massearmer Verfahren **1** 6
- Erhöhung der Eröffnungsquote **1** 6
- Insolvenzkostenhilfe beim Verbraucherinsolvenzverfahren **1** 7
- Insolvenzplan **1** 3
- Masseanreicherung **1** 6
- Möglichkeit der Restschuldbefreiung
- Programmsätze **1** 1 ff, 7
- Rechtsvereinheitlichung **1** 5
- Stärkung der Gläubigerautonomie **1** 2

Zinsen
- auf nachrangige Forderungen **39** 4
- als nachrangige Forderungen **39** 12
- bei verzögerter Verwertung **169** 2 ff

Zitiergebot 102
Zivildienstleistende
- Kündigungsrecht **113** 6

ZPO
- Akteneinsicht **4** 8 ff
- Ausschluss und Ablehnung von Beteiligten **4** 6
- Aussetzung und Unterbrechung des Verfahrens **4** 5
- Befangenheit **4** 6
- Fristen **4** 5
- Geltung im Insolvenzverfahren **4**
- Geltung von GVG, ZVG, RpflG, RiG **4** 2
- Notgeschäftsführer **4** 3
- Parteifähigkeit **4** 3
- Pflicht des Insolvenzverwalters zur Aktenvorlage **4** 7
- Prozessfähigkeit **4** 3
- Prozesskostenhilfe **4** 18 ff
- Prozessvollmacht **4** 3
- Verfahrensverbindung **4** 4
- Wiedereinsetzung **4** 5
- Zustellung **4** 5

Zubehör
- Verwertung beweglicher Sachen **166** 5
- Verwertung unbeweglicher Sachen **165** 2

Zurückbehaltungsrecht
- Auftrag **115** 6
- Geschäftsbesorgungsvertrag **116** 5
- Insolvenz des Vermieters/Verpächters **110** 5
- Vorausverfügung **114** 11

Zusatzvergütung
- berufliches Spezialwissen **63** 12

Zuständigkeit
- andere Gerichte **2** 3
- ausländische Insolvenzverfahren **345** 12; **353** 2
- Forderungsanmeldung **174** 3
- Insolvenzgericht
  - funktionell **2** 2

Sachverzeichnis

- örtlich **3**
- sachlich **2** 1
- Schuldenbereinigungsplan **305 a** 32
- Tod des Insolvenzschuldners **315** 7
- Verwertung unbeweglicher Gegenstände **165** 9

Zustellung
- Adressat **8** 4 ff
  - gelöschte Gesellschaften **8** 6
  - Insolvenzverwalter **8** 9
  - Personen im Ausland **8** 8
  - Personen unbekannten Aufenthalts **8** 5
- Amtsbetrieb **8** 3
- durch den Insolvenzverwalter
  - Amtspflicht **8** 13
  - Auslagen **8** 12 ff, 14
  - Portokosten **8** 14
  - Vergütung **8** 14
  - Zustellungsarten **8** 13
- Eröffnungsbeschluss **30** 4
- Verhältnis zur öffentlichen Bekanntmachung **9** 8 ff
- zustellungsbedürftige Entscheidungen **8** 2
- Zustellungsarten **8** 9 ff
  - Aufgabe zur Post **8** 10
  - Ermessen **8** 11, 12
  - nach der ZPO **8** 9
- Zustellungsreformgesetz **8** 1

Zustimmungserfordernisse
- Betriebsveräußerung an besonders Interessierte **162**
- besonders bedeutsame Rechtshandlungen **160**
- Betriebsveräußerung unter Wert **163**
- Verstoß des Insolvenzverwalters
  - Außenverhältnis **164**
  - Innenverhältnis **164**

ZVG
- Verwertung unbeweglicher Gegenstände **165** 1
- Vollstreckungsverbot **89** 6

Zwangsmittel
- Insolvenzverwalter **58** 8 ff

Zwangsversteigerung
- Einstellung **165** 21
- einstweilige Einstellung **49** 1; **89** 6
- Verwertung unbeweglicher Gegenstände **165** 1, 26 ff
- vorläufige Einstellung **49** 5

Zwangsverwalter 56 4

Zwangsverwaltung
- Einstellung **165** 22
- einstweilige Einstellung **49** 1; **89** 6
- kalte/stille
  - Verwertung unbeweglicher Gegenstände **165** 24
- Verwertung unbeweglicher Gegenstände **165** 1, 15

Zwangsvollstreckung
- Insolvenzplan **257** 10 ff
- während des Insolvenzverfahrens **89**
- Rückschlagsperre **88** 3
- vor Verfahrenseröffnung **88**

Zwangsvollstreckung in Bezüge
- Rückschlagsperre **114** 13
- Unterhaltsansprüche **114** 15
- Verfügungssperre **114** 12
- Vollstreckungsgericht **114** 15
- vorsätzliche unerlaubte Handlung **114** 15

Zwangsvollstreckungsverfahren
- Verwertung unbeweglicher Gegenstände **165** 16 ff

Zwischenbericht 66 12
Zwischenrechnung 66 12